Henry Thero, Tschudi Tschudi

Repertorium für Kunstwissenschaft

Henry Thero, Tschudi Tschudi

Repertorium für Kunstwissenschaft

ISBN/EAN: 9783743315136

Hergestellt in Europa, USA, Kanada, Australien, Japan

Cover: Foto ©Thomas Meinert / pixelio.de

Manufactured and distributed by brebook publishing software
(www.brebook.com)

Henry Thero, Tschudi Tschudi

Repertorium für Kunstwissenschaft

REPERTORIUM

FÜR

KUNSTWISSENSCHAFT.

REDIGIRT

VON

Dᴿ· HUBERT JANITSCHEK,

PROFESSOR AN DER UNIVERSITÄT IN PRAG

UND

Dᴿ· ALFRED WOLTMANN,

PROFESSOR AN DER UNIVERSITÄT IN STRASSBURG.

III. Band.

STUTTGART.

VERLAG ᴠᴏɴ W. SPEMANN.

WIEN, GEROLD & Co.

1880.

Vorwort.

Die rechtzeitige Vollendung des dritten Bandes beweist, wie ernst es der Redaction und dem Verleger mit dem Versprechen war, das Repertorium als Vierteljahrschrift mit strenger Einhaltung der Termine erscheinen zu lassen. Das Vertrauen der Mitarbeiter und der Abonnenten ist damit wieder gekräftigt worden; dies wiedererworbene Vertrauen soll nicht mehr verloren werden. Schon die ersten Hefte des nächsten Bandes werden Aufsätze und urkundliche Beiträge von Springer, Dobbert, Vögelin, Rahn, Wessely, Bertolotti (in Rom) u. A. bringen, getreu der Tendenz des Repertoriums, ausschliesslich der streng wissenschaftlichen Forschung als Organ zu dienen. Die Berichte über Galerien, Museen, Ausstellungen sollen an Vollständigkeit gewinnen, der Bibliographie wird die gleiche Sorgfalt wie bisher zugewendet werden.

Das kurze Vorwort sei nicht geschlossen ohne ein Wort schmerzvollen Dankes für Alfred Woltmann, der mit aufopfernder Pflichttreue bis zum völligen Erlöschen seiner physischen Kräfte an den Redactions-Arbeiten theilnahm.

Prag, im Juli 1880

Hubert Janitschek.

Inhaltsverzeichniss.

Notizen. Holbein's sogenannte Solothurner Madonna 117. — Ueber Robetta 118.
— Ein Altarwerk der umbrischen Schule 118. — Entdeckte Wandmalereien
in Katzow 118. — Die Fundamente der Peterskirche in Mainz 119. — Amerikanische Funde 119. — Urkundliches über Hans Burgkmair und Christoph
Amberger (von F. v. Huber) 234. — Das Brustbild von Mantegna in Berlin
236. — Ein Helfer Vasari's 237. — Das Porträt der Fornarina im Palazzo
Barberini 356. — Die ältere Glasmalerei (von Nordhoff) 459.

Kunstbeilage: Photographiedruck nach einer Zeichnung von Niklaus Manuel
  zu Seite 6.

Niklaus Manuel.

Es ist noch gar nicht lange her, seit die Schweiz für den Kunsthistoriker aufgehört hat, eine terra incognita zu sein. Viel später als
anderswo hat hier die wissenschaftliche Erforschung des Nachlasses
aus mittleren und neueren Jahrhunderten begonnen, um so rüstiger
jedoch und vielversprechend ist ihr Fortgang in den beiden letzten
Jahrzehnten geworden. Für die Geschichte der mittelalterlichen Kunst-
entwickelung dürften heute die allgemeinen Grundzüge entworfen sein,
und die Einzelforschung, die immer zahlreichere Vertreter findet, bringt
neue Ergebnisse: Berichtigungen und Beiträge in reichem Maasse hinzu.
Auch die Bekanntschaft mit der Kunst des Renaissancezeitalters ist
vielfach erweitert worden. Woltmann's Holbein-Forschungen, durch
die gediegenen Arbeiten His-Heusler's gefördert und neuerdings durch
Vögelin's Untersuchungen erweitert, kommen zum grossen Theile der
schweizerischen Kunstgeschichte zu Gute. Andere Gebiete derselben
hat Lübke erschlossen. In seiner Geschichte der deutschen Renaissance
nennt und beschreibt er die hervorragendsten Werke der Architektur,
der Zierplastik und einzelne Schöpfungen handwerklicher Kunst. Zwei
Monographien desselben Verfassers sind dem Studium der Glasmalerei
und Kunsthafnerei gewidmet, und mit der Veröffentlichung von Aufnahmen einzelner Monumente in Ortwein's Deutscher Renaissance haben
Berlepsch und Bubeck den guten Willen zur Förderung des Werkes
gezeigt.

Es genügt aber nicht, die Monumente allein in's Auge zu fassen,
denn gerade in der Renaissancezeit hat ja das Kunstwerk aufgehört,
als solches seine ausschliessliche Geltung und Würdigung zu verlangen.
Dieselbe Forderung, eine Persönlichkeit zu sein, der Trieb nach Geltend-
machung des Individuellen, die im alltäglichen Dasein den Bruch mit
dem Zunft- und Classenbanne des Mittelalters bezeichnen, sind auch

III   1

in der Kunst die Vorboten des Neuen, die Voraussetzungen geworden, nach denen sich das für die Renaissance bezeichnende Verhältniss des Künstlers zu seinem Werke gestaltet. Von nun an hat das Kunstwerk aufgehört, der blosse Repräsentant einer Gattung oder Schule zu sein. In Allem, was der Künstler schafft, will er seinen eigenen geistigen Antheil finden; sein Werk ist eine persönliche That, das Ergebniss individuellen Denkens und Empfindens, in dem der Künstler die Spuren seiner Eigenart und Bildung niederlegt. Es folgt daraus, dass neben der Würdigung, die der Forscher den Monumenten selber zu Theil werden lässt, die Bekanntschaft ihrer Urheber, die Beschäftigung mit der Künstlergeschichte zu den wesentlichsten Voraussetzungen gehört, welche die Methode der modernen vor derjenigen der mittelalterlichen Kunstgeschichte erhebt.

Dürer und Holbein, die grössten Vertreter der deutschen Kunst im 16. Jahrhundert, haben unter den Neuesten ihre Biographen gefunden. Auch anderen Mitstrebenden ist die verdiente Würdigung zu Theil geworden. Dem launigen Schweizer Künstler Urs Graf, der zu den originellsten Erscheinungen seiner Zeit gehört, hat His-Heusler ein eingehendes Studium zugewendet; einem grösseren Zeitgenossen und Landsmanne ist ein neuestes Werk gewidmet, dessen vielseitiger Inhalt Anspruch auf das Interesse weiter Kreise erhebt.

Als Künstler, Dichter, Staatsmann und Reformator zählt Niklaus Manuel von Bern zu den hervorragendsten Erscheinungen unter den diesseitigen Vertretern der Renaissance. Lange Zeit hat freilich das Gedächtniss des Ruhmes sich lediglich an seine Erfolge in Kirche und Staat geknüpft. Die Erinnerung an den Künstler Manuel ist schon den nächsten Generationen entschwunden. Karel van Mander, der 1577 in Basel weilte, hat ihn als solchen nicht gekannt. Erst Sandrart, wenn wir von einer beiläufigen Nennung des Meisters bei Fischart-Jobin absehen, führt ein Paar Werke Manuel's an. Vom Hörensagen hatte er den Todtentanz im Berner Predigerkloster und die Holzschnitte der klugen und thörichten Jungfrauen kennen gelernt. Von da an bis in's vorige Jahrhundert schien Manuel bei den Kunsthistorikern neuerdings in Vergessenheit gerathen zu sein. Damals hat Scheurer im Bernischen Mausoleum (Band II. 1742, V. Stück S. 205 u. ff.) zusammengestellt, was sich aus Sandrart's Notizen und vaterstädtischen Ueberlieferungen über den Künstler noch sagen liess. »So war es denn Grüneisen vorbehalten (1837), unsern Landsmann auch nach seiner künstlerischen Seite hin zum ersten Male zu würdigen. Er hat — was niemand vor ihm gethan — die erhaltenen Werke aufgesucht, sorgfältig geprüft und mit feinem Verständnisse geschildert. Im Einzelnen

mag heute Manches anders zu erklären, Anderes schärfer zu fassen
sein, als vor vierzig Jahren möglich war; auch hat sich unsere Kenntniss der Werke Manuel's seither noch einigermassen erweitert. Im
Ganzen aber wird es bei der Würdigung des Künstlers und seiner
Werke bleiben, wie sie Grüneisen in seiner vorzüglichen Monographie
gegeben hat.«
  Mit diesen Worten einer gerechten und schuldigen Anerkennung
führt F. Salomon Vögelin seine Studien über den Künstler in
Baechtold's neuester Manuel-Ausgabe ein. Dieses stattliche Buch
bildet den zweiten Band der »Bibliothek älterer Schriftwerke der Schweiz
und ihres Grenzgebietes«, die zwei Schweizer Gelehrte, die Professoren
Dr. Jakob Baechtold in Zürich und Dr. Ferdinand Vetter in Bern in
umsichtiger Würdigung der vielen noch ungesichteten und grösstentheils
auch unbekannten Schätze und eines in den wissenschaftlichen Kreisen
schon längst gefühlten Bedürfnisses im Jahre 1877 gegründet haben.
Es mag hier, dieses Unternehmen als Ganzes betrachtet, der Hinweis
auf die fachmännische Kritik genügen, die demselben in übereinstimmend
günstigem Sinne zu Theil geworden ist, und welche den Herausgebern
wie dem Herrn Verleger beweist, wie lebhaft der Wunsch nach einem
ferneren erspriesslichen Fortgange des verdienstvollen Werkes von den
Vertretern der Wissenschaft im Auslande und daheim getheilt wird.
  In seinem Vorworte legt Baechtold, die Leistungen früherer Biographen würdigend, die Ziele dar, die ihn bei seiner Arbeit geleitet
haben. Als Hauptzweck bezeichnet er, die poetischen Werke Manuel's
mit Ausscheidung des Unächten in besseren Texten erläutert und vollständiger herauszugeben. In letzterer Hinsicht ist zu bemerken, dass
diese neueste Edition ein Material umfasst, das bei Grüneisen kaum
zur Hälfte gedruckt ist. Es war eine grosse und peinliche Genauigkeit
erfordernde Arbeit, die weitzerstreuten Werke zu sammeln und zu
sichten, deren manche in entfernten Bibliotheken des Auslandes gesucht
werden mussten. Nächst diesem bibliographischen Theile erforderte
sodann die biographische Einleitung die nicht minder mühsame Aehren-
lese aus einem schwer zu überblickenden Urkundenmateriale; allein
auch diese hat die Arbeit gelohnt. In Bezug auf die Herkunft des
Künstlers, sowie auch des Meisters Verhältniss zu einzelnen Werken
und Manuel's öffentliche Wirksamkeit betreffend kommt Baechtold das
Verdienst der Richtigstellung und mancher neuen Entdeckungen zu.
Für den Abschnitt »Kunst« hat der Herausgeber in F. Sal. Vögelin
einen competenten und in Manuel-Studien wohl erfahrenen Mitarbeiter
gefunden. Diese beiden Theile, die biographische und die kunstgeschichtliche Einleitung nebst dem von Baechtold zusammengestellten

Verzeichnisse von des Künstlers Werken, sind es, die uns nach verschiedenen Richtungen hin zu erneuerten Studien und einlässlicher Besprechung veranlasst haben.

Manuel's Geburtsjahr ist unbekannt, denn das Datum 1484, welches Scheurer angiebt, beruht bloss auf einer unverbürgten Familientradition [1]). Manuel war vermuthlich der natürliche Sohn einer Margaretha Fricker oder Frickart, der ebenfalls illegitimen Tochter des Berner Stadtschreibers Thüring Frickart. Sein muthmasslicher Vater ist ein Emanuel de Alamanis, seines Zeichens Apotheker, gewesen. Seine Familie, auch Aleman oder Alamand genannt, scheint piemontesischer Herkunft gewesen zu sein, aus Chieri bei Turin stammend. Auch Niklaus der Maler und Reformator hat bis zu seiner Verheirathung den Namen Alleman geführt, häufiger indessen sich Niklaus Manuel Deutsch genannt. Dieses »Deutsch«, die Uebersetzung von Alleman, ist demnach sein wirklicher Familienname, daher auch das D, das mit den Initialen N und M in dem Künstler-Monogramme erscheint. Doch hat er dasselbe in der Folge gänzlich aufgegeben und statt dessen den väterlichen Vornamen zu seinem Geschlechtsnamen gewählt [2]).

Bis zu seiner Verheirathung im Jahre 1509 ist jede Kunde über Manuel verschollen. Man weiss nicht, wo und was er gelernt hat. Alle Bemühungen, seine Zusammengehörigkeit mit einem bestimmten Meister oder einer Schule festzustellen, haben bisher fehlgeschlagen [3]), und zu einem ebenso negativen Resultate sind die neuesten Biographen gelangt, indem sie die Stelle untersuchten, aus welcher Grüneisen den Beweis für Manuel's Beziehungen zu Tizian erheben zu können geglaubt hat. Diese Annahme beruht, wie jetzt kaum mehr bestritten werden dürfte, eben einfach auf einer missverstandenen Mittheilung in Ridolfi's 1648 zu Venedig erschienenen »Maraviglie dell' arte« [4]).

Zu bemerken ist überhaupt, dass eine der ersten uns bekannten Nachrichten über Manuel's Künstlerschaft seiner nicht als Maler, sondern bei einem architektonischen Unternehmen gedenkt. Schon Stantz in seinem Münsterbuche hat dieselbe abgedruckt, neuerdings ist sie von Traechsel unter den Künstlernachrichten aus den Berner Staatsrechnungen wieder veröffentlicht worden [5]). Diese Notiz, vom Jahre 1517 datirt, bezieht

---

[1]) **Baechtold** S. XXI.

[2]) Vgl. auch Baechtold's (nach der Veröffentlichung seiner Manuel-Ausgabe publicirten) Aufsatz im Anzeiger für schweizerische Geschichte 1879. Nr. 2 S. 137.

[3]) Vgl. Grüneisen S. 85 u. f. Vögelin bei Baechtold S. LXIII u. f.

[4]) Grüneisen S. 87. Baechtold-Vögelin S. XXIV u. LXV.

[5]) Stantz, Münsterbuch, eine artistisch-historische Beschreibung des S. Vincenzen-Münsters in Bern. Bern 1865. S. 54 u. 275. G. Traechsel, Kunstgeschicht-

sich auf den Chorbau des Berner Münsters und lautet: »denne so hand min Herrenn geordnet Niclaus Manuel zu gebenn von dem gewelb im Chor zu welben 400 Pfd. und den knechten 10 Pfd. Daruff hab Ich Im vormals geben 100 rinisch gulden, nach abzug derselben hab Ich Im noch hinuss geben 190 Pfd.« und ferner: 1517 »denne Niclaus Manuels knächten für ein trinkpfennig von dem chor, nam Heliseus, thot 4 Pfd.«[6]).

Wie ist nun das Verhältniss Manuel's zu diesem Unternehmen zu denken? Dass die figurirten Schlusssteine mit des Meisters bekannter Richtung nichts Gemeinsames haben, hat Vögelin ausser Frage gestellt[7]). Es bliebe weiterhin die Annahme übrig, dass Manuel, schon damals seiner vielseitigen Begabung wegen bekannt, als künstlerischer Beirath zur Leitung des Werkes mitberufen worden sei. Allein dem widerspricht die Natur der Aufgabe, die keinerlei andere Kenntnisse voraussetzte, als die des gewöhnlichen spätgothischen Werkmeisters, diese dann aber allerdings in einem Masse bedingte, dem ein aus der Malerei hervorgegangener Meister zu entsprechen kaum im Falle gewesen sein dürfte; auch spricht ja der Wortlaut der Urkunde deutlich dafür, dass die Zahlung für die Ueberwölbung, also einem Architekten, entrichtet worden ist[8]). Aber es giebt noch andere Spuren, die gleichfalls des Meisters architektonische Kenntnisse zu belegen scheinen. So will Scheurer wissen, dass Manuel das (sein?) Landhaus am Oelberg nicht bloss mit Malereien und Versen geziert, sondern auch selber erbaut habe[9]). Ein Eintrag ferner in der Staatsrechnung von 1522 bezieht sich auf das schöne Chorgestühl des Berner Münsters; er lautet: »Ausgeben Denne Manuel am Ritt gan Jänf vor des Gestühls wegen 5 ₰ 12 Schill. 8 Den.«[10]). Die Frage, welche besondere Zwecke 'diese Reise nach Genf veranlasst haben, bleibt ungelöst, dagegen ist wohl der Schluss gestattet, dass Manuel das Werk geleitet und dem entsprechend auch einen bedeutenden Antheil an dem Entwurfe genommen habe. Manche Zierden könnten von ihm erfunden sein, noch mehr aber sind es die neckischen, mitunter geradezu polemischen Figürchen über den Sitz-

liche Mittheilungen aus den Bernischen Staatsrechnungen von 1505—1540 im Berner Taschenbuch auf das Jahr 1878 S. 178.
[6]) Traechsel a. a. O. S. 181. Heliseus ist ein in den Staatsrechnungen öfters genannter Maler.
[7]) Vögelin a. a. O. S. CIX.
[8]) Auch der Nachsatz ist bemerkenswerth, in welchem von den Knechten die Rede ist. er beweist, dass Manuel als ein wirklicher Meister seine Gesellen besass.
[9]) Scheurer pag. 218.
[10]) Stantz a. a. O. S. 278.

wangen, die kaum einen Zweifel über des nachmaligen Reformators
geistige Urheberschaft aufkommen lassen.

Alle diese Notizen hat Vögelin am Schlusse seiner Abhandlung
beigebracht. Ist nun aber die Identität des Malers und des Münster-
baumeisters als eine endgiltig erwiesene zu betrachten — und die
Kenner Bernischer Geschichte versichern, dass es einen gleichnamigen
Zeitgenossen nicht gegeben habe — so müssen diese Berichte ohne
Weiteres in erster Linie berücksichtigt werden. Sie sind die Zeugnisse
einer Berufskenntniss, die nur in fachmässiger Lehrzeit erworben werden konnte, und wenn wir darum die Beschäftigung mit der Baukunst als den Ausgangspunkt der Manuel'schen Künstlerschaft betrachten, so geschieht dies mit Rücksicht auf die chronologische
Stellung des massgebenden Berichtes, um so mehr, als auch das Verhältniss der Manuel'schen Bilder zu dem Unternehmen des Architekten
die ungleich geschultere Ausbildung des Letzteren bestätigt.

Uebrigens zeigen die drei vom Jahre 1517 datirten Bilder im
Baseler Museum, dass es Manuel auch als Maler schon damals zu einer
bedeutenden Stufe der technischen Ausbildung gebracht hatte, und dass
dem sein Ruf entsprach, bestätigt eine Nachricht aus der zweiten Hälfte
desselben Jahres. Sie findet sich wieder in den Staatsrechnungen verzeichnet: »1517 denne Niclaus Manuel von der taflen wegen gan Gran-
son für miner herren teil 272 pf. 16 sch.« [11]). Sie muss ein sehr
bedeutendes Werk gewesen sein, für welches Manuel, nach dem Preise
zu schliessen, vielleicht nicht nur als Maler, sondern auch als Urheber
der architektonischen und decorativen Theile honorirt worden ist. Vorwiegend scheint er sich überhaupt in damaliger Zeit mit kirchlicher
Kunst beschäftigt zu haben. Von einigen solcher Arbeiten sind Nachrichten überliefert, andere erhalten geblieben. Zu jenen gehört eine in
Oel gemalte Passion des Heilandes, die sich nach Sandrart's Bericht
im Berner Rathhause befand [12]). Als ebenfalls verschollen führt Vögelin
eine noch von Grüneisen erwähnte Zeichnung an. Sie stellt die
hl. Anna mit dem Christuskind und Maria vor und ist vom Jahre 1511
datirt [13]). Dieses älteste unter den Werken, die Manuel zugeschrieben

---

[11]) Traechsel: Berner Taschenbuch S. 181. Muthmasslich war diese Stiftung für das Franciscanerkloster in Grandson bestimmt, wohin auch die Regierung
von Freiburg einen 1515 und 1516 von dem Bildhauer Hans Geyler verfertigten
Altar verehrte. (Cf. meine Geschichte der bildenden Künste in der Schweiz
S. 747 Nr. 1.)

[12]) Vögelin S. LXXI. Ob auch die von Grüneisen S. 176 auf der Bibliothek zu Colmar gesehenen Flügelbilder hieher zu rechnen seien, bleibt vorläufig
abzuwarten. (Sie haben mit Manuel keine Verwandtschaft. Anm. d. Red.)

[13]) A. a. O. S. LXX.

DIE HEILIGE ANNA.

Zeichnung von NIKLAUS MANUEL.

werden, ist aber nicht verschollen, sondern wohl erhalten im Besitze
des Herrn Oberförster v. Manuel in Burgdorf zu sehen, der die
grosse Gefälligkeit hatte, uns dasselbe zur Einsicht zu übersenden [14].
Wir lassen, weil seit Grüneisen dieser Zeichnung nicht mehr gedacht
worden ist, eine nähere Beschreibung folgen:

Auf einem nachgedunkelten Blatte von M. 0,262 Höhe und 0,204
Breite ist die Zeichnung mit derben schwarzen Federzügen ausgeführt
und mit kräftiger Tusche schattirt. Die dunkelsten Stellen sind mit
der Feder schraffirt. Zwei schlanke Stämme, aus denen Astwerk mit
Blattkrabben zum krönenden Stichbogen verwächst, bilden die Umrahmung. Im Scheitel des Bogens steht auf einem Zettelchen mit arabi-
schen Ziffern das Datum 1511. Ohne Zweifel war dieser Entwurf für'
einen Glasmaler bestimmt. Er zeigt den bekannten Typus der spätgothischen Cabinetscheibe. Links kniet die Stifterin mit dem Rosenkranz in den gefalteten Händen; der volle, jugendliche Kopf im Halbprofile ist leicht emporgerichtet. Eine Haube umschliesst die Schläfe.
Ueber dem Schulterkragen hängt eine Kette. Der Rock ist ohne Taille,
oben knapp, unten weit und ziemlich ungeschickt über das rechte Bein
drapirt. Buchstaben r und b bezeichnen die Farben des Rosenkranzes
und des Kragens; neben dem Rocke steht »bla samet«; den weichen
Glanz des Stoffes giebt die Tuschirung an. Eine Bandrolle zu Häupten
der Dame enthüllt in Cursivschrift die Worte: »heilige müter Sant anna
bit Got fir mich«. Vor der Betenden steht ein gestürzter Schild mit
unbekanntem Wappen, das ein Ungethüm, halb Greif, halb Drache
vorstellt. Rechts, viel grösser als die Donatorin, steht die Matrone
St. Anna. Das charaktervolle Haupt, das sinnend auf die Betende
herunterblickt, umhüllt ein faltiger Schleier. Ueber dem knapp anliegenden Gewande drapirt sich in kunstreichem Wurfe ein weiter Mantel,

---

[14] Dass hier die von Füssli (Geschichte der besten Künstler in der Schweiz
Bd. I S. 8) und Grüneisen pag. 184 erwähnte Zeichnung vorliegt, bestätigt
ausser der Schriftrolle ein auf der Rückseite angebrachter Zettel: »Gegenwärtige
Original-Handzeichnung von Niklaus Manuel, ein kniendes Frauenzimmer vorstellend,
das die heilige Anna um ihre Fürbitte bei Gott anruft, mit der Jahrzahl 1511, besass
Joh. Caspar Füefslin, er erwähnt derselben in seiner Geschichte und Abbildung der
besten Maler in der Schweiz. Zürich 8° 1755 im ersten Theil im Leben Niklaus
Manuel's S. 5. Füefslin überliess solche nachwärts an Herrn Weltsch Sekelmeister
Sigmund Augspurger, der sie sodann dem Herrn Venner Rudolf Manuel zum Geschenk
machte. Nach dem Tod des Herrn Rudolf Sinners von Worb, Herrn Venner's Tochter
Sohn, verehrte dessen Frau Witwe geb. Mutach und ihr Tochtermann Herr Major
Rudolf Wurstemberger diese Zeichnung dem gew. Obercomissario Rudolf Bab. Ma-
nuel, der nun solche zu Handen der Familie zum Aufbewahren bey den übrigen
E. Akten und Schriften derselben übergiebt. April 1821.«

zu Füssen in kleinbrüchigen Falten sich bäumend. Auf ihrer Rechten
trägt die Heilige das nackte Christusknäblein. Es hält einen Reichsapfel, indess die Linke auf dem Schosse ruht, und schaut zurück-
gewendet auf die Dame herab. Auf der Linken der Mutter sitzt die
Madonna, ein Mägdlein mit langen Lockenhaaren und mit zeitgenössischem Gewande bekleidet. Sie liest in einem Buche, das sie mit beiden
Händen vor sich hält. Der ganze Entwurf wie das Einzelne zeigt den
Künstler noch durchaus den gothischen Traditionen zugethan. Manches,
wie der Kopf der Donatorin, derjenige der hl. Anna und ihre einfach
kräftige Gewandung, ist mit virtuoser Frische gegeben, wogegen die
Köpfe der beiden Kinder als blöde, verschnupfte und zudem ver-
'zeichnete Typen bezeichnet werden müssen. Ein Monogramm, oder
irgendwelche Anspielung auf des Künstlers Namen ist nicht vorhanden,
doch stimmt die ganze Behandlungsweise sehr wohl mit anderen Entwürfen Manuel's überein, und es lässt sich besonders eine gewisse Verwandtschaft mit der 1518 datirten Zeichnung des hl. Vincenz im Berner
Museum nicht verkennen. Wir haben, um weitere Urtheile zu vernehmen, auf Taf. I eine Reproduction des St. Annen-Bildes gegeben.

1513 kommt Manuel in den Berner Staatsrechnungen vor. Ausser
Zahlungen, die er für kleinere handwerkliche Arbeiten erhielt, wurden
ihm 5 ß 10 ß 6 ₰ »von den heiligen dry küngen in die paner ze
malen« entrichtet [15]). Vom Jahre 1518 datiren dann die getuschten
Federzeichnungen, SS. Vincentius und Christophorus darstellend, welche
das Kunstmuseum von Bern besitzt. Beide sind in einem kraftvollen
Stile breit und frisch behandelt, aber, abgesehen von der ornamentalen
Umrahmung, noch vorwiegend gothisch gehalten. Die dritte ebendaselbst
befindliche Zeichnung einer gekrönten weiblichen Figur von 1522, deren
das Verzeichniss gedenkt, ist eine werthlose, in's Moderne übersetzte
Copie des Malers Albert Kauw.

Das sind die wenigen datirten Proben, nach denen sich die Richtung des Meisters bis zum Jahre 1518 verfolgen lässt. Auch die noch
vorhandenen Gemälde religiösen Inhaltes wird man aus diesem mittleren
Zeitraume zu datiren haben. Wir werden ihrer indessen erst später
gedenken, um an der Hand zweier grösserer Werke die chronologische
Folge festzuhalten. Beide sind im Originale nicht mehr vorhanden,
nur spätere Copien gestatten, ein Urtheil über das Allgemeine der
Composition zu geben.

Das ältere dieser Werke, 1518 datirt, sofern diese von einer
anderen Hand der Copie hinzugefügte Jahreszahl Glauben verdient,

---

[15]) Traechsel S. 181.

war ein Façadengemälde, mit welchem Manuel das Eckhaus beim
Mosisbrunnen unweit des Münsters in Bern geschmückt hat. 1758
sehr beschädigt, ist dasselbe »völlig abgethan worden«. Glücklicher-
weise hatte 26 Jahre vorher der Maler P. R. Dick eine Copie genommen, die ebenfalls nicht, wie Vögelin meldet, verschwunden, sondern
höchst wahrscheinlich in dem Aquarellbilde erhalten ist, das sich seit
drei Generationen in dem Besitze der Familie von Rodt in Bern
befindet[16]).
Ein Flachbogen, von candelaberartigen Säulen getragen, umrahmt
das Ganze. An dem Säulenpostamente zur Linken liest man die Inschrift »Niclaus Manuel ?. Bern«. Darüber ist der wagrechte Dolch,
des Meisters Künstlerzeichen, gemalt, und (von anderer Hand) die Jahrzahl 1518 verzeichnet. Links im Vordergrunde ragt eine hohe Säule
empor mit einem seltsamen, drachenähnlichen Gebilde darauf, vor welchem mit der Krone auf dem Haupt ein altes, stupid aussehendes
Männchen kniet. Es ist Salomo der Greis, den seine fremden Weiber
zum Götzendienste verfülirten. Diese stehen hinter ihm, die Eine hat
ihre Linke auf des Königs Schulter gelegt, mit der Rechten weist sie
zu dem Idole hinauf. Hinter der Säule harren ein Mann und eine
Frau; der Erstere hält eine Tafel vor sich, auf der die Verse stehen:

O Salomo, was dust du hie?
Der wysest so uf erden je
Von frowenlib ward geboren,
Macht dich ein wib zu einem toren?
So soll nich ouch. . . . .

In der Tiefe zieht sich eine hohe und kahle Mauer hin, hinter welcher
eine zahlreiche Gesellschaft mannigfaltiger Gestalten zu sehen ist, die

---

[16]) Jetzt im Besitze des Herrn Architekten E. v. Rodt-v. Mülinen in
Bern, dem wir die folgenden näheren Aufschlüsse verdanken: Es existiren in Bern
nur drei Copien dieses Wandgemäldes, 1) in der Sammlung des cantonalen
Kunstvereines, der Unterschrift zufolge von einem »Johann Victor Manuel in
seinem 16. Altersjahre gefertigt Anno 1735«. Dieses Blatt ist eine durchaus schüler-
hafte Copie. 2) Die von Vögelin pag. LXXIII erwähnte Wiederholung im Besitz
der Familie v. Manuel, bedeutend besser als Nr. 1 mit der Unterschrift: »cop.
von Gab. Löhrer nach einer Zeichnung von P. R. Dick Anno 1822«. 3) Die im
Besitze des Herrn v. Rodt-v. Mülinen befindliche beste Copie. Ueber dem Stichbogen liest man die Aufschrift: »Das Original befindet sich an dem Eckhaus nächst
dem sogenannten Moses-Brunnen, ist copirt den 28. August 1732 durch P. R. Dick.
Diess Gemälde so sehr beschädigt war, ist völlig abgethan worden Anno 1758.«
Herr v. Rodt vermuthet, es möchte diese Zeichnung durch Erbschaft in seine Familie
gelangt sein, die 1779 eine Alliance mit Denen v. Manuel hatte. In demselben Besitze
befindet sich auch die Vögelin unbekannte, wahrscheinlich von Manuel verfertigte
Pinselzeichnung des Bauern mit dem Metzger.

alle dem Vorgange da unten ihr lebhaftes Interesse schenken: Bürger, ein Mönch, lose Dirnen, eine Mutter mit dem Kinde, ehrbare Frauen; und mitten, über alle hinausragend, steht auf der Brüstung, die Arme keck an die Hüfte gestemmt, ein stattlicher Geselle in der schmucken Landsknechtstracht des beginnenden 16. Jahrhunderts.

Ueber die Einzelheiten, Stil und Technik lässt sich nicht mehr urtheilen; nur um das Ganze in's Auge zu fassen, reicht die Nachbildung hin, und hiebei stimmen wir ganz mit Vögelin überein, der die Composition als eine diffuse und auch den architektonischen Entwurf als eine mittelmässige Leistung bezeichnet.

Grösseres Interesse als der Anblick geringer Nachbildungen erweckt jedenfalls die Frage nach den Absichten, welche den Künstler zur Wahl dieses Gegenstandes veranlasst haben mochten. Diese Frage ist bekanntlich vielfach erörtert worden, seit Grüneisen zum ersten Male in dem Façadengemälde eine mehr oder weniger offenkundige Satire Manuel's auf seinen Grossvater erkennen zu müssen glaubte [17]. Den Gegenbeweis hat G. F. Rettig in einem 1862 erschienenen Programme der Berner Cantonschule zu liefern versucht [18]. Er vertheidigt sowohl den Stadtschreiber gegen die ihm gemachten Vorwürfe, als auch den Künstler selbst, mit dessen Charakter und Stellung ein derartiger Angriff in offenem Widerspruche gestanden haben würde. Nach seiner Meinung wäre in diesem Bilde vielmehr eine Zeitsatire, ein Protest gegen Papst und Papstthum und, was im Weiteren damit zusammenhängt, gegen den Bilderdienst der katholischen Kirche zu erkennen, eine Ansicht, der theilweise auch Vögelin beigetreten ist [19], während Baechtold einer neuesten Abhandlung Rettig's [20]) seine schon früher ausgesprochenen [21]) und im Wesentlichen mit Grüneisen übereinstimmenden Ansichten in bündiger Fassung entgegenhält [22]). Damit, scheint uns, hat Baechtold das Richtige getroffen. Er nimmt eine vermittelnde Stellung ein zwischen Grüneisen und Rettig, nur lässt er den Hinweis offen auf die Popularität des Bildes selber, welche die Wahl dieses Thema's auch ohne Weiteres erklärt.

Gewiss sind Grüneisen wie Rettig mit ihren Auslegungen zu weit

[17] Grüneisen, Manuel S. 172 u. S. 269 u. f.

[18] Prof. Dr. Rettig, Ueber ein Wandgemälde von Niklaus Manuel und seine Krankheit der Messe. Programm der Berner Cantonsschule 1862.

[19] Vögelin-Baechtold S. LXXIV.

[20] Thüring Frickart und Niklaus Manuel, Grossvater und Enkel. Im Anzeiger für schweiz. Geschichte 1879 Nr. 1 S. 96 u. f.

[21] S. XXVI der Manuelausgabe.

[22] Anzeiger für schweiz. Geschichte Nr. 2 S. 136.

gegangen. An ein kirchliches Spottbild dürfte zunächst schon darum
nicht zu denken sein, weil Manuel, als er dieses Wandgemälde schuf,
noch selber mit Heiligenmalerei beschäftigt war, und er unter allen
Umständen — man erinnere sich, dass Samson in eben demselben
Jahre 1518 in Bern noch ungestört den Ablass predigte — sich unge-
straft nicht hätte unterfangen dürfen, auf solche Weise gegen die
Heiligenverehrung aufzutreten.

Sodann ist aber, sein Verhältniss zu Thüring Frickart betreffend,
wohl nicht zu bezweifeln, dass dasselbe ein ziemlich gespanntes gewesen.
Abgesehen davon, dass schon in der illegitimen Herkunft der Mutter
ein Stachel lag, scheint nichts geschehen zu sein, wodurch sich Frickart
seinen Enkel verpflichtet hätte. An Bildung hat Manuel darben müssen,
und als dann die Jahre kamen, wo freundliche Unterstüzung ihn mancher Sorge enthoben haben würde, ist der Stadtschreiber noch einmal
zum Traualtare gegangen, um seine Dienstmagd zu ehelichen, mit
welcher der alldieweil schon Neunzigjährige noch zwei Sprösslinge
erzeugte, indess er Manuel in seinem 1517 datirten Testamente die
ganze Strenge des Gesetzes empfinden liess. Dass Manuel seinen Groll
zu verheimlichen sich kaum verpflichtet fühlte, geht aus einer Recla-
mation hervor, die er im Jahre 1519 gegen des Grossvaters letztwillige
Verfügung an den Rath erliess, und wieder einen Nachhall dieser Stimmung will man dann eben in dem Façadengemälde beim Mosesbrunnen
erkennen.

Sein eigenes Haus, hiess es früher, soll es gewesen sein, das
Manuel mit diesem Bilde geschmückt habe. Das ist nun aber durch
die in jüngster Zeit bekannt gewordenen Documente widerlegt [20]), und
damit hat auch die Erklärung, dass Manuel es in diesem Bilde auf
eine directe Persiflage seines Grossvaters abgesehen habe, ihren Boden
verloren. Schon innere Gründe sprechen dagegen; denn, mag das
16. Jahrhundert auch noch so sehr eine Zeit der freien und rückhalt-
losen Meinungsäusserung gewesen sein, so können wir doch unmöglich
glauben, dass ein Mann wie Manuel es schlechthin unternommen hätte,
seinen greisen Ahn vor aller Welt an den Pranger zu stellen. Er selber
würde sich damit am meisten geschadet haben, denn Zeitlebens ist
Thüring Frickart bei seinen Mitbürgern in hoher Achtung geblieben;
»überlebt in Vernunft und Ehren 90 Jahr« hat ein Zeitgenosse, Valerius Anselm, in seiner Chronik von ihm geschrieben [21]). Wie hätte da
vollends ein Dritter, dem Handel fern Stehender die Façade seines

---

[20]) Baechtold im Anzeiger Nr. 2 S. 189.
[21]) Rettig a. a. O. S. 99.

Hauses dazu hergeben sollen, um sie auf Unkosten einer öffentlichen Respectsperson mit einem Spottbilde bemalen zu lassen? Endlich aber ist auch die Annahme, dass diese Darstellung überhaupt ein persönliches Spottbild gewesen sei, in Frage zu ziehen. Man weiss, dass der Façadenmalerei des 16. Jahrhunderts insgemein ein starkes lehrhaftes Element zu Grunde zu liegen pflegte. Bald macht sich dasselbe in biblischen, bald auch in mythologischen Schildereien breit, oder wir sehen Vorstellungen behandelt, die ihren Ursprung in späteren, aus dem Mittelalter überlieferten Geschichtsbüchern und Sammlungen haben. Auch die Geschichte von dem bethörten Salomo gehört hieher; man pflegte sie häufig mit ähnlichen aus der Bibel und dem Alterthum überlieferten Episoden in Parallele zu setzen. Zu diesen gehört die Geschichte des Aristoteles, der sich von Phyllis, Alexander's des Grossen Maitresse, statt sie mit Vorwürfen über ihren lüderlichen Wandel zu strafen, als Pferd unter des Kaisers Augen vorreiten lässt; zählt die Schnurre von dem geprellten Virgil, den die schnöde Dame nach einem nächtlichen Besuch vom Fenster herunterliess, aber nur bis zur halben Höhe des Hauses, wo sie ihn zum Gespötte der Frühaufsteher in einem Korbe hat baumeln lassen; zählt endlich das biblische Seitenstück zu dem Thoren Salomon, die Geschichte Simsons, den die böse Delila hintergangen hat. Alle diese Scenen sind uns wohlbekannt: auf Glasgemälden, Stichen und Holzschnitten, auf Wirkereien, sogar auf einer Tischplatte, welche das Germanische Museum in Nürnberg besitzt, sind sie seit dem 15. Jahrhundert in zahlreichen Wiederholungen nachzuweisen, als geläufige, jedermann verständliche Warnungen vor der Weiberlist, an der auch die grösste Weisheit und Kraft gelegentlich in die Brüche geht. Hat nun unser Bild mit ähnlichen Darstellungen im Zusammenhange gestanden, so erklärt sich die Verwendung desselben zum Schmucke einer Façade von selbst. Aber auch ohne dies, als selbständiges Ganzes betrachtet, kehrt es häufig wieder, besonders auf Glasgemälden, und es lässt sich mithin seine Verwendung in dem vorliegenden Falle ebenso leicht verstehen, wie man dann allerdings die Vorliebe begreifen mag, mit der sich Manuel unter den einmal gegebenen Verhältnissen gerade mit Diesem Gegenstande befasst haben mag. Eine directe offenkundige Satire, ein Spottbild auf seinen Grossvater hat Manuel gewiss nicht geben wollen; dazu wäre er, der nachmalige Reformator und Diplomat, ein viel zu kluger Mann gewesen; aber was er dabei weder wehren wollte, noch konnte, das war die Freiheit der Gedanken, welche dieses Bild einem jeden mit den Verhältnissen Bekannten erwecken musste.

Das zweite Denkmal monumentaler Kunst, die umfassendste Arbeit,

die Manuel hinterlassen hat, war der Todtentanz im Berner Domi-
nicanerkloster. Vögelin und Baechtold[25]) stimmen mit Grüneisen[26])
überein, indem sie die Entstehung dieses umfassenden Werkes, das
über hundert lebensgrosse Figuren vereinte, aus dem Zeitraume zwischen
den Jahren 1515 und 1522 datiren, denn unmöglich ist anzunehmen,
dass Manuel später noch die Zeit zu einem derartigen Unternehmen
hätte erübrigen können, auch wären, da 1522 schon sein »Todten-
fresser« erschien, die Dominicaner-Patres gewiss die Letzten gewesen,
die den Freigeist Manuel mit einem solchen Auftrage betraut haben
würden. Uebrigens ist nicht nur die Zeit der Entstehung, sondern auch
Anderes, was diese Gemälde betrifft, in's Dunkle gehüllt. Schon 1553
von einem gewissen Urban Wyfs »erneuert« und hiebei mancher Ur-
sprünglichkeiten beraubt, ist der ganze Cyklus 1660, um Raum für
eine Strassenerweiterung zu gewinnen, niedergerissen worden, doch
hatte elf Jahre vorher der Maler Albert Kauw auf obrigkeitliche Verordnung noch eine Copie desselben genommen. Diese Sammlung von
Aquarellen befindet sich heute in Besitz der Familie Manuel[27]), Wiederholungen davon, von dem 1708 verstorbenen Wilhelm Stettler gemalt,
werden in der Sammlung des Berner Kunstvereines aufbewahrt. Diese
beiden Copien sind die einzigen Quellen, auf denen die Kenntniss von
dem Manuel'schen Werke beruht. Reste der Originalbilder sollen noch
eine Zeit lang auf dem Rathhause aufbewahrt worden sein[28]), sie sind
aber verschwunden, wie alle Studien, denn die Todesbilder, deren die
Basler Sammlung unter den Manuel'schen Zeichnungen mehrere besitzt[29]),
stehen hiezu in keinem Rapport; sie beweisen nur, dass Manuel, wie
andere Zeitgenossen, mit derartigen, damals nahegelegenen Phantasien
überhaupt beschäftigt war. Was daher zu beurtheilen übrig bleibt, ist
lediglich das Allgemeine der Composition und der Inhalt der beige-
schriebenen Verse, alles Detail entzieht sich der Kritik, und namentlich
würde es vergeblich sein, aus diesen Copien einen Rückschluss darauf
ziehen zu wollen, was Manuel als Frescomaler zu leisten im Stande
gewesen sei.

Die Folge der 46 Bilder eröffnete die bekannte Darstellung des
Beinhauses. Dann sollte durch die biblischen Bilder: Vertreibung aus
dem Paradiese, Mosis Gesetzgebung und die Darstellung des Gekreu-

---

[25]) S. XVI u. LXXVIII.
[26]) S. 164.
[27]) Vgl. das Nähere über diese Sammlung in Berichtigung der von Grüneisen S. 168 gemachten Angaben bei Vögelin-Baechtold S. LXXXIII N. 3.
[28]) Grüneisen S. 167.
[29]) Sie sind aufgezählt bei Vögelin S. LXXXV N. 1.

zigten gezeigt werden, wie der Tod in die Welt gekommen, und wie
er durch Christi Opfertod gesühnt und überwunden worden ist. Nun
folgten die Vertreter der verschiedenen Stände und zwar, wie Vögelin
nachweist, dem »Dotentanz mit Figuren« entsprechend, in zwei gesonderten Reihen, in der einen die Kleriker, in der anderen die weltlichen
Personen, denen der Künstler sein eigenes Bildniss beigesellte. Das
Schlussbild war die von Alters her bekannte Darstellung der Todes-
predigt, deren verschiedene hier auf Einem Gemälde vereinigte Episoden
in Bildern und Predigten mehrfach behandelt worden sind [30]). Im
Grossen und Ganzen also ist der Inhalt derselbe, wie er seit dem
15. Jahrhundert für alle derartigen Bilderfolgen sich festgestellt hatte,
insbesondere scheinen dem Künstler die beiden Basler Todtentänze vor-
geschwebt zu haben [31]). Hier wie dort haben wir die meist einfache
Gruppirung zweier Figuren, des Todes und seines Opfers, welche bald
tanzend, oder wohl noch häufiger in solchen Positionen erscheinen, die
den Tod als Spötter oder jählings dahinraffenden Würger zeigen. Dem
entsprechen die Instrumente, Geräthe, Gewandstücke und andere Zuthaten, mit denen Manuel diese Cadavergestalten auftreten lässt, und
welche in der Regel eine Anspielung auf den Stand, die Liebhabereien
und Schwächen des Opfers geben, als dessen Gegenbild der Tod erscheint.
So beim Waldbruder, der Jungfrau, dem Landsknecht u. s. w. Ueberhaupt schielt das Spöttische, Beissende, Satirische überall durch. Den
Landsknecht entführt der Tod in dem Momente, wo jener durch sein
Bürschlein einen Hahn und eine Ente hat stehlen lassen, und dass
man sich ja nicht über den Act der Vergeltung täusche, steht zum
Ueberfluss auf der Tasche des Knaben das bedeutungsvolle Wort »jus«
geschrieben. Dem Krüppel, der so mühsam auf seiner Krücke einher-
humpelt, spielt der Tod auf der Flöte, der Dirne auf dem Dudelsack
vor; mit dem Narren ringt er, und wie der Arzt das Uringlas
betrachtet, schleicht der Tod mit scheusslichem Lachen von hinten
herzu und schlägt mit einem Knochen ein Loch in's Glas, dass das
Wasser daraus heruntersprit [32]). Aber auch an tieferen und gemüthvollen Zügen fehlt es nicht, so bei dem Bilde des Kindes. Holbein hat
aus dieser Scene ein erschütterndes Drama gemacht, bei Manuel herrscht

---

[10]) Vögelin S. LXXXVIII. Woltmann, Holbein und seine Zeit, II. Aufl.
S. 246. Mittheilungen der k. k. Central-Commission 1872 S. LXXXVII.

[11]) Noch zwei andere Quellen: den »Dotentanz mit Figuren« und einen
Lübecker Druck von 1496 führt Vögelin S. LXXXVI an.

[12]) Dieselbe Darstellung des Arztes findet sich in dem annähernd gleichzeitigen Todtentanze, der vor wenigen Wochen in dem Beinhause in Wyl (Canton
St. Gallen) entdeckt worden ist.

hier eine fast freundliche Stimmung vor: Der Tod hat sich zum Kinde herniedergebeugt und spielt ihm auf der Pfeife eine liebliche Weise vor, der es gerne folgt, indem es selbst die besorgte Mutter nach sich zieht. Alle diese Scenen heben sich von einem einfachen architektonischen Hintergrunde ab. Er stellt eine Halle von schlichten Rundbögen, die von gebauchten Säulen getragen werden, vor. Darüber zwischen den Arcaden sind in regelmässigen Abständen Rundmedaillons mit Wappenschilden und Namensinitialen angebracht. Die Annahme liegt nahe, dass hieraus ein fester Rückschluss auf die Entstehungszeit dieser Bilder zu ziehen sei, wie denn auch die meisten der dargestellten Persönlichkeiten Porträtfiguren gewesen zu sein scheinen. Allein vergebliche Mühe! weder sind die Letzteren jeweilig ihrem entsprechenden Stande zugetheilt, noch sind auch durch die Namen und Wappen lauter Mitlebende, sondern eben so häufig Verstorbene, ja selbst erloschene Geschlechter repräsentirt [33]).

In der Tiefe durch die Arcaden war der Ausblick in weite Landschaften geöffnet. Man glaubt in diesen mit Flüssen, Ruinen, Wohnhäusern und Städten reich staffirten See- und Gebirgsgegenden manche Erinnerungen an bekannte Veduten vom Thuner, Bieler, Murtener und Neuenburger See zu erkennen. Sie sind überaus anmuthig und frisch gegeben, so dass, wenn sie dem Originalentwurfe angehörten, Manuel als einer der besten Landschafter unter den Ober- und Niederdeutschen seiner Zeit zu gelten hätte. Indessen ist das, wie leicht ersichtlich, auf Grund der Copien nicht zu entscheiden; man kann nur sagen, dass, was wir sonst von Manuel'schen Landschaften, z. B. aus seinen Baseler Skizzen und Holzschnitten, kennen, einen anderen Charakter trägt, und mithin Vögelin's Annahme sehr nahe liegt, es möchten gerade zumeist diese Partien von einer späteren Uebermalung betroffen worden sein.

Damit sind aber die Zweifel, die sich beim Anblicke dieser Bilderfolge erheben, noch keineswegs erschöpft. Was vollends am schwierigsten zu erklären bleibt, das ist der Ton, der das Ganze durchwebt und eine der bittersten Satiren verkündet, die wohl je in katholischer Zeit gegen die Auswüchse und den Verfall des geistlichen Lebens geschleudert worden sind. Ueberall sind es die Kleriker, die Manuel am schlechtesten aus der Affaire sich ziehen lässt, und denen er in Bild und Wort die schlimmsten Streiche spielt. So der Papst, auf dessen Sänfte die Vertreibung der Wechsler aus dem Tempel und die Ehebrecherin vor Christus abgebildet sind. Auf dem Bilde der Braut erscheint das Gerippe,

---

[33]) Vgl. das Nähere bei Vögelin S. LXXXI und Grüneisen S. 159.

das sie mit unkeuscher Bewegung umarmt, als Bräutigam und Kleriker zugleich. Auf dem Bilde der Mönche tritt diesen der Tod mit der Anrede entgegen:

> Ir münchen mästend üch gar wol,
> Ir steckend aller sünden vol
> Sind rissend wölf in eim schafskleid!
> Ir müessend tanzen, wär es üch leid[**])!

Man hat für diese schneidige Auffassung verschiedene Erklärungen gesucht, und Woltmann hat z. B. die Vermuthung ausgesprochen, es möchte dieselbe durch den Jetzer'schen Handel veranlasst worden sein, dessen bekannter 1509 stattgehabter Ausgang die Berner Predigermönche so schwer compromittirt hatte. Gleichsam eine Busse, eine sich selbst auferlegte Pönitenz zur Sühne jenes Scandales sei es daher gewesen, dass die Insassen des Klosters dem Maler die Freiheit gewährten, so schonungslos über das in ihrem Stifte stattgehabte Unwesen zu Gericht zu sitzen[35]). Allein, wie Vögelin, sagen auch wir: was würden die Dominicaner mit einer derartigen Sühne erreicht haben? Denn es ist wohl zu berücksichtigen, dass diese Bilder keineswegs an einer öffentlichen, jedermann ohne Weiteres sichtbaren Stelle sich befanden, sondern zunächst nur den Insassen des Klosters sichtbar waren[36]). Endlich ist auch der Ton, der dem Ganzen zu Grunde liegt, keineswegs ein derartiger, dass man sagen könnte, seine schärfste Spitze sei speciell gegen die mönchischen Besteller gerichtet gewesen; die Satire ist vielmehr gegen den gesammten Klerus überhaupt gerichtet, wie diess in manchen anderen Todtentänzen ja auch der Fall war. Es hatte ein solcher Ton überhaupt seit Langem in der Luft gelegen. So genügt es, an die zahlreichen oft recht derben Anspielungen zu erinnern, die bereits im 14. Jahrhundert in den Schnitzereien der Chorstühle[37]) und anderweitigen kirchlichen Bildwerken ihre Stelle gefunden hatten; an die Schilderungen des jüngsten Gerichtes, z. B. gerade am Hauptportale des Berner Münsters, wo es sogar einem Papste widerfährt, sich an der Himmelspforte zurückgehalten zu sehen[38]). In solchen Bildern aber nichts als Hohn und Spott auf die Verworfenheit des geistlichen Standes zu

[34]) Die sämmtlichen Sprüche zum Todtentanz sind abgedruckt bei Baechtold S. 1 u. f.

[35]) Woltmann, Holbein S. 256.

[36]) Vgl. Vögelin-Baechtold S. LXXVII u. LXXIX.

[37]) An den Chorstühlen im südlichen Querschiff des Basler Münsters z. B. Vgl. meine Gesch. d. bildenden Künste in der Schweiz S. 752 und F. X. Kraus, Kunst u. Alterthum in Elsass-Lothringen Bd. 1 S. 476 u. f.

[38]) Eine Abbildung in der Gesch. der bild. Künste in der Schweiz S. 725.

erblicken, wäre ebenso einseitig, als eine derartige Deutung in direclem
Widerspruche zu dem Geiste des Mittelalters stünde. Aus allen diesen
Satiren spricht keineswegs der Hohn allein, sondern ebenso sehr ein
erkleckliches Stück Moral. Man war eben im geistlichen Gewande so
gut wie im weltlichen Kleide über die Illusion erhaben, dass alle Dinge
so, wie es wünschbar wäre, beschaffen seien, und scheute sich nicht,
indem man seine Schwächen bekannte, sich dadurch gegenseitig zum
Besseren zu mahnen. Man sieht daraus, die Stimmung, der auch diese
Berner Bilder Ausdruck geben, ist eine damals allgemein verbreitete
gewesen, und wenn sie nun allerdings hier in einer besonderen Schärfe
sich äussert, so ist der Grund eben einfach in der Individualität des
Künstlers zu suchen, bei dessen rückhaltloser und energischer Weise
eine derartige Lösung von vorneherein zu erwarten stand, wobei die
von Vögelin angeregte Frage überdiess zu erörtern bleibt, wie weit die
Prediger selber, schon von dem reformatorischen Geiste durchdrungen,
einer solchen Auffassung ohne Weiteres zugänglich waren [9]).

Noch eines dritten Werkes ist hier gleich zu gedenken, der
Bauernhochzeit, die Vögelin ebenfalls den Manuel'schen Wandmalereien beizuzählen geneigt ist. Wiederum freilich ist auch diese Composition nur in einer späteren Oelcopie überliefert, die vor vielen Jahrzehnten auf dem Dachboden des Eckhauses beim Mosesbrunnen gefunden
wurde und jetzt zur Sammlung des Berner Kunstvereins gehört [10]). An
einer Fensterbrüstung hätte diese Composition ihre Stelle wohl finden
können, doch wäre ebensogut an die Verwendung derselben im Inneren
eines Hauses zu denken, zum Schmucke der zwischen Täfer und Diele
befindlichen Wandflächen, die man im 16. und 17. Jahrhundert häufig
mit Bildern auszustaffiren pflegte. Einen hohen Begriff von dem Schön-
heitsgefühle des Künstlers erweckt diese Darstellung nicht, und der
Humor, sofern überhaupt von ihm zu reden ist, geht kaum über das
Gemein-Possenhafte hinaus. In Form eines langen und schmalen Strei-
fens zeigt das Gemälde den Zug der Brautleute und Hochzeitsgäste
zur Kirche. Unter der offenen Thüre steht ein zwerghaftes Fratzen-
männchen; es ist der Priester, der plärrend mit Buch und Weihwedel die Ankommenden empfängt, aber im gleichen Momente durch
einen jungen Gesellen gefoppt wird, der aus dem höher gelegenen
Fenster vermittelst der Armbrust ein Pastetchen oder Törtchen in des
Pfaffen Maul herunter schiesst. Den Brautzug selber bildet eine Aus-
lese gemeinen Gesindels. Dem Trommler und Pfeifer voran schreiten

---

[9]) Vögelin S. LXXX u. f.
[10]) Grüneisen S. 181. Vögelin S. LXXIV.

zwei hosenlose Gesellen, dann folgen zwei mit Käsen, den Hochzeits-
geschenken, beladene Kerle. In der Mitte des Zuges sieht man die
Braut, ein dummes, fettwanstiges Wesen, zur Linken von ihrem Auserwählten, rechts von einem lotterigen Fratzenmenschen geführt, der
mit obscöner Geberde gewisse Reflexionen zu commentiren scheint.
Klatschende Weiber, wahre Hexen, Ausgeburten gemeiner Hässlichkeit
bilden die Escorte, der sich als Letzter ein Bauer mit einer Schweins-
keule und dem Weinkruge anschliesst. Die grobe Malerei, mit der diese
gedrungenen Gestalten auf einem hellen, grünlich-grauen Grunde ausgeführt sind, mag man auf Rechnung des Reproducenten setzen; aber
was auch dem Originale — wenn solches überhaupt etwas Anderes als
eine von Manuel nur flüchtig hingeworfene Skizze war — nicht zum
Vorzug gereicht haben mag, das ist der Mangel an Leben im Einzelnen,
wie derjenige einer Composition überhaupt. Das Ganze ist nichts anderes
als die Auflösung eines Haufens in einzelne willkürlich an einander
gereihte Figuren; nichts ist genial, sondern Alles einfach hässlich; es
ist, als ob es der Künstler darauf angelegt hätte, das Rüpelhafte und
Gemeine herauszukehren.

Wenn wir nun von den übrigen noch zahlreich erhaltenen Bildern
und Zeichnungen reden, ist zunächst der religiösen Compositionen zu
gedenken. Die ältesten sind ohne Zweifel die Oelgemälde auf der Vorder-
und Rückseite eines Altarflügels im Museum des Kunstvereins
zu Bern[41]. Das eine von ihnen stellt den Evangelisten Lukas, das andere
die Geburt der Maria vor. Die erstere Darstellung namentlich, die
Manuel noch in alterthümlicher Weise auf Goldgrund gemalt hat, ist
ein recht frisches und ansprechendes Bild. In scharfem Profile, mit
zeitgenössischem Gewande angethan, sitzt der heilige Maler vor einer
Staffelei[42]. In dem edlen blondgelockten Haupte ist das Lauschende,
Gespannte des Erfassens vortrefflich ausgedrückt, ganz der Weihe des
Momentes entsprechend, denn es gilt die Madonna selber zu porträtiren,
die stehend mit dem Christusknaben auf dem Arm vor dem Künstler
erscheint. Ein Fenster in der Tiefe öffnet den Ausblick auf ein an-
muthiges, von blauen Bergen begrenztes Seegelände. An der Bucht im

---

[41] Vögelin S. LXVII.
[42] Dass in dem hl. Lukas Manuel's Selbstporträt zu erkennen sei, wird von
Vögelin bestritten, weil »Manuel nach seinem beglaubigten Profilporträt im Todtentanz eine viel gebogenere Nase und ein stärker vorspringendes Kinn hatte«. Uns
will scheinen, dass die ohnehin kleinen Aquarellcopien denn doch zu einem entscheidenden Vergleiche nicht beigezogen werden können. Ueberdiess dürften auch
Altersunterschiede zu berücksichtigen sein, die sich ja oft nach wenigen Jahren
schon in einem schärferen Schnitt der Gesichtszüge ausprägen.

Vordergrunde erhebt sich ein alter Thurm mit angebautem Riegelhause, ein Motiv, das auf anderen Bildern und Handzeichnungen Manuel's öfters wiederkehrt. Die Gesammtwirkung ist eine recht lustige, farbenreiche und zugleich harmonische. Weniger gilt dieses Letztere von dem Bilde der Aussenseite, wo unter einer himmlischen Glorie die Wöchnerin Anna erschöpft auf ihrem Lager ruht. Kräftige, schalkhafte Dirnen machen sich im Vordergrunde mit der Neugeborenen zu schaffen, die eben aus dem Bade gehoben wird, während unfern am gedeckten Tische die Wehemutter der wohlverdienten Ruhe pflegt.

Der Eindruck, den diese Bilder erwecken, ist der, dass es Manuel an tüchtigen Anlagen zum Maler keineswegs gemangelt hat. Er ist originell in der Auffassung, der ein munterer, frischer Ton zu Grunde liegt. Als Colorist hat er in dem Lukasbilde etwas recht Braves geschaffen, und Etliches — die messingene Schüssel, in der die neugeborene Maria gebadet wird, und der Tisch mit den Malergeräthen im Lukasbilde — zeigt, dass er es zu einer erklecklichen Stufe auch in der Stoffmalerei hätte bringen können. Was ihm dagegen fehlt, das ist die Schule und das strenge Studium, zu dem ihn eine solche erzogen haben würde. Auf allerlei Nachlässigkeiten, perspectivische Fehler und Verzeichnungen muss man sich beim Anblick seiner Bilder von vornherein gefasst machen, wie denn auch hier die hl. Anna an ihrer Linken sechs Finger hat.

Als Maler wie als Zeichner lernt man Manuel übrigens am besten in Basel kennen. Dort bewahrt die öffentliche Kunstsammlung zunächst ein ausnehmend fleissig durchgeführtes Bild der Enthauptung Johannis des Täufers[1]). Links steht das zagende, entsetzte Mägdlein, dem der eilig herzustürzende Henker, eine vortreffliche Studienfigur, des Täufers Haupt überbringt. Gegenüber, durch eine Blutlache watend, tragen zwei Männer auf einer Bahre den Leichnam weg. Ein Regenbogen spannt sich über der Scene hin; düstere Wolken, ein zorniges, unheimliches Luftphänomen, verhüllen die Sonne. Unter allen von Manuel bekannten Bildern zeichnet sich dieses durch die grösste Feinheit der Technik aus. Die Modellirung ist vom zartesten Schmelze; Haare, Schmucksachen u. dgl. mit den feinsten Decklichtern miniaturmässig durchgeführt. Was wir dagegen vermissen, das ist die Harmonie der Farben, und ebenso erkennt man auch hier, was des Meisters Werke durchwegs charakterisirt, den Mangel einer gründlichen Schule. Mit der Perspective steht der Künstler auf gespanntem Fusse,

---

[1]) Grüneisen S. 179. Vögelin S. XCVII.

und die Hände, welchen Fleiss er sonst auch aufgewendet, hat er
schwach und leblos gezeichnet.

Oefters hat Manuel auch in Tempera gemalt. Solche Bilder, deren
das Basler Museum mehrere besitzt, sind auf Leinwand gemalt, mit
ziemlich grellen, bunten Farben, die ein trockenes, kreidiges Aussehen
haben. Hierher gehört das merkwürdige Gemälde, welches die Anbetung der hl. Anna vorstellt, ohne Zweifel ein Votivbild, welches
dieser Patronin gegen die Pest und die bösen Blattern gewidmet ward[44].
Zu oberst, über einem Regenbogen, sieht man die schwebende Halbfigur Gottvaters. Darunter, zwischen SS. Rochus und dem Pilger
Jacobus thront die hl. Anna, als Nonne gekleidet und auf ihrem Schosse
das nackte Christusknäblein. Es ist mit einem Buche beschäftigt,
in welchem das seitwärts knieende Mägdlein Maria blättert. Diesen
heiligen Gestalten ist nun die Verehrung zweier figurenreicher Gruppen
gewidmet, die unten zu beiden Seiten des Vordergrundes knieen. Links
sieht man die Presthaften, unter denen der Künstler an einem hoch-
gewachsenen Manne die Schrecken der Krankheit mit wahrem Raffine-
ment geschildert hat. Die Arme, die er in der Schlinge trägt, und die
grün unterlaufenen Beine sind mit ekelhaften Geschwüren bedeckt, die
Füsse aufgeschwollen, zu formlosen Klumpen geworden. Das schmerzver-
zerrte Gesicht mit dem spärlichen Bartwuchs, den eingefallenen Wangen
und der eckigen Stirne giebt das Bild eines furchtbaren Leidens wieder.
Auch die schmuck gekleidete, hübsche Dame, die vor ihm kniet, ist von
der Krankheit ergriffen, das zeigt die Beule auf dem vom zurückgeschlagenen Gewande befreiten Arme. In der Gruppe gegenüber, wo sich
das stattliche Paar eines vollkräftigen Mannes und einer weissgekleideten
Blondine auszeichnet, die mit anmuthigem Gesichte aus dem Bilde
heraussieht, wird man die von der Krankheit verschonten Donatoren
zu erkennen haben. Eine reiche Landschaft nimmt die Ferne ein.
Links sieht man ein Wasserhaus am See und eine hölzerne Brücke,
darüber auf einem Felsen eine Burg[45]. Alles, besonders das Architektonische, ist vortrefflich mit frischen Zügen gezeichnet, aber unruhig
mit bunten, disharmonischen Farben gemalt. Nach dem Stile zu
schliessen dürfte die Entstehung dieses Bildes annähernd gleichzeitig mit
demjenigen des Berner Altarflügels anzusetzen sein. Das Wasserschloss
und anderes Landschaftliche stimmt mit dem Lukasbilde auffallend

---

[44] Grüneisen S. 175. Vögelin S. LXIX. Ueber die gesteigerte Verehrung
der hl. Anna selbdritt seit Anfang des 16. Jahrhunderts Grüneisen S. 72 nach
Anshelm III. 25.

[45] Fast wie eine Vorstudie nimmt sich eine Landschaftzeichnung in dem
Sammelbande U. 10 fol. 29 der öffentl. Kunstsammlung in Basel aus.

überein; die bunte Glorie ist dieselbe wie auf dem Bilde der Geburt Mariä, ebenso die knitterige Behandlung der Gewänder, mit denen einzelne Figuren ebensogut in einem gothischen Bilde figuriren könnten. Die flüssige aber sehr virtuose Zeichnung zeigt eine ziemlich starke Inanspruchnahme schwarzer und brauner Contouren; doch ist die Modellirung, besonders die der Köpfe, gründlich durchgeführt. Einige derselben zeigen als Porträte ein wirkliches Verdienst. Wie auf anderen Bildern des Meisters fällt auch hier die fleissige Behandlung der Haare auf, die durch feine, hell aufgedeckte Striche specialisirt sind.

Neben diesen biblischen und legendarischen Bildern ist sodann der mythologischen und antikisirenden Darstellungen zu gedenken. Manuel wäre kein Kind des 16. Jahrhunderts gewesen, hätte er nicht ebenfalls mit dergleichen damals allgemein gangbaren Vorstellungen sich abgegeben. Aber gerade in solchen Dingen erkennt man so recht die Fesseln, die ihm der Mangel an klassischer Bildung auferlegte. Nirgends verräth er eine Spur gelehrten Wissens [16]), sondern was er von Dergleichen behandelt, sind nur Stoffe, deren Kenntniss ihm aus zweiter Hand, sei es aus der Anschauung von Holzschnitten und Bildern Anderer, sei es durch Lectüre damals allgemein gangbarer Romane und Gedichte, vermittelt wurde.

So besitzt das Basler Museum zwei merkwürdige wieder mit Temperafarben gemalte Bilder, von denen das eine das Urtheil des Paris, das andere die Geschichte von Pyramus und Thisbe illustrirt [17]). Die Art und Weise, wie Manuel hier mit den antiken Gestalten verfährt und sie in's Zeitgenössische übersetzt, hat schon eher etwas Komisches als Naives. Beide Bilder sind wohl auch nicht viel mehr als blosse Parodien. In Paris scheint Manuel sich selber porträtirt zu haben. Als schmucker Landsknecht hat er sich unter einem Baume niedergelassen. Man sieht es förmlich, wie er sich gütlich thut an dem keineswegs werktäglichen Anblicke einer so hohen und feinen Gesellschaft. Als »PARIS VON TROY DER TORECHT« bezeichnet eine Inschrift den Auserwählten, auf welchen Cupido mit verbundenen Augen einen Pfeil herunterschiesst. Der Sinn, der den übrigen Gestalten zu Grunde liegt, ist der, dass die nackte Venus mit ihrem liebreizenden und neckischen Blondköpfchen des Paris Interesse ausschliesslich für sich erobert hat. Darüber sind die Geführtinnen unwillig geworden. Juno, eine vornehme patricische Erscheinung, scheint sich noch einmal präsentiren und auch die Gefährtin dazu ermuntern zu wollen. Aber

[16]) Vgl. Grüneisen S. 84 und Baechtold S. XXIII.
[17]) Grüneisen S. 173 u. f. Vögelin S. XCV.»

diese ist des Vergnügens an der Parade schon satt geworden; mit einer
Miene, die über ihr höchstes Missvergnügen keinen Zweifel bestehen
lässt, schickt sie sich an, von der Scene sich abzuwenden. Dass
Pallas statt des Gorgonenschildes einen kleinen feuersprühenden Drachen-
kopf hält, kann hier ebenso wenig auffallen als der Name »Priamus«,
mit dem Manuel den Geliebten der Thisbe auf dem zweiten Bilde bezeichnet hat. Wie ein Landsknecht, der sich im Schlafe schnarchend den
Consequenzen der Festlust überlässt, ist er lang hingestreckt auf den
Boden gesunken. Vor ihm kniet die Geliebte; sie ist nur mit einem
feinen, durchsichtigen Hemde bekleidet und steht im Begriffe, sich mit
einem gewaltigen Schwert den Tod zu geben. Hinter Thisbe, bei der
zwei Frauen wehklagend die Hände ringen, zieht die Löwin ab, in
einer Landschaft, die ebenso bizarr in Formen wie in Farben erscheint.
Alle Töne einer grellen, bunten Palette sind hier erschöpft. Die Berge
sind azurblau, Carmin, Mennigroth, Schwefelgelb, durch alle Nüancen
in's Grüne spielend, wechseln auf den Wolken ab; ein einziger Fels-
kopf ist nahezu mit allen Farben der Regenbogenscala bemalt.

In ähnlicher Weise in's Zeitgenössische travestirt, indessen mit
dem höchst denkbaren Fleisse gemalt sind die kleinen miniatur-
mässigen Darstellungen Davids und der Bathseba (auf der Rückseite Tod und Dirne) und der Lucretia im Basler Museum [44]).
Nächst der eigenthümlichen Technik, mit welcher diese Bilder auf
bronze-braunem Grunde bloss mit schwarzen Contouren, leicht grauen
Schatten und sparsamen deckweissen Lichtern gemalt sind, überrascht
hier besonders der überaus anmuthige Stil der Ornamente, welche
Manuel bereits im Jahre 1517 als einen ausgemachten Renaissancisten
zeigen. Man möchte an den Einfluss Mantegna'scher Zierden glauben,
wenn man die reizende, grau in Grau gemalte Umrahmung aus
Fruchtschnüren, Blättern, Kelchen, Genien, geflügelten Halbwesen
u. s. w. sieht. Ebenso lustig ist der Brunnen, an welchem Bathseba,
von schmucken Zofen bedient, ihre Toilette besorgt. Man sieht da eine
allerliebste Gesellschaft von Flügelknaben, die in allen möglichen Posen
auf der muschelförmigen Schale sich präsentiren, bald aus dem Munde,
bald anderswoher das Wasser ergiessen oder die plätschernde Fluth
statt Bolzen und Kugeln aus Armbrust und Büchse entsenden.

Endlich lernen wir Manuel den Maler auch durch einige Porträte kennen. Schon der Berner Lukas und der Paris in Basel sind
vortreffliche nach dem Leben gezeichnete Studienköpfe, und ebenso
tüchtige Leistungen in diesem Fache sind unter den Handzeichnungen

---

[44]) Grüneisen S. 178 u. f. Vögelin S. XCVII.

zu finden [49]). Von eigentlichen Bildnissen hat Vögelin nur des Künstlers Selbstporträt in der Berner Stadtbibliothek gesehen; die übrigen führt er nach Grüneisen und nach Mittheilungen Anderer auf [50]). Nun ist aber zu berichtigen, dass weder die beiden nach Grüneisen bei der Familie v. Mülinen befindlichen Porträte [51]), noch das von der Familie v. May von Ursellen aufbewahrte Bildniss [52]) für Manuel's Arbeit zu gelten haben. Die beiden Ersteren sind Malereien gewöhnlichen Schlages, die höchstens aus der Spätzeit des 16. Jahrhunderts datiren können; in dem Letzteren, einem männlichen Brustbilde, glauben wir die von Grüneisen S. 178 erwähnte Copie zu erkennen. Was aus dem Originale geworden, ist unbekannt; hat aber Handmann dasselbe genau wiederholt, so dürften, nach dem Costüm des Dargestellten und der Cartouschenform des Wappens zu schliessen, auch hier gewichtige Zweifel über Manuel's Autorschaft zu erheben sein.

Völlig authentisch sind dagegen drei andere Bildnisse, die sich ebenfalls in Bern befinden. Leider sind sie in einer Weise heruntergekommen, dass ausser der lebensvollen und charakteristischen Auffassung fast nichts mehr zu beurtheilen übrig bleibt. Eines dieser Gemälde, das sich noch jetzt in dem Besitze der Familie v. Manuel befindet [53]), stellt auf grünem Grunde das Brustbild eines bartlosen Mannes im Alter von höchstens dreissig Jahren vor. Auf den vollen blonden Haaren, die eher mühsam als virtuos mit feinen deckweissen Lichtern specialisirt sind, sitzt ein breitkrämpiges schwarzes Barett. An der rechten Seite verlappt und heruntergebogen, ist dasselbe mit einem Medaillon besetzt, dessen Rand die Spuren einer weissen Inschrift zeigt. Darin, auf gelbem Grunde, erkennt man die Reste einer Figur (St. Michael oder Georg?), die, scheint es, auf einem grünen Drachen steht. Des Jünglings Gesicht, mit fein gebogener Nase, klaren blauen Augen und einem frischen energischen Ausdrucke, der namentlich durch die leicht aufgeworfene Oberlippe zur Geltung kommt, ist ein wenig nach rechts gewendet. Eine engegefältelte Chemisette mit gelbem, gesticktem Stehkragen verhüllt den Hals und die Brust. Der viereckig ausgeschnittene Rock ist mit zwei röthlich-braunen Sammtborten besetzt. Das Bild ist aller Feinheiten, besonders der Modellirung beraubt, die in den tieferen Fleischparthien mit einem röthlich-braunen Ton durchgeführt war. Zu Seiten des Hauptes stehen links vom Beschauer die

[49]) Vögelin-Baechtold S. XCV Nr. 11 u. 25 des Verzeichnisses.
[50]) a. a. O. S. XCV u. CXIX.
[51]) Grüneisen S. 178. Jetzt bei Herrn Egb. Friedr. v. Mülinen-v. Mulach.
[52]) Verzeichniss S. CXX. Nr. 81. Jetzt bei Herrn Pfarrer v. May v. Ursellen.
[53]) Verzeichniss Nr. 83. M. 0,345 hoch, 0.28 breit, auf Leinwand gemalt.

Jahreszahl 1520 und des Künstlers Monogramm NMD verzeichnet, darunter der wagrechte Dolch, rechts liest man die Aufschrift MIN ALTER. Bachtold hat daraus geschlossen, dass hier das Bildniss von Manuel's Vater zu erkennen sei[54]). Das Datum 1520 sowie das jugendfrische Aussehen des Mannes scheint diese Annahme vollständig zu widerlegen, auch ist ja das »Min Alter« durchaus nicht in dem einzigen Sinne einer Vaterschaft aufzufassen, es kann vielmehr gerade so gut das Alter bedeuten, in dem sich der Dargestellte als Modell befand, wobei dann freilich die Persönlichkeit desselben noch immer zu ermitteln übrig bleibt.

Das zweite besser erhaltene Bild in demselben Besitze ist gleichfalls mit des Künstlers Monogramm und der Jahreszahl 1520 markirt. Gegenüber sind die Insignien des Dargestellten: das Jerusalem-Kreuz, Schwert und zerbrochenes Rad der hl. Katharina gemalt. Man glaubt in diesem Bildnisse dasjenige des Ritters Caspar von Mülinen zu erkennen[55]). Es zeigt, wieder auf grünem Grunde, einen hellen, vornehmen Kopf im Halbprofile mit üppigen dunkelblonden Haaren, hellblondem, starkem Schnauz- und wagrecht zugeschnittenem Kinnbarte. Das rothe Barett ist über der Stirne mit einer kleinen blauen Gemme besetzt, hinter welcher eine dünne grüne Feder steckt. Der rothe Damastrock ist weit ausgeschnitten, über dem weissen Kragentuch mit gelber Krause hängt eine Goldschnur mit Kreuz herab. Man erkennt eine fleissige, wenn auch trockene und ziemlich handwerkliche Ausführung. Wie auf dem vorigen Bilde fällt der grüne, scharfgezeichnete Schlagschatten auf, der, statt die Büste zu detachiren, sie eigentlich an dem Hintergrunde haftend erscheinen lässt.

Das dritte Bildniss, welches die Berner Stadtbibliothek besitzt, ist das aus den Reproductionen bei Scheurer und der lithographirten Todtentanzausgabe wohlbekannte Porträt des Künstlers selbst. Auch dieses hat schwer gelitten. Es scheint durch ungeschickte Behandlung aller Lasuren beraubt worden zu sein, wenn anders nicht die harte Malweise und der Mangel jeglicher Transparenz auf eine unvollendete Arbeit schliessen lässt. Der Künstler, der in schlichter bürgerlicher Kleidung erscheint, hat sich hier als kranken Mann in seinen letzten Lebensjahren geschildert. Man sieht einen wohlgebildeten, edlen Kopf, fast en face, nur leicht nach links gewendet. Das braune Haar ist

---

[54]) S. XXII Nr. 1. S. CXX Nr. 83.

[55]) Verzeichniss Nr. 84. Höhe M. 0.342. Breite 0.272. An eine Identität mit dem von Grüneisen S. 178 beschriebenen Bilde ist nicht zu denken, dieses wie das Bildniss der Gattin, einer gebornen v. Diessbach, befindet sich im Besitze des Herrn v. Mülinen-v. Mutach in Bern.

über der Stirne geradlinig zugeschnitten, der Schnurrbart schwach, ebenso der Bartwuchs, der das hektisch magere Kinn nicht zu verbergen vermag. Die Wangen sind fahl und eingefallen: eine müde, sinnende Stimmung prägt sich ebensosehr in dem Blick aus blauen Augen, wie in dem melancholischen Zug des feingeschnittenen Mundes aus.

Das sind die Werke, die Manuel als Maler hinterlassen hat. Um des Künstlers Wesen und seine Vielseitigkeit beurtheilen zu lassen, dazu reichen sie freilich noch lange nicht aus. Ein Mensch von so beweglichem Geiste und niemals rastendem Eifer bedurfte noch anderer Mittel als Pinsel, Leinwand und Palette. Diese mochten genügen in den Jahren, wo die Sorgen um's tägliche Brot des Künstlers Vollkraft beanspruchten; später hat er das Malerwerkzeug mit dem leichter zu handhabenden, aber darum nicht minder rührig schaffenden Stifte vertauscht. In der That gewinnt man den ganzen Einblick in des Meisters Betriebsamkeit erst dann, wenn man die Handzeichnungen betrachtet, die noch in grosser Zahl vorhanden sind. Die reichste Auswahl bietet das Basler Museum dar, und zwar sind diese Werke in zweierlei Hinsicht von Interesse: einmal lernt man aus den Zeichnungen erst den ganzen Umfang des Stoffgebietes erkennen, das Manuel beherrschte, und sodann sind es auch diese allein, die einigermassen gestatten, die Entwickelung seiner Kunst durch ihre verschiedenen Phasen hindurch zu verfolgen.

Da belegen — um des Inhaltes zu gedenken — wieder eine Anzahl religiöser Gegenstände zunächst Manuel's Wirksamkeit in seiner früheren Epoche. Wir haben der Zeichnungen in Burgdorf und Bern bereits gedacht. Dieselbe Auffassung des heiligen Christophorus findet sich in einer Handzeichnung des Basler Museums wiederholt [56]). Das nackte Knäblein, welches der Heilige trägt, ist nur ein winziges Creatürchen, aber die Anstrengung, welche die Bürde dem Riesen verursacht, ist eine solche, dass er derselben fast zu unterliegen scheint. Thatsächlich stimmt dies sehr wohl mit der anmuthigen Legende überein; aber es spricht doch Vieles dafür, dass der Künstler ein gutes Stück Schalkhaftigkeit von sich aus mit in den Kauf gegeben habe. So ist er auch mit der Parabel von den klugen und thörichten Jungfrauen verfahren. Da sieht man eine der Letzteren [57]), ein ächtes Dirnlein, hochgeschürzt, mit reizendem Gesichtchen, leerer Lampe und einer Handbewegung, die deutlich zeigt, dass sie sich in das Unvermeidliche zu schicken weiss. Auch die Inschrift stimmt dazu: »Es ist

[56]) Sammelband U. 10 fol. 21.
[57]) Band U. 10 fol. 22—26.

verschül. Niemans kans als wüssen.« hat der Künstler über die Figur geschrieben.

Religiöse Kunst scheint Manuel's Herzenssache überhaupt nicht gewesen zu sein, wenigstens ist er in der Lösung solcher Motive niemals glücklich gewesen. Sie haben, so wie er sie behandelt, alle etwas Profanes, Genremässiges, wogegen er in der Darstellung weltlicher Scenen, in der Schilderung des alltäglichen Lebens und Treibens sein eigentliches Gebiet gefunden und eine Reihe gelungener Werke geschaffen hat.

So hat er, wie sein Zeitgenosse Urs Graf, mit Vorliebe das Landsknechtleben geschildert, natürlich mit all den losen Streichen und Situationen, an denen es in diesen Kreisen nicht fehlte. Schmucke Dirnlein, mehr oder weniger züchtig gekleidet, spielen dabei eine hervorragende Rolle, plaudernd, kosend, oft in ziemlich lockeren Situationen; dann wieder sieht man vier Frauenzimmer, die, nackt oder doch sehr luftig bekleidet, mit sinnender Miene beisammenstehen; es scheint sich um den Entscheid über das Schicksal des Herzens zu handeln, welches das eine der Mädchen mit einem Dolche zu durchbohren im Begriffe steht[58]). Oder die Tochter des Regimentes hat sich mit der Fahne in der Hand in eine flotte Positur gesetzt und schwingt das Panner, wie es ein Fähnrich bei der Parade thut. Prachtvolle Gestalten, markige, edle Typen, reizend schön in ihrer kleidsamen Tracht sind die Pannerträger der alten Orte, deren Umrisszeichnungen das Baseler Museum besitzt[59]). Dann geht's von den Lagerfreuden auf den Marsch und in's Feld. Eine Federzeichnung auf gelbem Papier mit geschickten deckweiss aufgesetzten Lichtern zeigt einen solchen Zug. Auf dem Strässchen, das sich hoch über dem Abgrund durch's Gebüsch um die Ecke zieht, marschirt ein Trupp von Landsknechten. Links schweift der Blick über ein reizendes Flussgelände hin. Der Künstler mag sich selber als einen der Gesellen dargestellt haben, eingedenk der Fährlichkeiten, denen er weiland so oft mit heiler Haut entronnen, denn auf dem Abhange über den Kriegern hat er einen schützenden Engel gemalt[40]). Ein prächtiges Kampfbild befindet sich auf einem Glasgemälde im Besitze des Herrn Alt Grossrath Fr. Bürki in Bern. Den Entwurf dazu kann niemand anders als Manuel gemacht haben. Ueber dem Hauptbilde, das den Disput eines alten und eines jungen Berners über den Wandel der Zeiten und Sitten darstellt[41]), ist eine Schlacht zwischen Lands-

---

[58]) Silberstiftzeichnungen im Saal der Handzeichnungen des Basler Museums.
[59]) U. G fol. 15 u. 16.
[40]) U. 9 fol. 105. Allerdings nicht mit des Künstlers Monogramm bezeichnet.
[41]) Vögelin S. LXXI.

knechten gemalt, so lebendig, so reich und unmittelbar frisch im Erfassen der momentansten verzweifelten Situationen, dass man nicht satt wird, dieses Bild eines wahrhaft infernalischen Aufruhrs zu betrachten. Aehnliche Compositionen: Lagerscenen und Kämpfe zwischen Reitern und Fussvolk, alle Stadien illustrirend von der verzweifelten Attake bis zum Morden der Verwundeten und dem mit Leichen bedeckten Blachfelde finden sich unter den kleinen Silberstiftzeichnungen im Handzeichnungssaale des Basler Museums.

Endlich ist es begreiflich, dass Manuel, der Vorkämpfer des Neuen in Kirche und Staat, auch als Künstler seinen Anschauungen und Ueberzeugungen einen beredten und mannigfaltigen Ausdruck gegeben hat. Zeitbilder und Zeitsatiren nehmen eine bedeutende Stellung in seinem Nachlasse ein. Grüneisen und Vögelin haben die wichtigsten dieser Blätter beschrieben und aufgezählt [42]). Wir beschränken uns, des 1523 datirten Titelblattes zum »Ablasskrämer« zu gedenken. Eine Federzeichnung mit schwarz-brauner Tinte, schmückt dasselbe das Originalmanuscript, das sich noch heute im Besitze der Familie v. Manuel befindet [43]). Es stellt den Auftritt vor, wie die klug gewordenen Bauern an dem Ablasskrämer »Rychardus Hinderlist«, der ihnen wieder einmal seine Heilthümer anbietet, ihr Müthlein kühlen. Auf dem Dorfplatze, wo zwischen Riegelhäusern der Ausblick auf eine Halde geht, haben sie den Klosterbruder mit gebundenen Händen an einem Strick emporgezogen. Ein Weib will noch das Seine thun; es zerrt am Centnersteine, der von den Füssen des Gereckten herunterhängt. Hinten und zur Linken sehen Bauern — zum Theil in unglücklichen Verkürzungen — und grimmige Weiber dem Vorgange zu. Eines derselben ist sogar mit einer Hellebarde gekommen. Rechts im Vordergrunde harrt ein scheusslicher, mit Schwären und Pflastern bedeckter Bettler; er ist es, dem schliesslich der Ueberschuss des Sündengeldes zukömmt, das die Bauern dem Ablasskrämer wieder abgenommen haben. Diese Zeichnung ist ein flüchtig hingeworfenes Gelegenheitsbild, derb, in der Art von Holbein's Randzeichnungen zu Erasmus' Lob der Narrheit, mit vielen Kreuzschraffirungen ausgeführt.

Solche rasch improvisirte Skizzen sind fast immer originell. Bald hat sie Manuel mit dem Bleistift, bald mit der Feder, öfters auf braunem oder gelbem Papiere gezeichnet, wobei er die höchst beleuchtete Stelle mit Deckweiss [44]) aufzusetzen pflegte. Gerne wandte er bei

---

[42]) Grüneisen S. 183. Vögelin S. LXXI u. f.
[43]) Verzeichniss Nr. 82. Als Datum lese ich 1523, nicht 1525.
[44]) Einmal auch mit Gold. Museum in Basel, Saal der Handzeichnungen Nr. 114.

Federzeichnungen eine Schattirung mit derben, kurz gespickten Strichen
an. War mit einfachen Strichlagen auszukommen, so pflegte er wohl
auf Kreuzschraffirungen zu verzichten. Bei flüchtiger Darstellung kann
man Vieles übersehen, sobald dagegen ausführlichere Zeichnungen vorliegen, giebt sich der Mangel an fachmässiger Bildung zu erkennen.
Die Hände sind fast immer verzeichnet, die Füsse schwer, leblos,
krampfig; zu kurze oder zu lange Arme, unmögliche Bewegungen kommen in Menge vor. Von irgend einer Idealisirung der Form ist lange
Zeit keine Spur zu entdecken. Nur in seinen allerbesten Werken hat sich
Manuel zu einer höheren Auffassung emporgearbeitet. Hieher gehören die
berühmten Silberstiftzeichnungen und die mit wahrhaft genialen Zügen
flott, breit und massig hingeworfenen Kreidezeichnungen eines Schächers
am Kreuz und der thörichten Jungfrauen im Basler Museum[63]). Die
Behandlung des Nackten beim Schächer ist meisterhaft, das Auftreten
der Frauen vornehm in Haltung und Geberde, die Körperverhältnisse
sind tadellos und in den Köpfen ist eine mannigfaltig nüancirte Charakteristik mit wirklicher Schönheit verbunden. Manches erinnert direct
an Holbein's Weise. Hier hat Manuel unstreitig die Höhe seiner Kunst
erreicht. Speciell bei den Silberstiftzeichnungen möchte man stellenweise auf den Einfluss italienischer Vorbilder rathen[66]).

Als Zeichner von Ornamenten und Architekturen ist Niklaus
Manuel schon früh in die Fussstapfen der Renaissancisten getreten.
Die erste uns bekannte Probe giebt die Umrahmung zum hl. Vincenz
im Berner Museum. Säulen mit Kelchkapitälen tragen zwei nackte
Buben. Sie schwingen die Panner, aus denen sich ziemlich unmotivirt
das krönende Laubwerk entwickelt. Anderswo, im Todtentanz und
dem Façadengemälde beim Mosesbrunnen, hat er mit Vorliebe gebauchte,
candelaberartige Säulen verwendet, die hier mit Blattwerk und Masken
geschmückt sind. In höchster Ueppigkeit und wahrhaft sprudelnder
Formenfülle indessen ergeht sich seine Phantasie doch erst in den
1519 und 1520 datirten Glasgemälden im Basler Rathhause,
die, sowohl was Zeichnung und Farbenwirkung, als auch Meisterschaft
der Technik betrifft, zu den glänzendsten Erzeugnissen heimischer
Frührenaissance gehören. Im Gegensatze zu Lübke, der mehrere dieser
Glasgemälde auf Holbeinische Zeichnungen zurückführte[67]), hält Vögelin

---

[63]) Im Saal der Handzeichnungen. Nr. 118 u. 119 des Museums-Kataloges.
U. 10. Nr 22—27.

[66]) So bei den prächtigen Männergestalten zu heiden Seiten des aus Stier-
schädeln componirten Ornamentes.

[67]) v. Zahn, Jahrbücher für Kunstwissenschaft Bd. I S. 25 u. f. und Lübke,
Kunsthistorische Studien S. 428 u. f. Holbein'sche Autorschaft resp. Einflüsse erkennt
Lübke in den Scheiben von Luzern, Uri, Unterwalden und Schaffhausen.

dafür, es seien, mit Ausnahme der nach einem Risse Urs Graf's gefertigten äbtisch S. Gallischen Scheibe, die sämmtlichen übrigen Glasgemälde theils ganz, theils doch in ihren wesentlichsten Bestandtheilen von Niklaus Manuel entworfen. Den Einzelheiten seiner Untersuchungen vermögen wir nicht zu folgen, doch will auch uns die Holbeinische Autorschaft — von einzelnen beiläufig entlehnten Motiven abgesehen [58]) — als eine ziemlich fragwürdige erscheinen. Zu den sämmtlichen von Aelteren und Mitstrebenden gefertigten Werken stehen Holbein's Scheibenrisse in demselben Verhältnisse, das auch seine Büchertitel und anderweitigen Entwürfe gegenüber den Leistungen schweizerischer Zeitgenossen bezeichnen: Holbein ist der erste, der den phantastischen Ueberschuss und die ungezügelte Formenfülle der deutschen Frührenaissance bemeistert und sie zur gesetzmässigen, stilvollen Reife führt. Schon sein erster Entwurf, der 1518 datirte Scheibenriss zu dem »Wappen mit der Pflugschar« im Basler Museum, unterscheidet sich von den gleichzeitigen Schweizer Arbeiten durch die einfache Klarheit, die alle seine nachmaligen Werke charakterisirt. An die Stelle der phantastischen Configurationen, welche sonst die Umrahmung bilden, hat er eine feste Architektur von korinthisirenden Pfeilern mit einem cassettirten Rundbogen gesetzt, und wieder dieselbe stilgerechte Klarheit, mag er sich später in noch so reichen Combinationen ergangen haben, ist auch seinen übrigen Entwürfen gemein. Hier dagegen, in den Basler Scheiben, ist alles in ein Spiel mit decorativen Formen aufgelöst. Was immer fröhlich und anmuthig erschien: Ornamente, Masken, Bilderfriese, Figuren, architektonische Theile, der ganze Formenschatz einer üppigen, naiven Frührenaissance, wurde gehäuft, gethürmt, zu Stützen und Wölbungen verwendet, die prachtvoll wirken, aber Gesetz und Einheit fast durchwegs vermissen lassen [59]).

Reizende Proben Manuel'scher Kunst, eine Auswahl der mannigfaltigsten Ornamente, finden sich ferner im Handzeichnungssaale des Basler Museums ausgestellt. Sie sind mit Silberstift auf weiss grundirten Holztäfelchen gezeichnet, andere hell aus dem schwarzen Grunde ausgespart. Ohne Zweifel hat Manuel die meisten dieser Zeichnungen für Kunsthandwerker geschaffen. Manches scheint für Gravirungen, Anderes für eingelegte Arbeiten auf Waffen u. dgl. bestimmt gewesen zu sein. Oefters kommen noch gothisirende Verzierungen vor, so die prachtvoll componirten Blattranken mit dem Bauern- und dem Bären-

[58]) Die Sockelfriese der Luzerner und Urner Scheibe.

[59]) Zwei andere Scheiben, die vielleicht nach Visirungen Manuel's gemalt sind, führt Traechsel in der soeben erschienenen »Festschrift zur Eröffnung des Kunstmuseums in Bern« (Bern, Dalp, 1879) S. 52 Note 1, an.

tanze. Auch ein Blatt mit Engelchen gehört hierher, die sich kletternd, purzelnd, gaukelnd zwischen den Ranken tummeln; zu unterst hat sich ein solches Kerlchen auf eine Schnecke gesetzt mit einem Windhaspel im Arm, wie der Ritter die eingelegte Lanze hält. Reizende Entwürfe im üppigsten Renaissancestil gehalten sind die Ornamentstreifen mit Kelchen und candelaberartigen Säulen, wo zwischen den Festons, Masken und Halbwesen nackte Knaben mit Klettern und Gaukeln, andere als Trommler und Pfeifer sich ergötzen. Aehnliche Motive sind zu horizontalen Streifenbildern benutzt. Man sieht hier Entwürfe, die, was geistreiche Eleganz der Zeichnung, lebendige Frische der Naturauffassung und stilvolle Schönheit der Ornamentik betrifft, den berühmten Blättern Dürer's, Holbein's und der deutschen Kleinmeister sich füglich an die Seite stellen lassen.

Der späteste unter den Manuel zugeschriebenen Entwürfen ist eine getuschte Federzeichnung vom Jahre 1530 im Besitze des Herrn Alt Grossrath Fr. Bürki in Bern. Sie stellt das Reichswappen und die Berner Schilde zwischen zwei Landsknechten dar, und das Ganze ist von einer reichen Renaissance-Architektur umrahmt. Hiernach zu urtheilen, kann man indessen nicht sagen, dass Manuel in den letzten Jahren seine Kraft gesteigert habe. Die nüchterne Bildung der Pfeiler mit ihren missverstandenen Capitälen und den schwerfälligen, mit krausem Blattwerk überladenen Postamenten, wie die Form der Bedachung — eine flache Balkendiele mit offenem Kreisrund in der Mitte — das Alles steht so weit hinter den Baseler Skizzen zurück, dass man beinahe versucht wird, an der Urheberschaft Manuel's zu zweifeln [70]).

Schliesslich des Künstlers Thätigkeit für die reproducirenden Künste in's Auge fassend, stellt Vögelin die Meinung auf, dass ausser den klugen und thörichten Jungfrauen von 1518 von Niklaus Manuel keinerlei anderweitige Holzschnittzeichnungen vorerst zu nennen seien [71]). Jene sind Blätter von sehr verschiedenem Werthe, einige steif und ledern, bei anderen dagegen überrascht eine grosse Kraft und Frische des Vortrages. Die klugen Jungfrauen sind in reichen zeitgenössischen Gewändern dargestellt und meist in recht koketten Posen aufgefasst. Gar zierlich sind namentlich die beiden Damen, welche das Licht mit der vorgehaltenen Hand beschützen. Es ist nicht möglich, etwas Anmuthigeres zu zeichnen, und dabei spukt überall etwas Launiges durch. Die Augen sind nur niedergeschlagen, um den Schalk, das Lächeln zu bemänteln, das um die feinen Mündchen spielt.

---

[70]) Eine Reproduction dieses Entwurfes in Lichtdruck findet sich in der eben citirten Festschrift.

[71]) S. CVI.

Im Gegensatze zu diesen vornehmen Damen treten die thörichten Jungfrauen als dieselben Erscheinungen auf, wie wir sie in den Handzeichnungen als die Gefährtinnen der Landsknechte schauen. Manche
gehen barfuss mit hoch an den Lenden aufgeschlitzten Kleidern und
stark decolletirtem Busen. Die Bewegung mit der Lampe ist nur dazu
angethan, um zu demonstriren. Recht brav sind auch die phantastischen,
von hohen Bergen begrenzten Landschaften gezeichnet, wo Wasserschloss
und Weiherhaus wieder eine grosse Rolle spielen.

Seit der Berner Disputation im Jahre 1528 wird Manuel wenig
Zeit zur künstlerischen Beschäftigung mehr gefunden haben. Die kurze
Frist, die er noch zu leben hatte, trug ihm eine Fülle so weitgehender
Geschäfte und Obliegenheiten ein, dass ihre Bewältigung fast über-
menschliche Kräfte erforderte. Innerhalb der Jahre 1528—1530 allein
hat Niklaus Manuel auf mehr als dreissig Tagsatzungen und Conferenzen die Sache Berns und des neuen Glaubens vertreten. 1530
schrieb er zum Namenseintrag in einem Buche:

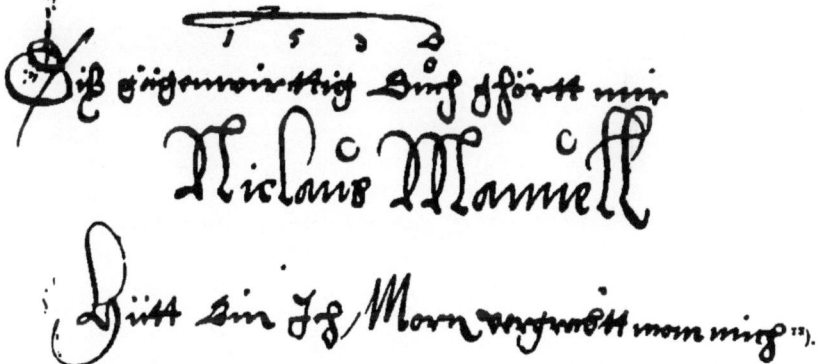

War es nur allgemein der fromme Sinn jener Zeit, der ihn zu
einer solchen Betrachtung im damals geläufigen Tone veranlasste, oder
wirkliche Ahnung vom baldigen Sterben? — in demselben Jahre am
20. April ist er, es scheint nach einer nur kurzen Krankheit, verschieden. »Je heller eine Kerze brennet,« schrieb Scheurer im vorigen
Jahrhundert, »je eher sie verzehret ist. Alldieweil unser Fänner
Manuel sich als eine scheinende und brennende Kerze erwiese, kommt

¹¹) Das Buch mit diesem werthvollen Autographum ist neuerdings in den
Besitz des Herrn Alt Grossrath Fr. Bürki in Bern gelangt. Wir verdanken
Herrn Bürki die Mittheilung der vorstehenden Facsimile.

eine Krankheit und reisset ihn weg im 46. Jahr seines Alters, zu
grossem Leidwesen aller Liebhabern der Wahrheit, aber auch im
Gegentheil zu vieler anderen nicht geringer Freud!«

Volksthümlich und wild, der höheren Bildung wie der gesicherten
Musse entbehrend, war Manuel nicht im Stande, die volle Weihe des
Künstlers zu empfangen. Höhere Pflichten, deren Erfüllung die ganze
Kraft seines Genies beanspruchten, haben ihn überdiess seinem Berufe
entfremdet. Aber nichts desto weniger steht auch der Künstler als eine
Erscheinung von bedeutendem Range da, und was er geschaffen, war
hinreichend genug, um fortzuwirken und Früchte zu treiben in den
Werken Dessen, der alle die noch unentwickelten Keime zur Reife
brachte und die deutsche Renaissance zur höchsten Blüthe führte.

Zürich im August 1879.

J. R. Rahn.

Rubens nach seinen neuesten Biographen.

Von H. Hymans in Brüssel.

I.

Der Stadt Antwerpen kam es zu, im Jahre 1877 die dritte Säcularfeier von Rubens' Geburt zu begehen, wie sie im Jahre 1840 die
zweite Säcularfeier seines Todes begangen hatte. Während dieses Zeitraumes von siebenunddreissig Jahren konnten Controversen über den
Geburtsort des Malers entstehen und oft recht lebhaft geführt werden;
Niemandem aber konnte es einfallen, dessen echt flämische Nationalität
zu bestreiten. Jedem Versuche dieser Art hätte der ganze Charakter
des Meisters wie die Gesammtheit seiner Schöpfungen widersprochen.

Die Erinnerung an die Festlichkeiten von 1840 und 1877 wird
im Gedächtniss der Theilnehmer fortleben. Aber beide Termine sind
auch durch die kunstgeschichtlichen Arbeiten, welche bei dieser Gelegenheit hervortraten, wichtig. Im Jahre 1840 erschienen van Hassell's
»Histoire de Rubens«, die wichtige Sammlung der »Lettres inédites«
von Emile Gachet, J. E. Buschmann's Arbeit »Pierre Paul Rubens«
und vor allem die »Historische Levensbeschryving van P. P. Rubens«
von Victor van Grimberghen, um von Schriften ästhetischen oder
technischen Inhalts, wie »l'Éloge de Rubens« von Wiertz, nicht zu
reden. Das waren Arbeiten von bleibendem Werthe, auf deren Grundlage spätere Geschichtschreiber fortbauen konnten. Sie beseitigten nicht
nur viele Irrthümer, welche die Tradition angehäuft hatte, sondern sie
trugen auch dazu bei, das Gesammtbild des Meisters so zu bestimmen,
dass es seitdem, abgesehen von den kostbaren Documenten aus dem
Archive zu Mantua, die Armand Baschet veröffentlicht hat, nicht
wesentlich geändert worden ist. Rubens steht heute nicht viel anders
als vor vierzig Jahren vor unseren Augen. Was weiss man z. B. von

III   3

seinen Anfängen und von den Arbeiten, die seiner Reise nach Italien
vorangingen? Was ist über seine Schule und die Künstler, die ihr
angehörten, thatsächlich bekannt? So gut wie nichts. Aber auch
andere Partieen seines Lebens, selbst seine diplomatischen Sendungen,
sind nicht hinreichend aufgehellt. Kann man nun auch für manche
Punkte spätere Aufklärungen hoffen, so sind solche für andere Punkte
leider nie zu erwarten; so z. B. hinsichtlich der Schule von Rubens,
indem der Meister seit 1609 von jedem Verhältniss zur Antwerpener
St. Lucasgilde eximirt worden war, der die Ueberwachung des Kunstunterrichts und des Lehrlingswesens oblag. Aufzeichnungen über diesen
Gegenstand sind schwerlich in irgend einem Archive vorhanden; auch
hatte schon Philipp Rubens, der Neffe des Meisters, Roger de Piles
versichert, dass nichts derart existire [1]).

Im Folgenden soll von den wichtigsten im Jahre 1877 in Belgien
veröffentlichten Arbeiten über Rubens die Rede sein. Uebrigens sei
zuvor noch bemerkt, dass gerade die dritte Säcularfeier wieder recht
deutlich zeigte, wie das grosse Publicum sich bisher damit begnügt hat,
Rubens' Schöpfungen zu bewundern, ohne von seinem Leben genauer
Notiz zu nehmen und ohne von der seit einem halben Jahrhundert
erschienenen wissenschaftlichen Litteratur über ihn eine Ahnung zu
haben. So brachte zum Vorabende der Antwerpener Feste eins der
grössten und gewiss eins der schätzbarsten illustrirten Journale der Welt,
die »Illustrated London News« [2]) eine Biographie des Meisters, in der
sich diese Unwissenheit in vollem Glanze zeigte. Bis 1877, hiess es
darin, habe man gezweifelt, ob Rubens in Antwerpen, in Köln oder in
irgend einer anderen rheinischen Stadt geboren sei. Jetzt zweifle man
aber nicht mehr; kurz vor der Geburt des Malers sei dessen Vater
freilich genöthigt gewesen, sich in Köln niederzulassen, aber man habe
jetzt die Gewissheit erlangt, dass seine Mutter in Antwerpen geblieben
und er daselbst geboren sei. Rubens' Eltern hätten sich zum katholischen Glauben bekannt, und in dieser Religion sei er zu Antwerpen
erzogen worden, wo er hauptsächlich seine Kindheit verlebt habe.
Abgesehen von anderen Einzelheiten sei aus jenem Aufsatze nur noch
die Behauptung hervorgehoben, dass der Meister während seiner letzten
fünf Lebensjahre nicht mehr zu malen im Stande gewesen sei, weil
die Gicht seine Hand gelähmt habe. So etwas schreibt ein Landsmann
von Smith, Carpenter, Sainsbury, die soviel gethan haben, um
das Leben des grossen flämischen Meisters in volles Licht zu setzen!

---

[1]) Bibliothèque royale de Belgique. MS. 5726. p. 40.
[2]) 1877, S. 178. 25. August.

Aber auch abgesehen von derartigen Ungeheuerlichkeiten muss man gestehen, dass die Controversen, die neuerdings in Belgien selbst über Rubens' Geburtsort auftauchten, geringe Kenntniss des Thatsächlichen im Leben des Meisters offenbarten. Sie wären auch gewiss weniger leidenschaftlich geführt worden, wenn man besser über alles das unterrichtet gewesen wäre, was die geschichtliche Forschung über den Maler und seine Eltern urbi et orbi offenbart hat. Nicht nur ephemere Schriften, die bei Gelegenheit der Feste erschienen, sondern auch Werke von mehr bleibendem Charakter waren so gehalten, dass sie geradenwegs zu dem absurden Schlusse führten, Rubens verliere etwas, wenn er irgendwo anders als innerhalb der Mauern von Antwerpen geboren sei. Er musste um jeden Preis ein Antwerpener Bürger sein, um ein Anrecht auf die Ehrenbezeigungen zu haben, die man seinem Gedächtniss erwies. Man schien sich einzubilden, dass sein ganzes Leben aufhörte, Flandern anzugehören, wenn er in Folge eines Zufalls im Auslande geboren war. Die Art, wie man in Folge solcher Vorstellungen mit den historischen Thatsachen umsprang, hat etwas höchst Beschämendes. Wer Anstand nahm, der Antwerpener These zuzustimmen, musste sich gefallen lassen, als ein Vaterlandsverräther verdächtigt zu werden.

Im Jahre 1840 fand die Annahme, dass Antwerpen der Geburtsort von P. P. Rubens sei, wenig Gläubige[^2]). Man wusste, dass Jan Rubens mit seiner Familie seine Heimathstadt viele Jahre vor der Geburt dieses Sohnes verlassen hatte, um sich in Köln niederzulassen, wo er im Jahre 1587, wie man annahm, »nach einem ununterbrochenen neunzehnjährigen Aufenthalt« gestorben war; denn so hiess es in der Grabschrift des ehemaligen Antwerpener Schöffen: »Seque Coloniam Agrippinam omni cum familia recepit in eaque XIX annos transegit.«

Als später die Archive des Hauses Nassau das Geheimniss der unlauteren Beziehungen zwischen dem Haupte der Familie Rubens und der Gemahlin Wilhelms von Oranien mit allen ihren Consequenzen preisgaben, wurden die Anrechte Kölns zweifelhaft, und alle Geschicklichkeit des Dr. Ennen vermochte doch nicht, sie gegen die Wahrscheinlichkeit, die für Siegen sprach, durchzusetzen. Da in Siegen locale Documente fehlten, blieb eine Controverse immerhin noch möglich; aber unerwartet war die Wendung, die sie nahm, indem plötzlich wieder versucht wurde, die Anrechte Antwerpens zu verfechten.

Dies unternahm kein in archivalischer Forschung geschulter Gelehrter, kein Kunsthistoriker, sondern eine Persönlichkeit, die im

[^2]): Zu diesen gehörte indessen van Grimberghen.

politischen Leben eine hervorstechende Stellung einnahm, Herr Barthélemy Dumortier von Tournay, Vertreter der Stadt Roulers in der zweiten Kammer. Ihn führte eine Anwandlung von Patriotismus, die doch in einer solchen Frage nicht mitzusprechen hatte, auf den Kampfplatz. In diesem Sinne gab er in den Jahren 1861 und 1862 die beiden Broschüren »Recherches« und »Nouvelles recherches sur le lieu de naissance de P. P. Rubens« heraus. In »recherches«, Untersuchungen, bestand das von dem Verfasser Gebotene eigentlich nicht. Er ging darauf aus, mit den von Backhuyzen van den Brinck und Ennen beigebrachten Documenten durch eine geschickte Kritik fertig zu werden, versuchte aber zugleich, sie seiner eigenen Beweisführung dienstbar zu machen und ihren Sinn so zu erklären, dass er der Annahme der Gegner zu widersprechen schien. So thürmte er an Gründen den Pelion auf den Ossa, wodurch er aber keineswegs eine solidere Basis für seine Beweisführung gewann.

Herrn Dumortier's Hauptbeweis stützt sich auf die berühmte, im Kölner Archive bewahrte Delegation, die Jan Rubens am 16. April 1577, also im Geburtsjahr Peter Pauls, seiner Frau, seinen Schwiegereltern und andern Mitgliedern seiner Familie ertheilte, auf dass dieselben einzeln oder vereinigt Schritte zur geschäftlichen Ordnung seiner Interessen in der Stadt Antwerpen thun könnten. Die Hauptstelle dieses zuerst von Dr. Ennen [a]) veröffentlichten Documentes lautet: »Creavit atque solemniter deputavit suos veros certos et indubitatos procuratores actores, factores et negotiorum infra scriptorum gestores et nuntios generales et speciales..... Conspicuos viros nec non honestas Matronas Mariam Pipelinck, Henricum Pipelinck d'Othovien (Familienname der Schwiegermutter) soceros suos, Dionisium Pipelinck, patruum suum et Philippum Landmeters fratrem suum« etc.

Der Vorname der Schwiegermutter, Clara, ist offenbar nach dem Namen ihres Mannes aus Versehen fortgeblieben. Die Urkunde ist ziemlich ausführlich in ihrer Fassung. Auffallend ist, dass Jan Rubens versäumt hat, dem Namen Maria Pypelinck ihre Bezeichnung als Gattin folgen zu lassen.

Am 12. Februar 1577 war das Edict von Marche-en-Famenne veröffentlicht worden, das den Ausgewanderten ihre Güter zurückgab. Aber Jan Rubens blieb, als Gefangener Johanns von Nassau, doch noch immer von der Heimkehr in die Niederlande ausgeschlossen und musste desshalb zur Ertheilung jener Procura schreiten, die in Köln vorzunehmen ihm trotz seiner Internirung in Siegen gestattet wurde.

---

[a]) Ueber den Geburtsort des Peter Paul Rubens. S. 74—76.

Auf besagtes Document baute nun Herr Dumortier die Behauptung, dass Rubens' Mutter gleich darauf mit dieser Vollmacht nach Antwerpen abgereist sei und hier ihren Sohn geboren habe, nicht aus Zufall, sondern in der Absicht, ihn im Schosse der katholischen Kirche zur Welt kommen zu lassen. Diese Annahme ist nun zwar gesucht und im Grunde absurd, aber sie wäre immerhin nicht unmöglich, widerspräche ihr nicht eine Thatsache, die sich nicht so leicht beseitigen liess: eine von Maria Pypelinckx und ihrer Mutter an Johann von Nassau gerichtete und vom 14. Juni 1577 aus Siegen datirte Supplik. Folglich kam P. P. Rubens, wenn er am 29. Juni geboren war, offenbar in Siegen zur Welt.

Um über diese Schwierigkeit fortzukommen, griff Herr Dumortier zu einem heroischen Mittel. Er ging auf den im Juli 1637 von Rubens an Georg Geldorp geschriebenen Brief zurück, in welchem der Maler gelegentlich der Bestellung des Gemäldes für St. Peter in Köln daran erinnert, dass er bis zu seinem zehnten Jahre in Köln gelebt habe; und durch eine scharfsinnige Berechnung der Zeit zwischen der Geburt des Malers und dem Wegzug der Familie von Köln bringt es Herr Dumortier fertig, für die Geburt einen andern Zeitpunkt zu gewinnen [5]). Er lässt Maria Pypelinckx hochschwanger abreisen, in Antwerpen niederkommen und mit dem Kinde schon vor dem Termin in Siegen zurücksein, an welchem der Brief vom 14. Juni geschrieben wurde.

Dieser Brief muss dann noch zu neuen Spitzfindigkeiten herhalten. Aus der Stelle: »Es hat dem lieben Gott, der Quelle aller Barmherzigkeit gefallen, mich einigermassen zu trösten, indem er mir das unerwartete Mittel gab, S. Hoheit den Fürsten von Oranien anflehen zu können, dass er mit aller Welt auch uns etwas von dem Segen dieses Friedens zukommen lasse, den unser Land durch seine Gewissenhaftigkeit und Weisheit wiedererlangt hat«, folgert Herr Dumortier mit aller Gewalt eine persönliche Audienz der Frau Rubens bei dem Fürsten von Oranien während ihrer angeblichen Reise nach den Niederlanden, und zwar in Dordrecht, wo derselbe vom 27. April bis zum 12. Mai residirte, oder zu Gertruidenberg, wo er sich vom 13. bis zum 30. aufhielt; als ob Rubens' Mutter nicht auch eine andere einflussreiche Person bei Wilhelm von Oranien einen Schritt zu ihren Gunsten hätte thun lassen können.

Wer Herrn Dumortier's staatsmännisches Auftreten kennt, wird sich über diese Art der Beweisführung nicht wundern. Uebrigens nahm man in Belgien die Argumente des ehrenwerthen Deputirten nicht son-

_____ _ _

[5]) Nouvelles recherches p. 3—6.

derlich ernst; in den Augen des grossen Publicums war es vielleicht ein
Verdienst, dass er sich aus blossem Patriotismus zum Advocaten in
dieser Sache aufwarf. Seine Methode war und blieb auch diejenige
eines Plaidoyers, bei welchem der Eifer und die Wärme ihre über-
zeugende Wirkung auf die Menge nicht verfehlen.

Ennen und Backhuyzen van den Brink erwiderten, man erschöpfte
auf allen Seiten den Köcher; auch der des Herrn Dumortier war noch
ziemlich versehen. Alle Stellen, in denen Rubens als Antwerpener
erwähnt wird, wurden zu ebensovielen unwiderleglichen Beweisen, auch
das ihm im Namen des Königs von England ausgestellte Ritterdiplom,
in welchem die Wendung »urbe Antwerpia oriundus« vorkommt. Abgesehen davon, dass der Sinn von »oriundus« ein höchst elastischer
ist, und dass es ganz natürlich ist, Rubens in einem fremden Lande
als Antwerpener, der er auch thatsächlich und rechtlich war, bezeichnet
zu sehen, muss hier noch bemerkt werden, dass sogar die Authenticität
jenes Diploms von dem Brüsseler Archivar Alphonse Wauters angefochten wurde [*]), der erklärte, dass der Titel »König von Grossbritannien«
erst erheblich später von den englischen Souveränen angenommen
wurde. Wir sind nicht in der Lage, die Richtigkeit dieses Einwandes
prüfen zu können. In der Unterschrift zahlreicher, noch bei seinen
Lebzeiten entstandener Kupferstich-Bildnisse Karls I. kommt die Bezeichnung »König von Grossbritannien« vor. Wir beschränken uns also
darauf, dieses Bedenken zu erwähnen. Aber wie dem auch sei, so
kann doch ein solches Diplom, das mehrere Monate, nachdem Rubens
England verlassen hatte, ausgefertigt worden ist, nicht als Beweisstück
in einer Controverse über den Geburtsort des Künstlers herangezogen
werden.

Darauf konnte man nun freilich nicht gefasst sein, dass bei Gelegenheit des Jubiläums von 1877 jener seit fünfzehn Jahren vergessene oder
fast vergessene Streit wieder angefacht werden würde. Antwerpen rüstete
sich, seinen grossen Künstler zu feiern, das genügte jedermann. Dennoch erschien schon im November 1875 im Journal des Beaux-Arts
ein Brief des verdienten Archivars der Stadt Antwerpen, Herrn Génard,
in welchem dieser, dem die heimische Kunstgeschichte manche interessanten Beiträge dankt, verlauten liess, dass sich in seinen Händen
Documente befänden, welche die Richtigkeit der Annahmen des Herrn
Dumortier bestätigten, dessen Beweise, wie Herr Génard versicherte,
nicht widerlegt worden wären. Er kündigte die Absicht an, diese Beweisstücke der Belgischen Akademie mittheilen zu wollen, um aber

---

*) L'Art 1877, tome III, p. 205.

schon damals einen Vorgeschmack von seinen Beweisen zu geben, nahm er Herrn Dumortier's Argumente nochmals einzeln durch, betonte ihre hohe geschichtliche Bedeutung und schloss mit der Erklärung, dass, da die Jan Rubens zukommende Rente am 27. Juni und 27. December jedes Jahres fällig war, seine Gattin Maria Pypelinckx vor dem ersten Fälligkeits-Termin im Jahre 1577 nothwendig in Antwerpen anwesend sein musste, um die hiermit in Beziehung stehenden Geschäfte zu ordnen. War denn nun der Verfasser wenigstens in der Lage, zur Unterstützung dieser Voraussetzung eine Quittung oder irgend ein anderes Document beizubringen, das unzweideutig die Anwesenheit von Rubens' Mutter in Antwerpen im Juni 1577 bewies? Keineswegs. Er setzte vielmehr hinzu: »Indessen erfolgte die Auszahlung der Zinsen nicht sofort, sondern der Renten-Etat der Stadt beweist.... dass die auf den Namen des Jan Rubens eingetragene Schuldforderung auf 45 Livres herabgemindert ward und dass die am 27. December 1576 und 27. Juni 1577 fälligen Zinsen erst am 2. September 1579 einem gewissen Willem van de Venne ausbezahlt wurden.« Dass dieser Umstand gerade für das Gegentheil von Génard's Voraussetzung spricht, braucht nicht weiter ausgeführt zu werden.

Bis zu dieser Stunde hat Herr Génard die verheissenen Documente der Belgischen Akademie noch nicht mitgetheilt. Dagegen hat er die Säcularfeier des Jahres 1877 wahrgenommen, um ein Werk unter dem Titel »P. P. Rubens, Aanteekeningen over den grooten Meester en zyne bloedverwanten« herauszugeben. Das Buch bietet manches Interessante. Mögen auch die mitgetheilten Documente grösstentheils keine Inedita sein, so war doch ihre Vereinigung ganz zeitgemäss. Was allerdings mangelt, ist Methode in der Auswahl und Anordnung der Materialien. Oft stand der Verfasser nicht an, Urkunden, die nur sehr von weitem mit Rubens in Beziehung stehen, in extenso aufzunehmen, auch wenn sie zwanzig Seiten füllen, wie Verkaufsacte über Güter von Rubens' Schwägern. Manches derart hätte ohne Nachtheil und zur Erleichterung für den Leser in Anmerkungen verwiesen werden können.

Ein schwererer Fehler des Verfassers ist dann aber, dass er sich viele Seiten lang damit aufhält, beweisen zu wollen, dass Rubens in Antwerpen geboren sei, und zwar, wie schon gesagt wurde, ohne das mindeste Beweisstück dafür beizubringen. Wie schon zwei Jahre früher im Journal des Beaux-Arts wiederholt er auch jetzt nur alle Combinationen des Herrn Dumortier, Spitzfindigkeiten, die in der Schrift eines Autors ohne Fachautorität vielleicht harmlos waren, in der Arbeit eines Archivars aber gänzlich ungehörig sind. Sache des Archivars ist es, tendenzlos die geschichtlichen Materialien beizubringen, nicht aber in

Ermangelung eines klaren Textes und unzweideutiger Thatsachen zu willkürlichen Vermuthungen zu greifen. Herr Génard aber verfährt tendenziös, und das raubt einem grossen Theile seiner Arbeit den bleibenden Werth. Jan Smit, der Verfasser der in flämischer Sprache geschriebenen, von van Grimberghen neu herausgegebenen Geschichte von Rubens, war hinsichtlich der Religion von Rubens' Vater in ebensolchen Irrthum verfallen, hatte beredt alle Beweisstücke widerlegt, die an seiner Anhänglichkeit an den orthodoxen Glauben zweifeln liessen. Man weiss, was davon übrig geblieben ist.

Eine ähnliche Beweisführung, wie hinsichtlich der hypothetischen Anwesenheit von Rubens' Mutter zu Antwerpen im Jahre 1577, finden wir auch sonst häufig in Génard's Arbeit; dem Autor mag sie bequem, dem gewöhnlichen Leser, der Unsicherheiten nicht liebt, sogar willkommen sein. So sagt Herr Génard z. B. bei Gelegenheit der Heirath von Philipp Rubens, dem Bruder des Malers, zu Antwerpen im März 1609: »Obwohl der Heirathsact nur einen einzigen Namen, den des Henri de Moy, als Trauzeugen trägt, kann man doch als sicher ansehen, dass Peter Paul Rubens in diesem feierlichen Momente seinem Bruder assistirte.« Wozu ein solcher Commentar, da doch das Document Peter Pauls Namen nicht nennt? Bei Erwähnung der Reise, die Herzog Vincenz Gonzaga von Mantua, damals der Herr, dem Rubens diente, im Jahre 1608 nach den Niederlanden unternahm, sowie seines Aufenthaltes in Antwerpen, wo er mit vielen Ehren empfangen wurde, bemerkt Herr Génard (S. 384): »Besuchte der Herzog von Mantua Rubens' Mutter? zwar liefert kein Document den Beweis hiefür, dennoch kann man mit Fug und Recht voraussetzen, dass der Fürst, der nach dem Brauche der Zeit im Fürstenquartier der St. Michaelsabtei, die neben dem Hause der Maria Pypelinckx gelegen war, wohnte, in ritterlicher Sitte nicht verfehlt haben wird, die schuldige Artigkeit der ausgezeichneten Frau zu erweisen, deren Sohn seinem Hofe einen Glanz verlieh, um den ihn mehr als ein mächtiger Monarch beneidete.« Diese Voraussetzung mag aus einem ausgezeichneten Herzen stammen, zeigt aber deutlich genug, mit wie wenig Methode und historischem Sinne der Antwerpener Archivar seinen Gegenstand behandelt. Rubens hatte Antwerpen vor acht Jahren verlassen, er hatte unter den flämischen Malern noch kaum einen Namen; van Mander, der von manchen noch recht jungen Künstlern, die sich in Italien aufhielten, spricht, erwähnt ihn im Jahre 1604 noch nicht. Die Art der Arbeiten selbst, zu denen ihn der Herzog von Mantua verwendete, zeigt klar genug, dass von einer so glänzenden Stellung an dessen Hofe nicht die Rede war, wie Herr Génard bei unzureichendem Studium der Jugendgeschichte des

Künstlers voraussetzt. So nimmt er ohne alle Bedenken einen Besuch des Vincenzo Gonzaga bei Maria Pypelinckx an, während doch sonst die Geschichte als glorreiche Ereignisse im Leben von Künstlern die Besuche von Fürsten aufbewahrt, wie diejenigen, die Tizian in seinem Hause sah, oder wie den Besuch des Cardinal-Infanten Don Ferdinand nach seinem Einzuge in Antwerpen bei dem kranken Rubens. Hätte Herr Génard etwa noch die Frage aufgeworfen, ob Rubens' Mutter nicht damals, vielleicht persönlich bei dem Herrn ihres Sohnes das Gesuch, ihn wiederzuhaben, erneuert habe, dem Erzherzog Albrecht in seinem Briefe an Vincenzo Gonzaga vom 4. August 1607 Ausdruck gab: »Sus parientes me han supplicados escriva a Vostra Serenidad« etc. Aber die Vorstellung von einem spontanen Besuche des Fürsten geht aus ganz unhistorischer Auffassung hervor.

Wenn man die Darstellung der Herren Dumortier und Génard liest, muss es einem vorkommen, als ob Rubens' Eltern die Gabe gehabt hätten, in der Zukunft zu lesen, als ob sie durch höhere Fügung geahnt hätten, dass das erwartete Kind ein Sohn sein, ein grosser Maler werden und in der Geschichte ein bedeutende Rolle spielen würde. Daher diese Veranstaltungen, um ihn in Antwerpen auf die Welt kommen, hier, wie Herr Dumortier will, in einem Glauben, dem seine Eltern nicht angehörten, getauft werden [1]) und, Herrn Génard zufolge, die Eigenschaft eines geborenen Bürgers erlangen zu lassen. Man ist berechtigt, dies nicht bloss im Scherze zu bemerken. Nachdem Herr Génard alle Gründe aufgezählt hat, die für seine und Herrn Dumortier's Annahme sprechen, versteigt er sich zu dem Aufrufe (S. 194): »Die Möglichkeit von Maria Pypelinckx' Reise nach der Scheldestadt ist von einigen Autoren bestritten worden; diese haben eben niemals den edlen Charakter von Rubens' Mutter verstanden.« Sie war eine ungewöhnliche und ausgezeichnete Frau, wofür auch Herrn Génard's Buch neue Bestätigungen enthält; aber verliert ihr Charakter ein Atom von seinem Werthe, wenn ihr Sohn irgendwo anders als in Antwerpen zur Welt kam?

Rubens' Eltern hatten sieben Kinder, unter diesen fünf Söhne. Der älteste, Jan Baptist, 1562 in Antwerpen geboren, mochte in Köln geblieben und hier wahrscheinlich gegen 1601 gestorben sein; Herr Ennen glaubte ihn als Maler erwähnt gefunden zu haben. Der zweite starb 1583 in Köln, der dritte Philipp, wurde 1609 Stadtschreiber von Antwerpen und starb zwei Jahre später. Nach früherer allgemeiner Vorstellung war dieser Philipp Rubens, ein hochangesehener Mann, in

---

[1]) Herr Génard behauptet nicht, dass Rubens von Geburt an Katholik war.

Köln geboren, während wir jetzt wissen, dass 1574, zur Zeit seiner
Geburt, seine Eltern in Siegen lebten. Herr Génard sagt nun aber
(S. 192): »Als im Jahre 1574 diese heroische Frau wahrnahm, dass
ihre Niederkunft nahe war, verliess sie Siegen, um einen Sohn zu
gebären, der in der Taufe den Namen Philipp empfing.« Dennoch
hat gerade Herr Génard schon auf den ersten Seiten seines Buches eine
beachtenswerthe Thatsache, die auf Philipp's Geburtsort Bezug hat,
mitgetheilt. Erst am Tage seiner Wahl zum Stadtschreiber erhielt
Philipp Rubens das Stadtbürgerrecht von Antwerpen, und in dem von
seinem Vorgänger und künftigen Schwiegervater, dem Stadtschreiber
de Moy, geführten Register, in dem seine Eintragung als Bürger vollzogen ist, blieb der Geburtsort des neuen Bürgers unausgefüllt; erst
später, durch eine fremde Hand, wurde Köln in die Lücke gesetzt. Aus
diesem Umstande geht hervor, dass zwar allgemein bekannt war, dass
Philipp in Deutschland geboren sei und erst paturalisirt werden müsse,
um ein Amt in der Municipal-Verwaltung annehmen zu können, dass
aber keineswegs Köln als sein Geburtsort galt. Dass die städtischen
Bürgerverzeichnisse über den Geburtsort schweigen, spricht vielmehr
gerade dafür, dass der neue Stadtsecretär in Siegen geboren war, dass
es ihm aber darauf ankam, von dieser Thatsache nichts verlauten zu
lassen. Wie die Grabschrift des Vaters versicherte, dass er die ganze
Zeit seines Aufenthaltes in Deutschland zu Köln gelebt habe, so wurde
auch in diesem Falle vorgezogen, von der Internirung in Siegen zu
schweigen, deren Ursache ein Scandal war, wie er in einer bürgerlichen
Familie nicht seines gleichen hatte.

Herr Génard kommt im Laufe seiner Arbeit sehr oft auf den
Umstand zurück, dass Peter Paul Rubens öffentliche Aemter eingenommen habe, ohne je das Indigenat erlangt zu haben, und dass er
daher nothwendig Bürger durch Geburt gewesen sein müsse. Nun haben
wir gerade gesehen, dass Philipp Rubens, sein Bruder, erst an dem Tage,
an welchem dies durch die Uebertragung eines hohen städtischen Amtes
unumgänglich ward, zum Bürger ernannt wurde. Man kann daraus
folgern, dass er ohne die Uebernahme eines solchen Amtes es vielleicht
niemals für nöthig erachtet hätte, um das Bürgerrecht einzuschreiten.
Peter Paul aber war in einer ganz anderen Lage als sein Bruder;
eigentliche öffentliche Aemter hatte er niemals inne. Wenn er mehrmals
mit politischen Verhandlungen beauftragt wurde, so erfüllte er doch
solche Functionen nie mit dem Titel eines Gesandten, ebenso wie auch
noch andere Maler damals ähnliche Aufträge zu erfüllen hatten, z. B.
Balthasar Gerbier als englischer, Michel Le Blond als schwedischer Agent,
von denen der erste kein Engländer, der zweite kein Schwede war.

Ja Rubens selbst war früher, ohne Italiener zu sein, von dem Herzoge von Mantua mit Aufträgen an den Hof nach Madrid geschickt worden. Was nun Philipp Rubens betrifft, so theilt Herr Génard (S. 368) den Text des Brabantisations-Actes mit, der für ihn vom Rathe von Brabant ergangen und vom November 1606 und Juli 1607 datirt war. Philipp selbst war um die Brabantisation eingeschritten mit der Motivirung, dass er, als Doctor bürgerlichen und canonischen Rechtes ohne Ruhmredigkeit der Meinung sei, in Zukunft Ihren Hoheiten und dem Lande dienen zu können, und wie es im Acte weiter heisst: »ende hoewel hy behoirde gehouden te worden al oft hy hier in Brabant ware geboren, niet tegenstaude het casuweel inliggen van zyne voirs. Moedere buytens Islands, dwellk neffens de gratie die hy door de voirs. Heeren Staeten hopte te vereryghen hem niet en behoorde te beletten oft benemen dmiddel om tvoirs. lant van Brabant daeruyt hy gesprooten waere soo bequaemelyck te mogen dienen, gelych hy wel dem wille en de intentien hadde.« Philipp erklärte also selbst, dass, obgleich er als Brabanter gelten müsse, trotz der zufälligen Niederkunft seiner Mutter im Auslande, und er daher der Mittel, seinem Vaterlande zu dienen, nicht beraubt werden könne, er es doch für nützlich halte, sich an den Rath von Brabant zu wenden, damit seine Rechte nicht bestritten werden könnten. Als Philipp bereits zum Stadtschreiber erwählt und schon Bürger von Antwerpen war, erfolgte eine Anfechtung seiner Wahl, und nun wandte er sich an die Erzherzöge, die am 19. Januar 1609 eine Verordnung des Inhalts erliessen, »dass jene Anfechtung ohne Grund und Schein des Rechtes sei. Denn wenn auch schon begründet ist, dass der Vater genannten Bittstellers sich während der Unruhen nach Köln zurückgezogen hatte und er daselbst geboren ist, so ist doch diesem Mangel, wenn es wirklich ein solcher ist, bereits abgeholfen, und selbiger abgestellt worden durch die Zustimmung der Stände unseres Landes und Herzogthums Brabant, welche laut ihrem uns hierüber vorgelegten Acte erklärt haben, dass er für einen Brabanter anzusehen sei, um so mehr, als seine Eltern aus unserer genannten Stadt Antwerpen gebürtig, wo sein vorgenannter Vater zu mehrerenmalen Schöffe gewesen, demnach also der Bittsteller selbst aus unserem besagten Lande Brabant stamme und demgemäss nach Recht und Billigkeit fähig sei, allen Ständen desselben zu dienen und die Privilegien unseres genannten Landes zu geniessen« etc.

Alle diese Umstände mussten auch Peter Paul Rubens zugutekommen, der kurz zuvor aus Italien heimgekehrt war und zunächt den Gedanken hatte, dorthin zurückzugehen, eine Absicht, die ausdrücklich in dem Briefe ausgesprochen ist, den er im Momente, als er an das

Sterbebette seiner Mutter eilte, an Annibale Chieppio richtete. Zur
Ausführung dieses Planes kam es aber nicht, denn wenige Monate nach
seiner Rückkehr, am 3. August 1609, wurde Rubens zum Hofmaler
der Erzherzöge Albrecht und Isabella mit einem Jahrgehalt von
500 Livres ernannt und erlangte damit zugleich »die Rechte, Ehren,
Freiheiten und Exemptionen, so mit diesem Amte verknüpft und ihm
zugehörig sind, und deren andere unsere Diener und unseres Hauses
Angehörige für alle uns gehorsamende Orte geniessen, nebstdem die
Fähigkeit, seine Lehrknaben und andere, die er will, in seiner genannten
Kunst zu unterrichten, ohne denen vom Handwerk unterworfen zu sein.«
So heisst es in der Bestallungsurkunde.

Aber noch mehr: Rubens war von den in der Stadt Antwerpen
erhobenen Abgaben und Taxen befreit, wie Herr Génard selbst beweist
(S. 72, Anm. 2) durch die Mittheilung einer von dem Notar van Cantel-
beek zu Antwerpen aufgenommenen Protestation, betreffend einen Betrag
von achtzehn Sous, der auf einige für das Rubens'sche Haus bestimmte
Fass Bier von den Accise-Einnehmern erhoben worden war. In diesem
vom 9. Januar 1640 datirten Actenstück erklärt der Meister, dass er seit
mehr als dreissig Jahren von allen Abgaben, Zöllen, Accisen eximirt
sei. Was für Bedeutung hätte wohl bei so ansehnlicher Begünstigung
die Formalität einer Ertheilung des Antwerpener Bürgerrechts gehabt?
und wesshalb hätte der Maler um sie ansuchen sollen, da er nicht,
wie sein Bruder, öffentliche Aemter, die das nöthig machten, zu bekleiden
hatte, seine Stellung als Hofmaler ihn vielmehr jeder Veranlassung zu
einem solchen Schritte überhob?

Wenn Erzherzog Albrecht in dem erwähnten Briefe von 1607,
welcher bei dem Herzoge von Mantua die Entlassung von Rubens erbat,
diesen als »pintor natural de estos estados« bezeichnete, so erblickt
Herr Génard auch hierin einen Beweis für Rubens' Geburt in Antwerpen.
Es braucht aber nicht dargelegt zu werden, dass jener Satz nicht eine
solche Tragweite hat, dass vielmehr Rubens ebenso wie sein Bruder
Philipp trotz der zufälligen Geburt im Auslande mit Fug und Recht
als Flamänder angesehen wurde.

Endlich ist noch eine Urkunde zu prüfen, auf welche die Verfertiger der Antwerpener These besonderes Gewicht gelegt haben. Sie
wurde kurz vor den Festen des Jahres 1877 von dem Archivsadjuncten
Herrn van den Branden in den Notariats-Protocollen des Antwerpener Archivs gefunden. Am 28. August 1618 erschien Rubens in Gesellschaft von Hendrik van Balen und Jan Brueghel vor einem
Antwerpener Notar als Experte in Sachen von Tapisserien, und der
Notar, nachdem er die Zeugen genannt hat, bezeichnet sie sämmtlich

als »Maler, Bürger und Einwohner dieser Stadt«. — »Was fehlt nun
noch an dem Beweise, dass Rubens in Antwerpen geboren ist?« schrieb
Herr van den Branden, als er diese Urkunde mittheilte; »wer jetzt
noch behaupten wollte, er sei anderswo als in Antwerpen geboren
worden, müsste beweisen, wie er das Bürgerrecht erhalten hätte.« Auch
in diesem Falle wird die Tragweite des Documentes überschätzt. Der
Notar hätte in diesem Falle, wo Rubens mit zwei anderen Zeugen
erschien und als dritter genannt wurde, sich ohne übertriebene Weit-
läufigkeit schwer anders ausdrücken können, als geschehen ist. »Sämmtlich
Maler, Bürger und Einwohner dieser Stadt.« Nun, wenn Rubens nicht
Bürger war, so war er wenigstens Einwohner. Keiner der Betheiligten
hatte bei dieser Gelegenheit Veranlassung, diesen Unterschied ausdrücklich
zu protocolliren. Rubens befand sich in einer aussergewöhnlichen Stellung.
Wäre er jemals zu einem Municipal-Amte berufen worden, so wäre seine
Nationalität ebensowenig, wie die seines Bruders, mit Erfolg angefochten
worden, und das Antwerpener Bürgerrecht hätte er nur zu verlangen
brauchen, um es zu erhalten. Daran dachte aber weder er noch jemand
anderes, weil die ehrenvolle und privilegirte Stellung, die ihm von Anfang
an zutheil geworden, ihn vollständig solcher Formalität überhob, deren
Erfüllung niemand von ihm zu verlangen in der Lage war. Im übrigen
waren die Antwerpener Herkunft seiner Familie und die hohen Municipal-
functionen, die sein Vater ausgeübt hatte, in Antwerpen unvergessen.
Endlich haben die Vertreter der Antwerpener Ansprüche übersehen,
dass in der eigenen Familie des Künstlers notorisch war, dass er nicht
in Antwerpen geboren worden. Es gibt eine lateinische Biographie von
Rubens, die früher dem berühmten Gevaerts, Stadtschreiber von Antwerpen, zugeschrieben wurde, sicher aber von Rubens' Neffen Philipp
verfasst ist, da sie von diesem selbst Roger de Piles übersendet
wurde. Auf Grund dieser Biographie versichert de Piles ausdrücklich,
dass Rubens in Köln, während des Aufenthaltes seiner Eltern daselbst,
geboren sei und zwar am St. Peter- und Paulstage, also am 29. Juni
1577. Früher hatte de Piles Antwerpen als Geburtsort von Rubens
angegeben, jetzt nahm er dies auf Grund der authentischen Quellen
zurück und gab Köln an, da ja über die Siegener Episode damals, wie
wir sahen, mit Absicht geschwiegen wurde [2]).

---

[2]) Herrn Génard war die Thatsache der Existenz einer Biographie Rubens' von
seinem Neffen nicht unbekannt, denn S. 468 citirt er eine Stelle aus einem andern
Autor, Aug. Thys, in der es heisst: »Philipp Rubens, der eine Biographie seines
Onkels geschrieben, war der Vormund seiner Kinder«. — Ueber den Autor, dem
diese Vita Rubenii positiv zuzuschreiben ist, hat Herr Charles Ruelens auf dem Antwerpener Congress im Jahre 1877 gesprochen. Vgl. das Compte-rendu desselben, S. 363.

Unsere Ausführungen reichen wohl hin, um darzuthun, dass die
von Herrn Génard wiederaufgenommene Beweisführung des Herrn
Dumortier keinen Ersatz für ein officielles Document über Rubens'
Geburt bieten kann, das noch immer fehlt; dass sich mit blossen
Hypothesen nicht Geschichte schreiben lässt, und dass durch Herrn
Génard die Frage über Rubens' Geburtsort keinen Fortschritt gemacht
hat, sondern auf demselben Punkte stehen geblieben ist, auf dem sie
sich vor seinem Eingreifen befand.

Nachdem diese Frage erledigt worden, ist die Analyse des Génard-
schen Buches ziemlich einfach. Der Verfasser, der bereits seit längerer
Zeit interessante, auf Rubens und seine Familie bezügliche Acten-
stücke im »Bulletin des Archives d'Anvers« veröffentlicht hatte, hat
dieselbe hier wiederabgedruckt und um einige vermehrt. Die inter-
essanteste Partie ist ohne Frage diejenige, die sich auf Rubens' Mutter
seit ihrer Rückkehr nach Antwerpen bezieht. Die wackere Frau ver-
lebte ihre letzten Jahre nach dem Tode ihres Gatten in Ruhe. Als sie
Köln im Jahre 1587 verliess, nahm sie wahrscheinlich nur die beiden
Söhne Philipp und Peter Paul sowie eine Tochter Blandine mit, die
sich 1590 mit dem Brabanter Edelmann Simeon du Parcq vermählte;
der älteste Sohn Johann Baptist, damals 25 Jahr alt, blieb in Köln
zurück. Fast zwei Jahre vor ihrem im Herbste 1608 erfolgten Tode
hatte Maria Rubens ganz eigenhändig ihr Testament geschrieben, das
Herr Génard unter den Papieren des Barons van Havre, eines Nachkommen von Rubens, gefunden hat, und das ein wahrhaft rührendes
Document ist. Blandine war mit Hinterlassung von sechs Kindern
bereits gestorben, ebenso wahrscheinlich Jan, von dem nicht die Rede
ist. Als einzige Erben setzt die Mutter ihre beiden Söhne Philipp und
Peter ein. Was Blandinens Kinder betrifft, so zählt sie mit ziemlichem
Behagen auf, was sie alles ihrer Tochter bei deren Verheirathung
gegeben: ihre Kleider, ihren Schmuck, ihre besten Möbel, eine Matratze
von 20, »ja möglikh« 25 flandrische Pfund Werth, ein schönes Bett
mit seidenen Vorhängen, einen Betthimmel von indischem Stoff, wohl
200 Gulden werth, eine 'Tischdecke von grünem Tuch, ihre besten
Kissen u. dgl., ferner ihr Wickelzeug, ihre Mützen, ihre Kinderhäub-
chen, Kinderhemden, so wohl 1600 Gulden gekostet haben.

Desshalb hinterlässt sie alles ihren Söhnen bis auf ein Paar feiner
Bettbezüge, die sie ihrer Enkelin Constanze bestimmt. »Ich werde,«
sagt sie, »so es Gott gefällt, ein Zettelchen daran befestigen, damit
man sie erkennt, denn alles Uebrige mitsammt der Kücheneinrichtung
vermache ich meinen beiden Söhnen, dessgleichen die Bücher und die
Papiere, die mir gehören, nebst den Gemälden, die mein Eigenthum

sind, und die nur Copien sind; alle anderen, die schön sind, gehören Peter, der sie gemacht hat.« Indem Maria Pypelinckx, die in guten Verhältnissen lebte, ihre beiden Söhne im Testamente bevorzugte, betonte sie den Umstand, dass selbige ihr nur wenig gekostet, indem sie gleich nach der Verheirathung ihrer Schwester das Haus verlassen und selbst für ihren Unterhalt gesorgt hätten. Dabei war Peter Paul um jene Zeit erst dreizehn Jahre alt; damals offenbar wurde er Page. Ferner betont die Mutter des Malers, dass alles, was sie besitze, aus ihrem eigenen Vermögen stamme, während sie nach Seiten ihres Mannes hin noch Gläubigerin sei; und so verhielt es sich in der That, da sie für seine Befreiung aus Dillenburg die nöthigen Summen hatte hergeben müssen.

Als Rubens bei seiner Heimkehr nach Antwerpen seine Mutter nicht mehr am Leben fand, soll er sich nach der Tradition in das St. Michaelskloster zurückgezogen haben; offenbar aber zog er sich nur in das Haus der Mutter zurück, das neben diesem Kloster lag, und in welchem er auch in der Folge, selbst noch nach seiner Verheirathung, wohnen blieb, bis das grosse, jetzt noch bestehende Haus gebaut war.

Während man schon von mehreren Werken des Meisters wusste, dass sie ziemlich bald nach seiner Heimkehr entstanden waren, wie der Altar des heiligen Ildefonso in der kaiserlichen Galerie zu Wien und die Kreuzaufrichtung in der Kathedrale zu Antwerpen, macht uns Herr Génard mit einem Bilde bekannt, das jenen bereits vorherging und bei dem Meister unmittelbar nach seiner Rückkunft aus Italien von der Stadt Antwerpen bestellt wurde, denn 1609 wurde der Rahmen bezahlt, im April 1610 erfolgte die erste Zahlung an den Maler, »eintausend Gulden für ein Gemälde der drei Könige, aufgestellt im Ständesaale des Rathhauses«, und am 4. August desselben Jahres wurde die Restzahlung von 800 fl. geleistet.

Dieses Gemälde, ein Bild von sehr grossem Umfange, schmückt das Museum in Madrid, und durch Herrn Génard erfahren wir die Verknüpfung von Umständen, durch welche es dorthin gelangte. Am 28. August 1612 kam Don Rodrigo Calderon, Graf von Oliva, als Gesandter des Königs von Spanien nach Antwerpen. Da Calderon in Antwerpen geboren war, rechnete der Magistrat auf seine Unterstützung, um beträchtliche Vortheile für den Antwerpener Hafen zu erlangen, und um die Gunst des königlichen Gesandten zu gewinnen, wurde im Rathe vorgeschlagen, ihm das Bild: die Anbetung der Könige anzubieten. Das wurde votirt und ausgeführt, und bei Gelegenheit dieser Widmung sprach der Magistrat aus, dieses Gemälde sei »el mayor

presente y mas raro que lienen«, ohne aber auch nur den Namen des Malers
zu erwähnen. Oliva ging mit dem Bilde nach Spanien, wurde später
in die Ungnade des Herzogs von Lerma verwickelt und im Jahre 1621
auf Befehl des Grafen-Herzogs von Olivarez auf das Schaffot geschickt.
Das Gemälde aber erwarb König Philipp IV.

Herr Génard ist in der glücklichen Lage, seinem Buche eine vortreffliche Beschreibung dieses Werkes von der Hand des Herrn Max
Rooses, Conservators des Plantin-Museums in Antwerpen, einreihen zu
können. Herr Rooses analysirt es bis in seine geringsten Einzelheiten,
und aus seinen Ausführungen scheint hervorzugehen, dass es noch
ganz den Charakter der in Italien entstandenen Jugendwerke von
Rubens, wie der Bilder in Santa Maria in Valicella zu Rom und der
Fragmente in der Bibliothek zu Mantua und im Museum zu Antwerpen
trägt. Nach Herrn Rooses ist das Bild ein Meisterwerk, und Rubens
hat sich hier selbst als einen Ritter dargestellt, der eine goldene Kette
um den Hals trägt. Dabei erinnert der Berichterstatter an eine Stelle
aus der erwähnten »vita Rubenii«: Albrecht und Isabella hatten
den Maler durch goldene Ketten an sich gefesselt. In der That war
ihm am 18. August 1609 von dem Infanten eine goldene Kette verliehen
worden, so dass also der Zeitpunkt mit der Entstehung des grossen
Bildes für das Antwerpener Stadthaus zusammenfällt.

Zu den interessantesten Stellen des Génard'schen Buches gehört
der Versuch des Verfassers, aus zerstreuten Materialien das Testament
des Meisters wiederzustellen. Wir sehen die Familie des Malers für seine
Bestattung Anordnungen treffen, bei denen die Sorge für weltlichen
Pomp doch noch den religiösen Eifer übertraf. Ausser einem sechs
Wochen fortgesetzten täglichen Gottesdienste in der Kirche Saint-Jacques,
wo er bestattet war, wurden noch 800 Seelenmessen bei den Carme-
litern, den Barfüssern, den Bogarden, kurz und gut in allen Ordenskirchen, die Antwerpen zur Zeit der spanischen Herrschaft zählte,
gestiftet. Am Abend seines Todes selbst war Rubens in der Familien-
gruft seiner Gattin Helene Fourment beigesetzt worden; erst drei Jahre
später wurde die Capelle errichtet, in der heute die Gebeine des
Meisters ruhen und die mit einem seiner schönsten — von Pontius
mittelmässig gestochenen — Gemälde, der heiligen Familie, von männlichen und weiblichen Heiligen umgeben, geschmückt ist.

Victor van Grimberghen hatte bereits in seiner »historische levensbeschryving van P. P. Rubens« (1840) dessen hauptsächlichste Anordnungen über die Theilung seines Nachlasses mitgetheilt. Seine Söhne
erster Ehe, Albrecht und Nikolaus, erhielten die Bibliothek, die Medaillen,
Gemmen und Cameen, die Frau und die Kinder zweiter Ehe die

Immobilien. Die Auseinandersetzung mit den beiden ältesten Söhnen über den Nachlass ihrer Mutter war schon bei Gelegenheit der zweiten Heirath erfolgt. Die Gemälde sollten verkauft werden mit Ausnahme der unter die Wittwe und die Kinder zu vertheilenden Familienbilder, und des als »het Pelsken«, das Pelzchen, bezeichneten Porträts, ein Ausdruck, den Herr Génard nicht versteht, der aber selbstverständlich das Bildniss der Helene Fourment in der kaiserlichen Galerie zu Wien bezeichnet; dass dieses Bild, auf welchem Rubens' Frau fast nackt, nur mit leicht umgeworfenem Pelze, dargestellt ist, nicht zum Verkauf kommen durfte, sondern ihr selbst verbleiben musste, ist natürlich.

Die Zeichnungen sollten erst verkauft werden, wenn das jüngste Kind achtzehn Jahre alt sein würde. Im Falle aber eine der Töchter einen ausgezeichneten Maler heirathen, oder einer der Söhne Maler werden würde, sollten die Zeichnungen diesem Sohne oder Schwiegersohne gehören. Ein solcher Fall trat nicht ein; da aber eine Tochter erst mehrere Monate nach Rubens' Tode zur Welt kam, konnten die Zeichnungen erst 1659 verkauft werden.

Die Kleinodien und Werthgegenstände endlich sollten nach dem Ausspruche von Sachverständigen geschätzt und durch das Loos unter alle Kinder vertheilt werden.

Durch Herrn Génard erfahren wir, dass zunächst Rubens' Garderobe durch Vermittlung eines Trödlers Jan Lindemans verkauft wurde und 1093 fl. einbrachte. Nicht alle Gemälde wurden öffentlich versteigert, sondern Philipp IV. liess zuvor zweiundzwanzig Stück. Originale von Rubens, Copien nach Tizian und auch mehrere Originale anderer Meister, um 27100 fl. kaufen. Von den Bildern, die der König von Spanien bei Rubens bestellt hatte, blieben einige, z. B. Hercules und Andromeda, unvollendet zurück. Jordaens musste sie fertig machen und empfing dafür 240 Gulden.

Die öffentliche Versteigerung fand dann am 17. März 1642 statt und trug 63453 Gulden ein. Es blieben noch mehrere Bilder übrig, welche die Wittwe und die Kinder unter sich vertheilten. Die Kleinodien, auf 16674 Gulden geschätzt, wurden unter die Erben vertheilt. Unter diesen Gegenständen kommt vor, auf 900 Gulden geschätzt, die Diamantenschnur, die Karl I. von England dem grossen Maler verehrt hatte; für diese wie für den ebenfalls Rubens überreichten Ring, den er seiner Wittwe vermachte, hatte der König damals 500 Pfund an Balthasar Gerbier bezahlt [*]).

Später, 1639, hatte Karl I. noch eine goldene Kette von 82½ Unzen

---

[*]) Sainsbury, S. 144; Brief von Gerbier an Sir F. Cottington.

Gewicht an Rubens gesendet, mit deren Ueberreichung Endymion Porter beauftragt war [10]). Diese Kette, für welche die Familie 24 Gulden, offenbar als Spesen, an Lionel Wake zu bezahlen hatte, wurde auf Befehl von Rubens' Wittwe eingeschmolzen (!), indem nur das angehängte Medaillon bewahrt wurde, und brachte, da sie in gutem Golde war, statt ihres thatsächlichen Werthes von 2601 Gulden mit dem Agio 3122 Gulden ein. Im Uebrigen bewahren die Nachkommen noch einige von ihrem berühmten Ahnherren herrührende Gegenstände, so einen Degen, angeblich den von Karl I. geschenkten, eine silberne Kanne, Geschenk von Albrecht und Isabella u. s. w. Bei den grossen Reichthümern, die Rubens besessen hatte, ist das freilich wenig genug. Der Degen, den wir auf der Antwerpener Ausstellung im Jahre 1877 selbst in Augenschein nehmen konnten, ist ein langes Rapier, wahrscheinlich von italienischer Arbeit, mit reichverziertem Stichblatt, ciselirten Figürchen am Degenknopf, an der Zwinge der Scheide und an den gebogenen Parierstangen. Eine Marke des Waffenschmieds auf der Klinge gesehen zu haben, erinnern wir uns nicht.

Herr Génard lässt sich eines weiteren über Rubens' Grundbesitz aus. Der Maler scheint es mit seiner Eigenschaft eines Ritters und Herrn von Steen sehr ernst genommen zu haben und liess es sich angelegen sein, die Güter um dieses zwischen Brüssel und Vilvorde gelegene Schloss immer mehr auszudehnen.

Alles in Allem hatte schon ein paar Jahre nach Rubens' Tode die Familie fast 300000 Gulden gelöst, eine für diese Zeit höchst ansehnliche Summe. Erst 1660 erfolgte dann der Verkauf von Rubens' Haus, das nur schwer einen Käufer fand und endlich um 20000 Gulden dem Antwerpener Schöffen Jacob van Eyck zugesprochen wurde. Im Jahre 1680 ging es an dessen Schwager, den Canonicus Hillewerve, über, dessen Porträt auf einem der beiden Kupferstiche zu sehen ist, die er von dem ehemaligen Rubens'schen Hause nach den Zeichnungen von van Croes herausgab. Heute wird es vom Ritter von Bosschaert, einem Nachkommen des grossen Malers, bewohnt, ist aber in zwei Häuser getheilt und zeigt nur noch wenig von der ursprünglichen Einrichtung.

Rubens' zwei jüngste Kinder, die Tochter Constanze und der Sohn Peter Paul, gingen in das Kloster. Die zwei Söhne erster Ehe starben in jüngeren Jahren, und die männliche Nachkommenschaft des Meisters erlosch 1746. In weiblicher Linie gehören Rubens' Nachkommen der Aristokratie von ganz Europa an und sind ausserordent-

---

[10]) Sainsbury, S. 205.

ich zahlreich. In einem neuen Buche von Herrn Génard, dessen Prospect uns kürzlich vor Augen kam, einer Genealogie der Familie Rubens, figuriren die Namen von über 200 Familien, in deren Adern das Blut von Rubens fliesst. Der Fürst von Liechtenstein gehört auch dazu, so dass also die Meisterwerke von Rubens, die seine Galerie in Wien schmücken, in keinen legitimeren Händen sein könnten.

Im Grossen und Ganzen muss Herrn Génard's Buch als ein Versuch angesehen werden, Rubens' intimes Leben zu beleuchten, und hat als solcher, abgesehen von den Schwächen, die wir früher hervorgehoben haben, seinen Werth. Freilich bleibt noch genug übrig, was wir aufgehellt wünschten, und worüber bisher die Archive noch nicht ihre Geheimnisse mitgetheilt haben. Auch wäre endlich in der Litteratur immer noch Platz für eine in flämischer Sprache geschriebene populäre Biographie des Meisters.

Ein Hofpoet Leo's X. über Künstler und Kunstwerke.

Während meiner diesjährigen Studien in der vaticanischen Bibliothek gerieth mir ein Band Gedichte in die Hand, dem ich bald ein starkes Interesse abgewann [1]. Die Ereignisse des politischen wie des Culturlebens der ersten Jahrzehnte des 16. Jahrhunderts fanden darin ein Echo, kaum ein bedeutender Name des damaligen Rom's, der mir nicht auf einer Seite der Handschrift begegnete. Als Verfasser stellte sich mir heraus Jo. Evangelista Magdaleno Capodiferro, der sich als Poet den Namen Faustus beigelegt hatte. Die Litteraturgeschichten versagten mir nähere Auskunft über ihn. In der interessanten, für die Dichtergenossenschaft Rom's unter Julius und Leo so wichtigen Gedichtsammlung Coryciana erscheint er als Faustus Capiferreus Ro. mit zwei Nummern vertreten [2]; Giraldi gedenkt seiner in dem Buche De poetis suor. temp. mit wenigen Worten; seine dichterischen Erfolge wären grössere gewesen, hätten ihn nicht seine Frau und häusliche Sorgen allzuviel beschäftigt. Tiraboschi beschränkte sich darauf, diese kurze Bemerkung Giraldi's zu wiederholen. Aus einer Reihe von Memorabilien, die an verschiedenen Stellen der Handschrift eingestreut sind und vom Dichter selbst herrühren, ergiebt sich Folgendes: Evangelista Capodiferro war römischen Ursprungs; sein Vater scheint die Landwirthschaft betrieben zu haben. Anfänglich befand er sich unter den Familiaren des Cardinals Giovanni Colonna; als dieser am 26. Sept. 1508 starb, begab sich Evangelista Capodiferro zu dem Cardinal Giovanni Medici und bat diesen, ihn in jene Stellung aufzunehmen, in der er sich beim Cardinal Giov. Colonna befunden hatte; »mit huldreichem Lächeln« willfahrte dieser seiner Bitte. Als Giovanni Medici als Leo X. den päpstlichen Thron bestiegen hatte,

[1] Cod. Cart. in 4°. F. Vat. 3351.
[2] Coryciana (ed. Blossius Palladius Ro.) Impressum Romae apud Lud. Vicentinum St. Laurentium Perusinum Mense Julio 1524.

scheinen auch für Capodiferro schöne Tage gekommen zu sein; die
Notiz über einen zu Ehren Leo's X. veranstalteten Festzug, die ich
vor Kurzem an dieser Stelle publicirte, zeigt den Dichter unter den
Conservatoren des Capitols. Seine Gattin Faustina hatte Capodiferro
am 25. April 1506 geheirathet; Gedichte und Notizen lernen uns
die Sorgen kennen, welche ihm nach der Andeutung Giraldi's die
Gattin und der Hausstand bereiteten. Wenn ich mich über den Inhalt
eines Epigramms nicht täusche, so scheint Faustina schon einige Jahre
vor der Hochzeit in ein böses Abenteuer mit Alexander VI. verwickelt
gewesen zu sein; allerdings nennt sich Capodiferro in demselben Epigramm als Entführer einer andern Frau [3]) und am 4. März 1505 gebar
ihm eine Frau Namens Commoda eine Tochter Fausta. Auch Geld-
verlegenheiten fehlten nicht; wiederholt musste er sein Silberzeug in
der Bank des Agostino Chigi verpfänden. Capodiferro lebte bis über
den Regierungsantritt Clemens VII. hinaus. Was sein Dichtertalent
betrifft, so geht es über das der dichtenden Zeitgenossen zweiten Ranges
nicht hinaus. Die Verse fliessen ihm mit grosser Leichtigkeit aus der
Feder, Zartheit der Empfindung, Wohlklang der Sprache ist namentlich
seinen im Volgare abgefassten Gedichten eigen. Pathetisch, aber im
Kerne treffend, rühmt sein Freund Franciscus Arsillus von ihm:

> Fluctibus immerget sese ante Lycaonis Arctos
> Aequoreis, Phœbi currus ad ima ruet,
> Quam tua Fauste cadat nitidi caudoris avena
> Cui levat Ismeni fluminis unda sitim [4]).

Aber gerade desshalb, weil Capodiferro nicht mehr als den gebildeten
Durchschnittsmenschen jener Zeit repräsentirt, gewinnen die hier mitgetheilten Gedichte an Interesse: sind sie doch ein neues Zeugniss der
allgemeinen Empfänglichkeit jener Zeit für künstlerische Eindrücke.
Neben Offenbarungen intimen Herzenlebens, neben bissigen Satiren,
neben schmeichelnden Eulogien stehen die Verse, welche Kunstwerke
jeder Zeit und Art feiern. Doch neben diesem culturgeschichtlichen
Interesse haben einzelne Gedichte noch ein ganz besonderes kunstgeschichtliches, sei es, dass sie uns eine besondere Auffassung der
Bedeutung eines Künstlers offenbaren — wie wenn Raphael vor Allem

---

[3]) De tribus raptoribus.

> Faustinam Sextus, Theodoram Cæsar abegit,
> Speratam Faustus; sunt in amore pares.
> Furta Jovis memorat Cretæ, trecis (!) Roma rapinas;
> Uno Creta Jove est, Roma superba tribus. — (fol. 49 terg.)

[4]) Francisci Arsilli Senogallensis de Poetis Urbanis ad Paulum Jovium Libellus.
Von fol. LL an der Coryciana.

als Restaurator des alten Rom gefeiert wird — sei es, dass uns
Künstler in bedeutender Stellung vorgeführt werden, deren Namen uns
bisher unbekannt geblieben sind. Die Anmerkungen, mit welchen ich
den Text begleite, sind dürftig; einzelnen Namen gegenüber finde ich
mich rathlos und muss es fremder Forschung überlassen, den Commentar dazu zu finden.

I. Ueber antike Kunstwerke.

Laocoon in Titi imperatoris domo repertus (Agesandri, Polidori, Athenodori
Rhodiorum opus) Julio II. Pontifici Maximo [*]):

Laocoon ego sum: sic me ferit plectit Athena,
Quod mea Palladium dextera laesit equum.
Ac patriae me vicit amor; sed si mea sunt haec
Crimina, an natis est dea facta nocens?
Nec tantum hoc iram satiat, sit poena perennis
Ut mea, sub Pario marmore vivat, ait.
Dices, me aspiciens, veros lapidi esse dolores,
Et natis haud fictum exitium atque metum.
Innumeros nexus spirasque evelle draconum
Spectator, nisi te terret uterque draco.
[Si mortem atque metum dolorem (vivumque)
Qui dederunt, possent vocem animamque dare,
Abnuerent; mirum magis est sine voce animae
Niti, ferre, queri, flere, timere, mori [*]].
At sic Palladii frustra nos perditis hydri
Dum nocuisse cupi Pallados ira juvat!
Indignum fuerat patriae superesse ruinae,
Sed dignum fuerat cum patria oppetere.

                              (fol. 97.)

Illic Jovem a magno, qui fecit, sumpsit Homero,
Hic dederat Rhodiis Laocoonta Maro.

                              (fol. 97 terg.)

Laocoon loquitur.

Numinibus similes reges: timeantur, amentur!
Numina ne laedas, te mea poena monet.

[*]) Ganz Rom war durch den im Januar 1506 gemachten Fund in Erregung
gebracht worden. Das erste litterarische Dokument darüber ist der bekannte Brief
des Cesare Trivulzio an Pomponio Trivulzio. Sadolet's Verse wurden nicht bloss
von Zeitgenossen besonders hochgehalten, Lessing reproducirt sie noch in seiner
Abhandlung, weil sie »sehr wohl die Stelle eines Kupfers vertreten« können.
[*]) Was der Verfasser sagen will, bleibt nicht unklar, aber Syntax und Metrik
lassen hier allzuviel zu wünschen übrig.

Sat tibi si nostri non sunt exempla doloris,
Benevolæ gentis prona ruina docet.

　　　　　　　　　　　(fol. 108.)

Dum summi artifices tres uno in marmore certant
Et stimulat laudis quemque perennis amor,
Hic mutos cœlat (!) gemitus natisque parentem
(Dum subit auxilio) colligit angue pium;
Exprimit ille manum tendentem avellere nexus
Ictaque tabifero membra dracone premi;
Spirantes alius natos frustraque petentes
Patris opem, ex ipso marmore ut ire animas.
Ad palmam venere pares: parta omnibus æque
Gloria non ulli tradita jure fuit.
At pater infelix semel, heu, cum prode perempta
Perpetuus tanta est nunc tibi ab arte dolor.

　　　　　　　　　　　(fol. 150 terg.)

De Statua Cleopatræ *).

Fessa saporifero fontis Cleopatra susurro
Perspicui, dulcis frigidulique fruor.
Adcedas tacitus, tacitus lavero bibasque
Et tacitus, cesset ne mihi somnus, abi.
Quantum me, vivens, Cæsar mundi arbiter, arsi
Me mortam tantum Julius alter amat.

　　　　　　—　　—

Quæ Nilum tenui, parvi facta accola fontis
Et doceo, summis rebus abesse fidem.
Vincta sequi Augusti renui, quæ morte triumphos
Servio nunc lymphis, saxea, Jule, tuis.

　　　　　　—　　—

Fons parvus licet est: simulatum credite Nilum
Veraque sum lymphis, quæ, Cleopatra, fruor.
Niliacas Cæsar domuit, has Julius undas
Duxit: solum annis iste Secundus erat.

---

*) Das unter Julius II. aufgefundene Werk wurde zunächst im Belvedere aufgestellt. Aldovrandi beschreibt den Standort: A man manca di Antinoo si vede la statua di Cleopatra, che giace col braccio destro sul capo e pare che tramortisca e venga meno. Giù è poi una pila antica nella quale va l'acqua che scorre dal fonticello, che sotto questa statua versa. (Della statue antiche che per tutta Roma in diversi luoghi et case si veggono — als zweiter Theil des Werkchens von Lucio Mauro Antichità di Roma — Venetia 1556 pg. 125.) Auch der Laokoon wurde gleich Anfangs im Belvedere aufgestellt. Den Namen Cleopatra acceptirte auch noch Winckelmann; heute zweifelt Niemand mehr, dass darin Ariadne auf Naxos dargestellt sei.

Ne me tange, precor, dulci ne me excute somno.
Vivo ego, ni caleo, frigida lympha facit.
Niliacas, Caesar me vinxit magnus ad undas
Praefeatque suis Julius alter aquis.

— — —

Somno an somnifero langues Cleopatra veneno;
Immiscet curis somnia murmur aquae.
O utinam haec essent fatalis flumina Lethes,
Non mecum aspicerem regna perire mea.
Utilius hodie est cito et occubuisse beata,
Post tria quam misera saecula morte premi.

(fol. 122 terg.)

Sub statua Palladis.

Pacipotens et bellipotens sum Dia Minerva,
Nata Jovis summi de vertice, tota virago[1]).

(fol. 105.)

De statua Faustinae.

Divae Faustinae vivos e marmore vultus
Aspicis; et nudo corpore vera patet.
Nudus Amor, nudae Charites et Apellica Cypris:
Huic tria, spectator, numina inesse vides.

(fol. 108.)

De Fortunae statua diruta.

Fortunae simulacra vides, nullo obruta casu;
In semet vires servat at ipsa suas.
Quae nil stare jubet nec se superesse pati vult,
Quantum infensa aliis, tam sibi saeva Dea est.

(fol. 130 terg.)

De gemma Othogalli[*]).

Herculis angusta in gemma mirere labores;
Scalpere majus opus, quam superare fuit.

(fol. 100.)

---

[1]) Eine Pallas wird von Aldovrandi als in dem im Borgo S. Pietro befindlichen Palaste des Cardinals di Cesis befindlich angeführt (o. c. pg. 125).

[*]) Es ist darunter der Neffe Julius II., der Cardinal und Vicekanzler Julius II. Galeotto Franciotto de Rovere gemeint, der vielleicht als Mitglied der röm. Akademie den Namen Othogallus (ein berühmter Kirchenfürst des 13. Jahrh.) führte. Galeotto Rovere war selbst Poët und Freund der Litteraten und Künstler. Er starb jung (11. Sept. 1508). Capodiferro hat ihm einen poetischen Nachruf gewidmet (fol. 117 terg.). Vgl. Alpb. Ciaconii Vitae et Res gestae Pontif. Rom. et S. R. E. Cardinal. 2. ed. Roma 1677. III. col. 252.

II. Ueber zeitgenössische Künstler und Kunstwerke.

De Michaele Bonaroto Ethrusco sculptore.

Praxitelem vivos duxisse e marmore vultus
Naturæque oculos detinuisse ferunt.
Nunc (natura) visit stupefacta; iterum me vicit Ethruscus:
Felices, quibus est saxa animare datum*)!
                              (fol. 50 terg.)

D. M. Raphaelis Urbinatis.

Dum multis vitam pictura traderet Umber,
Mors ait, heu mortis nil modo jura valent.
Dixit et immani transegit pectora telo:
O quantum vitæ substulit una dies!
                              (fol. 140 terg.)

Infelix patria et nimium crudelibus iris
Pressa deûm et semper Roma renata neci!
Non sat cladis erat Gothorum arsisse tumultu
Et toties ferrum perquam tulisse faces. —
Reddebat te ipsam tibi, tot regionibus, Umber,
Dimensis, portis, mœnibus atque viis.
Templa, theatra, arcus, thermæ, amphiteatra manebant
Et tua, si magni quid positura tulit.
Hæc cum illo interiere; cadis miserandaque rursus
In cinerem, in nihilum patria rursus abis.
Omnia qui secum traxit quo carmine dignus
Umber in hoc tumulo, Romaque juncta jacet[10]).
                              (fol. 141.)

De statuis Jo. Coricij.

Virgine quam genitus, quam tot miranda peregit
Quodque resurrexit, creditur esse deus;
Hoc mirum magis est: saxi sub imagine vivit.
Funde, lapis justas audiet iste, preces!
Præsentes quam habes superos, mea Roma, videsque,
Sansovio debes Coricioque seni.

---

*) Die Veranlassung zu diesem Epigramm bot sicherlich Michelangelo's Pietà,
da es vor 1508 geschrieben wurde, wie aus Gedichten, die darauf folgen, geschlossen
werden muss.

[10]) Für die umfassende noch nicht genugsam gewürdigte Thätigkeit Raphaels
als Restaurator der Roma Antica ist dies Epigramm wohl ein Zeugniss von nicht
zu unterschätzender Bedeutung.

Annæ, Coricius, Christo, Divæque Mariæ
Dedicat hanc aram sedulus, et statuas,
His quoque Numinibus, Sansovi, verba dedisses
Exaudire volunt, non tua signa loqui [11]).

(fol. 123 terg.)

De Cæsare Imperatorio Siculo Mæcenatis in cubiculo a Darete depicto.

Dum formosa, Dares imitatur Cæsaris ora,
Naturæ, ambigitur major, an artis, honos.
Quod natura parat, facit ars, æque utraque gignit.
Spiritus hunc potuit, hunc animare color [11]).

(fol. 58 terg.)

---

[11]) In wenig veränderter Form finden sich beide Epigramme in der Sammlung
Coryciana auf fol. J. Das gesammte litterarische Rom jener Zeit hat diese Statuen
in Versen gefeiert, doch galt diese Feier mehr dem Donator als dem Künstler. In
der Einleitung zu der Sammlung schreibt Blossius Palladius: Nam tu (Coricie) cum
ab hinc ferme decennio pro tua pietate aram cum sacello in æde Divi Augustini,
Christo Deo, matrique et aviæ ejus, Mariæ et Annæ, statuisses, treisque statuas,
suam cuique ex Lunensi illas marmore erexisses, ad hæc picturam longe inclytam,
et priscæ æmulam, addidisses scalptoremque et pictorem quam eximios adhibuisses
preterea sacrificio quotidiano perpetuo, versa, restem, pecuniam, legasses. Tum
poetæ urbani omnes, velut æstro perciti, tuamque tum pietatem, tum operis ipsius
excellentiam admirati, te certatim extulerunt, tuamque animi magnitudinem, sta-
tuarum notorem, artificum præstantiam, suis carminibus texuerunt.

Auch Ulrich Hutten legte seine Weihegabe hier nieder; von den fünf Num-
mern, die von ihm herrühren, bringe ich nur in Erinnerung sein ergreifendes
»Votum«:   Orbe pererrato, terra omnia passus, et undis
                  Nunc etiam raptum peste agitante pedem,
                  Corycii pietate nova devolvar ad aram,
                  Hac, avia, hac mater, hac tibi, nate, precem.
                  Da morbum cessare pedis, da robur ademptum,
                  Sic nunquam his desint cæraque tusque focis.
(Coryciana fol. Hij und Ulrichi Hutteni Opera ed. Böcking [Lpzg., 1859—62]
III. S. 272.)

Das Werk befindet sich noch an Ort und Stelle in der Kirche S. Agostino in
Rom. Die jugendliche Maria hält das entschlummerte Kind auf ibrem Schoosse, Anna
sitzt neben ihr und wendet sich mit grossmütterlichem Affect dem göttlichen Kinde zu.
Der liebenswürdige Realismus der florentinischen Quattrocentisten charakterisirt dies
Werk. Es trägt die Inschrift: Andreas de Monte Sansovino faciebat. San. Deo Deique
filio Matri | Virgini Annæ Aulæ Maternæ. | Jo. Coricius ex Germanis | Lucumburg .
pro Apost. DDD. | Perpetuo sacrificio dotem | Vasa vestes tribuit 1512.

An der inneren Façadenwand, zwischen den Eingängen, befindet sich dann
die Kolossalstatue der Madonna mit dem Kinde, gleichfalls von Andrea Sansovino.
Sie ist von der Antike stark inspirirt. Leider ist sie mit Schmuck so sehr behangen,
dass ein eingehenderes Urtheil unmöglich wird.

[12]) Ueber diesen Künstler wie über die beiden folgenden, den Architekten
Antonio Fiorini und den Gemmenschneider Angelo Ubaldo gelang es mir bisher
nicht, eine erläuternde Notiz aufzufinden.

De Leda a Darete impressa.

Leda videbatur nix concubuisse Tonanti,
Ni foret arte nova juncta sine arte Jovi.

(fol. 50.)

D. M. Antonij Flosini Architectoris.

Cœlum gessit Atlas, arcesque laresque deorum;
Quod struis, Antoni, non leviora paras.
Cura eadem et studium sequitur tellure repostum,
Ex animo fulcis corpora templa deûm.
At tibi pro tanto debetur pondere cœlum;
Te laudare homines, dij dare digna queunt.
Cur tibi crudeles renuerunt parcere Parcæ?
Aemula Vitruvio ne foret ulla manus! —

(fol. 97.)

Angelo Ubaldo.

Democriti vix esse atomos, Ubalde, putabam
Gorgoneo ni esset vertice facta fides;
Sunt tibi tam minimis Phorcynidos ora lapillis
Ut possis atomos dicere non lapides.
Verior est ipsa quæ ficta ex arte Medusa
Spectantum magis hac obstupuere animi.
Non tamen hæc causa est quæ te tam sæpe revisat
Castalius, non est cur velit esse lapis:
Dicitur esse tibi diversa fronte Medusus
Non homines lapides, sed facit iste nives.

De Angeli Ubaldi Medusa.

Praxitele haud opus est: Ubaldæ te ora Medusæ
Efficient lapidem qui cupis esse lapis.
Carmina dent meritæ vates Heliconydos isthac
Autorem lymphæ progeneravit equum.

(fol. 100.)

De Venere picta ad focum Pandulphi Petrucij Senensis [13]).

Faustus et Venus interlocuntur:

Faust. Cur geminos tecum non ducis Cypria amores?
Ven. Hos populo jussi corda ferire Remi.
Faust. Non satis uni erat hominum qui inspirat amorem?
Ven. Diversum est qui homines, qui intuerere deos.

---

[13]) Sicherlich gehörte diese Venus unter jene Fresken, mit welchen sich Pandolfo Petrucci ein Zimmer seines Palastes durch Luca Signorelli und andere Maler ausstatten liess. Unter jene von della Valle beschriebenen sechs Darstellungen lässt sie sich jedoch kaum einreihen.

Petreum merito divino observet amore
Patria, quæ nati est filia jure sui.
Plura recensentur vario miracula mundo;
Is deus est, matrem qui genuisse potest.

De eadem Venere.

Indoluit Juno depicta et Cypride Pallas;
Cædite bis victæ judice vel Paride.

(fol. 104.)

Architectores Divo Julio II. Pont. Max. dicarunt.

Arte Syracusia cœli patuisse meatus
Fama refert; cœlum patria certa sibi est.
Nunc pro Vitruvio sub Julo mille resurgunt:
Ancus et Augustus ædificator adest.

(fol. 58 terg.)

D. M. Seraphini Aquilani [14].

Barbyti et vocis tam gratia rara Tonantem
Nunc tenet; est cœli vox mea mixta modis.
Formosus erat Ganymedes, credis abactum:
Forma illi furti, vox mihi causa fust.

(fol. 50.)

In lyram Atlantis Florentini lyristæ.

Mercurij, Phöbi, atque Orphei lyra, fungere cœlo.
Non hos, non superas invidet ista plagas.
Nobiliore polo, concentu, hæc gaudet, et astris
Dum mediam Medices et Bibiena facit.   ·

---

[14] Seraphino von Aquila starb 1500 in Rom (geb 1466); er war nacheinander Günstling des Conte di Potenza, des Ascanio Sforza, Ferdinands III. von Neapel, Guidobaldo's von Urbino, Francesco Gonzaga's, Ludovico Sforza's, endlich des Cesare Borgia. Seine Gedichte, die er mit der Leier zu begleiten pflegte, wurden von den Zeitgenossen höher als die Petrarca's gestellt. Erst Benedetto Varchi hat wieder nüchterner geurtheilt. (Mazzuchelli, Scritt. Ital. I. 2. pg. 904 sequ.)

Hubert Janitschek.

Die Hypäthralfrage.

Seit Bötticher die epochemachende Abhandlung »Der Hypäthraltempel des Alterthums auf Grund des vitruvischen Zeugnisses gegen
Prof. Dr. L. Ross erwiesen. Potsdam 1847« veröffentlicht, nahm man
— wenn auch nicht ausnahmslos, wie das Beispiel Julius Braun's
zeigt — an, dass das vitruvische Zeugniss in vollem Umfange aufrecht zu
halten sei und war sogar geneigt, eine weitere Ablehnung desselben
für Starrköpfigkeit zu halten. Doch schien die praktische Ausführung
des Hypäthrums am hellenischen Peripteros aller Anstrengungen auch
der gewiegtesten Restauratoren und Kenner antiker Architektur zu
spotten. Wenn wir nicht irren, war auch gerade die Vergeblichkeit
graphischer Restaurationsversuche die Veranlassung zu einer neuen
Untersuchung [1]), welche die ganze Angelegenheit in ein neues Stadium
gebracht haben dürfte.

Clarke unternimmt es, die von Ross in seiner Schrift »Keine
Hypäthraltempel mehr« (Hellenika, Archiv archäologischer, philologischer,
historischer und epigraphischer Abhandlungen I. 1. Halle 1846) aufgestellte Behauptung, dass Vitruv's Nachricht von den Hypäthraltempeln
(III. 1) Missverständniss sei, nicht bloss unter geschickter Verwerthung
der bereits von Ross gegebenen Gründe, sondern auch unter Hinzu-
fügung neuer historischer wie constructiver Beweise abermals aufzustellen, und zwar, wie es uns scheint, wenigstens mit dem Erfolge,
dass die Existenz der Hypäthraltempel nicht mehr als erwiesene Thatsache hingestellt werden kann.

Das freilich hätte Clarke nicht wieder beliebäugeln sollen, was
Chr. L. T. Schultz 1858 in seiner wirklich werthlosen »Untersuchung

---

[1]) Joseph Thacher Clarke, architect, The Hypaethral Question. An attempt
to determine the mode in which the interior of a Greek temple was lighted. Papers
of the Harvard Art Club. No. 1. Harvard College, Cambridge 1879.

über das Zeitalter des römischen Kriegsbaumeisters M. Vitruvius Pollio« geltend zu machen gesucht hat, dass nämlich Vitruv nicht bloss nicht im Zeitalter des Augustus, sondern noch wahrscheinlicher als in später Kaiserzeit im Mittelalter gelebt habe. Zutreffender ist, was der Verfasser über die Vagheit der vitruvischen Beispiele für Hypäthral-Tempelanlagen äussert, welche in der That in den Worten »in Athenis octastylos et in templo Jovis Olympii« in so ärgerlicher Weise zu Tage tritt, dass kein bekannter Tempel mit Sicherheit für die beregte Constructionseigenthümlichkeit verantwortlich gemacht werden kann. Auch sonst bietet die Stelle Schwierigkeiten genug, wie z. B. das »reliqua omnia eadem habet quae dipteros« auf einen jonischen Tempel hinwiese, da es keinen dorischen Dipteros giebt. Die Untersuchung, welche Tempel gemeint seien, scheint Verfasser dieses aussichtslos; Clarke schliesst sich der Mehrzahl der Archäologen an, welche den Parthenon und den Zeustempel zu Olympia als wahrscheinlich gemeint erachten, hält aber auch mit Ross nicht für unmöglich, dass die Stelle auf das Pythion und den olympischen Zeustempel in Athen gehe, die beide unvollendet blieben.

Doch dürfte er Recht haben, wenn er annimmt, dass etwa eine seltsame Verwirrung in den vitruvischen Text gekommen sei, oder dass der Autor eine bezügliche griechische Originalstelle schlecht verstanden habe. Und unvollendete, also unbedachte Tempel gab es in grosser Zahl, wie denn in den beiden ersten Büchern des Pausanias von nicht weniger als sieben gesprochen wird. Anderseits gebraucht Strabo das Wort Hypaethron gerade bei einem Tempel, dessen Dach gänzlich abgebrannt war, dem Artemision. Endlich liegt auch die Möglichkeit eines Irrthums hier darum nahe, weil Vitruv hiebei von einer Sache spricht, die er nicht selbst gesehen, wozu kömmt, dass seine Mittheilung von Leuten abgeschrieben wurde, die von hellenischer Architektur keine Idee haben konnten.

Der Blitz aber, welcher nach Pausanias V. 2 in den Zeustempel von Olympia gefahren sein soll, wenn uns das Mirakel nicht überhaupt anachronistisch berichtet wird, da die Stelle wahrscheinlicher vor dem Tempelbau vom Donnergott gezeichnet wurde, brauchte so wenig durch einen vorhandenen Dachausschnitt auf den Fussboden zu gelangen, als er seitdem, wenn er in das Innere eines Gebäudes dringen wollte, einer besonderen sich ihm darbietenden Dachöffnung bedurft hat, und ebenso konnte sich, wenn Apollo in sein delphisches Heiligthum in eigener Person »per culminis aperta fastigia« (Justinus II. XXIV. 8) niederstieg, das Dach hiezu geöffnet haben, ohne dass dadurch das Wunder wesentlich erhöht worden wäre.

Die gegen Ross stets mit grosser Anstrengung bekämpften atmosphärischen Einflüsse bei offenem Dache brauchen nicht weiter betont zu werden, sie sind indess bedeutsam genug, besonders wenn man an jene beiden Heiligthümer denkt, die bekanntlich des Phidias chryselephantine Prachtwerke enthielten. Namentlich erscheint es unbegreiflich, dass man, wenn einmal ein Dachausschnitt den Eintritt von atmosphärischen Niederschlägen ermöglichte, nicht auf entsprechende sofortige Ableitung derselben sollte Bedacht genommen haben, wie diess im Pantheon zu Rom in durchaus praktischer Weise geschehen ist. Mag nämlich der Mittelraum tiefer liegen, wie im Parthenon, oder der Nebenraum, wie im Poseidontempel zu Pästum, immer fehlt der unumgänglich nöthige Abzugscanal. Clarke betont mit Recht, dass alle Uebelstände, welche man in kleinen abzugslosen Höfen innerhalb hoher Umfassungswände mit all ihrer dumpfen Feuchtigkeit und Moderigkeit selbst unter italienischem Himmel antrifft, auch in hypäthralen Tempeln sich gezeigt haben müssten. Er erörtert auch in überzeugender Weise das Ungenügende eines Velariums; mit weniger Ueberzeugungskraft das Unzulässige der von anderen vermutheten mobilen Holzdecken, wenn auch zugegeben werden muss, dass auch diese hinsichtlich der Methode der Anbringung, des Oeffnens und Schliessens u. s. w. nicht frei von grossen praktischen Schwierigkeiten seien, wie sie auch architektonisch in jedem Betracht der hellenischen monumentalen Constructionsweise Hohn sprechen. Auch Fergusson's Annahme einer Ueberhöhung des Mittelschiffs respective des Daches desselben zum Zweck der Anbringung von senkrechtem Oberlicht (True Principles of Beauty in Art 1845) wird mit Recht schon deshalb verworfen, weil sie im geraden Widerspruche zu den Worten Vitruv's steht, auf welchen doch die ganze Theorie fusst. Und wenig ansprechender kann aus gleichen Gründen auch der Vorschlag von Hittorf (Architecture antique de la Sicile 1870), neuestens wieder von Chipiez (Revue archéologique 1878) vertreten, befunden werden, welcher diese überdachten Lichtausschnitte über die Nebenschiffe legt.

Bedeutsam ist weiterhin die Ausführung, dass, wenn der hellenische Tempel hypäthral gewesen wäre, Decke und Dach nothwendig als ein Glied hätte hergestellt werden müssen, wozu sich in der That Klenze in der Walhalla, trotzdem dass die Gegenwart das Glas als Bauresp. Bedachungsmaterial darbot, genöthigt sah. Denn da Blouet's Restauration mit einer Traufenneigung der Bedachungen der Langseiten nach innen zu widersinnig ist, ergab sich bei selbständiger Durchführung von Decke und Dach (Bötticher) die Nothwendigkeit einer schachtförmigen Bildung des Ausschnittes vermittelst Dielenverschalung, die an Unsolidität den atmosphärischen Einflüssen gegenüber und an

Unmonumentalität im Gegensatze zu dem übrigen Marmorbau nichts zu
wünschen übrig liesse. Brachte man aber diese Verschalung nicht an,
so gestattete man nicht bloss dem Auge den Einblick in das Dach-
gerüst, sondern, was noch schlimmer, auch der Feuchtigkeit den directen
Eintritt in dasselbe. Hässlichkeit und Nachtheile also auf jeden Fall,
und zwar Beides nicht bloss innen, sondern auch aussen durch die
eingeschlagene Firstlinie, welche den ganzen Bau entstellen musste,
und durch die constructiv sehr missliche Unterbrechung oder Blosslegung
des Firstbalkens.

Werden diese Bedenken durch den Umstand gesteigert, dass keine
classische Notiz ausser bei Vitruv einer solchen Hypäthralvorrichtung,
oder richtiger des Hypäthrums im Sinne einer solchen Vorrichtung
erwähnt, und dass ferner keine bildnerische Darstellung in Relief oder
Farben, auf welcher doch Tempel häufig vorkommen, eine solche zeigt,
so ist nicht minder gewichtig die von Clarke versuchte Beweisführung
aus dem Befund eines gewöhnlich auf die vitruvische Stelle bezogenen
Tempels, nämlich des bis vor zwei Jahrhunderten beinahe intakt
erhaltenen Parthenon. Wir erfahren nämlich von Reisenden, welche
den Tempel vor dem venetianischen Bombardement Athens gesehen
haben, dass er ganz finster gewesen, wobei die Art des Berichts der
antiquarisch gebildeten Gewährsmänner nicht daran denken lässt, dass
diese eine moderne Bedachung als die Ursache dieser Finsterniss
erkannten. »Il faut que je vous avoue qu'étant entré dans la Mosquée
(Parthenon) je ne fus pas étonné comme d'autres de son obscurité,
quoy que j'observasse que toute la lumière qu'elle reçoit vient du fond
que les Chrétiens avoient ouvert en faisant le choeur; et qu'ainsi du
tems des Payens ce Temple n'avoit aucun jour que celuy qu'il pouvoit
recevoir par la porte, et qui s'affaiblissoit en venant dans le pronaos,
qui ne recevoit aussi de clarté que par le premier portail. Je ne voulus
point critiquer le dessein de l'Architecte Jetinus . .« (J. Spon, Voyage
d'Italie, de Dalmatie, de Grece et du Levant fait les années 1675 et
1676. Lyon, 1678 II. p. 152.) Dem entsprechend sagt G. Wheeler in
seinem Journey into Greece. London 1682 p. 363: »When the
Christians consecrated it (den Parthenon) to serve God in, they let in
the light at the east end, which is all it yet hath.«

Dass aber das Dach noch die antiken Marmorplatten trug, und
nicht selbst eine das frühere Hypäthron schliessende Neuerung war,
wird gleichzeitig bezeugt. So nennt J. B. Tavernier (Six voyages en
Turquie, en Perse et aux Indes, Paris 1679 p. 354) das Dach bestehend
»aussi tout entier de pierres plates de marbre, très-bien ordonnées«.
Auch der Belagerungsbericht des hessischen Söldnermajors Sobiewolsky

(Michaelis, der Parthenon, S. 346) giebt ausdrücklich an, dass die Beschiessung des Parthenon mit Wurfgeschossen anfangs ohne Wirkung war, weil der Tempel mit Marmor gedeckt und somit gut geschützt gewesen sei. Es wäre sehr gewagt, anzunehmen, dass diess eine mittelalterliche Marmorbedachung gewesen sei, da selbst die Ausbesserung schadhafter Stellen, wenn überhaupt, so nur sehr dürftig vollzogen worden zu sein scheint, indem man herabgefallene Marmorplatten nicht einmal mehr an ihre Stelle zurückbrachte. (Wheeler p. 364.) Wie hätte man auch an eine so kostbare und mühsame Dachung denken können, während man doch eine gestürzte Säule nur mit einer unsäglich roh aufgemauerten Stütze ersetzte.

Sehr beachtenswerth ist endlich, was Clarke über den Effect der hypäthralen Beleuchtung darlegt. Abgesehen von anderen Uebelständen hebt er nämlich hervor, wie ungünstig dieselbe für das in eine besonders gedeckte Aedicula eingeschlossene Hauptbild gewesen wäre, indem das Licht hauptsächlich auf die Füsse und den Unterkörper gefallen wäre, während der obere Theil, namentlich der Kopf, sich in tiefem Schatten befunden hätte. Können wir auch den Ausführungen Clarke's darüber, dass künstliches Licht dem Tageslicht, selbst »with the best methods of introducing it« vorzuziehen sei, nicht unbedingt folgen, obwohl allerdings die Wirkung eines constructionsverwandten Saales, wie des Odeons in München, bei künstlichem Licht jener bei hypäthralem Tageslicht weit vorzuziehen ist, so ist gewiss richtig, was er über das Zweckentsprechende des künstlichen Lichtes in Culträumen sagt. Denn wie das einzige ewige Licht in kleineren Tempeln das Mysteriöse, die Andachtstimmung erhöhte, so steigerte auch in festlich benutzten Tempeln die glänzend reiche Lampenbeleuchtung den Eindruck feierlicher Pracht weit über das hinaus, was einfaches Tageslicht bewirkt hätte. Mit Recht findet auch Clarke im künstlichen Licht die Grundlage und Bedingung für die chryselephantine Plastik, die bei Tageslicht unnatürlich, vielleicht sogar widerlich gewesen wäre, während sich ihre Pracht bei künstlichem Licht berückend entfalten musste. Wie aber Tempellampen häufig erwähnt werden, so würden auch die häufigen Tempelbrände bei der ganz marmornen Aussenseite der Tempel ohne künstliche Beleuchtung und die sich daraus ergebende Gefahr kaum erklärt werden können.

Bleibt auch noch mancher Zweifel ungelöst, so nimmt doch Referent keinen Anstand, in der Negation der hypäthralen Anlage die grössere Wahrscheinlichkeit zu finden.

F. Reber.

Berichte und Mittheilungen aus Sammlungen und Museen, über staatliche Kunstpflege und Restaurationen*).

Die königliche Gemäldegalerie in Augsburg. — In der königlichen Gemäldegalerie zu Augsburg hat sich seit Herausgabe des Katalogs im Jahre 1869 durch Zu- und Abgang einzelner Bilder und durch die damit veranlasste, den jetzigen Anforderungen angemessene Umhängung der Gemälde Manches verändert. Ebenso sind in Folge neuer Forschung und Vergleichung die Namen der Meister in vielen Fällen anders bestimmt worden, als in dem von Professor Dr. R. Marggraff verfassten Kataloge. Nach vierunddreissigjährigem Bestehen der Sammlung ist es diesem Verzeichnisse zu danken, dass endlich eine Grundlage für weitere Forschungen geboten wurde; da aber eine neue Auflage kaum bald zu erwarten ist, empfiehlt es sich, von diesen Aenderungen hier Notiz zu nehmen. Die Gemäldeumhängung beeinträchtigt die Brauchbarkeit des Katalogs wegen seiner fortlaufenden Nummern nicht. Mehr macht sich der Ab- und Zugang von Gemälden fühlbar. Seit 1869 wurden abgegeben: *Kat. Nr. 418*, angeblich Ribera, »die Verkündigung der Hirten« und *Nr. 585*, J. van Goyen, »Flachlandschaft«, weil damals dieser Meister in der Pinakothek nicht genügend vertreten war, und in Augsburg noch vier vorzügliche Bilder von ihm verblieben; *Nr. 391*, angeblich in der Art des Spinello Aretino, »Christus in der Vorhölle«, und *Nr. 423*, flüchtige Skizze von Tintoretto zu dessen grosser »Kreuzigung Christi« in Schleissheim, zu welcher sie wie billig gebracht wurde. In neuester Zeit wurden noch zehn dem Herzog Clementinischen Fideicommiss angehörige Bilder, die, wie wir vermuthen, mit allen anderen dazu gehörigen Werken in einer Ausstellung vereinigt werden sollen, zurückgefordert. Es sind *Nr. 28* und *29*, niederrheinische Schule, »Opfer der hl. drei Könige« und »Geburt Christi«, in der Art der Brüder Dünwege in Dortmund, aber zu schwach für diese selbst und verwandt mit dem in der Pinakothek »Engelbrechtsen« genannten Bilde; *Nr. 230* und *231*, H. van Waterschoodt, »Bauerngelage« und »Dorfkirchweihe«; *Nr. 323*, J. Amigoni, »Ecce homo«. *Nr. 525* und *526*, Th. Michau, »Landschaft mit Aussicht auf einen Fluss« und »Dorfkirchweihe«;

Nr. 509 und 492, C h r. S c h w a r z, »Kreuztragung« und »Christus am Kreuze«, ferner *Nr. 159*, G. S c h a l k e n, »Pfälzische Prinzessin«, Kniestück, eine sehr schwache Leistung desselben. Die Direction der königlich bayerischen Gemäldesammlungen hat aber in ihrer rühmenswerthen Rücksicht für die namhafte Augsburger Galerie und für den historischen Charakter der Stadt, der sie angehört, den Gemäldebestand nicht nur stets zu erhalten, sondern auch zu heben gesucht. Es werden nicht viele andere Galerien so zahlreiche Kunstwerke besitzen, die, von einheimischen Bürgern gestiftet und von einheimischen Malern gefertigt, sich noch an dem Ort ihrer ersten Bestimmung befinden, wie das hier hinsichtlich der hervorragendsten Gemälde der älteren deutschen Schule in der zur Galerie umgewandelten Klosterkirche zu St. Katharina der Fall ist. Diese Schule bildet ihren Schwerpunkt, und wurde bei nachfolgend aufgeführtem Zugang durch verwandte Bilder bereichert. Vom Schleissheimer Dépôt wurden zugetheilt: *1*, ländliches Fest von P i e t e r Geysels, bezeichnet. *2*, Christus am Oelberg, fränkische Schule. *3*, das Haupt Johannes des Täufers wird zur Tafel getragen, angeblich oberbayerische Schule, Ende des 15. Jahrhunderts; auch die Rückseite bemalt. *4*, die Geburt Christi und die Anbetung der Hirten, angeblich italienische Schule; jedenfalls deutschen (fränkischen) Ursprungs. *5*, ein männliches Brustbild auf rothem Hintergrunde, aus Ambras stammend und aus dem Anfange des 16. Jahrhunderts; vermuthlich stellt es den Erzherzog Sigismund dar. *6*, Christus am Kreuze, vor welchem Albrecht von Brandenburg in Cardinalskleidung kniet, sein Wappen im Fingerringe, aus der Stiftskirche in Aschaffenburg herrührend, von Cranach. *7*, Prophet Isaias, den 7. Vers seines 53. Capitels schreibend, und *8*, Prophet Zacharias; beide Brustbilder und obere Abschnitte von Flügeln eines Altaraufsatzes, von B a r t h o l o m ä u s Z e i t b l o m. Besonders die Darstellung des Zacharias zeichnet sich durch geistigen Ausdruck des Kopfes und feine Zeichnung aus. *9* und *10*, zwei männliche Brustbilder aus deutscher Schule und aus der zweiten Hälfte des 15. Jahrhunderts, eines mit der Jahreszahl 1462. *11*, Christus am Kreuze, unter welchem Maria, Johannes, Ursula und Helena stehen. Das mit tiefer Empfindung durchgeführte Bild trägt den Typus des Meisters der Lyversbergischen Passion. *12* bis *18*, Darstellungen von der Verwandtschaft Jesu, angeblich von F r i e d r i c h H e r l e n. *19*, Gefangennehmung, *20*, Kreuztragung, *21*, Himmelfahrt Christi und *22*, Christus vor Pilatus, Bilder mit ganzen Figuren auf zart gravirten, mit farbigen Schraffirungen gefassten Goldgründen aus der Kölner Schule. Derselben gehören noch zwei Bilder mit bemalter Rückseite und halben Figuren an: *23*, Sancta Rosalia und *24*, Sancta Margaretha. *25* und *26*, zwei Altarflügel der niederrheinischen Schule, die den Abschied der Apostel vor Antritt ihres Lehramtes zum Vorwurf haben. *27* und *28*, zwei Altarflügel, vom Anfange des 16. Jahrhunderts, niederdeutsch, von welchen der eine Augustinus und Andreas, der andere Hieronymus und einen unbekannten Bischof enthält. Der ursprünglich vergoldete Hintergrund ist mit einer alten Uebermalung von Luft und Wolken bedeckt. *29*, Himmelfahrt Maria's. Die Eigenthümlichkeit der sehr liebevollen Behandlung und die längliche Kopfform, die bei den am Grabe stehenden Aposteln hervortritt, weist auf den Meister von St. Severin in Köln hin. *30* und *31*, zwei kleine Flügelbilder, angeblich aus der van Eyck'schen Schule. Das erste enthält Sancta Ursula, auf der Rückseite Sancta Katharina, das zweite Sancta Barbara, auf der Rückseite Sancta Dorothea; die Vorderseiten haben Goldgrund. *32*, St. Hieronymus von L. Cranach. Die altdeutschen Gemälde *33*, Messe des hl. Gregor, *34*, Verkündigung, *35*, Venus und Amor, *36*, Geisselung, *37*, Ecce homo und *38* dürften von untergeordnetem Range sein. Desto bedeutender sind die vier Kirchenväter *39*, St. Hieronymus mit dem Löwen, *40*, St. Augustinus mit dem Knaben, der das Meer in die Grube schöpfen will, *41*, St. Gregorius mit dem König Knut von England, der durch seine Vermittlung zum Christenthum bekehrt wurde, und *42*, St. Ambrosius, mit einem Kinde in der Wiege als Attribut. Er erhielt nämlich nach der Legende als Kind durch eine Biene die Beredtsamkeit. Diese vier höchst interessanten Gemälde weisen auf süddeutschen Ursprung hin. Die im Hintergrunde angebrachte Architektur ist in ihren Formen noch strenger als in den Bildern von Hans Holbein dem Aelteren und Hans Burgkmair, die Figuren deuten aber in ihrer treuen Naturanschauung und ihren schönen Formen auf eine spätere Zeit, als man auf Grund des Architektonischen annehmen würde. Es macht sich bereits italienischer Einfluss geltend und einzelne Hände erinnern im Ton und in den bei Verkürzungen angebrachten Reflexen an Mantegna. Die Tafeln von Hieronymus und Ambrosius haben bemalte Rückseiten, von denen die des letzteren wegen ihrer Originalität hervortritt. In der oberen Hälfte hält der heilige Bischof den Teufel gefangen, der ganz in der phantastischen Art Schongauer's gestaltet ist; in der unteren Hälfte liegt Ambrosius in einer Ekstase, wie sie kaum einer unserer gemüthlichen altdeutschen Meister zu accentuiren gewagt hätte, auf den Stufen vor dem Altare, und ein Engel, in der kühnsten Verkürzung und mit reizend modellirtem Köpfchen, schwebt zu ihm herab. Es wurden ein Bild im Besitze des Professor Sepp in München und die Genealogie des Hauses Habsburg in Innsbruck, gemalt von Rosenthaler*), mit obigen Bildern in Verbindung gebracht. Von derselben Seite kam noch *Nr. 43*, das lebensgrosse Bildniss des Pfalzgrafen Wolfgang Wilhelm zu Pferde von A. Diepenbeeck, von welchem sich in der Pinakothek die gleiche Darstellung befindet; von der St. Ulrichskirche in Augsburg wurde *Nr. 44*, eine schmerzhafte Muttergottes von Dom. Zanetti zurückgegeben, und ebenso fand *45*, ein von Sonthofen eingeliefertes Altarwerk mit Renaissanceeinfassung, Aufstellung. Das Predellabild »Gefangennehmung der hl. Ursula in Köln« ist ziemlich roh; das Altarbild dagegen documentirt, trotz seiner Beschädigung und der störenden Uebermalungen, einen tüchtigen Meister der Nördlinger Schule, der in dem rückwärts a tempera gemalten Bilde, der Mannaregen, mit genialer, skizzenhafter Zeichnung sich besonders vortheilhaft darstellt.

Von dem 1872 nach Schleissheim übertragenen Augsburger Dépôt

---

*) Johann und Jakob Rosenthaler, die nach Rettberg S. 69 von Nürnberg nach Schwatz übersiedelten.

durften folgende Bilder zurückbehalten und der Sammlung einverleibt werden: von Chr. Schwarz, *46*, des Künstlers Familie und *47*, Christus in der Vorhölle, *48* und *49*, zwei männliche Portraits von J. de Pay, *50*, Portrait von G. des Marées, die Gemahlin des Modelleurs Schega, die nothwendig zu ihrem in der Galerie schon befindlichen Gemahl gehörte, *51*, Flucht nach Aegypten von J. A. Wolf, *52*, männliches Portrait von Largillière, *53*, Stillleben von Fr. Wernher Tamm, *54* und *55*, Thierstücke von J. Fyt und angeblich von A. van de Velde (wahrscheinlich Jan van der Does), *56* und *57*, eine niederländische Landschaft und eine Landschaft in der Art des Salvator Rosa, *58*, Mädchen mit einer Traube von A. Amorosi, *59*, eine Skizze des jüngsten Gerichts mit $\overset{\text{w r}}{\underset{1001}{\text{W}}}$ bezeichnet, *60*, Portrait Kaiser Maximilians I. in seinen jüngeren Jahren, und endlich *61*, das Concert der Vögel von C. W. Hamilton, der (nach P. v. Stetten's Kunst-, Gewerbs- und Handwerksgeschichte von Augsburg 1779, S. 337) von Bischof Alexander Sigismund nach Augsburg berufen wurde und längere Zeit als sein Hofmaler thätig war.

Die Einführung von Tafeln mit dem Namen der Meister hat es möglich gemacht, jetzt schon die sicher festzustellenden neuen Benennungen, welche der Katalog noch nicht enthält, dem Publicum mitzutheilen. Bei Kat. Nr. 698, Portrait des Kurfürsten Otto Heinrich von Pfalz-Neuburg (früher für Heinrich VIII. von England gehalten), ist schon längst nach A. Woltmann's Angabe, statt Amberger, Barthel Beham gesetzt. Ebenso erfolgte für Nr. 673 bis 676 die Richtigstellung. In Nr. 677 ist der seltene W. van den Poorter in der Sammlung repräsentirt, nachdem durch einfache Regeneration das klare Helldunkel des Meisters wieder zur Geltung kam und gleichzeitig das Monogramm D. D. P. sichtbar wurde. Das Architekturbild Nr. 180 konnte mit Bestimmtheit durch Vergleichung mit den bezeichneten Bildern in der ehemals Hausmann'schen Sammlung in Hannover, in Darmstadt, Göttingen und Berlin, J. Barthol. van Bassen genannt werden. Bei Nr. 109, früher Lingelbach, fand sich der volle Namen W. Schellinks. c. M. unten im Rahmenfalz versteckt. Für die Landschaft Nr. 277 dürfte der Name Fr. van Bloemen, gen. Orizonte, am Platze sein. In Nr. 635, die Beschneidung Christi, früher G. van den Eeckhout genannt, besitzt die Galerie einen vorzüglichen Benjamin Cuyp, dessen zweiter Name an der Stufe sichtbar ist; den ersten setzte er fast nie vor. Nr. 345, Ecce homo, soll Cavalcaselle für Tizian halten. Director Julius Meyer erblickt in dem todten Rebhuhn Nr. 563 den Alex. Coosemans, der auch in Schleissheim aufgeführt ist. An dem Bilde 697, Auferstehung Christi (angeblich spätere niederländische Schule), fand sich das Monogramm $\bowtie$ vom Rahmenholz unten bedeckt. Dem Amberger, der im Katalog zwar nur muthmasslich und angeblich aufgeführt ist, musste ausser dem schon erwähnten Bilde auch Nr. 59, Opferung der hl. drei Könige, abgesprochen werden. Man darf in demselben ein Werk des Augsburger Malers Gumpold Gilttlinger sehen, indem Dr. Hoffmann in Augsburg ein mit dem Namen dieses Meisters bezeichnetes Gemälde besitzt, das

mit obigem auffallend übereinstimmt. Zum Ersatze schreibt aber W. Schmidt
Nr. 694, säugende Madonna, bisher M. Schaffner genannt, dem Amberger
zu und will auch in Nr. 398, Maria mit dem Kinde, das einen Stieglitz hält,
ein Bild, bei dem einst Mündler an die Bellini'sche Schule, an Tizian, dann
an Hans Holbein den Jüngeren gedacht hat, ein Werk von Amberger sehen.
Auch der Kunsthistoriker L. Scheibler hat während seines eingehenden Studiums
der Augsburger Galerie mehrere interessante Entdeckungen gemacht: Auf Nr. 319,
dem Bilde eines Gelehrten von Spielberg, steht die Bezeichnung auf dem
Buche unter der Hand. Bei Nr. 137, Mars wird von Victoria bekränzt, ist
der Name *P. De ros fecit* auf einem Gewehrriemen zu finden. An Nr. 521,
aufgeregtes Meer nach dem Sturme, bisher P. Bonaventura genannt, sieht
man die Bezeichnung SDV unten an einer kräftig beleuchteten Klippe, so
dass sich also Simon de Vlieger als Meister herausstellt, was der künstlerische Charakter bestätigt. Nr. 191, Kreuztragung, ist links unten *David
Vinck* .... bezeichnet. Scheibler liest ferner bei Nr. 529, Moses schlägt
Wasser aus dem Felsen, 1634 statt 1654, was allerdings für den alten Frans
Francken stimmen würde, und bei Nr. 652, Portrait eines Patriciers, 1523
statt 1533.

Bei der bisher erfolgten Gemäldeumhängung suchte man durch Aufstellung von drei Zwischenwänden, durch Tiefer- und Zusammenrücken der
Bilder, dieselben dem Auge näher zu bringen. Zu diesem Zweck sind noch
zwei Zwischenwände in Aussicht genommen, die der niederländischen Schule
zugutekommen werden. Der altdeutschen Schule konnte neuerdings noch ein
Cabinet überlassen werden, wodurch zwei Werke von Hans Burgkmair
näher zusammengebracht wurden, in welchen sich die verschiedenen Kunst-
perioden des Meisters am auffallendsten zeigen: Nr. 6, Christus und Maria
auf dem Throne, von Heiligenchören umgeben, von 1507, und Nr. 44 bis 46,
Kreuzigung Christi.

Zum Schlusse sei noch der photographischen Aufnahmen gedacht, welche
Nöhring und Frisch in Lübeck im Jahre 1874 nach 52 Gemälden der Augsburger Galerie in Photographie und Lichtdruck publicirt haben. Dieselben
dürfen mit Ausnahme jener, bei welchen die Farbe und das Relief der Original-
bildfläche zu grosse Hindernisse entgegensetzten, als gelungen betrachtet werden.
Leider gingen die Platten wegen Veränderung der obigen Firma käuflich an
den Kunstverlag von C. Bolhoevener, jetzt in München, über, von welchem
keine Lichtdrucke mehr producirt werden, und auch keine neue Aufnahmen
zur Vervollständigung des Cyklus zu erwarten sind. Es bleibt somit nur der
Wunsch übrig, dass wenigstens die neuen Abzüge mit derselben Sorgfalt wie
früher behandelt werden mögen. Auf Betreiben der Redaction der »Gazette
des Beaux-arts« in Paris entstanden noch vier, den Lübecker jedoch nicht
ebenbürtige photographische Aufnahmen nach Kat. Nr. 513, die Peterskirche
in Rom von Dirk van Deelen, Nr. 601, Landschaft von M. Hobbema,
Nr. 586, Landschaft von J. van Goyen und Nr. 382, Stillleben von Jacopo
de' Barbari, von welchen die drei letzteren, mit noch mehreren der früheren
Aufnahmen, in Holzschnitt in dem Decemberheft 1877 und Februarheft 1878

gelegentlich eines grössern Aufsatzes über die Augsburger Sammlung publicirt wurden. Ausserdem erschien daselbst Nr. 143, Ulysses wird von Nausikaa erblickt, von Pieter Lastman, als Radirung. *E. v. Huber.*

Namensänderung des deutschen Gewerbemuseums in Berlin. Entsprechend dem Beschlusse der Generalversammlung vom 31. März d. J. hat der deutsche Kaiser gestattet, dass der Name des »deutschen Gewerbe-Museums« in »Kunstgewerbe-Museum zu Berlin« geändert und dass dementsprechend die im Zusammenhang hiermit beschlossenen Aenderungen in den Statuten vorgenommen werden.

Retrospective Ausstellungen.

Die Ausstellung von Darstellungen der Stadt Mainz und ihrer Denkmäler.

Am 3. Juni ward in Mainz eine Ausstellung geschlossen, die es wohl verdient, in weiteren Kreisen gekannt und besprochen zu werden, ebenso sehr mit Rücksicht auf das, was sie erstrebte, als in Ansehung dessen, was sie bot. Die Veranlassung zu derselben war die 50. Versammlung der »geselligen Zusammenkunft der Ingenieure und Architekten«, die in feierlicher Weise durch eine Ausstellung von Darstellungen der Stadt Mainz und ihrer Denkmäler begangen werden sollte.

Die der letzten Ausgabe des Katalogs*) beigefügte Vorrede giebt über den Plan der Ausstellung durch Mittheilung des bezüglichen Entwurfes Rechenschaft. Die in demselben zum Ausdruck gebrachten Principien mögen im Einzelnen anfechtbar und einer Richtigstellung fähig sein; im Ganzen aber ist damit der Weg gezeigt, wie durch derartige Local- und Einzel-Ausstellungen nicht nur der Wissenschaft und Geschichte der Kunst ein reicher Gewinn erwachsen, sondern auch zum mittelbaren Vortheil für diese Wissenschaft der Sinn einer Bevölkerung der Pflege der Kunstdenkmale zugewendet werden kann. In dieser Beziehung ist es gewiss als ein Erfolg zu bezeichnen, dass die Ausstellung von 107 Ausstellern mit etwa 1000 Gegenständen (in 743 Nummern) beschickt und von über 10000 Menschen besucht worden ist.

Um den Plan der Ausstellung kennen zu lernen, genügt es, folgende Stellen des Entwurfes in's Auge zu fassen:

»Der Zweck der Ausstellung ist ein doppelter:

1. eine Uebersicht zu gewähren über das Vorhandene, und damit in möglichster Vollständigkeit und in geordneter Weise das Material an bildlichen Darstellungen als Quelle für die Baugeschichte der Stadt Mainz und ihrer Bauwerke zusammen zu bringen und zu verzeichnen;

---

*) Darstellungen der Stadt Mainz und ihrer Denkmäler. Ausstellung 1879. Mainz, in Commission bei J. Diemer.

2. das Interesse der Bevölkerung für die Geschichte der Stadt zu wecken, die verschwundene Pracht vergangener Zeiten ihr im Bilde vorzuführen und so den Sinn für die möglichste Erhaltung des noch Vorhandenen neu zu beleben und zu verallgemeinern.« ....

»Die Ordnung des Materials muss dann in einem Katalog »niedergelegt und, soweit es sich praktisch erreichen lässt, auch »in der Ausstellung vom baugeschichtlichen Standpunkte aus »durchgeführt werden, d. h. es müssen die den gleichen Gegen- »stand darstellenden Ausstellungsobjecte in chronologischer Reihen- »folge zusammengestellt und die gleichartigen Gebäude zu Haupt- »abtheilungen gruppirt werden.«

In Bezug auf den Katalog schlägt der Entwurf vor:

»Zunächst würde eine kurze baugeschichtliche Uebersicht die Einleitung zu bilden haben.

Hieran würde sich die Aufzählung der Ausstellungsobjecte in der Weise anschliessen, dass die oben bezeichneten Hauptabthei- lungen gewissermassen wie Capitel-Ueberschriften die einzelnen Baulichkeiten als Unterabtheilungen umfassen, während innerhalb dieser die Darstellungen chronologisch aufgeführt sind. Haupt- abtheilungen wie Unterabtheilungen würden mit einer ganz knapp gehaltenen Notiz einzuführen sein, die in wenigen Worten die Bedeutung der Gebäude, ihre Geschichte, ihre einstige und jetzige Beschaffenheit angäbe: letztere unter speciellem Hinweis auf das noch Erhaltene mit Angabe von Datirung, Inschriften etc.«

Die Aufzählung der Ausstellungsobjecte selbst müsste ausser der durch den ganzen Katalog fortlaufenden Numerirung folgende Angaben enthalten:

1. Bezeichnung des dargestellten Gegenstandes, resp. die der Dar- stellung beigefügte Aufschrift;
2. Datirung des dargestellten Zustandes resp. der Anfertigung, soweit eine solche angegeben ist;
3. Art der Darstellung, ob Gemälde, Kupferstich etc.;
4. Name des Malers etc.;
5. Name des jetzigen Besitzers;
6. historische Notizen über frühere Besitzer der Darstellung.

Den Schluss des Katalogs würden Namens-Register der Künstler sowie der Besitzer resp. Aussteller bilden, beide mit einfachem Nummernverweis. Schliesslich könnte noch eine bibliographische Uebersicht über baugeschicht- liche und kunsthistorische Publicationen, die ganz oder theilweise Mainz betreffen, den Werth des Katalogs erhöhen.«

Der Abfassung des Entwurfes lag die Absicht zu Grunde, selbst für die grösste Ausdehnung der Ausstellung die leitenden Gesichtspunkte festzustellen. Dass die Ausführung dem Entwurfe nicht in allen Stücken, und selbst im Wesentlichen nicht immer entsprach, lag in der Natur der Verhältnisse; die Betheiligung an dem Unternehmen liess sich im Voraus nicht berechnen, sie übertraf wohl selbst die kühnsten Hoffnungen der Veranstalter. Die Folge war, dass von einer genauen Innehaltung des Programmes sehr bald abgesehen werden musste; bei der Kürze der Zeit war es den Unternehmern der Ausstellung nicht möglich, den selbstgestellten Anforderungen überall gerecht zu werden: die baugeschichtlichen Notizen mussten ganz wegfallen, die Angaben über die Provenienz auf dasjenige beschränkt bleiben, was sich gewissermassen von selbst bot, zu Nachforschungen auf diesem Gebiete reichten weder die Zeit noch die Kräfte. Auch von der ursprünglich geplanten systematischen Anordnung des Katalogs musste abgewichen und mit einer einfachen Aneinanderreihung der Nummern, wie sie eingingen, vorlieb genommen werden. Und dennoch ist der Katalog auch in seiner jetzigen weniger vollkommenen Gestalt eine Arbeit, die ihrem Urheber, Herrn Dompräbendaten Schneider, zur hohen Ehre gereicht; es dürfte wohl selten eine zeitweilige Ausstellung mit solcher Sachkenntniss und Sorgfalt katalogisirt worden sein. Die einzelnen Gegenstände sind in streng wissenschaftlicher Weise bezeichnet, die Titel meistens mit diplomatischer Treue wiedergegeben, bei den Oelbildern und Zeichnungen ist fast durchweg die Grösse angeführt; ausführliche Register erleichtern die Benutzung des Katalogs.

Das dem Katalog über den ursprünglichen Plan hinaus beigefügte Künstlerverzeichniss mit biographischen Notizen ist gewiss mit besonderer Freude zu begrüssen. Eine Mainzer Künstlergeschichte existirt noch nicht; dieses Verzeichniss wird einer späteren Bearbeitung werthvolle Hülfe bieten. Jedenfalls ist die Gelegenheit benutzt worden, um eine grosse Zahl biographischer Notizen über Männer, deren Bedeutung über die localen Grenzen hinausreicht, zu sammeln. Wäre nicht durch die unerwartete Ausdehnung, welche die Ausstellung gewonnen, die grösste Beschleunigung in der Anfertigung des Katalogs geboten gewesen, so hätte sich auch hierin vielleicht noch mehr Gleichmässigkeit in der Behandlung ermöglichen lassen. Vielleicht wäre es zu wünschen, dass bei Veranstaltung derartiger Ausstellungen durch Theilung der Arbeit und Vorbereitung der geschichtlichen Theile des Katalogs die gleichmässige Ausführung gesichert würde.

Betrachten wir nun im Einzelnen, was die Ausstellung der Kunstwissenschaft und Kunstgeschichte bot. Das Hauptinteresse nehmen die äusserst zahlreichen Darstellungen des Domes in Anspruch: Grundrisse, Ansichten, Aufrisse und Schnitte des Gesammtbaues wie der einzelnen Theile, Details der Architektur, Denkmäler und Sculpturen. Sie stellen uns den Dom in seinen verschiedenen Phasen dar: vor der Zerstörung, als Ruine und durch die Zeit der Restauration hindurch bis auf den heutigen Tag.

Ganz besonders fesseln die meisterhaften Aufnahmen, welche auf Veranlassung und unter Leitung des Dombaumeisters Wessiken gefertigt worden sind, das Auge des Kunsthistorikers. Sie sind in den Jahren 1869 und 1870 fast durchweg von der Hand Rud. Redtenbacher's gezeichnet und für die Geschichte der Restauration des Domes von grossem Werth. Sie bilden gewissermassen den Schlüssel zu allen, auch den früheren Restaurationsprojecten, insbesondere aber zu denen von Wessiken und Cuypers. Das, was die Ausstellung in dieser Beziehung bietet, liefert ein schätzbares Material zur Beurtheilung dieser viel erörterten Frage. Unter den Projecten tragen am meisten die geistreichen Entwürfe des Dombaumeisters Cuypers den Stempel künstlerischer Vollendung. Sehr charakteristisch für die Auffassung der Zeit ist ein von Saint-Far, dem ehemaligen Architekten des Königs von Frankreich, 1813 gezeichneter Aufriss der Ostseite des Domes als Beweis für das erstaunlich geringe Verständniss jener Zeit für ältere Stilformen.

Unter den zahlreichen Sculpturen des Domes nehmen die sogenannten Chorstühle die hervorragendste Stelle ein. In der Ausstellung sind sie, wie überhaupt der Dom mit allen seinen Denkmälern und Architekturdetails, auf's glänzendste durch die wahrhaft mustergiltigen Photographien von C. Hertel aus Mainz vertreten, gleich vortrefflich durch die verständnissvolle Auswahl der Gegenstände und der Aufnahme-Standpunkte wie durch die technische Ausführung. Umsomehr muss bedauert werden, dass diese für das Studium der Kunstgeschichte so werthvollen Photographien durch den ausserordentlich, hohen Preis einer ausgiebigen Benützung sich entziehen.

Was speciell die Photographien der Brendel'schen Chorstühle betrifft, so gewähren erst sie eine Vorstellung von der vollendeten Schönheit der Schnitzereien, die vielleicht das Edelste sind, was Deutschland an Holzsculpturen aufzuweisen hat. Die Zeichnungen von Nohl und Bogler, welche ebenfalls ausgestellt waren, erscheinen dagegen kalt und dürftig.

Unmittelbar an den Dom anstossend, mit ihm durch den Kreuzgang verbunden, stand noch am Anfang dieses Jahrhunderts die Liebfrauenkirche. Die äusserst zahlreichen Abbildungen, die von ihr die Ausstellung vereinigte, legen Zeugniss ab von dem Interesse, welches dieser herrliche gothische Bau bei der Bevölkerung erweckte. Wahrhaft imposant ist die Reihe der Abbildungen, als hätte Jeder sich beeilt, ein Bild des ehrwürdigen Baues zu erhalten, ehe er der Macht der Verhältnisse zum Opfer fallen sollte. Und so ist denn das in der Ausstellung vereinigte Material ein so reiches, dass sich mit Hilfe desselben eine fast erschöpfende Publication zusammenstellen liesse, zumal eine grosse Zahl der Abbildungen in streng architektonischer Auffassung und Treue uns den Bau in seinem Grundriss, seinen Aufrissen und einem Theil seiner Details wiedergiebt. Besonders hervorzuheben sind in dieser Beziehung die Zeichnungen von J. J. Hoch und Hundeshagen und die Detailaufnahmen von von der Emden und Lindenschmit.

Nicht minder reichhaltig ist das Material auch in Bezug auf andere Kirchen, so vor Allem die Stephans- und die Dominikanerkirche.

Unter den Profanbauten älterer Zeit ist vornehmlich das ebenfalls am Anfang dieses Jahrhunderts zerstörte Kaufhaus, ein einfacher gothischer Bau, durch eine Reihe von Abbildungen und durch die noch im städtischen Museum erhaltenen grossen Reliefbilder Kaiser Heinrich's VII. mit seinen sieben Kurfürsten vertreten.

Unter den zahlreichen Darstellungen von Renaissance-Denkmalen befanden sich manche Bauten und Sculpturen, die durch die Publicationen Lübke's und Ortwein's bereits allgemein bekannt waren, so vor Allem der Marktbrunnen, das

Schloss und der »König von England«. Aber selbst ein flüchtiger Blick in die Ausstellung zeigte, dass dieselbe in Bezug auf Renaissance-Architektur weit mehr enthielt, als man wohl erwartet hatte. Wir sehen, dass aus der Zeit der Spät-Renaissance in Mainz noch Vieles und zum Theil Vollendetes erhalten ist, dass besonders einzelne Architekturtheile, Giebel, Erker, Portale, Schmiedeeisen-Arbeiten und sonstige Details von schönen Formen sich noch an zahlreichen Bauten, meist alten Adelshöfen oder Patricierhäusern, vorfinden. Es würde zu weit führen, wollten wir hier auf Einzelheiten eingehen; nur auf zwei Bauten möchten wir besonders aufmerksam machen: auf den Knebel'schen Hof und auf den sogenannten Bickenbau, einen Theil des Stadionerhofes, sowie auf diesen selbst.

Der Hauptvertreter der Renaissance in Mainz ist das ehemalige Kurfürstliche Schloss, das bis jetzt immer noch einer seiner Bedeutung entsprechenden kunstgeschichtlichen Bearbeitung harrt, von seiner Verwendung als Waaren-Magazin ganz zu geschweigen! Leider ist es auch in der Ausstellung nur durch wenige Abbildungen vertreten.

Sehr umfangreich dagegen ist die Sammlung von Denkmäler-Darstellungen der verschiedensten Zeiten und Stile, die in der Ausstellung vereinigt war. Besonderen Werth hat in vielfacher Beziehung eine aus sechzehn doppelten und zwei einfachen Folioblättern bestehende Folge von Darstellungen von Denkmälern aus der Liebfrauen-, Stephans- und besonders der Dominicanerkirche, die, nach der Datirung des einen Blattes, um 1648 gezeichnet sind. Da viele derselben längst zerstörte Grabdenkmäler darstellen, so bilden sie einen werthvollen Beitrag zur Mainzer Denkmälerkunde und dürften im Zusammenhang mit den zahlreichen Zeichnungen von Bodmann, Lindenschmit (Vater) und Anderen, sowie den neueren gezeichneten und photographischen Aufnahmen eine fast erschöpfende Mainzer Denkmälergeschichte ermöglichen.

Für das Studium der römischen Topographie von Mainz sind die auf Veranlassung des Stadtbaumeisters Kreisig ausgeführten Aufnahmen von den bei Gelegenheit der Canalbauten freigelegten römischen Mauerresten von hohem Werth. Vielleicht gelingt es, durch ein solches sorgfältiges Aufzeichnen einer jeden Fundstelle allmählig in die Topographie des römischen Mainz volle Klarheit zu bringen. Von Bedeutung sind in diesem Sinne auch die Planeinzeichnungen des Dr. Wittmann. Schliesslich möchten wir noch auf die ausserordentlich zahlreichen Darstellungen von mittelalterlichen Befestigungen hinweisen, unter denen die zum Theil vom Oberst von Cohausen ausgeführten Skizzen von Mauertheilen und Thürmen besondere Erwähnung verdienen, weil sie mit Sachkenntniss vom baugeschichtlichen Gesichtspunkt aus aufgenommen sind. Die Ausstellung hat übrigens auch als Kunstausstellung einen nicht zu unterschätzenden Werth gehabt. Es sind nicht nur bekannte Namen, wie Caspar Schneider, Georg Schütz mit vielen bisher fast ungekannten Bildern und Zeichnungen vertreten, sondern wir lernen auch neue Namen kennen, und zwar Maler wie Architekten, deren Bedeutung über die localen Grenzen hinausgeht: die Entwürfe von Cuypers, die Aquarelle von Ohaus, die Zeichnungen von Hoch können zu dem Besten der Gattung gerechnet werden.

Auch einen Bildhauer treffen wir unter den Künstlern, dessen Name bisher noch nicht nach Verdienst bekannt war, Sebastian Pfaff. Die Ausstellung enthielt von ihm zwar nur ein Modell zu einem projectirten Denkmal für den Kurfürsten Emmerich Joseph, doch ist sie Veranlassung geworden, dass gleichzeitig eine grössere Zahl Modelle des Künstlers der Vergessenheit entrissen worden sind.

Ueberhaupt liegt die Bedeutung der Ausstellung zum grossen Theil in dem, was sie angeregt hat; denn eine directe wissenschaftliche Verarbeitung des Materials war unter den gegebenen Verhältnissen wohl nur in vereinzelten Fällen möglich. Dass sie in dieser Hinsicht schon ihre Früchte getragen hat, ist gewiss ein Beweis, dass hier der richtige Weg betreten ist. Während den Vorbereitungen zur Ausstellung und dieser selbst arbeiteten mehrere Mainzer Künstler, Architekten und Zeichner an deren Vervollständigung: ein Theil der Ohaus'schen Aquarelle und der Architektur-Aufnahmen von Harz, sowie der Melsheimer'sche Plan sind für die Ausstellung gefertigt. Es dürfte nur noch erübrigen, auf diejenigen wissenschaftlichen Arbeiten hinzuweisen, deren Inangriffnahme auf Grund der Ausstellung möglich und von der Ausstellungscommission als wünschenswerth bezeichnet worden ist. Wir fügen dieses Verzeichniss in der Hoffnung bei, dass dadurch vielleicht der eine oder der andere der Wünsche in Erfüllung gehe. Das Material ist nachgewiesen, die Benutzung leicht zu erreichen.

1. die Anfertigung einer genauen Copie des von N. Person 1699 renovirten alten Stadtplanes (309 des Katalogs);
2. die Publicirung einer Zeichnung von Lindenschmit (Vater), ein Fragment der Wandmalereien im Kaufhaus darstellend (64 d. K.), (ist unterdessen bereits im Correspondenzblatt des deutschen Geschichts- und Alterthums-Vereine geschehen);
3. eine Zusammenstellung des Materials, das die Ausstellung zur Kenntniss der Martinsburg, der ehemaligen Residenz der Mainzer Kurfürsten, enthielt, insbesondere Publicirung eines alten Planes, der die Benutzung der Räume angiebt und für die Zwecke des Hausdienstes gefertigt zu sein scheint (277 d. K.);
4. die Herausgabe eines in vielfacher Beziehung äusserst interessanten und werthvollen Manuscriptes der Grossherzoglich Weimar'schen Bibliothek: Eigentlich und Wahrhaffter bericht Von der Fortification des Jacobsberg ausserhalb Maintz gelegen ..... Auss getreuer Affection gestellt durch mich, Adolphen von Waldenburg ..... Anno 1626 (743 d. K). Von diesem Manuscript befindet sich in der städtischen Bibliothek eine Copie von 1822 (651a d. K.);
5. eine Zusammenstellung alles Dessen, was die Ausstellung über die mittelalterlichen Befestigungen von Mainz enthielt, wobei einerseits eine genaue Aufnahme des noch Erhaltenen stattzufinden hätte und andererseits eine Baugeschichte dieser Befestigungen zu versuchen wäre;
6. die Veranstaltung einer Publication über das ehemalige Deutsch-

Ordenshaus (jetzt grossherzogliches Palais), wobei die höchst
iuteressanten Pläue (322 und 323 d. K.) zur Veröffentlichung
gelangen würden, die auf Veranlassung Napoleons I. behufs der
Umgestaltung des Deutsch-Ordenshauses zu einer grossartigen kaiserlichen Residenz angefertigt wurden. Der eine dieser Pläne trägt
das »approuvé! Napoléon«;

7. eine Zusammenstellung der Saint-Far'schen Pläne zur Umgestaltung
der Stadt, bei denen es vor Allem auf Anlage eines von monumentalen Bauten umgebenen centralen Platzes und Schaffung
grosser Radialstrassen als Hauptadern des Verkehrs ankam.

8. Herausgabe eines historischen Planes der Stadt auf der Grundlage
des Melsheimer'schen Planes (473 d. K.), eventuell eines historischen Atlas, in welchem auf moderne Stadtpläne die verschiedenen
Zustände übergedruckt erscheinen, so dass ein Vergleich und ein
Aufsuchen alter Bauten etc. ermöglicht wird.

Indem wir hiermit unseren Bericht über die Ausstellung schliessen,
möchten wir noch dem Wunsche Ausdruck geben, dass die bereits angeregte
Idee, in ähnlicher Weise im nächsten Jahre eine Ausstellung von Aufnahmen
und Abbildungen der Renaissance-Denkmale der Architektur und Sculptur am
Mittelrhein zu veranstalten, verwirklicht werden möchte. Es würde eine solche
Ausstellung einen Ueberblick über den Einfluss der Renaissance-Bewegung auf
die Architektur und Sculptur eines bestimmten Landstriches gewähren.

Dass wir wünschen, ähnliche Ausstellungen wie die hier besprochene
auch an anderen Orten veranstaltet zu sehen, brauchen wir nicht erst zu versichern.   r. P.

Litteraturbericht.

Kunstgeschichte. Archäologie.

Ch. Bayet, Recherches pour servir à l'histoire de la peinture et de la sculpture chrétienne en Orient avant la querelle des Iconoclastes. Paris, E. Thorin, 1879. 8°. 142 Seiten.

Die vorliegende Schrift bildet den zehnten Band der unter der Leitung des französischen Unterrichtsministeriums stehenden gelegentlichen Publicationen, welche die »Bibliothèque des Écoles Françaises d'Athènes et de Rome« bilden. Bayet hatte mit Abbé Duchesne im Jahr 1874 zu Studien byzantinischer Monumente verschiedene Gebiete Macedoniens bereist und in den »Archives des Missions« waren von ersterem die Resultate seiner Forschungen in Saloniki und in den Klöstern des Athos alsbald veröffentlicht worden. Die neueste Schrift des jungen französischen Gelehrten, welcher den Lehrstuhl für Archäologie an der Lyoner Akademie innehat, beschäftigt sich vorwiegend unter allgemeinen Gesichtspunkten mit der Litteratur und den Monumenten der alten christlichen Kunst im Orient. Ohne sich auf weitläufige Auseinandersetzungen einzulassen, erklärt B. in der Einleitung (S. 3), »in der altchristlichen Kunst überrasche die den Orient und Occident verbindende Gemeinsamkeit der Kunstvorstellungen«. Diesen als Axiom ausgesprochenen Gedanken im einzelnen durchzuführen, dürfte wohl eine der lohnendsten Aufgaben der Kunstforschung sein, insbesondere wegen der wichtigen Consequenzen, welche sich daran knüpfen liessen. Selbst unter denen, welche zur Zeit als Autoritäten für die Fragen der altchristlichen Archäologie gelten, können nur wenige so überraschenden Behauptungen ihren Beifall geben, wie den folgenden: »Im Orient werden die Typen und Symbole erfunden, um dann vom Occident übernommen zu werden.« »Das Monogramm Christi, das aus dem Monogramm gebildete Kreuz und das einfache Kreuz tritt zuerst im Orient auf.« (Wir bemerken beiläufig, dass z. B. de Rossi die erstere Behauptung in einer Besprechung des Codex Sinaiticus zugiebt.) »Ein orientalischer Kirchenvater, obwohl persönlich der Kunst abhold, war der erste, welcher den Gläubigen die Symbole des Fisches, des Ankers, der Taube u. a. empfahl, und was Rom betrifft, so finden wir ebendiese Symbole zuerst auf griechischen Inschriften ... Als später nach und nach um sich greifende Neuerungen die christliche Kunst umwandelten, übernahm wieder der Orient die Führung.« Italienische Gelehrte wie Garrucci behaupten bekanntlich das Gegentheil: die altchristliche Kunst soll unter der Anregung der ersten römischen Päpste entstanden sein. Wir sind allerdings gewöhnt, in den römischen Katakomben die ältesten Denkmäler der christlichen Kunst zu erblicken, wogegen B., mit den Monumenten des Orients ziemlich vertraut, so ganz verschiedene Gesichtspunkte aufstellt, dass man sie wohl für eine Neuerung in der Kunstgeschichte erklären müsste, wenn sie nicht als Voraussetzungen, sondern als Resultate eingehender Erörterungen mitgetheilt wären. In dem ersten Theile der Schrift B.'s wird, im ganzen mehr resumirend als ausführend, die Kunst der christlichen Antike oder die Symbolkunst behandelt. Die Uebersicht ist so vollständig wie möglich und in den Fällen besonders werthvoll, wo B. die Priorität, wenn nicht der Entdeckung, so doch der litterarischen Besprechung beanspruchen kann. Ueber die chronologischen Bestimmungen könnte man vielleicht in einzelnen Punkten mit dem Verfasser rechten, aber dies würde hier zu weit führen. B. betont besonders die auffallende Aehnlichkeit gewisser byzantinischer Miniaturen (Cosmas Indicopleustes) mit Bilderbeschreibungen von Kirchenvätern (S. 21—26). Hier sind die mitgetheilten Beispiele das glückliche Ergebniss specieller Forschungen des Verfassers. In der Behandlung der allgemeinen Gesichtspunkte erklärt sich B. offen und entschieden gegen die Hypothese, die altchristlichen Darstellungen seien aus heidnisch-mythologischen Vorstellungen durch Umdeutung entstanden. »Sobald der Gläubige das Gleichniss vom guten Hirten einmal in seinem Sinn bewegte, konnte er den ersten besten Hirten auf dem Felde als das Vorbild betrachten. Einer Statue der Hermes Kriophoros bedurfte es dafür wahrlich nicht. Wozu so gelehrte Erklärungen, wenn die natürlichsten auf der Hand liegen (S. 36)?«

Im Eingang des zweiten Abschnittes behandelt B. den grossen Umschwung in der öffentlichen Stellung der Kunst im Zeitalter Constantins des Grossen. Denselben findet er am deutlichsten ausgeprägt in dem Streben, die dargestellten Personen physiognomisch individuell zu gestalten (S. 47). Unter diesem Gesichtspunkt werden Christus-, Marien- und Apostelbilder besprochen, ferner die einzelnen Compositionen, wie Geburt Christi, Taufe Christi u. s. w., besonders an der Hand litterarischer Quellen. Es folgt eine Besprechung der ältesten Miniaturhandschriften (Genesis in Wien, Josua-rotulus und Cosmashandschrift des Vatican; syrischer Evangelien-Codex in Florenz). Auf die Pariser Handschriften wird kein Bezug genommen. In dem den Mosaiken gewidmeten Abschnitt sind werthvolle Untersuchungen über die Salonicensischen mitgetheilt. Ueber die Mosaiken an der Façade der Marienkirche in Bethlehem ist aus einer Publication Sakkelions von Patmos, auf die zuerst Duchesne in den Sitzungen der christlich-archäologischen Gesellschaft in Rom (1866) aufmerksam gemacht hat, eine wichtige Stelle mitgetheilt, welche einem Synodalschreiben vom neunten Jahrhundert aus Jerusalem entnommen ist: »In Bethlehem errichtete Helena die grosse Marienkirche und an der Aussenseite gegen Westen liess sie in Mosaik die Geburt Christi darstellen, eine Panagia mit dem Christkind im Schooss und die Anbetung der Magier. Als die Perser Syrien verwüsteten (614) und Jerusalem niederbrannten, traten sie in Bethlehem mit Erstaunen vor die Bilder der Magier in persischer Tracht, jener Sterndeuter, worin sie ihre Landsleute erkannten. Aus Achtung und Verehrung für ihre Vorfahren, die sie in diesen Bildern gleich als noch lebend verehrten, verschonten sie die Kirche, welche heut noch besteht.« — Jetzt freilich ist von den besprochenen Mosaiken in Bethlehem keine einzige Spur mehr erhalten. Doch giebt uns die mitgetheilte Stelle einen authentischen Anhalt für die Erklärung des eigenthümlichen Costüms der Magier in altchristlichen Bildern.

Das Capitel über die altchristliche Sculptur in den Ländern des Orients bietet manches Neue, ohne Anspruch auf Vollständigkeit erheben zu können. Das Schlusskapitel giebt wieder mehr allgemeine Gesichtspunkte. Die Stellung der Kunst im öffentlichen Leben ist in richtiger Weise nach den heute noch im Orient geltenden Normen charakterisirt. (S. 134.) Zusammenfassend sagt B. (S. 136): »Die byzantinische Kunst des sechsten und siebenten Jahrhunderts zeigt eine Mischung antiker und asiatischer Elemente, welche sie sich assimilirt und nach gewissen Principien, welche im Wesen ihrer Natur liegen, nicht aber zufällig sind, modificirt hat. *J. P. Richter.*

Orazlo Marucchi, La cripta sepolcrale di S. Valentino sulla via Flaminia. Roma, Tipografia della pace, 1878, 705. Mit 9 Abbild. auf drei Tafeln.

Bosio hatte in der Katakombe von San Valentino bei Ponte Molle ein Frescogemälde der Kreuzigung Christi aufgefunden und davon auch eine natürlich unbefriedigende Abbildung in seiner Roma Sotterranea gegeben. Marucchi ist es gelungen, die lange Zeit verloren geglaubte Katakombe wiederaufzufinden und darin auch noch die Spuren des interessanten Gemäldes, von dem eine grosse, möglichst genaue Abbildung der Schrift beigegeben ist. Der Crucifixus von S. Valentino kommt in seinen allgemeinen Zügen der Darstellung im syrischen Codex der laurentianischen Bibliothek am nächsten. Christus ist mit einer langen, ärmellosen Tunika bekleidet; vier Nägel durchbohren Hände und Füsse. Den Kopf Christi, welcher etwas nach links geneigt ist, umgiebt ein weiter Nimbusreif. Das Kreuz selbst ist so niedrig, dass die Füsse Christi kaum erheblich über den Fussboden erhaben sind. Zu den Seiten des Kreuzes stehen die Madonna (zerstört) und Johannes mit dem Evangelienbuch im Arm; beide sind durch grosse Nimben ausgezeichnet. Nach eingehenden Untersuchungen über die ältesten Crucifixusdarstellungen einerseits und über die Geschichte der Katakombe andererseits kommt M. zu dem Resultat, das in Rede stehende Katakombengemälde sei nicht einer späteren Zeit als dem siebenten Jahrhundert zuzuschreiben und sei wahrscheinlich unter Papst Theodorus (642—649) entstanden, der in der Valentinus-Katakombe Bauten ausführen liess. *J. P. Richter.*

Enrico Stevenson, Scoperta della Basilica di Sᵃ Sinforosa e dei suoi sette figli al nono miglio della via tiburtina. Roma, Tipografia della pace, 1878, 925. Mit Plan.

In dieser neuesten mit gewohnter Gründlichkeit abgefassten Schrift giebt St. ausführlichen Bericht über die von ihm entdeckte und unter seiner Leitung ausgegrabene suburbicare Doppelbasilika, die in ihrem Grundplan mit dem Doppeltempel der Venus und Roma auf der Velia am römischen Forum eine gewisse Aehnlichkeit hat. Letzterer ist bekanntlich von Trajan erbaut und unter die Regierung desselben Kaisers fällt das Martyrium der Heiligen, nach denen die Basilika genannt ist. Die Berichte über das Martyrium erkennt St. in ihrem Kern als glaubwürdig an (S. 14—25). Die Ausgrabungen ergaben, dass mit der Basilika keine Katakombe verbunden war, woraus gefolgert wird, dass diese Heiligen schon ursprünglich zu ebener Erde, also in Sarkophagen, beigesetzt waren. Der Grundplan des älteren Gebäudes entspricht den kleinen coemeterialen Basiliken über der callistinischen Nekropolis, von denen S. Sisto e Cecilia und S. Sotere nach G. B. de Rossi's Publicationen am bekanntesten sind. Um Irrthümer und Verwechslungen zu vermeiden, sollte man im Unterschiede von den späteren Basiliken für diese Gebäude, weil eigentlich Mausoleen, den Ausdruck »Alla memoria« gebrauchen. Drei apsidale Nischen sind so gegen einander gestellt, dass sie der Apsis und dem Querschiff der späteren Basiliken scheinbar entsprechen. Dass jene Nischen zur Aufnahme der Sarkophage bestimmt waren, unterliegt keinem Zweifel (S. 22). Das Gebäude wurde in seiner jetzt noch erhaltenen Form höchst wahrscheinlich im Lauf des dritten Jahrhunderts aufgeführt (S. 24). Von der grösseren dreischiffigen Basilika ist der Narthex nicht gefunden worden. Das Baumaterial besteht in Ziegeln und Travertin. Das Mittelschiff war höher als die Seitenschiffe, wo die Fenster im Scheitel der einzelnen Arcaden angebracht waren. In der Apsis sind noch Spuren ornamentaler Malereien erhalten. Die beiden Kammern an beiden Seiten der Apsis erklärt St. nach den Angaben des Paulinus von Nola (Ep. XXXII ad Severum). Vom Altar ist keine Spur aufgefunden worden, wohl aber vom Ciborium. Unter dem Fussboden der Kirche haben sich keine Gräber gefunden. Die Inschriftenreste, darunter nicht eine von directer Bedeutung für das Gebäude, bieten einen nur schwachen Anhalt für die Entscheidung der Frage nach der Entstehungszeit dieses grösseren Gebäudes, wofür von St. »ungefähr das fünfte Jahrhundert« (S. 37) angesetzt wurde. Die dreischiffige Basilika ist 41 Meter lang und 19¹/₂ Meter breit, das Mausoleum mit den drei Apsiden dagegen 19 Meter breit und ungefähr 18¹/₄ Meter lang, was eine Gesammtlänge von nicht weniger als annähernd 60 Metern ergiebt. Da das Terrain, auf dem die Doppelbasilika liegt, dem Principe Borghese gehört, war es zum Glück nicht schwer, eine dauernde Conservirung des Monumentes zu erreichen.   *J. P. Richter.*

M. Victor Schultze, De christianorum veterum rebus sepulcralibus commentatio historico-archaeologica. Gothae, Typis Parthesianis 1879, 32 S.

Die vorliegende Abhandlung beschäftigt sich zwar vorwiegend mit Fragen, welche zur Kunstgeschichte kaum in directem Bezug stehen, Fragen der altchristlichen Coemeterialinstitutionen und deren Beziehungen zu den heidnischen, doch sind einzelne Resultate der sorgfältigen und umsichtigen Untersuchungen von Bedeutung für die Kunstarchäologie. Behauptungen, welche man gewohnt ist, als unumstössliche Thatsachen zu betrachten, nur weil sie von G. B. de Rossi verfochten worden sind, werden von S. einer scharfen Kritik unterworfen: Callistus war nicht Kleriker, sondern Laie, so führt S. aus, als er vom Papste über das Coemeterium gesetzt wurde, das unter seinem Namen berühmt geworden ist (S. 18). Im ersten Theil polemisirt S. mit Erfolg gegen die weitverbreitete Auffassung, als wenn die Christenverfolgungen auch zu Schändungen der christlichen Grabstätten geführt hätten, entgegengesetzt der antiken Sitte, welche jedes Grab ohne Unterschied mit Pietät betrachtete (S. 13). Wo in der Schrift auf kunstgeschichtliche Fragen beiläufig die Rede kommt, ist von einer Beweisführung der aufgestellten Sätze leider Abstand genommen. Die Christen sollen vor Constantin keine »memoriae« (Mausoleen zu ebener Erde) errichtet haben (S. 8, Anm. 1). Die Felsengräber des griechischen Orients sollen jüdischen Ursprungs sein. Juden der Diaspora sollen in Aegypten ganze Katakomben angelegt haben (S. 3). Die zahlreichen Irrthümer (?) in biblischen Geschichtsdarstellungen christlicher Katakomben, wie das häufige Vorkommen heidnischer Vorstellungen (?), sollen aus dem Mangel einer officiellen Controle der Kunstübung seitens der Presbyter erklärt werden (S. 21): Behauptungen, welche vielleicht das Resultat selbständiger Forschungen sind, aber unter allen Umständen näher ausgeführt zu werden verdienen. *J. P. Richter.*

Le Opere di Giorgio Vasari. Con nuove annotazioni e commenti di Gaetano Milanesi. Tomo III. In Firenze, Sansoni, Editore 1879.

Der dritte Band der von Milanesi allein besorgten neuen Vasari-Ausgabe bringt zwar keine Rectificationen der italienischen Kunstgeschichte von jener Bedeutung wie sie z. B. im ersten Bande des Commentar zur Biographie des Niccola Pisano oder im zweiten Bande der zum Leben des Baccio Pontelli boten, doch wird uns auch hier kaum eine Seite begegnen, auf der uns nicht das Kreuzchen aufmerksam machte, dass eine Angabe Vasari's eine neuerliche Correctur oder Erklärung erfahren habe. Wohl ist da Vieles der in den letzten Jahrzehnten so umfangreich gewordenen, meist schon verwertheten italienischen Locallitteratur entnommen, doch ist auch wieder die Zahl jener Beiträge eine erhebliche, in welchen die Früchte neuer eigener archivalischer Forschung geboten werden.

Nur auf Einiges will ich hinweisen. Die Liste authentischer Werke des Bildhauers Antonio Rossellino wird erheblich vermehrt, so wird z. B. das prächtige Grabmal des Bischofs Lorenzo Roverella in S. Georgio in Ferrara als Werk des Antonio Rossellino nachgewiesen, das bis jetzt als ein Werk des Ambrogio da Milano angesehen wurde. Was Bernardo Rossellino betrifft, so corrigirt Milanesi seine im zweiten Bande (pg. 539) producirte Ansicht, Bernardo Rossellino sei der Hauptarchitekt Nikolaus V. gewesen, im Sinne der neuesten Forschung. Aber nicht Domenico di Francesco, sondern Antonio di Francesco von Florenz war derjenige, welcher als Architekt und erster Werkmeister eine umfassende Thätigkeit entfaltete. Bernardo Rossellino starb in Florenz 1464, welches Jahr auch das Todesjahr des Desiderio da Settignano ist. Mino da Fiesole wird von nun an Mino da Poppi genannt werden müssen, da Milanesi Poppi als den Geburtsort dieses Künstlers nachweist (S. 116). Eine Reihe von Vasari dem Mino zugeeigneter Werke erhält urkundliche Bestätigung. Auf Seite 149 findet sich die Publication des interessanten Actenstückes, das uns genau den Vorfall erzählt, welcher den Jacopo Bellini »famulus et discipulus magistri Gentilini pictoris de fabriano« in Conflict mit dem florentinischen Magistrat brachte und wahrscheinlich Ursache wurde, dass er Florenz verliess und nach Verona übersiedelte. Für die Miniaturmalerei bringt der Commentar zum Leben des Gherardi einige neue Nachrichten von erheblichem Werthe, besonders die über Stefano Lunetti und Giovanni genannt il Boccardino vecchio. Gelegentlich einiger von Milanesi gebrachten Mittheilungen über Zahlungen, welche die Pollajoli für einzelne ihrer Arbeiten erhielten, erwähne ich die im Cod. Magl. XVII. 33 gefundene zeitgenössische Notiz, welche angiebt, dass das Grabmal Innocenz' VIII 4000, das Sixtus' IV. 5000 Ducaten gekostet habe. Als Sandro Botticelli's Todesjahr wird statt 1515 das Jahr 1510 nachgewiesen; als Geburtsjahr stellte Milanesi schon in Band II (S. 312) das Jahr 1447 fest, so dass Botticelli also ein Alter von 63 Jahren erreichte. Der Commentar zum Leben des Filippino Lippi bringt als Nachtrag zum Commentar über Fra Filippo Lippi im zweiten Bande eine peinliche Scene: Fra Filippo Lippi auf der Folterbank wegen Verdachtes einer Urkundenfälschung! -- Es kann nicht schaden, dass Milanesi in einer Note zum Leben des »Niccolò Alunno« da Fuligno Ad. Rossi's Erklärung des Beinamens »Alunno« reproducirt. Keine Urkunde kennt diesen Beinamen, Vasari gebraucht ihn zuerst, und seit jener Zeit ist er geläufig geworden. Brigida degli Elmi, Gattin des Michele Picca von Fuligno, stiftete 1492 eine noch vorhandene Altartafel in die Kirche S. Niccolò in Fuligno. Ein elegantes lateinisches Epigramm sollte den Donator und den Maler auf die Nachwelt bringen. Da antwortet denn der Dichter auf die in der dritten Zeile gestellte rhetorische Frage: »Si petis auctoris nomen« im Stile des Virgil (»Tytion terrae omniparentis alumnus« etc.): »Nicolaus alumnus Fulginiae«, also Nicolaus, Sohn Fuligno's. Das führte Vasari dazu, alumnus als Beinamen zu nehmen, und später war der Folignate Jacobilli im Stande, eine Familie de Alumnis zu creiren!

Mit dieser heiteren Historie, wie Namen in die Künstlergeschichte kommen, schliesse ich. Soll ich auf etwas aufmerksam machen, was mir bei der Durchsicht dieses Bandes besonders auffiel, so wäre dies die Breite der älteren Noten, die vollinhaltlich reproducirt werden, auch wo deren Inhalt durch die neu hinzugekommenen Noten modificirt wird. Auch der Commentar zum Leben Mantegna's, der ohne Noten 46 Seiten füllt und durch seinen Inhalt aus dem Rahmen der Publication herausfällt (mit Recht beschränken sich Noten und Commentare auf historische Rectificationen), hätte eine starke Kürzung erfahren dürfen, so sehr mir im Uebrigen der Autor desselben, Pietro Selvatico, sympathisch ist.   *II. J.*

Alfred Michiels, L'Art flamand dans l'est et le midi de la France. Rapport au Gouvernement Français. Complément de l'Histoire de la Peinture Flamande. Paris, Renouard. 1877.

Der vorliegende starke Band enthält die Blüthenlese, welche der Verfasser der »Geschichte der flämischen Malerei« auf einer längeren Entdeckungsreise in Dijon, Besançon, Lyon, Grenoble, Avignon, Villeneuve, Aix, Arles und Marseille gehalten hat. Schon die Namen dieser Städte üben einen Reiz auf den Kunsthistoriker, denn jedermann weiss, dass in den Kirchen und Galerien der französischen Provinzialstädte ein noch ungehobener Schatz an Kunstwerken schlummert. Wir nehmen also das Buch des Kunsthistorikers, der eine so bändereiche Production hinter sich hat, mit einem gewissen Interesse zur Hand, das sich freilich bei der Lectüre mit dem Gefühl des Befremdens mischt. Zwar verrathen die historischen Partien des Buches eine ganz rühmenswerthe Kenntniss auch der neuesten Litteratur; die Biographie von François Wouters z. B. ist auf Grund der archivalischen Forschungen van den Branden's gut durchgearbeitet, desgleichen die Antonio Moro's, Josse's van Cleef, Willem Kay's und anderer auf Grund älterer Quellen. Der Stil ist gefällig und, abgesehen von den unaufhörlich wiederkehrenden Selbst-beräucherungen und Bewunderungsausbrüchen über den eigenen Kennerblick, ganz fesselnd. Ja mehr als das; die Dinge, welche Michiels vorbringt, sind so staunenswerth und überraschend für den Kenner dieses Gebietes, dass er unwillkürlich ganz Auge und Ohr wird, bis er bei ruhiger Ueberlegung merkt, dass Michiels als eine zweite Scheherezade nur die wunderbarsten Märchen aus alten Zeiten erzählt.

Wir wollen einige der Fragen, die er in dieser Form behandelt, näher erörtern.

In der Cathedrale zu Besançon befindet sich ein Triptychon, die Anbetung der Könige darstellend, das aus dem Kloster St. Vaast zu Arras herrührt. Wir gestehen ein, nicht zu wissen, ob es bereits einen Namen trägt oder ob der Name Vermeyen's, dem es Michiels zuschreibt, lediglich seine Erfindung ist. Ob diese Zuschreibung richtig ist, muss jedenfalls durch sachliche Kritik bewiesen werden, und dies versucht auch Michiels (p. 169) dadurch, dass er zunächst in einem der Könige den Künstler selbst erkennt. Dies ist nicht unmöglich, denn der Maler kann sich sehr wohl auf seinem Bilde porträtirt haben. Aber Michiels scheint doch seiner Sache nicht ganz sicher zu sein, denn er gibt auch die Möglichkeit zu, dass dieser König des Künstlers Vater sei. Von dem letzteren besitzen wir allerdings kein Porträt wie von dem Sohne, aber es ist ja möglich, dass auch in Ermangelung solchen Beweis-stückes die Familienähnlichkeit von Vater und Sohn dem Autor zu seiner Ver-muthung Grund gäbe. Ferner erkennt Michiels in dem Bilde Karl V. und zwar legt der Maler dem Kaiser den Arm auf die Schulter, wie einem Dutz-bruder, was freilich unwahrscheinlich ist, um so unwahrscheinlicher, als das Bild im Jahre 1528 gemalt wurde. Die Maria ist selbstverständlich die Frau Vermeyen's, der Knabe natürlich der Sohn der Beiden, und endlich erkennt Michiel sogar in einem Hunde das eigene Windspiel des Malers. Das ist alles möglich, aber wir fragen doch schliesslich, woher Michiels dies so genau weiss? Die Frage, ob jener König Vermeyen selbst ist, kann zunächst durch die vorhandenen Selbstbildnisse des Malers gelöst werden, die charakteristisch genug sind, und zwar durch einen ungewöhnlich starken Bart, der dem Maler

eine gewisse Berühmtheit verschaffte. Aber Michiels sagt p. 172, Vermeyen
und Karl V. sind hier noch ganz jung, ungefähr 28 Jahre alt, »und die Jahre
haben noch an dem Kinn des Malers seinen kolossalen Bart nicht entwickelt«.
Also es ist Vermeyen ohne Bart, und Michiels hat ihn so erkannt? — Diese
Entdeckung wird bedenklich. Das sieht Michiels selbst ein und bemerkt daher
p. 172: Vermeyen hat auch auf den Madrider Teppichen diesen Bart nicht.
Ich weiss allerdings nicht, was für einen Bart sich Michiels unter dem Barte
Vermeyen's vorstellt, aber auf jenen Madrider Tapeten, die ich kenne, hat
Vermeyen denselben Bart, den er auf dem Porträt der Sammlung des Hiero-
nymus Cock hat. Damit dürfte diese hinfällige Entdeckung erledigt sein.

Eine andere, noch heiklere Entdeckung enthält das VII. Kapitel. Es
handelt sich wieder um einen Maler, von dem bisher kein Bild nachgewiesen
wurde, und dessen Feststellung und Entdeckung Michiels mit nicht wenig
Bescheidenheit für sich in Anspruch nimmt. Es ist dies Jean Perréal, ein
Künstler, der in der jüngsten Zeit die archivalische Forschung sattsam beschäftigt
hat, der aber als Maler auch nicht mit Einem Bilde nachzuweisen ist. Michiels
hat aber ein Bild Perréal's entdeckt, welches für ihn sofort die Grundlage zu
weitern Entdeckungen bildete: ein kleines Bildchen, im Besitze Herrn Bancel's
in Paris, welches Maria mit dem Kinde auf dem Throne vorstellt, zur rechten
Seite angeblich den jugendlichen Karl VIII. von Frankreich, zur linken Anna
von Bretagne, seine Gemahlin. Zu beiden Seiten, auf beiden Säulen des
Thronsitzes, befindet sich ein Monogramm, bestehend aus den durch einen
Liebesknoten verbundenen Buchstaben I und P. Das Märchen, welches Michiels
ausserdem über dieses Bild erzählt, lässt sich nicht controliren; es gibt weder
ein Porträt Karls VIII. noch eines seiner Gattin Anna von Bretagne aus der
Zeit, aus welcher dieses Bild herrühren soll (1491). Auch fand diese Entdeckung schon bei Michiels' Landesgenossen eine Opposition, und er beklagt
sich bitter, dass Charvet, der Verfasser eines Werkes über Jean Perréal, von
derselben keine Notiz nahm. Aber Charvet gesteht, dass er nichts von Bildern
verstehe, ein Bekenntniss, das ihm nur zur Ehre gereichen kann.

Der Beweis für Michiels' Entdeckung beruht lediglich auf der Deutung
jenes Zeichens, und gerade diese ist bedenklich. Wir wollen nicht behaupten,
dass unter allen Umständen zwei durch einen Liebesknoten verbundene Lettern
nicht das Monogramm des Künstlers bezeichnen können; Jean Penicaud, der
berühmte Schmelzmaler, der älteste dieses Namens, gebraucht dasselbe Monogramm, wie es hier auf dem Bilde steht; aber das Bedenkliche ist, dass hier
dieses Zeichen zweimal erscheint, und zweimal in so auffälliger Weise neben
dem angeblichen Karl VIII. und der angeblichen Anna von Bretagne, dass
wohl kein Zweifel darüber obwalten kann, dass es sich nicht auf den Künstler,
sondern auf die beiden dargestellten Personen beziehen müsse. Es sind die
Initialen des jungen Paars, das somit auch nicht Karl VIII. und Anna von
Bretagne darstellt. Auch hier können wir also der selbstbewussten Exclamation nicht beipflichten, mit der Michiels p. 207 sein Märchen über Jean
Perréal schliesst: »Man kannte nicht ein einziges Bild seiner Hand, dieses
Hinderniss ist nunmehr beseitigt, denn es ist ein Ausgangspunkt für künftige

Entdeckungen gewonnen!« Michiels geht gleich selbst von diesem neu gewonnenen Ausgangspunkte weiter, aber wir haben Ursache, ihm auf diesem Spazierritte in das Land der Träume nicht weiter zu folgen. P. 131 beschreibt Michiels ein Porträt Philipps II. von Spanien, von Antonio Moro, welches Suyderhoef gestochen hat, und zwar, da er das Original nicht kennt, nach dem Stiche, der eine reiche Bordüre von Lorbeerblättern und Fruchtgehängen zeigt. »Diese Lorbeerblätter,« sagt Michiels, »scheinen ebenso wie diese Fruchtgehänge eine Anspielung auf die eben erfochtenen Siege von Saint-Quentin und Gravelingen zu enthalten.« Das ist selbst für Michiels' Gelehrsamkeit etwas stark, denn einem Moro wäre nichts weniger in den Sinn gekommen, als ein Porträt des Königs mit solchem Beiwerke zu versehen; die Bordüre rührt vielmehr von der Hand P. Soutman's her, der für die gesammte Porträtfolge, in welche das Blatt gehört, die Zeichnungen nach den verschiedenen Bildern geliefert hat, die ihm eben zugänglich waren. Da aber die Originale höchst ungleichartig waren, das Porträt Philipps II. von Moro wahrscheinlich ein Porträt in Halbfigur war, sämmtliche Bilder aber in Eine Form gebracht werden mussten, zeichnete Soutman diese Cartouchen aus Blättern, Fruchtgehängen und Kinderfiguren dazu. Wenn nicht ausdrücklich darunter stände: P. Soutman effigiavit et excudit, so würde es an den Ornamenten allein zu erkennen sein, dass sie um hundert Jahre später entstanden sind, als das Bild Moro's. Hundert Jahre aber sind für die Kunstgeschichte ein Zeitraum, über den man nicht mit einem Schritte hinübergeht.

Für die Leichtigkeit, mit welcher Michiels ein volles Jahrhundert überspringt, wollen wir noch ein anderes Beispiel anführen.

In der Münchener Pinakothek (Nr. 724) befindet sich ein männliches Porträt, über dessen Urheber man noch nicht einig ist. Man schrieb es ehedem dem Jakob Walch (Jacopo de' Barbari) zu; gegenwärtig, da die kritische Forschung in Deutschland etwas weiter gediehen ist, bezeichnet es der Katalog Dr. Markgraff's als ein Bild des Hans Asper († 1571). Es ist damit noch nicht erwiesen, dass es von diesem Maler herrührt*), aber das Gemälde gehört wenigstens einem deutschen Maler um das Jahr 1550 an, und auf einem Zettel oder Briefe, den der Dargestellte in der Hand hält, steht deutlich: »Unnserm Getrüwen lieben Herrn Haller unsserm....«, also eine Inschrift in deutscher Sprache und im Charakter des 16. Jahrhunderts. Ueberdies aber zeigen sich auf dem Leibrocke, mit Perlen gestickt, gross und deutlich die beiden Buchstaben R. W. Sind es die Anfangsbuchstaben vom Namen der dargestellten Person, oder nicht, das lässt sich nicht ohne weiteres entscheiden, aber nach der Stelle, wo sie angebracht sind, können diese Buchstaben nun und nimmer den Maler bezeichnen.

Michiels ist aber entgegengesetzter Ansicht; p. 290 spricht er von diesem Bilde und überrascht uns mit einer eigenthümlichen Entdeckung: das Bild ist nach ihm von der Hand Rogier's van der Weyden! Dieser Fund hat gewiss

---

*) Es stimmt vielmehr mit seinen beglaubigten Werken nicht überein. — Anm. d. Red.

kaum seines gleichen in der ganzen Kunstgeschichte und übertrifft auch alle
sonstigen Entdeckungen in diesem Buche, die schier zahllos sind wie der Sand
am Meere! Was sind die Entdeckungen über Jean Malouel, Bellegambe, Melchior Broederlam, was ist der Bart Vermeyens', was ist das Monogramm Jean
Perréal's, was sind die neuentdeckten Bilder von Barthélemy de Cler, von
Coppin Delf gegenüber diesem Rogier van der Weyden? Ja, was ist dagegen
selbst die p. 279 zur Schau gestellte Entdeckung eines Schülers des alten
Brueghel Namens Noël de Lyon, der in Wahrheit um 200 Jahre später
gearbeitet hat, als Michiels ihn malen lässt!

Michiels scheint kein Glück mit Rogier van der Weyden zu haben; er
erzählt das selbst p. 292, eine der traurigsten Entdeckungsgeschichten, die
leider nicht ihm allein, sondern auch dem Brüsseler Museum widerfuhr, welches die Kosten der Michiels'schen Kennerschaft bezahlte. Er schreibt: »Ich
bin gezwungen, hier gegen ein eigenthümliches Vorgehen im Brüsseler Museums-
katalog zu protestiren. Seit einigen Jahren besitzt diese Sammlung ein Triptychon von Rogier van der Weyden, welches ich im fünften Bande meiner
Histoire de la peinture flamande beschrieben habe. Es gehörte damals dem
Herrn Wolsey-Moreau. Die Administration des Beaux-Arts in Belgien wollte
sich nicht damit befassen, in Folge dessen ein schlichter Hôtelier in Brüssel,
Namens Middleton, das Bild für 25,000 Francs kaufte. Es war hierauf Gegenstand der Bewunderung aller Kenner und aller Künstler. Aber der neue
Besitzer starb bald und als seine Sammlung in London verkauft wurde, erstand
es die Administration der Beaux-Arts, nun hinlänglich aufgeklärt, für 23,000 Fr.
Ich (nämlich Michiels) gab zahlreiche Anhaltspunkte über das Werk und die
darin porträtirten Personen und setzte es ausser Zweifel, dass es von Rogier
van der Weyden gemalt ist. Es ward als ein Bild von seiner Hand öffentlich
verkauft und als solches von der belgischen Regierung erworben. Aber trotzdem hat man es nunmehr unter die Anonymen versetzt und gibt dem Publicum
Ursache zu fragen, warum man eigentlich das Werk eines namenlosen Künstlers so theuer bezahlt habe« *).

Da Michiels nicht in der Lage sein dürfte, diese Frage selbst zu beantworten, und die Belgische Museums-Verwaltung nicht die Lust haben wird,
es zu thun, so wollen wir die gewünschte Aufklärung geben. Dieser von
Michiels entdeckte Rogier van der Weyden hat mit den echten Werken des
Rogier van der Weyden nicht die geringste Aehnlichkeit und die Direction
des Brüsseler Museums scheint es vorziehen zu wollen, den zu theuern Ankauf
eines anonymen Bildes einzugestehen, als sich auch noch durch eine lächer-
liche Bezeichnung dauernd zu blamiren.

Unbegreiflich ist nur, dass ein so productiver Schriftsteller naiv genug
ist, derartige Erfahrungen noch zu erzählen. Aber Michiels' Entdeckerwuth
und sein Selbstbewusstsein sind nachgerade krankhaft geworden. So schliesst
er sein erstes Capitel über Claes Sluyter, den Meister des Mosesbrunnens in

---

*) Das Bild, von welchem hier die Rede ist, bildet Nr. 370 des Brüsseler
Katalogs vom Jahr 1877.

Dijon, mit der bescheidenen Phrase: »Sein Andenken war derart verwischt, dass Niemand für diesen tüchtigen Vorläufer den Platz reclamirte, der ihm doch gebührt. Nun aber, nun muss er ihm zu Theil werden und nunmehr (d. h. nachdem ich, Michiels, ihn entdeckt habe), nunmehr trete er an die Spitze der langen Reibe nordischer Künstler als Vorläufer der van Eyk und als ein Gründer der flämischen Schule!«

Ich weiss nicht, ob sich die französischen und belgischen Gelehrten solche Einfältigkeiten bieten lassen, aber wir Deutschen für unseren Theil müssen bemerken, dass längst in den populärsten Handbüchern, z. B. in Lübke's Geschichte der Plastik, alles das darin steht, was Michiels über Sluyter entdeckt zu haben glaubt, denn das Merkwürdige haben Michiels' Schriften: was daran gut ist, das steht leider schon in älteren Büchern und was nicht in älteren Büchern steht, braucht auch in spätern keine Berücksichtigung zu finden. *Dr. Alfred von Wurzbach.*

Architektur.

I Principi del Duomo di Milano sino alla morte del Duca Gian Galeazzo Visconti. Studj storici di Antonio Ceruti. Milano, Tipografia Arcivescovile, ditta Giacomo Agnelli. 1879. XIV und 224 S.

Cesare Cantù trat in seiner kurzgefassten Einleitung zu den von der Dombau-Administration herausgegebenen Annali della Fabbrica del Duomo di Milano (es erschienen bisher zwei Bände, die von 1387 bis auf das Jahr 1480 reichen) der fast allgemein acceptirten Anschauung entgegen, dass die Initiative der Gründung des neuen Doms auf Gian Galeazzo Visconti zurückzuführen sei; gleich damals hat Graf Belgiojoso für die frühere Anschauung eine Lanze gebrochen und nun tritt Ceruti mit einem sehr gelehrten Buche auf, dem Gian Galeazzo Visconti den Ruhm, Gründer dieses Riesenwerkes zu sein, zu wahren. Tradition und Schriftzeugnisse werden aufgeboten, die gestellte These zu beweisen. Ich gestehe aber, dass gerade die von Ceruti beigebrachten zahlreichen Belegstellen mir Cantù's Ansicht nur wahrscheinlicher machten, dass die Initiative zu dem Baue von der Bürgerschaft Mailands ausgegangen sei und dann an Gian Galeazzo Visconti einen energischen Förderer und Gönner gefunden habe. So heisst es z. B. gleich in der Bulle des Erzbischofs Antonio da Saluzzo vom 12. Mai 1368, worin die Bevölkerung des Mailändischen Territoriums zu Spenden aufgefordert wird: »Cum ecclesiam mediolanensem, sicuti experientia manifestat, consumptam et dirupatam, sub vocabulo, reverentia et honore prafatae virginis a promordio fabricatam de novo reaedificari facere corda fidelium intendant etc. (S. 23.) Das pg. 82 gebrachte Citat aus einem von Galeazzo Visconti geschenkten Missale sagt nur, dass sich Galeazzo freigebig (liberalissimum) all den Kirchenbauten gegenüber gezeigt habe, die während seiner Regierung in Angriff genommen wurden. Oder wer wollte wie Ceruti aus der Stelle der Leichenrede, welche der frate Andrea Billia dem Visconti hielt: »Quanta illi cura hujus nostri maximi templi in quo has

religiones perficimus« (S. 80) mehr herauslesen, als Galeazzo's thatkräftige
Unterstützung des Dombaues? Und ebenso beweisen die Worte, welche
Beltramolo da Conago im Proemio des Registerbuches der Dombau-Administration
fallen liess: »Ad aeternam memoriam et magnitudinem sanctissimi principis etc...
et bonorum civium hujus bonae et almae civitatis Mediolani, divina inspiratione
comotorum ad tantum opus« (pg. 89), durchaus nicht zweifellos die Initiative
Galeazzo Visconti's, sondern sie führen mit genügender Klarheit das Verdienst dieser Gründung auf den Gewaltherrn *und* die Bürger zurück. Ich
könnte so Schritt für Schritt Ceruti folgen, doch wird diese Arbeit jeder
kritische Leser dieses Buches selbst thun. Dass sich Galeazzo Einfluss auf
die Dombau-Administration sicherte, ist bei der Art seiner Herrschaft und den
Mitteln, welche er zur Erhaltung desselben in Anwendung brachte, selbstverständlich. Aber dass die Dombau-Administration in keinem bloss executiven
Verhältnisse zu den Anordnungen der Visconti oder deren Nachfolger Sforza
standen, ist eben so sicher; freilich, Ceruti führt als Beweis seiner entgegengesetzten Behauptung an, dass z. B. Galeazzo Sforza, welcher ja den »Diritto
creditario di alto patronato« besass, dem Guinoforte da Solaro, der damals
Bauleiter war, und den er für Privatbauten verwenden wollte, aus eigener
Machtvollkommenheit dessen Sohn Pietro Antonio substituirte; Caffi aber hat
in einem der letzten Hefte des Archivio Storico Lombardo (Anno V. fasc. V)
den Beweis erbracht, dass die Rectoren des Baues, trotz zweimaliger Intervention des Galeazzo Maria Sforza, den Pierantonio Solaro nicht
anstellten und dieser deshalb nach Russland ging, wo er in Moskau am Kreml-
bau beschäftigt wurde.

Wenn es Ceruti nicht gelang, die von ihm aufgestellte These zu beweisen,
so hat er doch mit Gründlichkeit und Fleiss Alles herbeigeschafft, was die
Lösung dieser Streitfrage herbeizuführen vermag. Ausserdem aber hat er im
VI. Abschnitte eine verdienstvolle Untersuchung über die ersten Architekten
des Baues gegeben. Für sicher hält es Ceruti, dass der Plan des Baues von
einem fremden Architekten herrühre, der aber gar nie nach Mailand kam, den
Bau zu leiten, woraus sich auch die Unsicherheit erklärt, welche Schritt
für Schritt alle Massnahmen des Baues kennzeichnet und immer wieder zwingt,
Gutachten an den verschiedensten Orten einzuholen. Und nicht bloss den
Grundplan, auch das Beiwerk, die Verhältnisse etc. will Ceruti auf Rechnung
des fremden Architekten setzen. Auf letztere hat vielleicht Johannes von
Fernach Einfluss gehabt, der schon früher als Heinrich von Gmünd an dem
Baue beschäftigt war, da er schon im Februar 1387 in den Administrations-
büchern erscheint, während Heinrich von Gmünd erst im Dezember 1391 von
der Bauleitung angestellt wurde. Johannes von Fernach lieferte auch schon
ein Kuppelmodell, obgleich der Bau kaum über die Fundamente heraus gediehen
war. Von den übrigen Abschnitten möchte ich noch besonders hervorheben die
fleissige Untersuchung über die alte Kirche Santa Maria Maggiore, an deren
Stelle der Neubau trat. Das letzte Capitel, Charakter und Regierung des Gian
Galeazzo Visconti, versucht eine politische Rettung dieses Gewaltherrschers;
wozu? er steht im Banne der politischen Zustände und der sittlichen Maximen

seiner Zeit. Lässt man sich daran nicht genügen, so helfen auch die Eulogien humanistischer Zeitgenossen wenig, die ja fast durchwegs Herolde der
Erfolgspolitik waren. Poggio z. B., den Ceruti auch als Rettungszeugen citirt,
hat auch noch für Gismondo Malatesta Worte des Lobes gefunden. Zu dem
italienischen Einheitsgedanken hat Gian Galeazzo Visconti sicherlich kein anderes
Verhältniss gehabt als ein Jahrhundert später Cesare Borgia. Und warum
soll man nicht hinzufügen: ein anderes Verhältniss dazu war damals unmöglich.

H. J.

Die Votivkirche in Wien. Denkschrift des Baucomités, veröffentlicht zur
Feier der Einweihung am 24. April 1879. Fol. 89, 52, XI S. 5 Taf.
Wien, Verlag von R. v. Waldheim.

Die wiener Heilandskirche, gegründet zum Gedächtniss der Rettung des
Kaisers Franz Joseph aus Mörderhand (1853), begonnen am 24. April 1856,
ist an demselben Tage des Jahres 1879 eingeweiht worden. Der Zeit seiner
Gründung nach ist dieses Bauwerk zu denjenigen zu rechnen, welche in
Oesterreich die Herrschaft der Bureau-Architektur und des steifleinenen Classicismus durchbrachen, zu den Vorläufern der mit dem Jahre 1858 beginnenden
grossen Bauperiode Wiens. In der Altlerchenfelder Kirche und der Ruhmes-
halle des Arsenals waren die frühmittelalterlichen Baustile zur Anerkennung
gelangt; neben dem romanischen und dem byzantinischen sollte nunmehr
auch der gothische Stil zu Worte kommen, so schrieb das Concursprogramm
es ausdrücklich vor. Architekten aller Länder wurden zur Betheiligung einge-
laden, 75 Entwürfe langten ein, u. a. von Meistern wie Statz, Friedrich Schmidt,
Ungewitter, den Preis erkannten Erzherzog Ferdinand Maximilian (der nachmalige Kaiser von Mexiko) und König Ludwig I. von Baiern dem Projecte des
damals noch unbekannten, sechsundzwanzigjährigen wiener Architekten Heinrich
Ferstel zu. Die Bauzeit wurde auf vierzehn Jahre bemessen, allein Schwierigkeiten mancherlei Art, vor allem die Unzulänglichkeit des ursprünglich aufgebo-
tenen Baucapitals, verzögerten die Vollendung um weitere neun Jahre. Diese im
Vergleich mit der Herstellungsdauer anderer Kirchen kurze Frist fiel in eine
Periode besonders rascher Entwickelung, von welcher Ferstel selbst nicht unberührt bleiben konnte und die auch auf die Art der Durchführung des ursprünglichen Projectes Einfluss nahm. Wie aber der Architekt sich Schritt für Schritt
das Recht erkämpfen musste, seine gereifte Einsicht zu verwerthen, z. B. was
die farbige Innendecoration anbelangt, das ist in der vorliegenden Denkschrift
trotz aller durch den officiellen Charakter derselben bedingten Zurückhaltung
klar dargethan. Grade in dem Muthe und der Energie, mit welcher er auf
die durchgängige Polychromirung des Innern drang, erkennen wir ein Haupt-
verdienst Ferstels, welches durch vollständiges Gelingen belohnt worden ist;
und als dasjenige kirchliche Gebäude, in welchem Wand- und Glasmalerei zum
erstenmal wieder so glücklich in Harmonie gesetzt worden sind, dass auch
die Zweifler und die Gegner der Polychromie sich für überwunden erklären,
wird die Votivkirche stets einen hervorragenden Platz in der Kunstgeschichte
behaupten. Die Wahl Thausings für die Abfassung der Denkschrift war
ebenfalls ein glücklicher Griff. Dem Zusammenwirken eines Kunsthistorikers

von seiner Bedeutung, der, ohne zu den blinden Verehrern des Mittelalters
zu gehören, sich doch offenen Sinn für dasselbe bewahrt hat, mit einem so
feingebildeten Künstler wie Ferstel verdanken wir eine Publication, welche in
Inhalt und künstlerischer Ausstattung sich weit über das Niveau solcher Ge-
legenheitsschriften erhebt. Gründungs- und Baugeschichte und ästhetische
Würdigung des Gebäudes sind durch eine grosse Zahl von Abbildungen, mit
Benutzung decorativer Motive als Kopf- und Randleisten etc., im wahren Sinne
illustrirt. So gehört das Buch auch zu den gelungensten Leistungen der Typographie und der Xylographie.   *B.*

___ __ __

M a l e r e i.

L. W. Appell, Christian Mosaic Pictures. A Catalogue of Reproductions
of Christian Mosaics exhibited in the South Kensington Museum. London,
Science and Art Departement. South Kensington Museum, 1877, 25 S.

Die in der Grösse der Originale ausgeführten Nachbildungen altchristlicher
Mosaiken, welche im South Kensington Museum ausgestellt sind, werden in dieser
chronologisch geordneten Schrift nach ihrer kunstgeschichtlichen Bedeutung im
Einzelnen näher besprochen. Hierbei ist nicht nur die ziemlich umfassende
einschlägige Litteratur in einer sehr klaren und umsichtigen Weise zusammen-
gezogen, sondern auch vollständige Nachweise über anderweitige Reproductionen
der Mosaiken sind beigegeben, wodurch die Schrift auch abgesehen vom
Museumsbesuch für weitere Kreise sehr nutzbar gemacht ist. Es dürfte sich
empfehlen, wenn in derselben Weise sämmtliche noch vorhandene altchristliche
Mosaiken auf Grund von Untersuchungen der Originale einer zusammenhängenden Darstellung unterzogen würden.   *J. P. Richter.*

Das Psalterium Aureum von Sanct Gallen. Ein Beitrag zur Ge-
schichte der Karolingischen Miniaturmalerei mit Text von **J. Rudolf Rahn.**
Herausgegeben vom historischen Verein des Kantons St. Gallen. XVIII Tafeln
und 32 in den Text gedruckte Holzschnitte (67 Seiten. Folio). Huber & Comp.
St. Gallen — C. Klincksiek in Paris — Hermann Löscher in Turin —
Williams und Norgate in London.

Die St. Galler Alterthumsfreunde haben seit einigen Decennien eine
ausserordentlich rege Thätigkeit entfaltet, um die Schätze der grossen Vergangenheit ihrer alten Culturstätte ans Licht zu ziehen. Der Verein liess
durch Professor Ernst Götzinger Kessler's »Sabbate«, die Sonntags-
erzählungen jenes liebenswürdigen Handwerkers, publiciren, der, in Eisenach
mit Luthern, als dieser von der Wartburg herabstieg, zusammentreffend, der
Reformation gewonnen ward und sie dann in seiner Vaterstadt kräftig durch-
führen half. Es folgte, ebenfalls von E. Götzinger bearbeitet, Vadran's
Geschichte der Aebte von St. Gallen, eine Arbeit, die dem gelehrten
Humanisten, dem Rector der Universität Wien und Bürgermeister von St. Gallen,
einen Platz unter den ersten Geschichtschreibern des 16. Jahrhunderts, über
Aegidius Tschudi, anweist. Den Urkundenschatz der Abtei, von den
Jahren 700—920 nicht weniger als 800 Nummern zählend, für die mero-

vingische und karolingische Zeit also ein Unicum, hat Dr. Wartmann in mustergiltiger Weise herausgegeben. Ebenfalls im Auftrage dieses Vereins veranstaltete Professor Gerold Meyer von Knonau in Zürich eine neue kritische Ausgabe der alten St. Galler Chroniken, die bis dahin bei Pertz nur theilweise genügend abgedruckt waren und einer Erläuterung noch fast ganz entbehrt hatten. Endlich hat Prof. Rahn in Zürich diesen diplomatisch-historischen auf gleiche Veranlassung hin eine kunsthistorische Publication beigefügt, die die ganz besondere Aufmerksamkeit der Alterthums- und Kunstfreunde in Anspruch nimmt.

Das »Psalterium aureum« — so genannt, man weiss nicht ob wegen eines verschwundenen silbernen und vergoldeten Einbandes, oder wegen des reichlichen bei der Schrift verwendeten Goldes, oder vielleicht um im Allgemeinen seinen hohen Werth zu bezeichnen — ist eines·der kostbarsten Denkmäler der karolingischen Miniaturmalerei. Der Herausgeber widmete dem Werke eine Prüfung, die ihn weit über die Grenzen einer Monographie hinaus zu allgemeinen Untersuchungen und Resultaten über die karolingische Miniaturmalerei führte. Auf dem Wege sorgfältigen Studiums der der karolingischen Epoche angehörenden Miniaturhandschriften, namentlich in Paris, Bamberg und St. Gallen, überzeugte er sich, dass diese bis dahin als homogen und unterschiedslos gewonnene Masse von Malereien in verschiedene technisch und zeitlich unverkennbar abgegrenzte Gruppen zerfallen. Nach Rahn sind auseinander zu halten: 1) die altkarolingischen Codices (Codd. von Saint-Médard in Soissons, in Abbeville und das Evangeliarium des Godescalc), 2) die Arbeiten der Schule von Tours (Bibeln Karls des Kahlen in Paris, Bamberg, Moutiers-Grandval, Zürich) und ihre Einflüsse auf Saint-Martin in Metz, 3) die »hochkarolingische« Schule (Gebetbuch Karls des Kahlen, früher in Zürich, jetzt vom Verfasser wieder nachgewiesen in München, Psalter in Paris, Bibliothèque nationale, Codex von St. Emmeram in München und Bibel von San Calisto). Die Geschichte der früh-mittelalterlichen Malerei, die ja fast ausschliesslich Geschichte der Miniaturmalerei ist, wird von diesem Nachweise Notiz zu nehmen und die bisherige generalisirende Behandlung der karolingischen Codices aufzugeben haben. Vermuthlich giebt die fortgesetzte Forschung auf diesem Felde noch zu weitern Präcisionen, vielleicht auch Modificationen Anlass, die Hauptsache ist aber die von Rahn einmal gebotene Grundlage einer Unterscheidung.

Was nun das Psalterium aureum betrifft, so hängt es sammt einem andern St. Gallischen Prachtwerke der Kalligraphie und Malerei, dem Psalter Folchart's, augenfällig mit den beiden letztgenannten Schulen zusammen. Und wie diese Arbeiten innerhalb der ganzen Schule der Miniaturmalerei eine höchst beachtenswerthe Stellung einnahmen, so bezeichnen sie den Höhepunkt der St. Galler Leistung, und zwar einen Höhepunkt, der nicht in langsamer, stetiger Entwicklung, sondern in plötzlichem Aufschwung aus höchst primitiven Vorarbeiten gewonnen ward. Dieser Aufschwung fällt in die Zeit Abt Grimald's (843—868). Die Miniaturen dieses Psalters nun veranschaulicht uns Rahn auf XVIII Tafeln, von denen I—Va Muster der Initialen, VI—XVII

Proben der Historienbilder geben. Wie interessant nun auch letztere Bilder
für die Kenntniss des Kunstvermögens jener Zeit in Bezug auf Darstellung
von Thieren, Menschen und Gruppen, ferner für Costüme, Waffen und zum
Theil selbst für architektonische Anhaltspunkte sein mögen, so ist doch keine
Frage, dass die bloss ornamentalen Leistungen, wie sie bei den Initialen
zur Anwendung kamen, hoch über den Figuren-Bildern stehen. Wir lernen
hier eine Anzahl von Ornamenten des karolingischen Stiles kennen, welche
geradezu klassisch erscheinen und ihre Stelle neben ähnlichen Werken jeden
Stiles behaupten. Der St. Gallische Alterthumsverein hat sich durch die
musterhafte Wiedergabe dieser Blätter (ausgeführt in der lithographischen Anstalt von J. Tribelhorn in St. Gallen) um die Kunstgeschichte ein wahres
Verdienst erworben, das möglicherweise auch noch zu einem Verdienst um
das heutige Kunstgewerbe werden kann, und diese Publication ist durch die
artistische Ausstattung wie durch den wissenschaftlichen Text hervorragend.
Zürich.   *S. V.*

Ursprung der Glasmalerkunst im Kloster Tegernsee. Von Prof.
Dr. Sepp. (Umschlagtitel: Festschrift bei Stiftung der Gedächtnissfenster
am Erfindungsort der Glasmalerei zu Tegernsee. München und Leipzig 1878.
Verlag von G. Hirth (gr. 8. 109 S.).

Eine Gelegenheitsschrift, welche für das Unternehmen Propaganda machen
soll, die Klosterkirche zu Tegernsee mit Glasgemälden zu versehen, da die
discoloria picturarum vitra des Abtes Gozbert bekanntlich bis auf die letzte
Spur verschwunden sind. Der Gedanke erscheint unter allen Umständen
gerechtfertigt, da jenes Schreiben Gozberts nun einmal das älteste Dokument
über farbige Glasfenster ist; ob dieselben wirklich gemalt oder aus farbigem
Hüttenglas zusammengesetzt waren, diese Frage wird wohl kaum jemals zu
entscheiden sein. Für den Verfasser ist sie freilich entschieden. Mit schönem
patriotischem Eifer hat er alles gesammelt, was für die Priorität des baierischen
Landes überhaupt und Tegernsee's insbesondere in Beziehung auf die Glasmalerei spricht oder zu sprechen scheint. Aber er selbst hält den französischen Ansprüchen entgegen, dass der Patriotismus keine entscheidende Stimme
haben dürfe. Die Existenz von Glashütten in der Gegend von Tegernsee
gegen das Ende des zehnten Jahrhunderts scheint sicher zu sein, aber dass
man auch bereits das Einbrennen von Farben verstanden habe, müsste doch
auf andere Art bewiesen werden, als Sepp es versucht, indem er die Augsburger Fenster in den Anfang des elften Jahrhunderts setzt (wogegen sich
doch viele Stimmen, neuestens auch Woltmann in seiner Geschichte der Malerei,
erklärt haben) und den Rückschluss macht, dass vor denselben schon Fenster
mit Schmelzfarben gemalt sein müssten. Durch die Zweifel soll ja nicht, wie
Sepp vorauszusetzen scheint, Baiern in seinen kunsthistorischen Rechten gekränkt
werden! Das beigebrachte Material zur Geschichte der künstlerischen Thätigkeit
der Benedictiner in Baiern wird allerseits willkommen sein, und gern nehmen
wir auch davon Notiz, dass der Verf. es sehr wahrscheinlich macht, jener
Graf Arnold, welcher die Fenster für Tegernsee stiftete, sei ein Vohburger
gewesen.   *B.*

Fra Bartolommeo della Porta. Eine Studie über die Renaissance von
E. Frantz. Regensburg. Druck und Verlag von G. J. Manz. 1879.

»Es ist unzweifelhaft, dass auch die grossen Meister der Renaissance
ihre reifsten, tiefsten und schönsten Ideen aus dem Glaubensleben der Kirche
schöpfen. Hier ist die Quelle ihrer Unsterblichkeit und ihrer Grösse, denn
wahre sittliche, ideale Grösse gedeiht wie im Leben der Wissenschaft so im
Kunstleben nur auf dem positiven Boden des Glaubens (S. IV).« »Der Paga-
nismus (der Renaissance) zersetzte die geistigen Schöpfungen des Mittelalters,
und seine farbenreichen Giftblumen in Litteratur und Kunst überwucherten die
Ruinen einer grossen Vergangenheit« (S. 74). »Das Verdienst Fra Bartolommeo's
liegt in der Rückkehr zu dem alten ehrwürdigen Geiste der Ordnung und Gesetzmässigkeit. Er schöpfte aus den reinen Quellen der Begeisterung, und
darum haben auch die Richtungen der Kunst, die ihn berührten, sein inneres
Wesen nicht zerstören können. Er nahm sie in sich auf und verband sie
zum Gesammtausdruck seiner grossen und reinen, harmonischen Künstlernatur.
Wie aus Fels gebildet steht seine ehrwürdige Gestalt in seinem glänzenden
Zeitalter, das so tiefes moralisches, politisches und wissenschaftliches Elend,
wie einst die Zeit des Perikles, unter dem Singen der Dichter und dem Philo-
sophiren der Gelehrten verhüllt, und dessen innerster Kern die Auflösung der
gesellschaftlichen Ordnung bedeutet, welche im Mittelalter unter der Aegide
des Papstthums zur Einheit und Grösse herangereift war« (S. 201). — Dieser
Standpunkt ist nicht neu, aber er ist schon mit mehr Geist und Geschmack
dargelegt und verfochten worden, als es in dem vorliegenden Buche geschieht.
Es geht nun auch schon gar nicht mehr an, so ohne weiters die Kunst des
Trecento als autochthone, ganz aus dem kirchlichen Geiste emporgewachsene
hinzustellen; der Verfasser hätte ja nur — um auf das Nächstgelegene hinzuweisen — seinen Blick auf die Sculpturen des Campanile in Florenz zu
werfen gebraucht, um Giotto's und seiner nächsten Nachfolger Abhängigkeit
von der Antike wahrzunehmen. Doch was sollen historische Hinweise nützen,
das ganze Buch zeigt nur Tendenz, aber durchaus nicht historische Bildung.
Auf den Pfaden, die Crowe und Cavalcaselle und namentlich Marchese gewiesen,
geht der Verfasser fleissig den Lebens- und Arbeitsspuren Fra Bartolommeo's
nach, aber er vermag weder erheblich Neues für die ästhetische Werth-
schätzung beizubringen, noch auch eine neue Quelle für die Geschichte des
Lebens des Meisters aufzudecken. Die Documentstellen in den Anmerkungen
sind fast sämmtlich, die als Anhang publicirten Documente durchaus aus den
Memorie des Marchese herübergenommen, ein nutzloser Wiederabdruck, da
Marchese's in vier Auflagen verbreitetes Werk jedem Forscher zur Hand ist.
Dass Fra Bartolommeo seine Formensprache an den entschiedensten Vertretern
der Renaissance bildete, kann auch Frantz nicht leugnen; dass er diese
Formengebung nicht als Selbstzweck ansah, sondern diese ganz in den Dienst
der Inspirationen seiner reinen tiefen, Innerlichkeit stellte, ist auch von den
entschiedensten Parteigängern der Renaissance zugestanden worden. Also wozu
der Lärm? Geschrieben ist das Buch in der blumenreichen Phraseologie des
Predigerstils; auch dies kann seine Lecture nicht erfreulicher machen. Warum

der Verfasser dem Titel hinzufügte: Studie über die Renaissance, bleibt unklar; nur einmal scheint sich der Verfasser dieses Titels erinnert zu haben,
da, wo er eine Beschreibung des 1515 stattgefundenen Aufenthaltes Leo's X.
in Florenz als Episode in seine Darstellung (S. 176—183) einschiebt; die
Enthaltsamkeit jedoch, die sonst der Verfasser gegenüber der Wiedergabe zeit-
geschichtlicher Thatsachen zeigt, lässt dieselbe völlig aus dem Rahmen des
Ganzen herausfallen. *H. J.*

Schrift, Druck, graphische Künste.

Dr. Friedrich Wibiral. L'iconographie d'Antoine van Dyk d'après
les recherches de H. Weber. Leipzig. A. Danz. 1877.

‚Die vorliegende Monographie stützt sich zumeist auf die bekannten Vorarbeiten von Hermann Weber und gibt eine, in manchen Fällen verbesserte
und revidirte Beschreibung der Plattenzustände jener Porträts, die als zur
Ikonographie van Dyk's gehörig angesehen werden. So schätzbar auch jede
Bereicherung unseres Wissens auf diesem Gebiete ist, wäre es doch wünschenswerth gewesen, wenn Wibiral auch jener Seite der Ikonographie Aufmerksamkeit geschenkt hätte, von welcher sie hauptsächlich Szwykowski zu
betrachten angefangen hat. Denn es genügt heute nicht mehr zu wissen, dass
und ob irgend ein Porträt in die Ikonographie gehört, sondern wir fragen
auch: Wer ist der hier Porträtirte? Wo befindet sich das Original? Hat
ihn in der That van Dyk porträtirt, oder rührt das Original von einer andern
Hand her? und wie derlei Fragen lauten mögen, denn die Beantwortung der
einen geht stets Hand in Hand mit der anderen. In dieser Richtung hat Wibiral
die sehr wichtigen Resultate Szwykowski's ganz ignorirt, und selbst dort, wo
es nahe liegt sie fortzusetzen, dies nicht einmal versucht. Dieser Fall ist
beispielsweise sehr lehrreich bei dem Porträt des Theodor Rogiers (Wibiral
N. 156). Wibiral begnügt sich damit zu sagen, dass er Silberciseleur in
Antwerpen gewesen, was auch die Schrift des Porträts sagt. Aber ein Blick
in die Antwerpener Liggere würde sich bei dieser kurzen Biographie gelohnt
haben, denn wir entnehmen daraus auch die Zeit, wann das gewesen, und
dass Theodor Rogiers im Jahre 1630 als »silversmid en dryver« in die Gilde
trat, in welcher er von da an ununterbrochen bis zum Jahre 1639 erscheint.
Dann tritt eine dreijährige Pause ein; wieder begegnet uns sein Name vom
Jahre 1642 bis zum Jahre 1648. Von da bleiben seine Annuitätszahlungen
aus, und nach dem Jahre 1655 erscheint auch sein Name nicht mehr. Wir
wissen somit auch, wann dieser Rogiers gelebt hat. Dies ist bei näherer Prüfung
nicht unwichtig, denn es scheint, dass dieses Porträt nicht vor dem Jahre 1639
gemalt sein kann; im März 1632 ging van Dyck nach London. Damals war
Rogiers noch ein unbekannter junger Mann und gewiss nicht von solcher
Bedeutung, dass sein Porträt einen Platz in der Ikonographie hätte finden
können. Wann hat ihn aber van Dyk porträtirt? Es ist nicht wohl anzunehmen, dass dies bei seinem vorübergehenden Aufenthalte mit seiner Frau

im Jahre 1640 in Antwerpen gewesen sei, denn wir haben ja soeben gesehen, dass Rogiers vom Jahre 1639 bis 1642 nicht in Antwerpen war. Hat er ihn also nicht porträtirt? und kommt dieses Porträt in die Ikonographie und zu van Dyck's Namen, wie so manches andere? Wir wollen diese Frage nicht kurzweg bejahen, da es nicht unwahrscheinlich ist, dass Rogiers jene Zeit von 1639 bis 1642 in London zugebracht hat. Zu dieser Vermuthung veranlasst uns ein Kupferstich von Jacob Neffs, einem der Stecher der Ikonographie, der eine getriebene Kanne nebst der dazugehörigen Schüssel darstellt, welche bei den Kunstkennern unter dem Namen »l'Aiguière de Charles I.« bekannt ist. Sie enthält die Darstellungen des Urtheils des Paris und eines Triumphes der Venus; die Schrift des Blattes lautet: P. P. Rubens pinxit pro Carolo I. Magnae Britaniae. Franciae et Hiberniae Rege. Theodorus Rogiers celavit Argento. Jacobus Neffs fecit aqua forti. Gillis Hendricx excudit Antwerpiae.

Wir haben diese Eine biographische Frage für viele näher berührt, weil es ein Irrthum ist zu glauben, dass die rein historische Seite der van Dyck'schen Ikonographie, welcher Szwykowski grosse Aufmerksamkeit geschenkt hat, erledigt wäre. Wir müssen aber noch eine andere Seite berühren, die Wibiral ebenso unbeachtet lässt, die aber gerade von dem Standpunkte der chalkographischen Behandlung, den er zunächst im Auge hat, von der grössten Wichtigkeit ist, und deren Vernachlässigung eines der Hauptgebrechen dieses Buches bildet. Bei jeder Nummer des Wibiral'schen Kataloges können wir bezüglich der einzelnen Plattenzustände lesen: »extrêmement rare!« oder »de la dernière rareté!« oder irgend eine ähnliche Phrase. Szwykowski hat sich bemüht, derlei Phrasen dadurch zu vermeiden, dass er genau angab, wo sich dieser Plattenzustand von so ausserordentlicher Seltenheit befindet. Das einzige Exemplar muss für Jedermann als da und da befindlich bezeichnet sein. Dass Wibiral diese Seite, statt sie nach Thunlichkeit zu ergänzen und zu berichtigen, ganz ausser Augen gelassen hat, ist kein Zeugniss für ein Verständniss der Sache.

Statt dessen hat Wibiral einer dritten Seite seine ganze Aufmerksamkeit gewidmet, und diese bildet eigentlich den Gegenstand seiner Monographie. Diese Frage hat schon vielfach Staub aufgewirbelt und wir können sie kurz in die Worte zusammenfassen: Welchen Werth und welche Bedeutung haben die Papierzeichen für die Ikonographie van Dyk's?

Wibiral gelangt zu keinem endgültigen Resultate, sondern glaubt, dass erst die Zukunft solches liefern wird; aber er kommt (p. 152) zu folgenden Fundamentalsätzen:

»1. Die Anzahl der Wasserzeichen, und die Verschiedenheit der verwendeten Papiersorten ist auffallend mannigfaltig.«

»2. Die Wasserzeichen wiederholen sich nicht derart, dass ein Papier mit einem bestimmten Zeichen für Drucke von verschiedener Qualität oder für Ausgaben verwendet werden konnte, welche durch einen grösseren Zeitraum getrennt sind; sondern die Papiere mit ihren Zeichen ändern sich regelmässig mit der Qualität der Drucke und der Zeit der Ausgabe.«

»Daraus aber ergibt sich folgender Schluss (p. 153): die Zeit und die Qualität des Druckes stehen wie die Kategorie der Ausgabe, deren Bestandtheil er bildet, in so innigem Zusammenhange mit der Qualität resp. mit dem Wasserzeichen der verwendeten Papiere, dass man mit der Beschaffenheit dieser auf die übrigen erwähnten Punkte zurückschliessen kann.«

»Oder: Dieses oder jenes Wasserzeichen bestimmt die Zeitepoche oder die Ausgabe des Druckes oder umgekehrt, und weiss man, dass ein Abdruck in eine bestimmte Ausgabe gehört, so kann man annehmen, dass der Abdruck jenes Wasserzeichen trägt, welches diese Ausgabe unterscheidet.«

Diesen Axiomen können wir folgende Thatsachen gegenüberstellen: Die ersten Ausgaben von ca. 80 Blättern der Ikonographie sind die mit der Adresse Martinus van den Enden. Es lässt sich nicht genau eruiren, wann sie gedruckt wurden, und es ist nur wahrscheinlich, dass sie in drei abgesonderten Serien erschienen, deren erste die Fürsten, Fürstinnen und Prinzen, die zweite die Staatsmänner und die Gelehrten, die dritte die Künstler und Kunstfreunde zu umfassen scheint. Es soll hierzu ein Titelblatt existiren, welches die Jahreszahl 1636 aufweist.

Im Jahre 1641 wurden diese Platten Eigenthum von Gillis Hendricx, der sie mit den 15 Original-Radirungen van Dyck's vereinigte, noch sechs andere Platten hinzufügte und die Ikonographie als sogenannte Centurie, bestehend aus 100 Blättern und einem Titelblatte, mit der Jahreszahl 1645 herausgab. Das Jahr einer dritten Ausgabe lässt sich nicht genau ermitteln; diese scheint um 5 Blätter reicher gewesen zu sein.

Frans Foppens, der Nachfolger des Gillis Hendricx, veranstaltete eine vierte Ausgabe, in welcher das G. H., die Adresse des Gillis Hendricx, gelöscht wurde. Wibiral sagt (p. 16), dass mit den Platten bisher noch keine Veränderung vorgenommen wurde: »Ces inscriptions sont absolument les mêmes et aucune retouche n'a eu lieu.« Diese Ausgabe scheint erst gegen 1660 erschienen zu sein. Es ist die letzte, welche für uns noch ein Interesse hat; denn es genügt, den ungefähr dreissigjährigen, nach Wibiral's Ansicht unretouchirten Zustand der Platten der Ikonographie im Auge zu behalten. Wir haben sonach vier, resp. fünf sogenannte Ausgaben: zwei von van den Enden, zwei von Gillis Hendricx und eine von Frans Foppens. Dreimal haben die Platten in der Zeit von dreissig Jahren den Besitzer gewechselt, unaufhörlich wurden sie gedruckt, und sollen trotzdem keine Retouche erfahren haben? Vielleicht behaupten wir aber zu viel, wenn wir sagen, dass sie in diesem Zeitraum unaufhörlich gedruckt wurden? Darüber müssen uns jedoch die Wasserzeichen belehren, welche Wibiral mit so grosser Sorgfalt zusammen getragen hat.

Wibiral weist nun 31 Wasserzeichen, respective Papiersorten dieser fünf Ausgaben, nach, und zwar 16 Papiersorten, welche van den Enden zu seinen Ausgaben benutzte, und 15 Papiersorten des Gillis Hendricx; es sieht nahezu so aus, als wenn jedes Jahr auf einem neuen Papier gedruckt worden wäre; diese 31 Wasserzeichen genügen uns vollkommen, um zu der Ueberzeugung zu gelangen, dass die damaligen Verleger bei der Publication eines so kostspieligen Werkes genau so vorgingen, wie sie es heute thun; das heisst mit anderen Worten: die Platten wurden nach Bedarf un auf hörlich gedruckt; sobald der Vorrath erschöpft, d. h. verkauft war, wurden sie neuerdings aufgelegt. Es ist aber unmöglich, dass die Platten, selbst wenn die Auflagen noch so gering waren, diese Procedur nahezu 30 Jahre ausgehalten haben, und es ist selbstverständlich, dass sie, noch ehe sie in den Besitz von Gillis Hendricx übergingen, eine, ja mehrere Retouchen erfahren haben müssen. Wenn dies Wibiral nicht weiss, so beweist das nur, dass die Retouchen von den Stechern selbst und höchst vorsichtig gemacht wurden, dass der Autor aber von der Natur des Kupferstichs eine sehr dürftige Vorstellung hat.

Wir müssen noch bei einer weiteren Behauptung Wibirals (p. 155) verweilen, derjenigen, dass die Qualität des Papiers gleichen Schritt mit jener der Drucke halte, und dass auch die Schönheit der Drucke sich in demselben Masse vermindere wie jene des Papiers. Dies ist ganz gewiss richtig, aber hieran knüpft Wibiral die unglaubliche Schlussfolgerung: »dies stimmt mit der allgemeinen Erscheinung überein, dass die Qualität des Druckpapiers gegen Ende des 17. Jahrhunderts immer schlechter wird, so dass die feinen und mit Sorgfalt gearbeiteten Papiersorten, die während der ersten Hälfte des 17. Jahrhunderts gemacht und verwendet wurden, in der zweiten Hälfte immer seltener werden, und am Anfange des 18. Jahrhunderts bereits gänzlich verschwinden u. s. w.«

Jedermann, der einmal einen Druck vor der Schrift von Edelinck, von Jacob Houbraken oder irgend einem anderen guten Stecher der zweiten Hälfte des 17. und des 18. Jahrhunderts gesehen hat, weiss, dass damals und jederzeit — auch heute — eben so gutes Papier fabricirt wurde, sobald man es bezahlt hat. Aber auch Jedermann, der sich mit derlei Dingen befasst, weiss, dass es sich nicht mehr rentiren konnte, ganz ausgedruckte und vielfältig überarbeitete Platten, auf theurem Papier zu drucken, desshalb hat man sie auf billigem gedruckt, hörte aber darum nicht auf, theures Papier zu fabriciren. Zur Bestimmung der grösseren oder geringeren Werthlosigkeit eines derartigen Objectes können die Wasserzeichen gewiss tauglich sein; zur Bestimmung des Werthes eines Kupferdruckes aber können nur jene Veränderungen als massgebend angesehen werden, welche die Platte selbst erfahren hat; diese sind aber nicht aus den Wasserzeichen, sondern nur aus den Abdrücken selbst zu ersehen, die der Verfasser dieser Monographie wohl nur von hinten anzusehen pflegte. *Dr. Alfred von Wurzbach.*

Francis Seymour Haden. The etched Work of Rembrandt. A Monograph. London 1879.

Die vom Burlington Fine Arts Club in London im Jahre 1877 veranstaltete chronologische Ausstellung der Radirungen Rembrandt's hat eine kleine Revolution hervorgerufen; aber die litterarischen Producte, welche derselbe zu Tage gefördert hat, sind eher geeignet, die Verwirrung, die auf diesem Gebiete herrscht, zu vermehren, als zu klären. Das umfangreichere Werk, den sogenannten »Descriptive Catalogue« von Middleton, haben wir bereits an anderer Stelle *) besprochen, ohne zu ahnen, dass der Verfasser mit demselben zugleich ein Plagiat an Francis Seymour Haden beging, der nunmehr mit der Monographie, welche den Gegenstand dieser Zeilen bildet, sein Prioritätsrecht und seine Urheberschaft an all den neuen Standpunkten und Ideen in Anspruch nimmt, welche Middleton in seinem »Descriptive Catalogue« sich zu eigen gemacht und entwickelt hat.

Wir können hier nicht erörtern, ob es nicht besser gewesen wäre, die Sache auf sich beruhen und Middleton im ungeschmälerten Besitze dieser neuen Ideen zu lassen, doch Haden scheint nicht dieser Ansicht zu sein und fordert sein geistiges Eigenthum zurück.

Es handelt sich bei der ganzen Sache darum, durch eine chronologische Anordnung der Radirungen Rembrandt's sicherzustellen, welche Blätter von ihm, und welche nicht von ihm herrühren. Dass sich viele Blätter im Rembrandtwerk befinden, welche nicht von seiner Hand sind, ist weder Haden's noch Middleton's Entdeckung, sondern eine von der Kritik zu wiederholten Malen ausgesprochene Wahrnehmung. Aber dies genügt selbstverständlich nicht, sondern es muss constatirt werden, welche Radirungen dies sind, und von wem sie sind. Darum und zur Purification des Rembrandtwerkes werden von jenen beiden Autoren alle Rembrandt'schen Schüler, welche radirt haben, herangezogen, und unter sie werden jene Blätter vertheilt, welche nach Haden's und Middleton's Ansichten nicht von Rembrandt herrühren können. Wenn wir das verzweifelte Hin- und Herrathen im Katalog Middleton's für dessen originelle Seite hielten, so war dies ein Irrthum unsererseits, denn Haden ist in derselben Verlegenheit, wenn es sich um die Autorschaft eines Blattes handelt, und nur höchst dürftige Kenntniss des Terrains, auf welchem sich Haden bewegt, entschuldigt die Ansichten, welche in dieser nur 40 Seiten umfassenden Monographie ausgesprochen werden. Da wir sie nicht alle einzeln aufzählen können, wird es genügen, ein Beispiel Haden'scher Kritik ebenso zu untersuchen, wie wir an anderer Stelle einen Fall der Middleton'schen geprüft haben.

Eine Frage, die beiden Kritikern viel Nachdenken verursacht haben mag, ist der Name des Radirers der Platte des grossen Ecce homo, B. 77, und der grossen Kreuzabnahme, B. 81. Haden ist der Ansicht, dass es Lievens sei. Von diesen beiden Blättern ist das Ecce homo 1636 und die Kreuzabnahme 1633 datirt. Nun erzählen aber die alten Biographen, dass Lievens zu dieser Zeit in England war, wo er den König, die Königin und andere Vornehme porträtirte. Dieser Umstand aber, dessen sich auch Haden erinnert, widerspräche nicht nur seiner Annahme, sondern auch der ganzen Erfindung der englischen Kritik, welche Lievens zu einem anonymen Mitarbeiter und Hülfsradirer Rembrandt's macht, denn es ist klar, dass ein Maler, der schon vor 1633 in London den Hof porträtirt hatte, nicht nach seiner Rückkehr als anonymer Hülfsarbeiter in Rembrandt's Atelier gearbeitet haben wird.

Demnach darf Lievens nicht in England gewesen sein, und Haden (p. 17)

---

*) Beiblatt zur Zeitschrift für bildende Kunst. 1879. Nr. 27 und 30.

führt zur Begründung seiner Ansicht an, dass 1) weder Walpole noch Vertue ihn erwähnen, dass 2) sein Name nicht in der officiellen Liste der Maler erscheint, dass 3) von ihm in England überhaupt kein Bild bekannt sei, oder vielmehr nur eines, welches aber keinen Anhaltspunkt für die Annahme bietet, dass es in London gemalt sei.

Die Nachricht, dass Lievens nach London gegangen, wird uns von Houbraken mitgetheilt, aber dieser würde nichts beweisen, da er erst lange nach Lievens' Tode schrieb. Houbraken hat indessen die Nachricht nicht erfunden, sondern sie aus Orlers' Geschichte der Stadt Leyden, Lievens' Geburtsstadt, geschöpft, einem Buche, welches im Jahre 1642, also noch zu Lievens' Lebzeiten, erschien und von einem Manne herrührt, der höchst gewissenhaft und vorzüglich unterrichtet war. Der ängstliche, sorgfältige Chronist hatte auch keine Ursache zu dichten, denn er konnte sich um biographische Details an Lievens selbst wenden. Wenn Walpole und Vertue von Lievens' Anwesenheit nichts wussten, so kann doch dies kein Beweis gegen Orlers sein. Dass sein Name nicht in den Listen der Maler erscheint, beweist nichts, denn es erscheinen auch andere in England thätige Künstler nicht darin. Dass aber in England kein Bild von seiner Hand bekannt ist, beweist noch weniger, denn wir wissen, dass daselbst jedes Porträt der Zeit Rembrandt oder van Dyck sein muss. Es genügt, dass auf dem Continent Bilder bekannt sind, welche in England gemalt sein dürften, so z. B. ein Porträt König Karl's I., welches in Amsterdam im Jahre 1704 in der Auction des Pieter Six verkauft wurde.

Wären nur dem Autor wenn auch kein von Lievens in England gemaltes Bild, so doch einige wahrscheinlich in England gemachte Radirungen eingefallen: Das brillante Porträt des Jacques Gouter, des Hofvirtuosen Karls I., mit der Schrift: »Jacobo Goutero inter regios magnae Britanniae Orpheos et Amphiones Lydiae Doriae Phrygiae testudinis fidicini et modulatorum etc. etc. Joannes Livius fecit et excudit.« Sodann ein anderes Portrait, welches wahrscheinlich in London gemacht ist, denn es stellt einen 112 Jahre alten Mann vor, der gewiss nicht, um von Lievens porträtirt zu werden, in diesem Alter über den Canal fuhr. Das Blatt ist bekannt unter dem Namen Robert South, weil ein Zeitgenosse des Lievens, Theodor Matham, auf ein Exemplar schrieb: »Robert South anglais, âge 112 ans«; in England aber hat das Blatt einen ganz besonderen Namen und heisst »Charles Digby«.

Wir haben dieser Frage längere Aufmerksamkeit geschenkt, weil sie geeignet ist, die dürftige Argumentation zu beleuchten, mit welcher die englische Kritik Fragen erledigt, die wahrlich grössere Sorgfalt und umfassenderes Wissen erfordern. So beispielsweise bezeichnet Haden p. 17 Philip Koning, einen Künstler, von dem überhaupt keine Radirung, wenigstens keine irgendwie nachweisbare, existirt, als denjenigen, von dem gewisse Radirungen Rembrandt's herrühren. Wenn man nicht einmal die Namen derjenigen unterscheiden kann, die bei Erörterung einer solchen Frage herangezogen werden dürfen, so thäte man besser, die Sache auf sich beruhen zu lassen.

Diese Kritik versteigt sich aber zur Anschuldigung Rembrandt's, indem p. 18 wörtlich behauptet wird: »Paulus Aegidius Rottermoudt like van Vliet,

was engaged in making etchings with the signature of Rembrandt in fac-
simile.« Das heisst, Rottermoudt war, wie van Vliet, engagirt, um Radirungen
zu fabriciren, die fälschlich, im Facsimile, mit der Signatur Rembrandt's ver-
schen wurden. Und von wem war er dazu engagirt? Nun selbstverständlich von Rembrandt selbst. Darüber handelt ja die ganze Monographie; nach
ihr hat Rembrandt Schüler aufgenommen, die ihre Arbeiten für die seinen
ausgegeben haben, ja dies mit seinem Wissen und in Folge seiner eigenen
Veranlassung thaten.

Der Verfasser dieser Monographie, Francis Seymour Haden, ist selbst
ein ausgezeichneter Radirer, aber seine Monographie ist, sowie der Descriptive
Catalogue von Middleton, eine der bedenklichsten Erscheinungen der jüngsten
Litteratur, mit welcher das kläglichste Halbwissen einen Platz auf einem
Gebiete zu erobern sucht, auf der sich selbst die vorsichtigste Forschung schwer
behaupten kann.   *Dr. Alfred von Wurzbach.*

Kunstindustrie.

Nürnbergisches Handwerksrecht des 16. Jahrhunderts. Schilderungen
aus dem Nürnberger Gewerbeleben nach archivalischen Documenten bearbeitet von Dr. J. Stockbauer. Herausgegeben vom bayrischen Gewerbemuseum in Nürnberg. 1879. 4. 59 S.

Das moderne Kunstgewerbe geht von allen Seiten auf die alten Vorbilder
zurück; Publicationen in denen sie abgebildet sind, folgen auf einander in
ununterbrochenem Strome, dass man fast schon an den Zauberlehrling denkt,
der vor den Fluten, die er unvorsichtig hervorgerufen, sich nicht mehr zu
retten vermag. Es ist aber ganz natürlich, dass man nunmehr, da man so
vieles im Bilde vor sich sieht, auch daran geht, einmal nachzuforschen, unter
welchen Bedingungen und Verhältnissen, wo und durch wen diese Gegenstände
geschaffen sind. Vielleicht können wir das, was wir auf diesem Wege lernen,
oder wenigstens etwas davon in unseren Bestrebungen zur Hebung des
modernen Kunstgewerbes verwerthen. Das ist der Gedanke, der diese kleine
Schrift hervorgerufen hat. Sie giebt Auszüge aus den Handwerksgesetzen und
Verordnungen zu Nürnberg im 16. Jahrhundert, und will damit zeigen, wie
zu jener Zeit, welcher die geschätztesten Vorbilder angehören, der Handwerker
lernte, sich bildete und arbeitete. So handelt sie vom Meisterstück und seinen
Bedingungen, von der »Schau«, von Meister und Lehrjungen, von den Gesellen, vom Material, vom Handel und Verkauf, ganz gewiss interessante Dinge
und wichtig zu wissen für denjenigen, der mitten in der heutigen Bewegung
des Kunstgewerbes steht. Das Büchlein ist schön und sauber ausgestattet wie
alles, was bisher aus dem Gewerbemuseum zu Nürnberg hervorgegangen ist.
                                                              J. F.

Hirth, Georg. Das deutsche Zimmer der Renaissance. Anregungen
zu häuslicher Kunstpflege. Verlag von G. Hirth. 1. Lief. 32 S. Fol.

Dieses Werk, das mit 4 bis 5 Lieferungen und zwei- bis dreihundert
Abbildungen abgeschlossen sein wird, hat den Zweck, den Decorateur wie den

Privaten in den Stand zu setzen, die Wohnung nach sogenannter altdeutscher
Art oder in deutscher Renaissance einzurichten. Der Zweck ist ein durchaus
löblicher. Wenn wir auch nicht zu denen gehören, die alles Heil von der
deutschen Renaissance erwarten, noch mit allem einverstanden sind, was heute
unter dieser Fahne geschaffen wird, so ist es doch ganz gut, wenn einmal
klar und richtig hingestellt wird, was die deutsche Wohnung im 16. Jahrhundert war, und was die Wohnung auf Grundlage dessen heute wieder werden
kann und soll. Denn ohne Frage haben wir, wenn nicht ausschliesslich, doch
zum guten Theil mit unseren Bestrebungen auf die deutsche Wohnung der
Renaissance zurückzugehen, nicht weil sie deutsch, sondern weil sie gut ist,
weil sie in gar vielem unseren ästhetischen Bedürfnissen, unseren Lebens-
gewohnheiten entspricht oder entsprechen kann. Wir müssen aber wissen,
was wir von ihr brauchen können, denn die deutsche Renaissance und ihre
Wohnung kann uns ebenso auf Abwege wie zum Guten und Richtigen führen.
Von diesen Abwegen, nämlich den Richtungen zum Barocken, Schweren, Ueber-
ladenen, hält sich die vorliegende erste Lieferung in ihren Abbildungen völlig
fern. Diese Bilder, zum Theil ganze Zimmer, alt und neu, zum Theil den
alten Holzschnittwerken entnommen, zum Theil Möbel und Geräthe oder Stoff-
muster, sind gut gewählt und vortrefflich in Schwarz und Tondruck ausgeführt,
der begleitende Text ist mit grosser Wärme, mit Begeisterung selbst, aber vielleicht
mit zu polemischer Färbung geschrieben, eine Eigenschaft, die in den folgenden Lieferungen, in denen es sich mehr um die Besprechung des Details
handeln wird, wohl hinwegfallen wird.   *J. F.*

Entwürfe für Goldschmiede von **Johann Sibmacher.** Mit einem Vorwort
von Dr. Otto von Schorn. Herausgegeben vom Bayr. Gewerbemuseum in
Nürnberg. 4°. 12 Bl. Abbildungen. 8 Seiten Text.

Eine Anzahl Entwürfe für Silbergefässe des bekannten Radirers und
Wappenzeichners, Verfassers des grossen nach ihm benannten Wappenbuches
erscheinen hier in einer neuen, sehr schönen Ausgabe mittelst photographischer Zinkhochätzung hergestellt. Es sind leider nur die Leibungen von
Pokalen und Bechern (die Füsse fehlen), reich ausgestattet mit Ornamenten
für getriebene Arbeit. Die Formen sind meist noch gut und nützlich zum
Studium, die Ornamente dagegen, entsprechend der Zeit der Entstehung, dem
Jahre 1590, neigen schon vielfach zum Unschönen, zum Barocken, selbst zu
einiger Verwilderung, die wenige Jahre darnach hereinbrach. Der Text beschäftigt sich mit dem Künstler und theilt mit, was man noch von ihm weiss.
                                                                        J. F.

Études sur l'industrie danoise par **C. Nyrop.** Copenhague, impr. de
Nielsen und Lydiche. 1878. 8°, 31 S.

In Dänemark wird auf dem Gebiete der Kunstwissenschaft eine Rührigkeit
entwickelt, welche zu verfolgen uns leider durch die Sprache sehr erschwert
ist. Publicationen, deren vorwiegende Bedeutung in graphischen Darstellungen
liegt, gelangen wohl zu unserer Kenntniss, wie die architektonischen Aufnahmen
von Dahlerup und Genossen (Tegninger af aeldre nordisk architectur), Holm's
alte Kirchenbauten auf Bornholm; und das zu erwartende Werk Vigo Klein's

über die dänische Renaissance wird sich ebenfalls seinen Weg überallhin bahnen.
Dagegen sind die fleissigen Arbeiten Nyrop's zur Geschichte der dänischen
Kunst und Industrie, seine Monographien über Eisen, Gold, Glas, Porzellan,
Buchdruck und Buchhandel etc. so gut wie unbeachtet geblieben. Um so
mehr fühlen wir uns verpflichtet auf die oben genannte, ursprünglich einen
Theil des dänischen Ausstellungskataloges für Paris bildende Schrift aufmerksam zu machen, bei welcher das erwähnte Hinderniss nicht besteht. Sie giebt
eine Uebersicht der Kunstpflege in Dänemark im vorigen und im laufenden
Jahrhundert, stellt den Antheil Wiedewelt's und Harsdorff's an der Reaction
gegen den dominirenden französichen Geschmack klar, citirt eine (vielleicht von
Struensee selbst herrührende) interessante Verfügung von 1771 (mithin aus
derselben Zeit, in welcher Kaunitz die Reorganisation der Wiener Akademie
betrieb), durch welche den Kunsthandwerkern aufgegeben ist, ihre Lehrlinge
zum fleissigen Besuche der Akademie anzuhalten und die Niederlassung in der
Hauptstadt von der Einreichung eines Meisterstückes an die Akademie abhängig
gemacht wird; insbesondere aber widerlegt Nyrop in ausführlicherer Darstellung
das weitverbreitete Missverständniss, dass die classicistische Kunstbildung in
Dänemark durch Thorwaldsen begründet oder auch nur wesentlich gefördert
worden sei. Vor der Eröffnung des Thorwaldsen-Museums in Kopenhagen
habe man dort zu Lande von des Meisters Werken sehr wenig gewusst.
während vor hundert Jahren schon Abildgaard und seit 1815 Hetsch ihren
Einfluss in der gedachten Richtung auch auf die der Kunst verwandten Gewerbe
geltend machten.   *B.*

Litteratur über Museen, Ausstellungen, Kunstinstitute.

Festschrift zur Eröffnung des Kunstmuseums in Bern. Beiträge zur
Geschichte der Kunst und des Kunsthandwerks in Bern im 15., 16. und 17.
Jahrhundert. Herausgegeben von der bernischen Künstlergesellschaft zur
Eröffnung des Kunstmuseums. Mit 7 Initialen, nach den Originalien gezeichnet von **Chr. Bühler**, Custos der Berner Kunstsammlung. VIII. und 109 S.,
vier Kunstbeilagen und zwei Illustrationen im Text. Gr. 4°. Bern, Verlag
der J. Dalp'schen Buchhandlung (K. Schmid) 1879.

    Am 9. August ist in Bern die feierliche Einweihung des neuen Kunst-
museums vollzogen worden. Reiche Schenkungen und Vermächtnisse haben
den Ausbau dieses Institutes ermöglicht, das heute ein Denkmal ächten gemein-
nützigen Bürgersinnes, die Localitäten der Kunstschule und die Ausstellungs-
räume für die Schätze des cantonalen Kunstvereins und der Bernischen Künstlergesellschaft vereinigt.

    Zum Gedächtnisse der Eröffnungsfeier hat die Künstlergesellschaft eine
Festschrift veröffentlicht, Abhandlungen verschiedener Verfasser über Kunst
und Kunstgewerbe in dem bernischen Canton enthaltend, eine Sammlung, die
wohl ihres reichen, bisher vielfach unbekannnten Quellenmaterials, als auch der
ungewöhnlich schönen artistischen und typographischen Ausstattung wegen
als eine willkommene Gabe begrüsst zu werden verdient.

Den Anfang macht ein Abschnitt über Glasmalerei. Ein tüchtiger Meister in diesem Kunstzweige, der Glasmaler J. H. Müller in Bern, hat diese Abhandlung geschrieben, die eine gedrängte Uebersicht über die aus dem Zeitraume von 1300—1530 im Canton Bern erhaltenen Werke bringt. In der Einleitung wird Deutschland als die Heimat der frühesten Glasmacher und Glasmaler bezeichnet. Wir möchten so kurzweg nicht entscheiden, denn ausser dem viel citirten Briefe des Abtes Gozpert von Tegernsee ist bekanntlich eine gleichzeitige Nachricht aus Reims überliefert, die sehr viel deutlicher über die Beschaffung wirklicher Glasmalereien schreibt. Ebenso weiss man, dass der Presbyter Theophilus, obwohl er vermuthlich ein Deutscher war, die Superiorität der französischen Glasmaler an mehr als Einer Stelle betont. Drei unter den bernischen Kirchencyklen sind aus dem XIV. Jahrhundert zu datiren: die Glasgemälde in Münchenbuchsee, Könitz — wovon Taf. I zwei Proben giebt — und Blumenstein. Die letzteren sind bemerkenswerth wegen der Anwendung des Silbergelben, dessen Erfindung früher in das XV. Jahrhundert verlegt ward, während der Gebrauch dieser Farbe thatsächlich schon in den um 1322 verfertigten Kirchenfenstern von Hauterive (jetzt im Chor von Saint-Nicolas zu Freiburg) sich nachweisen lässt. Ausser den Glasgemälden im Berner Münster wäre das 1457 datirte Chorfenster in der Stadtkirche von Biel einlässlicher Besprechung würdig gewesen. Die dortigen ursprünglich zu verschiedenen Serien gehörigen Glasgemälde zählen sowohl ihres Inhaltes (Passionsgeschichte und Legende St. Benedict's) als der stilistischen Haltung wegen zu den bemerkenswerthesten Proben, welche die Schweiz aus dem XV. Jahrhundert besitzt, indem sie bereits den Uebergang von der älteren cyklischen Compositionsweise zu der Cabinetsmalerei bezeichnen, die seit dem Beginne des XVI. Jahrhunderts ausschliesslich die Oberhand erhielt. Von den zahlreichen und theilweise höchst bedeutenden Werken dieser Art, die heute noch im Canton Bern erhalten sind, führt Verfasser die Scheiben in den Kirchen von Büren, Lauperswyl und Kirchberg an.

Drei folgende Abhandlungen hat Prof. Dr. G. Trächsel geliefert. Die eine über Nikolaus Manuel resümirt die von Grüneisen und letzthin von Bächtold und Vögelin über den Meister gebrachten Nachrichten mit besonderer Berücksichtigung der reformatorischen und staatsmännischen Thätigkeit dieses merkwürdigen Universalisten. Kunst und Kunstgewerbe in Bern am Ende des XV. und zu Anfang des XVI. Jahrhunderts ist die zweite Arbeit betitelt. Verfasser führt hier die Notizen aus, die er schon früher aus bernischen Staatsrechnungen (Berner Taschenbuch 1878) veröffentlicht hat. Bis zum Beginne des Münsterbaues (1420) scheint in Bern eine geringe Kunstthätigkeit geherrscht zu haben, und es währte bis zum Ausgange des XV. Jahrhunderts, dass erst die Inanspruchnahme der Kunst auch im Dienste des profanen Lebens begann. Die Gründe des damaligen Umschwunges sind leicht zu errathen. Unermessliche Schätze hatten die glorreichen Siege über den stolzen Burgunderherzog eingetragen und zugleich, was noch mehr bedeuten wollte, mit dem Bewusstsein von der eigenen Macht auch die Sicherheit, welche die erste Bedingung zum Gedeihen der Künste ist. Mit ihrer guten Seite wie mit den schlimmen

Auswüchsen ist diese Wandlung der Dinge von den Zeitgenossen geschildert
worden. Valerius Anshelms oft citirten Bericht führt auch der Verfasser an. Er
zählt eine Reihe von Künsten und Handwerken auf, die in der Väterzeit noch
nicht bekannt gewesen waren. Auch noch vorhandene Monumente und urkundliche Nachrichten, besonders die Staatsrechnungen, bestätigen den regen Aufschwung, der sich im letzten Viertel des XV. Jahrhunderts zu entfalten begann
und mehrfach die Einwanderung fremder Künstler und Arbeiter zur Folge hatte.
Ein Bildhauer aus Westphalen, Erhard Küng, hat eine Zeit lang den Bau des
Berner Münsters geleitet und die figurenreiche Darstellung des jüngsten Gerichtes
im Bogenfelde des Hauptportales geschaffen, ein anderer, der Bildhauer Albrecht
von Nürnberg, sich 1494 in Burgdorf bethätigt; ebenso mag erwähnt werden,
dass italienische Arbeiter bereits im Jahre 1524 an dem Brückenbau bei Wirh-
laufen beschäftigt worden sind. Neben den Bildhauern werden Goldschmiede
und besonders viele Maler genannt, aber nur die wenigsten ihrer Werke sind
erhalten geblieben (S. 28 u. ff.). Auffallend ist es, dass unter den vielen Nachrichten über Kunst und Künstler nicht Eine des Sigismund Holbein gedenkt,
wiewohl er 1518—40 als Hausbesitzer Bern bewohnte, und auch sein Testament in den öffentlichen Acten eingetragen worden ist. Vielleicht — folgert
Trächsel — waren ihn betreffende Ausgabeposten in den zahlreichen jetzt
verloren gegangenen Rechnungsbänden enthalten, vielleicht auch hat er sich
ausschliesslich im Dienste von Kirchen, Corporationen und Privaten bethätigt.

Solche Sammlungen, wie die eben besprochene, setzen eine ernste und
schwierige Urkundenlese voraus, deren Ergebnisse oft in keinem Verhältnisse
zu den aufgewandten Mühsalen stehen. Um so dankbarer wird der Forscher
dergleichen Beiträge entgegennehmen, sie sind auch die einzigen Quellen, auf
deren Grundlage sich ein solider Ausbau der heimischen Kunstgeschichte
ermöglichen lässt, denn oft ist es ja nur der Fund eines Namens in ver-
staubten und längst vergessenen Acten, der mit Einem Schlage den Einblick
in bisher unbekannte Beziehungen ermöglicht, die Autorschaft einzelner Werke
ermitteln und wohl auch die weiteren Schlüsse auf ganze Schulen ziehen
lässt. Die Kenntniss Eines Kunstzweiges besonders ist in den letzten Jahren
durch derartige Forschungen erweitert worden, diejenige der Glasmalerei,
die für die Schweiz recht eigentlich die Bedeutung einer nationalen Kunst
besitzt und hier länger als anderswo ihre volksthümliche Bedeutung und eine
originelle Lebenskraft bewahrt hat. Im Anschlusse an Müllers Arbeit führt
Trächsel die Aufzählung darauf bezüglicher Nachrichten bis zu Mitte des
XVII. Jahrhunderts fort. Seit Ende des XV. Jahrhunderts waren in Folge des
überhandnehmenden Luxus wie in anderen Gewerben so auch in der Glasmalerei die Preise zu einer bisher ungekannten Höhe gestiegen, so dass eine
fürsorgliche Obrigkeit sich schliesslich zur Feststellung bestimmter Taxen
veranlasst sah. Die damals normirten Preise hat Anshelm mitgetheilt, nicht
ohne Vergleiche anzustellen zwischen den neuen Zuständen und der Einfalt
der Sitten in alter Zeit. Es ist ein werthvolles und zumal für den Localforscher
willkommenes Material, das Trächsel über die Vorliebe für diese Kunst und
die mannigfaltige Verwendung ihrer Werke veröffentlicht hat. Eine weitere

Ausführung über den Zeitraum von 1550—1582 bringt Dr. Emil Blösch mit seinen kunstgeschichtlichen Mittheilungen aus den bernischen Staatsrechnungen bei. In einer vortrefflichen, kurzgehaltenen Einleitung werden die nachreformatorischen Zustände skizzirt: der fromme Ernst, der alle Anschauungen beherrschte und die sittliche Vertiefung, Stimmungen, die der Kunst nicht eben zu Gute kamen. Auch das Staatswesen begann auf neue Bahnen einzulenken, mit einseitiger Consequenz seine Ziele auf Concentrirung des Gebietes und die Ausbildung seines berühmt gewordenen Verwaltungssystems zu richten. Solchen Verhältnissen entsprach es, dass von Seiten des Staates die Kunst einer sonderlichen Protection sich nicht mehr zu erfreuen hatte. Das Wirkungsgebiet der Architektur wird auf die Ausführung von Nutzbauten und Reparaturen beschränkt, Maler müssen sich mit der Uebernahme von Anstricharbeiten zufrieden geben, und die Bildhauerei ist zur blossen Zierplastik herabgesunken. Brunnenfiguren und Wappen sind die einzigen Bestellungen, die den Plastikern überwiesen werden. Heraldische Zierden nehmen überhaupt die hervorragendste Stellung unter den Aufträgen ein, mit denen der Staat die Künstler beschäftigte, und welche vor allem wieder den Glasmalern zu Gute kamen, deren Kunst in dieser Epoche ihre höchste Entwicklung und Blüthe gefunden hat. Selbstverständlich sind es jetzt nur noch Cabinetsscheiben, welche diese Meister zu fertigen hatten, aber es finden sich Werke darunter von ganz bedeutendem Werthe, wie die »sieben Bitten des Vaterunser« und eine reizende 1563 datirte Scheibe von Mathis Walther in der Kirche zu Einigen am Thunersee, von welcher eine Skizze auf Seite 63 gegeben ist. Für die Bedeutung dieses Kunstzweiges in den bernischen Landen spricht die Zahl seiner Vertreter, deren an die fünfzig allein in der Zeit zwischen 1550 und 1582 im Auftrage des Staates beschäftigt worden sind, und die von Trächsel nachgewiesene Thatsache, dass die von Obrigkeitswegen für Glasmalereien ausgelegten Renten in einzelnen Jahren über ¹/₁₀₀ der Gesammtausgaben des Gemeinwesens betrugen (S. 36).

Einer anderen und ansprechenden Classe von gleichzeitigen Kunstwerken ist die interressante Abhandlung K. Howald's über »die alten Brunnenstandbilder der Stadt Bern« gewidmet. Solche Monumente haben zu allen Zeiten die Aufmerksamkeit der Kunst- und Alterthumsfreunde auf sich gelenkt. Unter den auf die Schweiz bezüglichen Arbeiten sind Howald's 1845—51 veröffentlichte »Brunnenbüchlein« und Vögelin's 1874 in der »Illustrirten Schweiz« erschienene Abhandlung zu nennen. Leider sind die hier wie dort enthaltenen Mahnungen unbeherzigt geblieben; denn nach wie vor vermindert sich von Jahr zu Jahr die Zahl der Wahrzeichen, um Anlagen Platz zu machen, die Alles eher denn städtischen Kunstsinn verkünden. Bern allein hat seit Jahrzehnten dieselben in Ehren gehalten, und mit Recht, denn schönere, zu Theil von Künstlerhand verfertigte und mehrfach auch mit ihrer ursprünglichen Bemalung erhaltene Brunnen hat keine der Schweizer Städte aufzuweisen. 1393 wurden in Bern die ersten Stockbrunnen errichtet, sie mögen von Holz und vorwiegend mit kirchlichen Zierden geschmückt gewesen sein. 1520 wird zum ersten Male eines »marmelsteinernen« Baues gedacht,

wie denn von da die künstlerische Ausstattung solcher Monumente beginnt.
In der Folge hat sich die Zahl der mit Standbildern geschmückten Fontainen
bis auf 14 vermehrt. Zwölf derselben sind noch vorhanden, es ist ihnen, wie
die von Howald angeführten Documente beweisen, zu allen Zeiten die besondere Aufmerksamkeit der Behörden zu Theil geworden. Die Verfertiger der
Standbilder sind unbekannt, ebenso dürfte es schwer fallen, eine befriedigende Deutung der sämmtlichen Bildwerke zu geben. Einzelne sind und
waren biblischen Helden geweiht; die Standbilder auf dem Moses- und David-
brunnen, letzteres vielleicht ein Gegenstück zu dem Goliath (thatsächlich St.
Christophorus), dessen hölzerne Kolossalstatue noch 1861 in dem benachbarten
Christoffelthurme zu sehen war. Andere Brunnenstatuen wie der »Venner«
und der Armbrustschütze mögen als Repräsentanten der wehrkräftigen Gesell-
schaften gedacht worden sein. Beide sind prächtige, lebensvolle Figuren, in
der letzten Renaissancezeit geschaffen, voller Kraft in stolzer, selbstbewusster
Haltung dargestellt. »Ein Mutzlein« zu Füssen des Venners legt mit komischem
Ernste die Büchse auf denjenigen an, der die Schwelle der benachbarten
Schützenzunft betritt. Auch der 1544 datirte »Simsonbrunnen« mag ein Denkmal zünftigen Stolzes sein; der älteste Bericht über die Schlacht bei Laupen
meldet, dass die Berner more Samsonis auf ihre Feinde eingehauen haben.
»In Simson sind die kräftigen, muthvollen, mauligen Bursche der Metzger repräsentirt«, wesshalb er hier mit einem Metzgerbestecke umgürtet ist. Andere
Corporationen und das lustige Volk der Musikanten, die Läufer und Weibel
haben ihre Denkmäler in dem Dudelsackpfeifer und dem durch Adam Klein's
Radirung bekannten Läuferbrunnen gefunden. An die Stiftung Berns erinnert der Zähringer Brunnen, ein echtes Wahrzeichen der Stadt inmitten der
malerischen Bauten, die sich zu beiden Seiten des Zeitglockenthurmes gruppiren. In dem Kindlifresser glaubt Verfasser eine Anspielung auf die Juden,
in der Frau, die mit dem Krug in der Hand auf dem Brunnen an der Markt-
strasse steht, Frau Anna Seiler als Stifterin des nachmaligen Inselspitals zu
erkennen. Wir möchten eher auf Sanct Verena rathen, die bekanntlich auch
nach der Reformation als populäre Repräsentantin der Wohlthat und Schutzpatronin der Presthaften gegolten hat. Der schönste von allen diesen Monumenten ist aber doch der Gerechtigkeitsbrunnen. In der reizenden Figur der
Justitia, die so neckisch mit ihren reich drapirten, mit Gold und Farben bemalten
Gewändern, das Haupt mit Flügeln geschmückt, auf dem schlanken, mit Wasser-
pflanzen decorirten Ständer steht, möchte man die Einflüsse Manuel'scher
Zeichnung erkennen. Zu ihren Füssen sind die Halbfiguren des Kaisers und
Papstes, des Schultheissen und des Sultans angebracht als mahnende Typen,
dass über jede irdische Macht die unerbittliche Gerechtigkeit walte. Bäuerische
Nachbildungen dieser Figuren sind auch in Brunnenstatuen zu Neuenburg und
Lausanne erhalten. Solche Werke, es ist wahr, haben nicht das Recht,
als tonangebende Schöpfungen der Kunst zu gelten, aber ansprechend und
reizend muthen sie jeden Beschauer an. Es spricht sich in denselben die
ächt republicanische Gesinnung aus, der alles Pomphafte zuwiderläuft, während doch der ideale Trieb nicht fehlte, auch das einfach Zweckdienliche

durch künstlerischen Schmuck zu veredeln, und wobei sich in ganz natürlicher Weise der Anlass bot, die öffentlichen Gedanken auszusprechen und pietätvoller Erinnerung ein Denkmal zu stiften.

Den Beschluss macht Trächsel's Abhandlung über Hans Jacob Dünz den Aelteren, Glasmaler, Radirer und Chorweibel. Dünz, aus Brugg im Aargau stammend, ist 1599 in jugendlichem Alter nach Bern gekommen, wo er zehn Jahre später zum »Vollburger« angenommen wurde. Verfasser schwankt, ob dieser mit dem als Porträtmaler genannten »älteren Dünz« (vergl. Neujahrsblatt der Künstlergesellschaft in Zürich 1845) für identisch zu halten, oder als eine »mythische Person« aus der Kunstgeschichte überhaupt zu streichen sei. Wir haben keinen Grund, uns dieser Alternative anzuschliessen, sondern halten dafür, dass es wirklich einen als Porträtmaler bekannten »alten Dünz« gegeben habe, den Urheber der Seite 94, Note 2 citirten Bildnisse, Johann Jacob nämlich, der 1608 als Sohn des Chorweibels geboren wurde. Streng genommen käme die Bezeichnung »der alte« allerdings diesem Letzteren zu, allein es hat sich derselbe wohl als Zeichner, Glasmaler und Radirer, nicht aber als wirklicher Maler bethätigt, während Sohn und Enkel (Johann Jacob geb. 1603 und Johannes 1645—1736) als Porträtisten berühmt geworden sind, und mithin eine populäre Unterscheidung zwischen den Beiden nachmals von selbst geboten war. Künftigen Forschungen bleibt es vorbehalten, uns nähere Kenntnisse über den »alten Dünz« zu verschaffen, der besonders nach dem merkwürdigen Bildnisse Calvin's zu urtheilen als ein Meister von keineswegs untergeordnetem Talent erscheint und auch als Besitzer des Holbeintisches den Kunsthistorikern bekannt zu werden verdient.

Nun von dem Grossvater Johann Jacob zu sprechen, scheint sich derselbe zeitlebens mit vorwiegend kunsthandwerklichen Arbeiten befasst zu haben. Wir lernen ihn zunächst als Glasmaler kennen. Scheiben und Risse zu solchen sind noch vorhanden, eine Probe — freilich nicht die feinste, wir haben bessere und kernhaftere Zeichnungen in der Sammlung Bürki und dem Berner Museum gesehen — giebt Taf. IV. Aus einer Notiz geht ferner hervor, dass sich Dünz auf die Kunst des Emaillirens verstand; dann wird er als Kupferstecher (Radirer) bezahlt für Abbildungen falscher oder verrufener Münzen, die er wiederholt in obrigkeitlichem Auftrage zu fertigen hatte. Endlich 1617 fand seine Wahl zum Chorweibel statt. Als Diener der Sittenpolizeibehörde hatte nun Dünz die Controle über die gefänglich Eingezogenen, deren Verpflegung und die Führung des »Lochwedels« zu besorgen. Ein starker humoristischer Zug war dem Meister von jeher eigen gewesen, die neue Stellung vollends bot ihm der Anlässe die Menge, seine originellen Anschauungen von Welt und Menschen in Bild und Wort zum Ausdruck zu bringen. Nicht weniger als 6 Bände seines »Lochwedels«, die noch heute im Berner Staatsarchive liegen, sind voll der launigsten Skizzen, durch die sich Dünz für die langen Sitzungen im Chorgerichte schadlos gehalten haben mag. Kleine mit virtuoser Flüchtigkeit entworfene Federzeichnungen schildern bald die Beklagten, wie sie sich vor dem Richter präsentirten, bald die Strafen, die in Gegenwart des Herolds und des Stadttrompeters executirt zu werden pflegten.

Auch Scenen aus dem Vorleben der Maleficanten wurden gezeichnet, oder die Namen derselben durch allerhand komische Rebus illustrirt. Es ist eine Fülle witziger Einfälle, die von Blatt zu Blatt auf einander folgen. Diese Zeichnungen wie die Verse — schliesst der Verfasser — beweisen, dass ein Amt, welches den Meister mit allen Schwächen, Leidenschaften und Thorheiten des Menschen in nächste Berührung brachte, ihn nicht in Pessimismus, Menschenverachtung und Herzlosigkeit und Bosheit und auch nicht in weichliche Sentimentalität verfallen liess. Dieses Amt hat vielmehr seinen frischen, gesunden Humor erst recht angeregt und seine künstlerisch gestaltende Phantasie genährt und herausgefordert. Die derbe Lebenslust und stark ausgesprochene Sinnlichkeit charakterisirt ihn als Sohn des XVII. Jahrhunderts. Er ist zugleich der Nachklang der grossartigen künstlerischen und kunstgewerblichen Vielseitigkeit der Renaissance.

Ausser dem reichen und vielseitig belehrenden Inhalte bietet die Sammlung eine Auswahl artistischer Beilagen, deren Ausführung eine vortreffliche ist. Besonders willkommen, weil bisher noch völlig unbekannt, sind die Initialen, die der als Wappenmaler durch virtuose Arbeiten bekannte Custos der Berner Sammlung Chr. Bühler reproducirt und in einem Anhange beschrieben hat.   *J. R. Rahn.*

Notice sur le musée du château de Rosenborg en Danemark concluant à la création d'un musée historique de France. Par **Charles Casati.** Paris, Didier et Cp. 1879. 62 S.

Unter den Museen Kopenhagens nimmt die chronologische Sammlung der dänischen Könige zu Rosenburg einen hohen Rang ein nicht nur in Folge ihres Inhaltes, sondern auch wegen der dort durchgeführten Ordnung. In einer vor kurzem in Paris erschienenen Schrift ist dieses auch anerkannt worden. Der Verfasser, Herr Casati, der fast alle ähnlichen Sammlungen in Europa besucht hat, nennt das Museum zu Rosenburg »un des plus importants et des mieux organisés«, und er fügt noch zu: »de tous les musées historiques, c'est le seul dont la distribution soit méthodique«. Solche Liebenswürdigkeit im Urtheil kommt selbstverständlich zunächst auf Rechnung des Verfassers; gewiss ist es aber, dass das Museum von grosser Bedeutung ist, und dass es, wie Herr Casati sagt, »seinem Organisator alle Ehre macht«. Die ersten Anfänge der Sammlung können auf die Regierungszeit Friedrich's III. (1648—1670) zurückgeführt werden, erst in der neuesten Zeit aber ist sie das geworden, was sie jetzt ist, und der Mann, dem man dieses schuldet, ist der Kammerherr J. J. A. Worsoae, Director verschiedener Museen Dänemarks.

Das Schloss Rosenburg wurde von Christian IV. in den Jahren 1606 bis 1625 aufgeführt; mehrere Könige haben nach ihm dasselbe als Wohnung benützt. Es hängt damit zusammen, dass verschiedene Zimmer in dem Geschmack verschiedener Zeitalter ausgestattet sind; rechnet man nun hinzu, dass der Stil der Einrichtungsstücke der einzelnen Zimmer mit den Gegenständen, die in jedem aufgestellt sind, übereinstimmt, so wird man verstehen können, dass hier von stilvollen »Intérieurs« gesprochen werden kann, welche die Zeit vom Ende des 16. Jahrhunderts bis zur Gegenwart erläutern.

Herrn Casati's schöne Schrift giebt in der Einleitung eine Beschreibung
des Schlosses und schildert darnach in Wort und Bild verschiedene interessante Gegenstände des Museums. Zum Schlusse giebt er einige »Notes com-
plémentaires«, worin er unter Anderem auch die »Faïences danoises
inédites« behandelt. Herrn Casati's interessante Bemerkungen über diese
Faïencen wollen wir hier näher beleuchten.

Zunächst giebt der Verfasser die Illustration und Beschreibung zweier
Teller als Proben der dänischen Keramikfabrication vor der Gründung (1775)
der Fabrik, die später (1779) die kgl. dänische Porzellanfabrik ward. Er nennt
sie grosse Seltenheiten und fügt hinzu, dass das Museum zu Rosenburg nur
wenige solche besitze. Was der Verfasser berichtet, ist doch nicht ganz richtig,
jedenfalls nicht ganz vollständig; er kennt z. B. nur eine keramische Fabrik
in Kopenhagen vor 1775, diejenige, die von dem Franzosen Fournier dirigirt
ward, es waren aber drei, und die Sammlung zu Rosenburg besitzt Stücke aus
zwei Fabriken sicher*), aus der dritten wahrscheinlich. Wir wollen jetzt
sehen, welche drei Fabriken dies waren, und in welchen Stücken sie in
Rosenburg repräsentirt sind.

Die aus der Entdeckung des Porzellans durch Böttcher entstehende allgemeine keramische Bewegung in Europa verpflanzte sich auch nach Dänemark.
1721 finden wir den König Friedrich IV. (1699—1730) mit keramischen Versuchen
beschäftigt und 1722 wird von einer Gesellschaft eine Fabrik von Delfs-Porzellan oder »holländischem Steingut« in Kopenhagen eingerichtet. Sie war in
»Store Kongensgade« gelegen; da sie 1749 an einen einzelnen Eigenthümer,
den Herrn Christian Gierlöw überging, so wollen wir diese Fabrik, die
bis Ende des Jahrhunderts bestand, die Gierlöw'sche nennen. 1749 wurde,
auf Veranlassung König Friedrich's V. (1746—1766) eine Porzellanfabrik in
der Nähe des sogenannten blauen Thurmes in Kopenhagen angelegt. Diese
Fabrik, welche viele Veränderungen sowohl in Bezug auf den Eigenthümer als
auf die Einrichtung erlitt, scheint erst in den Jahren von 1759—1766, als der
Franzose Louis Fournier ihr Vorsteher war, befriedigende Producte geliefert
zu haben. Vor Fournier war der Vorsteher (von 1754) der Deutsche Joh.
Gottl. Mehlhorn. Endlich errichtete der Hof-Steinhauer Jacob Fortling
1755 eine Fabrik für alle Sorten Steingut und Porzellan. Sie war in Kastruje
auf der Insel Amager in der Nähe Kopenhagens gelegen.

In Rosenburg sind zunächst ganz sicher Proben von den Producten der
zwei ersten Fabriken vorhanden. Die Gierlöw'sche Fabrik producirte, wie eine
Aufzeichnung von 1755 mittheilt, »ganz weisses, ganz blaues oder blaues und
weisses« glasirtes Delfs-Porzellan (d. i. Steingut oder Faience), und in der
Sammlung findet sich eine blaugemusterte Faience - Vase mit folgender
Marke: ·

---

*) Die Thätigkeit Dänemarks auf keramischem Gebiete im vorigen Jahrhun-
dert ist auch nicht so unbekannt, wie Herr Casati glauben machen könnte. Vgl.
Den danske Porcellainsfabrikations Tilbliven (Die Entstehung der dänischen Porzellan-
fabrication) von C. Nyrop. Kopenhagen 1878. 58 S.

Kopenhagen

Anno 1726

Wie es scheint, ist der Buchstabe, der hier gelesen wird, ein W, und er weist wahrscheinlich auf den Holsteiner Johann Wolff hin, welcher der erste Meister der Fabrik war. Dass diese Vase aus dieser Fabrik stammen muss, bedarf keines Beweises, da die genannte Fabrik die einzige war, welche damals in Kopenhagen existirte. Von andern Gegenständen, die aus dieser Fabrik herrühren, besitzt die Rosenburgische Sammlung einen achteckigen, ca. 1 M. hohen Blumentopf, der aus dem Schlosse Friedrichsberg stammt. Er ist blaugemustert, ganz ohne Marke; dass er aber der Gierlöw'chen Fabrik entstammt, ist durch noch vorhandene Documente sichergestellt. An diese Objecte reiht sich noch eine Vase, natürlicherweise blaugemustert, auf der Vorderseite mit dem doppelt geschlungenen Namenszug des Königs Christian VI. (1700—1746) geschmückt, dann eine Apothekerbüchse mit derselben Chiffre als Ornament, und endlich zwei Teller mit dem Namenszug des Königs Friedrich V. (1746—1766).

Was die Fabrik bei dem blauen Thurm betrifft, so ist sie durch nicht weniger als neun Nummern repräsentirt, nämlich durch vier kleine Eislassen mit Deckel, eine Schale mit Deckel, eine Schale ohne Deckel, ein Paar Tassen mit Deckel und zwei Basreliefs mit dem Porträt Friedrich's V. Die Basreliefs sind selbstverständlich weiss, die andern Gegenstände sind aber bunt bemalt (mit Blumen) und tragen als Marke auf der Unterseite

in der Regel in blauer Farbe, einmal aber in Gold. Gegenstände mit dieser Marke sind früher (vgl. J. Falke: Die Kunstsammlungen des Königs Carl XV. von Schweden und Norwegen. Wien, 1871, S. 75 Nr. 27—29) für Fürstenberger Fabrikate angesehen worden. Auf den zwei Basreliefs findet man keine Marken, das eine aber wird von einem alten Rahmen eingefasst, auf welchem sich in der Schrift jener Zeit die Angabe findet, dass es von Fournier (dem damaligen Leiter der Fabrik) gemacht sei.

Was nun die Fortling'sche Fabrik betrifft, so kann zwar noch kein Gegenstand in Rosenburg mit Bestimmtheit derselben zugeeignet werden, doch ist es zum Mindesten wahrscheinlich, dass zwei Apothekerbüchsen mit dem blau gemalten Namenszuge des Königs Christian VII. (1766—1808) dieser Fabrik entstammen.

Kehren wir nun zu dem Buche des Herrn Casati zurück. Hier finden wir zwei Teller abgebildet, von welchen der eine: »une assiette de style rocaille d'un blanc un peu éteint à ornements violets, feuillages et fleurs partout, au revers la marque F 5«; auf dem andern sieht man den Namenszug C 7 (d. i. Christian VII.), nicht aber als eine kleine Porzellanmarke auf der Unterseite, vielmehr »in sehr grossen Schriftzügen die ganze Oberfläche des Tellers bedeckend«. Was uns da begegnet, ist nichts Neues; von der verschiedenen Anwendung eines königlichen Namenszuges als Marke und als Ornament schliesst aber Herr C., wie es scheint, dass die zwei Teller von derselben Fabrik ausgegangen seien. Schon was er von der Bedeutung der Marke F 5 sagt (c'est que Frédéric V était en réalité le directeur de la fabrique), ist nicht richtig, und noch unrichtiger ist es, wenn er fortsetzt: »et il a eu dans cette industrie comme successeur son successeur sur le trône Christian VII, dont la marque se trouve sur le deuxième plat.« Friedrich V. hat sich gewiss für die Fabrik am blauen Thurme interessirt, er hat sie aber nie persönlich dirigirt und noch minder kann solches von Christian VII. gesagt werden. Der erste bei Casati abgebildete Teller ist aus der Fabrik am blauen Thurme (Fournier), von dem andern, der gewiss nicht von Porzellan ist, kann dieses nicht gesagt werden. Er ist wahrscheinlicher aus der Gierlöw'schen Fabrik oder vielleicht aus der Fortling'schen.

Alles was die zwei letztgenannten Fabriken fabricirten, war Faience oder Steingut, während die Producte der Fabrik am blauen Thurme schlechtes Porzellan waren. Gutes Porzellan ward in Dänemark erst von der Fabrik geliefert, die der Chemist Franz Heinrich Müller 1775 in Kopenhagen errichtete und die später (1779) die königlich dänische Porzellanfabrik ward. Die Marke dieser Fabrik, die seit 1868 Eigenthum des Herrn G. A. Falcks ist, zeigt wie bekannt drei gewellte Stricke:

Ich schliesse mein Referat, in welchem sich vielleicht manches Neue für die Geschichte der Keramik in Dänemark findet, mit einigen Bemerkungen, welche durch Angaben über dänische Keramik in verschiedenen Werken hervorgerufen wurden.

Bei F. Morryat (A history of pottery and porcelaine, 3 ed., London, 1868) und A. Jacquemart (Histoire de la céramique, Paris, 1873) wird ein gewisser »v. Lang« als Mithelfer bei der Anlegung der kgl. dänischen Porzellanfabrik genannt; übrigens aber scheint er unbekannt zu sein. Dieser v. Lang ist Johann Georg von Langen (g. 1699, † 1776), der in den Jahren 1737—1742, aus Deutschland nach Dänemark gerufen, den Berghau Norwegens dirigirte. Darauf wohnte er wieder in Deutschland, wo er u. A. mit der Anlegung der Porzellanfabrik zu Fürstenberg in Braunschweig beschäftigt war.

1763 ward er auf's Neue nach Dänemark gerufen, diesmal um das Forstwesen zu reformiren, und jetzt blieb er in Dänemark bis zu seinem Tode. Als die dänische Regierung die Porzellanfabrik in Kopenhagen übernahm, hätte sie gerne Langen als Leiter derselben gesehen; wahrscheinlich aber wurde ihr dieser Wunsch nicht ganz erfüllt. Die braunschweigische Regierung wollte trotz eifrigen Ansuchens ihn nicht ihres Dienstes entlassen, er war und blieb braunschweigischer Beamter und als solcher eidlich verpflichtet. Die braunschweigische Regierung wollte damit vermeiden, dass Langen die Fabrikgeheimnisse zu Fürstenberg an Dänemark mittheile.

Bei Gra·sse (Guide de l'amateur de Porcelaines et de Poteries, 5º éd., Dresde 1875) findet man die hier abgedruckte Marke als eine Kopenhagener Porzellanmarke:

Dies dürfte kaum richtig sein. In Kopenhagen kennt man diese Marke gar nicht, und ich kann nur mittheilen, dass der dänische Gutsbesitzer Christian v. der Maase 1747 ein Privilegium erhielt, wonach er, wo auch immer in Dänemark, eine Porzellanfabrik anlegen und als Marke ein Kreuz mit zwei Sternen darüber führen dürfe. In der hier abgedruckten Marke sieht man ein Kreuz mit drei Sternen. Das stimmt nicht mit dem Privileg; was aber schlimmer ist, man hat keine Nachricht, dass die von Christian v. der Maase geplante Fabrik wirklich errichtet worden ist. Woher stammt die Graesse'sche Marke?

In Fr. Jænnicke's dieses Jahr erschienenem Markenbuch (Beilage zu seinem Grundriss der Keramik, Stuttgart 1879) findet man auch obengenannte Marke; er verschlimmert aber die Sache noch mehr, indem er alle die von ihm mitgetheilten dänischen Marken auf einen Porzellanmaler H. Ondrijp zurückführt; dieser Ondrijp aber hat sicherlich sehr wenig in Kopenhagen gearbeitet. Mir ist er nur aus zwei Blumentöpfen, welche den letzten Jahren des vorigen Jahrhunderts angehören, bekannt, die sich in der reichen Sammlung des Herrn Kaufmann P. Simonsens in Christiania befinden, und mit »Ondrijp macht« signirt sind. Jedenfalls wäre es interessant zu wissen, aus welchen Stücken Herr Jænnicke den Ondrijp kennt. Endlich darf ich vielleicht darauf aufmerksam machen, dass die G. A. Falck'sche und die kgl. dänische Porzellanfabrik nicht, wie Jænnicke sagt, zwei verschiedene sind. Als Herr Falck 1868 die Fabrik von der dänischen Regierung kaufte, erhielt er das Privileg, dass er sie unter der Firma: die kgl. dänische Porzellanfabrik betreiben dürfte.

Ich erwähne nur noch, dass die Litteratur über die chronologische Sammlung zu Rosenburg in jüngster Zeit neben Herrn Casati's liebenswürdigem Buche noch zwei weitere treffliche Beiträge zu verzeichnen hat; es sind dies: Musée chronologique des rois de Danemark au Château de Rosenborg par le Docteur P. Brock, Inspecteur du Musée — und »Die chronologische Sammlung der dänischen Könige von Karl Andersen, Inspector der Sammlung, 2. vermehrte Ausgabe. Letzteres Werk ist auch in englischer Sprache vorhanden.

C. Nyrop.

Verzeichniss der wichtigeren Besprechungen.

Armand, Les médailleurs ital. d. XV et XVI siècles. (Ztschr. f. Museol. 12. — Ztschr. f. Numism. VII. 1. 2.)

Barata, Miscellanea hist.-romantica (Hübner: Jen. Lit.-Ztg. 28.)

Bayet, Recherches p. s. à l'hist. de la peinture et de la sculpt. chrét. en Orient. (O. Rayet: Chron. d. arts 26.)

Bernoulli, Deckengemälde in der Krypta des Münsters zu Basel. (Schultz: Jen. Lit.-Ztg. 30.)

Boutkowski, Dictionn. numismatique. (Bu.: Lit. Centr.-Bl. 38.)

Castellani, Degli Ori e dei Gioielli (R. St. Poole: Academy 374. — V. Zanetti: Archiv. Veneto XVII. 1.)

Cesnola, Cypern. (Allg. Ztg. 265.)

Champier, L'année artistique 1878. (O. Berggrün: Kst.-Chr. 42.)

Classiker der Malerei. (Chron. d. arts 28.)

Clement, Géricault. (Chron. d. arts 24.)

Crowe & Cavalcaselle, Titian. (Comyns Carr: L'Art XVIII. 94.)

Darillier, L'orfèvrerie espagnole. (B. Fillon: Gaz. d. b.-arts 265.)

Demmin, Handbuch der bild. u. gewerbl. Künste. (A. W—n: Lit. Centr.-Bl. 38.)

Dumreicher, Französ. Nat. - Wohlstand. (Kst.-Chr. 36.)

Eitelberger, Ges. Schriften. (H. Grasberger: Wr. Abd.-Post 162. — Kst.-Chr. 37.)

Faulmann, D. Buch der Schrift. (H.: Lit. Centr.-Bl. 28.)

Festschrift des Kunstmuseums in Bern. (Anz. f. Kde. d. d. Vorzt. 8.)

Gmelin, L., Italien. Skizzenbuch. (Redlenbacher: D. Bauztg. 51.)

Guerra, Nuevos descumbrimientos en epigr. y antigüedades. (Hübner: Jen. Lit.-Ztg. 34.)

Guiffrey, Hist. de la tapisserie. (Barbier de Montault: Rev. de l'art chrét. p. 488.)

Harard, L'Art et les Artistes hollandais. (Duranty: Gaz. d. b.-arts 266.)

Hirsche, Das Lessingdenkmal in Hamburg. (Kst.-Chr. 37.)

Hirth, Formenschatz. (Anz. f. Kde. d. d. Vorzt. 27.)

Hoffmann, Les monnaies royales de France

dep. Hugues Capet jusqu'à Louis XVI. (Ztschr. f. Numism. VII. 1. 2.)

Imhoof-Blumer, Portraitköpfe auf röm. Münzen. (Bahrfeldt: Jen. Lit.-Ztg. 24.)

Jordan, Topogr. d. Stadt Rom. (Bu.: Lit. Centr.-Bl. 30.)

Kraus, Begriff etc. der christl. Archäologie. (Der Kirchenschmuck 6.)

Lacroix, XVIII° Siècle, Lettres Science et Arts. (Lit. Centr.-Bl. 29.)

L'Arte a Parigi (M. C.: Chron. d. arts 26.)

Lessingi Laocoon in lat. vers. sermonem per Hasperum. (Benicken: Jen. Lit.-Ztg. 29.)

Linde, Gutenberg. (Lit. Centr.-Bl. 36.)

Lübke, Gesch. d. ital. Malerei. (Reumont: Lit. Rundschau 12. — Vögelin: L'Art XVIII. p. 262.)

Mautz, H. Holbein. (Academy 371.)

Marty, Geschichtl. Entwickelung d. Farbensinns. (Allg. Ztg. 250 B.)

Michaelis, Gesch. d. d. Archäol. Instituts. (Bu.: Lit. Centr.-Bl. 38.)

Mittheil. d. Sächs. Alterth.-Vereins 28. (Wenck: Jen. Lit.-Ztg. 24.)

Mithoff, Kunstdenkm. u. Alterth. in Hannover. VI. (H. A. Müller: Kst.-Chr. 38.)

Monceaux, Une gravure de Jean Cousin à la date de 1582. (C—y: Chron. d. arts 23.)

Müntz, Les arts à la cour des Papes. (Kinkel: Allg. Ztg. 200 B. ff. — Jonin: Journ. d. beaux-arts 16.)

Pecht, Deutsche Künstler d. XIX. Jh. II. (O. Berggrün: Kst.-Chr. 39.)

Pereira, Notas d'Archeologia. (Hübner: Jen. Lit.-Ztg. 28.)

Portalis, R., et H. Béraldi, Charles-Étienne Gaucher. (L'Art XVIII. 135.)

Pulgher, Les anc. églises byzant. de Constantinople. (A. W—n: Lit. Centr.-Bl. 36.)

Rahn, Psalterium aureum von St. Gallen. (Schultz: Jen. Lit.-Ztg. 30.)

— — Glasgemälde der Kathedrale v. Lausanne. (Ders. ebend.)

Ris-Paquot, Manuel du collect. de faïences. (Academy 371.)

Sallet, Asklepios und Hygieia. (Bu.: Lit. Centr.-Bl. 29.)

Seemann, Gesch. d. bild. Künste. (A.

W—n: Lit. Centr.-Bl. 33. — Mitth. d.
   (Oest. Mus. 168.)
Sepp, Ursprung d. Glasmalerkunst. (Allg.
   Ztg. 273 B.)
Sibmacher's Entwürfe für Goldschmiede.
   (Anz. f. Kde. d. d. Vorzt. 8)
Springer, Raffael u. Mich. Angelo. (E.
   Müntz: Gaz. d. b.-arts 266.)
Stark, Archäol. der Kunst. (Rev. cri-
   tique 24.)
Stillfried, Leben u. Kunstleistungen des
   G. Ph. Rugendas. (Anz. f. Kde. d. d.
   Vorzt. 7.)
Unger, Quellen d. byzant. Kunstgesch.
   (A. W—n: Lit. Cent.-Bl. 24.)

Vachon, L'Art franç. pendant la guerre
   de 1870/71 et la Commune. 1. 2.
   (Chron. d. arts 24.)
Veiga, da, Antiguedades de Mafra. (Hüb-
   ner: Jen. Lit.-Ztg. 28)
Vögelin, Wandgemälde in Chur. (B. La-
   roche: L'Art XVIII. 235.)
Wappen des österr. Herrscherhauses.
   (Kst. Chr. 42.)
Wurzbach, C. v., Ein Madonnenmaler.
   (L.: Kst.-Chr. 38.)
Young, The ceramic art. (C. Monkhouse:
   Academy 381.)

Notizen.

(Holbeins sogenannte Solothurner Madonna), früher im Besitze
des verstorbenen Herrn Zetter daselbst, ist sammt der Sammlung des dortigen
Kunstvereins neuerlich in das Eigenthum der Stadtgemeinde Solothurn übergegangen. Das Nähere besagt der hier folgende Auszug aus dem Gemeinde-
raths-Protocoll der Einwohnergemeinde Solothurn vom 18. Juli 1879:
»Mit Bericht vom 16. d. M. macht die Gemeinderaths-Commission die
Anzeige, dass der hiesige Kunstverein dringendst eine Regulirung bezüglich der
Abzahlung der Forderung der Familie Zetter für das Holbeinische Madonnabild
ansuche, wofür die Summe von fr. 12,000 gefordert und betrieben sei.

Die Gemeinderaths-Commission habe in Folge dessen mit dem Kunstvereine einen Vertrag verabredet mit folgenden Bedingungen:

1) die Einwohnergemeinde Solothurn ist willens, in den Vertrag des
Kunstvereins mit der Familie Zetter bezüglich des Holbeinischen Madonna-
bildes vom 9. Oct. 1869 an die Stelle des Ersteren einzutreten und seine da-
herigen Verpflichtungen gegenüber benannter Familie zu übernehmen unter
der Bedingung,

2) dass der Kunstverein in theilweiser Modification seines Vertrages mit
der Stadtgemeinde Solothurn vom 28. März 1852 der Einwohnergemeinde das
unbeschränkte und volle Eigenthumsrecht an der Gemälde-Sammlung (der-
malen im Stadthause befindlich) und zwar einschliesslich der Holbeinschen
Madonna anerkennt und einräumt, wogegen er dem Kunstverein die im Vertrag
vom Jahr 1852 zugestandene Benutzung und Aufsichtsrechte über benannte
Gemälde-Sammlung für die Dauer seines Bestandes zusichert und

3) seinerseits erklärt, dass er diese Sammlung als eine öffentliche, unver-
äusserliche städtische Sammlung erkläre und, sobald es aus finanziellen oder
anderen Rücksichten thunlich erscheint, seiner Verpflichtung zur Erstellung
resp. Anweisung eines geeigneten Aufstellungs- und Bewahrungslocales nachkommen werde.

Der Gemeinderath ertheilt obigem Vertrage mit dem Kunstvereine die
Genehmigung.

Der Stadtschreiber
sig. J. B. Kieffer.

(Ueber Robetta.) In einem Vortrag, welchen Paolo Minucci del Rosso am 16. März 1879 in der florentinischen Gelehrtengesellschaft Colombaria hielt, und welchen er dann auszugsweise im Archivio Storico, Ser. IV. Nr. 9 publicirte, werden wir mit einigen Notizen über den Stecher und Goldschmied Robetta bekannt gemacht, welche das völlige Dunkel, das bisher über dem Leben dieses Künstlers lag, mindestens zum Theile lüften. Bartsch hat die Meinung ausgesprochen (XIII. S. 392), Robetta habe aller Wahrscheinlichkeit nach um 1520 in Florenz geblüht, welche Meinung durch die Erzählung Vasari's gestützt wurde, der ihn neben Andrea del Sarto, Niccolò Puligo u. A. als Mitglied der Gesellschaft del Pajuolo aufführt. Drei Zahlungsausweise, die Minucci publicirt, zeigen Robetta thatsächlich 1516, 1520, 1522 als Goldschmied thätig. In dem dritten der Documente ist er genannt: Xristofano, detto Robetta. In der Matrikel der Seidenzunft, in welche Robetta seiner Kunst nach gehörte, findet sich sein Name nicht. In einer weiteren Reihe von Kataster-Notizen sucht Minucci dann die Hypothese plausibel zu machen, dass dieser Xristofano, genannt Robetta, der Sohn eines Michele di Cristofano Martini sei; Michele war Schuster, Cristofano Martini, der Grossvater des ersteren Cristofano, Goldschmied. Wenn Robetta identisch ist mit Cristofano di Michele di Cristofano Martini, so wurde er laut Taufzeugniss am 17. November 1462 über den Taufbrunnen gehalten, was mit den Verfassern des Manuel (tom. III. fol. 50) übereinstimmen würde.

(Ein Altarwerk der umbrischen Schule.) In der Rivista »Il Raffaello« (vom 30. Juni 1879) macht Conte Servanzi Collio auf ein Altarwerk aufmerksam, das sich in Camerino befindet (wo, hat der Autor zu sagen vergessen) und einen hohen Kunstwerth besitzen soll. Es hat eine Höhe von 2 Metern und eine Breite von ca. 1½ Metern. Das Hauptbild stellt die Verkündigung mit reicher Architektur im Hintergrunde dar, das Tympanon die Kreuzabnahme. Der Autor möchte das Werk der umbrischen Schule zuweisen und es an den Anfang des 15. Jahrhunderts setzen.

(Entdeckte Wandmalereien in Katzow.) Aus der Provinz Pommern wird der Nation.-Ztg. vom 24. Juli d. J. berichtet: In der Pfarrkirche zu Katzow bei Wolgast, einem gothischen Backsteinbau aus dem Ende des 14. Jahrhunderts, welcher augenblicklich nach den Plänen und unter der Leitung des Architekten Prüfer hierselbst ausgebaut und renovirt wird, sind jüngst unter vielfachen Tünchschichten eine grosse Anzahl Wandmalereien aus dem 15. Jahrhundert blosgelegt worden. An der Ostseite, zur Rechten des Altars, zeigten sich Scenen aus der Leidensgeschichte, darüber Christus am Kreuze mit Maria, zur Linken eine grosse Madonna mit dem Christuskinde, an der Südseite die Bilder des heiligen Laurentius und der heiligen Katharina mit dem Namen derselben und dem Namen des Stifters der Bilder, Friesen, in gothischer Minuskel, darüber eine grössere Figur, von der nur noch die untere Hälfte erhalten ist, an der Westseite St. Georg mit dem Drachen kämpfend. Die Malerei ist einfach, schlicht, handwerksmässig in Kalkfarben mit kräftiger, brauner Umrisszeichnung ausgeführt. Ausserdem sind eine grosse Anzahl der

alten Weihekreuze an den Pfeilern blosgelegt. Das ganze Innere war ursprünglich in Rohbau mit sauber aus Gyps gezogenen Fugen gehalten und soll auch
so wieder hergestellt werden.

(Die Fundamente der St. Peterskirche in Mainz.) Die Stadt-
erweiterung in Mainz hatte vor Kurzem eine besonders interessante Entdeckung zu verzeichnen. Die National-Ztg. vom 1. August d. J. schreibt
darüber: Es sind beim Ausgraben eines Bauquadrats die Grundmauern einer
ganzen Kirche mit Thürmen, der alten St. Peterskirche, und die unter dem
ehemaligen Fussboden befindlichen Grabstätten zu Tage gekommen. Die Reihe
der Sarkophage, die zum Theil übereinander standen, gewährte, nach viel-
hundertjähriger Verborgenheit wieder an das Tageslicht gebracht, einen eigen-
artigen Anblick. Die Grabplatten über einigen der Särge, welche die Namen
von Geistlichen aus dem 15. Jahrhundert enthalten, bestätigen die schon
anderwärts in Mainz gemachte Wahrnehmung, wie man noch in einer so
späten Zeit, in der längst keine Steinsärge mehr gefertigt wurden, die antiken
oder frühmittelalterlichen zu erneuten Bestattungen benutzte. So steht auch
im Kreuzgange des Domes ein Steinsarg mit der eingemeisselten Jahreszahl 1538,
der aber hunderte von Jahren älter ist. Leider fehlte noch eine Aufnahme
der Reste der so plötzlich zum Vorschein gekommenen Kirche, wie auch eine
Bergung der Sarkophage an geeignetem Orto wünschenswerth wäre. Bis jetzt
sind blos zwei ornamentirte Sargdeckel und zwei mit Figuren geschmückte
Grabsteine in das Museum gebracht worden.

(Washington.) Der Bericht der Smithsonian Institution über das
Jahr 1877 enthält zahlreiche Mittheilungen über neuerdings in Wisconsin und
Georgia aufgefundene Tumuli in Gestalt von Menschen und Thieren.
Die interessantesten sind zwei aus weissen Kieseln verschiedener Grösse, ohne
Anwendung von Erde oder Lehm, nach Art der kyklopischen Mauern auf-
geführte Hügel, welche einen auf dem Rücken liegenden, die Flügel ausbreitenden Adler vorstellen und nicht nur in der horizontalen Ausdehnung, sondern
auch in der verticalen Erhebung ziemlich gut den natürlichen Verhältnissen
entsprechen. So beträgt bei dem einen die Länge vom Kopf zur Schwanz-
spitze 102, die Breite 120, die Brusthöhle 7—8, die Höhe des Kopfes 2^1/$_2$,
des Schwanzes kaum 2 Fuss. Beide sind in Putnam County, Georgia.
Charles C. Jones erinnert bei dieser Gelegenheit daran, dass die Existenz ähnlicher tumuli zuerst 1836 von Lapham im Süden von Wisconsin constatirt
wurde und dass im siebenten Bande der Contributions der Smithsonian
Institution eine Uebersicht der längs des grossen Indianischen Kriegspfades
vom Michigansee bis zum Mississippi aufgefundenen mit Zeichnungen gebracht
worden ist. Dieselben stellen, bald in sehr roher, bald in genauerer Zeichnung
Menschen, Büffel, Elenn, Bären, Ottern, Wölfe, Waschbären, Vögel, Eidechsen,
Schlangen, Frösche, seltener Bogen und Pfeile, Kreuze, Tabakspfeifen vor, sind
von Erde aufgeführt und variiren in der Höhe von 6 Zoll bis 7 Fuss. Manchmal ist die Zeichnung nicht erhaben, sondern vertieft. In Ohio befindet sich
ein Alligator von 250 Fuss Länge, dessen Höhe ebenfalls den übrigen Ver-

hältnissen angepasst ist. In Adams County windet sich eine 1000 Fuss lange
Schlange rund um einen Hügel, der Mund ist geöffnet und zeigt einen ovalen
Gegenstand zwischen den Kinnbacken.

Aus Florida ist dem National-Museum eine merkwürdige indianische
Goldarbeit eingesandt worden, ein aus Goldblech geschnittenes und gravirtes
Ornamentstück, welches nach der Ansicht des Herrn Charles Rau aus dem
Grabe eines Häuptlings herrühren muss. Es stellt den durchaus in der Weise
der Eingeborenen stilisirten Kopf eines Vogels mit einer Haube, und zwar
einer Spechtart (Picus principalis Linn.) vor, eines Vogels, welcher in Florida
häufig, aber in einiger Entfernung vom Mexikanischen Meerbusen nicht mehr
vorkommt. Der Hals ist derartig gebogen, dass der Schnabel denselben berührt, und geht in eine klingenförmige Verlängerung aus. Das nicht ganz
einen Millimeter dicke Goldblech misst vom Nacken bis zur Spitze 22 cm.
Die Linien der inneren Zeichnung sind mit fester Hand eingegraben, aber von
einer Ungleichheit in der Breite, als ob sie mit einem unvollkommenen Instru-
ment, einer Messerklinge ohne Spitze oder einem scharfen Feuerstein, hergestellt wäre; das Auge ist so herausgetrieben, dass es völlig einem Knopf
gleicht. Die Untersuchung des Metalls hat ergeben, dass es aus 893 Theilen
Gold und 107 Theilen Silber besteht, eine Mischung, welche genau derjenigen
der Goldunzen oder spanischen Quadrupel vom Jahre 1772 entspricht. Da
nun die Indianer auch Silberdollars plattgehämmert haben, um Schmuckgegenstände daraus zu schneiden, so vermuthet Hr. Rau, dass auf entsprechende
Weise das vorliegende Ornament, vielleicht ein Häuptlingsabzeichen und zum
Kopfschmucke bestimmt, entstanden sei, wohl in der Zeit der spanischen
Herrschaft über Florida, 1780—1821.

Rubens nach seinen neuesten Biographen.

Von H. Hymans in Brüssel.

II.

In dem Buche von Gachard ¹) tritt Rubens uns von einer neuen Seite entgegen. Der Diplomat Rubens war lange eine Art legendarische Persönlichkeit, die nur durch angestrengteste wissenschaftliche Arbeit eine greifbare Gestalt gewann. Zwei durch einen Zeitraum von fünfzehn Jahren von einander getrennte Werke, das von Sainsbury ²) und das von Cruzada Villaamil ³), hatten zuerst die Bedeutung von Rubens' diplomatischer Laufbahn beleuchtet. Gachard stellte nun in einem weit mehr auf alles Einzelne eingehenden Buche das Gesammtbild des Staatsmannes Rubens fest, der während des grössten Theiles seines Lebens sich hinter dem grossen Künstler verbarg.

Durch jahrelang fortgesetzte Studien ist es Herrn Gachard gelungen, die wichtigsten Archive Europa's zu besuchen und sowohl durch persönliche Nachforschungen als auch durch Untersuchungen Anderer unter seiner Leitung Alles was bis zur Stunde über diesen Gegenstand aufgefunden werden konnte, in seiner Hand zu vereinigen. Freilich darf man sich nicht vorstellen, dass damit der Diplomat Rubens uns jetzt vollständig bekannt sei. Rubens' eigene Papiere sind nicht wiederaufgefunden worden, und selbst nach der Ausbeutung so zahlreicher Archive besitzt man doch nur einen verhältnissmässig geringen Theil seiner officiellen Correspondenz. Vergeblich hat Gachard in Italien

---

¹) Histoire politique et diplomatique de P. P. Rubens. Bruxelles 1877. 1 vol. 8°.
²) Original unpublished papers illustrative of the life of Sir P. P. Rubens as an artist and a diplomatist. London 1859. — Vor ihm ist noch zu beachten: Klose, P. P. Rubens im Wirkungskreise des Staatsmannes; Raumer's Historisches Taschenbuch, 1856, S. 175—269. Zusatz der Redaction.
³) Rubens Diplomático español. Madrid 1874.

die Correspondenz Spinola's wiederaufzufinden gesucht. Auch die
belgischen Archive sind im ganzen arm an diplomatischen Actenstücken, in denen der Maler vorkommt. Aus Spanien, England und
Holland stammen die wichtigsten Schriftstücke, was auch dadurch erklärlich ist, dass Rubens besonders bei Unterhandlungen mit diesen
drei Ländern beschäftigt war.

Fragen wir nun nach Rubens eigentlicher diplomatischer Stellung,
so ist zunächst hervorzuheben, dass er niemals mit dem Titel und in
der Position eines wirklichen Gesandten auftrat. Wir sagten soeben,
dass sich der Staatsmann in ihm hinter dem Künstler verbarg, und
das trifft wörtlich zu. Seine Eigenschaft als Künstler und besonders
als grosser Künstler war das Mittel zur Durchführung seiner verschiedenen Missionen. Freilich war man in den Kanzleien darüber
unterrichtet, dass er Vollmachten besass, um über politische Gegenstände zu unterhandeln. Aber seine Stellung als berühmter Künstler
erleichterte selbstverständlich seine Beziehungen zu den verschiedensten
Persönlichkeiten, die aufzusuchen und mit denen Rücksprache zu
nehmen er beauftragt war. Sie war für ihn, da er als geheimer Agent
wirkte, eine Brücke und oft natürlich auch eine Maske, durch die
manches andere Vorhaben verdeckt werden konnte. Für eine Wirksamkeit als öffentlicher Agent wäre die Eigenschaft als Künstler dagegen unter manchen Verhältnissen ein Hinderniss gewesen. Als Rubens
zuerst an den Friedensverhandlungen zwischen Spanien und England
theilzunehmen hatte, sprach König Philipp IV. eine strenge Kritik
über die Wahl eines Malers aus, die seine Tante, die Infantin Isabella,
getroffen oder geduldet habe: »Es ist leicht zu verstehen, dass dies
unsere Monarchie in Misscredit bringen muss, denn ihr Ruf muss
dadurch leiden, dass ein Mann von so untergeordneter Lebensstellung
derjenige Minister ist, mit dem die Gesandten in Unterhandlung zu
treten haben.« Das wurde im Jahre 1627, als Rubens sich schon im
Vollgenusse seines Ruhmes befand, geschrieben. Es traf sich indessen
so, dass bei den in Rede stehenden Verhandlungen auch der englische
Unterhändler, Balthasar Gerbier, ein Maler war. Die Infantin machte
den König hierauf aufmerksam und unterliess nicht, ihn zu versichern,
dass sobald die Verhandlungen eine ernste Wendung nähmen, ihre
Fortführung Personen von Rang und Würden anvertraut werden sollte.

Rubens hatte in der Politik oft eine wichtige Rolle zu spielen und
bei verschiedenen Gelegenheiten bewies er viel Tact und Voraussicht.
Auch kam Philipp IV. in der Folge von dem ungünstigen Urtheil zurück,
das er über den Maler, als er ihn noch nicht kannte, ausgesprochen
hatte. Doch darf nicht übersehen werden, dass Rubens, da, wo er

sich auf seine eigene Initiative angewiesen sah, nicht immer glücklich inspirirt war, und sich gegen Ende seiner Laufbahn oft verrechnete, gerade weil ihn seine früheren Erfolge zu einer Ueberschätzung seiner Kraft veranlassten. Endlich darf man sich auch nicht verhehlen, dass Rubens ein besonderes Behagen an dieser politischen Rolle fand und gern die Veranlassungen, solche zu übernehmen, aufsuchte. Von Kindheit an hatte er den Vorzug genossen, in einer Sphäre der Gesellschaft zu leben, zu der die Künstler nur selten Zutritt halten. Als Knabe war er Page der Gräfin von Lalaing, als junger Mann kam er in den Dienst des Herzogs von Mantua und damit an einen der glänzendsten Höfe Italiens. Schon damals bot ihm seine Sendung nach Spanien eine günstige Gelegenheit mit den Sitten der Höfe vertraut zu werden; und sobald er nach Belgien zurückgekehrt war, ergaben sich gleich die Beziehungen zu den Erzherzögen Albrecht und Isabella. Er hatte also eine gute Schule durchgemacht.

Herr Gachard hat keine Depesche von Rubens, die vor 1623 fällt, gefunden, nimmt aber trotzdem, und zwar mit Recht, an, dass die Anfänge seiner politischen Wirksamkeit noch etwas früher zu setzen sind. Der im Jahre 1609 zwischen den vereinigten Provinzen und Spanien abgeschlossene Waffenstillstand erlosch 1621, aber Spanien kam es weniger auf die Erneuerung desselben als vielmehr auf die Unterwerfung der »aufrührerischen« Provinzen an, und dazu schien in der That eine Zeit lang Hoffnung vorhanden zu sein. Eine mit beiden Höfen in besten Beziehungen stehende Dame, Frau T'Serclaes, versicherte den Brüsseler Hof, dass Moriz von Nassau ganz zu Friedensverhandlungen geneigt sei, und die Erzherzöge waren zu weitgehenden Concessionen geneigt. Sie sandten den Kanzler Pecquius nach dem Haag, einen Mann, den Rubens genau kannte, indem wir denselben bereits mit der Mutter des Künstlers in Antwerpen in Beziehung finden, und Rubens selbst ihm eine der 1620 von Vorsterman nach ihm gestochenen Platten widmete. Die Sendung des Kanzlers scheiterte vollständig, und er wäre in Holland fast gesteinigt worden. Moriz von Nassau erklärte, dass er niemals fähig sein würde, einem Projecte, wie das vorgeschlagene, beizutreten. Kurz, die Politik der Generalstaaten trug über diejenigen des Statthalters den Sieg davon, falls Frau T'Serclaes die Wahrheit gesagt hatte. Rubens' älteste Briefe politischen Inhalts sind an P. Pecquius gerichtet und beweisen, dass auch er seine Rolle in diesen Verhandlungen zu spielen hatte, um so mehr als einer seiner Verwandten, J. Brandt, die Sache in Holland selbst betrieb.

Nicht lange nachher ging Rubens in Sachen der Malereien für den Luxembourg-Palast nach Paris. Nachdem er im Februar 1625

abgereist war, richtete er schon in den ersten Tagen des März lange
Depeschen an die Infantin über die Vorgänge bei Hofe und die Ankunft des Pfalzgrafen Wolfgang Wilhelm von Neuburg, der, wie es
scheint, mit Vollmachten des Königs von Spanien zu Friedensverhandlungen mit den Holländern versehen war. »Obwohl ich weiss, dass
Euer Hoheit über alles, was vorgeht, unterrichtet ist«, sagt Rubens,
»hoffe ich doch, dass dieselbe nicht unzufrieden sein werde, wenn ich
meine Meinung hierüber nach meiner Fähigkeit und mit gewohntem
Freimuth ausspreche.«

Bald darauf starb der Prinz Moriz von Nassau, und nun waren
alle Verhandlungen vorläufig zu Ende.

Bei seinem Aufenthalte in Paris war Rubens in Beziehung zum
Herzog von Buckingham getreten, dessen Bildniss er gemalt hatte.
Buckingham, der früher den Bruch zwischen den Kronen von England
und Spanien herbeigeführt hatte, wünschte jetzt, nach schweren Nieder-
lagen, welche das Heer seines Königs in den Jahren 1625 und 1626
erlitten hatte, eine Verständigung. Auf Rubens richtete er für die erste
Anknüpfung mit der spanischen Regierung sein Auge. Bei dieser Gelegenheit hatte Rubens mit dem Vertrauensmann des Herzogs, Balthasar Gerbier, zu verhandeln, der gleichfalls Maler und ein Landsmann
von Rubens war [1]), so dass zwischen den beiden Künstlern alles bestens
von statten gehen konnte.

Rubens theilte die Eröffnungen Buckingham's der Infantin mit,
die sie König Philipp IV. vorlegte. Der König war einigermassen in
Verlegenheit, da sein erster Minister Olivarez soeben mit dem französischen Botschafter einen Vertrag unterzeichnet hatte, der auf nichts
geringeres als eine Zerstückelung Englands hinauslief, und den Ludwig XIII. und Philipp IV. trotz beiderseitiger naher Verwandtschaft
mit dem englischen Königshause bestätigt hatten. Dennoch hielt es
der König von Spanien für zeitgemäss, die Infantin zu Friedensverhandlungen zu autorisiren, indem er ihr zu dem Zwecke eine um fünf
Vierteljahre zurückdatirte Vollmacht ausstellte. Nur nahm er an dem
Umstand, dass ein Maler zu diesen Geschäften herangezogen worden
war, Anstoss. Hiervon wie von der Antwort der Infantin war bereits
oben die Rede.

Unterdessen hatte Rubens Gerbier und Buckingham von dem
Verlaufe der Geschäfte in Kenntniss gesetzt. Als er erfuhr, dass Gerbier

---

[1]) Nach Nagler wäre Gerbier 1591 zu Antwerpen geboren, aus einem Schrift-
stück von seiner Hand geht indessen hervor, dass er von Middelburg gebürtig war.
Ch. Kramm: 1592 zu Antwerpen (»moet zyn Middelburg zie daarover lager«). Nach
England begab er sich 1613. (II. S. 565.)

mit Aufträgen nach dem Haag geschickt werden würde, selbst aber
nicht wagte, seine Sendung dorthin bei seinen Herren in Vorschlag zu
bringen, veranlasste er Buckingham, seinerseits einen solchen Vorschlag
zu machen. Diesem zufolge wurde dann eine Begegnung der beiden
Maler unter dem Vorwande künstlerischer Angelegenheiten veranstaltet.
Nur mit manchen Schwierigkeiten konnte Rubens seine Reise nach
Holland durchsetzen, und er vermied auf derselben sorgfältig, sich im
Haag aufzuhalten. Scheinbar handelte es sich bei diesem Zusammentreffen zwischen Rubens und Gerbier um den Verkauf der Sammlung
des Antwerpner Meisters an den Herzog von Buckingham, aber man
durchschaute diesen Vorwand, wie einige von Gachard mitgetheilte
Auszüge aus Diplomatenbriefen beweisen. Die Holländer waren wie
gegen alle diejenigen, die sich in die Waffenstillstandsangelegenheiten
mischen wollten, so auch gegen Rubens höchst misstrauisch. Wir
finden in einem Briefe des Sir Dudley Carleton, des englischen Gesandten im Haag und eines mit dem Maler näher befreundeten Mannes,
die Bemerkung [5]), dass Rubens unter dem Vorwande von Malerei mit
Gerbier in Holland herumziehe. »Das mag,« fügt Carleton hinzu, »für
ein paar Tage ganz gut sein, aber wenn es länger dauert, wird man
nicht anstehen, Rubens festzunehmen und schmählich aus dem Lande
zu jagen.« Er hatte übrigens auch den Künstler selbst gewarnt und
persönlich Schritte gethan, um die Generalstaaten zu beruhigen. Bei
dieser Stimmung der Holländer gegen ihn war es für Rubens sehr
schwierig, ein Privilegium für Veröffentlichung seiner Kupferstiche in
Holland zu erlangen. Wieder hatte er Carleton's Vermittelung den
schliesslichen Erfolg zu danken.

Gachard fragt bei dieser Gelegenheit, ob diese im Jahre 1627
stattfindende Reise nicht die nämliche sei, von der seine Biographen
reden, und die sie ihn unternehmen lassen, um nach dem Tode seiner
ersten Frau eine Zerstreuung zu suchen, also dieselbe Reise, auf welcher
Sandrart mit dem Meister in persönliche Beziehung kam. Der Verfasser hat keine Spur von einem Aufenthalte des Malers in Holland
vor 1627 gefunden, und ein solcher hätte doch Förmlichkeiten erfordert
und Correspondenzen hervorgerufen, von denen schwerlich jede Spur
verloren sein könnte.

Dabei ist zu beachten, dass Rubens übrigens in keiner Weise mit
schriftlichen Vollmachten versehen war. Gerbier beklagt sich lebhaft,
dass er nichts Schriftliches mitgebracht habe, sondern dass Alles nur
mündlich sei [6]).

---

[5]) Sainsbury S. 90.   [6]) Sainsbury, Brief LXXVII.

Die Verhandlungen zogen sich sehr in die Länge, was bei der früher erwähnten Geneigtheit Frankreichs und Spaniens zu einer Expedition gegen England begreiflich ist, einem Unternehmen, zu dessen Leitung Spinola bestimmt war. Erwägt man dabei, dass Frankreich gleichzeitig Truppen in den vereinigten Provinzen unterhielt, die im Kriege mit Spanien begriffen waren, so lernt man die Politik der Zeit und besonders diejenige Richelieu's verstehen.

Indessen drängte England auf Beschleunigung, und die Dinge nahmen bald eine so günstige Wendung, dass Gerbier Rubens die bestimmtesten Nachrichten über die versöhnlichen Gesinnungen des Königs und des Herzogs von Buckingham zugehen lassen konnte. Die Infantin theilte dies Alles dem Könige von Spanien mit, und dieser verlangte darauf, von den zwischen Rubens und dem englischen Agenten ausgetauschten Correspondenzstücken Einsicht zu nehmen. Rubens erklärte oder gab vor, dass kein anderer als er diese Briefe verstehen könne, und dass es daher sehr wünschenswerth sei, dass er diese selbst nach Spanien überbringe. Das Anerbieten wurde angenommen, aber der König erklärte, Rubens selber müsse wissen, ob diese Reise in seinem Interesse sei, was auf einen von dem Maler kundgegebenen Plan Bezug hat, eine neue Reise nach Italien zu unternehmen, die er nun der spanischen Reise folgen zu lassen dachte.

Jedenfalls sind wir jetzt über die wahre Ursache von Rubens' Reise nach Spanien unterrichtet, die denn auch selbstverständlich die bedeutendsten Folgen für ihn hatte. Rubens fand in Philipp IV. einen kunstliebenden Fürsten, der sein Verdienst auf das höchste würdigte. Mit acht Gemälden, welche die Infantin ihrem Neffen übersendete, war er in Madrid angekommen, und auch dort war er auf das eifrigste künstlerisch thätig. Aus einem von Rubens aus Madrid an seinen Freund Peiresc gerichteten Briefe geht hervor, dass eine Wohnung im Schlosse zu seiner Verfügung gestellt war und dass der König ihn öfter bei der Arbeit besuchte. Rubens fügt bei, dass er schon ein Reiterbildniss Philipps IV. gemalt, welches den König höchlichst befriedigt habe.

Nach Villaamil [*)] ist dieses Porträt jetzt verschollen und wird wahrscheinlich in der Feuersbrunst des Jahres 1734 untergegangen sein, die viele Gemälde im Alcazar zu Madrid zerstörte. Der Verfasser macht aber darauf aufmerksam, dass die Beschreibung des Bildes in einem älteren Inventar in allen Einzelheiten vollständig mit einem Gemälde in den Uffizien zu Florenz (Nr. 210) übereinstimmt, das dort

---

[*)] S. 334 f.

dem Velasquez zugeschrieben wird, setzt indessen hinzu, dass dieses ebensowenig von Rubens wie von Velasquez sei und hat nach unserer Ansicht hierin vollständig Recht. Auch in Florenz hat man eingesehen, dass die Taufe »Velasquez« sich schwer aufrecht erhalten lässt und misst jetzt dem spanischen Meister nur die Hauptfigur, das Beiwerk einem unbekannten Flamänder bei. Unserer Ueberzeugung nach ist das fragliche Bild ein Original von Crayer, was sofort in die Augen springt, denn Crayer ist ein Künstler, über dessen charakteristische Züge man sich nicht leicht täuschen kann; auch hielt er sich längere Zeit in Spanien auf und malte wirklich ein Bildniss Philipps IV., das W. Stirling*) in einer englischen Sammlung wiederzufinden geglaubt hatte.

Erst in Madrid gewann der politische Einfluss des Malers wirkliche Bedeutung. Die Berichte der verschiedenen am Hofe Philipps IV. accreditirten Gesandten erwähnen Rubens' lange Conferenzen mit dem Grafen-Herzog von Olivarez und geben zu verstehen, dass dieselben keine künstlerischen Interessen zum Gegenstande haben könnten. Leider ist Rubens' ganze damalige Correspondenz mit der Infantin und ihrem Secretär unauffindbar. Indessen weiss man, dass Rubens dem Staatsrathe von Allem, was er über Englands Intentionen wusste, Mittheilung machte. Aber zur selben Zeit, wo dies geschah, war Buckingham am 23. August 1628 durch Mörderhand gefallen. Indessen hielt dieses Ereigniss die Vorverhandlungen nicht auf, und während ihrer Dauer war Rubens eben so eifrig mit dem Pinsel wie mit der Feder thätig. Wenn der Dichter sagt: »Qui se donne à la cour se dérobe à son art«, so gilt dies für Rubens nicht, der während seines Aufenthaltes in Madrid etwa vierzig Gemälde, Originale und Copien, geschaffen hat.

Bald waren die Verhandlungen so weit gediehen, dass der König eine Reise des Malers nach England für wünschenswerth hielt, um dort mit Karl I. über einen Waffenstillstand mit England und womöglich auch mit Holland zu verhandeln. Vor seiner Abreise von Brüssel hatte der Künstler, wie wir wissen, die Absicht gehabt, über Italien heimzukehren, aber auf diesen Wunsch musste er nunmehr verzichten.

Man sieht aus dem Allem, in welchem Masse seine Geltung beim Könige von Spanien während seines Aufenthaltes am Hofe gestiegen war. Acht Monate waren seit dem Antritt seiner Reise nach Madrid verflossen. Vor seiner Abreise, die am 29. April 1629 stattfand, verlieh ihm der König den ehrenvollen Titel eines Secretärs seines Geheimen Rathes in den Niederlanden, damit er mit grösserer Autorität

---

*) Annals of the artists of Spain p. 534.

in London auftreten könne. Auch verehrte er ihm einen mit Diamanten
besetzten Ring und vielleicht auch noch einen Degen. Diese Thatsache,
die wir freilich sonst nirgends erwähnt gefunden haben, ist in der
Unterschrift eines 1630 von Wilhelm Panneels von Antwerpen, einem
Schüler von Rubens, gestochenen Porträts des Meisters zu lesen. Diese
Unterschrift ist bemerkenswerth genug, um wörtlich mitgetheilt zu
werden:

›Excellentissimus Dns D. Petrus Paulus Rubenius pictorum Apelles,
decus hujus Saeculi, Orbis Miraculum. Aulam Hispanicam, Gallicam,
Anglicam, Belgicam penicillo suo illustravit. Quem gladio donavit Philippus
Quartus Hispaniarum et statuit sibi a secretis in sanctiore suo consilio
Bruxellensi ac jam ad Regem Angliae Legatum extraordinarium misit.‹

Bei dem Datum 1630 kann dieses Porträt entweder vor Rubens'
Abreise von London, die Anfang März stattfand, oder nach seiner
Heimkehr entstanden sein. In beiden Fällen ist die Erwähnung eines
von Philipp IV. verliehenen Degens auffallend, während die Biographen
nur von einem von Karl I. verliehenen Degen sprechen. Ob der früher
erwähnte *), noch im Besitze der Nachkommen befindliche Degen der
Madrider oder der Londoner ist, können wir nicht entscheiden.

Als Rubens, der in Belgien sich nur auf kurzer Durchreise aufgehalten hatte, in London ankam, hatte Karl I. soeben mit Frankreich
Frieden geschlossen. Dadurch war die Stellung des Unterhändlers erheblich erschwert, weil nunmehr die Intriguen Richelieu's mehr Aussicht auf Erfolg hatten. Wie die Dinge lagen, kam gerade seine
Eigenschaft als Künstler Rubens zu statten. Karl I. kannte ihn als
solchen seit lange, hatte seit mehreren Jahren ein Werk von seiner
Hand und selbst sein Porträt von ihm begehrt. Rubens wurde nach
allem, was wir wissen, in England wirklich als der bedeutendste
Künstler Europa's angesehen. Auch hatte Karl I. zu verstehen gegeben,
wie angenehm ihm Rubens' Sendung seiner Verdienste halber sei.
Damit war viel gewonnen: der König von England war ein fein
gebildeter Kunstfreund und Rubens fand leicht Zutritt bei ihm.

Dem Maler waren Geschäfte schwierigster Art aufgebürdet und
er bedurfte der schärfsten Wachsamkeit, um über Alles orientirt zu
sein. Er brachte es aber zu einem glänzenden Erfolge, indem er vom
Könige das Versprechen erlangte, trotz des Friedensschlusses mit Frankreich kein Spanien nachtheiliges Bündniss mit Ludwig XIII. schliessen
zu wollen, so lange die Verhandlungen währten. Auf wiederholtes
Andringen erhielt der gewandte Künstler in dieser Sache nicht nur

---

*) Vgl. den ersten Theil dieses Aufsatzes, S. 50.

das Edelmannswort des Königs, sondern auch eine schriftliche Bekräftigung desselben, und an der Loyalität des Monarchen scheiterten dann auch alle späteren Versuchungen Frankreichs, der Republik Venedig und der vereinigten Staaten der Niederlande. In Spanien war man von Rubens' Vorgehen hochbefriedigt, und zweimal votirte der Ministerrath ihm feierlich Dank. Andrerseits braucht kaum gesagt zu werden, welche Verdächtigungen von Seiten Frankreichs und Hollands auf das Haupt des geheimen Agenten gehäuft wurden.

Die Unterhandlungen zogen sich sehr in die Länge und boten oft solche Schwierigkeiten dar, dass Rubens mehrmals an König Karl das Ansuchen stellte, zu einer Conferenz mit der Infantin nach Brüssel zurückkehren zu dürfen, aber stets vergeblich. Als endlich entschieden war, dass England einen Bevollmächtigten für die Friedensverhandlungen nach Madrid senden sollte, während von spanischer Seite zu gleichem Zwecke Don Carlos Colonna nach London gehen würde, versetzte die Saumseligkeit der spanischen Regierung in der Ausführung dieser Zusage Rubens in eine solche Lage, dass er den Tag verfluchte, wo er nach England gekommen war. Endlich reiste Colonna ab, kam aber erst Anfang 1630 in London an. Seine Ankunft sollte mit der Abreise des Malers zusammenfallen; dennoch hielt er Rubens noch mehrere Wochen bei sich zurück, so dass dieser also im ganzen fast zwei Jahre von seiner Heimath abwesend blieb, Jahre, die denn doch in der Laufbahn eines solchen Künstlers für die Kunst fast verloren blieben.

In einer von Gachard veröffentlichten Depesche des Meisters an den Herzog von Olivarez aus den letzten Tagen des Jahres 1629, in der er selbst das Ergebniss seiner Sendung auseinandersetzt, heisst es: »Ew. Excellenz bitte ich unterthänigst, mir Ihre Huld und Gewogenheit bewahren zu wollen und mich für entschuldigt zu halten, wenn ich in den mir aufgetragenen Geschäften nicht mehr erreicht habe. Aber erwägen Ew. Excellenz, dass ich hier unter den ungünstigsten Umständen ankam, indem der neuerdings mit Frankreich geschlossene Friede der gegnerischen Partei das Uebergewicht gegeben hatte und die Ankunft des französischen Gesandten dasselbe noch verstärkte. Mochte nun auch der Hauptzweck meines Auftrags vereitelt sein, so war es bei den geringen Hilfsmitteln, die uns zur Verfügung blieben, immerhin keine Kleinigkeit, unsere Position aufrecht zu erhalten und die Unterhandlungen anzuknüpfen. Ferner sind die grossen Schwierigkeiten, die der Reise des Sir Francis Cottington nach Spanien und der Sendung des Don Carlos Colonna hierher im Wege standen, geebnet worden.«

Bei der Abreise von London empfing Rubens zahlreiche Beweise von der Gunst des Königs. Er wurde zum Ritter ernannt mit der Ermächtigung, sein Wappen durch ein dem königlich englischen Wappenschilde entnommenes Feld zu bereichern. Gleichzeitig verehrte der König ihm eine goldene Kette, einen Diamantring, den er selbst am Finger getragen, eine mit Brillanten besetzte Hutschnur und endlich den Degen [10]), mit dem er zum Ritter geschlagen worden war.

Nach Rubens' Heimkehr erwies ihm die Infantin die Gunst, seinem ältesten Sohne die Anwartschaft auf des Vaters Stellung als Secretär des Geheimen Rathes zu ertheilen, sobald dies Amt durch Tod oder freiwilligen Verzicht desselben vacant werden würde. Dies war ein Ehrenamt, zugleich aber auch mit einem Gehalt verbunden.

Rubens bezog ausserdem eine Pension als Hofmaler und eine andere, die ihm im Jahre 1623 auf die Casse der Citadelle von Antwerpen angewiesen worden war; das heisst, er wurde aus den von Spanien für den Unterhalt der Armee gesendeten Fonds bezahlt unter Dispens von der Verpflichtung, sich bei den Musterungen zu stellen. Im Jahre 1630 betrug diese Pension vierzig Thaler monatlich.

Als im December der Friedensvertrag von den Königen von Spanien und England unterzeichnet und beschworen worden war, musste bis zur Ankunft eines ordentlichen Botschafters ein Ministerresident nach London gehen, und hiezu kamen im spanischen Staatsrathe drei Persönlichkeiten in Vorschlag; der Secretär des Königs Juan de Necolalde, der sich damals gerade in den Niederlanden befand, Rubens und der Rath van Male, der zur Zeit des Abbruchs der Beziehungen zwischen beiden Ländern in London gewesen war. Rubens' Ernennung wäre sicher erfolgt, wenn ihr nicht seine Eigenschaft als Maler entgegengestanden hätte; auch scheint eine Bewerbung seinerseits nicht stattgefunden zu haben. Der Graf von Olivarez erklärte, dass man den Titel eines königlichen Ministers nicht einem Manne verleihen könne, der ein Handwerk ausübe und vom Ertrage seiner Hände lebe. Alle Ehren, die dem Künstler zu Theil geworden, befreiten ihn also nicht von dem Makel, unter die Handwerker gerechnet zu werden.

Obwohl er im Jahre 1631 den Titel eines Ritters erbat und erhielt, »um dem Könige mit mehr Glanz und Autorität dienen zu können«, wie es in seiner Eingabe heisst, und der oberste Rath bei dem Vorschlage, das Gesuch zu bewilligen, an Tizian erinnerte, den

---

[10]) Sainsbury und Gachard sprechen von einem mit Edelsteinen besetzten Degen, indem sie hierin der Ende des 18. Jahrhunderts verfassten Lebensbeschreibung des Meisters von Michel folgen. Jedenfalls kommt aber ein Degen dieser Art in dem Verzeichniss der Kleinodien aus Rubens' Nachlass nicht vor.

Karl V. zum Ritter von S. Jago ernannt hatte, so hatte Rubens doch
in der Folge noch manche Zurücksetzung zu erfahren. Es ist merkwürdig, dass sein Stern gerade von dem Tage an erblich, wo er
durch seine früheren Dienste wie auch durch seine Ritterwürde auf
eine bedeutendere Rolle in der staatsmännischen Laufbahn ein wirkliches Anrecht hatte.

Allerdings liegt die Schuld zum Theil auch auf seiner Seite.
Häufiger als früher ergriff er die Initiative, und nicht immer begünstigten
ihn dabei die Verhältnisse.

Im Jahre 1631 kam die Königin-Mutter von Frankreich, Maria
von Medici, nach ihrer Flucht aus Compiègne, wo ihr Sohn sie ein-
geschlossen hatte, nach Belgien. Man hatte dies Ereigniss vorher-
gesehen und sogar die Stimmung der Infantin sondirt. Bei Maria's
Ankunft an der Grenze empfing sie, auf Befehl der Infantin, Rubens
als Begleiter des Marquis von Aytona, der mit der Begrüssung des
königlichen Flüchtlings beauftragt war. Der Maler war ihr persönlich
bekannt, die Begegnung empfing dadurch einen vertrauten Charakter,
und da Rubens vortrefflich französisch sprach, nahm er mit dem
Marquis de la Viriville alle Rücksprache, die erforderlich war, um
die Anordnungen für den Aufenthalt Maria's von Medici in den Niederlanden zu treffen.

Die Königin und ihr Sohn Herzog Gaston von Orléans hatten
keinen andern Gedanken, als den Sturz des Cardinals Richelieu und
wollten in Frankreich einen Aufruhr gegen ihn entfachen. Rubens
schrieb über diesen Gegenstand an den Grafen Herzog von Olivarez
eine Depesche, die in dem engen Druck des Gachard'schen Buches volle
zwölf Seiten einnimmt. Sie ist ein Meisterstück der Beredtsamkeit und
zeigt zum erstenmale auch auf diesem Gebiete Rubens' Feuer und
Phantasie. Die Hauptgedanken sind in grossen Zügen dargestellt,
die Sprache ist warm und lebhaft, die Form höchst ausdrucksvoll.
Das meinte auch Olivarez, denn er sprach im Staatsrath aus, dass der
Maler in italienische Phraseologie einfalle, erkannte indessen seine guten
Absichten in vollem Masse an. Aber obgleich Rubens auseinander-
gesetzt hatte, dass für die spanische Monarchie der Sturz Richelieu's
mit Milliarden nicht zu theuer bezahlt wäre, und dass sie ihn jetzt um
geringen Preis erlangen könne, nämlich um das Blut der Franzosen
selbst, wobei er hinzufügt: je mehr von ihnen umkämen, desto besser
sei es für Spanien; so wies doch der König jede Intervention in
Frankreich ausdrücklich zurück.

Während Maria von Medici sich in Brüssel aufhielt, sandte sie
einen ihrer Edelleute an den Prinzen von Oranien, um die Waffen-

stillstandsverhandlungen mit den Niederländern durch ihren Einfluss
zu unterstützen. Nunmehr schickte auch die Infantin im grössten
Geheimniss Rubens nach dem Haag, um mit dem Prinzen Friedrich
Heinrich zu conferiren. Was der Inhalt seiner Unterredung mit
dem Fürsten war, bleibt uns unbekannt, auch war sein Aufenthalt
im Haag sehr kurz; nach den Depeschen der französischen Gesandten
währte derselbe nur eine Nacht, nach der Annahme Gachard's zwei
Tage.

Im Jahre 1632 erhielt Rubens, wie wir sagen würden, einen
Urlaub und hörte für einige Zeit auf, sich mit Staatsgeschäften abzugeben. Aber das dauerte nicht lange, denn wenn er auch in einem
Briefe vom 12. April an Gerbier sich darüber aussprach, wie sehr er
sich selbst dazu Glück wünsche, sich eine Zeit lang von der Politik
zurückgezogen zu haben, so finden wir doch schon wieder eine an die
Infantin gerichtete Depesche vom 11. Mai, in der Rubens einem Auf-
standsversuch das Wort redet, den der Herzog von Bouillon in Frankreich vorhatte. Diese Depesche blieb ohne Folgen und zum Glücke
für die Infantin, denn im nächsten Jahre stand Bouillon in den Reihen
der holländischen Armee, die Maestricht belagerte.

Gerade im Hinblick auf die letzten Episoden von Rubens' diplomatischer Laufbahn, denen wir uns jetzt nähern, muss man aussprechen, dass der Meister besser daran gethan haben würde, wenn
er bei dem Gerbier gegenüber ausgesprochenen Entschlusse verharrt
hätte. Besass er doch Alles, was er wünschen konnte: den höchsten
denkbaren Künstlerruhm, Ehren und Auszeichnungen, wie sie keinem
Andern zu Theil geworden, Reichthümer, künstlerische Aufträge im
Ueberfluss, endlich eine reizende Häuslichkeit an der Seite der schönen
Helene Fourment, deren Zauber sein Pinsel verewigt hat. Doch
»trahit sua quemque voluptas.« Rubens hatte einmal Geschmack
daran gefunden, in die diplomatischen Geheimnisse eingeweiht zu sein
und konnte nun nicht mehr davon lassen.

Der Krieg zwischen den vereinigten Niederlanden und Spanien
dauerte mit wechselndem Glücke fort, bis endlich die wiederholten
Erfolge der Holländer wahrhaft drohend für die katholischen Niederlande zu werden begannen. Trotz der dringenden Vorstellungen der
Infantin beim Könige, dass der Abschluss eines ehrenvollen Waffen-
stillstandes zu erstreben sei, trotz der Dauer des Krieges, mit der die
Aussichten des Feindes sich immer günstiger gestalteten, bildete Philipp IV.
sich immer noch ein, die »Rebellen« seiner Herrschaft unterwerfen zu
können. Da entschloss sich die Infantin, selbst Friedensverhandlungen
anzuknüpfen, und während der Belagerung von Maestricht sendete sie

Rubens nach Lüttich (damals keiner belgischen Besitzung), wo die Deputirten der Generalstaaten tagten, um die Herbeiführung einer Verständigung zu versuchen. Diese Schritte blieben gänzlich erfolglos, und Rubens zog sich nur vielfachen Hass dafür zu, dass er jenen Auftrag übernommen hatte. Die Lage der spanischen Niederlande wurde als eine so gefährliche angesehen, dass die Infantin die Stände, die seit 32 Jahren nicht mehr vereinigt gewesen waren, nach Brüssel berief. Die Stände setzten es durch, dass sie ihrerseits Unterhandlungen anknüpften, sie schickten Delegirte an den Prinzen Friedrich Heinrich in dessen Lager vor Maestricht. Die Verhandlung nahm einen günstigen Verlauf, und es wurde nun die Sendung von zehn Abgeordneten nach dem Haag zur Verhandlung mit den Repräsentanten der Generalstaaten beschlossen.

Der Prinz von Oranien hatte den Deputirten der belgischen Stände kein Hehl daraus gemacht, dass Rubens im Lager bei ihm gewesen war, um ihm Propositionen im Namen der Infantin zu machen. Als diese Thatsache bekannt geworden, forderten die Stände die Fürstin auf, ihnen die Papiere, mit denen Rubens versehen war, mitzutheilen. Nun aber ergab sich, dass die Infantin im selben Augenblick wieder daran dachte, Rubens nach dem Haag zu senden, wo er während der Anwesenheit der ständischen Deputirten gleichzeitig im Namen seiner Fürstin verhandeln sollte, und dass die Pässe für Rubens sogar schon vom Prinzen von Oranien erbeten und bewilligt worden waren. Als der Herzog von Aerschot, der Chef der belgischen Gesandtschaft, dies erfuhr, machte er hiervon in der Ständeversammlung Mittheilung, wo diese Nachricht Staunen und Aufregung hervorrief. Die Stände sandten einige Mitglieder an die Infantin, um derselben ihre Missbilligung dieses Schrittes anzudeuten. Die Infantin versicherte, dass die Pässe für Rubens nur aus dem Grunde verlangt worden seien, um demselben zu ermöglichen, im Haag anwesend zu sein und dort im Falle des Bedürfnisses den Deputirten der Stände seine auf den Waffenstillstand bezüglichen Papiere mittheilen zu können.

Die Abgeordneten begaben sich nunmehr nach Holland und hielten sich dabei vier Tage in Antwerpen auf. Rubens war über ihre Missstimmung gegen ihn unterrichtet und machte ihnen keinen Besuch, was kein diplomatisches Verfahren war. Er hielt sich dagegen für verpflichtet, an den Herzog von Aerschot zu schreiben, um diesem sein Bedauern auszudrücken und ihn zu versichern, dass er bei dem Erbitten der Pässe keine andere Absicht habe, als ihm zu dienen. Er fügte sogar die feierliche Versicherung bei, dass er denjenigen des Lebens für unwerth halte, der dem glücklichen Fortgange der Ver-

handlungen, mit denen der Herzog im Namen der Stände beauftragt
sei, das geringste Hinderniss in den Weg lege.

Auf diesen Brief erfolgte jene hochmüthige Antwort des Herzogs,
die man in allen Biographien von Rubens abgedruckt findet, in der
Rubens vorgeworfen wird, dass er sich herausgenommen habe, ein
Billet an den Herzog zu richten, was nur unter Persönlichkeiten gleichen
Ranges schicklich sei, und die mit folgender beleidigender Wendung
schliesst: »Ich kann Ihnen nur sagen, dass es mir lieb sein soll, wenn
ich Sie für die Zukunft gelehrt habe, wie Leute Ihrer Art an Persönlichkeiten meines Standes zu schreiben haben.« Um dieser Beleidigung
noch grössere Tragweite zu geben, schickte der Herzog Copien von
seinem und Rubens' Brief an die Stände, und diese theilten sie der
Infantin und dem Gesandten Philipp's IV., Marquis von Aytona, mit.
Das Alles machte viel Aufsehen und wurde in ganz Europa bekannt.

Ein erstes Unrecht auf Seiten von Rubens bestand darin, dass
er sich zu Unterhandlungen im Namen der Infantin zu einer Zeit hergegeben, in welcher die regelmässigen Gewalten des Landes bereits die
Sache in die Hand genommen hatten. Gerbier, der Rubens hoch-
achtete, meint doch, dass seine Erklärungen »kein aufgeknöpftes Wamms«
gewesen seien [11])! Ein zweites Unrecht des Malers bestand ferner darin,
dass er sich auch nach dem grausamen Schimpf, der ihm angethan
worden war, noch mit diesen Geschäften abgeben wollte. Sobald er
erfahren, dass die Abgesandten der Stände Antwerpen verlassen hatten,
schrieb er ihnen, um sein Bedauern auszudrücken, dass man ihn hiervon nicht in Kenntniss gesetzt, auf dass er die Gesandtschaft hätte
begleiten können. Dieser an den Herzog von Aerschot selbst gerichtete
Brief gab demselben nur zu einer neuen beleidigenden Antwort an
den Maler Veranlassung.

Nach seiner Rückkehr nach Brüssel im Mai 1633 legte der
Herzog der Ständeversammlung Briefe aus dem Haag vor, in denen
Rubens förmlich angeklagt wurde, auf Befehl der Infantin Pässe für
neue Commissäre verlangt zu haben. Nun erreichte die Aufregung
ihren höchsten Grad, und als die Briefe der Infantin mitgetheilt wurden,
versicherte sie, dass Alles falsch sei, und dass man Rubens' Namen
vorgeschoben habe, um ihm zu schaden. Sie bot dem Herzog von
Aerschot an, ein Billet mit der Aufforderung, die volle Wahrheit zu
sagen, an Rubens richten zu wollen. Daraufhin fand, wie es scheint,
eine Auseinandersetzung zwischen Rubens und dem Baron von
Hoboken statt, wonach sich die Stände dann nicht mehr mit der

---

[11]) Sainsbury, S. 176.

Sache beschäftigten. Aerschot hasste Rubens »aus Gründen, deren Auseinandersetzung zu weit führen würde,« sagt Gerbier in einem Briefe. Wahrscheinlich war bei den Anklagen, die er gegen Rubens richtete, das Thatsächliche höchlichst übertrieben, um dem grossen Künstler desto sicherer zu schaden. Indessen gibt eine Briefstelle Gerbiers zu denken. Dieser, der englischer Gesandter bei der Infantin geworden war, schrieb, dass die Spanier nun den Irrthum einsähen, den sie damit begangen, dass sie die Waffenstillstandsverhandlungen den Ständen überlassen, die um jeden Preis das Aufhören der Feindseligkeiten wollten [18]). In diesem Falle lässt sich erklären, wesshalb die Infantin daran gedacht hatte, ihrerseits eine Unterhandlung mit dem Prinzen von Oranien anzuknüpfen, welcher neben der Unterhandlung der flämischen Delegirten mit den holländischen Generalstaaten herlief. In solchen Verhandlungen würde Rubens der gegebene Vertreter der Infantin gewesen sein, und trotz aller Ergebenheit gegen seine Fürstin wäre die Stellung, in die er sich dadurch versetzt hätte, ernster Kritik ausgesetzt gewesen.

Die Infantin starb am 1. December 1633, ohne das Ende des Krieges erlebt zu haben. Ein volles Jahr war mit den Verhandlungen im Haag hingegangen, von denen dann die Abgesandten ohne irgend ein Ergebniss in ihre Heimath zurückkehrten. Am 8. Mai 1635 schlossen die vereinigten Provinzen sogar ein Bündniss mit Frankreich, um die spanischen Niederlande in Absicht auf Theilung anzugreifen. Anfangs waren die Holländer siegreich, dann trat eine entgegengesetzte Wendung mit dem Eingreifen des Cardinal-Infanten Ferdinand von Oesterreich, Bruders von Philipp IV., ein, der zum Nachfolger der Infantin Isabella als Gouverneur der Niederlande ernannt worden war.

Nach manchen Misserfolgen wurden die Holländer zu Unterhandlungen geneigt, und einer der Ihrigen machte dem berühmten Bischofe von Gent, Anton Triest, einem hochbedeutenden Mann, der mit vielen Künstlern in Beziehungen stand, und von dem van Dyck bekanntlich ein schönes Porträt hinterlassen hat, Eröffnungen. Bei seiner Intimität mit Rubens gab Triest demselben von diesen Schritten Nachricht, und der in dieser Beziehung unverbesserliche Maler bot sich zur Uebernahme einer Unterhandlung unter dem Vorwande einer Bilder-Besichtigung in Holland an. Rubens wünschte einen um einen Monat vorausdatirten Pass und hatte, wie es scheint, die Absicht, sich mit seinen beiden Söhnen auf den Weg zu machen.

Aber als diese Absicht in Holland bekannt wurde, gerieth Alles

---

[18]) Sainsbury, Brief CLXI.

in Aufregung. Der venetianische und der französische Gesandte setzten
gegen dieselbe Himmel und Erde in Bewegung; »dieser Rubens steckt
voll Arglist,« sagte der erstere. Als die holländischen Stände die
Bedeutung innewurden, welche man der Sache beimass, hielten sie
lange über das Ansuchen des Passes Rath und überliessen endlich
dem Prinzen von Oranien die Entscheidung, der die Sache fallen liess.
So blieb also Rubens diesmal in Antwerpen.

Nach Gachard scheint es, dass er sich in den letzten Jahren vor
seinem Ende, in denen er auch oft von der Gicht geplagt wurde, nicht
mehr mit Politik beschäftigt hat. Aber welchen Ruf er sich gemacht
hatte, zeigt schon der eine Umstand, dass die blosse Forderung eines
Passes, um Bilder zu besichtigen, die Kanzleien ganz Europa's in Bewegung setzte.

Kann nun diese diplomatische Laufbahn des Malers dazu beitragen, ihn in den Augen der Nachwelt an Grösse gewinnen zu
lassen? Diese Frage ist nicht leicht zu beantworten. Unbestreitbar
bewährte Rubens im Laufe der verschiedenen Verhandlungen, in die
wir ihn verwickelt sehen, grossen Scharfblick, ausgebreitete Kenntnisse
und vielen Tact. Dennoch muss man sich gestehen, dass man so
grosse und glänzende Eigenschaften doch noch lieber ausschliesslich im
Dienste der Kunst verwendet gesehen hätte, in der er zu so hoher
Meisterschaft gelangt war. Indessen, wenn wir ihn auch einmal auf
einen Krieg mit Frankreich drängen sahen, dessen Folgen ihm eine
schwere Verantwortlichkeit hätten aufbürden können, hatte Rubens
thatsächlich doch nur mit Friedensverhandlungen zu thun, die er stets
loyal führte, und bei denen sein Charakter immer von dem Makel der
Doppelzüngigkeit frei blieb, der sonst Diplomaten so leicht anhaftet.
Die hinreissende Macht, mit der er Schlachten und gewaltsame Handlungen malerisch darstellte, beweist also nicht, dass er sie in Wirklichkeit liebte, und seine Briefe bezeugen mehr als einmal seine Friedens-
liebe und seine Abneigung gegen Conflicte, »öffentliche wie private«,
die er »wie die Pest« verabscheute.

Verletzend für unser Gefühl ist aber die unwürdige Stellung, in
die ihn der Brief des Herzogs von Aerschot versetzen musste. Ein
Maler wie Rubens gehört doch offenbar zu denen, von denen Philipp IV.
hätte sagen können, dass er hundert Herzöge von Aerschot, Gott allein
aber einen Rubens zu machen im Stande sei. Indessen muss man
zugeben, dass Rubens, sobald er sich mit Staatsgeschäften abgab,
freiwillig auf sein höchstes Vorrecht, das seines künstlerischen Genius,
verzichtete und von nun an nur nach seinem Auftreten und Handeln
beurtheilt werden konnte. Dies war immer würdevoll, nur kann man

in Einem Falle dem Maler vorwerfen, dass er die Grenzen, die der Patriotismus ihm vorschreiben musste, in seinem Eifer, der Infantin zu dienen, überschritt.

Staunenswerth bleibt bei der Lectüre der langen Verhandlungen, von denen Gachards treffliches Buch Kunde gibt, vor allem die Thatsache, dass Rubens trotzdem die künstlerischen Schöpfungen, die der eigentliche Grund seines Ruhmes sind, concipiren und wenigstens theilweise ausführen konnte. Eine Reise nach der andern führte ihn nicht bloss nach Brüssel, sondern auch weiter, nach dem Haag, nach Spanien, nach London, nach Dünkirchen; ja in einem seiner Briefe ist sogar von einer Reise an die deutsche Grenze die Rede. Alles das konnte im 17. Jahrhundert nur mit vielen Opfern an Zeit und Kräften und unter mancherlei Gefahren bewerkstelligt werden. Und dann handelte es sich nicht um die Reisen allein, sondern um alle jene Geschäfte und Conferenzen, welche die politische Wirksamkeit mit sich brachte. Denn sicher war Rubens kein blosser Diplomat zum Spass, und seine Correspondenzen mit Spinola wie mit dem Herzoge von Olivarez beweisen hinreichend, dass man auf seine Dienste höchlichst Gewicht legte, sowie auch die Depeschen der fremden Gesandten bestätigen, dass man ihn in den Kanzleien ausserordentlich ernst nahm.

Diese besondere Art von Fähigkeit mit allem, was sich aus ihr ergibt, ist so wesentlich von der Wirksamkeit des Künstlers verschieden und passt so wenig zu der ernsten und regelmässigen Ausübung der Kunst, dass man sich oft fragen möchte, ob Rubens der Maler und Rubens der Diplomat wirklich dieselbe Person sind. Ein Koloss wie er erscheint um so gewaltiger, je mehr man sich ihm um einige Schritte nähert.

III.

Als die Feste des Jahres 1877 in Antwerpen bevorstanden, wurde von einigen Seiten mit mehr Enthusiasmus als Ueberlegung das Project aufgestellt, Rubens Schöpfungen in ihrer Gesammtheit auf einer Ausstellung zu vereinigen. Der Gemeinderath von Antwerpen sah bald die Unmöglichkeit, diesen Plan zu verwirklichen, ein. Selbst der despotische Wille eines Tyrannen wie Napoleon I. hätte dieses Problem nicht zu lösen vermocht. Sogar die eifrigsten Kunstliebhaber hätten eine solche Ausstellung gewiss nicht um den Preis der Gefahren erkaufen mögen, denen die Werke selbst ausgesetzt gewesen wären.

Welchen Umfang endlich hätte das Local haben müssen, das zur Aufnahme dieser ungeheuren Zahl zum Theil riesengrosser Bilder ausgereicht hätte. Die Erwägung dieser Umstände allein macht es fast

unglaublich, dass ein solches Project überhaupt, wenn auch nur vor-
übergehend, gehegt werden konnte.

Aber es gab ein anderes Mittel, um dem Publikum das Schaffen
des Meisters in seiner Gesammtheit vorzuführen. Man musste dem
Beispiele folgen, das Florenz bei Gelegenheit der vierten Säcularfeier
von Michelangelo's Geburt gegeben und in Reproductionen alle
bekannten Werke des gefeierten Meisters vereinigen. Bei Michelangelo
handelte es sich um Gypsabgüsse seiner Bildwerke, bei Rubens um eine
Zusammenstellung von Kupferstichen und Photographien seiner Gemälde.

Die Grundlage einer solchen Ausstellung hatten natürlich die
zahlreichen noch bei Lebzeiten des Meisters selbst nach seinen Werken
ausgeführten Kupferstiche zu bilden. Wenige Maler haben in solchem
Masse wie er die Kupferstecher beschäftigt. Mit Fug und Recht kann
Rubens als der Schöpfer und das Haupt einer glänzenden Schule des
Kupferstiches angesehen werden, die nicht nur das ganze 17. Jahrhundert beherrschte, sondern deren Grundsätze auch noch auf den
modernen Kupferstich von Einfluss sind. Soutman, Vorsterman,
Pontius, Wildoeck, Bolswert, um nur diese paar Namen zu nennen,
haben in Rubens' unmittelbarer Nähe gearbeitet, und ihren Reproductionen lagen nicht nur seine eigenhändigen Zeichnungen zu Grunde,
sondern die Stiche selbst traten erst nach Correcturen und Revisionen
von seiner Hand an das Licht. Diese Kupferstecher haben wieder
ihrerseits Schüler gebildet: De Jode den Jüngeren, Marinus, P. de
Baillin, C. Waumans, Cornelius Visscher, Suyderhoef, van
Sompel, eine ansehnliche Gruppe, die in der Geschichte des Kupferstichs einen hervorragenden Platz behauptet. Da Rubens' wichtigste
Werke von diesen Meistern verdolmetscht worden sind, hatten deren
Blätter in ihrem ganzen Reichthum und in ihrer Mannigfaltigkeit den
Kern der Ausstellung zu bilden. Die Académie d'archéologie gab einigen
ihrer Mitglieder den Auftrag, ein Verzeichniss von Rubens' Arbeiten
aufzustellen, die vorhandenen Reproductionen zusammenzubringen und
ausserdem die Gemälde, bei welchen die Herstellung einer neuen Reproduction wünschenswerth sei, zu bezeichnen. Die Photographie musste
die Lücken auszufüllen suchen. Und so gelang es denn grossentheils, Nachbildungen nach den Gemälden in den hauptsächlichsten
Museen Europa's und ausserdem in vielen Privatsammlungen, wie
derjenigen der Königin von England und zahlreicher Mitglieder der
englischen und italienischen Aristokratie, zu vereinigen. Eigens für die
Ausstellung hergestellte Photographien kamen von Madrid, München,
Stockholm. Das Ganze bestand aus etwa 1200 Stichen und Photographien mit Einschluss der Facsimile-Blätter von Braun in Dornach.

Nun handelte es sich vor allem noch um die Herstellung eines Katalogs, der dem Besucher als Führer und der Anordnung als Grundlage dienen konnte. Diese Aufgabe wurde speciell den Herren Rombouts, Greffier der Antwerpener Akademie, Rooses, Conservator des Plantin-Museums, Goovaerts, Unterbibliothekar der Stadt Antwerpen, sowie dem Verfasser dieses Aufsatzes übertragen. Die Herren Génard und Ruelens übernahmen es, die Autographen und Documente, deren gleichzeitige Ausstellung wünschenswerth war, zu verzeichnen. Von diesen ist wenig zu sagen, denn so wichtig diese Briefe und Urkunden an sich sind, so waren sie doch schon sämmtlich von Gachard, Gachet, Génard und Ruelens veröffentlicht worden. Als nicht eben sachgemäss verdient bemerkt zu werden, dass der in unserem ersten Artikel erwähnte Act vom 28. August 1618, in welchem Rubens in Sachen von Teppichen als Zeuge zu deponiren hat und neben Brueghel und van Balen als Bürger von Antwerpen bezeichnet wird, im Katalog als ein Act figurirt, in welchem Rubens eidlich erkläre, dass er Bürger von Antwerpen sei [18]). Der Katalog erwähnt auch ein Exemplar van Mander's in der ersten Ausgabe mit der Eintragung: »Ex libris P. P. Rubens«. Das Buch enthält auch einige handschriftliche Notizen, aber dieselben sind von geringem Interesse, und nach sorgfältiger Untersuchung können wir nicht annehmen, dass sie von Rubens' Hand herrühren. Rubens' Degen ist in unserm ersten Aufsatze erwähnt worden. Ebenda war auch die Rede von einer silbernen Giesskanne mit ihrer Schüssel, die aus Rubens' Besitz stammt und sich heute bei Nachkommen desselben in Antwerpen befindet; aber dass auch dieses Stück der Ausstellung anvertraut würde, war von dem Besitzer nicht zu erreichen. Im Inventar von Rubens' Nachlass ist die Kanne als deutsche Arbeit bezeichnet, und aus einem Document im Antwerpener Archiv geht hervor, dass der Gemeinderath im Jahre 1610 dem Meister eine silberne Schüssel von getriebener Arbeit für Dienste, über deren Art nichts Näheres gesagt wird, verehrte. Dieses Stück war eine Arbeit des Ciseleurs Abraham Lissau, eines deutschen Künstlers, den Herr Génard als »den berühmten« bezeichnet, ohne dass sonst über ihn etwas bekannt wäre.

Bei der Katalogisirung der ausgestellten Kupferstiche und Photographien kam nun zunächst das System der Anordnung in Frage.

---

[18]) In der ersten Ausgabe lautet die Stelle: »Acte passé le 28 Août 1618 à Anvers, devant le Notaire Jean Nicolai, dans lequel Pierre Paul Rubens déclare, sous serment, qu'il est bourgeois de la ville d'Anvers.« In der zweiten: Rubens .... appelé à déposer dans une affaire d'expertise de tapisseries déclare sous serment qu'il est bourgeois d'Anvers.«

Sollte man die Werke nach den Ländern, Orten und Sammlungen, wo
sie sich befinden, gruppiren? Sollte man, um die Entwicklung des
Künstlers deutlich zu machen, eine chronologische Anordnung versuchen? Oder sollte man, wie die Vorgänger, welche Verzeichnisse von
Rubens' Werken aufgestellt haben, John Smith in England, Basan in
Frankreich, Voorhelm Schneevoogt in Holland, bei einer methodischen
Ordnung nach den Gegenständen bleiben? Die Bearbeiter entschieden
sich für dieses letzte System. Gegen die Classificirung nach den Orten
der Aufbewahrung ist einzuwenden, dass viele Gemälde des Meisters
nur durch die Kupferstich-Reproductionen bekannt sind. Smith selbst
hat die Originale vieler Stiche nicht nachweisen können. Andere Stiche
geben überhaupt nur Zeichnungen wieder; in vielen Fällen ist Rubens
nur als »Erfinder« der Composition bezeichnet, seiner flüchtigen Skizze
gab dann erst ein anderer Künstler Gestalt, das war z. B. bei den
Compositionen für Buchtitel, die von ihm verlangt wurden, häufig der
Fall. Was die chronologische Anordnung betrifft, so würde diese zwar
für jeden andern Meister wesentlich, für Rubens aber nur von geringem
Interesse sein, denn, abgesehen von den in Italien ausgeführten Bildern,
hat Rubens überhaupt nur Eine Manier. Ausserdem wäre es unmöglich, mit einiger Sicherheit und Genauigkeit Arbeiten chronologisch zu
gruppiren, die der Meister selbst, wenige Ausnahmen abgerechnet, zu
datiren sich nicht die Mühe gab. So blieb also nur die methodische
Anordnung nach den Gegenständen als möglich übrig. Dieselbe gewährte ausserdem den Vortheil, dem Publicum die wunderbare Er-
findungskraft des Meisters vor Augen zu führen, der in dieser Hinsicht
nie erreicht worden ist. Wenn man Rubens den Meister der Kreuzabnahme nennt, ist es interessant zu sehen, dass er diesen Gegenstand
in sechs verschiedenen Compositionen behandelt hat. Die Anbetung
der Könige hat er zwölfmal, die heilige Familie fünfzehnmal gemalt.
Ganz anders erscheint er nun als Maler profaner Stoffe. Auch bei
biblischen Gegenständen sieht man ihn nur durch ziemlich lockere
Bande mit der Tradition verknüpft. Aber ganz losgelöst von ihr erscheint er dann in seinen Allegorien, bei denen er alle Hilfsmittel seiner
für einen Künstler seltenen Gelehrsamkeit aufbietet. Das ganze Unge-
stüm seines Temperamentes bricht ferner in den kühn bewegten Jagd-
bildern durch, bei denen er sogar nicht ansteht, ein damals in Europa
noch so gut wie unbekanntes Thier, das Nilpferd, in die Kunst einzuführen [14]). Dann sucht der Meister die Ruhe seines behaglichen länd-

---

[14]) Hier sei des Umstandes gedacht, dass auf den vier grossen von Soutman
nach Rubens gestochenen Blättern, der Nilpferd-, Löwen-, Eber- und Wolfsjagd,

lichen Stilllebens in Steen auf und malt die üppig grünen Brabanter Gefilde bei Tagesanbruch oder bei Sonnenuntergang. Dann wieder lässt er, wie bei seinem Sturm aus der Aeneide, die volle Wuth der empörten Wogen losbrechen. Endlich erscheint er in seinen Bildnissen in strengster Unterordnung unter die Natur, auf höchste materielle Aehnlichkeit bedacht, während seine Darstellungen fürstlicher Persönlichkeiten doch so männlich und majestätisch, die von Frauen und Kindern so anmuthig und liebenswürdig sind. Wie er bei seinen Conceptionen verfährt, das entzieht sich dabei jeder Voraussicht und Berechnung, und wenn er auch sicherlich nichts dem Zufall überliess, so ist es doch ebenso gewiss, dass die Grundzüge seiner Auffassung stets in weit höherem Masse durch rein malerische Motion als durch Gepflogenheit und Tradition bestimmt sind. Die Geschichte von den Arkebusieren in Antwerpen, die verwundert waren, als Rubens mit der griechischen Bedeutung vom Namen ihres Patrones Christophorus spielte und ihnen die Kreuzabnahme, die Heimsuchung und die Darstellung im Tempel malte, ist eine bezeichnende Probe für sein System.

Zu dem Interessantesten was die Antwerpener Ausstellung geboten hatte, gehörte auch die Folge von Rubens' Entwürfen zu Titelblättern für Bücher aus der Plantin'schen Druckerei, meist Werken mystischen Inhaltes, wie sie zur Zeit von Albrecht und Isabella publicirt wurden. In diesen erschöpften die gelehrten Theologen ihre ganze Casuistik; der Maler musste dann den gesammten Gehalt eines solchen Werkes auf einer einzigen Seite anschaulich machen. und Rubens übernahm Aufgaben dieser Art für zwanzig Gulden. Den Beleg dafür enthält eine höchst interessante Sammlung alter Stiche der Plantin'schen Druckerei nach Entwürfen von Rubens, die zu den Festen des Jahres 1877 publicirt worden ist [15]), in einer Stelle aus einem Briefe des B. Moretus, der 1628 der Vorstand dieser berühmten Druckerei war. Da erfahren wir, dass Rubens sechs Monate vorher die Bestellung eines Buchtitels erhalten müsse, damit er in Muse an die Sache denken und an Feiertagen sich damit beschäftigen könne, denn an Wochen-

---

hinter dem Namen des Stechers die Worte »invenit, effigiavit et excudit« stehen. Soutman war Maler, gehörte zu Rubens' besten Schülern und wurde in der Folge Maler des Königs von Polen. So liegt die Frage nahe, ob er vielleicht an der Ausführung der Gemälde selbst einen so grossen Antheil hatte, dass dessen Bezeichnung durch Ausdrücke. welche ihm in seiner Eigenschaft als Kupferstecher nicht gebührt hätten, zulässig erschien und unter den Augen von Rubens selbst stattfinden konnte.

[15]) Titres et portraits gravés d'après P. P. Rubens pour l'imprimerie Plantinienne. Anvers 1877. — Text von Max Rooses.

lagen würde er sich mit so etwas nicht abgeben, wenn er nicht mindestens hundert Gulden für eine einzige Zeichnung erhielte.

So umfangreich auch die Ausstellung war, die sechs bis sieben Säle füllte, so blieb sie doch noch weit davon entfernt, vollständig zu sein. Es fehlten Schöpfungen von hervorragender Wichtigkeit. Die meisten Bilder des Meisters in Italien, diejenigen in Rom, in Mantua, der St. Ignatius in Sant Ambrogio zu Genua, die durch den Grafen Oliva nach Spanien gelangte Anbetung der Könige in Madrid, viele Bilder in London, in der Gallerie Liechtenstein in Wien, auch einige seltene Kupferstiche, wie die Bildnisse der beiden Marquis und der Marquise von Castel-Rodrigo. Merkwürdig ist auch, dass durch diese Ausstellung kein bisher unbekanntes Gemälde des Meisters aus dem Dunkel hervortrat. Wenn Herr Michiels bald darauf das Glück hatte, die von Rubens in seiner Jugend für Santa Croce in Gerusalemme zu Rom ausgeführten Gemälde an einem abgelegenen Orte im südlichen Frankreich wieder aufzufinden, so können die Veranstalter der Antwerpener Ausstellung, die doch mit grösstem Eifer zu Ehren des berühmten Meisters ans Werk gingen, sich eines ähnlichen Erfolges nicht rühmen. Indessen traten einige wenig bekannte Zeichnungen an's Licht, so die bewundernswerthen Studien zum Sturze der Verdammten in der Münchener Pinakothek, im Besitze der Nationalgalerie in London, deren Direction die Zuvorkommenheit gehabt hatte, danach Photographien auf vier Blättern für die Ausstellung anfertigen zu lassen. In diesen meisterhaften Zeichnungen nimmt man den Einfluss wahr, welchen die Anschauung von Michelangelo's Jüngstem Gerichte auf die Phantasie des flämischen Meisters gehabt hatte. Noch eine andere Originalzeichnung, damals im Besitz eines holländischen Liebhabers, Herrn Ellinckhuisen, später an einen in Belgien wohnenden Landsmann desselben, Herrn Coster, verkauft, verdient besondere Erwähnung. Es ist eine mit Sepia getuschte und mit Weiss gehöhte Federzeichnung nach der Schlacht bei Cadore von Tizian. Dass Rubens durch dieses Werk zu seiner Amazonenschlacht inspirirt wurde, ist eine bekannte Thatsache; fraglich ist aber, durch welche Vorlage er Tizians grossartige Composition kennen lernte? ob nur durch die recht mittelmässige Skizze in den Uffizien? Das Original war im Jahre 1577 zu Grunde gegangen.

Traten somit ein paar unedirte Arbeiten von künstlerischer und kunstgeschichtlicher Bedeutung auf, so waren andrerseits auch wieder mehrere unechte Stiche zu sehen, das heisst solche, auf welchen der Name Rubens in neuerer Zeit aus betrügerischer Absicht angebracht worden war; ferner solche, die Schneevogt aus Mangel an Kritik in sein Verzeichniss aufgenommen hatte. Wer hätte sich je einfallen lassen, dass E. Sadelers Stich nach dem Kindermorde von Tintoretto schliesslich mit dem daraufgedruckten Namen Rubens ausgegeben werden würde! Im Katalog sind die Werke nicht beschrieben; nur ihre besonders wichtigen Kennzeichen sind manchmal, wo es erforderlich war, angeführt; im übrigen ist auf den Katalog von Smith sowie auf die hauptsächlichsten Galerie-Kataloge verwiesen worden. Dagegen besteht das eigentliche kunsthistorische Interesse dieses Verzeichnisses darin, dass es in sehr gedrängter Form über zahlreiche Werke von Rubens neue, bisher nicht veröffentlichte Nachrichten aus authentischen Quellen, aus Briefen von Rubens und seinen Correspondenten, aus Documenten in den Brüsseler und Antwerpener Archiven, mittheilt. Somit gewährt das Verzeichniss nicht nur eine Erinnerung an jene lehrreiche Ausstellung, sondern es hat zugleich einen bleibenden wissenschaftlichen Werth.

Zur Charakteristik der palermitanischen Malerei der Renaissance-Zeit.

II. Vincenzo Ainemolo gen. il Romano [1]).

Das Leben und Schaffen des Vincenzo Ainemolo, welcher die Höhe der palermitanischen Malerei im Cinquecento repräsentirt, liegt in noch dichterem Dunkel, als dies bei dem älteren Antonio Crescenzo der Fall war. Vorläufig ist mir nur ein einziges Document bekannt, in dem sein Name genannt wird; erst sechzig bis siebzig Jahre nach seinem Tode erscheinen die ersten Nachrichten über seine Lebensschicksale; die meisten der ihm zugehörigen Werke entbehren der Angabe des Datums ihrer Entstehung. — So werden die Resultate meiner Studie nicht ganz frei von hypothetischem Gepräge sein und ich bin zufrieden, wenn sie Veranlassung werden, dass ein anderer Forscher dem historischen Sachverhalt näher als ich kommt.

Die älteste Nachricht über Ainemolo gibt Baronius, der in den ersten Jahrzehnten des 17. Jahrhunderts schrieb: Nec minori plane laude insignitur Vincentius, Polydori Caravagii socius, cognomento Romanus, qui cum Panormo Romam se contulisset ac diu multumque in illius celeberrimae sanctissimaeque urbis luce versatus, ita Romanorum vestigiis institit, ut ad patriam reversus suam non secus acsi Romanus civis haberetur hinc sibi cognomen adscriptum [2]).

Darnach gab Vincenzo Auria einige Nachrichten über Vincenzo Ainemolo, in welchen er ihn aber nicht mehr als einen Genossen, sondern als einen Schüler des Polidoro da Caravaggio bezeichnete [3]).

[1]) Vgl. Repertorium f. K. I. S. 353 fg.
[2]) D. Francisci Baronii ac Manfredii De Majestate Panorm. Libr. IV. Panormi 1630. lib. III. pg. 100.
[3]) Memorie di Vincenzo Romano (5 S. stark) als Anhang zu: Il Gagino Redivivo. In Palermo 1698.

Weder Baronius noch Auria kennen den Familiennamen Ainemolo.
Mit diesem Namen machte uns erst Mongitore bekannt. Mongitore
(geb. 1663, starb 1742) war unermüdlich im Sammeln von Notizen,
welche die Kunst- und Künstlergeschichte Palermo's erläutern konnten.
So erfuhr er denn durch Lorenzo Berti, Caplan der Confraternität
S. Pietro Martire, dass in den Registern der Confraternität, für deren
Kirche Ainemolo zwei Tafeln gemalt hatte, Vincenzo il Romano den
Familiennamen Ainemolo führe. Im Anschlusse an Baronius und Auria
theilt dann Mongitore mit, dass Ainemolo sehr frühe nach Rom gekommen sei, dort in enger Gemeinschaft mit Polidoro da Caravaggio
gearbeitet habe; als er dann nach der Heimat zurückkehrte, sei er von
einem Sturm überfallen worden, habe Schiffbruch gelitten und nachdem er von einem Kaufmann aus Messina mit Mitteln versehen worden,
sei er endlich, nach einem längeren Aufenthalt in Messina, in der
Heimat angekommen [1]). Die Quelle für die Erzählung vom Schiffbruche,
für den Aufenthalt in Messina ist mir unbekannt geblieben. Dom. Gallo,
der Verfasser der Annalen der Stadt Messina, machte ihn dann zu
einem Schüler Raphaels und Mitschüler des Giulio Romano, mit dem
er ihn 1527 gemeinsam nach Messina fliehen lässt, um dort Begründer
des Raphael'schen Stils zu werden [5]).

Grosso-Cacopardi wiederholte die Aussage Gallo's, nur wechselte
er den Namen des Giulio Romano in den des Polidoro da Caravaggio
um [6]). Di Marzo endlich, der jüngste Geschichtschreiber der Kunst
auf Sicilien, machte »tabula rasa« mit all diesen Aussagen; er erklärte,
dass Vincenzo Ainemolo niemals Sicilien verlassen habe, dass sein Stil
durchaus »sicilianisch« sei und dass der Beiname »Romano« wahrscheinlich der Familienname der Mutter gewesen [7]).

Das ist die Gesammtsumme biographischer Notizen über Ainemolo.
Das Wichtigste ist, dass Vincenzo den Beinamen »der Römer« führte:
nicht bloss die ältesten Berichterstatter kennen diesen Namen, er findet
sich auch in dem einzig bisher bekannten legalen Document, worin
der Name dieses Künstlers vorkommt: »Iu Romanu« wird er dort

---

[1]) Mongitore: Memorie de' pittori scultori ed architetti siciliani. Ms. d. Bibl.
Comunale in Palermo qq. C. 63. fol. 251 fg.

[5]) Annali della città di Messina di Cajo Dom. Gallo. 3 tom. Messina 1756
(tom. III. postum 1804) tom. II. pag. 566 n. 44.

[6]) Memorie de' pittori Messinesi e degli esteri che in Messina fiorirono dal
sec. XII al sec. XIX. In Messina 1821.

[7]) »Lo stile dell' Ainemolo appartiene omnimamente alla scuola siciliana«
»poteva esser questo (sc. Romano) anche un cognome materno dell' Ainemolo, col
quale poscia si alluse al suo perfetto stile«. Di Marzo Delle Belle Arti in Sicilia III.
pg. 264.

bezeichnet; es müsste aber de Romanis oder de' Romani heissen, wenn
Ainemolo diesen Beinamen von der Familie der Mutter führte, wie es
di Marzo wünscht und will [8]). Drängt nun dieser Beiname auch nicht
unbedingt zu dem Schlusse, Ainemolo sei ein Römer von Geburt gewesen, so gibt er doch eine kaum anfechtbare Bürgschaft dafür,
dass er lange Zeit in Rom verweilte. Auch der Zusammenhang mit
Polidoro Caravaggio wird kaum anzuzweifeln sein, da Baronius, der
kaum 60—70 Jahre nach dem Tode Ainemolo's schrieb, dieses als un-
bezweifeltes Factum hinstellt. Es ist auch wichtig, dass Spuren der
künstlerischen Thätigkeit Ainemolo's vor Ablauf des dritten Jahrzehnts
des 16. Jahrhunderts nicht nachgewiesen werden können.

Ist Ainemolo, wie die Berichterstatter einstimmig versichern,
Palermitaner von Geburt gewesen, so hat in diesem Falle wohl Ra-
phaels Kreuztragung in der Kirche S. Maria dello Spasimo dem jungen
Künstler den Anstoss zu einer Wanderung nach Rom gegeben.

Der Palermitaner Giacomo Basili erbaute 1500 für Olivetaner
Mönche ein Kloster; 1509 wurde auch der Bau einer Kirche in Angriff
genommen, welche der Maria dello Spasimo gewidmet sein sollte.
Julius II. unterstützte durch Ablassgewährung an die Beitragspender
den frommen Zweck. Als die Kirche vollendet war, wandte man sich
an Raphael wegen des Gemäldes für den Hochaltar. Die Ausführung
des Auftrags dürfte zwischen 1517 und 1518 stattgefunden haben.
Vasari's Erzählung von dem Sturm, der das Gemälde zunächst nach
Genua verschlug, wird auch von dem Annalisten des Klosters bekräftigt.
Als man endlich in glücklichen Besitz desselben gekommen war, betrachtete es die Stadt als ihren kostbarsten Schatz. Im Jahre 1573
räumten die Mönche Kloster und Kirche dello Spasimo und zogen nach
S. Spirito (am Largo di S. Spirito bei der Porta Felice). Selbstverständlich nahmen die Mönche auch ihr Hochaltarbild mit; in feierlicher Procession, die von dem Erzbischof der Stadt, Giacomo Lomellino,
und dem Domcapitel eröffnet wurde, ward das Bild nach seinem neuen
Standort übertragen [9]).

---

[8]) Archivio Notarile in Palermo vol. 2708. Ein Antonius Barbatus macht
sich verbindlich für den Domchor einen Sitz zu schnitzen »juxta formam designi
desuper confetti et designati per hon. magistrum Vincentium lu Romanu pittu-
rem«. Die XXVIII. mens. nov. 3539.

In demselben vol. findet sich ein Dok. vom 23. Juli 1534, in welchem ein
Don Pietro de' Romani genannt wird, auch ein Fingerzeig, dass lu Romanu nicht
als Familienname interpretirt werden darf.

[9]) Der König von Spanien ist nicht leicht in den Besitz dieses Gemäldes
gekommen. 1600 wandte sich der Vicekönig von Sicilien Ferdinando d'Ayala

Die enthusiastische Verehrung, welche die ganze Bevölkerung diesem Werke zollte, erstreckte sich auch auf die Künstler. Man copirte es, man studirte es [10]; aber auf Keines Phantasie hat es so stark und mächtig gewirkt wie auf die des Vincenzo Ainemolo; in nur wenigen seiner Schöpfungen vermag er sich von jeder Erinnerung an dies Werk frei zu halten, auch da nicht, wo seine Composition oder sein Stil von anderen Einflüssen tangirt werden. So mag er denn um 1520 herum nach Rom gegangen sein und sich hier, da er den Meister nicht mehr lebend traf, an die Schüler des Urbinaten angeschlossen haben. Vasari kennt seinen Namen nicht, aber das will nichts bedeuten; sind ihm doch die Namen unmittelbarer Schüler Raphaels unbekannt geblieben wie z. B. der des Andrea da Salerno. Das entsetzliche Jahr 1527 trieb die römische Künstlercolonie auseinander; sicherlich verliess auch Vincenzo Ainemolo damals Rom und zog mit Polidoro da Caravaggio nach Neapel. Wie Polidoro so scheint auch Vincenzo Ainemolo in Neapel Beschäftigung gefunden zu haben. Schulz eignet ihm nämlich hier die grosse Kreuztragung im ehemaligen Refectorium des Klosters S. Maria Nuova zu, und ich habe die gleiche Ueberzeugung gewonnen, als ich mit frischer Erinnerung an die authentischen Werke Ainemolo's in Palermo vor dem neapolitanischen Bilde stand. Auf halbrunder Fläche breitet sich die Composition aus, die in drei grosse Hauptgruppen sich ordnet: Rechts vom Beschauer der vorausziehende Reitertrupp mit den Schächern; in der Mitte der zu Boden gesunkene Christus von Schergen umgeben; links die Gruppe der klagenden Frauen und Johannes; im Hintergrunde der Calvarienberg und die Stadt Jerusalem. Dass die Composition von Raphaels Kreuztragung dem Künstler vorschwebte, erscheint mir sicher. Raphael war durch das genau festgestellte Format des Bildes gebunden; er musste den Zug auf einen knapp zugemessenen Raum zusammendrängen; er half

Fonseca, der Philipp IV. gefällig sein wollte, an das Kloster, um das Bild zu erhandeln. Die Mönche wiesen rundweg sein Anerbieten ab. Nun wandte er sich an den Abt Clemente Staropoli; diesen wusste er willfähriger zu stimmen. Zu einer Tageszeit, da die Mönche vom Kloster abwesend waren, liess er das Gemälde von seinem Standorte entfernen und lieferte es dem Vicekönig aus. An den Standort brachte er eine Kopie. König Philipp wies dem Kloster als Ersatz eine Jahrespension von 4000 Scudi an. (Vgl. M. Galeotti: Sunto delle Notizie storiche del quadro dello spasimo — ein Artikel der vor einigen Jahren in einem Journal in Catania erschien und ein Auszug war aus der handschriftlich vorhandenen: Serie cronologica dei nomi dei Priori ed Abbati delli tre Monasteri S. Maria dello spasimo, S. Spirito e S. Giorgio e quello piu notabile accaduto in diversi tempi nei loro rispettivi governi.)

[10]) Ausser der in meinem ersten Aufsatz erwähnten Copie (I. S. 370) sah ich eine aus dem Jahre 1541 von Vigneri in der Kirche S. Francesco in Catanea.

sich, wie bekannt, dadurch, dass er den Weg zur Richtstätte gleich
vom Thore aus eine starke Steigung und Biegung machen lässt, so
dass nur die Mittelgruppe des Zuges den eigentlichen Bildraum einnimmt, während dessen Tète und Abschluss schon in den Mittelgrund
verwiesen sind. Der Künstler der Kreuztragung in S. Maria Nuova
hat den Zug, der die Stadt schon im Rücken hat, auseinandergerollt:
der Anstieg der Höhe hat eben erst begonnen. Für Christus aber ist
das Gemüths- und Bewegungsmotiv das gleiche wie in der Raphael'schen
Kreuztragung geblieben. Unter der Last der Leiden zusammengebrochen,
wendet er das schöne Antlitz nach den weheklagenden Frauen zurück,
während die Henker ihn an den um den Hals geschlungenen Stricken
nach vorwärts zerren. Die Rechte stemmt er auf den Boden, mit dem
linken Arm umklammert er das ihn niederdrückende Kreuz. Die schön-
geordnete Gruppe der Frauen ist ganz durchtränkt von Mitgefühl über
den Hergang, der sich vor ihren Augen abspielt. Das stark natura-
listische Ausdrucksmittel, das bei Johannes zur Anwendung kömmt —
er führt ein Tuch gegen die Augen, — die resolute Charakteristik der
Henker, von welchen namentlich der sich Christus zukehrende als ein
wahrer Dämon an Wildheit und Grausamkeit erscheint — das sind
Züge, welche über Raphael hinaus weisen; vielleicht beeinflusste solche
Intentionen Polidoro da Caravaggio, dessen Stilwandlung sich damals
vollzog.

Meine Bemühungen, in Neapel einen urkundlichen Beweis für die
Autorschaft Ainemolo's herbeizuschaffen, blieben resultatlos, aber, wie
schon Schulz darthut, Stil und Composition und Charakteristik weisen
durchaus auf ihn hin. Nicht bloss einzelne Gesichter, ganze Gestalten
in gleicher Pose begegnen uns in seinen palermitanischen Bildern wieder.
In Bezug auf die Landschaft äussert Schulz: »Es verräth sich hier dasselbe Bestreben, welches wir in den übrigen grösseren Bildern des
Ainemolo bemerken, Gegensätze einander gegenüberzustellen. Auf der
einen Seite zeigt sich ein kleiner pittoresker Fels, auf der andern ein
hoher, vielfach gegliederter Berg, in dessen Mitte eine Stadt liegt. Hier
windet sich ein Hohlweg hinauf, in den die trefflich geordneten Figuren
sich hineindrängen« [1]). Auch die reiche Belebung der sorgfältig ausgeführten Hintergründe treffen wir auf allen grösseren Bildern Ainemolo's
wieder an. Die Farbe hat sehr stark durch Feuchtigkeit gelitten: an
einzelnen Stellen ist von nicht geschickter Hand hineingemalt worden:
dazu breitet sich eine dichte Schmutzschichte über die ganze Bildfläche

---

[1]) H. W. Schulz: Denkmäler der Kunst des Mittelalters in Unteritalien III.
pg. 197 fg.

aus, wodurch das Bild jenen schweren, trüben Charakter erhält, der sonst Ainemolo's Gemälden fern bleibt [11]).

Die Abreise des Polidoro da Caravaggio nach Messina war wohl auch der Zeitpunkt, an welchem Ainemolo Neapel verliess. Ob er sich einige Zeit in Messina aufgehalten hat, wird kaum festzustellen sein. Das Auftreten seines Namens in der Künstlergeschichte Messina's liesse aber darauf schliessen. Grosso-Cacopardi sprach ihm in dieser Stadt eine Madonna mit Cosmas und Damian in S. Francesco und eine andere Madonna in der Sacristei des Oratorio della Pace zu; di Marzo hat dem energisch widersprochen. Mich hat eine Geburt Christi in der Pinakothek von Messina lebhaft an die künstlerische Art des Ainemolo erinnert.

Der Beginn der künstlerischen Thätigkeit Ainemolo's in Palermo wird nicht vor 1530 gesetzt werden können. Die Pinakothek in Palermo besitzt ein kleines Bildchen (Sala dell' Ainemolo 8) mit der Jahreszahl 1533; da es eine Schul-Copie von Ainemolo's grosser Kreuzabnahme (im gleichen Saale Nr. 20) ist, so muss diese als die erste palermitanische Schöpfung dieses Künstlers angesehen werden. Ich halte es für zweifellos, dass Ainemolo bei der Composition dieses Werkes sich des Stiches von Marc Anton (B. 32) als Vorlage bediente. Er hat dabei nur die Abänderung getroffen, dass er zur Frauengruppe die weinende Martha hinzucomponirte und dass Magdalena die in einander gefalteten Hände, statt sie, wie im Stich, gegen das Kinn zu halten, gleich der einen Frau in der Raphael'schen Kreuztragung gegen die rechte Wange drückt [13]). Auch die Formengebung schliesst sich an Raphael an,

---

[12]) Die Angabe von M. Stanzioni (Vite e Memorie delli famosi Pittori e Scultori Napolitani 1650 — Ms. d. Bibl. Naz. in Neapel 235) und darnach von Dominici (Vite de' Pittori, Scultori ed Architetti Napolitani in Napoli 1742—1785) sämmtliche Malereien im Refectorium von S. Maria Nuova rührten von Pietro und Polito Donzello her, ist längst als absurd nachgewiesen worden (vgl. Schulz a. a. O. u. Crowe & Cavalcaselle Gesch. d. it. Mal. IV. S. 375 und VI. S. 131). Einige Jahrzehnte liegen zwischen den Fresken der Eingangswand und der Kreuztragung der hinteren Schmalseite, und dazu der Unterschied zwischen einer Handwerksarbeit und einer künstlerischen That. Ebenso wenig kann man aber den Meister der Kreuztragung in Lionardo da Pistoja oder Andrea da Salerno vermuthen, wozu C. u. C. a. a. O. geneigt sind. Die Kraft so energischer selbständiger Individualisirung, ein so lebhafter dramatischer Vortrag liegt Beiden ferne. Dazu hätte Stanzioni, falls Andrea der Maler wäre, dies sicherlich nicht verschwiegen, da er gerade über diesen Künstler sehr gut unterrichtet war (er besass Nachrichten über ihn von Francesco Santafede, der Schüler Andrea's gewesen war). Eine photographische Aufnahme, die ich durch Sommer in Neapel von diesem Werke machen liess, fiel leider so unglücklich aus, dass sie für Reproduction durch Holzschnitt nicht verwerthet werden konnte.

[13]) Schon Puccini machte auf die Benützung des Stichs aufmerksam; di Marzo

jedoch verbunden mit dem Streben nach so energischer Individualisirung,
wie dies uns in der Kreuztragung in S. Maria Nuova auffiel. Composition,
Stil und Farbe stellen in unmittelbare Nähe zu diesem Werke die
Pietà in der Kirche S. Pietro (3. Altar, links; Replik davon in der Kirche
des Klosters della Pietà). Christus liegt unter dem Kreuze auf weissem
Tuche ausgestreckt. Joseph von Arimathia stützt dessen schweres Haupt
mit seiner Brust; zu Füssen Magdalena, die Augen trocknend; zu
Häupten eine jugendliche Frauengestalt, in Zügen und Haltung der
früher erwähnten Frau in Raphaels Kreuztragung ähnlich. Maria kniet
vor dem göttlichen Sohn, die Hände über der Brust gekreuzt, die Blicke
in schmerzhafter Liebe auf ihn gerichtet; hinter ihr stehen dann Johannes
und eine leidtragende Frau. Die Landschaft, stark von Figuren belebt,
ist wieder besonders sorgfältig durchgeführt, die belaubten Bäume zeigen
jene bestimmte detaillirte Zeichnung, welche wir bei guten Bildern der
umbrischen Schule wahrnehmen. Der Luftton ist etwas tief gestimmt,
aber klar und durchsichtig. Der Leichnam Christi ist mit besonderer
Liebe durchgeführt; stilvolle, edle Formenbildung verbindet sich darin
mit realistischer Durcharbeitung des Details — und in dem Einen wie
in dem Andern bekundet sich die intime Kenntniss der Anatomie des
menschlichen Leibes. Die Composition der Hauptgruppe ist einfach,
klar, mit richtiger Empfindung für Satz und Gegensatz hingestellt; die
Farbengebung ist so anspruchslos wie möglich. Eine ganz geringe
Scala ausgesprochener Localtöne wurde neben einander gestellt, doch
von so sorgfältiger Wahl, dass eine wohlthuende Harmonie erzielt wird.
Glanz und Transparenz dürften durch die Dunstatmosphäre der Kirche
gelitten haben; der ernste Grundton war wohl von Anfang an dem
Bilde eigen.

Sowohl in der Kreuzabnahme, als auch in den Darstellungen der
Pietà modellirt Ainemolo aus einem feinen Grau heraus und zugleich
in offenem Licht; das ändert sich nun, die Schatten des Incarnats
erhalten eine warmbraune Färbung und das Helldunkel wird als Mittel
für Herausarbeitung energischer Körperlichkeit angewendet. Dem entspricht es dann auch, dass die Auffassung der Natur eine realistischere
wird, als bisher. Bei Ainemolo bedeutet diese Wandlung einen Fortschritt in seiner Entwicklung, sie ist ein Zeugniss für seine künstlerische Selbständigkeit; auf Abwege, wie Polidoro, gerieth er nie; zu

---

nannte dies ein »insano giudizio« und führte als Gegenbeweis die Inschrift einer
Copie der Kreuzabnahme in S. Margherita an, welche lautet: Mariano Pagonello
imitatore. Vincenzo vero Romano inventore. 1569. Als wenn dies etwas Anderes
sagen wollte, als dass Pagonello eine Copie des Gemäldes des Ainemolo gebe. —
Di Marzo III. pg. 253.

fest wurzelte in ihm das Kunstevangelium Raphaels, das er aus dessen Werken geschöpft hatte.

Das erste Werk, in welchem die Wandlung merkbar wird, ist eine Himmelfahrt Christi, die aus der Martorana in die Pinakothek kam (Sala dell' A. 19). Mongitore theilt mit, auf dem rückwärtigen Theil der Tafel das Entstehungsjahr 1533 gelesen zu haben [14]). Zwischen je sechs Erzvätern schwebt Christus in langem, weissem Gewand zum Himmel empor. Der untere Theil der Composition ordnet sich in drei entschieden getrennte Gruppen: in der Mitte Maria stehend, aufwärtsblickend, ihr zu Füssen zwei knieende Frauen; rechts und links von ihr je sechs Apostel. Der leidenschaftliche Zug nach oben ist bei Christus stärker ausgeprägt als bei den unten Verharrenden. Die Gewandbehandlung des aufschwebenden Christus erinnert an die in Raphaels Transfiguration. Der kalte, trockene Ton, den das Bild jetzt zeigt (die braunen Schatten erscheinen fast brandig), kommt auf Rechnung der schlimmen Schicksale, welche es im Laufe der Zeit erfahren hat.

Als es sich noch in der Martorana befand, wurden viele Theile übermalt; von diesen Uebermalungen ist das Bild in jüngster Zeit befreit, aber wiederum ausgebessert und mit einer starken Firnissschichte überzogen worden [15]).

An die Himmelfahrt schliesst sich eine Madonna in der Glorie mit den heiligen Petrus und Stephan, Agatha und Katharina in der Kirche S. Pietro an.

Die Madonna, von vollen schönen Formen, erinnert an den Typus der Madonna della Sedia, doch ist demselben ein Stück sinnlichen Liebreizes beigegeben. Das ganz nackte Kind, das auf Wolken stehend, das Köpfchen an die Schulter der Mutter lehnt, zeigt strengen Anschluss an die Natur. Jede Quetschfalte in dem weichen, rosigen Fleisch ist mit Treue wiedergegeben. Das warm gehaltene, kräftige Colorit ist noch heute trefflich conservirt.

Diesem Werke zunächst steht die 1540 gemalte Madonna del Rosario in der Kirche des Klosters San Domenico. Im Kloster ging die Tradition, Ainemolo habe das Werk einer Dame in Palermo aus Rom geschickt und diese habe es dann dem Kloster geschenkt. Dem

---

[14]) Dell' Istoria sagra di tutte le chiese conventi etc. della città di Parlermo, Ms. d. Bibl. Com. QQ. E. 7. fol. 116. Der jetzige Conservator der Pinakothek, Giuseppe Meli, fand die Inschrift mit Datum nicht mehr vor.

[15]) Das Firnissen ist eine Leidenschaft des jetzigen sonst so tüchtigen und verständigen Conservators; es blinkt und glänzt von den Wänden, als ob man zwischen Spiegelscheiben wandelte.

widerspricht der verbürgte Aufenthalt Ainemolo's im Jahre 1439 in Palermo [16]).

Die Haupttafel zeigt Maria mit dem Kinde auf Wolken stehend, Engel halten über ihr die Krone; tiefer unten sieht man die beiden Ordensstifter Dominicus und Franciscus, und die Heiligen Nympha und Christina. Zwischen diesen Heiligen-Paaren bewegt sich die grosse Festprocession, welche die Einführung des Rosenkranzfestes feiert. Ganz unten sind die Figuren der Donatoren (hier nach alter Tradition in kleinem Massstabe) angebracht. Um die Haupttafel herum gruppiren sich in Form eines Rahmens fünfzehn kleinere Bildchen mit Darstellungen aus dem Leben des heiligen Dominicus und der Geheimnisse des freudenreichen, schmerzreichen und glorreichen Rosenkranzes — im Ganzen fünfzehn mit der Trinität als Abschluss. Die Hauptgruppe, die Madonna mit den vier Heiligen, wirkt bedeutend; das Kind erscheint lebhaft bewegt, die Maria hat den Typus der Madonna in S. Pietro, dem aber hier ein Zug von Strenge beigegeben ist. Die grossen Linien der Hauptgruppe werden jedoch in ihrer Wirkung beeinträchtigt durch die sich vordrängenden Einzelheiten, die allerdings durch den Zweck des Gnadenbildes gefordert waren, jedenfalls aber die künstlerische Wirkung vermindern. Betrachtet man aber die kleinen Bildchen für sich, so zeigt sich in diesen eine so reiche Erfindungsgabe, ein so edler Liniensinn, in den meisten so viel Sorgfalt der Durchführung, dass wir auch in ihnen den Meister ganz gegenwärtig finden. Einige dieser kleinen Darstellungen, dann aber namentlich die Procession der Haupttafel zeigt in der nachlässig-flotten Pinselführung die Mithilfe eines begabten Schülers, der auch an einer Reihe anderer Compositionen Antheil hat, in welchen einige Motive der kleinen Bildchen verwerthet wurden [17]). Das tiefgestimmte aber leuchtende Colorit ist trefflich erhalten. —

Die Heiligen-Gruppen im Madonnenbilde von S. Pietro und in dem Bilde der Madonna del Rosario zeigen die freie Naturauffassung venezianischer Existenzbilder; in der Darstellung eines hl. Franciscus (für den Ex-Convent S. Francesco dei Chiodari) und des hl. Conrad

---

[16]) Vgl. Anm. 8. Di Marzo fand diese Tradition verzeichnet in den handschriftlich vorhandenen Annali Domenicani (geschr. im vorigen Jahrh.). Er trat ihr entgegen mit eben jenem Document von 1539.

[17]) Darstellung im Tempel, Verkündigung, Heimsuchung, Geburt, Geisslung (Pinakothek, Sala dell' Ainemolo 2, 6, 24, 25, 26). Sie wurden »Expensis Nationis Lombardorum 1542« für die Kirche S. Giacomo della Marina gemalt; das mag immerhin im Atelier Ainemolo's geschehen sein. Aber mit Unrecht eignet sie di Marzo dem Meister selbst zu; der Katolog der Galerie (von Meli) bezeichnet sie richtig als Schulbilder.

(für die Kirche des in der Palermitanischen Geschichte berühmten
Klosters della Gancia gemalt; jetzt beide in der Pinakothek Nr. 12 u. 13)
geht Ainemolo wiederum einen Schritt weiter in seinem Streben nach
realistischer Wiedergabe der Natur, nach Vertiefung in das Detail, nach
prompter Darstellung des Actuellen. Bei all dem behält aber in diesen
beiden Gestalten das Psychologische die Oberhand; der hl. Franciscus,
der die Wundmale empfängt, verräth nicht bloss in der Haltung die
seraphische Liebesglut, die ihn erfüllt, und Conrad, der Einsiedler ist
der treffliche Repräsentant culturscheuer Askese [18]).

Wie strenge aber Ainemolo bei all dem innerhalb der Raphael'-
schen Compositionslinien bleibt, das zeigen zwei in der Kirche des
Kloster della Gancia noch vorhandene Bilder: Die Geburt Christi und
die Vermählung Marias. Zunächst fesselt in der »Geburt« die schön
geschlossene Hauptgruppe. Maria kniet vor dem Kinde, auf der einen
Seite der Krippe steht Joseph, voll Andacht auf das Kind hinschauend,
auf der andern Seite kniet der Donator, im Gegensatz zur Tradition,
als gleichberechtigtes Glied in die künstlerische Composition der Gruppe
hineingezogen. Von der Seite treten zwei Hirten in den Stall, die Eile
der Bewegung offenbart noch die flotte Haltung. Und diese ist so prompt
wiedergegeben, dass das Hirtenpaar für sich ein treffliches Genrebild
gäbe; genrebildartig ist auch die Detailausführung, so z. B. ist das
aus der zerrissenen Hose hervorlugende Knie des einen Hirten mit der
Treue eines Actes modellirt. In der Höhe wird der jubelnde Engelchor
sichtbar. Die Berglandschaft mit ihren Gründen, Thälern und Höhen-
kuppen, den Triften und nackten Felspartien ist wieder mit ganz
besonderer Liebe und Sorgsamkeit behandelt. Zahlreiche Figuren,
weidende Hirten, Wanderer etc. beleben sie. Zu der stilistischen Haltung
stimmt das starke Helldunkel. Bis in die letzte Tiefe hinein bewahren
die Figuren ihre plastische Klarheit und Entschiedenheit.

Diesem Werke gegenüber muss man bekennen: einer Vereinigung
so edler Composition, solchen Gleichmasses der Durchführung, einer
so vornehmen, in allen Theilen gleich soliden coloristischen Haltung
begegnet man kaum in einem Werke des Giulio Romano, so weit er
auch dem Ainemolo an beweglicher Phantasie voraus sein mag.

Die Vermählung Mariens wirkt als Ganzes nicht günstig; obwohl
sie an Figuren nicht besonders reich ist, drücken diese doch gegen den
Vordergrund; es mangelt die richtige Tiefe; ich glaube, das Bild wurde
für einen höheren Standort componirt. Das Einzelne jedoch ist trefflich.

---

[18]) Eine dazu gehörige Tafel No. 14 mit Scenen aus dem Leben des hl. Conrad,
welche der Katalog gleichfalls dem Ainemolo zuspricht, halte ich für ein Werk jenes
Schülers, von welchem die Geisslung herrührt.

Joseph ernst und würdig; Maria mit einem Zug bräutlicher Scheu und Furchtsamkeit; seitwärts die abgewiesenen Freier und Zuschauer, darunter einer mit dem glatten Römerkopf des Rottenführers aus Raphaels Kreuztragung; der Donator ein charakteristisches Zeitportrait.

Die Architektur im Hintergrunde erinnert an die in Raphaels Sposalizio, ohne jedoch die hohe, klare Einfachheit der letzteren ganz zu bewahren. Durch den Hallenbau hinaus, und seitwärts von denselben, schweift der Blick in die von Figuren reich belebte Hügellandschaft.

Wenn Ainemolo noch einen Schritt weiter in seiner realistischen Neigung ging, so ist wohl das Martyrium der Vierzig Märtyrer in der Hauptsache sein Werk (Pinakothek No. 22, aus der Confraternitätskirche der Pisaner) [19]). Der obere Theil, Maria von Engeln umgeben und darüber der ewige Vater, mag allerdings von anderer Hand herrühren — vielleicht von dem Maler der farbenfrischen zierlichen Madonna in der Kirche S. Catarina all' Olivella — der untere (Haupt-) Theil aber zeigt einen Reichthum individualisirender Kraft, eine sichere Kenntniss des menschlichen Leibes, welche damals nur Ainemolo zu Gebote standen. Der Vorwurf, das Ende vierzig Gemarterter in den Fluthen eines Sees darzustellen, hätte einen Künstler, der minder strengen Stiltraditionen sich unterordnete, kaum vor naturalistischen Ausschweifungen bewahrt. Den Tod und die Agonie zu malen, dem konnte der Künstler nicht entgehen; aber Ainemolo hat eine so andächtige Verzückung über die in letztem Krampfe zuckenden Muskeln gebreitet, dass das Schreckliche das Schreckhafte verliert. Die durchwegs nackten Körper sind mit gleichmässiger Sorgsamkeit modellirt, jede Muskelbewegung ist an sich und in ihrer Wirkung auf das Ganze mit meisterhafter Sicherheit angedeutet.

Ueber 1552 hinaus mangeln alle Spuren von künstlerischer Thätigkeit Ainemolo's. Dem Jahre 1552 entstammte nach Mongitore's Aussage eine monochrome Tafel im Dome von Palermo, die aber 1682 zu Grunde ging und dann durch ein Werk des Antonino Grano, eines Schülers des Pietro Novelli, ersetzt wurde.

Mongitore und Auria führen noch eine Reihe von Werken Ainemolo's an, die man jetzt in Palermo vergeblich sucht, wenngleich sich noch Manches diesem Künstler Zugehörige in Privatbesitz verstecken mag [20]). Eine Reihe von Werken Ainemolo's ist nach Spanien gebracht

---

[19]) Di Marzo nimmt das ganze Werk für Ainemolo in Anspruch; Meli's Katalog führt es als Schulbild an; es steckt aber ein so bedeutendes Können in dem Bilde, dass ich nur an den Meister selbst denken konnte.

[20]) Di Marzo eignet ihm noch zu eine Kreuzabnahme in S. Onophrio, die aber nichts weiter als eine schwache Copie nach Ainemolo ist, desgleichen eine Madonna

worden. Mongitore führt Francesco di Castro an, Auria den Herzog von Uyeda, unter deren viceköniglicher Regierung solcher Raub besonders lebhaft betrieben wurde [11]). Ainemolo's Werke verbergen sich dort wahrscheinlich unter klangvolleren Namen, obgleich es nicht schwer wird, seine künstlerische Art von den anderen Nachfolgern Raphaels zu sondern. An intensivem Lebensgefühl geht ihm Keiner von diesen voraus; der resolute realistische Zug, der seiner späteren Periode eigen, unterordnet sich doch immer, in Folge angebornen Schönheitssinnes, den Stilgesetzen der römischen Schule. Nie überschreitet er die feingezogene Grenze, wo Naturtreue der künstlerischen Schönheit sich als Gegnerin in den Weg stellt.

So hat es sein Einfluss zu Stande gebracht, dass die palermitanische Malerei während des ganzen 16. Jahrhunderts edlen Stiltraditionen treu bleibt, so dass wir noch am Ausgang desselben einem so treuen Nachahmer seiner Art, wie es Antonio Spartaforo ist, begegnen.

Im nächsten Jahrhundert übernahm dann Pietro Novelli (geb. zu Monreale am 2. März 1603, gest. zu Palermo am 27. August 1647) die Führung. Sein bedeutendes malerisches Talent, seine bewegliche Phantasie, seine sichere, energische Formengebung halfen dem Naturalismus der Spanier und Neapolitaner, in deren Schule er selbst gegangen war, zu vollständigem Siege. Schnell sammelte sich um ihn eine zahlreiche Schaar von Schülern und Nachahmern, die ohne das Lebens- und Farbengefühl des Meisters, auf riesengrossen Leinwandflächen ihrem turbulenten Pathos Luft machten.

Bei all dem haftet ihnen in Zeichnung und Farbe ein langweiliger trockener Zug an, der es nicht einmal zu einem herzhaften fröhlichen Aerger kommen lässt. Dieser Zug ist selbst noch in den Werken des Giuseppe Velasquez, des letzten palermitanischen Malers von einiger Bedeutung, bemerkbar (geb. 1750, gest. 1827). Die Belege für diesen Vorwurf bieten Kirchen, Paläste und die Sala del Novelli in der Pinakothek in Palermo in nur zu grosser Anzahl.

mit den HH. Petrus und Antonius in der Pinakothek (Cabinetto Gallo No. 69), die von einem tüchtigen Nachahmer Ainemolo's herrühren dürfte.

[11]) Mongitore, Memorie etc. l. c. fol. 252 terg. und Auria a. a. O. — Madrazo's Catalogo descriptivo é histórico del Museo del Prado de Madrid (Madrid 1872) führt kein Werk unter dem Namen Ainemolo an.

Hubert Janitschek.

Die älteren Glasgemälde des Strassburger Münsters.

Von Dr. Julius Janitsch.

Vorbemerkung.

Die Glasgemälde des Strassburger Münsters haben schon mehrfach Berücksichtigung gefunden, seitdem Guerber mit seiner Monographie im Jahre 1848 vorangegangen war [1]). Diesen Arbeiten gegenüber bedarf es einer Rechtfertigung der vorliegenden Abhandlung. Eine solche liegt zunächst in dem verschiedenen Zwecke. Beschränkten sich die älteren Darstellungen auf eine Aufzählung der vorhandenen Glasgemälde, auf eine ästhetische Würdigung der hervorragenderen, und auf den mehr oder weniger glücklichen Versuch der Einfügung der Bilder in bestimmte kunstgeschichtliche Perioden; so ist meine erste Aufgabe, eine möglichst getreue Beschreibung derselben zu liefern. Der Versuch einer solchen ist bis jetzt nur bei einzelnen Figuren gemacht worden. Auch ich musste mir eine Einschränkung auflegen: während ich mich bei den romanischen Bildern in Anbetracht ihrer Bedeutung für Costümkunde u. a. m. der eingehendsten Schilderung befleissigte, wäre dies angesichts einer bedeutenden Zahl von Einzelgestalten späteren Stils, von denen lange Reihen die grösste Uebereinstimmung nach jeder Seite hin zeigen, unnütze Weitschweifigkeit gewesen. Sie werden denn auch reihenweise behandelt; zwar einzeln aufgezählt, wie das die einer jeden beigegebene Inschrift verlangte, aber unter Aufstellung eines oder mehrerer Typen nach Gruppen charakterisirt. Anders lag die Sache bei den legendarischen Bildern, welche zum Theil ikono-

---

[1]) Die bez. Litteratur findet sich bei Kraus, Kunst und Alterthum in Elsass-Lothringen zusammengestellt. Sie hat inzwischen eine Bereicherung erfahren durch die betr. Abschnitte in Woltmann's Geschichte der Malerei I.

graphisch von Wichtigkeit sind. Hier war die Detailschilderung eine Nothwendigkeit.

Ferner haben die bis in die neueste Zeit fortgeführten Restaurationsarbeiten, welche nicht nur manche Versetzungen der Bilder zur Folge hatten, sondern auch eine Reihe verschollener, werthvoller Bilder an's Tageslicht zogen, sämmtliche bisherige Darstellungen überholt, so dass keine Aufzählung mehr in allen Punkten zutrifft. Diesem veränderten Stande der Dinge gerecht zu werden, lag mir ebenfalls ob.

Dass ich nur die älteren, d. h. die romanischen und gothischen Glasgemälde in den Bereich meiner Betrachtung zog, bedarf keiner Rechtfertigung. Ausgeschlossen blieben auch die ursprünglich nicht dem Münster angehörenden Glasbilder der Laurentiuscapelle.

Leider mangeln sichere historische Anhaltspunkte zur Datirung der Bilder; der Tradition gegenüber muss man besondere Vorsicht walten lassen.

Zu beachten bleibt ferner, dass kaum ein einziges der zur Sprache kommenden Gemälde noch intact ist; moderne Restaurationen und Ergänzungen haben in umfassender Weise stattgefunden, wobei vieles Vortreffliche geleistet, aber doch nicht auf allen Punkten die gleiche kritische Behutsamkeit beobachtet wurde. Solche Neuschöpfungen stets als solche zu erkennen, ist, wo die Bilder nicht in unmittelbarer Nähe betrachtet und analysirt werden können, vielleicht auch dem gewiegteren Kenner nicht möglich. Meine Beschreibung wird sich daher vielfach über Ursprüngliches und Erneuertes gleichmässig erstrecken, ohne dass ich immer diese scharfe Sonderung innezuhalten vermag. Ich musste mich von dem Vertrauen leiten lassen, dass der moderne Copist, wenn er auch in der Farbe nicht immer die älteren Vorbilder erreichte, doch in der Zeichnung gewissenhaft den Spuren des Vorbildes nachgegangen sei.

Zur Orientirung schicke ich die Angabe der örtlichen Vertheilung der Glasbilder voran:

Chorapsis.

Nördliches Fenster: König Heinrich der Heilige (Uebergangsstil).

Südliches Fenster: Katharina (Uebergangsstil).

Nördliches Querhaus.

Ostwand: I. Madonna mit dem Kinde (gothisch).

Johannes der Täufer (goth.).

II. Thronender Christus (rom.).

Laurentius (rom.).

Nordwand: I. Der Engel der Verkündigung (rom.).

Das Gericht Salomons (rom.).

II. Madonna (rom.).

Johannes der Täufer; Johannes der Evangelist (rom.).

Salomon; Königin von Saba (rom. Uebergangsstil).

David; Salomon (rom. Ueberg.).

Westwand: I. Madonna (rom.).

Martinus (rom.).

Südliches Querhaus.

Ostwand: I. Matthias (rom. Ueberg.).

Bartholomäus (rom. Ueberg.).

II. Christoph (rom.).

III. Candidus (rom.).

Mauritius (rom.).

IV. Victor (rom.).

Exuperius (rom.).

Südwand: I. Rosette des Alten Bundes (rom. Ueberg.).

II. Rosette des Neuen Bundes (rom. Ueberg.).

Westwand: I. Florentius (goth.).

II. Biulfus (goth.)

Langhaus, Oberfenster.

Nordwand: I. (nächst dem Chore). Vier Päpste (goth.).

Vier Diaconen (goth.).

II. Acht ritterliche Heilige.

III. Dux Marcus; Dux Achatius (goth.).

Sechs Bischöfe (goth.)

IV. V. Je acht Bischöfe (goth.).

VI. (bezw. VII., weil die Orgel ein Fenster verdeckt).

Sieg der Tugenden (spätgoth.).

Südwand: I. Madonna und elf heilige Jungfrauen (goth.).

II—V. Je acht hl. Jungfrauen (goth.).

VI. Das Gericht Salomons (spätgoth.).

VII. Anbetung der hl. drei Könige (spätgoth.)

Nördliche Triforien.

I—V. Stammbaum Christi (goth.).

Medaillons (goth.).

Nördliches Seitenschiff.

I. II. (vom Eingang aus). Deutsche Könige (rom.).

III—V. Deutsche Könige (goth.).

Südliches Seitenschiff.

I. (vom Chor aus). Marienleben (goth.).

II. Leben Christi (goth.).

III. Passion (goth.).

IV. Scenen nach dem Tode Christi bis zur Ausgiessung
    des hl. Geistes (goth.).
 V. Jüngstes Gericht (goth.).
    Nördliche Thurmvorhalle.
 I. Erschaffung des Menschen bis zur Sintflut (spätgoth.)
    Südliche Thurmvorhalle.
 I. Werke der Barmherzigkeit u. s. w. (spätgoth.).
Katharinenkapelle (Anbau am südlichen Seitenschiff).
I—V. Die zwölf Apostel (goth.).
  VI. Maria Magdalena; Martha (goth.).
    Krypta, Ostfenster.
  Engel (rom.).

I.

Die Fenster der romanischen und der Uebergangsepoche.

Die Reihe der romanischen Glasgemälde lässt sich nicht besser
eröffnen als mit dem über dem Portal des nördlichen Querhauses, das
einen an und im Münster mehrfach behandelten Stoff, das Gericht
Salomon's, darstellt, und eins der wenigen Beispiele des consequent
durchgeführten Teppichstiles ist. Das Fenster setzt sich aus vier, oder
genauer, soweit es bis jetzt in Betracht kommt, drei über einander
geordneten Medaillons zusammen, deren erstes und drittes kreisrund,
deren zweites eine aus zwei kleineren Kreisbogen gebildete Fläche ist,
mit den Spitzen in der Längenachse der Fenster. Eine Form der Eintheilung, welche, so häufig sie auch in der älteren Kunst ist, doch auf
keinem der Bilder des Münsters wiederkehrt.

Die Vertheilung des Stoffes ist folgende: Nr. 1 (von unten) gibt
die Exposition, die Vorbringung der Klage der beiden Mütter. Rechts
thront der König, die Krone auf dem Haupte, in der Linken das
Lilienscepter; die Rechte gegen die vor ihm stehende Klägerin erhoben.
Diese hält ihm ein Kind entgegen, das den Kopf lebhaft zurückwendet.
Die links von ihr stehende Frau trägt ein todtes Kind quer auf dem
Arm. Rechts hinter dem Throne steht der Gerichtsdiener, das in um-
bänderter Scheide steckende Schwert im Arme.

Der König ist mit einer langen rothen, gelbgesäumten Tunica,
hellgrünem Mantel mit lila Unterfutter, und rothen Schuhen bekleidet.
Sein Haupt umgibt ein rother, weissgeränderter Nimbus. Der Thron-
sessel ist gelb, reich ornamentirt und mit weissen Polstern belegt. Das
Gewand der vorderen Frau ist weiss, das der anderen gelb; in hellgrün
ist das lebende Kind, das todte in dunkelpurpur gekleidet. Der Gerichts-

diener trägt eine nur bis zu den Knieen reichende gelbe Tunica und
rothe Strumpfhosen; sein Haupt ist unbedeckt.

Nr. 2 zeigt die Verknüpfung des Knotens, das Scheinurtheil des
Königs zur Prüfung der rechten Mutter. Es sind dieselben Personen
wie vorher, jedoch in umgekehrter Ordnung. Der König, in unverhältnissmässig grosser Gestalt in der Mitte sitzend, ganz von vorn
gesehen, mit einer Schriftrolle statt des Scepters in der Linken, erhebt
bedeutsam die Rechte mit ausgestrecktem Zeigefinger gegen die etwas
nach rechts gerückten, vor ihm stehenden Frauen. Die erste reicht
das lebende Kind dem links vom Könige stehenden Diener, der nach
demselben greift und dabei die Spitze des entblössten Schwertes, wie
zum Zuhauen bereit, neigt. Die zuäusserst rechts stehende streckt
flehend die Arme nach dem König aus.

Nr. 3 bringt die Entscheidung, die Ausführung des endgültigen
Urtheils. Die Anordnung ist wieder wie auf Nr. 1. Salomon steht
in der Mitte, in den Mantel gehüllt, den er mit der Linken zusammen-
hält, so dass nur der rechte Arm frei bleibt. Wieder erhebt er die
Rechte mit gestrecktem Finger gegen die zur Linken befindliche Gruppe
der Frauen. Die vordere Frau in weiss übergibt der links stehenden das
lebende Kind, während sie das Antlitz immer noch dem Könige zu-
wendet. Die rechte Mutter neigt sich dem Kind entgegen und drückt
dessen Kopf zärtlich an ihre Wange. Zwischen beiden liegt auf dem
Boden das todte.

Sämmtliche Medaillons sind von einem hellgrünen, ornamentirten
Band umrahmt, das seiner grossen Breite wegen zum Theil noch als
Hintergrund dient, während im übrigen der Grund blau ist. Sodann
ist jedes von einer gelben Perlenschnur, nächst dieser von einem
weissen Rande eingefasst, deren beide Enden sich ober- und unter-
halb zu einem Doppelbande vereinigen und so die Verbindung der
Medaillons unter einander herstellen. Die übrige Fläche der Fenster
bildet ein teppichartig gemusterter Untergrund, in abwechselnd blaue
und rothe rautenförmige Felder getheilt, welche von schmalen Streifen
derart eingefasst sind, dass blaue und rothe Felder, rothe und blaue
Streifen stetig abwechseln. An den Diagonalenden sind gelbe Stern-
chen eingesetzt, welche vortrefflich die Farben auseinanderhalten. Felder
wie Streifen sind mit Ornament bedeckt; erstere mit einem viertheiligen
Blattmuster, letztere mit Perlreihen. Ein warmer Ton liegt über diesem
Teppich, gegen welchen die lichter gehaltenen Medaillons wirkungsvoll
contrastiren.

Um die Zeit dieser Bilder zu bestimmen, sind wir, da jede historische Nachricht über ihre Entstehung fehlt, ganz auf die Anhaltspunkte

angewiesen, welche der Stil der Darstellung und die Einzelheiten des Costümes bieten. Mit Recht wies Schauenburg[2]) auf die Uebereinstimmung mit den Typen des Hortus Deliciarum der Herrad von Landsperg († 1195) hin. Costüme, Waffen, königliche Insignien, Zierrath, Haltung und Geberde entsprechen einander. Ob wir damit als die Zeit der Entstehung mit Schauenburg das XII. oder mit Kraus[3]) kurzweg das XIII. Jahrh. ansetzen sollen, wage ich nicht zu entscheiden; keinenfalls kann die Jahreszahl von 1200 weit entfernt sein.

Das vierte, oberste Medaillon muss im Zusammenhange mit dem folgenden Fenster besprochen werden, das sich in gleicher Höhe links an derselben Wand des nördlichen Kreuzarmes befindet.

Vier Felder finden sich heute daselbst vereinigt, welche zu solcher Gemeinschaft erst in neuerer Zeit bestimmt wurden. Ueber ihren ursprünglichen Zusammenhang, ihre Zugehörigkeit zu einem grösseren Cyclus, sind wohl Vermuthungen geäussert worden, die ich jedoch ihrer schwachen Begründung halber nicht reproduciren kann.

Das oberste, von zwei in einander schneidenden Kreisen, einem oberen grösseren und einem unteren kleineren gebildete Feld wird von einer sitzenden Madonna eingenommen. Dieselbe ist von vorn sichtbar. Beide Hände hat sie mit nach aussen gekehrter Handfläche bis zur Mitte der Brust erhoben. Das Gewand ist weiss; darüber trägt sie einen grünen, gelbgeränderten und -gefütterten Mantel, der capuzenartig auch das Haupt umhüllt; ferner rothe Schuhe. Der Thron ist mit gelbem Ornament überdeckt und mit rothen Polstern belegt. Ein gelber, in Radien getheilter Nimbus umgibt ihr Haupt, eine rothe kreisrunde Glorie ausserdem Haupt und Oberkörper. Roth ist auch der Boden. Zu beiden Seiten des Thrones spriesst in gefälliger Windung eine Lilienranke hervor, welche das durch die kleinere Dimension des unteren Kreisabschnittes entstandene leere Feld ausfüllt.

Was den Stil der Figur betrifft, so spricht die edle Würde der Haltung (das Original zeigt nicht die leise Neigung des Hauptes der Guerber'schen Reproduction[4]), der ruhige, schöne Faltenwurf, in dessen sonstige Einfachheit vielleicht der Farbenwirkung zuliebe ein etwas gesuchtes Motiv eingreift (ich meine die Art, wie der Zipfel des Mantels, über das linke Bein gelegt, dort eine bauschige Falte bildet, dann zurückgewandt zwischen den Knieen herabfällt), entschieden für die romanische Periode (zweite Hälfte des XII. Jahrhunderts?).

[2]) Enumération etc. Caen 1860. S. 14.
[3]) Kunst und Alterthum. Strassburg 1876. S. 455.
[4]) Guerber, Essai. Strasbourg 1848. Pl. I.

Hieran muss jenes vierte Medaillon des vorher genannten Fensters
gereiht werden, welches, ehedem unter der Madonna angebracht, demselben Fenster im südlichen Querhaus angehörte, und nach Machwerk
und Gegenstand in Zusammenhang mit ihr steht.
In kreisförmigem Feld ist ein Engel im Profil zu sehen, der
sich in demüthig gebückter Haltung, den rechten Fuss vor den linken
setzend, mit leicht gebogenem Knie nach links (v. B) wendet. Er
erhebt die (unbedeckten) Hände — nicht wie zum Gebet, denn sie
sind nicht geschlossen, die Rechte sogar etwas höher gehoben als die
Linke. Ein schärpenartiges, breites ornamentirtes Band umschliesst
den Körper oberhalb der Taille, zieht sich längs der Aermel nach vorn
und hängt am Handgelenk herab. Die bis zum Knöchel reichende
hellgrüne Tunica ist vorn mit einer breiten gelben, mit weissen Perlschnüren eingefassten, verticalen Bordüre und einem gleichen Saum
unten besetzt. Diese tragen, ebenso wie die erwähnte Schärpe und der
gelbe Nimbus, das sorgfältig ausgeführte, zierliche Ornament, welches
uns als ein besonderer Charakterzug unserer älteren romanischen Glasgemälde den gothischen gegenüber noch öfter begegnen wird. Dass
der Engel nicht barfuss, sondern mit rothen Schuhen dargestellt ist,
veranlasste Schauenburg zu der überflüssigen Annahme einer byzantinischen Tradition [5]). Die Flügel — in ganzer Ausdehnung tritt nur der
linke hervor — sind gelb mit langen weissen Schwungfedern. Eine
rothe kreisrunde Glorie umgibt fast die ganze Gestalt, so dass von dem
blauen Grunde nur ein verhältnissmässig schmaler Streif übrig bleibt.
Die neuere Anordnung legt es nahe, die beiden Gestalten der
Madonna und dieses Engels auf einander zu beziehen. Beide nehmen
die oberste Stelle in zwei benachbarten Fenstern ein, und zwar so,
dass die Madonna sich zur Linken befindet, und die Wendung des
Engels ganz ungezwungen auf sie gerichtet ist. Die früheren Beschreiber
sahen hier denn auch eine Verkündigung dargestellt, bis Guerber [6]),
durch Analogien mit gewissen Bildern des Hortus Deliciarum verleitet,
von jener Ansicht zurückkam und hier das Bruchstück eines jetzt verschwundenen mystischen Bildercyclus sehen wollte. So lange hierfür
nicht ausreichende Beweise beigebracht werden, müssen wir an der
früheren Deutung festhalten. Die Geberde der Marie lässt sich nicht
wohl anders denn als Ausdruck der Ueberraschung und des Staunens
auffassen; damit ist aber auch der Moment aus ihrem Leben gegeben,
der vorzugsweise so charakterisirt wird. Hierzu stimmt die Haltung

---

[5]) A. a. O. S. 14 f.
[6]) Im kath. Kirchen- und Schulblatt XVI. (1855) S. 338.

des Engels. Die Neigung des Körpers und die ausdrucksvoll erhobenen Hände sprechen für den Ueberbringer himmlischer Botschaft.

Dass sowohl bei Maria als bei dem Engel die gewöhnlichen Attribute (dort Spindel oder Buch, hier Oel- oder Lilienzweig) fehlen, kann nicht als Gegengrund angeführt werden. Es finden sich mittelalterliche Denkmale genug, auf denen die eine oder die andere oder auch beide Personen ohne dieselben auftreten. Für den Lilienstock, der mitunter neben Maria gestellt vorkommt[7]), treten auf unserem Bilde die Lilienranken zu beiden Seiten des Thrones ein. Was aber die eigenthümliche Handgeberde der Maria betrifft, so ist auch sie nicht ohne Analogien; ja, auf einem in Oxford befindlichen Elfenbeinrelief, das von Oldfield[8]) vor das X. Jahrh. gesetzt wird, kehrt diese Geberde der Maria bei der Verkündigung in identischer Weise wieder.

Das nun folgende Feld dieses Fensters wird von den Gestalten links Johannes des Täufers und rechts Johannes des Evangelisten unter einer romanischen Doppelarcade eingenommen. Beide halten in der Linken ein zum Boden herabfallendes Spruchband und haben die Rechte lehrend erhoben. Johannes der Täufer, mit Vollbart und langem, auf die Schultern herabwallendem Haupthaar, ist in eine hellgrüne Tunica mit zwei schmalen rothen Verticalstreifen und in einen weissen Mantel mit gelbem Querstreifen gekleidet. Die Füsse sind nackt, das Haupt umgibt ein gelber Nimbus. Auf dem Spruchbande stehen die Worte: »Joannes Baptista Vox Clementis In Deserto, Parate Viam Domini, Rectas Facite Semitas Dei Nostri«. Auf dem Arcadenbogen: »Ecce Agnus Dei, Ecce Qui Tollit Peccata Mundi«. Johannes der Evangelist, ebenfalls bärtig nach dem älteren Typus, mit kurzem Haar, trägt umgekehrt eine weisse Tunica mit rothen Verticalstreifen und einen grünen Mantel; die Füsse sind nackt, der Nimbus ist ebenfalls gelb. Die Worte des Spruchbandes lauten: »In Principio Erat Verbum Et Verbum Erat Apud Deum Et Deus Erat Verbum«. Die Umschrift auf dem Bogen: »Johannes Apostolus Et Evangelista«. Der Charakter der Buchstaben auf den beiden Spruchbändern ist der der lateinischen Capitalschrift, die Inschriften auf den beiden Bögen sind in Uncialbuchstaben abgefasst[9]).

Der Grund ist (wie überall, wo nichts Anderes angegeben wird) blau. Eine Eigenthümlichkeit der beiden Bilder ist der bis zur Kniehöhe reichende grüne Teppich, der ein ähnliches Muster wie die grüne

---

[7]) Wessely, Iconographie Gottes und der Heiligen. Leipzig 1874. S. 29.

[8]) Bei Wyatt, Notices of sculpture in ivory, London 1856. V. c.

[9]) Vgl. die Abbildung nach flüchtiger Skizze, da die Benutzung des reichen Materials an Durchzeichnungen im Frauenhause nicht gestattet wurde.

Die beiden Johannes.   Glasgemalde im Münster zu Strassburg.

Bordüre der Medaillons des Salomonischen Gerichtes trägt, und in der
unteren Bildhälfte die Stelle des Grundes vertritt. Die Säulenschäfte
der Arkaden sind weiss und in gewissen Abständen mit gelben, von
Lila-Streifen eingefassten Querbändern versehen. Die mit Blattwerk
bedeckten Basen und Capitelle sind gelb. Eine gewisse Grossartigkeit
und ein entschieden antikisirender Zug zeichnet diese kleinen Figuren
vor vielen aus.

Wenden wir uns zur Ostwand desselben Raumes, so treten uns
im zweiten Fenster vom Chor aus die grossen Gestalten eines thronenden Christus und eines Laurentius entgegen, beide jetzt in einem
Zustande, der sie fast nur noch Ruinen zu nennen gestattet.

1. Christus, in der bekannten Haltung der Maiestas Domini, in
der Linken das Buch, die Rechte lehrend erhoben, ist in einen gelben,
faltenreichen, eng drapirten Mantel gehüllt; die Farbe des Buches ist

blau; der Nimbus ist roth mit gelbem Kreuze. Zu beiden Seiten des
Hauptes stehen auf dem blauen Grunde die Buchstaben A Ω. Eine
romanische Nische umschliesst ihn, über deren Einzelglieder bei dem
üblen Zustande des Bildes mit Sicherheit nichts zu sagen ist.

2. In starrer Haltung, mit unverhältnissmässig dickem Kopfe,
überhaupt mangelhaft proportionirt, steht unter ihm in einer romanischen Nische St. Laurentius im Diakonengewande, mit beiden Händen
ein Buch umfassend (von dem Rost, auf welchen Guerber den Heiligen
sich stützen lässt [10]), war mir nicht möglich, eine Spur zu entdecken).
Ueber der weissen Alba trägt er eine tiefrothe Dalmatica, die an den
Rändern mit einer gelben Bordüre, in Kniehöhe mit einer breiteren von
gleicher Farbe besetzt ist; unten am Saum sind zu beiden Seiten zwei
grosse gelbe Medaillons angebracht, welche Besatzstücke sämmtlich mit
reichem Ornamente bedeckt sind. Das Buch ist blau. Vom linken Arm
hängt ein blaues mit gelben Medaillons besetztes Manipel herab. Das
Haupt ist kahl geschoren, nur an den Schläfen sind goldgelbe Haar-
büschel stehen geblieben, wie sich auch ein solcher Haarring um die
Stirne zieht. Der gelbe Nimbus weicht in sofern von den bisher
betrachteten ab, als er sich aus breiten, am Ende abgerundeten Strahlen
zusammensetzt, in deren Mitte sich eine schwarze Linie entlang zieht.
Die auf dem Bogen der Nische befindliche Inschrift S. LAVRENTIVS
zeigt lateinische Capitalbuchstaben in ungeschlachten Formen mit dem
Uncial-E älterer Gestalt.

Es mögen nunmehr die vier Märtyrer der Thebaischen
Legion, Candidus, Mauritius, Victor, Exuperius, im dritten und vierten
Fenster der Ostwand des südlichen Kreuzarmes, folgen. Sämmtlich
in kriegerischer Tracht des XII. Jahrhunderts: in eng anschliessendem
Panzerhemd und Panzerhosen; der erste und zweite mit dem Helm auf
dem Haupte, während der dritte und vierte die Capuze des Panzerhemdes
über den Kopf gezogen haben. Alle sind mit grossen, reichverzierten
Schilden in Form dreieckiger Cylinderausschnitte mit abgerundeten
Ecken an der Dreiecksbasis versehen. Von Angriffswaffen führen sie
das breite Schwert in umbänderter Scheide; der zweite und dritte überdies die grosse Lanze.

Von Einzelheiten der Bewaffnung muss zunächst der Helm des
ersten hervorgehoben werden. Er ist weiss, von cylindrischer Form,
mit leicht gerundeter Kante. Beachtenswerth ist an demselben das
Visier, das in so ausgebildeter Form wohl hier am frühesten auftritt.
Von gelber Farbe (wahrscheinlich vergoldetes Metall vorstellend) bedeckt

---

[10]) Essai S. 47.

es das Gesicht gerade so weit, als dies nicht schon von der Capuze des Panzerhemdes geschieht, welche nach der Sitte der Zeit unter dem Helm getragen ward. Für die Augen, welche aus dem Dunkel hervorleuchten, sind zwei viereckige Oeffnungen angebracht, auf den Wangen und in der Mundgegend drei kreuzförmige, und zahlreiche kleinere von länglicher und runder Form über die übrige Fläche zerstreut. In der Stirngegend umgibt den Helm ein breiter, mit zierlichem gelbem Ornament bedeckter Reif. Ueber den Cylinder zieht sich ein verticales rothes Band mit geometrischem schwarzem Linienornament. Aehnlich gestaltet und gefärbt ist der Helm des Zweiten, nur dass er statt des Visieres mit dem gewöhnlichen Nasenstück versehen ist.

In Haltung und Farbe zeigen die vier ebenso grosse Uebereinstimmung wie in der Bewaffnung. Sie stehen in romanischen Nischen bei geringer Wendung nach rechts (v. B.), mit gespreizten Beinen, den mächtigen Schild vor sich auf den Boden gestellt; ernste, fast finstere Gestalten.

Der Erste[11]) trägt das Schwert in rother Scheide mit weissen Bändern in der Rechten geschultert. Der Schild ist von der Seite, folglich nur zur Hälfte, sichtbar. Er ist roth und in der Mitte durch einen breiten verticalen Streifen getheilt, der mit gelbem Ornament von feiner Ausführung bedeckt ist. Ein gleicher Streif zieht sich rings um den Rand. Der Boden ist roth. Der Name CANDIDVS steht auf einem horizontalen schwarzen Streifen zu beiden Seiten des von gelbem Nimbus umgebenen Kopfes.

Der Zweite hält die Lanze an die rechte Schulter gelehnt. Hinter dem rechten Bein sieht die Schwertscheide hervor. Den Schild zeigt er in ganzer Breite von vorn. Die rothe Fläche desselben wird durch einen, dem vorhin erwähnten ähnlichen breiten Streifen mit gelbem Ornament kreuzweise getheilt. Das Quadrat der Kreuzung ist blau. Auf dem Bogen über dem Heiligen steht S. MAVRISIVS. Der Nimbus ist roth; der Boden auf diesem Bilde, abweichend von den andern, grün; und zwar reicht diese grüne (ungemusterte) Fläche ziemlich weit, etwa bis zur Mitte der Wade, herauf.

Der Dritte ähnelt dem Ersten mit der Einschränkung, dass ihm der Helm fehlt und er die Lanze quer vor sich hält. Auch bei ihm wird der Schild von der Seite gesehen. Derselbe, ebenfalls kreuzweise getheilt, ist noch reicher als der vorige geschmückt, indem nicht nur jenes breite Band, sondern die ganze Fläche mit Ornament überzogen, letztere überdies in abwechselnd rothe und grüne Felder eingetheilt ist.

---

11) Chromolithographie Revue d'Alsace 1853.

Der Boden ist roth. Hier ist der Name S. VICTOR wieder wie bei
dem Ersten horizontal zu beiden Seiten des von rothem Nimbus umgebenen Kopfes angeordnet. Der Vierte dagegen entspricht dem Zweiten mit den erwähnten
Modificationen. Das Schwert hat er an die linke Schulter gelehnt. Der
Schild, wieder in ganzer Ausdehnung sichtbar, ist wie der vorige in
rothe und grüne ornamentirte Felder eingetheilt, und auch hier durch-
kreuzen zwei, nur weisses anstatt gelbes Ornament auf dunklem Grund
tragende, breite Streifen die Fläche, während ein solches Band mit
gelbem Ornament den Rand umgibt. Auch hier ist der Boden roth:
der Nimbus grün. Der Name S. EXVPERIVS steht wie bei dem Zweiten
auf dem Bogen der architektonischen Umrahmung [11]).

Dass dies Werke romanischer Kunst sind, lehrt der erste Blick.
Mit grosser Wahrscheinlichkeit dürfen wir sie noch in das XII. Jahrh.
setzen. Bilderhandschriften dieser Epoche, besonders der schon mehrfach angezogene Hortus Deliciarum zeigen Kriegergestalten, welche in
allen Einzelheiten mit den besprochenen übereinstimmen.

Wie erwähnt, befindet sich im Nordquerhause (im oberen Felde
des nördlichen Fensters der Westwand) eine sitzende Madonna, die
im Wesentlichen vollständig mit der früher genannten übereinstimmt.
Hier wie dort dieselbe Haltung der Hände mit den nach aussen gerichteten Handflächen, derselbe Faltenwurf mit der Wiederholung des
schon dort bemerkten Motives des Mantels. Nach Schauenburg [13]) war
dieser mittlere Theil der Figur mit den Händen und der nicht minder
charakteristischen Mantelfalte das einzige zusammenhängende grössere
Stück, welches der Restaurator vom alten Fenster vorfand. Es ward
also nur consequent verfahren, wenn auch in den neueren Theilen die
Uebereinstimmung mit jenem Bilde gewahrt blieb. Die Abweichungen
betreffen zunächst die Farben der Gewandung, die zwar auch hier
weiss, grün, gelb und roth sind, aber in anderer Vertheilung. Hier
trägt Maria über der weissen Tunica einen rothen, grün gefütterten
Mantel, an den Füssen gelbe Schuhe. Sodann hat der Sessel, auf dem
sie thront, eine etwas andere Form. Es ist hier eine hohe Rücklehne
sichtbar, deren gelbe Pfosten sich bis zur Schulterhöhe der Madonna
erheben, und deren Behang ein weisses, oben grün gerändertes Tuch
bildet. Auffallend ist die Wiederholung derselben Figur, und gar in so
grossen Dimensionen. Gerade der letztere Umstand scheint mir dafür

---

[11]) Nach Schauenburg a. a. O. 17 ist dieses Bild auf Grund unzähliger alter
Trümmer neugeschaffen worden.
[13]) A. a. O. 13.

zu sprechen, dass wir hier nicht wieder eine Figur aus der Verkün-
digungsscene, sondern vielleicht die der Schutzpatronin des Münsters
vor uns haben.

Wir wenden uns zu der Galerie der Könige im nördlichen
Seitenschiffe, welche in ihren älteren romanischen Bestandtheilen Figuren
von hervorragender Bedeutung enthält. Es ist offenbar der Rest eines
ehemals grösseren Complexes, willkürlich zusammengestellt, und zum
Theil vielleicht auch willkürlich umgetauft. Da findet sich ein Heinricus
Rex, Fridericus Rex, Henricus Babinbergensis, Otto Rex, Otto II. Rex,
Otto III. Rex, Conradus Rex (mit einem gekrönten Knaben, dem späteren
Heinrich III.) und nochmals ein Sanctus Henricus. Die Vermuthung, dass
die Zahl früher grösser gewesen, wird um so wahrscheinlicher, als die
übrigen Bilder einer Epoche, die von der Entstehungszeit jener acht mindestens um ein Jahrhundert entfernt ist, theils die Reihe zu vervollständigen, theils Lücken zu schliessen versuchen, obgleich Beides unzu-
reichend. Könige aus dem karolingischen und hohenstaufischen Hause
kamen noch hinzu. Für diese anfangs befremdliche Erscheinung bot sich
folgende einfache Erklärung [14]). Beim Abbruch des alten romanischen
Langhauses in der ersten Hälfte des XIII. Jahrh. machte sich die Sorge
um die Ausschmückung der mächtigen Fenster des zukünftigen gothischen
Neubaues derart geltend, dass man die kostbaren alten Glasgemälde, die
theils aus den Bränden des vergangenen Jahrhunderts gerettet worden,
theils nachher entstanden waren, sorgfältig schonte und zur aber-
maligen Verwendung bewahrte. Schon die nächste Zeit nach Vollendung
des Langhauses (1275) wird nicht müssig gewesen sein, die vorhandenen Lücken auszufüllen, überhaupt an der würdigen Ausstattung der
Fenster zu arbeiten, als abermals ein gewaltiger Brand ausbrach (1298)
und einen grossen Theil der ehrwürdigen Reste wie des Neugeschaffenen
zerstörte. Wiederum nahm man die Arbeit an der von Alters über-
kommenen Königsgalerie auf, eine Arbeit, die vielleicht in grösserer
Ausdehnung geplant war, dann aber über der Durchführung der oberen
Decoration, die alle disponiblen Mittel verschlang, in's Stocken gerieth
und unvollendet auf die Nachwelt kam.

Auch dann bleibt noch das öftere Vorkommen der Figur Heinrichs II. [15]) zu erklären. Es ward hierfür geltend gemacht, dass dieser
König vor allen als Wohlthäter der Kirche in Verehrung stand [16]).

---

[14]) Vgl. Woltmann, Geschichte der deutschen Kunst im Elsass. S. 216.

[15]) Er findet sich unter den romanischen Bildern als Henricus Babinbergensis
und Sanctus Henricus; unter den gothischen als Henricus Rex Babinberg. und Henricus
Claudus Rex.

[16]) Guerber, S. 80.

König Heinrich. Glasgemälde im Strassburger Münster.

Doch warum dann die Wiederholung innerhalb derselben Reihe? Man
ist genöthigt, entweder mit Grandidier eine falsche Bezeichnung vorauszusetzen, und das eine Mal Heinrich III., das andere Mal Heinrich IV. dafür eintreten zu lassen [17]) (wonach immer noch ein Heinrich
unterzubringen wäre), oder doch eine anderweitige Placirung der Wiederholungen des so gern gesehenen Bildes an verschiedenen Stellen des
Gebäudes anzunehmen, oder auch beide Erklärungsweisen zu combiniren.

Die Spuren jener Wanderung der erstgenannten acht Bilder
machen sich in der auch aus andern Kunstgebieten gewohnten Weise
bemerkbar: der Kern der Werke ward beibehalten, soweit er zur veränderten Raumeintheilung passte, das Uebrige einfach weggelassen,
Lücken wurden unbefangen im neuen Stil ergänzt. So haben wir eine
eigenthümliche Combination von Bildern, in denen sich die Würde und
Grösse der romanischen Epoche ausprägt, mit architektonischen Zierden,
Baldachinen, Umrahmungen in einer schon vorgeschrittenen Gothik.

Deutlich wird dies sofort an: Nr. 1. Heinricus Rex [18]), einer
schlanken Gestalt in ruhiger, ja steifer Haltung, ganz von vorn gesehen,
mit der Krone auf dem Haupte, das Scepter in der Rechten, den
Reichsapfel in der Linken haltend. Die grüne, bis zu den Knöcheln
herabwallende Tunica ist unten mit einer vierfachen, reich geschmückten
Bordüre besetzt, mit einer schmäleren über der Brust, am Oberarm
und am Saum des engen rechten Aermels (der linke wird vom Mantel
verdeckt); die Taille wird von einem gelben Gürtel umschlossen. Der
Mantel, welcher, ausgebreitet, halbkreisförmig sein würde, entspricht
dem reichen Gewande. Er ist roth mit lila Unterfutter; im vorderen
verticalen Saume mit einer gelben, etwas schmäleren Bordüre besetzt,
welche ornamentale Motive der vorgenannten wiederholt, und auf welcher in gewissen Abständen blaue quadrate Felder aufgesetzt sind.
Um den Halsausschnitt läuft ein ähnliches Band. Auf der linken
Schulter ist ein grosses gelbes Medaillon sichtbar, wie es ähnlich auch
auf der rechten angenommen werden muss, dort aber nicht zum Vorschein kommt. Der Mantel ist nämlich nicht vorn auf der Brust, sondern mehr nach der rechten Schulter zu von einer grünen Agraffe
zusammengehalten, so dass nur die rechte Seite der Gestalt [19]) frei

---

[17]) Essais historiques etc. Strasbourg 1782. S. 259. — Dass wir noch sämmtliche genuine Inschriften vor uns haben, ist schon wegen der stilistischen Ungleich-
heiten der Schriftformen unwahrscheinlich.

[18]) Chromolithographie bei Guerber a. a. O. Vgl. unsere Abbildung, Cliché
aus dem nach Guerber hergestellten Holzschnitt in Woltmann's Geschichte der
Malerei.

[19]) Links vom Beschauer.

hervortritt; auf der anderen Seite ist er durch den Arm aufgerafft, und lässt gerade nur die Hand und die untere Hälfte der Tunica sehen. Rothe Strümpfe und gelbe Schuhe mit übereck gestellten kleinen aufgezeichneten Quadraten und einer die Mitte entlang laufenden weissen Perlenschnur vervollständigen das Costüm, dessen klare Farbenpracht durch reichlich an den Gewandsäumen angebrachte weisse Perlschnüre erhöht wird. Der Boden ist jetzt eine ungegliederte rothe Fläche, die wohl nach Analogien als Kissen zu denken ist.

Besondere Rücksicht verdienen die Insignien der königlichen Gewalt. Die verschiedenen in dieser Königsreihe (die gothische inbegriffen) vorkommenden Formen der Scepter sind von Dumont [10]) ausführlich behandelt worden [11]): um den Kronen in gleichem Masse gerecht zu werden, wären authentische Publicationen nöthig, zu welchen einstweilen keine Aussicht ist. Ich muss mich auf solche Angaben beschränken, welche sich mit bewaffnetem Auge ermitteln und controliren lassen.

Die Krone Heinrich's besteht im wesentlichen aus einem breiten gelben (goldenen) Stirnreif mit einfachen geometrischen Figuren, in der Mitte vorn mit einem quadraten, rothen, ornamentirten Einsatz. Eine weisse Perlenschnur schliesst den Reifen oben ab. Darüber erheben sich drei senkrecht mit parallelen Seiten aufsteigende, im Halbkreis schliessende Schilde, von denen der mittlere roth, die beiden seitlichen blau sind, sämmtlich ebenfalls von einem weissen Perlenrand eingefasst und durch einen Perlenstab oben mit einander verbunden. Der geringe Zwischenraum ist gelb ausgefüllt, was wohl ein Futter von Zeug andeuten soll. Die drei Schilde tragen einen aus drei weissen, oben abgerundeten, enggeschlossenen Blättern bestehenden blumenartigen Aufsatz, der über dem mittleren aus einer kleinen Kugel (Scheibe) hervorwüchst. Man erkennt im Grossen und Ganzen die Grundzüge der traditionellen Kaiserkrone wieder. Diese Form kehrt mit geringen Aenderungen auf den Bildern 4—7 und 20 dieser Reihe, d. h. auf denjenigen romanischen Bildern wieder, die durch keine spätere Zuthat wesentlich alterirt sind.

Das Scepter Heinrichs besteht aus einem dünnen weissen Stabe, der in eine dreiblättrige gelbe Lilie ausgeht; doch sind deren beide Aussenblätter nicht in der Weise der späteren heraldischen Blume hakenförmig abwärts, sondern leicht horizontal gebogen. Der Reichs-

---

[10]) La Cathédr. de Strasbourg. Paris 1871.
[11]) Die Form des Reichsapfels zeigt keine hervorstechenden Eigenthümlichkeiten und variirt wenig.

apfel bildet eine gelbe Scheibe, deren Mittelfläche ein weisses Kreuz zeigt. Um das Haupt trägt dieser wie alle folgenden Könige den Nimbus; in diesem Falle grün von weisser Perlschnur umgeben. Um denselben steht in Capitalschrift mit älterem Uncial-E der Name in der bemerkenswerthen Form Heinricus Rex statt Henricus, wie bei den übrigen Bildern.

Bei dieser Figur sind noch hinreichend Ueberbleibsel der alten romanischen Umrahmung erhalten, um uns eine Vorstellung von deren ursprünglicher Beschaffenheit zu gewähren. Zunächst ist noch das Fragment der mit gelbem Blattwerk gezierten Basis einer ehemals rechts stehenden Säule zu erkennen; vollständig vorhanden ist ferner das gelbe Blattornament des Halbkreisbogens dicht über der Inschrift. Die Figur stand also, ganz wie die früher besprochenen, in einer Nische von romanischer Form. Vorhanden ist auch noch das symmetrisch geordnete Blattwerk des unteren breiten Querstreifens der Bordüre, wie dasjenige der Seitenbordüre bis zur Kniehöhe der Figur; alles Weitere ist gothischen Charakters. Lasteyrie[11]) hätte also Guerber nicht desshalb tadeln sollen, weil dieser überhaupt ein solches romanisches Rahmenwerk veröffentlichte, sondern weil er zuviel brachte, die nun einmal bestehenden Lücken auf seinem sonst ziemlich korrekten Blatt mit Motiven ausfüllen liess, welche den horizontalen Fussstücken der Bordüren von Nr. 4 und 5 dieser Reihe entnommen waren.

Das Bild hat stellenweise arg gelitten, doch scheint bei den nothdürftigen Restaurationen kein fremdes Stück von Bedeutung sich eingeschlichen zu haben. Nirgends ist eine moderne Schlimmbesserung sichtbar.

Der dreithürmige gothische Baldachinaufsatz, den dieses wie die folgenden sechs Königsbilder (Nr. 2—7) bei der Einfügung in die Fenster des gothischen Seitenschiffes erhalten haben, ist noch von sehr massvollen Formen, ohne die Nachahmung eines complicirten Strebesystems, und im Gegensatze zu den späteren fast durchweg farbig gehalten: Pfeiler und Masswerk der Scheinarchitektur abwechselnd weiss und gelb, die Fensteröffnungen roth oder blau.

---

[11]) Histoire de la peinture sur verre etc. I. 256ª.

(Fortsetzung folgt.)

Gottfried Semper.

Geb. zu Altona 29. November 1803, gest. zu Rom 15. Mai 1879.

Schriftstellernden Künstlern kommt heutzutage von keiner Seite eine günstige Meinung entgegen. Das Vorurtheil findet eine natürliche Erklärung darin, dass nicht selten die Hand, welche die Feder ergreift, sich unvermögend erwiesen hat, Stift oder Meissel zu führen, und in solchen Fällen die Einen das fruchtlose Bemühen mit diesen letzteren Werkzeugen nicht als Ersatz für andere Studien gelten lassen wollen, während bei den Andern die herkömmliche Abneigung gegen den Schriftsteller noch durch die Missachtung des Marodeurs verschärft wird. Und wenn zum beiderseitigen Nachtheile die Kluft zwischen den Männern der Theorie und denen der Praxis in der Kunst sich fortwährend erweitert, so ist ein Theil der Schuld wohl derartigen Beidlebigen beizumessen; anderseits gibt die rückhaltlose Verehrung, welche von allen Seiten einem Manne wie Gottfried Semper gewidmet wird, den deutlichsten Beweis, dass der Kastengeist gar nicht in dem Masse vorhanden ist, wie man häufig annimmt. Die Missverständnisse würden sich auch niemals so festgesetzt haben, wenn nicht so viele Künstler die Kunstwissenschaft mit der Tageskritik über Gemälde-Ausstellungen u. dergl. verwechselten, nur von der letzteren Notiz nähmen und den Groll über wirkliche oder vermeintliche Kränkungen, ungenügendes Lob oder Nichtbeachtung an der gesammten Kunstforschung ausliessen.

Für Semper war freilich das Schreiben weder Nothbehelf noch Zeitvertreib. Er war nicht heute Künstler und morgen Schriftsteller, sondern stets der eine, ganze Mann, welchem ein Gott gegeben hatte, die Fülle seiner Gedanken in mehr als einer Sprache auszudrücken. Es ist immer der Baukünstler, welcher zu uns spricht, aber ein Künstler von dem Schlage jener alten Meister, welche das ganze Gebiet der Kunst umfassten, und die das Wissen nicht geringer achteten als das Können. Und wie diese Vielseitigkeit in der Einheit seines Wesens, so gemahnt uns auch die bis in hohe Jahre unverminderte Lebens- und Schaffenskraft und manches seiner wechselnden Geschicke an Gestalten aus den Zeiten der höchsten Culturblüthe.

Die Apostel der alleinseligmachenden einseitigen Fachbildung werden freilich an einem Lebensgange, wie dieser, wenig Freude haben. Als Semper Bauschüler wurde, stand er bereits im dreiundzwanzigsten Jahre, und der Unterricht, welchen er auf dem Gymnasium seiner Vaterstadt Altona genossen, sowie seine Studien an der Universität Göttingen waren — höchstens die mathematischen und physikalischen Collegien bei Thibaut und Gauss abgerechnet — eher alles Andere als Vorbereitung auf einen »praktischen« Beruf. Aber ohne die historische, philologische und archäologische Schulung wäre sein Eingreifen in Fragen der Kunstwissenschaft undenkbar, und angesichts einer mehr als vierzigjährigen in vieler Beziehung geradezu epochemachenden Bauthätigkeit wird auch der verbissenste Misologe schwerlich behaupten, dass das

Latein und Griechisch und der Verkehr mit Heeren, Bouterweck, K. O. Müller
seine Phantasie gelähmt, seine Productionskraft geschwächt hätten.

Allerdings war es nicht Semper's freie Wahl, dass er auf solchem
Umwege zur Kunst gelangte. Aber wie noch oft in seinem Leben, verdankte er schon während der Lehrjahre widrigen Einflüssen oder Begegnungen die günstigsten Wendungen seines Geschickes. Als ihm endlich gestattet
wurde, anstatt der juristischen die Laufbahn des Artilleristen einzuschla-
gen, fand er weder in Preussen noch in Holland Aufnahme in die Armee
— die Zeiten in den letzten Zwanzigerjahren waren so friedlich! — und so
wurde er Architekt. Dem jungen Architekten, welcher nach kurzem Aufenthalt in München bei der Aufnahme des Doms in Regensburg beschäftigt worden war, machten es die Folgen eines Zweikampfes räthlich, über die Grenze
zu gehen, und so kam er nach Paris. Dort fand er zwei als ausübende
Künstler und als Forscher ausgezeichnete Landsleute, die beiden Kölner Franz
Christian Gau, in dessen Schule für deutsche Architekten er eintrat, und Jakob
Ignaz Hittorf. In dem Verkehre mit den beiden Vielgereisten mussten nicht nur
Wanderlust und Sehnsucht nach den Werken der Alten mit doppelter Gewalt
sich regen, er nahm auch aus demselben Eindrücke und Ueberzeugungen mit
auf den Weg nach Italien (1830), welchen er sein Leben lang treu geblieben
ist: die bereits in München entstandene, in Paris wissenschaftlich und künstlerisch begründete Abneigung gegen die Romantik, die Klarheit über den Zweck
des Studiums der Antike, die Ahnung von der Bedeutung der Polychromie.
Es ist begreiflich, dass er sich in Rom an Wagner, Thorwaldsen, Koch etc.
anschloss, Beziehungen zu den Nazarenern und sonstigen Romantikern aber
eher mied als suchte.

Schon während des vierjährigen Aufenthaltes im Süden hatte er sich
mehrfach gedrungen gefühlt, in Briefen an die Allgemeine Zeitung und das Instituto di correspondenza archeologica Rechenschaft über seine Studien zu geben.
Nach Deutschland zurückgekehrt, legte er in Berlin Proben seiner nach dem
System der Polychromirung ausgeführten Restaurationen griechischer Monumente
vor und weckte damit, wie Kugler ein wenig säuerlich zugesteht, »wenigstens
unter den Jüngeren einen förmlichen Enthusiasmus«. Dass auch Aeltere seine
Darstellungen der höchsten Beachtung werth fanden, lehrt der Brief, in welchem
Schinkel für die Uebersendung der Schrift: »Vorläufige Bemerkungen über bemalte Architektur und Plastik bei den Alten« (Altona 1834) dankte. Schinkel
bemerkt mit Vergnügen, dass Semper »nicht gezögert habe, die vorläufigen
Eröffnungen über diesen wichtigen in unserer modernen Architektur vielfach
wirksamen Gegenstand gleich in die Welt zu schicken, um dadurch anderem,
vielleicht missverstandenem Zuvorkommen zu begegnen,« und fährt fort: »Es
kann nicht fehlen, dass die Neuheit der Sache für unsere Tagesmenschen
mancherlei Widersprüche hervorrufen wird, diese können Ihnen aber nur willkommen sein, weil Sie dadurch in den Stand gesetzt werden, Ihre weiter intentionirten Bearbeitungen in diesem ausgedehnten Kunstfelde um so vielseitiger
anzulegen, um nach allen Seiten hin den Quellengeist griechischer Bildung
schlagend hervortreten zu lassen.«

Die »weiter intentionirten Bearbeitungen« beziehen sich auf die Ankündigung, das System der Polychromirung in drei Abtheilungen publiciren zu wollen: Dorische Ordnung am Parthenon, — jonische am Pandroseion und griechisch-korinthische am Lysikrates-Monument erläutert, — Monumente Roms und des Mittelalters. Semper suchte zur Herausgabe des Werkes einen Verleger, denn der »junge Mann, welcher auf Privatmittel reist, hat zwar Gelegenheit, unabhängige Ansichten zu gewinnen und ihnen gemäss aufzutreten, allein der Staat unterstützt ihn nicht, weil er kein geliehenes Capital ist, aus dem Interessen zu ziehen sind.« Der Verleger fand sich, als Semper Professor in Dresden geworden war, aber entweder hatte die erste Abtheilung: »Die Anwendung der Farben in der Architektur und Plastik. Heft 1. Dorisch-griechische Kunst in 6 Tafeln mit Farben« (Dresden 1836) nicht den erforderlichen Absatz, oder raubte die Beschäftigung als Lehrer und Architekt ihm die Musse, oder (seiner Angabe zufolge) das Auftreten Kugler's die Lust zur Fortsetzung; genug, es ist nichts mehr davon erschienen. Dafür sollte Schinkel's Prophezeiung in Erfüllung gehen und mehr als das. Denn nicht allein die »Tagesmenschen« lehnten sich gegen Semper's Lehre auf. Es ist bekannt, dass dessen erste Schrift den vornehmlichsten Anlass zu Kugler's Untersuchungen »Ueber die Polychromie der griechischen Architektur und Sculptur und ihre Grenzen« (Berlin 1835, dann in den Kleinen Schriften 1. Theil) gab, Semper erst spät, 1851, in »Die vier Elemente der Baukunst« replicirte, worauf Kugler wieder (in den »Kleinen Schriften«) und endlich Semper, schon nach des Gegners Tode (»der Stil« 1. Bd. Schlussbemerkungen) antwortete. Diesen Streit, in welchem die Gemüther sich immer mehr erhitzten, in seinen einzelnen Phasen zu verfolgen, kann nicht unsere Sache sein. Die Kämpfenden nahmen von vornherein so verschiedene Standpunkte ein, dass eine Versöhnung kaum denkbar blieb. Für Kugler war die Farblosigkeit der Architektur und Sculptur in »althellenischer Gefühlsweise, Sitte und Natur« begründet, während Semper in den Spuren von farbigen Ueberzügen und Metallbekleidungen den Beweis erblickte, dass die moderne Welt, seit der Renaissance, sich eine unrichtige Vorstellung von althellenischer Gefühlsweise und Sitte zurechtgemacht habe, und gerade mit der Natur des Südens das Weiss der Denkmäler unverträglich fand. Die Zeugnisse der von beiden Parteien eifrig durchforschten Schriftsteller des Alterthums trugen zur Klärung wenig bei, da Jeder die Citate so deuten konnte, wie es ihm wünschenswerth war; charakteristisch hierfür ist die Rolle, welche in dieser Controverse die Erwähnung weisser Monumente spielt: die Weisse war also die Regel, sagte Kugler, — Semper: mit nichten, nur als eine Ausnahme erachtete man sie des Erwähnens werth. In der Hauptsache konnte Kugler nicht umhin, nach und nach mehr zuzugestehen, als er anfangs gewollt hatte, während Semper von seinem System kein Titelchen aufgab und sich nur gegen die Polychromirungsversuche einiger Anderer verwahrte.

In den »Vorläufigen Bemerkungen« hatte er die Löwenklaue gezeigt. Alle Eigenschaften, welche sein späteres Wirken auszeichnen, liegen hier bereits zu Tage. Hat er sich in der seinem »Lehrer und Freunde Gau« zuge-

eigneten Schrift auch nur eine ganz begrenzte Aufgabe gestellt, so versagt er
sich doch nicht, in dem Vorwort die Bauzustände jener Zeit scharf und mit
Humor zu kritisiren. Die halbbankerotte Architektur wolle ihre Gläubiger mit
Papier befriedigen, von welchem zwei Sorten in Umlauf gesetzt würden:
1. die Durand'schen Assignaten, »weisse Bögen, die nach Art der Stickmuster
oder Schachbretter in viele Quadrate getheilt sind, auf denen sich die Risse
des Gebäudes ganz mechanisch ordnen,« so dass der nagelneue Polytechniker
zu Paris binnen sechs Monaten sich zum vollendeten Baukünstler bilden könne
(Anspielung auf Jean-Nic.-Louis Durand's auch ins Deutsche übersetzten
Précis de ses leçons d'architecture données à l'École Polytechnique), 2. das
Pauspapier, welches uns zu unumschränkten Meistern über alle, mittlere und
neue Zeit mache. Der ersten Papiersorte hätten wir die Anlage von Städten
wie Mannheim und Karlsruhe zu verdanken, der anderen das Emporblühen
unserer Hauptstädte zu wahren Extraits de mille fleurs, zu Quintessenzen aller
Länder und Jahrhunderte, so dass wir am Ende selber vergässen, welchem
Jahrhunderte wir angehören. In der Ausführung des Satzes, dass die Kunst
nur einen Herren kenne, das Bedürfniss, und dass sie ausarte, wo sie der
Laune des Künstlers, mehr noch, wo sie mächtigen Kunstbeschützern gehorcht,
entwickelt Semper bereits jene Stilprincipien, welche er bald darauf praktisch
bewähren sollte, und welche die Grundlage aller seiner späteren Schriften
bilden, die natürlichen Gesetze, welche sich aus dem Zweck eines Kunstgegen-
standes und dem Materiale für Construction und Decoration ergeben. Den
Ausweg aus dem damaligen Stilwirrsal vermöchten nur unsere alten Lehrer,
die Griechen, zu zeigen, nur dürfe man nicht ihren todten Buchstaben nach-
ahmen, sondern müsse ihren Geist einsaugen.

Die Empfehlung Schinkel's brachte Semper im Jahre 1834 als Director
der Bauschule an die Akademie zu Dresden. Wie er dort als Lehrer gewirkt
hat, wie er den kräftigsten Gegensatz gegen die in der Malerei dominirende
düsseldorfer Richtung bildete, wie er durch seine Bauwerke, vor allen die
Synagoge, die Oppenheim'schen Häuser, das Theater, die Gemäldegalerie zeigte,
was es heisse, den Geist der grossen Perioden der Vergangenheit in sich aufzunehmen, um den Bedürfnissen der Gegenwart gerecht zu werden — das
braucht hier nur flüchtig erwähnt zu werden.

Noch in Dresden fasste er den Plan zu einer auf zwei Bände berech-
neten »Vergleichenden Baulehre«, welche mit Zugrundelegung seiner Vorträge
an der Akademie ein durchaus praktisches Handbuch für Architekten und
Baugewerksmeister bilden sollte, da er sich »der Aufgabe nicht gewachsen
fühlte«, eine vergleichende Baulehre in dem Sinne zu schaffen, in welchem
durch Descartes, Newton, Cuvier, Humboldt und Liebig die vergleichende
Naturwissenschaft ins Leben gerufen worden war. Der vom 26. September
1847 datirte Brief an seinen Verleger Vieweg in Braunschweig, und der ein-
leitende Abschnitt, welcher unter dem Titel »Die vier Elemente der Baukunst«
1851 im Druck erschienen ist, lassen uns inne werden, wie sehr das Unterbleiben der Ausführung des Planes zu bedauern ist. Der Grundgedanke kommt
allerdings im »Stil« zur Geltung, allein das Ziel ist hier doch ein wesentlich

anderes. Von Interesse bleibt immer die Erzählung in dem erwähnten Schreiben, dass die Zusammenstellung der Knochengerüste und fossilen Ueberreste der vorweltlichen Thiere mit den Gerippen und Schalen der jetzigen Geschöpfe im Jardin des plantes zu Paris, die stete Wiedererneuerung desselben Skelettes mit tausendfältigen Modificationen nach dem Stufengange der Ausbildung der Geschöpfe und nach ihren Daseinsbedingungen ihn zuerst auf den Gedanken gebracht habe, den Urformen der Baukunst, der Umwandlung derselben durch specielle Zwecke oder äussere Umstände, und endlich ihrer durch höhere Auffassung bewirkten Veredlung und Verklärung zu Symbolen nachzuspüren.

Sein Antheil an den revolutionären Bewegungen hatte im Jahre 1849 Semper's Entfernung aus Dresden zur Folge. Im Exil, in London, wurde nun jener litterarische Plan wieder aufgenommen, neue kamen hinzu. Er veröffentlichte die Pläne des Theaters (Braunschweig 1849), welches zwei Jahrzehnte später ein Raub der Flammen werden sollte, dann die wiederholt erwähnte Schrift »Die vier Elemente der Baukunst« (ebend. 1851), welche seine Theorie von den vier Elementen: Herd, Terrasse, Wand, Dach begründet, weitläufiger aber aufs Neue das Thema der Polychromie behandelt. Dasselbe Jahr brachte die erste allgemeine Industrieausstellung und gab damit Semper's Studien und Arbeiten zunächst eine speciellere Richtung. Durch den Prinzen Albert wurde er veranlasst, diejenigen Reformen im Kunstunterricht vorzuschlagen, durch welche dem künstlerisch in so hohem Grade unbefriedigenden Zustande der englischen Industrie aufgeholfen werden könnte. Wohl Niemand war mehr berufen als er, einen solchen Reformplan zu entwerfen, und in der That ist seine Schrift: »Wissenschaft, Industrie und Kunst« (London, 11. Oct. 1851, erschienen in Braunschweig 1852) das Programm der grossen Bewegung geworden, welche nach und nach ganz Europa in ihre Kreise gezogen hat, und darauf ausgeht, mit Hilfe der Wissenschaft und der Kunst die Industrie wieder auf jene Stufe zu heben, welche sie in früheren Zeiten selbständig erklommen hatte. Seine Grundsätze wurden zuvörderst in England acceptirt, schon 1852 nahm die Organisirung von Zeichenschulen ihren Anfang, welche sich bald über das ganze Königreich verbreiteten, nach gemeinsamem Lehrplane vorgehen und von dem Science and Art Department geleitet werden, und für Sir Henry Cole musste Semper den (bis jetzt nur als Manuscript existirenden) Plan eines Museums ausarbeiten, welcher nach der kunsttechnischen Seite hin im South Kensington Museum, nach der culturwissenschaftlichen im Crystal Palace zu Sydenham verkörpert worden ist.

Für das Frühjahr 1852 war das Erscheinen der ersten Lieferung der »Vergleichenden Baulehre« angekündigt worden. Inzwischen hatte Kugler die Lehre von den vier Elementen in allerdings sehr »vornehmer« Weise abgefertigt; dieselbe gewähre »ein sehr eigenthümliches culturgeschichtliches Interesse«; es sei »ein anziehendes Gefühl, an der Hand eines phantasievollen Künstlers in jene dunkeln Regionen der Weltgeschichte hinabzusteigen«; möge »die Ausdeutung der Nebelbilder auch ein Guttheil individueller Einbildungskraft nöthig machen, so empfange man doch die schätzbarste Anregung zu eigner Gedankenarbeit«. Das war alles, nach Semper's Behauptung genug,

um ihn in seiner eigenen Ueberzeugung zu beirren. Die Baulehre erschien
also nicht. An deren Stelle aber gab uns der »phantasievolle Künstler« ein
Werk, welches wieder nur er verfassen konnte, und in welches er denn doch
ein gutes Stück von dem hineinarbeitete, was den Inhalt der Baulehre hatte
ausmachen sollen: »Der Stil in den technischen und tektonischen Künsten oder
Populäre Aesthetik«. Hier genügt die einfache Nennung dieses grundlegenden
Werkes, dessen erster Theil: die textile Kunst (im weitesten Sinne, einschliess-
lich des Bekleidungsprincips in der Architektur) 1860, dessen zweiter, die
Keramik, Tektonik, Stereotomie und Metallotechnik umfassender Theil 1863 in
Stuttgart erschienen ist, während der Schlussband möglicherweise aus des
Verfassers Nachlass wird hergestellt werden können. In Zürich, wohin er als
Professor der Baukunst am Eidgenössischen Polytechnicum einen Ruf erhalten
hatte, liess er ausserdem einige Vorträge drucken, wie »Ueber die formelle
Gesetzmässigkeit des Schmuckes und dessen Bedeutung als Kunstsymbol« (1856)
und »Ueber Baustile« (1869). Mancherlei kleinere Arbeiten müssen in Zeitschriften, namentlich auch englischen, abgedruckt worden sein, und es wäre
zu wünschen, dass Zeitgenossen, welchen hierüber genaueres bekannt ist, den
Erben Semper's Mittheilung machten, da dem Vernehmen nach eine Sammlung
seiner kleinen Schriften beabsichtigt wird. Was sonst noch aus seinem Nachlasse für die Oeffentlichkeit zu gewinnen sei, wird sich erst später ergeben
können; die Zahl der Entwürfe, architektonischen, landschaftlichen etc. Aufnahmen und Studien in seinen Mappen soll ausserordentlich gross sein.

Die zuletztgenannte unter den Publicationen, welche sämmtlich von demselben, wenn wir so sagen dürfen: architektur-philosophischen Gedanken erfüllt sind, giebt uns Gelegenheit, die Stellung zu bezeichnen, welche Semper
zu der von Napoleon III. heraufbeschworenen »neuen Bauära« einnimmt. Die
Stelle gewinnt noch besonderes Interesse, wenn man sich vor Augen hält, dass
sie ein Jahr vor dem deutsch-französischen Kriege geschrieben worden ist.
»Waren wir nicht alle Zeugen, wie Louis Napoleon mit Beihilfe seines getreuen Seinepräfekten Hausmann die alte erinnerungsvolle Hauptstadt Frankreichs von Grund aus umstürzte, um sie nach neuem Plane wieder aufzubauen;
in solcher Weise mit der Vergangenheit Frankreichs abschliessend, dessen
Zukunft an seinen Namen und an seine Dynastie zu knüpfen? Auch hierin
würdiger Nachfolger und Adept jener grossen und mächtigen Völkerbeherrscher
der Vergangenheit, der Ninus, Nabochodonosor, Tschin-Tschi-Huan-Ti und
Nero! Ob er seinen dynastischen Absichten wirklich damit diente, darüber
kann die Zukunft allein Aufschluss gewähren, aber es ist schon heute erlaubt,
daran zu zweifeln, ob seine Milliarden verschlingenden Bauunternehmungen
die Architektur als solche um einen einzigen Schritt gefördert haben, da von
einer neuen und eigenen Richtung dieser Kunst während jener Umsturzzeit und
in Folge derselben nichts wahrzunehmen ist, und bei aller Neuerungssucht, die
sie verrathen, gänzlicher Mangel an Originalität, an befruchtenden neuen Motiven sie kennzeichnet. Die keineswegs erlahmte künstlerische Kraft und
Thätigkeit der Franzosen zieht sich gleichzeitig auf Gebiete zurück, die der
monumentalen Kunst so fern wie möglich liegen, welche Wahrnehmung immer

auf krankhafte Zustände und das bevorstehende oder bereits eingetretene Verkommen der Baukunst hindeutet.«

Hierin etwan einen Ausfluss jener republicanischen Gesinnung, welche er als junger Mann eingesogen und bis an sein Lebensende bewahrt haben soll, zu entdecken, wird durch eine andere Stelle in derselben Schrift verwehrt. Allein es bedürfte dieser Stelle gar nicht. Müsste es schon auffallen, wenn Semper in der Politik, seinen sonstigen Grundsätzen untreu, Dogmatiker gewesen wäre, so können wir direct versichern, dass er zwar jederzeit, wie in seiner ersten Schrift, »die Sonne der Freiheit« für die Kunst verlangte, aber weit entfernt war zu verkennen, dass so wenig eine Staatsform wie ein Kunststil für alle Zeiten und Völker ohne Unterschied decretirt werden könne. Das bewies er in seinem Urtheil über die Gestaltung der inneren Verhältnisse Oesterreichs sowohl wie Deutschlands.

Der Ideenreichthum, die Frische, Elasticität des Geistes, Arbeitskraft, welche er noch in den letzten zwei Jahrzehnten seines Lebens entwickelte, sind um so staunenswerther, als an verstimmenden und lähmenden Erfahrungen diese Zeit nicht arm war. Zu solchen zählt vor allen, dass er wiederholt seine grossartigsten Entwürfe gar nicht oder doch nur stückweise ausgeführt sehen sollte. Welche Kränkung es ihm bereitete, dass der geniale Plan der Umgestaltung des Stadttheils im Nordwesten der Altstadt-Dresden durchkreuzt wurde, und er sich ungünstigen Dispositionen fügen musste, um einen Theil zu retten, ist aus der Publication über das Theater herauszulesen. Aus der langen Reihe lediglich für Archive gearbeiteter Projecte aber sind namentlich die für das Theater in Rio de Janeiro und für den Festbau in München zu erwähnen, die letztere Angelegenheit um so ärgerlicher, als die Gegner nicht allein die Ausführung hintertrieben, sondern ihn sogar nöthigten, den Ehrensold in aller Form zu erkämpfen. Dafür bezeichnen seine Bauten aus dieser Zeit, das Polytechnicum in Zürich, das Rathhaus in Winterthur, das neue Theater in Dresden, die Hofmuseen in Wien eben so viele Stufen aufwärts. Immer freier entfaltete sich sein Genius, immer glänzender legte er Zeugniss dafür ab, dass er wirklich den Geist der Antike in sich aufgenommen und verarbeitet hatte. Und genaue Kenner seines Planes für das neue wiener Burgtheater erwarten in diesem vollends die Verkörperung seines künstlerischen Glaubensbekenntnisses.

Als der Architekt, welchem alle mitlebenden Kunstgenossen neidlos den Vortritt einräumten, als derjenige, welcher für Deutschland wieder die Polychromie zur Anerkennung und für unsere ganze Zeit das Stilgefühl wieder zum Bewusstsein gebracht hat, hinterlässt Semper unvergängliche Spuren seines Wirkens. Wer das Glück gehabt hat, in persönliche Beziehungen zu dem Manne zu treten, welcher sich bis in das Greisenalter eine bewundernswerthe Lebensfülle, den regsten Antheil an allem, was die Zeit bewegt, bewahrt hatte, der in jedem Gespräche, welches Gebiet es berühren wollte, durch geistvolle Bemerkungen belehrte und anregte, wie es nur einem durch das umfassendste Wissen unterstützten Denker möglich ist, der wird die Erinnerung an diesen wahrhaft bedeutenden Menschen gewiss zu seinen freudigsten rechnen. *Bruno Bucher.*

Berichte und Mittheilungen aus Sammlungen und Museen.
über staatliche Kunstpflege und Restaurationen.
neue Funde.

Die Grossherzoglich badischen Vereinigten Sammlungen zu Karlsruhe. Von dem Grossherzoglichen Conservator Dr. E. Wagner.

Wenn man nach der Neugestaltung des Deutschen Reichs nicht ohne Befriedigung bemerkt, wie die Museen der Reichshauptstadt mit lebendigem Eifer ihrer erweiterten Aufgabe nachzukommen suchen, als Centralanstalten im Reiche immer bedeutendere Schätze menschlicher Production in Kunst und Gewerbe aus allen Zeiten und Ländern zu sammeln und zu grossen lehrreichen Uebersichten, wie sie für das Studium ganzer Culturperioden unerlässlich sind, zu vereinigen, so wird damit die Verpflichtung der einzelnen begrenzten Gebiete eine nur um so nachdrücklichere, nun auch ihrerseits, im Sinne eines berechtigten und gesunden Particularismus, das ihnen eigene Sehens- und Wissenswerthe, das zu verschiedenen Zeiten des Sammelns und Bewahrens werth erachtet wurde, für die Allgemeinheit zur Geltung zu bringen und ein anschauliches Bild von ihrem jeweiligen Culturzustand und von den Mitteln zu geben, mit welchen sie in verschiedenen Perioden das ihnen Eigenthümliche wetteifernd zur Förderung der nationalen Cultur im Ganzen beigetragen haben.

Von diesem Gesichtspunkt war es besonders dankbar zu begrüssen, dass auf höchste Anregung schon in den sechziger Jahren die Errichtung eines monumentalen Gebäudes in der badischen Residenzstadt beschlossen wurde, welches die bis dahin zerstreut, aber in zum Theil wenig geahntem Reichthum vorhandenen Hof- und Staatssammlungen in möglichst übersichtlicher, das Studium derselben erleichternder Weise in sich vereinigen sollte. Seit 1875 ist dieses nach den Plänen und unter der Leitung des jüngst verstorbenen Oberbauraths Berckmüller erbaute »Sammlungsgebäude« seinem Zwecke übergeben. Auf freundlich angelegtem freiem Platze sich erhebend, ist es mit einer grossen, durch einen monumentalen mittleren Kuppelbau und zwei Eckpavillons gegliederten Hauptfront gegen Norden gestellt und entlässt von beiden

Enden aus zwei längere Flügel rechtwinklig gegen Süden; die Vollendung des Baus in einer das Rechteck abschliessenden südlichen Front musste späterer Zeit vorbehalten bleiben. In seiner jetzigen Gestalt beherbergt er nunmehr im grösseren Theil des oberen Stockwerks die Grossherzogliche Hof- und Landesbibliothek; in dem Flügel links vom Haupteingang hat in beiden Stockwerken das neu aufgestellte Naturaliencabinet Platz gefunden, während in dem rechten Flügel in ähnlicher Anordnung ein Complex von Sammlungstheilen aufgestellt ist, welche, in mehr oder minder engem Zusammenhange zu einander stehend, mit dem Namen der »Vereinigten Sammlungen« im engeren Sinne belegt zu werden pflegen. Sie enthalten im Allgemeinen im Gegensatz zu den in der von Hübsch erbauten Grossherzoglichen Kunsthalle vereinigten Gemälden und Gypsabgüssen die Erzeugnisse der Kleinkunst und des Gewerbes verschiedener Zeiten und Länder, Alterthümer, theils Antiken im engeren Sinne, theils was aus vergangenen Perioden im Lande selbst gefunden und bewahrt wurde, Waffen, endlich eine ethnographische Sammlung. Auf sie im Besonderen aufmerksam zu machen, soll Zweck dieser Zeilen sein.

Für ihre Aufstellung und Anordnung in dem neuen Gebäude waren bei dem Bestreben, jeden einzelnen Gegenstand in dem ihm günstigsten Lichte zur Erscheinung zu bringen und das Ganze für das Publicum so belehrend wie möglich zusammenzustellen, die Erfahrungen zu verwerthen, wie sie in neuerer Zeit durch die wiederkehrenden grösseren und kleineren Kunst- und Gewerbeausstellungen und durch Anstalten, wie das Kensington Museum in London, gesammelt werden konnten. Denselben gemäss suchte man Sorge zu tragen, dass das Auge des Beschauers womöglich immer nur auf die aufgestellten Gegenstände selbst gerichtet würde, die ihm möglichst sichtbar in annehmbarer Sehweite gegenüberstehen und auch bei aufmerksamerer Betrachtung nicht berührt zu werden brauchen. Denn die Schaukästen und Pulttische zeigen Glaswände, wo immer solche anzubringen waren, während der schwarze Anstrich des auf ein geringstes Mass zurückgeführten Holz- und Eisenwerks dieses fast verschwinden macht. Die Wände der Säle sind fast durchgängig für bildliche Darstellungen frei gelassen; aufgehängte leere Glasrahmen geben Gelegenheit, mit lehrreicher Ausstellung von solchen abzuwechseln.

Eine flüchtige Uebersicht über die Sammlungen im Einzelnen beginnt am besten mit der zwei grössere Säle einnehmenden Abtheilung der eigentlichen Antiken. Zu ihr ist zunächst zu rechnen eine kleine Sammlung von etwa 300 Nummern ägyptischer Alterthümer, zwei bemalte Mumiensärge aus der Ptolemäerzeit aus Daschur und Sakkarah, Canopenkrüge, Scarabaeen, Amulette, kleinere Götter- und Grabfiguren aus Stein, Schmelz, Bronze, einige nicht unbedeutende ältere aus Holz. Wo manche wichtigere Anschauungen nicht durch Originalobjecte gegeben werden konnten, treten Abgüsse oder Originalphotographien aus dem Museum von Bulaq bei Kairo oder dem Britischen Museum ergänzend ein, wie man denn auch für die instructive Repräsentation des assyrischen Alterthums in Architektur, Sculptur und Kleinkunst auf Gypsabgüsse, Photographien und andere bildliche Darstellungen angewiesen war.

Von grösserer Bedeutung ist die Sammlung von Vasen, Terracotten und Bronzen aus verschiedenen Fundorten Italiens und Griechenlands (über sie s. a. a. O. Urlichs, in den Bonner Jahrbüchern II. 66. Creuzer, Symbolik IV. 224 und »Zur Gallerie der alten Dramatiker«, Auswahl unedirter griechischer Thongefässe der Grossh. Badischen Sammlung in Karlsruhe, Heidelberg 1839). Die Vasen und Terracotten umfassen im Ganzen 1500 Nummern, der grössere Theil derselben wurde auf Befehl Grossherzog Leopolds im Winter 1837 auf 1838 in der Nähe von Neapel durch den als Kunstkenner ausgezeichneten damaligen Grossh. Badischen Geschäftsträger am römischen Hofe, Major Maler, gekauft. Leider sind nur von der Minderzahl noch die Fundorte anzugeben; doch lässt sich wenigstens soviel sagen, dass fast jedes Dorf Apuliens (wohl auch Volci), sowie die Hauptfundorte der Insel Sicilien damals ihren Beitrag lieferten. Die Figuren aus Terracotta bildeten mit wenigen Ausnahmen einst in Palermo das berühmte Cabinet des Barons Pisani, dessen Schätze meist aus den reichen Funden von Centorbi stammten. Später, 1853, kam dazu eine Sammlung von 37 Thonbildern aus der Sammlung des Ritters Palin, schwedischen Gesandten zu Rom; 1855 wurde die kleine Sammlung des Geh. Raths Creuzer in Heidelberg, 1859 die des Karlsruher Galeriedirectors Frommel und die des Jenenser Bergraths Gustav Schüler, 1860 der antiquarische Nachlass des Geh. Raths Thiersch in München erworben, letzterer meist Funde aus Griechenland und den griechischen Inseln, von denen ein Theil der Karlsruher Sammlung, ein anderer dem Antiquarium der Universität Heidelberg einverleibt wurde. Aus neuester Zeit ist noch ein kleiner, aber nicht unbedeutender Zuwachs aus Athen an archaischen Gefässen verschiedener Fundorte und einigen böotischen Terracottafiguren zu verzeichnen.

Unter den archaischen Thongefässen sind mehrere der älteren griechischen Manufacturen, ausser ihnen auch Cypern durch charakteristische Exemplare vertreten. Ein grosses, gedrückt-bauchiges Gefäss mit aufgesetztem weitem Trichter, wahrscheinlich für Mehl oder Getreide, zeigt geometrisches Ornament; auf anderen erscheinen die alterthümlichen Figuren zahmer und wilder Thiere in concentrischen Kreisen; wieder andere haben orientalisirendes Ornament, zwei neu gewonnene aus Aegina stimmen vollkommen mit den in den letzten Jahren in Mykene gefundenen Scherben. Unter einem Dutzend grösserer oder kleinerer Gefässe des alten Stils mit schwarzen Figuren auf rothem oder weissem Grund sind bemerkenswerth ein Krater aus Locri in Calabrien mit dem Bilde des unter dem Widder die Höhle des Polyphemos verlassenden Odysseus auf der einen, und der Darstellung der Abfahrt einer wagenlenkenden Amazone auf der andern Seite, eine Amphora aus Girgenti (H. 52 cm) mit den Bildern von Zeus vor der Geburt der Athene und Dionysos mit dem Gefolge von Satyrn, ein hoher weisser Lekythos mit Hermes, Dionysos und Satyrn im Festzug, ein kleinerer mit Ismene und Tydeus am Brunnen u. a. m. Von der, wie zu erwarten, weitaus grösseren Zahl der Vasen mit rothen Figuren auf schwarzem Grund sind immerhin alle wichtigeren vorkommenden Formen vertreten; sie sind ganz geeignet, ein durch seine Mannigfaltigkeit anziehendes Bild von der classischen Gefässbildnerei des schönen und des späteren Stils theils in griechischer, theils in der eigenthümlichen süditalischen Ausprägung zu geben. Aus der stattlichen Reihe von Amphoren und Hydrien mit zum Theil reichem Figurenschmuck fällt vor Allem eine der letzteren aus Ruvo, 1838 von dem Obersten Lamberti gekauft (H. 49 cm, nebst Untersatz von 12 cm), mit dem Urtheil des Paris in einem oberen, und einer Reihe stehender und tanzender Gestalten in einem unteren Figurenkreis in besonders feiner Ausführung als das schönste Gefäss der Sammlung auf. Auch unter den etwa 24 Krateren befinden sich mehrere sehr bemerkenswerthe Stücke, so als grösstes der Sammlung ein apulischer Prachtkrater aus Ruvo (H. 1 m 19) mit Volutenhenkeln und der Darstellung des Orpheus und der Persephone in der durch verschiedene Figurengruppen reich gekennzeichneten Unterwelt auf der einen, des Bellerophon im Kampf mit der Chimära auf der anderen Seite, ein Krater aus Girgenti mit einem Satyrzug und eingekratzten Inschriften aus der ersten Hälfte des fünften Jahrhunderts, ein anderer aus Locri mit den Dioskuren auf sprengenden Rossen, beide letztere Gefässe auffallender Weise mit einer identischen Gruppe von drei Mantelfiguren auf der Rückseite verziert. Von bemalten flachen Schalen, von Krügen in zum Theil zierlichsten Formen mit bildlichem Schmuck, von Bechern, Trinkhörnern, Eimern, ist eine gute Zahl vorhanden, ebenso von Lekythen verschiedener Grösse und Form, unter ihnen einige attische Grablekythen mit Zeichnungen auf weissem Kreidegrund, und ein kleines roth und weissfiguriges Gefäss aus Ruvo mit einer Figurengruppe, einer Frau, die von einer Leiter herab einem Flügelknaben eine Schale reicht, entweder mit Creuzer als Aphrodite und Eros, oder mit O. Jahn als idyllisches Genrebildchen ohne mythologischen Bezug zu erklären. Verwandt ist ein hübsches schwarzes Alabastron aus Athen mit rothen Figuren, einem nackten Jüngling und einer tanzenden Bacchantin, dabei der Töpfernamen Ilinos, und ein anderes, wahrscheinlich ägyptisches von 30 cm Höhe aus einem Tropfstein von schön gebändertem Arragonit. Wir erwähnen ferner eine grössere Anzahl antiker Thonlampen, unter denen sich wenigstens der überwiegende Theil unzweifelhafter Aechtheit erfreut, endlich einige antike Gläser, neben gewöhnlicher römischer Waare zwei schöne Bruchstücke von blauem Glas mit weissen Relieffiguren nach Art der Portlandvase und drei kleine spitzige Amphoren in altorientalischem Farbenschmuck.

Einige schöne Thongefässe späterer Zeit mit Verzierungen in Relief, theils ganz, theils in immer noch bemerkenswerthen Bruchstücken, und ein grösseres verziertes Terracottacapitäl aus Sicilien führen über zu der nicht unbedeutenden Sammlung von antiken Figuren aus gebranntem Thon, meist aus Sicilien, theilweise aus verschiedenen Fundorten Griechenlands. Es sind etwa 150 ganze Figuren und Figurengruppen, zum Theil mit deutlichen Resten der Bemalung, viele Köpfchen, Thierfiguren u. s. f. Die namhafteren Stücke warten der Publication in Professor Kekulé's in Erscheinung begriffenem Terracottenwerk; aus Tanagra stammt eine zierliche weibliche Gewandfigur, beschrieben von Dr. Milchhöfer im Bull. dell' Instituto 1878. p. 42.

Von Bildern aus Stein darf noch ein in Rom aufgefundener schöner Torso des jugendlichen Bacchus aus parischem Marmor und eine Anzahl

kleinerer Torsen und Köpfe nicht übergangen werden. Einige hundert geschnittene Steine sind als Vertretung dieses Zweigs der antiken Kleinkunst nicht
ohne Bedeutung.

Die geschätzte, aus etwas über 1000 Nummern bestehende Sammlung
der antiken B r o n z e n war in ihrem Hauptbestandtheil früher Privatbesitz
des Majors M a l e r und wurde 1853 auf Befehl Seiner Königlichen Hoheit des
Regenten angekauft. Wenig später lieferten dazu die Cabinette von Creuzer,
Schüler und Thiersch noch kleineren Zuwachs. Unter den Maler'schen Bronzen
ist eine Sammlung von wohlerhaltenen seltenen Schutzwaffen aus etruskischen
und süditalischen Gräbern besonders ausgezeichnet; bei zwei Prachthelmen
aus Canosa mit Gravirungen und den noch vorhandenen Stützen für Raupe
und Büsche lassen das dünne Metall und die einander auffallend genäherten
kleinen Augenöffnungen zweifelhaft erscheinen, ob sie nur für friedlichen fest-
lichen Gebrauch, oder als Ehrengabe ins Grab gedient haben mögen, während
ein vorhandener massiver griechischer Helm mit kräftigem Nasenschutz und
richtig gestellten Sehlöchern sicher dem Schutze im wirklichen Kampfe zu
dienen bestimmt war. Ein weiterer Helm trägt Stierhörner aus Bronzeblech
als eigenthümlichen Schmuck; ein anderer aus Ruvo Ohrklappen in Form von
Adlerköpfen in getriebener Arbeit; die übrigen einfacheren mögen etruskischen
oder griechischen Ursprungs sein. Unter einigen interessanten Panzerstücken
ist ein schön patinirter und prächtig nach den Formen des Körpers getriebener
Rückentheil eines etruskischen Panzers besonders bemerkenswerth; eine Reihe
von Bronzegürteln zeichnet sich durch schön verzierte Schliessen aus, während
von vier grossen Rundschilden aus Etrurien einer durch sein reiches, in concentrischen Kreisen verlaufendes orientalisirendes Ornament von getriebener
Arbeit ganz besondere Aufmerksamkeit verdient. Neben der Deckung für den
Mann ist auch reichlich gesorgt für entsprechende Deckung des Pferdes durch
verschiedene, zum Theil reich verzierte Schilder für Stirne und Brust; einige
derselben, an welchen Gorgonenhäupter in roh archaischer, getriebener Arbeit
mit Einlagen von Bein in den Augen und als Zungen erscheinen, sind als
besondere Seltenheiten zu bezeichnen. Bronzegefässe, Becken, Eimer, Schalen
und Pfannen, Salbgefässe, Krüge, meist schön verziert, sind in ziemlicher Zahl
und Mannigfaltigkeit vorhanden, ebenso verzierte Fragmente von Gefässen,
darunter eine nicht unbedeutende Sammlung verschiedener Formen von Hen-
keln und Griffen, auf deren Ausschmückung das antike Kunstgewerbe, wie die
Bronzefunde jenseits und diesseits der Alpen zeigen, sich mit Vorliebe zu verlegen pflegte. Nennenswerth sind ferner ein grösserer verzierter Dreifuss aus
Etrurien, dem auf deutschem Boden bei Dürkheim in der Pfalz gefundenen
und im Museum zu Speier bewahrten ziemlich ähnlich, einige grössere und
kleinere Candelaber, eine Anzahl von Bronzespiegeln, unter ihnen ein Dutzend
mit gravirten Darstellungen, allerlei Kleingeräth und Schmuck, endlich eine
Reihe kleiner Bronzefiguren, unter ihnen freilich nur einige wenige durch
wirkliche Schönheit ausgezeichnet. Dass der Sammlung der Bronzen auf besonderem Tische die Nachbildungen des Hildesheimer Silberfunds beigefügt
sind, erscheint noch besonders berechtigt an dem Orte, wo dieselben (in der

Fabrik von Christofle in Karlsruhe) besonders schön angefertigt werden. Vergessen wir nicht, hier auch noch des bekannten so verdienstlichen Modells des Römisch-Germanischen Museums in Mainz von der Ausrüstung des römischen Legionssoldaten Erwähnung zu thun, welches als anziehendes und für das Verständniss von Waffenfunden willkommenes Lehrobject vom Publicum überhaupt und besonders von den Gymnasialclassen geschätzt und gerne gesehen wird.

Die Sammlung vaterländischer Alterthümer, gegen 3600 Nummern, füllt zwei grössere Räume, eine weite Halle im mittleren Theile des Gebäudes, in welcher hauptsächlich die im badischen Lande gefundenen Steindenkmale untergebracht sind, und die Hälfte eines fast allzu langen Saales, welche die Kleinalterthümer in sich aufgenommen hat. Die ganze Sammlung wurde in den fünfziger Jahren noch in getrennten Localitäten aus Gegenständen im Besitz des Grossherzoglichen Hofes und des Staates und aus den Erwerbungen des bis 1858 thätigen badischen Alterthumsvereins zusammengestellt und allmählig vermehrt. Namhaften Zuwachs erfuhr sie, als 1850 die unter den Auspicien des für die badische Alterthumsforschung hochverdienten damaligen Decans Wilhelmi in Sinsheim gebildete Sammlung des Sinsheimer Alterthumsvereins mit ihr vereinigt wurde. Seitdem wird sie, soweit die bis jetzt freilich precären Mittel reichen, durch alles, was im Lande an erhaltungswerthen Alterthümern durch Ausgrabungen und sonst gefunden oder erreicht werden kann, und was nicht etwa in anderen Alterthümersammlungen desselben, wie die in Mannheim, Heidelberg, Villingen, Donaueschingen, Constanz bestehenden, zweckmässiges und gesichertes Unterkommen findet, vermehrt. Dabei ist einleuchtend, dass bei manchen Fundorten die politische Grenze nicht allzugenau eingehalten werden soll. Eine badische Alterthümersammlung wird sich naturgemäss von selbst als eine oberrheinische charakterisiren, und es ist schon mancher lehrreicher Vergleiche wegen unerlässlich, dass wenigstens die Grenzgebiete nicht principiell von ihr ausgeschlossen bleiben.

Für die zweckmässige Anordnung einer solchen nicht allzu grossen Sammlung schien sich, so anziehend es sein mag, gleichartige Gegenstände in ihrer im Lauf der Zeiten wechselnden Gestaltung zusammengestellt zu sehen, doch zu empfehlen, zunächst die grossen Hauptperioden der vorhistorischen und historischen Entwicklung als Eintheilungsgrund gelten zu lassen, um dann innerhalb dieser Rahmen die einzelnen Fundorte durch Vereinigung alles an denselben zusammen Gefundenen zu repräsentiren.

Demgemäss beginnt die Aufstellung mit einer hübschen Collection an verschiedenen Orten des Landes gefundener Steinwerkzeuge aus alpinischem und anderem Material, Feuerstein, Jadeït und Nephrit nicht ausgeschlossen; daran schliessen sich die aus den Pfahlbauten stammenden mannigfaltigen Gegenstände, wie sie der Bodensee in grosser Menge birgt, Thierknochen, Pflanzenfrüchte, die bekannten Stein- und Beinwerkzeuge, roh verzierte Gefässe, Gewebereste u. dergl. Es folgen als Denkmale der vor und zur Zeit der römischen Invasion ansässigen Bevölkerung die Erfunde einer Anzahl von

Hügelgräbern, deren freilich im Lande noch eine nicht geringe Menge der Erforschung harrt; es sind Thongefässe, Aschenurnen, Schüsseln, Teller, manche in einer den betreffenden Gauen eigenthümlichen Weise farbig verziert, wie z. B. die Urnen aus der Bodenseegegend, bei Salem, Allensbach etc. Steinwerkzeuge, daneben reiche Bronzen, Schwerter, Dolche, Speerspitzen, vielerlei Heftnadeln, Ringe und andere Schmuckgegenstände, Gürtel, Gefässe, Sicheln, Meissel, Beile und ähnliche Werkzeuge, etwas Schmuck aus Silber und Gold, Perlen und schöne farbige Armringe aus Glas (Funde von Dühren bei Sinsheim), endlich auch schon Eisen, Schwerter, Dolche, Sporen, Fibeln und Ketten als Schmuck u. a. m.

Am zahlreichsten sind die Funde aus den häufigen Trümmern römischer Niederlassungen längs des ganzen Rheinthals, am Neckar und im Odenwald. Es sind theils grössere Steindenkmale, Inschriftensteine, darunter 16 römische Meilensteine, dann Votivsteine, Viergötteraltäre, Steinsärge, auch einige die damalige römische Kunst in der Gegend wohl charakterisirende Sandsteinstatuetten, theils Reste der römischen Kleinkunst und des Gewerbes, Ziegel, insbesondere solche mit Legions- und Cohortenstempeln, zahlreiche Gefässe, Waffen, Schmuckgegenstände und Geräthe aus Bronze und Eisen, theilweise auch Münzen, deren vollständigere Aufstellung indessen dem mit der Grossherzoglichen Hof- und Landesbibliothek verbundenen Grossherzoglichen Münzcabinet überlassen bleibt.

Besonders ergiebige Fundorte befinden sich am Oberrhein, wo das nahe, auf dem Schweizer Rheinufer liegende Basel-Augst, die alte Augusta Rauracorum, ihren Einfluss geltend macht, der sich bis zu der Colonie im jetzigen Badenweiler erstreckt haben mag, wo die Römer in den interessanten Ruinen einer fein ausgebildeten Badanlage und in einer Anzahl hübscher Anticaglien, besonders manchen Zierstücken aus farbigem Email, die sich in deren Nähe fanden, ihre Spuren hinterlassen haben. Von der östlich vom Schwarzwald gegen Schwaben hin verlaufenden Reihe römischer Ansiedelungen sind einem Hause in Stühlingen namhafte Reste eines römischen Mosaikbodens entnommen worden, dessen Mittelbild leider freilich schon bei der Auffindung zerstört war, während aus Otterswang im Hohenzollern'schen Gebiete ein römisches Cohortenzeichen aus Bronze mit eigenthümlicher Inschrift erworben werden konnte, welches durch eine Abhandlung des badischen Hofraths Zell allgemeiner bekannt geworden ist. Aus dem badischen Rhein- und Neckarthale sind ferner Funde vorhanden von der römischen Töpferei von Riegel bei Freiburg, Steine und Anticaglien von Baden-Baden, ebensolche von Ladenburg, dem römischen Lopodunum, und dem damit im Zusammenhang stehenden Neuenheim und Heidelberg, wo 1838 das von Creuzer und von R. Stark beschriebene schöne und grosse Mithrasrelief in Trümmern eines alten Mithrasheiligthums entdeckt und in die Karlsruher Sammlung übergeführt wurde, und wo in den letzten Jahren bei dem Bau der Universitätskrankenhäuser eine ganze römische Niederlassung mit Gebäuderesten, Töpferöfen und einem Brunnen zu Tage trat, welche sich durch die Inschriften von dabei aufgefundenen acht Meilensteinen aufs Genaueste chronologisch datiren lässt. Die Gegend von Pforzheim, gleichfalls an römischen Funden ergiebig, hat u. A. einen seltenen zierlichen kleinen Bronzedreifuss, und neuestens neben mehreren anderen Steindenkmalen die leider etwas verstümmelte Sandsteinstatuette eines Gottes gebracht, den der geflügelte Schlangenstab als Mercur kennzeichnet, der aber, eine bis jetzt kaum bekannte Darstellung, eine ihm über die linke Schulter herabkriechende Schlange zu füttern scheint. Im Odenwald endlich ist wohl der römische Hauptfundort das in seiner Mauerbegrenzung noch sicher bestimmte römische Castrum von Osterburken, aus welchem die badische Staatssammlung eine Reihe interessanter Gegenstände aus Bronze, vor allem aber ein zweites grosses Mithrasbild aus Sandstein besitzt, welches, an Einzeldarstellungen noch reicher als das von Neuenheim, besonders dadurch sich auszeichnet, dass es, charakteristisch genug für die damalige Religionsmengerei der römischen Legionen, über dem Bilde des den Stier tödtenden Mithras die Versammlung der olympischen Götter in besonderer Umrahmung enthält. Von römischen Gegenständen aus der Nachbarschaft darf neben einigen Erwerbungen aus dem Rheinland die gelegentlich eines Rheindurchschnitts bei Mechtersheim in der Pfalz gefundene Bronzestatuette eines Athleten von grosser Schönheit nicht vergessen werden, ebensowenig die Proben aus den reichen römischen Töpfereien von Rheinzabern, welche verzierte Gefässe in rother terra sigillata in grosser Menge und Mannigfaltigkeit geliefert zu haben scheinen, freilich nicht, ohne in den fünfziger Jahren industriöse Ortsbewohner zu den bedenklichsten Fälschungen zu verleiten, wie sie eine Zeitlang Eingang in die Alterthümersammlungen zu finden wussten.

Die Aufstellung führt weiter zu der nun folgenden merowingischen Zeit, aus welcher die in den süddeutschen Reihengräbern gewöhnlichen Funde alamannischer oder fränkischer Abstammung, Eisenwaffen, das zwei- und das einschneidige Schwert, Speerspitzen, die dem römischen Pilum nachgebildeten Angone mit Widerhakenspitzen, Schildbuckeln, Schmuckgegenstände aus Gold, Silber, Bronze, Glas, besonders schöne silbertauschirte Gegenstände aus Eisen, Riemenzungen und ein Sporn, Kämme aus Horn, Thongefässe u. a. in zum Theil wohl erhaltenen Exemplaren vertreten sind. Sie stammen aus verschiedenen Gegenden des Landes, aus Bruchsal, Sinsheim, Oos, Bonndorf etc., dienen aber freilich auch als Beweis, wieviel weiteres Material noch zu erwarten steht, wenn erst der sonst noch vorhandenen grossen Zahl von Reihengräbern die verdiente Aufmerksamkeit nicht mehr vorenthalten wird.

Aus dem Mittelalter und den späteren Perioden besitzt die badische Alterthümersammlung bis jetzt nur Weniges von einiger Bedeutung. Es mögen dahin gerechnet werden einzelne romanische und gothische Steindenkmale und Holzschnitzereien, da und dort ausgegrabene oder zufällig gefundene Waffenstücke, eine hübsche Sammlung von Ofenkachelformen aus dem sechzehnten und siebzehnten Jahrhundert, Reste der in Mosbach im Odenwald, in Villingen und Häfingen damals blühenden Industrie, Stücke aus der früheren Durlacher Fayencefabrik, neuerdings noch eine Reihe sehr ansprechender Originalaquarellen von Gleichauf, die mannigfaltigen badischen Landestrachten darstellend, welche die alles nivellirende Cultur bald genug im eigentlichen Sinn in das Gebiet der

Alterthümer zu verweisen droht. Dass die Sammlung bisher ihre Objecte weit überwiegend den frühesten Culturperioden, insbesondere der römischen entnahm, mag mit individuellen Neigungen und damit zusammengehangen haben, dass man sich in den letzten Jahrzehnten in Baden mit Vorliebe mit der römischen Forschung beschäftigte. Zugleich weckt aber freilich die mangelhafte Repräsentation der späteren Perioden die wehmüthige Erinnerung, wie schwer die badische Rheinebene als deutsches Grenzland im Lauf der Jahrhunderte von der Zerstörungswuth wiederholter Kriege zu leiden gehabt hat, und wie verhältnissmässig Weniges ihr als Zeugniss des Kunstfleisses des Mittelalters und der Folgezeit erhalten geblieben ist.

Um so schätzenswerther muss es erscheinen, dass wenigstens in einem begrenzten Gebiete die genannte Periode eine unerwartet reiche Vertretung erfahren durfte durch die werthvolle Sammlung älterer und neuerer Waffen, welche, im Besitz des Grossherzoglichen Hofs befindlich, durch die dankenswertheste Liberalität Seiner Königlichen Hoheit des Grossherzogs in den Räumen der Alterthümersammlung dem Publicum zugänglich gemacht ist. Sie ist im Wesentlichen aus drei Hauptbestandtheilen von verschiedener Herkunft zusammengesetzt. Der eine kann als die alte Waffenkammer des badischen Hofes bezeichnet werden, in welcher Waffenstücke, die sich früher theils schon in Karlsruhe, theils in Bruchsal, Rastatt, Meersburg und in Basel befanden, vereinigt sind; der zweite, in gewissem Sinne deren Fortsetzung, wird durch die Sammlung älterer und neuerer Waffen und Waffenmodelle gebildet, welche sich bis nach dem französischen Kriege im Besitz des Grossherzoglichen Zeughauses und der Artilleriewerkstätte befand; der dritte, zugleich ein mit Vorliebe gehegtes historisch vaterländisches Denkmal, ist die früher im Schlosse zu Rastatt bewahrte Waffenkammer des in den Türkenkriegen vom Ende des siebzehnten Jahrhunderts berühmt gewordenen Markgrafen Ludwig Wilhelm von Baden, gemeinhin, da sie weitaus der Hauptsache nach orientalische Stücke aus jener Zeit enthält, als die markgräfliche Sammlung türkischer Trophäen bekannt.

Mit der letzteren beginnend, finden wir in ihr neben Helm, Panzer, Handschuhen und Fahne des Markgrafen selbst, ferner einer fein verzierten Rüstung aus der zweiten Hälfte des siebzehnten Jahrhunderts, angeblich früher im Besitze des Kaisers Matthias, einigen eingelegten Radschlossbüchsen, Armbrüsten und deutschen Hieb- und Stichwaffen, seltene orientalische Ausrüstungsstücke aus jener Zeit für 10—12 Pferde, darunter reich verzierte Sättel mit feinster Stickerei und kunstfertiger Metallarbeit, prunkvolle grosse Pferdedecken aus Sammt mit Silber- und Goldbeschlägen, aus goldgewirkten Stoffen, eine derselben zu sichererem Schutze aus prachtvoll silber- und goldtauschirten Stahlplatten zusammengesetzt, Pferdekopfstücke mit reicher Verzierung in Gold, Silber und Steinen, eine Sammlung in mannigfaltigen Mustern gestickter oder mit reicher Metallarbeit verzierter Bogen- und Pfeilköcher, Schilde, Bogen, Pfeile, eroberte Fahnen, kostbare Teppiche, Säbel, Yatagane, Dolche, sonst mancherlei Geräth, alles zusammen ein seltenes und glänzendes Bild der damaligen kunstgewerblichen Thätigkeit des Orients.

Mit diesen Schätzen in demselben Saal vereinigt ist die oben berührte, gegen 900 Nummern zählende Waffenkammer. Wohl fehlen ihr vollständige Rüstungen, wie sie manchmal die Zierde älterer fürstlicher Sammlungen bilden; dafür enthält sie unter einer reichen Auswahl von Hieb- und Stichwaffen, von Radschlossbüchsen, Pistolen, Armbrüsten aus bester Zeit eine Reihe werthvollster Cabinetstücke, Proben deutscher, Augsburger, Nürnberger, Solinger, wie italienischer, spanischer und französischer Arbeit in geschnittenem Eisen, in Gold- und Silbertauschirung, in Schnitzerei und eingelegter Arbeit aus Holz, Elfenbein, Perlmutter und Metall. Eine grosse Anzahl späterer Waffen, darunter viele Jagdgewehre, Büchsen und Pistolen mit Steinschlössern aus dem vorigen und dem laufenden Jahrhundert, meist Proben renommirter Büchsenmacher, bildet das Mittelglied zwischen dem Alten und den Mustern und Modellen verhältnissmässig moderner militärischer Bewaffnung, welche einen weiteren Saal ausfüllen und für den militärisch gebildeten Besucher lehrreiches Material darbieten.

Ein mannigfaltigeres und bunteres Bild eröffnet sich endlich mit der ethnographischen Sammlung, welche die zweite Hälfte des für die vaterländischen Alterthümer bestimmten Saales einnimmt. Bei den in der Gegenwart so sehr erleichterten Verkehrsverhältnissen nach allen Seiten ist nicht zu verwundern, wenn sie, aus kleinen Anfängen, hauptsächlich aus der Stiftung des Bergraths Schüler in Jena von 1859, sich rasch weiter entwickelnd, bereits gegen 1500 Nummern zählt, während das viele Fremdartige, was sie birgt, das Seinige dazu beitragen mag, dass sie sich von Seiten des Publicums besonderer Gunst erfreut. Es ist bereits gelungen, durch Vertretung des Orients, Indiens, China's, Japans, der Inseln des ostindischen und des stillen Oceans, Amerika's, Nordafrika's, der oberen Nilländer bis zu den Niamniams, den Baris und Uganda die wichtigsten Erscheinungsweisen menschlicher Cultur und Kunstfertigkeit, wie sie in verschiedenen Theilen der Erde ausgeprägt sind, durch möglichst bezeichnendes, häufig durch werthvolles ethnographisches Material dem Beschauer vor Augen zu stellen, und wenn die unmittelbar räumliche Nachbarschaft einer solchen Ausstellung mit einer Alterthümersammlung auf den ersten Blick befremdlich erscheinen könnte, so wird der aufmerksame Beobachter doch bald Gelegenheit zu der Bemerkung finden, wie besonders instructive Seiten die Vergleichung der Erzeugnisse einer zurückgebliebenen Cultur der Gegenwart mit den oft überraschend ähnlichen Culturresten früherer Perioden des Alterthums zu gewähren geeignet ist.

Dem gesammten Complex der vereinigten Sammlungen fehlen leider bis jetzt gedruckte wissenschaftliche Kataloge. Die verdienstvollen beiden Schriften von Dr. W. Fröhner: »Die griechischen Vasen und Terracotten der Grossherzoglichen Kunsthalle zu Karlsruhe, Heidelberg 1860«, und »Die Grossherzogliche Sammlung vaterländischer Alterthümer zu Karlsruhe, I. Heft, die monumentalen Alterthümer, Karlsruhe 1860«, jetzt in Commission der Hofbuchhandlung von Bielefeld in Karlsruhe, sind an sich noch immer geschätzt und brauchbar, wären aber mindestens der Vervollständigung benöthigt. Eine neuerdings erscheinende Jahrespublication, die »Grossh. Badische Alterthümersammlung in Karlsruhe, Auswahl ihrer besten und lehrreichsten Gegenstände aus dem Gebiete der antiken Kunst und Kunsttechnik in unveränderlichem Lichtdruck, herausgegeben von dem Grossh. Conservator der Alterthümer, Karlsruhe, Horchler«, bis jetzt zwei Hefte, 1877 und 1878, sucht wenigstens von dem Wichtigsten aus den vorhandenen Antiken allgemeinere Kenntniss zu verbreiten; das steigende Interesse jedoch, welches den Sammlungen seit ihrer neuen Aufstellung von der Oeffentlichkeit entgegengebracht wird, legt der Verwaltung derselben die Aufgabe nahe, in nicht zu ferner Zeit durch die Veröffentlichung ausführlicher Kataloge ihrer wissenschaftlichen Bedeutung mehr als bisher gerecht zu werden.

Wien. Sammlungen des Kaiserhauses.

In der zur II. Gruppe des künftigen Hof-Kunstmuseums in Wien gehörenden Ambrasersammlung wurde vor Kurzem eine sehr interessante Collection von mathematischen Instrumenten des 16. bis 18. Jahrhunderts ausgestellt, welche bisher dem Publicum nicht zugänglich waren. Die meisten sind aus Messing gearbeitet, zum Theil vergoldet, einige auch von Silber; ihre künstlerische Decoration hat theilweise grosse Schönheiten aufzuweisen und besteht aus figuralem und ornamentalem Schmuck von gegossener, getriebener, ciselirter und gravirter Arbeit. Der Custos der II. Gruppe, Dr. A. Ilg, wird demnächst in einer eingehenderen Besprechung die vielseitig merkwürdigen Eigenthümlichkeiten dieser seltenen Objecte darzulegen suchen. Nach dieser Untersuchung dürften die Instrumente zum Theil aus dem Besitz Kaiser Rudolf's II. herrühren, welcher bekanntlich nach Tycho de Brahe's Tode (1601) dessen kostbare Sammlung erwarb, Anderes stammt aus Ferdinand's I. Besitze, wieder Anderes trägt das sächsische Wappen, den Doppeladler Karl's VI. etc. Eine ganze Reihe interessanter, zum Theil unbekannter Künstlernamen kam an diesen Gegenständen zu Tage, nämlich: Johann Melchior Volckmayr 1642, Ulrich Schniep von München 1555, Erasmus Habermel in Prag 1593, Christoph Schissler von Augsburg 1564, J. Rowley, 18. Jahrh., Juani Cocart in Madrid 1598, Franciscus Lubach in Wien, 16. Jahrh., 2. Hälfte, Paulus Rimmann in Nürnberg 1602, Haye in Paris, 17. Jahrh., Ende, Wolfgang Mayr in München 1604, und der Monogrammist C T 1572.

Volckmayr, aus einer Braunschweiger, dann in München thätigen Goldschmiedsfamilie, war Goldschmied und Mechanicus. Er nennt sich selbst »kais. Mathematicus und Goldschmied«. Sein Werk ist das künstlerisch hervorragendste der ganzen Sammlung, bekrönt von einer prächtigen Figur des Atlas, in Silber getrieben, mit Malereien ausgestattet und mit einem höchst interessanten Manuscript des Meisters versehen, welches die Mechanismen wissenschaftlich erläutert. Auch andere Arbeiten dieses Künstlers für Kaiser Ferdinand I. und seinen Nachfolger sind bekannt. — Habermel scheint ebenfalls aus München gekommen zu sein und arbeitete in Prag für Rudolf II. — Schissler machte für seine Vaterstadt ein Modell derselben. — Rowley war für den Prinzen Eugen thätig, Rimmann wieder für Rudolf etc. etc. Werke von Habermel besitzt die Ambrasersammlung auch aus dem von Erzherzog

Ferdinand von Tirol herrührenden Bestande. Je seltener mathematische und astronomische Werkzeuge älterer Zeit, welche artistischen Schmuck tragen, in den Museen sind, desto werthvoller dürfte die jetzt neu ausgestellte Sammlung sein.

Die Leitung der Sammlungen ist vor Kurzem auch einem Wunsche Vieler begegnet, indem sie eine Anzahl hervorragender Objecte photographisch aufnehmen liess [1]). Der Anfang wurde mit folgenden Gegenständen gemacht: 1. Brustbild Kaiser Max' I., Oelbild, bez. Ambrosius de pdis mlanen (Mediolauensis) pinxit 1502, — nach Waagen Ambrogio il Borgognone. — 2. Venus, aus dem Bade steigend. Bronzestatuette, bez. Ioannes Bologna Belga. — 3. Bronzebüste Kaiser Rudolfs II., bez. Adrianus Fries Hagensis fecit 1607. — 4. Rüstung des Lazarus Schwendi von Hohenlandsberg, kais. Feldhauptmannes (ca. 1522—1584), mit geätzten Strichen im Geschmacke der Kleinmeister. — 5. Prachtschild Kaiser Karls V., in Eisen getrieben, michelangeleske Zeichnung. — 6. Sturmhaube Erzherzog Ferdinands von Tirol, goldtauschirt italienisch. — 7. Prachtschild desselben Fürsten, goldtauschirt, mit mythologischen Allegorien, dessgl. — 8. Vorderseite einer in Eisen geschnittenen Cassette, deutsche Arbeit, um 1550. — 9. Sog. Kalenderdegen Karls V., goldtauschirt und niellirt, von Ambrosius Gemlich in München 1530. — 10. Prunkdegen desselben Kaisers, in Gold und Email gearbeitet, italienisch. — 11. Rhinocerosbecher, in Gold und Email gefasst, deutsche Arbeit, ca. 1540. — 12. Gefässe aus Bergkrystall, mit Goldmontirung, italienisch, 16. Jahrh. — 13. Cabinet von Ebenholz, mit ornamentalen und figuralen Beschlägen aus getriebenem Silber. Deutsch, 16. Jahrh., Ende. — 14. Deckel eines Spielbrettes, für Kaiser Ferdinand I. um 1530 geschnitzt von Hans Kels in Kaufbeuren. — 15. Leuchter von Bronze in Gestalt eines Satyrs, deutsch, 16. Jahrh. — 16. Thürklopfer aus Bronze, figural, italienisch, 16. Jahrh. — 17. Pokal, in Elfenbein gedreht, bez. Georg Burrer in Stuttgart 1616. — 18. Elfenbeingruppe: Apollo und Daphne, spätere italienische Renaissance. — 19. Bemalte Büste von Marmor, angeblich eine Herzogin des Hauses Este, 15. Jahrh., lombardische Schule. — 20. Zwei geschnitzte und eingelegte Flintenschäfte, deutsche Arbeit des 16. und 17. Jahrhunderts.

Neue Funde. Die Wandgemälde in der Muttergottescapelle und der Todtencapelle zu Wyl im Canton St. Gallen.

Wandgemälde im Frührenaissancestile des XVI. Jahrhunderts gehören in Deutschland und der Schweiz zu den seltenen Erscheinungen. Sie mögen, wie sich denn seit der Reformationszeit das Wirkungsgebiet der kirchlichen Malerei zu beschränken begann, von jeher nicht zahlreich vorhanden gewesen sein. Manche Cyklen sind von den Bilderstürmern vernichtet worden, andere der Neuerungssucht der späteren Generationen zum Opfer gefallen.

---

[1]) Die sehr gut gelungenen Aufnahmen wurden im Atelier des k. k. Hofphotographen J. Löwy gemacht, das Format ist Grossquart, der Preis für das Stück auf 80 kr. ö. W. gestellt.

Das letztere Schicksal haben die umfangreichen Wandgemälde getheilt, die unlängst zu Wyl im Canton St. Gallen in der »Muttergottescapelle bei St. Peter« nach hundertjähriger Verschollenheit wieder zu Tage getreten sind[1]). Das Kirchlein, welches sie schmücken, ist ein spätgothischer Bau, aus einem polygonen Chore bestehend, dessen kunstreiches Netzgewölbe von schlanken, dreiseitig vortretenden Wanddiensten getragen wird. Ueber dem nördlichen Eingange ist aussen das Datum 1498 eingemeisselt[2]). Westlich schliesst sich die sogenannte Todtencapelle an, ein ursprünglich flach gedeckter einschiffiger Raum, der mit dem Chore durch eine in der Westwand des letzteren angebrachte Spitzbogenthüre in Verbindung steht. Beide Räume waren vollständig ausgemalt, bis auf die südliche Langseite der Todtencapelle, die zur Aufstellung der Gebeine und Schädel diente.

Die Entstehungszeit der Wandbilder giebt das Datum (Christo) NATO 1522 an. Es ist an der Südseite des Chores im mittleren Schildbogen neben Sonne und Mondsichel gemalt. Hier im Chore waren auch die Dienste und Rippen polychromirt, die Letzteren mit gelben Wangen, blauen Kehlen und gelbem Plättchen. Der Grund der Gewölbekappen, die nachträglich mit zopfigen Stuccaturen beklebt worden sind, ist weiss, und die Gemälde, welche sie schmücken, bilden mit den Malereien an den Wänden Einen zusammenhängenden Cyklus, dessen Inhalt die Verherrlichung der Titularpatronin, der Madonna, ist, und der seinen bedeutsamen Abschluss durch das grosse Bild des Rosenkranzes an der westlichen Schmalseite erhält.

Sämmtliche Gewölbefelder sind zunächst mit Ornamenten von gelben Ranken und grünen Blättern geschmückt, die, reizend stilisirt, zwischen Spätgothik und Renaissance die Mitte halten. Halbfiguren in den über den Schildbögen befindlichen Kappen stellen Heilige vor. Man erkennt den hl. Christophorus, St. Agnes mit dem Lamm, St. Ursula mit drei Pfeilen, einen hl. Bischof, in den drei Kappen über der Westseite endlich zu Seite der Madonna zwei Engel, der eine mit dem Kreuz, der andere mit einem Speere. Sie werden von grünen Blattkelchen getragen, wie die übrigen Halbfiguren, die in einer dreifachen Folge von rautenförmigen Kappen den Stammbaum Christi repräsentiren, mit den Bildern Davids und St. Josephs, von der Madonna mit dem Christusknaben begleitet, die westlich und östlich von dem mittleren Schlusssteine gemalt sind. Einfachere Zierden schmücken die Stichkappen über dem dreiseitigen Abschluss im Osten. In der mittleren sind zwei Schilde gemalt; auf gelbem Felde zeigt der eine den St. Gallischen Bären, der andere ein W, das Wappen von Wyl. Auch die Wand und die Fensterleibungen sind hier am einfachsten gehalten; sie sind bloss mit Ranken gelb und grün auf weissem Grunde bemalt. Aehnliche Decorationen wiederholen sich in den

---

[1]) Die erste Kunde von dieser Entdeckung brachte mein Referat in der »Allgemeinen Schweizer Zeitung«, Beil. Nr. 157 und 158. Seither ist der ganze Cyklus, soweit dies möglich gewesen, von der Tünche befreit worden und daher Manches von den früheren Mittheilungen zu ergänzen und zu berichtigen.

[2]) Die Mensa des Altares trägt die Jahreszahl 1483.

beiden südlich folgenden Jochen, wo der untere Theil der Fensterleibungen jedesmal die Gestalt eines Heiligen enthält. An der Schrägseite erkennt man St. Sebastian und St. Rochus. Der Erstere ein Jüngling, unbedeckten Hauptes, mit der Schaube angethan, hält einen Pfeil in beiden Händen. Neben dem Pilger Rochus steht ein Engel, der sich mit des Heiligen Wunde zu schaffen macht. Auf den Leibungen des folgenden Fensters sind St. Magdalena und St. Margaretha gemalt, Letztere mit der Rechten segnend, indess die Linke den nicht mehr sichtbaren Drachen an einer Kette zu führen scheint.

Alle übrigen Wandflächen sind mit ausführlichen Bildern geschmückt. Sie stellen, in doppelter Reihenfolge über einander geordnet und von rothen Streifen umrahmt, die bekannten Scenen aus der Vorgeschichte Mariä und der Jugend des Heilandes vor. Ihre Folge beginnt im westlichen Schildbogen der Nordwand. Der hl. Joachim wird mit seinem Opfer von dem Priester am Altare zurückgewiesen. Darunter, zur Linken vom Beschauer, nimmt S. Anna unter dem Fenster ihres Hauses die Botschaft des Engels entgegen. Ein Baum trennt diese Scene von dem Bilde zur Rechten, wo Joachim knieend mit ausgebreiteten Armen ebenfalls die Verheissung eines himmlischen Boten empfängt. Im folgenden Joche sind beide Bilder, das obere die Begrüssung Joachims und Anna's darstellend und darunter eine figurenreiche Geburt Mariä, von späterer Hand übermalt worden. Es scheint in den neunziger Jahren des XVI. Jahrhunderts eine theilweise »Restauration« dieser Malereien stattgefunden zu haben, bei welchem Anlasse die einzelnen Bilder von Denen, welche die Kosten der Ueberarbeitung trugen, in Epitaphien verwandelt und demgemäss mit Inschriften und Zusätzen: den kleinen Porträtfiguren der Stifter und ihrer Dahingeschiedenen versehen worden sind[1]). Joch III, wo sich unten eine Thüre befindet, zeigt im Schildbogen den Tempelgang der Maria. Das Mägdlein schreitet auf hoher Treppe zum Tempel empor, wo unter der Pforte ein Priester harrt. Unten steht St. Anna, von einer andern Heiligen begleitet. Im IV. Joche sieht man oben Maria am Betpulte kniecnd und nach rückwärts zu dem verkündenden Engel gewendet. Unten links erscheint die Madonna wieder; sie ist von einer anderen Hand auf Goldgrund gemalt, mit dem Kind im Arm und auf der Mondsichel stehend. Die Begrüssung der Frauen gegenüber gehört zu der Bilderfolge von 1522. Joch V ist in seiner ganzen Höhe und Breite mit einem Bilde der Kreuzabnahme bemalt. Hinten stehen die Kreuze, vorn liegt Christus, von klagenden Jüngern und Frauen umringt, auf dem Boden gebettet. Es folgt die nördliche Schrägseite des Chorpolygons, wo sich bis unlängst in einer stichbogigen Nische das aus Holz geschnitzte

---

[1]) Die Unterschrift unter dem Bilde Joachims und Anna's lautet: Hans Stundach Burger zu Wyl Joan sin Son Elsbeth Heumatin . . . . beid sine Egmahel 15(9?). Am Fusse des Bildes knieen links der schwarz gekleidete Stifter, gegenüber die beiden Frauen, die vordere durch ein rothes Kreuz über ihrem Haupte als Verstorbene bezeichnet, alle den Rosenkranz betend. Beim Eingraben der Gerüststangen kamen Todtengebeine zum Vorschein, was zu beweisen scheint, dass die Personen, deren Namen auf den Epitaphien angegeben sind, in der Capelle bestattet wurden.

romanische Standbild der thronenden Maria mit dem Kinde befand. Im
Scheitel der Nische ist in einem Kreisrund die Halbfigur Gott-Vaters mit der
Weltkugel gemalt; eine bunte Renaissance-Guirlande schmückt den obern Theil
der Hinterwand. Das Bild daneben, den Knaben Christus im Tempel darstellend, ist 1597 übermalt worden. Im Schildbogen steht die Madonna mit dem
Kinde auf den Armen, von einer Glorie zwischen zwei schwebenden Engeln
umgeben.

Die Folge der heiligen Geschichten setzt sich im zweiten östlichen Joche
der Südwand fort mit der Anbetung der Hirten im Schildbogen und dem
darunter befindlichen Bilde der Darstellung Christi im Tempel. Die Gemälde
im dritten Joche sind durch die nachträgliche Einstellung eines Fensters bis
auf wenige Reste zerstört, in denen man ein paar stehende Figuren, das Gefolge der hl. drei Könige, zu erkennen glaubt. Joch IV enthält zu ebener
Erde eine Thüre. Auch diese ist später durchgebrochen worden; man sieht
noch über der Mitte derselben den thronenden Herodes zwischen Schergen,
die mit Schwertern die Kinder erstechen, in Gegenwart der verzweifelten
Mütter, deren eine — ein altes Weib — ihren Sprössling mit einem Prügel
vertheidigt. Im Schildbogen ist der Tod Mariä gemalt. Das fünfte und letzte
Joch im Westen enthält das in der Allg. Schweizer Zeitung (Beilage zu
Nr. 157) ausführlich beschriebene Bild der Himmelfahrt Mariä, 1598 vollständig erneuert durch einen Meister mit dem aus den Initialen H. C. K.
combinirten Monogramme, einen Jacob Knus von Constanz, der 1603 nach
der Chronik der Familie Müller zum Steinhaus in Wyl auch die dortige Pfarrkirche St. Nicolaus inwendig mit Bildern geschmückt hat[1]).

Den Abschluss bildet das grosse Gemälde, das die gesammte Breite und
beinahe die ganze Höhe der Westwand einnimmt. Nur auf den untersten
Theilen hat man, vermuthlich im XVII. Jahrhundert, wiederholt Zuthaten
angebracht[2]), sonst liegt — freilich in Ruinen — ein Bild aus dem Anfange
des XVI. Jahrhunderts vor. Es stellt in einem kreisrunden Rosenkranze die
Kolossalfigur der Madonna vor, stehend, von einem blauen, gelbbesäumten
Mantel umhüllt. Kleinere Gestalten knieen anbetend zu ihren Füssen. Links
erkennt man einen Papst, Bischöfe u. s. w., gegenüber die Vertreter des weltlichen Standes: einen Kaiser, hinter ihm zwei gekrönte Frauen, denen sich
ein Gefolge von Männern anzuschliessen scheint. Ein Kreis von Rundmedaillons
umgiebt das Ganze. Sie enthalten die Rosenkranzbilder, die freudigen und

---

[1]) Zu Seiten des Himmelfahrtsbildes waren ursprünglich nur die beiden
Wappen des Stifters, Schenk von Castel, und seiner Gemahlin, einer geborenen
Blarer, angebracht. Später hat man über denselben je drei über einander befindliche Wappen gemalt. Links (von unten angefangen) das Muntprat'sche, das Breiten-
landenberg'sche und das Schenk's von Castel; rechts das noch unbekannte mit dem
schwarzen Hahn auf Weiss, das Hohenlandenberg'sche und Blarer'sche. Die Nachricht von dem Maler Jakob Knus verdanken wir einer gütigen Mittheilung des Arztes
Herrn J. M. Germann in Wyl.

[2]) Vergl. Allg. Schw. Ztg., Beil. zu Nr. 157.

schmerzhaften Erlebnisse Maria's[*]). Ein zweiter Rosenkranz, an den unteren Enden mit Quasten besetzt, bildet den äussersten Kreis, neben welchem zu unterst rechts und links zwei Engel, der eine mit der Passionssäule, der andere mit der Lanze, schweben.

Leider haben diese im Allgemeinen vortrefflich entworfenen Bilder stark gelitten. Nur die allgemeinen Umrisse (bald roth, bald schwarz) und die grossen Farbenmassen sind noch zu erkennen, alle Einzelnheiten entziehen sich der Betrachtung. Am besten sind, wie leicht ersichtlich, die später übermalten Bilder, besonders dasjenige der Himmelfahrt Mariä, erhalten[*]).

Besser erhalten und auch dem stofflichen Inhalte nach viel merkwürdiger sind die in der »Todtencapelle« aufgedeckten Wandmalereien. An der Ostseite über der Chorthüre ist zunächst eine figurenreiche Darstellung des jüngsten Gerichtes gemalt. Seitwärts, zur Rechten, schliesst sie in einiger Entfernung von der Südwand ab, weil hier der Raum für die längs derselben aufgeschichteten Gebeine zu reserviren war. Hoch in der Mitte erscheint in einer sternenförmigen Glorie der Heiland. Sein Thron ist ein Regenbogen, die Füsse ruhen auf der Weltkugel. Ein purpurner Mantel lässt den nackten Oberkörper unverhüllt. Kopf und Arme sind zerstört, weil hier die nachmals an Stelle einer flachen Holzdiele eingefügte Gypsdecke beginnt. Zur Rechten Christi kniet fürbittend die Madonna. Lange gelbe Haare fluthen über ihren Nacken herab. Ein weisser Mantel umhüllt in schönem Wurfe die Gestalt und lässt nur die knapp anliegenden gelben Aermel frei. Neben der Madonna erscheint ein Engel mit einem Speer oder dem Stab mit dem Schwamme. Ihr gegenüber zur Linken des Heilandes kniet, ebenfalls betend, der Täufer Johannes. Eine gelbe, von weissen Wolken besäumte Glorie umgiebt diese himmlischen Gestalten. Dann folgen tiefer die markigen, lebensvollen Figuren der Apostel mit ihren Attributen. In zwei sich zugewendeten Chören sind sie in doppelter Reihe über einander geordnet, wobei die vorderen ganz, die hinteren Gestalten als Halbfiguren zum Vorschein kommen. In der Mitte zwischen diesen Chören sieht man zwei schwebende Engel, die Boten des Gerichtes, das sie mit ihren gekreuzten Posaunen verkünden. Weisse Wolken trennen die Apostel von dem grünen Erdenplane, wo in der Mitte von vorn bis in die Ferne, die Todten aus den Gräbern steigen, meistens nackte Gestalten, um die sich die Teufel viel zu schaffen machen. Vorn hat sich die Scheidung vollzogen. In wildem Tumulte werden die Verdammten, bekleidete und nackte Gestalten, von Teufeln umfangen, gequält und in den

---

[*]) Man sieht links (von oben angefangen) die Kreuzigung, Verkündigung, Christus am Oelberg, Begrüssung der Frauen und die Versuchung Christi (2), rechts die Taufe, Kreuztragung, das folgende Bild zerstört, Anbetung der Könige und Christi Geburt.

[*]) Von grossem Interesse sind auch die auf Holz gemalten Altarbilder, Theile eines Triptychons, das, nach dem Wappen zu schliessen, von dem St. Gallischen Abte Diethelm Blarer (1530—1564) gestiftet worden ist. Die Jahreszahl 1516 auf dem Flügel zur Rechten dürfte nachträglich oder mit Rücksicht auf eine ältere beim Bildersturm untergegangene Stiftung aufgemalt worden sein.

gähnenden Höllenrachen getrieben. Diese Hälfte zur Rechten vom Beschauer ist schlimm heruntergekommen, sehr gut dagegen die Schar der Berufenen erhalten. Es ist eine anmuthige, lebendig geschilderte Scene. Ein Kaiser, in dem man die Züge Maximilians I. zu erkennen glaubt, befindet sich unter den Seligen[*]. Vor ihm steht ein Mann, mit der Schaube bekleidet, baarhäuptig, in devoter Haltung, die Rechte aufs Herz gelegt, scheint er sich angelegentlich mit einem weissbärtigen, kahlköpfigen Alten zu besprechen. Man möchte in diesem Letzteren, wenn er einen Nimbus trüge, den hl. Petrus erkennen und glauben, dass hier über den Eintritt in's Paradies unterhandelt würde. Auch einen Mönch und eine Nonne sieht man unter den Berufenen und weiter Frauen und Männer, unter diesen einen Ritter, eine prächtige, jugendfrische Gestalt, mit dem Harnische bewehrt und das Haupt mit einem Federbarette bedeckt. Ganz zuletzt folgt noch ein stattlicher Fünfziger. Er hat es eilig und mag nur eben mit knapper Noth dem Teufel entrinnen, der sein Opfer schon an der Schulter fasst. Angstvoll schaut der bärtige Mann nach seinem Verfolger zurück; aber ein Engel, der den Zug geleitet, wendet sich ebenfalls um und weist den Satan mit der Geberde des Segens zurück. Es muss ein Meister von grossem Talente gewesen sein, der diese Scene gemalt hat. Die nackten Theile sind weiss, die Contouren braunroth, die Haare und einzelne Gewandstücke gelb. Dazu ein trübes, dunkles Roth und Grün, ein grünliches Graublau, das ist die Palette, welche dem Maler zur Verfügung stand; aber daneben staunt man über die wahrhaft geniale Bravour, mit welcher der Meister nur so flüchtig diese Gestalten gezeichnet hat, wie über die Schönheit und die charaktervolle Kraft der einzelnen Erscheinungen. Eine aus dem Bilde herausschauende Frau ist von vollendeter Anmuth; in dem Kopfe des mit St. Petrus redenden Mannes glaubt man Holbein'schen Einfluss zu erkennen, und der jugendliche Ritter, der so angstvoll mit gerunzelter Stirne dem erlösenden Ziele entgegenschaut, ist ein wahrer Prachttypus von kraftstrotzender, stilvoller Renaissance-Erscheinung. Ebenso grossartig, einfach, breit, musterhaft im Charakter der Zeit entworfen sind die nur mit wenigen Tönen in der Localfarbe schattirten Gewänder. Den Churer Todesbildern steht die Sorgfalt der Ausführung nach, den Wandgemälden in Stein a. Rh. ist dieses jüngste Gericht an geistreicher Kraft und Frische des Vortrages weit überlegen. Was muss das für eine Zeit gewesen sein, da der einfache Schilder dergleichen zu malen im Stande war. Die Entstehung dieses Gemäldes lässt sich mit annähernder Sicherheit aus der Zeit datiren, in welcher die Ausmalung des Chores stattgefunden hat. Am Fusse desselben befindet sich nämlich das 1528 datirte Epitaphium des St. Gallischen Conventualen und Statthalters von Wyl, P. Marcus Brumann, das theilweise über das jüngste Gericht gemalt ist[*]. Es

---

[*] Er hat auffallenderweise, wie auch noch mehrere andere Figuren in dieser Gruppe, ein gelbes Gesicht.

[*] Nicht 1628 datirt, wie fälschlich in Beil. zu Nr. 158 der Allg. Schweizer Zeitung gemeldet wurde. P. Marcus Brumann ist, wie wir einer gütigen Mittheilung des Herrn Stiftsarchivar v. Gonzenbach in St. Gallen entnehmen, in demselben Jahre 1528 zu Wyl gestorben.

stellt in einer Gebirgslandschaft die hl. Barbara, St. Gallus und Othmar vor und ist mit trüben Farben und kräftigen, schwarzen Contouren fleissig gemalt, vermuthlich von derselben Hand, von welcher in der rechtwinkelig anstossenden Nische der Nordwand das Bild von der Heilung der Schwiegermutter Petri (Matth. VIII, 14) stammt[10]).

Etwas später als das jüngste Gericht wird man die Bilder an der nördlichen Langwand zu datiren haben. Sie sind auch von minder geübten Händen gemalt. Die Entdeckung derselben ist von grossem Interesse, denn es ergiebt sich, dass der ganze Fries, der sich an der nördlichen Langseite und der schmalen Westwand unter der Decke hinzieht, einen Todtentanz enthielt. Leider sind nur wenige Gruppen in einigermassen erträglichem Zustande erhalten geblieben. Die Folge beginnt neben der Ostwand mit der alten Frau, die der Tod mit einer Schaufel in der Linken am Arme fasst. Es folgen das Kind, der Bauer, der Koch mit der Kelle und der Krüppel. Dann wird sie durch ein später angebrachtes Fenster unterbrochen, über welchem der hl. Sebastian nackt, von Pfeilen durchbohrt, an einen Baum gebunden erscheint. Es folgen weiter der Arzt, er beschaut das Uringlas, indessen der hinter ihm stehende Tod in beiden Händen einen Knochen schwingt; ein weisser Mönch, der in einem Buche liest in Gegenwart des Todes, welcher auf der Harfe spielt. Dann nach längerer Unterbrechung erkennt man eine Figur mit dem Krummstabe und schliesslich in der Ecke sieht man noch einen Cadaver, der halb auf die Nord-, zur Hälfte auf die Westwand gemalt ist, ein Beweis, dass hier der Reigen seine Fortsetzung fand. Auf grünem Plane heben sich diese schwarz gezeichneten und mit wenigen glatten Tönen bemalten Bilder von dem weissen Grunde ab. Der Tod erscheint als ein gelber, eingeschrumpfter Cadaver, sein Haupt oder der Hals sind mit Schlangen umwunden, tanzend eilt er mit seinem Opfer von dannen und bläst dazu, sofern nicht andere Attribute gewählt sind, auf einem seltsam geschwungenen Horne. Unter diesem Friese enthält ein schmaler, durch senkrechte Striche in einzelne Felder getheilter Streifen die erläuternden Verse, deren Zahl indessen eine grössere als die der Bilder gewesen zu sein scheint. Sie sind mit seltsam verschnörkelten Minuskeln geschrieben, auch stark beschädigt und desshalb schwer zu lesen; immerhin erkennt man, dass ihr Inhalt in so zu sagen wörtlicher Uebereinstimmung mit dem bei Massmann (die Baseler Todtentänze) abgedruckten Urtexte, dem Kleinbasler und dem im Anhange abgedruckten Holzschnitt-Todtentanze aus dem XV. Jahrhundert steht. Entziffert sind bis jetzt Vers I, von der Ostseite an[11]):

Die Mutter zum Tod (Massmann (Nr. 23):

  o kindt ich wolt dich
  haben erlost so ist
  entfallen mir der trost
  der tod hat das

---

[10]) So, und nicht wie a. a. O. als Erscheinung des Auferstandenen vor den Frauen, muss dieses Bild gedeutet werden.

[11]) Die Ergänzungen sind durch gesperrten Satz unterschieden.

fûrkumen (u. mich)?
. . . . . mit dir
genommen.

Nr. III.   Das Kind zum Tode (Massmann Nr. 23):

o we liebe mutter
min ein dûrrer mann
zieht mich dahin
mit der wigen willst du
mich also verlan
muss ich tanzê und
kan noch nit gan.

Nr. IV.   Der Tod zum Kinde (Massmann Nr. 23):

Kum her du mufst
tantzê lernen weyn
oder lach ich. hab dich
gern vnd hettst du
den tütten in dem
mund er hülft dich
nit an diser stund [11]).

Nr. V.   Der Bauer zum Tod (Massmann Nr. 32):

. . . .
Karl (?) grofs der
schweiss mir durch
die hant flos
noch wolt ich gern
dem tod entfliehn
. . . . . er . . . . .
schon . . . . eben.

Auf der westlichen Hälfte der nördlichen Langwand sind folgende Verse entziffert:

Der Tod zum Juristen (Massmann Nr. 13):

Das urteil ist also
geben das ir lenger
nit solt leben
herr jurist des
thut (?) des todes kr-
afft mügen ir so
beweyst eur mai-
sterschafft.

Der Ritter zum Tod (Massmann Nr. 12):

Ich hab als ayn
ritter gut der welt ge-
dient in hohem muth
nun bin ich wider
ritters orden an disê
tantz gezwungen wo-
rden.

— ———

[11]) Wie wenig die Zusammenstellung der zahlreicheren Verse mit den Bildern übereinstimmt, beweist der Umstand, dass dieser Vers unter dem Bilde des Bauern verzeichnet ist.

Der Tod zum Edelmann (Massmann Nr. 16):

Kummend har ir
edlen degen ir muefst
der stercke pflegen
mit dem tod der
njemantz schont
..... ir um ob euch
wirt verlont.

Fast in der Mitte unter dem Todtentanze war die nördliche Langseite mit einem grossen Flachbogen geöffnet. Eine rothe Bordüre begleitet denselben. Rechts und links über dem Bogen war ein Cadaver gemalt, derjenige zur Linken hält mit beiden Händen einen Schild empor, in welchem ein Todtenkopf erscheint. Die Wandfläche endlich zwischen diesem Bogen und der an die Ostwand anstossenden Nische ist mit einem merkwürdigen Bilde, einer Todesallegorie, geschmückt. Oben hinter einer Mauer sieht man Geharnischte und Landsknechte. In der Mitte ist die Fallbrücke heruntergelassen; ein Theil der Besatzung scheint einen Ausfall wagen zu wollen, während andere mit Hellebarte und Streithammer ihre Festung vertheidigen gegen die Todtengerippe, halbverweste Cadaver, die mit hochgeschwungenen Dreschflegeln gegen die Mauern anstürmen, hinaufklettern und von andern Todesgestalten, welche diesseits des Zwingers aus ihren Gräbern steigen, immer neuen Succurs bekommen. Rechts kniet anbetend, von der Schlachtscene abgewendet, die grosse Gestalt einer Frau oder eines geistlichen Herrn. Dahinter öffnet sich der Einblick in eine hohe Capelle, ein Beinhaus, wo in der Tiefe in rundbogiger Nische die Schädel übereinandergeschichtet liegen, und darunter das Weihwasserbecken mit dem Wedel zu erkennen ist.

Da die Todtencapelle schon längst profanen Zwecken dient, steht der Erhaltung dieser Malereien nichts entgegen, die Bilder im Chore jedoch, für welche eine gründliche »Restauration« in Aussicht genommen ist, dürften baldiger Uebertünchung oder Uebermalung kaum entgehen.

Zürich, im August 1879.   *J. R. Rahn.*

Berliner Antiken-Museum.

Das Antiken-Museum in Berlin wird demnächst um einen bedeutenden Schatz antiker Bildwerke bereichert werden. Eine Stelle in Ampelius, welche angiebt, dass in Pergamos ein Altar mit Bildwerken gestanden habe, hatte die Veranlassung zu Nachgrabungen gegeben und das Ergebniss derselben war weitaus günstiger, als man erwartet hatte. Die Nat.-Ztg. (vom 18. November 1879), der wir diese Notiz entnehmen, fügt dann hinzu: Aber nicht gering auch waren die Schwierigkeiten, um den Besitz und die Erlaubniss zur Ausführung zu erlangen. Herr Museumsdirector Contze, der bei der Hebung des Schatzes in erster Linie betheiligt ist, weilt noch in Kleinasien, um die Ueberführung persönlich zu leiten. Uebrigens befinden sich einige Relieffragmente, darunter eines mit einem vielbewunderten Alexanderkopf aus Pergamos, schon seit einiger Zeit im Besitz unseres Museums.

Litteraturbericht.

Theorie und Technik der Kunst. Kunstunterricht.

Ueber den französischen National-Wohlstand als Werk der Erziehung. Studien über Geschichte und Organisation des künstlerischen und technischen Bildungswesens in Frankreich. Von Armand Freih. v. Dumreicher. Erste Studie. gr. 8. XVII, 200 S. Wien 1879. Hölder.

Die Ansichten über die Bedeutung der Kunstpflege im Staatshaushalte haben neuerdings einen Umschwung erfahren, welcher in mancher Beziehung einer völligen Umkehr gleichkommt. Man nähert sich wieder der Auffassung der Staatsmänner der Aufklärungsperiode, während der Utilitarismus der nächstfolgenden Zeit sich höchstens das Zugeständniss abringen liess, dass der Staat ehrenhalber den Luxus der Kunstpflege treiben müsse. Nun die Thatsachen unwiderleglich die Kunst als einen wirthschaftlichen Factor von höchster Bedeutung dargethan haben, wendet man naturgemäss seine Aufmerksamkeit der Vergangenheit desjenigen Landes zu, welches heute die Früchte seiner im Grossen und Ganzen consequenten Culturpolitik erntet: Frankreich. Auch der Verfasser der vorliegenden Arbeit, dem durch seine amtliche Stellung die Frage besonders nahegelegt wurde, welche Verwaltungsacte und welche öffentlichen Einrichtungen einzelner Länder auf die industrielle Leistungsfähigkeit der Bevölkerung bestimmenden Einfluss nehmen, erkannte die Nothwendigkeit, sich über die betreffenden Verhältnisse Frankreichs und zwar nicht bloss durch die Lectüre, zu unterrichten. Als erste Frucht dieser Studien bietet er eine Darstellung der Entwicklung des Erziehungswerkes; eine zweite über die gegenwärtige Organisation des gewerblichen, künstlerischen und technischen Bildungswesens Frankreichs wird in Aussicht gestellt. In sechs Capiteln zeigt das Werk, wie von der Zeit der Valois an der Wechsel der Regime und der Wirthschaftssysteme doch keine Unterbrechung in der Erziehung des Volks zur Arbeit und in der Fürsorge für Kräftigung und Schutz der nationalen Arbeit verursacht haben, wie vielmehr eben dieser Wechsel das künstlerische und technische Bildungswesen vor Einseitigkeit bewahrt hat, insbesondere die Machtmittel der heutigen französischen Volkswirthschaft in künstlerischer Hinsicht der Prachtliebe der Könige und der handels- und gewerbepolitischen Tendenzen der Staatsmänner von Richelieu bis Colbert, in technischer Hinsicht aber der Revolution zu danken sind. Der letzte Abschnitt zieht die Lehren aus diesem Entwicklungsgange für Oesterreich und Deutschland.

Der weitschichtige Stoff ist eben so klar wie geistvoll behandelt. *B.*

Kunstgeschichte. Archäologie.

Roma Sotterranea. Die Römischen Katakomben. Eine Darstellung der älteren und neueren Forschungen, besonders derjenigen de Rossi's. Mit Zugrundelegung des Werkes von J. Spencer Northcote, D. D., und W. R. Brownlow, M. A. Bearbeitet von Dr. **Franz Xaver Kraus**, o. ö. Professor der Kirchengeschichte an der Universität Freiburg. Mit vielen Holzschnitten und chromolithographirten Tafeln. Zweite neu durchgesehene und vermehrte Auflage. Freiburg im Breisgau. Herder'sche Verlagshandlung. 1879.

Es ist ein schönes Zeugniss für das wachsende Interesse an der monumentalen Geschichte des Urchristenthums, dass ein so ernstes, gründliches Buch, wie die Kraus'sche Ueberarbeitung der Roma Sotterranea von Northcote und Brownlow schon nach fünf Jahren zum zweiten Male aufgelegt werden kann. Wie Kraus schon in der ersten Auflage weit über das vom englischen Originalwerk Gebotene hinausging, so ist dies in noch höherem Grade bei der zweiten Auflage der Fall, so dass die deutsche Roma Sotterranea mehr und mehr die Physiognomie eines Originalwerkes annimmt.

Die Regsamkeit, welche eine ganze Schaar tüchtiger Kräfte unter der glänzenden Führung De Rossi's auf dem Gebiete der christlichen Alterthumskunde entfaltet, hat ein nicht unerhebliches Material für Berichtigungen und Zusätze geboten. Vor Allem ist da zu nennen der unterdessen erschienene dritte Band von De Rossi's Roma Sotterranea, dann die reichen Mittheilungen des Bulletino di Archeologia cristiana.

So bot De Rossi's Roma Sotterranea III. das Material für die neuen Capitel über die oberirdischen Cömeterien (S. 120 fg.), das Cömeterium der hl. Soteris (S. 197 fg.) und über die Arenaria des hl. Hippolytus und die Regio Liberiana (S. 207 fg.). In dem Capitel über die altchristlichen Cömeterien in der Umgebung Roms konnten die Angaben über das Coemeterium Generosae ad Sextum Philippum (S. 526 fg.) gleichfalls auf Grundlage von De Rossi's Forschung erheblich vermehrt werden. Erhält doch die Annahme, dass die Arval-Brüder vor 300 ihr Heiligthum längst verlassen hatten, durch die Nachgrabungen in den Vigne Ceccarelli neue Bestätigung; auch De Rossi's ausführliche Beschreibung der Krypten (Rom. Sotterr. III.) konnte Verwerthung finden. Die noch immer sehr knapp gehaltenen Nachrichten über die Katakomben in Neapel (S. 603) sind nach den Untersuchungen von Salazaro, Aspreno Galante und V. Schultze entsprechend umgestaltet worden. Eine erhebliche Erweiterung hat auch das Capitel über die sog. Blutphiolen der Katakomben (S. 507) erfahren. Kraus hat sich an der in jüngster Zeit wieder heftig discutirten Frage nach dem Inhalt derselben als selbständiger Forscher betheiligt (Die

Blutampullen der römischen Katakomben. 4°, 83 S. Freiburg, Herder). Die Resultate seiner Untersuchung führt er auch hier an; sie sind freilich nicht abschliessender Art, da sie die Ausführungen des gelehrten Paters Victor de Buck nicht widerlegen können und von der römischen These zu viel aufrecht erhalten wollen. Die Paragraphe: Das Cömeterium Ostrianum oder der sog. fons Petri (S. 72) und die Cathedra Petri im Cömeterium Ostrianum (S. 576) hätten wohl eine Erörterung der wieder heftig entbrannten Streitfrage, ob der hl. Petrus in Rom überhaupt gewesen, nicht blos nahe gelegt, sondern dringend gefordert; leider geht Kraus derselben aus dem Wege. — Die Verlagshandlung ist mit aller Zuvorkommenheit der Gewissenhaftigkeit des Autors entgegen gekommen; die Holzschnitte wurden von 77 auf 92 vermehrt; eine Tafel mit der Darstellung der Marmorstatuette des guten Hirten im Lateranensischen Museum, den früheren XII Tafeln hinzugefügt. So darf die neue Auflage einer nicht geringeren Sympathie sicher sein, als die es war, welche das Buch bei seinem ersten Erscheinen begrüsste.　　　　　*J.*

Förster, Ernst, die deutsche Kunst in Bild und Wort. Für Jung und Alt, für Schule und Haus. Mit 140 Bildtafeln in Stahlstich. Leipzig, T. O. Weigel, 1879. VIII und 344 S. gr. 4°.

Von seinem grossen Bilderwerke in zwölf Bänden: »Denkmale deutscher Baukunst, Bildnerei und Malerei« hat Ernst Förster einen populären Auszug veranstaltet, der jetzt in Einem starken, stattlichen Bande vollendet vorliegt. Bei dem hohen Preise des grossen Werkes mochte die Publication eines Auszuges sich aus geschäftlichen Gründen empfehlen. Jenes ist ziemlich ungleichartig in seinem Bestande. Die Darstellungen architektonischer Denkmäler sind fast ausnahmslos nur aus anderen zusammenfassenden Werken oder Einzelpublicationen entlehnt, so dass bei der Summe dieser Entlehnungen das eingeschlagene Verfahren kaum noch in der Grenze des Zulässigen blieb. Die Abbildungen von Werken der Plastik und Malerei sind dagegen werthvoller, denn sie erschienen vielfach als die ersten Publicationen der betreffenden Werke zu einer Zeit, in welcher die Vervielfältigung noch nicht durch die Photographie so bequem gemacht war. So ist das Förster'sche Werk seiner Abbildungen wegen immerhin zu benutzen, wenn auch für das Architektonische nur da, wo die besseren Hilfsmittel, die Originale der Förster'chen Reproductionen, nicht ausreichend vorhanden sind. Wahrhaft charakteristisch sind freilich auch die Förster'schen Aufnahmen von Bildwerken und Gemälden nur in seltenen Fällen; alles ist ziemlich elegant, aber die herbe Energie und realistische Schärfe altflandrischer und deutscher Schöpfungen ist oft verflacht worden. Im Ganzen, kann man sagen, ist dem Herausgeber in seinen »Denkmalen italienischer Malerei« die Wiedergabe der Originale besser gelungen, als hier.

Nach der Absicht des Verfassers sollte nun die neue Publication eine Ausgleichung zwischen den »Denkmalen«, in welchen den einzelnen Tafeln nur ein erklärender Text beigegeben ist, und der von ihm früher publicirten »Geschichte der deutschen Kunst«, die nur eine mässige Zahl kleinerer Abbildungen enthält, herstellen. So sind denn mehrfach auch Zusammenstellungen der kleineren Stahlstiche aus dem letztgenannten Buche den grösseren Tafeln zur Ergänzung beigegeben. Im Texte unterscheidet das neue Werk von der Geschichte der deutschen Kunst sich dadurch, dass es weit kürzer gefasst ist und, wie der Titel besagt, eine populäre Darstellung sein will. Nun wäre nach unserer Ansicht das ältere Buch schon populär genug, wenn man den Mangel der wissenschaftlichen Vertiefung und eine gewisse Leichtigkeit der Darstellung, die bequem erreichbar ist, wo alles Ernste und Schwierige vermieden wird, populär nennen will. Der Autor hat aber diesmal allerdings verstanden, die Darstellung noch mehr zu verflachen und hat zugleich gänzlich unterlassen, die seit den Jahren und Jahrzehnten nach Publication des früheren Buches neu gewonnenen wissenschaftlichen Ergebnisse zu berücksichtigen und zu verwerthen. Den Zweck »thätigen Antheil zu nehmen an den Fortschritten der allgemeinen Volksbildung« wird daher das Werk nicht erreichen; weder Jung noch Alt, weder Schule noch Haus können aus demselben etwas lernen, und zwar eben so wenig aus dem für thatsächlich Ausgegebenen wie aus der Methode der Behandlung. Jenes ist durchgängig incorrect, diese unzulänglich.

Schon die Auswahl der Abbildungen, besonders der architektonischen, zeigt, dass die Absicht der Belehrung gegen diejenige, ein elegantes Bilderbuch zu liefern, zurückstand. Ganz gedankenlos ist es schon, das Grabmal Theodorichs zu Ravenna voranzustellen, das zwar zu Ehren eines Ostgothenkönigs errichtet ward, aber nicht bloss auf italienischem Boden steht, sondern auch in Formen und Technik römisch ist. Von den Anfängen eigenthümlicher Kunstformen bei den Barbarenvölkern und unter diesen auch bei den Germanen in der Ornamentik der Geräthe und Schmucksachen, ferner der Bilderhandschriften hat der Verfasser keine Ahnung. Bei den vier Zeilen, die er der karolingischen Miniaturmalerei im Allgemeinen widmet, sowie an der Stelle, welche das Dedicationsbild eines spätkarolingischen Codex, des Evangeliariums Karls des Kahlen in der Münchener Bibliothek, erklärt, wird auch über die Ornamentik der karolingischen Bilderhandschriften kein Wort gesagt, obwohl diese gerade die hohe Bedeutung hat, Elemente aus der ursprünglichen Formensprache der Barbaren festzuhalten, zur höchsten Vollendung auszubilden und in das fernere Kunstleben des Mittelalters überzuführen.

Dass die karolingische Architektur durch die Palastcapelle Karls des Grossen in Aachen vertreten wird, ist selbstverständlich, aber die jetzige Aussenansicht des Aachener Domes, auf welcher das alte Octogon mit seiner späteren Haube kaum gegen den gothischen Chor und die angebauten Capellen zur Geltung kommt, ist überflüssig; das, was nothwendig gegeben werden musste, Grundriss und Durchschnitt des Innern, fehlt. Da hat dann die Innenansicht des Westchores vom Dome in Essen keinen Zweck; diese Nachbildung des Aachener Systems ist nur dem, welcher das Vorbild mit ihr vergleichen kann, verständlich.

Dieselben Fehler in der Auswahl der Abbildungen gehen in der ganzen Architektur des romanischen Stiles durch: sehr wenig Grundrisse, fast nur Ansichten. Von der Stiftskirche zu Gernrode ist wenigstens die Innenansicht gegeben, aber von den grossen Domen zu Mainz, Speier und Worms wie von der Abteikirche zu Laach nur die Aussenansicht, und zwar vom Dome zu Speier sogar die moderne Façade, die hübsch, aber nicht echt romanisch ist. Wie kann damit das, worauf es ankommt, die Entwicklung der Construction, das System des romanischen Gewölbebaues, veranschaulicht werden? Auch für die architektonischen Details genügen nicht ein paar Proben von einem und demselben Denkmal, St. Michael in Hildesheim. Um Eine neue Tafel ist das jetzige Werk vermehrt worden: eine Madonna, von Gerard David in Madrid, nach der Laurent'schen Photographie; die hätte ohne Schaden wegbleiben können; aber einige Tafeln mit Grundrissen, Details und Innensystemen architektonischer Monumente, oder an ihrer Stelle Holzschnitte im Texte, waren absolut nothwendig, wenn das Werk überhaupt einen Zweck haben sollte.

Auch die Darstellung der anderen Künste in der romanischen Periode ist dürftig und incorrect. Unrichtig ist schon, die Zeit Kaiser Heinrichs II. als die Epoche einer besonderen Kunstblüte darzustellen, während der glänzende, die Leistungen aller anderen abendländischen Nationen übertreffende Aufschwung in Goldschmiedekunst, Email, Elfenbeinschnitzerei, Miniaturmalerei u. s. w. vielmehr schon in die Zeit Otto's II. und Otto's III. fällt, und die Schöpfungen aus der Zeit Heinrichs II. nur ein Nachklang jener Periode sind. Ernst Förster kennt freilich den herrlichen Codex lat. 8851 in Paris nicht und bleibt dabei, dass das Evangeliarium Cimel. 58 in München für Heinrich II. hergestellt wurde, obwohl in Wahrheit der hier dargestellte Kaiser, dem die vier Reiche huldigen, Otto III. ist. Als Beispiele von Bilderhandschriften aus der Blütezeit des romanischen Stils im 12. Jahrhundert nennt er zwar den Hortus deliciarum, aber auch das Evangeliarium aus Niedermünster zu Regensburg, dessen Ursprung unter Heinrich II. nachgewiesen ist, und den Psalter des Landgrafen Hermann von Thüringen in Stuttgart, der schon die Geschmackswandlungen des sogenannten Uebergangsstiles erkennen lässt.

Was Förster über die Architektur des Uebergangsstiles sagt, besteht aus nichtssagenden Redensarten; die Abbildungen sind wieder nur Ansichten, und so malerisch diejenige der Stiftskirche zu Limburg an der Lahn auch ist, so kann doch dieses wichtige Monument, eins der ersten in Deutschland, in denen wirkliche Gothik zu Tage tritt, nur dann lehrreich behandelt werden, wenn man eine seiner Travéen neben eine Travée der Kathedrale von Noyon stellt, wie das Schnaase gethan hat.

Bei der eigentlichen Gothik sieht es nicht besser aus. Von der Liebfrauenkirche in Trier, der Elisabethkirche in Marburg ist statt Grundriss und Querschnitt wieder nur die Façade, in beiden Fällen das am wenigsten Charakteristische, gegeben. Dass dann im Texte die Analyse des Grundrisses der Liebfrauenkirchen so überaus kümmerlich ausfällt, ist erklärlich; wird doch nicht einmal seiner Ableitung vom Chor von Saint-Yved zu Braine Erwähnung gethan. Auch vom Regensburger Dome wird nichts gegeben als die Westfront mit ihren modernen Thürmen. Eine Mehrzahl von Tafeln, die sich gegenseitig erklären, ist nur beim Kölner Dome da. Da Förster über Schnaase's Entdeckung schweigt, derzufolge der Grundriss des Kölner Doms kein einheitlicher Plan ist, sondern die starke Ausladung des Querhauses wie das Fünf-

schiffige des Langhauses erst beim Weiterbau im 14. Jahrhundert festgestellt
wurden, werden die Leser bei einer falschen Vorstellung von dem Ideale
gothischen Grundrisses belassen.

Für die Art, wie Ernst Förster von mittelalterlicher Architektur zu reden
versteht, ist gerade seine Analyse des gothischen Stils charakteristisch (S. 94).
»Die Krypta verschwindet, da ihre Bedeutung auf den ganzen Bau verklärend
übergegangen.« Ob der Verfasser selbst sich hierbei etwas gedacht hat, wissen
wir nicht; wir können uns nichts dabei denken. — »Die polygone Chornische,«
fährt er fort, »verbindet sich durch den durchgeführten Chorumgang, als eine
Fortsetzung der Seitenschiffe enger mit dem ganzen Kirchenbau, als es (!) die
Apsis der Basilica je sein (!) konnte.« Abgesehen von dem schülerhaften Stil
dieses Satzes liegt das sachliche Missverständniss darin, dass Förster erst etwas
später folgen lässt: »Bei grösseren Bauten findet sich oft ein Capellenkranz
um den Chorumgang.« Also die allgemeine Grundrissform wäre ihm zufolge der polygone Chorschluss mit einfachem Umgang? nur bei grösseren
Gebäuden träte der Capellenkranz hinzu? Wer sich über Ursprung und Entwicklung der Gothik auf Grund der französischen Monumente und der auf
sie bezüglichen Litteratur orientirt hat, weiss, dass das Ideal des gothischen
Grundrisses die dreischiffige, kreuzförmige Anlage mit Chorumgang und
Capellenkranz ist. Umgang und Capellenkranz gehören zusammen; sie sind
die Hälfte einer Centralanlage, die mit dem Langhausbau verschmolzen ist.
Daneben kennt die französische Gothik allerdings noch eine zweite Grundrissform, die fünfschiffige, ursprünglich nicht kreuzförmige Anlage mit Seitenschiffen,
die um den Chor fortlaufen, ohne Capellenkranz, wie in den Kathedralen
von Paris und Bourges. An diese Grundrissform hat aber Ernst Förster nicht
gedacht; sie kommt auch für den, welcher nur von deutschen Monumenten
handelt, nicht in Frage. Was letztere betrifft, so wird nur für einzelne
Schöpfungen von besonderer Pracht und unter directem französischem Einfluss, wie die Dome von Köln und Prag, die reiche Grundrissform mit Chorumgang und Capellenkranz angenommen. Sonst bleibt die deutsche Gothik,
unter Nachwirkung der romanischen Tradition, bei dem einfachen polygonen
Chorschluss, den mitunter Nebenchöre einschliessen, stehen. Ein Chor mit
blossem Umgang oder, wie der des Halberstädter Domes, mit nur Einer östlich
herausgebauten Capelle, ist eine Ausnahme und zugleich nur eine Verkümmerung des normalen Grundrisses französischer Kathedralen.

Wir lassen Ernst Förster weiter über Gothik reden: »Im Innern fällt
die Mittelschiffwand weg; ihr den Gewölben (unfreiwillig) geleisteter Dienst
wird von hohen, frei emporstrebenden, durch Spitzbogen verbundenen Pfeilern
übernommen.« Aber gab es denn im romanischen Gewölbebau nicht ebenfalls Pfeiler, deren Fortsetzung bis zum Gewölbe emporstieg? Kommt die
Mittelschiffwand in Wegfall, oder richtiger: wird die eigentliche Wandfläche
auf ein Minimum reducirt, so geschieht das doch jedenfalls nicht durch die
Pfeiler, sondern vielmehr durch die Wanddurchbrechungen, Fenster und Triforien. Aber Ernst Förster hat von den Triforien eine ganz absonderliche
Vorstellung. An den zuletzt citirten Satz schliesst sich unmittelbar folgender:

»Nur bei niederen Seitenschiffen tritt über den Pfeilerarcaden ein Stück Mittelschiffwand (Triforium) ein, das sich aber grossentheils in Fensteröffnungen auflöst.« Es ist nicht leicht möglich, in wenigen Worten mehr Unsinn zusammenzufassen. Das Triforium ist für Förster »ein Stück Mittelschiffwand«; würde er etwa auch ein Thor als ein Stück Stadtmauer bezeichnen? Forus heisst eine abgetheilte Fläche, ein Gang. Das Triforium ist ein Laufgang, der (ursprünglich) in Abtheilungen zu je drei Oeffnungen zerfällt. Es ist also kein Stück Wand, sondern es durchbricht die Wand und setzt offene Bogenstellungen an ihren Platz. Die Existenz eines Triforiums hat auch nichts damit zu thun, ob die Seitenschiffe höher oder niedriger sind. Es füllt den Raum zwischen den Seitenschiffgewölben und dem Fussgesims der Oberfenster, und seine Höhe wird durch das an das Mittelschiff angelehnte Pultdach der Seitenschiffe bestimmt. Auch dass sich das Triforium grossentheils in Fensteröffnungen auflöse, darf nicht schlechtweg gesagt werden; es ist ursprünglich nur gegen das Mittelschiff geöffnet, nach aussen aber geschlossen. Nur auf der Höhe der französischen Gothik des 13. Jahrhunderts, in einem Momente, als die Höhe auch fast schon überschritten ist, wird der Versuch gemacht, die Pultdächer über Seitenschiffen und Umgängen durch Satteldächer zu ersetzen, auch die Rückwand der Triforien zu durchbrechen und sie zu einer Fortsetzung der Oberfenster zu machen. In Deutschland bleiben aber die Triforien eine fremdartige Form, auch grössere Denkmäler verzichten oft auf dieselben, zeigen, wie das Freiburger Münster, einfach das ungegliederte Stück Mittelschiffwand oder begnügen sich mit einer Fortführung der Oberfenster als Blenden bis zum Scheitel der Arkaden. Nur einzelne grosse Monumente unter stärkstem französischem Einfluss, wie der Kölner Dom, das Strassburger Münster u. s. w. haben auch Triforien, und zwar ihrer Entstehungszeit nach in der späteren, auch nach aussen durchbrochenen Form.

»Die Pfeiler,« fährt Ernst Förster fort, »haben von der ältesten organischen Säulenform, der dorischen, das Motiv der Cannelirung aufgenommen, aber durch den polygonen Grundriss (d. h. der Basis, von der früher die Rede war) modificirt und mit tiefern Einkehlungen und stärker hervorquellenden Ausladungen versehen, als dem sprechendsten Ausdrucke angespannter, lebendig aufstrebender Kraft.« Die Cannelirung der gothischen Pfeiler nach dem Muster der dorischen Säule ist eine überraschende Entdeckung, kann aber auch nur von jemand gemacht werden, dem die Entwicklung des gothischen Pfeilers gänzlich unbekannt ist. Dieser ist in seinem Ursprung eine runde Säule; erst über ihrem Capitell entwickeln sich am Beginn der Arcaden die Dienste, die zur Aufnahme der Gewölbegurten und Rippen längs der Mittelschiffwand aufsteigen. Dann verwandelt sich die blosse Säule in den cantonirten Rundpfeiler mit vier Diensten oder Dreiviertelsäulen, von denen die gegen das Mittelschiff gerichtete bis zum Gewölbe in die Höhe steigt. Allmählich vermehrt sich die Zahl der Dienste, zunächst zu acht, vier alten oder stärkeren, vier jungen oder schlankeren, so dass also nun von unten an die vertikalen Gliederungen vorhanden sind, die den Gurten und Rippen der Mittelschiff- wie Seitenschiffgewölbe entsprechen. Erst als die Höhe des Stils überschritten ist, kommt es vor, dass der eigentliche Pfeilerkern für das Auge verschwindet und die einzelnen Dienste durch Hohlkehlen mit einander verbunden werden. Diese weichere Form ist aber keine reine mehr, obwohl sie sogar schon in besseren deutschen Monumenten herrscht. »Das Capitäl musste auf diesem Wege« (auf welchem Wege? denn dieser Satz schliesst sich sogleich an den zuletzt citirten an) »seine Bedeutung als Bogen- oder Gewölbeträger verlieren, wird bald nichts mehr als Theil eines um den Pfeiler gelegten Blätterkranzes und konnte desshalb zuletzt auch ganz wegfallen.« Wie kann man so gedankenlos sein, ein Capitell als Theil eines umgelegten Blätterkranzes zu bezeichnen! »Eine Uhr ist ein Theil eines daran gehefteten Zifferblattes« würde kein grösserer Unsinn sein. Was die Sache selbst betrifft, so brauchen wir wohl nicht erst auszuführen, dass die Blätterkränze nur ein der korbartigen Grundform des Capitells angehefteter Schmuck sind, und dass bei der Verkümmerung des Capitells in der späten Gothik zunächst immer diese Decoration, dann erst die Grundform selbst in Wegfall kommt.

Sollen wir der Förster'schen Analyse des gothischen Stils weiter folgen? auch derjenigen des Aussenbaues, die mit dem classischen' Satze anfängt: »Die Strebepfeiler stellen die Umfassungsmauern dar«? Es wird wohl hinreichen, wenn wir von dieser auf nur drei Seiten zusammengedrängten Weisheit noch die Schlusssätze (p. 96) citiren: »Das sind die wesentlichen Merkmale des gothischen Baustiles in Deutschland, der seine Aufgabe in consequenter Entwicklung und organischem Zusammenhang aller Theile und in steter Würdigung ihrer constructiven Bedeutung gesehen und befolgt, während die Gothik anderer Länder theils romanische Ueberlieferungen festgehalten, theils mehr oder minder ein rein decoratives System zur Richtschnur genommen.« Abgesehen von dem Schiefen, das diese Formulirung auch für englische, spanische, italienische Gothik haben würde, stellt sie mit Rücksicht auf die französische Gothik, die ein von allem Romanischen losgelöstes neues Bausystem geschaffen und zu höchster constructiver Klarheit ohne alles Vorwiegen des Decorativen geführt hat, die Sache auf den Kopf. »Und damit erledigt sich wohl die Frage nach seiner (d. h. des Stiles) Herkunft,« meint Ernst Förster. »Wir haben ihn mit einer Art Naturnothwendigkeit aus dem deutschen Romanismus erwachsen, und nach eigenem Kunstgefühl und Bildungsgesetzen sich gestalten sehen.« Welche Selbsttäuschung! Jemand, der keine architektonische Form analysiren, ja auch nur correct beschreiben kann, traut sich zu, das Erwachsen und Sichgestalten eines Stiles klar machen zu können! — »Was will dagegen der Bauvertrag einer Gemeinde zu Wimpfen im Neckarthal bedeuten, in welchem der Kirchenbau »more francico« ausbedungen wird.« Hat Ernst Förster einen solchen Bauvertrag aufgefunden, so wäre diese Entdeckung hochbedeutend. Bis jetzt kennt ihn niemand als er. Die Kunsthistoriker wissen von keiner Gemeinde, sondern von einem Dechanten als Bauherrn der Stiftskirche St. Peter und Paul zu Wimpfen im Thal, sie kennen keinen Bauvertrag, in welchem etwas ausbedungen wird, sondern nur eine Chronik des Stiftes, sie haben von keinem Kirchenbau »more francico«

gehört, sondern in jener Chronik gelesen, dass der Dechant die Kirche durch
einen Meister, der kürzlich aus Paris im Lande Franzien gekommen, »opere
francigeno«, in der Bauweise von Franzien, aus behauenen Steinen habe erbauen
lassen. Bei dieser Gelegenheit hat sich Ernst Förster, was sein Quellenstudium
betrifft, in flagranti ertappen lassen. Sollte es sich nicht gehören, dass jemand,
der eine so wichtige Stelle anführen will, sie nachschlägt und sich über ihren
Zusammenhang, ihren Wortlaut unterrichtet? Ernst Förster aber begnügt
sich mit dem Hörensagen. Wir möchten überhaupt bezweifeln, ob ihm je
klar geworden, dass kunstgeschichtliche Studien von geschichtlichen Quellen-
studien getragen werden müssen, ob er je einen Band Scriptores der Monu-
menta Germaniae zu solchem Behufe nachgeschlagen? Nach dem, was er
über Wandmalereien unter Karl dem Grossen sagt, kann er den Ermoldus
Nigellus nicht kennen, nach der Stelle über Tuotilo schwerlich in den
St. Galler Geschichtsquellen zu Hause sein. Wer die Texte zu den architektonischen Partien der »Denkmale« durchsieht, wird finden, dass er für alles
Sachliche meist die Originalpublicationen ebenso ausgeschrieben, wie er ihre
Abbildungen nachgebildet hat.

So wenig wie die Quellen kennt er auch die Fachlitteratur. Alle gelehrte Arbeit, durch welche seit den vierziger Jahren die mittelalterliche
Architekturgeschichte auf eine neue Stufe gehoben worden, ist an ihm spurlos
vorübergegangen. Der Gehalt von Schnaase's grossem Werke ist seinem
Verständniss verschlossen geblieben. Ebenso Viollet-le-Duc's »dictionnaire raisonné de l'architecture française«, in dem jeder gründlich zu Hause sein muss,
der sich heute herausnimmt, über den gothischen Stil zu reden und zu
schreiben. Aber wie die Schöpfung eines solchen Buches eine Lebensaufgabe
ist, so erfordert auch die Bewältigung seines Hauptinhalts ernste, jahrelange
Studien, und dazu hat eine Bücherfabrication dieser Art nicht Zeit.

Die Folgen solcher Schnellfertigkeit zeigen sich überall, wo bei einem
wichtigeren Monumente, einem bedeutenderen Meister neuere Litteratur vorhanden ist; auch in den wenigen Fällen, in denen Förster für nöthig gehalten,
sich etwas zu orientiren, geschieht dies so flüchtig, dass er überall Verkehrtes
und Incorrectes liefert. Dabei liesse sich eine Blumenlese von Stellen liefern,
an denen eine neue Ermittlung aufgenommen, auf derselben Seite aber das ihr
Widersprechende stehen geblieben, also eine Verbesserung nachträglich einge-
flickt worden ist, ohne dass auch nur die Stelle im Zusammenhange durch-
gelesen wurde. Ueber das Strassburger Münster ist seit 1870 eine ausgedehnte
Litteratur angewachsen; das ist für Ernst Förster zuviel, und macht ihn nur
confus. Da giebt er dann dem Strassburger Münster zwei ältere Werkmeister,
die nicht als solche nachgewiesen sind: Hermann Auriga und Conrad Oley-
mann, von denen der letztere vielmehr Pfleger und Schaffner war und in
einer Zeit, in der der Sprachgebrauch nicht feststand, nur gelegentlich einmal
magister operis genannt ward. Da heisst es von der berühmten Inschrift
über den Beginn des Westbaues im Jahre 1277, der einzigen Quelle, in der
Meister Erwin mit dem Zusatz »von Steinbach« genannt wird: »Die vorhandene Inschrift wird für unecht erklärt«, während die Schwierigkeit gerade

darin liegt, dass diese Inschrift nicht mehr vorhanden ist, und daher eine Entscheidung über ihren Ursprung, ihr Alter und ihren geschichtlichen Werth nicht gefällt werden kann. Ernst Förster lässt Erwin nach dem Brande von 1298 auch den oberen Theil der Kreuzflügel bauen, während doch diese Ansicht Adler's von keinem, der sie selbständig geprüft hat, angenommen wurde, und nur die Frage strittig bleibt, wie weit eine restaurirende Thätigkeit Erwin's bei dem Obertheil des Langhauses anzunehmen sei. Dass niemand aus Förster's Darstellung über den ursprünglichen Gedanken des westlichen Frontbaues und den Verlauf der späteren Wandlungen klar werden kann, ist nicht überraschend. Von den Kreuzarmen sagt er: »Während die Nordseite des Querhauses sich in die späteste Gothik gekleidet, hat die Südseite ihr ursprüngliches Aussehen behalten.« Und doch ist auch die romanische Façade der Nordseite erhalten und nur im Untergeschoss durch einen spätgothischen Vorbau versetzt, innerhalb dessen aber sogar das alte Portal noch da ist. »Die Säulen der Laibung haben spätromanischen Charakter«, heisst es bei den Portalen der Südfront, ja auch die Ornamente dieser Säulen werden noch besonders gewürdigt, obwohl dieselbe nur moderne Restauration sind, und der Verfasser gleich darauf auch sagt, dass sich einst die zerstörten Apostelstatuen an dieser Stelle befunden haben. Auch die modernen Reliefs am Sturz beider Portale werden als alte Arbeiten angeführt.

Ueber Plastik und Malerei kann ein Dilettant immerhin noch etwas leichter reden, als über Architektur, er läuft nicht Gefahr, sich bei jedem Worte so merklich blosszustellen. Aber wenn wir uns nun auch für die neueren Perioden, in welchen jene beiden Künste besonders hervortreten, auf keine Kritik der Förster'schen Methode oder des grösseren oder geringeren Geistes in seiner Darstellung einlassen wollen, so muss doch constatirt werden, dass in der Correctheit des Thatsächlichen, in der Kenntniss der Litteratur und der neueren Forschungen, in dem Quellenstudium und in der künstlerischen Kritik diese Partien eben so ungenügend sind wie die früheren. Bei Gelegenheit der Prager Schule nennt Förster Nicolaus Wurmser von Strassburg »mit seinem Bruder Kuntz«, obwohl nachgewiesen ist, dass es zwar einen »königlichen Maler Kunz« in Prag gegeben, von dem indess kein Werk bekannt ist, dass derselbe aber nur irrthümlich für einen Bruder des Nicolaus von Strassburg gehalten worden ist, und zwar auf Grund einer Nürnberger Urkunde, die in Wahrheit auf keinen von beiden geht; vgl. das Buch der Malerzeche in Prag, Quellenschriften für Kunstgeschichte, XIII, S. 104. Hinsichtlich der Brüder van Eyck hat Ernst Förster Kunde von ganz besonderen Thatsachen, für die es ihm schwer werden würde, die Belege beizubringen. Von Hubert van Eyck weiss er ganz genau, dass er bereits im Jahre 1410 den ersten glücklichen »Versuch in der neuen Malart des Schilderbend von Brügge vorgelegt hat«. Ebenso lässt er Jan van Eyck im Jahre 1420 der Malerzunft in Brügge einen Christuskopf vorweisen. Aber die wirklich mit Sicherheit ermittelten Daten kennt Förster nicht und lässt Jan noch immer im Juli 1441 statt am 9. Juli 1440 sterben. Als Arbeit des Hubert van Eyck giebt er auch hier im Stich den Brunnen des Lebens zu Madrid. Das war doch nur eine unbe-

wiesene Taufe Passavant's. Crowe und Cavalcaselle hatten dann auch
Jan statt Hubert als Urheber angenommen. Waagen (Jahrbücher für Kunstwissenschaft, 1, S. 39) wollte Hubert die Erfindung lassen, nicht aber die
Ausführung, in deren Kritik er mit Otto Mündler zusammentraf. Unserer
Ansicht nach reicht schon die Photographie hin, um zu zeigen, dass wir hier
nur das Product eines späteren Nachfolgers vor uns haben, der sich mit
keinem der bekannteren Maler aus dieser Schule identificiren lässt. In diesem
Auszuge seiner Denkmäler, in dem Ernst Förster nur eine mässige Anzahl
von Tafeln zur altflandrischen Schule geben durfte, hätte er von einem doch
mindestens zweifelhaften Bilde absehen und lieber mehr Stücke vom Genter
Altar geben sollen, den er nur unvollständig mittheilt. Der rothgekleidete Alte
von Jan van Eyck in Wien ist für Förster das Bildniss des Jodocus Vyd und
das von Hubert für den Genter Altar gefertigte »Studium«. Abgesehen davon,
dass man ein so fein ausgeführtes Bild kein Studium nennen darf, und dass
die Umtaufe auf Hubert unbewiesen und willkürlich ist, hat man es heute so
bequem, Paar's Farbenholzschnitt des Wiener Porträts neben das Stifterporträt
des Genter Altars in Photographie oder im Farbendruck der Arundel-Society zu
legen, um sich zu überzeugen, dass beide alte Herrn zwar einen rothen Rock
anhaben, sonst aber ganz verschiedene Persönlichkeiten sind. Einen noch
tolleren Streich begeht der Verfasser, indem er die Gefangennehmung Christi
von Dirk Bouts in der Münchener Pinakothek für Hubert van Eyck erklärt,
und zwar wesshalb? weil hier ein bestimmtes Motiv an ein Motiv im Brunnen
des Lebens erinnert, bei dem denn doch auch erst die Autorschaft Huberts
nachgewiesen sein müsste! Er hat entdeckt, dass der Malchus eine Wiederholung einer Gestalt in der Judengruppe jenes Bildes sei, und überspringt ein
halbes Jahrhundert mit der schönen Wendung: »Für die Annahme einer
Nachahmung von fremder Hand fehlt jede Nachweisung einer gleich vollkommenen.« Dass aber ein halb zu Boden Geworfener, der sich gegen Angriffe von oben her zu decken sucht, auch bei zwei verschiedenen Malern
in eine ähnliche Stellung gerathen kann, hat sich Ernst Förster nicht
klar gemacht. Den Christuskopf in Brügge, eine mittelmässige Copie des
Berliner Bildes, hält Förster für einen echten Jan van Eyck; eben diesem
Meister misst er die kleine späte Madonna im Wiener Belvedere bei. Das
Danziger Bild des Jüngsten Gerichtes schreibt er dem Rogier van der Weyden
nach Vergleichung mit dessen Jüngstem Gericht in Beaune zu; Förster übt
seine Stilkritik immer auf Grund ganz äusserlicher Kennzeichen, die mit dem
Stil selbst nichts zu thun haben: Aehnlichkeiten in der Composition, in den
Motiven, die gerade so viel beweisen wie in dem anderen erwähnten Beispiel
der rothe Rock für die Identität von zwei Persönlichkeiten. Da nun aber
Rogier van der Weyden 1464 starb, das Danziger Bild aber das Fragment
einer Jahrzahl aufweist, die nur 1467 lauten kann, will Förster den Memlinc
immerhin als Maler einzelner Theile gelten lassen. Für eine gemeinsame
Arbeit von Rogier und Memlinc hält Förster auch das kleine Altärchen mit
der Anbetung der Könige zwischen Johannes dem Täufer und Christophorus
in der Münchener Pinakothek, obwohl die Beweisführung von Crowe und

Cavalcaselle, die hier Dirk Bouts erkennen wollen, eben so fein wie überzeugend ist.

Noch immer lässt Ernst Förster Memlinc als einen der Illuminatoren
des berühmten Breviers Grimani in Venedig gelten, das aber nicht ein einziges
Bild, nicht eine Gestalt enthält, die mit Memlinc's Charakter übereinstimmt.
Es ist überhaupt ein vergebliches Bemühen, die Hand berühmter flandrischer
Meister der Tafelmalerei auch in Miniaturen wiedererkennen zu wollen; es
giebt keine Miniaturen von den van Eyck, Rogier, Memlinc u. s. w., Malen
und Illuminiren sind überhaupt zwei verschiedene Gewerbe. Wenn schon im
Jahre 1521 dem anonymen Reisenden, der dieses prächtige Gebetbuch im Hause
des Cardinals Grimani einsah, Memlinc als einer der Meister genannt wurde,
so beweist das nur, dass man sich dieses auch in Italien wohlbekannten
Namens im Kunsthandel bedient hatte, um das Buch vortheilhafter an den
Mann zu bringen.

Woher hat Ernst Förster das Datum 1463 für die Niederlassung des
Dirk Bouts in Löwen? Schon 1460 kommt er dort urkundlich vor, während
sich gleichzeitig aus anderen Thatsachen ergiebt, dass er bereits viel früher
daselbst ansässig sein musste. In Bezug auf Gerard David spricht Förster
das stolze Wort aus: »Es gehört zu meinen besonders glücklichen Erlebnissen,
dass es mir beschieden war, zur Wiedererweckung des Andenkens an diesen
wahrhaft grossen Künstler etwas wesentliches beigetragen zu haben.« Aber
auch das ist nur eine Selbsttäuschung. Der Entdecker des Gerard David ist
vielmehr James Weale. Ernst Förster beruft sich zur Begründung seiner
Ansprüche darauf, dass er bei dem Bilde im Municipalpalaste in Genua erst
auf Memlinc gerathen, dann aber eingesehen, dass dies doch nicht richtig sei,
dass er später gemerkt habe, das Altärchen bei Herrn Artaria in Wien rühre
von der gleichen Hand her, die er dann auch noch in einigen anderen Fällen
wiedererkannte. Aber dieses Kunststück war nicht Ernst Förster allein gelungen.
Dass eine bestimmte Gruppe von Bildern, zu welchen die genannten gehören,
einem und demselben Meister beizumessen sei, war denen, welche sich mit flandrischer Malerei beschäftigten, längst klar geworden; es fragte sich nur, wer
dieser Meister sei. Eine Zeit lang wurde auf Mabuse in seiner früheren Zeit
vor seinem Aufenthalt in Italien gerathen, später wurde ohne ausreichende
Begründung an den Illuminator Gerard Horebout gedacht, bis James Weale
die Lösung des Räthsels fand. Schon 1861 konnte er im Katalog der Akademie zu Brügge urkundliches Material über den bisher unbekannten Meister
Gerard David mittheilen, von Jahr zu Jahr mehrten sich dann die Funde, von
denen er im Beffroi und in der Gazette des beaux-arts Rechenschaft gab; eine
Reihe von Hauptwerken war durch urkundliche Nachrichten oder durch Erwähnung in alten Inventaren beglaubigt worden, und sie genügten, um denselben Meister auch in mehreren andern Bildern zu constatiren. Gerard David
steht jetzt in voller Klarheit vor uns da, aber Ernst Förster hat an seiner
Entdeckung nicht mehr Antheil als an der Erfindung des Schiesspulvers.

Den Kölner Meister Stephan, den Schöpfer des Dombildes, nennt
Förster noch immer Lothener statt Lochener, hat also nicht Notiz davon

genommen, dass Ennen schon vor 22 Jahren Merlo's frühere Lesart aus den Urkunden berichtigt hat. Von der wahrscheinlichen Datirung des sogenannten Dombildes, des ehemaligen Altars der Rathhauscapelle, das nicht vor 1426, als diese Capelle gestiftet wurde, entstanden sein kann, weiss er nichts und beharrt bei der für stilistische wie paläographische Kritik gleich unmöglichen Frühdatirung der Darstellung im Tempel in der Darmstädter Galerie, nämlich 1407 statt 1447, wie die Inschrift thatsächlich lautet. Bei Martin Schongauer versäumt er die Angabe aller Daten; nun ist das Geburtsjahr ganz zweifelhaft, und dem Autor war nicht zu verdenken, wenn er bei einer populären Darstellung solcher Streitfrage aus dem Wege gehen wollte; aber das Datum seines Todes, der 2. Februar 1488, steht urkundlich fest, und die Mittheilung desselben war sogar wissenschaftliche Pflicht, nachdem Förster die Inschrift auf der Rückseite des Münchener Porträts, die ein anderes Resultat zu liefern scheint, abgedruckt hatte. Obwohl nun Schongauer's Madonna im Rosenhag im zweiten Bande der Denkmale gestochen war, wird der Meister in dem neuen Buche doch nicht durch dieses Blatt repräsentirt, sondern durch den Tod Mariä aus der Galerie Sciarra, den im Texte der Autor selbst nur für ein Bild der Schule gelten lassen kann. In Wahrheit ist dasselbe eine der vielen Repliken einer Composition, deren Original das Bildchen in der Nationalgalerie zu London zu sein scheint. Dieses hat aber mit Schongauer und seiner Richtung keinen Zusammenhang, sondern gehört der niederrheinischen Schule an.

Bei Gelegenheit Michael Pacher's erwähnt Förster dessen Altar in Gries von »1481«. Dieses Datum ist aber falsch und steht nur in der incorrecten Publication des Contractes durch Ernst Förster selbst im Deutschen Kunstblatt 1853, S. 131. Im folgenden Jahrgange wurde die Sache von anderer Seite berichtigt, und der richtige Abdruck der Urkunde, die von 1471 herrührt, ist schon im Tiroler Boten, 1847, S. 56, zu finden.

Den Friedrich Herlin lässt Ernst Förster S. 140 im Jahre 1494, S. 199 im Jahre 1491 sterben, während den Steuerbüchern zufolge sein Tod zwischen 1499 und 1500 erfolgte. Diese Mittheilung danken wir Herrn Rector Mayer in Nördlingen, welcher im Repertorium demnächst ausführlicheres urkundliches Material über Herlin veröffentlichen wird; da sie noch nicht publicirt war, konnte Ernst Förster von ihr keine Kunde haben. Aber wenn von den Kunstschriftstellern stets einer dem andern nachgeschrieben hat, dass Fritz Herlin am 12. October 1491 gestorben sei, so hätten ihnen doch Bedenken kommen sollen, im Falle sie Beyschlag's Beiträge zur Nördlingischen Geschlechtshistorie wirklich aufgeschlagen, auf die sie sich zu berufen pflegen. Da findet sich nämlich über den Tod des berühmten Malers Fritz Herlin keine Notiz, wohl aber ist der 12. October 1591 als Todesdatum seines gleichnamigen Enkels nach dem noch vorhandenen Leichenschilde angeführt.

Förster redet schlankweg von den Arbeiten der bairischen Maler Hans Olmdorf, Ulrich Fütterer, Gabriel Mächleskircher, als ob es wirklich welche gäbe, während in Wahrheit sich doch nur die Taufväter der bairischen Staatsgalerien vor Jahren das Vergnügen gemacht haben, verschiedene anonyme

Bilder mit diesen aus Quellennachrichten bekannten Namen abzustempeln. Warum denn nicht? Mächleskircher hat gemalt, das zeigen Rechnungsauszüge aus Tegernsee, und nun beweise einmal jemand, dass die Stücke in Schleissheim, die ihm der Katalog zuschreibt, nicht von ihm herrühren!

Den mythischen »Grossvater Hans Holbein«, dem Förster früher eine besondere Vorliebe bewiesen, und dessen Würdigung als Maler ihm sehr am Herzen lag, hat er endlich doch fallen lassen. Die Bilder, die er ehemals diesem beigemessen, kommen nunmehr auf Rechnung Hans Holbein's des Vaters, aber nachdem er dessen Geburtsjahr, im Anschluss an die neuere Forschung, um 1460 angenommen, eröffnet er den Reigen seiner Werke mit dem 1459 datirten Madonnenbilde bei Herrn Samm in Mergentheim (vielmehr im Augsburger Maximiliansmuseum). Beide Jahrzahlen nennt Förster in Einem Athem, ihm ist nicht anstössig, dass der Maler das Bild ein Jahr vor seiner Geburt gemalt hat. In Wahrheit sind Namensbezeichnung und Jahrzahl eine Eigner'sche Fälschung, und das Bild hat auch mit Holbein dem Aelteren nichts zu thun.

Hans Burckmair's Geburtsjahr giebt Förster auf 1472 an, während 1473 beglaubigt ist. Das Todesjahr 1531, auch erst eine neuere Ermittlung, vergisst er an den beiden Stellen, an denen die Würdigung dieses Meisters bei ihm verzettelt ist, anzuführen. Hans von Kulmbach nennt er noch Hans Wagner und lässt ihn 1545 sterben; er wusste nicht, dass jeder, der jetzt mit Nürnberger Künstlern dieser Periode zu thun hat, die neue von Lochner besorgte Ausgabe der Neudörffer'schen Nachrichten in den Quellenschriften für Kunstgeschichte benutzen muss, die eine Fülle urkundlicher Ermittlungen enthält. Da hätte er den Nachweis gefunden, dass der Meister schon 1522 starb und dass er den Namen Wagner nicht geführt hat. Dass freilich auch der bei Lochner mitgetheilte Name Hans Fuess nicht richtig ist, dass bei Minuskelschrift f statt f gelesen worden sein muss, dass der Maler in Wahrheit Hans Suess heisst, wie die Inschrift auf seiner Bilderfolge aus der Katharinenlegende in der Marienkirche zu Krakau zeigt, ist noch nicht publicirt. Wir hoffen hierüber den Lesern des Repertoriums bald Ausführlicheres vorlegen zu können.

Hans Baldung Grien, den Förster aus Unkenntniss eben so schief und ungerecht, wie früher, behandelt, lässt er 1552 sterben, obwohl das Todesjahr 1545 durch das Strassburger Rathsherrnbuch feststeht. Ueber die Grünewald-Frage ist nicht ein Laut an Förster's Ohr gedrungen; er betet ruhig nochmals den alten Text her. Und doch ist es am Ende nicht uninteressant, wenn der Nachweis geliefert wird, dass der Begriff von einem bestimmten Künstler, wie er, nach dem Vorgange Passavant's, bei Kugler, Waagen, Ernst Förster, in der ganzen Kunstlitteratur feststand, ein ganz verkehrter ist, dass von allen diesem Maler zugeschriebenen Bildern nur eins, das Mittelbild in München, ihm angehört, nicht aber dessen Flügel, auf die gerade das Urtheil vorzugsweise basirt wurde, und die Grünewald als einen dem Lucas Cranach verwandten Meister erscheinen liessen; dass vielmehr alles ihm Beigemessene, auch der Altar in Halle, von Cranach oder aus seiner

Schule herrührt, dass aber der wirkliche Grünewald sich in voller Klarheit
aus älteren Quellen und den hier genannten Schöpfungen, besonders dem
Isenheimer Altar im Museum zu Colmar, ergiebt, wonach er ein kühner
Phantast, ein auf äusserste Bewegtheit und auf Ekstase des Ausdrucks wie
auf frappante Lichteffecte ausgehender Meister erscheint, der eine Stellung ganz
für sich in der deutschen Kunst behauptet. Diese Beweisführung hatte ich
zuerst (1873) in der Zeitschrift für bildende Kunst geliefert, hatte ein paar
Jahre später das Thema noch ausführlicher in meiner »Geschichte der deutschen
Kunst im Elsass«, bald darauf in kurzem Auszuge, aber unter Berücksichtigung
eines von W. Schmidt gelieferten Beitrags in dem Seemann'schen Sammelwerke »Kunst und Künstler«, neuerdings auf einer halben Seite für die allgemeine deutsche Biographie behandelt. Das ist doch wohl Publicität genug?
und man sollte meinen, dass eine Kunde hiervon selbst bis zu denjenigen
Tiefen der Gleichgültigkeit gegen wissenschaftliche Forschung, in die sich
Ernst Förster versenkt hat, hätte durchsickern können.

Hinsichtlich des Mabuse beharrt Ernst Förster natürlich bei dem Irrthum, ihn im Jahre 1499 — das Datum ergiebt sich aus dem muthmasslichen
Alter der Dargestellten — in England die Kinder König Heinrichs VII. malen
zu lassen. Von George Scharf's Ermittlung (in der Archaeologia), dass
jenes Gemälde in Hampton Court zwar ein Werk von Mabuse ist, aber die
Kinder König Christians II. von Dänemark darstellt und erst um 1525
entstanden ist, weiss er nichts, und fängt also die Biographie des Meisters mit
einer ganz verkehrten Annahme, aus der ein sonst nicht beglaubigter Aufenthalt
in England, sowie ein zu frühes Datum für die Geburt des Künstlers folgen
würden, an, statt sie mit Pinchart's Ermittlungen über Jennyn von Hennegau
zu beginnen.

Die Stelle in einem Briefe Dürer's aus Venedig von dem Ding, das
ihm vor elf Jahren besser gefallen, bezieht Förster auf die Malereien des
Giovanni Bellini, was jedenfalls ein neuer Gedanke ist. Die Grosse Passion
Dürer's hat nach ihm nur 7 Blätter; das schönste erhaltene Werk des Meisters,
das Allerheiligenbild in Wien, nennt er nicht mit dem richtigen Namen. Die
kleine Kreuztragung in Dresden nimmt er als echt an, er kennt von Dürer
Miniaturmalereien, sowie Schnitzwerke in Holz und Speckstein, obwohl er in
einer Anmerkung nicht verschweigt, dass Thausing letztere verwirft. Wir
vermissen nur die Würdigung jenes holzgeschnitzten Gekreuzigten mit dem
Dürer-Monogramm auf dem Hintern, den ein anderer grosser Dürerkenner vor
mehreren Jahren publicirt hat. Dass Förster von Holbein noch immer die
Dresdener Madonna, übrigens in recht charakterlosem Stiche, mittheilt und bei
der Ansicht stehen bleibt, dass zwar das Darmstädter Bild das eigentliche
Original, das Dresdener Bild aber eine Wiederholung mit wesentlichen Ver-
besserungen sei, ist für ihn selbstverständlich. Und da er keinen möglichen
Fehler unbegangen lassen kann, proclamirt er nochmals das Christuskind auf
Maria's Armen als ein krankes oder verstorbenes Kind der Stifterfamilie. Nicht
zu billigen ist, dass er den Brunnen des Lebens in Lissabon auch in dem neuen
Werke wieder als Holbein's Werk erscheinen lässt. Kein Kunsthistoriker, der

für die niederländisch-deutsche Malerei speciell eine Autorität ist, hat bisher das Werk gesehen. Die Inschrift, die Holbein's vollen Namen nennt, ist nach authentischem Zeugniss neu, mindestens eine Restauration. Die Photographie macht es schwer glaublich, dass diese Composition von Holbein herrührt, indem sie eher der flandrischen Schule entspricht; über die Jahrzahl schwanken die Angaben, aber jedenfalls ist stilistisch nicht 1543, wie Förster will (später nahm er sogar, wenn wir nicht irren, 1445 an, aber da Holbein's Todesjahr später als 1443 ermittelt wurde, hat er mit sich handeln lassen), sondern eher 1519, wie Herr Fournier, dem ich vor Jahren genaue Notizen verdankte, gelesen hat.

Erst nachdem Förster Dürer, Holbein, Peter Vischer u. s. w. behandelt hat, lässt er die Renaissance beginnen. Solche historische Begriffsverwirrung ist nichts Gleichgiltiges; wer nicht das Walten des Renaissancegeistes in diesen Meistern sieht, bleibt unfähig sie überhaupt zu begreifen. Förster's Darstellung der deutschen Renaissancearchitektur, durch eine einzige Tafel, den Hof des Heidelberger Schlosses, erläutert, ist dürftig. Davon, dass Lübke's Buch diese Partie der Architekturgeschichte historisch und topographisch so umfassend behandelt und damit für das geschichtliche wie das künstlerische Interesse eine neue Welt erschlossen hat, ist hier nichts zu bemerken.

Die Begrenzung des Begriffes »deutsche Kunst« ist keine feststehende. In den »Denkmalen« hatte Förster die Niederlande nur für das Mittelalter und die Malerei des 15. und vom Anfang des 16. Jahrhunderts berücksichtigt. Schon damals nahmen die Niederlande eine Sonderstellung ein, und doch ist eine Behandlung der Geschichte deutscher Malerei ohne Würdigung der flandrischen Schule nicht möglich. Die van Eyck einerseits, Dürer und Holbein andrerseits stehen auf dem gleichen Boden und schliessen eine und dieselbe Kunstperiode ein. Noch immer halten Verwandtschaft in Stamm, Sitte und Sprache trotz geschichtlicher und politischer Sonderung vor. Anders steht es mit dem 17. Jahrhundert; seit katholischer Reaction und Neubegründung spanischer Herrschaft in den südlichen, seit selbständiger Staatenbildung in den nördlichen Provinzen ist denn doch die Loslösung von Deutschland eine vollkommene, und es fehlt jede innere Nöthigung, die brabanter und die holländische Kunst, die ihr eigenes Leben haben, gemeinschaftlich mit der deutschen zu behandeln. Dennoch nimmt Ernst Förster in dem neuen Werke, wie einst in der Geschichte der deutschen Kunst, auch auf die niederländische Malerei des 17. Jahrhunderts Rücksicht, wenn er sie auch nur durch ein paar kleinere Stahlstiche aus jenem Buche illustriren kann. Das ist auch desshalb bedauerlich, weil er, wenn möglich, in dieser Periode noch schlechter zu Hause ist, als in den anderen, von Litteratur und neueren urkundlichen Forschungen noch weniger weiss und gerade den Hauptmeistern gegenüber noch geringeres Verständniss zeigt. Es ist uns zu unerquicklich, dies für Rubens, »geboren zu Siegen bei Cöln« (sagt man denn Ulm bei Stuttgart? oder Verona bei Mailand?), und bei Rembrandt im einzelnen nachzuweisen. Für Rembrandt's biblische Compositionen hat Förster das Wort: »Aber die Kunst lässt sich so wenig

spotten als die Natur«, und erhebt sich hierauf zu dem Ausspruch: »Der Kirche
hat er mit seiner Kunst nicht gedient«, als ob er seiner Confession nach je
für die Kirche hätte malen können, und nicht alle seine Bibelbilder vielmehr
ihrem Geiste wie ihrer Bestimmung nach für das Haus geschaffen wurden!
E. Kolloff's classische Studie über Rembrandt im Historischen Taschenbuche
von 1854 hat Förster nicht gelesen. Noch ist ihm das Berliner Bild der
Herzog Adolf von Geldern, der seinem gefangenen Vater droht, das Dresdener
das Gastmahl des Ahasverus, obwohl Kolloff nachgewiesen, dass in beiden
Simson der Held ist, dort dem Philister drohend, der seine Tochter einem
Anderen gegeben, hier auf dem Gastmahle Räthsel lösend, wofür im letzteren
Falle sich sogar volle Bestätigung aus einer zeitgenössischen Quelle selbst
ergeben hat. Aber noch weniger weiss Förster etwas von dem tiefen geistigen
Verständniss Rembrandt's, das Kolloff erschlossen hat, von dem Nachweise
echt evangelischer Empfindung in seinen naiven und gemüthvollen Bibelbildern.
Ebenso unwissend ist er in Betreff aller urkundlichen und thatsächlichen Er-
mittlungen über Rembrandt seit der Schrift von Scheltema, und Vosmaer's
grosse Biographie Rembrandt's, jetzt in zweiter Auflage erschienen, ist für
Förster nicht gedruckt worden. So nennt er denn den Künstler »Paul Rembrandt von Ryn«, obwohl derselbe den Namen Paul nicht geführt hat, Rembrandt selbst vielmehr Vorname ist. Er nennt seinen Vater den Müllermeister
»Gerritz«, obwohl der Vater vielmehr Harmen hiess, nach seinem Vater
Harmen Gerritzoon, Sohn des Gerrit, oder abgekürzt Gerritz., aber mit einem
Punkt. Er lässt Rembrandt am 15. Mai 1606 geboren werden und 1665
sterben, während urkundlich feststeht, dass er am 15. Juli 1607 geboren war
und 1669 starb. Aehnlich steht es überall. Die neuere Forschung ist sich
darüber klar geworden, dass Frans Hals die gründlichste Würdigung verdient,
der ebenfalls als Haupt einer grossen Schule Rembrandt gegenüber steht.
Ernst Förster nennt von ihm nur den Namen, führt ihn bloss mit verschiedenen anderen Malern »im Ramsch« auf und zwar, da es auch bei nur vier
Worten nicht ohne Fehler ging, als »Franz Hals aus Mecheln«, obwohl er,
in Antwerpen geboren, von Haarlem stammte und da lebte und starb. Adriaen
van Ostade stammt Förster zufolge aus Lübeck; was gehen ihn die urkundlichen Forschungen eines van der Willigen an, die seine Geburt in Haarlem
nachgewiesen haben! Dem Isaak van Ostade giebt er die Daten 1612—1645,
statt 1621—1657, dem Brouwer 1608—1640, statt 1606—1638, dem Metsu
1615—1658, statt 1630 bis nach 1667, dem letzten Datum, das auf Bildern
von ihm vorkommt, dem Jacob Ruisdael 1635—1681, obgleich er schon
1648 in die Gilde zu Haarlem aufgenommen ward und 1682 starb, dem
Pieter de Hooch 1643—1708, während sein Geburtsjahr unbekannt ist und
er 1681 starb, und unter seinen Bildern nennt Förster noch immer die Dresdener Briefleserin, obwohl sie mit dem Namen des Delft'schen van der Meer
bezeichnet ist. Aber von diesem weiss Förster überhaupt nichts, obwohl eine
fast noch interessantere Leistung, als die Wiederentdeckung des Gerard David
durch Weale, die Wiederentdeckung des Jan van der Meer aus Delft durch
W. Bürger ist, die Ermittlung einer grossen Anzahl meist früher dem Pieter

de Hooch beigemessener Gemälde dieses Meisters aus älteren Katalogen oder
nach übersehenen Inschriften, die Herstellung eines klaren Gesammtbildes von
einem Künstler, der zu den genialsten Meistern aller Zeiten in Farbe und
Lichtwirkung gehört.
Wir dürfen wohl hier schliessen, ohne noch auf Förster's Behandlung
des 19. Jahrhunderts einzugehen; in seiner Geschichte der deutschen Kunst
war diese das einzig Brauchbare, wenigstens so weit er, als Schüler von
Cornelius und Zeuge des Münchener Kunstlebens, über Selbsterlebtes berichtete.
Im übrigen war die allgemeine Orientirung mangelhaft und die Einseitigkeit
des Standpunktes ein Hinderniss geschichtlicher Auffassung. Das ist in dem
jetzigen Auszuge nicht besser geworden.

Wenn man das Deutsche Kunstblatt aus den fünfziger Jahren zur Hand
nimmt, wird man hier neben Kugler, Schnaase, Waagen auch Ernst
Förster als Hauptmitarbeiter aufgeführt finden. Und doch konnte schon
damals nicht zweifelhaft sein, welcher Abstand ihn von jenen Begründern der
neueren Kunstgeschichte in Deutschland trennte. Selbst mit Passavant darf
er sich nicht messen, der doch ebenfalls erst auf dem Wege praktischer Ausübung der Kunst zur Beschäftigung mit Kunstgeschichte gelangt war und es
in Folge seines Bildungsganges nie zu richtiger historischer Methode gebracht
hat. Aber Passavant hat wenigstens fleissig gesammelt und redlich gearbeitet.
Ernst Förster hat einst die Wandbilder in der Georgscapelle zu Padua wieder
aufgedeckt und publicirt; mit diesem Funde mag sein Name verknüpft bleiben;
er hat viel gezeichnet, herausgegeben und geschrieben; aber etwas Wissenschaftliches nie geleistet. Dennoch fand er sein Publicum und er mag es
behalten. Aber von den jetzigen Kunsthistorikern darf man nicht erwarten,
dass sie Ernst Förster eben so nachsichtig neben sich nennen lassen, wie die
erwähnten alten Herrn es einst gethan haben. Die jüngere Generation hat
erfahren, welche Kämpfe und welche Anstrengungen dazu gehören, um der
Kunstwissenschaft ihre Stellung im Kreise anderer Wissenschaften zu sichern,
und den Verdacht, dass sie leichter dem Dilettantismus ausgesetzt sei, von ihr
abzuwälzen. Zu diesem Zwecke ist es unumgänglich, die Kluft aufzudecken,
welche Bücher, wie sie Ernst Förster producirt, von wirklichen kunstgeschichtlichen Arbeiten scheidet. Man muss nur bedauern, dass er selbst so wenig
Respect vor seinem Greisenalter hatte, um noch ein Machwerk in die Welt zu
senden, das nicht nur eine bodenlose Unwissenheit in den einfachsten kunstgeschichtlichen Begriffen und Kenntnissen verräth, sondern auch an Flüchtigkeit,
Schlauderhaftigkeit und Gedankenlosigkeit der Bearbeitung seinesgleichen sucht.

A. W.

Alfred Woltmann. Aus vier Jahrhunderten niederländisch-deutscher
Kunstgeschichte. Berlin. Verein für deutsche Literatur. 1878.
Das vorliegende Buch enthält eine Sammlung von Vorlesungen, welche
Woltmann in Berlin, Wien, Prag und in verschiedenen rheinischen Städten
gehalten hat. Der Zweck, dem sie dienten, bezeichnet auch ihren Charakter.
Es sind populär gehaltene wissenschaftliche Arbeiten, welche die Resultate der
historischen Forschung einem grösseren Publicum vermitteln. Dem Zwecke

entspricht auch die Wahl der Stoffe, die grösstentheils jenen Gebieten entnommen sind, welche das Interesse der Gegenwart in den Vordergrund gedrängt
hat; sie behandeln Dürer, Rubens, van Dyck, Frans Hals, Rembrandt oder
Künstler der jüngsten Vergangenheit und der Gegenwart, wie Cornelius, Kaulbach, Schinkel etc. Es ist aus der Wahl der Stoffe nicht zu verkennen, dass
Woltmann den innigen Zusammenhang, in welchem die gegenwärtige Entwicklung der deutschen Kunst mit der vergangenen Blüthe der stammverwer-
wandten flämischen und holländischen steht, besonders hervorhebt.

Als historische Aufsätze aber bieten sie noch ein besonderes Interesse
aus dem Grunde, weil sich die reiche Autopsie des Verfassers, seine umfassende Kenntniss der Objecte hier ebenso geltend machen, wie die vollkommene
und sichere Bewältigung des litterarischen Materials. Die eminente Begabung
aber, das gewonnene Wissen für andere fasslich, ja anschaulich darzustellen,
die Woltmann im hohen Grade besitzt und von der er im I. Bande seiner
»Geschichte der Malerei« glänzende Proben giebt, enthebt uns die formellen
Vorzüge dieser Aufsätze noch insbesondere zu betonen. Das Buch kann dem
Leser, der unterrichtet und gefesselt sein will, nur auf das Wärmste empfohlen
werden.

Selbstverständlich vermeidet es Woltmann, Partien zu berühren, die
nur für den Kreis der Fachgelehrten von Interesse sind. Hier aber, wo wir
diese Rücksichten nicht zu beobachten haben, ist es uns erlaubt, eine der
gewöhnlichsten Angaben, welche eine gegenwärtig allgemein giltige Annahme
betrifft, der wir in Woltmann's Aufsatz über Frans Hals wieder begegnen,
näher zu untersuchen.

Frans Hals ist für die gesammte Litteratur der Gegenwart im Jahre
1584 geboren. Wir besitzen jedoch über sein Geburtsjahr drei verschiedene
Mittheilungen: Die älteste rührt von dem Maler Mathias Scheits (gestorben
um 1700) her; dieser schrieb: »Hals starb um 1665 oder 66, nach meiner
Vermuthung wohl 90 Jahre alt, oder doch nicht viel weniger.« Nach dieser
Vermuthung wäre er 1576 geboren.

Die zweite Nachricht ist die Houbraken's († 1719), welche auf einer
älteren handschriftlichen Angabe oder auf sehr glaubwürdiger mündlicher Mittheilung zu beruhen scheint. Dieser sagt (I. 95): »Er ist zu Harlem 85 oder
86 Jahre alt im Jahre 1666 gestorben.« Demnach wäre er 1580 oder 1581
geboren. Nun kommt die dritte Angabe, welche durch van Eynden (IV. 144)
neuerdings in Circulation gesetzt wurde. Diese beruht auf einer handschriftlichen Notiz des Cornelis van Noorde auf der Rückseite einer Zeichnung nach
einem Bilde von Claes Hals, und sagt, dass der Vater dieser Malers, also
Frans Hals, im Alter von 82 Jahren starb. Demnach wäre er im Jahre 1584
geboren.

Die letzte Angabe hat man allgemein acceptirt, ohne zu fragen, woher dies
van Noorde, der selbst erst im Jahre 1731 geboren ward und dies 1779 nieder-
schrieb, gewusst haben mag. Er dürfte wohl einen anderen Gewährsmann
dafür haben? Er hat ihn auch und entnahm diese Nachricht dem Buche seines
Zeitgenossen Descamps.

Vermöge dieses Kreislaufs sind wir dahin gekommen, gerade jene Angabe zu acceptiren, welche keine Glaubwürdigkeit besitzt, und begegnen ihr
bei Woltmann ebenso wie bei Bode und Vosmaer.

Dr. Alfred von Wurzbach.

Italienische Studien. Zur Geschichte der Renaissance. Von Her-
mann Hettner. Braunschweig. Druck und Verlag von Fr. Vieweg & Sohn.
1879. 312 S.

Der Parallelismus aller Geistesoffenbarungen in Perioden gesunder, kräftiger Entwickelung kann nicht bezweifelt werden. So liegt es nahe, in der
circulirenden Litteratur einer Zeit Mittel zu suchen, um zu einer präciseren
Erklärung des Gedanken- und Ideengehalts von gleichzeitigen künstlerischen
Richtungen und von Kunstdenkmälern zu gelangen. Das ist kein kurzer aber
ein lohnender Weg; Burckhardt, Springer haben das bewiesen, und nun auch
das neue Hettner'sche Buch. Das Verständniss der Kunst der Renaissance-
periode in Italien erhält durch dasselbe in Wahrheit eine Förderung. Das ist
kein geringes Lob, wenn man es mit gutem Gewissen einem Buche nach-
sagen kann.

Die erste Studie gehört der Streitfrage über Niccolo Pisano. Die Hypothese von der süditalienischen Abkunft Niccolo's kann nach den jüngst publicirten Nachweisen Milanesi's kaum mehr discutirt werden; Hettner beschäftigt
sich auch nur mit dem Stil Niccolo's und weist zunächst hin auf die Nachwirkung altetruskischer Formen in Toscana, die auch in Niccolo's Arbeiten
constatirbar ist. »Etruskisch sind seine derben Körperformen und seine unter-
setzten, gedrückten Proportionen; etruskisch ist seine mehr malerische als
plastische Composition, etruskisch ist seine durch deutliche Farben- und Gold-
spuren bezeugte Lust an Farbenschmuck und Vergoldung«. Zugleich zeigt Hettner,
dass auch die ganze Art des Aufbaues und des Schmucks der Kanzel Niccolo's
toscanisch sei, denn »nur die toscanische Kanzel erhob sich zu reichen, selbständigen figürlichen Darstellungen«. In Rom dominirte das kunstvoll ver-
schlungene farbige Steinmosaik der Cosmaten und in Süd-Italien hatte man
sich diesem römischen Einflusse untergeordnet. Schliesslich giebt dann Hettner
eine eingehende Interpretation des gedanklichen Inhalts, der dem Figurenschmuck der Pisaner Kanzel zu Grunde liegt.

Die zweite Studie »Ursprung der Renaissance« zerfällt in drei Theile.
Der erste ist den litterarischen Bahnbrechern Petrarca und Boccaccio gewidmet.
Hier wird nichts Neues geboten; die Bemerkung, Petrarca und Boccaccio
repräsentirten die Sturm- und Drangperiode der italienischen Litteratur, wird
man kaum zustimmend hinnehmen wollen; soll schon eine Parallele mit der
Zeit Rousseau's angestellt werden, so giebt die auf Petrarca und Boccaccio
folgende viel stürmischere Generation entschiedenere Anknüpfungspunkte. Ich
verweise auf Cino da Rinuccini's Anklageschrift der Verleumder Petrarca's,
Dante's u. s. w., wo das Programm jener Stürmer entwickelt wird (bei Wes-
selofsky, Il Paradiso degli Alberti etc. I. 2. App. 17). Der zweite Theil der
Studie führt die These aus, dass die Kunst der Renaissance der bildlich monumentale Ausdruck des von dem Humanismus neu gewonnenen reinen freien

Menschheitsideals ist. Die Kunst freilich kommt dann in ihren Leistungen um weite Wegeslänge der Litteratur voraus, weil sie mit Thatkraft, unerschrockener Kühnheit und Folgerichtigkeit ihren Zielen nachgeht; aber der Verfasser hat vergessen dazu zu bemerken, dass ein folgerichtiges Durchkämpfen der von dem Humanismus aufgestellten Ideale — abgesehen von den socialen Verhältnissen und dem Racenaturell — einen ganz anderen Kraftaufwand gefordert hätte, als die volle Verwirklichung der neuen Kunstideale forderte. An dieser Stelle finden sich auch zwei geistvolle Beiträge zur Geschichte künstlerischer Motive — nämlich des Madonnen- und Abendmahl-Motivs. Der dritte Theil der Studie behandelt den Kampf um Formensprache und Technik. Hettner weist hin auf das frühzeitige Studium der Anatomie in Italien und auf den Eifer, mit welchem im 15. Jahrhundert Anatomie und Proportionslehre von den Künstlern studirt wurde; es sind dies die Hauptmittel, der Naturformen sich zu bemächtigen. Das Verhältniss zur Natur lässt den Verfasser die Künstler des 15. Jahrhunderts in drei Kategorien theilen: Idealisten, Realisten und »mönchische Künstler«. Ich glaube, diese Unterscheidung thut der Thatsache Gewalt an — was immer geschieht, wenn man historische Erscheinungen in zu intime Nähe mit modernen Schlagworten bringt. Ghiberti z. B., den Hettner neben Masaccio, Botticelli, den beiden Lippi als Idealisten aufführt, steht Fra Giovanni viel näher als jenen Andern; er ist ebenso ein Ausläufer der Trecentisten wie Fra Giovanni, Ghiberti allerdings nur in seinem Stile, Fra Giovanni auch dem Geiste nach. Uebrigens hat auch Ghiberti der Kenntniss der Structur des menschlichen Leibes nahe zu kommen gesucht, wie dies ein Capitel im dritten seiner Commentare bezeugt. Im Kampfe um die Darstellungsmittel kommt die Ausbildung der Kunst der Perspective und der Maltechnik in Frage. Hettner stellt sich auf Seite der älteren Anschauung, dass die neue Maltechnik von Venedig aus nach Italien kam, entgegen also der Meinung Crowe und Cavalcaselle's, nach welchen schon die Peselli und Pollajuoli in Besitz derselben gewesen wären. Warum Hettner 1477 als Zeit der Ankunft Antonello's in Venedig angiebt, ist mir nicht bekannt; ich meine, dass die künstlerischen Zeugnisse für Antonello's Anwesenheit in Venedig vom Jahre 1473 an doch nicht wegzuleugnen sind. — Im Ganzen empfindet man an dieser Stelle wieder peinlich, dass noch immer eine gründliche Untersuchung über die Geschichte der Oelmalerei in Italien uns mangelt.

Die dritte Studie: Die Dominicaner in der Kunstgeschichte des 14. und 15. Jahrhunderts, übertrifft an positiven Resultaten alle anderen. Die Erklärung von Traini's Altarbild in S. Catarina in Pisa durch Tomaso's Summa contra Gentiles, dann die Darstellungen des Lebens und der Lehre der Kirche in der Spanischen Kapelle in S. Maria Novella durch die Summa totius theologiae (warum schreibt der Verfasser consequent Summa theologica?) und den Commentar des Canticum Canticorum ist auch in allen Einzelheiten von zwingender Beweiskraft. Und auch für die Deutung des Wandbildes im Campo Santo in Pisa, des sogenannten Trionfo della Morte, bringt er neues Material von grosser Wichtigkeit bei. Die Studie über die Dominicanerkunst schliesst mit einer Charakteristik der Kunstanschauung Savonarola's. In der kurzen Studie über das Cambio zu Perugia macht Hettner auf den tiefsinnigen, damals aber ganz geläufigen Grundgedanken der Wandmalereien aufmerksam, der heute so oft als allegorische Spielerei verurtheilt wird.

Die fünfte Studie ist den religiösen Wandlungen der Hochrenaissance gewidmet. Der erste Theil orientirt über das Wiederaufleben der platonischen Lehre. Mit den Hauptsachen völlig einverstanden, möchte ich nur einige Details richtig stellen. Fra Dominici hasst die Antike nicht so fanatisch, wie der Verfasser meint (er hat z. B. folgenden Satz: la sapienzia è il meglio che sia: perche caperrà, con Platone venduto, in ogni onorevol luogo. Regola del Governo et. ed. Salvi pg. 184), und Coluccio Salutati gehört nicht zu der radical antikisirenden Richtung, denn ihm durfte Fra Dominici seine Lucula noctis — die Hauptschrift gegen die Ueberhandnahme paganer Bildung — widmen *). L. B. Alberti bricht durchaus nicht »entschieden« mit der christlichen Ueberlieferung, sondern er zeigt sich in seinen Tractaten als Hauptvertreter jener Richtung, welche Christenthum mit antiker Bildung zu verschmelzen sucht. Die Auslassungen Alberti's in De re sedificatoria erklären sich aus antikisirender Nomenclatur. Der zweite Theil dieser Studie behandelt Raphael's Verhältniss zu den kirchlichen Bewegungen unter Julius II. und Leo X., so weit sich dies in seinen Werken kundgiebt. Die Deutung der Schule von Athen weicht nicht von der Springer's ab, sie wird nur detaillirter durch die stricten Hinweise auf Ficinus. Dass die Interpretation der Tafel des Pythagoras eine philosophische und keine musikgeschichtliche sein darf, ist jedem klar, der in den Geist jener Zeit eingedrungen ist. Mit Hettner stimme ich auch in der Deutung des hinter Pythagoras stehenden Orientalen überein, es ist Hermes Trismegistos, nicht Averroes; schon vor Ficin war Hermes Tr. als Repräsentant alter orientalischer Weisheit bekannt — »vecchissimo scriptore« nennt ihn Alberti zu Anfang des II. Buches über die Malerei. Die Deutung der Wandgemälde der Stanza d'Eliodoro, dell' Incendio und des Constantinsaals aus ganz bestimmten politischen und kirchengeschichtlichen Ereignissen jener Zeit heraus ist mit viel bestechenden Beweisstellen ausgerüstet, dürfte aber dennoch nur wenig dem Sachverhalt entsprechen. Die Abnahme künstlerischer Vollendung von der Stanza dell' Incendio an ist auch nicht auf den Widerwillen Raphael's gegen das »Pfäffische und herrschsüchtig Hierarchische« zu erklären, sondern aus den immer weiter gezogenen Grenzen seines Thätigkeitskreises. Und noch gewagter ist es, das »visionäre« Element in Raphael's Andachtsbildern von 1511 und bes. 1515 ab dem Umschwung religiöser Stimmung, der in dem lateranensischen Concil seinen Ausgang haben soll, zuzuschreiben. Das stimmt nach keiner Richtung. Eine Verinnerlichung religiösen Lebens lässt sich denn doch unter Leo X. nicht constatiren, wenngleich das officielle Kirchenthum in Folge des Concils strenger wurde. Man denke nur an die Ergüsse von Leo's Hofpoeten — und selbst Sannazaro's De partu virginis erhält nach Hettner's eigener Meinung durch das Vermischen heidnischer

---

*) Voigt (Die Wiederbelebung des class. Alterthums) meint irriger Weise, sie sei gegen Coluccio Salutati gerichtet gewesen. (S. 456.)

und christlicher Vorstellungen einen ganz barocken Charakter. Einzelne Mahn-
rufe zu religiöser Einkehr haben in Italien nie gefehlt. Bei Raphael aber
bedeutet das visionäre Element in seinen Andachtsbildern nur die höchste
Steigerung der künstlerischen Kraft; er schafft die Gestalten des Evangeliums
und der christlichen Legende ganz aus christlichem Geiste heraus, wie er zu
gleicher Zeit in den Fresken der Farnesina antike Lebensstimmung zu clas-
sisch vollendetem Ausdruck bringt. So ist denn auch Raphael's Verhältniss
zur Transfiguration ein naiveres, als Hettner zugiebt. Er hat sich in der
Gestaltung des Stoffes einfach an das Matthäusevangelium gehalten, in welchem
der Vater des Besessenen Christus erzählt, er habe seinen Sohn während der
Verklärung zu den Jüngern gebracht, welche ihn aber nicht heilen konnten.
Weitere ideelle Bezüge, wie sie schon Goethe an dem Bilde rühmte, lagen dem
Künstlernaturell Raphael's dann wohl nahe. Noch weniger wird man Tizian's
Assunta oder Sebastiano's Auferweckung des Lazarus oder Bazzi's Malereien
im Oratorium des hl. Bernardin in Siena auf solche religiöse Stimmungen
zurückführen können. —

Der dritte Theil dieser Studie ist Michelangelo's Malereien in der Sixtina
gewidmet. Wenn religiöser und panegyrischer Eifer in Michelangelo verstecktes
Lutherthum entdeckte, so hat Hettner mit Recht es ganz besonders betont,
dass Michelangelo trotz aller erhöhten religiösen Stimmung strenge auf dem
Boden der katholischen Lehre verblieb, ja dass selbst die strenge Kirchlichkeit
der Gegenreformation auf ihn ihren Einfluss übte. Aus der Interpretation der
Deckenmalereien möchte ich die annehmbare Deutung der Doppel-Eva durch
die Platonisch-Ficin'sche Schöpfungslehre hervorheben.

Die letzte Studie, die Spät-Renaissance, behandelt zunächst das Renaissance-
drama und die Vitruvianer und Manieristen. Hettner meint, der Verfall der
Kunst sei begründet in dem Umschwung der Bildung; die »hochgestimmten
Ideen« fehlten, es blieben nur die Formen. Man bewegt sich da in einem
circulus vitiosus. Ich meine, so lange schöpferische Kraft vorhanden ist, werden Ideen, Erfindungen, Bilder, Statuen, Bauten in die Welt gesetzt; und
wenn diese Kraft — dem Naturgesetz entsprechend — sich ausgelebt hat, so
giebt es nur ein Zehren von der Vergangenheit, wie immer die Zeit sich
gestalte. Das »Nothwendige und Wirkliche«, aus dem Schöpfungen sich bilden,
ist allein die Naturkraft in der Brust des Künstlers. Der zweite Theil ist
dann Tasso gewidmet, dessen Geistesstörung aus dem Zwiespalt zwischen der
Renaissancebildung und der strengen Kirchlichkeit der Gegenwart mit psycho-
logischer Folgerichtigkeit deducirt wird.

Meine Gegenbemerkungen sollen den Werth des Hettner'schen Buches
nicht verkleinern; ich habe zu viel Belehrung, Genuss und Freude daraus
geschöpft, um nicht mit herzlicher Dankbarkeit für den Verfasser erfüllt zu sein.

                                            Hubert Janitschek.

Die Päpste der Renaissance. Von Dr. **Paul Tschackert**, a. o. Professor
der Theologie in Halle a. S. (Sammlung von Vorträgen. Herausgeg. von
W. Frommel und Ed. Pfaff. I. 7.). Heidelberg. C. Winter's Universitätsbuchhandlung. 1879.

Auf 22 Seiten wird von dem Verhältnisse Julius' II. und Leo's X. zu Bramante, Michelangelo und Raphael gesprochen. Beneidenswerth sind die Renaissance-Päpste, die nicht erwähnt werden und noch beneidenswerther die Künstler, für deren Erwähnung die 22 Seiten keinen Raum bieten. Herr Prof. Tschackert mag ein tüchtiger Theologe sein, der kunsthistorische Anlauf, den er macht, bietet nur Gemeinplätze, wenn man die pfäffische Färbung, die schiefen Urtheile nicht als Originalität gelten lassen mag. Nur Einiges zur Probe. »Der Kuppelbaustil« wird als Kirchenbaustil perhorrescirt, weil darin »die Phantasie im Diesseits in der Schwebe gehalten wird«. Michelangelo's Deckenmalereien in der Sixtina »gehören in kein christliches Gotteshaus«. In seinem Moses »erscheint die Seelenbewegung nicht religiös motivirt, der Kopf ist für diesen Riesenkörper zu klein, das Spiel der rechten Hand mit dem schön gewellten Bart vielleicht kokett und der Faltenwurf auf dem entblössten Knie gradezu unschön«. Noch schlimmer aber kommt Raphael weg, welcher »der Maler der heitern schönen Sinnlichkeit, für Leo der rechte Mann« ist, wobei Leo's »niedriger Sinn« wiederholt gebührend hervorgehoben wird. Dieser erniedrigt Raphael's Stil zum »Complimentirstil«, wie das dessen Malereien in der Stanza d'Eliodoro und besonders der Stanza dell' Incendio bezeigen. Er wirkt dann vollends schädlich auf den Künstler, »indem er den genialen Raphael fortan Jahre lang fast nur mit Decorationen beschäftigte«. So entstanden die Deckenbilder in den Loggien, die »auf den geistigen und religiösen Gehalt hin betrachtet, doch nichts als liebliche Spielerei« sind! Was aber seine Teppich-Cartons betrifft, so ist in hohem Grade zu bedauern, »dass der niedrige Sinn Leo's diese herrlichen Zeichnungen nur zu dem untergeordneten Zwecke verlangte, dass sie flandrischen Webern als Teppichvorlagen dienten«. Einige Proben für die Art der geschichtlichen Charakteristik der beiden Renaissance-Päpste zu geben erspare ich mir. — Sapienti sat! *H. J.*

Gesammelte kunsthistorische Schriften von **R. Eitelberger v. Edelberg.** 1. u. 2. Bd. Wien 1879, W. Braumüller. 8°.

In den beiden stattlichen seit kurzem vorliegenden Bänden, in welchen R. v. Eitelberger begonnen hat seine kunstwissenschaftlichen Schriften gesammelt herauszugeben, liegt eine überaus werthvolle Gabe vor, welche weit über die engeren Fachkreise hinaus auf dankbare Anerkennung rechnen darf. Was diese Sammlung von allen ähnlichen unterscheidet, ist die einheitliche Grundstimmung, die feste Geschlossenheit ihres Inhalts. Sie zieht die Summe dessen, was einer der ausgezeichnetsten heutigen Kunstgelehrten, das Haupt der österreichischen kunsthistorischen Schule, drei Decennien hindurch für die Entfaltung der heimischen Kunst und Kunstgewerbe in unablässiger patriotischer Hingabe gewirkt und geleistet hat. Auf Oesterreich und dessen künstlerische Entwicklung bezieht sich hier Alles; und zwar sind es ausschliesslich die Bestrebungen der mächtig ringenden Gegenwart, denen sowohl die historischen als die pädagogischen Aufsätze — unter diese beiden Gesichtspunkte lassen sie sich sämmtlich einreihen — gewidmet sind. Aber es ist nicht ein enger Localgeist, der diese Aufzeichnungen dictirt hat, vielmehr erkennen wir in jeder Zeile den umfassenden Blick, die weite und hohe Gesinnung eines Mannes, der rastlos den Entwicklungen des gesammten Kunstlebens aller Zeiten gefolgt ist, um aus diesen Studien den vorurtheilsfreien Standpunkt für die Gegenwart zu gewinnen. Bei keinem unter den heutigen Kunstgelehrten ist in solchem Maasse das aus der Betrachtung der Vergangenheit Gewonnene in Fleisch und Blut für die unmittelbare praktische Verwerthung übergegangen. Man ist in der demokratischen, sagen wir vielmehr plebejischen Strömung der Gegenwart gar zu sehr geneigt, allen Heroencultus zu verhöhnen und die hervorragenden Persönlichkeiten in ihrem Werthe herabzusetzen; dennoch bleibt die alte Wahrheit unanfechtbar, dass es niemals die Massen, dass es stets nur einzelne ausgezeichnete Menschen sind, welche neue Bahnen eröffnen, und dass der blinde Tross nur dann eine Bedeutung gewinnt, wenn er sich von den wenigen Einsichtsvollen leiten lässt. Für den Aufschwung des künstlerischen, noch genauer gesagt des kunstgewerblichen Lebens in Oesterreich gebührt keinem eine solche durchschlagende Stellung wie Eitelberger. Allerdings fand er in den entscheidenden höchsten Kreisen das verständnissvolle Entgegenkommen, ohne welches auch seine Kraft sich vergeblich aufgerieben hätte.

Es war um die Mitte der fünfziger Jahre, als ich bei meinem ersten längeren Aufenthalt in Wien Eitelberger kennen lernte. Ich kam von Berlin, wo damals unter Kugler, Schnaase, Waagen, Hotho, Guhl die Kunstgeschichte des Mittelalters und der neuen Zeit glänzend blühte, während Gerhard, Panofka, Toelken, Curtius die Antike vertraten. Dieser reichen Entfaltung hatte Wien nicht entfernt Ebenbürtiges an die Seite zu setzen. Die langjährige geistige Absperrung Oesterreichs unter dem Metternich'schen Polizeiregiment hatte das wissenschaftliche Leben dort aufs schwerste in Fesseln geschlagen. Aber schon regte sich auf allen Gebieten ein jugendlicher Eifer, das lange Versäumte nachzuholen, mit der vorangeschrittenen Entfaltung im deutschen Reiche in die Schranken zu treten. Wie für die monumentale Kunst die Erbauung der Altlerchenfelder Kirche das Signal zur Befreiung vom bureaukratischen Joche war, so wurde für die kunstgeschichtlichen Bestrebungen die Begründung der Central-Commission für Erforschung und Erhaltung der Denkmale der Beginn einer neuen Aera. Neben Gustav Heider war Eitelberger eine der Hauptstützen dieser wissenschaftlichen Tendenz, die sofort in den »Mittheilungen« und dem »Jahrbuch« der Central-Commission, sowie in der reich illustrirten Publication der »Mittelalterlichen Denkmale des österreichischen Kaiserstaates« Ausdruck fand. Für letzteres Werk war es nothwendig — bezeichnend für die damaligen Verhältnisse Wiens — eine süddeutsche Verlagshandlung (Ebner & Seubert in Stuttgart) zur Herausgabe zu gewinnen. Während Heider in seinen muster-haften Arbeiten über die typologischen Bilderkreise, über die Kirche zu Schön-grabern, über das Antependium von Klosterneuburg u. A. archäologische Forschungen von ernster Gründlichkeit darbot, warf sich das beweglichere Naturell Eitelberger's auf die Fülle der damals noch unbekannten kunst-geschichtlichen Denkmale des Kaiserstaates und brachte als Frucht wieder-holter Ausflüge in die einzelnen Kronländer seine lebendig, wenn auch nicht erschöpfend geschriebenen Berichte über ungarische und dalmatinische Bauwerke des Mittelalters. Doch war dies nicht dasjenige Gebiet, auf welchem er seine Lorbern ernten sollte.

Vielmehr kam es ihm von Haus aus darauf an, das Interesse an den Schöpfungen der Kunst in weiteren Kreisen zu wecken, den Kunstsinn zu entwickeln und zu pflegen, weil er ganz richtig erkannte, dass nur aus einer möglichst allgemeinen Theilnahme eine kraftvolle neue Blüthe des künstlerischen Lebens zu erwarten sei. Schon seit 1847 hatte er deshalb an der Wiener Universität kunstgeschichtliche Vorträge begonnen, die er auch in späteren Jahren, trotz vielseitiger organisatorischer Thätigkeit, mit Vorliebe beibehalten hat. Eitelberger gilt nicht für einen Docenten von hervorragender formaler oder gar rhetorischer Begabung; aber wenn dies ein Mangel ist, so hat er ihn durch die anregende Lebendigkeit, die stets nur auf die Sache zielende Objectivität, die sprudelnde Fülle von Ideen reichlich aufgewogen. Und der Erfolg hat gezeigt, dass er zu den einflussreichsten Lehrern gezählt werden muss; Eitelberger hat anregend auf die ganze jüngere Generation gewirkt und eine tüchtige Jüngerschaar für unsere Wissenschaft gewonnen. Durch die Herausgabe der »Quellenschriften«, die jetzt bis zum vierzehnten Bande vorgerückt sind, hat er hauptsächlich seinen Schülern Aufgaben gestellt, bei welchen sie sich in strenger historisch-kritischer Methode zu üben Gelegenheit fanden. Durch alles das ist ein so rüstiger kunstgeschichtlicher Betrieb gefördert worden, dass Wien gegenwärtig für diese Disciplin unbestritten den ersten Rang einnimmt.

Mit alledem erschöpft sich aber die Bedeutung Eitelberger's nicht; sein rastlos zum Schaffen, zu praktischer Thätigkeit drängendes Naturell konnte sich mit einer überwiegend theoretischen Wirksamkeit nicht begnügen. Die Weltausstellungen von 1851, 1855 und 1862, die er als aufmerksamer Beobachter, zum Theil in officieller Stellung besuchte, zeigten ihm das Bild von dem angespannten Wetteifer, in welchen die europäischen Culturvölker auf dem Gebiet gewerblichen Schaffens eingetreten waren; man erkannte deutlich, welche Anstrengungen England, durch die erste internationale Ausstellung belehrt, gemacht hatte, um durch die Gründung des Kensington-Museums und durch energische Verbreitung eines höheren künstlerischen Sinnes den im Kunstgewerbe noch in unbestrittener Alleinherrschaft das Feld behauptenden Franzosen die Palme streitig zu machen. Mit richtigem Blick erkannte Eitelberger, dass sein Vaterland in diesem Wettkampf, bei welchem es sich nicht bloss um ästhetische, sondern um schwerwiegende volkswirthschaftliche Interessen handelt, noch zurückstehe, dass aber der österreichische Stamm eine reiche Begabung für diese Seite gewerblichen Schaffens besitze. Aus dieser Erkenntniss entstanden jene, an entscheidender Stelle gebilligten Vorschläge, welche die Gründung des Oesterreichischen Museums zur Folge hatten. Wer die bescheidenen Anfänge dieser Anstalt in unzureichenden Localitäten gekannt hat und den heutigen Zustand dieses auf dem Continente nirgends erreichten, geschweige denn übertroffenen Institutes mit seinen Schulen, seinen über alle Kronländer sich verbreitenden Filialen (so darf man sie wohl nennen) vergleicht, der hat eins der glänzendsten Blätter der neuesten österreichischen

Culturgeschichte aufgeschlagen. — Und wie von diesem Centrum aus auf die gesammte Kunstindustrie des Kaiserstaates fördernde Einflüsse geübt worden sind, so dass dieselbe einen immer höheren Rang unter den Leistungen der modernen Culturvölker erstiegen hat, das ist so allgemein bekannt, dass es keiner genaueren Darlegung bedarf. Ohne die Initiative eines Mannes, der in so hohem Grade umfassende Einsicht mit Thatkraft, theoretisches Wissen mit organisatorischem Talent vereinigt, und der durch diese Eigenschaften das Vertrauen nicht bloss an den entscheidenden höchsten Stellen, sondern auch in den Kreisen der Künstler und der Gewerbetreibenden sich zu erringen wusste, wären diese glänzenden Erfolge nicht möglich gewesen.

Begreiflich daher, dass auch die litterarischen Arbeiten eines solchen Mannes besondere Beachtung verdienen. Nicht etwa wegen ihrer künstlerisch vollendeten Form, denn eine solche ist nicht Eitelberger's Sache, und er strebt auch nicht danach. Er wirft in lebhaft erregter Darstellung seine Gedanken hin und ist, wie die meisten seiner schriftstellernden Landsleute, nicht einmal frei von Austriacismen, wie man denn den ächt österreichischen fehlerhaften Conditionalis (z. B. I, 207: »Würde er von Haus aus reich gewesen sein, so würde er« u. s. w., statt: »Wäre er ... reich gewesen«) häufig antrifft. Also nach classischer Diction ist nicht gestrebt; aber was will das sagen gegenüber den sonstigen Vorzügen dieser Arbeiten! Ueberall verrathen sie den lebendigen Eifer, die warmherzige Begeisterung, die sich ganz an die Sache hingiebt; überall eine Fülle von Kenntniss und Erfahrung auf allen Gebieten des Kunstbetriebes, eine Weite und Höhe objectiver Betrachtung, die auf dem Grunde umfassender historischer Studien beruht und in gerechter Würdigung den Bestrebungen der Gegenwart ein reiches Wissen zur Verfügung stellt.

Der erste Band enthält unter dem Sondertitel »Kunst und Künstler Wiens der neueren Zeit« eine Anzahl von Aufsätzen, deren Entstehung eine Periode von dreiunddreissig Jahren umfasst. Einige sind früher bereits in Zeitschriften veröffentlicht, erscheinen hier aber in sachgemässer Umarbeitung; andere sind aus Vorträgen entstanden; noch andere werden hier zum ersten Male ans Licht gegeben. Hier bieten besonders die Abhandlungen über das Wiener Genrebild, über Peter Krafft, über Danhäuser und Waldmüller, über Friedrich Gauermann werthvolle Beiträge zur neueren Kunstgeschichte Wiens. Ansprechend ist namentlich die echt historische Art, mit welcher der Verfasser die künstlerischen Bewegungen aus den allgemeinen socialen Zuständen und dem geistigen Leben der Zeit ableitet und erklärt. Man lernt die kleinbürgerlich engen Verhältnisse des vormärzlichen Wien kennen, wo die absolutistische Regierungsgewalt alles politische Leben fern hielt und durch ein Absperrungssystem das alte »gemüthliche« Oesterreich vom grossen Strom der allgemeinen Entwicklung abdämmte. Ein unmittelbarer Ausdruck jener Zustände war das ältere Genrebild der obengenannten Meister. Einen lehrreichen historischen Ueberblick enthält die Vorlesung über die Plastik Wiens in diesem Jahrhundert, welcher die biographische Skizze über Hans Gasser als Ergänzung nachfolgt. Der Aufsatz über den als feinsinniger Kunstkenner und Sammler hervorragenden J. D. Böhm entwirft ein anziehendes Bild dieses trefflichen und liebenswürdigen Mannes, mit dem man nicht verkehren konnte, ohne an Einsicht bereichert zu scheiden; zugleich entrollt sich dabei eine lebendige Schilderung der damaligen Zustände in den Wiener Kunstkreisen. Endlich gewährt eine Reihe von Arbeiten eine nicht minder werthvolle Darstellung der architektonischen Entwicklung Wiens, indem einige der bedeutendsten Künstler, und zwar van der Nüll und Siccardsburg, Ferstel und Friedrich Schmidt in ihren Werken geschildert werden. Daran knüpft sich ein Aufsatz »über die kirchliche Architektur in Oesterreich im Jahre 1852«, d. h. in jener Umwandlungsepoche, welche mit den büreaukratischen Traditionen im Bauwesen brach und der freien künstlerischen Entfaltung die Bahnen öffnete. Alle diese Abhandlungen erfreuen nicht bloss durch eine reiche Fülle kunsthistorischer Thatsachen, sondern mehr noch durch den Geist unabhängiger, vorurtheilsfreier Würdigung, welcher sowohl den einzelnen Werken, als auch den verschiedenen Richtungen im Ganzen und Grossen gerecht zu werden weiss. Nur gegen die »deutsche Renaissance« ist der Verfasser sichtlich etwas voreingenommen; ein Punkt, auf den ich noch zurückkomme.

Der zweite Band dieser gedankenhaltigen Sammlung führt den Sondertitel »Oesterreichische Kunst-Institute und kunstgewerbliche Zeitfragen.« Hier begegnen wir dem Verfasser auf seinem eigentlichen Lieblingsfelde; hier erfahren wir — um nur das Wichtigste hervorzuheben — von dem competentesten Berichterstatter die Geschichte vom Entstehen des Oesterreichischen Museums und seiner Kunstgewerbeschule, von den Gewerbemuseen in den Kronländern, kurz wir gewinnen den vollen Einblick in die Organisation aller jener ineinander greifenden Anstalten, durch welche die kunstgewerbliche Reform in Oesterreich zur Verwirklichung gekommen ist. Eine Reihe von Artikeln schliesst sich daran, welche einzelne kunstgewerbliche Zeitfragen und anderes dahin Gehörige erörtern. Auch hier ist es überall eine Freude, einen Mann mit der vollen Sachkenntniss, dem reichsten Wissen, einer mit rastloser Energie gepaarten Umsicht und echt patriotischer Wärme diese wichtigen Angelegenheiten behandeln zu sehen. Hier öffnet sich eine Fundgrube gesunder Beobachtungen, werthvoller Aufschlüsse, bedeutsamer Winke.

Ich muss darauf verzichten, ins Einzelne einzugehen, und will nur einige Bemerkungen an den letzten Aufsatz der Reihenfolge knüpfen, welcher »die deutsche Renaissance und die Kunstbewegungen der Gegenwart« zum Gegenstande hat. Der Verfasser leitet diesen Aufsatz mit einer im Ganzen treffenden Charakteristik der Thätigkeit Kugler's ein. Nur das eine Urtheil möchte ich nicht unterschreiben: dass die Geschichte der Malerei »die relativ schwächste« unter allen seinen Arbeiten sei. Ich muss dieses Urtheil um so entschiedener bestreiten, als ich demselben kürzlich auch im Feuilleton einer der grossen Wiener Zeitungen begegnete, woraus ich schliesse, dass diese Ansicht dort in gewissen Kreisen sich als Dogma einzunisten anfängt. Erwägt man die damaligen Verhältnisse, die Spärlichkeit und Mangelhaftigkeit der Vorarbeiten (es handelt sich um das Jahr 1837!), so wird eine gerechte Beurtheilung darauf Rücksicht nehmen müssen und zugestehen, dass eine Geschichte der Malerei von solcher Klarheit der Anlage und Gliederung, von

solcher Frische der Schilderung, solcher glücklichen Bestimmtheit und geist-
vollen Prägnanz der Charakteristik eine eminente Leistung war; ja dass sie in
mancher Beziehung dem späteren »Handbuch der Kunstgeschichte« und der
»Geschichte der Architektur« überlegen war. Heutzutage sind wir nur in
genauerer Kritik des Technischen, in grösserem Reichthum historisch-archiva-
lischer Vorarbeiten, in umfassenderer, durch die Eisenbahnen und die Photographie erleichterter Denkmalkunde wesentlich fortgeschritten: in der künst-
lerisch-wissenschaftlichen Ausprägung des gesammten Materiales aber ist keine
der neueren Arbeiten über Geschichte der Malerei jenem Erstlingswerke Kugler's auch nur annähernd zu vergleichen.

Eitelberger kommt sodann auf meine eigene Thätigkeit in Fortführung
der »Geschichte der Baukunst« zu sprechen, und wie dankbar auch für seine
einsichtige und wohlwollende Beurtheilung ich zu sein alle Ursache habe, so
muss ich doch einige nicht ganz zutreffende Ausführungen richtig stellen, weil
dieselben sich sonst leicht einbürgern könnten. Zunächst darf ich den Ausdruck »Schüler Kugler's« nicht in dem Sinne annehmen, wie er gebraucht ist.
Ich bin nur in demselben bedingten Sinne ein Schüler jenes bedeutenden
Mannes, in welchem Eitelberger und jeder Andere, der sich seit den vierziger
Jahren mit Kunstgeschichte beschäftigte, sein Schüler genannt werden muss.
Denn Wer hätte nicht aus seinen Büchern gelernt und sie zur Grundlage bei
den eigenen Studien gemacht? Aber noch mehr hat auf mich das Vorbild
Schnaase's gewirkt, und ich habe diesem Doppelverhältniss einen Ausdruck
gegeben in der Widmung meines Buches über Westfalen. Während Kugler
auf genaues und fleissiges Sammeln des monumentalen Materiales hinwies,
welches er von einem vorwiegend stilkritischen Gesichtspunkt aus beurtheilte,
mahnte Schnaase's Beispiel zu einer tiefer in den Geist der Zeiten und der
Völker eindringenden Betrachtungsweise, welche die künstlerischen Erscheinungen als bedeutsame Momente der Culturgeschichte auffasste. Ich muss
gestehen, dass dieses Streben, welchem Schnaase in seinem grossen Meisterwerke einen classischen Ausdruck gab, auch mich in allen meinen Arbeiten
vorzugsweise geleitet hat. Mit vollem Nachdruck suchte ich diese Richtung
in meiner Geschichte der französischen und noch umfassender bei der Geschichte
der deutschen Renaissance zur Geltung zu bringen. Ich darf wohl auf die
Einleitungskapitel beider Bücher hinweisen, die aus eindringenden Einzelstudien
der Litteratur jener Epochen aufgebaut sind. Daneben aber sei mir vergönnt
zu bemerken, dass es selbst bei der französischen Renaissance mit den Vorarbeiten keineswegs so glänzend bestellt war, wie Eitelberger anzunehmen
scheint; ich habe wenigstens auf umfassenden Studienreisen durch ganz
Frankreich die Monumente selbst kennen lernen müssen. Noch viel mehr
war dies aber mit der deutschen Renaissance der Fall, wo ich nicht, wie
mein verehrter Freund sagt, »hie und da genöthigt war, selbst die Detail-
forschung in die Hand zu nehmen«, sondern wo ich auf vielen monatelangen
Reisen, mehrere Jahre hindurch, das deutsche Gebiet von Danzig und Königs-
berg bis Trier, von Emden bis Marburg an der Drau, von Hamburg bis Zürich
und Bern zu durchwandern hatte, um seine gänzlich unbekannten Renaissance-

denkmale ans Licht zu ziehen, während ich umgekehrt nur »hie und da« mich auf Vorarbeiten stützen konnte. Und dies ist zugleich der Ursprung der neuen Wendung, welche die heutige Architektur und das Kunstgewerbe vielfach zur deutschen Renaissance hin genommen hat, denn der Abschluss meines Buches erfolgte zu einer Zeit, als etwa mit Ausnahme von Raschdorff, der in geistvoller Weise schon früher diesen Stil wieder aufgenommen hatte, noch kaum ein Künstler an die Werke jener Epoche dachte. Ich darf daher wohl für das mühevollste meiner Bücher das Resultat in Anspruch nehmen, dass dasselbe nicht bloss der wissenschaftlichen Forschung, sondern auch dem werkthätigen Schaffen eine neue Denkmälerwelt erschlossen hat. Auch darf man den Ursprung dieser neuen Bewegung nicht so auffassen, wie Eitelberger es in seinem Aufsatz über Friedrich Schmidt gethan, als ob dieselbe »erst nach dem Tage von Sedan wieder in Schwung gekommen wäre, da man um jeden Preis das Deutschthum verherrlichen wollte«. In der That hat der »deutsche Chauvinismus« jener Tage nichts mit dem Rückgreifen zu unserer heimischen Renaissance zu schaffen, wie auch mein Buch mit demselben nichts zu thun hat. Es war einfach eine wissenschaftliche Arbeit, zu der ich aus Pflicht gegen Kugler's nachgelassenes Werk mich seit langer Zeit verbindlich gemacht hatte, und zu der ich die Studien seit Beendigung des Buches über die französische Renaissance (1868) energisch in die Hand nahm, nachdem ich schon vorher lange Zeit fleissig dafür gesammelt hatte. Dass aber das Zurückgreifen zur deutschen Renaissance gleichsam in der Luft lag, beweist das grosse Unternehmen Ortwein's, welches fast gleichzeitig mit meinem Buche begonnen ward.

Soviel, um den geschichtlichen Zusammenhang einer künstlerischen Bewegung festzustellen, die in der Gegenwart ihre Rolle noch nicht zu Ende gespielt hat. Was nun des Verfassers Abneigung gegen diesen Stil betrifft, so ist Vieles in seinen Bemerkungen zutreffend, während Anderes mir übertrieben vorkommen will. Wenn ihn gewisse, namentlich in München hervorgetretene wilde Ausschreitungen, die hauptsächlich von architektonisch ungeschulten, wenngleich im Uebrigen noch so talentvollen Künstlern herrühren, mit Recht bedenklich machen, so lassen sich dagegen wiederum in München, aber auch in Wien, Stuttgart, Frankfurt, Köln, Berlin — um nur einige der hervorragendsten Punkte zu nennen — zahlreiche Bauten dieses neuen Renaissancestiles anführen, die eine gesunde Bereicherung und Belebung unserer architektonischen Formenwelt bezeichnen. Doch über dieses Thema behalte ich mir vor, an anderer Stelle eingehender mich auszusprechen.

Hier ist nur meine Pflicht, abgesehen von einzelnen Differenzen, dem hochverehrten Verfasser der vorliegenden schönen Veröffentlichung nochmals die wärmste Zustimmung zu seinem gesammten Wirken und Schaffen auszusprechen. Möge ihm noch lange Kraft und Gesundheit in Fülle beschieden sein, um seine segensreiche Thätigkeit in demselben hochherzigen und weitblickenden Geiste zum Heile der künstlerischen Interessen zu entfalten.

W. Lübke.

Malerei.

Walter de Gray Birch and Henry Jenner, Early Drawings and Illuminations. An introduction to the study of illustrated Manuscripts; with a dictionary of subjects in British Museum. London, Samuel Bagster and Sons, 1879. LXIII und 310 Seiten. 12 photolithographische Abbildungen.

Unter den mehr als fünfzigtausend Handschriften, welche British Museum zur Zeit besitzt, sind nicht weniger als annähernd eintausend mit Miniaturen verziert. Die Verfasser des vorliegenden prächtig ausgestatteten Handbuches haben es sich zur Aufgabe gestellt, den Reichthum der in denselben enthaltenen bildlichen Darstellungen unter Titeln, welche in alphabetischer Folge geordnet sind, zu classificiren. Bei jedem Gegenstande sind die Handschriften mit der entsprechenden Seitenzahl in chronologischer Folge aufgezählt, während Hilfstabellen über den allgemeinen Inhalt, über Herkunft und Abfassungszeit jeder einzelnen Handschrift den nöthigen Aufschluss geben. Es ist selbstverständlich, dass ein ausschliesslich auf die Benutzung einer der ersten Miniaturensammlungen der Welt berechnetes Werk sich auch jenseits der Grenzen seiner unmittelbaren Bestimmung als brauchbar erweist. Die Verfasser haben es sich auch offenbar angelegen sein lassen, ihre tabellarischen Verzeichnisse durch die zwischeneingestreuten Resumés und einleitenden Bemerkungen einem weiteren Leserkreise geniessbar und anziehend zu machen. Diese kurzen Abhandlungen sind bei aller Kürze durchaus sachgemäss und lehrreich. So lesen wir unter dem Titel »Grisaille«: »Unter dieser und der synonymen Bezeichnung camaieu gris wird ein besonderer Stil der Miniaturmalerei verstanden, für welchen das Fehlen jeder Vergoldung und ein Vorherrschen von Grau und Neutraltinten charakteristisch ist. Die letzteren sind mehr oder weniger flach aufgetragen, in dunklerem Monochrom abgetönt oder auch mit weiss gehöht. Die meisten Miniaturen in dieser Malweise gehören dem fünfzehnten Jahrhundert an, doch dürfte es schwer sein, den ersten Zeitpunkt ihrer Anwendung nachzuweisen. Zu den schönsten Beispielen des Grisaillestiles gehört das Additional-Manuscript 24,189, welches eine Reihe von Illustrationen zu den Reisen des Sir John Moundeville enthält. Bemerkenswerth ist hier die ausserordentliche Schönheit nicht nur der technischen Behandlung des Camaieu, sondern auch der Auffassung und Zeichnung wie der Art und Weise, in welcher die Gegenstände behandelt sind«.

In der Einleitung ist eine kurze Geschichte der Handschriftensammlung in British Museum gegeben. Derselben folgen allgemeine Erklärungen und eine geschichtliche Uebersicht der Miniaturmalerei. Das Handbuch ist ausserdem mit zwölf sehr gelungenen photolithographischen Nachbildungen aus den interessantesten Miniaturhandschriften — darunter dem Dante aus dem 14. Jahrhundert (Additional MS. Nr. 19,587) — ausgestattet.

Jean Paul Richter.

Schrift, Druck, graphische Künste.

Die Monogrammisten und diejenigen bekannten und unbekannten Künstler aller Schulen, welche sich zur Bezeichnung ihrer Werke eines figürlichen Zeichens etc. bedient haben. Bearbeitet von Dr. G. K. Nagler, fortgesetzt von Dr. A. Andresen. Nach dem Tode Beider fortgesetzt von C. Clauss. V. Band. 1.—4. Lief. 1876—1879. München, J. B. Deiler.

Das vor mehr als zwanzig Jahren begonnene Unternehmen, welches nach vollendetem III. Bande durch den Tod Nagler's, und nach vollendetem IV. durch den Andresen's neuerdings in's Stocken gerieth, geht endlich mit dem V. Bande seiner Vollendung entgegen. Es bleibt stets eine der undankbarsten Arbeiten, ein Werk fortzusetzen, welches ein anderer Autor begonnen hat. Aber die damit verknüpften Widerwärtigkeiten steigern sich, wenn der Verstorbene eine gewisse Berühmtheit als Fachmann genoss; denn in diesem Falle wird der Vergleich stets zum Nachtheile des Erben ausfallen. Wir wollen diesen Satz nicht unbedingt auf die vorliegende Fortsetzung des Monogrammisten-Lexicons anwenden, denn sie hat vor dem IV., von Andresen redigirten Bande, sogar einiges voraus. Die Sorgfalt und Mühe, welche die neue Reduction dem Unternehmen angedeihen lässt, verdient im Gegentheil alle Anerkennung. Sie bewältigt mit rühmenswerther Umsicht sowohl das reiche Material, welches sich im Nachlasse der beiden früheren Autoren vorfand, als auch die neueren Nachrichten, welche in den letzten Jahren zu Tage gefördert worden sind.

Nagler hatte sich durch jahrelange Beschäftigung mit Kupferstichen zu einem Specialisten herangebildet, für den sich nicht leicht ein Ersatz finden dürfte. Er kannte alles; jedes Blatt war zu wiederholten Malen durch seine Hände gegangen und war in seiner Erinnerung einmal wenigstens einem anderen, ähnlichen begegnet; die Verknüpfung dieser Reminiscenzen macht die Monogrammisten zu einem in der That unschätzbaren Nachschlagewerke.

Wenn auch die spätere Redaction über diese reiche Kenntniss der Objecte nicht verfügen kann, sehen wir der endlichen Vollendung des V. Bandes mit Befriedigung entgegen und wünschen nur, dass weder Verleger noch Autor an der schwierigen Arbeit die Lust verlieren mögen. Gegenwärtig hält der 24. Bogen bei W. S., es ist also nur noch eine unbedeutende Masse zu überwinden. Mit circa 12 weiteren Bogen dürfte das Werk vollendet sein.

A. v. W.

Kunstindustrie.

Fröhner, W., La Verrerie antique — Description de la Collection Charvet. Le Pecq, J. Charvet 1879. gr. fol. VII. 139 p. XXXV pl.

Abermals einer jener Sammlungskataloge, welche den Stolz der Franzosen und unseren Neid erregen können. Die bildliche Wiedergabe von 127 besonders interessanten Stücken der berühmten Glassammlung gehört zu dem Vorzüglichsten, was der Farbendruck überhaupt in dieser Art geleistet hat. Aller-

dings würde der wissenschaftliche Werth der Publication kaum erheblich
beeinträchtigt worden sein, wenn der Zustand der Oxydation, das Farbenspiel
und der metallische Schimmer der verwitterten Partien der Oberfläche aus-
gegrabener Gläser nicht mit so peinlicher Genauigkeit reproducirt worden
wäre. Allein es bleibt doch immer eine höchst erfreuliche Erscheinung, dass
die Lust am Sammeln und an dem Gesammelten sich in solcher Weise documentirt, und die Kunstanstalten, aus welchen die Farbendrücke hervorgegangen
sind: Hangard-Maugé, Lemercie & Cie., A. Bry haben Anspruch darauf, neben
dem Zeichner G. Massias rühmlich genannt zu werden. Fröhner sollte anfangs
nur den Katalog der Sammlung verfassen, aber während der Arbeit erweiterte
sich der Plan, und wie vor dreissig Jahren Labarte im Anschluss an die
Sammlung Debruge-Dumesnil einen Abriss der Geschichte der gewerblichen
Künste gab, so jetzt Fröhner auf Grundlage der Charvet'schen eine Geschichte
des antiken Glases. Die Untersuchungen über die Erfindung des Glases liefern
allerdings kein befriedigendes Resultat. Der Verfasser zeigt sich nebenher als
ein Gegner Labarte's und Aller, welche in dem Elektron unter gewissen Verhältnissen Schmelz erkennen wollen, er nimmt von allen neueren Forschungen
über diesen Gegenstand keine Notiz, sondern verharrt bei der Uebersetzung
»Bernstein«, und unterscheidet nicht mit der nöthigen Schärfe zwischen Be-
reitung der Emails und Glasbläserei. Um so feiner sind seine Distinctionen
innerhalb des farbigen opaken Glases. Da er nicht bloss das in seltener
Vollständigkeit von jener Sammlung dargebotene Material, sondern auch die
Schätze der meisten Museen benutzt hat, sind sowohl die meisten Abhandlungen über die verschiedenen Specialitäten des Glases bei den Alten, als
besonders auch die Uebersicht der Fundorte (welche von ihm selbst als ein
Versuch bezeichnet wird) und das Verzeichniss von Künstlernamen von grossem
Werthe für die künftige Arbeit auf diesem Gebiete.　　　　　　　　　*B.*

Verzeichniss der wichtigeren Besprechungen.

Benndorf, O. u. O. *Hirschfeld.* Festschrift
zur 50jähr. Gründungsfeier des Archäol.
Instit. in Rom. (Lit. Centr.-Bl. 1879, 43.)

Bergau, R. Wenzel Jamitzer's Entwürfe
zu Prachtgefässen. (Oest. Kst.-Chr. II. 12.)

Blümner. Technologie u. Terminologie der
Gewerbe u. Künste bei Griechen u. Rö-
mern. (Augsb. Allg. Ztg. 1879. B. 281.)

Bonnassieux, J. Douze statues de la Vierge.
(Journ. d. B.-Arts 1879, 22.)

Bossuet. Oraison funèbre du Grand Condé
par Bossuet. Édition sous la direction
de M. E. B.... par L(ouis) G(onse).
(Gaz. d. B.-Arts Nov. 1879.)

Buchner, Dr. W. Leitfaden der Kunst-

geschichte. (Zeitschr. f. bild. Kst. XV.
H. 4.)

Clement, Ch. Michel Ange, Léonard de Vinci
et Raphael, IV. éd. p. Carl Brun. (Ztschr.
f. bild. K. XV. 1.)

Clement, Cl. Er. and L. *Hutton.* Artists
of the nineteenth century and their
works. (Ztschr. f. bild. K. XV. B. 6. 7.)

Comte, J. La tapisserie de Bayeux par
Louis Gonse. (Gaz. d. B.-Arts Nov. 1879.)

Demay, G. Le costume au moyen-âge
d'après les sceaux. Eng. Veron. (L'Art
256; Journ. d. B.-Arts 1879, 22.)

Dürr, Dr. A. Ad. Fr. Oeser. (Oest.-ung.
Kst.-Chr. III. 3.)

Notizen.

(**Urkundliches über Hans Burgkmair und Christoph Amberger aus dem städtischen Archive in Augsburg.**) Das in Betreff Burgkmair's bekannte urkundliche Material können wir nur um wenige Aufzeichnungen vermehren, welche beweisen, dass sich derselbe nach Ausbleiben der grösseren kirchlichen Aufträge mit mancherlei Anderem beschäftigte.

Baumeisterbuch: 1520 Sonntag nach Lichtmess.

Item VII fs Hannsen Burckmair maler von zwayen botten buchsen zefassen disen Statt wappen & farb.

1521. Sonntag Pentecoste. Item 1 guldin hansen Burckmair maaler für ain Eerung umb das gemäld etlicher müntz zemachen.

Item 2 ß 4 fs 1 hll. hansen Burckmair maler vor drey schilten gen sandt petter ze malen & ze schneiden.

Glücklicher waren die Funde über **Christoph Amberger** im Augsburger Archive, dessen Erforschung in dieser Richtung sich Archivar Dr. A. Buff auf unsere Anregung mit der liebenswürdigsten Gefälligkeit hingab. Derselbe hat das Verdienst, neben den zwei bereits bekannten noch ein drittes altes Handwerksbuch der Maler, Glaser, Bildschnitzer und Goldschläger kürzlich aufgefunden zu haben, welches gegen Ende des 15. Jahrhunderts (wahrscheinlich 1468) angefangen wurde und bis 1541 von verschiedenen Händen geschrieben ist. Hiernach ist im Jahre 1542 das schon bekannte zweite Malerbuch angelegt worden, aus welchem A. Woltmann die Nachrichten über Amberger, seine Aufnahme in die Zunft, seine Lehrknaben u. s. w. in der Kunstchronik, Bd. IX, S. 190, publicirt hat. In dem neuaufgefundenen Buche, das gegenüber dem Mittelquart der anderen zwei in Strazzenformat gehalten ist, findet man den Wortlaut öfter verschieden, auch enthält es viele Sätze, die im späteren Buche nicht wiederholt sind. Wir folgen daher jenem, indem wir die bereits von Woltmann benutzten Stellen wörtlich mittheilen. Kannte man aus dem späteren Buche das Jahr von Amberger's Aufnahme in die Zunft, 1530, so ergiebt sich aus dem früheren auch das Datum, der 15. Mai, sowie der Umstand, dass er mit einer Wittwe verheirathet war, die ihm die Gerechtigkeit zubrachte. Es heisst fol. 77 verso:

1530 $\frac{15}{5}$ Item. Ist für ain Handtwerk kumen mit namen Christof Amberger, hat die gerechtigkeit empfangen, die er von seinem weib hat, ist im gelichen worden am 15. dag mai im 1530 jar.

Er muss also die Tochter oder Wittwe eines Meisters geheirathet haben; wahrscheinlich die Wittwe eines Meisters, da in den Steuerbüchern von 1548 bis 1554 seine Stiefkinder erwähnt werden. Der Name seiner Frau ist vorläufig nicht zu ermitteln gewesen.

Die Einträge über die Lehrknaben in oben genanntem Buche lauten:

1536 $\frac{12}{5}$ Item. Es ist für eyn Handtwerk kumen mit namen Christoff Amberger & hat ain knaben fürgestalt mit namen hans leu von Kaufbeyren & hat eyn handwerk eyn genuegen daran gehabt der ellichehait halben am 11 dag martii im XXXVI jar. p. 66.

Am sondtag vor sandt Gallentag im 1538 jar hatt der erbare maister Cristoff Amberger ain knaben vir gestellt, der haist Cristoff Michelle ist von Saltzburg. p. 55.

In dem späteren Handwerksbuche der Maler etc. steht:

1542. Cristoff Amberger hat ain knaben fürgestellt am sontag nach Georgii mit namen Samuel Metzler von Costnitz & ain erber Handwerk hat ain guet benuegen gehabt 1542. p. 98^b.

1546. Item Cristoff Amberger maler hat ain knaben mit namen hans Berckhman von Costantz & ain erber handtwerk hatt ein guett genuegen gehabt. beschehen am sontag nach dem aufartag als man zalt 1546. p. 102^b.

In demselben Buche lautet die von Woltmann erwähnte Anführung als Büchsenmeister auf Blatt 1^b:

»auch die erbaren buchsenmaister hanns Siebenaich & Cristoff Amberger mitsambt eines ersamen Hanndtwerkhs genaigt sein wollen mit allem fridte zu hanndlen, auff das habenn sie für guett angesehen, das sollichen allten herkumen & geprauch wie das alt bichlein vermag, im bester form ab & aus geschriben werden sol«.

Nicht minder wichtig sind die Nachrichten über Amberger in den Steuerbüchern, aus denen sich nicht nur die Bestätigung über sein ständiges Verweilen in Augsburg, sondern auch die bisher unbekannte Zeit seines Todes ergiebt.

Amberger's Name kommt in folgenden Jahrgängen der Steuerregister vor:

1531. In dem Absatze: »In der Prediger Garten« im letzten Hause:

        Cristoff Onwerger dat <u>hennenit</u> (das unterstrichene Wort ist ausgestrichen) 30 δ 18 kr. 6 δ.

1532. ebendaselbst: Cristoff Amberger dat 30 δ 18 kr. 6 δ.

1533.   detto   Cristoff Ornberger   „ „   „ „

1534.   „   Cristoff Amberger dt. 30 δ 27 kr. 6 δ.

1535. 1536. 1537 ebenso. Dagegen kommt von 1538 an der Name an dieser Stelle nicht mehr vor. Nachher stösst er und von 1545 an wieder in dem Absatze »Ausserhalb St. Gallentor« auf.

1545. Cristoff Amberger dt. 2 fl. 12 kr. pro toto seiner Frawen hab dt. 24 kr.

1546. 1547 ebenso.

1548. Cristoff Amberger dt. 2 fl. 12 kr. pro toto seiner **Frawen** hab dt. 15 kr. sind sein stiefkinder.

1549. Cristoff Amberger dt. 2 fl. 12 kr. pro toto mer vun wegen seiner stiefkinder dt. 15 kr.

1550. 1551. 1552. 1553 ebenso.

1554. Cristoff Amberger dt. 30 ᔥ 2 fl. 15 kr. 6 ᔥ mer von seiner stiefkinder geld ist ab.

1555. Cristoff Amberger dt. 30 ᔥ 2 fl. 15 kr. 6 ᔥ.

In den folgenden Jahren bis 1561 inclusive kommt Amberger immer an derselben Stelle und mit nahezu immer dem nämlichen Steuersatze vor. Dagegen heisst es 1562 folgendermassen:

1562. Cristoff Amberger's wittib ist vertailt.

Er war also damals schon todt und seine Habe schon vertheilt. Das Steuerregister von 1561 wurde angefangen am 26. October 1561 und in sechs Tagen beendigt. Das Steuerregister von 1562 wurde angefangen am 19. October 1562. Zwischen diesen beiden Terminen muss also Amberger gestorben sein. Sein Haus »ausserhalb St. Gallentor« ist nach Herberger's Angabe, die wohl richtig sein wird, E 220. Nach einer Stelle der von verschiedenen Conventualen geschriebenen Chronik des ehemaligen Klosters zu hl. Kreuz in Augsburg von 1617—1678, von welcher eine kurze Beschreibung in den »Grenzboten« 1878 erschien, soll Amberger schon 1523 ein Altarbild für Augsburg gemalt haben. Die fast hundert Jahre spätere Zeit dieser Schrift lässt zwar einiges Bedenken aufkommen; aber wegen der Thatsache, dass damals noch viele und bezeichnete Werke des Meisters, sowie urkundliche Belege vorhanden waren, die uns für immer verloren sind, verdient sie doch hier veröffentlicht zu werden: »Capitulariter consultatum et conclusum est, ut velum illud magnum (quod Pannus quadragesimolis vulgo dicitur), in quo creatio mundi cum Dominico Passione figuris artificiosissimis per C h r i s t o f o r u m A m b e r g e r aº 1523 depicta est, et hactenus per medium templi dependebat, in medio dividatur, et una pars ante altare B. M. Virginis, altera ante altare S. Jacobi suspendatur. Et hoc factum est ob varias et rationabiles causas tum etiam ut frequenti populo in Quadragesima ad nos concurrenti melior prospectus in Chorum pateret.«

Zum Schlusse noch Folgendes. Nagler hat bekanntlich als Amberger's Geburtsort nur desshalb Amberg in der Oberlausitz angenommen, weil eine dortige Urkunde von 1491 einen Steinmetz Lienhart oder Leonhart Amberger anführt. Eine vor Kurzem gemachte Entdeckung zeigt nun aber, dass der Name Amberger zu Lebzeiten des Künstlers auch in Augsburg vorkam. Das Bauamtsprotocoll dieser Stadt von 1534—1553 verzeichnet auf f. 14ᵉ, 15ᵃ ᵇ (30. Juli 1544) einen Eintrag »Spruch zwischen Lenhart Motzhart und Hans Amberger, pawens halben«.　　　　　　　　　*E. v. Huber.*

(Das B r u s t b i l d v o n M a n t e g n a in Berlin.) Das Berliner Museum besitzt ein meisterhaftes Porträt von Mantegna's Hand, das in älteren W a a g e n'schen Katalogen als das »Bildniss eines Geistlichen von mittleren Jahren«

bezeichnet wurde, bis Waagen in der letzten Auflage des Verzeichnisses, die er redigirte, den Dargestellten Cardinal-Erzbischof Ludwig von Florenz benannte. Hiezu wurde er durch den Umstand veranlasst, dass er eine in England befindliche Copie mit dem Namen und Titel dieser Persönlichkeit auf der Rückseite kennen gelernt oder von derselben Kunde erhalten hatte. Crowe und Cavalcaselle in ihrer »History of painting in North Italy« I, S. 387 Anm., erwähnen die Copie (»a replica of this portrait, less finished, perhaps and embrowned by varnish«) und theilen die ganze Inschrift mit, aber mit dem Zusatz »which may be modern«. Wie sie nun für die Verdächtigung dieser Inschrift keinen Grund angaben, so stellen sie gleichfalls ohne jeden Beweis die Vermuthung hin, dass dies Bild vielmehr Matteo Bosso, Abt von Fiesole, darstelle. Sie reproduciren damit nur eine im Jahre 1849, vor Bekanntwerden der Copie in England, publicirte Notiz von Selvatico im Commentar über Mantegna in der Le Monnier'schen Vasari-Ausgabe (V. S. 190, Ausgabe von Milanesi III, S. 419): »Potrebbe forse essere il ritratto di Matteo Bosso, canonico regolare, a cui sappiamo che il Mantegna avea fatto il ritratto« (es folgen Citate, die diesen letzten Umstand besagen).

Das neue Verzeichniss von J. Meyer und W. Bode hat die von Waagen eingeführte Benennung fallen lassen und folgt ohne Weiteres Crowe und Cavalcaselle (früher als Bildniss des Ludwig u. s. w. bezeichnet .... Wohl mit grösserem Rechte nimmt die neuere Forschung an, dass Mantegna in diesem Porträt seinen Freund Matteo Bosso u. s. w. abgebildet habe« etc.).

Vor Kurzem hat nun aber Julius Friedländer in der Zeitschrift für Numismatik VII, 1 u. 2 einen kleinen Aufsatz publicirt, der die Hypothese Selvatico's beseitigt und den vollen Beweis für Waagen's Benennung beibringt. Zunächst stellt er die von Crowe und Cavalcaselle mitgetheilte Inschrift des Bildes, die bei ihnen an manchen Stellen, namentlich in einem Worte »Slaurindam« unverständlich ist, so her, wie sie in Wahrheit lauten muss: »LVDOVicus PATAVinus Sanctae Romanae Ecclesiae TITuli Sancti LAVRentii IN DAMaso PRESByter CARDinalis MEDIAROTus ARCHIEPiscopus FLORentinus ET PATRiarcha AQVILIensis«. Zweitens bringt er das Zeugniss des Jac. Phil. Tomasinus in seinen Elogia virorum illustrium, Padua 1645, bei, der in einer kurzen Biographie des Cardinals erwähnt, dass Mantegna ihn gemalt habe. Drittens stellt er neben einen Holzschnitt des Berliner Bildes den Holzschnitt einer Medaille, welche unverkennbar dieselbe Persönlichkeit darstellt und die Umschrift L. AQVILEGIENSIUM. PATRIARCA. ECCLESIAM. RESTITVIT — so dass der Cardinal hier also nur mit seinem Haupttitel bezeichnet ist — enthält. Lodovico Mezzarota, genannt Ludwig von Padua, war eine bedeutende, vielseitige Persönlichkeit, erst Leibarzt Eugens IV., dann siegreicher Führer päpstlicher Heere. Nach seiner Ernennung zum Cardinal (1440) scheint er fast immer in Rom gelebt zu haben, wo er, 63 Jahre alt, im Jahre 1465 starb.

(Ein Helfer Vasari's.) D'Israeli sagt in den Curiosities of litterature, London 1840, S. 422: »Wer hätte vermuthet, dass wir in einer Sammlung von Biographien der Heiligen und Seliggesprochenen des Predigerordens den

Verfasser von Vasari's Lebensbeschreibungen finden würden. Don Serafino
Razzi, der Autor dieses kirchenhistorischen Werkes, schreibt: die Lebensbeschreibungen der Maler, Bildhauer und Baumeister hat grösstentheils Don
Silvano Razzi, mein Bruder, für seinen Freund, den Cavaliere Giorgio Vasari,
geschrieben.« —

Wahrscheinlich hat aber Silvano Razzi dem Vasari nur Nachrichten
mitgetheilt, wie dieser sie bekanntlich von vielen Seiten erhalten hat, gute und
unzuverlässige. Aber geschrieben hat das Buch sicherlich nur der eine Vasari,
dies beweist die lebensfrische, geistvolle Darstellung*).   *J. F.*

*) Die Biblioteca Nazionale in Florenz besitzt die Handschrift Silvano Razzi's
(cl. XVII. cod. 23), auf die Serafino Razzi's Bemerkung gemünzt ist; sie führt den
Titel: Compendio delle vite de' Pittori, Scultori ed Architetti composto dal R. Abbate
Selvano Razzi. Das Verhältniss Vasari's zu dieser Handschrift hoffe ich demnächst
in einer Studie über die Quellen Vasari's klarlegen zu können.

                                        Die Redaction.   Janitschek.

Dr. W. Lotz †.

Am 27. Juli 1879 starb zu Düsseldorf Dr. Wilhelm Lotz, der durch eine
Reihe kunstgeschichtlicher Arbeiten ein dauerndes Andenken sich gesichert
hat. Er wurde zu Cassel 1829 geboren; von 1841 bis 1846 absolvirte er zu
Hanau das Gymnasium, indem er dabei zugleich die dortige Zeichenakademie
besuchte und sich da besonders im Landschaftszeichnen nach der Natur hervor-
that. Da sein Vater 1846 von Hanau nach Fulda versetzt wurde, so besuchte
er dort noch ein halbes Jahr die Prima des Gymnasiums und ging dann zunächst auf die höhere Gewerbeschule zu Cassel. Hier trieb er durch zwei
Jahre Mathematik und Naturwissenschaften, von den letzteren aber ganz besonders Chemie, daneben Geschichte und Aesthetik der Baukunst. 1848 bezog er die Universität Marburg, 1850 Berlin — hier wie dort war sein Haupt-
studium den naturwissenschaftlichen Fächern zugewendet. Im Herbste 1851
machte er die Reallehrerprüfung, und nachdem er auch das Probejahr an der
höheren Gewerbeschule in Cassel absolvirt hatte (wobei er zugleich wieder
mit Eifer die Vorträge Ungewitter's über Baukunst besuchte), ging er 1852
nach Heidelberg, um sich für die Promotion vorzubereiten; 1853 trat er als
Assistent in das chemische Laboratorium Bunsen's ein; 1854 promovirte er
zu Marburg »cum laude« und 1856 nahm er eine Lehrerstelle für Chemie,
Physik und Naturgeschichte an der Gewerbeschule in Bremen an, die er aber
schon im folgenden Jahre niederlegte, um in's elterliche Haus zurückzukehren
und dort die schon in Heidelberg begonnene Arbeit: Statistik der deutschen
Kunst des Mittelalters und des 16. Jahrhunderts oder Kunsttopographie Deutschlands, rüstig zu fördern. Während der Beschäftigung mit diesem Werke, das
erst 1862 und 1863 erschien, reiften noch einige kleinere Abhandlungen, nämlich über Die Stiftskirche zu Hersfeld (mit einer Tafel Abbildungen im Correspondenzblatt des Ges. Vereins d. deutsch. Gesch. Ver. Jahrg. 1858, S. 115 fg.),
über Meister Heinrich von Hesserode (Anz. f. K. d. d. Vorzeit. 1858. Sp. 171 fg.),
über Die zweischiffigen Kirchen (Correspond.-Blatt 1859, S. 31 fg.), und über
Die Abtei Walkenried (Zeitschrift f. christl. Arch. u. Kunst. Bd. II, S. 193 fg.).
So hatten ihn Neigung und Gesundheitsverhältnisse ganz zur Beschäftigung
mit der Kunst und Kunstgeschichte zurückgeführt. Seine Studien in der Archi-

tektur hatte er unter Ungewitter auch fortgesetzt, und so trat er denn im April
1863 ganz auf dies Gebiet über und übernahm die Stelle eines Bauführers
bei der Restauration und dem Umbau der romanischen Kirche zu Bücken,
welcher dem hannover'schen Architekten Hotzen übertragen worden war. Im
Jahre 1864 meldete er sich für das Amt eines Assistenten an der Universitäts-
Bibliothek in Marburg, das er auch erhielt; daneben aber war er auch als
praktischer Architekt thätig, wie das von ihm 1865—1866 dort erbaute Gymnasium bezeugt.

Bald darauf übernahm er im Auftrag des Cultus-Ministeriums die
Inventarisirung und Beschreibung der oberhessischen Baudenkmäler (Die Baudenkmäler im Regierungsbezirk Cassel von H. v. Dehn-Rotfelser und W. Lotz
1870), eine Aufgabe, für die ihn Neigung und Wissen ganz besonders befähig-
ten. Ende 1871 wurde bei ihm angefragt, ob er die Stelle des Lehrers für
Architektur und das Sekretariat der Kunstakademie in Düsseldorf übernehmen
wollte; die Anstellung war allerdings zunächst eine provisorische — sie wurde
erst von October 1873 an definitiv — doch entsprach sie so sehr seiner Neigung, dass er dem Rufe gerne Folge leistete.

Im August 1872 führte er eine Tochter des Obermedicinalrathes a. D.
Dr. Mangold zu Cassel als Gattin heim. Gleich nach seiner Ankunft in Düsseldorf hatte er die Beschreibung der Baudenkmäler im Reg.-Bez. Nassau begonnen;
anfangs drängte das Cultusministerium, am 17. November 1876 lieferte er die
fertige Arbeit ab, aber er starb, ohne sie gedruckt zu sehen. Die letzten Jahre
seines Lebens beschäftigten ihn namentlich zwei Arbeiten: Die Ueberarbeitung
der Kunsttopographie Deutschlands und die Materialsammlung für eine abschliessende Arbeit über den Dom zu Speier. Eine Herzlähmung raffte ihn
plötzlich aus nutzbringendem Schaffen hinweg. Mögen berufene Hände vollen-
den was er begonnen; seine anspruchslose, gediegene Art zu arbeiten darf
Vielen als Beispiel vorleuchten.

Druckfehler-Berichtigungen (Band III. Heft 1).

Seite 54, Zeile 10 v. o. statt ferit lies fera;
» 59, » 2 » » » nix lies vix;
» 59, » 15 v. u. » quae lies qua;
» 106, » 12 v. o. » Wirblaufen lies Worblaufen;
» 107, » 1 v. u. » Haues lies Brunnens;
» 109, » 8 v. o. » Dunz lies Dünz;
» 109, » 10 v. u. » Lochwedels lies Lochrodels;
» 110, » 9 » » » Worsoae lies Worsaae;
» 111, » 8 » » » Kastruje lies Kastrup;
» 113, » 8 » » » Morrial lies Marryat;
» 114, » 12 » » » macht lies mahlt.

Die Bauprojecte Nicolaus des Fünften und L. B. Alberti.

Von **G. Dehio**.

Wer jemals Rom in Rom ganz empfunden hat, wird die berühmte Schilderung Gianozzo Manetti's von den Bauabsichten Nicolaus' V., des ersten der Renaissancepäpste, nicht lesen können, ohne seine Einbildungskraft lebhaft aufgeregt zu fühlen. Nicht lange aber, so zeigen sich Zweifel, Bedenken, offene Fragen schwierigster Art, welche die fröhlich ausgreifende Phantasie in ihrer Arbeit stocken machen.

Die Frage, die mich insbesondere anzog, war: wem wohl das geistige Eigenthumsrecht zukomme an der architektonischen Ausbildung dieser Entwürfe eines neuen St. Peter, eines neuen Vaticanpalastes, schliesslich einer ganzen neuen Papststadt? Mehr als einmal ist es versucht worden, auf diese Frage eine Antwort zu geben; dennoch schien mir eine nochmalige methodische Prüfung des bekannt gewordenen Materiales eine nicht überflüssige Arbeit zu sein.

Die Mehrzahl der neueren Schriftsteller nennt als den Schöpfer jener Projecte unbedenklich den grossen Florentiner Leon Battista Alberti. Der Gewährsmann, auf welchen sie sich berufen, ist Vasari. An zwei Stellen spricht dieser von Nicolaus' V. Bauthätigkeit. Das eine Mal bezeichnet er als den planentwerfenden Architekten Leon Battista, als den ausführenden Bernardo Rossellino; das andere Mal schreibt er beide Thätigkeiten allein dem letzteren zu. Man braucht zwar auf diesen Widerspruch nicht viel Gewicht zu legen, da Vasari ähnliche Nachlässigkeiten sich oft zu schulden kommen lässt. Höchst bedenklich aber ist, dass die Alberti betreffende Angabe in keiner Uebereinstimmung steht mit den Aussagen Manetti's, der unbedingt den Rang des Hauptzeugen einnimmt. Manetti nämlich nennt als den Urheber des Planes — »Architekten« nennt er ihn geradezu — den Papst selber, als jenen aber, welcher bestimmt war, als Werkmeister die Baupläne auszuführen, den Bernardo von Florenz; Alberti's erwähnt er mit keiner Silbe. Die Unzuverlässigkeit Vasari's hat sich schon oft genug erwiesen. Im vorliegenden Falle scheint man ihm um so weniger trauen zu dürfen, da er an der Hauptstelle, d. i. im Leben Rossellino's, durchweg Manetti ausschreibt; hingegen ist seine Biographie Alberti's aus so kärglichen und fragmentarischen Nachrichten zusammengeschweisst, dass der Verdacht kaum zu unterdrücken ist, der Autor habe die hier gegebene abweichende Nachricht als seine eigene, willkürliche Combination zu verantworten. Die Hoffnung endlich, archivalische Funde möchten neue Aufschlüsse, vielleicht die glückliche Bestätigung Vasari's, bringen, ist nun auch auf ein Geringes reducirt. Eugen Müntz, der durch seine Publication »Les arts à la cour des Papes« der Künstlergeschichte Rom's so unschätzbare Bereicherung zuführte, hat die Thätigkeit Rossellino's im Dienste Nicolaus' V. endgiltig festgestellt; in Betreff Alberti's aber gesteht er, nicht eine einzige Notiz in den Archiven gefunden zu haben [1]). Und die Nachforschungen Janitschek's schlossen mit demselben negativen Resultat.

Soll mit diesem »non liquet« die Forschung an ihrer Weisheit Ende angelangt sein?

Vielleicht doch noch nicht. Eine Instanz ist noch unbefragt: Alberti selbst in seinen »De re aedificatoria libri decem«. Die vergleichende Nebeneinanderstellung der hier niedergelegten Lehren und der aus Manetti's Beschreibung entgegentretenden Baugedanken: das ist der Weg, auf dem die letzte Entscheidung zu suchen ist.

*   *   *

Ich stelle der Untersuchung ein paar Erwägungen allgemeiner Natur voraus. Fünf grosse Unternehmungen, sagt Manetti, lagen dem Papst im Sinn: die Herstellung der Stadtmauern, Wasserleitungen, Brücken; die Restauration und Ausschmückung der vierzig sogenannten Stationskirchen; der Neubau des vaticanischen Borgo, des päpstlichen Palastes, der Peterskathedrale. Ersichtlich treten, sobald wir die Schilderung uns näher vergegenwärtigen, die drei letztgenannten Projecte, als eine Einheit für sich, aus der Reihe der übrigen heraus, als etwas Besonderes, aus einem anderen Geist und einer neuen Zeit Geborenes, als echte Renaissancegedanken, während jene auf der hergebrachten Linie mittelaltrig-päpstlicher Bauthätigkeit beharren. Mit Nicolaus V. beginnt überhaupt eine neue Aera in der Geschichte des Papstthums.

---

[1]) Vorliegende Arbeit war schon niedergeschrieben, bevor mir das Müntz'sche Buch zu Gesicht kam. Wenn es auch die Lösung der Hauptfrage nicht förderte, so bot es mir doch Stoff, im Detail einige wichtige Ergänzungen nachtragen zu können.

Es ist überaus merkwürdig, zu sehen, mit welcher Unbefangenheit — man weiss nicht, geschieht es mehr aus Blindheit, oder aus wahrer furchtloser Erkenntnissgrösse? — das Papstthum seit dieser Zeit den Geist der Renaissance in Gestalt des Humanismus zu seinem vertrauten Hausgenossen macht, da doch dieser gegen alle moralischen Wurzeln der Papstmacht die Axt erhebt. Nichts bezeichnet den vollzogenen Bruch schärfer, als eben Nicolaus' Beschluss der Niederreissung des alten, der Errichtung eines neuen Petersdomes. Dieses glorreiche Symbol der völkerbeherrschenden Macht des Apostelfürsten, dieser durch seinen Stifter, seine Bestimmung, seine tausendjährigen Erinnerungen ehrwürdigste Tempel der abendländischen Christenheit sollte fallen vor moderner Schönheitsbegeisterung und moderner Ruhmessehnsucht! Nicolaus, der als ein bescheidener Mann gerühmt wird, war in diesem Punkte ganz ein Kind seiner Zeit. »Er wollte die Ehre des apostolischen Stuhles und die Devotion der Völker befördern, drittens aber auch, wonach er sehr begierig war, s e i n e n e i g e n e n R u h m, indem er erkannte, dass nichts so sehr im Stande wäre, dem Gedächtniss eines Menschen ewige Dauer zu schaffen, wie Denkmale der Baukunst und der Litteratur« — so schreibt Manetti, der eine so ehrliche Kirchengläubigkeit hegte, als der Papst selbst. Beiläufig sei es bemerkt: ein ähnlicher innerer Widerspruch ist auch bei Alberti wahrzunehmen. In seinem Werke »Della famiglia« hält er die christliche Glaubens- und Lebenstradition mit einer Entschiedenheit aufrecht, wie kaum ein anderer seiner humanistischen Genossen; und doch äussert er sich, wo er als Architekt auf den Kirchenbau zu sprechen kommt, mit einer ganz heidnisch gefärbten rein ästhetischen Begeisterung. Anderthalb Jahrhunderte später freilich, als die Consequenzen der Renaissancebildung zu Tage getreten sind, hat ihr die Kirche und das Papstthum den unversöhnlichen Krieg erklärt: und wieder wird der Bau der Peterskirche zum Spiegel der Wandlung, welche sich in der allgemeinen Bildung vollzogen hatte. Das Werk Bramante's und Michelangelo's muss misshandelt, die Centralanlage, das höchste Bauideal der Renaissance, muss verfälscht werden durch die Vorschiebung eines Langhauses, welches den ganzen von der alten Basilika eingenommenen Flächenraum umschliessen soll, »damit der heilige Ort nicht durch einen profanen Zweck entweiht werde und um die Spuren der heiligen Reliquien, das Andenken S. Sylvester's und die Ehrfurcht für Constantin den Grossen zu bewahren.« So strafte das zum rechten Kirchensinn zurückgekehrte Papstthum des restaurirten Katholicismus die heidnische Schönheitsfreudigkeit der Renaissancepäpste Nicolaus und Julius.

Doch will ich nicht länger bei der kulturgeschichtlichen Seite
unsres Thema's verweilen; denn nicht nur hier, sondern ebensosehr
im speciellen baukünstlerischen Gedankengehalt liegt das Neue im Projecte des Papstes. Im Vergleich zum Mittelalter ist es einer der erheb-
lichsten Schritte nach vorwärts, der von der Renaissance gethan wird,
dass sie das Bauwerk nicht mehr, wie jenes Zeitalter es that, als ein
allein und bloss für sich bestehendes nimmt, sondern dass sie es mit ausgesprochener Beziehung auf seine Umgebung concipirt. Die nicht ohne
gewaltsame Anstrengung von der diesseitigen Welt sich abkehrende
Sinnesart des Mittelalters hatte es so zu sagen verachtet, ihre hoch
über den irdischen Dunst hinausstrebenden Kathedralen mit den kleinen
Menschenbehausungen zu deren Füssen in ein künstlerisches Wechsel-
verhältniss zu setzen; sie hatte kein Bedürfniss verspürt, die Anlage
der Strassen und Plätze einer höheren Ordnung und Symmetrie zu
unterwerfen. In Italien, wo an manchen Orten Spuren antiker Grundrisse zu Hilfe kamen, stand es damit allerdings etwas besser; man
denke an den (nach Burckhardt übrigens schon den Stempel der Proto-
renaissance tragenden) Domplatz zu Pisa, oder die Piazza del Campo
zu Siena. Von solchen hie und da auftretenden Vorboten indess abgesehen, war es doch erst die Renaissance, welche, wo immer es gestattet war, in's Ganze componirte, welche in dieselben Harmoniegesetze,
die für das einzelne Bauwerk massgebend waren, die ganze natürliche
und bauliche Umgebung einbezog, die ganze Stadt als eine monumentale Einheit behandelt wissen wollte.

Fragen wir nun: wo ist diese Denkweise zum ersten Mal klar
und folgerichtig entwickelt und als die höchste Forderung baulicher
Schönheitsvollendung verkündet worden? In den Theorien L. B. Alberti's. Und wo ist ihr zum ersten Mal praktisch entsprochen worden?
In den Bauplänen Nicolaus' V.

Hierbei muss der geschichtliche Zeitpunkt noch in besondere
Erwägung gezogen werden. Ein Menschenalter später war die in Rede
stehende Anschauung Gemeingut des gebildeten Italiens geworden, und
ein uns etwa begegnender Parallelismus ähnlich dem oben bezeichneten
würde nicht mehr auf directe Abhängigkeit zu schliessen erlauben. Wohl
aber in unserem Fall. Damals, um die Mitte des Jahrhunderts, ist es noch
ein leicht zu übersehender Kreis von Architekten, in dem der neue Stil
gepflegt wurde; sie hatten die ihnen gestellten Aufgaben als echte Künstler ganz concret erfasst, und keine derselben war danach beschaffen
gewesen, das genannte grosse Princip zum Ausdruck zu bringen.
L. B. Alberti ist der erste der Renaissancearchitekten, welcher, der
praktischen Entwicklung vorausgreifend, die in der Künstlerwelt halb

unbewusst keimenden Anschauungen in energischem Gedankenprocess durchgearbeitet, als Begriffe und Gesetze formulirt, sie systematisch geordnet, und dann mit seiner auf die Alten, den oft citirten Plato zumal, gegründeten allgemeinen Weltansicht in Einklang zu bringen gesucht hat. Alberti ist der einzige, müssen wir gleich hinzufügen, unter den Architekten jener Zeit, dem es vermöge seiner Bildungsvoraussetzungen (archäologische und philosophische Studien führten ihn erst zur Kunst) überhaupt möglich war, zu einem so hohen und umfassenden Begriff von den künstlerischen Zielen des Bauwesens vorzudringen. Das römische Project aber, wie es uns geschildert wird, bezeugt durch sich selbst, dass es im Kopfe eines Mannes entsprungen ist, welcher nicht nur die antiken Monumente, sondern auch die antiken Schriftsteller gut gekannt hat. Zum Ueberfluss versichert Manetti ausdrücklich, man habe »die alten Lehren bewährter Architekten« treulich befolgt. Vitruv! wird hier sogleich ein jeder ausrufen, und mit Recht. Wer aber dabei an eine directe Inspiration des Papstes durch diesen Alten denkt, wird bald finden, dass eine solche nichts weniger als wahrscheinlich ist, wie wir bequemer an späterer Stelle darzulegen hoffen. Einstweilen haben, wie uns dünkt, schon die obigen Erörterungen eine Uebereinstimmung zwischen den Bauplänen des Papstes und den Theorien Alberti's, zunächst in ihren allgemeinen Grundlagen, nachgewiesen, eine Uebereinstimmung, welche zu bedeutsam ist, als dass man sie für eine bloss zufällige erklären könnte. Die Art und der Grad des vermutheten Einflusses bleibt indess noch ungewiss.

Einer der wirksamsten Triebe im Bauwesen der italienischen Renaissance, der zum ersten Mal durch unsern Philosophen-Architekten in aller Breite zum Ausdruck kommt, ist der Sinn für das Rationelle. »Salubritas, firmitas, amoenitas« sind ihm die drei Hauptbedingungen baulicher Vollkommenheit (l. I, c. 2); zumal die erstere, auf die er an verschiedenen Stellen seines Buches mit besonderem Nachdruck zurückkommt. Ganz ähnlich nennt Manetti (p. 930) [2]) als die massgebenden Gesichtspunkte für Nicolaus V.: die Befestigung, die Gesundheit, die Verschönerung seiner Residenz, dazu als Viertes die Beförderung der religiösen Andacht. — Mit der Correction der engen Strassen des Mittelalters hatte man seit einiger Zeit hie und da schon begonnen. Alberti warnt nun aber auch, die modisch werdende Breite nicht zu übertreiben, weil solches eine Stadt heiss, mithin ungesund mache, wie sich vor Zeiten bei der Erneuerung Roms durch Kaiser Nero

---

[2]) Ich citire Manetti nach der Ausgabe Muratori SS. rer. Ital. tom. III, pars II. Jetzt wiederabgedruckt und bequemer nachzulesen bei E. Müntz.

gezeigt habe. Die Strasse, sagt er, darf nie ohne Schatten sein; doch
so, dass in jedes Haus die Sonnenstrahlen während einiger Stunden
Zutritt haben und ein leichter Zugwind die Luft rein erhält, die
stärkeren Winde aber gebrochen werden (IV, c. 5). Eben darauf war
es beim Neubau des als ungesund verrufenen vaticanischen Borgo
abgesehen: fast mit den gleichen Worten, wie Alberti, schildert der
Biograph des Papstes die Annehmlichkeiten, die man sich von den
geplanten Anstalten versprach [*]). — Von einem wohleingerichteten
Hause fordert Alberti, dass es zwei Säle besitze, den einen für den
Sommer, den andern für den Winter (V, c. 3). Dieser Gesichtspunkt
beherrscht nun ganz und gar die Eintheilung des päpstlichen Palastes:
das Erdgeschoss mit weitläufigen Hallen, Wandelbahnen, Portiken, die
einen herrlichen, von kühlen Wassern durchrieselten Garten einschliessen,
ist zum Sommeraufenthalt bestimmt; das zweite Stockwerk ist mit
allen Bequemlichkeiten ausgestattet, die den Winter erträglich machen;
das luftige Obergeschoss soll im Frühling und Herbst bewohnt werden
(p. 934).

Die Behausung eines Jeden, sagt Alberti im fünften Buche, solle
seiner besonderen Lebensweise entsprechen. Er zieht eine für sein
Jahrhundert höchst bezeichnende Unterscheidung zwischen Königs-
schloss und Tyrannenburg (»principe nuovo« sagt der italienische
Text) und entwickelt dann die allgemeinen Eigenschaften einer fürst-
lichen Residenz. Sie soll abseits von den Mittelpunkten des Verkehrs,
dem Lärm der Werkstätten, dem Getümmel des gemeinen Volkes ihren
Platz suchen, am besten ganz ausserhalb der Stadt, damit kein Unter-
than den Fürsten belästige, ausser in wirklich wichtigen Angelegen-
heiten; wozu noch der specielle Vorzug kommt, dass die Anlage weiter
Gärten gestattet ist. Wenn aber der Fürst zugleich Priester ist?
Dann soll sein Wohnsitz in Einem einen Tempel und ein befestigtes
Lager darstellen, weil der Pontifex sammt seinen Amtsgehilfen in
einem beständigen Kriege lebt: der Tugenden wider die Laster. Der
Haupttempel, an welchem der oberste Priester selbst den Cultus ver-
sieht, läge wohl bequemer im Mittelpunkte der Stadt; aber seine
Würde heischt Entfernung vom Volksgedränge. Eben deshalb ist,
obschon die Niederung grössere Sicherheit vor Erdbeben giebt, die
Lage auf einem Hügel, wo alle Verunreinigung ferngehalten und der
Eindruck der Ehrwürdigkeit und Majestät am vollkommensten erreicht

---

[*]) Manetti 931—32: Ac per hunc modum quocumque tempore sub porticibus
incedentes homines et voluptate pulcherrimi aspectus capiebantur et omni quoque,
immoderata et hyemali et aestiva tempestate, partim ab jugibus pluviis, partim ab
intemperie algoris et aestus se se tutabantur.

wird, die schicklichere (V, c. 6). — Es fällt in die Augen, dass
Alberti's Programm durch die Situation der Leonina in wünschbarster
Vollständigkeit verwirklicht wird; ja, man könnte glauben, er habe
sein Idealbild einer Bischofstadt erst von den localen Verhältnissen
Roms hergenommen: der St. Peter und der Palast auf ansteigendem
Hügel, gegen den Fluss die Wohnungen der Curialen, das Ganze durch
Tiber und Janiculus von der eigentlichen Stadt völlig abgeschieden.

Eine Priesterresidenz, fährt Alberti fort (V, c. 7), soll denen zur
Wohnung dienen, die sich dem Dienste des Höchsten weihen, oder
als Religiose Keuschheit geloben: ebensosehr aber auch denen, die
ihren Geist in der Erkenntniss menschlicher und göttlicher Dinge üben.
Denn wenn es das Amt des obersten Pontifex ist, die Menschen zu
einem allseitig vollkommenen Leben hinzuleiten: auf welche schönere
Weise könnte das geschehen, als durch die Philosophie? Dieweil
der menschlichen Natur zweierlei gegeben ist, dadurch jenes erreicht
werden kann: die Wahrheit und die Tugend. Diese beschwichtigt
und läutert die Unruhe der Seele, jene offenbart die Gesetze und Geheimnisse der Natur, wodurch der Geist von der Unwissenheit, die
Seele von der Befleckung durch den Körper befreit wird. — Gewiss,
nichts hätte Nicolaus, den überzeugungsfesten Humanisten auf dem
Papstthron, in seiner Baulust geeigneter bestärken können, als diese
ihm wie aus der Seele gesprochene Betrachtung: Nicolaus, der die
Curie in eine Societät von Poeten und Philologen verwandelte; der,
ehemals Custos der Marcusbibliothek in Florenz, jetzt in der vaticanischen Bibliothek seine Lieblingsschöpfung sah und für sie einen eigenen
Prachtbau zu errichten gedachte. So zählt auch Leon Battista, unter
Anführung vieler Beispiele aus dem Alterthum, die Bibliotheken zu
den vornehmsten Schmuckstücken einer Stadt (VIII, c. 9).

Die Figuration der von Nicolaus geplanten Anlage ist nicht con-
centrisch geordnet, sondern wird durch die von der Engelsbrücke zum
St. Peter gezogene Gerade als Längenaxe bestimmt: das Grab des
Apostels ist räumlich der Endpunkt, ideell der Mittelpunkt des Ganzen:
denn wesentlich als Vorbereitung auf dieses Ziel sind die längs der
Axe sich entwickelnden Räume gedacht. Den Anfang bildet ein freizu-
legender Platz bei Ponte und Castell St. Angelo. Von diesem laufen
(kaum parallel, wie Manetti insgemein verstanden wird, sondern eher
radial divergirend) drei mit Hallen eingefasste Strassen auf einen
zweiten, den am Fusse des vaticanischen Hügels sich ausbreitenden
Hauptplatz. — Schlagen wir nun die von den Strassen handelnden
Capitel Alberti's auf: Die zum Haupttempel führenden sollen unter
allen die am reichsten geschmückten sein: als Beispiel wird der (in

der Zeit Theodosius des Grossen angelegte) Porticus genannt, der einst
von der Brücke zur Petersbasilika geführt hatte, mit Marmorsäulen
und Bleibedachung köstlich ausgestattet; eine derartige Ausschmückung,
fügt der Autor hinzu, empfehle sich höchlichst für alle Strassen ähnlicher Bestimmung (VIII, c. 6). Kein Zweifel, dass diese Reminiscenz
für die neue Anlage mitbestimmend geworden ist.

Der Hauptplatz, in den die drei Strassen ausmünden und den
rechts der Eingang zum päpstlichen Palast, links die Wohnungen der
Geistlichen und Regularen begrenzen, sollte eine Länge von 200, eine
Breite von 100 Ellen erhalten. Dies die Angabe Manetti's (p. 934).
Die Griechen, so lehrt hinwieder der Theoretiker, hätten ihr Fora
quadratisch, die alten Italer um ein Drittel länger als breit angelegt;
er selbst aber rathe zu einer im Vergleich mit der Breite doppelten
Länge (VIII, c. 6). Wie man sogleich erkennt, befinden sich also die
für den Petersplatz gewählten Proportionen in genauer Uebereinstimmung mit einer ganz persönlichen, von dem, was man für die Regel
der Alten hielt, abweichenden Ansicht Leon Battista's.

Vom Ende des Platzes sodann — so fährt Manetti in seiner
Schilderung fort —, wo die Steigung des Terrains beginnt, schreitet
man breite Stufen hinan zu einer Plattform; rechts und links Glocken-
thürme, in der Tiefe eine Doppelhalle mit je fünf Portalen, von denen
die drei mittleren (wahrscheinlich zu einer engeren Gruppe zusammen-
gefasst) der von der Engelsbrücke herkommenden Hauptstrasse, die
beiden andern den seitlichen entsprechen; auf diese triumphbogenartige
Halle folgt ein von Säulengängen eingefasster Vorhof mit einem Brunnen
und endlich die Kirche selbst. Hiermit vergleiche man die Vorschriften
des Lehrbuches: Die Bevorzugung erhöhter Lage ist schon erwähnt.
Dann: wohin du auch den Tempel setzest, er soll eine glänzende,
edle, und dass ich so sage, stolze Erscheinung geben und jeder profanen Berührung entrückt sein. Er wird deshalb vor seiner Fronte
einen weiten und würdevollen Platz haben müssen, zu welchem wieder
breite Strassen führen, damit man ihn von jedem Standpunkt klar
überschauen könne (VII, c. 3). Der Eingang soll durch einen vor der
Façade hinlaufenden Porticus ausgezeichnet werden. Freilich entstände
dabei das missliche Dilemma, dass zu weite Säulenstellung die Trag-
kraft des Gebälkes übersteige, zu enge die Bewegung, die Aussicht
und den Zutritt des Lichtes behindere. Deshalb schlägt der Autor ein
Drittes vor, nämlich die Mitte als einen besonderen und grösseren
Intervall auszubilden (VII, c. 5). Das Project zum St. Peter hat alle
diese Wünsche, wie man sieht, vollständiger erfüllt, als es in Alberti's
ausgeführten und seinem Namen gesicherten Kirchenbauten geschehen ist.

Die im Sinne der Renaissance unstreitig idealste Compositions-
form ist der Centralbau, aber sie ist erst mit dem Eintritt des 16. Jahrhunderts zur Reife gelangt. Die Frührenaissance beschäftigte sich vielmehr mit der Neubelebung des Longitudinalbaues (siehe Brunellesco's
S. Lorenzo und S. Spirito, Alberti's S. Francesco und S. Andrea). So
sollte denn auch der neue St. Peter eine Basilika mit fünf Schiffen
werden. Und man muss bekennen: ein Centralbau wäre in dem
gegebenen Zusammenhange eine Inconsequenz gewesen, da der Plan
des Ganzen, dessen Abschluss und Krone der Dom zu bilden bestimmt
war, auch für diesen das Vorwalten der Längenrichtung verlangte.
Manetti (p. 335. 36) giebt nun folgende Maasse an: für die Schiffe bis
zur Vierung 160 Ellen, für die Vierung 40 Ellen, für den Chorraum
40 Ellen Breite und 75 Ellen Länge. Von letzterer Ziffer entfallen,
wie man annehmen muss [1]), 35 Ellen auf die Apsis, nach deren Abzug
die Gesammtlänge des Langhauses sich auf 240 Ellen summirt; ihr
stellt sich die Breite mit 120 Ellen gegenüber. Diese Zahlen sind für
unsere Untersuchung von besonderem Werth. Denn es erweiset sich
die in ihnen enthaltene Proportion wiederum als die präcise Ausführung
einer von Alberti hingestellten Regel: nämlich dass in einer als mehr-
schiffige Basilika gestalteten Kirche die Masse (gerade so, wie er es
für das Forum forderte) gegründet sein sollen auf das Verhältniss 1:2
(VII, c. 13).

Die Reihe der Analogien ist hiermit nicht zu Ende. ·Noch bevor
Alberti seinen berühmt gewordenen, für die Kunstansicht der Renaissance höchst bezeichnenden Satz von der gemeinschaftlichen Grundlage der architektonischen und der musikalischen Harmoniegesetze
ausführt, wirft er einmal den Gedanken hin: wie bei einer lebenden
Creatur Kopf, Füsse und ein jedes Glied zu den übrigen Gliedern wie
zu dem Ganzen des Körpers in einem bestimmten Verhältniss stehen,
in solcher Weise sollen auch in einem Gebäude, allermeist in einem
Tempel, alle Theile dem Körper nachgebildet werden, also dass sie
unter einander im Einklang sich befinden und in jedem einzelnen Gliede,
welches es auch sei, die Masse aller andern schon erkennbar sind.
Dieses Gleichniss scheint besonderen Beifall gefunden zu haben. Manetti
(p. 937) wiederholt es und führt es mit sichtlichem Wohlgefallen nach
seiner Art weiter aus. Er glaubt im Grundriss der künftigen Basilika
die Gestalt eines am Boden ausgestreckten Menschen wiederzuerkennen:
die Vorhalle und die Schiffe bedeuten Beine und Rumpf, das Querhaus
die ausgespreiteten Arme, die Tribuna das Haupt.

---

[1]) So denkt sich die Sache auch Jovanovits, Forschungen über den Bau der
Peterskirche zu Rom (Wien 1877). Vgl. dessen Grundriss S. 29.

Wichtiger ist Folgendes. Es war beschlossen, aus dem St. Peter die Gräber allesammt zu verbannen und demgemäss am äussersten Rande des ganzen Bezirks, halblinks hinter dem Dom, einen Camposanto einzurichten, »damit nicht« — das von Manetti (p. 936) mitgetheilte Motiv ist bemerkenswerth — »ein so gewaltiger, herrlicher, erlesener, eher wie ein göttliches denn wie ein menschliches Werk erscheinender Tempel durch die Bergung der Leichname von Päpsten und Prälaten verunreinigt werde.« Welch ein völliges Widerspiel zur Denkweise des Mittelalters! Auch in der Renaissance ist diese Ansicht nirgends zur Herrschaft durchgedrungen, Alberti aber hat sie ausführlich entwickelt und begründet, meines Wissens als der Erste (VIII, c. 1—4). Nach einer begeisterten Schilderung der Via Appia und der andern Gräberstrassen vor den Thoren Roms sagt er: Indess unterfange ich mich nicht, die Unsrigen, welche innerhalb der Stadtmauern den Todten eine heilige Stätte bereitet haben, deshalb zu tadeln; nur dürfen niemals Leichen im Innern der Kirchen eingesenkt werden, auf dass nicht Verwesungshauch die heilige Reinheit des Ortes beflecke. Wieviel angemessener handelten doch jene, die ihre Todten verbrannten! Plato hielt dafür, dass der Mensch weder lebend noch todt seinen Mitmenschen beschwerlich fallen solle, wesshalb er die Begräbnissplätze nur draussen vor der Stadt und auch dort nur auf völlig unfruchtbarem Felde dulden wollte. Seiner Weisung wird gerecht, wer für die Gräber einen umfriedeten Ort unter freiem Himmel auswählt, entfernt von jeglichem Verkehr. Diese Weise lobe ich auf's entschiedenste.

*   *   *

Damit sei die vergleichende Untersuchung abgeschlossen. Sie hat zur Evidenz erwiesen, dass das Project Nicolaus' V. nicht anders als unter starkem und unmittelbarem, den Geist des Ganzen wie die Formation des Einzelnen Stück um Stück beherrschenden Einfluss der Alberti'schen Theorien entstanden sein kann. Unentschieden bleibt aber noch dieses: ob Alberti selbst die Pläne in der Gestalt, wie sie zur Ausführung bestimmt waren, entworfen und detaillirt hat, — oder ob wir die constatirte Mitwirkung möglicherweise nur so zu denken haben, dass es einem Andern überlassen wurde, seine Lehren in's Praktische zu übersetzen. Diese Frage — die übrigens ein vergleichsweise nur untergeordnetes Interesse hat, da das Project nach dem nicht lange darauf erfolgten Tode des Papstes († 24. März 1455), als kaum der kleinste Theil davon in Angriff genommen war, ad acta gelegt wurde — kann auf dem bisher beschrittenen Wege der Untersuchung nicht weiter gefördert werden. Wir werden noch einmal die Historiker, so-

viel ihrer neben Manetti noch in Betracht kommen, um Rath angehen
müssen, nun im willkommenen Besitze eines von ihnen unabhängigen
Urtheilsmassstabes.

Wie billig, haben die zeitgenössischen den Vortritt. Platina,
Vespasiano da Bisticci, Pietro de' Godi [5]) berühren die Bauten
Nicolaus' V. nur flüchtig und ohne den Namen, dem wir nachspüren,
zu nennen. Alberti's anonymer Biograph, der leider sehr fragmen-
tarisch ist, redet von den architektonischen Leistungen seines Helden
gar nicht. Alberti selbst, in dessen Relation über die Verschwörung
Porcari's man etwa eine beiläufige Andeutung vermuthen könnte,
schweigt von sich. Enea Silvio de' Piccolomini, ein feiner Kenner,
sagt in seiner »Europa« (ed. Venet. 1501, fol. 72): »Die Stadt Rom
schmückte er (Nicolaus) in wunderbarer Weise mit vielen und gewaltigen
Bauten; hätten sie vollendet werden können, so würden sie keinem
Werke der alten Imperatoren an Grossartigkeit zu weichen brauchen;
nun aber liegen sie da wie ungeheure Ruinen.« Und an einer andern
Stelle (fol. 73) nennt er unter den Autoren, die durch Ueberreichung
ihrer Werke die Gunst des Papstes gewonnen, »den Florentiner Alberti
mit seinem ausgezeichneten Buche über die Baukunst,« — von einer
unmittelbaren Beziehung zu den Projecten spricht er nicht. Vasari endlich muss aus den früher bezeichneten Gründen bis auf weiteres aus
dem Spiel bleiben. Nach soviel umsonst aufgerufenen Zeugen bietet
sich schliesslich nun doch eine, erst neuerdings wieder beachtete Aussage von Bedeutung. Matteo Palmieri schreibt in seiner knappen
Zeitchronik [6]) zum Jahr 1452: »Da der Papst dem h. Petrus eine
schönere Kirche bauen wollte, legte er gewaltige Fundamente und
führte die Mauer bis zu 13 Ellen in die Höhe [7]); aber das grosse und
jedem antiken ebenbürtige Werk wurde zuerst nach dem Rathe Leon
Battista's unterbrochen, dann durch den vorzeitigen Tod des Papstes
zum Stillstand gebracht. L. B. Alberti, ein Mann von scharfem und
durchdringendem Geiste und in den Künsten und Wissenschaften ge-
schult, überreichte dem Papste seine ungemein kenntnissreich geschriebenen Bücher von der Architektur« [8]). Diese aus dem Florentiner
Litteratenkreise, von einem mit Alberti und Parentucelli-Nicolaus vielleicht persönlich bekannten Manne stammende Notiz, ist in all' ihrer

---

[5]) Dialogon de conjuratione Porcaria, nach einer Königsberger Handschrift
herausgegeben von M. Perlbach, Greifswald 1879.

[6]) Scriptores rer. Ital. (ed. Tartinius) 1, Flor. 1748.

[7]) Nur an der Chorapsis.

[8]) Der letzte Satz ist wörtlich aufgenommen in die bis 1508 geführte Chronik
des Passauers Joh. Staindel (Oefele: SS. rer. Boicarum I, p. 537).

Kürze doch in erwünschtester Weise geeignet, unsere aus den decem
libri und deren Vergleichung mit Manetti gezogenen Schlüsse zu be-
kräftigen und zu ergänzen.

Wir unterschieden oben in Nicolaus' Bauintentionen einen zwie-
fachen Geist: den in der Restauration der vierzig Stationskirchen noch
waltenden mittelaltrigen, und den in dem vaticanischen Project zu
Tage tretenden neu-antikischen. In jene erste Richtung stellen sich
die längste Zeit auch noch die Absichten in Betreff des St. Peter.
Um einen Neubau von Grund aus handelte es sich hier lediglich für
einen kleinen Theil der Kirche, für die Chorpartien, welche von der
Baufälligkeit, an der das ganze Gebäude krankte, am meisten mit-
genommen sein mochten: die Schiffe dagegen sollten, wie die von
Eugen Müntz mitgetheilten Baurechnungen jetzt mit völliger Klarheit
darthun, conservirt und restaurirt werden. Die neueren Schriftsteller
combiniren insgemein, es sei die unermesslich reiche Goldernte des
Jubeljahres 1450 gewesen, welche die Bauphantasie des Papstes in's
unerhört Grandiose habe ausschweifen lassen. Ein solcher unmittelbarer Zusammenhang kann aber nicht zugegeben werden. Allerdings
beginnen laut Zeugniss der Rechnungsbücher eben in dem dem Jubiläum folgenden Jahre, 1451, die Arbeiten an der Basilika; jedoch
die Natur dieser Arbeiten — glänzende Erneuerungen der Glasmalereien,
Mosaiken, Pavimente u. s. w. — enthüllt als Ziel gerade die Auf-
frischung und Befestigung des altehrwürdigen Heiligthums zu möglichst
langer weiterer Dauer, das ausgesprochene Gegentheil von den in Manetti's Schilderung sich offenbarenden Umsturzgedanken.

So können also diese nicht früher als in den letzten der nur
noch kurz zugemessenen Lebensjahre des Papstes auf die Bahn gekommen sein. Ich glaube, wir dürfen mit Bestimmtheit aussprechen,
woher der Anstoss dazu kam: — von Alberti.

Man mag sich vorstellen, dass dem Papste die Werkmeister,
deren er sich bis dahin bedient hatte, im Fortgang der Arbeit nicht
mehr genügten. Wie eine Nothwendigkeit erscheint es und lässt die
Geistesrichtung Nicolaus' V. ganz rein zum Ausdruck kommen, dass er
unter allen gerade Alberti sich nun zum Bauberather aussersieht: nicht
einen der berühmten und bewährten Praktiker, sondern den durch die
Schriften der Alten gebildeten Theoretiker. Der humanistische Bauherr
und der humanistische Baumeister gehören eben zu einander, nur von
einem solchen erwartete jener befriedigt werden zu können. Nach
Vasari wäre Leon Battista erst in Rom und erst durch Vermittlung
Flavio Biondo's mit dem Papst bekannt geworden. Es fällt schwer,
diese Notiz für richtig zu halten. Denn nahezu undenkbar ist mir,

dass dem ehemaligen Tommaso Parentucelli während des in Florenz
als thätiger Mitbürger der Musenrepublik verlebten Jahrzehntes der in
diesem Kreise wie im Hause der Medici und bei der damals in der
Arnostadt im Exil weilenden Curie bereits hoch geltende Alberti, der
Neffe eines Cardinals, fremd geblieben sein sollte; sie müssten sich
denn fast geflissentlich gemieden haben. Genug, wenn etwa wirklich
nicht Alberti's Person, so doch gewiss Alberti's Ruhm kannte Nicolaus.
Und so kannte Alberti seinerseits so viel von der Gesinnung des
Papstes, dass er, die Heimath und den soeben (1451) ihm angetragenen
Bau der Annunziatenkirche hinter sich lassend, alsbald dem Rufe nach
Rom folgte. Seine zehn Bücher »De re aedificatoria« nahm er mit sich,
gewiss nicht ein mit rascher Hand hingeworfenes Werk, sondern in
langer Arbeit vorbereitet; er schloss es jetzt ab, überreichte es dem
Papst: das Programm seines Wissens und Wollens. Der Eindruck
war gewaltig, durchschlagend, bezwingend. Die Aussage Palmieri's,
verglichen nach der einen Seite mit den in den Baurechnungen der
früheren Jahre liegenden Zeugnissen, nach der andern mit der Schilderung Manetti's, setzt es ausser Zweifel: das Studium dieses Buches,
in seinem Eindruck, wie man sich denken kann, gesteigert durch die
mündliche Beredsamkeit seines Verfassers, wurde die Peripetie in
Nicolaus' V. Bauintentionen. Ich brauche nicht eingänglich zu begründen, wie sehr die Lehren des Künstler-Philosophen dem Papste
congenial erscheinen mussten, die Erfüllung vielleicht schon lange unreif
und gestaltlos gehegter eigener Wünsche und Phantasien: — die Thatsache steht fest, dass der alte Conservirungsplan zur Seite geworfen
wurde, »nach Leon Battista's Rath,« und der neue grandiose concipirt,
den wir genugsam kennen. —

Hier ist der Ort, auf einige, der Aufklärung noch bedürftige
Momente in Manetti's Darstellung zurückzukommen. Der Lobredner
schliesst seine Parallele zwischen Nicolaus V. und König Salomo,
welcher zum Tempel den Werkmeister Hiram's von Tyrus benöthigt
habe, mit den Worten (p. 938): »um wie viel lauter müssen wir
Nicolaus preisen, der, seinem eigenen Ingenium folgend, Aufseher und
Bauführer bestellte und ihnen allen unsern trefflichen Bernardo von
Florenz als Oberbaumeister vorstehen hiess.« — Bevor wir uns dem
ersten Theile des Satzes zuwenden, sind ein paar Bemerkungen über
Meister Bernardo zu erledigen. Man hat die Wahl, in diesem den
Bernardo, Sohn des Lorenzo zu sehen, — oder den Sohn des Matteo
Gamberelli, genannt Rossellino; sie ist bekanntlich jüngst zu Gunsten
des letzteren definitiv entschieden, und hiermit wieder einmal ein Punkt
in der stark angefochtenen Glaubwürdigkeit Vasari's gerettet. Weiter

ist Rossellino neuerdings auch als der Techniker erkannt worden, der
unmittelbar vor der Uebersiedelung nach Rom beim Palazzo Rucellai
in Florenz als Alberti's Bauführer fungirt hat. Man bemerke, dass
gerade wie in Rom, so auch hier, die Baurechnungen nur den Namen
des ausführenden Meisters, Rossellino's, verzeichnen, von Alberti aber,
dem Compositeur, schweigen. Nimmt man hinzu, dass Rossellino in
Rom zuerst im December 1451 auftaucht (Müntz), gleichzeitig mit seinem
bisherigen Meister oder wenig früher nur [9]), so wird man wohl das
Richtige treffen, wenn man annimmt, dass er nicht selbständig, sondern als Gefolgsgenosse Alberti's auf den neuen, grösseren Schauplatz
befördert worden, und dass das Verhältniss zwischen den Beiden dasselbe geblieben sei, wie früher in Florenz, — oder richtiger: in Zukunft
bleiben sollte.

Ich sage: bleiben sollte. Denn ich bin der Meinung, dass kaum
ein erheblicher Schritt zur Ausführung des grossen Planes gethan gewesen sein kann, als schon der vorzeitige Tod des Papstes alles weitere
abschnitt. Ich übersehe nicht, dass ich mich hierdurch zu der geläufigen
Ansicht in Widerspruch setze. Man bezeichnet allgemein jenes Fragment der Chortribuna, welches nachmals zur Zeit Bramante's und
Raphael's in der Baugeschichte des St. Peter eine so verhängnissvolle
Rolle spielen sollte, als das Werk Rossellino's. Und allerdings kann
man nicht nur Vasari, sondern auch Grimaldi (Müntz I, 118) dafür
anrufen. Ich glaube jedoch: beide irren; und zwar durch die viel-
deutige Ausdrucksweise Manetti's zu diesem Fehlschluss verleitet. Wir
wissen durch Palmieri, dass bereits vor der Ankunft Alberti's (und
Rossellino's) an einem Theil der Kirche die Fundamente erneuert und
die Mauern bis zu 13 Ellen Höhe gefördert waren: offenbar diese sind
es, die den Dombaumeistern des 16. Jahrhunderts im Wege standen
und die seitdem unter dem falschen Namen »Fundamente Rossellino's«
in die Kunstgeschichte eingeführt sind. Als ihren wahren Urheber muss
man vielmehr jenen Antonio di Francesco annehmen, den wir erst
durch Eugen Müntz's Entdeckungen kennen gelernt haben. Noch im
Jahr 1454 empfing derselbe 50 Ducaten »per parte di pianele deba
fare per la trebuna di santo Pietro« (Müntz 124). So spricht auch im
Jahr 1453 Pietro de' Godi (l. c. p. 21), indem er die Bauunternehmungen Nicolaus' V. aufzählt, nur vom »tribunal magnificum ac sump-

---

[9]) Das von Palmieri überlieferte Datum 1452 bezieht sich nur auf die Ueberreichung der X libri. Alberti muss aber um einige Zeit früher in Rom eingetroffen
sein, da er die von ihm geleitete Hebung der in den Nemi-See versunkenen Pracht-
galeere Trajan's (näher beschrieben von Biondo) in seinem Buche bereits erwähnt,
l. V, c. 12.

tuosum basilicc S. Petri«, — von dem Plane der allgemeinen Erneuerung weiss er nichts. Es ist also einstweilen nach dem alten Plane fortgebaut worden, vermuthlich in der Absicht, ihn irgend wie in den neuen Alberti'schen aufzunehmen. Dass aber dieser überhaupt schon in Angriff genommen worden sei, zeigt sich nirgends. Bernardo Rossellino, der zur Leitung der Ausführungsarbeiten bestimmt war, wurde, wie die Rechnungsbücher zeigen, bis auf weiteres anders verwandt, am Palast und bei der Restauration von S. Stefano Rotondo.

Wir vermögen nun darüber abzuschliessen, wieviel in Vasari's Bericht wahr, und wieviel falsch ist. Er übertreibt, indem er im Leben Rossellino's diesem auch den Entwurf des von Manetti geschilderten Planes zuzählt; aber er folgt einer wahrheitsgemässen, obschon nur magern Ueberlieferung in dem der Biographie Alberti's eingefügten Satze: »Costui (B. Rossellino), come volle il papa, da indi inanzi si consigliò sempre con Leon Batista; onde il pontefice col parere dell' uno di questi duoi, e coll' eseguire dell' altro, fece (welches Wort auch schon zu viel sagt) molte cose utili e degne di esser lodate.« —

Nicht das Schweigen der Rechnungsbücher über Alberti [10]), wohl aber das Schweigen Manetti's bleibt immerhin auffällig; auffällig, doch nicht unerklärlich. Es gehört mit zum panegyrischen Stil seiner Lebensbeschreibung — man weiss, wie weit in dieser Hinsicht Humanisten gehen können, — dass alles Licht auf die Gestalt des Helden gesammelt, jede Ruhmesconcurrenz abgelenkt wird [11]). Und ganz gewiss hat Nicolaus die Entstehung der Pläne mit lebhaftem Antheil begleitet, dieses oder jenes wohl auch selbst angegeben. Der geniale erfindende Kopf aber ist er nicht gewesen. Er war es überhaupt nirgends. Sogar auf seinem eigensten, dem gelehrten Gebiete, zeigte er sich als eine so eminent unproductive Natur, dass er selbst nur mit Scheu an die Abfassung einer Epistel ging. Desto stärker war seine receptive Fähigkeit, die Offenheit seines Sinnes für Interessen aller Art, seine Begabung aufzunehmen, zu sammeln, zu ordnen. So steht denn unsere, den emphatischen Uebertreibungen des Lobredners entgegengesetzte Annahme von dem persönlichen Verhältnisse Nikolaus' V. zu seinen Bauprojecten im Einklang mit dem aus allen andern Beobachtungen sich ergebenden Charakterbilde, das G. Voigt so vortrefflich gezeichnet hat. Sein eigentliches und wahrlich nicht geringes Verdienst ist: dass er die Intentionen

---

[10]) S. die plausible Erklärung Janitschek's: Repertorium II, 380.

[11]) Man vgl. die nicht mindere Bewunderung athmende, jedoch viel naivere Biographie Nicolaus' V. aus der Feder Vespasiano's da Bisticci.

Leon Battista's begriffen und mit der ganzen ihm eigenen Begeisterungs-
fähigkeit und Energie gefördert hat. »Nicht ablassen! fortbauen! voll-
enden!« das war seine letzte Bitte an die um sein Sterbelager ver-
sammelten Cardinäle.

Ich schliesse mit einer kurzen Erwägung in Betreff Vitruv's; ist
ja doch die Möglichkeit, dass dieser nicht bloss durch Vermittlung
Alberti's, sondern auch direct auf den gelehrten Papst gewirkt habe,
wenigstens von vornherein, nicht ausgeschlossen. Viel Wahrscheinlichkeit hat sie aber nicht. Soweit ich mich habe unterrichten können,
ist der von Poggio wiederaufgefundene Baulehrer der augusteischen
Zeit bis in die achtziger Jahre des 15. Jahrhunderts, wo die Bemühungen
eines Francesco di Giorgio, Fra Francesco Colonna, Sulpicius (der den
ersten Druck veranstaltete) seinem künftigen ausserordentlichen Ansehen
den Weg bahnten, fast für jedermann, allein Alberti ausgenommen,
ein mit sieben Siegeln verschlossenes Buch geblieben. Der Text war
in üblem Zustand, die Schreibart dunkel und schwerfällig, mehrere
wichtige Materien unerörtert. Den Architekten fehlte es an den zu
seinem Verständniss unentbehrlichen philologischen, den Philologen an
den technischen Kenntnissen. Alberti, der beide Bedingungen vereinigte, wie damals kein Zweiter, ist deshalb auch der Einzige in der
Frühzeit der Renaissance, bei welchem aus dem Vitruvstudium etwas
herauskommt. Aber er ist weit entfernt von der überschwänglichen
Hochschätzung des alten Lehrers, in der sich das folgende Jahrhundert
gefiel; er beklagt es, dass von so vielen ausgezeichneten Bauschrift-
stellern des Alterthums nur der Eine mit so viel Mängeln behaftete
gerettet sei; ja er lässt sich zu der Exclamation fortreissen: ebenso gut
für uns wäre es, er hätte gar nicht geschrieben, als dass er so geschrieben hat, dass wir ihn nicht verstehen! (VI, c. 1). Doch ist das
eine Ungerechtigkeit, sowohl gegen Vitruv als gegen sich selbst, da er
doch vieles von ihm gelernt hat; ebensoviel allerdings von den Monumenten unmittelbar, »ex optimis professoribus.« — Man wird zugeben:
wenn schon Alberti so spricht, so bleibt wenig oder gar kein Boden
für die Vermuthung übrig, dass Nicolaus selbständig zu einem frucht-
bringenden Verständniss des schwierigen Autors durchgedrungen sein
könnte. Desto lieber wird man glauben, dass ihm Alberti als Inter-
pret Vitruv's auf's Höchste willkommen war, und dass er dessen Entwürfe gerade deshalb so hoch schätzte, weil in sie von den Lehren des
letzteren alles irgend verwendbare hineinverarbeitet war. Uebrigens
handelt es sich hier ja um eine bloss hypothetische Frage, und das
für sie massgebende liegt darin: dass in Manetti's Beschreibung nichts
Vitruvisches enthalten ist, das nicht nach nächster Wahrscheinlichkeit

durch Alberti vermittelt wäre, dagegen viele Gedanken, die Alberti's originales Eigenthum sind.

Mit der speciellen Frage, um derenwillen wir das Wort ergriffen, hoffen wir zugleich die allgemeine kunstgeschichtliche Stellung Alberti's in ein helleres Licht gesetzt zu haben. Man hat ihn bis jetzt vorzugsweise als den grundlegenden Theoretiker der Renaissance beachtet; man hat auch die von seiner consequenten Kunstlogik vollzogene Anticipation vieler erst in der Hochrenaissance allgemein werdenden Motive wahrgenommen; aber noch nicht genügend ist er als der entscheidende Propagator der wiedergeborenen »guten« Architektur, der er war, gewürdigt. Er hat ihr, nachdem sie bis gegen die Mitte des Jahrhunderts auf Florenz und dessen nächsten Wirkungskreis eingeschränkt geblieben, siegreich die Bahn gebrochen im Norden wie im Süden: 1447 beginnt er für den Malatesta von Rimini die Kirche S. Francesco; 1451 überträgt ihm der Markgraf von Mantua den Chorbau der Annunziatenkirche in Florenz, der freilich erst zwei Jahrzehnte später durchgeführt wurde; dann von S. Sebastiano in seiner Residenzstadt; 1452 Rom [13]). In allen drei Fällen sind die Bauherren zunächst durch die Litteratur für das Alterthum gewonnen, und wesentlich das Ansehen, welches Alberti als Gelehrter der nov-antiken Richtung genoss, erweckte in jenen ein unbedingtes Vorurtheil für seine noch kaum erprobte künstlerische Befähigung. Der Bundesgenossenschaft mit dem Humanismus, im unmittelbarsten Bezug, verdankt die in Florenz als Localstil an's Licht getretene Renaissance ihre ersten, und gleich entscheidenden, Triumphe bei der Nation.

---

[13]) Es muss auch die Frage nach einem möglicherweise vorhandenen Verhältniss Alberti's zu den Bauten von Pienza aufgeworfen werden. Hier ein paar vorläufige Anhaltspunkte. Dass der Palast Piccolomini nur eine Variation des Palastes Ruccellai sei, ist längst bemerkt. Doch auch die Façade des Domes, mit ihren hier zum ersten Mal in der ganzen Höhe durchgeführten Pilastern, erscheint als ein Anklang an den Stil Alberti's, als eine Vorstufe zu S. Andrea in Mantua. Der Autorschaftsanspruch schwankt (nachdem Francesco di Giorgio beseitigt ist) wiederum zwischen Bernardo Rossellino und Bernardo di Lorenzo. Für den letztern entschied sich Carlo Promis in Cesare Saluzzo's Ausgabe des Trattato di Francesco di Giorgio I, p. 10. Da jetzt aber Rossellino's Beziehung zu Alberti und dem P. Ruccellai deutlich geworden ist, zögere ich nicht, ihn auch für Pienza anzusprechen. Hiermit wäre mindestens eine indirecte Einwirkung Alberti's constatirt Ob auch noch mehr? das verdiente eigens untersucht zu werden.

Die älteren Glasgemälde des Strassburger Münsters.

Von Dr. Julius Janitsch.

(Fortsetzung)

Aus besonderen Gründen gehen wir ausserhalb der Reihenfolge zu Nr. 4—7 der Königsreihe über, um die Betrachtung von Nr. 2 und 3 später nachzuholen.

Die Gestalten der drei Ottonen sowie Conrads II. mit seinem Sohne stimmen in Haltung, Zeichnung, Costüm, Insignien mit Nr. 1 wesentlich überein. In der Farbenzusammenstellung zeigen sie Abwechslung, doch bleiben wie bisher blau, roth, grün und gelb die vorzugsweis verwendeten Farben; lila und weiss treten accessorisch auf; die weissen Perlschnüre in ebenso reichlicher Anwendung wie dort. Diese Bilder sind zum Theil vortrefflich erhalten, was wohl dem Umstande zugeschrieben werden darf, dass sich einige von ihnen unter die Heiligen in den oberen Fenstern des Langhauses verirrt hatten, wo sie manchen Unbilden entrückt waren; zum Theil auch vortrefflich restaurirt, beziehungsweise ergänzt, was sich nur leider nicht in gleichem Mass in Betreff der Inschriften sagen lässt, bei welchen von älteren oder modernen Restauratoren nicht durchgängig kritisch verfahren ward. So zeigt das Uncial-E derselben durchgängig den Vertikalstrich, der doch bei Nr. 1—3 fehlt.

4. In steifer Würde steht Otto I. da; bärtig mit fuchsrothem Haar, in streng symmetrisch geordneter Gewandung. Von der grünen Tunica kommt nur die untere Hälfte zum Vorschein, die obere wird von dem rothen, vorn am Halse durch eine ebenfalls rothe Agraffe zusammengehaltenen Mantel verdeckt, welcher, an den Seiten durch die Arme emporgerafft, vorn in zwei gleichlangen Zipfeln herabfällt, die Arme wie mit Aermeln umkleidend. Grosse gelb und grüne

Medaillons sind auch hier zu beiden Seiten in Schulterhöhe angebracht. Die Verzierung am unteren Saume der Tunica ist dieselbe wie bei 1. Ein schmaler Streif der grünen Strümpfe wird unter der Tunica sichtbar. Die Schuhe sind roth mit einer die Mitte entlang laufenden weissen Perlschnur, die über den Zehen durch eine querlaufende Schnur abgeschnitten wird. Der König steht auf einem hellpurpurnen Kissen (neu?). Um das Haupt trägt er einen grünen Nimbus, welchen ein mit gelben Kreuzen ornamentirter Streif zwischen zwei weissen Perlschnüren einfasst. Um den Nimbus die Inschrift OTTO REX. Die Krone weicht nur insofern von der Heinrich's ab, als sich über dem Mittelschilde auf der kleinen Kugel ein niedriges weisses Kreuz erhebt, und die blumenartigen Aufsätze der Seitenschilde ebenfalls auf einer solchen Kugel stehen. Das Scepter zeigt die Lilienform wie Nr. 1, doch mit eichenblattähnlich gezackten Blättern. Das Fussstück der Umrahmung weist das Fragment einer romanischen Bordüre auf.

An Nr. 5, Otto II., fällt auf, dass die blaue Agraffe, welche den grünen, lila gefütterten mit rothem, gelbem und blauem Medaillon versehenen Mantel schliesst, mehr gegen die linke Schulter gerückt ist, ohne dass der Stil der Gewandung eine Aenderung erlitten hätte. Der Mantel steht vorn weit genug auseinander, um den gelben, ornamentirten Gürtel der rothen Tunica sehen zu lassen. Das Kissen, auf dem der König steht, ist roth und mit quadraten, ornamentirten Feldern überdeckt. Der Nimbus setzt sich aus gelben und lila Strahlen zusammen. Um denselben zieht sich die Inschrift OTTO II REX. Auch hier ist am Fussende ein Stück romanischer Umrahmung eingefügt.

Die beiden folgenden Könige kontrastiren durch reichere, fast überladene Tracht.

6. Otto III., bartlos, in dunkelgelbem, lila gefüttertem, auf der rechten Schulter durch eine grüne Agraffe zusammengehaltenem Mantel, der, weiss gerändert, unten mit grünem Saum, in Schulterhöhe mit rothen, blaugeränderten Medaillons geschmückt ist. Weit auseinandergeschlagen, lässt er eine rothe Tunica und die besser als bei den Vorigen ausgeführte Modellirung des Körpers (neu?) sehen. Die Tunica, die um die Taille von einem gelben Gürtel zusammengehalten wird, zeigt ausser drei Querstreifen über Brust, Oberschenkel und Knie vorn noch eine breite gelbe verticale Bordüre, welche in gewissen Abständen von blauen Quadraten unterbrochen ist, unten einen grünen, mit übereckgestellten gelben Quadraten besetzten Saum, der, an der linken Seite sich um einen Schlitz herumziehend, eine Art von Medaillon bildet. Hierzu passen denn auch die gelben, in verlängerte Spitzen auslaufenden Schuhe, die, um das Gelenk geschlossen, über den Reihen offen, die

rothen Strümpfe sehen lassen. Das Fusskissen ist grün; ebenso der
Nimbus, um welchen die Inschrift OTTO III REX. Das romanische
Stück Umrahmung am Fussende ist eine Wiederholung des auf Nr. 4
vorkommenden.

7. Conrad hat seinen kleinen Sohn vor sich stehen, auf dessen
Schulter seine Linke ruht. Der Knabe hält in der Linken ein Scepter,
die Rechte hat er feierlich mit nach aussen gekehrter Handfläche vor
der Brust erhoben. Dadurch, dass das Kind etwas gegen rechts (v. B.)
gerückt ist, ergab sich bei dem Mangel an Perspective einige Schwierigkeit in der Anordnung der Füsse, der der Künstler nicht anders zu
begegnen wusste, als indem er den linken Fuss des Königs so zwischen
die beiden Füsse des Kindes einschob, dass sich eine plumpe Anhäufung
ergab. Unter dem ein wenig zurückgeschlagenen Mantel des Königs
kommt eine rothe, mit drei blauen Querstreifen gezierte Tunica zum Vorschein, deren unterer Saum eine breite, abwechselnd mit rothen und
blauen Medaillons besetzte gelbe Bordüre trägt. Zahlreiche gelbe Hori-
zontalstreifen ziehen sich auch über den grünen Mantel, der, zudem mit
gelben und rothen Schultermedaillons und einer abwechselnd gelben
und blauen Bordüre verziert, vorn am Halse von einer rothen Agraffe
zusammengehalten wird. Die gelben, oben mit einer weissen Perlschnur
kreuzweise besetzten Schuhe über den rothen Strümpfen zeigen nicht
die verlängerte Spitze der vorigen. Der Knabe trägt etwas einfacheres
Costüm. Zunächst eine lange blaue, mit weissen Querstreifen über
Brust und Schenkeln versehene Tunica, deren Oberärmel und unterer
Saum mit einer breiteren gelben Bordüre besetzt sind. Der gelbe, weiss-
gesäumte Mantel, der mit blumigem Muster in rautenförmigen Feldern
bedeckt ist, wird an der rechten Schulter durch eine grüne Agraffe
zusammengehalten, so dass die rechte Seite frei bleibt, während er,
vom linken Arm aufgerafft, vorn in schmalem Zipfel herabfällt. Dazu
kommen grüne Strümpfe und grünlichweisse, mit gelber Perlschnur
kreuzförmig besetzte Schuhe. Das gemeinsame Fusskissen stimmt mit
dem von Nr. 5 überein. Der Nimbus des Königs besteht aus grünen und
gelben Strahlen, und ist von der Inschrift umgeben: CONRADVS II REX.
Der des Kindes ist blau, durchaus mit Ornament bedeckt. Das Motiv
der romanischen Umrahmung von Nr. 5 kehrt hier am Fussende wieder.
Die Krone des Königs ist nach dem Muster von Nr. 1, das Scepter
nach dem von Nr. 4 geformt; der Apfel fehlt. Das Kind trägt eine
niedrigere und schlichtere, aber auf das zierlichste ornamentirte Krone.
Sie besteht aus einem breiten, gelben Stirnreif, der mit dem auf romanischen Bildern mit Vorliebe angewandten mäanderartigen Ornament
bedeckt ist; über ihm erheben sich drei etwa ebenso hohe Schilde in

Gestalt von gleichseitigen Dreiecken, deren gelbes Feld ebenfalls Ornament trägt, und deren Spitze in einem weissen Knopf endigt.

Während diese Bilder durch die stilistische Einheit ihrer Theile fesseln, wird das Interesse bei Nr. 2 und 3 gerade durch das Fehlen dieser Eigenschaft geweckt.

Bei Nr. 2, König Friedrich, hat sich die Restauration, beziehungsweise Umbildung der gothischen Zeit nicht nur auf die engere und weitere Umrahmung, sondern auf die Figur selbst erstreckt. Das Bild ist zwar in traurigem Zustand, sinnlos geflickt, so dass der Zug der Falten fast auf keinem Scheibenfragment mehr mit dem des anstossenden übereinstimmt; doch sind die Umrisse der grösseren Partieen erhalten, und es wird alsbald deutlich, dass das obere Feld mit Kopf und Schultern nicht zum unteren mit dem Rumpfe passt; dass die Krone mitsammt dem Kopfe, auf dem sie sitzt, einer andern Stilepoche angehören. Die Unsolidität der Malerei, infolge deren die Farbe im Laufe der Zeit fast gänzlich schwand, und sich jetzt an Stelle von Bart und Haupthaar unbestimmte Farbenflächen zeigen, entspricht nicht der älteren Epoche, die sich durch eine auf das geringste Detail sich erstreckende Sorgfalt auszeichnete. Noch sicherer weist die Form der Krone auf eine spätere Zeit. Der breite Stirnreif der älteren Kronen findet sich zwar auch hier noch, aber schon bei ihm beginnt die Tendenz, sich nach oben zu erweitern, die an den beiden seitlichen Schilden noch stärker hervortritt und schliesslich der Krone im allgemeinen das Gepräge jener gothischen verleiht, denen wir später in mannigfachen Gestaltungen begegnen werden. Und während die Schilde der älteren Kronen sich bis zur halben Höhe mit parallelen Seiten erheben, auf welche erst der Bogen folgt, fallen hier die parallelen Seiten weg, und setzt der Halbkreisbogen unmittelbar auf dem Stirnreifen auf. Auch sind hier gelbe anstatt der älteren weissen Perlschnüre angebracht.

Im übrigen stimmt dieses Bild mit den vorgenannten durchaus überein: Die grüne Tunica ist mit einer breiten gelben Verticalbordüre und unten mit einem Saum verziert, die vielleicht das Muster zu jenem von Nr. 7 hergegeben; wenigstens kehren hier jene blauen und rothen Medaillons wieder, die sich dort auf einer Partie der Bilder fanden, die möglicherweise einer modernen Restauration angehört. Der Mantel, gelb mit einer verticalen, aus blauen und rothen Quadraten zusammengesetzten Bordüre und unten mit einem dem der Tunica gleichen Saume, ferner mit einem rothen und blauen Schultermedaillon, wird vorn am Halse zusammengehalten. Ein schmaler Streif der grünen

Strümpfe ist sichtbar. Die Schuhe sind roth und in Kreuzform mit einer gelben Perlschnur besetzt.

Abweichend von den bisherigen ist der Reichsapfel roth, das Kreuz auf der Scheibe desselben dagegen weiss wie dort. Die verschiedenen Felder der Krone sind roth, von gelben Perlschnüren umgeben. Die Form des weissen Scepteraufsatzes ist schwer zu erkennen. Dessen Seitenblätter entsprechen denen von Nr. 1; das aufrecht stehende mittlere jedoch scheint eine Modellirung getragen zu haben. Der Nimbus besteht aus grünen und gelben Strahlen. Um ihn ist ein hellpurpurner Rand gelegt, in welchem die Inschrift FRIDERICVS REX zu lesen ist. Das Fusskissen ist von mehreren Reihen halbkreisförmiger grüner und hellpurpurner Felder bedeckt.

Es ward die Frage erhoben, welcher Friedrich hier dargestellt sein sollte. Dumont [23]) glaubte aus der angeblich rothen Farbe der Haare auf Friedrich Barbarossa schliessen zu müssen. Nun aber sind die Haare nicht roth — wie solche darzustellen sind, kann Nr. 4, Otto I., zeigen — sondern von einer nichts weniger als naturalistischen hellpurpurnen Farbe [24]). Da ferner in der Königsreihe (unter den gothischen Bildern) Barbarossa schon vertreten ist, so muss hier doch zunächst an Friedrich II. gedacht werden. Dies würde zu dem weiteren Schlusse führen, dass an der Vervollständigung dieser älteren Reihe noch in der ersten Hälfte des XIII. Jahrh. gearbeitet worden, wodurch zugleich die leisen Wandlungen im Costüm, deren wir gedachten, ihre Erklärung fänden.

Ein weiterer Umstand scheint dies zu bestätigen. Im Nordfenster der Apsis befindet sich inmitten des mit Grisaille ausgefüllten Feldes seit kurzem das Bild (Nr. 20) Heinrichs II. des Heiligen, das früher in einem der Fenster des Langhauses untergebracht war, wohin es seinem Stile nach offenbar nicht gehörte. Aber auch mit den beschriebenen Königsbildern stimmt es nicht ganz überein.

So einfach und würdevoll jene Scepter und Apfel tragen, so geziert hält dieser, mit abstehendem, nach aussen gewandtem Ellenbogen das Scepter und so gezwungen vor der Mitte der Brust den Apfel. Auch im Schmuck der Kleidung und der Insignien sind Differenzen zu bemerken. Die breiten Querstreifen, welche die tiefblaue Tunica zieren, tragen auf gelbem Grunde grosse rothe übereckgestellte Quadrate, die

---

[23]) A. a. O. S. 19.

[24]) In Haar- und Bartfarbe verfährt das Mittelalter nicht realistisch. In dem berühmten Evangeliarium Heinrich's III. in der Stadtbibliothek zu Bremen ist dieser, »Heinrich der Schwarze«, einmal allerdings schwarzbaarig, ein zweitesmal aber rothhaarig dargestellt. Anm. der Red.

sich recht plump ausnehmen; nicht minder die breite gelbe Bordüre, die sich vertical vorn herunterzieht. Der rothe Mantel ist mit den bekannten Schultermedaillons verziert, hat aber weisses Unterfutter, während wir dies bisher in der Regel lila fanden; auch ist er vorn am Halse durch eine viereckige Agraffe zusammengehalten, gegenüber den runden auf den früheren Bildern. Hier stossen wir ferner zum erstenmal auf schwarze Schuhe, die, wie auf dem Bilde Otto's III., in eine verlängerte Spitze auslaufen. Der gelbe Nimbus und das grüne Fusskissen geben zu keiner Bemerkung Anlass, wohl aber das Scepter, das, ziemlich lang und durchaus weiss, in eine drei Knollen ähnelnde Bekrönung ausläuft, wie wir sie später bei einem der Uebergangszeit angehörenden Salomo wiedererkennen werden. Die Krone aber verdient deshalb nähere Betrachtung, weil sie das Mittelglied zwischen der älteren und der moderneren Form auf Nr. 2 bildet. Ueber dem breiten, mit blauen und rothen viereckigen Feldern bedeckten Stirnreifen erheben sich drei im Halbkreisbogen schliessende Schilde, der mittlere gelb, die seitlichen grün, die Seiten, wie bei jenen älteren, parallel ansteigend, ehe sie in den Bogen übergehen. Die Neuerung jedoch besteht darin, dass die Seitenschilde sich leicht nach aussen neigen. Man brauchte nur die Schilde ein wenig zu verkürzen, um die Form von Nr. 2 zu erhalten. Dieselben haben endlich nur je einen rothen Knopf zum Aufsatz ohne das zierliche weisse Dreiblattornament.

Die Figur steht in einer romanischen Nische von der bekannten Form, auf deren Bogen sich die Inschrift SANCTVS HENRICVS [25]) befindet. Das Bild steht noch unter romanischer Tradition, verräth aber entschieden gothischen Einfluss, und muss demzufolge beträchtlich später als die vorigen angesetzt werden.

3. Mehreren Händen und sicher zwei verschiedenen Stilperioden gehört endlich das letzte der in diesem Zusammenhange zu nennenden Königsbilder, das Heinrichs von Babenberg an. Der König steht ohne Scepter und Apfel da, die Rechte auf die Brust gelegt, in der Linken ein herabfallendes Schriftband, auf welchem nur noch unzusammenhängende Buchstaben zu entziffern sind. Das Bild, vielfach geflickt und in keinem guten Zustande, muss schon früh einer Restauration unterworfen worden sein, infolge deren die unteren Felder, vom Schulterstück abwärts, zwar noch die romanischen Formen, aber zum Theil durcheinandergewürfelt (vgl. die Bordüre der Tunica) bewahrten, in ihrer Höhe jedoch Einbusse erlitten zu haben scheinen, was jetzt der Gestalt neben den schlankeren Nachbarn ein gedrücktes Aussehen

---

[25]) Das E ist undeutlich.

verleiht. Die grüne Tunica trägt den verticalen, gelben, ornamentirten
Streifen, unten einen gelben, mit Blattornament bedeckten Saum, in
welchem sich Theile aus einem andern, oder aus jetzt zerstörten Partien desselben Bildes vereinigt haben. An der linken Seite (v. B.) zieht
sich diese Bordüre um einen dort angedeuteten Schlitz herum (vgl.
Nr. 6). Der rothe Mantel, nach älterer Weise an der rechten Schulter
durch eine blaue Agraffe zusammengehalten, ist mit einem Schultermedaillon versehen, dessen Mittelfeld jetzt unschön gelb ausgeflickt ist.
Die Strümpfe sind roth, die Schuhe gelb. Die gelbe Perlenschnur, die
sich als Bordüre um den Mantel zieht, dürfte wohl nicht dem ursprünglichen Schmuck entsprechen. Auf Rechnung des Restaurators ist dann
sicher auch der Umstand zu setzen, dass der Mantel am oberen, ungewöhnlich weiten Ausschnitt ein Stück der Tunica hervorsehen lässt.
Wenigstens zeigt dies kein einziges der älteren Bilder. Ueberhaupt lässt
ein Blick auf die obere Partie keinen Zweifel an ihrer gothischen Herkunft übrig. Dieses gewellte Haar fand sich bisher nirgends, während
wir es bei den späteren Königsbildern regelmässig constatiren können.
Am entschiedensten prägt sich der gothische Stilcharakter wieder an
der Krone aus. Auf dem in rothe und blaue quadrate Felder getheilten
breiten Stirnreifen sitzen dicht neben einander zwei niedere Bögen mit
blauer Füllung, zwischen welche sich eine weisse Lilie so einschmiegt,
dass ihre Seitenblätter auf den Bögen oben aufliegen, während der
mittlere gerade aufsteigt: zu jeder Seite ist eine weitere, perspectivisch
verkürzte Lilie angebracht, den Bögen noch ein kleiner rother Halbkreis aufgesetzt. Weisse Perlschnüre umsäumen die farbigen Felder.
Es ist eine glückliche Weiterbildung der Form von Nr. 2, mit welcher
sie auch die Tendenz der Erweiterung nach oben theilt.

Noch einen redenden Beweis für unsere Annahme einer theilweisen
Restauration dieses Bildes in gothischer Zeit bieten die Schriftfragmente
auf dem Bande in der Linken des Königs. Die wenigen noch zu ent-
ziffernden Buchstaben zeigen nämlich zweierlei Charakter: ein Theil
mit den in gleicher Stärke verlaufenden Strichen gehört der älteren
lateinischen Capitalschrift an; der andere jedoch, mit bedeutenden Gegen-
sätzen in der Dicke der Striche, stammt sicher aus einer viel späteren,
einer schon vorgeschritten gothischen Epoche. Um den aus gelben
und lila Strahlen zusammengesetzten Nimbus zieht sich die Inschrift
HENRICVS BABINBERGENSIS. Das Fusskissen ist roth. Das Fussstück der Umrahmung zeigt wieder romanische Motive.

Wir sind durch die drei letzten Figuren schon so weit in die Gothik
hineingerathen, dass der Uebergang zur gothischen Königsreihe nahe
läge. Dennoch empfiehlt es sich nicht, diesen Weg jetzt fortzusetzen,

da noch eine beträchtliche Anzahl von Bildern der Uebergangszeit der Besprechung harren. Wir verlassen also vorläufig die Königsgalerie und kehren zum Nordquerhaus zurück, wo wir die zwei unteren Doppelfelder des westlichen Façadenfensters der späteren Beschreibung vorbehalten hatten.

Durch ihren Farbenreichthum in auffallendem Gegensatz zu der Schlichtheit der oberen Bilder stehen die im dritten Doppelfelde (von oben): a) links Salomon, ein Spruchband mit den Worten »Initiu. Sapient.« (Initium Sapientiae Timor Domini) in der Linken, nach rechts (v. B.) gewandt, wo b) in correspondirender Stellung die Königin von Saba dargestellt ist, ebenfalls mit einem Spruchbande, auf welchem die Worte »Regina Austri Venit« zu lesen sind. Salomon, mit der Krone auf dem Haupte, ist in eine blaue Tunica mit lila Querstreifen und gelbem Saume, rothen, gelbgeränderten, mit Pelz (vair) gefütterten Mantel und lila Schuhe gekleidet. Der Boden ist grün. Die Königin trägt eine lange lila Tunica mit gelben Querstreifen und ebensolchem Saum, und einen gelben, rothgeränderten und mit Pelz gefütterten Mantel, der am Halse durch eine rothe Agraffe geschlossen ist. Das Haar wallt frei über den Rücken herab. Schuhe von unbestimmbarer, etwa blaugrauer Farbe werden zum Theil sichtbar. Zwei durch eine gemeinsame mittlere Säule zu einer Doppelarcade verbundene Rundbögen mit den Inschriften »Rex Salomon«, und »Regina Austri« wölben sich über den Figuren. Die Säulen der Arcaden sind weiss; die gelben Basen und Capitelle sind noch mit einem rothen Ring versehen.

Gleiche Behandlung zeigen die beiden Figuren des untersten (vierten) Doppelfeldes: a) links David in rother Tunica, dunkelgelbem mit Pelz gefüttertem Mantel und schwarzen Schuhen, mit Krone und Scepter, auf einer mit weissem, gemustertem Teppich belegten Thronbank sitzend. Er wendet sich mit erhobener Linken zu b) Salomon, der auf derselben Bank rechts jenem zugewandt thront. Seine Tunica ist blau, der Mantel hellgelb, die Schuhe sind lila. Auch er trägt die Insignien des Königthums. Die Details sind bei der Kleinheit der Figuren und ihrem hohen Standort schwer erkennbar. Im Ganzen liegt der Form der Kronen das Schema der älteren Königskrone zu Grund: breiter Reif mit drei darüber aufsteigenden hier besonders kleinen, stark ausladenden Schilden. Das Scepter ähnelt, wie bemerkt, dem des hl. Heinrich in der Apsis. Während bei a) der Grund blau, der Boden gelb ist, findet sich bei b) rother Grund nebst gelbem Boden, so dass auf beiden Bildern ein stetiger, lebendiger Farbenwechsel beobachtet ist.

Auch hier sind die beiden Bögen zur Doppelarcade mit gemeinsamer Mittelsäule verbunden. Und zwar sind die Säulen gelb mit blauer

Basis und rothem Ringe darüber, während der Ring unter dem gelben Capitell purpurn ist.

Der Bogen über a) trägt die Inschrift »Rex David«, der über b) die »Rex Salomon«. Die Form der Buchstaben ist hier wie auf dem vorgenannten Doppelfelde die Uncialschrift des XIII. Jahrhunderts.

Diese vier Bilder tragen unverkennbar die Merkmale des Uebergangsstiles, einerseits in der grösseren Bewegtheit in Haltung und Faltenwurf der Gewänder, was besonders bei der Königin zu Tage tritt, andrerseits in den architektonischen Formen, in der Zierlichkeit der Basen und der stark ausladenden Capitelle, endlich im Vorwalten des rothen Grundes, den die ältere, strengere Kunst mied.

Wir haben in diesem Zusammenhange auch das in der unteren Hälfte des benachbarten Fensters der Westwand befindliche Bild des hl. Martinus zu nennen, obgleich dasselbe in seiner jetzigen Fassung erst in neuerer Zeit mit Zuhülfenahme alter Trümmer neuerstanden ist[26]). In romanischer Nische steht der greise Bischof in ruhiger, würdiger Haltung, den Krummstab quer vor sich. Ueber der Alba trägt er eine grüne, purpurgestreifte Dalmatica, über dieser eine gelbe Casula mit grünen Querstreifen und lila Saum, um den Hals zieht sich (zum Superhumerale gehörig?) ein blau und weisser Streif. Die Mitra ist weiss, mit einem in blaue, rothe und grüne Felder getheilten, gelb eingefassten Stirnband und gleichem Verticalstreif. Das Pallium ist schwarz und mit weissen Kreuzen besetzt. Haupt- und Barthaare sind in steifen Parallelstrichen geordnet. Auch hier ist der Grund roth. Der Name S. MARTINVS steht horizontal zu beiden Seiten des Hauptes.

Hiermit ist die Zahl der romanischen Fenster in diesem Kreuzarme erschöpft, und wir wenden uns zum südlichen Querhause, dessen erstes Fenster der Ostwand zunächst dem Chore die grossen Gestalten des Apostels Matthias und unter ihm des Bartholomäus, darunter in kleinerem Massstabe die Marter des Letzteren enthält.

Matthias, sitzend, ein wenig nach rechts (v. B.) gewandt, ist ohne Attribut, aber mit einem offenen Buche auf dem Schoosse dargestellt, das er mit beiden Händen umfasst. Er trägt eine grüne Tunica mit zwei blauen Verticalstreifen, darüber einen dunkelgelben Mantel, um das Haupt einen gelben Nimbus. Die nackten Füsse stehen auf rothem, gemustertem Boden. Der Sitz ist mit weissem, schwarz ornamentirtem Teppich belegt. Eine romanische Nische umgibt ihn in gewohnter bunter Ausstattung. Der Name des Apostels MATHIAS steht

---

**) Schauenburg a. a. O. S. 13.

diesmal nicht auf dem Arcadenbogen, sondern auf den Blättern des aufgeschlagenen Buches.

Bartholomäus wiederholt die Hauptmotive der oberen Figur mit geänderter Farbenzusammenstellung. Sitzend, nach rechts gewandt, hält er ein geschlossenes Buch. Die Tunica ist grünlich weiss mit rothen Querstreifen und lila Längsstreifen, welche Letztere ebenso wie die Einfassung des Halsausschnittes ein einfaches Linienornament tragen. Der Mantel ist blau mit einigen gelben Querstreifen. Auf gelbem, gemustertem Boden stehen die nackten Füsse. Gelb ist auch der Nimbus. Der Buchdeckel ist gelb gemustert und an den Ecken und der Randmitte mit abwechselnd blauen und rothen quadraten Feldern besetzt. Ein blauer Rand um den Nimbus trägt den Namen BARTHOLO-MEVS. Der Grund der Bilder ist wiederum roth. Eine romanische Nische bildet den Rahmen. Haltung und Faltenwurf sind auf diesen beiden Bildern gleich weit entfernt von alterthümlicher Starrheit wie von der Unruhe des gothischen Stils, sie antikisiren selbst in den Details der Gewandung. Die Marterscene, die als Predella dient, ist, den Farben nach zu urtheilen, ganz erneuert. Auf einem niedrigen, grünen Tische mit rothen Beinen liegt der Heilige, nackt bis auf einen hellblauen Lendenschurz. Ein hinter dem Tische stehender Henkersknecht in knapper, gelber Tunica und rothen Strumpfhosen ist damit beschäftigt, ihm die Haut abzuziehen, die von den über das Haupt zurückgebundenen, bereits blutrothen Armen wie Handschuhe zum Boden herabhängt. Eine niedrige, dreifache Arcade wölbt sich über der Scene.

Das nächste Fenster dieser Wand wird in seiner ganzen Höhe von einer leider bis zur Unkenntlichkeit verstümmelten[17]) Kolossalfigur des hl. Christoph eingenommen. Der Heilige trägt auf dem linken Arme das Jesuskind, mit dem rechten stützt er sich auf einen langen, gelben Stab. Er ist in eine lange, purpurne, an den Hüften durch einen Gürtel eingeschnürte Tunica gekleidet, deren Fläche durch weisse, einander kreuzende, an den Schnittpunkten blaue Streifen in Rautenfelder getheilt wird, und an deren oberem und unterem Saum, wie am Saume der Aermel, reiche, bunte Bordüren aufgesetzt sind. Darüber wallt ein rother, an der rechten Schulter mittels einer Agraffe zusammengehaltener Mantel, der mit einer bunten (gelben, in gewissen Abständen

---

[17]) Die einzelnen Scheiben dieses Fensters (und vieler anderer, jetzt erneuerter) sind einst von der rohen Hand eines gewinnsüchtigen Restaurators mit dem Diamant in viele Stücke zerschnitten und von neuem verbleit worden; nachdem das Bild durch Einfügung in dieses, mit spätgothischem Masswerk versehene Fenster schon grosse Unbill hatte erleiden müssen. S. Schauenburg S. 14, 16 u. ö.

mit grünen Quadraten besetzten) Bordüre gesäumt, übrigens an den
Seiten nur als schmaler Streif sichtbar ist. Rothe Strümpfe und gelbe
Schuhe vervollständigen das farbenreiche Costüm. Von Gesichtszügen,
Faltenwurf, überhaupt allen feineren Details ist so gut wie nichts mehr
zu erkennen; von dem Kinde fast nur noch das weisse Gewand. Die
Nimben waren gelb, wie sich aus Bruchstücken schliessen lässt. Auch
scheinen Fragmente auf eine ehemals vorhandene Inschrift zu deuten.

An ganz verlorner Stelle, im Ostfenster der Krypta, inmitten einer
schönen, farbigen Teppichmosaik, befindet sich jetzt die Figur eines
Engels, die früher einem der Fenster des Südkreuzes angehörte, in
einem fischblasenförmigen Medaillon stehend, in ceremoniell steifer
Haltung von vorn gesehen, die Rechte mit der Weltkugel, die Linke
mit dem eigenthümlich gestalteten Scepter, mit mässig ausgebreiteten
Flügeln. Die rothe Tunica, vorn nur mit einem weissen Perlschnur-
besatz verziert, reicht bis zum Boden, sogar die Füsse verbergend. An
die Ausstattung des Engels der Verkündigung (S. 162) erinnert die mit
Ornament gezierte, auf der Unterseite grüne Schärpe, die hier, ganz
wie dort um den Rücken gehend, unter der vorderen Bordüre hindurch-
gezogen, über dem rechten Arm herabfällt. Auch sind die Flügel wieder
gelb mit weissen Schwungfedern, der gelbe Nimbus jedoch ohne Ornament, wie überhaupt das ganze Bild einfacher ist, ohne den Reichthum
zierlich ornamentirter Besatzstücke und Teppiche der älteren Bilder.

Nur noch Eine Einzelfigur bleibt an dieser Stelle zu erwähnen:
die hl. Katharina, welche in neuerer Zeit inmitten des mit Grisaille
ausgefüllten Südfensters der Apsis untergebracht worden ist. In einer
romanischen Nische steht die Heilige mit der Krone auf dem Haupte,
in der Linken die grüne, mit Bändern umwundene Märtyrerpalme, mit
den Fingern der Rechten ein rothes Band fassend, welches sie um den
Hals trägt. Ein hellgelber Mantel mit blauen Querstreifen hüllt die
Gestalt ein, den linken Arm ganz, vom rechten nur die Hand frei-
lassend; darunter kommt die tiefblaue Tunica zum Vorschein, die am
Oberarm ein breiter, gelber Querstreif mit weisser Perleinfassung verziert.
Die Schuhe tragen ein dichtes, schwarzes Muster auf spärlich durch-
scheinendem weissem Grunde. Der Nimbus ist blau. Die drei Schilde
der Krone laden stark aus, und die Gestalt hebt sich von rothem Grund
ab, was beides für eine späte Zeit spricht. Doch zeigen der schöne,
edle Faltenwurf und die ruhige, ungezwungene Haltung keine Hin-
neigung zur Gothik, sondern stehen noch im Einklange mit der romanischen Umgebung. Der Bogen der Nische trägt die Inschrift SANCTA
KATHRINA [28]).

----

[28]) Das H ist undeutlich; vielleicht ist A zu lesen.

Die Façade des Südkreuzes enthält in ihren beiden Rosetten zwei jener cyclischen Compositionen, in welchen das Mittelalter die Summe seines Wissens und seines Glaubens in naiv symbolischer Weise zur Anschauung zu bringen liebte, und deren Bedeutung häufig weniger im sinnlich Dargestellten, als im Gewollten, in dem durch die Bildersprache geistig Angedeuteten beruht. Der mystische Inhalt unserer Rosetten ist kurz gesagt die Ueberwindung des Alten durch den Neuen Bund, die Ablösung der früheren Opfer durch den Opfertod Christi, die Verherrlichung der christlichen (mittelalterlichen) Tugenden gegenüber der äusserlich durch Opfergaben erkauften Gerechtigkeit vor dem Gott des Alten Bundes. Ein tieferes Eingehen hierauf liegt ausserhalb der Grenzen dieser Abhandlung. In Bd. XVI des katholischen Kirchen- und Schulblattes (1855) ist von Guerber eine Auslegung dieser Bilder und die Ergänzung der in seinem Essai gegebenen Schilderung zu finden.

Bevor ich zur Beschreibung übergehe, sei mir eine Bemerkung gestattet. Die Kleinheit der Figuren und die Höhe ihres Standortes, zu welchem sich nirgends eine Annäherung bewerkstelligen lässt, würden selbst unter sonst normalen Verhältnissen einer genauen Besichtigung Schwierigkeiten in den Weg legen. Dazu kommt aber ihr schlechter Zustand, die Verstümmelung, Umstellung, theilweise gar Vernichtung der hier so wesentlichen Inschriften; so dass ich mehr als sonst genöthigt war, die Ergebnisse meiner Untersuchung durch Guerber zu controliren, welcher einst, wie es scheint, die Rosetten unter günstigeren Verhältnissen zu sehen bekam und auf einer Darstellung des Hortus Deliciarum (die bis jetzt noch nicht publicirt, wenn nicht gar vollständig verloren ist) die erwünschtesten Aufschlüsse und Anhaltspunkte zu einer Restauration der Bilder, vor allem der Inschriften, gefunden hatte.

Die beiden Rundfenster sind mit Masswerk von folgender Disposition gefüllt: Um einen Achtpass ziehen sich zwei concentrische Kreise von je acht wenig kleineren Rundfeldern, welche sämmtlich von figürlichen Darstellungen eingenommen werden, während die Zwischenräume ornamentale Füllung zeigen.

Beginnen wir mit der Rose des alten Bundes links, so erkennen wir im Mittelfeld die Büste eines Mannes mit zwei Häuptern, einem jugendlichen und einem greisen, in der Linken ein Scepter, in der Rechten einen Kelch haltend. »Duodecim Prophete« ist die Umschrift zu ergänzen. Gerade über diesem Felde befindet sich (nach Guerber) I. der Altar mit den Schaubroden. Guerber las die Inschrift: »Doctrina aplica[ta]«. — Sodann rechts absteigend II. eine Krönung Mariae, gar nicht hierher gehörend, überdies schlecht erhalten. — Mit dem nächsten Feld beginnt eine Folge von Frauenbüsten, jede in den

Händen eine andere Opfergabe tragend. III. bringt zwei Sperlinge dar. Umschrift: In passeribus corpus et anima. IV. mit einem Aehren-büschel und der Umschrift: In decima propter consummationem bonorum operum. V. giesst aus einem Becher in der Rechten eine Flüssigkeit in ein (mit Mehl gefülltes) Gefäss, das sie in der Linken hält. Die Umschrift: In similagine oleo aspersa propter cari-tatem. VI. erscheint mit einem Bocke. Umschrift: In hyrco propter similitudinem carnis peccati. VII. mit einem Widder und der Umschrift: In ariete propter principatum. VIII. mit einem Stier und der Umschrift; In tauro propter fortitudinem.

Diese Reihe findet im äusseren Kreise ihre Fortsetzung, und es treten Gegenstände hinzu, welche sich in ihrer Bedeutung dem Mittel-feld näher anschliessen. 1. und 2. Die beiden oberen Rundfelder sind in einer späteren Zeit, welcher das Verständniss für den Sinn der Composition abhanden gekommen war, mit der gleichgültigen Dar-stellung je einer von acht Sternen umgebenen Sonne ausgefüllt worden, offenbar nachdem sie ihren früheren Inhalt eingebüsst hatten. 3. Ent-hält die Büste Moyses', wie die Umschrift besagt (mit einem nicht mehr zu erkennenden Zusatz), anscheinend mit den Gesetzestafeln. 4. Wieder die Büste einer opfernden Frau, die ein Lamm darbringt, mit der Umschrift: In agno propter innocenciam. 5. Die Büste Abrahams mit dem Opfermesser in der Rechten (die Reste der Umschrift ausser einigen Buchstaben des Namens sind unlesbar). 6. Opfernde Frau mit einer Turteltaube und der Umschrift: In tur-ture propter sanctitatem. 7. Desgleichen mit einem Kalb und der Umschrift: In vitulo propter virtutem. 8. Der siebenarmige Leuchter, auf dessen Horizontalband, nach Guerber, Septiformis spiritus, und auf dessen Basis Trinitas zu lesen ist.

Wir haben demnach zwei innerlich verschiedene Reihen von Dar-stellungen, die sich näher oder entfernter auf den Mittelpunkt beziehen. Eine Reihe von Idealgestalten, die der opfernden Frauen, und eine Reihe von realen Gegenständen und Personen aus dem Alten Testamente: im Mittelbilde den symbolischen Repräsentanten der ganzen Epoche, ausgestattet mit dem Zeichen der Göttlichkeit (die beiden Häupter bezeichnen den in Vergangenheit und Zukunft schauenden, von Gott stammenden prophetischen Geist, wie er sich in den zwölf Propheten der Umschrift verkörpert hatte), des König- und Priesterthums; es ent-hält zugleich den Hinweis auf Christus, als dessen vorbildlicher Typus der alttestamentarische Prophet, Priester und König in dieser Vereinigung zu betrachten ist. Diese Wechselbeziehung zwischen Altem und Neuem Bunde soll sich auch in den Inschriften des siebenarmigen Leuchters aussprechen, welche in dem septiformis spiritus die alte Deutung auf die sieben Gaben des hl. Geistes wiedergeben, in Trinitas die Beziehungen sämmtlicher Bilder auf die schon im Alten Bunde sich offenbarende göttliche Dreieinigkeit zusammenfassen wollen. Von der die ganze Rose umziehenden Inschrift wird später die Rede sein.

Die Rose des Neuen Bundes [29]) rechts zeigt im Mittelfelde die Büste eines gekrönten Mannes, der mit verhüllten Händen einen Kelch darreicht. Nach der Umschrift »Melchisedech«. Die dieses Feld umgebenden Halbkreise des Achtpasses enthalten zusammenhangslose Silben, welche, richtig vertheilt, einen Abschnitt der allgemeinen Inschrift der Rosette bilden. Die acht Rundbilder des ersten Kreises werden von den Büsten von Frauen eingenommen, welche, ohne Attribute, sich durch die betreffenden Inschriften als Personificationen der durch das Christenthum sanctionirten Tugenden ausweisen. Rechts oben beginnt I. Sobrietas; rechts abwärts folgt II. Largitas, III. Penitencia, IV. Castitas, V. Justitia, VI. Obediencia, VII. Paupertas, VIII. Compassio.

Gehen wir zum zweiten, äusseren Kreise über, so erkennen wir 1. im oberen Medaillon das Brustbild Christi mit lehrender Geberde der Rechten, den Kreuznimbus um das Haupt, zu beiden Seiten desselben *A—Ω*. 2. Im nächsten Rundfelde rechts abwärts das alterthümliche evangelische Zeichen des Adlerkopfes auf geflügeltem Menschenleib (Brustbild) mit der Inschrift »Johannes«. 3. Das eines geflügelten Menschen mit Stierhaupt und der Unterschrift »Lucas«. 4. Zur Ergänzung der inneren Reihe: ein Frauenbrustbild mit der Unterschrift »Confessio«. 5. Eine Zusammenstellung schwer erkennbarer Gegenstände, in welcher die Einen [30]) Bundeslade, Mannagefäss und Ruthe Aarons sehen, die Anderen [31]) mit mehr Grund Altar, Weihwedel und Gefäss für das Blut der Opferthiere, über welchen ein Baum seine Aeste ausbreitet. 6. Wieder zur inneren Reihe gehörig: eine Frauenbüste mit der Unterschrift »Abstinentia«. 7. Brustbild eines geflügelten Menschen mit einem Löwenhaupt und der Unterschrift »Marcus«. 8. Brustbild eines Engels (geflügelten Menschen) mit der Unterschrift »S. Mateus«.

Die Bezüge der Darstellungen dieser Rosette treten klar hervor: Der Heiland oben; in der Mitte sein alttestamentarischer Typus Melchisedech; die Evangelisten als Verkünder des Wortes, durch ihre Symbole vertreten; die zehn Tugenden als Früchte der neuen Lehre. Was aber

---

[29]) Eine von Willkürlichkeiten nicht ganz freie Wiedergabe bei Cahier et Martin, nouv. mélanges: Ivoires etc. S. 104.

[30]) Cahier und Martin, a. a. O. S. 10, 107.

[31]) Guerber, Essai, S. 38.

soll hier das untere Rundbild mit seinen jedenfalls alttestamentarischen Zeichen? So befremdend es hier auffällt, so leicht fügt es sich in den Zusammenhang der Rosette des Alten Bundes, wo es das Inventar der wichtigeren Cultusgegenstände des Tempels vervollständigt. Drei Rundfelder blieben dort sachentsprechend auszufüllen: hier ist offenbar der Gegenstand für eins derselben gefunden [32]).

Wir kommen nunmehr zur Inschriftenfrage. Wie erwähnt, ist die Schrift, welche jede der Rosetten umgibt, nur noch zum Theil lesbar, wogegen der grössere Theil aus zusammenhangslosen Sylben, vereinzelten Buchstaben ohne Sinn besteht, auch grosse Lücken zeigt. Guerber, der in seinem Essai auf die Enträthselung verzichtet hatte, fand nachträglich im Manuscript des Hortus Deliciarum zwei Darstellungen von auffallender Aehnlichkeit mit den Bildern der Münsterrosetten, die ihm denn auch den Schlüssel zum Verständniss der letzteren lieferten. Nach ihm bestand eine jede der Rosetten des Manuscripts, deren Ueberschrift lautete: »Vetus Testamentum cum Novo conjunctum«, aus zehn kleineren Rosen, die ebenmässig um das Centralfeld laufen. Die einen enthalten zehnerlei Opfer des Alten Bundes, die andern zehn entsprechende Tugenden des Neuen. An der Basis jeder Rose ist ein Altar angebracht; über dem Altar des Alten Bundes ist der Oberpriester mit reinigendem Weihwedel und Kelch, der das Blut des Opfers enthält. In der Mitte der Rose des Neuen Bundes sitzt Christus. Um die erste Rose steht geschrieben:

> »Sanguine mundandum de sanguinibus fore mundum
> Ritus legalis docet et sanguis pecualis.«

. . . . um die zweite Rose des N. B. ist zu lesen:

> »Rex et crux lux sunt, bos, ara figura fuerunt;
> Cedat ovis, capra, bos, fit victima vera Sacerdos [33]).«

Diesen Versen entsprechen die Schriftreste der Münsterrosen so genau, dass kein Zweifel an ihrer ehemals vollständigen Uebereinstimmung sein kann.

Noch eine weitere Ergänzung fand sich dort. Wir erinnern uns: in der Rose des Alten Bundes im Münster treten heute nur neun Opfernde auf, während ein zehntes Rundfeld von einer Krönung Mariae eingenommen wird. Wenn nun die Herrad'sche Rose dieselben neun Opferspenderinnen mit den nämlichen Inschriften, dazu noch eine zehnte,

---

[32]) Eine Vermuthung, die Guerber (k. K.- u. Schulblatt XVI. 334) zuerst ausgesprochen hat.

[33]) A. a. O. S. 336.

Tauben darbringende, aufweist, so können wir nicht umhin, auch für
jenes zehnte Feld im Münster eine entsprechende Darstellung mit der
Inschrift des Hortus Deliciarum »In columbis propter simplicitatem«
anzunehmen. Dann aber dürfen wir in jenem räthselhaften unteren
Medaillon der Rose des Neuen Bundes auch nichts anders sehen, als
was das Bild im Hortus Deliciarum zeigt, nämlich Altar, Weihwedel
und Gefäss für das Opferblut. In jeder der beiden Rosen bliebe somit
noch je ein Feld zu ergänzen.

Ueber den künstlerischen Charakter dieser Bilder ist noch Einiges
hinzuzufügen. Was die Ausführung betrifft, so steht die Rose des
Alten Bundes über der andern; sie scheint, soweit sich jetzt noch
urtheilen lässt, sorgfältig und malerisch wirksam behandelt gewesen zu
sein. Im Colorit herrscht blau und roth vor; auch in den Gründen
wechseln beide Farben ab; in den Gewändern erscheint daneben purpur
und gelb. Die Zwischenräume zwischen den Rundfeldern des ersten
und zweiten Kreises sind mit zierlichem Rankenwerk ausgefüllt, das
auf blauem Grund in gelb, roth und grün gehalten ist. Die Schrift-
charaktere passen zu der vorgeschrittenen Zeit, in welche das Werk
gesetzt werden muss.

Sehr ungünstig erscheint daneben die Rose rechts, sowohl vermöge ihrer roheren Ausführung und plumperen Zeichnung (auch die
Figuren sind grösser als auf der anderen Rose, und stehen nicht in
dem guten Verhältniss zur Grösse des Feldes, das sie einnehmen), als
auch der kalten Farbentöne, wobei ich unentschieden lasse, wieviel in
dieser Beziehung auf Rechnung von Restaurationen zu setzen ist.
Dagegen macht sie einen alterthümlicheren Eindruck. In Geberden
und Linienführung herrscht noch entschiedener das alte romanische
Stilgefühl. Das Blau ist als Grund durchgängig festgehalten. Ebenso
trägt die Schrift den älteren Charakter an sich.

Dennoch wäre es übereilt, aus diesen Zeichen auf die frühere
Entstehung dieser Rose, anstatt lediglich auf einen Urheber von ge-
ringerer künstlerischer Durchbildung, von zurückgebliebenem Geschmack
schliessen zu wollen. Aus baugeschichtlichen Gründen geht es nicht an,
die Entstehung eines dieser Bilder, die gewiss nicht vor den Fenstern
geschaffen wurden, welche sie auszufüllen bestimmt waren, vor das
zweite Viertel des XIII. Jahrh. fallen zu lassen. Nehmen wir nun die
roher gearbeitete Rosette nur um ihrer Rohheit willen als die ältere,
die elegantere, wirkungsvollere eben dieser Eigenschaften wegen als die
jüngere an, so setzen wir uns in Widerspruch mit den Ergebnissen,
welche ein Ueberblick des bis jetzt beigebrachten Materials nahe legt,
und der weitere Fortgang unserer Betrachtung bestätigen, beziehungs-

weise ergänzen wird. Kein Rückschritt in der Zeichnung war im Verlauf der Entwicklung unserer romanischen Glasmalerschulen zu bemerken, vielmehr — parallel mit dem Gange der gesammten Kunst — ein Fortschritt vom Gebundenen zum Freieren, Bewegteren, während in coloristischer Beziehung vielleicht ein Nachlassen des bei aller Kraft und Tiefe massvollen und ruhigen Sinnes, nicht aber der Farbenfreudigkeit zu constatiren war. Vermochte die ältere Periode Bilder zu schaffen von der strengen Grösse und der harmonischen und leuchtenden Farbe jener Könige, der thebaischen Märtyrer u. a. m., so konnte die Uebergangsperiode diesen etwa einen Salomo mit der Königin von Saba und manches andere Werk, denen sich die Rose des A. B. wohl anreihen darf, zur Seite stellen — nirgends findet sich aus dieser letzteren Zeit ein Analogon zu der zweiten Rose. Mit der Annäherung an den gothischen Stil macht sich aber eine Aenderung wahrnehmbar, neben besseren treten rohere Arbeiten auf. Die Künstler, aus der Tradition herausgerissen, scheinen sich nicht so bald in der neuen Kunstweise zurechtfinden zu können.

Zum Schlusse dieses Abschnittes lohnt es sich, einige der wichtigsten Punkte, welche sich bei der Analyse der romanischen Fenster herausstellten, hier in gedrängtem Ueberblick vorzuführen.

Der erste Punkt betrifft das Colorit. Wir fanden vorzugsweise die Grundfarben Blau, Roth, Gelb und Grün in wenigen Nüancen; nebenbei Lila (Hellpurpur) und Dunkelpurpur. Erstere meist in grossen, durch discrete Modellirung nur wenig unterbrochenen Flächen, welche jede Farbe zur vollen Wirkung gelangen liessen. Dennoch war eigentliche Buntheit vermieden; die grosse, ungemusterte blaue Fläche des Grundes hielt kräftig das Gegengewicht, und gelbe, fast stets ornamentirte Gewandbordüren und reichlich verwandte weisse Perlschnüre verhinderten das Ineinanderstrahlen. So ward eine klare, ruhige Farbenpracht erzielt, die mit der Ruhe und Würde des Stils überhaupt im Einklang steht.

Vom reinen Teppichstil fanden sich nur wenige, aber vortreffliche Beispiele in jenem Gerichte Salomons und dem Engel in der Krypta, wo sich von einem teppichartig gemusterten Felde die Bilder in Medaillonform abhoben. Auch hier bemerkten wir jedoch, dass der eigentliche Bildgrund eine, wenn auch noch so kleine, ungemusterte blaue Fläche war.

Am bemerkenswerthesten jedoch ist das frühe Auftreten architektonischer Umrahmungen, das dem Princip des Teppichstiles ein ganz anderes Gesetz der Anordnung entgegenstellt, und das hier, in einem der hervorragendsten deutschen Monumente, im entschiedensten

Gegensatze zu den romanischen und frühgothischen Glasmalereien Frankreichs vorwaltet. Der Teppich ist bei diesen Bildern ganz verschwunden. Auf ungemustertem blauem (bei den späteren mitunter auch rothem) Grunde stehen die Figuren in einer säulengetragenen Arcade von mehr oder weniger farbig ausgestatteten Einzelgliedern.

Die architektonischen Umrahmungen auf Glasgemälden sind also nichts specifisch Gothisches, wofür man sie meist anzusehen geneigt war. In ihrer Anwendung war auch bereits die Wandmalerei wie die Miniaturmalerei der romanischen Glasmalerei längst vorangegangen. Neu und der Gothik eigen ist erst das Ueberwuchern dieses architektonischen Nebenwerks auf Kosten des Bildes, wofür sich auch im Münster manches charakteristische Beispiel darbieten wird.

Das Schwert Kaiser Maximilian's I. in der k. k. Ambraser-Sammlung und der „Degenknopf" Albrecht Dürer's.

Von **Wendelin Boeheim**.

Unter den Werken, die uns die Meisterhand Albrecht Dürer's hinterlassen hat, leuchtet jenes kleine Nielloplättchen hervor, das in der Kunstwissenschaft unter dem Namen das »kleine Crucifix« (Bartsch 23, Copie A. Heller 21, Passavant 23) bekannt ist. Nicht nur die ausserordentliche Seltenheit der Abdrücke, welche noch vor der Ausfüllung der Gravirung mit dem nigellum gemacht wurden, nicht nur die Vortrefflichkeit des Werkes selbst haben demselben schon vor Jahrhunderten[1] eine aussergewöhnlich hohe Schätzung gesichert, sondern auch die Tradition, die dieses Kleinod mit Kaiser Maximilian I. in Beziehung brachte.

Nichts als wenige Abdrücke sind uns von diesem kostbaren Werke geblieben, das Niello, das an sich als Kunstgebilde zu bewundern bestimmt war, ist verloren gegangen und wir kennen weder die Zeit noch die näheren Umstände dieses Verlustes.

Die älteste Erwähnung des Kunstwerkes findet sich in einem Briefe von Dürer selbst, der zu Anfang des Jahres 1520, also »nach« dem Tode Kaiser Maximilians und knapp vor seiner Reise nach den Niederlanden an Spalatin schreibt[2]: »Auch schicke ich hiemit zwei gedruckte Kreuzle, sind in Gold gestochen und eines für Ew. Ehrwürden.«

Lange nachher begegnen wir einem weiteren glaubwürdigen Zeugen,

---

[1] Schon Matbias Quad sagt in seinem Werke: »Nation deutscher Herrlichkeit«, 1609, darüber: »Man findt ein klein rundes Crucifix darunder vngefehr eines halben Reichsdalers gros, kostet aber zwo Cronen« und selbst in früherer Zeit scheint das kleine Werk nicht unterschätzt worden zu sein, ein Abdruck figurirt auch in der Kupferstichsammlung, die Erzherzog Ferdinand von Tirol angelegt hat.

[2] »Zeitschrift f. bild. Kunst III, Dürer's Briefe 44.«

der uns zuerst von der Bestimmung und dem späteren Schicksale des Niellos berichtet. Dieser ist der bekannte Strassburger Baumeister, Stecher und Formschneider Daniel Speckle, 1536 geboren und 1589 gestorben. In einem Briefe, der sich im Originale bei dem ausgestellten Abdrucke des Niellos im Städel'schen Institute in Frankfurt befindet, heisst es von Dürer unter Anderem: »Und hat er's dem König und Kaiser Maximilian dem Ersten in eitel Gold gestochen, welches güldene Blatt ob in einen Schwertknopf kommen ist. Welches Schwert sammt diesem Crucifix ich ettlichemalen zu Innsbruck gesehen hab in der Rüstkammer; ist nachmals gen Wien kommen, da hab ich's wiederum in der Rüstkammer gesehen im Jahr 1556.« Obwohl das Schreiben nicht datirt ist, dürfte dasselbe doch zwischen 1570 und 1580 zu setzen sein.

Es vergehen nun fast zweihundert Jahre bis wir auf einen weiteren Gewährsmann treffen; Georg Andreas Will in seinen Nürnberger Münzbelustigungen, 1767 [1]). Die auf das Niello bezügliche Stelle lautet wörtlich: »Darunter das merkwürdigste Stück, (das Niello) welche Vorstellung Dürer auch auf Kaiser Maximilian I. Degenknopf geschnitten, den man vormals zu Ombras bey Innspruck aufbewahret, aber seiner Vortrefflichkeit wegen nach Wien gebracht hat.« Wir haben es im Verlaufe einer Untersuchung nun nicht mehr allein mit dem Kunstwerke, sondern zugleich mit einer Waffe zu thun, welche durch diese dem Geschmacke der Zeit entsprechende Beigabe zu hoher Berühmtheit gelangte.

Wenn wir die beiden obencitirten Berichte gegen einander halten, so wird uns nicht entgehen, dass beide in wesentlichen Dingen von einander abweichen. Sobald wir voraussetzen, dass Will in seinem Werke in Betreff des Schicksales des Niellos auf eine frühere Zeit, etwa die erste Hälfte des 16. Jahrhunderts hinzielt, so müsste dem Wortlaute nach die betreffende Stelle als eine sehr wesentliche Berichtigung einer irrigen Angabe Speckle's erscheinen, denn dieselbe spricht von einem »Degenknopfe«, in welchen das Niello geschnitten war, und lässt diesen in Ambras, nicht in Innsbruck, bewahrt sein. Dass das von Speckle erwähnte »Schwert« vor dem Jahre 1563 nicht im Schlosse Ambras befindlich gewesen sein konnte, steht ausser Zweifel und zwar aus nachstehenden Gründen: Wenngleich die Herrschaft und Probstei Ambras Eigenthum des Landesfürsten war, so ist dasselbe doch vom 13. Jahrhundert an nachweislich als Lehensgut in anderen Händen

---

[1]) »Der Nürnberger Münzbelustigungen Vierter Theil etc. von Georg Andreas Will. Kais. Hof- und Pfalzgrafen der Dichtkunst, Geschichte und Politik öffentlichem ordentlichen Lehrer zu Altdorf und der Universität d. Z. Rector 1767.«

gewesen, ja vom Jahre 1497 bis zu dem Jahre, in welchem Kaiser
Ferdinand I. das Lehen ablöste, ist dasselbe nicht mehr heimgefallen.
Erzherzog Sigmund gab Ambras 1462 seinem Kanzler Dionysius Heidelberger, 1476 Michael von Freiberg; Kaiser Maximilian belehnte damit
1497 Sigmund Spreng, von dem es 1510 durch Wilhelm Schurff um
2000 Gulden abgelöst wurde.

Muthmasslich 1563 [4]) löste dann der Kaiser die Herrschaft von
Wilhelm Schurff ab und überliess sie mit allen Nutzungen seinem Sohn
als Eigenthum.

Die Angabe Wills kann sich daher auf jene ältere von Speckle
bezeichnete Zeit nicht beziehen, sondern auf einen Zeitpunkt, der nach
1563 fallen muss. In diesem Falle müsste angenommen werden, dass
das erwähnte Schwert etwa 1564 von Wien nach Ambras gelangte,
von wo es später »seiner Vortrefflichkeit halber« neuerdings nach Wien
gebracht wurde.

Wir stellen diese letztere Annahme für jetzt einfach hin, ohne
auf eine Beurtheilung derselben einzugehen; im Verfolge unserer Abhandlung wird ihr Werth sich besser beurtheilen lassen. Wir erwähnen
hiebei nur, dass sich nach dem Erscheinen der Nürnberger Münzbelustigungen eine neue Bezeichnung für das »kleine Crucifix« ein-
bürgert. Es wird in allen kunstwissenschaftlichen Werken nebenher
auch der »Degenknopf« benannt, und diese Bezeichnung führt es unter
den Kunstliebhabern und Kunsthändlern im jargon de métier bis zum
heutigen Tage.

Die Erzählung Will's ist im Verlaufe der Zeit aber auch starkem
Zweifel begegnet. Josef Heller bringt in seinem Werke über Dürer
1827 [5]) die Erzählung nach Will's Version zwar wieder, fügt aber hinzu:
»welches jedoch zu bezweifeln ist; man würde gewiss etwas davon in
den alten geschriebenen Inventarien dieser Sammlung gefunden haben,
welches der gründliche Alois Primisser in seiner Beschreibung dieser
Sammlung um so weniger übergangen hätte, da er so viele andere
merkwürdigen Sachen erwähnt. Andere Liebhaber nennen dieses Blatt
den Hutknopf dieses Kaisers, was vielleicht wahrscheinlicher ist als
der Degenknopf.« Heller's Zweifel hat seine Berechtigung; in den

---

[4]) Die Urkunde ist nicht datirt, doch ist es wahrscheinlich, dass die Ablösung von Ambras gelegentlich der Anwesenheit Kaiser Ferdinand's und des Erzherzogs in Innsbruck erfolgte. Ein Jahr später datirt die Urkunde, womit Erzherzog Ferdinand die Herrschaft an Philippine Welser als Geschenk überliess.
Dieselbe blieb Eigenthümerin bis zu ihrem 1580 erfolgten Tode.

[5]) Josef Heller, »Das Leben und die Werke Albrecht Dürer's«. Lem-
berg 1827.

sämmtlichen Inventarien der Ambraser Sammlung, deren ältestes in das Jahr 1583 fällt, ist nicht mit einer Sylbe von einem Degen Erwähnung gemacht, in dessen Knauf Dürer's Niello gestochen gewesen wäre.

Im Jahre 1855 tritt plötzlich die Forschung über das Niello in eine neue Phase. In dem Werke: »Die k. k. Ambraser Sammlung« von Dr. Eduard Freiherr von Sacken [6]) wird nämlich zuerst die »Vermuthung« aufgestellt, dass das in Rede stehende Kleinod in einem Schwerte eingesetzt gewesen war, das sich noch gegenwärtig in der obigen Sammlung befindet. Die Gründe für diese Vermuthung findet der Verfasser darin, dass nach Angabe älterer Schriftsteller das Kunstwerk auf einem Schwerte des Kaisers Maximilian I. eingesetzt gewesen war, das in der erzherzoglichen Sammlung zu Ambras aufbewahrt wurde und ferner, dass eine rundgeformte Einsenkung im Knaufe dieses Schwertes genau die Grösse des berühmten Kunstwerkes habe. Als Quellen für erstere Angabe werden Will's Münzbelustigungen und Heller's »Leben A. Dürer's« angegeben [7]).

In dem Werke: »Die vorzüglichsten Rüstungen und Waffen der k. k. Ambraser Sammlung 1862« desselben Autors wird die Beziehung zu dem genannten Schwerte wiederholt und selbe als »Wahrscheinlichkeit« hingestellt. Mit noch grösserer Bestimmtheit spricht sich derselbe Autor in einer wissenschaftlichen Abhandlung aus, die im Jahr nach oberwähntem Werke im Mai-Hefte des VIII. Jahrganges der Mittheilungen der k. k. Central-Commission zur Erforschung und Erhaltung der Baudenkmale abgedruckt ist [8]). Darin heisst es: »und es ist wohl kaum zu bezweifeln, dass hier (in dem bezeichneten Schwerte) das niellirte Originalplättchen eingesetzt war.« Auch hier wird des Schreibens Speckle's noch nicht Erwähnung gethan und abermals auf Will's Münzbelustigungen hingewiesen.

Um diese allgemach mit grösserer Sicherheit auftretende Vermuthung prüfen zu können, müssen wir die alten Inventarien der Ambraser Sammlung zu Rathe ziehen und das bezeichnete Schwert selbst einer genauen Untersuchung unterwerfen.

---

[6]) Die angezogene Stelle lautet: »Ich vermuthe, dass hier das berühmte, von A. Dürer so meisterhaft gestochene unter dem Namen des Degenknopfes Kaiser Maximilian's I. bekannte Nielloplättchen eingesetzt war« — und weiter: »Es existiren auch Abdrücke von diesem etc. Plättchen, welche zeigen, dass es genau dieselbe Grösse hatte, wie die Einsenkung im Schwertknopfe. Später wurde es herausgelöst und, um den Abgang zu ersetzen, das schlechte Blatt mit dem Osterlamm eingefügt. Leider gerieth das kostbare Kunstwerk in Verlust«.

[7]) Heller gehört, wie wir gesehen haben, zu den ersten und ernstesten Zweiflern an den Angaben in Will's Münzbelustigungen.

[8]) »Werke von Albrecht Dürer in der k. k. Ambraser Sammlung«.

Bevor wir jedoch daran gehen können, dem Schwerte in den Inventarien nachzuforschen, müssen wir eine Beschreibung desselben vorangehen lassen, um die Identität stets controliren zu können.

Wir zählen das in Rede stehende Schwert zu jener Gattung, die man gemeinlich »zu anderthalb Hand« bezeichnet. Die ansehnliche Klingenlänge von 91 Centimeter, sowie die bedeutende Länge des Handgriffes von 29 Centimeter reihen es unter diese Kategorie. Der Knauf von Messing ist 6,3 Centimeter dick, 10,5 Centimeter hoch, vierkantig flach und sitzt diagonal aufrecht auf dem Griffe. Auf beiden Flachseiten desselben zeigen sich zwei ungleich grosse runde Vertiefungen. Die grössere derselben ist mit einem theilweise vergoldeten Silberplättchen ausgefüllt, auf welchem in einfacher, wenig kunstvoller, doch correkter getriebener Arbeit das Osterlamm mit dem Kreuze so dargestellt ist, wie es im Wappenschild von Brixen erscheint; die kleinere ist ebenfalls mit einem Silberplättchen belegt, welches ein gravirtes Wappen enthält. Dasselbe ist viergetheilt und enthält die folgenden Figuren: 1. Ein schwarzer Pferdekopf mit rothem Federschmucke nach links im goldenen Felde; 2. eine roth und weiss getheilte Lilie im wechselnden Felde; 3. eine schräg nach links gestellte aufsitzende Lilie, schwarz und weiss getheilt im wechselnden Felde; 4. zwei gegenseitig springende sich kreuzende gekrönte silberne Löwen im rothen Felde. Die Farbe ist durch kaltes Email dargestellt, das in die Gravirungen gepresst wurde.

Der Griff ist von Messing, an der Vorder- und Rückseite mit geschwärztem Horn belegt. Dieser ziemlich dicke Hornbelag wird ausser durch drei einfach getriebene Vierblattrosetten in der Mitte noch durch ein Messingband zusammengehalten, das in roher gehauener Arbeit nach auf- und abwärts ein durchbrochenes Randornament bildet, welches aus gothischen Dreiblättern besteht und dem späteren Tudorkamme nicht unähnlich ist. In der Mitte läuft ein doppelter gewundener Messingdraht. Aehnlich wie der Griff ist auch die nach abwärts gesenkte sehr leicht gebogene Parirstange mit Horn belegt; die Endbeschläge bilden messingene Hülsen, ohne alle Verzierung.

Die schöne zweischneidige, oben 6,5 Centimeter breite Klinge ist sehr flach und federkräftig, bis an die Spitze flach gerippt und zeigt zwei kurze zusammenlaufende seichte Blutrinnen. Auf beiden Seiten ist ein Stempel ersichtlich ähnlich dem, der auf einem Stechzeuge des Kaisers Maximilian von circa 1480 vorkommt; ein gekröntes $\mathcal{M}$. Die Beschreibung und Beurtheilung der Klingenverzierung müssen wir uns, weil darüber mehr zu sagen ist, auf später aufsparen.

Die Scheide ist aus gepresstem braunem Leder und besitzt ein

messingenes Mundblech, welches am Oberrande das gleiche Dreiblattornament zeigt, wie es vorher beschrieben wurde. Das 31 Centimeter
lange Ortband endet an der Vorderseite in eine heraldische Lilie und
ist aus einzelnen Spangen derart gebildet, dass nur die Schneidekanten
belegt erscheinen. Zum Schutze der vorderen Kante reicht das Beschläge
um 9 Centimeter weiter nach aufwärts. Die Verbindungsspangen am
Obertheile dieses Ortbandes sind ebenfalls mit dem oberwähnten durchbrochenen Ornamente geziert. Die Kantenbeschläge sind rund aus-
gezackt und mit gedrehtem Draht belegt. Alle Messingtheile an Schwert
und Scheide sind gut vergoldet.

Das Gehängefragment aus braunem Leder und das Schutzleder
am Griffe sind hier als minder wesentlich kaum näher zu beschreiben,
es genügt die Bemerkung, dass beide aus der Zeit der Verfertigung
datiren.

Wir haben bei der Wiedergabe des Textes in Will's Münzbelustigungen auf den Widerspruch hingewiesen, der zwischen diesem
und den später bekannt gewordenen, nicht anzufechtenden Aeusserungen
Speckle's liegt. Durch die nachgefolgten Vermuthungen und Behauptungen wird dieser Widerspruch nicht nur nicht entkräftet, sondern es
gesellen sich neue Widersprüche hinzu. Speckle's Schwert, das bei
Will zum Degen einschrumpft, erhält nun wieder die riesigen Dimensionen eines Schwertes zu anderthalb Hand. Es soll der Degen oder
Degenknopf nach Will's Versicherung seiner Vortrefflichkeit wegen nach
Wien gebracht worden sein. Nehmen wir für einen Augenblick an, es
wäre die Bezeichnung »Degen« bei Will eben nur die Classification
eines Nichtfachmannes, und es wäre das bezeichnete Schwert das in
Rede stehende, so müsste sich doch ohne Mühe aus den Inventaren
constatiren lassen, zu welchem Zeitpunkte dasselbe nach Wien gelangte?
Schloss Ambras befand sich vom Jahre 1580 bis zum Tode des
Erzherzogs, 1595, in dessen Privatbesitze, von dieser Zeit an im Besitze
des Sohnes und Erben, des Markgrafen Karl von Burgau; erst im Jahre
1606 gelangte es durch Kauf in das Eigenthum des kaiserlichen Hauses
und zwar mit seinem gesammten Inhalte. Das Schwert könnte also
vor dem Tage des Verkaufes, d. i. dem 21. Februar 1606 nicht nach
Wien gebracht worden sein, wenn man nicht gewaltsam eine neue
Vermuthung aufstellt, das Schwert wäre nach Wien als Geschenk verehrt worden, eine Annahme, die wenigstens für die spätere Lebenszeit
des Erzherzogs aus mehreren Ursachen auszuschliessen wäre.

Unser Schwert ist aber vom Jahre 1596 bis zum Jahre 1806 in
Ambras gewesen, wie wir aus den Inventaren unwiderleglich erweisen
können. Wir lassen hier die betreffenden Auszüge folgen.

Inventar von 1596, Seite 702.

147. »Mer ain khurze braite Wöhr. Zu baiden handen mit ainer braiten Klingen, bei dem Gefess auf baiden seiten das Oestereichisch Wappen. Das Gefess hanndthob vnd Khnopf, Von schwarzen Pain von Durchsiechtiger Arbait, vnnd vergult.« (Aufbewahrungsort in der Bibliothek.)

Inventar von 1613, Seite 480. Derselbe Wortlaut und derselbe Bewahrungsort.

Hauptinventar über Schloss Ambras von 1621, Seite 89.

140. »Mer Ain Schwerdt, auf der Klingen der Khinigisch Adler Auf der Anderen seiten das österreichisch Wappen. Das Creuz vnd Knopf von Messing vnnd vergult, Auf dem Knopf das Lamp vnnd Auf der Andern seiten Ain Wappen.« (Bewahrungsort: im Antiquario in der Bibliothek.)

Inventar angeblich von 1730, in der That aber etwas älter. Seite 167.

49. »Ain schwerdt auf der Klingen ain Königlicher adler, auf der andern seithe das Österreichische Wappen das Creuts vnd Knopf Von Mössingen Vergult, auf den Knopf das Lamb, auf der andern Seythen ein Wappen.« (Befand sich in der 4. oder neuen Rüstkammer.)

Inventar 1788. 1. Band Seite 177.

338. »Ein Schwert, auf dessen Klinge hier das oesterr. Wappen, dort ein schwarzer einfacher Adler. Kreuz und Knopf Messing und vergoldt; auf einer Seite des Knopfes ein Lamm, auf der andern ein Wappen, die Scheide oben und unten mit vergoldten Messing beschlagen. Der Griff von schwarzen Beine ebenfalls mit dergleichen Messing beschlagen. Dabei ist auch anstatt des Stichblattes eine kleine lederne Tasche, die eine Seite mit einem vergoldten Messingblättlein und darüber zum Theil mit einem Silberblättlein überzogen nebst einem schadhaften ledernen mit vergoldten Messing beschlagenen Gürtel.« (Befand sich in der äussern Rüstkammer.)

Inventar der K. K. Ambraser Sammlung in Wien 1821. Seite 108.

21. Wortlaut gleich dem vorigen. Bewahrungsort: Gewehrkammer.

Inventar 1877. Wien.

136. »Kaiser Maximilian I. Nürnberger Schwert sammt Scheide.« Bewahrungsort: Gewehrkammer.

Es wird dem Leser dieser Inventarauszüge nicht entgangen sein, dass in keinem einzigen der älteren nur die geringste Erwähnung von einem schon zu Lebzeiten Dürer's hochgeschätzten Kunstwerke gemacht

wird. Es wäre doch sonderbar, dass die Verfasser des Inventars von
1596 Carl Freiherr zu Wolkenstein, Carl Schurf zu Schönwert, Darius
von Noniz, Friedrich Schrenk von Notzingen u. a., Männer, welche
noch von dem Geiste der Renaissance angehaucht waren, achtundsechzig
Jahre nach des grossen deutschen Meisters Tode es nicht der Mühe
werth gefunden hätten, bei Erwähnung des Schwertes des hochwich-
tigen Umstandes der Existenz dieses beigegebenen Schatzes mit einem
Worte zu gedenken und noch dazu in einem Documente, das anlässlich
des Todesfalles des Erzherzogs Ferdinand aufgenommen, hauptsächlich
zu dem Zwecke dienen sollte, den Besitz des Dahingeschiedenen nach
seinem äusseren und inneren Werthe beurtheilen zu können und das
thatsächlich mit aller Treue vieler weit unwichtigeren Umstände, die
den künstlerischen oder historischen Werth der Objecte in's Licht setzen
können, Erwähnung thut?

Wir glauben, dass mit dem Gesagten genügend dargethan ist,
wie wenig Wills Angaben Glauben verdienen und wie wenig dieselben
daher geeignet sind, als Unterlage für einen wissenschaftlichen Weiterbau zu dienen. Man wird nicht fehl gehen, wenn man annimmt, dass
Will in seinem Werke, — dessen sonstigen Werth und dessen Ver-
dienstlichkeit wir durchaus nicht antasten wollen, — nur nebenher
eine ihm irgendwo zu Ohren gekommene Thatsache, die nur halb mehr
im Gedächtnisse haftete, oberflächlich erwähnte, ohne eine Ahnung zu
haben, welche Combinationen auf diese kurze Nebenbemerkung nach
Jahren aufgebaut werden sollten.

Mit diesen Belegen glauben wir den ersten der Beweisgründe in
dem berührten Werke von Dr. Freiherrn von Sacken: »Die k. k. Ambraser Sammlung« erledigt zu haben und es erübrigt uns weiters, den
zweiten in's Auge zu fassen. Der Verfasser sagt: »dass die Einsenkung
im Knaufe des Schwertes genau die Grösse des Nielloplättchens habe.«
Schon nach der gegebenen Beschreibung der äusseren Gestalt des
Schwertes bedarf es wohl für den Kenner keiner näheren Erklärung,
um zu constatiren, dass wir es hier mit einer Waffe der letzten Decennien
des 15. Jahrhunderts zu thun haben. Alles: Knauf, Griff, die leicht
gebogene abwärts gerichtete Parirstange, endlich auch die Klinge bieten
so deutliche Merkmale, dass eine Irrung in dieser Beziehung vollständig
auszuschliessen ist. Die beiden Einsenkungen am Knaufe sind nicht
etwa erst in späterer Zeit [*)] gemacht worden, um nachträglich bestimmte
Gegenstände in selben einfügen zu können, sondern sie sind gleichzeitig

—

*) Heller setzt die Fertigung des kleinen Crucifix zwischen 1507 und 1514.
Es ist dies sicher eine frühe Datirung.

mit der Anfertigung des Schwertes gemacht, wie wir uns genau mit
Augen überzeugt haben. Der Rand ist aufgeworfen, gegen innen zu
gekehlt und aus der Oberplatte ausgefeilt. Die Einsenkung ist drei
Millimeter tief und daher sicher auf die Aufnahme eines dicken Gegenstandes, etwa einer Münze, berechnet. Wichtiger noch als die obige
Wahrnehmung ist die Vornahme einer genauen Messung des Durch-
messers, namentlich derjenigen Einsenkung, welche angeblich das Nielloplättchen Dürer's enthalten haben soll. Wir haben dieselbe gelegentlich
einer Reinigungsarbeit vorgenommen und geben das Ergebniss hier
wieder: Die Einsenkung ist nicht kreisrund, sondern quer eliptisch. Der
senkrechte Durchmesser beträgt 36 Millimeter, der Querdurchmesser
aber genau 38 Millimeter.

Das in der k. k. Ambraser Sammlung befindliche Exemplar eines
Abdruckes des Originalplättchens ist leider innerhalb des Plattenrandes
geschnitten; wir haben daher den in der Albertina befindlichen Abdruck, der ganz unversehrt ist, zur Grundlage der Messung genommen,
wozu wir durch die besondere Güte des Vorstandes Herrn Professor
Dr. Moriz Thausing die Erlaubniss erhielten. Das kreisrunde, dem
Eindrucke nach zu urtheilen äusserst dünne und scharf geschnittene
Goldplättchen hatte genau 40 Millimeter Durchmesser. Die Darstellung
selbst misst 36 Millimeter im Durchmesser. Das Plättchen hätte somit
in die Einsenkung gar nicht eingesetzt werden können, schon darum
nicht, weil die Seitenwände derselben ein Unterschieben nicht gestatten,
vollkommen senkrecht stehen und an die Grundplatte gelöthet sind.
Nehmen wir aber selbst die letzte Zuflucht zur Möglichkeit, das »goldene« Plättchen, das ein Kleinod der Kunst bildete, wäre vandalisch
oben und unten scharf bis an den Bildrand, nach den Seiten zu aber
je um einen Millimeter zugeschnitten worden; welches Aussehen hätte
das Kunstwerk in diesem Falle geboten? Es wäre oberhalb und unter-
halb knapp an der tiefen Wand der Einsenkung angestossen und hätte
nach den Seiten zu zwei Millimeter leeren Raum gehabt.

Es ist wohl begreiflich, dass bei Untersuchungen, welche auf die
Provenienz dieses Schwertes Bezug haben, jenes kleinere Rundplättchen
ebenfalls in den Kreis der Beobachtung gezogen wurde, welches das
beschriebene viergetheilte Wappenschild enthält; je nach den aufgestellten
Vermuthungen von Beziehungen der Waffe zu unserem Kleinode musste
sich der Gedanke aufdrängen, ob nicht gerade dadurch eine Aufklärung
der näheren Umstände des Schicksales von Schwert und Kunstwerk zu
erreichen sei. In Dr. Freiherrn von Sackens Werke: »Die k. k. Ambraser Sammlung« ist auch wirklich der Versuch gemacht worden auf
Grund der Wappenbilder auf die Art zu schliessen wie das Schwert

mit seinem kostbaren Schmucke an Kaiser Maximilian I. gekommen
sein möge. Der Verfasser schreibt hierüber: »Da drei der oben beschriebenen Wappen und wahrscheinlich auch das vierte mit dem Pferde-
kopfe Nürnberger Patrizier Geschlechtern, von denen Mitglieder zur
Zeit Maximilians im hohen Rathe sassen, gehören, so ist zu vermuthen,
dass das Schwert ein Geschenk der Nürnberger Rathsherrn an den
Kaiser gewesen sei, welche es von der Hand des grössten deutschen
Künstlers, der noch dazu ein Liebling des Kaisers war, ausschmücken
liessen« [10]).

Obgleich diese Combination auf Voraussetzungen beruht, welche,
wie wir dargethan haben, theils irrige, theils unerwiesene sind, so
sehen wir uns doch veranlasst, auch diese Folgerung näher zu untersuchen. Das erwähnte kleinere Rundplättchen passt mit Rücksicht auf
die Randlinie der Darstellung, welche einen verhältnissmässigen Raum
frei lässt, genau in die Einsenkung und es ist anzunehmen, dass dasselbe für den Zweck gearbeitet wurde, an der gedachten Stelle eingesetzt zu werden. Von den dargestellten Wappenfiguren sind nur die
Felder 2 und 4 unanfechtbar eruirt. Feld 2 gehört der Familie Welser,
es kann eben so gut Nürnbergisch, als Augsburgisch sein, nachdem,
wie bekannt, Jakob Welser 1504 in den Nürnberger Rath gelangte;
Feld 4 gehört sicher den Ammon. Hier stimmen Zeichnung und Farbe
genau mit den bekannten Schilden. Das Wappen im Felde 1 ist
Dr. Freiherr von Sacken geneigt, den Reinsperg zuzutheilen, allein auch
er ist — wenigstens in seinem älteren Werke — etwas unsicher und
lässt dem Namen ein bedeutsames Fragezeichen folgen; und mit Recht,
du abgesehen von der entgegengesetzten Wendung der Figur, — einen
Fehler, den wir gerne nachsehen wollten —, die Farben des Blasons
nicht stimmen. Die Reinsperg führen das weisse Pferd im rothen Felde.
Dasselbe ist mit der Wappenfigur im Felde 3 der Fall, die Freiherr
von Sacken der Familie Stromer zuweist. Diese Familie führte aber
nie eine schräge aufsitzende Lilie schwarz und weiss getheilt, sondern
einen nach abwärts gerichteten Dreiwinkel mit Lilien an den Spitzen
weiss im rothen Felde.

Nachdem die Blasons der rathsfähigen Geschlechter, namentlich

---

[10]) In der Abhandlung: »Werke von A. Dürer in der k. k. Ambraser Sammlung« spricht sich der Verfasser darüber schon mit mehr Bestimmtheit aus, indem
er sagt: »— In einer (Einsenkung) derselben befindet sich ein ungemein zierlich
gravirtes Silberplättchen mit einem gravirten Schilde, der die Wappen der vier
Nürnberger Patrizierfamilien: Reinsperg, Welser, Stromer, Ammon enthält — —«. Zu
Folge der Wappen dürfte das Schwert ein Geschenk der Nürnberger Rathsherrn an
den Kaiser gewesen sein, welches sie von dem grössten Künstler ausschmücken liessen.«

aus dem 16. Jahrhundert, so ziemlich vollständig bekannt sind, und nicht anzunehmen ist, dass sich ein Kunstarbeiter gerade bei diesen beiden Feldern so weit gehende Freiheiten erlaubt hätte, Figur und Farbe willkührlich zu verändern, so fällt wohl die Vermuthung weg, als sei das fragliche Schwert ein Geschenk der Nürnberger Rathsherrn an irgend wen gewesen.

Doch selbst angenommen, es wären die sämmtlichen Wappen bestimmten Nürnbergischen Geschlechtern angehörig, auch dann ist die Vermuthung, es sei das Object ein Geschenk an Kaiser Maximilian gewesen, an sich schon hinfällig, da jeder Kunstverständige und jeder Heraldiker bei Betrachtung des Wappens mit uns einverstanden sein wird, dass die Anfertigung desselben ziemlich lange nach dem Tode Kaiser Maximilian's datirt.

Was nun die interessante Klinge des Schwertes betrifft, so giebt auch sie uns Anlass zu einschlägigen Betrachtungen. Dieselbe ist an beiden Seiten mit emaillirten heraldischen und ornamentalen Emblemen geziert, sie sind in Goldschmelz gelegt und dabei sind auch jene Flächen berücksichtigt, welche Email aufzunehmen hatten. Dieses Email ist roth durchscheinend, dünn aufgetragen, trotz dieses dünnen Auftrages aber sehr spröde und brüchig. Beide Emaildarstellungen wurden in späterer Zeit mit Oelfarbe übermalt. An der einen Seite zeigt sich der österreichische Bindenschild. Die beiden rothen Felder scheinen den Spuren nach zu urtheilen, mit Email bedeckt gewesen zu sein, das Email ist aber, was auch bei der Biegsamkeit der Klinge nicht zum Verwundern ist, abgesprungen, so dass diese nur mehr den Goldschmelz-grund bedeckt. Der Querbalken war frei gelassen, und scheint daher weiss oder stahlblank hervor.

Die andere Seite zeigt einen einköpfigen Adler nach rechts in rothem Email, er besitzt, wie an einer Stelle, an welcher die spätere Uebermalung weggewetzt ist, ganz deutlich zu ersehen ist, die »Klee-stengel« und stellte daher ursprünglich nicht einen königlichen, sondern einen Tiroler-Adler dar. Er ist, soweit zu beurtheilen, ungekrönt, was von unwesentlicher Bedeutung ist, da der Adler von Tirol im 15. Jahr-hundert ebenso oft gekrönt als ungekrönt vorkommt[11]).

---

[11]) Vergl. »Archäologische Skizzen aus Tirol« von Fr. K. Fürsten zu Hohenlohe-Waldenburg. Heraldisch-genealogische Zeitschrift, 1871, Nr. 6. — »Der Tiroler Adler«, Studien von Dr. A. Busson. Innsbruck 1879. Der gekrönte Adler Tirol's kommt auf Urkundensiegeln zwar bereits von 1446 vor, aber zahllose Fälle, die anzuführen uns der Raum fehlt, beweisen, dass bis in das 16. Jahrhundert hinein der Tiroler Adler auch ungekrönt dargestellt wurde. Mit Farben dargestellt erscheint derselbe gekrönt zuerst im Wappenbuch des Conrad Grünenberg vom Jahre 1483.

Es scheint auf den ersten Blick unklar, warum später die emaillirten Embleme mit Oelfarbe übermalt wurden. Die Bemalung ist nach den Mustern der Damaszirung zu urtheilen, ziemlich alt und datirt sicher aus der Neige des 15. Jahrhunderts. Der Bindenschild wurde zinnoberroth und selbst der silberfarbe Querbalken weiss bemalt und damaszirt. Der Adler im rothen Email wurde sammt den Kleestengeln schwarz überstrichen, das Feld erhielt über den Goldgrund eine Uebermalung von lichtem Ocker. Damit wurde aus dem schlichten Tiroler-Adler ein solcher des römischen Königs gemacht.

Dadurch erklärt sich auch die Angabe in den älteren Inventaren: »Der Khinigisch Adler«, denn gewiss war zu jener Zeit noch die ursprüngliche Darstellung vollständig mit der Farbe überdeckt und präsentirte sich als schwarzer Adler im gelben Felde.

Mit dem Gesagten dürfte der Beweis erbracht sein, dass die sämmtlichen späteren Vermuthungen und Angaben über das sogenannte »kleine Crucifix«, »mit Ausnahme des Berichtes des Augenzeugen Speckle« nicht aufrecht erhalten werden können. Das Niello des grossen Meisters war nie in einem Degenknopfe geschnitten, der in Ambras verwahrt wurde, und ist nie in jenem Schwerte eingesetzt gewesen, das uns in Dr. Freiherrn von Sackens: »Ambraser Sammlung« bezeichnet wurde. Was das bezeichnete Schwert anbelangt, so ist hier nicht der Ort, uns über dessen Provenienz und Schicksal näher auszusprechen, wir behalten uns ein Urtheil darüber an geeigneterer Stelle vor. Für unsere Aufgabe genügt die gewonnene Ueberzeugung, dass das Schwert »auf die gegebenen Vermuthungen hin« mit dem ritterlichen Kaiser nicht in Beziehungen gebracht werden kann.

Wien, im August 1879.

Ueber Kunst, Archäologie und Cultur in Italien.

Nach zwei unedirten französischen Reiseberichten des 16. Jahrhunderts mitgetheilt von **Jean Paul Richter**.

Unter den an Zahl und Bedeutung nicht geringen Handschriften in British Museum, welche sich auf italienische Kunstgeschichte und Archäologie beziehen, befinden sich zwei dem 16. Jahrhundert angehörende Reisebeschreibungen angesehener Franzosen, aus denen einige auszugsweise Mittheilungen ein besonderes Interesse zu erwecken geeignet erscheinen. Die umfangreichere dieser Handschriften, ein starker auf Pergament kalligraphisch geschriebener Octavband, stammt aus der Sammlung des Marquis of Lansdowne und trägt die Nr. 720. Auf dem Titelblatt lesen wir:

Voyage d'Italie
Vendredy Premier Jour d'Octobre
MDLXXIIII.

Es folgen dann die einleitenden, den Namen des Verfassers nicht enthüllenden, aber dafür Anhalt bietenden Worte: »Da ich an diesem Tage benachrichtigt wurde durch Herrn de la Landouze von der Abreise eines seiner Neffen, des Herrn Pignerelle, Mareschal des logis du Roy, in Tours wohnhaft, welcher nach Lyon reiste, wo damals der König [1] von Poulongne heimkehrend verweilte, verwandte ich den Rest des Tages darauf, Abschiedsbesuche zu machen und für die Abreise am nächsten Tag zu einem Besuche Italiens Vorbereitungen zu treffen.«

Es folgt dann eine ziemlich trockene im Stil der Itinerarien gehaltene Aufzeichnung der Stationen, zuerst von Orléans, dem Aus-

---

[1] Heinrich III., im Jahre 1573 zum König von Polen ernannt, 1574 König von Frankreich nach dem Tod Karl's IX.

gangspunkt der Reise, nach Lyon (fol. 1^b — 12), dann über Chambéry nach Turin. Am 14. October überschreitet er den »Mont Senys« und reist dann weiter über Turin (fol. 44) nach Piacenza, auf dem Po über Cremona nach Ferrara, und zu Land nach Bologna (fol. 64). Bei den Reisen während der folgenden zwei Jahre nach Venedig (fol. 114) und Genua (fol. 162) bleibt Bologna das Standquartier. Im September 1576 wird die Reise über Pisa (fol. 179), Lucca, Florenz (fol. 183) und Siena bis Rom ausgedehnt (fol. 214). Nach einem Besuch von Neapel (fol. 348) wird auf dem Rückweg Capua (fol. 457), Ravenna (fol. 506) und wiederum Venedig (fol. 522) berührt und am 27. April 1578 ist nach dreiundeinhalbjähriger Abwesenheit der Ausgangspunkt der Reise, Orléans (fol. 572) wieder erreicht.

Der anonyme Reisende ist ein begeisterter Archäolog, der kaum an einer antiken Inschrift vorübergeht, ohne sie genau zu copiren. In Rom angekommen hat er nichts eiligeres zu thun, als eine Tour um die Mauern der Stadt zu unternehmen, wobei sämmtliche Inschriften, mittelalterliche inbegriffen, verzeichnet werden. Nichts hat in der Handschrift Aufnahme gefunden, was nicht von wissenschaftlichem Interesse wäre. Wir begegnen hier keiner einzigen auf zufällige Erlebnisse bezüglichen Bemerkung, und die Darstellung ist nicht minder sachlich gehalten, als irgend ein officieller Bericht einer modernen rein wissenschaftlichen Mission. Erst beim Besuch Toscana's werden die sonst vorherrschenden Interessen des Epigraphikers durch eine den Meisterwerken der Renaissance zugewandte Theilnahme in den Hintergrund gedrängt.

Bei der Besprechung der plastischen Werke Michelangelo's in Florenz wird uns eine für den Meister sehr charakteristische und durchaus glaubwürdige Aeusserung mitgetheilt, welche wir bei Vasari und Condivi nicht verzeichnet finden. Sie mag der mündlichen Tradition — jener von Vasari so reichlich benutzten Quelle — entstammen: »Von Michelangelo erzählt man auch folgenden Ausspruch als Erwiderung der Frage eines seiner Freunde, welcher von Bewunderung seiner Werke und insbesondere der Statue der Nacht hingerissen zu wissen wünschte, wie es ihm möglich gewesen sei, solche Kunstwerke auszuführen: Ausgeführt habe ich das gar nicht, sagte Michelangelo, die Statue, welche ihr seht, war schon in dem Marmorblock, den ich hatte, und ich habe damit gar keine Mühe weiter gehabt, als dass ich die kleinen Stücke abgeschlagen habe, welche rings herum waren und sich so dem Blicke verbargen. Als Beweis, dass es wirklich so sich verhält, mögt ihr selbst so einen Marmorblock oder Stein hernehmen gleichviel ob gross oder klein. Ich versichere euch, es gibt deren nicht

einen einzigen, in welchem nicht irgend ein Bild oder Statue drinsteckt.
Nur darauf kommt es an, sie deutlich zu erkennen, damit man ja
nichts von der Statue abschlage, anstatt das wegzunehmen, was um
sie herum ist, was sie bedeckt und dem Blick entzieht; denn hier ist
das zu viel ebenso gefährlich wie das zu wenig. Wer sich indessen
darauf versteht, für den gibt es nichts leichteres als dies. Und so
schickte er seinen Mann heim, der nun Statuen in Kieselsteinen suchen
mochte« [1]).

Es ist der echte Sarkasmus Michelangelo's, welcher aus diesen
Worten spricht. Wenn man aber bedenkt, wie gerade Michelangelo
mit dem Marmor umzugehen pflegte, so kann man der Aeusserung
auch eine ernste Seite abgewinnen.

Bei der Beschreibung der Mediceercapelle wird angegeben, dass
beim Eintritt von der Kirche S. Lorenzo rechts über den Statuen der
Nacht (welche in einer Federzeichnung abgebildet ist) und des Tages
das Standbild des Herzogs A l e s s a n d r o sich befinde, was gewiss ein
Irrthum ist. Ueber die damalige Benutzung der in den letzten Lebensjahren Michelangelo's bekanntlich ziemlich der Verwahrlosung preis-
gegebene Capelle erfahren wir folgendes: »Bemerkenswerth ist, dass
in dieser Capelle stets und zu jeder Stunde, des Tages wie der Nacht,
zwei Priester auf den Knieen zu Gott für die in den Grabmälern Bei-
gesetzten beten. Alle zwei Stunden werden sie abgelöst. Die einzigen
Unterbrechungen sind die Hauptmesse und die Vesper, wo dann alle
zusammen beten. Zu beachten sind noch die ausgezeichneten, eine
Sündfluth darstellenden Malereien zu beiden Seiten des Hauptaltars.«
Es bleibt zweifelhaft, ob wir hier an die Malereien zu denken haben,
welche Vasari zum Schmuck (?) der ganzen Capelle projectirt hatte
und worüber er mit dem Herzog Cosimo und mit Monsignor Vincenzo
Borghini Verhandlungen pflegte. In der Kirche S. Annunziata waren
damals aus Anlass des wunderthätigen Madonnenbildes »so viel Statuen, Portraits, Gemälde und ex-voto's der verschiedensten Leute, von
Päpsten, Cardinälen, Bischöfen und von Laien hohen und niederen
Standes angebracht, dass eine grosse Anzahl derselben sogar ausser-

---

[1]) J'auoys une pierre de marbre dedans laquelle estoit ceste statue que vous
voyez et n'euz aultre peine que d'oster de petits morceaux qui estoyent autour et
empeschoyent qu'elle ne se peult veoir et qu'ainsy ne soit prenez tel marbre ou
pierre que vouldrez soit grosse ou petite il n'y en a pas une seule qui n'ait en soy
quelque effigie et statue, mais il fault la scavoir bien congnoistre affin de n'enlever
de la statue au lieu de ce qui est autour qui la couvre et empesche quelle ne se
puisse veoir, car en cela il y a aultant de danger a oster trop que trop peu: et à qui
ne scait faire ny a rien plus aysé, et ainsy envoya son homme chercher des statues
dans des coillons.

halb der Kirche sich befindet, da diese bis oben in die Wölbungen der Decke mit dergleichen angefüllt ist«. Hinter dieser Kirche, in der Nähe der Mediceergärten, befand sich die Menagerie, wo Vasari und Genossen zu ihren Evangelistensymbolen Studien machen mochten. »An einer Stätte in der Nähe der letzteren Kirche hatte der Herzog wilde Thiere in Verwahrsam. Zur Zeit meines Aufenthaltes befanden sich dort vierzehn Löwen, darunter vier ausgewachsene, die übrigen jung; ausserdem noch ein Tiger und auf der anderen Seite zwei Raubvögel, ein Geier und ein Adler.« Im Herzoglichen Palast war damals in einem grossen Zimmer neben dem Saal der Fünfhundert die jetzt im etruskischen Museum aufbewahrte Bronzefigur der bei Arrezzo gefundenen Chimaera ausgestellt.

Im Geschmack der Zeit wird als eine der grössten Sehenswürdigkeiten die Anstalt bezeichnet, »wo der Herzog werthvolle Steine zubereiten lässt, insbesondere der mit kostbaren mussivisch zusammengesetzten Steinen bedeckte Marmortisch, welcher noch in Arbeit ist, und obschon nur wenig an seiner Vollendung fehlt, so sollen dafür doch noch vierzigtausend Thaler (escutz) erforderlich sein. Ebenda zeigt man einen Achat von der Grösse einer Handfläche; er ist rund geschnitten und auf seiner Fläche ist ein Bild der Stadt Florenz so genau eingegraben, dass man darauf die kleinsten Strassen und Plätze ebenso gut wiedererkennt, wie etwa auf einem grossen Gemälde«.

In der Beschreibung des Domes von Florenz wird unter andern Brunelleschi's Grabinschrift mitgetheilt und im Anschluss daran viel ausführlicher als bei Vasari und auch etwas abweichend [3]) erzählt, wie Brunelleschi bei der Concurrenz für den Kuppelbau obsiegte.

»Dieser Architekt war ein sehr witziger Kopf. Die Florentiner erzählen von ihm als einen seiner ernstesten Einfälle einen Zug, welchen ich mir nicht versagen kann, hier an passender Stelle wiederzugeben: Bevor man nämlich diese Kirche [4]) zu bauen anfing, reichten mehrere Architekten dafür Zeichnungen und Modelle ein, darunter auch der genannte Meister. Da man nun sich nicht entscheiden konnte, welchem man die Arbeit anvertrauen sollte, wurde Folgendes beschlossen. Damit niemand zurückgesetzt oder mehr als andere begünstigt werde, sollte jeder von ihnen irgend etwas von ihm erfundenes proponiren, was die übrigen ausführen sollten. So geschah es auch, aber da sie in der Mehrzahl geistreiche Köpfe waren, konnte Keiner dem andern so grosse Schwierigkeiten in den Weg stellen, dass sie nicht sofort auch irgend

---

[3]) Es soll heissen die Kuppel der Kirche.
[4]) G. Milanesi's Ausgabe, Florenz 1878. Vol. II. S. 347.

einer von ihnen überwunden hätte. Brunelleschi war es zugefallen, als
letzter seine Proposition kundzugeben, er verstieg sich aber weder so
hoch wie die andern, noch machte er ihnen gleich grosse Schwierigkeiten, indem er ihnen weiter nichts zu thun aufgab, als auf einen
Marmortisch ein Ei auf einer seiner Spitzen zum Stehen zu bringen.
Das Ei ging von Hand zu Hand, alle machten den Versuch, aber alle
ihre mathematischen Kenntnisse halfen ihnen hierbei über die Schwierigkeiten nicht hinweg, wenn sie dem Ei nicht eine Stütze geben oder
Wachs zu Hilfe nehmen wollten, was in der Proposition ausdrücklich
ausgeschlossen war. So mussten sie es ihm überlassen, das Problem
zu lösen. Als er nun das Ei in die Hand nahm und mit seiner Spitze
auf den Tisch ein wenig aufschlug, so dass es stand, erhoben sich die
übrigen Herren Architekten, um beschämt sich zu entfernen und ihre
Schande war um so viel grösser, als die gestellte Aufgabe einfach und
leicht ausführbar war, wovon sie sich zu wenig Rechenschaft gegeben
hatten. So wurde die Ausführung der Unternehmung dem Erfinder
des schönsten Problems zugesprochen. Meister Brunelleschi trug unter
allen seinen Mitbewerbern den Preis davon.«

Im Dom von Pisa wird der Ausstellungsort des 1607 von Ceoli
auseinandergenommenen und seitdem in seinen Theilen verstreuten
Ambon des Giovanni Pisano, ähnlich wie bei Vasari angegeben, welcher
dafür die Bestimmung giebt, »rechterhand, wenn man zum Hochaltar
geht, angelehnt an den Chor«[5]).

»Der Chor ist ganz mit zusammengesetzten Steinen bedeckt, die
Wölbung ist musivische Arbeit. Hinter dem Chor befindet sich ein
Tisch, welcher, wie behauptet wird, mit mehreren anderen kostbaren
Gegenständen und antiken Monumenten von ihren Vorfahren zur Zeit
ihrer Macht von Constantinopel und anderen entfernten Orten dorthin
gebracht worden ist. Dort in der Nähe befindet sich eine ausserordentlich schöne Kanzel von weissem, feingeglättetem Marmor. Sie
ist auf allen Seiten mit kleinen Säulen und Statuen verziert, unter
anderen die Figur einer Pisa mit der Krone auf dem Haupt und zwei
Kinder säugend.«

Die Tradition, dass die antiken Sculpturen in Pisa theilweis aus
Constantinopel stammen, finden wir bei Vasari nicht angegeben, welcher
ganz allgemein aussagt, Pisaner Flotten hätten Marmorstücke als Beute
herzugebracht[6]). Bekanntlich sind mehrere der Sculpturen im Campo
Santo als Werke der classischen griechischen Kunst allseitig anerkannt.

---

[5]) G. Milanesi's Ausgabe, Florenz 1878. Vol. I. S. 316.
[6]) Vol. I. S. 293—294.

Nicht minder wichtig sind die Angaben über den byzantinischen Kirchenschmuck. Unter den in Rom und Umgegend gemachten Aufzeichnungen sind die umfangreichen Verzeichnisse von Inschriften in Palästen und Villen, so über die seither grossentheils verschleppten Sammlungen des Pallazzo Farnese und der Villa d'Este in Tivoli besonders beachtenswerth.

An drei Stellen der Handschrift begegnen wir mehr oder weniger eingehenden Schilderungen socialer Verhältnisse. Sie beziehen sich auf die Städte Bologna, Genua und Florenz. Diesen kommt nicht allein eine allgemeine culturgeschichtliche Bedeutung zu, sondern sie sind auch als die Bedingungen der Kunstpflege an den verschiedenen Orten von Belang.

Dies gilt in erster Linie von der Schilderung des öffentlichen Lebens in Bologna, wo uns auch beiläufig für die Costümkunde sehr wichtige Mittheilungen gemacht werden, welche für die Geschichte der Portraitmalerei Bedeutung haben. Bei seinen verschiedenen Besuchen dieser Stadt verbrachte der französische Gelehrte dort einmal, wie er selbst beiläufig angiebt, fünf und einen halben Monat (Fol. 137). Zwar hatte der Name der Carracci damals noch keinen Klang, Dionysius Calvart von Antwerpen war wohl die einzige namhafte in der Stadt ansässige Kraft, aber die socialen Verhältnisse daselbst am Vorabend der Gründung jener Akademie, welche berufen war, die einflussreichste in der Geschichte der Malerei zu werden, sind doch auch für diese letztere mittelbar von Bedeutung. Die Lebensverhältnisse in Bologna sind die Lebensbedingungen der dortigen Kunstpflege und vergleichen wir untereinander die so lebendigen Schilderungen der Zustände diesseits und jenseits des Apennin, so können wir darüber nicht im Mindesten im Zweifel sein, warum nunmehr Bologna und nicht mehr Florenz berufen war, das Centrum der Pflege der schönen Künste zu sein. Die Beobachtungen des französischen Reisenden können darum füglich als culturhistorische Einleitungen zur italienischen Kunstgeschichte gegen das Ende des 16. Jahrhunderts betrachtet werden.

»Wie die übrigen Städte Italiens, so ist auch Bologna reich an prächtigen Palästen, und hier nehmen die Edelleute davon Anlass, darin dauernd ihre Wohnung zu haben, statt sich auch auf dem Lande niederzulassen. Der Adel von Bologna ist dadurch besonders ausgezeichnet, dass jeder seiner Mitglieder in irgend etwas sich hervorzuthun bestrebt ist, sei es für sich allein oder mit andern gemeinsam, sei es in den Wissenschaften oder doch wenigstens in der Kenntniss der lateinischen Sprache, mit welcher nur wenige unter ihnen nicht vertraut sind, sei es in Philosophie. Diejenigen indessen, welche die

lateinische Litteratur nicht pflegen, studiren die italienischen Geschichts-
schreiber, üben sich in den Waffen, spielen die Laute oder pflegen
den Gesang und in der That finden sich sehr wenige unter ihnen, die
diesen nicht wenigstens ausüben, während es die Mehrzahl darin viel
weiter bringt. Unter anderen habe ich drei Brüder gekannt, deren
einer zu dem Rath der Vierzig, den sogenannten Bolognini gehört,
welche die Stadt regieren; der andere war ein ganz vorzüglicher Maler
und führte zu seinem Vergnügen Oelgemälde aus, welche von den
Meistern in dieser Kunst bewundert wurden, der dritte machte sehr
gute musikalische Compositionen und spielte auf dem Spinett. Auch
die übrigen zwei verstanden sich auf Musik und im Winter wurde an
allen Sonn- und Festtagen in ihrer Wohnung am Abend drei Stunden
lang ein Concert von Vocal- und Instrumentalmusik gegeben. Man
wurde dort zugelassen, sowohl zur Ausübung der Musik, als auch als
Zuhörer und ich habe mich selbst dorthin mehreremale begeben. Jeder
Meister bringt seine neuen Compositionen zum Vortrag mit und je
nach seinem Verdienst wird ihm bis zu dreimalen Beifall gezollt. Wenn
sie den Anwesenden sehr gefallen haben, bittet einer der Hausherren
die Gesellschaft, die Wiederholung der Aufführung oder des Vortrages
zu gestatten, um vor dem Weggehen einem jeden den Wohllaut in
der Erinnerung zu befestigen, und wenn dies geschieht, so schätzt sich
dies der Componist ganz besonders zur Ehre. Gewöhnlich wird dort die
Musik von fünfzig bis sechzig ausgeübt, theils Sängern, theils Instrumen-
talisten. Darunter spielen sieben bis zwölf die Viola, fünf bis sechs die
Laute, Zither und Cornet, während einer der Hausherren auf dem Spinett
spielt. Der harmonische Klang der Musik wird durch die Wölbung des
Saales gesteigert, besonders wenn fünfzig oder sechzig Stimmen oder
Instrumente zusammen vortragen. Man kann getrost behaupten, dass in
Bologna ebensoviel Musik ausgeübt wird, wie in dem ganzen übrigen
Italien zusammengenommen. Doch ich sehe, ich bin durch die Künste
zu Abschweifungen verleitet worden und spreche von Einzelheiten statt
von dem Allgemeinen. Um darauf zurückzukommen, will ich hervorheben, dass die Bolognesen im Reiten ganz besonders geschickt sind,
worauf sich alle Italiener verstehen, welche ja den Ruf haben, alle
Nationen in der Bändigung der Pferde zu übertreffen. Der Bolognesische
Adel unterscheidet sich auch darin von dem des ganzen übrigen Italien,
dass er allein keinen Handel treibt, während es in anderen Städten
Gebrauch der Edelleute ist, entweder durch Geschäftsführer oder selbst
persönlich damit sich abzugeben. Besuchern und selbst Ausländern gegenüber sind die Bolognesen die höflichsten und liebenswürdigsten Leute
von ganz Italien, was den Aufenthalt dort jedem angenehm macht.

Sie halten sehr viel auf ihre äussere Erscheinung und sind von mehr stattlicher Erscheinung, als man sonst irgendwo beobachten kann, weshalb man auch zu sagen pflegt »Amorosi Bolognesi«. Da der Seidenhandel dort sehr in Blüthe ist, benutzen sie kaum einen anderen Stoff zu ihrer Bekleidung und auch die Damen verwenden zu ihrer Kleidung Sammet, Atlas, Damast, Taffet und andere Seidenstoffe, wie man in Frankreich Linnenstoff zur Bekleidung gebraucht. Entsprechend der von Natur ihnen angebornen Reinlichkeit haben sie durch die ganze Stadt Säulengänge und Galerien auf beiden Seiten der Strasse, welche um zwei Fuss tiefer liegt. Diese Galerien sind mit Ziegeln gepflastert und im Durchschnitt zwei Klafter (toyses) breit. Auf der Seite der Strasse sind sie meist von grossen und hohen Säulen aus behauenen Steinen, andere von viereckigen Pilastern aus Ziegelsteinen getragen. Man geht so während des schlechten Wetters oder Regens immer trocken, wenn man nicht quer über die Strasse von Porticus zu Porticus schreiten muss, weshalb gewöhnlich während des ganzen Winters ausgeschnittene weisse Schuhe getragen werden. Die Damen verlassen nur zu Wagen das Haus, vorausgesetzt, dass sie irgend dazu die Mittel haben, zu beiden Seiten von Staffetten geleitet. Die letzteren sind von Gestalt gross und in die Farben des Hauses gekleidet. Sie gehen zu Fuss und tragen ein Schwert; ihrer sind gewöhnlich vier bis sechs. Die Kleider der Damen von Bologna sind die schönsten in ganz Italien und durchaus farbig. Alle Roben haben hochstehende Kragen und sind vorn ein wenig, nach unten ganz offen, wo sie über farbige Sutanen von Sammet, Seide und ähnlichen Stoffen herabfallen. Die Schleppen derselben sind ungefähr eine Elle lang, so dass an Sonn- und Festtagen die Kirchen nur von Sammet, Atlas und Taffet und anderen Seidenstoffen, mit Gold- und Silberbrokat und Besätzen gefegt werden. Wenn sie von Vorübergehenden gegrüsst werden, erwidern sie den Gruss mit leichtem Kopfneigen. Ihre Coiffure besteht in einem auf den Scheitel angebrachten Kopfputz, während die Haare mit einer Fülle von Blumen übersäet sind. Diese sind indess nur von verschiedenfarbiger Seide, aber so geschickt gemacht, dass man sie für natürliche hält. Die Mehrzahl der jungen Damen, welche man dort gentil donne nennt, trägt Ohrringe von Perlen. Vom vierten bis fünften Lebensjahr an sind die Mädchen in Klöstern, bis man sie, um verheirathet zu werden, herausnimmt, was erst geschieht, wenn sie verlobt sind und vorher erfahren sie selbst nicht einmal, wem man sie versprochen hat, und ebenso weiss der Verlobte von der für ihn Bestimmten vorher nur vom Hörensagen. Oft geschieht es daher, dass, was man ihm als eine Nymphe und als ein wahres Bild von Schönheit

geschildert hat, als das Gegentheil (un charbon coeffe) ihm dann
erscheint, doch ist er gebunden. Selbst die Frauen von niederem
Stande tragen dieselbe Art Kleidung, nur der Stoff ist verschieden.
So kommt es auch häufig genug vor, dass nicht allein die Frauen der
Kaufleute, welche immer wie Edeldamen gekleidet sind, sondern auch
einfache Handwerksfrauen Sonntags in Seide gekleidet sind mit einem
zwei Ellen langen und eine Elle breiten Schleier auf dem Kopfe, den
sie in der Art einer französischen »Cappe« arrangiren, und wenn sie
durch die Stadt gehen, schreitet vor ihnen her wie bei Edelfrauen,
wenn diese den Fuss auf die Erde setzen, ein Mann von ehrbarer
Erscheinung. Wenn sie nun bei schlechtem Wetter den Schmutz der
Strassen und Plätze durchschreiten müssen, stützen sie sich auf den
linken Arm ihrer Begleiter, während ihnen die lange Schleppe eine
Dienerin trägt, doch haben sie diese nicht immer mit sich. Mädchen
und jungverheirathete Frauen, überhaupt die jüngsten einer Gesellschaft
gehen immer voran. Die ersteren kann man von den Verheiratheten
an dem Schleier unterscheiden, welchen sie viel tiefer über das Gesicht
herabtragen. Sie gehen auch immer mit niedergeschlagenen Augen.

»Eine grosse Annehmlichkeit in dem öffentlichen Leben von Bologna
ist die täglich mit Ausnahme des Freitag auf dem Platz zweimal eine
Stunde lang spielende Musik, sowohl vor der Mahlzeit als auch vor
dem Nachtessen, zu welchen Stunden dort die Edelleute gewöhnlich
spazieren gehen. An Sonn- und Festtagen aber findet man dort vor
dem Abendessen auch eine grosse Anzahl Damen, welche dort in ihren
Equipagen auf- und abfahren, während ihre Männer und andere Edelleute zu Pferd, wobei manche für eine kurze Zeit absteigen, nebenher
reiten, während das gemeine Volk zu Fuss ist. Die Musik wird auf
folgende Weise abgehalten. Neben dem Palast der Signoria ist eine
vorspringende steinerne Galerie, auf welcher acht Trompeter und mit
ihnen ein oder zwei Tamburinspieler erscheinen, umschlossen von einer
seidenen Draperie mit dem Wappen und den Farben der Stadt. Nachdem sie eine Viertelstunde lang über den Platz trompetet haben, treten
sie zurück und sofort treten sieben oder acht Hoboisten mit ihren
Instrumenten vor und spielen auch eine halbe Stunde lang, worauf sich
alle zerstreuen.«

Wie ganz anders ist dagegen das Bild, welches von den Zuständen
in Florenz entworfen wird! Die kurze Schilderung der Verhältnisse
in der grossherzoglichen Residenz kommt augenfälliger Weise besonders
in dem, was von der Bauthätigkeit gesagt wird, den Missständen der
neuesten Zeit näher, als der vorangehenden grossen Epoche der Republik. »Alle festen Plätze der Stadt und selbst die grosse Citadelle

sind mit spanischen Garnisonen angefüllt, welche, wie man allgemein sagt, vom König von Spanien nur geschickt worden sind, weil dieser mit dem Grossherzog eine geheime Abmachung hat.« Wir können uns unter diesen Umständen nicht wundern, dass spanische Tracht in der Florentiner Portraitmalerei damals vorherrschte. Der Landesherr »hat den Titel Grossherzog vom Papst erhalten und keiner seiner Unterthanen würde es wagen, bei der Erwähnung seines Namens ihn anders zu benennen [1]«. — »Die Florentiner sind im allgemeinen geizig und der Grund davon ist folgender: Alle, auch grosse und kleine Edelleute haben dort irgend ein Waarengeschäft, das sie entweder selbst oder durch Geschäftsführer betreiben. Andere sind an den Geschäften der Kaufleute zur Hälfte betheiligt und davon ist auch der (Gross-) Herzog nicht ausgenommen, der sogar hier als der erste in Betracht kommt und, wie die Florentiner selbst sagen, der reichste Kaufmann in der Stadt ist. Ausserdem dass er immer zwei oder drei Handelsschiffe unterhält, ist er auch noch mit den ersten Kaufleuten der Stadt associirt. Unter anderen Dingen treiben sie grossen Seidenhandel und bereichern sich auf Seereisen. Grossartig zeigt sich der Florentiner nur in seinen Ausgaben für Gebäude, wozu er von Natur eine besondere Neigung hat. Nur hier spart er nicht, wie die grosse Zahl herrlicher Paläste zeigt, mit welchen die Stadt angefüllt ist.«

Die beim Besuch Genua's über das dortige Leben der Frauen gemachten Aufzeichnungen haben nicht minder als die ähnlichen auf Bologna bezüglichen Bemerkungen insofern ein specielles kunstgeschichtliches Interesse, als sie uns neue Perspectiven für die Beurtheilung der gleichzeitigen Portraitmalerei eröffnen. »In Genua gleichen die Frauen Amazonen. Sie geniessen fast ebensoviel Freiheit wie in Frankreich, besitzen aber weniger Bescheidenheit. Selbst im Gang haben sie etwas freches; denn selbstbewusst schreiten sie mit grossen Schritten einher. In der Mehrzahl sind sie schön und von sehr weissem Teint, worauf sie viel halten, indem sie eine besondere schwarze Mixtur anwenden, welche sie wie ein Pflaster auf das Gesicht legen und wenn diese abgenommen wird, den Teint sehr weiss erscheinen lässt. Doch bedecken sie damit nicht auf einmal das ganze Gesicht, sondern zuerst nur die Hälfte der Stirn, einer Wange oder des Kinnes, und nehmen sie dann ab, um eine Stelle nach der andern damit zu bedecken, bis endlich das ganze Gesicht davon berührt worden ist. Während der Operation gehen sie aber aus und das ist so allgemein, dass man unter Hunderten

---

[1] Vergl. A. von Reumont, Geschichte Toscana's, B. 1. S. 299 über die vom Kaiser gemachten Schwierigkeiten wegen dieses neuerfundenen Titels.

nicht einem Dutzend Frauen begegnet, welche nicht irgend einen Theil des
Gesichtes mit der schwarzen Mixtur bedeckt hätten. In grossen Gesell-
schaften spazieren sie durch die Stadt und oft selbst in ungeordneten
Reihen. Ihre Gewänder von Tuch- und Seidenstoffen in allen Farben
sind prachtvoll. Als Oberkleid trägt die Mehrzahl eine »Garderobe de
Cambray«, worunter ein rothes oder auch andersgefärbtes Untergewand
zum Vorschein kommt. Die Haartracht besteht in einem Kopfputz.
Die Façon ihrer Gewänder kommt der spanischen nahe. Unter andern
lieben sie ganz weiss sich zu kleiden. Fast alle tragen an der Seite
auf ihrem Kleid eine Börse, deren Gehänge von Silber ist, und darüber eine in der Form einer Glocke gestaltete Kapsel von schwerem
Silber, welche die Börse umschliesst. Gewöhnlich gehen die Frauen
Arm in Arm. So gross ist ihre Freiheit in dieser Stadt, — und ich habe
Anlass genommen, davon hier ausführlich zu sprechen, weil sie mich
umsomehr befremdet hat, als im ganzen übrigen Italien und auch da,
von wo ich kam, die Frauen so strenger Sitte unterworfen sind, dass
sie kaum einen Mann anzusehen wagen und ohne die Erlaubniss ihres
Mannes nicht ausgehen dürfen, in der Weise, dass während dreier
Monate keine öfter als einmal einen Ausgang macht.«

Auf der Heimreise bei Gelegenheit des letzten Besuches von
Venedig werden ausführlich die Zerstörungen geschildert, welche ein
Jahr vorher der grosse Brand im Dogenpalast angerichtet hatte. Nur
eine der drei freistehenden Seiten des Gebäudes war ganz verschont
geblieben. Das Schmelzen des Bleidaches soll die Grösse des Schadens
veranlasst haben, wie dieser Umstand auch die Annäherung zur Hilfe
unmöglich machte.

Fünfundzwanzig Jahre später als der gelehrte Anonymus von
Orléans unternahm Monsieur de Rohan von Paris über Deutschland
eine Reise nach Venedig und Rom. Die Handschrift in British Museum,
welche die Reisebeschreibung enthält, ist ein Folioband mit der Bezeichnung Additional Manuscript Nr. 20921. Die Ueberschrift lautet:
Voyage de Monsieur de Rohan Le VIII de Maji 1599. Es ist dies das
Reise-Tagebuch des berühmten in der späteren Geschichte Frankreichs
vielgenannten Führers der protestantischen Partei, Heinrich I., Herzog
von Rohan. Geboren am 25. August 1579, verlor er schon im sechsten
Lebensjahr seinen Vater. Als achtzehnjähriger Jüngling trat er in die
französische Armee, um aber schon im nächsten Jahr, 1598, in Folge
des zu Vervins mit Spanien geschlossenen Friedens die Waffen wieder
aus der Hand zu legen. Die folgenden Jahre verwandte er auf eine
Reise nach Italien, Deutschland, den Niederlanden, England und Schott-

land. Acht Jahre nach seinem Tod wurde seine Beschreibung dieser
Reise in Amsterdam gedruckt ⁸). Doch ist in diesem Büchlein gerade
das archäologische und kunstgeschichtliche Material des Tagebuches
unberücksichtigt gelassen. Die Route von Paris bis Italien ist lateinisch
abgefasst, die Beschreibung Roms dagegen eine zusammenhängende,
in französischer Sprache abgefasste Abhandlung. In beiden ist das
archäologische Interesse vorherrschend, aber Inschriften sind nur im
ersten Theile copirt. So in Worms eine hebräische Inschrift, des Inhalts,
dass die Tochter eines gewissen Samuel im Jahr 1351 gestorben sei.
Aus Mainz sind zwei Reliefs reproducirt, eines mit der Inschrift »IN
MEMORIAM DRVSI GERMANICI«; ferner eine lateinische Inschrift
der St. Albanskirche ⁹). »Die am Rhein gelegene Burg ist besonders
durch ein prächtiges, mit Marmorskulpturen geschmücktes Heiligthum
ausgezeichnet.« In der »Cantzley« daselbst werden die vier symbolischen Darstellungen der Klugheit, Gerechtigkeit, Mässigung und Tapfer-
keit mit lateinischen Versinschriften namhaft gemacht. Aus Heidelberg
wird die Copie eines Reliefs und von vier Grabcippen mit Inschriften
mitgetheilt, aus Stuttgart die Inschriften mehrerer römischer Grabsteine.
Als ein Beispiel der meist summarischen Berichterstattung möge hier das
über die Hauptstadt von Baiern Gesagte eine Stelle finden:

München.

Bavariae Metropolis.

Kunstkammer. In qua inter innumera rara haec sunt. Smaragdi
rupes fetra et pentagona. Cornu Rhinocerotis. Hieroglyphica Indorum.
Eidola. Arma.

Pisces in laminis lapideis nigris et albis. Pictae tabulae filiarum
barbatarum. Elephantis pellis. Ensis cum vagina e cute Galli militis.
Encis et sagus Francisci primi Gall. Regis cum quibus Pauiae captus
fuit. Nucleus cerasi, cui insculptae 172 faces. Capud bovis cum cornu
admirando. Sculpturae. Numismata. Pictae tabulae ¹⁰). Unter den auf

---

⁸) Voyage du Duc de Rohan faict en l'an 1600 En Italie, Allemagne, Pays-bas
Vni, Angleterre et Escosse. — A Amsterdam, chez Louys Elzevier 1546.

⁹) Voyage S. 14: Il s'y voit encore fora d'antiquités: entre autres la sepulture
de Drusus est une des plus remarquables.

¹⁰) Voyage S. 22: »Il y a encore une grande curiosité de rechercher de tous
endroits, non seulement très grande quantité d'antiquités (de quoy des plus entieres
il a fait une belle gallerie) mais aussi de tout ce qu'il a peu recouvrer de rare, il
en a remply une grande sale ou tout est fort bien ordonné, y ayant tant de choses
diverses qu'il est impossible de se resouvenir de tout de qu'on y voit. Je me suis
seulement contenté qu'entre toutes ces belles choses ma memoire remarquast la
casaque et l'espec que le roy François avoit quand il fust prit en la bataille de

Rom bezüglichen Notizen ist die Erwähnung der Katakomben beachtenswerth, weil sie in die Zeit der Entdeckungen Bosio's fallen. — Der
Reisende von Orléans, welcher die Via Appia sorgfältigst durchforschte,
scheint die Katakomben noch nicht gekannt zu haben. Dagegen schreibt
de Rohan: »Von dieser Stelle (dem Septizonium) führt die Via Appia
durch die Porta Capena, nach dem hl. Sebastian[11]) genannt, zu der
Grube oder ausgegrabenen Höhle mit verschiedenen Gängen, von denen
einige wie man sagt bis an das Meer gehen, wo sich die Christen zur
Zeit der Verfolgungen unter den Kaisern verborgen hielten. Man sieht
dort kleine in den Fels gehauene Zimmer, welche ihnen zur Wohnung
dienten, ausserdem Gräber, wo man noch mehrere Körper etagenweis
über einander beigesetzt sieht.«

Ein interessantes Zeugniss für das Alter der noch fortlebenden
Tradition über die Ausdehnung der Katakomben; während die Angabe
über die Benutzung der Katakomben als Wohnungen zur Zeit der
Verfolgungen auch heute noch in wissenschaftlichen Kreisen Vertreter
findet. Doch kommen auch ganz abweichende Auffassungen schon
wenige Jahre später in den unpublicirten Reiseaufzeichnungen eines
gelehrten Engländers vor.

---

l'avie: comme pour estre le plus rare trophée qui soit non seulement là mais en
tout le monde.«

[11]) Eine Verwechslung. Die Porta Capena gehört dem engeren älteren Mauer-
kreis an, während das Thor des hl. Sebastian der alten Porta Appia entspricht.

Urkundliche Beiträge zur Oesterreichischen Kunstgeschichte.

Von Dr. Albert Ilg.

In dem Reglement von Ordnung vnnd Hofstadt des Erzherzogs Maximilian III., Hoch- und Deutschmeisters, Statthalters von Tirol, vom Ende des 16. Jahrhunderts, welches im Originalmanuscript in der Bibliothek der kunsthistorischen Sammlungen des Allerhöchsten Kaiserhauses in Wien bewahrt wird, heisst es wie folgt [1]):

Handtwercker so in vnser Camer gehorn.

Camer Maller.

Sebastian Khirchmair hat Monatlich Vier Gulden [2]) Hofbesoldung Ain Jars Khlaidung dann sein Speiss auf wolgefallen bei Ainer Officier Tafel.

Camer Goldtschmidt.

Georg Pruner hat Monatlich fünff gulden Hofbesoldung.

Leibschneider.

Petter Gregorowitz hat Monatlich fünff gulden Hofbesoldung.

Seiden Schniermacher.

Jeronimus Pelz. (Indem hiebei nichts weiter vermerkt ist, so ist wohl anzunehmen, dass er ohne Gehalt war und für die Arbeit bezahlt wurde.)

Tapessier.

Christoff Tapessierer hat monatlich Zehen gulden Hofbesoldung, dann auf wolgefallen auf sein Personn die Speiss zu hoff bei Ainer Officier Tafel.

---

[1]) Das Manuscript hat keine Paginirung. Der Anfang ist aus Wiener Neustadt datirt, anno 1590, den 30. Oct.

[2]) Rheinisch.

Unter dem Ressort des Obersten Stallmeisters heisst es weiter unten:

Iloff Schmidt.
Melchior Beiss hat Monatlich Zehen gulden vnnd Ain Jars Khlaidung.
Sattler.

(Unausgefüllt.)

Leib Schuester.
Haimeran Brünygl.

Eine spätere Tafelordnung, gegeben vom Erzherzog in Innsbruck am 14. Mai 1607, führt unter den Namen derjenigen, welche an der Kammerdienertafel ihren Sitz haben, als den Letzten an:

Rupertus Gerhardt, Künstler.

Ferner unter den Theilnehmern an dem Cammerdiener-Nach-essen:

Martin Mitnacht, Maller.

An der Vnntter Officier Tafel sind zu speisen berechtigt:

Drey Buechtrucker,
Zween Goldschmidts Gesellen,
Ain Rodtschmidtsgesell,

wobei zu bemerken, dass das Testament des kunstsinnigen Fürsten (publ. in den Oesterr. Geschichtsquellen, 33. Band der Abh. der k. k. Akademie der Wissenschaften, und erwähnt in der von mir verfassten Einleitung zu dem Werke: Wappen des Oesterr. Herrscherhauses. Wien, Ad. Holzhausen 1879) im Nachlasse auch Geräthschaften einer Druckerei ausweist.

Die Obristen Camerers Instruction Erzherzog Ferdinand's von Tirol aus dem Jahre 1580, dat. Innsbruck, den 19. November, enthält folgende Stelle:

Was von Golt und Silber gemacht wierdeth.

Wann Wir auch was von Golt vnd Silber Aus Vnnserer Camer Zu machen Beuelhen werden, soll Vnnser Obrister Camerer beydes Hierausgeben, Vnd wieder Empfahen sein (sic), Vnnd Alle Sachen fleissig besichten, Wägen Vnd beschreiben lassen, Auch des Macherlons halber Zuuor ob es miglich Vberdingen, Vnd mit den Goltschmiden gebürlich was Abbrechen, damit Vnns in dem Allem wol gehausst, Vnnd nichts vernachthailt werde etc.

Von bedeutend grösserer Wichtigkeit als die bisher angezogenen Manuscripte der Sammlung ist ein Band, Papier in Pergamentumschlag, gleichfalls ohne Seitenzahlen, dessen Titel lautet: Taillungs Libell Zwischen der Ro: khay: May: ec. vnnd baiden Für: Dur: Ertzhertzog

Ferdinanden (dazu am Rande: vnnd Carlen) Zu Oesterreich ec. aller anererbten Vatterlichen vnuerwisnen Schulden. Dieser Brief — wie das Document im Verfolge genannt wird — knüpft an das Testament Kaiser Ferdinand's I. dto. Prag, den 25. Februar 1554 an, und theilt alle Zahlungsrückstände unter die drei Erben und Brüder, nämlich Kaiser Maximilian II., Erzherzog Ferdinand von Tirol und Erzherzog Carl von Steiermark. Die Commission, welche mit Ausarbeitung des Libells beauftragt war, bestand aus den folgenden Personen: Joachim Herr von Schönkhirchen Obristen Erbthürhüetter in Oesterreich vnnder der Enns, Vnnsern Stathalter vnnserer Niederösterreichischen Lannde vnd Obristen Profandtmaister in vnnserm Khünigreich Hungern, Georgen Giennger, beider Rechten Doctorn Burgvogt zu Enns, vnd Blasien Spiler — diese für den kaiserlichen Antheil. Erzherzog Ferdinand hatte zu dem Geschäfte bestellt: Christoffen Freyherrn zu Wolckhenstain vnd Rodnegg, vnnsern Stathalter Ambtsuerwalter Christoffen Kleckhler der Rechten Doctor Vnnsern Canzler, vnd Hannsen Pennynger vnnsern Obristen Camer Secretarien in vnnsern Oberösterreichischen Lannden. Endlich seitens des Erzherzogs Karl: Pangräczen von Windisch Gräcz Freyherrn zu Waldstain vnd im Tall, vnnsern Schlosshaubtman zu Gräcz, Georgen Keuenhiller Zu Aichtberg, Obristen Erbstallmaister in Khärndten, vnnsern Landts-Verweeser daselbst, vnd Georgen Höfer Zu Hasperg vnnsern Vizthvmb in Crain. Die Einleitung, deren ausführlichen Inhalt wir übergehen, ist datirt: Wien, den 1. März 1565, der darauffolgende Ander Haubtvertrag von wegen thaillung der Oesterreichischen Einkomen ist verfasst zu Linz an der Heilligen drey Khünigen Tag 1566.

In diesen Aufschreibungen stossen wir unter den Gemaine Hofschulden überschriebenen Absätzen auf manche kunstgeschichtlich interessante Notizen. Bemerkenswerth ist dabei, dass viele davon in einem gewissen Zusammenhang mit den Mittheilungen Schlager's in seinen Materialien zur österreichischen Kunstgeschichte stehen, ja zuweilen dieselben Gegenstände und Angelegenheiten, aber wohl in einer andern Phase ihrer Entwicklung betreffen, wie aus Nachstehendem sich ergeben wird.

Gemaine Hofschülden, Antheil des Kaisers.

Michaeln Passport Goldtschmiedt, ist man rmb allerlay genomen Silber geschier Zubizallen schuldig   *990 fl. 22 kr. 1 dl.*

Ueber diesen Wiener Goldschmied gibt Schlager ao. 1591 ausführlichere Nachrichten, wobei ebenfalls »Drinkgeschirr« erwähnt wird. Ausserdem berichten die Wiener Stadtrechnungen ad annum 1569: »dem Johan Caczio Magister und Rector zu St. Steffan auf sein Hoch-

zeith Ehr vnd freudt geschenckht ein Silbern vnd vergoldt Trinckh-
geschier, hat gewogen 1 Markh 4 Loth drey viertl, erkauft von Maister
Michel Pespardt (sic) Burger und Goldtschmidt, umb 25 fl. 7 kr. 15 dl.
(Mitthl. des Wiener Alterth. Vereins XI. p. 288.)

Jobsten Croy von Nürnberg Vmb ain Diamant Creucz so die Khay:
M. von Ime erkhauffen lassen Per   *1246 fl. 40 kr.*

Dann so ist von gemeltem Croy Allerlay Waarn Auch Silber
geschier, Zu Notdurfft des Hofzalmaister Ambts erkhaufft vnd genomen
worden so man Ime noch schuldig das Zusamen bringt   *1447 fl. 48 kr.*

Aus dieser Stelle geht allerdings nicht hervor, ob unter besagtem
Croy ein Goldschmied zu denken sei, obwohl es so ziemlich den Anschein hat. Ich habe den Namen sonst nirgends finden können.

Lorenzen de Roy ist für etlicher macherlon der Tapezerey vnd
Ainzig Aussgaben Zubezallen   *39 fl. 36 kr.*

Vinandt Hartmann Vncossten mit dem Silbergeschier vnd Vhrn von
Augspurg biss geen Wienn   *32 fl. 40 kr.*

Gemaine Hofschülden, Antheil des Erzh. Carl.

Doctor Steffan, vmb etliche Trinckhgeschier so von Ime genomen
Worden   *236 fl.*

Christoffen Mosser vmb ain Trinkhgeschir   *159 fl.*

Erharten Hipflhoffer Goldtschmidt ist man Auf Vltimo July
700 Taller vmb ain Cluinot Aus dem Hofzalmaister Ambt Zubezallen
verschriben Thuen Reinisch in Münz   *793 fl. 20 kr.*

In einem späteren Ausszug Nr. 2, Nachtrag, heisst es:

Item so ist die Für: Duch: Erczherczog Carl dem Anthony Pheffen-
hauser Platner zu Augspurg Vmb ain Khürriss schuldig 113 Taller,
so gleichwoll die Ro: Khay: M. hochlöblichster gedüchtnus Zubezallen be-
uolhen. Aber Mangls halber Angell biss Heer nit beschehen khünden,
Thuet   *128 fl. 4 kr.*

Diesen Plattner nennt Schlager — ohne Zweifel in Folge falscher
Lesung, da im hiesigen Manuscript kein Irrthum in derselben möglich
ist — Anton Pellenhauser, und berichtet, dass er 1566 für Max II.
einen schwarzen Feldküriss um 90 fl., dann 1582 für Rudolph II.
einen plawen Kuriss mit vergoldeten Reifen für 100 Thaler gemacht
habe. Es scheint ferner, dass der in Rede stehende Meister ein Ver-
wandter des wahrscheinlich ebenfalls in Augsburg ansässig gewesenen
Wilhelm Peffenhauser war, dessen Name auf einer schönen Standuhr
der k. k. Schatzkammer vorkommt. Derselbe dürfte wohl der Mechanicus des Uhrwerks gewesen sein, die reiche Fassung der Uhr mit
edlen Steinen, Krystall und vergoldetem Silber hat ebenfalls Augs-

burgischen Typus. (Katalog der k. k. Schatzkammer, 1869, pag. 20.) — Der Schluss dieses Libells, mit den eigenhändigen Unterschriften der Fürsten versehen, trägt das Datum: Wien, 1. März 1565.

Hieran schliesst sich ain Vergleichung vnd Austailung etlicher newer vnerwisner schuldenposten von weilendt Khaiser Ferdinanden etc. unter dieselben obgenannten Erbnachfolger. Davon entfällt unter Anderm auf Maxmilian:

Dominicusen Bozo Maller ist auf der nächst abgeleibten Khay. Mt. genedigsten Verordnung in Abschlag Seines Verdienens des Gemahrerchs in der Lanndrechts Stuben Zu Praag, Zugestelt Worden dreyhundert gulden Reinisch   *Idest 300 fl.*

Von dieser Arbeit in der Landrechtsstube zu Prag weiss auch Schlager, der den Künstlernamen Poczo schreibt. Er erhielt schon 1564 100 Gulden und zu völliger Entlohnung für seine auf Befehl des Kaisers geschaffenen Werke, Abriss und Gemäl 73 Gulden. Dass dieser Dominik dieselbe Person wäre mit dem Hieronymus Pozzo, den Schlager als Maler im neuen Lustheusel am waal bei der Burg zu Wien 1565 anführt, möchte ich durchaus nicht behaupten, wohl scheinen aber beide sowie auch der Architekt Francesco de Poco oder Pozzo, welcher um jene Zeit an den Wiener Fortificationen thätig war, aus derselben mailändischen Künstlerfamilie herzustammen. (Tschischka, Gesch. Wiens, Seite 303.) Von unserem Domenico Pozzo oder Bozo war vor kurzem auf der Tirolisch-Vorarlbergischen Kunstausstellung, welche Sommers 1879 in den Räumen des Universitätsgebäudes veranstaltet war, ein Gemälde zu sehen. Der Katalog verzeichnet dasselbe unter Saal I. No. 40: »de Pozzo Dóminico, wahrscheinlich aus Trient, 1561—1563 in Innsbruck: Himmelfahrt Mariens.« Auf die Irrthümlichkeiten dieser biographischen Angaben brauchen wir nach Obigem nicht erst aufmerksam zu machen.

Wilhelmen Hochwrekhen Seidenstieckher, von wegen, das Er der vorigen Khay. Mt. Ehrnholden Ainen Ernholdt Mantl gepessert, für Sein verdiente Arbait, vnnd etliche Waarn, die Er darzw erkhaufft, Allenthalben bezalt dreyunddreissig gulden Rh. vier Khreuczer Zwen Phening.

Barbara Weilendt Hannsen Lauttensackhs gewessnen Mallers nachgelassnen Wittib, für Ir Anforderung Aines Ausstandts von Weilendt der nechst Abgeleibten Khay: Mt. Heerürrundt, verordnet Zwainzig gulden Reinisch.

Ausführlicher darüber Schlager, wo 20 Gulden der Wittwe bereits 1564 ausgezahlt erscheinen.

Hainrichen Vochter Maller, das Malerlon von etlichen sachen, so Er der vorigen Khay. Mt. in derselben Camer gemalt,   *24 fl. 32 kr.*

Auch über Heinrich Vogther Mehreres, hievon abweichendes bei
Schlager.

*Franciscus de Tertius Maller, ist Innhalt Ainer Verschreibung, so
di für. dur.* Erczherczog Ferdinandt gefertigt von wegen Seiner Arbeit,
die Er an der grossen Neuen Orgl Zu Praag Verricht, vnnd dann für
drey Contrafet rundt Formb Zu den Prünen im Lusstgarten daselbst,
Zubezallen Ausständig vierhundert vnd fünfundfünfzig Taller Zwenvnd
dreissig Khreuczer, die thuen in Müncz   516 fl. 12 kr.

Es ist dieses eine willkommene Bestätigung der sonst bekannten
kunsthistorischen Angaben, über Erzherzog Ferdinand's Anordnungen
behufs der Auszierung des Gartens im Prager Schlosse. In einem
Schreiben vom 9. Dezember 1562 aus Bürglitz wendet sich der Erzherzog an den Prager Glockengiesser und kaiserlichen Büchsenmeister
Thoman Jarosch, indem er ihm aufträgt, er solle unverzüglich zu Tertio
gehen, welcher über Befehl Kaiser Ferdinand's »ein Muster oder Modell,
darnach man einen Brunnen in dem Lustgarten bei dem Schloss zu
Prag von Metall giessen möchte,« angefertigt habe. Das Modell sei
ihm, Erzherzog Ferdinand, gezeigt worden und entspreche dem Willen
seines Vaters, wesshalb Jarosch einen Ueberschlag vorzulegen habe,
wie viel Metall und Glockenspeis zur Herstellung des Brunnens erforderlich wäre. Die Patronen von Holzwerk dazu solle Hanns Peisser,
erzherzoglicher Bildschnitzer in Prag herrichten. Tertio wird hier vom
Erzherzog: Unser Hofmaler genannt. (Mikovec, Alterth. und Merkw.
Böhmens I. Seite 183, mit dem Stich des Brunnens von Hellich.) Vier
Jahre hierauf also war der Maler für seine Entwürfe noch nicht honorirt, wie unsere Rechnung beweist. Weiteres berichtet Mikovec l. c.:
Die kaiserliche Bibliothek in Prag besitzt ein böhmisches Manuscript,
verfasst von Lorenz Krička von Bytyška, einem Gehilfen des Jarosch,
und betitelt: Mathesis Bohemica. In diesem Werke befindet sich eine
genaue Abbildung des Brunnens, welche nur dadurch von dem ausgeführten Werke abweicht, dass an der obersten Spitze der Doppelaar
angebracht ist und die Wasserstrahlen aus mehr Stellen hervorbrechen
als dort. Ersteres fand wohl einfach desshalb seine Abstellung,
weil der Kaiser die Vollendung des Gusses nicht mehr erlebt hatte,
Letzteres ist eine ganz unwesentliche Sache. Ich sehe darum nicht ein,
wesshalb Mikovec ferner behauptet, dass jener Brunnen im Lustgarten,
von welchem »aus Rechnungsfragmenten« hervorzugehen scheint, dass
er erst unter Maximilian II. 1568 fertig wurde und 3322 Gulden kostete,
nicht der von Kaiser Ferdinand bestellte gewesen sein könne, dessen
Ausführung der Erzherzog überwachte? Krička bemerkt, dass an

diesem Bronzebrunnen »begonnen wurde im Jahre 1554 [*]) bis in das
Jahr 1559,« gemacht hätten ihn sodann Jarosch, er, Kriĉka, und der
Büchengiesser Wolf. Wenn 1559 die Vorarbeiten fertig waren, so mag
die Sache etwas liegen geblieben sein, bis der Erzherzog 1562 die
Inangriffnahme des Gusses befahl. Einen Beweis für die Verschiedenheit
beider Brunnen, d. h. des Ferdinandeischen und des angeblichen Max-
milianeischen, kann ich in den Worten und der Abbildung bei Kriĉka
nicht erblicken, so dass Mikovec's Vermuthungen daher auch ganz in
der Luft stehen, wenn er annimmt, dass der (natürlich nicht vorhandene)
zweite Brunnen einer unschicklichen Darstellung wegen vielleicht beseitigt oder gar von Sachsen oder Schweden fortgeschleppt (!) oder
von den Preussen 1757 zerstört worden sein dürfte. Ein Maxmilia-
nischer Brunnen als solcher existirte nie, der Ferdinandeische darf bloss
desshalb auch der Maxmilianeische genannt werden, weil die Fortsetzung
der Arbeit und ihre Beendigung in des letztern Kaisers Regierungs-
epoche fällt. Obiges Schreiben des Erzherzogs beweist deutlich, dass der
Ferdinandeische Brunnen (um mit Mikovec zu sprechen) 1562 noch nicht
einmal dem Giesser überantwortet war, zwei Jahre darauf schon segnet
der Kaiser das Zeitliche, das Werk müsste also, wenn es nicht erst
unter Max fertig geworden sein soll, inzwischen vollendet sein, wovon
wir nirgends etwas hören, dagegen ist man dem Maler noch 1566
sein Geld schuldig und die Gesammtsumme für die Gussarbeit wird
erst 1568 genannt. Immer ist nur von einem, dem bekannten Brunnen
die Rede, denn der Ausdruck: Contrafet vnd Formb Zw den Prünen
bezieht sich in der hier neu mitgetheilten Stelle nach der unpräcisen
Ausdrucksweise solcher Schriftstücke und nach der Natur der Sache
lediglich darauf, dass Terzio mehrere Entwürfe zur Auswahl oder nach
einander gemacht haben wird, nicht aber zu verschiedenen Brunnen.

Denn Erzherzog Ferdinand war kein oberflächlicher Kunstfreund.
Die treffliche Skizze, in welcher Dr. Schönherr (Repertorium für Kunstwissenschaft, I. Bd., Seite 28 ff.) des edlen Fürsten selbstthätige Kunstliebe geschildert hat, liefert uns den Beweis, dass er mit Wort und
That, mit Geschmack und Kenntnissen, ja nach eigener Erfindung auf
die Entstehung der projectirten Kunstarbeiten Einfluss nahm. Der
Architekt des Prager Sternschlosses scheint auch selbst Entwürfe zu
monumentalen Brunnen gemacht zu haben.

Die Bibliothek der kaiserlichen Kunstsammlungen besitzt einen
aus dem alten Ambraserbestand herrührenden Querfolioband, auf dessen

---

[*]) Nach Schlager erhielt Franciscus Terzio Pergamasco, Erzherzog Ferdinand's
Hofmaler, am 10. Sept. 1554 von der Röm. k. Mt. zu Prag 100 Thaler.

originalem Ledereinband mit Tinte das Wort: Prünwerch geschrieben
steht. Innen befindet sich weisses, leeres Papier mit Ausnahme einiger
Blätter, auf welchen zwölf Federzeichnungen von Brunnenentwürfen
theils eingezeichnet, theils aufgeklebt sind. Jedenfalls hätte die Sammlung fortgesetzt werden sollen, da uns die erhaltenen Kupferstichbände
der Sammlung lehren, dass in Ambras überhaupt nach diesem naiven
Klebesystem vorgegangen wurde. Die erste, auf der Rückseite des ersten
Blattes aufgeklebte und ihrer Grösse wegen eingebogene Zeichnung ist
achteckig zugeschnitten. Sie stellt den Grundriss eines octogonen, von
acht runden Säulen getragenen Gebäudes von 34.5 Centimeter Durchmesser vor, dessen Innenraum noch ein eingeschriebenes Achteck mit darin
über Eck gestelltem Quadrat enthält. In der Mitte des Letzteren erhebt
sich noch eine Säule, zwei Eingänge gewähren Zutritt, unten ist der
Klaftermassstab angebracht. Es scheint, dass dieser Grundriss zur
Nachahmung einer Art antiken Monopterostempels in Pavillonform dienen
sollte, die äussere Länge der Oktogonseite bemisst nach dem Massstabe
8 Klafter. Die dritte Zeichnung, welche nicht eingeklebt ist, wiederholt
denselben Gegenstand in noch etwas weniger correcter Durchführung.
Blatt 4 (ebenfalls nicht eingeklebt) zeigt dann den Perspectivaufriss
eines von acht Toscanischen, auf Sockeln stehenden Säulen getragenen
offenen Tempelchens, welches übrigens von jenen Grundrissen einigermassen abweicht. Es ist nämlich durch Hinweglassung des Parapets
zwischen den (auch anders geformten) Säulenfüssen allerseits offen, das
über Eck gestellte Quadrat und die Mittelsäule werden nicht ersichtlich.
Das eingeschriebene Oktogon ist horizontal schraffirt, was wohl eine
Wasserfläche, d. h. ein Bassin andeuten dürfte, da sonst die Aufnahme
des Gegenstandes in das Prünwerch unmotivirt bliebe. Auf den Capitälen erheben sich Rundbogen mit einem Fries, in welchem mit Gold-
buchstaben zierlich geschrieben steht: FERDINANDVS VON GOTES
GENADEN ERZHERZOG. Die geschweifte Kuppel endet in eine von
einem Obst- und Blumenkorb gekrönte Spitze und ist an den Acht-
eckpunkten ihres Auflagers ebenfalls mit Blumenvasen umstellt. In
dieser Zeichnung fehlt es nicht an Fehlern in Perspective und Construction, sie hat so ganz das Gepräge eines Dilettantenentwurfes. Die
Inschrift ist augenscheinlich von zeichnenkundigerer Hand auf Befehl des
Erzherzogs hinzugefügt, wahrscheinlich von einer Kanzleiperson, denn
sie unterscheidet sich auch von der noch zu erwähnenden Inschrift
von Künstlerhand auf Blatt 7.

    Die übrigen Entwürfe enthalten einzelne Brunnenmotive, kein
Gebäudeproject solcher Art; wir kehren daher zu Blatt 2 zurück.
(Gezeichnet auf die Seite vor dem zweiten Oktogongrundriss.) Es ist

der von Dilettantenhand gezeichnete Entwurf eines 6eckigen Brunnens, der in seinem untern Bassin zugleich durch Abtheilungen als Fischbehälter eingerichtet ist. An jeder Ecke sitzt eine possirliche Satyrgestalt, in der Mitte tragen zwei mit dem Rücken an einander gelehnte Satyren die obere, ovale Schale und aus dieser erhebt sich ein Aufsatz mit einem Haufen Seethieren, deren mittelstes, ein grosser Fisch, sich über das Ganze als Abschluss erhebt. All' die Thiere und Satyren speien Wasserstrahlen aus. Das Ganze hat den Typus lustiger deutscher Renaissance und ist nicht übel erfunden.

Blatt 5 müssen wir im Zusammenhang mit 12 vergleichen, denn dieses ist die künstlerische Vorlage, wonach jenes als Copie von nichtfachmännischer Hand seine Entstehung gefunden hat, wesshalb wir 5 auch auf das Blatt des Buches gezeichnet, das Vorbild aber eingeklebt finden. Beide sind leicht mit Wasserfarben angelegt. In der That ist es ein schöner, geschmackvoll aufgebauter und ornamentirter Brunnenentwurf; eine grosse Schale von Putten getragen, mit Mascarons und Laubwerk in relief geziert, hierauf die Fortsetzung des Ständers, von Delphinen und Satyren umgeben, endlich als Bekrönung ein grosser Pelikan mit drei Jungen, aus dessen geöffneter Brust und dessen Federn Wasser hervorspringt. Das Original gehört zu den schwungvollsten und frischesten Compositionen dieser Art.

Blatt 6 und 7. Ersteres die vergrösserte Copie des Letzteren, die Copie von derselben Hand wie die vorige (Bl. 5), das Original jedoch von einem andern Künstler. Auch Blatt 6 ist in das Buch selbst gezeichnet, an das Blatt aber noch ein zweites, des Formats halber angeklebt, und eingeschlagen. Das eingeklebte Original ist sehr hübsch mit blosser Tuschfarbe schattirt, die Copie überdies noch im Mittelwappen und anderwärts farbig und vergoldet. Den untern Ständer über Stufen bilden hier sitzende Löwen, welche Wasser in die als unterste Schale benützte Stufe speien. Es folgt das kräftige Hauptbecken mit kämpfenden Tritonen und Wappen in Lorbeerkränzen geschmückt, deren mittleres den Binderschild enthält. Am obern Rande die Worte: FERDINANDVS VON GOTES GNADEN ERCZHERCZOG ZV OSTER · · · Der hohe Aufsatz besteht aus drei sich verjüngenden Abtheilungen von prächtiger Anordnung: zu unterst weibliche Hermen-Karyatiden, aus den Brüsten Wasser drückend, darüber Knäbchen in der bekannten, der Renaissance so geläufigen, etwas unanständigen Darstellung, endlich eine einzelne Frauengestalt, antik gekleidet, eine Vase auf dem Kopfe tragend, aus welcher die höchsten Strahlen ausfliessen. Auf der Copie sehen wir die Inschrift von jener früher erwähnten Kanzleihand und mit anderer Orthographie in Gold ausgeführt.

Blatt 8, 9, 10. Das Erste zeigt uns den Durchschnitt zweier,
über einander befindlicher Brunnstuben, ja noch der untere Theil eines
dritten Stockwerks wird an dem abgeschnittenen Ende des Blattes
sichtbar. Dieses, sowie das unterste Gemach enthalten nur einen viereckigen Behälter, welcher durch ein Ausflussrohr an der Wand mit Wasser
gespeist wird. Am Estrich des dritten Geschosses stehen die Worte: »Das
Zimer 7 ellen hoch.« Das mittlere Gemach enthält an beiden Wänden
rechts und links einen solchen Trog und in der Mitte den Zierbrunnen,
welcher der Hauptgegenstand der 3 Blätter ist. Auch hier die flache Schale
auf einem figurengezierten Ständer, als Bekrönung und Hauptstück des
Ganzen aber in übergrossen Proportionen ein Hirsch, darauf der ebenfalls hirschköpfige Aktaeon als Reiter, in den ausgestreckten Händen
eine Muschel haltend. Aus den zahlreichen Geweihenden schiessen nun
lustig die Wasserstrahlen empor. Auch diese leichtgetuschte Zeichnung
verräth den sichern Zug eines Mannes vom Fache. Die beiden folgenden
Blättchen aber bringen Variationen des Aktaeon-Motivs, von Dilettantenhand entworfen und violett schattirt. Beidemale ist der Ständer der
sitzenden Gestalten beraubt und dafür eine Art Pocalfuss gesetzt. Das
eine Mal steht Aktaeon mit Speer und Hunden neben dem Hirschen,
während drei nackte Nymphen ihn mit Zubern und Spritzen begiessen,
das andere Mal läuft der Held am Rande davon, der Hirsch behauptet
die Mitte und die drei Nackten den linken Flügel. Auf den Brunnen-
sockeln hat beidemale dieselbe Hand wie auf Blatt 8 hingeschrieben:
»Der andrist,« — es handelte sich also um eine Wahl zwischen den
drei Entwürfen —, doch ist es nicht die Hand des Erzherzogs.

Blatt 11 verdient in künstlerischer Hinsicht den Preis; es ist eingeklebt und eingebogen, 52 Centimeter hoch, 25 breit. Den Gegenstand bildet ein überaus reicher, mit vielen Figuren, Seestieren, Tritonen, Nereiden und Satyren ausgestalteter Prachtbrunnen von bereits
nahezu baroker Composition. Der Aufbau steigt mit zwei Becken empor,
der Abschluss macht eine sehr lebendig bewegte Gruppe eines auf dem
Rücken einer Gans sitzenden, trompetenden Putto. Leicht und geschmackvoll in Tusch ausgeführt, bekundet die Schöpfung die geübte
Hand eines italienischen Meisters.

Dr. Schönherr (l. c. pag. 39) bemerkt ferner: »Wie in Prag, so
wollte der Erzherzog auch hier (Innsbruck) den Thiergarten mit einer
künstlerischen Perle schmücken. Jahre lang wurde am Lusthause des
Innsbrucker Thiergartens gebaut und verschönert. Auch ein kunstreicher
Brunnen von Erz, zu welchem der Erzherzog die Zeichnungen aus Prag
sandte, sollte ihn zieren. Die Verträge mit Collin, welcher ihn modelliren,
und mit Löffler, der ihn giessen sollte, sind 1565 abgeschlossen worden:

ob der Brunnen auch ausgeführt wurde, scheint mir zweifelhaft zu sein.«

Vielleicht wird es dem ausgezeichneten Forscher Tirolischer Kunstgeschichte möglich, aus obigen Angaben eine Beziehung zu dem Inhalte der Vertragsacten herauszufinden, d. h. vielleicht ist der aus Prag geschickte Entwurf in unserm Prünwerch enthalten, vielleicht rührt Einiges jener Zeichnungen gleich dem Entwurfe des Sternschlosses von Ferdinand selbst her, und endlich: vielleicht ist unter einem der fachmännischen Urheber dieser Zeichnungen, Francesco Terzio zu suchen, der den Erzherzog durch seinen Prager Brunnen wohl zufrieden gestellt hatte.

Nebenbei bemerke ich, dass das Inventar des später abgebrannten Schlosses Ruhelust in Innsbruck, vom Jahre 1596, Fol. 131, in Fürstlicher Durchlaucht Lustgarten, im »Säle) ob den werksteten« erwähnt: »Ain Zinener Prunen, mit ain gepürg von allerlay schenen hanndtstainen.«

Unser Künstler tritt auf unter den Namen: Terzio, Terzi, Tertius, mit dem seine Heimat andeutenden Beinamen Bergamasco oder Pergamasco, welcher allein schon seine Abstammung von dem Ferraresischen Architekten, den Benvenuto Cellini erwähnt, nicht annehmbar erscheinen lässt. (Cell. discorso dell' architettura. Ausg. von Tassi, III. pag. 365.) Dass der bei Gandellini Tersi genannte Maler dieselbe Person sei, könnte eher acceptirt werden. Er dürfte um 1550 nach Oesterreich gekommen sein, wo er 1551 Porträts von Mitgliedern des kaiserlichen Hauses lieferte. Das Jahr 1554 ist bereits vermerkt. 1556 erhielt er Bezahlung für drei in die Schlosscapelle zu Linz gelieferte Tafeln und »anndere visier vnnd Gemälwerch«, desgleichen im nächsten Jahre (Schlager). Das Jahr 1562 betrifft der Brief des Erzherzogs aus Bürglitz, 1566 unsere Notiz, später arbeitete er an den Kupferstichen des Grabmals in Innsbruck (Bergmann, Austriakalender 1849, pag. 131, siehe auch Tschischka, Kunst u. Alt. pag. 402). Füessly, Lex. erwähnt 1589 seine Stiche für Festdecorationen, Lomazzo Gemälde in S. Simpliciano in Mailand, und Lanzi gibt sein Todesjahr 1600 an, in welchem er in Rom gestorben sei. (Ueber Franciscus Tertius Bergomasco vergl. Beiträge zur Geschichte, Statistik, Naturkunde und Kunst in Tirol und Vorarlberg. Innsbruck 1832. VII, pag. 281. IX ff. und Anhang VIII, pag. 316, welcher Aufsatz die wichtigsten biographischen Mittheilungen über den Künstler enthält, der Hauptsache nach aber das bekannte Kupferwerk des Gaspar Patavinus: Austriacae gentis imagines. Ausserdem besonders: Fr. Tassi, Conte, Vita de' pittori, scultori ed architetti Bergamaschi. Bergamo 1708. II. Band, pag. 173.)

Niclass Paulowicz wird als gewessner Harnisch Verwarer mit 12 fl. monatlicher Besoldung namhaft gemacht.

Unter den verwissnen Prouisionen wird aufgeführt:

Aus dem vitzdombambt zu Lintz.

Jacob Seisenegkher gewessnen Hofmaler Järlichen auf Sein Lebenlanng Zwayhundert vnd Zehen Gulden Reinisch.

Was die letzte, auf den Hofmaler Seisenecker bezügliche Notiz anbelangt, so ist dieselbe Birk (in dessen mustergiltiger Abhandlung über den Meister, Cent. Comm. IX. Jahrg. 2. Heft), jedoch aus anderer Quelle, bereits bekannt gewesen. Der Verfasser theilt nämlich am Schlusse mit, dass Kaiser Maxmilian den Maler durch eine Zuschrift vom 3. Februar 1566 davon in Kenntniss setzt, dass Erzherzog Ferdinand seine Provision per 210 fl. jährlich, aus dem Tiroler Kammermeisteramte zu bezahlen, übernommen habe.

Datum dieses Anhangsartikels der »neuen« Schulden und Schluss des Bandes: Linz, 6. Januar 1566. Wasserzeichen des Papiers:

In dem »Inventari allerlai Klainottes von Goldt Mehrlai sortt den 15 tag Septembris Anno 1577 In dem Schloss Ambras Inuentiert Worden,« dessen Original die k. k. Hofbibliothek in Wien bewahrt, heisst es unter der Rubrik: Allerlai Maderien.

»Ein alter guldiner pfenning darauff Ir. F. Dt. Erzherzog Ferdinandi zu Oesterreich bildtnuss.«

Mit der Randbemerkung:

»A° 79 den 29 Maj dem Pfauntler goldtschmidt zu knopffen auf ein furtuch Ir. F. G. gehörig zu verarbeiten mit Nr. 2 bezaichnet.«

Sodann weiter unter sub: Armbander:

»Ein Rundt geschmelzts par Armbandt mit Scharniern auf Jedem 12 runde perlen.« (Durchstrichen.)

Dazu die Randbemerkung:

»A° 79 adj 29. May sein dem Pfaundler goldtschmidt zu knöpffen für Ir. F. G. auf ein Fürtuch zu verarbeiten geben worden zu knopffen mit Nr. 2 bezaichnet.«

Weiters unter der Ueberschrift: Allerlai guldine vnd geschmeltzte Rösslen:

»An einer Schnur zwainzig guldine steffl.«

Mit der Randbemerkung:

»A° 79 den 29 May habens Zr. F. G. zu einem furtuch zu verarbaiten geben dem Pfaundler zu knopffen mit Nr. 2 bezaichnet.«

Auf derselben Seite erscheinen auch mehrere Kleinode mit der Bemerkung, dass sie in genanntem Jahre, im Monat Juni, dem Chris t o f f S c h n e i d e r »vberantwurt worden«, ohne dass dessen Stand etc. angegeben wären; ohne Zweifel ist auch dieser ein Goldarbeiter, denn auf der folgenden pagina finden wir nachstehende Aufzeichnung unter dem Gesammttitel: Allerlai Guldene vnd geschmeltzte Rosslen:

»Drey vnd zwainzig Cristalline Khnopff Acht vnd dreyssig par guldine steffl an Jedem drey perlen.« In margine: »gel ain stefflen ab.«

Hiezu die Randnotiz:

»dem Maister G e o r g S c h n a i d e r vberantwurtt.«

Und weiter unten in derselben Rubrik:

»Acht vnd dreyssig schwarz weyss vnd plau geschmelzte Rosslen auff iedem ein perlin.«

Mit der Bemerkung:

»Adj. 22 Februar A° 79 dem C h r i s t o f f S c h n e i d e r vberantwurt worden.« In der darauf folgenden Abtheilung: Allerlai galdene vnd geschmeltzte Rosslen:

»Zwelff Grau vnd weyss geschmelzte Rosen.«

Mit der Randnotiz:

»A° 79 den 29 May haben Ir F. G. 14 zu einem Furtuch dem P f a u n t l e r zu verarbeiten geben 94 sein schwarz geschmelzt vnd dem C h r i s t o f S c h n e i d e r den 12 Junij vberantwurt worden Reste noch 102 Rosen.«

Berichte und Mittheilungen aus Sammlungen und Museen, über staatliche Kunstpflege und Restaurationen, neue Funde.

Zu den Bilderbenennungen der Darmstädter Gemälde-Galerie.

Die folgenden Zeilen wurden bereits vor mehreren Jahren, unmittelbar nachdem die »kritischen Bemerkungen« von Dr. Wilhelm Schmidt über die Galerie zu Darmstadt in dieser Zeitschrift erschienen waren, niedergeschrieben und gleichfalls für das Repertorium bestimmt. Die längere Pause in dem weiteren Erscheinen des Repertoriums bewirkte, dass ich die Blätter zur Seite legte und aus den Augen verlor. Wenn ich sie jetzt auf besondere Veranlassung wieder hervorgesucht habe und nun zum Druck gebe, so ist damit, sowenig als früher, eine Polemik bezweckt; sie sollen nur Beiträge für einen kritischen Katalog der Darmstädter Galerie und zur Geschichte der niederländischen Malerei überhaupt liefern.

Es würde dem Zwecke des Repertoriums wenig entsprechen, wollte man einer Reihe kurzer kritischer Bemerkungen eine andere Reihe apodiktisch folgen lassen. Doch ist es zuweilen von entschiedenem Nachtheil, ausgesprochenen Ansichten und Vermuthungen gar nicht oder auch nur gelegentlich entgegenzutreten, zumal auf dem Gebiete der niederländischen Kunstforschung, da hier die Zahl der Liebhaber und Sammler ebenso gross wie die Zahl der kritischen Forscher verschwindend klein ist. So kommt es leider, dass zuweilen eine Hypothese unbeanstandet aufgenommen und wie auf einer Thatsache darauf weitergebaut wird, weil der bestbegründete Beweis des Gegentheils verschwiegen oder unberücksichtigt bleibt. Allerdings bietet das Studium der niederländischen Malerei, der vlämischen wie der holländischen Schule, noch ein reiches Feld erlaubter, ja nothwendiger Hypothesen: nicht nur müssen für zahllose Gemälde noch die Künstler gefunden und umgekehrt für zahllose Künstler erst Werke entdeckt werden; die Stellung der Maler, das Verhältniss bestimmter Richtungen, ja der ganzen Schulen zu einander bedürfen ebenso sehr wie die Entwicklung des einzelnen Künstlers, wie die Bestimmung und die Geschichte des einzelnen Gemäldes noch auf Schritt und Tritt der Hypothese. Um so mehr muss aber der Forscher bestrebt sein, solche Hypothesen auf haltbarem Grunde, auf strenger Beobachtung und Vergleichung der Kunstwerke aufzuführen und blosse Aphorismen, auch wenn sie noch so anziehend sein mögen, lieber ganz zu unterdrücken.

Diese Bemerkungen drängten sich mir auf, als ich jenen in dieser Zeitschrift (I. S. 249 ff.) erschienenen Aufsatz von Dr. Wilhelm Schmidt durchlas. Ich verkenne keineswegs die Verdienste dieser Arbeit: eine Reihe von unbestimmten oder irrthümlichen Benennungen des im Allgemeinen recht lobenswerthen neueren Katalogs der Sammlung von Prof. Hofmann (1872) sind richtig gestellt, und Schmidt hat an mehreren Stellen auch in glücklicher Weise an einzelne Werke der Galerie allgemeinere Betrachtungen über verschiedene Meister angeknüpft. Allein für eine gründliche Kritik des Darmstädter Galeriekataloges, welche Sicherheit und möglichste Vollständigkeit bezweckte, wäre jedenfalls eine genaue und gründliche Musterung der Galerie an der Hand des Kataloges Pflicht des Kritikers gewesen, damit Vollständigkeit und Sicherheit des Urtheils erzielt werde, während der vorliegende Aufsatz offenbar im Wesentlichen auf gelegentlichen Notizen eines oder weniger kurzer Besuche der Sammlung basirt. Das giebt Herr Schmidt selber zu, indem er sich einmal selbst als abschreckendes Beispiel hinstellt, »zu welchen Verwirrungen allzu lakonische Eintragungen führen können«. Wo nach meiner Ueberzeugung, die ich mir durch häufigere Besuche der Darmstädter Galerie gebildet habe, Dr. Schmidt's Angaben nicht richtig sind, oder wo er sich über irrthümliche Benennungen des Katalogs nicht ausspricht, habe ich daher in den folgenden Zeilen meine eigene Ansicht wiedergegeben; jedoch habe ich mich dabei auf die Gemälde der vlämischen und holländischen Schule beschränkt, da ich nur diese einer genauen Prüfung unterzogen habe.

Soweit es sich nicht um einfache Zurückweisung vornehmer Namen für geringe Machwerke handelt, erwähne ich nur diejenigen Bilder, bei welchen ich den Meister mit völliger oder annähernder Bestimmtheit angeben zu können glaube.

Wo mir Dr. Schmidt's Bestimmungen anderen Ansichten gegenüber allein berechtigt oder besonders beherzigenswerth erschienen, werde ich meine Uebereinstimmung mit seinen Angaben besonders aussprechen; und dies sei mir hier vorweg gleich in Bezug auf ein Bild gestattet, welches eigentlich aus dem von mir gesteckten Rahmen herausfällt, auf die dem Lucas van Leyden zugeschriebene Maria mit dem Kinde (Nr. 191). Ich halte das Bild mit H. Schmidt nicht für ein Original, sondern für eine alte, nicht einmal besonders glückliche Copie. Wegen der grossen Seltenheit ächter Gemälde des trefflichen Meisters sei hier ein Bild desselben erwähnt, welches im Jahr 1873 der Berliner Galerie von Hamburg aus angeboten wurde: Maria mit der hl. Anna und dem Kinde im Grünen sitzend, von einem Reiz der Landschaft, Leuchtkraft der Färbung und seltener Lieblichkeit der Gestalten, wie mir kaum ein anderes Bild des Meisters bekannt ist. Leider war es so durch Putzen und Restauration beschädigt, dass es sich zum Erwerbe für die Galerie nicht eignete. Seitdem soll das Bild in das Ausland verkauft sein. In Berlin

befindet sich, ausser dem für die Galerie 1872 erworbenen kleinen Hieronymus, im Privatbesitz, eine treffliche alte Wiederholung des Hauptbildes von
Lucas van Leyden, der Heilung des Blinden in der Ermitage zu St. Petersburg,
und zwar mit den beiden jetzt dem Originale fehlenden Flügelbildern, die
van Mander erwähnt.

Die beiden Gortzius genannten Bildnisse (Nr. 276 und 277) würde ich
nicht bezweifeln, wie es Herr Schmidt thut, zumal sie mir keineswegs »ganz
ausgezeichnet« erscheinen; namentlich das männliche Porträt ist selbst für
Gortzius besonders mässig.

Das J. Olis bezeichnete grosse Schäferstück (Nr. 292) hat mit dem
älteren Oldenburger Maler Jan Lys, dem es der Katalog zuschreibt, nichts zu
thun und ebensowenig mit dem dem C. Poelenburg verwandten Jan van Lijs
oder van der Lisse; doch hat Olis[1]) mit beiden Meistern eine gewisse Verwandtschaft. Das Bild der Darmstädter Galerie zeigt ihn der um Gerard
Honthorst sich gruppirenden Zahl von Künstlern verwandt, namentlich dem
Caesar van Everdingen, Jacob van Loo und Bronckhorst. Ein kleines, gleichfalls bezeichnetes Bild, welches ich im Kunsthandel sah, war nach Gegenstand
und Behandlung mehr dem Poelenburg verwandt, jedoch flauer und kühler:
ein drittes kürzlich im Trippenhuis zu Amsterdam aufgestelltes Bild, ein Küchen-
stück vom Jahr 1645, erinnert wieder eher an A. Duck. Mit letzterem Gemälde
stimmt eine gleiche Darstellung in der Braunschweiger Galerie (Nr. 569); irrthümlich Willem Mieris genannt, so auffallend überein, dass es wohl demselben
Künstler zugeschrieben werden darf.

Ist die grosse Landschaft (Nr. 300) wirklich D. Vinkeboom bezeichnet,
wie der Katalog angiebt, so ist diese Bezeichnung wohl zweifellos falsch. Alle
ächten Bezeichnungen, die ich auf Bildern oder Zeichnungen des Meisters fand,
lauten David Vinck Boons.

Nr. 304 ist in der That vom alten Teniers, dessen Monogramm das
Bild auch trägt. — Nr. 319 ist allerdings ganz von der Hand des Sebastiaen
Vrancx. — Die kleine Marine »in der Art des van Goyen« (Nr. 325), ein
Werk dritten Ranges aus der Mitte des 17. Jahrhunderts, trägt die kleine
Bezeichnung j v d. — Die holländische Strandgegend unter derselben Be-
nennung (Nr. 324) ist wohl ein schwacher W. Kool. — Nr. 339 ist weder
von S. v. Ruijsdael noch von P. Molijn, sondern von Klaes Molenaer oder
Sal. Rombouts. — Nr. 340 ist von Aalbert Klomp. — Der Besuch der
Engel bei Abraham (Nr. 344) ist ein sehr charakteristisches Bild des G. van Herp.
— Der einzige ächte und treffliche Rembrandt der Galerie, Christus am
Marterpfahl (Nr. 347), ist 1668, nicht 1658 datirt. Dafür spricht nicht nur
auf's entschiedenste der ganze Charakter des Bildes: wer die Daten Rembrandt's

---

[1]) Ueber diesen Künstler Jan Olis giebt jetzt das Archief voor Nederlandsche
Kunstgeschiedenis (I. p. 209) die erste urkundliche Notiz. Danach trat derselbe am
1. Juli 1632 als Maler in die Gilde zu Dortrecht. Die Höhe seines Eintrittsgeldes
beweist, dass er nicht der Sohn eines »Gildebruders« war; er wird dabei als »Jonck-
man« bezeichnet, seine Herkunft aber leider nicht angegeben.

auf fast allen seinen erhaltenen Bildern, Radirungen und Zeichnungen verglichen hat, weiss, dass der Meister bei der 5 regelmässig wie bei der 3 die untere Hälfte der Zahl unter die Linie setzt. Davon findet sich bei seinen Gemälden noch viel seltener eine Abweichung als bei seinen Radirungen, auf denen die Inschriften zuweilen sehr flüchtig sind. Im vorliegenden Falle erinnert die dritte Zahl des Datums nur deshalb an eine moderne 5, weil die Inschrift leider angegriffen ist. — In den Bildern 349, 350 und 378 habe auch ich mit Herrn Schmidt die Hand eines und desselben Künstlers zu erkennen geglaubt, und zwar mit grosser Wahrscheinlichkeit die des Bernaert Fabritius. Am charakteristischsten ist für ihn die Darstellung im Tempel (350). Sollte die Einführung von Bezeichnungen wie »Rembrandtianer« und »Rubensianer«, deren sich Herr Schmidt hier bedient, in die Sprache der Kunstlitteratur wohl wünschenswerth erscheinen? Ich meine, dieselbe ist leider schon stark genug durch Jargon gefärbt.

Gelegentlich des Porträts Nr. 351, das mir weder mit Terborch noch mit Netscher etwas zu thun zu haben scheint, stellt Herr Schmidt einen für die Kunstkritik sehr gefährlichen Grundsatz auf: nachdem zwei Forscher unabhängig auf dieselbe Meinung gekommen seien, dürfte man das Bild ohne viele »Gewissensbisse« dem Netscher zurückgeben. Dazu gehört allerdings ein sehr leichtes Gewissen, zumal wenn der eine dieser Forscher, wie in diesem Falle Herr Schmidt, sich vor dem Bilde nur notirt »ähnelt Netscher!« Nr. 356 und 357 sind zu gering für Thomas de Keijser; Nr. 358 halte ich gleichfalls wie Herr Schmidt für David Teniers d. j., der hier (wie überhaupt in seinen kleinen seltenen Bildnissen) dem Gonsales Coques sehr verwandt erscheint. Nr. 362 und 364 sind Copien. Nr. 369 ist von F. Bol, welchem Dr. Schmidt nach meiner Ansicht mit Wahrscheinlichkeit auch die beiden Eeckhout genannten Bildnisse (Nr. 386 und 387) zuspricht. Die Berglandschaft Nr. 389 ist von der Hand des so oft verkannten Jan Looten[1]). Das Stallinterieur (Nr. 395) ist ein charakteristisches Bild des Govaert Camphuisen, welcher in der Regel allerdings mehr den frühen Bildern des Aalbert Cuijp, zuweilen aber auch dem Paulus Potter verwandt ist[2]). Eine der Perlen der Galerie, das dem P. de Hooch zugeschriebene Bild Nr. 405, halte ich nur für ein treffliches, leider etwas geputztes Werk des S. van Hoogstraeten. Für P. de Hooch ist es zu kühl in der Färbung und zu glatt in der Behandlung. — Nr. 406 ist kein Baltus van der Veen, wie Herr Schmidt vermuthet, sondern ein Jacob van Ruisdael, wie das ächte Monogramm neben der Jahreszahl 1649 beweist. Das Bild ist noch den Werken des Isack van Ruisdael sehr ver-

---

[1]) Ueber den seltenen Architecturmaler Cornelis (nicht Karel) de Man (Nr. 391) giebt der I. Band des »Archief voor Nederlandsche Kunstgeschiedenis« eine Reihe von biographischen Daten aus dem Delfter Gildebuche.

[2]) Am stärksten ist dies wohl der Fall in einem Juwel des Meisters, der unter Potter's Namen bei Mr. Holford in London allbewunderten kleinen Landschaft, einem Waldesrand, an welchem Kaninchen auf ihrem Baue spielen. England besitzt überhaupt eine grössere Zahl ausnahmsweise guter Bilder des Meisters.

wandt, dem ich es früher zugeschrieben habe; doch halte ich es jetzt für ein Jugendwerk seines Sohnes Jacob, da dieser allein (soweit mir bisher bekannt ist) das bekannte Monogramm geführt hat, das sich auch auf diesem Bilde findet. — Nr. 411 ist nicht von L. Backhuisen, sondern von einem älteren, dem Porcellis verwandten Seemaler. — Nr. 417 ist von dem leicht kenntlichen vlämischen Maler Cristoffel van der Lanen, welcher aber, wie hier, fast immer als Duck, Palamedesz u. s. f. bezeichnet wird. — In dem Nys 1662 bezeichneten Gemälde (Nr. 407) lernen wir einen mässigen vlämischen Künstler kennen, welcher sich, ähnlich wie E. Tilborch, wie der wenig bekannte N. Vautron und in künstlerisch vollendeter Weise D. Teniers, das malerische Durcheinander reich belebter und mit Waffenstücken aller Art gefüllter Wachtstuben zum Motiv wählt. Herr Schmidt hebt mit Recht hervor, dass dieses Bild keine Verwandtschaft hat mit zwei dem Sebastien Bourdon zugeschriebenen Gemälden in der Galerie zu Cassel, wie dies der Katalog wenigstens »dahingestellt sein lässt«. Aber Herr Schmidt irrt, wenn er diese beiden Bilder zwei verschiedenen Meistern zuschreibt, er irrt auch, wenn er sie für Werke vlämischer Künstler in der Art des G. van Herp, des A. Goubou u. A. hält. In denselben Irrthum bin auch ich in meinem Aufsatze über »Frans Hals und seine Schule« verfallen, ehe mir eine grössere Zahl sittenbildlicher Darstellungen von S. Bourdon bekannt waren, wie man sie in Frankreich und England kennen lernt; ich weise nur auf das charakteristische Bild im Louvre hin. Der Vergleich mit denselben ergiebt, dass der Katalog zweifellos mit Recht die Bilder dem Bourdon zuschreibt. Aber Herr Schmidt begeht mit Woltmann dasselbe Versehen, welchem ich a. a. O. (F. Hals etc. S. 47) durch eine kurze Notiz für die Zukunft vorgebeugt zu haben glaubte: aus einer Wirthshaus-Inschrift macht er einen Künstlernamen. Da nun aber nach dem von Herrn Schmidt aufgestellten Grundsatze, wenn zwei Forscher selbständig zu demselben Resultate kommen, dieses Resultat ohne grosse Gewissensscrupel objective Gültigkeit beanspruchen kann, also in diesem Falle der Künstler Bonnyn oder Bonuyn (wie Herr Schmidt richtiger liest) in die Kunstgeschichte eingeführt sein würde, so kann ich es hier nicht unterlassen, darauf aufmerksam zu machen, dass der neue Künstler sich eingeschrieben hat in das Rund eines grünen Kranzes, der an einer Stange über der Thür eines Marketenderzeltes aushängt, der also schon als solcher in internationaler Sprache Jedermann ein »Wirthshaus zum kühlenden Trunke« verkündet. Wenn nun ein Unbefangener, der nicht auf Künstler-Inschriften fahndet, an solcher Stelle auf einem Bilde, welches der Katalog einem französischen Meister zumisst, die Inschrift bon uyn, nach heutiger Schreibweise also bon vyn oder bon vin, findet, so wird er das wohl einzig auf den guten Geist deuten, der schon manchen guten Gedanken, auch künstlerischer Art, in die Welt gesetzt hat, der aber deshalb noch immer nicht selbst zum Künstler geworden ist[4]).

Das schöne, leider — wie so manche Bilder der Sammlung — geputzte

---

[4]) Eine sehr umfangreiche Künstlerfamilie Nys ist in der Antwerpener Liggere genannt; aber unser Maler findet sich augenscheinlich nicht darunter.

Seestück, welches der Katalog unter dem Namen Willem van de Velde aufführt (Nr. 412), trägt diesen Namen sehr mit Unrecht. Es ist vielmehr ein
ächter und vorzüglicher Porcellis, dessen Monogramm ich noch unter einer
Uebermalung zu entdecken glaube. Es ist dem unter der Benennung Julius Porcellis aufgeführten stillen See (Nr. 404) nahe verwandt und, wie dieses, nach
seiner weichen, »butterigen« Behandlung, dem feinen Helldunkel und der Färbung zu schliessen, schon eher nach als vor der Mitte des 17. Jahrhunderts
entstanden. Lebte damals der alte Jan Porcellis noch? Oder haben wir diese
und ähnliche Bilder dem jüngeren Jan zuzuschreiben, über den uns van der Willigen urkundliche Nachrichten geliefert, und welchem Houbraken wahrscheinlich, wie Dr. Schmidt in seinem sehr verdienstlichen, im ersten Hefte dieser
Zeitschrift veröffentlichten Aufsatze über die Familie Porcellis nachweist,
irrthümlich den Vornamen Julius gegeben hat? Eine Entscheidung werden
diese Fragen erst dann finden können, wenn das Todesjahr des alten Jan Porcellis urkundlich festgestellt ist und gleichzeitig mehr datirte Werke des oder
der Seemaler Porcellis nachgewiesen sind. Ein späteres Werk — etwa aus
den Jahren 1635 bis 1640 — ist übrigens, wie ich beiläufig bemerke, auch
die reizende I. POR. bezeichnete Strandlandschaft, welche ich desshalb früher
dem jüngeren (von mir wohl irrthümlich noch Julius genannten) Porcellis
zugeschrieben habe. Jan Peeters, welcher sich allerdings, wie Porcellis, des
Monogramms I. P. bedient, ist jedoch nicht so schwer von demselben zu
unterscheiden, als Herr Schmidt in dem genannten Aufsatze annimmt. Mit
seinem vollen Namen bezeichnete Gemälde wie Zeichnungen lehren ihn als
einen späten und flüchtigen Nachahmer seines älteren Bruders Bonaventura
kennen, er verzerrt dessen häufig sehr unruhige Compositionen, welche mit
Vorliebe Motive des Mittelmeeres darstellen, fast in Carricatur und ist dabei
von flauer Farbenwirkung.

Einen Irrthum des Katalogs in der Lesart des Datums auf der grossen
Winterlandschaft von Jan van de Venne (Nr. 333) möchte ich hier noch
verbessern: die Jahreszahl ist 1670, nicht 1620 zu lesen. Mir ist kein anderes
Bild dieses geringen Landschafters bekannt, der hier in der Art eines schwachen
Klaes Molenaer erscheint. — Ein anderes Datum, welches noch zu berichtigen
wäre, ist das auf dem kleinen Interieur von Adriaan van Ostade (Nr. 361):
der Katalog liest dasselbe 1675; es ist vielmehr 1635 zu lesen, wie auch die
für die früheste Zeit ganz charakteristische Auffassung, Färbung und Behandlung zur Genüge beweisen[1]). Das zweite dem Meister zugeschriebene Bild ist
nur eine Copie. — Die drei Bruchstücke eines Familienbildes, das dem A. Cuijp
zugeschrieben wird, tragen eine falsche Bezeichnung desselben. Obgleich der
Künstler in derartigen Darstellungen (man vergleiche die grossen Bilder in Augsburg, Innsbruck[2]) u. s. w.) zuweilen recht mässig und selbst schwach ist, so

---

[1]) Nachträglich sehe ich, dass in den Facsimiles ganz richtig das Datum
1635 angegeben ist, dass also 1675 im Texte wohl nur ein Druckfehler ist.

[2]) Das vor einigen Jahren in Dresden erworbene Reiterbild ist Copie eines
bekannten Bildes bei Mr. Adriaen Hope in London.

scheint mir das Darmstädter Bild denn doch gar zu flau und lahm für den Meister.

Ich kann nicht vom Darmstädter Museum scheiden, ohne auf die nicht sehr umfangreiche, aber sehr gewählte Sammlung von Handzeichnungen aufmerksam gemacht zu haben, die leider so gut wie unbekannt und meines Wissens wissenschaftlich bisher noch gar nicht ausgebeutet ist. Die Zusammenbringung derselben ist im Wesentlichen das Verdienst des jetzigen Inspectors der Galerie, Professor Hofmann.

Da ich die Sammlung selbst nur zu flüchtig, die deutschen Zeichnungen sogar überhaupt nicht gesehen habe, so kann ich nur Einiges beispielsweise hervorheben. Unter den Italienern fielen mir besonders auf: verschiedene treffliche Skizzen von Lor. di Credi, von Fra Filippo Lippi, eine Studie zum Tanz der Salome im Dom zu Prato, ein Blatt des Fra Bartolommeo mit Randzeichnungen von Lor. di Credi, eine besonders interessante breite Federzeichnung unter Giorgione's Namen, vielleicht von Pordenone (Krieger mit Mädchen, auf der Rückseite nackte Frauengestalten) und vor Allem eine sehr geistreiche flüchtige Skizze Michel Angelo's aus seiner späteren Zeit, angeblich Francesca da Rimini darstellend. Unter den Niederländern von Rubens mehrere Blätter mit Acten sowie eine Studie zu der Victoria in einem Bilde aus der Folge des Decius Mus beim Fürst Liechtenstein in Wien; von D. Teniers eine köstlichste erste Skizze zu dem Bauerntanz der Berliner Galerie, welcher aus der Suermondtschen Sammlung stammt; von Rembrandt die Frauen am Grabe und die Verspottung Hiob's; von Jordaens, A. van Ostade, Jacob van Ruisdael, Aart van der Neer, Eeckhout, beiden Saft-Leven, den verschiedenen van de Velde (darunter von Adriaan eine Skizze zur grossen Fähre in der Galerie zu Ludwigslust), van Goijen, Molijn u. s. f., meist mehrere und fast ausnahmslos gute oder treffliche Zeichnungen von selten guter Erhaltung. Auf eine Reihe vorzüglicher Studienblätter von Jacob de Gheyn mache ich besonders aufmerksam, weil dieser als Stecher geachtete Künstler in seinen Zeichnungen, in denen er der directe Vorläufer des Rubens und unter seinen Zeitgenossen unvergleichlich ist, keineswegs nach Gebühr beachtet wird. Auch der ihm nahe verwandte Adam Elsheimer hat etwa die gleiche Zahl von Blättern und darunter zwei seiner umfangreichsten und ausgezeichnetsten in der Darmstädter Sammlung aufzuweisen. Unter den Franzosen fielen mir namentlich eine Reihe selten schöner Studien von Boucher in die Augen. Sicherlich werden auch die deutschen Meister den übrigen entsprechend würdig vertreten sein.   *Bode.*

Die Grossherzogliche Gemälde-Sammlung in Oldenburg.

Nachdem der Bilderschatz des Hauses Oldenburg durch Erbschaft zum Theil in die Gräflich Aldenburgischen Hände übergegangen, und fast gänzlich im Brande des Schlosses zu Varel 1751 untergegangen war, hatte Oldenburg so ziemlich Alles verloren, was es in dieser Beziehung besass. Da die Residenz seit dem Tode des letzten Grafen von Oldenburg 1667 für ein Jahrhundert zur dänischen Gouvernementsstadt herabsank, so war an Ersatz nicht zu denken.

Nach dem Tode des ersten Herzogs von Oldenburg, Friedrich August, welcher zumeist in Eutin residirte, begann sich unter Herzog Peter ein neues Leben zu regen. Er suchte die wenigen Ueberreste des alten Fürstlich Gottorp'schen Bilderschatzes, welcher ebenfalls in den Stürmen des 17. und 18. Jahrhunderts zerstreut worden war, zu retten und zu vereinen. Sind diese eben so geringen, als meistens unbedeutenden Ueberreste auch kaum als Grundlage der heutigen Sammlung anzusehen, so gaben sie doch Veranlassung dem Herzoge Peter, welcher lange in Italien war, den Mangel einer solchen Sammlung lebhaft empfinden zu lassen. So geschah es, dass der Herzog, nachdem er die Schätze Tischbeins, welche dieser in den Jahren von 1782 bis 1799 in Rom und Neapel erworben, 1801 in Hamburg gesehen, beschloss, den Versuch zu machen, dieselben anzukaufen, welches denn auch 1803 gelang, es wurden nicht weniger als 86 Gemälde für 12,000 Thaler erworben. Nach und nach gingen von diesen etwa 20 Stück zu gelegentlichem Vertauschen zurück.

Im April 1804 wurden diese Gemälde mit einigen anderen nach Oldenburg gesandt und nebst den in Oldenburg noch vorhandenen im Schlosse aufgestellt, es waren nicht weniger als 141, welche somit den ersten ansehnlichen Stamm für die jetzige Gemälde-Sammlung abgaben. Diesen vermehrte der Herzog fortwährend, Paris (Vodo), Brüssel (Burtin), Hamburg (Harzen) waren die Hauptquellen, bis die hereinbrechende französische Occupation ihn nöthigte, nicht allein mit seinen Lieblingen nach Petersburg zu fliehen, sondern vorläufig auch weitere Ankäufe aufzugeben, weil er gezwungen war, »Alles dem Mars zu opfern, Nichts bleibt für Kunst und Wissenschaft«, wie der Herzog klagend schreibt.

Unter den von Tischbein erworbenen Gemälden befindet sich auch das schöne Bild Nr. 30 des Kataloges: Lombardische Schule. Damals mit völligster Sicherheit als ein Werk Raphael's angesehen, hielt der Herzog das Bild so werth, dass er es in einer Kutsche von Hamburg nach Oldenburg bringen liess.

Als 1845 von dem Hofmaler Ferndorf die Sammlung neu geordnet und aufgestellt wurde, stiegen Zweifel auf, er bezeichnete das Werk als Raphael's Schule.

Nach Waagen's Bestimmung gehört das Bild einem trefflichen Meister der Lombardischen Schule um 1530—1540 an. Sicher scheint indess, dass eine Zeichnung Raphael's, welche Marc Anton stach, zu Grunde gelegen hat. Das Gemälde zeigt uns: Johannes den Täufer in der Wildniss. Nur mit einem Schaffell über der rechten Schulter bekleidet, sitzt der jugendliche Johannes, auf die Linke gestützt, auf einem Felsen in einsamer, baumbewachsener Felsschlucht, ganz nahe einem klaren Born. Das Rohrkreuz in der Hand, blickt er gedankenvoll auf dasselbe und auf das Spruchband, welches vom Kreuz aus sich über den linken Schenkel schlingend die Worte trägt: Vox Chlamantis in Deserto Parat. Via Domi Vi.

1787 von Tischbein W. in Neapel als Rafael angekauft. G. F.

Ev. Luc. 1. 80. Von Holz auf Leinwand übertragen. 1845.

H. 105. B. 75. 1804.

Da Riepenhausen sich dieses vorzüglichen Werkes noch 1850 in Rom als eines Raphael erinnerte und nicht zu begreifen erklärte, dass man ein solches Werk einem unbestimmten anderen Meister zuschreiben könne, so habe ich geglaubt, desselben hier näher gedenken zu sollen.

Auf weitere Einzelheiten einzugehen dürfte hier um so weniger angebracht erscheinen, als der Katalog die erforderlichen Aufschlüsse giebt. Photographirt sind die Nummern 4, 5, 6, 8, 9, 14, 17, 19, 23, 28, 30, 32, 33, 36, 37, 38, 48, 52, 55, 58, 64, 67, 68, 69, 70, 73, 77, 82, 88, 89, 107, 139, 148, 155, 195, 203.

Die Sammlung besteht jetzt aus 356 Gemälden und zwei Cartons von Schnorr von Carolsfeld, von denen 98 Italien, 3 Spanien, 150 den Niederländern und der Rest den Deutschen und Franzosen angehört.

Die Sammlung ist 1867 in dem für diesen Zweck zum Andenken an den Grossherzog Paul Friedrich August aus freiwilligen Beiträgen neuerbauten Augusteum aufgestellt.

Mit ihr verbunden ist eine Sammlung von etwa 100 Gipsabgüssen nach Antiken. Diese sowohl als die Gemälde-Sammlung sind Privateigenthum des Grossherzogs, aber in höchst liberaler Weise dem Publicum täglich von 11 bis 2 Uhr zugänglich.

1878 wurde das Treppenhaus, durch Professor Griepenkerl mit einem Cyclus von Gemälden, die Entwickelung der bildenden Künste auf historischen Grundlagen (classisches Alterthum, Mittelalter, Renaissance und Neuzeit) darstellend, mit gewohnter Meisterschaft geschmückt.

Näheres findet sich mit Umrissen in der kl. Schrift »Die Decken- und Wandgemälde im Augusteum zu Oldenburg«. Oldenburg, G. Stalling. 1878.

A.

Retrospective Ausstellungen.

Die Kunst- und Industrie-Ausstellung zu Kopenhagen im Sommer 1879.

Vom 17. Juli bis zum 19. Oktober 1879 fand zu Kopenhagen eine kunstindustrielle Ausstellung statt; die Initiative zur Veranstaltung derselben war vom Gewerbeverein zu Kopenhagen und dem Künstlerverein »Fremtiden« (die Zukunft) ausgegangen und ein von diesen Vereinen gewähltes Comité, an dessen Spitze der Kammerherr und Museumsdirector J. J. A. Worsaae stand, hatte auch die Leitung der Arbeiten übernommen. Die Ausstellung war die erste ihrer Art in Dänemark, dadurch wurde sie von besonderer Bedeutung für das Land, in welchem sie stattfand; nebenbei gewann sie aber auch eine grössere allgemeine Bedeutung durch die Principien, nach welchen bei ihrer Anordnung vorgegangen wurde. Das Ziel war eine Uebersicht über die culturhistorische Entwickelung Dänemarks von ungefähr 1500 bis 1848, und dieses Ziel ist erreicht worden. Ein Zeugniss dafür ist der Beifall, den die Ausstellung fand, wurde sie doch von mehr als 150,000 Menschen besucht.

In der Einladung zur Theilnahme ersuchte das Comité zunächst um Einsendung aller jener Gegenstände, die in solchen Ausstellungen immer zu sehen sind: Waffen, Möbeln, Musikinstrumente, Trachten, Gewebe, Geschmeide, Glas, Porzellan, etc., Wagen, Pferdegeschirr u. s. w., dann aber umfasste das Ersuchen auch Porträts, und hier stehen wir vor einer charakteristischen Eigenschaft der Ausstellung. Die Ordnung der Gegenstände war eine chronologische. Die Zimmer, in welchen sie ausgestellt waren, entsprachen in der Ausstattung dem Geschmack der verschiedenen Zeitalter, und in jedem Zimmer wurden die Porträts gleichzeitiger bekannter Männer und Frauen aufgehängt. Ein jedes Porträt wurde also in solcher Umgebung gesehen, in welcher die abgebildete Person wahrscheinlich gelebt hatte. Eine solche Anordnung ist ansprechend und instructiv. Die Männer der Wissenschaft und das grosse Publicum waren zufrieden, nur nicht — die Sammler, und das war begreiflich. Die Herren Sammler wünschen, was ganz natürlich ist, dass ihre Sammlungen als kleine Ganzheiten präsentirt werden, eingedenk der grossen Mühe, die sie

damit gehabt hatten, eben jenes Ganze zu Stande zu bringen, das nun in der
Ausstellung aufgelöst wurde. Ein Stück ward hierhin und ein anderes dorthin gesetzt, Principien gemäss, die sie nicht anerkannten; sie protestirten
und opponirten. Das Comité aber liess sich nicht beirren, die chronologische Ordnung wurde dennoch durchgeführt, und die Ausstellung bot eine
Reihe von kleinen Zeitbildern, von welchen jedes ein harmonisches Ganzes
darstellte. Die so störenden, zumeist ganz heterogene Gegenstände vereinigenden
»loan collections« wurden vermieden. Ein jedes Stück war mit einem gedruckten Zettel versehen, auf welchem man die Katalognummer und den Namen
des Eigenthümers las.

Die streng durchgeführte chronologische Ordnung war ein Vorzug der
Ausstellung, nicht aber der einzige. Nachdem der grössere Theil der Ausstellung das Leben auf den Gütern des Adels und in den Häusern des Bürger-
standes geschildert hatte, kam eine specielle Abtheilung für den Bauernstand.
Seit lange sind die Volkstrachten in den verschiedenen Gegenden Dänemarks
verschwunden, das jüngere Geschlecht kennt sie fast gar nicht; hier nun war
eine Reihe von Volkstrachten in sorgfältiger Ordnung zu sehen, und was noch
interessanter war, zwei alte Bauernstuben mit vollständiger Einrichtung, die
eine von der Insel Amager (in der Nähe Kopenhagens) und die andere von
der Hedebogegend; die ganze Ausstattung, welche direct von den Bauerhöfen
in die Ausstellung transportirt worden war, erinnerte lebhaft in ihrer Einfachheit
an die Ausstattung der Zimmer des Adels in dem 15. und 16. Jahrhundert.
Diese Stuben repräsentirten nur Seeland, die Trachten aber das ganze Land,
ja einige Schonen und Norwegen. Ueberhaupt hatten sich an der Ausstellung
die früheren Provinzen Dänemarks, die jetzt zu Schweden gehören, wie auch
Norwegen, das bis 1814 mit Dänemark verbunden war, lebhaft betheiligt,
so dass sie ein reiches und volles Bild der Culturentwicklung Dänemarks
während der drei letzten Jahrhunderte gab. Nur eins war zu vermissen
und das war die kirchliche Kunst; dieser Mangel steht in voller Uebereinstimmung mit der dänischen Entwicklung. Als die Reformation in Dänemark
eingeführt ward (1536), wüthete man in solcher Weise gegen Alles, was an
den Katholicismus erinnerte, dass die reiche Ausstattung der Kirchen fast ganz
vernichtet wurde.

Um die Ausstellung recht zu würdigen, muss man im Auge halten, dass
Alles, was auf ihr gesehen wurde, Privateigenthum war; man hatte nichts
aus den verschiedenen Museen Dänemarks entliehen, Alles war desshalb bis
zur Ueberraschung neu. Man wusste nicht, was von dergleichen Sachen in
Dänemark vorhanden war, nun war man erstaunt über den grossen Reichthum des Vorhandenen. Der dänische Hof, der dänische Adel und die dänischen
Sammler hatten alle ihre besten Stücke eingesandt. Die Ausstellung führte
die Besucher von den mit Eisen beschlagenen Truhen und von der ganz
dürftigen Ausstattung des 16. Jahrhunderts zu den bronzevergoldeten Kandelabern
des 19. Jahrhunderts; von den reich ausgeschnittenen, immer aber in geraden
Linien geformten Schränken des 17. Jahrhunderts zu den geschnörkelten und
geschweiften Kommoden und Schatullen der Zopfzeit; und vom einfachen

irdenen Geschirr und Steingut zu strahlendem Glas und prachtvollem Porzellan. Die Gesammtheit war reich und interessant, die Einzelnheiten waren es aber nicht minder; und einige von diesen wollen wir hier hervorheben.

Ein eichener runder Stuhl mit acht Beinen und Ueberzug von Goldleder trug die Jahreszahl 1541 und stammte aus einem Hause in Odensee auf Fünen, das 1541 von dem Edelmanne Eiler Rönnow gebaut war. — Unter den Porträts sah man zwei von dem jüngeren Karel van Mander († 1672), die bis da fast unbekannt waren, das eine stellte den dänischen König Christian IV. zu Pferde in Lebensgrösse vor, und das andere eine Kopenhagener Weinhändler-familie (Gamborg); beide Porträts waren vorzüglicher Qualität. — Der im Jahre 1657 von »Andres Büsch, Büxenmaker von Limpürg«, unter Leitung des Adam Olearius für den Herzog von Gottorp ausgeführte interessante und weit berühmte Himmelsglobus (Sphära Copernica) war von seinem Eigen-thümer ausgestellt. 1750 wurde er von Gottorp nach Kopenhagen geführt und kam hier injuria temporum in Privatbesitz; jetzt ist er Eigenthum des auf dem Schlosse Frederiksborg zu errichtenden dänischen Nationalmuseums. Von Kopenhagener Porzellan wurde eine interessante Sammlung kleiner Figuren in norwegischen Trachten gesehen; die Ausstellung zeigte vierzig Stücke, die Sammlung aber zählt noch einige mehr. — Von Interesse war auch eine enorme Sammlung von Trinkbechern in allerlei Formen und von allerlei Stoffen, die auf sehr instructive Weise die in Dänemark im 16. und 17. Jahrhundert zum Uebermass grassirende Trinklust illustrirte. — Auch eine bedeutende Sammlung von Zunftgeschirren sah man, namentlich von den Kopenhagener Zünften u. s. w.

Wie gesagt, die Ausstellung gab ein gutes Bild von der dänischen Cultur-entwicklung von circa 1500 an; man lernte kennen, welche Trachten, welche Möbeln und welches Hausgeräth die verschiedenen Generationen gebraucht hatten; eine Frage aber, die nicht immer beantwortet wurde, war die, wo die ausgestellten Gegenstände fabricirt wurden. Waren sie in Dänemark oder in andern Ländern gemacht? Auf einigen Stücken konnte man es lesen, und über andere gab die Litteratur genügende Aufklärung; ganzen Reihen von Gegenständen gegen-über fand man sich aber rathlos und das galt besonders von den geschnitzten Möbeln des 16. Jahrhunderts. Wie ich in einer kleinen Schrift (»Fra den kunstindustrielle Udstilling«, d. i. »Aus der kunstindustriellen Ausstellung«) entwickelt habe, bekam Dänemark in dem 16. Jahrhundert eine grosse Zufuhr von Tischlerarbeiten; man trifft in den Inventarien der Zeit »prusseschen« Kisten, Stettiner Scheiben (d. i. Tische) und Danziger Betten. Für mich aber ist es eine Frage, ob nicht sowohl Stettin als Danzig nur Transitstellen waren. Die Möbeln wurden vermuthlich in Süddeutschland oder in Holland gemacht, und sicher ist es, dass Dänemark eine grosse Menge von holländischen Möbeln empfing; zwischen Dänemark und Holland war damals ein reger Verkehr, und wir treffen immer und immer »holländische« Betten, »holländische« Stühle u. s. w. Interessant wäre es, darüber etwas von einem deutschen Sach-verständigen zu hören.

Diese Ausstellung war die erste ihrer Art in Dänemark, und deshalb ging es anfangs sehr langsam mit den Anmeldungen; man wollte sich erkundigen, man wusste nicht, was da herauskommen sollte. Als aber die Zeit für die Eröffnung näher rückte, wurde es anders. Jetzt strömten die Sachen herbei, und es war eine schwierige Arbeit, den Katalog zu rechter Zeit fertig zu stellen. Dieses gelang dennoch, am Tage der Eröffnung lag das Buch fertig vor, die Gegenstände nach der Aufeinanderfolge der dänischen Könige geordnet. Zuerst kamen die Porträts, dann die Möbeln, dann die Gewebe, dann die Schmucksachen etc. Jedes Stück wurde genannt und kurz beschrieben; die ursprünglich beabsichtigten historischen Einleitungen wurden aber wegen der Kürze der Zeit fortgelassen. Der Katalog umfasste auf 221 Seiten 1826 Nummern und später kam eine Beilage hinzu, welche die Nummern bis 2202 brachte; von Porträts zeigte die Ausstellung fast 350. — Wie schon erwähnt wurde, besuchten die Ausstellung mehr als 150,000 Menschen, nach Deckung der Kosten ergab sich ein Ueberschuss von 27,000 Reichsmark. Auf einen noch grösseren Erfolg aber darf man hoffen: die Ausstellung hat in erster Linie den Gedanken der Errichtung eines kunstindustriellen Museums in Kopenhagen, in zweiter Linie die Idee von einem Museum für die historische Entwicklung des dänischen Bauernstandes nahe gelegt.

C. Nyrop.

Litteraturbericht.

Kunstgeschichte. Archäologie.

Die Venus von Milo. Eine kunstgeschichtliche Monographie von **Friedr. Frbrn. Gœler v. Ravensburg**, Dr. phil. Mit vier Tafeln in Lichtdruck. Heidelberg, Carl Winters Universitätsbuchhandlung. 1879. 8°. VIII und 200 S.

Auch die letzten Jahre haben über die Venus von Milo manches Neue gebracht, allerdings weniger Thatsächliches als vielmehr Reflexionen und Vorschläge, welche neue Discussion fordern. Da ist eine »das Gesammtgebiet der Untersuchungen über diese Statue« umfassende Monographie am Platze, die nach dem Programm des Verfassers »eingehende und gleichmässige Behandlung sämmtlicher Fragen, welche die Statue betreffen, kritische Untersuchung aller bisher über dieselbe aufgestellten Ansichten und übersichtliche, genau disponirte Darstellung des gesammten Stoffs« zu geben unternimmt. Der erste und dritte Punkt dieser Aufgabe darf als gelöst betrachtet werden; die kritische Untersuchung hätten wir in der Begründung präciser gewünscht.

Der Verfasser beginnt mit der »Geographie und Geschichte der Insel Milo«, welche im Verlaufe der Untersuchung für die Feststellung des Charakters der Fundstätte sowie die der Entstehungszeit geschickt benutzt werden. Sodann giebt er eine eingehende Beschreibung der Erwerbung des kostbaren Fundes, welche bekanntlich reich an aufregenden Peripetien ist. Ich freue mich hierbei constatiren zu können, dass auch v. Gœler die Aicard'schen Behauptungen zurückweist, wie ich sie selbst schon in der Kunstchronik (X, Nr. 17 und 19) als höchst unwahrscheinlich nachgewiesen habe. Dort ist auch schon darauf hingewiesen, dass das Datum der Auffindung des Unterkörpers sich fest bestimmen lässt, nicht aber, wie es hier noch angenommen wird, ungewiss bleibt. Am 11. April (nicht wie es S. 15 Anm. 1 in Folge eines Druckfehlers zweimal heisst: am 11. Febr. — auf S. 11 hat der Verfasser selbst den 8. April richtig als das Datum der Auffindung des Oberkörpers gegenüber dem früher angenommenen Februar bezeichnet), war nur der Oberkörper gefunden, wie aus dem frühesten Document, dem Briefe Dauriac's hervorgeht. Am 12. April schreibt aber Brest: (la statue est)

»partagée en deux pièces par la ceinture«, ein Ausdruck, den er nur gebrauchen konnte, wenn thatsächlich Oberkörper und Unterkörper als je eine
Einheit, une pièce, vorlagen. Genau so sagt Dumont d'Urville (bei v. Gœler
S. 184): »La statue était de deux pièces«, um damit Ober- und Unterkörper
als je eine besondere Einheit zu bezeichnen. Nun lässt freilich David in der
seinem ersten Brief hinzugefügten Nachschrift, in welcher er den grade noch
eingelaufenen Brief Brest's recapitulirt, eben diese Stelle weg: noch ganz erfüllt und befangen von dem im Haupttheil seines Briefes wiedergegebenen
Dauriac'schen Berichte, der nur von dem Fund des Oberkörpers weiss, hat er
offenbar die Bedeutung des kurzen Ausdruckes »partagée en deux pièces« übersehen, und konnte das um so eher, als Brest gar keinen Grund hatte sich
deutlicher auszudrücken. Brest, der von dem Dauriac'schen Brief nichts wusste,
vielmehr einen ersten Bericht zu machen glaubte, hatte keinerlei Veranlassung
die allmähliche Auffindung zu detailliren. Er berichtet daher die bei der Abfassung seines Briefes vollendete Thatsache: eine in zwei Stücke getheilte
Statue ist gefunden worden. David dagegen macht in seinem zweiten Brief,
vom 31. Mai, sein früheres Uebersehen wieder gut, indem er auf die Auffindung
des Unterkörpers ausdrücklich hinweist. Er musste dies aber thun, weil
Marquis de Rivière nur seinen Brief kannte, in diesem aber eben jenes partagée en deux pièces weggelassen und somit nur von der Auffindung des Oberkörpers die Rede war. Der Unterkörper kann demnach nur nach dem Brief
Dauriac's vom 11. und vor dem Briefe Brest's vom 12. gefunden worden sein.

Nachdem nun der Verfasser »die äussere Beschaffenheit der Statue« geschildert, sie selbst und »die übrigen Fundstücke« beschrieben hat, geht er
zur »kunstmythologischen Bestimmung« über, die nach unserer Ansicht freilich
erst nach Feststellung des Motivs hätte erfolgen dürfen, da dieses möglicherweise als wesentlich bestimmendes Element in die Beurtheilung eingreifen
könnte. Als Resultat ergiebt sich ihm die Bestimmung der Statue als einer
Venus victrix. Auch in dem folgenden Capitel schlägt v. Gœler einen Weg
ein, den wir nicht für den richtigen halten: er will erst die Frage nach der
Ergänzung der Arme lösen und dann zur Bestimmung des Motivs der Darstellung schreiten. Es liegt aber auf der Hand, dass die Haltung der Arme
eine Folge des Hauptmotivs ist, und, je nachdem dieses erkannt wird, so oder
anders bestimmt werden muss. v. Gœler kann aber seinen Weg einschlagen,
weil ihm die Ergänzung der Arme von vornherein feststeht und für ihn durch
die Thatsache, dass die Fragmente des linken Armes mit der Statue gefunden
worden sind und die ihm damit zur Gewissheit gewordene Wahrscheinlichkeit,
dass diese Fragmente vom Originalkünstler herrühren, endgiltig entschieden ist.
Gerade hier macht aber der Verfasser einen verhängnissvollen Schritt in's Un-
gewisse, der um so bedenklicher wird, je mehr er den Anschein der Sicherheit trägt. Aus zwei Umständen, dem nach seiner Auffassung »gewonnenen
positiven Resultat hinsichtlich der Fragmente« (S. 92) und ihrer originalen
Zugehörigkeit zur Statue, sowie aus dem negativen Resultat, welches er gewonnen zu haben glaubt, »dass jedem (der verschiedenen Restaurationsversuche)
eine Reihe gewichtiger Gründe entgegenstehen und keiner von ihnen als wahr-

scheinlich und befriedigend angesehen werden kann« (S. 91), schliesst er: »so wird daraus folgen, dass die Restauration mit dem Apfel auf einen hohen Grad von Wahrscheinlichkeit, der sich der Gewissheit nähert, Anspruch machen darf«, um diesen Schluss drei Reihen weiter so zusammenzufassen: »Also die Milo'sche Statue ist eine Venus victrix, die in der erhobenen Linken den Apfel hält.« Diesen Sprung aus der Wahrscheinlichkeit in die Gewissheit können wir nicht als gerechtfertigt anerkennen. Wie es aber mit Folgerungen stehen muss, die von solchem Resultate aus gewonnen werden, ergiebt sich von selbst.

Aber auch die beiden Voraussetzungen dieses gewagten Schlusses stehen auf schwachen Füssen. Die erste Voraussetzung, dass die Fragmente des linken Armes, von welchen Tafel 3 eine dankenswerthe Abbildung giebt, von allem Anfang an zur Statue gehört haben sollen, stützt sich auf die Thatsache der gemeinsamen Auffindung und auf das übereinstimmende Resultat dreier Untersuchungen der Fragmente durch Clarac und Lange, durch Tarral und durch Fröhner, dass der Marmor der Fragmente mit dem der Statue »in Farbe, Textur, Bruch u. s. w. sowie im Verhalten gegen Säuren vollständig genau übereinstimmt, d. h. dass Statue und Fragmente aus demselben Marmor bestehen« (S. 65). Fröhner fand fernerhin, »dass der Stil, die Technik, die Meisselführung bei den Fragmenten und bei der Statue völlig die gleichen sind« (ebd.). Indessen scheint Fröhner hinsichtlich der Hand nicht ganz sicher zu sein, da er sich dadurch den Rückzug frei hält, dass, falls »man hinsichtlich der künstlerischen Vollendung eine kleine Inferiorität bei dem Handfragmente« fände, er dies daraus erklären würde »dass die Hände und Füsse bei antiken Statuen sehr oft nicht dem Uebrigen ebenbürtig sind« (ebd.). Auch die Abblätterungen des Marmors lassen sich von der Hand über den Oberarm bis auf die Schultern verfolgen. Die Folgerung auf die ursprüngliche Zugehörigkeit der Armfragmente zu der Statue wäre hiernach allerdings zwingend, wenn nur der linke Arm überhaupt je einmal mit dem Rumpf der Statue ein einziges Stück gebildet hätte. Dies ist aber nicht der Fall. Es ist vielmehr, wie auch v. Gœler selbst hervorhebt (S. 32), Thatsache, dass der linke Arm von Anfang an ein besonderes Stück gebildet hat. Hat aber der Originalkünstler für den anzusetzenden Arm einen dem Steine des Rumpfes gleichen Marmor gefunden, so konnte ein Restaurator dies auch: die Quelle Paros, war ja nicht weit und die Natur des dortigen Marmors hat sicherlich nicht so gewechselt, dass sorgfältiges Suchen nicht das gewünschte Resultat ergeben hätte. Die Abblätterungen des Marmors sind sicher aber erst nach der Verschüttung in Folge von Verwitterung eingetreten, die sich sehr wohl durch die Bodenverhältnisse an gewissen Stellen stärker zeigen konnten als an anderen. Ob sich aber die »Meisselführung« bei dem geringen Reste des Oberarmes mit einer so absoluten Sicherheit als die des Originalkünstlers wird erkennen lassen, dass der Arm unbedingt von keinem anderen sehr geschickten Meister gemacht sein könnte, darf trotz allem Respect vor den »Sachverständigen« dennoch bezweifelt werden: in solchen Dingen gehen die Urtheile der »Sachverständigen« gar zu oft auseinander. Wenn aber noch weiter hinzugefügt wird, Fröhner habe »aus den Proportionen der Statue die Proportionen,

welche die Hand und die Finger derselben haben mussten, berechnet und
diese haben sich denn bis auf einen Millimeter genau bei dem Handfragmente
vorgefunden« (S. 65), so ist das wieder kein Beweis für die originale Zugehörigkeit des Armes und der Hand: es hätte doch seltsam zugehen müssen,
wenn das, was einem modernen Gelehrten, dem die rechte Hand der Statue
zur Vergleichung nicht zu Gebote steht, möglich ist, einem antiken Bildhauer
hätte unmöglich sein sollen, dem, wenn überhaupt eine Restauration stattgefunden hat, vermuthlich der unversehrte, nie angesetzt gewesene rechte Arm
als Vorbild dienen konnte. Der aus dem Thatbestand einzig zulässige Schluss
ist daher nur dieser: es ist höchst wahrscheinlich, dass die Arm- und Handfragmente überhaupt einmal zur Statue gehört haben. Es folgt daraus jedoch
nicht, dass sie nothwendig nur vom Originalkünstler herrühren müssen, da
dieser ja selbst schon den linken Arm aus einem besonderen Stück Marmor
gemacht und an den Rumpf angesetzt haben muss. Diese Frage kann somit nicht durch den äusseren Thatbestand entschieden werden, sondern einzig
und allein durch die richtige Beantwortung der weiteren Frage, wie sich das
durch die Fragmente indicirte Motiv des Apfelhaltens zu dem durch die thatsächlich vorliegende Beschaffenheit des Körpers selbst und das durch dessen
Haltung bedingte Grundmotiv verhält. Sollte es sich zeigen, dass das Motiv
des Apfelhaltens mit der sonstigen Haltung des Körpers nicht in Einklang
steht, so ergiebt sich die Alternative: entweder hat der Künstler sich eine
arge Inconsequenz zu Schulden kommen lassen, oder das Motiv des Apfelhaltens rührt nicht von ihm selbst, sondern von einem Restaurator her. Der
Trefflichkeit der Statue in Conception und Durchführung gegenüber ist die
erste Möglichkeit zurückzuweisen und es ergäbe sich die zweite als Nothwendigkeit. Wendet man nun ein, »hätte eine antike Restauration der Statue
stattgefunden, so hätte hierbei die Statue so wieder hergestellt werden müssen,
wie sie ursprünglich war« (S. 67), so möchte einmal dieses »müssen« doch
recht schwierig nachzuweisen sein; sodann aber liesse sich hinzufügen: ja,
wenn man nur auch noch wusste, wie sie ursprünglich war! Will man aber
die Ersetzung eines Motivs durch ein anderes damit beseitigen, dass man
dieses Verfahren für »barbarisch« erklärt, so ist zu betonen, dass thatsächlich
in der besten Zeit solche Aenderungen vorgekommen sind, wie die bekannte
Erzählung von der zur Nemesis umgewandelten Aphrodite des Agorakritos beweist,
und es möchte deshalb doch wohl Niemand den Künstler barbarisch nennen. Vom
rein künstlerischen Standpunkt aus verwerflich wäre jedoch eine Restauration
eines Armes mit einem Motiv, das mit der Gesammthaltung im Widerspruch
steht. Allein ist bei einer Restauration immer und unter allen Umständen der
rein künstlerische Standpunkt massgebend?

Als zweite Voraussetzung des oben erwähnten Schlusses fügt v. Gœler
die Zurückweisung der übrigen Erklärungsversuche hinzu, welche ihm nach
seiner Ueberzeugung gelungen sein soll. Wir können diese Ueberzeugung nicht
theilen, aber auch hier nicht auf einen Nachweis im Einzelnen eingehen. Vielmehr beschränken wir uns auf die allgemeine Bemerkung, dass es des Verfassers Aufgabe gewesen wäre, eingehende Untersuchungen Schritt für Schritt

mit Gegengründen zu begleiten, um hierdurch das auf jene gegründete Gesammt-
resultat als unrichtig zu erweisen, Behauptungen oder Berufungen auf das
Urtheil »Sachverständiger« genügen nicht, wo es sich um Denkoperationen
handelt. Liesse sich die Frage über die Auffassung der melischen Statue durch
Sachverständigkeit entscheiden, so wäre es sehr zu verwundern, dass diese
Frage von den »Sachverständigen« nicht ein für allemal zum Austrag gebracht
ist! Der wichtigste Punkt ist aber dieser: ist die Darstellungsweise die dra-
matische oder die typische, d. h., ist der Körper in einer Bewegung dargestellt,
welche sich nur als vorübergehender Moment innerhalb einer Handlung denken
lässt, oder gestattet die Körperhaltung ein derartiges Verharren, dass nicht ein
einzelner Moment, sondern ein dauernder Zustand dargestellt ist? Diese Car-
dinalfrage war auf dem vorgezeigten Weg der anatomischen Untersuchung zu
entscheiden, nicht bei Seite zu schieben. Dieses letztere ist aber geschehen
und damit das erstrebte Ziel verfehlt [1]).

Der Verfasser hält es aber für erreicht und verfolgt seinen Weg weiter.
Er versucht nun die »Apfelrestauration« — eine doch wohl etwas zu weit
getriebene Kürze des Ausdrucks, wenn auch nicht so sinnwidrig wie das »halb-
nackte Costüm« (S. 127) — zu begründen und hebt, worin wir ihm, diese
Restauration einmal angenommen, vollständig zustimmen würden, mit Preuner
und Fränkel richtig hervor, dass alsdann nicht an den Apfel des Paris, sondern nur an den Apfel als Symbol der Liebesgöttin, jedoch mit einem Neben-
bezug auf den Namen der Insel, zu denken sei. Wenn v. Geeler aber glaubt,
die auffallende Art der Emporhaltung des Apfels im Innern der Hand falle
weg, wenn diese kein triumphirendes Zeigen darstellen, der Apfel vielmehr als
Liebessymbol erscheinen solle, so ist dabei doch nicht berücksichtigt, dass bei
einem einfachen Halten des Apfels als eines Symbols die hohe Erhebung des
linken Armes durchaus nicht motivirt ist: beim Halten eines Symbols ist nicht
der geringste Grund vorhanden, den Oberarm in der Schulterhöhe wagrecht
hinauszuhalten, nicht einmal ein »ästhetisch-plastischer« Grund, der sich, wenn
andere Gründe fehlen, stets so bereitwillig einstellt: der sonst mit vollem Recht
gepriesene Rhythmus der Linien, die Contrastwirkung, die sonst stets zu neuen
Linien überleitet, wird unterbrochen und es entsteht die auffallende gradlinige
Fortsetzung der Schulterlinien in die des Oberarmes. Das kann höchstens
dann zugelassen werden, wenn diese Haltung des Armes als unabweisliche
Nothwendigkeit aus dem Grundmotiv entspringt; das wäre etwa bei dem
triumphirenden Aufzeigen, nicht aber bei dem gänzlich handlungslosen Hinaus-
halten eines Symbols der Fall. Somit entweder Triumph: das passt nicht
zu der Art wie der Apfel in der Hand liegt, auch nicht zum Gesammtcharakter
der Statue; oder Symbol: das passt nicht zu der starken Erhebung des Armes.
Also auch hier ein Widerspruch, der ungelöst bleibt, so lange man am Apfel
festhält.

[1]) Nur kurz wollen wir darauf hinweisen, dass bei der Anführung fremder
Meinungen mehrfach Flüchtigkeiten mit unterlaufen. Sogar Namen wie Bernoulli
und Friederichs werden consequent falsch geschrieben.

Nach eingehender Beurtheilung der »Nebenprobleme« gelangt der Verfasser zur »kunstkritischen Würdigung«, in welcher wir, ohne seine Begeisterung für das Fehlen der Arme theilen zu können, das ernste Bestreben
anerkennen, das Urtheil zu vertiefen und eine Begründung desselben durch ein
Eingehen auf die wichtigste Frage der Aesthetik zu versuchen. Wir wünschen,
dass es dem Verfasser gelingen möge, die hier gegebenen interessanten und
anregenden Andeutungen weiter auszubilden und besonders mit Bezug auf die
Schärfe der Begriffsbegrenzung abzuklären.

Die folgenden Capitel behandeln zunächst Entstehungszeit und Urheber.
Wir freuen uns hier in dem Verfasser einen entschiedenen Vertreter der Ansicht zu finden, dass das schöne Werk noch in das 5. Jahrhundert gehört.
Seine Bestimmung des Jahrzehntes 415—405 ist sehr einleuchtend, ebenso
sein Hinweis darauf, dass ein bestimmter Meister vorläufig noch nicht namhaft
gemacht werden kann, dass wir aber entschieden ein Originalwerk in ihm besitzen. Was dagegen das Schlusscapitel über die »Repliken« betrifft, so weise
ich nur kurz auf das bereits früher von mir Begründete hin: · Aehnlichkeiten
allgemeinster Art geben kein Recht da von Repliken zu sprechen, wo das
Hauptmotiv sich nicht wieder findet oder wo ein Realzusammenhang nicht
nachgewiesen ist, ja nicht einmal wahrscheinlich gemacht werden kann.

Nach unserer Ueberzeugung ist eine endgiltige Lösung der entscheidenden
Fragen hier noch nicht gegeben, das Buch aber ist nach manchen Seiten
hin ein Schritt vorwärts und wird die gute Wirkung haben, dass die so in
ihrer Gesammtheit wieder vorgeführte Frage aufs Neue in Fluss kommt.

Veit Valentin.

Wilhelm Meyer, Zwei antike Elfenbeintafeln der k. Staatsbibliothek
in München. (Aus den Abhandlungen der k. bairischen Akademie der
Wiss. I. Cl. XV. Bd. I. Abth.) München 1879, Verlag der k. Akademie,
in Commission bei G. Franz. 84 Seiten in 4° mit 3 Tafeln, Abbildungen
in Lichtdruck.

Die vorliegende Abhandlung enthält weit mehr, als der Titel verspricht.
Es ist eine epochemachende Studie, in der kunstarchäologische Fragen der
schwierigsten Art erörtert und befriedigend gelöst werden. Man darf wohl
sagen, dass hier zum ersten Mal die sogenannten Consulardiptychen eine echt
wissenschaftliche Untersuchung erfahren haben. Der Verfasser classificirt:
Consulardiptychen, unter welchem Titel 32 chronologisch bestimmbare, zwischen
die Jahre 406 und 541 sich vertheilende genannt werden; nicht bestimmbare
Consulardiptychen (Nr. 33—36); Nachahmungen der Consulardiptychen (Nr. 37,
38); Beamtendiptychen (Nr. 39—44); Privatdiptychen (Nr. 45—50); endlich
Diptychen mit allegorischen und mythologischen Darstellungen (Nr. 51—57).
S. 11 ff. ist von dem »Bildwerk auf den Consulardiptychen« die Rede. Stil-
fragen kommen hierbei leider nicht zur Erörterung. »Man meinte, dass die in
Rom geschnitzten geringern Kunstwerth hätten, als die in Constantinopel
geschnitzten. Doch eine Scheidung ist unmöglich, da wir weströmische Diptychen
nur aus dem 5., oströmische Diptychen nur aus dem 6. Jahrhundert haben,
mit Ausnahme des weströmischen von 530 (Nr. 29). Allein gerade dieses,

welches bis auf Kleinigkeiten mit dem oströmischen von 513 völlig übereinstimmt, zeigt, dass die Typen von einer Stadt zur andern wanderten. Zudem
ist das weströmische Diptychon des Boethius von 487 feiner gearbeitet, als
die oströmischen von 506 oder 513.« Man sollte die Frage anders stellen;
dann würde auch die Antwort verschieden lauten. Wir dürfen es getrost als
Voraussetzung aussprechen, dass die Kunst des 6. Jahrhunderts in Byzanz
ihre Heimath hatte, wie es andererseits bezeichnend ist, dass Diptychen, überhaupt Elfenbeinschnitzereien, erst nach der Gründung Constantinopels auftreten. _
Man vergleiche den Reliefstil der gleichzeitigen römischen christlichen Sarkophage im Lateran und anderwärts mit gleichzeitigen Reliefs der Bildhauer am
Bosporus in den Mauern von Constantinopel und aus dortigen Kirchen verschleppt nach Venedig, nach Cheropolamos auf der Athoshalbinsel und anderwärts. Das Princip der Reliefirung ist hier dasselbe wie in den Consular-
und verwandten Diptychen, während die Elfenbeinreliefs des späten Mittelalters
den Stil der römisch-christlichen Sculpturen aufweisen. Von epochemachender
Wichtigkeit sind M.'s Untersuchungen über die Details in den Darstellungen
der Diptychen. Entweder ist's die Situation des feierliche Besuche beim Amts-
antritt empfangenden Consuls oder der Moment, in welchem der Consul im
Triumphalgewand durch Herabwerfen des Taschentuches das Zeichen zum
Beginn der Circusspiele gab. Was über den Sitz des Consuls gesagt wird
(S. 18), wirft interessante Streiflichter auf die Darstellung der Throne Gottes
in christlichen Mosaiken. In den Bemerkungen über die Consulstracht konnte
der Vergleich mit der kaiserlichen nicht genügend durchgeführt werden wegen
der Kleinheit und Ungenauigkeit des Gepräges auf Münzen (S. 25). Hier
hätte ein Vergleich mit den allerdings unpublicirten Kaiserbildern im Kalender
des Furius Dionysius Filocalus in der Barberini-Bibliothek in Rom die vermisste
Aufklärung geben können. Dort sind auf der Trabea nicht Kreisornamente
eingestickt, sondern Figuren in grossen Medaillons, Krieger, weibliche Gestalten,
Portraitbüsten und anderes. Dagegen führt schon Justinian im Mosaik von
San Vitale in Ravenna die Chlamys, welche die späteren byzantinischen Kaiser-
bilder beibehalten. S. 29 werden wir über die Tracht des Patricius belehrt.
Ebenso scharfsinnig wie überzeugend sind die Bemerkungen über das Diptychon
in Monza (Nr. 37) mit den Inschriften DAVID REX und SCS GREGOR, wie
über das in Bourges befindliche (Nr. 38), worin M. die Darstellung des
Frankenkönigs Chlodwig entdeckt hat (S. 31—34). Die im Berliner Diptychon
des Probianus (Nr. 44) zwischen Säulen hängenden Vorhänge des Hintergrundes
dürften weniger als Andeutung eines hintenliegenden Amtslocals nach Ansicht
des Referenten zu erklären sein (S. 37), als vielmehr als festliche Ausstattung
eines Locales gleich den Vorhängen am Fries des Minervatempels am Nerva-
forum in Rom, gleich den Vorhängen in den Hintergründen christlicher Sarkophagreliefs, gleich den musivisch imitirten Teppichen der zerstörten Bassus-
basilica auf dem Esquilin (nach den Copien in der Windsorbibliothek und
anderwärts).

Die Elfenbeintafeln der Münchener Bibliothek bildeten wahrscheinlich
mit drei anderen ein Ganzes, das wahrscheinlich bestimmt war, vom Consul

dem Kaiser übergeben zu werden (S. 51). Dargestellt ist hier unter andern, wie der Consul in der Amtstracht einherschreitend eine Schriftrolle offerirt: Ueber diese Figur sagt M.: »Als der Schnitzer dieselbe fertig hatte, nahm er den Zirkel und brachte über den verschiedenen Stücken der Trabea Kreise an, ganz unbekümmert, wenn auch ein und derselbe Kreis sich über drei ganz verschiedene Gewandstücke hinzog. Damit mögen Abweichungen von der sonstigen Darstellung der Trabea entschuldigt werden, z. B., dass der ganze linke Arm von dem gestickten Aermel des oberen Leibrockes bedeckt ist, während dieses Gewand sonst an der Schulter aufhört und der Arm von einem anders ornamentirten Aermel des unteren Leibrockes bedeckt wird« (S. 46). Referenten erscheint diese Erklärung unbefriedigend. Das Geschenk liegt a u f dem Gewand, u n t e r dem die Hände verborgen sind. Auf Grund folgender Stelle bei Ammianus Marcellinus darf dies als geradezu beabsichtigt gelten (Buch XVI): Inductis quadam solemnitate agentibus in rebus in consistorium, ut aurum acciperent, inter alios quidam ex eorum consortio n o n u t m o r i s est expanso chlamyde, sed utraque manu cavata suscepit. Et Imperator: rapere, inquit, non accipere sciunt agentes in rebus. Es ist hier von Julian und den Palatinen die Rede, welche kaiserliche Geschenke empfangen sollen. Offenbar galt es für unschicklich, Gaben mit unbedeckter Hand anzunehmen oder zu offeriren. So sagt auch Porphyrius (de abstinentia IV, 6), dass die ägyptischen Asketen ihre Hand stets unter ihrem Mantel verborgen halten, und Eusebius spricht einmal von verhüllten Händen in der Erzählung einer Johanneslegende als von einem Symbol der Devotion und der Reverenz. In der späteren byzantinischen Kunst kommt der Gestus so häufig vor, dass er eine Erklärung geradezu herausfordert. In der hier gegebenen dürfte das Räthsel seine Lösung finden. Die Bedeutung des Gestus war übrigens dem Bewusstsein der späteren abendländischen Künstler nicht geläufig, was eine beinahe komische Verwechslung zur Folge gehabt hat, eine Verwechslung, die übrigens folgenschwer wurde. Auch in spätesten byzantinischen Darstellungen der Taufe Christi stehen am Ufer Engel, deren Mantel über ihre Hände herabfallen als Ausdruck der Adoration (z. B. Miniatur des Codex Vatic. graec. Nr. 1156, Blatt 290° und Mosaik im Baptisterium von San Marco in Venedig), ähnlich wie in der Münchener Elfenbeintafel, wogegen die Italiener unter dem Vorgang von Giotto in den Fresken von San Francesco in Assisi die am Ufer stehenden Engel Christus mit seinen Kleidern aufwarten lassen.

Meyer zählt 99 einzelne Elfenbeintafeln auf, während Gori (1759) nur 44 nachzuweisen im Stande war.

In Brüssel befindet sich im Waffen- und Alterthümermuseum, welches 1846 in der Porte de Hal eingerichtet wurde, das von Meyer unter Nr. 15 a als in Berlin befindlich verzeichnete Diptychon von Lüttich. Beide sind sich in der That sehr ähnlich. An dem letzteren sind nach Ansicht des Referenten zwei Details von besonderer kunstgeschichtlicher Bedeutung: die Darstellung der Circusspiele und die Nische hinter dem Kopf des Consul. Die Spiele sind in folgender sehr primitiven Weise dargestellt. Ueber einem flachen Halbkreisbogen erscheint eine Reihe von Köpfen, welche die Zuschauer der Spiele be-

deuten. Der Bogen steht auf zwei Thorbauten auf, deren Zugänge geöffnet
sind. Im Innern dieses Circusbaues sieht man mehrere in Körbe eingebundene
Menschen, welche von Bären überfallen werden. Das Ganze ist aus der Vogel-
perspective gesehen. Diese ebenso schematische wie primitive Darstellung eines
Circus auf dem aus Constantinopel stammenden Diptychon findet sich an zwei
Stellen des Menolog der Vaticanischen Bibliothek (auf Blatt 299 und Blatt 376)
wiederholt. Also im Jahr 507 schon genau dasselbe Princip der Architektur-
malerei, wie am Ende des Jahrtausends! Elfenbeinplastik gehört bekanntlich
in die Kategorie des Kunsthandwerkes; trotzdem schloss sie sich, wie wir hier
sehen, eng an die monumentale Kunst an.

Hinter dem Kopf des Consul Anastasius ist eine Muschel angebracht,
welche von Manchen, z. B. von Wieseler (das Diptychon Quirinianum S. 35)
für einen Nimbus erklärt worden ist. Nichts begreiflicher als diese Behauptung!
Die Muschel ist hier ein Halbkreis mit radianten Canneluren in der Position
eines Nimbus. Denken wir sie uns als vollständigen Kreis, so haben wir das
Prototyp des Reliefnimbus, welchen in Italien zuerst die Maler von Subiaco
und auch Giotto gebrauchen. Da für die Entstehung desselben eine Erklärung
noch nicht versucht worden ist, eine solche aber in dem Charakter der älteren
Nimbusdarstellungen nicht gefunden werden kann, liegt in der That der Gedanke nahe, Giotto's absonderlicher Reliefnimbus sei eine missverstandene
Apsidenconcha. In zahlreichen christlichen Sarkophagreliefs erscheint Christus
vor einer Concha und verrichtet seine Wunder scheinbar in der Apsis einer
Kirche, ähnlich dem Consul Anastasius, welcher in einem Tribunal mit einer
scheinbar nimbusartigen Concha thront. *Jean Paul Richter.*

F. X. Kraus, Real-Encyklopädie der christlichen Alterthümer. Unter
Mitwirkung mehrerer Fachgenossen bearbeitet und herausgegeben. Mit zahlreichen, zum grössten Theil Martigny's Dictionnaire des Antiquités chrétiennes
entnommenen Holzschnitten. Freiburg i. Br., Herder'sche Verlagshandlung
1880. gr. 8°. 1. Lieferung. 96 Seiten (— »Asceten«).

»Möge diese Encyklopädie bei Theologen wie Archäologen, bei Freunden
der Kunst- wie der Culturgeschichte wohlwollende Aufnahme finden und jener
Nachsicht begegnen, welche ein mit so grossen Schwierigkeiten kämpfendes,
dem Verleger wie dem Herausgeber namhafte Opfer auferlegendes Unternehmen
billig beanspruchen darf.« Mit diesen Worten schliesst der Herausgeber seine
Vorrede. Als Mitarbeiter signiren die Herren Heuser (vorwiegend für Kono-
graphie), Münz, Krüll, H. Kellner, A. Schmid, Peters, Dippel, de Waal u. a.
Die einzelnen Artikel erstrecken sich über »die Alterthümer der Verfassung,
des Rechts, des Cultus, des Privatlebens und der Kunst der ersten sechs Jahrhunderte der Christenheit. Es konnte nicht daran gedacht werden, aus den
Monumenten allein ein richtiges Bild altchristlicher Dinge und Zustände zu
entwerfen; wohl aber sind es die Denkmäler, auf welche hier in erster
Linie stets Bezug genommen wurde, im Gegensatz zu jener älteren Behandlung der christlichen Archäologie, welche sich fast nur auf litterarische
Quellen stützte.« Was die Abbildungen betrifft, so möchte Referent im Interesse
besagter Wissenschaft nur bemerken, dass es ihm leid sein sollte, wenn die

Leser sich von dem Reiz dieser Textzierden verführen liessen, sich ihre Vorstellungen von den Originalen darnach zu bilden. Allerdings sind schlechte
Abbildungen unter Umständen brauchbarer als gute Beschreibungen, aber dann
müssen wenigstens im Text ihre Ungenauigkeiten notirt werden.

Nach einem Aufsatz über »Abdankung« schreibt eingangs Kraus über
»Abdon und Sennen«, wohl anlässlich eines Fresco in der Ponziankatakombe,
wobei ein Holzschnitt als Illustration dient. Hier wird erstens die Litteratur
über die Beisetzung der Märtyrer beigebracht, während auch nicht ein einziges
Wort darüber fällt, wer und woher denn diese unbekannten Heiligen waren.
Im zweiten Theil beschäftigt sich der Artikel mit der Abbildung, welche Kraus
von Martigny entlehnte, Martigny, beiläufig bemerkt, nach Bottari (1737), Bottari
nach Aringhi (1651), Aringhi nach Bosio (1632) publicirt hat: lauter geist-,
charakter- und stilloses Machwerk. Ohne auf das so leicht zugängliche Original Rücksicht zu nehmen, wird dieser Abklatsch von Plagiat mit imponirender
Gelehrsamkeit glossirt. Der ausdrücklichen Erklärung, »die sonst bei Orientalen gewöhnlichen Hosen (saraballa) fehlen hier« stracks entgegengesetzt und
in Widerspruch mit der Beschreibung der Unterkörper als unbekleidet, zeigt
das Original heute noch deutlich eine enge, braun-roth und graufarbig gestreifte
Gewandung, die vermissten saraballa. Die verfehlte Abbildung giebt ferner
Anlass, aus drei Kirchenschriftstellern Namen für Mantel mit Kapuze zu citiren,
während im Original phrygische Mützen frei auf dem Kopfe sitzen. Christus
soll den griechischen Nimbus führen: im Original und ähnlich im Holzschnitt ist es der allerwärts gebräuchliche kreuzförmige, welcher nur miss-
bräuchlich — wir suchen vergeblich nach einem Anlass zu dieser Neuerung —
der griechische genannt werden kann. Hier sind eclatante Unrichtigkeiten
von der Autorität einer deutschen Gelehrtenfeder ausdrücklich bekräftigt, —
Irrthümer, die doch nur, wie wir im Blattumwenden treffend gesagt finden
(S. VI), aus dem »Wust einer veralteten, zum Theil unbrauchbar gewordenen
und längst (?) überwundene Dinge fortwährend weiter schleppenden (!) Litteratur« importirt sind.

Die Namensbeischriften der Heiligen sind zweimal abgedruckt, beide male
verschieden, aber doch keinmal, was durch den Satz ja leicht zu bewerkstelligen
gewesen wäre, dem Originale entsprechend. »Martigny setzt dies Gemälde
nicht vor das 7. Jahrhundert; vielleicht ist es noch später.« Kraus hätte besser
gethan, auch hier in der ihm wohlbekannten Roma Sotteranea de Rossi's Belehrung zu suchen, wo ja das Alter dieser Fresken in gründlicher Weise bereits
untersucht ist (Band I. 1864).

Es war ein glücklicher Gedanke, in der Real-Encyklopädie die Persönlichkeiten der biblischen und Heiligen-Geschichte zu besprechen, welche die
altchristliche Kunst bildlich dargestellt hat. Leider fehlen neben den Artikeln:
Abdon, Abel, Abraham, Adam, Agnes und Anna (auf Denkmälern nicht vor-
kommend), folgende in ältesten Mosaiken dargestellte Persönlichkeiten: Aaron,
Agatha, Ananias, Anastasia, Anatholia, Andreas, Apollinaris u. s. w. Unter
»Antiochien« ist auf »Schulen« verwiesen, Alexandrien fehlt ganz. Abhandlungen über diese Centren der altchristlichen Cultur und Kunst wären gewiss

manchem willkommener, als die Aufsätze über »Amen«, »Advent« und »Ad-
ventsfasten«, »Advocaten« und »Abtreibung der Leibesfrucht«. Wir finden
keinen Artikel über Amorinen, jene aus der Antike herübergenommenen, in
Katakomben- und Mosaikmalereien wie in Sculpturen gleich häufigen Gestalten,
wohl aber über Amor und Psyche. Indem hier von zahlreichen Sarkophagdarstellungen dieses Mythus die Rede ist, wird übersehen, dass die Mehrzahl
der Relieffragmente mit Amor und Psyche in den Katakomben gar nicht christlich ist. Sie sind von heidnischen Monumenten in die Katakomben verschleppt
oder hinuntergefallen. Auf einem wahrscheinlich frühchristlichen, in den
Katakomben benutzten Sarkophag sind die besagten Figuren sogar durch den
Meissel, offenbar mit Absicht, unkenntlich gemacht. Diese Darstellungen gehören in das Kapitel der »Adiaphora«, doch hat ein solches in der Real-
Encyklopädie wieder keinen Platz gefunden. Der katholisch-dogmatisirende
Standpunkt tritt stellenweise recht grell zu Tage. Wo Abraham und Isaak
vor dem Opfer betend dargestellt sind, ist damit »das unblutige eucharistische
Opfer, in welchem sich das Kreuzesopfer erneuert«, abgebildet. Den Beweis
bleibt man uns freilich schuldig. Auf den bildlichen Darstellungen der Bischofs-
stühle — Referent sind solche nicht bekannt worden — sollen aufgelegte
Decken ein »Zeichen der Erhabenheit der Bischofswürde« sein. So lesen wir
in dem Paragraph »Schöpfung Adams«, wo der Verfasser nicht einmal Anlass
nimmt, eine einzige der verschiedenen Weisen zu nennen, in welcher der Act
des Schaffens dargestellt wird. Fast komisch wirken auf den Leser Sätze wie
die folgenden: »Der Hirsch wurde ein sehr geachtetes Symbol der alten Kirche
und erhielt sich bis in das Mittelalter hinein . . . Auf die Apostel wird auch
von einigen das seltene Symbol eines Ochsen gedeutet, das sonst auf die christlichen Glaubensprediger ganz allgemein bezogen wird« (S. 65). Es ist selbstverständlich, dass es keine Ochsenbilder giebt, die das ‚Collegium der Apostel‘
vorstellten (s. S. 64). Wozu überhaupt die häufige Anführung poetischer Rede-
weisen bei Schriftstellern in einem Buch, das eine Real-Encyklopädie sein
soll? Im Grossen und Ganzen zeugen die Artikel einerseits von staunenswerther Belesenheit in patristischer Litteratur, andererseits von einer bedauerns-
werthen Unzuverlässigkeit, wo auf Denkmäler die Rede kommt. In dem langen
Aufsatz über das Apostelcollegium sind nicht einmal die ältesten Darstellungen,
die beiden so wichtigen Fresken in der Domitillakatakombe, genannt; dafür
wird beiläufig auf »ein Mosaik der Katakombe (welcher unter fünf?) der Via
Salaria« (sic) hingewiesen (S. 66), wo nie etwas ähnliches existirt hat.
Ebenso apokryph ist die Tiara, welche die Apostel im Mosaik des orthodoxen
Baptisterium von Ravenna tragen sollen. Ciampini (1690) kann man heute
solche Versehen nachsehen, sie aber jetzt, nachdem sie widerlegt, ja vergessen
sind, mit einer gewissen Autoritätsmiene wieder aufzustellen, ist mindestens
confus. Ist die Arbeit keine compilatorische gewesen, sondern beruht sie wirklich auf einem Studium der litterarischen Quellen, so mag wohl ein Jahrzehnt
den Nachforschungen kaum genügt haben, während man doch in ein paar
Jahren, in Italien und anderwärts auf die Betrachtung der Originalmonumente
verwendet, mit diesen viel leichter und gründlicher, weil direct, vertraut werden

kann. Unter solchen Verhältnissen ist es eine ebenso mühselige wie reizlose Aufgabe der Kritik, in den Aufsätzen ikonographischen Inhaltes das Unkraut vom Weizen zu sondern. Die Aufsätze über altchristliche Architektur sind vielleicht besser. Doch fehlt es auch hier nicht an Sonderbarkeiten und kaum erklärbaren Fehlgriffen. Der S. 36 abgebildete dreifüssige runde Tisch von evident ganz profanem Caliber, wird ein »eucharistischer Tisch (Dreifuss!)« genannt, auch sollen ähnliche »Tragaltäre« in den Katakomben gefunden worden sein (?). Ja, es wird uns zugemuthet, etwas ähnliches in dem grossen massiven Altar der Papstcapelle zu erkennen. »Von den jetzt bestehenden liturgischen Vorschriften aus beurtheilt, war schon der Altar Christi und ohne Zweifel auch der Altar der Apostel ein »Tragaltar«. Bei den gelehrten Erörterungen über die Altartücher (Antipendium) hätte der Streit der Monographisten über die Farbe mit dem Hinweis auf die ältesten musivischen Darstellungen in Mosaiken und Miniaturen erledigt werden können und sollen. »In den Katakomben wurden in den eigens dazu ausgeführten Arkosolien Altarplatten über die Gräber der Märtyrer gelegt.« Um diese von einer gewissen Litteratur ausgesprengte Fabel zu widerlegen, bedarf es nur des Hinweises auf die Monumente. Arkosolien, welche notorisch Märtyrergräber waren, sind an den Wänden in der Höhe von nicht weniger als fünf Fuss, über den Köpfen der supponirten Messpriester angebracht, in den meisten Fällen aber in der Höhe von etwa zwei Fuss. Aus Abbildungen ohne Massangabe kann bei der Studirlampe freilich alles mögliche gefolgert werden. Neben diesen neukatholisch-dogmatisirenden Erklärungen stehen wieder andere, wo das specifisch-christliche zu sehr mit dem heidnischen in Parallele gestellt ist, z. B. in den Abschnitten IV und VI in dem Aufsatz über Acclamationen.

Durch das Ganze zieht sich eine Missachtung und Gleichgiltigkeit gegen chronologische Fragen, wie sie für katholische Archäologen, mit wenigen Ausnahmen (de Rossi z. B.), leider bezeichnend ist. Es kümmert sie augenscheinlich wenig, ob eine bildliche Auffassung dem zweiten oder aber dem sechsten Jahrhundert angehört. Die Abbildungen bei Bosio und Nachfolgern sind freilich insgesammt über einen Leisten und geben nicht einmal den Schatten stilistischer Unterschiede. Mit Bezugnahme auf diese artistischen Produkte werden unsere modernen kunstarchäologischen Interessen nur geschädigt, vielleicht selbst in Misscredit gebracht. Wir laufen auf diese Weise ernstlich Gefahr, von Gebildeten mit historischen Interessen als unwissenschaftliche Schwärmer, von den Freunden der Kunst als engherzige Curiositätenkrämer behandelt zu werden. Möge dies in den Fortsetzungen mehr Beherzigung finden. Im Vorwort sind zwar die Mitarbeiter für ihre signirten Artikel allein verantwortlich gemacht, da aber der Text derselben auch Einschiebsel von der Feder des Herausgebers enthält und da man anderwärts auch Protest-Fragezeichen mit dessen Chiffre begegnet, so weiss man in der That nicht, wo man die Grenzen seiner Verantwortlichkeit für die Beiträge suchen soll.

Jean Paul Richter.

Geschichte der bildenden Kunst von der ältesten Zeit bis auf die Gegenwart, ein Handbuch für Gebildete aller Stände zum Selbststudium sowie
zum Gebrauche für Gelehrtenschulen, Kunst- und Gewerbeschulen von
Theodor Seemann, mit 166 in den Text gedruckten Holzschnitten. Jena,
Hermann Costenoble. 1879.

Ein Buch wie Theodor Seemann's Geschichte der bildenden Kunst verdient eigentlich keine Kritik in einer wissenschaftlichen Zeitschrift; wenn man
aber in Erwägung zieht, wie leicht ein solches mit Abbildungen reich und
zierlich ausgestattetes Handbuch seinen Weg in »Schule und Haus« findet, so
wird es sittliche Pflicht, eine Warnungstafel davor aufzupflanzen und dessen
ganze wissenschaftliche Nichtsnutzigkeit an den Pranger zu stellen. Das sei
denn auch mit möglichster Kürze gethan.

Nun muss man nicht etwa denken, dass ich ein Dutzend oder ein Schock,
oder hundert oder tausend Schnitzer constatirt hätte, deren jeder für einen
wirklich berechtigten »Lehrer der Kunstgeschichte« unverzeihlich wäre. Von
einem derartigen Standpunkt bis zu demjenigen des Seemann'schen Buches ist
ein klaffender, unüberbrückbarer Abstand wie zwischen den Sextanerexercitien
mit dreissig Fehlern und dem Uncorrigirbaren. Ungefähr wie in dem letzteren nichts Richtiges zu finden ist als die Formen der Buchstaben und ab
und zu ein erkennbares, wenn auch im Zusammenhang verfehltes Wort, so
ist in dem Seemann'schen Buche nichts zu treffen, als was jeder leidliche
Tertianer aus einem halben Dutzend der landläufigsten Handbücher mit derselben Sicherheit und bei einiger Sorgfalt mit grösserer Correktheit hätte ex-
cerpiren können. Alles übrige ist so vollkommen haarsträubend, dass eine
Charakteristik der Darstellung unmöglich ist; indessen werden einige Proben
genügen, eine Vorstellung zu geben: ex ungue leonem! ich verzichte, wie gesagt, vollständig darauf, einzelne Fehler nachzuweisen und zu corrigiren, ich
will nur von dem gottverlassenen Blödsinn der Darstellung eine Anschauung
vermitteln.

Greifen wir einmal in das Capitel über die Kunst der Aegypter! Da wird
zwar »das alte Reich«, »das neue Reich« und »die Zeit der Ptolemäer und
Römer« in gesonderten Abschnitten behandelt, eben dort (S. 56) der Grund angegeben, »warum wir in der ägyptischen Kunst im Laufe der Zeit, typisch
und geistig genommen, keinen wesentlichen (!) Unterschied wahrnehmen und
dieselbe, einige Stilwandlungen abgerechnet (hört! hört!), noch (?) das alte
herkömmliche Gepräge zur Schau trägt.« Freilich erfahren wir durch den
Verfasser auch nicht einmal andeutungsweise, worin diese »Stilwandlungen«
bestehen. — Von den Statuen (NB! des alten Reichs!) heisst es: »wo hinter
den Zügen die tiefere geistige Bedeutung anfängt, wo in den Lineamenten
sich der bewegte Ausdruck subjectiver Empfindung individuellen Geistes aussprechen sollte, da erhebt sich die unübersteigliche Schranke künstlerischer
Unfähigkeit . . . nichts tritt aus dem Kreise des Gebotenen heraus, und selbst
die Köpfe haben bei aller Vorliebe (?) für Porträtähnlichkeit einen entschieden
nationalen Typus von unverkennbar semitischer Abstammung.« — Am charakteristischsten für das Gesagte (»dass der höhere Sinn für ideale Schöpfungen

dem ägyptischen Volke nicht eigen war«) ist das Relief, das in den Körperformen zwar wenig anmuthet, dahingegen (?!) uns einen sicheren Einblick
in die Kunstbestrebungen der Aegypter gewährt und gewissermassen die Kehr-
seite zu dem feierlichen Ernst der Rundbilder und Kolossalstatuen bildet.« —
Dass die Koilanaglyphen eine Eigenthümlichkeit des neuen Reiches sind, wird
nur in folgender Weise angedeutet: »am deutlichsten sehen wir dies (die
Stagnation selbst im technischen) am Relief, das weder freier noch kräftiger
sich aus der Fläche heraushob, seine Wirkung vor wie nach durch die grelle
Bemalung zu erhöhen suchte und wohl nur deshalb zugleich eine der Stein-
schneidekunst (!) ähnliche Behandlung erfuhr, als (?!) man nämlich die Figur
aus der Fläche herausstach und die dadurch entstandene Vertiefung farbig be-
handelte.« — »Bei genauer Betrachtung aber löst sich die treue Schilderung
(in den Reliefs) auf in nüchterne Nachahmung des Gesehenen und das Farbenspiel in ein den reinen Genuss des Colorits störendes buntes Durcheinander.«
— »Die Geschichte der Architektur (im alten Reich) beschränkt sich nur auf
die . . . Pyramiden und Todtenfelder.« Nachher heisst es wörtlich: »eine von
dem ägytischen Baustil völlig abweichende Form (!!) haben die in Mittelägypten
liegenden . . . Felsengräbar von Beni-Hassan.« — Noch schöner ist die Darstellung der Architektur im neuen Reich; z. B.: »bestimmte Regeln hat man
in der Säulenordnung überhaupt nicht befolgt, daher nicht selten in ein und
demselben Raume Säulen und Capitelle von sehr verschiedener Dicke und
Construction gefunden und schliesslich die Gewissheit erlangt (buchstäblich
richtig! S. 53), dass man sich in der Nachbildung dann allein der Pflanzen-
form anschloss (?). Dessen ungeachtet (? NB!) finden sich beispielsweise in den
hinteren Gemächern des Palastes von Karnak und in Grottenbauten auch ab-
gekantete Säulen und viereckige Pfeiler, deren Abweichen von der ursprünglichen (?) Form jedoch fremden Einflüssen nicht zugeschrieben werden darf,
obgleich in den späteren Epochen der Architektur an den griechischen Stil
erinnernde Mischlingsformen keine Seltenheiten sind. Nicht ohne ästhetische
Wirkung (das ist doch köstlich?!) ist die dem ägyptischen Baustil eigene Bemalung der Säulen, der Innen- und Aussenwände. Weder innen noch aussen
ist der Stein in seiner natürlichen Farbe geblieben; Mauern, Säulenstämme,
Thürpfosten, Gesimse und Decken sind mit Bildwerken oder Verzierungen bedeckt, mit Stucco bekleidet und in hellleuchtenden (weiss, roth, gelb, blau und
grün), noch jetzt meistens wohlerhaltenen Farben bemalt. Unserer Zeit (hört!
hört!) ist eine derartige Bemalung allerdings fremd; sie passt aber sehr wohl (!)
zu einem Stile, der wie der ägyptische, bei aller Mannigfaltigkeit doch auch (!)
eine ernste Gebundenheit und Ruhe offenbarte und eines Elements bedurfte,
das vor allem ganz geeignet war, diese Strenge in eine wohlthuende, mit der
üppigen Natur im vollen Einklang stehenden (sic!) Milde umzuwandeln.«

Hiernach wird man begierig auf die Behandlung der Polychromie bei
den Griechen. Hier ist sie: »eine andere in Attica (!) vorkommende Eigenthümlichkeit des dorischen Stils ist die farbige Ausschmückung des Tempels,
bei deren Anwendung die Kunstgelehrten übrigens noch nicht einig sind« und
dazu wird männiglich citirt von Semper bis — Kugler, zu dessen Ansicht

sich unser Held zu bekennen scheint, aber auch die sonstigen Belehrungen über die griechische Baukunst sind nicht zu verachten: »wie der Dorier in seiner Lebensanschauung so (wie?) auffallend jeden unnützen Aufwand verschmähete, so ist auch (?) der dorische Stil eine Art Nothwendigkeit für den Ausdruck des Allgemeinen gegenüber dem Besonderen, der um so wirkungsvoller wird, als nichts aus dem (sic?) Rahmen des ganzen Bauwerks heraustritt (!) oder etwa für sich allein gesehen sein will, und eben dadurch jenen innerlich fertigen und erhabenen Eindruck hervorruft (wer oder was? nichts??), der die wundersame Kraft des dorischen Stammes überhaupt kennzeichnet.« Auch manche Einzelheiten sind nicht übel: »Das Vorhaus oder Pronaos wurde dadurch gebildet, dass der Dachgiebel, von freistehenden Säulen getragen, eine Art Vorhalle oder Porticus zuliess, durch welche man in das Heiligthum oder Naos gelangte, dessen Längsmauern so weit vorreichten, dass sie vorn, die Säulen (welche?) zwischen sich einschliessend, mit flachen Capitellen versehene Pfeiler oder Anten bildeten. Solche Tempel in Antis nannten die Griechen Prostylos (!) . . .« Als Beispiel des Dipteros wird angeführt: »der 171 Fuss breite und 354 Fuss lange Zeustempel des älteren, durch die Perser zerstörten Parthenon auf der Akropolis (Burg) zu Athen«. Nun weiss man's doch! der Zeustempel des Parthenon!!

Und so »jagt ein Witz den andern« durch das ganze Buch. Nur noch eine Kleinigkeit will ich anführen. In der holländischen Schule haben »vornehmlich zwei Meister« »die Aufmerksamkeit der Kunstgelehrten auf sich gezogen«: Rembrandt und van der Helst. »Der letztere, als dessen Hauptwerk man das Gastmahl der Amsterdamer Bürgerwehr (Museum in Amsterdam) bezeichnet, ist im Dresdener Museum durch mehrere sehr charakteristisch wirkende und geschickt gemalte Bildnisse vertreten, unter welchen eine im Lehnstuhl sitzende schwarz gekleidete Frau mit einem daneben stehenden Mädchen durch die Behandlung der Lichtpartien besonders auffällt und von den Bildern des gleichfalls der holländischen Schule angehörenden und im Dresdener Museum auch durch mehrere Porträts vertretenen Frans Hals (1584—1666) sich auffallend unterscheidet.« Das ist alles, was in dem Buche über Frans Hals zu finden ist!

Mit dieser bodenlosen Unwissenheit und Verworrenheit, die einem ein förmlich drehendes Gefühl im Kopf erzeugt, geht eine Unfähigkeit der Sprachbehandlung Hand in Hand, welche dem berühmten ewigen Quartaner Karlchen Miessnick den Ruhm seiner bisher unübertroffenen Ferienaufsätze streitig macht. Manches Fabelhafte ist schon in den vorstehenden Stilproben enthalten. Hier noch eine ganz kleine Blüthenlese: Von den Griechen wird als »dem für die Kunst im Allgemeinen wohl am befähigtsten Volke« gesprochen (S. 1). Die ägyptische Bezeichnung der Sonne ist »ein von der Peripherie umgebener Punkt« (S. 43). Ebendaselbst »gab es endlich noch demotische oder enchorische Hieroglyphen, deren sich das Volk . . . bediente und (deren?) daher eine . . . . . Vereinfachung der phonetischen Bilderschrift war.« — »Man spricht auch von vielsäuligen Vorhallen als vorbereitende Räume (sic!), schmalen Kammern, Tempeln ohne Pylonen und Vorhöfe (sic!)«. — »Die Plastik zeigt

schon in den ältesten (NB.!) Denkmälern einen so hohen Grad technischer
Vollkommenheit, dass Jahrtausende darüber vergangen sein müssen, bevor (!)
die Kunst diese Stufe der Ausbildung erreichen konnte« (S. 18). (Vergl.
Lichtenberg's: »in jedem Schiessloch noch ein Loch, das war fürwahr viel
grösser noch als erstgedachtes Schiessloch«.) — »Im Oberkörper die Vorderansicht zeigend, sehen wir den Kopf und die Beine in Profilstellung« (S. 50).
— »Schon in sehr früherer Zeit« (S. 51). S. 295 heisst es hartnäckig »die
sposalizio«. — Kaulbach bewährt sich (S. 387) in seinem Narrenhause u. s. w.
»als verständnissvoller, schnell erfassbarer Satiriker und Humorist,« wo »erfass-
bar« offenbar nicht passivisch, sondern activisch gemeint ist, und so stümpern
und radebrechen sich die ganzen 404 Seiten zusammen!

In welcher Wissenschaft, frage ich, dürfte ein so armseliger Stümper
wie dieser es wagen, nicht nur in die ernsten Kreise der Forschung und Darstellung hineinzupfuschen, sondern sogar seine täppische Hand nach den höchsten Kronen auszustrecken? Denn wohl ist es in jeder Wissenschaft allenfalls
möglich, als Liebhaber auf dem Boden selbst einer recht mangelhaften Bildung
hier und da einmal einen brauchbaren Baustein herbeizuschleppen und zu
bearbeiten oder wenigstens vorzuhauen. Aber das Gesammtgebiet einer Wissenschaft darzustellen, ohne überhaupt irgendwie ein wissenschaftlicher Mann zu
sein, und um vollends eine äusserst knappe Zusammenfassung des mächtig
überquellenden Stoffes für den Gebrauch der Laien in populärer Darstellung
zu unternehmen, ohne in der betreffenden Wissenschaft über das verständniss-
lose Blättern in planlos ergriffenen Hand- und Nachschlagebüchern hinaus-
gekommen zu sein, das ist eine Dreistigkeit, die wohl gerade nur noch der
Kunstwissenschaft gegenüber gewagt wird. Für diese Auszeichnung danken
wir. Wir haben sie nicht nöthig, und da die anderen Wissenschaften die Rein-
haltung unserer Schwelle mit vollem Rechte uns selber überlassen, da das
»gebildete« Publicum seine Liebhabereien so wahllos befriedigt, dass es uns
gegen die nichtsnutzigsten Sudeleien nicht einmal durch sein achtloses Vorüber-
gehen in Schutz nimmt, — so müssen wir uns schon selber unserer Haut
wehren, aus den Himmelshöhen des Idealen herabsteigen und dem sudelnden
Stümper vor aller Welt Augen die verdiente Züchtigung zu Theil werden
lassen.   *Bruno Meyer.*

Künstlerbriefe. Uebersetzt und erläutert von Dr. **Ernst Guhl**. Zweite um-
  gearbeitete und sehr vermehrte Auflage. Bearbeitet von Dr. **Adolf Rosenberg**.
  Erste Hälfte: Das XV. und XVI. Jahrhundert. Berlin, J. Guttentag (D. Collin).
  1879. V und 317 S.

Der Laie lässt sich gerne durch die Künstlergeschichte für die Kunstgeschichte gewinnen. Die Kenntniss des intimen Lebens der Künstler weckt
das Interesse für deren Schöpfungen, die in Bezug auf Geist und Form der
Mode des Tages fern liegen. So freue ich mich von Herzen, dass die von
Guhl getroffene Auswahl von Künstlerbriefen in neuer Ausgabe vorgelegt
wird. Dr. Rosenberg bemühte sich redlich, die seit dem ersten Erscheinen
der Künstlerbriefe geleistete kunstgeschichtliche Arbeit der neuen Ausgabe zu
Gute kommen zu lassen.

Die Zahl der Briefe ist aus neuen Publicationen um neunzehn vermehrt worden, der Commentar zeigt auf jeder Seite den guten Willen, dem gegenwärtigen Standpunkte der Forschung gerecht zu werden. Bedauerlich ist nur, dass dem Bearbeiter einige neuere Briefpublicationen entgangen sind, auf die Bedacht zu nehmen war, selbst wenn in Folge dessen einige Briefe von Tizian und Michel Angelo weggeblieben wären. Ueberdies konnte auch ein oder der andere unwesentliche Brief weggelassen werden, um einem Schreiben interessanteren Inhalts Platz zu machen. So hätte Milanesi's Publication im Giornale Il Buonarrotti (April 1869), Briefe von Taddeo Gatti (7. Sept. 1341 — also der älteste Künstlerbrief, der bisher bekannt ist), Matteo de' Pasti (an Piero di Cosimo de' Medici 1441), Antonio Filarete (20. December 1451 an Piero di Cosimo de' Medici), Aristotile Fioravanti (an Giovanni de' Medici 1. Febr. 1458) u. s. w. dargeboten; die documenti artistici von Milanesi-Bicchierai hätten u. A. einen wichtigen Brief des Filippo Lippi geliefert. Eine besonders reiche Ausbeute war aber dann zu machen in Braghirolli's Lettere inedite di Artisti del secolo XV. (Mantova 1878), wo Marco Zoppo, Francesco Francia, Cristoforo Romano, Pietro Lombardo, Andrea della Robbia, Francesco Bonsignori u. A. durch Briefe vertreten sind. In Braghirolli's Publication befindet sich auch ein Brief des Miniators Bellanti an Lodovico Gonzaga, der für die Kenntniss der Lohn- und Lebensverhältnisse der Künstler im 15. Jahrhundert von hervorragendem Interesse ist. Je geringer die Zahl vorhandener Briefe aus jener Zeit sind, um so grösser müsste die Sorgfalt sein, des vorhandenen Materials habhaft zu werden. Unter den von Michel Angelo mitgetheilten Briefen vermisse ich den an Giovansimone (Lettere CXXVII) gerichteten; in kaum einem anderen Briefe Michel Angelo's erhalten wir eine so unmittelbare Manifestation seines Naturells wie in diesem. Mögen diese Winke bei einer neuen Ausgabe Berücksichtigung finden.

Nun nur noch einige Bemerkungen und Correcturen. Ueber die Lohnverhältnisse des 15. Jahrhunderts mangeln in der Einleitung alle Angaben. Der Essay von E. Müntz »Conditions des Artistes a Rome vers le milieu du quinzième siècle« (Les Arts a la Cour des Papes I. p. 97 sq.) hätte aber darüber mindestens theilweise orientirt. Seite 28 weist der Bearbeiter meine und Milanesi's Ansicht, dass Alberti in seiner Widmungsepistel den Bildhauer, nicht aber den Maler Masaccio meine, zurück; ich verspare es mir für meine Monographie über Alberti weitere Beweise zu bringen, wenn solche noch nöthig sind, hier erwähne ich nur, dass Alberti's Zusammentreffen mit dem Maler Masaccio in Rom ausgeschlossen bleiben muss, da Alberti's erster Aufenthalt in Rom 1433 fällt. — Zu S. 29. Die Lettera Uxoria (Avvertimenti Matrimoniali) hat bereits durch Bonucci eine Publication gefunden (Opere volgari I, p. 189 sq.). — Zu S. 33. Der Bauführer Alberti's in Rimini, zugleich Maler und Medailleur (wahrscheinlich Schüler des Vittore Pisano), heisst nicht Matteo de Bastia oder gar Matteo Pasti de Bastia, sondern Matteo de' Pasti da Verona (sein Vater Magister Andreas da Verona). Er besass auch keinen Sohn Giovanni, sondern nur eine Tochter Pera, welche er mit Raffaello de' Arduini verheirathete. Endlich ist in dem Briefe Alberti's nicht der

Humanist Gianozzo Manetti gemeint, wie Yriart annimmt, sondern der Architekt Antonio Manetti. — Zu S. 46. Die Erzthüren des Antonio Filarete wurden schon am 14. August 1445 an Ort und Stelle gebracht, wie übereinstimmend das Diarium des Paolo dello Mastro und eine von E. Müntz citirte Handschrift (I, p. 41) melden. — Zu S. 47, Anm. 2. Alberti baute »damals« (1464) nicht an der Anunziata (resp. Tribuna), sondern erst von 1470 an. — Zu S. 50. Pontelli (warum noch immer Pintelli?) als Baumeister der Sistina, S. Maria del Populo und S. Agostino anzuführen, geht durchaus nicht mehr an. Den Baumeister oder vielmehr die Baumeister von St. Agostino hat schon Landucci — 1646!! — nachgewiesen (Giacomo da Pietrasanta und Sebastiano Florentino) und dann Ferri (1867), Milanesi (Vasari II.) — hat schliesslich Pontelli aus der römischen Kunstgeschichte überhaupt hinausgedrängt. — Zu S. 69. Das von Isabella von Mantua bei Perugino bestellte Bild war thatsächlich als Pendant für ein Bild Mantegna's bestimmt; darüber hätten Braghirolli's Notizie e documenti inediti intorno a Pietro Vanucci (Giorn. di erud. artist. 1474) Aufschluss gegeben.

Der Commentar zu den Briefen Michel Angelo's und Tizian's hat durch den Anschluss an die Arbeiten von Springer und Crowe & Cavalcaselle an Verlässlichkeit und Ausführlichkeit viel gewonnen.

Die Grundsätze, welche für die Uebersetzung geltend waren, sind zu billigen; stilistische Vollendung konnte da nicht angestrebt werden, wo sie im Original mangelt. Irrthümer haben sich wohl nur wenige eingeschlichen. Auf einen mache ich aufmerksam. In Alberti's Brief an Brunellesco heisst es: Onde stimai fusse, quanto da molti questo cosi essere udiva, che gia la natura, maestra delle cose, fatta anticha et straccha, piu non produca chome nè giganti cosi nè ingegni u. s. w. Das heisst denn doch: »So meinte ich denn — und Viele bestärkten mich in dieser Meinung — die Natur, die Meisterin aller Dinge, sei alt und müde geworden und bringe nun eben so wenig mehr Giganten wie grosse Geister hervor« u. s. w. — Das rege Geistesleben in Florenz habe ihn aber von seinem Irrthume geheilt. Rosenberg aber übersetzt: So dachte ich denn, durch die Aussagen vieler in diesem Glauben bestärkt (das stimare steht in richtiger Beziehung zu udire — das gilt aber nicht von »so dachte ich« und »in diesem Glauben«), die Meisterin in allen Dingen, »die leider alt und müde gewordene Natur« u. s. w., mit welchem »leider« der Uebersetzer das als Thatsache hinstellt, was Alberti als irrthümliche Meinung erscheint. *Hubert Janitschek.*

Malerei.

Hans Holbein. Par **Paul Mantz.** Dessins et gravures sous la direction d'Edouard Lièvre — Paris, A. Quantin, imprimeur-éditeur — MDCCCLXXXIX. 201 Seiten in gr. f°.

Dieses Werk enthält den ersten Versuch, Holbein in der Gesammtheit seiner künstlerischen und persönlichen Beziehungen dem französischen Publicum vorzuführen. Seiner Ausstattung und Erscheinung nach ist das Buch ein »Prachtwerk«. Solche »Prachtwerke« kann man unter verschiedenen Gesichtspunkten beurtheilen, zumal wenn sie, wie hier der Fall ist, zugleich eine erste Orientirung für ihren Leserkreis bieten sollen.

Frägt man nach dem wissenschaftlichen Gehalt des Buches, so können wir keinen einzigen Punkt finden, auf dem die Holbeinforschung weiter geführt, unsere Kenntniss oder das Verständniss der Werke, der Einblick in das Leben des Künstlers vermehrt worden wäre.

Herr Mantz hat eine tüchtige, auf Autopsie gegründete Kenntniss der Werke Holbein's. Was aber die litterarischen Quellen betrifft, auf denen seine Darstellung aufgebaut ist, so gehen sie über Wornum's »Life and works of Hans Holbein (1867)« und Woltmann's »Holbein und seine Zeit, 2. Aufl. (1874—76)« in der Regel nicht hinaus. Ja wir können nicht verschweigen, dass letzteres Werk in einer Art benützt ist, welche zweifeln lässt, ob diese Benützung eine directe oder nur eine indirecte war. Im Allgemeinen ist die Arbeit des Herrn Mantz ein Resumé der Darstellung Woltmann's, wie auch der Verfasser mit rückhaltloser Offenheit selbst ausspricht. (Là est la vérité, telle du moins qu'on peut l'entrevoir aujourd'hui.) Wo Herr Mantz diesen Führer vorlässt, da entstehen gelegentlich seltsame Missverständnisse; so wenn (p. 109) eine gewisse Elisabeth Schumann, die den Maler 1520 um 8 Pfund gerichtlich belangt, mit seiner nachmaligen Gattin Elisabeth Schmid zusammengeworfen wird. Dagegen finden wir einige seit Woltmann's Buch erschienene Broschüren und Publicationen citirt, wie z. B. den 1878 von der Wiener Gesellschaft für vervielfältigende Kunst in Heliogravure herausgegebenen Holbein-Tisch auf der Züricher Stadtbibliothek. Mit Einem Worte: Holbein gegenüber ist Herr Mantz nicht Kunstforscher, sondern Kunstfreund, und das Eigenthümliche, das er zu geben hat, das sind die aus langjähriger vertrauter Bekanntschaft mit seinen Werken gewonnenen Eindrücke und Aperçus. Doch auch auf diesem Felde verräth der Verfasser eine (angesichts der neuen Forschungen und Confrontationen) seltsame Unsicherheit des Urtheils: so wenn er (p. 20) Holbein den Sohn an den Flügeln des Sebastians-Altares durchaus Antheil haben lässt; so wenn er (p. 30) den Lissaboner Fons vitae, der doch so ersichtlich einem italienisch gebildeten Niederländer angehört, Holbein nicht abspricht; oder wenn (p. 56) am Holbeinischen Ursprung der Dresdener Madonna festgehalten wird. Ebenso ist Herrn Mantz der in Woltmann's zweiter Auflage festgestellte Unterschied zwischen den Holzschnitten nach Hans Holbein und nach Ambrosius Holbein noch völlig unklar (p. 24, 59). Wenn dagegen (p. 50) Herr Mantz, ohne auch nur einen Grund anzugeben, die gemalte Passion zu Basel als ein Werk Holbein's kategorisch verwirft (qui n'est pas, qui ne peut pas être de Holbein), so scheint hier umgekehrt die Sicherheit des Urtheils am unrichtigen Orte angebracht.

Im Uebrigen wird man den feinen, oft geistreichen Ausführungen des Verfassers mit Interesse folgen. Herr Mantz giebt mit Sachkenntniss, feinem Gefühl und im Allgemeinen mit grosser Nüchternheit die Maasslinien von Holbein's Persönlichkeit und Wirksamkeit. Einzelne Reflexionen schiessen allerdings weit über das Ziel hinaus, so die Betrachtungen über Holbein's Religiosität, die der Verfasser (p. 34) an den todten Christus, über seine Moral, die er (p. 56 f.) an die Lais Corinthiaca anknüpft. Allein dergleichen tritt durchaus zurück gegenüber dem Ganzen. Man kann ferner wohl sagen, dass die Disposition des Stoffes oft befremdet und einfacher hätte getroffen werden können. Aber trotzdem hat Herr Mantz das Bild des Künstlers in den Hauptzügen richtig entworfen. Er giebt, was er im Eingang versprochen: eine sorgfältige und übersichtliche Darstellung des gegenwärtigen Standes der Holbeinforschung; den geschichtlichen Holbein anstatt des anekdotisch-legendarischen, der seit dem sechszehnten Jahrhundert in den Handbüchern und selbst in Fachwerken spukte. Aber das Buch des Herrn Mantz giebt noch mehr: eine in dieser Art noch nie dagewesene Zusammenstellung von Reproductionen nach Holbein's Werken. Da treffen wir in ganz meisterhaften Radirungen: Holbein's Familienbild von Courtry, Holbein's Basler Selbstporträt und die Skizze zum Bildniss des Bürgermeisters Mayer von 1516 von Lièvre, den todten Christus von Valentin, die getuschten Passionsbilder von Lièvre, den Erasmus aus dem Basler Museum, seltsamer Weise (vielleicht aus Veranlassung der im Louvre befindlichen Studie zu den Händen dieses Bildes?) als das Louvrebild bezeichnet, von Lefort, die Familie des Thomas Morus, den Lanzknechtekampf, den St. Michael mit der Seelenwage, den Entwurf zu einem Glasbild mit zwei Lanzknechten, die sechs Frauenkostümbilder (von denen übrigens, beiläufig gesagt, Eines nicht von Holbein ist), sowie die beiden Basler Dolchscheiden, sämmtlich von Lièvre. Namentlich das Basler Familienbild und der Erasmus sind wahre Prachtleistungen, aus denen Holbein's Geist mit originaler Kraft widerstrahlt.

Dazu kommen nun noch rund 300 in den Text gedruckte, zum Theil die ganze Folioseite füllende Nachbildungen von Gemälden, Zeichnungen und Skizzen Holbein's, darunter die ganze Serie der Illustrationen zum Lobe der Narrheit, des Todes-Alphabetes, der Todesbilder und der Illustrationen zum Alten Testament, — phototypische Reproductionen, meist von vorzüglicher Ausführung.

Bei diesem Reichthum von Illustrationen muss freilich sofort gesagt werden, dass dieselben uns kein einziges bisher noch nicht publicirtes Bild, nicht Eine noch nicht veröffentlichte Zeichnung des Meisters bieten. Alle Reproductionen, auch die meisterhaften Radirungen, sind nach photographischen u. a. Vorlagen gefertigt, wobei die Braunschen Photographien des Basler Museums das Hauptcontingent lieferten. Es springt in die Augen, wie sehr das Werk an künstlerischer und wissenschaftlicher Bedeutung gewinnen musste, wenn die Verlagshandlung, die das Buch so splendid ausstattete, etwa ein Dutzend der noch niemals vervielfältigten Zeichnungen oder Gemälde Holbein's (deren es noch so viele giebt) hier publicirt hätte. Die Holbeinfreunde wären für jedes Blatt dankbar gewesen, das ihnen auf solche Weise zugänglich gemacht worden wäre.

Ist die Auswahl der Holbeinischen Illustrationen Geschmacks- resp. Geschäftsfrage und also discutabel, so liegt dagegen ein grosses und schwer-

begreifliches Versehen vor bei den Kopfstücken und Schlussvignetten der Capitel, welche grösstentheils, und bei den Initialen, die sammt und sonders
nicht von Holbein, sondern von Urs Graf und noch geringeren Leuten herrühren. Wie konnte man in das prachtvolle Illustrationswerk, in dem uns
Holbein's Geist auf jeder Seite entgegenleuchtet, solch schülerhaftes Zeug aufnehmen? Was haben die kindischen Todtentanzbordüren aus Montaiglou's
»Alfabeth de la mort de Hans Holbein« hier zu thun? Was ein Buchdrucker-
signet wie das Frobenische (p. 25)? Und Alles das, während wirkliche und
prachtvolle Kopfstücke und Initialen Holbein's zu Gebote gestanden hätten!
Hier ist ein Unrecht gegen Holbein begangen worden, dem, beim Mangel aller
Erklärungen oder Nachweisungen, der Beschauer diese Zierstücke nothwendig
zuschreiben muss.

So rückhaltlos wir diese Schwächen des Werkes constatirt haben, ebenso
unumwunden sprechen wir aber auch unsere Ueberzeugung aus, dass Herr
Mantz durch diese Publication sich ein grosses Verdienst um den Meister, dem
dasselbe gewidmet ist, erworben hat. So klar, übersichtlich und in so eleganter,
wahrhaft künstlerischer Weise bei den Franzosen eingeführt, muss Holbein bei
ihnen rasch Verständniss und Anerkennung finden. Herr Mantz präsentirt
seinen Landsleuten einen Künstler, von dem man bisher (Deutschland und
England ausgenommen) eben so wenig wusste, als sein Name in Aller Munde
ja ein Inbegriff »mittelalterlicher Kunst« war. Hier erhalten die Franzosen
ein ächtes Lebensbild unsers grossen Compatrioten. Und in seinen Werken
werden sie nicht nur seine wunderbare technische Kunstfertigkeit, sie werden
auch ein gutes Stück des deutschen Geistes kennen lernen. Das Buch des
Herrn Mantz erfüllt eine Aufgabe, die noch über die Kunstgeschichte hinaus-
liegt: es arbeitet an der hohen culturhistorischen Mission, unserm Nachbarlande
deutschen Sinn und Geist zu erschliessen. Wir meinen, nicht hoch genug
könne das Verdienst einer solchen Leistung dem französischen Kunstgelehrten
angerechnet werden.

Zürich, August 1879. *S. V.*

Schrift, Druck, graphische Künste.

Wappen des österr. Herrscherhauses. Von den Originalmodeln
im Besitze der kunsthistorischen Sammlungen des allerhöchsten Kaiserhauses abgedruckt und herausgegeben mit Genehmigung Seiner Excellenz
des Herrn Grafen Franz Folliot de Crenneville, Fzm. Oberhofkämmerer
Sr. Maj. des Kaisers. II. Auflage. Wien 1879. Druck und Verlag von
A. Holzhausen.

Im Besitze des österreichischen Kaiserhauses befinden sich die Original-
model von 26 Wappen (in 34 Holzplatten) von beinahe tadelloser Erhaltung
»scharf an allen Schnitträndern und nur wenig mit alter Druckfarbe bedeckt«.
Wer der Holzschneider und wer der Besteller gewesen, dafür mangeln alle
positiven Anhaltspunkte. Dr. Ilg, welcher dem neuen Abdruck der Platten
einen erläuternden Text beigab, wäre nicht abgeneigt, in dem Besteller den

Erzherzog Maximilian IV. zu sehen und die Zeit der Entstehung zwischen 1602
und 1618 zu fixiren. Das Stilistische und Technische erinnert ihn an unter
dem Einflusse des Polyhistor Mathias Burglehner enstandene Arbeiten Anndre
Spängler's. Der Stilcharakter der deutschen Renaissance ist den Platten
noch eigen — das Ornament ist ziemlich einfach und rein gehalten; im
Ganzen erscheinen sie mir interessanter vom heraldischen als vom künstlerischen
Standpunkt aus. Gewerbe-Museen und Zeichnen-Akademien werden doch lieber
auf andere Vorlagen Bedacht nehmen. Die erste Auflage, die in nur 100 Exemplaren erschien, war nicht für den Handel bestimmt; so muss die neue Ausgabe immerhin willkommen geheissen werden.

Kunstindustrie.

Die Silberarbeiten von Anton Eisenhoit aus Warburg. Herausgegeben
von **Julius Lessing.** gr. f°. 14 Tafeln in Lichtdruck von Alb. Frisch und
12 Seiten Text. Berlin, P. Bette.

Die um Pfingsten 1879 in Münster eröffnete Ausstellung westphälischer
Alterthümer und Kunstgegenstände hat einen Meister der Goldschmiedekunst
der unverdienten Vergessenheit entrissen. Diesen Ausdruck darf man gebrauchen, obwohl Professor J. B. Nordhoff in den Jahrbüchern des Vereins von
Alterthumsfreunden im Rheinlande, Heft LXVII (December 1879), nachgewiesen
hat, dass in der engeren Heimath des Künstlers die Erinnerung an Eisenhoit,
den Goldschmied und Kupferstecher, nicht erloschen war, und dass derselbe
in Nagler's Monogrammen-Lexikon auch als Maler erwähnt und die Vermuthung
ausgesprochen ist, er sei Stempelschneider gewesen, welche Vermuthung Nordhoff theilt: in der Regel ist er doch nur als Kupferstecher aufgeführt worden,
und wäre es anders gewesen, so würde er doch nur die langen Listen von
Künstlernamen vermehrt haben, mit welchen wir keine bestimmte Darstellung
verbinden können. Seine Silberarbeiten kannten vor jener Ausstellung nur
sehr Wenige. Wenn jetzt die Freude über die Wiederentdeckung einen oder
den andern verführt, die Bedeutung des Künstlers übermässig hoch anzu-
schlagen, so wird die vorliegende Publication zur Fixirung der richtigen
Schätzung beitragen. Auf jeden Fall ist Anton Eisenhoit (Eisenhuth, Iseren-
hodt etc.) eine höchst interessante Erscheinung. Eine von ihm gestochene
Büchermarke für den Bischof von Paderborn, Dietrich von Fürstenberg nennt
die Jahreszahl 1603, dazu Namen, Geburtsort und Alter (49) des Stechers;
darnach ist er in Warburg in Westphalen (nahe der Grenze gegen Hessen und
Waldeck) geboren, Nordhoff und Lessing nehmen übereinstimmend das Jahr
1554 an, natürlich ist auch 1553 zulässig. Er hat eine Reihe von Jahren in
Italien gearbeitet, ist von 1588—1603 oder 1604 für die Brüder Dietrich und
Kaspar von Fürstenberg vielfältig beschäftigt gewesen, dann verschwindet
sein Name. Aus jener Zeit stammen die noch im Besitze des Grafen von
Fürstenberg-Herdringen auf dem Schlosse Herdringen befindlichen Silber-
arbeiten: kirchliche Geräthe und Gefässe und Buchdecken. In einem Crucifix

und einem Kelch folgt Eisenhoit noch dem Herkommen, welches für solche
Dinge gothische Formen vorschrieb, in den Reliefs für Bucheinbände überlässt
er sich frei seiner Neigung für die Renaissance, allerdings jener Renaissance,
wie sie die Nachfolger Michel Angelo's verstanden. In der Technik ist er
Meister, in den Compositionen gesellen sich Zügen von grosser Schönheit
manche Uebertreibungen und Willkürlichkeiten bei. Die Frage, ob und in-
wieweit er sich an Entwürfe Anderer angelehnt habe, will Lessing noch offen-
gehalten wissen, während Nordhoff geneigt zu sein scheint, ihm auch die
schöpferische Thätigkeit voll zuzuerkennen. Die nun angeregten Forschungen
werden ohne Zweifel darüber und wohl noch über mancherlei Beziehungen
und Persönlichkeiten in der westphälischen Kunstgeschichte Aufschluss geben.
Die höchst gediegen ausgestattete Publication Lessing's, welche die erwähnten
Arbeiten in vorzüglicher Reproduction enthält, stellt auch das Werk des
Kupferstechers zusammen. *B.*

R. **Bergau**, Wentzel Jamitzers Entwürfe zu Prachtgefässen in
Silber und Gold. Photolithographische Nachbildungen von Kantenseler
und Haas in Nürnberg. Berlin, Verlag von Paul Bette.

Die Sammlung von Gefässzeichnungen, welche hier unter dem Namen
des Nürnberger Goldschmiedes vereinigt ist, besteht aus drei verschiedenen
Theilen. Den ersten bildet eine Serie von Stichen, die bisher als Werke des
»Meisters vom Jahre 1551« bezeichnet waren. Es sollen angeblich mehr denn
40 Blätter sein, von denen hier 33 mit dem Titelblatt wieder gegeben sind.
Mehr waren nicht aufzufinden. Die zweite Folge trägt das Monogramm des
Nürnberger Kupferstechers Virgil Solis; es sind 67 verschiedene Gefässe auf
ihnen dargestellt. Die dritte und kleinste Reihe besteht aus neun Holzschnitten
der »Perspectiva« des G. Rivius, die in den Umrissen von Serlio herrühren,
in der erweiterten und ornamentirten Ausführung aber ein Werk Jamitzers
sein sollen.

Es lässt sich nicht leugnen, dass in diesen drei Folgen viel Gemeinsames
enthalten ist, ob aber dieser gemeinsame Charakterzug individuell genug ist,
um alle diese Werke einer und derselben Hand zuzuschreiben, ob das Gemeinsame nicht verschiedenen Künstlern angehören kann, die, wie hier der Fall,
in derselben Stadt, zu derselben Zeit, in derselben Zunft und Arbeit lebten,
das lassen wir dahin gestellt sein. Es dünkt uns auch nicht allzu wahrscheinlich, dass ein Stecher wie Virgil Solis hier eine ganze Reihe von Blättern mit
seinem Monogramm als die seinigen documentirt, während ihr wahrer Urheber
und Schöpfer unmittelbar neben ihm lebt. Heute wenigstens wäre das nicht
der Brauch.

Indessen lassen wir die zweifelhafte Urheberschaft ausser Frage, so
können wir die Publication dieses Werkes als eine löbliche und nützliche That
bezeichnen. Wer weiss, wie sehr die Goldschmiedekunst bis in unsere jüngsten
Tage im Argen gelegen, wie sehr ihre Gefässbildungen sich durch schlechten
Bau und unschönen Contur auszeichneten, ihre Ornamentik lediglich in den
ordinärsten Ueberresten eines sinnlosen Zopfes sich erging, wie ihre Technik
des Reichthums, der Mannigfaltigkeit und der Feinheit ermangelte, — wer sich

dessen bewusst ist, der wird dieses Werk mit Freuden begrüssen. Es bietet für
den Silberschmuck der Tafel eine Fülle der zierlichsten Bildungen mit fein
abgewogenen Gliederungen, mit schwungvollen Conturen und reichster Ornamentik. Manches mag uns zuviel dünken, manches überzierlich, immer aber
ist es auch in solchem Falle lehrreich. Lehrreich ist das Werk auch in
anderer Beziehung. Es lehrt uns, dass die alten Künstler oder Handwerker
nicht so visionär aus der Tiefe ihres Gemüthes geschaffen haben, als ob Stil
und Geschmack und Kunst nur so in der Luft gelegen, sondern dass sie
gelernt, studirt, geübt haben, wie es heute mit allem Recht wieder geschehen
soll. Denn alle diese Entwürfe sind als Vorlagen, als Studien von kundigen,
erfahrenen Meistern geschaffen worden, damit die Jugend daran lerne, die
Hand daran sich übe, und derjenige, dem es nicht vergönnt war, nach Italien
zu wandern, daraus entnehme, was die neue Art der Kunst war.   *J. F.*

Demay, G. Le Costume au moyen-âge d'après les sceaux. Paris
1880. 496 S. 8° (mit 567 Abbildungen im Text).

Es ist eine anerkannte Sache, dass den Siegeln des Mittelalters ausserordentlich viel interessantes und authentisches Detail für die Costümegeschichte
im weitesten Sinne dieses Wortes zu entnehmen ist. Vom 11. Jahrhundert
an sind die Personen ihrer Träger und Trägerinnen darauf dargestellt, und
zum Theil, namentlich im 14. und 15. Jahrhundert, mit hoher Kunstvollendung.
Sie geben also, wenn auch nicht (bei ihrer Kleinheit) eigentliche Portraits,
doch Portraitfiguren mit voller Richtigkeit des Costüms und aller seiner Theile,
der Rüstungen, der Waffen und Fahnen, des Pferdegeschirrs u. s. w. Das ist
nicht nur alles zuverlässig, sondern auch durch die Umschriften in Bezug auf
die Zeit völlig beglaubigt. Wie für das ritterliche Leben, so gilt dasselbe für
das geistliche, und häufig auch für das bürgerliche. Diese Bedeutung der
Siegel auch ausserhalb ihres sphragistischen Werthes hat längst die Aufmerksamkeit der Costümforscher auf sie hingelenkt, niemals aber hat diese Aufmerksamkeit eine so speciell ihrer Bedeutung für das Costüm gewidmete
Monographie hervorgerufen, wie es in diesem stattlichen, opulent ausgestatteten
Bande geschehen. Der Verfasser beschränkt sich auf die französischen Siegel
des Mittelalters und berücksichtigt unter ihnen auch vorzugsweise jene vom
12. und 13. Jahrhundert, für welche Zeit die Dienste, welche die Siegel archäo-
logisch zu leisten vermögen, auch am bedeutendsten sind. Nach einer allgemeinen Einleitung über Wesen und Bedeutung der Siegel bespricht er zunächst
die Siegel der Könige in Bezug auf das königliche Costüm. Hier hätten die
deutschen Kaisersiegel ein ausgezeichnetes Seitenstück ergeben. Dann folgt in
verschiedenen Abschnitten die weibliche Tracht und die ritterliche Tracht mit
der Rüstung und dem Detail der Waffen, Schwert, Lanze, Sporn u. s. w. Ein
besonderer Abschnitt behandelt die heraldischen Figuren, Wappenzeichen, Schild-
formen und Helme, weitere Abschnitte die Jägerkleidung, das Schiffswesen,
wie es auf den Siegeln erscheint. Fast die zweite Hälfte des Buches ist
ebenso den geistlichen Siegeln und ihrer Bedeutung für das geistliche Costüm
und die geistlichen Zeichen und Insignien gewidmet. Man sieht, der Text ist

mannigfach. Die zahlreichen Zeichnungen sind klein nach der Natur der Originale, aber deutlich und mit Verständniss gezeichnet. **J. F.**

Avanzo, Dominik, Renaissance-Möbel im Charakter des 15. und 16. Jahrhunderts. Eine Sammlung Entwürfe für Architekten, Ateliers für Wohnungseinrichtungen, Decorateure Tischler und Fachschulen. Wien 1880. 1. Liefer. 6 Bl. Folio.

In der künstlerischen Erneuerung unserer Wohnung spielt heute — das steht für Oesterreich und Deutschland ausser Frage — die Renaissance die erste Rolle. Das ist auch kein Unglück, vorausgesetzt, dass dabei das Schöne das Ziel ist und nicht eine nationale Marotte. Was das Schöne betrifft, so ist ja die Renaissance leistungsfähig; sie ist es aber auch in dem Sinne, dass ihre Motive für uns Menschen von heute, für unsere Bedürfnisse, unsere Lebensweise praktisch verwendbar gemacht werden können. Schön und gut, das heisst, schön, vernünftig und praktisch brauchbar ist das Ziel. Dieses Ziel verfolgt auch die neue aus der Wiener Schule hervorgegangene Publication. Sie entnimmt der Früh- und der Hochrenaissance ihre Motive, verwerthet sie aber zu freien, uns gerechten, schönen und brauchbaren Schöpfungen auf dem Gebiete des Mobiliars. Mit dem, was in dieser Art die erste Lieferung bringt: Kleiderschrank, Pfeilerspiegel, Schreibtisch, Credenz, können wir uns völlig einverstanden erklären. »Verfasser strebte,« heisst es im Vorworte, »neben gesunder Construction und Bequemlichkeit ein gutes Verhältniss und passende Entwicklung an, so dass auch bei Weglassung des angedeuteten Ornamentes die Totalwirkung nicht geschmälert wird.« Das ist in den Blättern der ersten Lieferung erreicht. Das Werk ist auf 10 Lieferungen berechnet, jede zu 6 Blättern. **J. F.**

The Art of Bookbinding by Jos. W. Zähnsdorf. 8°. XXIV, 187 Seiten. London 1880. Bell & Sons.

Bekanntlich ist die moderne englische Buchbindung wesentlich das Werk deutscher Arbeiter, welche zur Zeit des totalen Niederganges ihrer Kunst in der Heimath dasjenige Land aufsuchten, in welchem allein noch solide Technik gewünscht und gewürdigt, d. h. bezahlt wurde. Die Baumgarten, Benedikt, Kalthöver, Stegmeyer (von den Engländern Staggemeier genannt) und deren Genossen legten den Grund, auf welchen dann Roger und Thomas Payne etc. treten konnten. Ein Angehöriger dieser deutschen Kolonie, Zähnsdorf, ist heute der erste Buchbinder in London, und das Buch des Sohnes, welches uns hier vorliegt, hat schon desshalb Anspruch auf Beachtung. Der Verfasser schreibt aber auch gar nicht für die Gewerbsgenossen, sondern für das Publicum. Dies soll aus seiner Darstellung lernen, welche Eigenschaften ein gutgebundenes Buch haben müsse, wie ein solches nach dem heutigen Standpunkte der Industrie und der Kunst hergestellt werde. Auf diesen Gedanken konnte allerdings nur ein Buchbinder in England, dem Lande der reichen Bibliophilen, gerathen. Doch wird allmählich auch bei uns wieder ein eingehenderes Interesse an diesem Zweige kunstgewerblicher Arbeit mehr heimisch. Mit Rücksicht hierauf lenken wir die Aufmerksamkeit auf das höchst instructiv abgefasste Werk, welches auch einen (ungenügenden) Abriss der Geschichte

der Buchbindung, Rathschläge für Conservirung der Bücher, ein Lexikon der
technischen Ausdrücke und 40 grössere und kleinere Abbildungen von Ein-
banddecken* oder ornamentalen Details nach Maioli, Grolier, Gascon, Derome,
Harley, Roger, Payne etc. enthält.   *B.*

Litteratur über Museen, Ausstellungen, Kunstinstitute.

Guide de l'Amateur de Porcelaines et de Poteries ou Collection complète des marques de fabriques de porcelaines et de poteries de l'Europe
et de l'Asie par Dr. **J. G. Théodore Grässe.** Sixième édition, revue,
considérablement augmentée et contenant la seule collection complète des
marques du Vieux-Saxe. Dresden 1880. G. Schönfeld, Libraire-Éditeur. 8°,
194 S.

Der Verfasser hat ein Recht, mit Genugthuung auf die rasche Folge der
Auflagen seines Guide und auf die stetige Bereicherung derselben hinzuweisen.
Im Jahre 1864 erschien die erste Auflage mit 387 Marken, die vorliegende
sechste zählt deren 2231: diese Thatsachen zeugen dafür, dass das Buch sich
zu einem Bedürfniss gemacht hat und der Verfasser das seinige thut, um demselben diesen Charakter zu erhalten. Weniger angemessen erscheint uns die
beiläufige Bemerkung, dass der Guide sich in Gunst erhalte »trotz der zahlreichen, in den letzten Jahren erschienenen Nachahmungen derselben«. Von
Nachahmung kann doch nicht gesprochen werden, wenn die Markenverzeich-
nisse nach ganz anderem System zusammengestellt sind, und das ist bei den
uns bekannten neueren Erscheinungen der Fall. Ris-Paquot und Andere be-
folgen ein anderes, unseres Bedünkens praktischeres System, indem sie die
Monogramme in's Alphabet bringen und auch die gegenständlichen Marken so
viel als möglich gruppiren, so dass jedes Zeichen schnell aufzufinden ist.
Grässe hingegen hält an seiner Anordnung nach den Fabricationsorten und
innerhalb dieser nach den Künstlernamen fest, und auch die Register geben
wieder nur Städte- und Personen-Namen im Alphabet, so dass der Guide allerdings die Fragen beantwortet, welcher Marken sich eine Fabrik oder ein
Künstler bedient habe, bei demjenigen aber, welcher für eine Marke den
Schlüssel zu haben wünscht, mindestens die Kenntniss des Landes voraussetzt.
Die Zahl neuaufgenommener Marken ist wiederum erheblich, voll ausgeschrie-
bene Fabriksnamen blieben principiell ausgeschlossen. Sehr förderlich für den
Zweck des Buches würde durchgängig die jetzt nur ausnahmsweise vorkom-
mende Angabe sein, ob ein Monogramm eingepresst oder gemalt und dann
in welcher Farbe, ob unter oder über der Glasur erscheine. Auch könnte die
Revision hier und da etwas genauer sein; z. B. figurirt dieselbe Faienciers-
Familie noch immer unter poterie als Hanung unter porcelaine, Frankenthal
als Hanong und unter Vincennes als Haunong, während das Register nur
Hanong kennt. Von einem Markenbuch aber darf diplomatische Genauigkeit
verlangt werden, wenn auch dessen Titel zweimal das Porzellan voranstellt,
der Text hingegen es auf die Majoliken und Faiencen folgen lässt.   *B.*

Jahrbuch der königlich Preussischen Kunstsammlungen. Berlin 1880. Weidmann'sche Buchhandlung. I. Band, 1. Heft.

Mit Energie verfolgt man in Preussen das Ziel, Berlin zum Centrum nicht bloss des wissenschaftlichen, sondern auch des künstlerischen Lebens in Deutschland zu machen. Man hat damit allerdings den besten Weg eingeschlagen, Berlin die Autorität der Reichshauptstadt zu verleihen. Den Mittelpunkt der kunstfreundlichen und kunstfördernden˚ Bestrebungen bilden die königlich Preussischen Kunstsammlungen. Was für diese im Laufe der letzten Jahre geschah, fordert nicht nur Anerkennung, sondern geradezu Bewunderung heraus. Sieht man von den Nationalsammlungen Londons und Paris ab, so ist die Dotation eine glänzende zu nennen; wichtiger aber ist es noch, dass die Leitung der einzelnen Abtheilungen derselben durchaus erprobten wissenschaftlichen Fachmännern anvertraut wurde, die Ignoranz aber, der kunstwissenschaftliche Dilettantismus strenge ferngehalten ist. Bedauerlich war es, dass von den zahlreichen neuen Erwerbungen, von der rüstigen Arbeit der Prüfung und Sichtung des Vorhandenen, nur dürftige Kunde nach auswärts kam; mit den »Jahrbüchern« ist nun ein Organ geschaffen worden, welches sich die Aufgabe stellte, über die Bewegung in den königlich Preussischen Sammlungen zu unterrichten, und jene Studien und Forschungen zu publiciren, welche sich mehr oder minder eng an das Material der Sammlungen anschliessen. Das erste Heft des Jahrbuches, das Ende December 1879 ausgegeben wurde, repräsentirt sich auf würdigste Weise. Im ersten Theile berichten die Vorstände den Sammlungsabtheilungen über die neuen Erwerbungen des ersten halben Jahres (1. April bis 31. September 1879), die namentlich im Kupferstichkabinet besonders bedeutend waren. Der zweite, weit umfangreichere Theil, in dessen Leitung sich Bode, Dohme, Grimm, Jordan und Lippmann theilen, wird mit Jul. Friedländer's Studie über die italienischen Schaumünzen des 15. Jahrhunderts (1430—1530) eröffnet. Man wird diese Arbeit mit besonderer Freude begrüssen, da gerade dieser Zweig der italienischen Kunstgeschichte bisher am meisten vernachlässigt wurde. Im ersten Artikel orientirt Friedländer über das zu behandelnde Stoffgebiet. In der chronologischen Reihe der Künstler wird Christophorus Hieremiae unter der Jahreszahl 1474 und 1489 angeführt; seine Thätigkeit als Medailleur Paul's II. also vor 1471 ist jedoch sichergestellt durch die Aussage des Raphael Volterraneus und andere Zeugnisse, die von E. Müntz (Les Artes et la Cour des Papes II., p. 6, 92, 93, 291) beigebracht wurden. Vielleicht wird es Friedländer auch möglich, etwas entscheidendes über die Identitätsfrage des Christoforo di Geremia da Mantova mit dem von Filarete erwähnten Christofano di Geremia da Cremona vorzubringen. Darauf folgt Lippmann mit einer Studie über einen im Besitze des Kupferstichkabinets befindlichen Stich, der durch die Vereinigung hoher künstlerischer Qualitäten mit einer völlig primitiven Technik besonderes Interesse erregt. Lippmann findet sich bestimmt, ihn um 1450 zu setzen, wodurch er als vielleicht ältestes, bisher entdecktes Denkmal der künstlerischen Kupferstecherei in Italien erscheint. Eine Reihe gehaltvoller Bemerkungen über die Geschichte der Kupferstecherei in Italien überhaupt, sind noch ein zweites schönes Resultat der

Untersuchung. Ein anderer Aufsatz Lippmann's handelt über drei Dürer-Autographe, welche sich im Berliner Kupferstichkabinet befinden. Grimm bietet eine Studie über die Sarkophage in der Sacristei von San Lorenzo; ich werde auf den Inhalt derselben in der Besprechung der fünften Auflage von Grimm's Leben des Michel-Angelo zurückkommen. Alwin Schultz publicirt zwei Excerpte aus dem Hartmann Schedel'schen Codex, welche die Beschreibung untergegangener Wandmalereien im Prämonstratenserkloster zu Brandenburg und in der Kirche S. Agostino degli Eremitani in Padua geben, die nicht ohne ikonographisches Interesse sind. Dobbert endlich weist in einer Studie zur Entstehungsgeschichte des Crucifixes die hölzerne Thür der S. Sabina in Rom und eine Elfenbeinplatte mit einer Kreuzigung im britischen Museum als Arbeiten des 5. Jahrhunderts nach, wonach also das Kreuzigungsbild in der syrischen Evangelienhandschrift des Mönches Rabula aus dem Jahre 586 nicht mehr als die älteste Darstellung dieses Gegenstandes gelten kann. *H. J.*

Gruppe X der Mustersammlung des Bayerischen Gewerbemuseums zu Nürnberg. Arbeiten aus Metall mit den Rohproducten und Werkzeugen. Nürnberg, Fr. Korn'sche Verlagsbuchhandlung. 1879. 8°. V.—272 S.

Die Catalogs-Litteratur unserer deutschen Kunstgewerbe-Museen steht noch in den ersten Anfängen; wir begrüssen daher die vorliegende Arbeit mit grosser Freude. Genauigkeit und Verlässlichkeit, dazu Kürze, Uebersichtlichkeit und leicht fassliche Darstellung sind Haupterfordernisse einer solchen Arbeit. Dem unermüdlichen Eifer jener Männer, welche dem bayerischen Gewerbemuseum vorstehen, ist es in verhältnissmässig kurzer Zeit gelungen, einen Theil des Museums mit einem diesen Anforderungen vollkommen entsprechenden Cataloge auszustatten, und zwar umfasst er die X. Gruppe des Museums, d. h. die Arbeiten aus Metall. Der Organisation dieser Anstalt entsprechend wurde auch der technologische Theil der Ausstellung einer eingehenden historischen und sachlichen Besprechung unterzogen. Dieser von Dr. Seelhorst verfasste Abschnitt beginnt mit der Charakterisirung der verschiedenen Metalle, und führt vom Einfacheren zum Schwierigeren fortschreitend, die verschiedenen Bearbeitungen derselben vor. Sodann folgt eine systematisch geordnete Aufzählung und Beschreibung der Werkzeuge zur Metallbearbeitung, verfasst vom Ingenieur Kröller. Hernach erst beginnt der eigentliche Catalog. Die Eintheilung desselben wurde nach drei verschiedenen Gesichtspunkten getroffen. Erstens nach Gegenständen, dann innerhalb dieses Rahmens nach dem Material, und endlich drittens in historischer Beziehung. In letzterer Richtung jedoch ist eine nur annähernd vollständige Repräsentation nicht durchführbar gewesen. Jeder Gegenstandsgruppe ist eine kunsthistorische Einleitung vorausgeschickt, die, sowie die Aufnahme des Verzeichnisses, von Custos Dr. Stockbauer mit Unterstützung des Custos Dr. v. Schorn herrührt. Diese Zerstückelung des historischen Theiles ist dadurch vollkommen gerechtfertigt, dass das Handbuch dem Publikum hauptsächlich während des Besuches des Museums nützen soll. In Betreff des folgenden Theiles des Cataloges, der die der Rohmaterialien und Halbfabrikate aufführt, ist nur zu wünschen, dass er in Folge eines reicheren Ausstellungsmaterials in nicht allzuferner Zeit eine beträchtliche Erweiterung

erfahre. Endlich ist noch hervorzuheben, dass eine nicht unbedeutende Anzahl von Holzschnitten nach den vorzüglichsten Ausstellungsobjecten des Museums in den Text aufgenommen ist. Den Schluss des Cataloges bildet die
Besprechung und Beschreibung der in die Metallarbeit einschlagenden Werkzeuge und Maschinen. Mag das erste Bändchen bald Nachfolge erhalten.

J. F. . . . . . . s.

Fra den kunstindustrielle Udstilling. Erindringsblade ved **C. Nyrop.**
Kjobenhavn, Schubothe. gr. 8°. VII—96 S.

Der fleissige Bearbeiter der dänischen Industriegeschichte bietet hier als
»Erinnerungsblätter« an die vorjährige Ausstellung zu Kopenhagen eine Reihe
von sieben Artikeln, welche er während der Sommermonate theils in Berlingske
Tidende, theils in den Zeitalmsten »Ude og Hjemme« (draussen und daheim)
und Industriforeningens Maanedsskrift (Monatsschrift des Gewerbevereins) veröffentlicht hatte; dazu kommt ein achter von R. Mejborg über weibliche
Trachten im Anschluss an die ausgestellten alten Bildnisse. Zahlreiche Holz-
schnitte nach J. T. Hansen's trefflichen Zeichnungen sind der genannten
Zeitschrift des Gewerbevereins entlehnt und zeigen die verschiedenen vollkommen treu eingerichteten und ausgestatteten Bauernwohnungen von den
Inseln Amak, Bornholm etc. einen Theil des Appartements Christians IV., des
um das Land so hochverdienten Fürsten, unter welchem von Deutschland und
Holland aus die Renaissance nach Dänemark vordrang; ferner interessante
Trachtenbilder aus dem 17. Jahrhundert (darunter das Porträt der unglücklichen Gräfin Ulfeldt, der Gemahlin des verrätherischen Reichshofmeisters);
endlich eine Auswahl der interessantesten kunstgewerblichen Objecte. Davon
seien erwähnt der älteste Zeuge der dänischen Faiencefabrication nach Delfter
Art: ein Teller mit der Bezeichnung Kopenhagen 1724 und dem Monogramm
des Johan Wolf (aus der Rosenberger Sammlung), eine treffliche geschnitzte
Füllung mit der Darstellung der heiligen drei Könige und dänischer Legende
aus dem 16. Jahrhundert, ein sehr reich in der Weise der schleswiger ge-
schnitzter Schrank mit der eingebrannten Jahreszahl 1583, ein sehr originell
ornamentischer Speiseschrank (mit »Marguerides«, welche in dem kleinen
Maassstabe der Abbildung an Filigran erinnern), Silber-, Zinn- und Thongefässe
u. A. m. Der Text verbindet in der angenehmsten und lehrreichsten Art
culturgeschichtliche Schilderung mit einer Fülle neuer Daten, vornehmlich aus
dem Fache der Keramik und der Holzindustrie Dänemark's.

B.

Notizen.

(Das Portrait der Fornarina im Palazzo Barberini.) Alfred Reumont gibt im Archivio della Società Romana di Storia patria III. 1. einige interessante Daten zur Geschichte dieses Bildes. Es war schon bekannt; dass nach einer Meldung des kaiserlichen Botschafters Coradusz in Rom an Rudolf II. das Bild sich 1595 im Besitze der Gräfin di Santa Fiora, einer Schwester des Cardinals Roberto de' Nobili, befand. Durch deren Tochter Costanza, welche 1576 den Giacomo Buoncompagni, Sohn des Papstes Gregor XIII., heirathete, kam es bald nach dem Tode der Gräfin (1605) in den Besitz des Hauses Buoncompagni. Dort sah es Fabio Chigi bei D. Ugo Herzog von Sora (zu dieser Würde war Giacomo Buoncompagni 1580 erhoben worden), doch schon 1642 befand sich das Gemälde im Palast Barberini — auf welche Weise es dahin gekommen war, ist nicht bekannt. Die »Nota delli musei ec di Roma« von dem Jahre 1664 zählt es unter den Gemälden des Palastes Barberini auf als »Ritratto« della innamorato dj Raffaele d'Urbino.

Alfred Woltmann.

Geb. am 18. Mai 1841 zu Charlottenburg, † 6. Februar 1880 zu Mentone *).

Es schwebt ein Unstern über den Vertretern der jungen kunstgeschichtlichen Disciplin. Siech oder doch kränkelnd schleppen sich die Einen durch's
Leben, gleich halben Gefangenen, die Anderen rafft ein früher Tod jählings dahin.
Mag sein, dass es schon empfindlichere Naturen sind, welche mit einem reiz-
baren Nervensysteme die Begabung und Vorliebe für das Kunststudium mit-
bringen — und diese theoretische Beschäftigung mit Kunst befriedigt und
erhebt ja nicht so, wie das künstlerische Schaffen selbst; mag sein, dass die
gleichzeitige Anspannung der verschiedensten Geisteskräfte, die unser Beruf
erfordert, den Menschen rascher aufreibt; der Versuch einer Begründung oder
Erklärung ändert nichts an der kläglichen Thatsache. Und so ist uns denn
wieder einer unserer Besten, Alfred Woltmann, inmitten rastloser Thätigkeit
durch einen frühen Tod entrissen worden!

Wie lange ist es denn her — die Frist zählt noch nicht nach Jahren,
nur erst nach Monaten — da stand er vor uns, ein Bild jugendlicher Kraft,
jeder Anstrengung gewachsen, schlagfertig in Rede und Schrift, von unnach-
ahmlicher Beweglichkeit, voll Lebenslust! Wer hätte der weithin schallenden,
scharf und bestimmt einsetzenden Stimme anhören können, dass sie aus einer
kranken Brust komme; wer hätte Schritt halten mögen mit ihm, wenn es galt
Galerien zu durchlaufen, Treppen zu steigen, Bücher zu lesen, zu beurtheilen
oder selber zu machen; wer endlich, wenn es galt, im frohen Freundeskreise
Glas auf Glas und Flasche auf Flasche zu leeren!

---

*) Dem bewährten Freunde des Dahingegangenen hat es die Redaction des
Repertoriums überlassen, die Worte der Anerkennung, des Dankes zu sprechen,
welche wir Alle, die wir im Dienste unserer Wissenschaft arbeiten, ihm schulden.
Und das Repertorium noch ganz besonders. Die Treue, mit der er für die über-
nommene Pflicht einstand, hatte etwas Heldenhaftes. Als sein Leiden seine physische
Kraft schon vollständig gebrochen hatte, liess er es sich doch nicht nehmen, seine
Mühe und Sorgfalt dem Geringsten wie dem Wichtigsten zu Theil werden zu lassen.
»So lange mir nicht das Bewusstsein geschwunden, will ich die Pflicht, die ich
übernommen, erfüllen,« schrieb er wenige Wochen vor seinem Tode dem Redactions-
genossen. Und er hielt sein Wort getreulich trotz Bitten und Abmahnung. Ehre
seinem Andenken!   Janitschek.

Es mögen zwei Jahre her sein, dass in Rom die ersten noch unscheinbaren Anzeichen der tückischen Krankheit zu Tage traten, die ihn in diesem Winter plötzlich darniederwarf. Die Riviera, wo er Heilung suchte, hat mit den so ungünstigen Witterungsverhältnissen dieses Jahres die Katastrophe nur beschleunigt. Seine vielen Freunde werden von der Todesnachricht darum nicht minder erschüttert worden sein, weil ihnen dieselbe erst verspätet und nur durch die Zeitungen zukam. Hatte doch die treue Schwester, die zu seiner Pflege herbeigeeilt war, die greise, durch hundert Meilen von dem sterbenden Sohne getrennte Mutter, deren Stab und Stütze er war, sie hatten ja nicht Fassung genug, um auch nur die üblichen Traueranzeigen drucken zu lassen und zu versenden.

Wenn es unter solchen Umständen noch gestattet sein kann, den Lieben Woltmanns und seinen Freunden ein Trostwort zu sagen, so wäre es nur das, dass er nicht zu einem längeren Leiden verurtheilt war; denn kaum giebt es einen Sterblichen, dem ein fortdauerndes Siechthum unerträglicher gewesen wäre, als Woltmann. Ermüdung, Ausruhen waren ihm ganz unbekannte oder doch seiner Erfahrung unzugängliche Begriffe, und so hatte er wohl auch kein Organ für den düsteren Reiz, den die Momente schmerzfreier Erschlaffung selbst für den Kranken haben. Dem entsprechen auch die trostlosen Worte, die er am 24. November des verflossenen Jahres aus Bordighera schreibt: »Ich will suchen den Winter auszuhalten; hilft der nicht, dann frage ich nichts mehr nach ärztlicher Weisheit und lasse es laufen, wie es will.« Und sein Neujahrsgruss vom Silvesterabend aus Mentone lautet resignirt: »Ein gutes Jahr 1880! Was wird es mir bringen? Mir sollte es leid thun, wenn ich aufgebraucht wäre.« Und dabei arbeitete er emsig und unausgesetzt, so lange er sich aufrecht halten konnte, an seiner »Geschichte der Malerei« und an der Redaction dieser Zeitschrift, deren Gedeihen ihm sehr am Herzen lag. Mit fester Hand besorgte er Correspondenzen und Correcturen bis kurz vor dem Erlöschen seines Bewusstseins.

Blickt man nun vom Grabesrande zurück auf dieses kurze und arbeitsreiche Dasein, dann drängt sich doch der Gedanke auf, als hätte Woltmann auch zu jenen sich rasch verzehrenden Naturen gehört, denen es von vornherein nicht beschieden ist, ein hohes Alter zu erreichen. Als hätten sie eine dunkle Ahnung davon, stürmen solche Jünglinge eilend und hastend durch's Leben; sie haben keine Lust auszuruhen wie die Anderen, sie haben keine Zeit krank zu sein, sie halten sich aufrecht, stets strebend und kämpfend, und sie legen sich nur hin um zu sterben. Ob sie darum beklagenswerther sind, als diejenigen, denen sie zu früh entrissen werden?

Es kann indess nicht meine Absicht sein, schon jetzt und an dieser Stelle sagen zu wollen, was wir an Woltmann verloren haben; auch würde mir dies Unterfangen dem engeren Kreise seiner Fachgenossen gegenüber schier anmassend erscheinen. Doch wird man es gerade hier gerne vernehmen, dass er seine »Geschichte der Malerei« bis an den Schluss der ersten Hälfte des II. Bandes druckfertig hinterlässt und dass zur Fortführung des Werkes in seinem Sinne bereits Vorkehrungen getroffen wurden. Die Unterhandlungen wegen des Uebersetzungsrechtes sind mit einem englischen Verleger abgeschlossen, mit einem französischen dem Abschlusse nahe. Es soll eine Ehrenpflicht berufener Fachgenossen sein, mit Rath und That dafür einzustehen, dass das Werk kein Bruchstück bleibe, dass das Material und die Autopsie, welche Woltmann, dank zumeist der Munificenz der österreichischen Regierung, auf einer Reihe von Reisen sammeln konnte, der Wissenschaft nicht ganz verloren gehe. Die Vollendung seines letzten, grössten, nun verwaisten Werkes wird das schönste Denkmal sein, das ihm seine Freunde setzen können. Aber auch seine Gegner werden es mit Beifall begrüssen.

Ja, wir wollen es nicht verschweigen, Woltmann, einer der gutmüthigsten, gewissenhaftesten, treuesten und ehrlichsten Menschen, hatte im Leben viele Gegner, um nicht zu sagen Feinde. Das gereicht ihm zwar so wenig zur Unehre, wie vielen anderen vortrefflichen Menschen vor und nach ihm. Doch ist Woltmann auch von dem Vorwurfe nicht frei zu sprechen, dass er die Zahl und Gehässigkeit derselben durch Hervorkehrung der schrofferen Seiten seines Wesens ohne Noth vermehrt hat. Er huldigte der Meinung, dass es die Ehre erfordere, Jedermann und bei jeder Gelegenheit seine Herzensmeinung gerade herauszusagen oder doch deutlich merken zu lassen. Sich der wohlfeilen Scheidemünze conventioneller Höflichkeit zu bedienen, hielt er für unwürdig. Wer Welt und Menschen einigermassen kennt, wird zugeben, dass die praktische Durchführung dieses jugendlichen Vorurtheiles ein Ding der Unmöglichkeit ist.

Solche Anschauungen haben ihm denn auch manche Bitternisse und Kämpfe zugezogen. Doch beruhten sie mehr auf einer, in seiner Constitution begründeten Reizbarkeit, die sich gewiss mit den Jahren mehr noch, als es bereits merklich war, verloren hätte, als auf kühler Absichtlichkeit und am allerwenigsten auf Menschenverachtung oder Selbstüberschätzung. Denn Woltmann war weit davon entfernt, sich in seinem Benehmen, seinem Schreiben und Sprechen von persönlichen oder selbstsüchtigen oder blos auf den äusseren Schein zielenden Motiven leiten zu lassen. Nichts weniger als das! Bei aller Schärfe der Polemik, hatte er doch vor allem die Sache im Auge, die Personen standen für ihn dabei erst in zweiter, seine eigene in letzter Reihe. Und diese Sache, der er stets dienen und die er nicht als Piedestal oder Schwungbrett benützt wissen wollte, war die wissenschaftliche Wahrheit, die geschichtliche Erkenntniss und Belehrung.

Gerade dieser aufrichtigen Unterordnung seiner Person unter die Sache entsprang eine Eigenschaft Woltmann's, die man ihm oft, wie mir scheint, mit Unrecht zum Vorwurfe gemacht hat, sein angeblicher Wankelmuth, d. h. die Aenderung seiner Meinung in dieser oder jener wissenschaftlichen Streitfrage. Gewiss, Woltmann war keine grübelnde Forschernatur, die sich in ein bestimmtes Problem nachhaltig vertieft; dazu war er zu beweglich, zu thatenlustig. Sein Bestes fasste er meist auf den ersten Griff und darunter ist viel, sehr viel des Guten. Man betrachte nur sein viel gelästertes Erstlingswerk über Holbein als die Leistung eines Zwanzigjährigen, und man erwäge, was wir vor Woltmann von Holbein wussten, was nach ihm? Und unter

welchen Verhältnissen entstand das Buch! Wie anders klang das Urtheil, wenn
man Woltmann nachmals erzählen hörte, dass er den ersten Band seines
»Holbein« fertig machen musste, um nur für das dann fällige Honorar die
zur Abfassung des zweiten unumgängliche Reise nach England machen zu
können. Ich meinerseits gestehe es gerne, dass insbesondere aus dem »Holbein«
des mir damals völlig unbekannten Verfassers für mich die Aufforderung entsprang, auch für Dürer ein Gleiches zu thun. Und weil offenbare Irrthümer
in Woltmann's Jugendarbeit entdeckt wurden, darum wollte man ihm sein
Verdienst schmälern! Nun er hat darauf in der vornehmsten Weise geantwortet,
indem er sich eines Besseren belehren liess. Wo er mit Gründen widerlegt
wurde, da hielt er nicht eigensinnig an seiner Meinung fest, d. h. eben, er
unterordnete seine Person, seinen Namen der Sache. Darüber mögen Unkundige
spötteln und sich erlustigen. Bei Fachleuten, die mit den Klippen der Erkenntniss
vertraut sind, sollte ihm das nur zur Ehre gereichen. Durch gutmüthige Selbst-
aufopferung corrigierte Woltmann das, was an seiner, andererseits wieder so
verdienstvollen Vielgewandtheit als Mangel erscheinen konnte. Er hielt sich für
ebensowenig unfehlbar, wie die Anderen; ihm war die Wissenschaft kein bunter
Mantel, kein schillerndes Rüstzeug, mit dem man sich behängt, um etwas vor-
zustellen; ihm war sie ein heiliges Panier, dem er zugeschworen, unter dem
er als ein heissblütiger Vorkämpfer unermüdlich fechtend gefallen ist. Der
Gefallene aber hat nach altem Soldatenbrauche keinen Feind mehr. Und so
vereinige uns denn alle die gemeinsame Trauer um Alfred Woltmann, dessen
einsames Grab an fernem Gestade das für einen deutschen Gelehrten immerhin
nicht gewöhnliche Lobeswort zu zieren verdiente: »Er konnte sich rühmen,
meist Recht zu haben, er schämte sich aber auch nicht, zuweilen Unrecht
gehabt zu haben«.

Wien, am 28. Februar 1880.

M. Thausing.

Die älteren Glasgemälde des Strassburger Münsters.

Von Dr. Julius Janitsch.

II.

Die Fenster der gothischen Epoche.

Zwei der ältesten rein gothischen Glasgemälde des Münsters enthält das dem Chore zunächst befindliche Fenster des Nordkreuzes, a) in seiner unteren Hälfte einen Johannes der Täufer. Der Prophet, eine bärtige Gestalt von ziemlich schlanken Verhältnissen, dabei plumpen Extremitäten, steht mit einer geringen Wendung nach rechts, das symbolische Lamm auf dem linken Arme, die Rechte erhoben. Die fast nach Art nasser Gewänder anliegende Kleidung zeigt Nachwirkung antiker Tradition. Er trägt eine dunkelpurpurne, gelbgesäumte Tunica, die bis auf die nackten Füsse herabreicht; darüber einen gelben, weissgesäumten Mantel; um das Haupt einen rothen, von einer weissen Perlenschnur eingefassten Nimbus. Das Lamm, dessen rückwärts gewandter Kopf ein grüner Nimbus mit rothem Kreuz umrahmt, hebt sich von einer blauen Scheibe ab, auf deren kreisförmigem gelbem Rande sich die Inschrift: Ecce Agnus Dei erkennen lässt. Eigenthümlich, und so nur auf diesem Bilde, ist die Hauptinschrift angeordnet. Sie steht auf einem horizontalen, rothen Querstreifen, welcher das Bild oben ohne irgendwelche architektonische Zuthat abschliesst. Da aber hier nur für die Buchstaben S. Johan Platz war, so half man sich damit, dass man das zweite *n* unter das *S* auf den blauen Bildgrund, das *e* der Endung unter das erste *n*, das schliessende *s* unter dieses *e* setzte. Diese Inschrift zeigt lateinische Capitallettern mit Uncial—e ohne senkrechten Verbindungsstrich. Bei all dem alterthümlichen Charakter des Bildes ist doch in der leisen Neigung des Kopfes und dem Schwunge der Contouren die Gothik unverkennbar.

III   25

b) In der oberen Hälfte des Fensters eine sitzende Ma d o n n a
mit K i n d, welche dem vorerwähnten zeitlich nahe stehen dürfte.
Die Gesichter, wohl ursprünglich schon dunkler als gewöhnlich, sind
durch Verwitterung, Staub u. s. w. fast unkenntlich geworden. Die
Jungfrau trägt eine dunkelgelbe, von blassblauem Gürtel umschlossene
Tunica und einen Purpurmantel mit hellgelben Querstreifen und blassblauem Futter; ein weisses Tuch um Kopf und Hals, darüber eine
Krone mit drei weit ausladenden Zinken. Der Nimbus ist blau mit
gelbem Rande. Das Kind ist in Weiss gekleidet; sein gelber Nimbus
trägt ein blaues Kreuz. Nehmen wir noch rothen Grund hinzu, so
ergiebt sich eine so harte Farbenzusammenstellung, wie sie keins der
romanischen Gemälde aufwies. Haltung, Faltenwurf, Form der Krone
tragen entschieden gothisches Gepräge; doch ist das Bild denen der
späteren Oberfenster des Langhauses nicht so sehr verwandt, als
Guerber [34]) annimmt; eher dürfte Kraus Recht haben [35]), der es in die
Mitte des XIII. Jahrh. setzt, was durch die genaue Uebereinstimmung
einzelner Theile (besonders auffallend bezüglich der Kronen) mit denen
einer Madonna aus dieser Zeit im mittleren Chorfenster der Kirche zu
Niederhaslach an Wahrscheinlichkeit gewinnt.

An der farbigen Ausfüllung der O b e r f e n s t e r des L a n g h a u s e s
haben mehrere Generationen gearbeitet. Beinahe alle Phasen des
gothischen Stiles spiegeln sich jetzt in denselben ab, von den Anfängen
voll romanischer Reminiscenzen bis zur Ausartung, wo die aufgebausch-
ten Formen für den ärmlichen Inhalt viel zu weit geworden sind.
Vortreffliche Beispiele der älteren, der Uebergangszeit sich anschliessenden Periode zeigen die beiden der Vierung zunächst befindlichen Fenster:

I. Auf der Nordseite, das in der oberen Hälfte seiner vier Lancetten die Päpste 1. S. S i l v e s t e r, 2. S. U r b a n u s, 3. S. Sixtus,
4. S. C l e m e n s, in der unteren Hälfte die Diakonen 1. S. C i r i a-
c u s, 2. S. V i n c e n e i u s (!), 3. S. L a u r e n c i u s, 4. S. Stephanus
enthält. Lauter schlanke Gestalten, doch voll Würde und soviel Ruhe,
als die Gothik überhaupt noch zu verleihen wusste. Alle in Vorderansicht. Die Päpste in faltenreicher Gewandung, deren unterer Saum
breit auf dem Boden aufliegt, wo er in gebrochenen, steif symmetrischen
Falten geordnet ist. Die Tiara ist nach älterer Weise nur von e i n e r
Krone umgeben. In der Hand tragen sie ein Buch. Das Fehlen der
weiten Casula lässt die Diakonen etwas schlanker erscheinen, ohne sie
im Uebrigen in Widerspruch mit den oberen Gestalten zu bringen.

---

[34]) Essai sur les Vitraux de la Cathédrale de Strasbourg. Strassburg 1848. S. 47.
[35]) Kunst und Alterthum in Elsass-Lothringen. I. Bd. S. 454.

Besondere Berücksichtigung erfordern die architektonischen Zuthaten. Hier wird die Continuität mit der romanischen Kunstweise vollständig deutlich. Die Figuren werden von Nischen umfangen, welche ganz nach den alten Mustern streng architektonisch aufgebaut sind. Zwei Säulen mit schlichter Basis, einem mit naturalistischem Laubwerk gezierten Capitell, den Schaft mit Bändern umwunden, erheben sich auf dem Postament der Figuren und tragen einen mit zwei Nasen gefüllten Spitzbogen, darüber drei Spitzthürmchen. Sämmtliche Theile sind farbig gehalten. Die Bordüren ferner zeigen zum Theil stilisirtes Blattwerk mit spärlicher Anwendung von Weiss; zum Theil auch schon naturalistischer gestaltetes. Der Grund der Bilder ist abwechselnd blau oder roth.

Im Vergleiche mit den anderen gothischen Fenstern ist dieses von sehr ruhiger Gesammtstimmung; und ich glaube, dass die aufgezählten Merkmale, der Stil der Figuren, die Form der Nischen und sonstiger architektonischer Zuthaten, sowie deren farbige Behandlung, endlich die Form der Tiaren [36]) uns erlauben, diese Bilder einer verhältnissmässig früheren Periode, vielleicht noch dem vorerwinischen Bau zuzuweisen.

Als Typus der Papstfiguren darf S. Silvester dienen [37]). Mit bärtigem, von reichem Haar umwallten Antlitz, mit beiden weissbehandschuhten Händen ein Buch umfassend, steht er mit gespreizten Füssen da. Ueber der weissen, sehr langen Alba trägt er eine gelbe Dalmatica mit blau und roth ornamentirtem Saum, Verzierungen auch am Saum der Aermel. Darüber eine rothe Tunicella mit blauem, weiss eingefasstem Saum, der mit rothen und gelben ovalen Medaillons besetzt ist. Endlich die faltenreiche, an beiden Seiten von den Armen aufgenommene grüne, am Halsausschnitt mit reich ornamentirter

---

[36]) Ueber die Wandlungen, welche die päpstliche Kopfbedeckung im XIII. und XIV. Jahrh. erfuhr, herrscht noch viel Unsicherheit. Halten wir uns an die datirten bildlichen Darstellungen, so finden wir den einfachen goldnen Stirnreif um die kegelförmige Mütze auf französischen Sculpturen und Gemälden bis in die zweite Hälfte des XIII. Jahrh. (vgl. Viollet-le-Duc, Dict. du mobilier franç. IV, 398 f.). Dagegen zeigt ein Manuscript von ca. 1250 (s. Marriott, vestiarium christianum, London, 1868, tab. 48) schon die vollkommen ausgebildete einfache Krone mit stilisirtem Blattwerk — im Wesentlichen mit den in Rede stehenden unseres Fensters übereinstimmend. Wann eine zweite Krone hinzugefügt ward, wissen wir nicht mit Bestimmtheit. Viollet-le-Duc und Marriott führen die Zeit Bonifacius VIII. (1299—1303) dafür an; jedoch fehlen sichere Denkmäler. Die Tiara Johanns XXII. († 1334) auf dessen Grabmal im Museum zu Avignon zeigt freilich zum wenigsten zwei Kronen; doch ist bei der Verstümmlung der Spitze über das einstige Vorhandensein oder Fehlen einer dritten nichts zu entscheiden.

[37]) Chromolithogr. bei Guerber a. a. O.

Bordüre besetzte Casula. Stola und Pallium reichen bis fast auf die Füsse herab. Von ersterer sind nur die beiden mit gelber und grüner, ornamentirter Bordüre besetzten, und in gelbe Fransen auslaufenden Enden zu sehen. Das Pallium ist weiss und mit alternirenden schwarzen Kreuzen und Rauten verziert; unten mit gelber gemusterter, dann einer breiten rothen, stilisirtes Blattornament tragenden Bordüre versehen, und endigt ebenfalls in gelben Fransen. Die rothe Tiara, anscheinend eine kegelförmige Mütze, trägt ein kleines gelbes Kreuz und ist von einer einfachen, aus stilisirtem Blattwerk bestehenden Krone umgeben, welche so disponirt ist, dass, wie gewöhnlich, zwischen je zwei grösseren Blättern ein kleineres eingefügt ist. Die rothen Schuhe sind ganz architektonisch behandelt: spitzbogig zulaufend, auf der Oberseite mit eingezeichneten Nasen versehen. Der Nimbus ist aus weissen und gelben Strahlen zusammengesetzt. Der Grund ist roth.

Nur in Nebensachen — vom veränderten Colorit abgesehen — unterscheiden sich die drei andern Päpste von diesem. S. U r b a n u s deutet mit der unbeschuhten Hand auf das Buch. S. S i x t u s trägt ein aufgeschlagenes Buch in der von der Casula verhüllten Linken, während er die Rechte lehrend erhebt. S. C l e m e n s zeigt eine geringe Modification der Tiara. Diese trägt vorn einen weissen Verticalstreifen, der in der Mitte von einem blauen Medaillon unterbrochen ist. — Zu bemerken ist auch das zierliche, wellenförmige Ornament des Besatzes der Casula.

Die heiligen Diakonen sind mit grosser Tonsur, das Buch in der einen, und die mit Bändern umwundene, jedesmal anders gefärbte, Martyrerpalme in der andern Hand dargestellt. Zu ihrer Charakteristik diene S. C i r i a c u s. Den gelben, roth umwundenen Palmzweig in der Rechten, hält er mit der Linken das Buch mitten vor die Brust. Ueber der weissen Alba trägt er eine blaue, weitärmelige, mit gelben Querstreifen, an Hals, Aermeln und unterem Saum mit ornamentirter Bordüre besetzte Dalmatica; rothe Schuhe; eine weiss und rothe, mit gelben Perlschnüren eingefasste Manipel, die in weisse Fransen ausläuft. Der Nimbus ist grün. Das Gewand, wie bei dem über ihm befindlichen S. Sixtus, roth. Bei S. V i n c e n c i u s ist die blassrosa Alba und das medaillonartige, grüne rothe und gelbe Muster der Dalmatica zu bemerken. Dass ausser bei S. Stephanus die Säulen der umrahmenden Nische fehlen, ist offenbar einer unverständigen Restauration zuzuschreiben; die Capitelle sind noch zu sehen.

Die Rosetten des Masswerkes enthalten Figuren von ebenso strengem Charakter wie die unter ihnen stehenden Päpste und Diakonen. Doch war wohl etwas Lokalpatriotismus im Spiele, wenn elsässische Forscher [38]) Ueberreste aus dem XII. Jahrh. darin sehen wollten. Im mittleren Rund des Sechspasses zeigt sich das Rundbild eines scepterlragenden Engels [39]) in Vorderansicht, die rechte Hand vor der Brust erhoben. Auffallend ist die starke Verjüngung der Gestalt und dadurch sich ergebende Schmalheit der Schultern. Lange rothbraune Locken umwallen das Haupt. Um den Hals legt sich zunächst ein weisses Tuch in brüchigen Falten. Der rothe Mantel ist vorn am Halse durch eine runde, grüne und gelbe Agraffe geschlossen. Eine dreifache Bordüre zieht sich um den Halsausschnitt und über die Brust herab. Das Ornament derselben ist kein specifisch romanisches. Die Fütterung des Mantels ist blau. Unter demselben kommt am rechten Arme die braune Tunica zum Vorschein, deren weisses Ornament durchaus gothisch ist. Das Scepter ist gelb mit einem rothen Knauf am Beginne des Aufsatzes. Dieser bringt in seinen drei nach oben gerichteten Blättern eine Form, die auch in der gothischen Königs-galerie des nördlichen Seitenschiffes zu constatiren ist. Die Flügel, rothbraun, mit weissen Schwungfedern, sind schmal und geschweift. Der Nimbus ist aus grünen, oben zugespitzten Strahlen zusammen-gesetzt. Der Grund ist blau. Eine weisse Perlenschnur umzieht in acht Bögen das Bild.

Gleichen Charakters sind die Engelbrustbilder in den beiden Vierpässen, die mit gewissen Modificationen die Motive des Ersten wiederholen. Ausser dem Scepter tragen diese Figuren noch die Welt-kugel. Das Scepter des Engels zur Rechten hat eine heraldische Lilie zum Aufsatz. Ganz abweichend ist hier die Form der Flügel. Es sind eigentlich nur stilisirte Ansätze zu solchen. An Stelle der län-geren Hälfte mit den Schwungfedern tragen sie ein grosses sternartiges Medaillon.

Fassen wir die Hauptmerkmale zusammen: die starke Verjün-gung der Figuren, die brüchigen Gewandfalten, einerseits die geschweifte, andererseits die eigenartig stilisirte Form der Flügel, endlich gewisse Ornamentformen, so kann uns nicht zweifelhaft sein, dass wir hier weder romanische, noch gar Bilder des XII., wohl aber solche aus der gothischen Epoche des XIII. Jahrhunderts vor uns haben.

Ebensowenig kann das, die Bogenfelder des Sechspasses füllende ornamentale Laubwerk für romanisch ausgegeben werden; obschon nicht zu leugnen ist, dass die Motive an romanische Muster erinnern.

---

[38]) Vgl. Schauenburg, la peinture p. 13.
[39]) Chromolith. von Petit-Gérard und Silbermann: Rosaces de la Haute-Nef, Strasbourg 1854.

Die Composition ist unruhig, die Färbung (weisse Stiele, gelbe Blätter
auf rothem Grund) viel zu nüchtern, verglichen mit rein ornamentalen
Schöpfungen des romanischen Stiles, wie sie in zahlreichen Fenster-
bordüren des Münsters in reichster Ausbildung vorliegen.

Das gegenüberliegende I. Fenster der Südwand des Langhauses
mit den Figuren: 1. Madonna mit dem Kinde, 2. Kat—er(ina),
3. Cecilia, 4. S. Odilia, 5. S. Marg(aretha), 6. S. Aurelia,
7. S. Agnes, 8. S. Athala (!), 9. S. Rosvind, 10. S. Lucia,
11. Brigida (!), 12. S. Barbara, hat die verhältnissmässig ruhige
Gesammtstimmung des Colorits, die zum Theil an romanische Muster
anklingenden Bordüren mit dem vorigen gemein; dagegen fehlen hier
alle architektonischen Zuthaten. Die Figuren sind entweder von ganz
glatten Bändern, oder von solchen aus Bögen und Winkeln oder auch
mehrfach gebrochenen Bögen und geraden Linien zusammengesetzten
umrahmt. Die Gestalten selbst zeichnen sich gegenüber jenen schlankeren Päpsten und Diakonen durchweg durch gedrungene Formen und
entsprechend kräftige Köpfe bei vollem Oval des Gesichtes aus.

Die Haltung ist bei den in Vorderansicht dargestellten fest und
ruhig; die Wenigen in dreiviertel Profil zeigen eine geringe Neigung
des Hauptes. In der Gewandung macht sich zwar schon eine gewisse
Neigung zu brüchigen Falten bemerkbar, jedoch in geringerem Masse
als auf dem vorigen Fenster. Alle diese heiligen Jungfrauen tragen den
Palmzweig, einige (2, 7, 11, 12) zudem einen Apfel. Das Costüm ist
besonders reich. Einige tragen über dem Untergewand eine zweite,
kürzere Tunica. Bei Mehreren lässt der vorn offene Mantel den Gürtel
sehen, der das Gewand über den Hüften umschliesst. Der Grund ist
abwechselnd roth und blau.

Hervorzuheben sind:

1. Madonna mit dem Kind in genrehafter Auffassung.
Sie scheint dem Kind, das sie auf dem linken Arme trägt, mit dem
Finger zu drohen. Dieses hat das Aermchen um ihren Hals gelegt
und fasst sie mit der andern Hand schmeichelnd ans Kinn. — Die
Figur ist mit einer geringen Wendung nach rechts dargestellt und
zeigt jenes leise Neigen des Hauptes.

Maria trägt ein hellgelbes Gewand mit breiten, von weissen Perl-
bändern eingefassten Querstreifen und ornamentirtem Purpursaum;
darüber einen grünen, mit gelben ornamentirten Streifen, gleichem Saum
und lila Futter ausgestatteten Mantel, der capuzenartig auch über das
Haupt gezogen ist; ferner gelbe gemusterte Schuhe. Die blauen und
weissen Strahlen des Nimbus sind mit Linienornament verziert. Das
Kind ist in ein weisses Röckchen, darüber einen Purpurmantel mit

gelbem Saum, gekleidet. Die blauen Kreuzbalken seines gelben Nimbus
sind ebenfalls verziert.

2. S. Katharina. In der Rechten einen rothen Apfel vor der
Brust haltend, in der Linken, die zugleich den Mantel aufrafft, einen
grünen Palmzweig. Auch hier zeichnet sich die Gewandung durch
reich ornamentirte Bordüren aus. Die Krone der Heiligen ist von
etwas barocker, stark romanisirender Form. Ueber einem doppelten
Stirnreif, der in der unteren Hälfte rothes Ornament auf schwarzem
Grund, in der oberen weisses trägt, erheben sich drei herzförmige gelbe
Schilder, welche innen zierliches stilisirtes Blattwerk, oben auf der
Spitze je eine weisse Blume tragen, und durch ein rothes, gezahntes
Band unter einander verbunden sind. Auch die Krone der heiligen
Margaretha verdient Erwähnung wegen der eigenthümlichen Ver-
bindung realistischen Blattwerks mit stilisirtem Rankenornament. Hier
befindet sich im Sechspasse des Masswerks wieder ein sceptertragender
Engel, ähnlich dem im gegenüberliegenden Fenster der Nordwand;
wie auch in den Vierpässen Engel mit Scepter und Kugel und stilisirten
Flügeln.

In den beiden Colossalgestalten des heiligen Marcus und Achacius im III. Fenster der Nordwand des Langhauses treten frühe, un-
behülfliche Versuche entgegen, die Empfindsamkeit der Zeit in männlichen Figuren zum Ausdruck zu bringen. Auf rothem Grunde steht
da mit gespreizten Beinen Dux Achacius (wie ihn die Inschrift um
den Purpurnimbus herum benennt) in Ringpanzer und Panzerhosen;
das blondgelockte Haupt unbedeckt. Ueber dem Panzer einen grünen,
mit gelben Bordüren besetzten, ärmellosen, am Hals geschlitzten Waffenrock, der bis zu den Knieen herabreicht. Das entblösste Schwert trägt
er aufrecht an die Schulter gelehnt. Auf der Brust ist ein kleiner
blauer Schild mit rothem Kreuz in der Mitte befestigt; ein grösserer,
ähnlich gebildeter hängt an rother Schlinge am linken Arm. Den
Boden bildet ein niedriger, von Bögen durchbrochner Sockel. Dux
Marcus, der unter ihm steht, ist nur in unwesentlichen Einzelheiten
von ihm verschieden. Zeichnung und Colorit stehen auf gleich niedriger
Stufe. Die Körper sind ohne richtige Proportionen, die Köpfe unförm-
lich dick; die Farben schreiend (wobei freilich die moderne Restauration in Anschlag gebracht werden muss).

In diesem Fenster beginnt ferner die Serie Strassburgischer
Bischöfe, welche in den beiden benachbarten Fenstern ihre Fortsetzung
findet. Den Vorrang behaupten nach Stil, Ausführung und wohl auch
Alter die Bilder dieses III. Fensters: 1. S. Arbogastus VI., 2. Solarius V., 3. Maximinus III., 4. Valentinus IV., 5. S. Aman-

dus, 6. Justus Secund(us), unter ihnen wiederum S. Arbogastus[40]). Der Heilige steht im bischöflichen Ornat (nur das Pallium fehlt) mit einer kleinen Wendung nach rechts da, ein Buch im
rechten Arm, den Krummstab in der Linken. Wie von einer himmlischen Erscheinung betroffen wendet er das Haupt aufwärts; die Zeigefinger deuten nach oben. Aus einer der Arkaden des die Figur krönenden architektonischen Aufbaues schwebt ein kleiner Engel kopfüber
herab, mit beiden Händen die Mitra des Bischofs fassend, als wolle
er sie ihm aufs Haupt drücken. — Der Faltenwurf ist unruhig; in
schweren Falten liegt die Alba auf den Füssen. Die Gestalt ist über-
schlank.

Vom Reichthum der Gewänder mag Folgendes eine Andeutung
geben. Ueber die weisse Alba ist eine rothe, engärmelige Dalmatica
gezogen, welche in Kniehöhe einen blauen Querstreifen, am unteren
Saum und um den seitlichen Schlitz herum eine breite, mit elegantem
Ornament (gelb auf bräunlichem Grund) reich verzierte Bordüre zeigt.
Die beiden darüber zum Vorschein kommenden Zipfel der Stola tragen
auf grünem Grund abwechselnd einen weissen und gelben Querstreifen,
und gehen in weisse Fransen aus. Nun folgt eine dunkelgelbe fallen-
reiche Casula mit einigen rothen Querstreifen, und einfachem weissem
Saum; um so reicher am Halsausschnitt verziert, wo sie mit einer
breiten grünen, an Schulter und Brust sich medaillonartig erweitern-
den Bordüre gesäumt ist, welche auf grünem, blattartig gegliederten
Grund in kurzen Abständen durch einen gelben Streifen mit einander
verbundene grosse rothe Blumenmedaillons zeigt. Das Futter dieses
Gewandstückes ist grün mit einem rothen Querstreifen. Um den Hals
zieht sich (wohl der obere Theil der Stola) ein abwechselnd mit grünen
und gelben Blättern besetztes Band. An der Mitra treten die zwei
Spitzen stark hervor. Sie ist ganz und gar farbig (gegenüber den
weissen der romanischen Fenster). Die Fläche zeigt rothe Medaillons
auf gelbem blattartig gemustertem Grund; um diese zieht sich sowohl
am Rand, als vorn und hinten zur Spitze aufsteigend eine breite Bordüre mit gelben Blattmedaillons auf grünem gemustertem Grunde. Die
Infulae zeigen ähnliche gelbe Medaillons auf rothem, bezw. grünem
Blättergrund, am Ende werden sie durch ein doppeltes, gelbes und
rothes, bezw. grünes Querband und weisse Fransen abgeschlossen.
Aehnlich bunt ist das Manipel. Die Handschuhe tragen auf der Oberseite ein rothes Medaillon. Die Schuhe sind roth. Der gelbe Krummstab geht in ein Dreiblatt aus. Ein blauer Knauf bezeichnet den An-

---

[40]) Chromolithographie im Massstabe von 1 : 5, Lahr 1851.

fang der Krümmung. Der Nimbus setzt sich aus gelben Strahlen zusammen. Um denselben ist, durch einen schmalen weissen Streifen getrennt, ein blaues Band gelegt, welches mit kleinen rothen Rauten und weissen Kreisen gemustert ist. Auf dieses folgt ein breiterer rother Streif mit der Inschrift.

Das Buch im Arme des Bischofs hat rothen Deckel und blaue Schliessen. Der Engel ist in ein hellrothes Gewand gehüllt, dessen Aermel in einen weissen manschettenähnlichen Ansatz ausgehen. Flügel und Nimbus sind gelb. Der Grund des Bildes ist blau. Den Boden bildet ein erhöhtes Postament, mit teppichartiger Oberseite, während die Seiten- und Vorderwände durch Spitzbogenfenster belebt sind.

Die übrigen Bilder des Fensters sind nicht ganz so belebt wie dieses. Die Engelfigur kehrt auf keinem wieder. In Stellung, Vertheilung der bischöflichen Attribute u. s. w., ebenso in der Wahl der Farben zeigen sie eine verständige Abwechslung. Im Stil jedoch herrscht Uebereinstimmung mit Nr. 1. Nur Nr. 5: S. Amandus weicht im Massstab von den übrigen ab. Trotzdem der Sockel fehlt, füllt die Gestalt doch die ganze Länge des Feldes aus. Die plumpere Form der Lettern der Inschrift ähnelt mehr der auf dem folgenden Fenster. Dagegen trägt wieder das zierliche Ornament der Gewandung den Charakter des bei Nr. 1 vorkommenden. Von Einzelheiten sind noch die ausnahmslos farbigen Mitren zu erwähnen, ferner das etwas genrehafte Motiv bunter Vögel auf den Thürmchen der architektonischen Bekrönung von Nr. 2 und 4. Die mittlere Rosette des Masswerks enthält ein ziemlich rohes Brustbild Christi, der, die Hände ausbreitend, die Wundenmale zeigt, während von beiden Seiten ein Schwert durch seinen Mund geht. In den Vierpässen knien kerzentragende Engel.

In diesem Zusammenhange seien denn auch die beiden Bischöfe S. Florentius und S. Biulfus erwähnt, welche jetzt in zwei westlichen Fenstern des Südquerhauses inmitten eines (modernen?) Teppichgrundes untergebracht sind. An Würde der Haltung gleichen sie den Papstfiguren; der Faltenwurf der Gewandung ist sehr massvoll. Beide sind von einem aus Bögen und Winkeln zusammengesetzten Rand umgrenzt (vergl. die innere Umrahmung einiger Bilder des I. Fensters der Südwand des Langhauses). Da ihr Costüm keine Besonderheiten darbietet, sie auch zu hoch angebracht sind, als dass sich die Details erkennen liessen, so kann ihre genauere Beschreibung als zwecklos unterbleiben. Die unteren Abtheilungen enthalten Scenen anscheinend allegorischen Inhalts. Auf der des heiligen Florentius sind zwei mit Stöcken ausgerüstete Männer dargestellt, welche ein Fass tragen, das

von einer über ihre Schultern gelegten Stange herabhängt, während
hinter ihnen ein Dritter mit einer Art Winzerkufe auf dem Rücken
einherschreitet. Auf der des heiligen Biulfus wird ein Stier von zwei
Männern geleitet.

Bevor wir diese Serie weiter verfolgen, müssen wir aus Rücksicht auf einen möglichst chronologischen Gang Mehreres einschalten.
Zunächst das II. Fenster der Südwand mit den heiligen Jungfrauen:
1. S. Posia, 2. S. Domicilla, 3. S. Reparata, 4. S. Crescentia,
5. S. Candida, 6. S. Virgo, 7. S. Marina, 8. S. Pelagia. Diese
unterscheiden sich wesentlich von ihren Nachbarinnen im I. Fenster.
Im Gegensatz zur Gedrungenheit dort sind es lauter schlanke, gestreckte
Gestalten mit unverhältnissmässig kleinen Köpfen. Die lang herabwallenden Locken zieren theils Epheu- theils Blumenkränze, welch
Letztere sich mitunter der Form von Diademen nähern. In den Ge-
wandverzierungen weicht jenes stilisirte ältere Ornament den einfacheren
Blumenmedaillons. Nr. 6 und 8 tragen unter dem Kranz einen farbigen Schleier, der über den Nacken herabfällt. Sonst stimmt das
Costüm mit dem früher geschilderten überein, vereinzelt findet sich
eine zweite Tunica, wie auf dem I. Fenster. Einige Besonderheiten
sind in Betreff der Attribute zu bemerken. Während die meisten
dieser Jungfrauen in der einen Hand die Märtyrerpalme tragen und
zugleich den Mantel zierlich aufraffen, halten mehrere (ausgenommen
Nr. 2, 3 und 7) in der andern eine Art von Lampe oder Fackel, einen
Kelch mit langem Stil, aus welchem Flämmchen emporlodern [1]); andere
wiederum (Nr. 2 und 7) halten mit den Fingern ein schmales Band,
das sie um den Hals tragen (vergl. die heilige Katharina in der Apsis).
Der Sockel dieser Figuren gleicht dem der Bischöfe des III. Fensters
der Nordwand. Ueber sämmtlichen Bildern erhebt sich ein weisser,
von drei Thürmchen gekrönter Baldachin, auf welchem die bunten
Vögel des genannten Fensters, nur in lebendigerem Spiele wiederkehren.
Das Masswerk bringt im Sechspasse den oft wiederholten Gegenstand:
Christus, die Wundenmale zeigend, während ein Schwert durch
seinen Mund geht; in den seitlichen Vierpässen je einen Engel mit
den Marterwerkzeugen.

Ferner sind hier einige Bilder der nördlichen Triforien zu berücksichtigen. Daselbst waren fünf Gruppen von je sechs schmalen Fenstern (entsprechend der Eintheilung der Oberfenster), und je vier kleinen

---

[1]) Auch anderwärts kommt die Fackel als Attribut weiblicher Heiligen vor,
so (nach einer freundlichen Notiz des Hrn. Professor Woltmann) im Confraternitäts-
buch aus Corvey (XII. Jahrh.) im Archiv zu Münster: beispielsweise bei S. Liuthrudis
und Cecilia.

Rundfenstern darüber malerisch auszufüllen. In den unteren Fenstern waren von Alters her die Vorfahren Christi nach der Genealogie des Evangelisten Lucas untergebracht. In unsere Zeit hatten sich hauptsächlich viele Köpfe jener Bilder herübergerettet [42]). Die neuere Restauration mag zudem manches alte Stück aus den Magazinen wieder an die gebührende Stelle gesetzt haben. Dadurch aber, dass man sich verleiten liess, einigen der restaurirten Bilder künstlich ein verwittertes, alterthümliches Aussehen zu geben [43]), raubte man ihnen den kunsthistorischen Werth. Für uns können nur die Köpfe in Betracht kommen. Dieselben sind ziemlich klein, bei Seitenansicht ein wenig geneigt; die Gesichter hager, von gewelltem Haar umrahmt, und von beinahe weichem Ausdruck. Bei näherer Vergleichung stellt sich Aehnlichkeit mit den Typen der Bilder des südlichen Seitenschiffes heraus, was etwa auf die Mitte des XIV. Jahrhunderts führen würde.

Aelter erscheinen die meisten Stücke in den oberen Rundfeldern. Vielleicht sind sie zum Theil nicht viel jünger als die einrahmende Architektur; würden also ins XIII. Jahrh. hineinragen. Meist sind es Brustbilder von Engeln mit Scepter und Kugel, oder einer Blume, oder auch nur erhobener Hand; immer aber von einer gewissen architektonischen Strenge; im Detail mehr oder weniger demjenigen ähnlich, das wir nun genauer beschreiben wollen [44]).

Es ist ein Jünglingsantlitz mit lang herabwallenden blonden Locken; in Vorderansicht. Die Schultern schmal wie auf jener Rosette des I. Oberfensters; die Gewandfalten eckig. Die geschweiften, hoch erhobenen Flügel scheinen sich mit ihren Spitzen hinter dem Haupte zu vereinigen. Die rechte Hand ist auf die Brust gelegt; die linke, hoch erhoben, hält eine rothe Blume. Vom weissen Untergewand sind nur die engen, grün gesäumten Aermel zu sehen. Darüber ein rother Mantel, dessen unterer Saum durch eine gelbe Perlenschnur bezeichnet wird, während sich um den Halsausschnitt ein breites gelbes, mit Kreuzen und Ringen, vorn mit einem grossen blauen Medaillon verziertes Band zieht. Der Nimbus ist weiss, von einer gelben Perlenschnur umzogen.

Auch einem **Christus**, die Wundenmale zeigend, und einem **Christus als Lehrer** begegnen wir dort. Ferner dem Brustbild einer **Madonna mit dem Kinde** [45]) von grosser Schlichtheit und

---

[42]) Vgl. Schweighäuser bei Chapuy, Vues pittoresques de la cathédrale de Strasbourg. 1827. S. 37.

[43]) Vgl. Schauenburg, la peinture sur verre. 1865. S. 28.

[44]) Chromolith. »Rosaces de la Haute-Nef«. Strasb. 1854.

[45]) Ebendas.

einer schüchternen Anmuth. Maria trägt, wie gewöhnlich, das Kind
auf dem linken Arme; dieses liebkost die Wange der Mutter, welche
ihm das Haupt zuneigt und die andere Hand des Kindes zu streicheln
scheint. Die Gewandung ist ruhig und einfach; die der Maria eng
anschliessend. Maria trägt auch hier das weisse Kopftuch.

Die übrigen Engelsbilder bieten kein besonderes Interesse.

Wir haben endlich das II. Fenster der Nordwand nachzuholen,
das mit den Kriegergestalten folgender Heiliger ausgefüllt ist: 1. S. Mauri-
cius, 2. S. Victor, 3. S. Sebastianus[46]), 4. S. Candidus,
5. S. Demetrius, 6. S. Exuperius, 7. S. Georgius, 8. S. Inno-
centius. Die Figuren sind theils in Vorderansicht, theils mit einer
geringen seitlichen Wendung, immer aber in unruhiger Haltung dargestellt; mit stark herausgepresster Hüfte, weit abstehendem Spielbein,
einige auch mit empfindsamer Neigung des Hauptes. Eine gewisse
Ueberschwenglichkeit des Gefühls ist ihr gemeinsamer Grundzug. Ihr
Costüm besteht aus Panzerhemd und Panzerhosen, bei Einigen zudem
aus einem ärmellosen, kurzen, farbigen Waffenrock, oder auch aus
einem Mantel. Zur Kopfbedeckung haben sie entweder die Capuze des
Panzerhemdes, oder eine eng anschliessende Haube; Einige sind bar-
haupt. Die Schilde sind meist (mit Ausnahme desjenigen von Nr. 2)
etwas kleiner als auf den romanischen Bildern, doch noch gross genug
um, auf den Boden gestellt, der Hand zur Stütze dienen zu können.
Bei Einigen der Ritter hängen sie an einem Riemen auf dem Rücken.
Sie sind sämmtlich mit Abzeichen versehen: mit einem oder mehreren
Kreuzen, einem Rade u. dergl. Von Angriffswaffen kommen vor das
lange, breite, an der Spitze abgerundete Schwert; einigemal auch die
Lanze. Der Boden wird jedesmal durch einen verschieden gefärbten
Kreisabschnitt gebildet. Der Grund der Bilder ist abwechselnd blau
und roth. Sie haben sämmtlich eine weisse architektonische Be-
krönung.

Ich hebe zwei Bilder als Typen hervor. Eine der bewegtesten
Figuren ist S. Candidus. Während der Rumpf von vorn sichtbar
ist und sich auf das rechte (linke v. B.) Bein stützt, wendet sich der
Kopf nach der entgegengesetzten Seite und zeigt das Profil. Der Heilige
ist als Jüngling dargestellt mit leichtem Schnurrbart, und langem,
blondem Haupthaar. Mit der Linken hält er den Schild vor die Brust;
in der Rechten trägt er bei stark auswärts gebogenem Ellenbogen das
entblösste Schwert. Die Capuze des Panzerhemdes ist auf die Schulter
herabgesunken; das Haupt wird von einer eng anschliessenden weissen

---

[46]) Chromolithogr. von Petit-Gérard etc. Strassb. 1851.

Mütze [47]) mit blassrothem Rand bedeckt. Die Aermel des Panzers sind ein wenig zurückgeschlagen; der Panzer selbst ohne jeglichen Schmuck. Die Schwertklinge ist von zierlichem wellenförmigem Ornament bedeckt. Der dunkelgelbe ungeänderte Schild trägt ein grosses blaues Kreuz mit einem übereck gestellten rothen Quadrat auf der Kreuzung. Ein schwungvoll drapirter Mantel fällt über die linke Schulter. Er ist blau mit gelben, einfach gemusterten Querstreifen, und einer etwas breiteren gelben Bordüre am unteren Saume, die mit fortlaufendem romanisirendem Ornament verziert ist. Mehrfach kommt das grüne Unterfutter zum Vorschein. Der Nimbus setzt sich aus hellgelben und hellblauen Strahlen zusammen und wird von einer weissen Perlenschnur umgeben.

Ganz in Vorderansicht präsentirt sich S. Demetrius, gleichwohl in schwungvoller Haltung mit weit abgestelltem Spielbein. Er stützt sich mit der Linken auf den vor ihm stehenden Schild, die vom Mantel bedeckte Rechte umfasst die quergehaltene Lanze. Das Gesicht ist von einem leichten Vollbart umrahmt, das von blondem Haar umwallte Haupt ist unbedeckt, während die Panzercapuze sich um den Hals legt. Den Panzer zieren grosse, kreuzförmige, gelbe Medaillons. Der dunkelgelbe Schild zeigt drei einfache im Dreieck angeordnete rothe Kreuze. Zwar nicht das Schwert selbst, aber das Ende der purpurnen Scheide ist sichtbar. Zu bemerken ist auch ein Theil des rothen Schwertgurtes, der vorn durch einen grossen gelben Knoten geschlossen ist. In elegantem Faltenwurf umhüllt ein mit gelben Querstreifen gezierter Purpurmantel die Schultern. Das grüne Unterfutter zeigt ebenfalls gelbe Querstreifen. Ein aus weissen und rothen Strahlen zusammengesetzter Nimbus umgiebt das Haupt. Im Sechspasse des Masswerks befindet sich das Brustbild eines lehrenden Christus mit dem Buch und vor der Brust erhobener Rechten. Kerzentragende Engel füllen die Vierpässe.

Wenden wir uns nunmehr zur Fortsetzung der Bischofsreihe im IV. Fenster der Nordwand zurück, so finden wir daselbst: 1. S. Narcissus, 2. S. Ambrosi(us), 3. S. Victor, 4. S. Gardinus, 5. S. Augustinus, 6. S. Remigius, 7. S. Magnus, 8. S. Gando. Sie bezeichnen einen entschiedenen Rückschritt. Beim Vergleich mit den früher genannten ergiebt sich ein grösserer Mangel an richtiger Proportion; die Köpfe und Hände sind grösser und plumper; ebenso die Lettern der Inschriften und die Strahlen der Nimben. Von dem

---

[47]) Wie sie unter den Helmen getragen zu werden pflegten. Vgl. Viollet-le-Duc. Dict. du mob. fr. V. s. v. Camail.

feinen Ornament, mit welchem z. B. der Arbogast des III. Fensters
noch so freigebig ausgestattet war, ist hier nichts mehr zu finden; es
scheint nur auf Massenwirkung abgesehen zu sein. Die Alben sind
mitunter mit farbigen Querstreifen verziert. Die Mitren haben durchgehends weissen Grund mit trockenen architektonischen Verzierungen,
und farbigen Horizontal- und Verticalstreif. Den Boden bildet gewöhnlich ein niedriger Sockel, der sich vorn in drei Rundbögen öffnet. Auch
hier kommen bei einigen Bildern bunte Vögel in der architektonischen
Bekrönung vor. Es verlohnt sich nicht, auf einzelne Bilder einzugehen. Der Sechspass des Masswerks enthält das Brustbild einer
Madonna mit dem Kinde, von ziemlich spätem Charakter. Maria
hält eine Blume, nach welcher das Kind greift. Letzteres trägt zudem
ein Buch. Maria ist mit weissem Kopftuch und einer Krone dargestellt.

Die Charakterisirung des vorigen Fensters trifft auch beim fünften
Fenster zu mit den Bischöfen: 1. S. Rotharius, 2. Sutger(us),
3. S. Radoldus, 4. S. Ansoaldus, 5. S. Otbertus, 6. S. Solarius,
7. S. Grimoaldus, 8. S. Lobiolus. Wenn dieses Fenster trotz der
Stilgleichheit im Ganzen ein wenig ruhiger wirkt, so ist dies nur auf
Rechnung der sparsameren Verwendung von weiss in der Umrahmung
zu setzen. — Die Neigung zum Genrehaften hat auf einigen Bildern
dadurch eine Steigerung erfahren, dass auf der architektonischen Bekrönung eine Belagerung durch einige Bogenschützen und Steine (?)
schleudernde Vertheidiger auf den Thürmen in naiver Weise angedeutet
ist. — Das Masswerk enthält die Auferstehung. Christus, in weissem
Gewand und rothem Mantel, das rothe Banner in der Linken, im
Sarkophage stehend, zeigt den Stilcharakter des ausgehenden XIV. Jahrhunderts. — In den Bogenfeldern des Sechspasses sind Figuren vertheilt,
welche in Beziehung zu der mittleren Scene stehen. In den drei unteren
Feldern kauern die Wächter des Grabes; links nahen die drei Frauen
mit Salbengefässen; oben und rechts knien sceptertragende Engel.

Auch die gegenüberliegenden Oberfenster III—V der Südwand
mit der Fortsetzung der Serie heiliger Frauen zeigen solche Einheitlichkeit des Stiles, dass sie füglich zusammenhängend besprochen werden
können. Dargestellt sind im dritten Fenster: 1. S. Juliana, 2. S.
Genofefa (!), 3. S. Petronella, 4. S. Eugenia, 5. S. Brigida,
6. S. Eufemia, 7. S. Scolastica, 8. S. Sotneres (!?); im vierten
Fenster: 1. S. Cristina (!), 2. S. Walburga, 3. S. Radegundis,
4. S. Fides, 5. S. Justina, 6. S. Gundelinda, 7. S. Tecla (!),
8. S. Richardis; im fünften Fenster: 1. S. Margareta, 2. S. Prisca,
3. S. Cecilia, 4. S. Severa, 5. S. Pianosa, 6. S. Corona, 7. S.

Felicitas, 8. S. Modesta. — Hier macht sich das sichtliche Streben nach einer zarteren Auffassung der weiblichen Gestalten gegenüber jenen derben, breitspurigen heiligen Männern geltend. Verglichen mit den Bildern des zweiten Fensters dieser Seite erscheint die Schlankheit der Figuren gemässigt, auch die Köpfe sind nicht so übertrieben klein. Die Haltung bewahrt verhältnissmässig (zumal im Hinblick auf gleichzeitige Sculpturen, z. B. der Westportale) einige Ruhe; in einer geringen Neigung des Hauptes spricht sich zuweilen die Empfindung aus. Die Ausstattung ist die gewöhnliche: der Palmzweig; daneben tragen Einige einen Apfel (IV. 4); Andere eine Blume (III. 7); Andere halten das Halsband zwischen den Fingern (III. 1. 6) oder erheben die Hand in sprechender Geberde (IV. 1). Der Kranz, den sie alle im lockigen Haare tragen, ist hier schmäler geworden; er ist mitunter nicht von einem aus bunten Steinen zusammengesetzten Stirnreif zu unterscheiden. In einigen Fällen ist die Umbildung zur Krone sogar deutlich; nämlich da, wo sich drei heraldische Lilien über dem schmalen Band erheben (weisse Lilien bei III. 6, IV. 5, 7, 8; rothe bei V. 1; gelbe bei V. 6). Das Costûm besteht durchgehends aus einem Untergewand, das über der Hüfte durch einen Gürtel zusammengehalten wird, und dem vorn ganz offenen Mantel. V. 6 trägt ein weisses Kopftuch. — Der Sockel, auf welchem die Figuren stehen, gleicht dem des vierten und fünften Fensters der Nordwand. Ebenso die architektonische Bekrönung, welche überall weiss, nur in einem Falle (bei V. 1) blaue und gelbe Füllung zeigt, ohne dass doch die darunterstehende Figur sich im Stil von den andern merklich unterschiede.

Die Bilder in den Rosetten des Masswerks sind von keinem besonderen Interesse. III hat in der Mitte die herabschwebende Taube des heiligen Geistes, deren gelber Nimbus ein grünes Kreuz trägt; zu beiden Seiten kerzenhaltende Engel; IV eine Krönung Mariä; V das Lamm mit der Kreuzesfahne, in den Vierpässen je einen Engel mit Weihrauchfass, in den Bogenfeldern drachenartige geflügelte Ungeheuer mit Menschenköpfen.

Eine besondere Gruppe von eigenartigem Charakter bilden die Glasgemälde der Katharinenkapelle. Die sechs Fenster der Südwand, die allein ihre farbige Ausstattung erhalten haben, scheiden sich in zwei Abtheilungen, jede mit einem dreitheiligen Fenster in der Mitte und je einem zweitheiligen zu beiden Seiten. Vierzehn Lancetten ergaben sich somit, welche mit den zwölf Aposteln und zwei heiligen Frauen besetzt wurden. Das untere Drittel jeder Lancette zeigt in einer gothischen Nische eine Figur mit Namensüberschrift und bei den Aposteln je einem Satze des apostolischen Glaubensbekenntnisses auf einem

Spruchband, das dieselben in der Hand halten, während einige zudem mit einem Attribut ausgestattet sind.

1. Petrus mit einem mächtigen Schlüssel; auf dem Spruchband die Worte: Credo in deum patrem omnipotentem creatorem celi et terre. 2. Andreas mit dem Kreuz; auf dem Spruchband: Et in Jesum Christum filium unigenitum. 3. Jacobus mit den Worten: Qui conceptus est de spiritu sancto, natus ex Maria virgine. 4. Joannes mit einer Taube auf dem Arm und den Worten: Passus sub Pontio Pilato, crucifixus, mortuus et sepultus. 5. Thomas: Descendit ad inferos, tertia dia resurrexit a mortuis. 6. Jacobus: Ascendit in celum, sedit ad dexteram dei patris. 7. Philippus: Inde venturus est judicare vivos et mortuos. 8. Bartolomeus mit dem Messer und den Worten: Credo in spiritum sanctum. 9. Matheus: Sanctam ecclesiam catholicam. 10. Mathias: Sanctorum communionem, remissionem peccatorum. 11. Judas: Resurrectionem mortuorum. 12. Simon: Et vitam eternam. 13. Maria Magdalena. 14. Marta.

Die Figuren sind mässig bewegt; von Modellirung ist wenig mehr zu sehen; die Farben sind trüb und matt. Insofern bieten die Bilder nur geringes Interesse; mehr jedoch durch die eigenthümliche Vermischung von Teppich und architektonischem Aufbau, die hier durchgeführt ist. Der gemusterte Grund, abwechselnd blau und roth, ist durch rechtwinklig sich schneidende Linien in übereck gestellte Quadrate getheilt, an deren Ecken rothe Kreischen bei blauem, blaue bei rothem Grund eingesetzt sind. Von besonderer Pracht sind die Scheinarchitekturen. In drei Stockwerken baut sich hier In stetiger Verjüngung Baldachin über Baldachin bis zur Spitze der hohen, schmalen Lancetten auf, so dass über dem phantastischen Spiel die Figuren fast zur Bedeutungslosigkeit zusammenschrumpfen.

Man hat in Johann von Kircheim den Urheber dieser Bilder vermuthet. Alles was wir von diesem wissen, besteht in einer Notiz Grandidiers[48]), der ihn unter der Bezeichnung Magister Johannes de Kircheim pictor vitrorum in ecclesia Argentinensi als Testamentsvollstrecker im Testamente Bertolds von Hüningen vom 10. März 1348 gefunden haben will. Da die Kapelle im Jahre 1349 vollendet ward und der Stil der Fenster wohl auf jene Zeit führt, so ist die besagte Combination wohl erlaubt.

---

[48]) Essai, p. 256 a.

(Schluss folgt.)

Kunstgeschichtliche Notizen aus dem Diarium des Landucci.

Die Biblioteca Marucelliana in Florenz besitzt eine dem 17. Jahrh. entstammende Abschrift des Diariums des Luca d'Antonio di Luca Landucci (Cod. cart. 4°. C. 26) [1]). Nach eigener Angabe war der Schreiber des Diariums ca. 1436 geboren; er war Spezereihändler und hielt seinen Laden in der Via del Sole. Die Aufzeichnungen beginnen schon 1450, sind aber da noch sehr flüchtig; zahlreicher werden sie erst in den beiden letzten Jahrzehnten des Jahrhunderts, um dann in der Zeit der Kämpfe Savonarola's mit dem Mediceischen Principat und während der kurzen theokratischen Herrschaft Savonarola's die grösste Ausführlichkeit zu erreichen. Landucci ist ein Durchschnittsmensch jener prächtigen Zeit, wo der Bürger bei strenger Wahrung seiner Privatinteressen, doch mit aufmerksamem und theilnehmendem Geiste alle Ereignisse des politischen, religiösen, künstlerischen und wissenschaftlichen Lebens verfolgte. Die Privatangelegenheiten Landucci's treten in den Aufzeichnungen nicht in den Vordergrund; kurz berührt er die Eröffnung seiner Bottega, seine Hochzeit, die Mitgift, die er dabei erhielt, Ortsveränderungen, wichtigere Vorfälle in seiner Familie — die Hauptsache aber bleiben für ihn die Ereignisse des Stadtlebens: er nennt die Künstler und Gelehrten, welche von der öffentlichen Meinung getragen werden, zählt die Bauten her, die man aufführt und macht gelegentlich selbst, wie der berühmte Schneider von Bologna, ein Bauproject. Unter seinen Bekannten befinden sich Cronaca (Simone Tomaso del Pollajuolo) und Giovanni, der Vater des Benvenuto Cellini. Grössere Aufmerksamkeit als den künstlerischen und wissenschaftlichen Angelegenheiten wendet er den politischen und religiösen zu. Noch vor dem Auftreten Savonarola's begegnet uns öfters eine Aeusserung wahrer Herzensreligiosität, wie sie den mittleren Schichten des italienischen Volkes jener Zeit überhaupt eigen gewesen ist und nur von unsern »Kunsthistorikern«, deren

---

[1]) Das Original, dem nur leider am Ende vier Blätter fehlen, befindet sich im Staatsarchiv in Siena.

Kcnntniss der religiösen und sittlichen Zustände der »Renaissance«
aus den flüchtigen Aeusserungen einiger Litteraten geschöpft ist, ge-
leugnet wird. In diese Aufzeichnungen verirrt sich hie und da die
Notiz einer von weither gebrachten Kunde der Geburt eines Monstrums,
oder des Ereignisses eines Wunders. Im Ganzen aber erhält man eine
ganz hohe Anschauung von dem Interessenkreis jener Volksclasse, der
Landucci angehörte, von der regen Theilnahme an ihren Staats- und
Stadtschicksalen, von ihrem scharfen praktischen Verstande und der
Gesundheit und Kraft ihres Gemüthes. Die Aufzeichnungen scheinen
von Luca Landucci selbst bis gegen 1519 geführt worden zu sein. Ein
Fortsetzer fand sich dann für die Zeit von 1522 bis 1538; der Codex
der Marucelliana enthält ausserdem noch einige Aufzeichnungen aus dem
17. Jahrh. und schliesslich einige aus alten Memoiren und Urkunden
gezogene baugeschichtliche Notizen.

Das Diarium des Luca Landucci soll in Bälde durch Jodoco della
Badia eine Publication finden — es ist sehr wünschenswerth, dass dies
kein blosser Vorsatz bleibe; ist es doch namentlich für die Periode Savonarola's, für die intime Kenntniss des florentinischen Geistes jener
Zeit eine Quelle ersten Ranges.

Von den kunstgeschichtlichen Notizen, die sich im Diarium zerstreut finden, wurden einige wenige (ich bezeichne sie mit einem Stern-
chen) durch Polidori unter dem Titel »Ricordi di varie opere d'Arte,
eseguite in Firenze« in Gualandi's Memorie (Ser. IV. pg. 94 ftg.) publicirt; als vermuthlichen Autor des Diariums nannte Polidori einen Ven-
turi. Die Nachricht über den Transport des David des Michel Angelo
ist von Gaye aus den Spogli des Carlo Strozzi in den Carteggio hinüber-
genommen worden (II. pg. 464); die Notiz über Ghirlandajo's Chor-
fresken in S. Maria Novella wurde von Manni in seiner Vita di Domenico Ghirlandajo (Raccolta di Opere del Calogerà tom. 45) gebracht;
endlich hat Cavalucci mehrere Angaben des Diariums für seine Nuova
Guida di firenze (Firenze, Löscher 1873) benützt.

Die Anmerkungen, mit welchen ich die kunstgeschichtlichen Notizen des Diariums begleite, wurden von mir auf das geringste Maass
beschränkt.
. . . .

(pg. 1.) Et in questi tempi (1458) si cominciò la lanterna della cupola
di S. Maria del Fiore, el palagio di Cosimo de' Medici e san Lorenzo
e santo Spirito ella Badia d'andare a Fiesole e molte case inverso
le mura diverso S. Barnaba e diverso S. Ambrogio et in piu lati[*]).

---

[*]) Der Bau der Laterne der Kuppel von 1445—1461. Der Palast des Cosimo
(Riccardi) soll schon 1430 von Michelozzo begonnen worden sein — wahrscheinlich

Auf pg. 2 werden die Männer aufgezählt, welche damals (um 1460 herum) besonderen Ruhm in Florenz genossen. Nach Erwähnung des »Mo. Pagolo, medico, filosofo e astrologo« und des Cosimo di Giovanni de' Medici, führt er fort: Donatello scultore che fece la sepoltura di Messer Lionardo d'Arezzo in santa croce e Desiderio iscultore che fece la sepoltura di Messer Carlo d'Arezzo pure in Santa Croce; di poi venne su el Rossellino, un huomo molto piccolino ma grande in iscultara, fece quella sepoltura del Cardinale ch' è a S. Miniato in quella cappella, a mano manca; Mo. Antonio sonatore d' organi, che passò ne sua di ognuno; Mo. Antonio di Guido cantore improviso, che ha passato ognuno in quell' arte; Mo. Andreino degli impiccati, pittore; Mo. Domenico da Vinegia, pittore; veniva su Mo. Antonio e Piero suo fratello che si chiamava del Pollajuolo, orafi scultori e pittori ...... ³).

pg. 14. E in questo tempo (1477) fu finita la cupola de' Servi .... ⁴).

pg. 49. E a dj 10 di luglio 1489 si cominciò arrecare ghiaje per fare e fondamenti del palagio di Filippo Strozzi, allato al canto de' Tornaquinci che si cominciò prima da questa parte de' Tornaquinci.

E a dj 16 detto (mese) si cominciò a cavare e fondamenti pure da questa parte . . . .

E a dj 6 d'agosto 1489 si cominciò a riempire e fondamenti a ore 10 apunti di luna e Filippo Strozzi fu el primo che vi cominciò a gittare giu la ghiaja e la calcina da questa parte e certe medaglie⁵).

folgte eine Unterbrechung des Baues, als Cosimo exilirt wurde, um einige Jahre später fortgesetzt zu werden. Der Bau von S. Spirito wurde ca. 1452 unter der Leitung des Antonio Manetti wieder aufgenommen — zu gleicher Zeit wurde am Bau von S. Lorenzo fortgefahren. Die Badia wurde nach gleichzeitiger Inschrift 1462 beendet.

³) Auf Landucci's wunderlichen Irrthum, Donatello als Künstler des Grabmals des Lionardo Aretino zu nennen, braucht nicht besonders hingewiesen zu werden, möglich aber wäre es, dass Donatello directen Einfluss auf die Arbeit genommen habe. Das Grabmal des Cardinals von Portugal wurde dem Antonio Rossellino 1461 um den Preis von 425 Goldgulden in Auftrag gegeben. Antonio »sonatore d'organi« ist Antonio Squarcialupi, auch Antonio degli Organi der Freund und Günstling der Mediceer (geb. 1380). So redet er z. B. in einem Briefe an Giovanni de' Medici diesen an »Amantissime compar mio« etc. (Gaye I. pg. 160). Andreino degli Impiccati ist Andrea del Castagno. Antonio del Pollajuolo hat 1459 eine selbstständige Bottega in Florenz eröffnet.

⁴) Am 18. September 1476 konnte Tovaglia dem Ludovico Gonzaga melden, dass am Kuppel- resp. Chorbau der Annunziata nur noch die Decoration fehle, dass man während der nächsten Ostern schon die heilige Messe dort werde halten können. Vgl. Braghirolli im Repertorium für Kunstwissenschaft II. pg. 276 fg.

⁵) Die Aufzeichnung des Filippo Strozzi über das festliche Ereigniss in der Vita di Filippo Strozzi el vecchio scritta da Lorenzo suo figlio con Documenti e illustrazioni etc. (Firenze 1851) pg. 70.

E a dj 20 detto fu fornito di riempiere questa parte della piazza
de' Tornaquinci e tutta volta si disfacevano le case con grande numero
di maestri e di manovali, ch' erano occupate tutte le vie intorno di
montagne di sassi e di calcinacci e di muli, d' asini che portavano via
e recavano ghiaja per modo che con difficultà di chi passava per queste
vie; noi altri artefici stavamo continuamente nella polvere e nella noja
della gente che si fermava per vedere e di per non potere passare colle
bestie cariche.

E a dj 21 di luglio (soll heissen agosto) 1489 si cominciò a murare sopradetti (fondamenti).

pg. 50. E in questi tempi (1489) si faceva tutte queste muraglie:
l'Osservanza di S. Miniato de' frati di S. Francesco, la sagrestia di
S. Spirito, la casa di Giuliano Gondi e la chiesa de' frati di S. Agostino fuori della porta S. Gallo e Lorenzo de' Medici cominciò un palagio al Poggio a Cajano e a Sesenzana si murava una fortezza, e molte
altre case si murava per Firenze, per quella via, che va a. S. Caterina e verso la porta a Pinti e la via nuova da Servi a Cestello e
dalla porta a Faenza verso S. Barnaba e inverso S. Ambruogio e in
molti luoghi per Firenze; erano gli huomini in detto tempo atasentati
al murare per modo che c'era carestia di maestri e di mattoni [*]).

E a dj 28 di maggio 1490 si pose al palagio degli Strozzi la
prima cornice sotto e bozzi in sul canto de' Tornaquinci e sempre si
faceva qui innanzi a gli altri canti.

E a dj 11 di giugno 1490 si pose el primo bozzo a detto palagio.

pg. 51. E a dj 22 Decembre 1490 si scoprì la cappella di S.
M. Novella cioè la cappella maggiore; l' haveva dipinto Domenico del
Grillandaio e fece la dipignere Giovanni Tornabuoni e fece el coro di
legname intorno alla cappella che costò sola la pittura fiorini mille d'oro.

pg. 52. E a dj 10 di maggio 1491 si cominciò uno rialto per
la loggia de' signori al palagio in tanto alto che s'andava al pari della
porta del palagio nella loggia ed in scale e di verso S. Piero Sche-
raggio e di verso la piazza in modo che'non potevano passarvi piu nè
cavagli nè altre bestie e anche un poco incomodò agli huomini, haver

---

[*]) Die Osservantenkirche »la bella villanella« ist ein Werk Cronaca's. Der
Bau hat vor 1475 nicht begonnen — doch scheinen auch dann noch Unterbrechungen
vorgekommen zu sein. Castello de' Quaratesi hat durch ein Legat von 8000 Goldgulden die Vollendung des Baues sicher gestellt (vgl. Jodoco della Badia in der Raccolta
delle migliori fabriche antiche e moderne di Firenze, Firenze 1876 fg.); der Grund-
stein der Sacristei von S. Spirito wurde am 3. December 1489 gelegt, sie ist eben so
ein Werk des Giuliano da Sangallo wie der Palast Gondi (Cavalucci gibt als Tag
der Grundsteinlegung den 20. Juli 1490 an. Guida pg. 81) und die Villa Poggio
a Cajano. Sesenzana (Sarzana) wurde 1467 von den Florentinern erworben.

a salire e scendere a chi piace a chi nò — a me non piaceva troppo [7]).

fol. 53. E a dj 15 di maggio 1491 morì questo Filippo Strozzi che murava el detto palazzo e non vide andato in su insino alla lumiera, vide fatto insino alle campanelle; ben può si vedere, che cosa sono le speranze di queste cose transitorie e pare che l'huomo ne sia signore; egli è l'opposito, loro sono signore di noi; durerà questo palazzo quasi in eterno, guarda se questo palazzo ha signoreggiato lui e di quanti anni era suo signore! siamo dispersatori e non signori, quanto piace alla bontà di Dio; ogni cosa è posta nella volontà di Dio et a decoro del suo universo, onde io priego Iddio ch'egli habbi perdonato e sua peccati.

E a dj 2 Decembre (1491) fu fornito di volgere l'arco della porta di questo palagio . . . . [8]).

pg. 101. E a dj 11 detto (agosto 1495) e tutti questi dj si vendeva in Orsanmichele robe di Piero de' Medici all' incanto, che v'era coperte da letto di velluto, e di ricami d'oro e molte et varie cose di dipinture, quadri e molte belle cose a mostrare quanto puo la fortuna in queste cose transitorie etc. . . . . . [9]).

E a dj 12 d'agosto 1495 fu finita la volta della sala grande quella parte che copriva la corte del capitano.

pg. 104. E a dj 2 d'ottobre 1495 fu finita la volta della sala grande di dogana che sarà una magna cosa.

pg. 116. E a dj 25 di febbrajo 1495 si trasse la signoria nella sala nuova la quale era fornita di coperte e non era ancora ammatonata né fatto pianelle; era fatto la porta del palagio ch'andava nella sala, era imbastito e non v'era ancora fornito nulla, nella quale sala fu posto due epitaffi di marmo, l'uno era in volgare e in versi, l'altro in latino . . . .

E a dj 2 di maggio 1496 fu finito d'amattonare la sala grande del consiglio [10]).

---

[7]) Der Leiter dieser Arbeit war Lionardo Pieri alias Cardino; das Steinmaterial lieferte der Convent von Montoliveto. Vgl. Gaye, Carteggio I. pg. 583 in den Baureyesten auf 1. December 1491.

[8]) Es ist jene Porta gemeint, welche mit der Via degli Strozzi correspondirt.

[9]) Am 9. November 1494 hatte Piero de' Medici Florenz verlassen müssen. Am 28. November 1494 verliess Carl VIII. Florenz. Darauf hatte Savonarola die Reformarbeit wieder aufgenommen, die zum Siege des theokratischen Regiments führte.

[10]) Francesco die Domenico und Cronaca wurden zu Werkmeistern des neuen Rathsaales, der auf Drängen Savonarola's gebaut wurde, gewählt. Die Ueberwölbung des Saales besorgte Lorenzo di Domenico Rocheri mit drei Gehilfen. Unter den Meistern, welche sonst noch an diesem Bau beschäftigt waren, befand sich auch

pg. 120. E a dj 10 di settembre 1496 fu fornita di volgere la cupoletta della sagrestia di S. Spirito.

pg. 121. E a dj 10 di novembre 1496 rovinò la cupoletta della sagrestia di S. Spirito quando si spansello.

pg. 181. E a dj 2 di Decembre (1499) si cominciò a cavar el Campanile di S. Miniato per dirizzarlo da un maestro di murare[11].

pg. 191. *E a dj 15 di settembre 1500 fu finito di porre el cornicione del palagio degli Strozzi della meta del palagio verso mercato.

*E a di 16 di novembre 1500 si pose le lumiere al palagio degli Strozzi che furono 4, a ogni canto una, che costò l'una la manifattura sola florini 100 d'oro[12].

pg. 232. E a dj 22 d'aprile 1504 si consecrò la chiesa di S. Francesco da S. Miniato ch'era fornita di tutto.

*E a dj 14 di maggio 1504 si trasse dell' opera el gigante di marmo, uscì fuori alle 24 hore e ruppono el muro sopra la porta tanto, che ne potessi uscire, e in quella notte fu gittato certi sassi al gigante per far male, bisognò fare la guardia la notte e andava molto adagio così ritto legato che ispenzolava che non toccava co' piedi con fortissimi legni e con grande ingegno e penò 4 dj a giungere in piazza; giunse a dj 18 in su la piazza a hore 12 haveva piu di 40 homini a farlo andare haveva sotto 14 legni unti e' quali si mutavano di mano in mano e penossi insino a dj 8 di giugno 1504 a potarlo in su la ringhiera dov' era la Giuditta la quale s' hebbe a levare e porre in palagio in terra, el detto Gigante haveva fatto Michelagnolo Buonaroti[13].

pg. 233. *E a dj 16 di giugno 1504 fu finito questo palagio degli Strozzi questa mezza parte e menovvi moglie dentro Lorenzo di Filippo Strozzi e fece molte belle nozze e begli apparati.

---

der ältere Antonio da Sangallo und Baccio d'Agnolo (von Letzterem das Karniss). Cronaca bezog anfangs ein monatliches Salair von 5, dann von 7 Goldgulden — Antonio da Sanallo von 6 Goldgulden. Vgl. Gaye, Carteggio I. 584 sequ., resp. Bauregesten vom 15. Juli 1495 an bis 13. Januar 1498 (stil. comm.).

[11]) Die Restauration scheint nicht gründlich gewesen zu sein; der Bau eines neuen Campanile begann 1524 unter Baccio d'Agnolo.

[12]) Nach Vasari (ed. Le Monnier VIII. 118 sequ.) war Niccolo Caparra, genannt il Grosso, der Künstler der vier Laternen.

[13]) Wie schon erwähnt, wurde diese Notiz zuerst von Gaye publicirt (Carteggio II. 464), dann von Gualandi (Memorie IV. 94). Daraus schöpften Gotti, Grimm etc., ohne jedoch die Quelle dieser Nachricht zu kennen. Nach den Storie fiorentine des Pietro di Marco Parenti hat Cronaca die Zurüstungen für den Transport geleitet, was glaubwürdiger als Vasari's Angabe (die beiden Sangallo), da Pietro di Marco Parenti als Zeitgenosse berichtet.

pg. 235.   *E a dj 8 di settembre 1504 fu fornito el gigante in piazza e scoperto di tutto.

E a dj 20 di novembre 1505 si pose una S. Caterina con una ruota in capo in su la porta che è a mezzo la scala nel palagio del podestà che va su nel palagio partendosi dalla corte, in memoria dell' ordine havevano di tenere 4 dottori a giudicare e casi del palagio del podestà che si chiamavano la ruota e in questi dj si cominciò un tal ordine [14]).

*E a dj 20 di decembre 1505 detti a Simone del Pollajuolo un ricordo e un disegno perch' egli era architettore e parsemi che lui fussi atto a conducere questa mia invenzione e questa fu che in quello luogo dove è S. Giovanni evangelista in bronzo si dovesse fare uno bello tempio e una bella cupola a honore di S. Giovanni evangelista e per gloria di Dio e della nostra città dandogli questo disegno che levando tutte le case e botteghe quanto tiene la piazza di S. Lorenzo che è un quadro di circa 100 braccia per ogni verso si farebbe queste condizioni dirimpetto a S. Lorenzo in su la strada e che noi pavessino un avocato in paradiso con S. Giovanni batista, che fu el diletto di Cristo e suo fratello secondo la carne che in vita eterna non e manco, e così gli detti ad intendere tutta mia fantasia onde gli piacque assai e dissemi più volte non hava mai havuto più bella invenzione, e disse come vedeva di poterla mettere inanzi a chi potessi gli pareva mille anni.

pg. 238.   *E a dj 10 di maggio 1506 fu finito di porre la Giuditta in sulla loggia de' signori sotto el primo arco verso Vacchereccia.

pg. 239.   *E a dj detto (11 settembre 1506) si rammatonò la chiesa della Nunziata de' Servi e misono le sepolture da lato per ordine e nel mezzo al muro un poco con certi compassi più regolari missono per mezzo della chiesa.

pg. 240.   *E in questi tempi (nach 11. Sept. 1506) si faceva el cornicione intorno al tetto della chiesa di S. Maria del Fiore dal lato del campanile alto alla gronda del tetto.

pg. 242.   E in questi dj (Mai 1507) si cominciò a matonare la piazza de' signori, cioè a rimmatonare.

pg. 244.   *E a dj 1 di novembre 1507 fu fornito el cornicione di marmo al tetto di S. Maria del Fiore verso el campanile che è lungo el tetto.

pg. 246.   *E in questi dj (nach 13. Juli 1508) si cominciò e fondamenti della nunziata da Ricci che si dice S. Maria Alberighi quella

---

[14]) Diese Statue befindet sich nicht mehr an Ort und Stelle.

che si cominciò da quello, che gli gettò nel viso bruttura e fu impiccato [15]).

E a dj 22 d'agosto 1508 si cominciò a rompere el muro del palagio de' signori per fare la porta per andare nella sala grande per la dogana.

E in questi dj (nach 27. Sept. 1508) si murava una cappella in S. Maria Novella al lato alla cappella magiore del lato manco cioè si faceva piu bella di marmi e d'altre cose [16]).

pg. 253. E a dj 1 di luglio 1509 io Luca detti una mia invenzione a Giovanni, piffero di palagio, la quale detti piu tempo fa a Simone del Pollajuolo, che per Simone al presente 1° ho data al dicto Giovanni perche la metta innanzi a chi la potrà mettere in opera se piacerà a Dio; e questo è un disegno di fare un' tempio a S. Giovanni vangelista in quel luogo dove egli è dirimpetto a S. Lorenzo, cioè pigliare un quadro quale tiene la piazza di S. Lorenzo ch'è circa 100 braccia per ogni verso come per una scritta l'ho avisato [17]).

pg. 258. E a dj 28 di giugno 1510 si cominciò a votare la volta della loggia de' signori la quale era una volta sotto e fu fatta quando si murò la loggia e non si sapeva; ma volendo fare nella loggia un pezo de' fondamenti per porvi la Giuletta di bronzo truovano che vi era la volta e notificano al gonfaloniere; si hebbe allegrezza assai e come valente huomo disegnò difatto farla votare pensando fussi utile a tenere l'artiglierie.

pg. 262. E a dj 5 aprile 1510 si pose giu una figura di marmo eh'era sopra la porta di S. Giovanni di verso l'opera per porvi figure di bronzo fatte di nuovo.

pg. 263. E a dj 22 di giugno 1511 si scoprivano quelle tre figure di bronzo sopra la porta di S. Giovanni di verso l'opera donde si servono quelle di marmo antiche e furono fornite di tetto [18]).

---

[15]) Die Kirche Santa Maria Alberighi wird von Villani erwähnt (lib. IV. cap. 11); sie war Eigenthum der damals schon ausgestorbenen Familie der Alberighi gewesen. Auch von dem Neubau der Ricci ist heute nichts mehr vorhanden, da die Kirche 1769 von Zanobi del Rosso umgebaut wurde. Die noch vorhandene ältere Porticus wurde auf Kosten der Familie Landini 1611 nach einem Plane des Gherardo Silvani errichtet.

[16]) Es ist dies die Capelle Gondi, von Giuliano da Sangallo erbaut.

[17]) Giovanni »piffero di palagio«, der Vater des Benvenuto Cellini; er hatte sich auch in der Commission befunden, welche über den Transport und die Aufstellung des David zu verhandeln hatte (Gaye, Cartaggio II. pg. 461).

[18]) Es ist dies die Gruppe des predigenden Täufers und zweier zuhörender Pharisäer von Giov. Franc. Rustici; den Guss hatte Bernardino da Milano besorgt.

pg. 287. E in detto dj (8. Nov. 1512) fu fornito el letto di S. Croce non pero degli embrici di tutto, ma di legname.

pg. 291. E a dj 21 di marzo (1513) fu fornito di coprire una volta la quale si fece in mercato vecchio a lato all' entrare de' beccai verso la colonna, la quale si penò piu mesi a cavarla perche-trovarono fondamenti molti difficili a cavare . . . .

pg. 301. E a dj 18 d' ottobre 1515 si pose quello S. Giovanni evangelista di bronzo in Ortosan Michele e levarono quello che v'era di marmo [18]).

pg. 311. E a dj 19 di maggio 1519 s'era cominciato la chiesa di S. Joseffe e in questo dj vi fece la festa con grandissima divotione al dirimpetto al crocifisso di verso a S. Croce [19]).

. . . .

pg. 312. E a dj ultimo di febbrajo (1524) fu finito el pavimento intorno al coro di S. Maria del Fiore di marmo beruzzo (breccia?) e nero e rosso che si penò circa 4 anni [21]).

pg. 315. E a dj 27 di maggio 1533 si cominciò a fare e fondamenti della nuova cittadella fuori della porta Faentina e lavoravasi dj di festa e dj di lavorare e piu dj della pasqua [22]).

Aus den Aufzeichnungen, welche am Schlusse der Handschrift der Marucelliana folgen, wähle ich nur einige wenige aus.

pg. 333. Le Porte di Metallo di S. Giovanni furono fatte nel 1331 per ordine del gonfaloniere Peruzzi de' priori che erano in detto tempo come altre fabbriche publiche.

S. Reparata . . . fu dal gonfaloniere e priori dato ordine che si finissi che per le guerre passate era stata lasciata la fabbrica 1331.

. . . . Giotto di Bondone fece il campanile di S. Reparata che veduto da un intendente principe con stupore grandissimo dicie che se quello fosse stato coperto e poi scoprito saria corso tutto il mondo a vederlo.

pg. 334. Il di 1 Ottobre 1336 si diedi principio alla fabbrica cioè il palazzo d'orto S. Michele per conservare le provisioni del grano che si facevano incaricandone la cura all' università e arte di Santa Maria [23]).

---

[18]) Von Baccio da Montelupo.

[19]) Die Kirche S. Joseffe erbaute Baccio d'Agnolo (Vasari ed. Le Monnier IX. 226); nur noch das Innere seines Baues ist erhalten.

[21]) Auch die Zeichnung für diese Arbeit wird dem Baccio d'Agnolo zugeschrieben.

[22]) Die Fortezza da Basso von Alessandro de' Medici angelegt. Als Architekten werden genannt: Alessandro Vitelli, Pier Francesco da Viterbo und Antonio Picconi.

[23]) Dazu Villani (lib. XI. cap. 67): E nel detto anno (1337) a dj 29 di luglio

(La) Canonica di S. Maria del Fiore fu cominciata a 26 d'aprile 1340 per abitatione de' canonici dalla banda di mezzo verso la piazza dei Bonizzi.

(Il) Ponte Vecchio rifatto assai piu magnifico e piu bello di prima l'anno 1345.

(Il) Ponte a S. Trinità fu finito di rifare 1346 e spese il commune 20 mila scudi.

(La) Loggia di piazza (de' signori) fu fatto l'anno 1373 e prese le case de' Figliamochi (?) e Baroncelli e gestava vi sopra si nobil loggia si superba e magnifica, benchè di barbara architettura, non dissimile molto dalle Romane opere [14]).

---

si cominciò a fondare i pilastri della loggia del palagio d'Orto S. Michele di pietre conce, grosse, e ben formate, ch'erano prima sottili e di mattoni, e mal fondati. E furono a cio i priori e il podestà e capitano con tutti gli ordini delle signorie di Firenze con grande solennità: e ordinarono che di sopra flosse un magnifico e gran palagio con due volte, ove si governasse e guardasse la provvisione del grano per lo popolo. E la detta opera e fabbrica fu data in guardia all'arte di porta Santa Maria, e deputossi al lavoro la gabella della piazza e il mercato del grano e altre gabelle di piccole entrate a tale impresa, a volerla tosto compiere. E ordinossi, che ciascuna arte di Firenze prendesse il suo pilastro e in quello facesse fare la figura di quel santo, in cui l'arte ha reverenzia .... Der Baubeschluss der Signoria war am 25. September 1336 gefasst worden. (Vgl. Gaye, I. pg. 48.)

[14]) Der Beschluss des Baues wurde schon am 21. November 1356 gefasst. Nach Passerini war mit dem Bau erst 1376 begonnen worden. Die Architekten waren Benci di Cione und Simone di Franceso Talenti. (Vgl. Passerini: Curiosità storico-artistiche. La Loggia de' Priori.)

Hubert Janitschek.

Beiträge zur Geschichte der oberitalienischen Plastik.

Noch immer giebt es Gebiete, die für Tausende ein Ziel der Wanderungen sind, und welchen trotzdem die Aufmerksamkeit des Forschers in dem Maasse, als sie es verdienten, nicht zu Theil geworden ist. Hieher gehört das Tessin und doch genügt es, um dessen Bedeutung für den Kunsthistoriker zu verstehen, an Luino zu erinnern, der in S. Maria degli Angeli zu Lugano seine reifsten und schönsten Werke hinterlassen hat, und an das Abendmahlsbild in Ponte Capriasca, das heute für die beste unter den zeitgenössischen Wiederholungen des Lionardo'schen gilt [1]). Aber den wahren Begriff von dem hochentwickelten Kunstleben, das einst in diesen Thalschaften blühte, empfängt man doch erst, wenn man die mitunter entzückenden Arbeiten sieht, die Meister zweiten und drittes Ranges zu schaffen im Stande gewesen sind [2]). Manche dieser Künstler mögen Fremde gewesen sein, die den heillosen Zuständen entflohen, welche damals in Oberitalien herrschten. Daraus erklärt sich zum guten Theile das Vorhandensein so vorzüglicher Werke in Gegenden, wo es an grösseren Mittelpunkten und Reichthümern fehlte. Aber neben den fremden hat es auch einheimische Vertreter der Kunst in grosser Zahl gegeben und eine lebhafte Empfänglichkeit für dieselbe war hier von Alters her in weiten Kreisen zu finden.

Der heutige Canton Tessin ist seit dem XIV. Jahrhundert ein wahres Heimathland der Künstler gewesen. Oldelli hat in seinem Dizionario [3]) mehr als hundert Künstler aufgezählt, die alle aus diesem

[1]) Vgl. meinen Bericht in v. Jahn's Jahrb. f. Kunstwissenschaft 4. Jahrg. 1871. S. 134 und C. Brun, Lionardo da Vinci in Dohme's Kunst und Künstler. S. 26.

[2]) Wir verweisen hiebei auf einen Reisebericht von Jacob Burckhardt in Erbkam's Bauzeitung 1850. S. 275 ff. und 283 ff. Kunstbemerkungen auf einem Ausflug in den Canton Tessin und nach Mailand.

[3]) Dizionario storico-ragionato degli uomini illustri del Canton Ticino del Padre

Erdenwinkel am Südabhange der Alpen hervorgegangen sind und ihre Gottesgaben in den gefeiertsten Mittelpunkten entfaltet haben. In sämmtlichen Hauptstädten Italiens, in Deutschland und den Niederlanden, in England und Dänemark, von Oesterreich bis nach Ungarn, Polen und Russland, überall sind es Tessiner gewesen, die bald als tüchtige Decorateure, bald in höherer Wirksamkeit sich Ruhm und Stellung, ja manche einen europäischen Namen erworben haben.

Insbesondere aber haben die Architektur und die Plastik seit dem Mittelalter aus diesen Gegenden viele und bedeutende Vertreter gefunden. Ihre Folge beginnt mit einer Anzahl von Künstlern, die aus dem Lugano gegenüber gelegenen Campione oder Campiglione stammten. Ein Boninus de Campiglione nennt sich inschriftlich als Verfertiger des Grabmales des Cansignorio della Scala († 1375) in Verona. Er scheint auch noch vorhandene Bildhauerarbeiten im Mailänder Dome ausgeführt zu haben. Ihm folgte Marco, dem Calvi den Plan des Mailänder Domes und die Oberleitung über den Bau desselben zuschreibt, worauf dann Letztere nach Marco's Hinschied im Jahre 1390 auf Jacopo da Campione überging. Wieder von Campione stammte der Bildhauer Matteo († 1396), der Arbeiten in Monza hinterliess [4]) und schliesslich erwähnt Cicognara als eines ebenfalls im XIV. Jahrhundert lebenden Künstlers des Architekten Marco da Carona, der sich am Bau des Mailänder Domes bethätigte [5]). Dann im XV. Jahrhundert treten die Pedoni von Lugano auf: Gaspare, von welchem Cicognara die 1499 datirten und mit des Künstlers Namen bezeichneten Capitelle in der ehemaligen Casa Raimondi bei S. Luca in Cremona rühmt, und Cristoforo, der Arbeiten in Brescia und Cremona hinterliess [6]). Ebenfalls in die Grenzscheide des XV. und XVI. Jahrhunderts fällt die Wirksamkeit des Tommaso da Lugano, eines Schülers Sansovino's, dessen Vasari gedenkt [7]) und arbeiteten die Rodari, Tommaso, sein Bruder (?) Jacopo und Bernardino,

---

Lettore Gian-Alfonso Oldelli da Mendrisio, Ex-Definitor generale minor riformato di San Francesco. Lugano 1807 und 1811.

    [4]) Vgl. über diese Künstler: Notizie sulla vita e sulle opere dei principali architetti scultori e pittori che fiorirono in Milano durante il governo dei Visonti e degli Sforza, raccolte ed esposte da Girolamo Luigi Calvi. Parte I. Milano Tipografia Ronchetti 1859.

    [5]) Storia della Scultura. Vol. I. p. 222. Franscini, La Svizzera italiana. Vol. I. Lugano 1837. p. 397 will von drei aus Carona (oberhalb Lugano) stammenden Architekten wissen: von Gaspare, Tomaso und Marco, die seit 1399 am Mailänder Dombau gearbeitet haben.

    [6]) Cicognara Bd. II. p. 186.

    [7]) Vasari, im Leben des Jacopo Sansovino.

die, wiederum Tessiner, aus Maroggia am Luganersee, unweit Melano, gebürtig waren.

Ob das Wirken dieser Meister auch ihrem Heimathlande zu Gut gekommen sei, ist eine Frage, die nahe liegt und hier nach den Zeugnissen ihrer Kunst zu forschen, muss dem Kunstfreunde als eine um so ansprechendere Aufgabe erscheinen, als schon das einzige der bisher bekannten Werke zu den edelsten Schöpfungen der oberitalienischen Frührenaissance gehört. Es ist dies die Façade des Domes S. Lorenzo in Lugano, ein Werk, über dessen Geschichte völliges Dunkel herrscht. Auch die Frage bleibt offen, wer die Erbauer und Decorateure dieser Façade gewesen seien. Nicht Eine Nachricht ist bekannt, nur Vermuthungen sind zu verzeichnen. Während die Einen den Schmuck von S. Lorenzo dem Agostino Busti zuschreiben, haben Andere auf einheimische Künstler, auf die Pedroni [*]), oder, wie diess von Jacob Burckhardt geschehen ist, auf Tommaso Rodari gerathen [*]).

Man muss sich somit auf's Rathen verlegen, und zwar nach dem blossen Stilgefühle. Allein auch damit sind Schwierigkeiten verbunden, weil die Sculpturen von S. Lorenzo allem Anscheine nach die Ableger einer weitverzweigten Schule sind, deren Wirksamkeit sich über das ganze Oberitalien, von Como bis nach Venedig erstreckte. Ein Urtheil setzt also den weitesten Umfang vergleichender Studien voraus, eine Summe von Anschauungen, über welche wir nicht verfügen, denn erst auf Einer Stelle haben unsere Untersuchungen begonnen. Immerhin glauben wir hier schon zu einem Ergebnisse gelangt zu sein, zu der festen Ueberzeugung nämlich, dass dem Einen der bisher genannten Künstler die Errichtung und Ausstattung der Façade von S. Lorenzo nicht zugeschrieben werden könne. Das Denkmal, auf dessen Studium diese Ueberzeugung sich gründet, ist der Dom zu Como und der Meister, dessen Wirksamkeit in Lugano bestritten wird, der Bildhauer Tommaso Rodari.

Mit der Baugeschichte des Domes von Como sind die Namen der Rodari oder Roderi eng verknüpft. Aussen am Chore dieses imposantesten Bauwerkes, das den vom Norden Kommenden an den Pforten Italiens begrüsst, befindet sich eine Inschrift, die meldet, dass die Bürgerschaft von Como an Stelle des alten baufällig gewordenen Domes die Errichtung eines Neubaues beschlossen habe. 1396 habe man das Werk begonnen und 1513 am 22. December, nachdem inzwischen die Vollendung der Hauptfaçade sowie der Seitenschiffe statt-

—

*) Franscini a. a. O. 1, 2. S. 247.

*) Geschichte der Renaissance in Italien. Stuttgart 1878. S. 122.

gefunden, seien die Fundamente des Chores gelegt worden. Thomas de Rodariis faciebat heisst es am Ende der Inschrift [10]).

Wir lassen die Frage noch unbeantwortet, wie diese Stelle zu deuten sei, um vorerst eine Gruppe von Monumenten zu betrachten, welche, mit Daten und Namen versehen, Aufschluss über die Wirksamkeit der Rodari in der Zeit von 1491 bis 1513 gewähren.

Die ältesten dieser Werke sind die Bildhauerarbeiten aussen am Portale des südlichen Seitenschiffes, 1491 datirt, ohne Meisternamen, wie die inneren Zierden dieser Pforte, welche das Datum 1509 tragen [11]). Dann mit der Jahreszahl 1492 ist der marmorne Lucienaltar in demselben Seitenschiffe bezeichnet. Hier tritt uns zum ersten Male der Name des Thomas de Rodariis de Marozia entgegen [12]). Es folgt der 1498 datirte Marmoraltar am östlichen Ende des nördlichen Seitenschiffes. Thomas Rotarius hat sich als Verfertiger desselben unterschrieben [13]). Ein zweiter Altar am westlichen Ende des nämlichen Raumes dürfte ebenfalls den Rodari zugeschrieben werden; ob dem bisher ausschliesslich genannten Thomas oder seinem Gehülfen Jacobus, bleibe dahingestellt. Der Letztere hat seinen Namen noch in demselben Jahre 1498 neben dem des Thomas über der Statue des älteren Plinius an der Hauptfaçade verzeichnet [14]) und kehrt mit Thomas wieder als Verfertiger des 1507 datirten Portales am nördlichen Seitenschiffe [15]). Von da an ist der Name des Jacobus nicht mehr zu finden und auch mit dem des Thomas sind keine Werke mehr bezeichnet bis zum Jahre 1513, wo er sich zum letzten Male auf der Inschrifttafel aussen am Chore verewigt hat [16]).

---

[10]) Cum hoc templum vetustate confectum esset a populo comensi renovari ceptum est MCCCLXXXXVI. Huius vero posterioris partis jacta sunt fundamenta MDXIII. XXII Decembris, frontis et laterum jam opere perfecto. Thomas de Rodariis faciebat.

[11]) Die Inschrift am Aeusseren lautet: Hec porta icepta fuit die 6 mēsis iuniy 1491. Innen liest man: templū Marie virginis 1509.

[12]) Venerabilis D. Bartholomeus Parevesius decretorum doctor ac eius venerabilis nepos dūs Johanes Jacobus huius eclesie canonicus edere fecerunt presens opus per Tomam de Rodariis de Marozia 1492. Zweizeilige Inschrift auf der Basis des Retabulum.

[13]) Der Schluss der vierzeiligen Inschrift an der Basis der Altartafel lautet: Anno adventus eiusdem MDCCCLXXXXVIII kal. apriles Thomas Rotarius fahr... it.

[14]) Links vom Beschauer neben der oberen Tafel: Thomas et Jacobus.

[15]) Am Thürgewände steht links (von dem Austretenden) der Name Thomas, rechts Jacobus. Ausserdem an einer Säule das Datum 1507.

[16]) Von einem dritten Rodari, Bernardino, dessen Name jedoch im Dom von Como nicht zu finden ist, schreibt Oldelli in seinem Dizionario Pars I. p. 158. Rodari, o Roderi Bernardino anch' egli di Maroggia suddetta, fratello, giova credere, o almeno

Um die Fähigkeiten, den Stil und die Richtung der Rodari kennen zu lernen, reichen diese inschriftlich beglaubigten Werke hin und es mag daher, will man wissen, welche Arbeiten den Rodari sonst noch zugewiesen werden dürften, genügen, auf die Reiseberichte zu verweisen, die Lübke im VI. Jahrgange der »Zeitschrift für bildende Kunst« veröffentlicht hat [17]).

Der Eindruck nun, den diese Werke bei wiederholter und eingehender Betrachtung machten, ist der, dass die Talente der Rodari wohl etwas zu hoch bemessen worden seien, und zwar ergiebt sich diese Ueberzeugung sowohl beim Anblicke der figürlichen Sculpturen wie der architektonisch-decorativen Arbeiten, welche die Brüder im Dome von Como hinterlassen haben.

Ein Hauptwerk ersterer Art ist zunächst der 1492 datirte Lucienaltar im südlichen Seitenschiff. Das marmorne Retabulum enthält eine Folge von Reliefcompositionen, Passionsscenen darstellend, die von Pilastern und Friesen umrahmt in zwei Etagen von je drei Feldern übereinander geordnet sind. Sie können als fleissige Arbeiten gelten, lässt man sich aber auf die künstlerische Analyse ein, so gewahrt man ebenso sehr den Mangel einer sicheren, stilvollen Reliefcomposition, als man sich von der vollständigen Abwesenheit aller Einzelnschönheiten überzeugt. Die gedrungenen in einem flauen Relief gearbeiteten Figuren scheinen an der Fläche zu kleben. Die Köpfe sind breit, eckig und platt, im Ausdruck ohne gegenseitigen Rapport. Eine leblose Ruhe hält diese Gestalten selbst in erregten Situationen gebannt. Zu alledem kommt der Mangel anatomischer Kenntnisse. Den Bau und die Bewegungen des menschlichen Körpers hat der Künstler nur vom Hörensagen gekannt, daher das unsichere Gehen und Stehen mit steifen oft gespreizten Beinen, die öfters zu kleinen und dünnen Arme. Sehr bezeichnend für Rodari's Stil ist endlich die Behandlung der Gewänder, die mit ihren scharfen, kleinbrüchigen Falten, ohne Sonderung grosser und kleiner Parthien, die wunderlichsten Combinationen bilden. Das Beste sind die Porträtmedaillons der Stifter, eines Doctors Bartholomeus Parevesius und seines Neffen, des Chorherrn Johannes Jacobus, welche unten auf der Altarstaffel zu beiden Seiten der Inschrift erscheinen. Die Profilköpfe sind augenscheinlich recht brav nach dem Leben copirt, aber hart, ohne die

---

della stessa famiglia di Tommaso Fu esso parimente bravo scultore, e fiorì al tempo medesimo di Tommaso. La porta di marmo di S. Stefano di Mazzo in Valtellina tutta a fogliami, e figure è una delle insigni opere del nostro Bernardino. Delle altre fatture del suo scalpello non ho potuto averne contezza; siccome ancora dell' anno preciso della sua morte.

[17]) Zur italienischen Kunstgeschichte. Zeitschr. f. bildende Künste. 1871. S. 71.

weiche Empfindung, die bei anderen Werken oberitalienischer Plastiker gleichsam athmend bis an die Oberfläche dringt.

Wieder als Porträtisten haben sich Johannes und Jacobus an den beiden Pliniusstatuen draussen an der Hauptfaçade versucht. Ausführliche Inschriften melden, dass Volk und Senat von Como im Jahre 1498 ihren berühmten Mitbürgern aus dem Alterthum diese Denkmäler gestiftet haben. Beide Plinius sind sitzend unter reich verzierten Gehäusen dargestellt, im Gelehrtencostüm des XV. Jahrhunderts, mit einem Buch auf dem Schoss, auf welches der ältere Plinius mit der Rechten deutet. Man sieht, dass die Künstler in beiden Statuen eine lebendige Porträtmässigkeit erstrebten; aber die Ausführung ist hart und die Haltung starr. Mit steif gerecktem Oberkörper, einem schmalen starren Kopfe auf übermässig langem Halse sitzt der jüngere Plinius wie versteinert da.

Ein drittes Denkmal ist der 1498 datirte Altar am östlichen Ende des nördlichen Seitenschiffes. Thomas, dessen Name hier allein verzeichnet ist, hat in einer tiefen stichbogigen Nische mit lebensgrossen Figuren die Kreuzabnahme Christi dargestellt. In der Mitte sitzt die Madonna. Sie umfängt den todten Heiland, dessen Haupt in den Händen einer Frau gebettet liegt, während gegenüber die hl. Magdalena des Gekreuzigten Füsse auf dem Schosse hält. Links steht der heilige Petrus, rechts S. Johannes. Flache Relieffiguren: klagende Jünger und Frauen, füllen die Tiefe. Es ist dies die figurenreichste von Rodari's Arbeiten und, da manche Figuren fast wie Statuen ausgearbeitet sind, auch das opulenteste seiner Werke. Die Annahme ist daher wohl berechtigt, dass der Meister auf dasselbe einen besonderen Fleiss verwendet habe. In gewissen Einzelheiten giebt sich den früheren Werken gegenüber in der That ein Fortschritt kund. Die Gewänder z. B. sind nicht mehr so klein und spröde behandelt. Im Uebrigen tritt auch hier des Meisters Schwäche zu Tage. Die Composition ist auf eine bloss äusserliche Symmetrie beschränkt. Einheit der Handlung fehlt; jede Figur weint und klagt für sich, und der Ausdruck des Jammers grenzt zuweilen an Grimasse. Köpfe, Hände, Gliedmassen, Gewänder, Alles ist eckig und lässt die Schönheit vermissen.

Dennoch ist dieses Werk von besonderem Interesse, insofern nämlich, als es den Schlüssel zum Verständnisse von anderen Erscheinungen bietet, die bereits als Merkmale des Rodari'schen Stiles bezeichnet worden sind. Schon bei dem 1492 datirten Lucienaltare im südlichen Seitenschiffe scheint die eigenthümliche Behandlung der Gewänder, die mit ihren krabbeligen Falten wie nasse Zeuge an den Körpern kleben, auf den Einfluss bestimmter Vorbilder zu deuten. In dieser Vermuthung

aber wird man vollends bestärkt beim Anblick des eben genannten
gegenüber befindlichen Altars, wo abermals Anklänge an denselben
Meister sich finden, und zwar so ausgesprochener Art, dass man den
klagenden Johannes geradezu als eine Mantegna'sche Figur bezeichnen möchte.

Nun sind aber auch andere Dinge erklärlich und wird man nicht
mehr anstehen, aus der Anschauung Mantegna'scher Werke, sei es von
Bildern, sei es von Stichen, das Beste herzuleiten, was Rodari überhaupt in dem Comaskischen Dome geschaffen hat. Es ist dies der
schöne Fries mit dem Tritonen- und Sirenenzuge, der sich inwendig
über dem Südportale befindet, und hier, in der unmittelbaren Zusammenstellung mit dem von Maria und Johannes gehaltenen Christus-
leichname, schlechterdings unverständlich wäre, böte das Verhältniss Rodari's zu den Werken des Paduanischen Altmeisters nicht die
Erklärung dar. Und Aehnliches ist an dem gegenüber befindlichen
Nordportale zu gewahren. Der muntere Engelreigen im Friese zu
beiden Seiten des nackten Christusknäbleins dürfte kaum etwas anderes
als die Uebertragung eines Mantegna'schen Motives in's Plastische sein.

An dem Aussenschmucke dieses nämlichen Portales lernt man
Tommaso und Jacopo endlich als Zierplastiker kennen. Lübke hat diesem Portale eine begeisterte Schilderung gewidmet: Die Aussenseite
dieser Pforte, sagt er a. a. O. S. 70, »gehört in ihrer unabsehbaren
Pracht, in der unübertroffenen Delikatesse der Behandlung, in dem
hohen dekorativen Reiz zu den vollendetsten Schöpfungen der Epoche
und findet nur an der Certosa ihres Gleichen.« Wir müssen uns nach
wiederholter und eingehender Betrachtung dieser Arbeiten zu einem
anderen Urtheile bekennen. In Bezug auf den Gesammtentwurf zunächst
wird man sich der Ueberzeugung kaum verschliessen dürfen, dass
Alles, wodurch diese Pforte von dem gewöhnlichen Renaissance-Typus
des Portalbaues sich unterscheidet, auf einem blossen Ueberschusse
äusserlicher Zuthaten beruht. Unorganisch ist die Lösung des Aufsatzes,
missglückt die Verbindung der Gewände mit den inneren Pilastern und
dem Bogen. Unschön ist die obere Fortsetzung der Säulen, während
die unteren Theile eine geradezu hässliche Wiederholung von kleinen
kandelaberartig gebauchten Motiven zeigen.

Nun ist es aber nicht bloss diese nördliche Pforte, die zur Kritik
herausfordert, sondern es geben sich dieselben Gebrechen: eine unmotivirte
Häufung gleichartiger Theile, Mangel an Klarheit der Gesammtconception
und die consequente Abwesenheit von einfach kraftvollen Gliederungen
auch an den Tabernakeleinfassungen der beiden Plinius-Statuen kund.
An dem 1492 datirten Lucienaltar ferner sind die einzelnen Passions-

scenen von Pilastern und Friesen umrahmt. Diese Gliederungen sind
aber nicht, wie ein gebildeter Architekt dieselben verwendet haben
würde, einem einheitlichen Aufbau untergeordnet, sondern, bei vollständiger Abwesenheit eines kraftvollen Hauptabschlusses, lediglich auf
die einzelnen Reliefs berechnet.

Wir kommen nunmehr zu dem jüngsten von Rodari bezeichneten
Denkmale zurück. Es ist dies die Inschrift, welche die Kunde von dem
1513 begonnenen Chorbau meldet und zum Schlusse den Passus
»Thomas de Rodariis faciebat« enthält. Schon Oldelli hat, indem er
diese Inschrift mittheilte, eine Frage aufgeworfen, die zeigt, dass verschiedene Auffassungen der letzteren Stelle möglich sind: »Che poi
abbia fatto il nostro Rodari in questa fabbrica se in qualità d'Architetto, oppure di solo Artista lascierò l'onore di dirlo a chi ha maggiori
cognizioni di me; e diro per ora solamente, che il suo nome scolpito in
questa seconda Inscrizione nostra certo, ch'egli fosse a' suoi tempi un
uomo grande, degno di memoria« [18]). Neuere sind weniger argwöhnisch
gewesen; sie pflegten diese Inschrift ohne Weiteres auf den Bau
des Chores zu beziehen und schrieben ihn demgemäss dem Tommaso
Rodari zu.

Und doch drängt sich die Kritik hier sofort auf. Mit einer für
die damalige Epoche seltenen Ausführlichkeit werden in dieser Inschrift
die Hauptmomente der Baugeschichte aufgezählt. Fast mit Gewissheit
ist darum anzunehmen, dass, hätte schon damals, als diese Tafel errichtet wurde, der Chorbau seinen Abschluss gefunden, auch dieses
Ereignisses mit ebenso bestimmten Ausdrücken gedacht worden wäre.
Nun ist aber die letzte Jahreszahl, welche die Inschrift enthält, das
Datum 1513, desjenigen Jahres, in welchem erst die Fundamentirung
des Chors begonnen hatte. Ist es nun denkbar, dass bei solchem
Stande der Arbeiten ein Architekt sich als Erbauer des Ganzen hätte
unterzeichnen dürfen? Höchstens als Schöpfer des Planes würde er
Anspruch auf eine derartige Auszeichnung gehabt und dann aber auch
sicher einen anderen Wortlaut gewählt haben.

Es giebt aber noch andere Bedenken, welche sich gegen die Annahme erheben, dass Rodari den Bau des Comaskischen Domes geleitet
habe. Sie erheben sich aus dem Vergleiche der nachweisbar von ihm
geschaffenen Werke und der in denselben bewiesenen Fähigkeiten mit
den von dem Erbauer des Chores bewährten Talenten. Mit Recht hat
Jacob Burckhardt [19]) den Querbau und den Chor des Domes von Como

---

[18]) Oldelli a. a. O. I. p. 158.
[19]) Geschichte der Renaissance. 1878. S. 152.

als eines der schönsten Bauwerke Italiens bezeichnet. In ihrem Grundrisse schliessen sich diese Theile dem in der lombardischen Architektur seit den altchristlichen Jahrhunderten herkömmlichen Systeme der Kreuzconchenanlage an. Chor und Querflügel sind polygon, im halben Zehneck geschlossen, das Aeussere überaus einfach, klar und edel gegliedert. An den Ecken treten kräftige, bloss von einem leichten Profilrahmen umschlossene Strebepfeiler hervor. Dazwischen sind die Wände in zwei Geschossen mit Fenstern versehen, unten ist je ein einziges viereckiges Fenster angebracht, darüber folgen je drei leicht gegliederte Rundbogenfenster, die sich im Inneren zu einem wirksamen Galeriesysteme verbinden. Während die ältere Hauptfaçade fast einen Ueberschuss von plastischem Zierrath zeigt, prägt sich umgekehrt an diesem östlichen Theile die einfache Grossartigkeit aus, welche den Schöpfungen der Hochrenaissance eigenthümlich ist. Der einzige plastische Schmuck besteht hier aus den prächtigen nackten Männergestalten, welche im Hauptfriese an den Strebepfeilern die zugleich als Wasserspeier dienenden Urnen tragen.

1513 spätestens müsste Rodari den Entwurf zu diesem grossartigen Werke vollendet haben; nur sechs Jahre früher ist sein Portal am nördlichen Seitenschiffe datirt. Und nun betrachte man den ungeheuren Abstand, der zwischen diesen beiden Werken existirt: der Chor ist ein Bau, der in seiner einfachen Grösse das Walten eines genialen Architekten verräth, ein Ganzes, dessen Wirkung so zu sagen ausschliesslich auf der Schönheit der Verhältnisse beruht. Dort aber, an dem Nordportale, erkennt man ein bloss decoratives Schaffen; mangelhafte Gesammtcomposition bei unglücklicher Lösung der einzelnen Theile und eine Ueberladung mit Zierden, die lediglich des äusseren Reichthums wegen verwendet sind. So componirt ein Decorateur, nicht aber ein Architekt, und vollends kein solcher, der in Verhältnissen, wie sie am Chore sich zeigen, zu bauen versteht.

Die Tafel, auf der sich Rodari verzeichnete, ist, wie Lübke sich ausdrückt, »ein prächtiges mit Sirenen, Putten und Arabesken geschmücktes Werk«. Rodari hätte sich mithin als Verfertiger desselben mit dem gleichen Selbstbewusstsein nennen können, von welchem die Anbringung seines Namens auf anderen Werken zeugt. Indessen einer solchen Erklärung widerspricht die hervorragende Stellung, in welcher sein Name im Zusammenhange mit baugeschichtlichen Daten erscheint. Viel näher liegt daher eine andere Annahme, und das ist die, es möchte sonst eine Auszeichnung gewesen sein, die er, mit oder ohne Befugniss, für sich in Anspruch genommen habe.

Es ist schon früher angedeutet worden, dass ausser den inschriftlich beglaubigten Werken Rodari's, die sich im Dome von Como befinden, noch eine Reihe von anderen Arbeiten auf seine Autorschaft, oder doch auf den Ursprung aus einer von ihm geleiteten Schule weisen, einer Schule sei ausdrücklich bemerkt, denn die grosse Zahl von Statuen und Reliefs, welche, von den Nischen und oberen Theilen der Westfaçaden anzufangen, bis zum Schmucke der Fensterleibungen und Strebepfeiler an der Nordseite im Wesentlichen dieselben stilistischen Eigenthümlichkeiten offenbaren, lassen fast mit Gewissheit darauf schliessen, dass Rodari die decorative Ausstattung des Domes geleitet und mit Hülfe seiner Gesellen und Schüler geschaffen habe. Das ist schon dem Umfange nach eine grossartige Leistung gewesen. Aber es kommt noch etwas dazu und das ist die Auszeichnung, welche Rodari insofern zu beanspruchen hatte, als ihm allem Anscheine nach die Einführung des neuen Stiles, d. h. der Renaissance in Como zu danken war [19]). In Anerkennung dieser Verdienste mag es geschehen sein, dass man dem Künstler eine Auszeichnung gewährte, deren Form dann freilich den thatsächlichen Verhältnissen widersprach, indem sie auf Unkosten des Architekten dem Decorateur den Nachruhm sicherte.

Ein Urtheil über den Stil und die Fähigkeiten des Tommaso Rodari ist nunmehr erlangt. Wir wenden uns daher dem zweiten ihm zugeschriebenen Werke zu, der Westfaçade von S. Lorenzo in Lugano. Die Kirche selber ist ein gothischer Bau vermuthlich des XIV. Jahrhunderts. Die Façade dagegen trägt die Jahreszahl 1517.

Schon die Lage ist herrlich. Auf einer Terrasse, welche die zu Füssen liegende Stadt beherrscht und einen weiten Ausblick über das paradiesische Seegelände ermöglicht, erhebt sich das kleine Schaustück von weissem Marmor. Die Gliederung ist so einfach wie möglich: ein Gurtgesimse theilt die Façade in zwei beinahe gleich hohe Geschosse, von denen das untere drei Eingänge enthält; die seitlichen sind mit Flachbögen bekrönt, das Hauptportal in der Mitte ist mit einem hohen geradlinigen Gesimse abgedeckt. Die Mitte des oberen Stockwerks nimmt ein grosses, offenes Rundfenster ein. Vier Pilaster begleiten die Ecken und gliedern die Fronte in drei annähernd gleich breite Theile. Ein schmuckloses Gesimse von derselben Form und Grösse wie der Gurt, der die beiden Etagen trennt, schliesst die Façade in waagrechter Linie ab. Alles ist einfach und doch so edel, harmonisch und klar, das Beiwerk figürlicher und ornamentaler Zierde so glücklich gewählt und vertheilt, dass dem Erbauer dieser Façade grosses Lob gebührt.

Leider ist sein Name unbekannt. Man muss sich, bis archiva-

---

[19]) Diesen Gedanken hat Lübke a. a. O. S. 69 ausgesprochen.

lische Forschungen von ungefähr zu einem glücklichen Funde führen,
mit Hypothesen begnügen, von denen diejenige Jacob Burckhardts auf
die Urheberschaft durch denselben Architekten schliesst, der den Domchor von Como erbaute[11]). Wie sehr nun aber Burckhardts Urtheile
als diejenigen einer höchsten Autorität ihre Geltung besitzen und bewahren werden, in diesem Einen Falle glauben wir anders entscheiden
zu sollen.

Unsere Erwägungen gründen sich ebenso sehr auf die Abweichungen im Detail, wie auf die Thatsache, dass die Gesammtconception der
beiden Bauten eine im Principe ganz verschiedene ist. Zuvörderst sei
daran erinnert, dass Ende 1513 der Bau des Chores von Como begann.
Nur vier Jahre später datirt die Façade von S. Lorenzo in Lugano.
Gewisse Erscheinungen nun, die mit dem Principe der Gliederung zu-
sammenhängen, sollte man glauben, würden für Bauten, die von dem
nämlichen Architekten errichtet worden sind, ein gemeinsames Merkmal
bilden: die Profilirungen z. B. Sie sind aber in Como und Lugano
ganz verschieden. Es ist ferner bekannt, welche Bedeutung die Italiener
dem Kranzgesimse beilegten, seitdem man sich für das einzig richtige
Princip entschieden hatte, es sei dasselbe durch Grösse und Kraft der
Gliederungen von allen übrigen Gesimsen zu unterscheiden. An dem
Domchore von Como ist denn auch dieses Princip zur Geltung gelangt.
Das Kranzgesimse ist dort was es sein soll: das Haupt, der General-
abschluss des Ganzen, während das Gurtgesimse nur angedeutet ist
und sich nicht einmal über den Strebepfeilern verkröpft. An der Domfaçade von Lugano dagegen haben Gurt- und Kranzgesimse dieselbe
Form und Grösse, ja man kann sagen das Erstere wirkt noch kräftiger,
als das Kranzgesimse, weil es mit einer Reihe von Relieffiguren geschmückt ist. Es scheint aber nach alledem kaum denkbar, dass derselbe Meister, nachdem er in Como die imposante Wirkung eines
richtigen Frontalabschlusses kennen gelernt hatte, kaum vier Jahre
später an einem sonst so edel concipirten Gebäude auf einen ähnlichen
Effect verzichtet haben würde.

Von der Annahme, dass Rodari der Erbauer des Domchores von
Como gewesen sei, ist schon früher Umgang genommen worden, indem
seine Thätigkeit als Architekt überhaupt in Abrede gestellt worden ist.
Er kann also auch nicht die Façade von Lugano errichtet haben;
wohl aber erhebt sich die Frage, ob er hier, wie in Como, einen Antheil an der bildnerischen Ausstattung derselben genommen habe?

Ohne Uebertreibung kann man sagen, dass der Façadenschmuck

---

[11]) Geschichte der Renaissance S. 122.

von S. Lorenzo in Lugano zu dem Schönsten gehört, was die decorative Plastik in Oberitalien geleistet hat. Allerdings sind auch hier die
Arbeiten verschiedener Hände zu unterscheiden. Die Rosette mit den
geistlosen Engelsköpfen, welche die Zwickel der Umrahmung füllen, ist
wahrscheinlich später herausgebrochen worden. Als Werke eines zweiten,
älteren Künstlers, um 1517 gefertigt, dürften sodann die Halbfiguren
Davids, Salomons und der vier Evangelisten gelten, welche in sechs
Feldern paarweise zu Seiten der Portale angebracht sind. Das Material,
aus dem sie der Bildhauer gemeisselt hat, ist ein anderes, weisser, als
der für die übrigen Sculpturen verwendete Marmor; ebenso weist der
Stil auf eine von den Letzteren verschiedene Urheberschaft hin. Die
überlebensgrossen, leider arg verstümmelten Gestalten sind schreibend,
lesend oder meditirend dargestellt, mit ernsten sinnenden Zügen. Die
Gewänder sind breit und grossartig angelegt, mit gänzlicher Vermeidung
der kleinbrüchigen Motive, durch die sich die Bildwerke Rodari's charakterisiren. Immerhin stehen auch diese Gestalten hinter den reizenden
Gebilden noch weit zurück, welche in einer Folge von kreisrunden Medaillons den Fries unter dem Gurtgesimse schmücken. Sie stellen die Halbfiguren
von Propheten und Sibyllen vor und ihre Haltung ist mitunter so meisterhaft antiken Vorbildern nachgeahmt, dass diese Gestalten unmittelbar
an die liebenswürdigen Porträtbüsten auf altrömischen Sarkophagen
erinnern. Wiederum eine Anzahl von Rundmedaillons, fünf an der
Zahl, sind auf dem Friese des Hauptportales angebracht. Sie enthalten
die Figuren der Madonna und vier heiliger Männer, von denen der
kniende Hieronymus sowohl durch die vorzügliche Behandlung des
Nackten, als durch die Art und Weise, wie diese lebendig bewegte
Figur gleichsam in's Rund hineingewachsen ist, eine vollendete Meisterschaft des Bildners bekundet.

Wie überall unter den Bildwerken der Frührenaissancezeit sind
auch hier antike und mythologische Vorstellungen vertreten: Seepferde,
Tritonen u. dgl. füllen die Medaillons unmittelbar neben den Gestalten
der Propheten und Sibyllen. Die Victorien ferner, die mit hoch geschwungenen Fackeln zu Seiten des mittleren Portalbogens angebracht
sind, dürften unmittelbar nach antiken Vorbildern copirt sein.

Von ganz erstaunlicher Pracht und Schönheit sind nun aber doch
erst die Ornamente, welche die Fronten und die Gewände der drei
Portale schmücken [22]). Die Frische, mit der diese Zierden erfunden

---

[22]) Eine Probe davon giebt Jacob Burckhardt a. a. O. S. 251. Vgl. auch
S. 259. Die ganze Folge dieser Ornamentsculpturen findet sich in Stichen des Luganesen
C. Ferreri reproducirt und neuerdings ist ebenfalls von einem Luganesen eine Samm-
lung vorzüglicher Photographien grössten Formates veröffentlicht worden.

und gearbeitet sind, wird man nicht müde zu bewundern; es ist eine unabsehbare Fülle der anmuthigsten Erscheinungen, die sich dem Auge darbietet. Aus Vasen, Urnen u. dgl. schiesst ein leichtes Blattwerk empor, belebt durch Vögel, Seepferde, durch gefesselte Satyrn und muntere Flügelknaben, bald vermischt mit allerlei decorativen Nebendingen: mit Trophäen, Masken u. dgl., bis etwa zu oberst, das Ganze abschliessend, ein Englein sitzt, das vergnüglich von der Höhe herab die Posaune bläst. Die Friese endlich über den Nebenportalen strotzen ordentlich von Kraft und Fülle der Ornamente, die federleicht und messerdünn stellenweise ganz frei vom Grunde losgehauen sind. Es muss ein Genie gewesen sein, das diese Pracht geschaffen hat.

Leider sind es wiederum namenlose Werke, von denen mit Sicherheit nur gesagt werden kann, dass sie von den Rodari nicht geschaffen worden sind. Hält man nämlich das, was die Rodari in Como hinterlassen haben, mit den Ornamentsculpturen in Lugano zusammen, so stellt sich in Bezug auf die Composition, wie auf die Auswahl der Motive und die Art der Ausführung der Vergleich zu Ungunsten der Ersteren in einer so unzweideutigen Weise heraus, dass die Annahme einer gemeinsamen Autorschaft ohne Weiteres zurückgewiesen werden muss. Zu dieser Ueberzeugung kann man übrigens schon im Dom von Como gelangen. Dort befinden sich unter der Orgel zu beiden Seiten des Mittelschiffes jedesmal zwei 1515 datirte Marmorpilaster [11]), die angeblich vor etwas mehr als 15 Jahren aus der Villa d'Este bei Cernobbio hieher versetzt worden sind. Sie sind den Luganesischen Portalsculpturen so nahe verwandt, dass man sie ohne Weiteres für Leistungen derselben Schule halten möchte.

Aber auch in dem engeren Umkreise von Lugano stehen die Ornamentsculpturen von S. Lorenzo nicht vereinzelt da. Von Einem Werke dürfte fast sicher zu behaupten sein, dass es der nämliche Meister geschaffen habe. Es war ein reiner Zufall, der uns in Morcote am südlichen Ende der Halbinsel, die sich vom Monte Salvatore in den See von Lugano erstreckt, die Kenntniss von einem Bildwerke verschaffte, das sich in Vico Morcote befinden sollte, und gross war das Erstaunen, in der hochgelegenen Barockkirche eine Arbeit zu finden, die in der That der Luganischen sich ebenbürtig an die Seite stellt. Das grosse mehr als zwei Mètres hohe Relief mag ursprünglich das Retabulum eines Altars gewesen sein. Man hat es nachträglich über der Sakristeithüre eingemauert. Es ist aus grauem Marmor gearbeitet und

---

[11]) Auf dem einen unter der nördlichen Orgel sind die Buchstaben A G angebracht, doch scheinen sie nachträglich eingekratzt worden zu sein.

hat die Form eines Triumphbogens mit drei muschelförmigen Nischen, einer höheren in der Mitte und kleineren zur Seite, über denen in viereckigen Feldern zwei Reliefs angebracht sind. Das Eine stellt die Erschaffung Adams, das Andere die der Eva vor. Jede Nische enthält die fast rund gearbeitete Figur eines Heiligen, Gestalten von etwas gedrungenen Verhältnissen, die aber ungemein fleissig, frisch und schön gearbeitet sind. In der grossen mittleren Nische thront die Madonna. Sie hat das Haupt mit dem Schleiermantel bedeckt und hält mit zierlichen Händen das nackte Knäblein, das fast en-face auf ihrem Schoosse steht und mit segnender Geberde die Rechte erhebt. Ueber der Madonna, im Scheitel des Bogens, schwebt die Taube des heiligen Geistes. In den seitlichen Nischen sieht man links den Täufer Johannes. In etwas gespreizter Stellung hat er die Linke in die Seite gestemmt, die Rechte hält er zeigend vor der Brust. In der Nische zur Rechten steht ein jugendlicher Heiliger — vielleicht S. Fedele —, er trägt das Zeitcostüm, hat eine Palme in der Linken und die Rechte auf das Schwert gestützt. Vier Pilaster mit compositen Capitellen und mit prächtigen Ranken geschmückt, die aus Urnen emporwachsen, begleiten die Ecken und rahmen die Nischen ein. Darüber verkröpft sich das Kranzgesimse mit zweitheiligem Architrav und einem Friese, der, wie die Sockel, einen prachtvollen Schmuck mit Ornamenten und figürlichen Darstellungen zeigt. Unten am Sockel sind die mit den Pilastern correspondirenden Postamenttheile mit den Emblemen der Evangelisten geschmückt. Dazwischen ist das schöne Blattwerk mit Delphinen und pickenden Vögeln belebt. Im Friese sieht man Anspielungen auf die Mysterien des Altares, auf Christi Erlösungswerk und Auferstehung: in der Mitte Hostie und Kelch, zur Seite den Pelikan, der am dritten Tage seine Jungen mit dem eigenen Herzblute zum Leben erweckt und den zur Sonne emporblickenden Adler. Endlich über der Mitte schliesst ein viereckiger Aufsatz von seitlichen Voluten begleitet das Ganze ab. Unten liest man die Worte »Christus mortuus«; sie beziehen sich auf die Reliefdarstellung des todten Heilandes, der am Fusse des von den Passionsinstrumenten umgebenen Kreuzes auf einem Sarkophage liegt. Darüber, wo ehedem wahrscheinlich eine Statuette des Auferstandenen den Aufsatz krönte, steht die Aufschrift: Christus resuresit (sic).

Die Uebereinstimmung dieses schönen Werkes mit den Sculpturen von Lugano erkennt man auf den ersten Blick. Alterthümlicher ist auf dem Relief von Vico Morcote bloss die Behandlung der Figuren, die noch mit ziemlich scharfen, knackigen Draperien und nicht so süssen Zügen erscheinen. Die Köpfe haben hier etwas von jener eigenthümlichen Herbe, die den Frührenaissance-Typen eigen ist. In völliger Uebereinstimmung mit den Sculpturen von S. Lorenzo steht dagegen der Stil und die Behandlung der Ornamente. Die üppige Fülle der Blattranken, die lebensvolle Kraft und saubere Frische, mit der sie gearbeitet sind, dann wieder die eigenthümliche, scharfkantige, schneidige Behandlung des Gefieders, die glatten tauartigen Ornamente endlich, welche genau in derselben Zusammenstellung, in der sie die Portale von Lugano schmücken, als Einfassungen der Tabernakel wiederkehren, das Alles scheint ausser Frage zu stellen, dass hier ein älteres Werk des Meisters von Lugano erhalten ist.

Des »Meisters von Lugano«, denn wieder ist nichts zu gewahren, was im Entferntesten auf eine Verwandtschaft mit dem Stile der Rodari deutet. Nach einem Namen wird man einstweilen überhaupt vergeblich forschen, nur Werke sind auch sonst noch zu nennen, welche dasselbe Verhältniss einer zu der anmuthvollsten Reife entwickelten Frührenaissance gegenüber dem alterthümlichen Stile der Rodari zeigen. Dahin gehören die da und dort in der Pfarrkirche von Campione vermauerten Sculpturen, gehören zwei kleine Marmorwerke: eine Statuette des Täufers Johannes und eine Darstellung des von Engeln gehaltenen Christusleichnams, die am Treppenaufgange zu der Kirche von Morcote zu finden sind, und zählt endlich das schönste aller Werke, das ausser den luganesischen Arbeiten und dem Marmoraltare von Vico Morcote zu nennen ist: das Relief mit der Madonna zwischen den heiligen Sebastian und Rochus in der Pfarrkirche von Carona oberhalb Lugano.

Und hier in Carona endlich kann man auch die Belege finden, wie alt die Uebung einer hochentwickelten Plastik in diesen Gegenden war. Draussen hinter der Kirche an der alten Friedhofmauer, vom Dorngebüsche bedeckt, wird der Kundige eine Anzahl von Sandsteinreliefs entdecken, SS. Petrus und Paulus darstellend, in ganzer Figur von gothischen Muscheltabernakeln umrahmt, dann die kleinen Halbfiguren der Heiligen Stephan und Agatha und den ritterlichen S. Georg. Man kann sie — denn edlere Gestalten sind unter den gothischen Schöpfungen selten zu finden — als die Vorläufer einer Schule bezeichnen, die gewiss eine heimische war und deren Vertretern und Werken nachzuforschen eine lohnende Aufgabe für den Forscher ist.

J. R. Rahn.

Viollet-le-Duc.

Nach einem an glänzenden künstlerischen und schriftstellerischen Erfolgen reichen Leben, welchem in seinen letzten Abschnitten allerdings auch einige trübende Schatten nicht erspart blieben, starb Viollet-le-Duc am 17. September 1879 auf seiner reizenden kleinen Besitzung am Genfer See bei Lausanne, woselbst, dem eigenen Wunsche gemäss, seinen irdischen Ueberresten die letzte Ruhestätte zutheil ward. Ein Gehirnschlag setzte seinem Dasein ein Ziel, ihm selbst nicht unerwartet, zu früh aber in Anbetracht der geistigen und körperlichen Rüstigkeit des fünfundsechzigjährigen Mannes, dessen hervorragende Befähigung und immer rege Schaffenslust noch manche werthvolle Leistung in Aussicht stellte. Freilich mischt sich in die Trauer um seinen Hingang nicht, wie in so vielen Fällen, welche die deutsche Kunstwissenschaft in neuerer Zeit betrafen, jene Klage, für die es keinen Trost gibt, — dass der Tod eingriff in ein Wirken, dessen wesentliche, ihm besonders eigenthümliche Ziele erst zum Theil gefördert waren. Ihm war das glücklichere Loos beschieden, als Künstler wie als Kunstforscher Leistungen der umfassendsten Art zu vollbringen, darunter solche, welche seinen Namen mit der Geschichte der Kunst und ihrer Erforschung dauernd verknüpfen. Diese seine hervorragendste Bedeutung möge hier neben dem Hinweis auf die Hauptmomente seines äusseren Lebensganges zur Geltung gelangen.

Eugène Emmanuel Viollet-le-Duc ward am 27. Januar 1814 zu Paris geboren. Sein Vater Emmanuel L. Nicolas Viollet-le-Duc war ein begabter Schriftsteller, welchem die französische Litteratur ausser eigenen Dichtungen und einer vielfachen publicistischen Thätigkeit einige litterarhistorische Arbeiten von bleibendem Werthe verdankt; in seinen späteren Jahren nahm er eine Stellung bei der Verwaltung der königlichen Domänen an mit dem Sitze zu Fontainebleau, wo er 1857 starb.

Der Sohn erhielt seinen ersten Unterricht in einer Privatanstalt zu Fontenay-aux-Roses und wurde sodann zur Aneignung classischer Bildung dem Collège de Bourbon in Paris übergeben. Von hier aus trat er an die École polytechnique über und entschied sich für die Baukunst als seinen künftigen Lebensberuf. Seine Fachstudien machte er im Atelier von Achille Leclère, wo er sich gründlich mit den Formen der classischen Baukunst vertraut machte.

Das schulmässige Studium der Architektur stand damals unter der ausschliesslichen Herrschaft der Antike. »Kaum erlaubte man« — so sagt Viollet-le-Duc selbst — »das Studium einiger Bauwerke der französischen und italieni-schen Renaissance; von denen, welche von der römischen Spätzeit an bis zum 15. Jahrhundert errichtet worden waren, sprach man fast nur, um sie als Erzeugnisse der Unwissenheit und Barbarei anzuführen. Wenn ich mich von einer Art mysteriöser Bewunderung für unsere französischen Kirchen und Befestigungsanlagen des Mittelalters ergriffen fühlte, so wagte ich nicht, einen Hang zu bekennen, welcher mir als eine Geschmacksverirrung, eine Neigung erschien, welche wenig geeignet ist, kundgegeben zu werden. Und doch zog es mich instinktmässig zu jenen grossen Monumenten hin, deren Schätze mir für diejenigen aufbewahrt schienen, welche sich ihrer Hebung widmen wollten.« So bezeichnet der Mann, der diese Schätze wie kein anderer zu heben verstand, in reiferen Jahren den Drang seiner Jugend, welcher indessen doch nicht lediglich dem Instinct entsprungen, nicht ohne die Einwirkung äusserer Umstände erwacht sein mochte. Gerade um jene Zeit, als er sich der Baukunst zuwandte, machten sich in Frankreich auf dem litterarischen wie auf dem kunstwissenschaftlichen Gebiete Strömungen geltend, welche die Schranken einer hergebrachten schulmässigen Einseitigkeit durchbrachen und dem ästhetischen und historischen Interesse für die monumentalen Leistungen des Mittelalters in den weitesten Kreisen Eingang verschafften. Durch Viktor Hugo's Roman »Notre Dame de Paris«, welcher im Jahre 1831 erschien und rasch seinem Autor die Bewunderung der ganzen gebildeten Welt errang, ward in Frankreich der Sieg der romantischen Richtung in der schönen Litteratur entschieden. Und dieses düstere, phantastische Dichtwerk bietet mehrfache Architekturbilder in der ihm eigenen Lebendigkeit der Schilderung dar; es enthält sogar ein Capitel, das, völlig aus dem Rahmen der Dichtung heraustretend, einen eigentlichen architekturgeschichtlichen Excurs bildet.

Zu derselben Zeit legte de Caumont durch seine im Jahre 1830 in Caen gehaltenen, 1831 im Druck erschienenen Vorträge über die monumentalen Alterthümer des westlichen Frankreich den Grund zu einer systematischen Betrachtung der mittelalterlichen Baudenkmäler. Die heute allgemein übliche Classification derselben beruht im Wesentlichen auf der von ihm vorgeschlagenen Nomenclatur, wie er denn namentlich der Schöpfer der Bezeichnung »romanische Baukunst« ist.

Auf eine von L. Vitet ebenfalls im Jahre 1831 gegebene Anregung erfolgte sodann durch den Minister Guizot zunächst die Einsetzung einer Inspection der monumentalen Alterthümer, welche sich durch die Bemühungen Prosper Mérimée's, der dieses Amt vom Jahre 1831 an als Vitet's Nachfolger bekleidete, später zu einer Commission für die historischen Denkmäler erweiterte mit einer ausgebreiteten Organisation von Inspectoren und Correspondenten in allen Theilen Frankreichs. Viollet-le-Duc's nachmalige praktische Thätigkeit wie seine kunstwissenschaftliche Forschung stehen im engsten Zusammenhange mit der Wirksamkeit dieses Instituts; aber auch auf die Sinnesrichtung des jungen Mannes scheinen die eben angedeuteten Verhältnisse entscheidend eingewirkt zu haben, wie er denn schon im Hause seines Vaters mit Prosper Mérimée bekannt wurde, welcher als Schriftsteller der romantischen Richtung angehörte und deren Sieg durch sein 1825 herausgegebenes »Theater« wesentlich befördert hatte. Unter solchen Zeichen der Zeit konnte der junge Viollet-le-Duc mit aller Freudigkeit und Energie seiner besonderen Neigung folgen, die indessen keineswegs seine Studien beherrschte. Dem stand der Einfluss der Schule entgegen und konnte der allgemeinen Geschmacksbildung des angehenden Künstlers nur zu statten kommen, der sich doch erst auf dem erwählten Berufsgebiete zu orientiren und die ersten Proben der ihm verliehenen Fähigkeit abzulegen hatte. Es waren daher namentlich die Ferien, welche er seiner Vorliebe für die Kunst des Mittelalters widmete, indem er Frankreich nach allen Richtungen durchwanderte und viele damals unbeachtete Monumente zeichnete und vermass. Von dem Eifer und der Vielseitigkeit seiner Studien, wie von seinem künstlerischen Talente, das sich ebenso an architektonischen, wie an landschaftlichen Gegenständen und an figürlichen Compositionen versuchte, legte er bald genug öffentliches Zeugniss ab und errang damit seine ersten Erfolge. Zwanzig Jahre alt, stellte er im Salon zu Paris (1834) eine Reihe seiner Aquarellen und Reiseskizzen aus und ward mit der Medaille dritter Classe ausgezeichnet. Besondere Beachtung fanden hiebei seine Ansichten aus den Pyrenäen und von architektonischen Darstellungen die Façade eines Hauses aus dem 15., sowie ein Kamin aus dem 16. Jahrhundert. Im Salon von 1836 traten unter seinen Arbeiten namentlich die Façade des alten Rechnungshofes zu Paris, eine reizvolle Renaissance-Anlage, welche man dem Italiener Giov. Giocondo zuschreibt, und eine Darstellung des Banquetts der Damen im Theater der Tuilerien hervor. Entwürfe von Möbeln, Stoffmustern und Decorationen dienten ihm in jener Zeit zur Vermehrung seiner Mittel, um seine Wanderstudien ungehindert betreiben zu können. Gewiss trug diese Art des Selbststudiums durch architektonische Forschungsreisen, die er mit ungewöhnlicher Ausdauer verfolgte, beträchtlich zu seiner Entwickelung bei; die rasche Erfassung und prägnante Wiedergabe des Gesehenen, wie sie die Skizze erfordert, verschaffte seiner Hand bei so reichlicher Uebung jenen leichten und in schlichtester Darstellungsweise doch so klaren Stil der Zeichnung, welcher an den von ihm selbst auf den Holzstock übertragenen Illustrationen seiner späteren Werke so reizend anspricht. Dabei eignete er sich eine ausgedehnte Kenntniss der Monumente und ihrer Einzelformen an, welche ihn für seine spätere Thätigkeit wie für die Hauptaufgabe seines Lebens besonders befähigte, obwohl er diese zu jener Zeit noch nicht ins Auge gefasst haben konnte. Als Abschluss seiner akademischen Studien unternahm er im Jahre 1836 in Gesellschaft des Kupferstechers Caucheret eine Reise nach Italien und Sicilien; er blieb fast zwei Jahre dort, indem er namentlich die erhaltenen Werke römischer und griechischer Kunst studirte. Im Jahre 1837 kehrte er nach Paris zurück und stellte im Salon von 1838 und 1840 seine Reisestudien aus; darunter erregten Aufnahmen der Kathedrale zu Palermo, der Marcuskirche zu Venedig, Raphael'scher Decorationen aus den Loggien des Vatican in Rom, sodann Fragmente vom Forum des Trajan, eine Ansicht der

Stadt Taormina und ihres antiken Theaters, sowie eine restaurirte Ansicht des letzteren während einer scenischen Darstellung die allgemeine Aufmerksamkeit und trugen ihm eine Medaille zweiter Klasse ein. Die zuletzt erwähnte Studie vergleicht ein deutscher Berichterstatter jener Zeit wegen der trefflichen Ausführung und der Farbenfrische mit dem bekannten Bilde Rottmann's in den Arkaden des Münchener Hofgartens; es mag dies die erste Erwähnung gewesen sein, welche Viollet-le-Duc in Deutschland fand [1]).

Bis dahin hatten die Studien Viollet-le-Duc's seiner eigenen künstlerischen Ausbildung gegolten. Mochte er auch schon in der Zeit vor seiner italienischen Reise, namentlich in seinem freien, nur dem eigenen Antriebe entsprungenen Studium der Monumente sich von den Schöpfungen des Mittelalters lebhaft angezogen fühlen, so war dies doch kaum mehr, als die Aeusserung einer romantischen Stimmung, welcher das jugendliche Gemüth besonders zugänglich ist und welcher die geistige Bewegung jener Zeit die reichlichste Nahrung darbieten musste. Aber diese Stimmung scheint damals seinen Bestrebungen doch noch nicht die vorherrschende Richtung ertheilt zu haben, und die auch in späteren Schriften vielfach ausgesprochene Würdigung der antiken Kunst war der Anschauung des jungen Künstlers tief genug eingeprägt. um in ihm das Verlangen zu erwecken, dem Geiste des Alterthums gleichsam in's Antlitz zu schauen; diesem Verlangen hatte er denn auch einen länger währenden Aufenthalt in Italien und ein eingehenderes Studium gewidmet, als gar viele derer, welche der classicistischen Richtung ausschliesslich huldigen. Nach seiner Rückkehr von Italien aber ward er, seiner eigenen Aussage gemäss, noch lebhafter als früher von dem Anblick der mittelalterlichen kirchlichen Monumente seines Vaterlandes betroffen, von dem Geiste und der Kenntniss, welche ihre Ausführung leiteten, von der Einheitlichkeit, der Harmonie und Methode, welche in ihrer Construction wie in ihrer Erscheinung zu Tage traten. Es war nicht mehr jene mysteriöse Bewunderung, die sich selbst noch nicht klar war und dem Zweifel an ihrer Aechtheit und Zulässigkeit Raum gestattete; sein Urtheil, geschärft und geläutert durch die inzwischen erlangte ästhetische und technische Bildung, gewann an den Gegenständen selbst die Kriterien ihrer technischen und künstlerischen Bedeutung und konnte, wie sich bald darauf erwies, durch die Anmasslichkeit conventioneller Ansichten nicht mehr gestört werden. In welcher Weise und unter welchen praktischen Beziehungen er dieser reiferen Auffassung zunächst Ausdruck lieh, ist uns nicht bekannt, doch deutet seine bald darauf erfolgte Verwendung im öffentlichen Dienste darauf hin, welche er Prosper Mérimée zu verdanken hatte.

Letzterer hatte inzwischen die Einsetzung der Commission der historischen Denkmäler bewirkt, welche am 29. September 1837 erfolgte. Ihre erste Thätigkeit bestand in der Organisation ihrer Hilfskräfte und in der Aufstellung des Plans, nach welchem jene grossartige Arbeit vorzunehmen war, welcher Frankreich den vortrefflichen Stand der Conservation seiner Denkmäler und jenes

---

[1]) Förster's Bauzeitung, Wien 1840. S. 193.

ungeheure Material an Aufnahmen und historischen Untersuchungen verdankt,
welches in den Archiven der Commission niedergelegt ist und mit dessen
theilweiser Publication erst unter Napoleon III. auf Anordnung des Ministers
Fould um die Mitte der fünfziger Jahre begonnen wurde. Es ward die Herstellung einer monumentalen Karte Frankreichs in's Auge gefasst, dessen
37,200 Communen aufgesucht und in jeder Richtung erforscht werden sollten.
Da zu einem solchen Unternehmen eine grosse Anzahl von Mitarbeitern nöthig
war, welche mit dem Titel von Inspectoren und Correspondenten in allen
Departements gewonnen wurden, andererseits aber zu jener Zeit die systematische Behandlung der mittelalterlichen Denkmäler noch nicht auf übereiu-
stimmenden Grundsätzen beruhte, so wurde zugleich eine Reihe von Instructionen
ausgearbeitet, welche sich im Wesentlichen der Classifikation de Caumont's
bedienten, jedoch mit der Aenderung, dass man die Bezeichnung »romanisch«,
welche er für den ganzen Zeitraum vom 5. bis zum 13. Jahrhundert anwandte,
auf die Monumente des 11. und 12. Jahrhunderts beschränkte; so kam dieselbe zu allgemeiner Geltung und wurde seit jener Zeit auch in Deutschland
üblich.   Die Ausgabe dieser Instructionen fand in den Jahren 1839 und 1840
statt, und in letzterem Jahre wurde auf Veranlassung Mérimée's auch Viollet-
le-Duc mit Lassus und Anderen zur Theilnahme an denjenigen Arbeiten der
Commission berufen, welche sich auf den Zeitraum vom 11. bis zum 16. Jahrhundert bezogen.   Hiemit nun ward seiner ferneren Thätigkeit eine ganz
bestimmte Richtung angewiesen, und das Jahr 1840 muss daher als ein Wende-
punkt in seinem Leben betrachtet werden, um so mehr als seine hervorragendsten kunsthistorischen Publicationen kaum hätten zu Stande kommen
können und er auch nicht wohl den Impuls dazu würde gewonnen haben,
wenn sich ihm nicht der Wirkungskreis der Commission erschlossen hätte.
Er selbst erkannte dies im Jahre 1853 in der Vorrede seines Dictionnaire
raisonné de l'architecture française du XI⁰ au XVI⁰ siècle bereitwillig an: »Diese
Anregung ist es, der wir es verdanken, — — dass wir während langer Jahre
die Bauwerke, welche unsere Provinzen bedecken, studiren und die Elemente
dieses Buches sammeln konnten.«   Freilich drang er mit seinem lebhaften
Geiste und seinem scharfen Verstande über die Grenzen der ihm von der
Commission gestellten Aufgabe weit hinaus und gelangte zu einer eigenen
selbständigen Forschung, welche sein persönliches Verdienst und seinen haupt-
sächlichen Anspruch auf dauernden Nachruhm bildet.   Denn die ihm zuge-
wiesene Thätigkeit war zunächst eine rein praktische; er gehörte unter die Zahl
der Techniker, welchen die Restauration von Monumenten der romanischen
und gothischen Periode übertragen ward.   So wurde ihm im Jahre 1840 die
Wiederherstellung der Abteikirche St. Madeleine zu Vézelay anvertraut, welche
Arbeit wohl überhaupt sein erstes praktisches Debut bildete.   Um den Verfall
dieses mächtigen Bauwerks zu verhüten, war namentlich die Anbringung von
Strebebögen erforderlich, da die weiten romanischen Kreuzgewölbe des Mittelschiffes den Einsturz drohten.   Hiebei konnte Viollet-le-Duc in der gründlichsten
Weise den technischen Charakter dieses burgundischen Monuments erforschen,
und er ist der Erste, welcher die besondere Bedeutung desselben für die Ent-

wickelung des mittelalterlichen Gewölbebaues erkannte und späterhin in seinen
Schriften darlegte. Dass ihm auch die bemerkenswerthe künstlerische Seite
des Bauwerks ein tieferes Interesse einflösste, bezeugt der Umstand, dass man
an späteren selbständigen Bauten, Kirchen und Wohnhäusern, die er in Frankreich, Spanien, Algier, Corsika und der Schweiz ausführte, in dem Ernst der
Totalerscheinung und in der Mächtigkeit der Einzelformen einen Einfluss dieser
ersten Arbeit erkennen wollte und kritisirte. Zwölf Blätter in der Prachtpublication der Archives de la commission des monuments historiques widmete
er diesem Monument ausser mehrfachen Darstellungen an anderen Orten.

Ebenfalls im Jahre 1840 wurde ihm gemeinschaftlich mit Lassus, unter
der Oberleitung des Architekten Duban von der Commission, die Wiederherstellung der Ste. Chapelle zu Paris mit dem Titel eines Inspectors übertragen.
Diese reizende Schöpfung des genialen Pierre de Montereau wurde von Ludwig
dem Heiligen namentlich für die Aufbewahrung der Dornenkrone und einer
Partikel vom Kreuze Christi 1245 gegründet und ist eigentlich ein monumentaler
Reliquienschrein. Zeit und Menschenhand hatten den Bau vielfach beschädigt;
so hatte er beispielsweise während der Revolution den Dachreiter zum dritten
Male eingebüsst. Die Architekten stellten diesen in Form einer schlanken durchbrochenen Pyramide wieder her und erneuten namentlich die ungewöhnlich
reiche polychrome Pracht des Innern der Capelle, welche in der stiftungs-
mässigen Bedeutung des Baues vollständig begründet ist. Viollet-le-Duc blieb
neun Jahre bei dem Werke thätig, dessen Vollendung er seinem Genossen
Lassus überliess. Inzwischen waren ihm noch eine Reihe anderer Restaurationen
übertragen worden, welche wir hier nur erwähnen können: die Kirche St. Père
zu Montréale, das Stadthaus zu St. Antonin, das zu Narbonne, die Kirche zu
Poissy (s. 3 Blätter in den Archives), St. Nazaire zu Carcassonne (6 Blätter
in den Archives) und die Kirche zu Sémur.

Eine andere Aufgabe, welche Viollet-le-Duc um jene Zeit zufiel, diente
wesentlich zur Erhöhung seines Ansehens und stellte seinen Ruf als Restaurator
fest. Die Commission hatte die Kathedrale von Paris in's Auge gefasst, deren
Zustand in künstlerischer wie in baulicher Beziehung einer Restauration dringend
bedurfte. Aus der zu diesem Zwecke veranstalteten Concurrenz gingen im
Jahr 1842 wiederum Viollet-le-Duc und Lassus als Sieger hervor. Im Jahr 1845
wurde sodann in liberalster Weise die Subvention des Unternehmens durch
die Mittel des Staates beschlossen, so dass das Werk energisch in Angriff
genommen werden konnte. Das Gebäude hatte namentlich seit 1699 viel
gelitten; in der Absicht, es zu verschönern, hatte man es seiner Chorstühle
aus dem 14. Jahrhundert, der durchbrochen gearbeiteten Chorschranken, des
alten Hochaltars mit seinen kupfernen Säulen und seinen Reliquienschreinen,
der Grabmäler im Chor, des Lettners und der Glasmalereien an den Fenstern
des Schiffes, des Chors und der Capellen beraubt, während zahllose Verstüm-
melungen an den Einzelformen und an dem plastischen Schmucke vorgenommen
wurden. In barbarischer Weise entfernte 1771 der berühmte Architekt Soufflot
den Mittelpfeiler des Hauptportals an der Façade, der eine Statue Christi trug,
und liess das, eine plastische Darstellung des jüngsten Gerichts enthaltende

Tympanon dieses Portals an seinem unteren Theile bogenförmig aushauen, um
für die kirchlichen Processionen und die Ceremonien des Hofes bequemeren
Zugang zu gewinnen. Bekannt ist das Verfahren der Revolution gegen die
Heiligen- und Königsstatuen in den Arkaden und an den Portalen der Façade.
Aber auch bauliche Schäden wies die Kirche auf, und es war namentlich
Viollet-le-Duc's Sorge, die sämmtlichen Strebebögen des Chorhaupts zu erneuern.
Er errichtete den Dachreiter über der Vierung, dessen Abhandensein schon
Victor Hugo in seinem Roman Notre-Dame de Paris beklagt hatte. Die Wieder-
herstellung sämmtlicher Portale, die Entfernung störender Einbauten im Innern,
besonders aber die Neuaufführung einer Sacristei im Stile des 14. Jahrhunderts,
welche so vortrefflich concipirt ist, dass sie für einen Bestandtheil des ursprünglichen Baues gelten könnte, liessen seine gründliche Kenntniss der gothischen
Kunst und sein ganzes Talent zur Restauration mittelalterlicher Bauwerke
erkennen. Eigenthümlich erscheint es, dass die beiden mit der Restauration
betrauten Architekten in einem Berichte vom Jahre 1843 an den Minister der
Justiz und des Kultus sich aussprachen, dass das Bauwerk durch die Ausführung
der Pyramiden auf den beiden Thürmen nichts gewinnen würde, wie denn
auch leider davon Abstand genommen wurde. Später war Viollet-le-Duc der
entgegengesetzten Ansicht und erklärte in seinen Entretiens sur l'architecture
ihre Vollendung für ein ästhetisches Erforderniss, da die beiden Thürme nach
ihrer Masse und ihrer Gliederung nur als Unterbauten der Pyramiden erscheinen.

Die erfolgreiche Thätigkeit an der Kathedrale von Paris verschaffte
Viollet-le-Duc eine Reihe weiterer bedeutender Aufgaben. Im Jahre 1847 wurde
er zum Architekten von St. Denis ernannt, eine Stellung, an deren Verleihung
die Commission mit dem Capitel der Kirche von St. Denis betheiligt ist. Im
Jahre 1849 wurde ihm die Restauration der Mauer der Altstadt von Carcassonne übertragen, welche mit ihren 53 Thürmen und ihrem Schlosse ein
interessantes Beispiel mittelalterlicher Befestigungsanlagen darbietet. Diese
Arbeit lieferte seinen Untersuchungen über die Kriegsbaukunst des Mittelalters,
wie er sie später im Dictionnaire niederlegte, die hauptsächliche Grundlage und
den Stoff zu 27 Blättern in den Archives de la commission des mon. hist. —
Gleichzeitig war er an der Verschönerung der Kathedrale zu Amiens und an
der Restauration des Synodalsaales beim bischöflichen Palaste zu Sens thätig
(6 Blätter in den Archives).

Unterdessen hatte er auch seinen schriftstellerischen Ruf begründet, indem
er im Jahre 1846 mit einer Flugschrift auf die geringschätzigen Aeusserungen
Raoul-Rochette's über die gothische Baukunst antwortete und den Conventionalis-
mus und die Anmasslichkeit akademischer Ueberlieferung, wie auch die Einrichtung der Bauschule an der École des beaux arts auf's Entschiedenste angriff.
Die Schrift, deren Grundsätze er in späteren Aufsätzen (Revue générale de
l'architecture et des travaux publics, Jahrgang 1852) und an mehreren Stellen
seiner Entretiens wiederholte, erlangte eine gewisse Berühmtheit, die ihr verblieben ist; aber sie erwarb ihm auch heftige Gegner, welche ihm — mit
Unrecht, wie sich leicht aus seinen Schriften nachweisen lässt, — den Vorwurf
der Unkenntniss und Verachtung classischer Kunst machten und sich seinem

äusseren Wirken hemmend in den Weg stellten. Viollet-le-Duc war eben ein entschiedener Charakter, der eine einmal zur Ueberzeugung gewordene Anschauung unverhohlen zum Ausdruck brachte und sich dadurch freilich selbst, auch noch in seinen späteren Jahren, schmerzliche Erfahrungen bereitete.

Während dieser mannigfaltigen Wirksamkeit vollzog sich, ohne dass Viollet-le-Duc aus dem Kreise seiner Fachinteressen heraustrat, in Frankreich der politische Umschwung, welcher mit dem Staatsstreich vom 2. Dezember 1851 endete. Als Architekt der Kathedrale von Paris hatte er die grossartigen Decorationsarbeiten für das in dieser Kirche am 1. Januar 1852 abgehaltene TeDeum auszuführen, über welche er in der Revue générale de l'architecture (1852, p. 3 sq.) berichtet und welche ihn dem neuen Regime empfahlen. Während in dem Personalbestande der Commission vielfache Veränderungen, so namentlich das Ausscheiden ihres eigentlichen Begründers L. Vitet (1852) erfolgten, behielt Viollet-le-Duc seine Functionen bei und wurde im Jahre 1853 zum General-Bauinspector des Diöcesan-Dienstes für ganz Frankreich ernannt, wodurch ihm die Aufsicht über alle Kathedralen und bischöflichen Gebäude, sowie über eine grosse Anzahl von Pfarrkirchen zufiel. In dieser Eigenschaft leitete er neben einer Menge kleinerer Arbeiten die Restauration der Kathedralen zu Châlons sur Marne und zu Laon, die innere malerische Ausstattung der Kathedrale von Paris, und vollzog an dem Schlosse von Pierrefonds bei Compiegne eine Restaurationsarbeit, welche mehr ein Neubau zu nennen ist und ihm lebhafte Bewunderung erwarb.

Auf der Weltausstellung des Jahres 1855 zu Paris trat er mit einer Reihe von architektonischen Darstellungen auf, welche für sich eine ganze Ausstellung bildeten und den Umfang seiner praktischen Thätigkeit erkennen liessen; es seien hier nur erwähnt: Befestigungen von Carcassonne, 17 Zeichnungen; die Kirche St. Nazaire daselbst, 4 Zeichnungen; St. Sernin zu Toulouse, 5 Zeichnungen (7 Blätter in den Archives); Synodalsaal zu Sens, 4 Zeichnungen (6 Blätter in den Arch.); die Kirche zu Neuvy St. Sépulcre, 3 Zeichnungen (3 Blätter in den Arch.); die Jury erkannte ihm eine Medaille 1. Classe zu.

In dem Bisherigen haben wir Viollet-le-Duc bei der Gestaltung seiner äusseren Lebensumstände bis zu jenem Zeitpunkte begleitet, welcher sein praktisches Wirken und sein künstlerisches Ansehen auf voller Höhe erscheinen lässt. Sein frühzeitig zu Tage tretendes Talent hatte ihn vor eine Reihe bedeutender Aufgaben gestellt, deren tiefe Erfassung und glückliche Lösung allein hinreichen würde, ihm für alle Zeiten einen Ehrenplatz unter seinen Fachgenossen nicht nur in seinem Vaterlande zu sichern. Diese mit so vielfachen Ansprüchen an seine Kraft verbundene Wirksamkeit genügte indessen seinem intellectuellen Bedürfnisse und seinem Schaffenstriebe nicht, und er hatte sich für die stillen Stunden, welche er seinem geräuschvollen Berufe abzugewinnen vermochte, eine Aufgabe gestellt, höher, als sie ihm von einer Commission ertheilt werden konnte, deren Lösung aber, nur ermöglicht durch die reichen Hilfsmittel, welche ihm seine Stellung in der Commission der historischen Denkmäler verschaffte, als eines der schönsten Ergebnisse erscheint, zu welchen die Bestrebungen dieses Instituts den Grund legten. Um das

Jahr 1851 stand vor seiner inneren Anschauung ein Bild in den wesentlichen Zügen fertig da, welches nichts anderes darstellt, als die sicheren Umrisse eines kunstgeschichtlichen Entwickelungsprozesses, die Antwort auf eine Frage, welche seit dem Ende des vorigen Jahrhunderts der Zielpunkt einer vielfach und von hervorragenden Gelehrten in England, Deutschland und Frankreich unternommenen, doch nie erledigten Forschung war.

Den ersten Ausdruck lieh Viollet-le-Duc seiner Anschauung in einem längeren Aufsatze über »die Baukunst in Frankreich seit dem Untergange des römischen Kaiserreichs bis zum 16. Jahrhundert«, dessen Veröffentlichung im ersten Hefte der Revue générale de l'architecture vom Jahre 1852 begann und im ersten Hefte des folgenden Jahrgangs beendet ward. Für den Zeitraum vom 5. bis zum 11. Jahrhundert bringt er, nicht ohne Zugabe mancher eigenen treffenden Bemerkung, im Ganzen nur den Stoff bei, welchen er in den Schriften von de Caumont, Lénoir, Ramée, Batissier und Anderen vorfand; für die Epoche vom Ausgange des 10. bis zur Mitte des 12. Jahrhunderts gestaltet sich aber die Auffassung und Darlegung vollständig nach seinen eigenen Grundsätzen. Im Unterschied zu der Betrachtungsweise seiner Vorgänger auf dem Gebiete der baugeschichtlichen Erforschung des französischen Mittelalters legt er seiner Entwickelung als massgebende Gesichtspunkte die Gestaltung des Kirchengebäudes nach Grundriss und Aufbau, vor Allem aber die Ausbildung der Gewölbeformen zu Grunde, während jene ihre Classifikation vorwiegend auf die Unterschiede der plastischen Zierglieder und der Bogenformen basirten. Dass Viollet-le-Duc hiemit den organischen Process in der baugeschichtlichen Entwickelung ungleich tiefer erfasste, als jene, dass er in der That die treibenden Kräfte, welche den architektonischen Fortschritt bewirken, erkannt hatte, das wird für diejenigen keinem Zweifel unterliegen, welche der Ansicht sind, dass in der Baukunst der constructive Gedanke die Voraussetzung aller Stilbildung ist und dass in keinem anderen Stil die formale Erscheinung so unmittelbar durch die constructive Gestaltung bedingt ist, wie im gothischen Stil. Desshalb gelang es ihm auch, was allerdings nur auf dem Boden Frankreichs, nur an den französischen Monumenten möglich ist, den Nachweis zu liefern, der so lange vergeblich gesucht ward: in welchen Stufen sich jener Process vollzog, als dessen Ergebniss um die Mitte des 12. Jahrhunderts der gothische Stil in die Erscheinung trat.

Wohl hatten schon vor ihm englische Forscher, zuerst Whittington im Jahre 1809, und deutsche Forscher, vor Allen Franz Mertens 1840, das chronologische Verhältniss nachgewiesen, nach welchem Frankreich und besonders die Isle-de-France beträchtlich früher im Besitz der gothischen Bauidee erscheint, als England und Deutschland. Mertens hatte auch betont, dass bereits die ältere Baukunst Frankreichs durch die Anwendung des Strebepfeilers der Gothik näher stehe, als die deutsche, die ihn in der vorgothischen Zeit nicht kennt. Aber den ganzen Verlauf der Entwickelung, besonders an der Ausbildung der Gewölbestructur nachgewiesen zu haben, ist das Verdienst Viollet-le-Duc's. Hiezu befähigte ihn neben seiner architektonischen Einsicht und seinem bedeutenden natürlichen Scharfsinne namentlich die umfassende

Kenntniss der Monumente und der ganze ungeheure kunsthistorische Apparat, welchen ihm die Archive der Commission darboten, — eine Gunst der Lage, wie sie keinen fremden Forscher unterstützte.

Die Methode seiner Forschung, wie sie sich aus seinen angedeuteten Grundsätzen ergeben musste, erhellt aus einer jenem Aufsatze in der Revue beigegebenen baugeschichtlichen Karte Frankreichs für das 11. und 12. Jahrhundert. Auf derselben ist das ganze Gebiet in acht Provinzen eingetheilt, welche je einer besonderen Bauart entsprechen; die Unterscheidung findet mit Rücksicht auf die Wölbungsformen statt, und es ergibt sich, dass bereits im 11. und in der ersten Hälfte des 12. Jahrhunderts in den verschiedenen Theilen Frankreichs, namentlich in der Provence, der Auvergne und in Burgund, die Elemente, — freilich zerstreut unter verschiedene Bauschulen und noch in schwerer, unfreier Form, vorhanden waren, welche später in der gothischen Bauweise in leichtester Gestalt und in unmittelbarem Zusammenwirken erscheinen. So kennt die Provence schon im 11. Jahrhundert ausser dem dort noch älteren Strebepfeiler den Spitzbogen als Leitcurve tonnenartiger Wölbungen; die Auvergne bedient sich zur Abstützung des mittleren Tonnengewölbes auf beiden Seiten oberhalb der Seitenschiffe des Halbtonnengewölbes, woraus sich bald darauf der Strebebogen entwickelte; in Burgund wird zuerst das Kreuzgewölbe für die Bedeckung des Mittelschiffs angewandt (Vézelay um 1100) u. s. w. Um diese verschiedenen Formen der einzelnen provinziellen Bauschulen zu sammeln, sie organisch zu einem einzigen Constructionsgedanken zu verbinden, ist aber ein historisches Element erforderlich, dessen Wirksamkeit über die verschiedenen Territorien hin von dem bewussten Einheitsgedanken getragen wird und das bei seinen monumentalen Unternehmungen sowohl in der Lage ist, als auch den Willen hat, sich aller ihm erreichbaren Mittel zu bedienen, um ein Höchstes zu Stande zu bringen. Viollet-le-Duc suchte dieses historische Element in dem erwähnten Aufsatze auf der einen der beiden möglichen Seiten, nämlich in der staatlichen Entwickelung Frankreichs: »zu derselben Zeit, als die Einheit der Herrschergewalt sich im Mittelpunkt der königlichen Domäne (d. h. der Isle-de-France) ausbildete, schienen hier alle Kräfte und Hilfsmittel der Baukunst des Mittelalters sich zu vereinigen, um sich dann während des 13. Jahrhunderts über einen beträchtlichen Theil des westlichen Europa zu verbreiten.« Zutreffender erscheint es jedoch, wenn er bald darauf an einem anderen Orte dieses doch sehr zweifelhafte und für die Architekturgeschichte jener Zeit nicht sehr fruchtbare politische Einheitsmoment aufgibt und ihm ein anderes in einer kirchlichen Form, nämlich in den grossen klösterlichen Ordensgestaltungen jener Zeit, vorab dem Orden von Cluny, mit ihrer grossen Verbreitung, ihrer monumentalen Thätigkeit und ihren Beziehungen zur Weltgeistlichkeit und zum Laienthum, substituirt.

Indessen waren zu der Zeit, als der erwähnte Aufsatz entstand, die kunsthistorischen Anschauungen Viollet-le-Duc's und seine publicistische Absicht noch nicht zu voller Bestimmtheit gelangt, und jener Aufsatz blieb ein Fragment. Während seine Ueberschrift eine Darstellung der französischen Bau-

geschichte bis zum 16. Jahrhundert verspricht, bricht er bei der Betrachtung
der normännischen Kirchen aus der ersten Hälfte des 12. Jahrhunderts ab;
noch die dem letzten Capitel vorangesetzte Inhaltsangabe stellt die Erörterung
von Monumenten, wie der Abteikirche zu Vézelay, in Aussicht, welche dann
unterbleibt. Es sind dies Anzeichen, dass damals erst der Entschluss reifte,
den beabsichtigten Inhalt des Aufsatzes in jene Form zu bringen, in welcher
er in Viollet-le-Duc's bedeutendster Publication, dem eigentlichen Hauptwerke
seines Lebens vorliegt, dem Dictionnaire raisonné de l'architecture française
du XI° au XVI° siècle, dessen erster Band denn auch bald darauf, in den
ersten Monaten des Jahres 1854 erschien. Die Masse des ihm vorliegenden
Stoffes und das Gewicht, welches er auf eine reichhaltige Vorführung von
Einzelformen legte, führt er in der Vorrede als Gründe an, der Darstellung
die Form eines Dictionnaire zu verleihen. Freilich ist diese Form nur eine äusserliche, und Ernest Bosc urtheilt treffend, indem er das Buch »mehr eine nach
Vocabeln alphabetisch geordnete Architekturgeschichte des Mittelalters, als ein
wirkliches Dictionnaire« nennt. Hier nun ist auch allenthalben eine grössere
Klarheit wahrzunehmen, und die Artikel »arc-boutant« (Strebebogen), »Architektur«, »Construction«, »Kathedrale«, »Gewölbe« und andere sind gründliche
systematische Untersuchungen von grosser Selbständigkeit und überzeugender
Kraft des technischen Raisonnements; sie werden für immer die Grundlagen
nicht nur jeder Darstellung der Baugeschichte Frankreichs in dem behandelten
Zeitraume, sondern jeder Entwickelungsgeschichte der Gothik bilden.

Für Viollet-le-Duc's Standpunkt, welcher in so vielen und gerade den
wesentlichsten Beziehungen auf selbständiger Forschung und ganz neuen, seinen
Vorgängern fremden Gesichtspunkten beruht, so dass ein vorher kaum geahntes
Bild inneren Zusammenhanges in der Entwickelung der Baukunst vom 11. bis
zum 13. Jahrhundert entsteht, konnte natürlich die alte, mehr als zwei Jahr-
zehente früher begründete Classification keine Giltigkeit mehr haben. Unter
den 515 Artikeln des Dictionnaire hat er dem Terminus »romanisch« oder
»romanische Baukunst« k e i n e Stelle angewiesen [*]). Dass dies mit Bewusstsein geschah, bezeugen einige Bemerkungen, welche er schon im ersten Bande
gelegentlich anbrachte, so in dem Artikel »Architektur« (p. 139, Anm. 1):
»die Bezeichnung ,romanische Baukunst' ist sehr nichtssagend, wenn nicht
falsch«, wobei er auf die Kritik verweist, welche schon L. Vitet an diesem
Ausdrucke im Journal des savants (Januar 1853, p. 30, 31 und Mai p. 266 sq.)
geübt hatte, womit noch zu vergleichen ist, was er selbst in der Vorrede
(p. V, VI) ausführt.

Das Dictionnaire wurde erst im Jahre 1868 mit dem 9. Bande und einem
Registerband abgeschlossen. Schon im ersten Jahre seines Erscheinens musste
der im ersten Bande enthaltene Artikel »Militärbaukunst«, welcher mehr als
200 Seiten mit zahlreichen Illustrationen umfasst, in einem Separatabdruck
als »Essai sur l'architecture militaire du moyen âge« herausgegeben werden,

---

[*]) Auf den Artikel retable folgt unmittelbar rosace, rose u. s. w. s. Vol. VIII
1866 p. 37.

und die hier bewiesene Kenntniss dieser architektonischen Specialität verschaffte
Viollet-le-Duc das Vertrauen Napoleons III., dem er bei manchen seiner mili-
tärischen Studien und Spielereien Beistand leisten musste. Als Supplement
zu dem erwähnten Dictionnaire darf das vom Jahre 1855 an herausgegebene
Dictionnaire raisonné du mobilier français de l'époque carlovingienne à la
Renaissance betrachtet werden, dessen zweiter Band jedoch erst 1871, der
sechste und letzte 1875 herauskam. Es umfasst die kirchlichen und weltlichen
Geräthschaften, die Möbel im engeren Sinn, Costüme, vergleichende Zusammenstellungen innerer Einrichtungen in den verschiedenen Epochen u. s. w., deren
Form in so vielfacher Wechselbeziehung mit der architektonischen Stilentwicke-
lung steht; es ist mit ebenso vortrefflichen Holzschnitten, wie das erstere
Dictionnaire, aber auch mit Radirungen und Farbendrucken ausgestattet, welche
letztere Illustrationsweise für manche Artikel des Dictionnaire de l'architecture
ebenfalls zu wünschen wäre.

Neben diesen kunsthistorischen Forschungen, welche für sich eine
Lebensarbeit zu bilden vermöchten, bei Viollet-le-Duc jedoch nur ein Neben-
erträgniss seiner so umfassenden praktischen Thätigkeit darstellen, bewährte
er aber eine weitere publicistische Fruchtbarkeit, welche geradezu stupend erscheint. Es ist nur einer ungewöhnlichen Leichtigkeit der Feder, nur der
grössten Raschheit und Entschiedenheit der Auffassung möglich, neben einem
zeitraubenden praktischen Berufe eine derartige schriftstellerische Productivität
zu entfalten. Wir sehen hier ab von den zahlreichen Correspondenzen und
Aufsätzen, welche er der Tagespresse, wie dem Moniteur, dem XIXe siècle,
dem Journal des Debats u. s. w., sowie technischen Fachzeitschriften lieferte,
und müssen uns in dem Nächstfolgenden auch bezüglich einer ganzen Reihe
selbständiger oder in Gemeinschaft mit Anderen unternommener Publicationen
auf die blose Anführung beschränken.

In Gemeinschaft mit dem Archäologen F. de Guilhermy gab er im
Jahre 1856 die »Description de Notre-Dame de Paris« (in 8°) heraus, eine Zusammenfassung dessen, was de Guilhermy in seinem Itinéraire archéologique
de Paris (1855) und er selbst in dem Dictionnaire de l'arch. über dieses
Monument darbieten; später liess er unter Mitwirkung von Duradou eine
Prachtpublication über die Capellen von Notre-Dame (Paris, 1867—1868 in f°
mit Tafeln) folgen. Seiner Restaurationsarbeit am Schlosse zu Pierrefonds
widmete er die Description du château de Pierrefonds (Paris, 1857 in 8°).
Eine Reihe von Briefen über Sicilien, welche er zuerst im Moniteur veröffentlichte, wurden im Separatabdruck als »Lettres sur la Sicile« (Paris, 1860 in 8°)
herausgegeben; sie enthalten in feuilletonistischer Form manche Erinnerungen
von seiner früheren Reise und sind mit einer Reihe landschaftlicher Skizzen
in Holzschnitt ausgestattet. Im Jahre 1862 wurde er von Ferd. Denis und
Charnay zur Mitwirkung an ihrer Prachtpublication »Cités et ruines améri-
caines« (Paris, 1862 in 8° mit einem Atlas) zugezogen, und einen Beweis, wie
man sein publicistisches Talent, seine Art der systematischen Behandlung und
seine Illustrationsweise auch in weiter Ferne schätzte, erfuhr er durch das
Anerbieten der russischen Regierung, eine Darstellung der russischen Kunst

in systematischer Bearbeitung zu liefern. Es wurde ihm hiezu das reichste Material an Aufnahmen und Specialarbeiten übersandt und so entstand »L'art russe, ses origines, ses éléments constitutifs, son apogée, son avenir« (Paris, 1877 in 8°), worin allerdings der reflektirende Theil auf Kosten des positiven Inhalts überwiegt, während doch der mannigfaltige Inhalt, der Ideenreichthum und die trefflichen Illustrationen Interesse erwecken; wenn das Buch an Bedeutung hinter manchen seiner anderen Werke zurücksteht, so liegt dies auch am Gegenstande selbst.

Eine andere bedeutende Publication, das umfassende Bekenntniss seiner ästhetischen und kunsthistorischen Anschauung, verdankt ihren Ursprung seinem polemischen Verhältnisse zur École des beaux arts. Im Jahre 1846 hatte der ständige Secretär dieses Instituts, der bekannte Archäologe Raoul-Rochette, in einem vor der Akademie gelesenen und dann dem Minister des Innern überreichten Vortrage: »Betrachtungen über die Frage, ob es im 19. Jahrhundert statthaft sei, Kirchen im gothischen Styl zu bauen«, — der Gothik jedes Kunstprincip abgesprochen, und es wurde schon erwähnt, wie dies Viollet-le-Duc Anlass gab, zum ersten Male mit der Feder öffentlich hervorzutreten. So allgemein aber auch der Wiederhall war, welchen seine Entgegnung erweckte, so konnte — und das war sein eigentliches Ziel — damals doch eine Aenderung in dem Programm der Bauschule an der École des beaux arts nicht erwartet werden, deren Leiter, J. Blouet, wie der ständige Sekretär, einem exclusiven Classicismus huldigte. Im Dezember 1848 entwarf sodann eine Commission von praktischen Architekten, H. Labrouste, M. Gourlier und A. Lance an der Spitze, im Auftrage der société centrale des architectes ein Ergänzungsprogramm zu dem hergebrachten Studienplan der Akademie, welcher unglaubliche Lücken aufwies, wie er denn damals eine Architekturgeschichte noch nicht kannte. Allein die bewegte Zeit begünstigte diese Bestrebungen nicht, und so erhob Viollet-le-Duc erst nach der Begründung des neuen politischen Regimes wiederum seine Stimme in der Revue de l'architecture (1852), indem er eine Erweiterung des Unterrichts im Sinne vermehrter Pflege des realistischen Wissens und einer Ausdehnung der stilistischen Studien über die Grenzen des herrschenden Classicismus verlangte. »Gründen wir, wenn es noth thut, eine praktische Schule neben dieser École des beaux arts, aus welcher weder die Privaten noch die Regierung selbst ihre Praktiker erhalten können. Versuchen wir es, auf uns selbst zu zählen und uns zu unterstützen.« Der Appell an die Regierung fand freilich erst viel später das verdiente Gehör; inzwischen aber ward Viollet-le-Duc die lebhafte Zustimmung gleichgesinnter Fachgenossen, wie A. Lance (Revue de l'arch., 1853 p. 34), zutheil. Es ist natürlich, dass man zur Ausführung des Projects einer Privat-Architekturschule zunächst seinen Urheber selbst als die geeignetste Kraft erkannte, wie es auch erklärlich ist, dass man trotz allen Eifers für die Sache doch ihm, als ihrem entschiedensten Vertreter, auch gerne die Last der Veranstaltung überliess. So ging er an's Werk und bereitete das Material für den Unterricht vor, während man ihm von allen Seiten die erforderlichen Localitäten und Schüler ohne Zahl in Aussicht stellte. Unterdessen ruhten aber auch seine Gegner nicht und beeilten sich, indem sie sich auf das im Erscheinen begriffene Dictionnaire de l'arch. warfen, ihn als einen einseitigen Gothiker zu bezeichnen, der kein Recht habe, über die engen Grenzen seiner Specialität herauszutreten. Und so gross auch sein Ansehen war, so verfügten doch auch seine Widersacher von der École des beaux arts und der kaiserlichen Bibliothek über eine hinreichende Autorität, um sein Werk zu hemmen. Als er nun mit seinen Vorbereitungen zu Ende war und von den Anerbietungen der nothwendigen Räumlichkeiten Gebrauch machen wollte, stiess er überall auf Ausflüchte. Durch diese äusseren Schwierigkeiten bald verdrossen, gab er seinen Plan auf und beschloss, in einem Auszuge aus seinen beabsichtigten Vorträgen die Quintessenz seiner ästhetischen Anschauung öffentlich darzulegen, in der Hoffnung, so am wirksamsten den gegen ihn gerichteten Angriffen zu begegnen. Dies ist der Ursprung seiner Entretiens sur l'architecture (Paris, Vol. I. 1863; Vol. II. 1872 in 8° nebst Atlas). Sie umfassen seine Ansichten über das Wesen und die Geschichte der Baukunst vom Alterthum bis zur neueren Zeit, sowie Andeutungen über ihre ferneren Ziele. In den vielen Textillustrationen und Tafeln tritt wiederum die schon in der Jugend bewährte Vielseitigkeit seiner Fachbildung hervor, und nach dem Erscheinen des ersten Bandes konnte jedenfalls der Vorwurf, dass seine Anschauung in specialistischer Beschränktheit befangen sei und dass ihm die Würdigung der Antike abgehe, nicht mehr bestehen. Er erhielt auch die Genugthuung, dass in demselben Jahre (1863) die École des beaux arts zum Theil nach den von ihm aufgestellten Grundsätzen durch den Marschall Vaillant reorganisirt wurde, wobei ihm der Lehrstuhl für Kunstgeschichte und Aesthetik zutheil ward. Doch verliess er denselben schon im folgenden Jahre wieder, da seine Gegner an der Anstalt immer noch stark genug waren, ihm die Ausübung der Lehrthätigkeit sogar durch Einfluss auf die Haltung der Schüler während des Vortrags zu erschweren. Dagegen gelang bald darauf die Gründung einer Privatbauschule in seinem Sinne, der École centrale d'architecture, wo ihm ein freieres Wirken möglich wurde und ihn die Dankbarkeit und Anhänglichkeit seiner Schüler belohnte, welche sich auch mit Eifer der Vertretung der von ihm aufgestellten Grundsätze, namentlich in der Encyclopédie d'architecture, annahmen. Diese erfreulichere Lehrthätigkeit, die Förderung einiger Publicationen, besonders der Abschluss des Dictionnaire de l'arch., und seine vielfachen amtlichen Functionen erfüllten die Zeit bis zum Sturze des Kaiserreichs.

An der Vertheidigung von Paris betheiligte er sich durch Bildung einer Hilfstruppe, die aus Bautechnikern und Bauarbeitern bestand, worüber er in seinem Mémoire sur la défense de Paris (1871) berichtet, das auch interessante Bemerkungen über die Belagerungsarbeiten der deutschen Armée enthält. Die nächsten Jahre nach dem Kriege widmete er vorzugsweise der Herausgabe des Dictionnaire du mobilier, von dem nun Jahr um Jahr ein Band erschien, bis es mit dem sechsten (1875) abgeschlossen war; in dem 1872 erschienenen zweiten Bande der Entretiens macht sich an einigen Stellen seine patriotische Verstimmung gegen Deutschland geltend, was zwar seinem ästhetischen Urtheile kaum förderlich sein konnte, ihm aber doch menschlich zu gute gehalten werden darf. Unterdessen führte er auch einige bedeutendere Bauten aus, restaurirte das Schloss d'Eu für den Grafen von Paris und erbaute die protestantische Kirche zu Lausanne. Diesen letzteren Ort wählte er seitdem zu seinem Lieblingsaufenthalt, wohl nicht ohne dass ihn in dieser Neigung die Erfahrungen bestärkten, welche ihm in seinem Vaterlande deshalb vorbehalten waren, weil er glaubte, ausser einem grossen Künstler und hervorragenden Forscher auch ein Mann sein zu dürfen. Während er unter Louis Philippe wie unter Napoleon III. aus dem Kreise seiner Fachinteressen wie seiner kunsthistorischen Forschung nie herausgetreten war und sich der Politik ferngehalten hatte, obwohl fast jede Seite seiner Schriften den eifrigen Patrioten verkündet, so wandte er sich nach dem Kriege den politischen Interessen mit Lebhaftigkeit zu und bekannte sich offen zur Republik, die er nun für die einzige in Frankreich noch mögliche Staatsform erklärte. Unhaltbar ward jedoch seine Stellung in manchen der ihm übertragenen Functionen, als er sich zu Anfang des Jahres 1874 in einem offenen Sendschreiben als Freidenker in religiöser Beziehung erklärte. Die Geistlichkeit, mit welcher ihn seine verschiedenen Obliegenheiten in so häufige Berührung brachten, richtete nun die heftigsten Angriffe gegen ihn, und es war eine unausbleibliche Folge, dass seine Aemter, soweit sie dem Einflusse der Geistlichkeit unterstellt oder den Zufälligkeiten eines schwankenden politischen Regimes preisgegeben waren, ihm nach und nach entzogen wurden. Nachdem er im Juni 1874 seine Entlassung als Generalbauinspector des Diöcesandienstes genommen hatte, wurde er im Juli desselben Jahres durch Verordnung des dem Ministerium Cissey angehörenden Unterrichtsministers de Cumont auch seiner Functionen als Architekt der Kathedralen zu Amiens, zu Clermont, zu Reims und zu Paris enthoben. Nur das Amt eines Architekten von St. Denis, welches der Commission der historischen Denkmäler unterstellt ist, verblieb ihm. Freilich konnte man ihn, der nun unbequem geworden war, leicht entbehren, denn er hatte seine Schuldigkeit gethan; er hat seinen geschmeidigeren Nachfolgern wenig Arbeit übrig gelassen, und die bedeutendsten Monumente Frankreichs werden den Stempel seines Genius noch lange tragen und bewahren, unberührt von der Fehde der Tagesgewalten.

So ward ihm eine unfreiwillige Musse zutheil, zu früh für seinen Schaffensdrang und seine rüstige Kraft, welche er indessen immer noch reichlich zu bethätigen wusste. Wie bei ihm nichts, selbst der Genuss nicht ohne geistige Frucht bleiben zu können schien, so diente ihm die nun öfter gepflegte Vorliebe für die Reize der Alpenwelt zum künstlerischen und wissenschaftlichen Studium dieser grossartigen Natur. In seinen Mappen fanden sich manche Aquarellen und Gouachemalereien von grosser Sorgfalt und Naturwahrheit der Darstellung, welche auf seinen Alpenfahrten entstanden und zumeist Ansichten vom Montblanc darbieten. Diesem Riesen unter den Bergen der Schweiz ist auch seine geologische und geodätische Studie Le massif du Montblanc (Paris 1876) gewidmet. Daneben gedieh vom Jahre 1873 bis 1878 eine Reihe von Schriften, welche bestimmt sind, die Kunstwelt, welcher seine praktische Thätigkeit und seine Forschung vorzugsweise zugewandt war, dem populären Verständnisse zu erschliessen. In leichter gefälliger Darstellungsweise führt er in Einzelbildern die Geschichte eines Hauses, die einer Festung, der menschlichen Wohnung, eines Stadthauses, einer Kathedrale vor, den Wechsel der künstlerischen Form und der architektonischen Idee durch reizende Illustrationen zur Anschauung bringend. Die Verbreitung dieser Schriften, von denen die erste bereits in siebenter Auflage erschien, beweist, dass er den Ton zu treffen wusste, um auf weite Kreise zu wirken. In diese Zeit fällt auch die Bearbeitung des Werks über die russische Kunst. Sein letztes bemerkenswerthes Hervortreten auf dem praktischen Boden seines Faches knüpft sich an die Weltausstellung des Jahres 1878. In der Stellung eines Municipalraths des Bezirks Mont-Martre, eine Frucht seines politischen Auftretens, betheiligte er sich an dem Entwurfe des Programms für die Ausstellung, wirkte auch an der Herstellung der Baupläne und an deren Ausführung mit und ward mit einer Medaille erster Klasse belohnt.

Es ist klar, dass ein Wirken, wie das in Vorstehendem angedeutete, fast unerhört in seiner Ausdehnung und nach der praktischen wie nach der literarischen Seite hin je eine ganze Lebensarbeit auszufüllen geeignet, nur auf der grössten Klarheit der Anschauung und Entschiedenheit des Charakters beruhen kann, — Eigenschaften, welche sich ebenso in Viollet-le-Duc's Schreibweise, wie in den Zügen der uns von ihm überlieferten Bildnisse aussprechen (s. den Stich im 9. Band des Dict. de l'arch. und den Holzschnitt an der Spitze der Nr. 1909 der »Illustration, journal universel«, Jahrg. 1879). Die ihm nachgerühmte völlige Vertrautheit mit seinem Fache von den niedrigsten Handwerksfunctionen an, wie seine hohe künstlerische Befähigung und Ausbildung bewirkten die rasche und sichere Erledigung seiner praktischen Thätigkeit; seinem litterarischen Schaffen kam die Gunst seiner Stellung, eine nicht zu ermüdende Thatkraft, eine von seinen Freunden bewunderte Zuverlässigkeit des Gedächtnisses und das vielleicht ererbte, jedenfalls schon durch den Einfluss des Vaterhauses und seiner Berührungen geförderte schriftstellerische Talent zu statten.

Nach seinem Tode gab der Unterstaatssecretär der schönen Künste, Turquet, Ordre, die in den verschiedenen Bauämtern, Bauhütten und an anderen Orten zerstreuten Zeichnungen von seiner Hand zu sammeln, um sie zu einer Ausstellung zu vereinigen. Am 18. April d. J. wurde diese in Anwesenheit des Herrn Turquet und einer grossen Anzahl von Künstlern und Verehrern des Geschiedenen im Musée de Cluny feierlich eröffnet und bleibt bis zum 28. Juni täglich zugänglich. Sie umfasst in neun Abtheilungen mit 686 Nummern seine Studien und Arbeiten von der italienischen Reise an; vor diesem Bilde seiner universellen Begabung mag wohl manches eifernde Gemüth, das sich im Leben gegen ihn wandte, die Waffe senken und den Zoll der Anerkennung seiner Künstlergrösse entrichten. Wir aber wollen an dieser Stelle seiner Feder und seinem Forschergeiste danken für Werke, welche, wie das Dictionnaire de l'architecture vor allen, zu den grundlegenden Thaten der kunstgeschichtlichen Erkenntniss gehören. *Dr. H. Graf.*

Berichte und Mittheilungen aus Sammlungen und Museen, über staatliche Kunstpflege und Restaurationen, neue Funde.

Wien. **Vermehrung der Sammlungen des Oesterr. Museums in den Jahren 1877—1879.**

In der Abtheilung der Textilkunst erhielt die S p i t z e n s a m m l u n g erheblichen Zuwachs an Klöppel-, Nadel- und Maschinenarbeiten früherer und neuerer Zeit aus Spanien, Frankreich, Schweden, den Niederlanden, Deutschland, Idria, Slavonien, Bosnien, Brasilien, besonders werthvoll ein spanisches Spitzentuch in bunter Seide und Gold ausgeführt aus dem XVI. Jahrhundert; S t i c k e r e i e n und zwar italienische und deutsche aus dem XVI. und XVII. Jahrh., französische aus dem XVIII. und Beginn des XIX., spanische, altchinesische, moderne Arbeiten aus Macedonien, Bosnien, Rumelien, Syrien, Mosul, Bochara, Ost-Indien etc., interessante Klosterarbeiten, ferner Passementerien deutscher und italienischer Provenienz aus der Zeit vom XVI.—XVIII. Jahrh., eine Anzahl Gobelins aus niederländischen Fabriken des XVI. Jahrh., italienische, spanische, chinesische Stoffe, sowie moderne batikte Stoffe mit Musterblättern ergänzten in erfreulicher Weise den reichen Besitz des Museums in diesem für Oesterreich besonders wichtigen Zweige.

Die Sammlung der B u c h e i n b ä n d e und L e d e r a r b e i t e n wurde durch etwa 60 deutsche, italienische und französische Einbände aus dem XVI. bis XVIII. Jahrh., türkische Buchdeckel, einen spanischen Sattel aus dem XVIII. Jahrh., Copien alter Lederarbeiten u. a. m. vermehrt.

An älteren G l ä s e r n wurden vornehmlich böhmische und venezianische erworben; dazu kamen Ankäufe und Schenkungen von modernen Arbeiten verschiedener Länder bei Gelegenheit der pariser Ausstellung von 1878.

In der Abtheilung der Keramik erfuhr die Sammlung a n t i k e r V a s e n neuerlich eine Bereicherung um hundert Gefässe meist athenischen Ursprungs, dazu kommen noch 4 griechische und 3 ägyptische Figuren; die weit lückenhaftere Sammlung i t a l i e n i s c h e r M a j o l i k e n konnte wenigstens um 10 Gefässe und Fliesen und mehrere Robbia-Medaillons vermehrt werden; die beträchtliche Zahl o r i e n t a l i s c h e r F l i e s e n wurde abermals erhöht durch persische Arbeiten, darunter ein mit Wachsfarben gemaltes Stück; ferner wurden auf Ausstellungen charakteristische moderne Fabrikate aus allen Ländern erworben. Die P o r z e l l a n s a m m l u n g erhielt an ihr bisher fehlenden Marken Capo di monte und St. Petersburg, ferner verschiedene Stücke Altwien, Meissen, Engelhartszell und moderne Erzeugnisse der bedeutendsten Fabriken.

Die Sammlung von S c h m u c k g e g e n s t ä n d e n wurde vermehrt durch ältere Volksarbeiten aus Siebenbürgen, Oberösterreich, Baiern, Holstein, Italien, Dalmatien, Russland, Serbien, Persien, Ostindien etc.; ferner durch antike (theils Originale, theils Nachbildungen), ostgothische, durch Arbeiten nach Entwürfen Holbeins und andere moderne Erzeugnisse. Von weiteren Erwerbungen aus dem Fache der Goldschmiedekunst sind mehrere Pocale aus dem XV. und XVI. Jahrh., eine Christusstatuette, XVI. Jahrh., verschiedene Speisegeräthschaften, Buchbeschläge u. a. m. zu erwähnen. Die Emailtechnik in ihren mannigfachen Arten ist repräsentirt durch eine limusiner Platte aus dem XVI. Jahrh., eine Schale, wahrscheinlich südrussischer Provenienz, zahlreiche japanische, französische und österreichische Arbeiten der Gegenwart.

Von den mancherlei Gefässen, Geräthen und figürlichen Arbeiten in Bronze und verwandten Metallen mögen namhaft gemacht werden zwei albanesische Pulverflaschen, eine altserbische Zinnlampe, eine Uhr aus dem XVII. Jahrh., eine Sonnenuhr, Statuette des Täufers, Statuette Alba's und weiblicher Kopf aus dem XVI. Jahrh., Bleifigur von Raph. Donner, viele moderne Arbeiten; — von galvanoplastischen Nachbildungen die Sacristeithür von S. Marco zu Venedig, die Deckel des Codex aureus in Trier, Wangenstück eines römischen Helmes etc. Dazu kommen in Eisen geschnittene Stücke, wie 30 japanische Stichblätter, ein Rahmen, Essbesteck, Schlösser, Beschläge etc., ferner verschiedene Gitterarbeiten der Renaissance, des Barock und der Gegenwart, Candelaber, Thürklopfer u. a.

Unter den Holzarbeiten verdienen mehrere Möbel der französischen Renaissance (Stil Henri II. und Louis XIII.) und Copien solcher, eine Chorstuhlfüllung von Ant. Barili mit dessen Selbstporträt 1502 genannt zu werden.

An plastischen Arbeiten in Stein etc. wurden erworben u. a. mehrere antike Marmor- und Stuckfragmente, ein Marmorrelief: Madonna mit dem Täufer und S. Augustin, oberitalienisch, XV. Jahrh. Ende, ein Marmorrelief: Maria mit dem Kinde, Schule des Giovanni da Pisa, ein Florentiner Stuccorelief: Maria mit dem Kinde, 1460—1470, Wachsbossirung des Narciss nach dem Bronzeoriginal in Neapel, Relief in Kehlheimerstein, XVII. Jahrh. Anfang.

Gypsabgüsse: griechisches Grabrelief, Apotheose des Augustus und römischer Adler im Antiken-Cabinet zu Wien, Kopf eines römischen Kriegers und eines Barbaren, Büste des Deboutins de Rochefort (von Tassara in Florenz), betende Maria im Landauer Kloster zu Nürnberg, XV. Jahrh., Jamitzers Grabplatte, Nymphenrelief Millosich, archaische Figur und Jupiter mit der Aegis, Bronzestatuetten der Sammlung Trau, der Hermes von Olympia und die Büste desselben, Grabplatte und sechs Harnischstücke aus Breda, bronzene Thürfüllung im Quirinal, türkische Silberarbeiten aus dem Nachlasse des Markgrafen Ludwig von Baden (Geschenk der grossh. Kunstgewerbeschule in Karlsruhe), aus der Glyptothek in München: Alexanderkopf, Kopf eines Athleten und Statue eines Athleten, romanische Details aus Gelnhausen, Wachskopf in Lille, angeblich Raffael (Geschenk des Fräulein M. v. Miller), drei Frauenbüsten: Beatrice von Aragonien, dieselbe (?) und Beatrice von Este (Geschenke des Herrn Courajod, Conservateur am Louvre), verschiedene kunstgewerbliche Stücke.

Die Bibliothek wuchs in den drei Jahren um 1129 Nummern an und zählte Ende 1879 deren 6384; die hervorragendsten neu erworbenen Werke sind: Dürers »Befestigung der stett« 1527, ein pariser Vitruv von 1547, ein livre d'heures von Thielmann Kerver 1519, Neudörffers Manuscript: »Gründlicher Bericht der alten lateinischen Buchstaben«, eine vollständige Collection von Piranesi's Werken (Geschenk des Herrn Baurath Wasserburger), Goya's Werke (Geschenk Sr. k. Hoh. Erzh. Rainer), die Monographie über das Schloss Laxenburg und die Publication der Wappen des Oesterreichischen Herrscherhauses (Geschenke des k. k. Oberstkämmereramtes), das Schloss Stern (Geschenk der k. k. Staatsdruckerei), das Schloss Brühl, Kekulé's Tanagrafiguren, Letarouilly, le Vatican, le Trésor artistique de France, Histoire général de la tapisserie, Giraud's Expos. retrospect. de Lyon, Fröhner, la verrerie antique, die russischen Kunstdenkmäler in sechs Serien, Tozzi's »Ghirlanda« 1604 und Ongania's Reproductionen von Musterbüchern, alte venezianer Drucke, die Zeitschrift »l'Art« und von »l'Art pour tous« ein zweites Exemplar zur Eintheilung der Blätter nach den Gegenständen.

Die Kunstblättersammlung kam auf 3677 Nummern. Unter den neu hinzugekommenen befinden sich Meister Thomas von Ypern, Israel van Meckenen, Eysler, Proger, Zan, Flynt, Goltzius, Jean de Gourmons, Goltzius, Earlom, Vliet, T. Zuccheri, Solis, Nic. da Modena, Lancret, Pesne, die Beham, Schäufelein, Aldegrever, Altdorfer, Bemmel, Decker, Crispin de Passe, Pencz, Zoan Andrea, Th. de Bry, Steffano della Bella, Morghen, Sylvius u. A., zahlreiche Buchzeichen. Eine vorzügliche Gelegenheit zur Ergänzung dieser Sammlung gewährte die Versteigerung des Nachlasses des Grafen Enzenberg im Jahre 1879 und das Museum wurde durch das k. k. Unterrichtsministerium in die Lage versetzt, dieselbe in grösserem Umfange benutzen zu können, als unter den gewöhnlichen Verhältnissen möglich gewesen sein würde. *B. B.*

Rom. **Museo artistico-industriale.**

Seit Kurzem hat das vielgewanderte Museum für Kunstindustrie die Räume eines ehemaligen Nonnenklosters in S. Giuseppe a capo le case bezogen. Aber auch diesmal nur zu vorübergehendem Aufenthalt. Mit Zeit und Gelegenheit sollen das Gebäude erweitert und die höchst dürftigen Localitäten durch entsprechendere ersetzt werden. Die Schule, die übrigens nur aus drei Abtheilungen, für Plastik, Schmelzarbeiten und Zeichnen besteht, kann wohl kaum vor Ende des Jahres eröffnet werden und entzieht sich vor der Hand noch einer Besprechung. Aber die Sammlungen erlauben doch, so provisorisch auch deren Anordnung sein mag, einen Schluss auf die Art wie die leitenden Kräfte (eine Commission von 7 Mitgliedern) Ziel und Mittel auffassen. Der grösste Theil nun der ausgestellten Objekte stammt aus dem, ehemals im Collegio romano untergebrachten, Museo del medio evo e del rinascimento. Was aber dort am Platz war und diesen Platz sogar trefflich ausfüllte, ist desswegen allein noch nicht berechtigt, auch hier wahllos eingereiht zu werden. Für eine kunstindustrielle Sammlung ist in erster Linie der Gesichtspunkt des ästhetischen Werthes und der technischen Vollendung massgebend, in letzter, wenn überhaupt, der des kunsthistorischen Interesses. Die Art der Entstehung, die Schwierigkeit des Erwerbes ist doch wohl kaum eine Entschuldigung bei einem Institut, das eine ganz bestimmte Tendenz verfolgt und darauf hin geprüft sein will. Das Beste und Zweckentsprechendste stammt beinahe durchweg aus Privatbesitz.

Es sei in Folgendem mit wenig Worten der gegenwärtige Stand der Ausstellung angedeutet. Der Corridor zu ebner Erde, der einen kleinen Hof auf zwei Seiten begrenzt, enthält nebst einer Anzahl von Gypsabgüssen nach antiken und Renaissancesculpturen mehrere, leider sehr beschädigte Majolicamedaillons (mit den Wappen der Ruccellai und Andern) und eine Reihe von Balustradenpfeilern, Reste einer aufgehobenen Kirche, die sehr reizvoll behandeltes Quattrocentoornament zeigen. Der Kern der Sammlung befindet sich im ersten Stock. Durch eine kleine Vorhalle mit etruskischen Terracotten gelangt man in den Saal für Keramik. Das Wesentlichste sind hier einige antike Vasen, Majoliken, Produkte der Porzellanindustrie, darunter zwei zart decorirte Tellerchen von Buon retiro und vor Allem eine bedeutende Collection ausgezeichnet schöner spanisch-maurischer Schüsseln aus dem Besitz des Grafen Maffei di Boglio. Daran anschliessend das Zimmer für Intarsia und Intaglio, in dem in lustigem Durcheinander ein paar buntbemalte Kästchen für Hochzeitsgaben, Truhen mit Reliefs aus vergoldeter Pasta, Thürfragmente mit gothischem Maasswerk und Intarsiaumrahmung, zwei anmuthige Madonnenreliefs, ein schlafender Christusknabe, angeblich von Bernini, Kästen (stipi) und Stühle zweifelhaften Werthes, mehrere Holzstatuen, darunter eine beinahe lebensgrosse thronende Madonna, eine schwache Arbeit vom Beginn der Cinque cento (auf dem Zettel dem 14. Jahrhundert zugeschrieben), endlich ein merkwürdiger Tabernakel mit der sehr rohen Reliefdarstellung des Praesepe, aus Pasta, roth und grün bemalt und goldgemustert, süditalienischen Ursprungs und ebenfalls als Werk des 14. Jahrhunderts bezeichnet. Das folgende Gemach enthält Gypsabgüsse verschiedenartigen Kirchengeräthes, das Zimmer für Metallurgie nebst alten Waffen, mehreren byzantinischen und romanischen Vortragskreuzen, einigen orientalischen und den landläufigsten italienischen Bronzen, einen trefflich erhaltenen gravirten Metallspiegel mit der Wölfin und den Zwillingen, ein Geschenk Castellani's an das Municipium. Im letzten Raum endlich, der für Glassachen und Email bestimmt ist, finden sich einige alte Muraneser Arbeiten, Kästchen mit aufgeheftetem Pflanzenornament aus farbigen Glasplättchen und ein Schrank mit modernen venezianischen Gläsern und mehrere miniaturausgeschmückte Missale. Der zweite Stock, in dem ein paar Zimmer für Ausstellung moderner Produkte vorbereitet werden, weist bis jetzt nur einen der Textilindustrie reservirten Corridor auf; Teppiche, Portieren, reichgemusterte Sammtstoffe, Brokate, Messgewänder in schönen Exemplaren, wenn auch nicht alles in bester Anordnung, bilden wohl den brauchbarsten Theil dieser Sammlung, die dem Antiquitätenliebhaber mancherlei Merkwürdiges, einiges Interessante dem Forscher bietet, aber nur sehr Spärliches, das werth wäre neu belebt oder belebend im modernen Kunsthandwerk, worauf es doch vorerst abgesehen sein sollte, weiter zu wirken. *v. T.*

Litteraturbericht.

Ernest Bose, Dictionnaire raisonné d'architecture et des sciences et arts qui s'y rattachent. Paris, chez Firmin-Didot et Cie. Livr. 14. 15. tom. III. 1879. p. 337—575. — Livr. 16. 17. tom. IV. 1880. p. 1—224.

Von dieser umfassend angelegten encyklopädischen Darstellung der Baukunst nach ihrer praktischen, ästhetischen und historischen Seite gelangten von September bis gegen Schluss des vorigen Jahres die oben bezeichneten Lieferungen zur Ausgabe. Wie überhaupt in diesem Buche, gemäss der auf das allgemeine Bedürfniss und Verständniss gerichteten Absicht des Verfassers, den künstlerischen und kunstgeschichtlichen Bezügen ein ausgedehnter Rahmen gewährt ist, so bieten auch die vorliegenden neuen Lieferungen in dieser Hinsicht einen reichen und durch die Behandlung, wie die zahlreichen Darstellungen in Holzschnitt und Farbendruck anziehenden Inhalt. Von kunstgeschichtlichen Gruppen werden die Persische, Persepolitanische Baukunst, die Peruvianische, Phönicische und Pompejanische Kunst, die Portugiesische, Renaissance-, Römische und Romanische Baukunst erörtert. Die wichtige Gebäudegattung »Palast« wird in einer einleitenden historischen Uebersicht (tom. III. p. 360 bis 363) und einer ausführlicheren Besprechung der hervorragenden französischen Palastbauten zu Paris, Versailles und Fontainebleau (p. 363—380) behandelt. Von den Bauformen und architektonischen Kunstmitteln kommen mehrere wichtige Gegenstände zur zusammenfassenden Darlegung; so die Säulenordnungen (ordres d'architecture), Ornament und Ornamentik, Polychromie, Skulptur u. s. w. Ein reiches, dieselben Gegenstände nach ihren Einzelheiten betreffendes Material ist in vielen anderen Artikeln des Dictionnaire zerstreut und gewährt in seiner Gesammtheit vielseitige Auskunft und reichliche Anschauung, was wir namentlich bei dem Artikel Säulenordnungen hier schon anerkennend hervorheben wollen. Das richtige Mass in der Behandlung der Einzel- und der Gattungsbegriffe auf Grundlage des augenblicklichen Standes der Wissenschaft im Vereine mit den Litteraturnachweisungen, die ein gründliches Studium der einzelnen Gegenstände ermöglichen, bildet die Methode und hauptsächliche Schwierigkeit jeder encyklopädischen Darstellung, welche auf wissenschaftlichen Werth Anspruch erheben will.

Unser Urtheil, in wiefern dem Verfasser die Lösung dieser Aufgabe im
Allgemeinen gelungen ist oder an einigen Stellen befriedigender hätte gelingen
können, müssen wir uns bis zu der bald zu erwartenden Vollendung des
Werkes vorbehalten, das auf zwanzig Lieferungen berechnet ist und jedenfalls
die umfassendste derartige Publication über Baukunst bildet.   *G.*

Kunstgeschichte. Archäologie.

Victor Schultze, Archäologische Studien über altchristliche Monumente. Wien 1880, Wilhelm Braumüller, k. k. Hof- und Universitäts-
buchhändler. IV—287 S.

Specialforschern auf dem Gebiete der altchristlichen Kunst kann die
Lectüre des vorliegenden Buches gewiss mancherlei Anregung bieten, doch
wird sich dabei zweifellos auch mancher Widerspruch regen; schon der Ton
des Raisonnements scheint dies unvermeidlich zu machen. Es sind polemisch
archäologische Studien eines Theologen, der seinen principiellen Standpunkt
(S. IV) in dem Glaubenssatz ausdrückt, dass die kirchlich monumentale Forschung überhaupt »um der Theologie willen nur da sei«. Der Verfasser ist
Docent protestantischer Theologie, und treu seinem Panier, wirft er fast auf
jeder Seite, wo es sich um Erörterungen und Deutungen handelt, entweder
Garrucci, oder de Rossi und dessen deutschen Interpreten Kraus den Fehde-
handschuh zu. Schultze sass zwar eliedem zu den Füssen von Kraus, welcher
die verwegenen Erstlingsstudien seines einstigen Schülers noch kürzlich in
dieser Zeitschrift in Schutz nahm: er mag in Schultze jetzt einen fertigen
Apostaten erkennen.

Es ist in verschiedener Hinsicht keine leichte Aufgabe, dem Verfasser
Schritt vor Schritt in seinen Studien zu folgen. Die Diction ist oft schwerfällig, manchmal dunkel. Referent muss offen seine Unfähigkeit bekennen,
den Sinn einer Reihe von Sätzen auch nur zu ahnen. So heisst es z. B.
S. 78: »In dem ruhenden Jona vollendet sich die aus den verwandten Scenen
gebildete Pyramide, und auf einem Sarkophag-Relief tönt die Wellenschwingung
einer Bilderreihe energisch in ihm aus.«

Zur Beleuchtung des Zusammenhanges sei nur hervorgehoben, dass vor
diesem Satz davon die Rede ist, dass der ruhende Jonas »mit grösseren
Proportionen umrissen wird« und unmittelbar darauf liest man: »Die
Komplementgruppen werden verstümmelt und in ihrem Verständnisse
von der Schlussscene abhängig gemacht, und sogar nicht verwandte Scenen
werden zu Begleitbildern des ruhenden Jona heruntergedrückt.« Schultze
geht ausgesprochenermassen auf nichts geringeres aus als »die Unhaltbarkeit
des modernen Interpretationssystems aufzuzeigen« (S. 4) und so ist es auch
sein Bestreben, eine seinen eigenen Ideen conforme eigenthümliche Terminologie
zu schaffen. Davon sind nun freilich die letzten Consequenzen besonders in
der Beschreibung altchristlicher Kunstwerke nicht gezogen. Aus nachstehenden
Redewendungen wird man sich immerhin einen genügenden Begriff von des

Verfassers Aesthetik der altchristlichen Kunst bilden können. Ueber die Madonnendarstellung auf dem in allen Handbüchern der Kunstgeschichte abgebildeten Sarkophag von S. Paolo fuori le mura heisst es (S. 157): »Der Blick ist fremdartig, um den Mund spielt ein blödes Lächeln. Dieser Fassung entspricht auch die Figur des theatralisch aufgestutzten Knaben.« Hinter dem Stuhl der Madonna steht Joseph, von einigen für den heiligen Geist erklärt. Darüber heisst es (S. 158 u. 159): »Auch begreift man nicht, was der heilige Geist in dieser Position, bei dieser Gelegenheit und mit dieser hausväterlich lächelnden Miene soll. In diesen Sarkophagdarstellungen ist der Ausdruck fast durchgehends unnatürlich und durch ein blödes Lächeln entstellt.« Ueber die Entstehung des genannten Sarkophags erhalten wir folgende überraschende Aufklärung: »Ohne Zweifel war er, als einer der Ehegatten im Magazine des Künstlers ihn auswählte, in weit unfertigerem Zustande als er jetzt ist und noch nicht zum Verkaufe ausgestellt« (S. 147). Da hier keine Quelle angegeben ist, fühlt man sich versucht, dem Verfasser dazu zu gratuliren, beim Verkauf zufällig zugegen gewesen zu sein (S. 159). Ueber ein bekanntes Madonnenfresco in S. Priscilla schreibt Schultze abweichend auf S. 191: »Der Gesichtsausdruck der Mutter ist sympathisch und seelenvoll,« und S. 194: »Auf dem Antlitze der Maria wäre ein freundlicher Zug der Situation angemessener gewesen als diese verschwommene, unbestimmte Milde,« vom Christkind heisst es: »Der Knabe schaut sonst nirgends so keck und so kindlich naiv in die Welt hinein als hier« (S. 191). Ueber die Komposition des Bildes lautet das Urtheil, beiläufig bemerkt, ebenfalls verschieden S. 190: »Die Figuren bilden eine einzige, einheitliche, in sich abgeschlossene Gruppe, die keine Auseinanderreissung leidet« und S. 194: »Vor Allem drängt sich die Isolirtheit der Figuren, die ohne rechte Beziehung zu einander sind, als ein Mangel auf,« wogegen S. 198 wieder von »freier Ungezwungenheit in der trauten Familienscene« die Rede ist. In einem andern Madonnenbild in S. Domitilla »sehen (nach Schultze) die Magier wie mit zufälligen bunten Lappen behangene Faschings-Figuren aus (S. 201). In der Mehrzahl der Reliefmadonnenbilder sieht Schultze »ein Gesicht ohne Ausdruck oder durch ein grinsendes Lächeln entstellt« (S. 202), ja derartiges gilt ihm selbst für ein »mühsam erworbener Typus«. Während nach S. 48 Petrus als Fischer in idealer Nacktheit gebildet ist, findet der Verfasser in einem andern Fresco, wo »stiere Gesichtszüge« notirt werden, in der Art, wie das Pallium getragen wird, »die Grenzen des Anstandes überschritten« (S. 86 u. 87). Hier ist nämlich wie in zahlreichen Christus- und Mosesbildern der Torso rechts oder links von der Schulter bis zur Hüfte unbedeckt. S. 205 heisst es von den Goldgläsern: »In das fünfte Jahrhundert hinaus führt das Vorkommen einer Marterscene, die Anwendung des Nimbus . . . . Dieser Periode entspricht die gebundene stereotype Zeichnung, die besonders in den Parallelen hervortritt und die fratzenhaften Gesichtszüge, welche vielen dieser Bilder eigen sind.« Offenbar spiegelt sich in diesen und ähnlichen Ausdrücken die individuelle Receptionsfähigkeit des Verfassers gegenüber Kunstwerken und vielleicht motivirt sich darin zum Theil die sehr abstracte Art, in der die Denkmäler im übrigen von ihm behandelt werden. Hierin liegt offenbar die starke Seite der Schultze'schen Archäologie, doch kann Referent sich des Eindruckes nicht erwehren, dass das wesentlich neue in den Augen vieler Sachverständiger zugleich als ebenso unerhört erscheinen werde. Es sei dafür auf die neue Erklärung der Jonasdarstellungen hingewiesen. Der Leipziger theologische Docent hat nämlich die Entdeckung gemacht, dass das Sujet der zahlreichen bekannten Bilder des ruhenden Jonas mit der Erzählung des Jonasbuches nicht zu vereinbaren ist. »Dagegen besitzt der antike Bilderkreis eine Figur, welche nach Form und Inhalt sich mit dem ruhenden Jona vollkommen deckt, die Gestalt des ruhenden Endymion.« Unter anderm erklären sich nämlich einige Eigenthümlichkeiten der Jonasdarstellungen nur aus den antiken Vorbildern: »besonders dass der Prophet (? — welcher demnach gar nicht der Prophet genannt werden sollte) mit geschlossenen Augen dargestellt wird . . . . Zudem war Endymion ein sehr beliebtes Sujet der römischen Kunst: das Bild empfahl sich auch dadurch zur Nachahmung« (18—82). S. 96 u. 97 ist freilich wieder von einem Bilde des »ruhenden Jonas« die Rede, als wenn Endymion gar nicht in Betracht käme. Eben da liest man: »Den Cyklus so zu verstehen (wie de Rossi und Jedermann bisher), heisst die Bedeutung und den Zweck sepulkraler Darstellungen überhaupt verkennen.«

Schultze findet gelegentlich, dass die Beziehungen, welche de Rossi und Kraus bei Bildererklärungen aufstellen, derart sind, wie sie einer ernsten Forschung wenig anstehen. In ihrer Erklärung der Mosesbilder sieht er »ein unberechtigtes, unwissenschaftliches Verfahren, welches durch nichts gestützt wird« (S. 170). Ja diese ihre Erklärungen sind nur »mit grossem Aufwande von Phantasie angestellte Experimente, welche keinen wissenschaftlichen Werth haben« (S. 118). Ebenso apodiktisch heisst es S. 125 auch gegen Le Blant: »Weder die ältere noch die neuere Litteratur über die altchristlichen Monumente von Syrakus hat einen wissenschaftlichen Werth.«

So wenig nach Schultze der Jonas des alten Testamentes in den Jonasbildern ursprünglich gemeint ist, so wenig ist in den Bildern des guten Hirten der gute Hirte des neuen Testamentes zu erkennen. Er hat nämlich die überraschende Entdeckung gemacht, dass hier vielmehr Hades der Beherrscher der Unterwelt dargestellt ist. »Hades ist nämlich der Wohlwollende«, der die Todten gastlich aufnimmt, wesshalb er auch der völkerführende Hirt heisst. So bei Aeschylus und Pindar (S. 73); es ist also nach Schultze wohl selbstverständlich, dass die Phantasie der alten Christen mehr von diesen als von Lukas und Johannes sich inspiriren liess. Bekanntlich findet man häufig in der ausgestreckten Hand Christi, welcher den Lazarus auferweckt, einen Stab (ähnlich bei Moses, der an den Fels schlägt). Schultze klärt uns hierüber folgendermassen auf (S. 59): »Das Attribut ist ausserchristlichen Ursprungs, entweder die virgula divina, mit welcher heidnische Thaumaturgen zu operiren pflegten, oder was wahrscheinlicher, eine Nachbildung des Hermesstabes«. Iliade und Odysse müssen für beides die Belegstellen liefern. Ueberhaupt ist fast Alles in der altchristlichen Kunst der religiösen und künstlerischen Vorstellung des Heidenthums nicht sowohl nachgebildet, als vielmehr unverändert

entnommen (S. 65). Referent ist weit davon entfernt, die Berechtigung so
gelehrter Axiome bekämpfen zu wollen, so sehr er auch bezweifeln möchte,
dass diese Doctrinen ausserhalb des Collegs Glauben und Beifall finden. Doch
darf man im Hinblick auf die von Schultze gewonnenen Resultate wohl billig
fragen, wozu eine solche Specialwissenschaft überhaupt anbauen? Dass die
Katakombengemälde und Sarkophagreliefs keine Kunstwerke ersten Ranges
sind, war ja stets anerkannt. Schultze sucht nun noch nachzuweisen, dass
auch der Inhalt der Darstellungen im Grunde heidnisch ist. Wenn seine Theorie
richtig ist, so scheint es allerdings, als ob die Phantasie der alten Christen ohne
die Lectüre Homer's sich nicht einmal zur bildlichen Darstellung eines Stockes
hätte aufschwingen können. Das Material, mit dem Schultze operirt, sind vorwiegend die Kupferstiche in den Werken von Bosio, Garrucci u. A., was vielleicht unterblieben wäre, wenn der Verfasser es der Mühe werth gehalten
hätte, diese leichtfertigen Abbildungen mit den Originalen zu confrontiren.
Wahrlich, so wenig man es wagen darf, nach russischen Miniaturhandschriften
in Moskau über die Details der byzantinischen Vorbilder in Paris und im Vatican
zu urtheilen, so wenig darf man nach Ueberzeugung des Referenten jene
problematischen Reproductionen des 17. Jahrhunderts für die Originale in den
Katakomben verantwortlich machen. Wie misslich es ist, über solche Denkmäler kritisch zu urtheilen, wo selbst gute Reproductionen vorlagen, tritt
besonders hell bei dem Raisonnement über das Relief mit der Darstellung des
guten Hirten mit Fisch (I . X . Θ . Υ . Σ) und Anker an den Seiten zu Tage. Das
Original ist jetzt im Louvre. Schultze sagt darüber: »Auch einem weniger
geübten Auge seien Stylverschiedenheiten zwischen der Mittelgruppe und den
Seitenemblemen erkennbar« (S. 233). Glückliches Auge, — beneidenswerther
Scharfsinn! Wie oft habe ich vor dem Original gestanden, es zweimal copirt,
dies Licht ist mir doch nie aufgegangen. Schultze fährt fort: »Die Mittelgruppe hat eine elegante Zeichnung und ist, wie sonst kein einziges altchrist-
liches Graffito, sorgfältig und sachverständig schattirt (man höre!). Fisch
und Anker sollen dagegen nicht schattirt sein, ja der Anker sei unrichtig ver-
kürzt. Auch seien die Linien der Nebengruppen viel tiefer eingeschnitten
u. s. w. Gewiss, wenn man Thatsachen in so scharfsinniger Weise geschildert
liest, ist man sofort geneigt, die eigene entgegengesetzte Erfahrung zu bemiss-
trauen. Als ich kürzlich zu Studien ganz anderer Art auf kürzere Zeit in
Paris war, hielt ich es darum für dringend nöthig, vor dem Original zu meiner
eigenen Belehrung von der Richtigkeit der Schultze'schen Kritik selbst mich
direkt zu überzeugen. Ich muss aber offen gestehen, dass mir dies nicht gelang.
Es sind mir vielmehr all' die vom Leipziger Docenten gemachten Bemerkungen
über ungleiche Tiefe der Linien, sachverständige Schattirung und Aehnliches
als völlig aus der Luft gegriffen erschienen. An dem Mittelbilde notirt
Schultze als sehr wichtig, dass der gute Hirt die Vorderfüsse des Schafes (für
den platten Menschenverstand sind es vielmehr die Hinterfüsse) auf seiner
Schulter mit der Rechten und den Hinterkörper mit der Linken hält; was
nach Ansicht des Referenten nur eine der vielen belanglosen Variationen in
der Darstellung desselben Sujets ist. Schultze fährt fort: »Ebenso ist in der

christlichen Kunst beispiellos, dass die den Hirten umstehenden Widder mit
den Geschlechtstheilen abgebildet werden. Das hätte ja leicht obscön gewendet werden können. Hier aber handelt es sich um eine allegorische
religiöse, spezifisch christliche Darstellung und in solchen Fällen hat die altchristliche Kunst mit der entschiedensten Rigorosität dergleichen abgewiesen«.
Wo in aller Welt, so möchte man fragen, bleibt denn hier Schultze's Theorie
vom Hades — Pastor?

Referent beabsichtigt mit obigen Bemerkungen nicht im mindesten die
grosse Gelehrsamkeit und insbesondere Belesenheit des Verfassers in Zweifel
zu stellen. Dieselben sollen nur auf die Schwierigkeiten aufmerksam machen,
welche sich den Thesen und Argumentationen Schultze's entgegen stellen.
London im Mai 1880. *Jean Paul Richter.*

Anton Springer, Raphael und Michelangelo. Leipzig. E. A. Seemann.
1878. Kl. 4°. 524 S. Mit vielen Illustrationen in Holzschnitt. (Zugleich
2. Band der II. Abtheilung von R. Dohme, Kunst und Künstler.)

Es mag unzweckmässig sein, wenn in einem Sammelwerke von Mehreren
die Arbeit eines Einzelnen das gemeine Mass überschreitet und so aus dem
gegebenen Rahmen herausfällt. Wenn dies aber, wie im vorliegenden Falle,
durch einen Autor von der Bedeutung Springers geschieht, und wenn diese
Ausnahme zu Gunsten eines Stoffes, wie Raphael und Michelangelo einer sind,
gemacht wird, dann dürfen wir uns dessen nur aufrichtig freuen. Statt eines
Abrisses erhielten wir so eine stattliche Monographie des berühmten Lehr-
meisters der Kunstgeschichte, wie wir sie schon lange gewünscht hätten, gefasst in eine Form, wie man sie eben nur von einem Stilisten gleich
Springer erwarten kann. Die Arbeit ist selbstverständlich nicht erst jener
äusseren Veranlassung entsprungen, vielmehr ist sie die Frucht langjähriger
Specialstudien. Es ist sein Lieblingsgegenstand, den der Verfasser hier behandelt. Vor einem Vierteljahrhundert begann er seine akademischen Vorlesungen in Bonn mit einem Colleg über Raphael. Seitdem nahm er öfter
Veranlassung, auf die beiden Meister, welche auf der Höhe der italienischen
Renaissance stehen, zurückzukommen. Verschiedene hier und dort gedruckte
Untersuchungen verriethen, dass er den Gegenstand nicht aus dem Auge ver-
loren habe und liessen es nur immer wieder bedauern, dass er nicht schon
früher durch eine umfassende litterarische Leistung Zucht und Ordnung in ein
Gebiet gebracht hat, das seiner Natur nach nur zu leicht zu einem Tummel-
platze des schöngeistigen Dilettantismus ausartet. Die Verspätung musste
freilich dem Werthe der Bearbeitung zugute kommen. Eine Unmenge neuen
Materiales, an litterarischen Documenten sowohl wie an Reproductionen von
Bildwerken, ist namentlich in den letzten Jahren der Forschung zugewachsen.
So war ja Springer selbst der erste, der die italienischen Publicationen zum
Michelangelo-Jubiläum zu verwerthen und daraus die rechten Consequenzen
abzuleiten verstand. Hier bewährte sich eben der Blick des Historikers.
Ueberraschend waren schon die Resultate seiner kleinen Vorarbeit: Michel-
angelo in Rom 1508—1512, Leipzig 1875. Wohlthuend wirkt nun im Haupt-
werke der gutgefugte Aufbau der Thatsachen auf Grund sorgfältig geprüfter,

wohlabgewogener Belege ohne das Querfahren geistreicher Einfälle und in die
Luft gehängter Hypothesen, die uns das Lesen eines kunstgeschichtlichen
Buches so leicht verleiden können. Dabei ist doch auch wieder nirgends gelehrter Ballast aufgehäuft, selbst nicht in den Anmerkungen am Schlusse des
Bandes, wo bloss in möglichster Kürze über Quellen und Controversen Rechenschaft gegeben wird. Wo es aber dann der Farbe bedarf, bei der Schilderung
der Werke und der Geistesart der Künstler, da verfügt Springer, wie nicht
leicht ein Anderer, über eine reiche Palette. Die Abschnitte über die Fresken
in der Sixtinischen Kapelle und in den Stanzen des Vaticans, oder über
Raphaels Tapeten sind Muster einer klaren und doch anziehenden Beschreibung.
Eine gelegentliche Würdigung Lionardo da Vinci's ist ein kleines Juwel.

Doch es würde sehr weit führen, wollte ich alle Vorzüge des Buches
oder auch nur die Glanzpunkte seiner Darstellung namhaft machen. Im
Ganzen, wie in den meisten Einzelnheiten wird ja der Leser selbst gerne dem
Verfasser folgen. Manches freilich wird man auch anders ansehen dürfen.
Das sind eben Streitpunkte, an denen es in keinem Fache und am wenigsten
in der Kunstgeschichte fehlt; es wäre auch traurig, wenn es uns daran
fehlte. Eine solche Frage ist gleich die gemeinsame Behandlung der beiden
italienischen Künstlerfürsten, die Verschmelzung ihrer beiden Biographien in
ein Ganzes. Man hat sich zwar, namentlich diesseits der Alpen gewöhnt, die
Namen Raphael und Michelangelo in einem Athemzuge zu nennen, so wie
wir Schiller und Goethe stets zusammen zu nennen pflegen — dort wie hier
den Jüngeren vor dem Aelteren, weil jener der populärere ist. Bei den
deutschen Dichtern hat es auch seine gute und wohlbewusste Berechtigung
wegen der tiefen Gegensätzlichkeit derselben, wegen ihrer wechselseitigen Be-
einflussung und vornehmlich wegen der freundschaftlichen Beziehungen, in denen
sie während einer wichtigen Periode ihres Lebens zu einander standen. Gleichwohl ist es nicht Brauch geworden, ihr Leben in eine Doppelbiographie zusammenzufassen. Noch weniger scheint mir nun das bei Michelangelo und
Raphael gerechtfertigt zu sein. Die für Schiller und Goethe als verbindend
angeführten Momente finden sich hier nicht, oder doch nur in sehr modificirter,
wenig ausgeprägter Weise. Michelangelo und Raphael sind nicht die gleich-
werthigen Ausläufer und Gegenpole einer und derselben Entwickelung, denn
jener ist vornehmlich Florentiner und als solcher findet er in Lionardo da
Vinci seinen natürlichen Gegensatz; Raphael aber ist, weit entfernt von der
urwüchsigen florentinischen Gewaltigkeit, ein empfänglicher bildsamer, rasch
producirender Umbrier. Der eine gleicht der mächtigen Eiche, die in Wetter
und Sturm langsam und unbeirrt aus sich herauswächst, der andere einer
herrlichen, tropischen Wunderblume, die über Nacht ihre Blüthe entfaltet, ganz
eine Ausgeburt, ein Wiederspiel der üppigen, farbenprächtigen Umgebung, der
sie entwachsen ist. Wie von so vielen anderen ist Raphael auch von Michelangelo beeinflusst, nicht aber dieser von jenem. Vergebens suchen wir endlich
nach einer authentischen Nachricht, wie oder ob sich die Beiden je persönlich
begegnet wären. Wir wissen bloss von Spuren einer tiefen Abneigung des
Aelteren gegen den Jüngeren und dass sie eine Zeit lang in demselben Palaste

und für dieselben Besteller gearbeitet haben, jeder aber an ganz anderen
Aufgaben. Die Schilderung jenes Zeitraumes und der beiden massgebenden
Päpste Julius II. und Leo X. ist so ziemlich alles, was ihre Biographien Gemeinsames haben. Sonst ist ihr Entwickelungsgang weder der Zeit noch dem
Wesen nach vereinbar. Dafür giebt die Darstellung Springers thatsächlich
selbst Zeugniss dadurch, dass er eigentlich doch nur zwei selbständige Biographien giebt, von denen die Abschnitte der kürzeren zwischen jene der
längeren eingeschoben sind und so mit denselben alternieren, statt dass das
Leben Raphaels einfach dem Michelangelo's nachfolgen sollte. Die Vortheile
jener Anordnung werden durch den Mangel an Uebersichtlichkeit, den das
fortwährende Abreissen des Fadens zur Folge hat, weit überboten. Es sind
eben, wenn noch ein Bild gestattet ist, zwei ganz ungleiche, ja unverträgliche
Renner, die hier zusammengespannt werden, und es bleibt doch immer ein
missliches Auskunftsmittel, wenn man deshalb stets den einen ausspannen muss,
um mit dem anderen eine Strecke weiterfahren zu können, bis man schliesslich auf den einen allein angewiesen bleibt, indessen der andere, flüchtigere,
längst ans Ziel gelangt ist. Doch das ist immerhin eine Aeusserlichkeit, von
der sich leicht absehen, die sich sogar in einer neuen Auflage des Buches
leicht abändern liesse.

Einen besonderen Werth legt Springer mit Recht auf die wissenschaftliche Ausnützung der Handzeichnungen und er giebt uns manche schöne
Probe von deren Ergiebigkeit. Gerne freuen wir uns auch mit ihm der Vortheile, die uns das photographische Verfahren zu diesem Zwecke bietet. Doch
möchten wir daneben die Autopsie und die Kritik vor den Originalen nicht
vernachlässigt wissen; ja diese wird um so dringender, je geringer die Anhaltspunkte sind, welche eine blosse Zeichnung dem Urtheile bietet und je
mehr das doch immer trügerische Lichtbild die unterscheidenden Merkmale
noch nivellirt und verwischt. Nur eine kritische Prüfung und Sichtung der
Originale selbst kann uns vor Täuschung schützen. Darin aber sind wir noch
sehr sehr weit im Rückstande. Die Werke der grössten Meister, namentlich
der italienischen, sind noch immer mit fälschlich zugeschriebenen Zeichnungen
überladen. Unter ihren Namen häuft sich alles einigermassen Verwandte,
indess die weniger bekannten Zeitgenossen leer ausgehen; der zahllosen Copien
und absichtlichen Fälschungen gar nicht zu gedenken! Es ist gewiss nicht
zu kühn, wenn man behauptet, dass nur ein geringer Bruchtheil der in allen
Sammlungen wie in der Litteratur Raphael getauften Zeichnungen wirklich
von dessen Hand herstammt. Erwähnt sei z. B. das sogenannte Raphael-
sche Skizzenbuch in der Akademie zu Venedig mit den vielbesprochenen Studien
nach Mantegna, nach den antiken 3 Grazien in Siena und dergl. Dass dieselben nicht von Raphael sind, ist leicht zu erweisen; hoffentlich erbringt uns
aber bald ein jüngerer Fachgenosse den positiven Nachweis, welchem oder
welchen anderen Meistern der umbrischen Schule diese Zeichnungen angehören,
die in die Jugendgeschichte Raphaels bisher arge Verwirrung gebracht haben.
Mit Recht verwirft auch Woltmann, Geschichte der Malerei II, 254, die angeblichen Entwürfe Raphaels zu Pinturicchio's Fresken in der Libreria zu

Siena; Vasari's ganze Fabel von Raphaels Antheil an jenem Werke wird dadurch hinfällig. Die Madonna mit dem heiligen Franciscus im Berliner Museum soll Raphael nach einer Federskizze Perugino's gemalt haben; diese Skizze in der Albertina zu Wien ist aber nicht von Perugino und auch nicht, wie man flugs annahm, von Raphael, sondern wohl sicher von Pinturicchio. Und so wird unsere Aufgabe durch das Studium der Zeichnungen nicht blos erleichtert, sondern auch vielfach erschwert, in solange nicht eine schärfere Kritik vorgearbeitet hat. Eine solche würde meiner Vermuthung nach auch den Beweis liefern, dass z. B. von den bei Springer abgebildeten Federskizzen die Madonna auf S. 64 nicht von Raphael, sondern von einem anderen umbrischen Meister und diejenige auf S. 78 gar ein Pasticcio ist. So lange jedoch dieser Beweis nicht methodisch geführt ist, bleibt das nur eine böse Meinung und ich muss jeden Widerspruch dagegen dankbar quittiren.

Das wäre, ich weiss es wohl, nicht die Art an einem solchen Werke wie Springers, nicht etwa mäkeln, nein, bessern zu wollen. Da reichen Behauptungen nicht aus, da wäre vonnöthen weiter auszuholen und mit wohlabgewogenen Gründen an's Werk zu gehen; und dazu bietet wieder eine Recension kaum den genügenden Raum. Dennoch reizt mich das Interesse am Gegenstande und an Springers Bearbeitung, es mit der Fixirung einiger Fragen zu versuchen, die mir besonders am Herzen liegen, und die mir durch die litterarischen Leistungen der neuesten Zeit mehr verschoben als aufgeklärt zu sein scheinen. Wenn ich dieselben etwas bestimmter fasse und entschiedener beantworte, als es Springer thut, so geschieht es vornehmlich in der Absicht, einige Steine zu seinem Baue beizutragen. Vielleicht ist einer davon zur Auswechslung brauchbar.

Die Echtheit der Madonna von Brügge, einer der gefälligsten Schöpfungen Michelangelo's, ist erst neuerer Zeit von verschiedenen Seiten angezweifelt worden, und es ist begreiflich, dass eine abschliessende Monographie auf diesen Stand der Frage Rücksicht nimmt. Gleichwohl scheint es mir eine zu weitgehende Koncession an die modernen Zweifler, wenn Springer die Betrachtung des herrlichen Standbildes mit den Worten schliesst: »So bleibt also die Herkunft der Madonna von Brügge noch immer verschleiert.« Urkundlich ist ja diese Herkunft ganz vortrefflich belegt. Der Name der Besteller in den italienischen Quellen Moscheroni stimmt nur zu gut mit dem Namen Moscron auf einem Grabmale in der Nähe des Standortes der Madonna im rechten Seitenschiff der Frauenkirche zu Brügge, und dort bewunderte bereits Dürer am 8. April 1521: »Das Alabaster-Marienbild, das Michael Angelo von Rom gemacht hat.« Zum Ueberflusse haben wir nun auch noch ein briefliches Zeugniss dafür, dass Michelangelo im Jahre 1506 das vollendete Werk an das Haus Moscron in Brügge geschickt hat. Wären wir doch über andere Jugendarbeiten des Meisters auch so gut unterrichtet! Dem gegenüber fallen die späten Nachrichten bei Condivi und Vasari, nach welchen es eine Arbeit in Erz oder gar ein Medaillon von Bronze gewesen sei, gar nicht ins Gewicht. Ein Missverständniss der Biographen ist hier leicht denkbar. Ja auch ein Ausspruch des greisen Michelangelo selbst über eine Thatsache, die ein halbes Jahrhundert hinter ihm lag, würde nicht geeignet sein, den Einklang jener Zeugnisse mit den Thatsachen zu stören und deren Glaubwürdigkeit zu erschüttern. Ein solcher Ausspruch liegt uns aber nicht vor und die Biographen sind offenbar in der Sache nur ungenau unterrichtet. Ebenso wenig darf aber, meines Erachtens, aus den stilistischen und technischen Eigenthümlichkeiten der Madonna von Brügge ein Bedenken gegen deren Echtheit abgeleitet werden. Allerdings zeichnet sich diese Madonna unter allen ähnlichen Darstellungen Michelangelo's durch ihre strenge, stracke Aufrechthaltung, durch eine feierliche und doch liebliche Getragenheit des Ausdruckes, wie durch eine ungemein sorgfältige, ja glatte Behandlung der Oberfläche vor allen anderen Marmorarbeiten Michelangelo's aus. Es ist das einzige seiner Werke, welches auf den Titel eines kirchlichen Andachtsbildes Anspruch erheben darf. Erwägen wir aber auch die Umstände, unter denen das Kunstwerk entstand. Der Besteller, den es zu befriedigen galt, war ein Fläming, und der Ort, an dem es aufgestellt werden sollte, war eine gothische Kirche im frommen Brügge. Michelangelo hatte wohl so viel Anschauung von flandrischer Kunst und flandrischem Wesen, um zu wissen, in welche Umgebung und vor welche Beschauer sein Werk kommen würde. Ein Rundbild in Relief, wie es damals durch die Della Robbia in Florenz Mode geworden war, und darin das profane Bild einer kauernden jungen Mutter, dergleichen Michelangelo damals seinen Mitbürgern zur Verzierung ihrer Paläste lieferte, wäre hier übel am Platze gewesen. Auch wenn der Besteller keinen Einfluss auf die Conception des Werkes genommen hätte, was er aber sicher gethan, so war doch ein denkender Künstler, wie Michelangelo, sich der Aufgabe, die ihm hier gestellt war, wohl bewusst. Fürwahr, wenn die eben ausgewachsene Riesin, die florentinische Kunst, der überwundenen Nebenbuhlerin in den Niederlanden ihren achtungsvollen Gruss entbieten wollte, sie hätte keinen stolzeren und doch zugleich keinen schmeichelhafteren Sendboten finden können, als Michelangelo's Madonna von Brügge! Die Urheberschaft dieses Werkes ihm absprechen, heisst nicht bloss ein Blatt aus seinem Lorbeer reissen, es heisst auch eine durch kein anderes Werk vertretene Eigenschaft seines jugendlichen Genius ignoriren. Dazu liegt kein zwingender Grund vor. Es kann somit nur unsere Aufgabe sein, ein Werk, welches sich ganz gut in die Folge der übrigen einreiht, kunstgeschichtlich zu erklären, anstatt es willkürlich aus diesem Zusammenhange zu reissen, um es losgelöst von den litterarischen Zeugnissen als ein ganz unerklärliches Räthsel hinzustellen. Ein solches aber wäre die Madonna von Brügge ohne den Namen Michelangelo.

Der Geburtstag Raphael's wird von Springer auf den 28. März und nicht auf den 6. April gesetzt; weil Vasari sagt, Raphael wäre am Charfreitage geboren. Der Charfreitag fiel aber im Jahre 1483 auf den 28. März. Dem gegenüber steht die sehr genaue und ausdrückliche Angabe in der Grabschrift Raphael's, die keinen Geringeren als Cardinal Bembo zum Verfasser hat. Die Stelle lautet: Vixit annos XXXVII integer integros

Quo die natus est, eo esse desiit

VIII. idus Aprilis MDXX.

Ausdrücklich wird also hier gesagt: Raphael lebte 37 ganze Jahre ganz aus, an demselben Tage, an dem er geboren war, an demselben hörte er auf zu sein, am 6. April 1520. Springer meint nun S. 496: »Da aber auf den 6. April 1520 ebenfalls der Charfreitag fiel und es wahrscheinlicher ist, dass die Tage des Kirchenkalenders lebendiger im Gedächtnisse des Volkes haften als die abstracten Daten des astronomischen Kalenders, Vasari überdiess ausdrücklich in beiden Fällen den Charfreitag hervorhebt, so darf wohl die Stelle: vixit annos 37 integer integros auch so interpretirt werden: »Er lebte vom Charfreitag 1483 bis zum Charfreitag 1520.« Das scheint mir doch keine historisch gerechte Abwägung der beiden sich widersprechenden Zeugnisse Bembo's und Vasari's zu sein. Das erstere hat eine sozusagen urkundliche Kraft und die Priorität eines Menschenalters vor dem andern voraus. Das »Gedächtniss des Volkes« kommt bei Bembo gar nicht mit ins Spiel. Als Priester wie als Gelehrter war ihm das Variable der Osterrechnung gewiss stets gegenwärtig und mehr noch als dies heutzutage von uns gilt. Er wusste daher genau was er sagte, als er jene Inschrift aufsetzte, und er hat sicher den 6. April 1483 als Raphael's Geburtstag gemeint. Er war aber auch gewiss beim Tode Raphael's über dieses Datum genau unterrichtet und desgleichen auch viele Andere, die am Sarge des vielbetrauerten Freundes standen. Eine falsche Angabe hätte sich in die Grabschrift damals kaum einschleichen können, ohne auf Widerspruch seitens der Eingeweihten zu stossen. Vasari dagegen, der bezüglich Raphael's Anfänge überhaupt so mangelhaft unterrichtet ist, dürfte 30 Jahre später keine andere Quelle für das Datum von Raphael's Geburt gehabt haben, als eben nur jene Grabschrift. Er, der Laie und Ungelehrte, konnte die Abweichung der Osterrechnung leichter übersehen. Da er wusste, dass Raphael an einem Charfreitag gestorben sei und dass er gerade volle 37 Jahre früher geboren war, so konnte er leicht den Irrthum begehen, auch dessen Geburtstag auf den Charfreitag zu verlegen. Nach allen Regeln historischer Kritik überwiegt somit die Autorität der deutlichen Grabschrift so sehr diejenige Vasari's, dass wir nur den 6. April für Raphael's Geburtstag ansehen dürfen.

Mit der Fabel von der Fornarina macht Springer selbstverständlich nicht viel Federlesens. Gerne wird man ihm auch zustimmen, wenn er von den beiden mit der Geliebten Raphael's in Verbindung gebrachten Bildnissen sehr verschieden urtheilt, abschätzig nämlich von der sogenannten Fornarina der Galerie Barberini in Rom, bewundernd hingegen von der »Donna velata« in der Galerie Pitti. Eine allgemeine Aehnlichkeit der Gesichtszüge besteht immerhin zwischen beiden, insoferne eben Gemeinheit und Adel sich ähnlich sehen können. An der äusseren historischen Beglaubigung fehlt es eigentlich beiden Gemälden. Um so grösser ist der Unterschied dessen, was die Bilder selbst von sich aussagen. Springer hätte ungescheut noch einen Schritt weiter gehen können in deren Differenzirung und bis zur völligen Verwerfung des geschmacklosen, wenn auch virtuos gemalten Studiums, dessen relativ bestes Exemplar von mehreren sich in der wenig gewählten Galerie Barberini befindet. Von Raphael's Hand ist es nicht, das zu glauben verbieten schon die schweren braunen Schatten im Fleische, das verbietet noch mehr die herzlich gemeine Auffassung des halbentblössten Körpers. Nein, Raphael hätte selbst seiner Maitresse nicht seinen Namen so auffallend gleich einem Hundehalsbande auf einen Reif an den nackten Oberarm gemalt, der Scherz sieht ihm nicht ähnlich. Dagegen trägt allerdings das weissgekleidete Mädchen mit den dunklen Glühaugen in der Galerie Pitti, obwohl unvollendet und unbezeichnet, die Spuren seiner Hand und den Stempel seines Geistes. Wer sie auch immer gewesen ist, dieses blühende und doch zarte, von duftiger Blässe angehauchte Mädchen, das munter und schüchtern zugleich aus der prunkenden Gewandung herausblickt, als wäre sie derselben ungewohnt, so kann man sich das Weib wohl vorstellen, das dem Herzen Raphael's nahe gestanden und dessen Erscheinung er zu der Apotheose der Sixtinischen Madonna umgedichtet hat. Unwillkürlich denkt man dabei freilich an das arme Mädchen, das der reich gewordene Maler bei sich im Hause hielt und erst, als er früh erschöpft von Schaffenslust und von Liebesfreuden, sein Ende herannahen sah, mit der entsprechenden Fürsorge für ihre Zukunft unter der Obhut seines getreuen Baviera entliess, gewiss nur um sie vor Insulten nach seinem Tode zu schützen. So leidenschaftlich soll er sie ja geliebt haben, dass er ohne ihre Gegenwart nicht leben konnte und Agostino Chigi daher kein anderes Mittel fand, ihn bei der Ausmalung seiner Villa festzuhalten, als dass er die Geliebte ebendahin in ein anstossendes Gemach brachte. An diesen Nachrichten Vasari's ist sicher irgend etwas Wahres, er kommt wie nothgedrungen immer wieder darauf zurück und sie sind durch nichts widerlegt. Ja Raphael war weiblich gesinnt bis zur Schwäche, und diese Schwäche ist nur ein Theil seiner Stärke, seines gepriesenen Schönheitssinnes. Im Gegensatze zu der spröden Gemüthsart der grossen Florentiner ist seine Hingebung an das andere Geschlecht für Raphael viel zu charakteristisch, als dass sie in seiner Biographie ignorirt oder gar mit nazarenischer Schamhaftigkeit verhüllt werden dürfte. Die Frage nach dem Hauptgegenstande seiner Neigung, die man mit der Fornarinafabel beantworten wollte, wird daher immer lebendig bleiben. Angesichts der Aehnlichkeit mit der Sixtinischen Madonna liegt es nun nahe, jene Nachrichten Vasari's vornehmlich auf das Urbild der Donna velata zu beziehen. Das Bildniss verdankte vielleicht irgend einem Maskenscherze seine Entstehung und dürfte sich unvollendet, wie es ist, im Nachlasse Raphael's vorgefunden haben. Man vermuthet mit Recht in demselben jenes Bildniss der letzten Geliebten Raphael's, das Vasari bei dem Florentiner Kaufmanne Matteo Botti so sehr bewunderte. Eine Reminiscenz daran mag dann einem Fälscher, vielleicht noch einem der industriellen Schüler Raphael's dazu gedient haben, um für die früh entstandene Fabel von der Fornarina in dem Barberini'schen Bilde einen handgreiflichen Anhaltspunkt zu schaffen.

»Der Fürst der Synagoge.« So soll Sebastiano del Piombo in einem Briefe an Michelangelo vom 2. Juli 1518 Raphael spöttisch genannt haben. Wir erfuhren dies zuerst aus dem sogenannten Prachtwerke des Signor Aurelio Gotti: Vita di Michelangelo Buonarotti, Firenze 1875. I, 129. II, 56. Gotti allein genoss die Vergünstigung, nicht bloss die Briefe Michelangelo's, sondern auch die Anderer an diesen in der Casa Buonarolti benützen zu dürfen. Er konnte daher aus jenem Briefe citiren: »Duolmi nel animo, non sette stato in Roma a veder dua quadri, che son iti in Franza del principe de la Sinagoga« und fügte aus Eigenem dem letzten Worte bei im Texte: »cosi chiamava Raffaello« und in der Anmerkung: »Intende dire Raffaello«. Je weniger wir über die persönlichen Beziehungen zwischen Raphael und Michelangelo wissen, desto willkommener ist natürlich jede Andeutung, die sich darauf bezieht. Und vollends ein so knallender Effect, offenbar ein Schimpfwort, das vielleicht auf einen der ätzenden Witze Michelangelo's zurückschliessen lässt. Nachdem Springer schon in seinem »Michelangelo in Rom« S. 58 die Weisheit Gottis arglos herübergenommen, bemerkt er dazu in seinem Hauptwerke S. 354: »nicht der Tadel so sehr, als der Ton, in welchem er ausgesprochen wird,« sei überaus lehrreich. Ein solches Witzwort hat eben leicht den besten Curs. Je weniger man weiss, was man sich dabei denken soll, um so rascher geht es in populäre Bücher über, nistet sich endlich im Bewusstsein der sogenannten Gebildeten ein und ist dann auch nach Generationen nicht wieder auszurotten. (Vergl. Lübke, Geschichte der ital. Malerei II. 346: »so entblödete er sich nicht, Raphael zu nennen«).

Da ist es doch wohl erlaubt, auch die Frage aufzuwerfen, was bedeuten denn die Worte: Principe della Sinagoga, Princeps Synagogae? Der Kundige wird bald einsehen, dass damit keineswegs der Maler Raphael, sondern vielmehr der Erzengel Michael gemeint ist, dessen Epitheta Sebastiano, dem kirchlichen Würdenträger, zwar geläufig, aber gewiss nicht zu Schimpfworten dienlich waren. St. Michael ist erst der princeps gloriosissimae militiae coelestis, oder coelestis exercitus primus, der princeps aethereus, und er vertreibt als solcher die ersten Eltern aus dem Paradies und giebt dem Moses das Signal zur Befreiung, er wird sodann auch vom Herrn zum Hüter der Synagoge bestellt, er streitet für Gideon und jener himmlische Reiter, der Judas Maccabäus vor den Thoren Jerusalems erscheint, soll niemand anders als St. Michael gewesen sein. Im neuen Testament geht dann sein Amt von der Synagoge auf die christliche Kirche über; wie es denn in der Legenda aurea des Jacobus a Voragine zum 29. September von ihm heisst: »Ipse fuit princeps synagoge, sed nunc constitutus est a Domino in principem ecclesiae.« Als solcher ist er dann insbesondere ein Schützer des streitbaren heiligen Petrus, den er aus dem Kerker befreit hat, und ein Patron und Vorkämpfer der Schutzmacht seines Patrimoniums, Frankreichs. Daraus erklärt sich zugleich, warum Raphael gerade ein Bild des heiligen Michael nach Paris zu schicken hatte. Das grosse Gemälde des Erzengels in der Salle carrée des Louvre trägt denn die Jahreszahl 1518. Alle Feindseligkeit Sebastiano's gegen Raphael zugegeben, hat er doch hier unter Principe della Sinagoga sicher nur den Gegenstand des Bildes ohne jede Anspielung auf den Meister verstanden. Warum oder ob bloss der Gegenstand des einen Gemäldes und nicht auch die Darstellung des anderen — vermuthlich der sogenannten heiligen Familie Franz I. — namhaft gemacht wird, entzieht sich meiner Beurtheilung. Uebrigens muss ja der Lesung des Textes bei Gotti immer mit grösster Vorsicht begegnet werden.

So liest er z. B. den Schluss jener Stelle über die zwei nach Frankreich
gesandten Bilder so: »pensate come le cosse; v'anno dua bravi hornamenti.
Recette da Francesi.« Ein schlichter Forestiere würde, glaube ich, lesen:
pensate come le cose vanno. Due bravi ornamenti recetti dai Francesi!

Doch schon steigt mir auch gegen die Nützlichkeit solcher Excurse ein
Bedenken auf, das Bedenken nämlich, ob dieselben auch in so freundlichem
Sinne aufgenommen oder widerlegt werden, als sie geboten sind. Wir Kunsthistoriker sind ein empfindliches Geschlecht. Wir lassen uns nicht gerne be-
rathen und bald bildet jeder Einzelne allein seine Partei. Persönliche Annäherung und Zusammenarbeiten auf Grund einer exacteren historischen
Methode und zur Abwehr der Pfuscherei wäre bei dem übergrossen, noch gar
nicht abgesteckten Umfange des Faches und bei der verhältnissmässig geringen,
mehr schmelzenden als sich mehrenden Anzahl ernsthafter Arbeiter dringend
erwünscht. Ich will beileibe nicht die Verantwortung auf mich laden zum
Gegentheile beigetragen zu haben. Denn niemand wäre zur Führung der
kleinen Schaar geeigneter, als Springer. Möchte es ihm daher nur gefallen,
seine reiche Thätigkeit auf dem ohnedies genügend bebauten politisch-historischen
Gebiete einzuschränken zu Gunsten des kunstgeschichtlichen Zweigfaches, das
seiner Kraft wie seines Namens so dringend bedarf. *M. Thausing.*

Henry Havard. L'Art et les Artistes Hollandais. II. Paris, chez
A. Quantin. 1880.

Von dem Werke, dessen erster Band bereits hier (II. S. 399) kurz
besprochen wurde, liegt jetzt ein zweiter Band von nahezu doppelter Stärke
des ersten vor. Bis auf einige lose Notizen beschränkt sich dieser zweite Band
auf die Biographien der Gebrüder Palamedes und des Govert Flinck.
Ausstattung in Druck und Papier sowie durch einige — übrigens mit dem Text
meist nur oberflächlich in Beziehung stehende — Radirungen entspricht hier wie
im ersten Bande dem, was wir aus der berühmten Pariser Druckerei von
Quantin, dessen Besitzer erst in neuerer Zeit aus eigener Kunstliebe selbständig einen Verlag von Kunstbüchern begründet hat, hervorgehen zu sehen
gewohnt sind.

Entspricht nun der Inhalt dieser äusseren Ausstattung? Ich bedaure,
darauf nicht mit vollem Herzen ja sagen zu können. Dieselben Fehler, welche
der erste Band aufweist, zeigt leider auch der zweite Band: Eine Reihe zum
Theil recht interessanter, zum Theil aber auch herzlich unbedeutender Documente über die holländischen Künstler, denen dieser Band gewidmet ist, wird
mit hochtönenden Phrasen in die Welt gesetzt und mit einem äusserst weit-
schweifigen Ballast biographischer und kunsthistorischer Bemerkungen umgeben;
die eigenen neuen Forschungen und ältere fremde Errungenschaften sind
leider häufig nicht zu unterscheiden, und in anderen Fällen sind die Autoren
nicht genannt; dem biographischen Theil ist jedesmal ein Verzeichniss der
Werke der betreffenden Meister angehängt, das völlig unkritisch und so unvollständig ist, dass sich unschwer die dreifache, ja bei den beiden Palamedes
etwa die fünf- und mehrfache Zahl von Gemälden aufzählen liesse, der Zeichnungen gar nicht zu gedenken. Dabei sind unleidiger Weise die auf Ver-

steigerungen vorgekommenen Werke mit den in bestehenden Sammlungen nach-
weisbaren bunt durcheinander gemischt.

Wo der Verfasser ausnahmsweise über den engen Rahmen der von ihm
behandelten Künstler hinausgreift, scheinen ihm seine Kenntnisse der allgemeinen
Kunstgeschichte zuweilen böse Streiche zu spielen: So heisst es z. B. von
van Dyck, dass derselbe nach seiner Uebersiedlung nach England im Jahre
1632 seine Vaterstadt nicht wiedergesehen habe, während er doch im Herbst
des Jahres 1640 mit seiner Gattin über Antwerpen nach Paris ging, um dort
vom Hofe Aufträge zu erhalten, und später von dort wohl auch wieder über
seine Vaterstadt nach London zurückkehrte. Auch ist H. Havard unbekannt,
dass sich das reizende kleine Bildniss des Palamedes Palamedesz von van Dyck
in der Pinakothek zu München befindet. Eine gute alte Copie besitzt auch der
Herzog von Buccleugh in London in seiner irrthümlich als Originalskizzen geltenden Folge von Bildnissen, die in den Stichen als Ikonographie van Dyck's
allbekannt sind.

Höchst bedauernswerth ist es, dass der Verfasser seine holländischen
Collegen und Vorgänger nicht nur — wie ich eben schon sagte — häufig
nicht erwähnt, wo ihre Forschungen die Quellen seiner Angaben bilden, sondern
dass er sogar soweit geht, an einer Stelle (II. S. 18, Anmerkung) zwei der
verdienstvollsten Männer für die Quellenforschung der holländischen Kunstgeschichte, Dr. A. van der Willigen und Kramm, der gemeinen Fälschung zu
zeihen — und zwar auf Grund einer unglaublich geringfügigen Angelegenheit:
von einer Zeichnung des Jelgersma, die Anthoni Palamedes darstellt, soll
van der Willigen, der sie besass, ein Facsimile betrüglicher Weise haben anfertigen lassen. Muss das gerade zum Zwecke der Fälschung geschehen sein,
wo das Original höchstens einen Werth von zehn Gulden hatte? Ich hoffe,
die Landsleute dieser wackeren Forscher werden H. Havard darauf die Antwort nicht schuldig bleiben, falls sie ihm nicht etwa schon geantwortet haben.

Doch wenden wir uns zu dem Inhalte des vorliegenden Bandes, zu dem,
was derselbe wirklich an Neuem bietet, wofür wir Jedem, als Beitrag zur Herstellung einer kritischen Geschichte der holländischen Malerei aufrichtig zu
Dank verpflichtet sind.

Die erste Abtheilung dieses zweiten Bandes behandelt die Künstlerfamilie Palamedes. H. Havard glaubt zunächst feststellen zu können, dass
in Bezug auff diese »le désarroi semblait en ces derniers temps être arrivé à son
comble«. Dieser Vorwurf der höchsten Confusion würde auch mich persönlich
mit treffen, da ich in meiner Abhandlung über »Frans Hals und seine Schule«
1870 auch den Anthoni Palamedesz Stevers behandelt und dabei seinen jüngeren Bruder Palamedes kurz mit erwähnt habe. Hätte H. Havard dieses allerdings nur wenige Bogen starke Schriftchen beachten wollen, das neben der
Separatausgabe auch in Zahn's »Jahrbüchern« 1871 abgedruckt, im »Spectator« besprochen und mannigfach citirt worden ist, so würde er constatirt
haben können, dass ich die angeblichen Resultate seiner Forschungen zum
grossen Theil dort schon niedergelegt habe. Und zwar nicht nur in Bezug
auf den Umfang und die Abgrenzung der Thätigkeit der beiden Brüder: er

würde dort auch bereits das Jahr 1601 als das wahrscheinliche Geburtsjahr
bezeichnet gefunden haben nach einem Selbstporträt des Künstlers in der
Haussmann'schen Galerie in Hannover mit der Inschrift: Anno 1624. Act. 23.
Wirklich Neues bringt Havard nur Weniges bei, was übrigens begreiflich ist,
da Bleyswijck in der Beschreibung seiner Vaterstadt Delft und nach ihm
de Bie und Houbraken ungewöhnlich ausführlich und auch in der Hauptsache
zuverlässig für beide Künstler sind. Dass Anthoni Palamedes in Delft um
1600 geboren war, dass er sich 1621 (am 6. December) als Bürger von Delft
in die Lukas-Gilde der Stadt als Meister aufnehmen liess und von 1635 bis 1673
wiederholt im Vorstande der Gilde sass, war bereits bekannt, wie u. a. die
kurze Biographie des Meisters in Victor de Stuers' trefflichem Kataloge der
Galerie im Haag (vom Jahre 1874) beweist. Neu ist der Nachweis Havard's,
dass der Künstler die kleine Summe seines Eintrittsgeldes von 6 fl. erst in
vier Jahren abtragen konnte, dass er am 30. März 1630 mit Anna Joosten
van Hoorndijck aus einer geachteten Bürgerfamilie Delft's getraut wurde, und
dass diese im November 1655 bereits verstorben war. Dieselbe Urkunde, welche
Letzteres aussagt, nennt drei Kinder dieser Ehe (Palamedes geb. 1633, Joost
1637 und Maria 1642) und zeigt zugleich, dass damals der Maler bereits im
Besitze von zwei Häusern war. Einige Jahre später vermählte sich Anthoni
Palamedes zum zweiten Male, wie eine von Havard publicirte Urkunde vom
23. Januar 1674 beweist, wonach Aeghien Woedewaerts als Wittwe des Anthoni für ihren dreizehnjährigen Sohn Arthur aus ihrer Ehe mit demselben
vor dem Vorstande des Weescamer erscheint.

Auch von Anthoni's jüngerem Bruder, Palamedes Palamedesz, dessen
Lebensbeschreibung Bleyswijck sogar bis auf die Daten genau gegeben hat,
erhalten wir durch Havard die Urkunde über seine Vermählung mit der Tochter
eines angesehenen Patriciergeschlechts von Delft, Maria Euwouts van S'Grave-
sande, welche mit dem jungen Maler gleichalterig war, am 19. Januar 1630
(getraut am 1. Februar) — also kurz vor seinem älteren Bruder. Beide
Künstler wohnten damals in der Vlamingsstraat, also wohl zusammen. Ein
Testament, welches Palamedes schon im folgenden Jahre 1631 verfasst und
das er auf seinem Todtenbette († 26. März 1638) bestätigt, setzt seine Gattin
zur alleinigen Vormünderin seiner beiden nachgelassenen Kinder ein, über
welche Havard keine näheren Angaben gefunden hat.

Mr. Havard weist in seinem Katalog der Werke des Palamedes Palamedesz nur noch fünf Gemälde desselben in bestehenden Sammlungen nach,
sämmtlich anscheinend ohne sie gesehen zu haben. So selten sind dieselben
aber keineswegs; denn ich selbst sah etwa die zehnfache Zahl. Wo Havard
die Beobachtung gemacht haben kann, dass sich seine Gemälde in den Sammlungen meist unter den Namen von Asselijn und P. de Laar verbergen, ist
mir unverständlich; ich erinnere mich wenigstens nicht, je eines seiner Gemälde, die fast alle seine ganze Bezeichnung tragen, unter dem Namen jener
Künstler gesehen zu haben.

Von einem jüngeren Palamedes Palamedesz (vielleicht den 1633
erstgeborenen Sohn des Anthoni), über dessen abenteuerliches Leben Campo

Weyerman nähere biographische Angaben macht, weist H. Havard ein grosses allegorisches Gemälde auf dem Rathhause zu Nymwegen nach, welches neben dem Namen die Jahreszahl 1662 trägt.

Ueber den Meister A. G. Palamedes, dessen Name nach Waagen's Angabe ein jetzt wegen seiner schlechten Erhaltung in das Magazin verwiesenes Bildchen (eine Wachtstube) unserer Berliner Galerie führen soll, hätte sich H. Havard wohl nicht in weitschweifige Muthmassungen eingelassen, wenn er auf meine oben erwähnte Abhandlung Rücksicht genommen hätte: ich habe darin nachgewiesen, dass Waagen sich verlesen hat, dass die deutliche Bezeichnung einfach A. Palamedes ist und das Bild vom Anthoni herrührt.

Die zweite Abtheilung von Havard's Buche behandelt den Maler Govert Flinck. Sie ist umfangreicher wie die erste Abtheilung, ohne jedoch etwas wesentlich Neues von Belang zu bringen — abgesehen vielleicht von der Mittheilung des in der Kunstgeschichte bisher unberücksichtigten medicinischen Gutachtens über die Wassersucht von Flinck's erster Gemahlin, Ingitta Tovelingh, der geschmackloser Weise sogar eine Abbildung beigegeben wird. Die weitschweifige Biographie folgt Houbraken's ausführlichen Mittheilungen, die ihm vom Sohne des Flinck direct übermittelt waren, sowie der Abhandlung Scheltema's im II. Bande seiner »Amstel's Oudheit«. Beachtenswerth ist, dass H. wahrscheinlich macht, dass der Sohn seine Angaben über den Vater etwas rosig gefärbt zu haben scheint, indem nämlich der alte Theunis Flinck, Govert's Vater in Cleve, nicht rentmeester, sondern schlichter, aber wohlhabender Bleicher war, und dass die Vermögensverhältnisse Govert's zwar sehr günstige waren — das detaillirte Nachlassinventar, welches Havard mittheilt, weist ein Vermögen von etwa 40,000 Gulden auf — aber nicht so aussergewöhnliche, wie uns Houbraken angiebt. In seinen Folgerungen, namentlich in seinen Schlüssen auf das Privatleben und den Charakter, ist Havard zu weilen nicht nur sehr gewagt, sondern auch sehr unwahrscheinlich und abgeschmackt. Wir können und brauchen ihm daher nicht weiter darin zu folgen. Erwähnen will ich nur, dass er den schmutzigen Verdacht gegen Flinck, er habe eine vornehme und reiche Dame (mit beiden Eigenschaften war es keineswegs so weit her!) geheirathet, weil oder obgleich sie mit einer widerwärtigen Krankheit behaftet war, die eine standesgemässe Heirath ausgeschlossen hätte, damit erklärt, dass er »Allemand d'origine, était au-dessus ou au-dessous de ces susceptibilités bataves«. Dass das Verzeichniss der Werke auch für Govert Flinck sehr unvollständig ist, bemerke ich nur beiläufig: Flinck's Gemälde sind keineswegs »sehr selten«, wie Herr Havard meint, zumal wenn man sein kurzes Leben und den bedeutenden Umfang einer Anzahl seiner Bilder in Betracht zieht; ganz grundlos ist aber die Annahme Havard's, dass diese angebliche Seltenheit seiner Werke sich daraus erkläre, dass Flinck den Rembrandt copirt habe und daher seine Bilder jetzt unter Rembrandt's Namen gingen. Selbst in Paris kennt derselbe nicht die Hälfte der Gemälde Flinck's, weder die drei schönen Bildnisse bei Graf Mniszek (von denen zwei das Datum 1637 tragen), noch die Kreuzigung bei der Fürstin von Sagan u. a. m. Die Zweifel an der richtigen Lesart des Datums 1636 auf dem Braunschweiger

Bildniss sind durchaus ungerechtfertigt. Dieselbe Jahreszahl findet sich auch auf einem Porträt, das seinen Lehrer Rembrandt vorstellt, im Besitz des Prof. Bergau in Nürnberg. Dass die beiden Münchener Bildnisse, welche dort irrthümlich dem Rembrandt zugeschrieben werden, nicht G. Flinck und seine Gemahlin vorstellen, zeigt ein Blick auf Flinck's bekanntes Bildniss, von dem auch Havard eine Abbildung giebt. Damit fallen natürlich auch die feinen Vermuthungen des Verfassers über die Haltung der Hände bei der Frau, durch welche angeblich der wassersüchtige Leib derselben verdeckt werden sollte!

Eine sehr dankenswerthe Beigabe des Buches, die den Hauptwerth desselben ausmacht, sind die nach photographischer Aufnahme gemachten zinkographischen Hochdrucke aller wichtigen Urkunden, welche die Künstler betreffen, sowie ihrer Unterschriften.

Als Anhang giebt uns Herr Havard noch auf ein paar Seiten einige verlorene Notizen, welche mindestens von gleichem Interesse sind, wie das ganze Buch. Von Abraham van den Tempel, dem Sohne des Malers Lambert Jacobsz, erfahren wir, dass er am 18. März 1648 in die Gilde seiner Vaterstadt Leiden eintrat und 1660 von dort nach Amsterdam übersiedelte; auch das Geburtsjahr des Meisters, welches bisher in das Jahr 1618 gesetzt wurde, rectificirt er, indem er darauf hinweist, dass Lambert Jacobsz sich erst am 20. Juni 1620 vermählte. — Von Johannes Lingelbach theilt uns Havard seine Vermählung mit Trutje Hendrix Pouw aus Amsterdam am 6. April 1653 mit; da er in dieser Urkunde 29jährig genannt wird, so wird dadurch sein Geburtsjahr, das bisher nach Houbraken in das Jahr 1625 gesetzt wurde, in das Jahr 1624, wenn nicht gar 1623 hinaufgerückt. — In ähnlicher Weise erfahren wir durch die Mittheilung der Vermählungsurkunde des Adriaan van de Velde mit Maria Oudekerk von Amsterdam (am 5. April 1657 zu Amsterdam), dass Adriaan damals 21 Jahr alt war, also nicht 1639, sondern bereits 1636 geboren war. Adriaan wohnte damals bei seinem Vater Willem in der corte coninckstraat. — Schliesslich theilt uns Havard aus dem Amsterdamer Stadtarchiv auch noch die Heirathen von Jan Bronckhorst aus Amsterdam mit der Wittwe Lyutje Davids aus Harlem am 25. Februar 1638, die des Gabriel Metsu (in der Unterschrift, die im Facsimile gegeben ist, schreibt er sich — wie immer — Metsu, nicht Metzu, wie ihn H. schreibt) mit Isabella de Wolf aus Enkhuyzen am 12. April 1658, sowie die des Govert Camphuijzen aus Gorcum mit Nelletje Francken aus Amsterdam am 9. Februar 1647 mit. Govert, der bekannte Thiermaler, war damals 23 Jahre alt, also 1624 oder 1623 geboren; und aus derselben Urkunde geht hervor, dass er einen Bruder Raphael (»Raphel«) hatte, seinen Trauzeugen, der muthmasslich der Landschaftsmaler R. Camphuisen ist, von dem einzelne Bilder — namentlich Mondscheinlandschaften in der Art des Artus van der Neer — bekannt sind.

Mit diesen sehr erfreulichen positiven Resultaten nehmen wir von Havard's Buche vorläufig Abschied. Hoffentlich sind der oder die folgenden Bände knapper und sachlicher gefasst.

Henry Havard. L'Art et les Artistes Hollandais. III. Paris, chez A. Quantin. 1880.

Dem zweiten Bande Havard's ist der dritte auf dem Fusse gefolgt, was freilich nicht Wunder nehmen kann, da auch diesmal die umfangreichste der drei darin enthaltenen Abhandlungen bereits in extenso in der Gazette des Beaux-Arts veröffentlicht war.

Im Allgemeinen gilt auch über diesen Band, was ich vorstehend über den zweiten gesagt habe. Havard behandelt die Maler Jan Beerstraaten, Pieter de Hooch und Pieter Codde. Welche Urkunden er über den Letzteren bringen würde, interessirte mich zunächst und zumeist, was man entschuldigen wird, da ich den Künstler zwar weder entdeckt oder erfunden habe, aber ihn doch wenigstens in die Kunstgeschichte wieder eingeführt und ihm darin seine rechte Stelle angewiesen zu haben glaube. Havard nimmt auf meine Abhandlung (in »Frans Hals und seine Schule«) so wenig als bei den Palamedes Rücksicht. Das einzige Document, welches Mr. Havard über Pieter Codde veröffentlicht, würde allerdings — bei dem gänzlichen Fehlen aller urkundlichen Nachrichten über denselben — von doppeltem Werthe sein. Am 14. Mai 1637 liess sich Pieter Codde aus Amsterdam, damals 27 Jahre alt, in Gegenwart seines Vaters Marten Codde mit der 25jährigen Catharina de Witt aus Amsterdam trauen. War dies wirklich der Maler Pieter Codde? Mr. Havard nimmt dies als zweifellos an. Aber ich bemerke ihm, dass im Privatbesitz in Livland ein in der »Zeitschrift für bildende Kunst« radirtes sehr feines Bildchen des Meisters sich befindet, das neben dem Namen desselben das Datum 1627 trägt; und dass eine Reihe anderer Gemälde, welche grade zu seinen besten Werken gehören, dem Kostüm und dem Charakter ihrer Behandlung nach um dieselbe Zeit oder nur wenige Jahre später gemalt sind. Das grosse Gemälde der Versteigerung Gsell, jetzt bei Mr. Wilson in Paris, trägt das Datum 1633, wie ich schon im »Frans Hals« erwähnt habe. Dass damals, wo die holländische Kunst noch in ihren Anfängen stand, ein Künstler mit 17 Jahren schon Meister gewesen sein sollte, ist zum mindesten sehr unwahrscheinlich. Die weiteren Folgerungen, die H. Havard aus diesem ersten Document zieht, sind auch ohnedem mehr als gewagt: eine Maria Codde, welche sich 1666 mit dem Gewürzkrämer Frederik Bloemmaert aus Utrecht vermählt, glaubt er als die Tochter des Pieter Codde ansprechen zu dürfen, weil sie — bei ihrer Trauung 24jährig — aus jener Ehe geboren sein könnte. Aus demselben Grunde vermuthet er, dass der Maler Carel Codde, als dessen Geburtsjahr die älteren Biographen 1640 angeben, der Sohn Pieter's gewesen sei.

Auf ein sehr interessantes Document, welches sich sicher auf unseren Künstler Pieter Codde bezieht, und welches beweist, dass derselbe im Jahre 1637 ein geschätzter Maler in Amsterdam war, möchte ich bei dieser Gelegenheit aufmerksam machen. Herr de Vries, Assistent am Kupferstichkabinet zu Amsterdam, theilt mir nämlich mit, dass er selbst — glaube ich — eine Urkunde gefunden habe, wonach Pieter Codde den Auftrag erhielt, das 1637 von Frans Hals unfertig gelassene grosse Schützenstück auf dem Rathhause zu Amsterdam fertig zu malen. Welcher Antheil ihm hieran gebührt, hoffe ich bald an einer andern Stelle nachweisen zu können, wo ich dann auch das Verzeichniss der mir von ihm bekannten Werke mittheilen werde, die sich nicht etwa auf einige wenige Stücke beschränken, wie H. Havard meint, sondern auf einige 40—50 Gemälde und eine Reihe Zeichnungen.

Sehr erfreulich ist es, dass Havard's Forschungen uns den ersten sichern Anhalt für eine Biographie des Pieter de Hooch geben. Wir erfahren dadurch, dass der Künstler aus Rotterdam, oder wenigstens aus dem Gebiete von Rotterdam gebürtig war, dass er sich am 18. April 1654 in Delft mit Jannitje van der Burch aus Delft vermählte und sich daselbst am 20. September 1655 als Mitglied der Gilde aufnehmen liess; Ende des Jahres 1657 wird er als von Delft verzogen bezeichnet. Mit einer gewissen Wahrscheinlichkeit führt Havard ferner aus, dass Pieter de Hooch wahrscheinlich der Sohn des Malers Thomas Pietersz, der ein Haus in der Sestienhovensche cade zu Ouderschie bei Rotterdam besass, und seiner Gattin Jannetje Claesz war: ein Sohn dieses Ehepaares wurde am 12. December 1632 auf den Namen Pieter getauft. Für die spätere Lebenszeit des Künstlers führt Mr. Havard die leider durch kein Beweisstück bisher zu erhärtende Hypothese v. d. Willigen's an, welcher einen Pieter de Hooch in Harlem seit dem Jahre 1669 nachweist, woselbst er im Februar 1681 starb; aber dass derselbe Maler war, besagen diese Urkunden nicht, und noch weniger, dass es unser Maler war.

Für eine lange Lebenszeit des P. de Hooch darf man sich nicht auf Bürger's Vermuthung stützen, dass der Maler Koedijck, den er 1681 geboren sein lässt, ein Schüler des P. de Hooch gewesen sei, wie Havard — zwar mit aller Reserve — thut. Schon Kramm hat nachgewiesen, dass der im Jahr 1681 geborene Künstler Koedijck nicht der Maler war, auch nicht Nicolaas hiess, sondern dass er Stecher war und sich (wie die als Quellen citirten Basan und v. d. Willigen richtig angeben) D. Koedijck auf seinen Stichen bezeichnet, welche die Jahreszahlen 1730 und 1731 tragen. Der Maler Koedijck, dessen beide dem P. de Hooch verwandte schöne Bilder in Amsterdam Bürger in seinen »Musées de Hollande« beschreibt, hiess auch nicht Nicolaas Koedijck und war nicht ein Schüler des P. de Hooch, sondern eher ein Vorgänger desselben. Den Beweis dafür liefert ein den in der Vente Braamcamp 1771 beschriebenen Bildern sehr verwandtes Gemälde des Meisters in der Ermitage zu St. Petersburg, das die schöne Bezeichnung J. Koedijck F. 1650 trägt (nicht Kotdijck, wie der Katalog angiebt; das J und K verbunden). Das Bild stellt einen jungen Zecher im Zimmer dar und ist mehr im Charakter des A. Duck als des P. de Hooch gehalten. Von den übrigen mir von ihm bekannten Gemälden in öffentlichen Sammlungen seien genannt: In der Universitätsgalerie zu Göttingen eine Baderstube, in der ein Bader einen Bauern am Fusse operirt (vielleicht das Bild der Versteigerung Lormier) und ein ganz verwandtes Gemälde in der Galerie zu Mannheim, gleichfalls eine Operation darstellend, das im Katalog Brouwer heisst. Beide Bilder sind unter Brouwer's Einfluss entstanden und stehen etwa einem trefflichen Werke des Pieter Quast nahe, sind diesem jedoch noch überlegen.

Der weitschweifige Katalog der Werke des P. de Hooch, welchen Havard der Biographie hinzugefügt, ist nicht nur unvollständig, unkritisch und ein buntes Gemisch nachweisbarer Galeriebilder mit Bildern von Versteigerungen, deren Verbleib nicht angegeben wird: er hat vor Allem den Fehler, dass er dadurch, dass Smith Catalogue raisonné fast einfach und kritiklos dabei copirt wurde, nahezu für die Hälfte aller aufgeführten Bilder die Besitzer vor 40 Jahren und nicht die heutigen Besitzer angiebt, wie es der Leser billig erwartet. Der Katalog ist also schon dadurch praktisch unbrauchbar. Wesshalb hat übrigens Herr Havard das Bild der Berliner Galerie nicht angegeben, obwohl er den Berliner Katalog besitzt und gründlich benutzt hat, wie ich gleich noch zu erwähnen habe? Es heisst davon nur, dass es auf der Vente Schneider 1876 verkauft sei. Die wenigen ächten Gemälde, die Deutschland besitzt, sind fast alle nicht oder am falschen Orte angeführt[1]); das gleiche ist mit den Gemälden in russischem Privatbesitz der Fall. Am grössten aber ist die Verwirrung in den englischen Privatsammlungen aus dem oben erwähnten Grunde: ich hatte noch im verflossenen Jahre bei einem Aufenthalte von mehreren Monaten zum Studium dieser Fundgruben für Kunstschätze aller Art, namentlich aber für Gemälde der holländischen Schule, Gelegenheit zu erfahren, wie rasch und wie sehr insbesondere ein grosser Theil der Gemälde des P. de Hooch den Besitzer und noch mehr den Ort gewechselt hat.

Wie für P. de Hooch, so giebt uns auch für Jan Beerstraaten dieser III. Band von Havard die ersten Ausgangspunkte, um zu einer Biographie des Künstlers zu gelangen. Ich theile sie hier in der kurzen Zusammenstellung mit, die der Verfasser zum Schluss seiner Abhandlung selbst giebt: »Johannes Beerstraaten wurde im Mai 1622 zu Amsterdam geboren, wahrscheinlich in der Beerenstraat, von der er seinen Namen erhalten sollte. Sein Vater, Abraham Jansz, war Küfer, seine Mutter hiess Dieuwer Dierx, seine Pathin Evertje Heinrix. Am 30. Januar 1642 heirathete er Magdalena Bronckhorst von Amsterdam, Tochter des Teunis Teunisz van Bronckhorst von Amsterdam und, aller Wahrscheinlichkeit nach, Nichte des Malers Pieter Bronckhorst[2]). Damals wohnte Jan Beerestraaten bei seinem Vater in der Elandsstraat, im sechsten Hause der Südseite, von der Prinsengracht an gezählt. — Aus dieser Ehe wurden ihm fünf Kinder geboren: Abraham Beerestraaten 1644, Johannes 1653, Jacobus 1658, Magdalena 1660 und Daniel 1661. — Vier Jahre später (1665) starb die Mutter der Kinder, und ihr kleiner Nachlass (von 1000 fl.) lässt uns annehmen, dass die Vermögenslage des Künstlers keine besonders gesegnete war«.

Seine Forschungen über die Familie Beerestraaten führen Havard sodann auch zu dem Resultat, dass es einen Künstler A. Beerstraaten (heisse er nun Alexander oder Abraham), den man als älteren Bruder des Jan zu nennen pflegt überhaupt nicht gegeben habe. Das ist gerade die entgegengesetzte Ansicht der früheren, von Immerzeel vertretenen, welcher auch nur Einen Beer-

---

[1]) Von zwei bezeichneten Bildern bei H. Suermondt jun. in Aachen, Ruinen in Landschaft darstellend, trägt das eine das Datum 1656, während H. Havard das Jahr 1658 als das früheste Datum anführt.

[2]) Ueber diesen Künstler (geb. 1588, gest. 1661) giebt Havard in einem Anhange mehrere Notizen, welche Houbraken's Daten vervollständigen. Er war 1613 Mitbegründer der Gilde zu Delft, deren Vorstand er 1655 und 1656 war; im Jahr 1631 war er bereits verheirathet. Ich bemerke, dass sich Zeichnungen des Künstlers (bez. BHorst) in der Albertina zu Wien und in dem Berliner Kabinet befinden.

straaten kennt, aber grade A. Beerstraaten. Auch Bürger scheint schon
Havard's Ueberzeugung gewesen zu sein, denn er spricht stets nur von Jan B.;
und Kramm glaubt die dem A. B. zugeschriebenen Werke auf ein einziges
beschränken zu müssen. Havard fügt diesem noch ein zweites hinzu, dessen
Facsimile er giebt, behauptet jedoch, dass in beiden Bezeichnungen das J vor
dem A verwaschen sein müsse, dass also ursprünglich J. (Jan) A. (Abrahamsz.)
Beerstraaten zu lesen war. Zur Begründung dieser seiner Ansicht führt
Havard als urkundlichen Beleg an, dass Jan B. mit 20 Jahren als Vormund
für ein Kind seiner verwittweten Schwester auftritt, also sehr wahrscheinlich,
weil ein älterer Bruder nicht vorhanden war, sodann ferner den Umstand, dass
der alte Abraham Jansz B. im Jahre 1639 zum Vormund seiner Nichte ernannt wurde, was nach dem damaligen Herkommen der Obervormundschaft
auf das Fehlen eigener noch unmündiger Kinder schliessen lasse. Diesen
Gründen füge ich noch einen weiteren, für mich entscheidenderen hinzu: die
dem A. Beerstraten zugeschriebenen Gemälde lassen sich von denen des Jan
nicht unterscheiden; sie stellen, wie jene, vorwiegend Küstenansichten oder
Winterlandschaften dar und zwar bei ganz gleicher künstlerischer Auffassungs-
und Behandlungsweise. Dennoch haben wir in unserem provisorischen Verzeichniss der Gemälde Berliner Galerie (1878) beide Künstler beibehalten zu
müssen geglaubt. Wenn uns nun dafür Herr Havard, der diesen Katalog
sonst sehr fleissig benutzt hat und ihn gelegentlich als sehr beachtenswerth
bezeichnet, die Eigenschaft eines »biographe sérieux« abspricht, so muss ich
diesen Tadel für mich allein in Anspruch nehmen, da grade ich die niederländischen Künstler des Katalogs bearbeitet habe. Ich bitte nur Herrn Havard
zu berücksichtigen, dass nicht etwa das Monogramm A. v. B. auf einem Bilde
unserer Galerie allein uns als Basis unserer Ansicht gedient hat, wie er uns
zumuthet, dass aber noch weniger dieses Bild — die von ihm selbst angeführten
Bilder scheint er als uns selbstverständlich nicht bekannt vorauszusetzen — allein
die Bezeichnung A. Beerstraaten trägt oder gar allein in den Museen unter dem
Namen A. Beerstraaten vorkommt: vielmehr ist von den in seinem eigenen
Verzeichniss der Werke Jan Beerstraaten's aufgeführten Bildern das beim Herrn
J. P. Six zu Amsterdam im Katalog der Ausstellung in Arti et Amicitiae von
1872, wo es sich befand, ausdrücklich als die Bezeichnung A. Beerstraat
tragend (das Datum 1645 auf dem Bilde führt weder dieser Katalog noch
Hr. Havard an) angegeben; ferner ging die Winterlandschaft in der Galerie zu
Copenhagen (Schloss Christianborg) von jeher als A. Beerstraaten und ebenso
das Innere einer Kirche ebendaselbst. Der neue sorgfältig gearbeitete Katalog
dieser Sammlung von Bloch fügt bei ersterem Bilde auch die ganze Bezeichnung: A. Beerstraaten 1664, hinzu. Die gleiche Bezeichnung las ich auf
einem Gemälde der Galerie des H. Wesselhoeft in Hamburg, das dort Jan
Beerstraaten hiess; und die öffentliche Galerie daselbst führt gleichfalls neben
einem Bilde von Jan B. ein solches von A. Beerstaaten auf. — — Wo uns
bisher für die Existenz des einen wie des anderen Meisters jedweder Anhalt
ausser den Bezeichnungen und Daten auf ihren Bildern fehlte, glaubten wir
auf die oben angeführten Benennungen und Inschriften hin, den A. Beer-

straaten noch nicht einfach streichen zu dürfen. Das entsprach und entspricht
noch unserer Anschauung eines »biographe sérieux«.

Ich habe oben die von Havard erhobenen Bedenken, welche gegen einen
Künstler A. Beerstraaten sprechen, aus dem Charakter der Bilder selbst noch
wesentlich verstärkt. Dennoch glaube ich auch jetzt nach der Veröffentlichung
der urkundlichen Belege Havard's, dass es zunächst einer genauen Prüfung
der Inschriften auf allen Gemälden und Zeichnungen bedarf, ehe endgültig
darüber entschieden werden kann, ob der Maler A. Beerstraaten als abgethan
und J. A. Beerstraten als der alleinige Urheber aller bisher auf beide Künstler
vertheilten Bilder zu betrachten sei. Als ersten Beitrag zu diesem Studium
führe ich hier zum Schlusse an, dass wir die Inschrift auf unserer kleinen
Winterlandschaft, die den Charakter eines Beerstraaten für keinen Kenner
des Meisters verläugnet, in unserer Gegenwart genau haben reinigen lassen und
dass sich dabei das V, welches mit dem A verbunden war, allerdings noch als
Ueberbleibsel aus der Fälschung des Monogramms in das des Aart van der Neer
erwiesen hat und daher bei leichtem Putzen verschwand, dass dagegen die
Buchstaben A. B. F. auch dem schärfsten Putzwasser widerstanden und somit
als zweifellos ächt anzusehen sind. Ein Punkt über dem A., der etwa auf
J. A. B. schliessen liesse, ist absolut nicht zu entdecken. Ebenso wenig darf
man aber annehmen, dass früher ein J vor dem A gestanden habe: denn das
Monogramm ist auf einem schmalen Brett angebracht, auf welchem kein Buchstabe vor dem A. mehr Platz hätte [1]).   *Bode.*

Schrift, Druck, graphische Künste.

Gustave Gruyer, Les Illustrations des écrits de Jérome Savonarole,
publiés en Italie au XVe et XVIe siècle, et les Paroles de Savonarole sur
l'art. Ouvrage accompagné de 33 gravures exécutées d'après les bois originaux
par A. Pilinski et fils. Paris, Librairie de Firmin-Didot et Cie 1879.

Die wichtige Rolle, welche Savonarola in der Kunstgeschichte von Florenz
gespielt, der gewaltige Einfluss, den sein Wort und seine Persönlichkeit auf
die ersten Meister seiner Zeit ausgeübt hat, ist männiglich bekannt. Man
braucht kaum an Sandro Botticelli, Lorenzo di Credi, Fra Bartolommeo oder
Michelangelo zu erinnern. Dass dieser Einfluss kein blos destructiver, dass
der redegewaltige Prior von San Marco trotz seiner asketischen Richtung nichts
weniger als ein Verächter von Kunst und Wissenschaft gewesen sei, darüber
sind heute wohl auch weitere Kreise bereits aufgeklärt. Dennoch haben die
Wenigsten genaue Kenntniss von den betreffenden positiven Anschauungen
und Forderungen Savonarola's, und wer hätte die betreffenden Stellen alle in
den zerstreuten, zum Theile seltenen Schriften des Florentiner Propheten nach-
gelesen! Es ist daher sehr dankenswerth, dass ein Kunsthistoriker, der zugleich
zu den gründlichsten Kennern von Savonarola's Leben und Wirken zählt, sich

---

[1]) Wie ich nachträglich erfahre, bringt der »Nederlandsche Kunstbode« in
seinen letzten Lieferungen einen Artikel über Govert Flinck und einen anderen über
Pieter de Hooch, welche für diese Meister mein oben ausgesprochenes Urtheil über
Havard's Aufsätze bestätigen und vervollständigen.

der Mühe unterzogen hat, alle diese auf Kunst bezüglichen Aussprüche Savonarola's zusammenzustellen. Die französische, übrigens sehr sorgfältige und genaue Uebersetzung thut dem rhetorischen Schwunge des Predigers auch im deutschen Ohre wenig Eintrag. Dem Sinne nach angeordnet und durch einige passende Worte hier und da mit einander verbunden, bilden diese Aussprüche ein ganzes ästhetisches Glaubensbekenntniss. Mit Recht bemerkt Gruyer, dass ein Prediger einem so von Kunst durchtränkten Volke gegenüber, wie das florentinische es war, dieses Mittels nicht entbehren konnte und dass Savonarola daher selbstverständlich immer wieder auf das Capitel der bildenden Kunst zurückkam. Er erklärt das Schöne mit Hilfe einer Art von in's Christliche übersetzter platonischer Ideenlehre: Die beste Kunst ist die lebendige Natur, da sie das Werk Gottes ist; in der körperlichen Schönheit wohnt aber eine höhere seelische, moralische, welche jene beeinflusst, übertrifft und erhöht und nach der es also zu streben gilt; sie wird auf dem Wege des Gebetes und der christlichen Uebungen erreicht. Zu dieser überirdischen, göttlichen Schönheit soll sich die Kunst überall zu erheben trachten, sie soll also idealisiren. Sokrates und Aristoteles helfen ebenso mitbeweisen wie St. Thomas und St. Benedict. Nicht Alles ist aber der künstlerischen Darstellung werth, es muss christlich, muss heilig sein; vor allem ist es der Crucifixus, an dessen Anblick sich die Seele erbauen soll. Um aber die kirchliche Kunst würdig zu üben, muss man selbst ein guter Christ sein, denn, im ideellen Sinne genommen, male doch jeder Maler nur sich selbst. Savonarola eifert daher gegen die Profanation der kirchlichen Malerei, dieses Buches der Frauen und Kinder, wenn man z. B. in den Figuren der dort Dargestellten stadtbekannte Persönlichkeiten oder gute Freunde wiedererkenne. Dessgleichen eifert er gegen die Ausschmückung der Gemächer mit, den Sinnen wohlgefälligen oder gar unanständigen Gemälden. Die letzteren, deren Begriff er vermuthlich recht weit fasste, solle man schon aus Rücksicht auf die Kinder gar nicht malen lassen. Er verwehrt zwar nicht das Studium des Nackten, möchte es jedoch auf die Malerwerkstatt beschränkt wissen. Aber nicht blos anständig sollen die Darstellungen der kirchlichen Kunst sein, sie sollen auch nicht durch ihre Mittelmässigkeit Lachen erregen; sie sollen daher nur von ausgezeichneten Meistern ausgeführt sein.

Das sind freilich nicht die Anschauungen über Kunst, die in den Köpfen der Mehrzahl der damaligen florentinischen Meister lebten und die Führung des Zeitgeschmackes behaupteten. Es ist begreiflich, dass sich so mancher von ihnen von Savonarola's Busspredigten getroffen fühlte. Noch weniger aber spricht Feindseligkeit gegen die Kunst überhaupt aus denselben. Wie wäre das auch denkbar bei einem Manne, der so recht zwischen seinen Klosterbrüdern Fra beato Angelico und Fra Bartolommeo mitten inne steht, von jenem gewiss eben so beeinflusst, wie er diesen mächtig angezogen hat. Mit Beider Kunstübung stimmt seine Lehre vortrefflich zusammen und wie sie hat dieselbe allerdings etwas einseitig Kirchliches, Stationäres, um nicht zu sagen Reaktionäres; denn jene beiden Künstlermönche repräsentiren doch nur die eine von den vielen Seiten des Kunstlebens von Florenz.

Die Zusammenstellung von Savonarola's Aussprüchen über Kunst bildet aber nur den Anhang von Gruyer's Werk. Dessen erster Theil und Hauptgegenstand ist die genaue Verzeichnung und Beschreibung der Holzschnitte, welche die im 15. und 16. Jahrhunderte in Italien gedruckten Schriften Savonarola's zieren. Sie bilden sozusagen den Tribut, welchen die Kunst ihrem verketzerten Fürsprecher gezollt hat. Es sind meist Florentiner und Venediger Drucke, welche diese Illustrationen enthalten, alle mehr oder minder Seltenheiten. In Ermangelung eines andern Eintheilungsgrundes und zur Erleichterung der Uebersicht hat Gruyer die in der Kupferstichkunde bräuchliche Anordnung nach Gegenständen beobachtet; erst die des alten Testamentes, dann die des neuen, dann die Heiligengeschichte, dazu die geistlichen Darstellungen, wie die Illustration der populären Ars moriendi; endlich die Bilder, welche Savonarola selbst und seinen Schicksalen gewidmet sind; zunächst sein Bildniss, dann wie er predigt, ferner seine verschiedenen Missionen und Begegnungen theils nach der Wirklichkeit, theils aus der Phantasie entlehnt. Da dieselben Holzschnitte in verschiedenen Schriften wieder vorkommen und da weder Zeichner noch Formschneider bekannt sind, blieb fast keine andere Art der Anordnung übrig. Auch so bildet das genaue Verzeichniss einen schätzbaren Beitrag zur Geschichte des noch so wenig erforschten italienischen Holzschnittes. Begreiflicherweise überwiegt aber das Stoffliche, das culturhistorische Moment, das diese Bildwerke zu einer Gruppe verbindet, wenn man auch sieht, dass es keine untergeordneten Meister waren, deren Zeichnungen den Schneidemessern überantwortet wurden. Die Facsimile des durch sein Imitationstalent weltbekannten Pilinski kommen gewiss den so schwer zugänglichen Originalen bis auf's Haar nahe, dessen sind wir sicher. Dass der Text von gründlichen Anmerkungen und Registern begleitet und dass die äussere Ausstattung des ganzen Buches eine glänzende ist, dafür bürgen schon die Namen von Verfasser und Verleger.   *M. Thausing.*

Der Sachsenspiegel. Landrecht und Lehnrecht. Nach dem Oldenburger Codex picturatus von 1336 herausgegeben von A. Lübben. Mit Abbildungen in Lithographie und einem Vorworte zu denselben von F. von Alten. Oldenburg 1879, Schulze'sche Hofbuchhandlung und Hofbuchdruckerei C. Berndt und A. Schwarz.

In wieferne die vorliegende Textesausgabe der Oldenburger Bilderhandschrift dem Juristen oder Sprachforscher erwünscht und brauchbar erscheint, wollen wir diesem zu beurtheilen überlassen; uns erübrigt die beigegebenen Tafeln und v. Alten's Vorwort zu besprechen, der nach des Herausgebers Absicht darüber »aus näherer Kenntniss das Weitere« geben sollte. Vorerst befremdet die Auswahl: Unter den zwölf publicirten Bildern von beiläufig 600 der Handschrift werden fünf aus sonstigen mittelalterlichen Denkmälern sattsam bekannte Schemata geboten (die überdiess schon von Spangenberg, Beiträge Taf. V u. VII, publicirt sind): Christi Geburt, das Glücksrad, der Schreiber inspirirt vom h. Geiste, Gott thronend auf dem Regenbogen und die Erschaffung Adams. Diese so wie die sieben weiteren, welche Rechtsvorgänge illustriren, bleiben ohne jede sachliche Erklärung, so dass wir eigentlich nicht wissen, für wen sie mitgetheilt werden. Dem Juristen sind sie unverständlich, dem Archäologen, der sie erklären könnte, in dieser Auswahl nutzlos. Zur Charakteristik des Vorworts sei erwähnt, dass der Verfasser aus der Darstellung der Geburt Christi, die von den altchristlichen Elfenbeinreliefs bis in's späte Mittelalter unverändert bleibt, die »Innerlichkeit, das reinmenschliche der Empfindung« des Illuminators folgern will. Unbegreiflich bleibt uns die Art, wie er sich über die Filiation der Bilderhandschriften des Sachsenspiegels verbreitet. Die nahe Verwandtschaft des Dresdner und Wolfenbüttler Codex bezeichnet er als »eine Aehnlichkeit, welche sich zwischen dem Dresdner und Wolfenbüttler in Bezug auf die Erfindung bis zur völligen Gleichheit steigert«. Dem Zeichner seiner Handschrift vindicirt er vollkommene Originalität und will die Uebereinstimmung mit den Bildern anderer Handschriften nur aus der Gleichheit des zu Grunde liegenden Textes erklären. Hielt er die Darstellungen von Menschen mit zwei Köpfen und vier Händen, um auf einander folgende Handlungen ein und derselben Person zu veranschaulichen, für so allgemein im späteren Mittelalter, dass man an verschiedenen Orten in Deutschland bei Illustration derselben Vorgänge unabhängig von einander auf dieses Ausdrucksmittel hätte verfallen können? Oder darauf die Zinnstage, um bei einer seiner Tafeln zu bleiben (zu p. 59 II. 58, 2) durch dieselben Symbole und durch Heilige in derselben Action zu bezeichnen wie die Heidelberger Handschrift (vergl. Kopp, Bilder u. Schr. I. 61)? Ueberdies hätte er gerade aus diesem Blatte ersehen können, dass der Zeichner des Oldenburger Codex nicht die Bilder zu seinem Texte erfunden hat, sondern sie aus einem verlorenen Archetypus muss genommen haben. Im Oldenburger Text folgen die Zinnstage: Walburg, Bartholomäus, Johannes, Margaretha, auf dem Bilde dazu Bartholomäus, Walburg, Wurzelweihe, Johannes, Margaretha nach der gewöhnlichen Reihung anderer Handschriften, von welchen wir nur die berühmte Berliner hervorheben wollen. Und wie in diesen Handschriften ist auf dem Oldenburger Bilde die Wurzelweihe symbolisirt durch Kräuterbüschel und durch die Gänse, welche gesteuert werden müssen, obwohl sie im Texte fehlt, zwischen Walburg und Johannes gesetzt. Nicht glücklich hat er sich des breiteren über Goethe's Wunsch ergangen, das Interesse für diese Bilder anzuregen, denn Büsching, an den diese Aufforderung gerichtet war, hat ihr vor mehr als 60 Jahren gewiss nicht schlechter als der Autor heute entsprochen. Hoffentlich wird die vorliegende Publication einer besseren und vollständigen nicht hindernd im Wege stehen. *F. W.*

Heinrich Anselm Versteyl. Die heiligen Monogramme. Fünfzehn Blätter nach älteren Mustern gezeichnet und erläutert. Düsseldorf. Verlag der L. Schwann'schen Verlagsbuchhandlung.

Das Heft enthält 15 sauber ausgeführte Blätter, deren jedes sechs Monogramme in rothen Umrissen gedruckt aufweist.

»1. Blatt« enthält I und X verschlungen. »2. Blatt« Alpha und Omega. 3—7. Blatt I. H. S. in mannigfachen Variationen. 9—13. Maria, 14. Joseph, 15. Petrus, Paulus, Johannes und verwundete Herzen mit Umschriften. In der Zeichnung verdient besonders das häufig wiederkehrende recht hübsch stylisirte

Blattwerk Anerkennung. Das Vorwort gibt folgende Erklärung über die Entstehung dieser Monogramme: »Dieselben sind ohne Rücksicht auf Ursprung nach und nach angesammelt und gelegentlich von befreundeter Hand zugestellt worden. Anfänglich lag es in meiner Absicht, dieselben einem grösseren Publicum zugänglich zu machen. Daher (?) würde jetzt nur eine höchst ungenaue und unvollständige Quellenangabe erfolgen können.« — Gewiss sind die Monogramme mit Fleiss und Liebe entworfen, die Feuerprobe einer wissenschaftlichen Kritik dürften sie indess schwerlich bestehen können, da mit den authentischen Vorbildern, wo solche überhaupt in Betracht kamen, doch ziemlich willkürlich umgegangen wird. *J. P. R.*

Kunstindustrie.

K. Krumbholz, Prof. in Dresden, Das vegetabile Ornament. f°. In Heften. Dresden, Gilbers.

O. Hölder, Prof. in Rottweil, Vorlegeblätter für techn. Freihandzeichnen auf Grund botanisch-artistischer Studien in ihrer Anwendung auf das Kunstgewerbe. **Eingelegte Arbeiten für Schreiner und Ebenisten.** f°. In Heften. Wien, Hölder.

Nicht seit gestern erst ist der Wunsch laut geworden, dass bei der Ausbildung der Zeichner für das Kunstgewerbe mehr als bisher das Gewinnen neuer ornamentaler Motive aus dem Pflanzenreich in's Auge gefasst werden möge. Was in früheren Jahrhunderten überall ganz natürlich, sozusagen unbewusst vor sich gegangen ist, und was die Sticker, Teppichknüpfer, Goldarbeiter u. s. w. in weniger civilisirten Ländern noch heute nicht verlernt haben, die Umbildung der Naturformen in ornamentale, das muss bei uns erst förmlich gelernt und gelehrt werden, weil wir nun einmal gewohnt sind, bei allem und jedem nach den Regeln der Grammatik zu fragen. Man schreibt nicht nur die wenigen ornamentalen Motive der Antike immer wieder getreulich ab, sondern wagt nicht einmal in dem naturalistischen Zweig- und Blattwerk der Gothik oder in dem Arabeskenflor der Renaissance die geringste Neuerung. Was die Künstler des fünfzehnten und sechzehnten Jahrhunderts nicht verwendet haben, zufälligerweise oder weil sie es nicht kannten, das existirt auch für die heutige Kunst beinahe gar nicht; höchstens begegnen wir einmal in Blumen- und Fruchtgehängen oder in den ornamentalen Versuchen von Blumenmalerinnen neuen Typen. Die beiden obengenannten Werke haben nun den Zweck, zu zeigen, wie der Ornamentist seinen Formenschatz fort und fort vermehren könnte. Sie geben Blüthen-, Blatt-, Fruchtformen in ihrer natürlichen Erscheinung und daneben in Umbildung zum Ornament, — zugleich Vorlagen und Anregungen. Aber die beiden Autoren schlagen doch sehr verschiedene Wege ein. Während Krumbholz für das ganze Gebiet der Flächenornamentation sorgen will, beschränkt sich Hölder auf die Holzintarsia; Ersterer liefert freie Compositionen, Letzterer verwendet die Naturformen, je nachdem sie ihm für einen der drei Hauptstile unseres Jahrtausends angemessen erscheinen; bei Jenem besteht das Stilisiren eigentlich nur im Herstellen der Symmetrie, wogegen dieser der Natur nur das charakteristische

Motiv entlehnt. Allein abgesehen von der naturalistischen Richtung des Einen, der stilistischen des Anderen, ist Hölder seinem Concurrenten in jeder Beziehung überlegen, seine Publication für praktische wie für didaktische Zwecke ungleich geeigneter. Seine Compositionen sind durchdacht, die Formen streng durchgebildet und, soviel wir beurtheilen können, technisch ausführbar, während bei Krumbholz Verstösse gegen die elementaren Stilgesetze nicht selten sind, und die Farbengebung häufig befremden muss. Rechten Nutzen können solche Vorlagen allerdings immer nur stiften, wenn der Lehrer sie als Ausgangspunkt nimmt, um den Schüler zu selbständiger Thätigkeit anzuleiten.

La Reliure française depuis l'invention de l'imprimerie jusqu'à la fin du XVIII° siècle. Par MM. **Marius Michel.** 4°, IV—144 S. mit zahlreichen Heliogravuren und Holzschnitten. Paris, Morgand & Fatout. 1880.

Im Jahre 1878, bei Gelegenheit der Ausstellung in Paris, liessen die Herren Marius Michel, »relieurs-doreurs«, ein Schriftchen über die äussere Buchausstattung erscheinen, in welchem der Entwickelungsgang der französischen Buchbindung wesentlich an der Umbildung der von den Buchmalern und den Buchdruckern entlehnten Ornamentmotive nachgewiesen wurde. Das vorliegende, vortrefflich ausgestattete Werk ist die weitere und breitere Ausführung desselben Thema's. Der Text behandelt umständlicher die Anfänge einer nationalen Buchornamentation, den massgebenden Einfluss italienischer Vorbilder, die Besonderheiten des Stils Heinrichs II., Heinrichs III., Heinrichs IV., Ludwigs XIII. und XIV. und endlich die trockene, formalistische Richtung des vorigen Jahrhunderts; er giebt ferner schätzbare biographische Daten über die hervorragendsten Künstler auf diesem Gebiete. Viel wichtiger ist aber das Mehr in künstlerischer Beziehung. Während der erwähnte Vorläufer nur die hauptsächlichsten Motive als Erläuterung in den Text eingefügt hat, lässt das grössere Werk die Umbildungsprocesse sich vor unseren Augen vollziehen, theils in Detailabbildungen, theils in heliographischen Reproductionen besonders charakteristischer Einbände. An der für die Geschichte des Bucheinbandes höchst dankenswerthen Gabe ist nur eins auszusetzen: der gänzliche Mangel eines Inhaltsverzeichnisses. *B.*

— — —

Litteratur über Museen, Ausstellungen, Kunstinstitute.

Statistisches Handbuch für Kunst und Kunstgewerbe im Deutschen Reiche 1880. Berlin, Weidmann'sche Buchhandlung. Kl. 8°, V. 311 S., geb.

Die Herausgeber machen in dem Vorwort auf die Schwierigkeiten aufmerksam, welche einem ersten Versuche dieser Art entgegenstehen. Diese wird Niemand verkennen, und Niemand wird anstehen, der Auffassung beizustimmen, dass »ein, wenn schon mangelhafter Anfang gemacht werden musste, um in einem zweiten Jahrgange — welcher für den Januar 1881 in Aussicht gestellt wird — Vollständigeres bieten zu können.« Da bei der Lage der Dinge in Deutschland amtliche Quellen wohl nur ausnahmsweis zur Verfügung standen, die Herausgeber vielmehr auf das grössere oder geringere Entgegenkommen der Directionen, Sammlungsvorstände u. s. w. angewiesen waren, so liess sich allerdings Lückenhaftigkeit gar nicht vermeiden, zu schweigen von systematischer Gleichmässigkeit der Angaben. Nun das Handbuch einmal erschienen ist, wird eine allgemeinere Bereitwilligkeit, das Unternehmen zu unterstützen, sich wohl von selbst ergeben; schon der Ehrgeiz pflegt in solchen Fällen das Seinige zu thun. Der Inhalt gliedert sich folgendermassen: 1. das kais. deutsche Institut für archäologische Correspondenz in Berlin, Rom und Athen; 2. öffentliche Kunstsammlungen einschliesslich des Privatbesitzes regierender Häuser, aber mit Ausschluss derjenigen Sammlungen, welche mit Lehranstalten verbunden sind, sowie aller selbständigen vorgeschichtlichen, naturwissenschaftlichen und ethnographischen Museen; 3. Lehranstalten und zwar Universitäten, d. h. Vertretung der Archäologie und der Kunstgeschichte an denselben und die einschlägigen Sammlungen, Publicationen etc., technische Hochschulen, Kunstakademieen, Kunst- und Kunstgewerbeschulen etc.; 4. Kunstvereine und ähnliche Institute; 5. die wichtigsten Staatsbehörden der Kunstverwaltung; Sach- und Ortsregister. Für den zweiten Jahrgang wird eine Erweiterung der Plane nach zwei Richtungen hin verheissen: es sollen einerseits die kunstgeschichtlichen, kunstgewerblichen und Alterthumsvereine, sowie die fachlich sich bethätigenden Künstler-Vereine, anderseits Oesterreich mit einbezogen werden. Beides wird sehr willkommen sein. Aber wäre nicht auch gleich die Schweiz zu berücksichtigen? *B.*

Champler, Victor, Secrétaire du Musée des arts décoratifs: Les Beaux-arts en France et à l'Étranger. L'Année artistique. 8°. Paris, Quantin.

Dieses 1879 in's Leben gerufene Jahrbuch ist nun zum zweitenmal erschienen und man darf hoffen, dass dasselbe wie Figuier's l'Année scientifique und ähnliche Unternehmungen sich fest einbürgern werde. Dem Umfange nach unterscheidet sich der zweite Jahrgang kaum von dem ersten, anstatt 700 werden 726 Seiten geboten. Da aber diesmal der beträchtliche Raum, welcher 1879 der letzten Weltausstellung gewidmet werden musste, disponibel geworden ist, anderseits mancherlei Mittheilungen über die Organisation von Behörden und Kunstanstalten nicht wiederholt zu werden brauchten, konnte innerhalb jener Grenzen ein viel reicherer Stoff angehäuft werden. Die wichtigste Neuerung ist das sogen. Repertoire: eine Uebersicht der Kunstbehörden, Sammlungen, Lehranstalten und Vereine, des Personals derselben und gelegentlich auch der Statuten etc. Dieselbe ist vollständig für Frankreich, für die übrigen Länder meistens noch recht dürftig. Während dort alle provinziellen Alterthumsvereine, Kunst- und Gewerbeschulen etc. aufgeführt sind, vermissen wir beispielsweise in der Abtheilung Deutschland alle ausserhalb Berlins befindlichen Anstalten, in Oesterreich die Centralcommission, die polytechnische Hochschule, die Kunstgewerbeschule, die Graveurakademie, sämmtliche Anstalten in den Kronländern mit Ausnahme der Akademie in Prag und der Kunstschule in Krakau. Ungarn fehlt gänzlich, dafür erscheinen »Galicie et Pologne«(!) noch einmal selbständig und nehmen denselben Raum ein wie »Autriche«. Natürlich ist die Redaction von ihren auswärtigen Mitarbeitern abhängig, und diese sollten sich an ihrem schweizer Collegen ein Beispiel nehmen. Die folgenden fünf Capitel behandeln die Veränderungen in der Administration Frankreichs, den Salon und andere pariser Ausstellungen, das Hôtel Drouot, Vereine und Ausstellungen in den Provinzen. Dann kommen England, Deutschland, Oesterreich, Galizien und Polen, Russland, Schweden, Belgien, Holland, Schweiz, Italien, Griechenland, Japan und die drei letzten Abschnitte sind der nach Fächern geordneten Bibliographie, der Nekrologie und den officiellen Actenstücken für Frankreich gewidmet.

Ueber den Werth der räsonnirenden Artikel wird man verschiedener Ansicht sein können; unseres Bedünkens sollte ein solches Werk sich auf positive Daten beschränken. Für wen kann eigentlich das Mosaik von Aussprüchen der pariser Kunstreferenten über Bilder und Statuen des Salon von Nutzen sein? Was das Ausland anbelangt, beklagt Champier sich bitter über die Unmöglichkeit, authentische Mittheilungen aus Rom zu erhalten und rühmt dem gegenüber das Entgegenkommen namentlich der britischen und deutschen Behörden. In der That wird der Deutschland betreffende Abschnitt des »Repertoire« durch die Daten im eigentlichen Annuaire hinlänglich ergänzt, was von der Abtheilung Oesterreich nicht gesagt werden kann. Es ist bezeichnend, dass von den zwei Druckbogen über die Kunstpflege seitens des Staates, des Hofes, der Vereine etc., über Ausstellungen, Publicationen, Versteigerungen u. s. w. u. s. w. ungefähr sechs Seiten der Gesellschaft für vervielfältigende Kunst eingeräumt sind und der Verfasser dieses Beitrags bedauert, wegen seines Verhältnisses zu dieser Gesellschaft sich grösserer Ausführlichkeit enthalten zu müssen! Dass neben Gabriel Max auch der Maler Michael Zichy zu einem Gabriel gemacht ist, hat allerdings nicht viel zu bedeuten (ein Glück, dass keiner von beiden zum Raphael ernannt wurde!) — aber eine so willkürliche Auswahl aus der Kunstlitteratur des Jahres kann unmöglich gutgeheissen werden. Diese Bemerkung gilt ebenso für Deutschland. Offenbar wäre es zweckmässiger, einen Mitarbeiter mit der Abfassung einer Bibliographie zu betrauen, welche die Erscheinungen in deutscher Sprache ohne Rücksicht auf den Verlagsort und ohne Raisonnement, aber vollständig und genau zu enthalten hätte. Bei den vielfachen Berührungspunkten zwischen Deutschland und Oesterreich wird getrennte Bearbeitung beider Gebiete immer einerseits Wiederholungen, anderseits Lücken und Irrthümer zur Folge haben (so figurirt unter den deutschen Erscheinungen Constant v. Wurzbach's Buch über Steinle, wird aber dem Sohne des Verfassers, Alfred v. Wurzbach, zugeschrieben). Allerdings müsste auch die Correctur von einem Deutschen gelesen werden, denn jetzt wimmeln die deutschen Namen, Büchertitel u. s. w. von Druckfehlern. *B.*

Der Cicerone. Eine Anleitung zum Genuss der Kunstwerke Italiens von **Jacob Burckhardt.** Vierte Auflage. Unter Mitwirkung des Verfassers und anderer Fachgenossen bearbeitet von Dr. Wilhelm Bode. I. Theil: Antike Kunst. II. Theil (in drei Bändchen): Mittelalter und Renaissance. Leipzig, Verlag von E. A. Seemann. 1879.

Burckhardt's Cicerone in seiner ersten Form (1855), ohne Noten, ohne kritisch-historische Randglossen, gehörte nicht bloss zu den inhaltreichsten, sondern auch zu den originellsten Büchern, welche in den letzten Jahrzehnten an das Licht traten. Ein genialer Mensch sprach daraus, feinfühlig, schönheitbegeistert und mit dem vollen überzeugenden Ton eines Mannes, der im geistigen Centrum der Epoche steht, deren Schöpfungen er uns deutet. Und diese Deutung war ohne jegliche Aufdringlichkeit; sie schlug nur den vollen sicheren Grundton an, das Weitere war dem Vermögen und der geistigen Art des Beschauers überlassen. Ja, aber die Bestimmtheit dieses Grundtons! Ein Satz, eine Zeile wirft nicht selten ein so starkes Schlaglicht auf ein Werk, eine Individualität, eine Richtung, dass geradezu nun erst deren wahre Bedeutung für die Gesammtentwicklung offenbar geworden zu sein schien. Wie zahlreich sind die Aussprüche dieses schlichten ästhetischen Führers, die mit autoritativem Werth in kunstgeschichtlichen Monographieen und Compendien streng wissenschaftlichen Charakters angeführt werden! So aus dem Vollen heraus hat eben seit Winckelmann kein Autor mehr über Kunst geschrieben, und wie Winckelmann's Geschichte der Kunst des Alterthums trotz aller Detailberichtigungen der Schlüssel zum Verständnisse der antiken Kunst bleibt, so wird diese hohe Stellung Burckhardt's Cicerone zum Mindesten für die Kunst der Renaissance in Italien unanfechtbar bewahren.

Fünfundzwanzig Jahre sind seit dem ersten Erscheinen des Buches verflossen; Italien behielt seine Anziehungskraft nicht bloss für den Laien, sondern auch für den Forscher; die Geniessenden blieben so zahlreich wie die Arbeitenden. Als daher der Cicerone nach vierzehn Jahren das stille Dunkel seines ersten Verlagsortes verliess, erschien er nicht bloss auf soliderem Papier, es hatten sich auch unter Führung Zahn's Gelehrte zusammengefunden, welche die Forschungsresultate der letzten Jahre in Form kritischer Anhängsel dem Buche anfügten. Der Autor selbst, der Bücher nicht macht, sondern dem das Buch eine Schöpfung ist, wie dem Künstler das Kunstwerk, hielt sich der Bearbeitung ferne. Die Nachträge von Mündler, Bode u. A. zur dritten Ausgabe (1874) füllten schon ein eigenes Heft. Der Laie, der jetzt diesem Cicerone sich anvertraute, konnte in nicht geringe Seelenangst gerathen; was der Text sagte, dem widersprachen nicht selten die Noten, und da konnte es auch wieder vorkommen, dass die Noten noch zu guter Letzt einander bekämpften. (Ergötzliche Beispiele II. Auflage S. 821, 919, 921 u. a. O.) Man hörte das Geräusch der Arbeit in der kunstgeschichtlichen Werkstätte; das konnte auf den Laien belehrend, vielleicht auch warnend wirken; sicherlich aber förderte dies nicht die Absicht des Buches: eine Anleitung zum Genuss der Kunstwerke Italiens zu geben. Auf diesem Wege also durfte man nicht weiter gehen; Bode that darum das einzig Räthliche: er unterzog das Werk einer einheitlichen Ueberarbeitung, wobei er jedoch als Princip festhielt, die Eigenart des Verfassers so sehr als möglich zu achten, sein Urtheil über Werke, Künstlercharaktere, Epochen so intact als möglich zu lassen. In der Anordnung des Stoffes trat die Aenderung ein, dass die antike Kunst aus dem Ganzen ausgeschieden und in einem besonderen (I.) Bande vereinigt wurde; die Revision dieses Theils besorgte Dr. Flasch in Würzburg; die Aenderungen, welche hier der ursprüngliche Text sich gefallen lassen musste, beschränken sich auf ein geringes Mass. Für die altchristliche Kunst trat J. P. Richter mit einigen Beiträgen ein; was das Weitere betrifft, so hat die

Abtheilung Architektur die wenigsten Aenderungen erfahren, und diese »Zusätze und Aenderungen, welche sich hier finden, hat der Verfasser in freundlichster Weise selbst zur Verfügung gestellt«. Einer eingreifenderen Umgestaltung wurde die Abtheilung Malerei unterzogen. Die Disposition des Stoffes wurde vielfach geändert, die Resultate der Geschichte der italienischen Malerei von Crowe und Cavalcaselle in den Text systematisch hineingearbeitet; die Angaben über die Arbeiten nordischer Künstler in Italien wesentlich erweitert. Die radicalste Umwandlung erhielt jedoch die Abtheilung Sculptur. Eitelberger klagt darüber, dass die mittelalterliche florentinische Plastik künstlerisch und kunsthistorisch noch nicht durchgearbeitet worden sei (Kunsthist. Schriften I. 197). Diese Klage hat ihre Berechtigung auch für alle übrigen Theile Italiens. Perkins Tuscan Sculptors und Italian Sculptors sind zwar schätzbare Anfänge einer auf Quellenforschung sich aufbauenden Geschichte der italienischen Plastik, aber weder war es darin auf eine systematische Darstellung noch auf eine auch nur annähernd vollständige Berücksichtigung der Quellen und kritische Ausnützung derselben abgesehen. Bode's Bearbeitung der italienischen Plastik hat desshalb eine geradezu grundlegende Bedeutung. Hoffentlich trägt diese Anregung reiche Früchte. Bode selbst wird uns in nicht zu ferner Zeit mit einer Geschichte der florentinischen Plastik erfreuen; das findet dann wohl Nachfolge für die Geschichte der Plastik im übrigen Italien. An publicirtem Urkundenmaterial fehlt es ja auch hier nicht. Bode's Bearbeitung der Geschichte der Plastik erstreckt sich im Wesentlichen auf das Mittelalter und die Frührenaissance; die Zeit der Hochrenaissance und des Barock bedurfte geringer Veränderungen und so blieb denn auch in diesem Theile manches Ursprüngliche gerettet. So hat es denn der Herausgeber weder an Pietät noch Gründlichkeit fehlen lassen, die Aufgabe, die ihm vom Verfasser in ehrenvollem Vertrauen gestellt war, in würdiger Weise zu lösen. Dass Einzelnes immer noch Berichtigung fordert und fordern wird, liegt bei der Fülle des Stoffes, bei der Beweglichkeit, welche hier herrscht, nahe. Es wird an allen Fachgenossen liegen, dass dies Buch, welches der deutschen Bildung so viel Ehre macht, auch auf der Höhe der Forschung bleibe. So will ich denn auch meine Anzeige mit einigen berichtigenden Bemerkungen schliessen, in welchen ich mich aber auf das Gebiet der christlichen Kunst beschränke.

S. 45 heisst es von Heinrich Arler von Gmünd, er habe nur ein Gutachten über den Dombau in Mailand abgegeben; aus den Dombauacten ist es dagegen sichergestellt, dass er vom December 1391 am Baue wirklich beschäftigt war (Ceruti, I Principi del Duomo di Milano cap. VI.); der Name Arler ist aus der Kunstgeschichte getilgt; selbst wenn der Henricus de Gamodia mit der Familie des Peter von Gmünd in irgend welcher Beziehung stünde, könnte er nur den Beinamen Parler führen.

S. 89. Der Bau von S. Francesco in Rimini ist nicht »um 1447« zu setzen; er beginnt in diesem Jahre und dauert dann bis zum Tode Sigismondo's (1468).

S. 90 wurde vergessen die Kirche S. Sebastiano in Mantua anzuführen; von Anfang bis Ende unter der Leitung des L. B. Alberti durchgeführt, offen-

bart es mehr von dem originalen Geiste seines Architekten als die zu S. Andrea,
welche erst nach Alberti's Tode nach dessen Plane zwar, aber vielfach modi-
fizirt, zur Ausführung kam. Dazu gehört S. Sebastiano zu den originellsten
Kirchenanlagen Italiens überhaupt. Da wo der Palazzo Stiozzi Ridolfi (jetzt
Orloff) sich befindet, war niemals ein Bau Alberti's vorhanden.

S. 98. Giuliano da Majano kann nicht unter den leitenden Architekten
des Palazzo Venezia und des Umbaues von S. Marco genannt werden, wenngleich er als Fünfundzwanzigjähriger dort Arbeit fand. Stilkritik und Quellen-
kritik drängen darauf, in Giacomo da Pietrasanta den Architekten zum Mindesten des Palazzino und der Vorhalle von S. Marco zu erkennen. Das Capitel über Baccio Pontelli muss neu geschrieben werden; die Kirche S. Agostino
ist von Giacomo da Pietrasanta und Sebastiano Fiorentino; der Dom von Turin
von Meo del Caprino, die Sixtinische Capelle von »Joanninus de Dulcibus«.
Im Ganzen darf man sagen, dass die Bautengruppe in Rom, welche bisher
Baccio Pontelli zugeeignet wurde, dem Giacomo da Pietrasanta zugehört; Meo
del Caprino folgt dessen Pfade, besitzt aber noch weniger Schwung und Originalität als der Erstere.

S. 301. Die Zweifel, ob unter Puglia Puglia bei Lucca zu verstehen
sei, sind nicht mehr am Platze. Dobbert, Milanesi, Hettner haben die Hypothese der apulischen Abkunft von allen Seiten aus gründlich zerstört.

Zu S. 331 bemerke ich in Parenthese, dass Lorenzo Ghiberti nach einer
Aufzeichnung seines Sohnes Vittorio für den Reliquienschrein des hl. Zenobius
1314 Goldgulden erhalten hat.

S. 353 beginnt die treffliche Charakteristik des Agostino del Duccio.
Bode ist der Erste, welcher die Gruppe der diesem Meister angehörigen Werke
zu umgrenzen sucht. Bode war auch der Erste, der die Theilhaberschaft
Agostino's an dem Sculpturenschmuck von S. Francesco erkannte; seinem
Winke folgte Charles Yriarte. Bode ist geneigt, ihm dort die allegorischen
Figuren an den Pilastern der dritten Capelle links, die allegorischen Figuren
der ersten Capelle links wie der dritten rechts zuzuweisen; in einem Briefe
an Sigismondo von Rimini, geschrieben 1454, den ich in Siena copirte, findet
sich die Stelle: »A la sepultura non mancha se non uno pexo al coperchio
et como Maº Agostino ritorna da Zesena subito glie la farà fornire«. — Es
steht für mich fest, dass dieser Agostino Agostino del Duccio sei; wenn
dies der Fall, so ist er also auch in der zweiten Capelle rechts am Grabmal
der Isotta thätig gewesen. Die allegorischen Figuren in der dritten Capelle
links und in der dritten Capelle rechts entstanden später; sie erscheinen mir
aber durchwegs sorgfältiger durchgeführt als der Reliefschmuck der Façade von
S. Bernardino.

S. 366. Antonio Rossellino erhielt den Auftrag zum Grabmal des Cardinals von Portugall nicht 1459, sondern 1461 (Vasari ed. Milanesi III. 95).

S. 370. Fiesole hat den Ruhm verloren, Mino's Geburtsort zu sein, da
Milanesi Poppi im Casentino als dessen Geburtsort nachgewiesen hat.

S. 384. »Guilermus de Periis« ist nicht der Name des Meisters des
kleinen Altars des hl. Laurentius und Stephanus, der früher im Chorumgange

von S. Lorenzo sich befand, jetzt aber in S. Agnese fuori le Mura untergebracht ist — der Name bezeichnet vielmehr den Auftraggeber. Die Inschrift lautet: Guillermus de Pereriis Auditor MCCCCXC. Guillaume de Periers war Auditor Rotae für Frankreich, also Mitglied des obersten Civiljustizhofes, in welchem er Frankreich vertrat. Ein anderer von Guillaume de Perier 1494 gestifteter Altar befindet sich in S. Paolo fuori le mura.

Der Meister des Altars in der Sacristei von S. Maria del Populo (1473 von Rodrigo Borgia gestiftet), in der Inschrift Andreas genannt, dürfte identisch sein mit jenem Andreas Marmorarius sculptor egregius, den Platina in einem Briefe an Lorenzo de Medici vom 15. Mai 1481 seinen Freund und Nachbar nennt. (Gaye I. 273.)

S. 392. Die Anfertigung des Piccolomini-Altars von Seite jenes eben genannten Meisters Andreas fällt nicht auf 1485, sondern, wie aus dem Briefe des Platina hervorgeht, auf 1481. Ihn Andreas Fusina zu nennen, geht nicht an; Fusine ist sein Geburtsort, also Andrea da Fusine oder Andrea Milanese. (Vgl. Müntz, Les Arts à la cour des papes I. 260.)

S. 433. Die Madonna von Brugge entstand später als die Pietà; sie war vollendet 1506, denn im August jenes Jahres fand ihr Transport nach Flandern statt. (Gotti II. pg. 51.)

S. 643. Vincenzo Ainemolo starb nicht 1540; er arbeitete noch 1552; er hatte es wohl verdient, als Hauptvertreter der Schule Raphael's auf Sizilien in seinen Hauptwerken gewürdigt zu werden.　　　　*Hubert Janitschek*.

Verzeichniss der wichtigeren Besprechungen.

Champfleury. Henry Monnier. (E. Montrosier: L'Art 276.)

Chenneau, E. La vie et l'œuvre de L. J. B. Carpeaux. (E. Véron: L'Art 259; Le Livre 23; Journ. des B.-Arts 4.)

Comte, J. La tapisserie de Bayeux. (E. Véron: L'Art 281.)

Conze, Hauser, Benndorf. Samothrake. (Petersen: Wien. Abendpost 111.)

Corona, G. La ceramica. (Chron. des Arts 1879, 41.)

Curtius, F. u. J. A. Kaupert. Atlas von Athen. (Lit. Centr.-Bl. 1879, 52.)

Defregger-Rosegger-Buch, das. (Augsb. Allg. Ztg. 1879, B. 345.)

Delaporte, L. Voyage au Cambodge. (Chron. des Arts 1879, 41.)

— — Voyage au Cambodge, Architecture prem. (E. Véron: L'Art 262; Le Livre 2.)

Demay, M. G. Le costume au moyen-âge d'après les sceaux. (N. Poly: Rev. de l'art chrét. 2e sér. XI. 2; Gaz. d. B.-Arts, Mars.)

Dobson, A. B. Biographie illustrée des grands artistes. (Duranty: Chron. d. Arts 12.)

Dohme, The Early Teutonik, Italian and French Masters. Translated by A. H. Keane. (Art Journ., Febr.)

Deschamps, P. et G. Brunet. Manuel du libraire et de l'amateur de livres. (Le Livre 5.)

Dumas, A. L'affaire Clemenceau, peinte et illustrée. (J. Claretie: Gaz. d. B.-Arts, Mai.)

Duplessis, M. G. Histoire de la gravure. (A. de Lostalot: Gaz. d. B.-Arts, Jan. 1880; E. Veron: L'Art 262.)

Durieux, A. Les tapisseries de Cambrai. (Chron. d. arts 4.)

Dürr, A. Ad. Fr. Oeser. (G. Wustmann: (Ztschr. f. bild. K. XV. 4.)

Duruy, V. L'histoire des Romains. III. (A. de Lostalot: Gaz. d. B.-Arts, Jan. 1880.)

Ebers, G. Egypten. Traduction de M. Maspero. (L. Gonse: Gaz. des B.-Arts, Dec. 1879; Lübke: Augsb. Allg. Ztg., B. 346.)

Eye u. *Boerner.* Kunstsammlung von Eugen Felix in Leipzig. (F. Reber: Augsb. Allg. Ztg. 127.)

Facsimiles of Thirty-three Etchings by Turner for the Plates of the »Liber Studiorum«. (Art Journ. Jan.)

Falke, J. L'art dans habitation. (Laroche: L'Art 259; Études sur l'Art et la Civilisation.)

Faulmann, K. Illustrirte Geschichte der Schrift. (Lit. Centralbl. 15.)

Fischer, P. D. Aus Italien. (Arch. stor. il. 1879, 6.)

Flameng et *Charreyre.* Les grandes eaux-fortes de Rembrandt. (E. Véron: L'Art 259.)

Friesen, R. Vom künstlerischen Schaffen in der bildenden Kunst. (Ztschr. f. b. Kunst, B. 24.)

Godon, J. Painted Tapestry and its Application to Interior Decorations Translated by B. Bucknell. (Art Journ., Dec. 1879.)

Goutzwiller, Ch. Le Musée de Colmar. (E. Véron: L'Art 258.)

Gray, J. M. A memoir and complete descriptive catalogue of the works of Ch. Méryon. (Academy 405.)

»The Great Artists.« London, Sampson Low, Marston & Co. (Art Journ., Dec. 1879.)

Gruyer, L. Les illustrations des écrits de Jérôme Savonarole. (Journ. d. B.-Arts 3; Le Livre 2; Ztschr. f. bild. K. 7.)

Gutekunst, H. G. Die Kunst für Alle. (P. F.: Ztschr. f. bild. K. XV, B. 8.)

Hauck, G. Die subjective Perspective u. die horizontalen Curvaturen des dorischen Stils. (G. R.: Ztschr. f. bild. K. 6)

Hédou, J. Jean Le Prince et son œuvre. (A. D.: Chron. des Arts 11.)

Hefner-Alteneck, H. v. Trachten, Kunstwerke u. Geräthschaften. (Lübke: Augsb. Allg. Ztg., B. 3.)

Hettner. Italienische Studien. (Lübke: Augsb. Allg. Ztg., B. 7; Lit.Centralbl.9.)

Heydemann, H. Die Knöchelspielerin im Pal. Colonna zu Rom. (Lit. Centralbl. 1879, 49.)

Hiltl, G. Die Waffensammlung Sr. kgl. Hoh. des Prinzen Carl v. Preussen. (Anz, f. K. d. Vorzeit 1879, 12.)

Hirth, G. Das deutsche Zimmer der Renaissance. (Ztschr. d. Kunstgew.-Ver. in München 1879, 11. 12.)

Histoire générale de la tapisserie. (Journ. des B.-Arts 1879, 23.)

Houdoy, J. Histoire artist. de la cathédrale de Cambrai. (A. Darcel: Chron. des Arts 22.)

Howitt-Watts. An Art Student in Munich. Two vols. (Art Journ., Jan. 1880.)

Hymans, H. Histoire de la gravure dans l'école de Rubens. (A. Siret: Journ. d. B.-Arts 3)

Jacquemin, R. Histoire générale du Costume civil, religieux et militaire. (E. Véron: L'Art 262)

Jahrbuch der kgl. preuss. Kunstsammlungen. (Augsb. Allg. Ztg. 356; Ztschr. f. bild. K. XV, B. 15.)

Janitschek, H. Die Gesellschaft der Renaissance in Italien u. die Kunst. (Lit. Centralbl. 1879, 51; Mag. f. d. Lit. d. Auslands, 48. Jahrg., 39; Minerva, A Monthly Review I.)

Jouin, H. La sculpture en Europe. 1878. (E. Véron: L'Art 261; Ztschr. f. bild. K. B. 24.)

Kábdebo, Dr. H. Handlezikon österr. Künstler u. Kunstverwandte. (Anz. f. Kde. d. d. Vorzeit 1879, 12.)

Kachel, G. Kunstgewerbliche Vorbilder. (Ztschr. f. b. Kunst, B. 20.)

Kirchliche Kunstdenkmale aus Siebenbürgen. (Lind: Wr. Abd.-Post B. 20; Ztschr. f. b. Kunst, B. 21.)

Kett, Cb. W. Rubens. (W. H. J. Weale: Academy 403.)

Lacroix. Le XVIIe siècle. (Journ. d. B.-Arts 1880, 1; E. Véron: L'Art 262.)

Langl, J. Denkmäler der Kunst. (Lit. Centr.-Bl. 12.)

Lemaistre de Sachy. L'histoire de Tobie, illustré par Bida. (A. de Lostalot: Gaz. d. B.-Arts, Jan. 1880; E. Véron: L'Art 262.)

Leonij, L. Inventario dei Codici della Comunale di Todi. (Archiv. stor. it. 1880, 1.)

Linas, Ch. de. Les origines de l'orfévrerie cloisonnée. (Martinov: Rev. de l'art chrét. XIX, 1.)

Lind, V. Gutenberg. (B. Laroche: L'Art 281.)

Litchfield, F. Pottery and Porcellain. (Art Journ., Febr.)

Low, *Sampson & C.* Illustrated Biographies of Great Artists. (Art Journ., March.)

Lübke, W. Geschichte der ital. Malerei. (Lit. Centr.-Bl. 1880, 2; Ztschr. f. bild. K. XV, 5.)

— — Carl Schnaase. (C. v. Lützow: Ztschr. f. b. Kunst XV, B. 13; Lit. Centr.-Bl. 18.)

Luthmer, F. Goldschmuck der Renaissance. (Bergau: Ztschr. f. b. Kunst, B. 25.)

Manta, P. Franç. Boucher. (L. Gonse: Gaz. d. B.-Arts, Dec. 1879; Le Livre 2; Ztschr. f. b. Kunst 8; Ph. de Chennevières: Gaz. d. B.-Arts, Jan. 1880; · E. Véron: L'Art 262.)

Marshall, J. A Rule of Proportion for the Human Figure. (Art Journ., Febr.)

Menard, R. La Mythologie dans l'art ancienne et moderne. (J. Guillaud: L'Art 262.)

Meyer, B. Studien u. Kritiken. (B. Laroche: L'Art 281.)

Murray, J. Handbook of the Cathedrals of England: St. Paul's. (Art Journ., Febr.)

Nagler, Monogrammisten. V. (Ztschr. f. Museologie 4.)

Niebuhr, B. G. Griechische Heroengeschichte, mit Zeichnungen von Fried. Preller. (Aldenhoven: Ztschr. f. b. Kunst XV, B. 13.)

Palustre, L. La Renaissance en France. (Thausing: Ztschr. f. b. Kunst XV, 3; Gonse: Gaz. d. B.-Arts, Avril; Rev. de l'art chrét. XIX, 1.)

Pareto, R. Italie monumentale. (E. Véron: L'Art 281.)

Pattison, Mrs. M. The renaissance of Art in France. (Thausing: Ztschr. f. b. Kunst XV, 3.)

Pecht, F. Kunst u. Kunstindustrie auf der Weltausstellung 1878. (Laroche: L'Art 259.)

Pompei e la regione sotterata dal Vesuvio. (A. Mau: Bullet. dell' inst. di corr. archéol. 4. 5.)

Portig, G. Religion u. Kunst. (M. Carriere: Augsb. Allg. Ztg., B. 49.)

Portioli, A. La Zecca di Mantova. (Morsolin, Archiv. stor. it. 1880, 2.)

Presuhn, F. Pompeji. (Bu.: Lit. Centralbl. 1879, 49.)

Pulgher, D. Les anc. églises byzantines de Constantinople. (Ztschr. f. b. Kunst XV, 5.)

Pulignani, M. F. Del chiostro di Sassovivo presso Foligno. (Tabarrini: Arch. stor. it. 1879, 6.)

Riaño, J. F. The industrial Arts in Spain. (Wien. Abendp., B. 17.)

Rohault de Fleury, M. La sainte vierge. Etude iconogr. et archéol. (Rev. de l'art chrét. IIe sér. XI. 2.)

Rossi, G. B. de. Piante icnografiche e prospettiche di Roma. (Archiv. della Società Rom. III, 1. 2.)

Salon illustré de 1879. (E. Véron: L'Art 261; Gaz. d. B.-Arts, Févr. 1880.)

San Donato, le catalogue de. (Journ. d. B.-Arts 6.)

Schäfer. Ausgrabung römischer Reste in Heidelberg. (Anz. f. Kde. d. d. Vorzeit 1879, 11.)

Schauss, Dr. E. v. Hist. u. beschr. Katalog der kgl. bayer. Schatzkammer. (Dr. L. Trost: Augsb. Allg. Ztg. 1879, B. 338; Ztschr. f. b. Kunst, B. 22; Ztschr. f. Museol. 2 u. ff.; Anz. f. Kde. d. d. Vorzt. 2.)

Schliemann, H. Mycènes. (E. Véron: L'Art 259.)

Schloss Stern. (Lind: Wien. Abendp. 31; Mitth. d. Centr.-Comm., N. F. VI, 1.)

Schlumberger, G. Sceaux et Bulles de l'Orient latin. (Lit. Centralbl. 22.)

Schultz, A. Das höfische Leben zur Zeit

der Minnesinger. (A. E.: Anz. f. Kde.
d. d. Vorzeit 3.)

Selvatico, P. Le Arti del disegno in
Italia. (F. M.: Chron. des Arts
1879, 39.)

Semper, G. Der Stil. (Eb. Wulff: Allg.
Bauztg. XLV, 3. 4.)

Sibmacher, J. Entwürfe für Goldschmiede,
mit einem Vorwort von O. v. Schorn.
(Blätter f. Kunstgew. 1879, 12.)

Seubert, A. Allgemeines Künstlerlexikon.
(Lit. Centralbl. 18.)

Soldi, E. L'art égyptien d'après les dernières découvertes. (Lit. Centralbl. 14.)

Thausing, M. Die Votivkirche in Wien.
(Academy 403; Gaz. d. B.-Arts, Mars.)

Tiepolo's Radirungen. Lichtdruck von
C. Jacobi. (A. Wolf: Ztschr. f. b. Kunst
XV, B. 12.)

Unger, F. W. Quellen d. byzantinischen
Kunstgeschichte. (J. P. Richter: Ztschr.
f. b. Kunst XV, 4.)

Unger, W. u. C. v. *Lützow*. Die k. k.
Gemäldegalerie in Wien. (O. Berg-
gruen: L'Art 283; Ztschr. f. bild. K. 7;
Journ. des B.-Arts 9.)

Warnecke, F. Heraldisches Handbuch.
(Arch. f. kirchl. K. IV, 2.)

Woltmann, A. Geschichte der Malerei.
(Journ. d. B.-Arts 1; Lit. Centralbl. 1.)

Wurzbach, A. v. Goldene Bibel. (Lit.
Centralbl. 10.)

Notizen.

(Die ältere Glasmalerei.) Glas wurde von den Deutschen, wie die Erdfunde handgreiflich beweisen, seit Urzeiten massenhaft als Schmuck und als Zier anderer Schmucksachen bereitet und kam, wohl selten farblos, seit dem 6. Jahrhunderte an Stelle anderer, undurchsichtiger Stoffe als Fensterverschluss an den Kirchen [1]), seit der zweiten Hälfte des 7. Jahrhunderts an den Klöstern [2]) langsam in Gebrauch. Doch wollen die Kunstforscher weltlichen Gebäuden vor dem 13. Jahrhunderte keine Glasfenster [3]), und ebenso, wenigstens die meisten, den deutschen Kirchen vor dem neuen Jahrtausend keine Glasgemälde einräumen. Die ältere Annahme, im Kloster Tegernsee sei um die Wende des vorigen Jahrtausends die Glasmalerei erfunden oder doch zuerst in einer Anstalt betrieben, wurde neusthin mit Eifer wieder geltend gemacht [4]), die gegentheilige aber mit allem Geschicke wieder verfochten [5]), da die Quellenworte discoloria picturarum vitra [6]), welche die Fenster der Klosterkirche Tegernsee betreffen, zweideutig und nicht mit Sicherheit auf Figurenmalerei zu deuten seien. Ueberhaupt müsse man sich die bunten Fenster, von denen die Berichterstatter aus dem ersten Jahrtausende reden, nicht als Glasgemälde, sondern als Glasmosaiken denken, entstanden aus einem Gefüge kleiner Glasstücke, die damals noch in verschiedenen dunkeln Farben bereitet worden seien. Die Uebung der Glasmalerei setze die Entdeckung eines »Schmelzes« oder einer Auftragfarbe voraus, die sich im Feuer mit dem Lokaltone des Glases verbinde. Einig sind die Kunstschriftsteller darin, dass der Bericht [7]) von den fenestris diversas continentibus historias, womit der 989 verstorbene Erzbischof Adalbert die Klosterkirche St. Remy zu Rheims ausgestattet hat, figürliche Glasmalereien bezeichne. Darnach kämen also Frankreich nicht Deutschland, Rheims und nicht Tegernsee die nachweisbar ältesten Glasgemälde zu, um so mehr, als der deutsche Künstlermönch Theophilus um 1100 die Ueberlegenheit der Franzosen in diesem Kunstzweige offen eingestehe.

Die gangbaren Belege sowohl für den ältesten Gebrauch der Glasfenster,

---

[1]) W. Wackernagel, die deutsche Glasmalerei 1855. S. 10. 19. 16.

[2]) R. Rahn, Geschichte der bildenden Künste in der Schweiz 1876, S. 588.

[3]) J. Falke in den Mittheilungen der k. k. Central-Commission (1863) VIII, 4 ff.

[4]) Von Sepp, vgl. Allgemeine Zeitung 1879, S. 4181.

[5]) Von Rahn in der Allgemeinen Zeitung 1879, S. 4387.

[6]) In dem bekannten Briefe des Abtes Gozbert von Tegernsee 983—1001 an einen Grafen Arnold bei Pez, Thesaurus Anecdotorum VI, 1, 122.

[7]) Richer's, Historiarum lib. III, c. 23, in Monum. Germ. Histor. S. S. III, 613.

wie der Glasgemälde sind fast lediglich der Geschichte Frankreichs, Italiens und Süddeutschlands entlehnt — und doch enthält die nordwestdeutsche Geschichte sehr frühe Fälle von hellen Glasfenstern in den Bürgerhäusern und vielleicht auch das erste Beispiel von figürlichen Glasmalereien. Norddeutschland hatte in dem Jahrhunderte seiner Bekehrung einen engen Verband mit den Pflanzstätten der Cultur in England, in Frankreich und Italien, und erfuhr unter den Sachsenregenten einen Aufschwung in der Kunst, dem wir noch die grossartigsten und edelsten Reste in der Architektur wie in den Metallarbeiten verdanken.

Wenn Widukind von Corvei[9] unter den glänzenden Gaben, welche Griechen und Saracenen dem Kaiser Otto dem Grossen darbrachten, auch Gefässe von Glas nennt, so waren diese hier nicht, wie die mitgeschenkten Thiere des Orient, unbekannt, sie waren aber selten und so kostbar, wie Stücke von Elfenbein, Erz und Gold. — Der Kirche auf dem Marsberge, wo das Klima einen völligen Fensterverschluss forderte, kamen damals sicher Fenster von einem hellen, durchsichtigen Glase zu; sonst hätte schwerlich der Krieger Maincia 938 den Thangmar, als er am Altare stand, »durch ein Fenster« mit dem Speere treffen und zu Boden strecken können[9]. — Auf helleren Glasverschluss der Wohnhäuser lässt eine Wundergeschichte schliessen, welche derselbe Widukind[10] erzählt. Er schrieb im drittletzten Decennium des 10. Jahrhunderts; ungefähr vierzig Jahre früher spielt die Geschichte. Vor dem Tode König Heinrich's, also um 936, heisst es, ereigneten sich vielerlei Wunderdinge, wie dass der Glanz der Sonne draussen bei heiterem Himmel undeutlich, ja fast gar nicht vorhanden war, inwendig jedoch durch die Hausfenster, »roth wie Blut« eindrang. Soll die Erscheinung ihren ausserordentlichen Charakter behalten, so setzt sie Fenster von einem durchsichtigen, wenigstens farblosen Glase voraus. Ein Verschluss von Spath wäre für Wohnungen zu ungewöhnlich und wäre theurer gewesen, als Glas.

Was den Beginn des neuen Jahrtausends betrifft, so ist allerdings längst die Vermutung geäussert[11], es sei zu Hildesheim unter Bischof Godehard (1022 bis 1039) schon Glasmalerei betrieben und zwar vermöge der engen Verbindung, welche dort zwischen den Malern und Glasern bestand.

Schon in der Karolingerzeit war die Glasfabrication hier gewiss nicht

----

[9] Res Gestae Saxonicae, lib. III, 56 ... diversi generis munera, vasa aurea et argentea, aerea quoque et mira varietate operis distincti, vitrea vasa, eburnea etiam et omni genere modificata, stramenta, balsamum et totius generis pigmenta, animalia Saxonibus antea invisa, leones et camelos, simias et strutiones ... Wackernagel bezieht S. 123 die Vitrea vasa mit Rücksicht auf Theophilus auf die Griechen.

[9] Ib. II, 11.

[10] Ib. II, 32 ... quoniam quidem ante regis excessum multa prodigia monstrata sunt, ita ut solis splendor forinsecus aëre absque nubilo pene nullus appareret, intrinsecus autem per fenestras domorum rubeus tamquam sanguis infunderetur.

[11] W. Wackernagel a. a. O. S. 142. Unger in Ersch und Gruber's Encyclopädie Sect. I. 69, S. 50.

ganz unbekannt, ihre Erzeugnisse an Geräten und Gefässen nehmen in den Hausinventarien einen Platz ein neben den Cimelien von Elfenbein und Edelmetallen [12]) — gerade so wie in der Schweiz [13]).

Aus jener Zeit schon stammt ein hochwichtiges Zeugniss über die Glaskunst. Herr Dr. Diekamp, welcher es mir aus der, in der königlichen Bibliothek zu Berlin aufbewahrten Vita II sancti Ludgeri (fol. 28ᵇ) episcopi Monasteriensis † 809 mittheilt, versetzt die Abfassung der Quelle kurz nach 864 [14]). Es lautet bezüglich der Heilung einer Blinden:

>Aurora jam rubescente et luce paulatim per fenestras irradiante imagines in eis factas monstrare digito cepit.<

Unter diesen Fensterbildern können doch wohl ebenso wenig mehr Glasmosaiken, als farbige Ornamente verstanden werden, wie denn auch nach den Wörterbüchern das Wort imago eine derartige Bedeutung nicht besitzt. Wir hätten dann Glasfenster mit figürlichen Bildern darin, welche die Sehendgewordene unterscheidet.

Die Anwendung von Farbe für die Glasfenster bezeugt doch bald darauf Ratpert von St. Gallen, indem er von der neuen durch die Königstochter Bertha gestifteten Frauenkirche zu Zürich singt [15]):

... Sieque fenestrarum depinxit plana colorum

Pigmentis laquear pigmentaque arte manuque

Artifici, et fucis, quadrato ex orbe petitis ...

Darf man noch an ornamentales Bildwerk denken, nachdem die Figurenmalerei längst die ornamentale in den Büchern verdrängt oder auf die Ränder verschoben und in den Mosaiken und Wandmalereien stets ihres Inhalts wegen geherrscht hatte? Und wer der Züricher Kirche nur ornamentales Glasbildwerk zuerkennen will, muss doch zugeben, dass darin eine farbige Glasmalerei vorliegt, welcher der letzte Schritt zu (inhaltlich-) figürlichen Darstellungen nicht mehr schwer war.

Waagen, welcher 1862 [16]) nur vom 10. Jahrhunderte ab den Kirchenfenstern blos farbige Gläser einräumt, erklärt sich später [17]) im Hinblick auf Ratpert's von Lübke benutzte Worte entschieden für Glasgemälde. >Mit Recht, sind seine Worte, weist er, nämlich Lübke, die bekannte Erwähnung von Glasmalereien in der Kirche des Klosters von Tegernsee gegen das Jahr 1000 als

---

[12]) Vita Hathumodae c. 15. Dümmler, Geschichte des ostfränkischen Reiches (1865) II, 661.

[13]) Vgl. die Stelle Casus s. Galli in Kugler's Kunstblatt 1844. S. 132, wonach Bischof Salomo von Constanz 905 den schwäbischen Kammerboten zur Bewunderung zeigt artificia vasorum auri argentique, maxime autem vitreorum und vascula duo vitrea nimis insignia schenkt.

[14]) Vgl. dessen Beschreibung der jüngern Handschrift in der Zeitschrift für Geschichte und Alterthumskunde. Münster 1880. S. 156.

[15]) Mittheilungen der antiquar. Gesellschaft in Zürich VIII, Beilagen S. 11. Vgl. Wattenbach, Deutschlands Geschichtsquellen A³ I, 203.

[16]) Handbuch der deutschen und niederländischen Malerschulen I, 33 f.

[17]) 1866 in L. v. Lützow's Zeitschrift für bildende Kunst I, 169.

Beweis, dass sie um diese Zeit in Deutschland erfunden worden, zurück. Die ungleich frühere Erfindung geht unwiderleglich aus einer bisher übersehenen Stelle in der Geschichte der Abtei Zürich hervor, worin ein Mönch aus St. Gallen bei der zwischen den Jahren 871 und 876 stattfindenden Einweihung von Ludwig dem Deutschen, welche er in einem Gedichte beschreibt, die gemalten Fenster preist. Die frühere Glasmalerei war indess sehr roh und unbehülflich.«

Nimmt man diese Zeugnisse zusammen, so stützt das eine das andere in dem Erweise, dass die Glasmalerei schon unter den Karolingern und in der nächstfolgenden Zeit vereinzelte Erstlingstriebe hervorbrachte, welche nicht mehr »als farbige Glasmuster oder als Glasmosaiken«, sondern als Gemälde figuraler, schwerlich mehr ornamentaler Natur gelten können. Wir treffen sie fast gleichzeitig im Norden wie im Süden Deutschlands, ohne ihre Pflege-stätten nachweisen zu können, zu einer Zeit, wo in beiden Gegenden auch die kostbaren Glasgefässe bekannt wurden.

Ich gebe zu erwägen anheim, ob im Lichte dieser Thatsachen nicht auch die picturae der erwähnten Glasfenster von Tegernsee, also gegen Ausgang des alten Jahrtausends, als Figuren aufzufassen sind, wie solche ja etwas früher Erzbischof Adalbert von Rheims für »Historien« angebracht hatte.

Keinenfalls kommt aber Tegernsee die Erfindung oder der erste syste-matische Betrieb dieses Kunstzweiges zu, jedenfalls auch Frankreich nicht mehr; denn ob schon Joannes Scottus der Marienkirche zu Rheims

ialini luminis haustus,

intus picturas [18]),

nachrühmt, so besagt das blos Fenster von bunten Gläsern, wie sie ja bevor-zugten Kirchen nicht fremd waren; und der spätere Erzbischof Adalbert war selbst ein Deutscher und vorher Canonicus In Metz. Die Wiege der Glas-malerei scheint also in Deutschland zu stehen, die Ausbildung dieses, wie anderer Kunstzweige, welche zuerst in Deutschland keimten, gebührt Frankreich.

---

[18]) Bei Dümmler a. a. O. II, 661.

J. B. Nordhoff.

BIBLIOGRAPHIE.

(Mitte Juli bis Ende Septbr. 1879.)

I. Theorie und Technik der Kunst. Kunstunterricht.

Académie royale des beaux-arts a Anvers. Année academique 1878—79. Rapport annuel et distribution solennelle des prix. 4 mai 1879. 8⁰, 67 p. Anvers, imp. J. E. Buschmann.

Annales do la Société de l'union des artistes liégeois. Cercle international des beaux-arts. Tome V. 8⁰, XVI—360 p. et 5 pl. Liège, imp. J. Darcheiet. (Le prem. vol. a paru en 1863.)

Atti della R. Accad. dei Lincei. Anno CCLXXV (1877—78). Serie III. Classe di Scienze morali, storiche e filologiche, vol. II. Roma, tip. Salviucci, 1878.

Barry, E. Note sur le culte des génies dans la Narbonnaise, à propos d'un autel votif récemment découvert à Narbonne. 8⁰, 15 p. Toulouse, imp. Douladoure.

Bourgarel, A. Cours de dessin linéaire et de géométrie pratique d'après les programmes de la ville de Paris. 18⁰, 160 p. et atlas de 32 pl. Paris, Hachette et Ce. 1 fr. 80 c.

Bourgeois, A. Du Symbolisme dans les beaux-arts (contin.). (Giorn. arald.-geneal.-diplom., diretto dal cav. G. B. di Crollalanza, N⁰ 10—11. Pisa.)

Budget, le, des Beaux-Arts (France) p. 1880. (Chron. d. arts 27.)

Conru, J. A propos du musée d'Epinal. Quelques mots sur l'enseignement du dessin. 8⁰, 10 p. Epinal, imp. Busy.

Coeyn, A. J. Onze „officiel" en de nationale kunst. (Vlaamsche Kunstbode. 5e livr., mai 1879. Anvers.)

Dahlke, G. Die Schnitzschule in Mondsee. (Kst. u. Gew. 29 ff.)

Delacroix, M. Manuel des candidats aux écoles nationales d'arts et métiers. 2e éd. Texte. 8⁰, VIII—306 p. Châlons-sur-Marne, imp. Martin.

Dupré, G. Pensieri sull' arte, e ricordi autobiografici. Firenze, Succ. Le Monnier. 16⁰, p. 482. L. 4.

Ecole (l') libre de dessin devant l'opinion. 8⁰, 64 p. et pl. Saint-Omer, imp. d'Homont.

Enciclopedia delle arti e delle industrie compilata colla direzione dell' ing. march. R. Pareto, e vice-direzione del cav. ing. G. Macheri. Torino, Unione tip.-ed. 4⁰, Disp. 10a p. 80. L. 3. la disp.

Fritsche, L. Gewerbliches Zeichnen für Gewerbeschulen, Seminare und Präparanden-Anstalten in 4 Uebungsheften u. erläut. Text. 4⁰, à 24 lith. S. Hannover, Hahn. à M. —. 30; erl. Text 23 S. m. 6 Steintaf. 1 M.

Hamerton, P. G. Notes on aesthetics. (Portfolio 7.)

Hugonnet, L. La vérité dans l'orientalisme. (L'Art XVIII. 116.)

Jouin, H. Du Buste. (Journ. des beaux-arts 15 ff.)

Kirchliche Baukunst. Ein Wort über das Verhältnis der kirchl. Baukunst zu den bildenden Künsten in der Gegenwart. (Hist. pol. Bl. 84. 1.)

Költzer, G. Zeichen-Schule. 8 Hefte qu. gr. 8⁰ à 6 Steintaf. Hof, Büching. à M. 0. 30.

Kunstgewerbliche Zeichen- und Modellirschule zu Ruhla. (Kst. u. Gew. 34.)

Lessing: Laocoon sive de limit. art. et fing. et poeticae circumscript. liber in latinum versus sermon. per L. Gu. Hasperum. 16⁰. III et 206 p. Guelerslohae, Bertelsmann.

L'histoire de l'école centrale des arts et manufactures. (Rev. d. d. mondes 35. 1.)

Lübke, W. Die Kunstschulbaufrage in Stuttgart. (Kst.-Chr. 41.)

Mario, A. L'arte nella storia: studio letto in aprile 1879 nella sala Dante di Roma. 3a ediz. Roma, stab. tip. ital. diretto da L. Perelli. 16⁰, p. 64. L. 1.

Mazzia, A. Sulla insegnamento elementare del disegno: lettera al prof. cav. Luigi Santa-Maria. Napoli, tip. di V. Morano. 8⁰, p. 8.

Ménard, R. Le cours d'archéologie à l'école d. beaux-arts. (Encyclop. d'archit. 8.)

Hessin, J. et A. Le Bailie. Lectures manuscrites sur le dessin. 8⁰, 96 p. avec fig. Paris, Gedalge jenne.

Oca, M. Las carreras científicas, literárias y artísticas de España: estudios, gastos y porvenir que ofrecen. 4e edición. Madrid, F. Fe. 8⁰, 234 p. 8 y 10.

Pecht, F. Ueber die Wiederaufnahme der deutschen Renaissancestiles. (Zeitschr. d. K.-G.-V. München 7. 8.)

Plastique. Du génie de l'art plastique. Conférence. (Journ. d. beaux-arts 18 f.)

Pouillet, E. Traité théorique et pratique de la propriété littéraire et artistique et du droit de représentation. 8⁰, X—741 p. Paris, Marchal, Billard et Ce. 10 fr.

— — Traité théorique et pratique des brevets d'invention et de la contrefaçon. 2e éd., mise au courant de la jurisprudence. 8°, XXIV—856 p. Paris, Marchal, Billard et Co. 11 fr.

Ravaisson, F. L'Art dans l'école. gr. 8°, 8 p. Paris, imp. Quantin. (Extr. du Dictionn. de pédagogie et d'instruction primaire.)

Riou, A. Atlas du dessinateur en tous genres, Linéaire, ornement, animaux, paysages, fleurs, fruits. La Figure. 2e éd. 16°, 64 p. avec 120 mod. Paris, Vernay.

Hobert, E. L'Aquarelle, traité pratique et complet sur l'étude du paysage, suivi de leçons écrites, av. planches reproduites en la chromolithographie, d'après Allongé et Cicéri. 2e éd. 8°, 144 p. Paris, Meunier. 6 fr.

— — Le Fusain sans maître: traité pratique et complet sur l'étude du paysage au fusain, suivi de leçons écrites, avec planches reproduites par l'héliogravure d'après Allongé. 4e éd. 8°, 100 p. Paris, Quantin et Ce. 6 fr.

Sante, S. Lo studio del disegno architettonico. Sassari, tip. Azuni, 1878. 16°, p. 16.

Nehasler, M. Die staatlichen Einrichtungen für den Kunstunterricht in Deutschland. (Jahrb. f. Gesetzgebg., Verwaltg. u. Volkswsch. im D. R. III. 2. 3.)

Scuola di disegno industriale di Sesto Fiorentino (premiata con medaglia d'oro alla Esposizione internazionale di Parigi del 1878). Firenze, tip. Succ. Le Monnier. 16°, p. 12.

Souscription internationale pour le développement et l'encouragement des beaux-arts en Italie. Rome, imp. E. de Angelis. 8°, p. 12.

Springer, A. Die Leipziger Kunstakademie. (Kat.-Chr. 40.)

Vandalisme. IV. V. (L'Art XVIII. 141.)

Van den Bussche, E. De la physionomie dans l'histoire et dans les arts. (Revue artistique. Beaux-arts, littérature, musique, arts industriels. 1878—1879. Nos 25 et 26, mai 1879. Auvers.)

Véron, E. De l'enseignement du dessin et du choix des modèles. (L'Art XVIII. 305.)

Viollet-le-Duc, L'étude du dessin, discours. (L'Art XVIII. 21.)

Wesen, das, der Kunst. IV. (H. Kr.: Schweiz. Gew.-Bl. 25. 26.)

II. Kunstgeschichte. Archäologie.

Adler, F. Die Ausgrabungen von Olympia. (D. Bau-Ztg. 63 ff.)

Age des villas et tumulus romains de la Hesbaye. (Bull. de l'Inst. archéolog. liégeois, T. XIII, 2e livr.)

Ambiveri, L. Gli artisti piacentini: cronaca ragionata. Piacenza, tip. Fr. Solari. 16°, p. 264. L. 2. 50.

Appendice al „Monumenti Ravennati" del conte M. Fantuzzi, pubblicata a cura del canon. Ant. Tarlazzi, t. II, disp. 1a. Ravenna, tip. Calderini. 4°, p. XLVIII—240. (Monumenti storici pertinenti alla provincia della Romagna, serie II: Carte.)

Ausgrabungen, die, zu Olympia. III. Uebersicht der Arbeiten und Funde vom Winter und Frühjahr 1877—78. 38 Taf. (25 in Lichtdr. u. 13 lith.) Herausg. von E. Curtius, F. Adler u. G. Treu. gr. f°, 32 S. Berlin, Wasmuth. M. 90.

Ballagi, A. Die Kunstdenkmale Lentschau's. (Lit. Ber. aus Ungarn III. 3.)

Bausing, H. A. De Beeldstormers te s'Hertogenbosch. (Belgische Illustratie, Nos 28 à 31.)

Barcia, A. F. Miscellanea historico-romantica. 16°, 245 p. Barcellos (Portugal) 1878, typogr. da Aurora do Cavado.

Barbier de Montault, X. Les Tabernacles de la renaissance à Rome. 8°, 28 p. et pl. Paris, Baur. (Extr. de la Rev. de l'art chrét. 1879, p. 257.)

— — Le Trésor de la cathédrale de Bénévent. 8°, 35 p. Arras, imp. Laroche. (Extr. de la Revue de l'art chrét., 2e série, t. 10.)

Barelli, V. Antica lapide cristiana, con facsimile. (Soc. storica per la provincia e antica Diocesi di Como: periodico. Fasc. 2. Como.)

Bayet, C. Recherches pour servir à l'histoire de la peinture et de la sculpture chrétiennes en Orient avant la querelle des Iconoclastes. 8°, 146 p. Paris, Thorin. 4 fr. 50. (Bibl. des Écoles franç. d'Athènes et de Rome, fasc. 10.)

Berger, Ph. La Trinité carthaginoise, mémoire sur un bandeau... conservé au Musée de Constantine. (Gaz. archéol. 4 f.)

Bernabei, F. Gli scavi di Ercolano. (Atti della R. Accademia dei Lincei. Anno CCLXXV (1877—78). Serie III. Classe di Scienze morali, storiche e filologiche, vol. II. Roma, tip. Salvucci, 1878.)

Bizarne, C. Notes sur la bourgade gallo-romaine de Bolar près Nuits (Côte-d'or). 8°, 24 p., 1 carte et 7 pl. Autun, imp. Dejussieu père et fils. (Extr. du Mém. de la Soc. éduenne [nouv. série], t. 7.)

Bignami Sormani, E. Tracce dell'antica Milano: lettura. Milano, tip. degl' Ingegneri, 1878.

Billetti, A. L'archeolitica mitografica considerata in relazione ai suoi originarii tipi tirrenoliguri o ligurini. Livorno, 1878. 4, p. 14.

Bizio, G. Sopra gli scavi nelle stazioni lacustri di Peschiera: Comunicazione. (Atti del R. Istituto Veneto di scienze, lettere ed arti, dal nov 1878 all' ottobre 1879. Tomo V, serie 5. disp. 5a. Venezia.)

Brizza, G. Sopra alcuni graffiti di vasi arcaici ritrovati in Roma. Roma, 1878. 4°, p. 24 con tav. doppia. (Dal Bull. della Comm. Archeol. Municip. di Roma.)

Buch, Der Altarstein des Danuvius zu Mengen. (Württemb. Jahrb. f. Stat. u. Landeskde. II. 1.)

Bulletin de la Société nationale des antiquaires de France. 1878, 8°, 262 p. avec fig. Paris, Dumoulin.

Cadicamo, G. La necropoli monumentale di Sibari scoperta dall' ing. cav. Saverio Cavallari: impressione e studio. Milano, tip. Letteraria. 8°, p. 30.

Caffi, M. Degli artisti lodigiani: memorie. Milano, Vallardi, 1878.

Cartier, E. Histoire de l'art après Jésus-Christ. (Rev. de l'art chrét. p. 406.)

Casali, Ch. Sarcophage étrusque de Chiusi. (Gaz. archéol. 4.)

Castelfranco, P. Stazione litica dell' isola del Cipressi nel lago di Pusiano, e sepolture di Montorfano di Como. Ripostiglio di oggetti di bronzo nel Lodigiano. Reggio-Emilia, tip. degli Artigianelli, 1878.

Cathédrale de Clermont et Notre-Dame-du-Port. Visite archéologique et artistique. 8°, VI—90 p. Clermont-Ferrand, imp. Malleval.

Cesnola, L. Palma di. Cypern, seine alten Städte, Gräber u. Tempel. Bericht über zehnjährige Forschungen und Ausgrabungen auf der Insel. Aut. deutsche Bearb. von L. Stern. Mit einl. Vorwort von G. Ebers. Mit mehr als 500 in den Text und auf 96 Taf. gedr. Holzschn.-Illustr., 12 lith. Schrift-Taf. u. 2 Karten. In 2 Theilen. I. Theil. 8°, XVIII—256 S. Jena, Costenoble. M. 16.

Champfleury. L'Art familier et de parodie dans l'antiquité. (L'Art XVIII. 161.)

Coppi, F. Nuova scoperta archeologica nella terramara di Gorzano. Torino, 1879. 8⁰, p. 16 con 4 tav., 3 delle quali doppie.

Corblet, J. Iconographie du baptême. 8⁰, 83 p Paris, Baur. (Extr. de la Revue de l'art chrét.)

Credner, H. Ueber das Gräberfeld von Obichenstein bei Halle a.S. (Ztschr. f. Ethnologie II.)

Crespellani, A. Oggetti dell' età della pietra in Formigine. Modena, 1878. 8⁰, p. 8, con tav.

Dasti, L. Notizie storiche archeologiche di Tarquinia e Corneto. Roma, lib. "A. Manzoni" di A. Teneoni, 1878. 8⁰, p. 518. L. 5

Dates de la découverte et indication des principales œuvres de l'art antique. (Chron. des arts 30.)

Davin, V. La Cappella greca du cimetière de Priscille. XIII. (Rev. de l'art chrét. p 367.)

De Betta, E. Notizie archeologiche Veronesi, e degli avavi nelle stazioni lacustri del lago di Garda. Comunicazione. (Atti del R. Istituto Veneto di scienze, lettere ed arti, dal nov. 1878 all' ottobre 1879. Tomo V, ser. V, disp. 5ª. Venezia.)

Decombe, L. Notice sur la patère d'or découverte à Rennes en 1774. 8⁰, 85 p. Rennes, imp. Catel et Ce. (Extr. des Mem. de la Soc. archéolog d'Ille-et-Vilaine.)

Drouyn, L. Variétés girondines, ou Essai historique et archéologique sur la partie de l'ancien diocese de Bazas renfermée entre la Garonne et la Dordogne. Fasc. 2. 8⁰, p. 191 à 446 et pl. et fig Bordeaux, Féret et fils. (Extr. des Actes de l'Acad. nat. des sciences, belles-lettres et arts de Bordeaux.)

Durant, Remarques à propos de l'Art égyptien III. IV. (Gaz. d. b.-arts 266, 268.)

Eitelberger v. Edelberg, R. v. Gesammelte kunsthistorische Schriften. 2 Bde. (Kunst und Künstler Wiens der neueren Zeit. — Oesterreichische Kunst-Institute und kunstgewerbliche Zeitfragen.) gr. 8⁰, XVI—432 u. XII—407 S. Wien, Braumüller. M. 16

Fabretti, A. Scavi di Carrù. Torino. stamp. Reale. gr. 8⁰, p. 14 e 7 tav. (Dagli Atti della società d'Archeologia e Belle Arte per la provincia di Torino, vol. II, fasc. 4⁰)

Festschrift zur 50jährigen Gründungsfeier des Archäologischen Institutes in Rom. gr. 4⁰ Wien, Gerold's Sohn in Comm. M 10. (Inh.: Zur Geschichte des lateinischen Rechts von O. Hirschfeld. S. 1—16. — Ueber das Cultusbild der Athena Nike v. O. Benndorf. S. 17—48 m 2 eingedr. Holzschn. u. 1 Photolith.)

Fellenberg, E. v. Die Grabhügel im Oberholz bei Kallnach. (Anz. f. schweiz Altthkde. 2)

Fillon, B. Le songe de Poliphile II. (Gaz. d. b.-arts 265.)

— — Quelques mots sur le Songe de Poliphile. 4⁰, 43 p. avec 17 grav. Paris, Quantin et Ce.

Florkowski, Gesichtsurne aus einem Steinkistengrab in Gogolin. (Ztschr. f. Ethnologie II.)

Fontenay, H. de. Découverte faite à Autun d'un marbre chrétien du Vᵉ siècle. Rapport lu à la Société éduenne. 8⁰, 9 p. et pl. Autun, imp. Dejussieu père et fils. (Extr. des Mém. de la Soc éduenne (nouv. série), t. 7)

Forchhammer, W. Das Erechtheion. Festgruss und Glückwunsch dem kaiserl. deutschen archäolog. Institut in Rom zu dessen 50jährig. Jubiläum am 21. April 1879. Mit 2 (lith u. chromolith) Taf. 4⁰, 20 S. Kiel, Univ.-Buchh. M. 2. 25.

Forel, F. A. Les Ténevières artificielles des cités lacustres. (Anz. f. schweiz. Altthkde. 2.)

Frohnhäuser, Ein Bronzefund von Lampertheim (Corr.-Bl. d. Ges. Ver. d. d. Gesch.- u. Altth.-Ver. 4.)

Furtwängler, A u. G. Loeschcke. Mykenische Thongefässe. Festschrift zur Feier des 50jähr. Bestehens des Deutschen Archäolog. Institutes in Rom. Im Auftrage des Institutes in Athen herausg. qu. gr. f⁰. 9 S m. 12 zum Theile col. Steintaf. Berlin, Asher & Comp. in Comm. M. 40.

Gaedechens, R. Perseus bei den Nymphen. Bild einer griech Pyxis. f⁰, 11 S. u. 1 Taf. (Gratulationsschr. d. Univ. Jena dem Deutsch. Arch. Inst. zu Rom.)

Gartmann, J. Schalenstein bei Ilanz. (Anz. f. schweiz. Altthkde. 2.)

Geffroy, A. L'histoire monumentale de Rome et la première renaissance. (Rev. d. d. mondes 35 1 u. f.)

Gensler, M. Zur sinnbildl. Darstellung von Städten. (Mitth. d Ver. f. Hamburg. Gesch. 1878—79. 4.)

Gorresio, G. Nota sulla croce gemmata dei monumenti scoperti nell' isola di Cipro. Torino, 1878. 8⁰, p. 3.

Gozzadini, G. Di un antico sepolcro a Ceretolo nel Bolognese. Modena, tip. Vincenzi, 8⁰, p. 33 con 1 tav. litogr. doppia.

Grabmale im Kreuzgange zu Klosterneuburg II. (Mitth. d. Centr.-Comm. V. 3.)

Grimouard de St. Laurent, le Cte, les Images de Sacré-Cœur au point de vue de l'histoire et de l'art I. (Rev. de l'art chrét. 1879, p. 285.)

Gröpler, Zur Gesch. der Trachten. (Anz. f. Bibliogr. 6.)

Gross, Un étrier en bronze. (Anz. f. schweiz. Altthkde. 2.)

Grueber, B. Kunstgeschichtl. Notizen aus Vorarlberg I. (Mitth. d. Centr.-Comm. V. 3.)

Guerra, Don A. F. Nuevos descubrimientos en epigrafía y antigüedades. 8⁰, 12 p. Madrid, impr. de F. Maroso é hijos.

Hamard, Fouilles faites à Carnac en 1874—1876. 8⁰, 16 p et pl. Rennes, imp. Catel et Ce. (Extr. des Mem. de la Soc. archéologique du départ. d'Ille-et-Vilaine.)

— — Examen de la classification préhistorique de M. de Mortillet. 8⁰, 27 p. Tours, imp. Bouserez. (Extr. des comptes rendus du Congrès tenu au Mans et à Laval par la Soc. franç. d'archéologie en mai 1878.)

Héron de Villefosse, A. La mosaïque des quatre saisons à Lambèse (Algérie). (Gaz. archéol. 4.)

Hettner, H. Italienische Studien. Zur Geschichte der Renaissance. Mit 7 Taf. In Holzschn. gr 8⁰. VIII. 312 S. Braunschweig, Vieweg & Sohn. M. 9.

Hommes (les) du jour. 8M. Jules Dupré (1811 —1879). 32⁰, 61 p. avec portr. St. Germain, imp. Bardin.

Hörnes, M. Beschreibung griechischer Vasen in Triest. (Arch. epigr. Mitth. aus Oesterr. III. 1.)

— — Röm. Alterthümer in Bosnien. (Wiener Abend-Post 122.)

Hörnes, M. Archäol. Streifzüge in der Herzegowina. (Ebend. 181 ff.)

Hrasa, J. K. Die Heldengräber am Chlum bei Tabor. (Mitth. d. Centr.-Comm. V. 3.)

Jahrbuch, biographisches, für Alterthumskunde. Herausg. von C. Burxian. 1. Jahrg. 1878, gr. 8⁰, 42 S. Berlin, Calvary et Co. M. 3.

Ilg, A. Die Künstlerfamilie Carlone. (Mitth. d. Centr.-Comm. V. 3.)

— Salzburgs Kunstblüthe. (Wien. Abend-Post 148 ff.)

Imer, F. La pierre à écuelles des prises. (Anz. f. schweiz. Alterthskde. 2.)

Kenner, F. Neue römische Funde in Wien. II. (Mitth. d. Centr.-Comm. V. 3.)

Kinkel, G. Die Handschrift von Dürer's niederländischem Tagebuch. (Zeitschr. f. bildende Kunst 12.)

Klemm, Meister Hans Steinmetz. (Württemb. Jahrb. f. Stat. u. Landesk. II. 1.)

Kümmel, Kunst und Künstler in ihrer Förderung durch die steirische Landschaft vom XVI.—XVIII. Jahrhundert. (Beitr. z. Kunde steiermärk. Geschichtsquellen. 16. Jahrg.)

Kunst und Künstler des Mittelalters und der Neuzeit. Biographien und Charakteristiken. Unter Mitwirkung von Fachgenossen herausg. von R. Dohme. 67—69. Lfg 4. Leipzig, Seemann. M. 5. (Inh.: 67. 68. Giovanni Bellini, von H. Janitschek. Giorgione, von H. Lücke. Palma Vecchio, von A. Rosenberg. 67 S. mit eingelr. Holzschn. 69. Antonio Allegri gen. Correggio, von J. P. Richter. 36 S. mit eingedr. Holzschn.)

Kunstbestrebungen in Kroatien. (Kat.-Chr. 43.)

Lalanne, L. Journal du voyage du Cav. Bernin en France p. M. de Chantelou; suite. (Gaz. d. b.-arts 207.)

Lasteyrie, F. de. Un grand seigneur du XVIe siècle: le Connétable de Montmorency. II. (Gaz. d. b.-arts 266.)

Lecocq, G. Peintres et sculpteurs, notices. Avec dessins originaux des artistes. 1e livr. Louise Abbema. 8º, 20 p. Paris, imp. Jouanet.

Liénard, E. Genie bachique ou hyménée. (Gaz. archéol. 4.)

Lind, K. Die Johanniskapelle nächst dem Karlssteg in Wien. (Allg. Bau-Ztg. 5. 6.)

— Der Brunnen auf dem Hohen Markt in Wien. (Ebend. 7. 8.)

Lindenschmit, H. „Ingelbux". (Corr.-Bl. d. Ges. Ver. d. d. Gesch. u. Alterth.-Ver. 1.)

Locatelli, P. Illustri bergamaschi: studii critici biografici. Parte III: intarsiatori, architetti e scultori. Bergamo, tip. Pagnoncelli. 8º, p. 410. L. 3. 50.

Martiner, Iconographie d. Saint-Jean l'Évangéliste. (Rev. de l'Art chrét. p. 356.)

— Notice sur un monument illyrien. (Ibid. p. 431.)

Mayer, F. Kunst und Künstler in Steiermark vom XVI. bis zum XVIII. Jahrhundert. (Wr. Abd.-Post 176.)

Mémoire de la Société historique et archéologique de l'arrondissement de Pontoise et du Vexin. T. 1. 8º, XVI — 79 p. et 2 pl. Paris, Seyès.

Meyer, Ed. Palmyra. (Westermann's Monatsh. Juli ff.)

Meyer, W. Ueber zwei antike Elfenbeintafeln der kgl. Staatsbibliothek. (Sitz.-Ber. d. Akad. d. Wissensch. zu München 1879. 2.)

Miklucho-Maclay, N. de. Vestiges de l'art chez les l'apoua de la côte Maclay en Nouvelle-Guinée. 8º, 8 p. avec Fig. Paris, imp. Hennuyer. (Extr. des Bull. de la Soc. d'anthropologie de Paris. Séance du 19 déc. 1878.)

Milberg, W. Meissen und die Albrechtsburg im Jahre 1745. (Programm der Fürstenschule zu Meissen.)

Millard, A. Le Tumulus d'Hancourt ou Tumois. 8º, 8 p. Troyes, imp. Dufour-Bouquot. (Extr. des Mem. de la Soc. acad. de l'Aube. T. 42, 1878.)

Millescamps, G. et A. Hahn. Fouilles et découvertes archéologiques de Luzarches (Seine-et-Oise). 8º, 19 p. et pl. Tours, imp. Bouserez. (Extr. des comptes rendus du congrès, tenu à Senlis par la Soc. franç. d'archéologie en mai 1877.)

Müllner, A. Emona Archäologische Studien aus Krain. Mit 7 lithogr. Taf. gr. 8º, VII, 342 S. Laibach, von Kleinmayr & Bamberg. M 7.

Müntz, E. Les arts à la cour des papes pendant le XVe et le XVIe siècle; recueil de documents inédits tirés des archives et des bibliothèques romaines. 2e partie. Paul II. (1464—1471). 8º, 337 p. et 2 pl. en héliogr. Paris, Thorin. 12 fr. (Bibl. des Écoles franç. d'Athènes et de Rome. fasc. 9.)

Neneste, das, vom Schatzhause des Atreus. (Allg. Ztg. 270 B.)

Palustre, L. La Renaissance en France. T. 1. Livr. 1: Flandre, Artois, Picardie (Nord, Pas-de Calais et Somme). Dessins et grav. sous la direction d'E. Sadoux. f°. 54 p., 5 pl. et 15 grav., culs-de-lampe etc. 25 fr. Paris, Quantin (L'ouvrage paraîtra en 30 livr., qui seront réunis en 3 forts vol. Il paraîtra 1 livr. tous les 2 mois environ, du prix de 10 à 25 fr, suivant son importance)

Pellegrini, G. Di un sepolcreto preromano scoperto a Povegliano Veronese. Verona, 1878. 8º, p. 40 con 5 tav. (Dagli Atti dell' Accad. di agric. e comm. di Verona.)

— Di una collezione paletnologica nell' Italia superiore. Roma, 1878. 4º, p. 7 con 1 tav. (Dalle „Notizie degli scavi comunicate alla R. Accad. dei Lincei", marzo 1878.)

Pereira, G. Notas d'Archeologia. Os Castellos ou Montes fortificados da Colla e Castro Verde. O Dolmen furado da Candieira. Ruinas da Citania de Briteiros. 8º, 66 p. Evora (Portugal) typ. de Fr. da Cunha Bravo.

Pater, J. Nemetdächte Alterthümer bei Mengen. (Württ. Jahrb. f. Stat. u. Ldskde. II. 1.)

Piante iconographche prospettiche di Roma anteriori al secolo XVI raccolte e dichiarate da G. B. de Rossi. Roma, tip. del Salviucci. — 1º. Testo pagg. VIII, 152. 4º con 1 tav. — 2º. Atlante in foglio con cui si formano 2 grandi piante (murali) di Roma e altre più piccole (in tutto 24 grandi tav.). — 3º. Indice delle denominazioni tipografiche cont. nelle piante. p. 29. 8º.

Pierret, P. Essai sur la mythologie égyptienne. 12º, 48 p. Paris, Vieweg.

Pleyte, W. Nederlandsche oudheden van de vroegste tijden tot op Karel den Groote. Afdeeling: Westerkwartier, Gorecht en Zevenwouden. afl. 5. gr. 4º (bl 127—152. pl. XI.IX—LVII en kaart.) Leiden, E. J. Brill. f. 10.

Prosdocimi, A. Le necropoli eugance di Este. — Le tombe di Canevedo, fondo Boldu-Dolfin. Montagnana, 1878. 8º, p. 30.

Räber, B. Vorhist. Funde aus dem Aargau. (Ztschr. f. schweiz. Althhkde. 2.)

Riemann, O. Recherches archéologiques sur les îles Ioniennes. I. Céphalonie. 8º, 74 p. et carte. Paris, Thorin. 3 fr. (Bibl. des Écoles franç. d'Athènes et de Rome. fasc. 12.)

Rosenberg, A. Der Altar der h. Barbara in S. Maria Formosa zu Venedig. (Ztschr. f. bild. Kst. 10.)

— Der Einsturz der Marcusbibliothek im J. 1545. (Grenzboten 26.)

Rossi, M. St. de. Copioso deposito di stoviglie e d'altri oggetti rinvenuto nel Quirinale. Roma, 1878. 8°, p. 32 con 9 tav. (Dal Bull. della Comm. Archeol. Municip. di Roma.)

Royer, C. Notes pour servir à l'histoire de l'ancienne châtellenie de Pierrefitte. 1er art. 8°, 15 p. Bar-le-Duc, Contant-Laguerre. (Extr. des Mém. de la Soc. des lettres, etc. de Bar-le-Duc, 1879, t. 8.)

Roggero, G. Oggetti preistorici calabresi e del Cosentino. Roma. 1878. 4°, p. 24 con 4 tav. (Dalle notizie degli scavi comunicate alla R. Accad. dei Lincei.)

Rylands, W. H. Explorations among the ancient Buddhist remains in Afghanistan. (Academy 879.)

Saunier, A. Les Ponts romains sur le Rhône. 8°, 35 p. Avignon, Seguin fr. (Extr. du Bull. hist. et archéol. de Vaucluse.)

Santi Quattro Coronati e la loro chiesa sul Celio. (Bull. di archeol. crist. IV. 2.)

Scavi di Pompei e di Fossombrone. (Bull. dell' Instit. di corresp. arch. 6.)

Scavi di Pompei, di Vulci, di Sucessula. (Bull. d. Inst. di corr. arch. 7.)

Scavi nelle catacombe romane, specialmente nel cimitero di Domitilla. (Bull. di archeol. crist. II.)

Schneider, Fischerbilder. (Arch. epigr. Mitth. aus Oesterr. III. 1.)

Schultze, V. Studien über den altchristl. Bilderkreis. (Christl. Kstbl. 6.)

Seeger, Neue Entdeckung röm. Alterth. im Odenwald. (Corr.-Bl. d. Ges. Ver. d. d. Gesch. u. Alfth.-Ver. 1.)

Sepolcro di S. Petronilla nella Basilica in via Ardeatina e sua traslazione al Vaticano. (Bull. di archeol. crist. IV. 1.)

Stark, K. B. Zwei Alexanderköpfe der Sammlung Erbach und des britischen Museums zu London. Zum ersten Mal veröffentlicht. Mit 3 phototyp Taf. (Festschrift, dem kaiserl. deutschen archäolog. Institut zu Rom zur 50jährigen Stiftungsfeier am 21. April 1879 überreicht von der Universität Heidelberg.) 4°, 21 S. Leipzig, Engelmann. M. 5.

Snavius, J. S. Reuier Lambert, de Liège, graveur en taille douce, typographe-éditeur, peintre, poète et architecte. (Bull. de l'Institut archeol. liégeois. T. XIII. 2e liv.

Srátek, J. Culturhistorische Bilder aus Böhmen. gr. 8°, VII, 311 S. Wien, Braumüller. M. 6.

Svenska konstminnen fran medeltiden och renässansen, aftecknade och beskrifne på föranstaltande af svenska fornminnesföreningen. 1. Hft. (2 p. u. 4 pl.) f°. Stockholm.

Terninck, A. L'Artois souterrain. Études archéologiques sur cette contrée depuis les temps les plus reculés jusqu'au règne de Charlemagne. T. 1er, 1 carte et 12 pl. 8°, XXIV—308 p. Arras, imp. Laroche. (Tiré à 200 exempl.)

Timolati, A. Lodi; monografia storico-artistica. Milano, Vallardi, 1877. 4°, p. 164.

Trapp, M. Funde in Mähren. (Mitth. d. Centr.-Comm. V. 3.)

Trivier, S. Peinture d'un vase de Nola. (Gaz. archéol. 4.)

Volra, E. da. Antiguedades de Mafra ou relação archeologica etc.; memoria apresentada à Academia Real das Sciencias de Lisboa. 4°, 117 p., 8 t. Lisboa, typografia da Academia.

Wandlungen der barocken Kunst in Oesterreich I. (Oesterr. Kst.-Chr. 6.)

Wellbach, Ph. Dansk Konstnerlexikon. Lex.-8°, 629 S. Kopenhagen 1878, Hoost & Söhne.

Wernicke, E. Kunstgeschichtliches aus Bunzlau. (Anz. f. Kde. d. d. Vorzt 7.)

Witte, J. de. Mélampos et les Proetiden. (Gaz. archéol. 4.)

Necrologie.

Reimbarth, K. F., Architekt. (Arch. f. kirchl. Kkst 1878, 5. 6.)

Belle, Th., Archit. (Ch. Lucas: Rev. gén. de l'archit. 5. 6.)

Boulenger, H., Maler. (Cam. Lemonnier: Gaz. d. b.-arts 207.)

Burguet, Ch. R., Architekt (Ch. Durand: Rev. gén. de l'architect 5. 6.)

Colonna di Castiglione, Herzogin (Marcello), Bildhauerin. (L'Art XVIII. 120.)

Courbet, G., Maler. (Unsere Zeit 14.)

Duc, J. L. (P. Sédille: Encyclop. d'archit. 9.)

Fortner, G., Maler. (Allg. Z. 214 B.)

Fries, B., Landschaftsmaler. (F. Pk.: Allg. Ztg. 199 B. — Regnet: Kst.-Chr. 39.)

Héreau, J., Landschaftsmaler. (L'Art XVIII. 24.)

Lasteyrie, F. de. (Anat. de Montaiglon: Gaz. d. b.-arts 265.)

Landseer, Ch., Maler. (M. M. Heaton: Academy 378.)

Lotz, W., Prof. d. Archit. etc. (Kst.-Chr. 43.)

Lowry, J. W., Kupferstecher. (L'Art XVIII. 120.)

Noé, A. de (Cham), Caricaturist. (L'Art XVIII. 264.)

Prechel, C., Maler. (C. Clauss: Kst.-Chr. 43.)

Pini, C., Conservator. (Geymüller: Kst.-Chr. 38.)

Ponthieu, L., Archit. (Ch. Lucas: Rev. gén. de l'archit. 5. 6.)

Schrandolph, J. v. (Regnet: Kst.-Chr. 38.)

Semper, G. (Sonntagsbl. f. Jederm. 28. 29. — J. Bayer: Ztschr. f. bild. Kst. 10. 12. — F. Pecht: Allg. Ztg. 197 B.)

Swerts, J., Maler. (Chron. d. arts 30. — Ad. S.: Journ. d. b.-arts 16.)

Viollet-le-Duc, E. E., Architekt. (L'Art XVIII. 312.)

Vogel, L., Maler. (Allg. Ztg. 243 B.)

III. Architektur.

Adler, F. Baugeschichtliche Forschungen in Deutschland. II. Frühromanische Baukunst im Elsass. Mit 4 Taf. (3 lith. u. 1 Kupfertaf.) f°. 14 S. Berlin, Ernst & Korn. M 10.

Alberti, J. Die Bergkirche zu Schleiz. Geach. u. Schilderung. 8°, 64 S. Schleiz, Gesch.- u. Alterth.-Verein.

— — Zur Geschichte des Schlosses Burk bei Schleiz. 8°, 53 S. (Ebend.)

Altendorf, H. Die Leistungen auf dem Gebiete der kirchlichen Baukunst in Sachsen während der letzten zehn Jahre. (Christl. Kstbl. 6.)

Arbeiten, die, zur Restauration der Kathedrale von Metz. (D. Bau-Ztg. 44.)

Bädeker, G. Chronologische Notizen aus der Baugeschichte der wesentlichsten Danziger Bauwerke. 16°, 36 S. m. eingedr. Fig. u. 1 Taf. Danzig, Gruihn. M. 1.

Berlepsch, M. E. v. Das neue Kunstgewerbehaus in München. (Ztschr. f. bild. Kst. 11.)

Bonelli, G. A. Memorie storiche della basilica Constantiniana dei SS. XII Apostoli di Roma e dei nuovi suoi ristauri. Roma, tip. del Salviucci. 8°, p. 92.

Bose, E. Dictionnaire raisonné d'architecture et des sciences et arts qui s'y rattachent. Livr. 10 à 13. (T. 3.) 8° à 2 col., p. 1 à 336, avec pl. et grav. Paris, Firmin-Didot et Cie. La livr. 5 fr.

Bomszermeny. Der Bau des Rathhauses zu Danzig. Zur Erinnerung an das 500jährige Bestehen desselben. gr. 4°, 13 S. Danzig, Saunier. M. 1. 20

Burty, Ph. Notes sur l'architecture au Japon. (Rev. gen. de l'archit. 5-8.)

Carlet, J. De l'origine de l'ogive et du style architectural des églises bourguignonnes du moyen-âge classées parmi les monuments historiques. 8°, 39 p. Beaune, Batault-Morot.

Clairac y Saenz, P. Diccionario general de arquitectura e ingenieria, que comprende todas las voces y locuciones castellanas, tanto antiguas como modernas, usadas en los diversos artes de la construccion, con una introduccion por D. Ed. Saavedra. 5° cuad. Madrid, Murillo. 4°, 625 à 784 p. 30 y 34.

Colla, A. Intorno alla chiesa di San Giovanni in Conca, relazione al R. Istituto Lombardo. Milano, tip. Bernardoni, 1878.

Dehn-Rotfelser, H. Das Gemäldegallerie-Gebäude zu Cassel. Mit 4 Kupfertaf. f°, 12 S. m. eingedr. Holzschn. Berlin, Ernst & Korn. M. 10.

Des Classicismus neueste Phase. (Allgem. Ztg. 221. B.)

Dion, A. de. Troisième note sur l'architecture de l'ordre de Grandmont. 8°, 23 p. Tours, imp. Bouserez. (Extr. du Bull. monumental, 1877—78.)

Durm, J., S. Giorgio dei Genovesi zu Palermo. (Ztschr. f. bild. Kst. 12.)

Entwürfe, die, zu den Gebäuden der rhein.-westfälischen Ausstellung in Düsseldorf 1880. (D. 1 au-Ztg. 42.)

Evangel. Garnisonskirche, die neue, in Stuttgart. (Christl. Kstbl. 7.)

Varstel, H. v. Der Erbauer der Votivkirche. (Illustr. Ztg. 1888.)

Galard, de. Monographie du château de Wideville; accompagné de 12 eaux-fortes dessinées et gravées par A. Guillaumot fils. 4°, 72 p. et planche d'armoiries. Paris, Libr. générale. (Tiré à 100 exempl. num.)

Galland, G. Die St. Nicolaikirche zu Berlin. (Christl. Kstbl. 7.)

Geymüller, H. v. Einige Bemerkungen über Carpi. (Ztschr. f. bild. Kst. 9.)

Gothischer Baustyl in Italien. (Der Kirchenschmuck 8 f.)

Italie Monumentale. Collection des Édifices les plus remarquables de Rome ancienne et de Milan. Prospectus-specimen. Milan, P. Moretti o T. Baudry. f°, p. 12.

Micklethwaite, J T St. Paul's Cathedral. (Academy 390.)

Molmenti, P. G. Les travaux de restauration du Palais des Doges à Venise. (L'Art XVIII. 93.)

Mumini, L. Les travaux de restauration de l'église de Santa Croce à Florence. (L'Art XVIII. 258.)

Notizen, chronologische, aus der Baugeschichte des Klosters Oliva. 8°, 8 S. m. 1 Taf. Danzig, Gruihn. M. 0. 50.

Orth. Der Platz für das deutsche Reichstags-Gebäude. (Kst-Chr. 42.)

Otzen, J. Die Bergkirche zu Wiesbaden. (D. Bau-Ztg 51.)

Overzicht van de geschiedenis der Bouwkunst. Vrij naar het Hoogduitsch werk: leitfaden für den Unterricht in der Kunstgeschichte 12°, 88 p. avec 51 fig. (Gand, J. Vuylsteke. 0. 60.

Overzicht van de Geschiedenis der Bouwkunst. (Kst-Chr. 7. 8.)

Pfarrkirche, die, zu St. Oswald in Eisenerz. (Der Kirchenschmuck 8.)

Pfnor, R Architecture et décoration des époques Louis XIV, Louis XV et Louis XVI au palais de Fontainebleau, dessinées, gravées et accompagnées d'un texte historique et descriptif. Liv. 1 à 15. f°, 30 pl. Liège, Ch. Claesen. 75 fr.

Philipp, S. Das Roccoco und die allgemeinen Principien der Baustile. (D. Bau-Ztg. 55 ff.)

Raschdorff, J. Hausausführungen im Stile der deutschen Renaissance. 20 Taf. in Stich. (Aus „Archit. Skizzenbuch".) f°. Berlin, Ernst & Korn. M. 16.

— — Entwürfe und Hausausführungen im Stile deutscher Renaissance. 2 Lign. f°. à 25 Bl. in Lichtdr. Berlin, Wasmuth. à M. 20.

Reichensperger, A. Die Bauhütten des Mittelalters. Ein Vortrag. gr. 8°, 22 S. Köln, Bachem. M. 0. 60.

Sachen, E. Frhr. v. Die Kirche der ehemaligen Benedictiner-Abtei Mondsee. (Mitth. d. Centr.-Comm. V. 3.)

— — Stili di architettura. Versione con note ed aggiunte di R. Brayda. Torino, E. Loescher. gr. 8°, p. XVI—308. (Bibl. scientifico-popolare, anno 1.) L. 3.

Saint-Paul, A. De la forme des clochers. II. (Rev. d. l'Art chrét. p. 435.)

Salazaro, D. Storia dell' arco di trionfo con le torri di Federico II, ecc. Caserta, tip. Nobili. 8°, p. 16. L. 1. 50.

Sardou, A. L. Deux vieilles tours au Cannet, près Cannes (Alpes-Maritimes); mémoire. 8°, 24 p. et pl. Cannes, Robaudy. (Extr. du t. 6 des Ann. de la Soc. des lettres etc., des Alpes-Maritimes.)

Schönherr. Restaurirung der alten landesfürstlichen Burg in Meran. (Mitth. d. Centr.-Comm. V. 3.)

Schoy, A. Architecture. Matériaux de construction. (Journ. d. beaux-arts 12 ff.)

Setti, P. La chiesa di San Francesco in Siena Cenno storico con note. Siena, tip. G Baroni. 8°, p. 14. L. —. 30.

Spitalkirche, die, zu Oberwölz (Steiermark). (Der Kirchenschmuck 67.)

Thausing, M. Die Votivkirche in Wien. Denkschrift des Bau-Comité's, veröffentlicht zur Feier der Einweihung am 24. April 1879 f°. (VIII. 93 u. Anh. 83 S. m. eingedr. Holzschn., 4 Kupfert. u. 1 Chromoxylogr.) Wien, R. von Waldheim. M. 30.

Thierach, F. Die Tholos des Atreus zu Mykene. (Mitth. d. D. archäol. Inst. in Athen IV. 2.)

Vauthier, P. Congrès annuel des architectes français 1879. (Rev. gen. de l'archit. 7. 8.)

Viollet-le-Duc, E. E. De la décoration appliquée aux édifices. (L'Art XVIII. 49 ff.)

Vollendung und Einweihung der Votivkirche in Wien. (Allg. Bau-Ztg. 5. 6.)

Wautier, J. Das Dorische in der Renaissance. (Ztschr. f. bild. Kst. 9.)

Wilson, Ch. Heath. The cathedral of S. Maria del fiore, Florence. (Academy 379.)

IV. Sculptur.

Babeau, A. Les Prédécesseurs de François Gentil. Notes pour servir à l'histoire de la renaissance à Troyes. 8°, 27 p. et 2 pl. Troyes, imp. Dufour. Fouquet. (Extr. de l'Ann. de l'Aube, année 1879.)

Benndorf, O. Relief einer attischen Grabvase. (Mitth. d. D. archäol. Inst. IV. 2.)

Bergau, R. Eine Bronze-Statuette des heil. Moritz. (Wartburg 7.)

Concorso per il monumento al Re Vittorio Emanuele II, sul programma emanato dalla città di Torino il 24 luglio 1878. Descrizione del progretto portante l'epigrafe Maneat aeternum. Roma, tip. di L. Cecchini. 8°, p. 14.

Cornelius-Denkmal in Düsseldorf. (II. B.: Kat.-Chr. 39.)

Dahlke, Romanische Holzsculpturen in Tirol II. (Mitth. d. Centr.-Comm. V. 3.)

De Nittis, G. Progetto di monumento a Vittorio Emanuele II. Roma, tip. Elzeviriana. 16°, p. 8 e 1 tav. fotogr.

Jouin, H. La sculpture en Europe (1878), précédé d'une conférence sur le génie de l'art plastique. 8°, 269 p. Paris, Plon et Ce.

Kekulé. Marmorgruppe der Sammlung Modena in Wien. (Archäol. epigr. Mitth. aus Oesterr. III. 1.)

Kenner. Zum Badener Relief. (Arch. epigr. Mitth. aus Oesterr. III. 1.)

Körte, G. Die antiken Sculpturen aus Böotien beschrieben. Mit 2 (phototyp.) Taf. (Aus Mitth. d. D. archäol. Inst. in Athen.*) gr. 8°, 122 S. Athen, Wildberg. M. 4.

Laferrière. Groupe de sculpture gallo-romaine trouvé à Saintes. (Gaz. archéol. 4.)

Landsberger, J. Der Moses des Mich. Angelo. (Grenzboten 28.)

Lüschcke, G. Altattische Grabsteine. (Mitth. d. D. archäol. Inst. in Athen IV. 1.)

Lacat. La Vierge de Houlancourt, statue de bois sculpté, de 1535, conservée en l'église de Montier-en-Der (Haute-Marne); notice archéologique accompagnée de la photographie de la vierge. 8°, 12 p. Chálons-sur-Marne, imp. Martin. (Extr. des Mém. de la Société d'agriculture, sciences et arts de la Marne, 1877—1878.)

Milchhöfer, A. Sphinx. (Mitth. d. D. archäol. Inst. in Athen IV. 1.)

— — Antiken-Bericht aus dem Peloponnes. (Mitth. d. D. archäol. Inst. in Athen. IV. 2.)

Overzicht van de geschiedenis der beeldhouwkunst. Vrij naar het Hoogduitsch werk: Leitfaden für den Unterricht in der Kunstgeschichte. 12°, 78 p. avec 34 fig. Gand, J. Vuylsteke. O. 60.

Ravaisson, F. La Vénus de Vienne. gr. 8°, 15 p. avec fig. Paris, imp. Quantin. (Extr. de la Gaz. des beaux-arts, mai 1879.)

Römisches Denkmal im Museum zu Metz. (D. Bau-Ztg. 51.)

Nebauder, v. Die Schlacht bei Döffingen. Metallarbeit eines Ulmers. (Württemb. Jahrb. f. Stat. u. Landeskde. II. 1.)

Statuen de l'Hôtel de Ville (Paris). (Chrou. d. arts 28.)

V. Malerei. Glasmalerei.

American painters: Winslow Homer. Fred. A. Bridgman. (Art Journ. Aug.)

Amerling, C. Friedrich Amerling. (Oest. Kat.-Chr. 6.)

Arte, Sull', della miniatura nel secolo XIV: trattato latino, voltato in italiano e francese da D. Salazaro. Napoli, 1878.

Bach, M. Zur Kenntnis der Werke B. Zeitblom's. (Württemberg. Jahrb. f. Stat. u. Landeskde. II. 1.)

Barnabel, F. The mural paintings discovered in the gardens of the Farnesina. (Academy 377.)

Belgiojoso, C. Domenico Induno: commemorazione. Milano, tip. Lombardi.

Berger, O. L'École française de peinture depuis ses origines jusqu'à la fin du règne de Louis XIV; leçons professées à l'École nationale des beaux-arts (1876—1877). 18°, 111—379 p. Paris, Hachette et Ce. 3 fr. 50 c. (Bibl. variée.)

Bordier, H. Peinture de la Sainte-Barthélemy p. un artiste contemporain, comparée av. 1. docum. hist. (Mém. et docum. p. p. la Société d'hist. et d'archéol. de Genève I. 3.)

Bulliot, J. G. Le Peintre Adrien Guignet, sa vie et son œuvre. 8°, 280 p. et grav. Autun, imp. Dejussieu père et fils. (Extr. des Mém. de la Soc. éduenne [nouv. série], t. 7 et 8.)

Campori, G. Un dipinto del Parmigiano. Modena, Vincenzi. gr. 8°, p. 4. (Dagli Atti e Mem. della Dep. di storia patria dell' Emilia, nuova serie, vol. IV, parte I.)

Caro, J. Die Schlacht bei Oraza 1115, ein grosses Oelbild im Mus. schles. Alterth. (Schles. Vorzeit 41.)

Curtis Cholmeley in Hermani (comt. Isobel). Ecclesia aurea, part. I. Venice. Naratovich print. 8°, p. 26. (È la prima parte di una guida al mosaici dell' atrio e dell' interno della chiesa di S. Marco; e contiene la illustrazione della cupola centrale, ove sono effigiate sedici virtù con l'Ascensione di Cristo e la iscrizione Casis tutissima virtus.)

Dafforne, J. The works of Nic. Chevalier. (Art Journ. July.)

Danaë (la) du Titien exposée au Cercle artistique de France. 8°, 12 p. Paris, imp. Chaix et Ce.

Dietrichson, L. Adolf Tidemand, hans Liv og hans Vaerker. I. II. 8°. Christiania, Tönsberg.

Dubufe fils, G. Le nouveau plafond du Théâtre-Français, peint p. A. J. Mazerolle. (L'Art XVIII. 97.)

Duret, T. Les peintres impressionistes: C. Monet, Sisley, C. Pissarro, Renoir, B. Morisot. 18°, 35 p. avec 1 dessin de Renoir. Paris, Heymann et Perois.

Fabl, M. Our Lord's Last Supper by Leonardo da Vinci. Translated in the english by J. Arnaud. 8. 1. s. 1. 8°, p. 14 con ritratto.

Fitger's neueste Wandgemälde. (H. A.: Kat.-Chr. 36.)

Fontana, G. Due documenti latini che riguardano il Cimabue. Pisa, tip. Nistri. 4°, p. 8.

Gonse, L. Fromentin peintre et écrivain IV (Gaz. d. b.-arts 268.)

Grimm, H. Raphaels Madonna di Terranuova auf dem Berliner Museum. (Preuss. Jahrb. 6.)

Gueullette, Ch. Mile. Const. Mayer et Prudhon II. (Gaz. d. b.-arts 268.)

Hamerton, P. G. Goya. (Portfolio 6.)

Head, P. R. The great artists Sir Anth. Vandyck and Frans Hals. (Academy 381.)

Hogarth and Landseer. I. (Art Journ. Septbr.)

Holbein, Hans. (Revue artistique. 1878—1879. Nos 23 et 24. Anvers.)

Jahyer, F. Henry Gervex. (Galerie contemp. litter. et artist. 176.)

Jorissen, Th. Palamedes en (Gijsbrecht van Amstel. Kritische studiën. 8º (XXXII [XXVI] en 132 bl.) Amsterdam, J. C. Loman jr. f. 1 25.

K(abdebo), H. Zur Entwicklungsgesch. d. Decorations- (Architektur-)Malerei in Wien II. (Oest. Kst.-Chr. 5.)

Kladt, H. Zu Gottl. Schick's hundertjährigem Geburtstage. (Gegenwart 31.)

Lefort, P. Velasquez. I. (Gaz. d. b.-arts 267.)

Madox Brown's mural painting at Manchester. (Academy 379.)

Malwerke aus dem Mittelalter in Graz. (Der Kirchenschmuck 7 f.)

Marionneau, E. Frère André, artiste peintre, de l'ordre d. Frères prêcheurs (1662—1753); Lettres inédites et documents accompagnés de notes, d'un essai de catalogue des ouvrages de ce peintre, et d'un portrait gravé à l'eau-forte par F. Moyne, d'après la peinture originale du frère André. gr. 4º, 64 p. Bordeaux, imp. Gounouilhou. (Tiré à 100 exempl.)

Mayer, A. Der Maler Martin Johann Schmidt, genannt der "Kremser Schmidt". Ein Beitrag zur österr. Kunstgeschichte im XVIII. Jahrh. Mit 2 Kunstbeil. (1 Holzschn. u. 1 Rad.) gr. 8º, VI 96 S. Wien, Beidel & Sohn. M 4. 80.

Ménard, R. Jules Dupré. (L'Art XVII, 311.)

Middleton, Ch. H. Rembrandt Harmenszoon van Rijn. (Academy 367.)

Miniatur- oder Büchermalerei des Mittelalters. (Hist.-pol. Bl. 84. 3.)

Monti, A. Giampaolo Recchi pittore. (Soc. storica per la provincia e antica Diocesi di Como; periodico. Fasc. 3. Como.)

Paganucci, G. Commemorazione del pittore Giuseppe Moricci letta nell' adunanza del professori dell' Accademia di belle arti in Firenze, il 9 febbraio 1879. Firenze, tip. della Gazz. d'Italia. 16º, p. 8.

Pallard, Observations sur deux dessins de Raphaël au Musée du Louvre. (Chron. d. arts 30.)

Pecht, F. Peter v. Cornelius. (Gartenl. 29.)

—— —— Gabriel Max. (Ztschr. f. bild. Kst. 11. 12.)

Pellegrini, A. Nuovo illustrazioni sull' affresco del trionfo e danza della morte in Clusone: lettura tenuta nell' Ateneo di Bergamo il di 12 settembre 1878. Bergamo, tip. Gaffuri e Gatti. 8º, p. 30, con tav. lit. L. 2. 50.

Pelusa, F. La pittura di paesaggio in Italia nel secoli passati. Como, tip. di F. Ostinelli. 8º, p. 44.

Petit, F., und S. Müller. Mariuss. Chron. d. arts 27. 29.)

Raussel, E. Heinr. v. Angeli. (Heimat 41.)

Rein, W. Hermann Wislicenus. Ein Künstlerleben aus der Gegenwart. (Preuss. Jahrb. 3.)

Richter, J. P. Un tableau de la jeunesse du Corrège. (L'Art XVIII. 210.)

Ritz, R. Fresken in der Kirche von Valeria zu Sitten. (Anz. f. schweiz. Altthde. 2.)

Rosenberg, A. Die Anfänge der deutschen Landschaftsmalerei. (Westermn. Monatsh. Sept.)

—— Anselm Feuerbach. (Grenzb. 27.)

Schauler, M. Ueber Wandmalerei. (Wr. Abd.-Post 163 ff.)

Servanzi Collio, S. Pittura in tavola di Carlo Crivelli veneziano nella chiesa di S. Francesco in Matelica. Urbino, tip. Righi. 4º, p. 10.

Siret, A. Dict. histor des peintres de l'école flamande. Hemelraet—Lion. (Journ. d. beaux-arts 11—18.)

Storia della pittura in Italia. Milano, E. Sonzogno. 32º, p. 64. L. —. 15. (Bibl. del popolo.)

Stromer, Th. Murillo, Leben und Werke. Eingeführt von M. Jordan. 16º, VIII—121 S. m. Portr. In Lichtdr. Berlin, Wasmuth. M. 2. 25.

Tosse, P. Un portrait de Molière. (L'Art XVIII. 158.)

Warnecke, F. Lucas Cranach der Aeltere. Beitrag zur Geschichte der Familie von Cranach. Mit Kopfleisten und Schlussstücken v. E. Doppler, sowie e. kurfürstl. sächs. (Chromolith.) und zwei Cranach'schen Wappen (Holzschn.) nach alten Vorbildern. gr. 4º, 56 S. Görlitz, Starke. M. 10.

VI. Münz-, Medaillen-, Gemmenkunde, Heraldik.

Bahrfeldt, M. Die Münzen der Stadt Stade. Mit 4 (3 lith. u. 1 Kupfer-) Taf. gr. 8º, VI 82 S. Wien, Manz. M. 4. 80.

Blau, O. Zwei Mithridate von Armenien. 1. Mithridates Kallinikos. (Ztschr. f. Numism. VII. 1. 2.)

Campaner y Fuertas, A. Numismática balear. Descripción histórica de las monedas de las Islas Baleares, acuñadas durante las dominaciones púnica, romana, árabe, aragonesa y española. Madrid, Murillo. 4º, XLIV—360 p. y XI l'ams. 60 y 64.

Codera y Zaidin, F. Tratado de numismática arábigo-española. Madrid, Murillo. 4º, XXIV-370 p. y 24 l'ama. 60 y 64.

Corblet, J. Conjectures sur les médailles baptismales de l'antiquité chrétienne et du moyen âge. 8º, 12 p. Paris, Baur. (Extr. de la Revue de l'art chrét. 1879, p. 345.)

Crollalanza, G. B. di. Cenni storico-genealogici sulla stirpe dei Brentano. (Giorn. arald.-geneal.-diplom., diretto dal cav. G. B. di Crollalanza, Nos 10—11. Pisa.)

—— —— Croquis drôlatiques sur les animaux du Blason (cont.). (Ibid.)

Dannenberg, H. Der Denarfund von Jarocin. (Ztschr. f. Numism. VII. 1. 2.)

—— —— Zum Funde von Teschenbusch. (Ebend.)

—— —— Der zweite Bracteatenfund von Jemsen. (Ebend.)

Diegerick, L. A. Médaille frappée en l'honneur de M. A. Vandenpeereboom. (Ann. de la Soc. hist., archéolog. et littéraire de la ville d'Ypres et de l'ancienne West-Flandre. Tome VIII.)

Dressel, K. Monete romane contrassegnate dai Vandali. (Bull. d. inst. di corresp. arch. 6.)

Dufour, A. Un altro sigillo genovese. (Giorn. ligust. VI. 1—3.)

Dahn, F. v. Münzfund von Città nuova. — Münzfund von Calabrien. (Ztschr. f. Numism. VII. 3.)

Erbstein, A. Der Trebnitzer Bracteat Nr. 4 und sein Seitenstück gräfl. Brena'schen Gepräges. (Bll. f. Münzfrnde. 77.)

Erbstein, J. & A. Verkannte Schwarzburger Münzen. (Bll. f. Münzfrnde. 76.)

—— —— Eine nach Constanzer Typen geschlagene Münze des Grafen Ludwig II. Fleschi v. Lavagna, Herrn von Messerano. (Ztschr. f. Museol. 14.)

—— —— Die schlesischen Dreier mit dem doppelten Adler. (Ztschr. f. Museol. 11 ff.)

—— —— Eine neue Medaillen-Serie auf schwedische Numismatiker. (Ztschr. f. Museol. 15.)

—— —— Ein Beitrag zur Münzkunde der Kipperzeit. (Ebend. 16 ff.)

Erman, A. Der Fund von Carnliz. (Ztschr. f. Numism. VII. 1. 2.)

— — Eine übersehene Oriogiden-Münze. (Ebd.)

— — Die Münzen der Padischah Chatun. (Ebd.)

Fahne, A. Denkmale und Ahnentafeln in Rheinland u. Westphalen. Mit mehr als 2000 Illustr. 3. Bd. Aufschwörungen der Ritterschaft des Herzogth. Cleve. Mit mehr als 500 Wappen, Register u. zahllosen Berichtigungen. 160 S. Düsseldorf, Schaub. M. 6.

Familie-archief, nederlands, bewerkt door J. H. Scheffer. Als handschrift gedrukt. (X.) Genealogie van het geslacht Steyn. 8°. (4 en 51 bl. met 1 photolith. portr. en in hout gegrav. wapen.) Rotterdam, van Hengel en Eltjes. fl. 3.

Frähel, M. Zu den Münzen von Ptolemais in Pamphylien. (Ztschr. f. Numism. VII. 12.)

Freudenthal, W. Nachträge zu den Kupfermünzen Westphalens. (Numism. sphrag. Anzeiger 1.)

Friedländer, J. Die Erwerbungen des k. Münzkabinets vom 1. April 1878 bis 1. April 1879 (Ztschr. f. Numism. VII. 3.)

— — Ein Gemälde u. eine Medaille. (Ztschr. f. Numism. VII. 1. 2.)

— — Eine messapische Münze. (Ebend.)

Galabert. Les armoiries de la ville et du château royal de Caylus. (Bulletin de la Soc. archéol. de Tarne et Garonne VII.)

Graba, v. Der Bracteatenfund von Bömenxien. (XIX. Jahresber. d. altmärk. Vereins zu Halgwedel.)

Gritsner, A. M. F. Heraldische Terminologie. Forts. (Vierteljahrschr. f. Herald. etc. 1879. 1.)

Grote, H. Herzog Heinrich I. in Eimbeck. (Ztschr. f. Numism. VII. 1. 2.)

— — Hohl- und Dichtmünzen gleichen Orts und gleicher Zeit. (Ebend.)

— — Der hessische Groschen mit Schwert und Barett. (Ebend.)

Guillaume. L'abbé. Dom Pelletier et ses publications héraldiques. (Giorn. arald.-genealog. diplom., diretto dal cav. G. B. di Crollalanza, Nos 10—11. Pisa.)

Hansen, C. Frhr. v. Die Heraldik im Sinne von Ornamentik. Ein Wort zur Beherzigung. gr. 8°. VIII—24 S. Dresden, v. Grumbkow. M. —. 75.

Imhoof-Blumner, F. Griechische Münzen in der grossherzgl. badischen Sammlung in Carlsruhe. (Ztschr. f. Numism. VII. 1. 2.)

Klügmann, A. Die erklärenden Beischriften auf den Denaren der republikanischen Zeit. (Ztschr. f. Numism. VII. 1. 2.)

— — L'Effigie di Roma nei tipi monetarii più antichi: osservazioni. Roma, tip. della Pace. 8°, p. 62 e 1 tav.

Lange, J. Münzfunde. (Bull. f. Münzfnde. 76.)

Lavant, J. B. Quelques sceaux du diocèse de Gand. (Messager des sciences historiques ou archives des arts et de la bibliographie de Belgique. 1re livr. 1879. Gand.)

Le Gall de Kerlinec, M. Études héraldiques. 8°, 7 p. Vannes, imp. Galles.

Löbbecke, A. Unedirte griech. Münzen. (Ztschr. f. Numism. VII. 1. 2.)

Medaille, die, der berlin. Akademie der Künste. (Illustr. Ztg. Nr. 1878.)

Menzel, C. Die Wappen in der St. Ulrichs-Kirche zu Sangerhausen. (D. Herold 6. 7.)

Missong, A. Die Vorläufer der Werthzahl O B auf röm. Goldmünzen. (Ztschr. f. Numism. VII. 3.)

Nordtmann, A. D. Weitere Beiträge zur Kenntniss der persepolitan. Münzen. (Ztschr. f. Numism. VII. 1. 2.)

Morel-Fatio, H. Histoire monétaire de Lausanne 1394—1476. (Mém. et docum. p. p. la Soc. d'histoire de la Suisse romane XXXIV. 2.)

Münzstätten des Königreichs Westphalen 1808—1813. (Bll. f. Münzfnde. 77.)

Poggi, V. Iscrizioni gemmarie. 2a serie. Genova, tip. del R. Istituto Sordo-muti. 8°, p. 32. (Estr. dal Giorn. Ligustico.)

Pottier. Les armes de la ville de Granade-sur-Garonne. (Bull. d. l. Soc. archéol. de Tarne et Garonne VII.)

Roth v. Schreckenstein, Frhr. Die heraldischen Kronen auf Siegeln des nied. Adels. (Bemerkungen hierzu von A. Essenwein.) (Anz. f. Kde. d. d. Vorzt. 6.)

Ροοσοπουλος, Λ. Δραχμὴ Ἀλεξάνδρου τοῦ Φεραίου. (Mitth. d. D. archäol. Inst. IV. 2.)

Sallet, A. v. Die Namen der beiden ersten Gordiane. (Ztschr. f. Numism. VII. 1. 2.)

— — Die Nachfolger Alexander's d. Gr. in Baktrien und Indien. Nachtrag. (Ebend. 3.)

Schmidt, M. Der Münzfund von Lübeck. (Ztschr. f. Numism. VII. 1. 2.)

Schrader. Ueber einen altbabylonischen Königscylinder des kgl. Museums und einige andere Cylinder und Gemmen. (Monatsb. d. Akad. d. Wissensch. zu Berlin 1879, März.)

Sybel, L. v. Athena u. Marsyas, Bronzemünzen des Berliner Museums. Mit 1 Textholzschn. und 1 Steindr.-Taf. gr. 4°. 17 S. Marburg, Elwert. M. 1. 60.

Ueber siamesische Münzen. (Ztschr. f. Museol. 51 f.)

Ueber die Wappen auf dem Kloster-Wienhausenschen Teppich. (F. K.: D. Herold 6. 7.)

Weil, R. Elische Münzen mit dem Zeus des Phidias. (Ztschr. f. Numism. VII. 1. 2.)

— — Vau auf elischen Münzen. (Ebend.)

— — Die akarnanischen Bundesmünzen. (Ebd.)

Weingärtner. Hofgeissmar'sche Denare. (Numism. sphrag. Anzgr. 1.)

Wolff. Die Münze zu Hannover. (Bll. f. Münzf. 76.)

— — Das Münzwesen des Fürstenthums Ostfriesland unter preussischer Hoheit 1744—1768. (Numism. sphrag. Anzgr. 5.)

VII. Schrift, Druck u. graphische Künste.

Art (l') à Lyon et en province, rev. hebdomadaire illustrée. 4°, 8 p. Lyon, imp. Albert. Abonn.: un an, 12 fr.; six mois, 7 fr.; un num., 25 c. (Paraît tous les jeudis.)

Avenar-Lavigne, C. L'Histoire moderne par la gravure, ou Catalogue raisonné des portraits historiques, avec renseignements iconograph. 8°, 239 p. Paris, Leroux. 4 fr.

Baiern, das Königreich, seine Denkwürdigkeiten und Schönheiten, mit Beiträgen von A. Becker, B. Grueber, F. Lampert, H. Noé, C. v. Spruner u. A. u. mit Bildern namhafter Künstler (in Stahlst.) herausg. von H. v. Schmid. (in ca. 30 Lfgn.) 1. Lfg. gr. 4°. S. 1 - XVI m. 6 Stahlst. München, Franz. M. 1. 20.

Belgique pittoresque. 10—12e livr. Château de Ambroise (Anvers), vue et notice. — Château de Baillonville (Namur), vue et notice. — Château de Lembecq (Brabant), vue et notice. — Château de Bomal (Luxembourg), vue et notice. — Château de Olain (Hainaut), vue et notice. — Château de Morsel (Flandre orientale), vue et notice.

Caligrafía. Cuaderno de escritura, que contiene diversas clases de escritura. Primeros ejercicios para la letra inglesa, española y redonda. Abecedario completo di iniciales entrelazadas y alfabeto para sordo-mudos. Con noticias sobre el origen y los principios de diversos géneros de escritura. Barcelona, Miralles y Ca. 4°, apaisado. 12 y 13.

Castan, A. Les deux Briot (François le ciseleur; Nicolas le monnayeur) et leurs origines montbeliardaises. (L'Art XVIII. 241.)

Catalogo delle fotografie fatte sui dipinti, monumenti, sculture, intagli ed altre opere d'arte dello stabilimento fotografico premiato del cav. P. Lombardi, Siena alla Costarella. Siena, tip. A. Moschini. 8°, p. 60.

Catalogo della Mostra Industriale tipografica e delle arti affini nelle sale della Biblioteca di Brera (agosto 1879). Milano, tip. Wilmant. 16°, p. 40. L. 0. 40.

Craandijk, J. en P. A. Schipperus. Wandelingen door Nederland met pen en potlood. (4° deel.) 8°. (VIII en 376 bl. met 14 gelith. pl.) Haarlem, H. D. Tjeenk Willink. f. 5. 70.

Dautier, A. Les Femmes dans la société chrétienne. Ouvrage illustré de 4 photograv. et 200 grav. sur bois, d'après les monuments de l'art. 2 vol. gr. 8°. XII—1084 p. Paris, Firmin-Didot et Ce. 40 fr.

De-Amicis, E. Marocco: edit. illustrata con disegni originali di Stef. l'ast e C. Hisco. Milano, frat. Treves. gr. 8°, p. 412 con 171 incis. L. 18.

Diegerich, A. Essai de bibliographie yproise. Étude sur les imprimeurs yprois, 1678 à 1745. (3e fasc.) 8°, p. 127 a 229. Ypres, H. Lafontayne. 3 fr.

L'Europa pittoresca, opera artistico-letteraria, illustrata da 1000 incisioni. Milano, F. Garbini. Disp. 1, di 4 fogli in 8° gr. con copertina, carta di lusso. L. 1. 50. Saranno 80 disp.

Fern, J. Toetsen-aanwijzer. 12°. s'Gravenhage, P. J. Weygand en comp. f. 0. 30.

Helbig, H. L'exemplaire du baron de Crassier, à Liège, de la première bible imprimée. (Bull. de l'Inst. archéolog. liégeois. T. XIV, 1e liv.)

— — Prix des livres en 1785. (Messager des sciences historiques ou archives des arts et de la Bibliographie de Belgique. 1re livr. 1879. (Gand.)

Hesse-Wartegg, E. v. Nord-Amerika, seine Städte und Naturwunder, sein Land und seine Leute. Mit Beiträgen von U. Drachvogel, Bret Harte, Th. Kirchhoff, H. de Lamothe, Ch. Nordhoff, F. Ratzel, B. Taylor u. A. Mit 300 (eingedr. Holzschn.) Illustr. 3. Bd. 8°. (2. Bd. S. 241 u. 242 u. 3. Bd. S. 1—238.) Leipzig, G. Weigel. M. 7.

Heyden, J. v. der. Speculum Cornelianum. In sich haltend: Viel artiger Figuren, betreffend das Leben eines vermeynden Studenten, sampt andern lehrhafften Vorbildungen. Jetzt auffs newe mit vielen schönen Kupferstücken sampt der Beschreibung dess Lebens Cornely Relegati, vermehrt vnd gebessert. Anno 1608. Reprod. en Photolith. Livr. 1. qu.-4°. 15 Bl. Strassburg, Hagemann & Comp. 5 M.

Houdoy, J. Les Imprimeurs lillois, bibliographie des impressions lilloises (1595—1700). gr. 8°, XXII—391 p. avec marques des imprimeurs et 1 pl. en chromotypogr. Paris, Morgand & Fatout.

Jewitt, L. Art among the ballad mongers. (Art Journ. Aug.)

Landsperg, H. de. Hortus deliciarum. Reprod. heliogr. d'une série de miniatures, calquées sur l'original de ce manuscrit du XIIe siècle. Texte explicatif par A. Straub. Ed. par la société pour la conservation des monuments historiques d'Alsace. Livr. 1. gr. f°. 10 Lichtdr.-Taf. m. 4 S. Text. Strassburg, Trübner. M. 13 50.

Liebenau, Th. v. Kupferstecher Martin Martini. (Anz. f. schweiz. Alltthkde. 3.)

Lorck, C. B. Die Druckkunst und der Buchhandel in Leipzig durch vier Jahrhunderte. Zur Erinnerung an die Einführung der Buchdruckerkunst in Leipzig 1479 und an die dortige Kunstgewerbe-Ausstellung 1879. gr. 8°, VIII—164 S. Leipzig, Weber. M. 5.

Mainz, das alte. Photographien von C. Hertel. 3. u. 4. Lfg. qu. gr. 4° à 3 Bl. Mainz, Diemer. à M. 4. 20.

Mande, R. de. Une vieille ville normande. Caudebec-en-Caux. 12 dessins d'après nature, gravés à l'eau-forte par C. Carbonnier. f°. 53 p. avec grav. Paris, Ve Cadart. (Tiré à 150 exempl. num.)

Medailleur Matth. Donner 1. 11. (Oest. Kst.-Chr. 7. 8.)

Moreno Fuentes, J. El Genio de las Bellas Artes; obra ilustrada con preciosas láminas sueltas, copia de cuadros de los más célebres artistas del universo. Madrid, imp. de Gaspar. 8°, VII—172 p. y lám. 5 y 6. (Bibl. cientif. recreativa.)

Paris à travers les âges. Aspects successifs des principales vues et perspectives des monuments et quartiers de Paris depuis le XIIIe siècle jusqu'à nos jours, fidèlement restitués d'après les documents authentiques; par F. Hoffbauer. Texte par E. Fournier, P. Lacroix, A. de Montaiglon, A. Bonnardot, J. Cousin, Franklin, V. Dufour, etc. Livr. 8e. f° 60 p. et 6 pl. Paris, Firmin-Didot et Ce. Chaque livr. 30 fr. (L'ouvrage formera 12 livr.)

Pierleilli Taeggi. Paleografia artistica di Monte Casino, fasc. 3°. (2e della Scrittura longobardo-casinese. Montecasino, 1878. — Sono 23 tav. in 4° gr. con testo elzevir. — L. 20. per gli associati, L. 25. pei non associati.

Portalis, R. et H. Draibel. Charles-Etienne Gaucher, graveur; notice et catalogue. 8°, 155 p. et portr. Paris, Morgand et Fatout.

Prüm, J. Zur Erinnerung an die Einführung der Buchdruckerkunst in Leipzig 1479. (Allg. lit. Corresp. 47.)

Reparts, S. Études sur quelques ouvrages rares et peu connus (XVIIe siècle) écrits par des Bretons ou imprimés en Bretagne. Suivies d'une bibliothèque de jurisprudence bretonne, par M. le comte Corbière. 8°, 292 p. Nantes, Morel. (Tiré à 300 exempl.)

Schnaase, J. Der Lichtdruck und die Photolithographie. Nach eigenen Erfahrungen und denen der ersten Autoritäten praktisch bearb. 8°, 109 S. Berlin, Grieben. M. 4.

Stiftshütte, die. In 12 chromolith. Bildern mit erläut. Texte (auf der Rückseite). 8°. Strassburg, Schultz & Co. M. 2.

Van Remmel, E. La Belgique illustrée, ses monuments, ses paysages, ses œuvres d'art, publiée sous la direction de M. V. B. 12e livr. Ostende-Blankenberghe, Heyst, Damme, par Mme C. Popp. Ypres, par A. Vandenpeereboom. 4°, 32 p. avec fig. Bruxelles, Bruylant-Christophe et Ce. La liv. 2 fr.

Virgille. L'Enéide, tradotta da A. Carle, illustrata col capolavori di Raffaello, Poussin,

Guido Reni, ecc. Milano, G. Brigola e C. 4°,
p. 192. ' L. 8.

Wessely, J. E. Zwei kostbare altdeutsche Kupferstiche. (Ztschr. f. bild. Kst. 9.)

VIII. Kunstindustrie.

Anleitung zum Malen auf Porzellan für Dilettanten. 16°, 64 S. Dresden. (Leipzig, Köss-
ling.) M. 1. 50.

Amslbaldi, G. Domenico Indivini da Sanseverino,
artefice in Jesi dal 1464 al 1491. Jesi, tip.
Fari, 1878.

Audsley, G. A. et J. L. Bowes. La Céramique
japonaise. Edition française publiée sous la
direction de M. Racinet. Traduction de M. P.
Louisy. 4e et 5e livr. f°, p. XXXVII à LII et
13 à 32, et 16 pl. Paris, Firmin Didot et Ce.
(L'ouvrage, publié en 7 livr., contiendra 40 pl.
en couleur, or et argent, 23 pl. en autotypie
et photolithogr., avec un texte français et de
nombreuses grav. sur bois dans le texte.)
Chaque livr. 25 fr.

Barbier de Montault, X. Inventaire descriptif des
tapisseries de haute-lisse conservées à Rome.
8°, 116 p. et fig. Arras, imp. Richard-Courtin.

Bergau, R. Ueber einige Nürnberger silberne
Becher. (Ztschr. f. bild. Kst. 9.)

— — Geschliffene Glaspokale im Germ. Mus.
(Anz. f. Kde. d. d. Vorzt. 7.)

Boselnelli, T. Associazione fra gl' industriali ed
esercenti l'arte del mosaico in Firenze: discorso.
Firenze, tip. dell' Arte della stampa, 1878.
16°, p. 8.

Bonneville, P., A. et L. Jannes. Les Arts et les
Produits céramiques. La Fabrication des briques et des tuiles; suivie d'un chapitre sur la
fabrication des pierres artificielles et d'une
étude très complète des produits céramiques,
poteries communes, porcelaines, faïences. 8°,
VIII—186 p. avec 8 pl. et fig. (Bibl. scientif.,
industrielle et agricole des arts et métiers.)
Paris, Lacroix. 10 fr.

Bösch, H. Die Puppenhäuser im Germ. Museum.
(Anz. f. Kde. d. d. Vorzt. 8.)

Camport, G. La lavorazione del porfido e delle
pietre dure d'intarsio e di commesso alla
Corte degli Estensi. Modena. L. 1.

Claretta, G. Breve notizia sul vasellame e sulle
gioie dei duchi di Savoia alla metà del secolo
XV. Torino, stamp. Reale. 8°, p. 16. (Dagli
Atti della Soc. d'Archeologia e belle arti per
la provincia di Torino, vol. II, p. 227—240.)

Colomb. Une crosse d'abbesse en cristal de roche:
travail du XIIIe siècle. (L'Art XVIII, 263.)

Corona, G. La ceramica. Biografie e note storiche,
con 1 litogr. e 166 facsim. di monogrammi.
Milano, U. Hoepli. 8°, p. 270. L. 12.

Cruz, H. Motifs de peinture décorative pour
appartements modernes. f°, 61 pl. avec texte
explicatif. Liège, Ch. Claesen. 140 fr.

Darllber, B. Ch. Notas sobre los cueros de
Córdoba, guadamaciles de España, etc. Tra-
ducidas del francés por D. E. C. Girbal. Gerona,
impr. del Hospicio provincial. 4°, VIII—38 p.
y 2 láms. 12 y 14.

Découpage (le) pour tous. Méthode très complète à la portée de tous les amateurs, pour
découper les bois, les métaux, la nacre, l'ivoire,
la pierre etc. etc. 8°, 35 p. Paris, Lorin ainé.

Der sogen. „Grosse Mogul" im k. sächs. grünen
Gewölbe zu Dresden. (Ztschr. f. Museol. 13 ff.)

Eisenholdt'sche Silberarbeiten des Grafen von
Fürstenberg-Herdringen. (Kst.-Chr. 43.)

Eltelberger, R. v. Kunstgewerbl. Bewegung im
Deutschen Reiche. (Mitth. d. öst. Mus. 108.)

Fahdt, J. Die Glas-Industrie Oesterr.-Ungarns.
Ein Verzeichniss aller Glashütten der österr.-
ungar. Monarchie mit näherer Bezeichnung
ihrer geograph. Lage, Angabe der Erzeugnisse,
Specialitäten u. stat. Notizen, u. einem Anh.:
Die Glasraffinerie-Anstalten und Kurzwaaren-
Fabriken. 8°, 130 S. Dresden, v. Zahn. M. 4.

Fischbach, F. Kunstgewerbliche Betrachtungen.
(Kst. u. Gew. 33.)

Forestié, E. Les tapisseries de Jeanne d'Arc et
la Pucelle de Chapelain. (Bull. . . . d. l. Soc.
archéol. de Tarne et Garonne VI.)

Pratt, I. Di un pavimento in maiolica nella
basilica Petroniana alla cappella di S. Sebastiano.
Illustrazione. 2a ediz. Bologna, R. tip. 8°, p. 26.

Friedrich, C. Glaskelche u. Glaspatenen (Wartburg 8 ff.)

Gewandschmuck, der, in der evangel. Kirche.
(Christl. Kstbl. 9.)

Hostmann. Die Metallarbeiten von Mykenae und
ihre Bedeutung für die altg. (Gesch. d. Metall-
Industrie. (Corr.-Bl. v. Ges.-Ver. d. d. Gesch.-
u. Alterth.-Ver. 3.)

Hamann, O. Ein romanisches Kästchen in der
Stiftskirche zu Essen. (Kst. u. Gew. 26.)

Ilg, A. Der Salzburger Marktbrunnen. Wien.
(Abd.-Post 133.)

Karl, B. Handbuch d. gesammten Thonwaaren-
Industrie. 2., stark verm. u. verb. Aufl. Mit
214 in den Text eingedr. Holzschn. gr. 8°,
XXIV—744 S. Braunschw., Schwetschke & Sohn.
M. 12.

Lessing, J. Muster altdeutscher Leinenstickerei.
2. Samml. gr. 4°. 26 Taf. m. 8 S. Text. Berlin,
Lipperheide. M. 8.

Lind, K. Aeltere Goldschmied-Kunstwerke in
Oesterr.-Ungarn II. (Bll. f. Kstgw. VIII.)

Luthmer, F. Kunstgewerbl. auf alten Bildern.
(Ztschr. d. K.-G.-V. München 7. 8.)

Mezzananica, A. G. Genio e lavoro. Biografia
degli intarsiatori Maggiolini. Milano, tip.
Agnelli, 1878.

Naske, A. Einiges über den Teller und seine
Dekoration (Kst. u. Gew. 35 f.)

Oberg, E. Goldsachen aus Athen. (Mitth. d. D.
archäol. Inst. in Athen IV. 1.)

Prignot, E. Architecture, décoration et ameublement. Nouv. édit., imprimée par la phototypie
à l'encre grasse et inaltérable. f°, 60 pl. Liège,
Ch. Claesen. 175 fr.

— — La marbrerie moderne. Suite de 25 pl.
de cheminées avec garnitures de pendules, feu,
foyers et lambris. f°, 25 pl. Liège, Ch. Claesen.
25 fr.

Prignot, L. C. L'ameublement moderne. 1re
partie. f°, 72 pl. Liège, Ch. Claesen. 60 fr.

Reliures en mosaïque du XVIIIe siècle. (Gaz.
d. beaux-arts 268.)

Schneider, F. Thonflasche des XVI. Jahrh. mit
Habsburger Fürsten-Bildnissen. (Kst. u. Gew. 32.)

Sepp, Das Waffengeschmeide im Kunstgewerke.
(Ztschr. d. K.-G.-V. München 7. 8.)

Sibmacher, J. Entwürfe für Goldschmiede, aus
dem Jahre 1590. Mit einem Vorworte von O.
v. Hebern. Herausg. vom bayr. Gew.-Museum
in Nürnberg. gr. 4°, 8 S. m. 12 photozink. Taf.
Nürnberg, Korn. M. 3.

Skizzenbuch, italienisches. Organ für das Studium
architekton. u. kunstgewerbl. Denkmäler der
ital. Renaissance. Nebst Erläuterungen. Unter
Mitwirkung von Fachgenossen herausg. von

L. **Gmelin**. 1. Serie, 3. Heft. f⁰. Leipzig, Seemann. (Inh.: Römische Stuccaturen. Aufgen. u. gezeichnet v. W. **Buberl**. 8 Photo-Lith. m. 2 S Text.) M. 2. 50.

Stockbauer, J. Die Trinkgefässe unserer Altvordern. (Daheim 43.)

— — Die Metallarbeiten unserer Altvordern. (Elbond. 45 ff.)

Trabaud, P. Fonts baptismaux de Cadenet (Dép. Vaucluse). (Gaz. d. beaux-arts 267.)

Tschudi, H. v. Eine Intarsia von Antonio Barili. (Mitth. d. öst. Mus. 166.)

Ueber gemalte Spielkarten. (Ztschr. f. Mus. 14.)

Zur Geschichte der französischen Buchbindung. (Bll. f. Kst.-Gew. VII.)

IX. Museen, Ausstellungen etc.

Adria.
— **Schöne**, R. Le antichità del Museo „Bocchi" di Adria. Roma, 1878. 4⁰, p. 176 con 24 tav.

Agen.
— Catalogue de l'exposition des beaux-arts au concours régional agricole de la ville d'Agen en 1879. 16⁰, 180 p. Agen, imp. Lenthéric.

Ajaccio.
— **Peraldi**, J. F. Le Musée d'Ajaccio. (L'Art XVIII. 166 f.)

Alexandria.
— Zur Charakteristik des Museums in Alex. (Europa 30.)

Amsterdam.
— Collections Insendoorn: estampes anc., dessins anc., tableaux; versteig. 19. Aug. (Journ. d. beaux-arts 14.)

Anhalt.
— **Müller**, O. Die Bildersammlungen Anhalts. (Ztschr. f. bild. Kst. 10—12.)

Antwerpen.
— **Chassel**, T. Le Salon d'Anvers. (L'Art XVIII. 233.)

— Expos. d. beaux-arts à Anvers. (Chron. des arts 28 f.)

— Expos. au Cercle artistique. (Journ. d. beaux-arts 11 ff.)

Bamberg.
— **Beyer**, C. Die königl. Bibliothek in Bamberg. (Allg. litt. Corresp. 45.)

Berlin.
— **Pietsch**, L. Die Berliner Nationalgalerie. (Deutsche Rundsch. 10.)

— VI. Bericht über das Märkische Provinzial-Museum. (Ztschr. f. Museol. 13.)

— Ausstellg. d. Akad. d. Künste. (A. R.: Kst.-Chr. 42.)

— **Rosenberg**, A. Die akadem. Kunstausst. in Berlin. (Grenzb. 37 f.)

— **Braun-Wiesbaden**. Die Berliner Gewerbe-Ausstellung. (Allg. Ztg. 141 B., 199 B. ff.)

— Aus der Gewerbe-Ausstellung. (Kst. u. Gew. 29 f.)

— Gewerbe-Ausstellung. (Illustr. Ztg. Nr. 1878.)

— **Vogel**, H. W. Berlin als Industriestadt und die berliner Gewerbe-Ausstellung. (Deutsche Rundsch. 11.)

— **Wasner**, J. Die berl. Gew.-Ausst. 2. (Ueb. Ld. u. Meer 47.)

— Von der Gewerbe-Ausstellung zu Berlin 11. u. ff. (D. Bau-Ztg. 43 ff.)

Breslau.
— **Luchs**, H. Zur Statistik des Mus. schles. Alterth. (Schlesiens Vorzeit 41.)

Brüssel.
— **Solvay**, L. L'exposition des Aquarellistes. (Revue artistique. Beaux-arts, littérature, musique, arts industriels. 1878—1879, N⁰ 25 et 26, mai 1879. Anvers.)

— Expos. de la Société roy. belge des aquarellistes. (Chron. d. arts 27.)

— Salon des aquarellistes. (Journ. d. beaux-arts 11. 12.)

Solvay, L. L'exposition du Cercle artistique de Bruxelles. (Revue artistique. Beaux-arts, littérature, musique, arts industriels. 1878—1879. N⁰s 25 et 26, mai 1879. Anvers.)

Catalogo ragionato dei quadri posseduti dal cav. E. Merelli. 8. l. a. t. a. a. 8⁰, p. 8.

Deutschland.
— **Thaa**, O. v. Kunstgewerbl. Ausstellungen im Deutschen Reich. (Wr. Abd.-Post 206 ff.)

Douai.
— Société des Amis des Arts de Douai. (L'Art XVIII. 186. — Chron. d. arts 26.)

Dresden.
— **Graesse**, J. G. Th. Description raisonné du trésor royal saxon dit le „Grüne Gewölbe". 2e éd. corr. et augm. 8⁰, XI—111 S. m. eingedr. Holzschn. Dresden, Baensch. M. 1.

— Kunstausstellung 1879. (Wissensch. Beil. z. Leipz. Ztg. 85.)

— Raphael-Ausstellung. (Wissensch. Beil. z. Leipz. Ztg. 74.)

Eitelberger, R. v. Zur Würdigung von Ausstellungen gewerblicher Schulen. (Mitth. d. öst. Mus. 167.)

Erding (bei München).
— **Gebert**, C. F. Das Museum in Erding. (Ztschr. f. Museol. 11.)

Florenz.
— **Lorel**, P. Le Palais de San Donato et ses collections 11. (L'Art XVII. 303.)

Frankreich.
— **Riegel**, H. Die Provinzial-Museen in Frankreich. (Allg. Ztg. 260 B. ff.)

— Musée des archives départementales. Recueil de fac-similes héliographiques de documents tirés des archives des préfectures, mairies et hospices. gr. f⁰, 8 p. et 60 pl. Paris, imp. nat.

Genua.
— **Latour**, A. de. Une collection génoise (Myllius). (L'Art XVIII. 217 ff.)

Greiz.
— **Zippel**. Zur Geschichte des Greizer Museums. (Progr. d. städt. Gymnas. Greiz.)

Grenoble.
— **Reymond**, M. Étude sur le musée de tableaux de Grenoble. Avec 10 photogr. reproduisant les chefs-d'œuvre du musée. 8⁰, 241 p. Grenoble, Maisonville.

Haag.
— La Société des Aquarellistes néerlandais. (L'Art XVIII. 261.)

Hamburg.
— **Wedde**, J. Ausst. von Gemälden u. Zeichnungen in hamburgischen Privatbesitz. (Ztschr. f. bild. Kst. 11.)

Hill Top.
— Katalog der Sammlung R. Fisher's. (A. S.: Kst.-Chr. 40.)

Idar (Birkenfeld).
— Ausstellung der Achat-Industrie. (Kat. u. Gew. 37 f. — Sep.-Abdr. a. d. Darmst. Ztg.)

Innsbruck.
— Die tirolisch-vorarlberg. Kunstausstellung. (Oest. Kst.-Chr. 10.)

Italien.
— Burckhardt, J. Der Cicerone. Eine Anleit. zum Genuss der Kunstwerke Italiens. 4. Aufl., Unter Mitwirk. des Verf. und anderer Fachgenossen bearb. von W. Bode. I. u. 2. Theil, 1. u. 2. Abth. 8º. Leipzig, Seemann. M. 7. 80. (Inh.: 1. Antike Kunst. XXIV—196 S. M. 2. 40. — II. Mittelalter u. Renaissance. 1. Architektur. 208 S. M. 3. 20. — 2. Sculptur. S. 209—472. M. 2. 80.)

— Documenti inediti per servire alla storia dei musei d'Italia, pubblicati per cura del Ministero della pubblica istruzione. Vol. II. Firenze, tip. Bencini. 8º, p. XVI—423.

Kassel.
— Pinder, E. Bericht über die heidn. Alterthümer in den Sammlungen d. Mus. Fridericianum zu Kassel. (Ztschr. d. Ver. f. hess. Gesch. Suppl. VI.)

Kopenhagen.
— Andersen, C. Die chronologische Sammlung der dänischen Könige. 2. verm. Ausg. gr. 6º, IV—113 S. m. eingedr. Holzschn. Kopenhagen, Gad. M. 2. 25.

— Jacquemont, S. Le musée Thorwaldsen et l'église Notre-Dame de Copenhague. (Rev. d. d. mondes 35. 1 ff.)

Leipzig.
— Katalog, officieller, der Kunstgewerbe-Ausstellung zu Leipzig 1879. 2. Aufl. 8º, IV—116 S. m. 1 lith. Grundriss. Leipzig, Oehmigke. M. 1.

— Wernich, F. Führer durch die Kunstgewerbe-Ausstellung zu Leipzig 1879. 8º, 74 S. Leipzig, Schloemp. M. 1.

— Frauberger, H. Die Leipziger Kunstgewerbe-Ausstellung 1879. VIII—72 S. (Deutsche kunstgewerbl. Taschenbibliothek, 6. Heft.) Leipzig, Scholtze. M. 1. 20.

— Der Leipziger Kunstverein in den Jahren 1877 u. 1878. (Wissensch. Beil. d. Leipz. Ztg. 70.)

— Die Kunstgewerbe-Ausstellung. (Kst. u. Gew. 27. 28.)

Lille.
— Catalogue de la bibliothèque de la ville de Lille. Sciences et arts. Supplément 2e partie. 8º. p. 515 à 1373 et table. Lille, imp. Lefebvre-Ducrocq.

Limoges.
— Saint-Triolx. L'exposition des beaux-arts de Limoges. (L'Art XVIII. 69.)

London.
— Murray, A. S. A Catalogue of the Greek coins in the Brit. Mus. (Academy 369.)

— Heaton, M. M. The National Portrait Gallery and its recent acquisitions. (Academy 370.)

— Exhibition of works in black and white. (Art Journ. Aug.)

— Exhibit. of works in black and white. (Com. Carr: Academy 374.)

— Comyns Carr, J. W. La 111. expos. de la Royal Academy of Arts. (L'Art XVIII. 221.)

— Royal Academy exhibition 3—5. (Athenaeum 24. Mai — 7. Juni.)

— Royal Academy exhibition. (Art Journ. July ff.)

— Duranty. Expos. de la R. Academy et de la Grosvenor Gallery. (Gaz. d. b.-arts 268.)

— Comyns Carr, J. W. Les expos. de la Grosvenor Gallery: Dessins de maîtres anciens, tableaux modernes. (L'Art XVIII. 170.)

— Grosvenor Gallery. (Art Journ. July.)

— Society of painters in water colours. (Art Journ. July.)

— Institute of painters in wat. col. (Ibid.)

— The Goupil Gallery. (Art Journ. July.)

— Exhibition at the German Athenaeum. (Art Journ. July.)

— Jarves, J. J. American Art in Europe. The proposed exhib. in London. (Art Journ. July.)

Lüttich.
— La bibliothèque de l'église collégiale de Saint-Paul, à Liège, en 1460. (Bull. de l'Inst. arch. liégeois. T. XIV, 1º livr.)

— Expos. de la Société d'émulation. (Chron. d. arts 29.)

— Expos. de la Société d'émulation. (Journ. d. beaux-arts 11.)

Lyon.
— Bertesy, P. Le Salon lyonnais de 1879. 4º, à 2 col. 43 p. Lyon, imp. Goyard. Études publ. dans le Courrier de Lyon.)

Mailand.
— Catalogo dei quadri ed altri oggetti d'arte componenti la pinacoteca di Luigi Orelli conosciuta sotto il nome di Galleria Bruschetti, in Milano, via Tre Alberghi n. 17. Milano, tip. degl' Ingegneri. 8º, p. 20.

Marseille.
— Brès, L. Les expositions artistiques de Marseille. (L'Art XVIII. 265.)

Metz.
— Römische Denkmale im Museum zu Metz. (D. Bau-Ztg. 53.)

Montpellier.
— L'expos. de Montpellier. (H. M.: Chron. d. arts 34.)

Mühlhausen (Elsass).
— Bé, F. Exposition de la Société des arts de Mulhouse. (L'Art XVIII. 72.)

— Marchand, A. Le Salon de Mulhouse en 1879. Lettres écrites d'Alsace. 18º, 67 p. Paris, Fischbacher.

München.
— Flörke, G. Die internat. Kunstausstellg. zu München. (Gegenw. 34 f.)

— Grasberger, H. Die internat. Kunstausst. in München. (Wr. Abd.-Post 180 f.)

— Jouret, Th. Expos. intern. des Beaux-Arts de Munich. (L'Art XVIII. 184 ff.)

— Pecht, Fr. Die Münchener Ausstellung. (Allg. Ztg. 206 B. ff.)

— Regnet, K. A. Die internat. Kunstausst. in München. (Illustr. Ztg. 1887 ff.)

— — — (Ueb. Ld. u. Meer 50 ff.)

— Die internat. Kunstausstellung in München. (Wartburg 8 ff.)

— Die internat. Kunstausstellung. (H. B.: Kst.-Chr. 40. 43.)

— Internationale Kunstausstellung. (Ueb. Land u. M. 41.)

Münster.
— Ausstellung westfäl. Kunsterzeugnisse und Alterth. (Nordwest 24.)

New-York.
— Amerikanische Kunstausstellungen II. (O. A.: Kst.-Chr. 39.)

- Musée métropol. d'Art. huitième rapport annuel. (Chron. d. arts 29.)

Nürnberg.
- **Stockbauer.** Nürnberg, ses monuments et ses collections. (L'Art XVIII. 131 ff.)
- **Essenwein, A.** Der kultur- u. kunstgeschichtl. Inhalt der Darstellgn. in Miniaturen, Handzeichngn., Gemälden, Holzschnitten u. s. w. in den Sammlgn. des German. Museums. (Anz. f. Kde. d. d. Vorzt. 9.)
- Die Blechindustrie u. ihre gegenwärt. Ausstellung in Nürnberg. (Kat. u. Gew. 38 ff.)

Orléans.
- **Davoust, E.** La Collection Desnoyers au musée historique d'Orléans. Avec une eau-forte de l'auteur. 8°. 31 p. Orléans, Herluison. (Extr. des Mem. de la Soc. archéol. et hist. de l'Orléanais.)

Palis.
- **Babeau, A.** Le Château de Palis et sa bibliothèque. 8°. 16 p. Troyes, imp. Dufour-Bouquot. (Extr. des Mem. de la Soc. acad. de l'Aube, t. 42. 1878.)

Paris.
- **Mob de Tamla.** Notice supplém. des dessins, cartons, pastels et miniatures ... exposés depuis 1869 ... au musée nat. du Louvre. 12°, 152 p. Paris, Ch. de Mourgues frères.
- **Heron de Villefosse.** Notice des monuments proven. de la Palestine et conservés au musée du Louvre. (Rev. crit. 30.)
- The illustr. Catalogue of the Paris Intern. Exhibition 1874. (Art Journ. Septb. Schluss.)
- Intern. Art at the Univers. Exposition Paris. III. Germania. (Ibid.)
- **Basile, G. B. T.** Osservazioni sugli svolgimenti dell'architettura odierna all' Esposizione universale del 1878 in Parigi: proposte di riforme nell' insegnamento relativo. Relazione. Palermo, tip. Lao. 8°, p. 21.
- **Bobbio, G.** I materiali e i prodotti tipografici alla Esposizione universale di Parigi del 1878; relazione. Roma, tip. del Senato. 8°, p. 1X=190. L. 2. 50.
- **Bömches, F.** Die Ausstellung des französ. Bauten-Ministeriums im Jahre 1878. (Allgem. Bau-Ztg. 7. 8.)
- **Bentelen, C.** Estudio de los pueblos en la Exposicion de Paris de 1878. Madrid, V. Suarez. 8°, 444 p. 16 y 18. (Bibl. cientif.-lit.)
- **Enderes, A. v.** Frauenschule und Frauenarbeit auf der Pariser Weltausstellung 1878. (Mitth. d. Öst. Mus. 167.)
- **Finocchietti, D. C.** Esposizione universale del 1878 in Parigi. Relazione: mobili di lusso italiani, e mosaici fiorentini, veneti e toscani. Roma, tip. Eredi Botta. 8°. (Nicht im Handel.)
- **Fusinato, G.** L'arte italiana all' Esposizione di Parigi: lettere alla Gazz. di Venezia. Venezia, tip. della „Gazzetta". 8°, p. 70.
- **Lameire, M.** Rapport adressé à M. le ministre de l'instruction publique et des beaux-arts, au nom de la commission de perfectionnement de la manufacture nationale de Sèvres, sur les porcelaines modernes qui ont figuré à l'Exposition univ. de 1878. gr. 4°, 58 p. Nancy, imp. Berger-Levrault et Cie.
- **Lenormant, F.** Collection Auguste Dutuit: Antiquités, medailles et monnaies, objets divers exposés au palais du Trocadéro en 1878. 4°, 197 p. et 36 pl. dont 9 en coul. Paris, A. Lévy.
- Librairie (la) des bibliophiles à l'Exposition universelle de 1878. 18°. 48 p. Paris, imp. Jouaust.

- **Liesville, A. R. de.** Les Industries d'art. La Céramique et la Verrerie au Champ-de-Mars. (Expos. univ. de 1878.) 8°, 74 p. Paris, Champion. (Tiré à 156 exempl.)
- Livre d'or. L'art et l'industrie belges à l'Exposition universelle de 1878. Album composé de planches et de notices. Ouvrage national dédié à LL. MM. le Roi et la Reine des Belges. 4°, 268 p. et 54 pl. Bruxelles, A. Lenaert. 80 fr.
- **Menod, G.** Les beaux-arts à l'Exposition universelle (1867—1878). 8°, 58 p. Paris, Fischbacher.
- **Prüfer, Th.** Die kirchliche Kunst auf der pariser Weltausstellung 1878. (Arch. f. kirchl. Baukst. 1878. 5. 6.)
- **Rømer, J.** Classe 39. Bijouterie. Joaillerie. Rapport. 6 S. Zürich, Orell, Füssli et Cie. 1 M.
- **Taillandier.** Rapport de M. Taillandier, serrurier à Forcalquier, délégué ouvrier à l'Exposition universelle de 1878. 8°, 14 p. Forcalquier, imp. Masson.
- Catalogue de l'Exposition internationale des sciences appliquées à l'industrie, au Palais de l'industrie. 8°, 152 p. Paris, imp. Mouillot. 1 fr. 50 c.
- **Jouin, H.** La Sculpture au Salon de 1878. 8°, 83 p. Paris, Plon et Cie. 2 fr.
- Catalogue illustré au Salon de 1879, contenant 112 fac-similés d'après les dessins originaux des artistes, publié sous la direction de F. G. Dumas, 1re année. 3e éd. 8°, 174 p avec grav. Paris, Baschet. 2 fr.
- **Baignères, A.** Le Salon de 1879. II. III. (Gaz. d. beaux-arts 265. 266.)
- **Billing, H.** Der Pariser Salon. (Kst.-Chr. 35—36. 42. 43.)
- **Etienne, L.** Salon de 1879 Architecture. (Rev. gén. de l'archit. 5 ff.)
- **Guillaume, F.** Le Salon de 1879. (Rev. d. deux mondes XXXIII. 4 ff.)
- **Jouin, H.** Le Salon de Paris 1879. (Journ. d. beaux-arts 11 ff.)
- **Lerol, P.** Le Salon de Paris. Aquarelles, pastels et dessins. (L'Art XVIII. 85.)
- Gravure et lithographie. (Ibid. 113.)
- **Pascal, J. L.** À propos de l'Exposition d'architecture au Salon 1879. (Encyclop. d'arch. 6 f.)
- **Pattison, E. F. S.** The Salon of 1879. (Academy 369.)
- **Sébillot, P.** Le Salon de 1879. 8°, 21 p. Paris, imp. Debons et Cie.
- **Tardieu, Ch.** La peinture au Salon 1879. (L'Art XVII. 297. XVIII. 18 ff.)
- **Veron, E.** La sculpture au Salon 1879. (L'Art XVII. 289. XVIII. 1.)
- The Paris Salon of 1879, with a Keepsake of the Universal Exhibition of 1878. 18°. XVII p. Paris, Bernard.
- Salon 1879. 2 ff. (Athenaeum 24. Mai ff.)
- The french Salon of 1879. (Art. Journ. Aug.)
- Les acquisitions de l'État au Salon de 1879. (L'Art XVIII. 65.)
- Salon de 1879. Liste des récompenses. (Chron. d. arts 23.)
- Catalogue de la première exposition de la Société internationale de l'Art. Aquarelles, dessins, pastels, sculpture. 2e éd. Revue et augm. 32°, 26 p. Paris, Dalloz.
- Catalogue illustré des livres précieux, manuscrits et imprimés, faisant partie de la bibliothèque de M. Ambroise-Firmin Didot, précédé

d'un Essai sur la gravure dans les livres par
M. G. Duplessis, et dont la vente a eu lieu
du 26 au 31 mai 1879. 4°, XXXII—276 p. et
43 pl., dont 2 en coul. Paris, Firmin Didot.
40 fr.
— **Claretie**, J. Société intern. de l'art. Prem.
exposition. (L'Art XVIII. 88 ff.)
— Ausst. von Handzeichnungen alter Meister.
(C. v. F.: Kst.-Chr. 34. 35.)
— **Berger**, O. Les dessins de maîtres anciens
exp. à l'École d. beaux-arts; les écoles étran-
gères. (L'Art XVIII. 247.)
— **Burty**, Ph. Exhibition of Drawings by old
Masters. (Academy 370.)
— **Chennevières**, Marqu. de. Les dessins de
maîtres anciens exp. à l'École d. beaux-arts
II.—V. et Appendice p. Ch. Ephrussi. (Gaz. d.
beaux-arts 265 ff.)
— **Lafenestre**, G. Les expositions d'art. Les
dessins de maîtres anciens. (Rev. d. d. mondes
XXIII. 3.)
— Die erste Pariser Aquarell-Ausstellg. (H. B.:
Kst.-Chr. 41.)
— **Darcel**, A. Exposition des envois de Rome.
(Chron. d. arts 25.)
— **Montrosier**, E. Les concours de Rome en
1879: peinture et sculpture. (L'Art XVIII. 164.)
— **Pascal**, J. L. L'Exposition des Envois de
Rome en 1879 (Rev. gen. de l'archit. 7. 8.)
— **Decamps**, L. Mr. Benj. Fillon. (Sammlung
von Künstler-Autographen, versteigert in Paris
16. Juli 1879.) (L'Art XVIII. 39.)
— — Autographes et documents hist. Coll. de
Mr. B. Fillon. (Chron. d. arts 25.)
Parma.
— **Csontosi**, J. Der Corvin-Codex der königl.
Bibliothek zu Parma (Liter. lier. aus Ungarn.
III. 3.)
Perugia.
— **Raimondi**, L. La nouvelle pinacothèque de
Pérouse et l'expos. retrospect. de l'Ombrie.
(L'Art XVIII. 286.)
Puy en Velay.
— **Valabrègue**, A. Le musée du Puy et le semi-
naire de Vals. (L'Art XVIII. 310.)
Riec (Finistère).
— Notices sur quelques antiquités celtiques et
romaines de la commune de Riec. 8°, 22 p.
Quimper, imp. Jaouen. (Extr. du Bull. de la
Soc. archéologique du Finistère.)

Rodez.
— Musée de la Société des lettres, sciences et
arts de l'Aveyron. (L'Art XVIII. 237.)
Rom.
— **Michaelis**, A. Storia dell' Istituto Archeologico
Germanico 1829—1879. Traduzione dal tedesco.
Roma, tip. dei Salviucci. 8°, p. VIII—168.
— **Welsäcker**, P. Das deutsche Instit. f. arch.
Correspondenz, eine Semisäcular-Erinnerung.
(N. Jahrb. f. Phil. u. Päd. 3.)
Saumur.
— **Fillon**, A. La Galerie de portraits de Du
Plessis-Mornay au Château de Saumur. I. II.
(Gaz. d. beaux-arts 266. 267.)
Semur.
— **Jeais**, H. Le Musée Dumont. (Journ. d.
beaux-arts 18.)
Nèvres.
— **Darcel**, A. Le Musée céramique de Nèvres.
(Gaz. d. beaux-arts 265. 267.)
Smyrna.
— Παπαδοπουλος, Λ. Κατάλογος των
μεταλλικών ἀρχαιστήτων τοῦ ἐν Σμύρνῃ
τῆς εὐαγγελικῆς σχολῆς. (Mitth. des D.
archäol. Inst. in Athen IV 2.)
Venedig.
— Regolamento e istruzioni del Museo Civico
e raccolta Correr, in Venezia. Venezia, tip. di
G. Longo. 8°, p. 52.
— **Schönfeld**, P. Das Museo Correr zu Venedig.
(Zischr. f. bild. Kst. 9. 10.)
Verona.
— **Giuliari**, G. B. C. Istoria monumentale, let-
teraria, paleograf. della Capitolare Biblioteca
di Verona. (Arch. Ven. XVII. 2.)
Versailles.
— Guide au musée de Versailles. Abrégé de
l'histoire du Palais de Versailles. Descriptions
des appartements, salles et galeries etc. 12°,
80 p. et plan. Versailles, imp. Cerf et fils. 1 fr.
— Expos. annuelle de la Société des amis des
arts de Seine-et-Oise. (Chron. d. arts 29.)
Wien.
— Der österreich. Kst.-Verein. (Heimat 49.)
— **Windisch**, J. Die im Besitze der Bibliothek
der Anstalt befindlichen alten Drucke aus dem
XV. u. XVI. Jahrh. (Progr. d. Akad. Gymnas.
zu Wien.)
Zürich.
— **Brun**, C. Der schweizer. Salon von 1879.
(Kst.-Chr. 33.)

BIBLIOGRAPHIE.

(September bis Ende November 1879.)

I. Theorie und Technik der Kunst. Kunstunterricht.

Accademia di belle arti in Perugia. Premiazione annuale e triennale: esercizio scolastico 1878 —1879. Perugia, tip. Bartelli. 16°, 24 p.

Alcaat, A. Nuevos elementos de mitologia para uso de las escuelas y colegios. Edicion adornada con lám. 18°, 148 p. Paris, Garnier frères.

Andel, A. Das geometrische Ornament. Ein Lehrmittel für den elementaren Zeichen-Unterricht an Real- u. Gewerbeschulen, entworfen u. mit Unterstützung des k. k. Minist. f. Cultus u. Unterr. herausg. (1. Bd. der ornamentalen Formenlehre.) 2 Aufl. f° (VIII—31 S. mit eingedr. Holzschn. u 64 Steintaf.). Wien, Waldheim. M. 8.

Artistic Amusements; being Instructions for a variety of Art Work for Home Employment and Suggestions for a Number of Novel and Saleable Articles for Fancy-Bazars. Illustr. 8°. 3 s 6 d.

Barlow, A. The History and Principles of Weaving by Hand and Loom. New edit. 8°. 25 s. Low.

Bockendorff, M. v. Musterblätter für Blumen-Malerei. Kleine Vorlagen für Gouache-, Aquarell- u. Porzellan-Malerei. 3. Hft. 4°. (6 Chromolith.) Leipzig, Arnold. M. 6.

Bergerat, E. Théophile Gautier: entretiens, souvenirs et correspondance. Avec préface d'Ed. de Goncourt, et eau-forte de Bracquemond. 18°, XXVIII—332 p. Paris, Charpentier. fr 3. 50.

Beyer's Vorlegeblätter für den Zeichen-Unterricht in Volks-, Mittel- u. Fortbildungsschulen 4. bis 8. Hft. qu. gr. 4° (à 10 Steintaf.). Langensalza, Beyer & Söhne. à M 1.

Brenner, O. A. Lautz u. A. Schmidt. Vorschule zur Zeichen-Schule. 1. u. 2. Hft. 4. Aufl. qu. f° (à 12 Steintaf.). Wiesbaden, Limbarth. à M.0.50

— — — Zeichen-Schule. 1. u. 2. Hft. 2. Aufl. qu. 4°. Nebst Begleitworten. gr. 8° (8 S.). Ebd. M. 4. 50.

Brocard, H Les Beaux-arts et l'Enseignement du dessin à Langres. 8°, 32 p. Langres, Dangien (Extr. du Bull. de la Soc. hist. et arch. de Langres.)

Brookes, C. B. A Popular Guide to the Terms in Art and Science. 12°. (Philadelphia) London. 7 s 6 d.

Caffi, M. Arte e dolori. (Archiv. stor. Lombardo, Anno VI, fasc. III.)

Comberousse, C. de. Histoire de l'École centrale des arts et manufactures depuis sa fondation jusqu'à nos jours. 8°, XIV—479 p. et 4 pl. Paris, Gauthier-Villars. fr. 12.

Cousin, V. Du vrai, du beau et du bien. 22e éd. 18°, VIII—500 p. Paris, Didier et Co.

Dessin (le) pour tous. Méthode Cassagne. Cahiers d'exercices progressifs 3e série. Etude de la figure 271 sujets disposés pour être reproduits dans leur ensemble 431 fois. (6me cahier.) Paris, imp. lith. Blot.

Domschke, C. Handbuch der plastischen Anatomie des Menschen. Für Kunstakademien, Künstlerinnen u. Dilettanten. qu. f° (31 S. m. 8 Chromolith.) Dresden-Blasewitz, Löwenstein M. 15.

Dreszen, G. Das Zeichnen im Liniennetz f. den ersten Unterricht. Vorübung zum Freihandzeichnen. 1. u. 2. Hft. qu. 4°. (à 12 Steintaf.) Flensburg, Westphalen. à M 0. 15.

Du Bois de Jancigny, M. La Peinture de portraits. 4°, 26 p. Lille, imp. Danel.

Dupré, G. Pensieri sull' arte e ricordi autobiografici. Firenze, succ. Le Monnier. 16°, 452 p. L. 4.

Eitelberger, R. v. Zur Frage der Verbindung einer gewerbl. Arbeitsschule mit der Volksschule u. mit der Fachschule. (Schluss.) (Mitth. d. k. k. Oest. Mus. 1879, 169.)

Enseignement du dessin. Les Maîtres graveurs, peintres, sculpteurs de tous les pays, de toutes les époques. Fac-similes et reproductions d'après les pieces originales. (M. A. Raimondi: Album No 1.) Paris, Geoffroy, photogr.-édit.

Fédération artistique (la). Journal hebdomadaire, organe des interêts artistiques, littéraires, scientifiques et industriels Anvers. fr. 15.

Förster, B. Die Vorbildung der Architekten in Preussen. (Ztschr. f. bild K XV B, 3.)

Foster, V. Complete Course of Drawing. 10 Parts. 8°. 2 s. 6 d. Blackie.

— — Complete Course of Painting Elementary Parts. Parts 1, 2, 3. 8°. 2 s. 6 d.; Advanced Parts 4, 5, 6, 7. 8. 3 s. Blackie.

Frankfurt. Die Kunstgewerbeschule in Frankfurt a. M. (Kunst u. Gew. 1879, 43. 44.)

Haldie, A. R. The Idealism of Art. 8°. 2 s. 6 d. Pickering.

Dommleb, H. Neueste Zeichen-Schule in 84 Blättern oder 210 Vorlagen. 14 Hfte. Für Schulen u. zum Selbstunterricht bearb. 4. Aufl. qu. 4⁰ (à 6 Steintaf.). Potsdam, Reutel.   à M. O. 60.

Henriet, L. d'. Cours de dessin des écoles primaires, enseignement gradué concordant avec les articles des nouveaux programmes officiels. Cours élémentaire. Dessin linéaire; Dessin d'ornement; Dessin d'imitation. Livre du maitre. 12⁰. 199 p. avec 257 fig. Paris, Hachette et Cⁱᵉ.

Humboldt, W. v. Ansichten über Aesthetik u. Litteratur. Seine Briefe an Christian Gottfried Körner (1793—1830). Herausg. von F Jonas. 8⁰, XIII- 190 S. Berlin, Schleiermacher. M. 3.

Jeffrey, F. Essay on Beauty; and Essays on the Nature and Principles of Taste. New edit. 8⁰. 3 s. 6 d. Ward & I.

Journal des beaux-arts et de la litterature. Saint-Nicolas, Ad. Siret. Par an 9 fr.

Joyau, E De l'invention dans les arts, dans les sciences et dans la pratique de la vertu. 8⁰, XV—213 p. Paris, G. Baillière et Cⁱᵉ. fr. 5.

Knowlton, H. M. Hints for Pupils in Drawing and Painting. 16⁰. Illustr. with 20 Heliotypes of Drawings by W. M Hunt. (Boston) London. 10 s. 6 d.

Lessing. Laocoon. Nouv. éd., publiée avec une notice, un argument analytique et des notes en français, par B. Levy. 16⁰, 256 p. Paris, Hachette et Cⁱᵉ. fr. 2.

Marie, A. L'arte nella storia 3ᵉ ed. Roma, tip. L. Perelli. 32⁰, 64 p.

Mazzarella, B. Della critica. libri tre, 2ᵃ ediz. con aggiunte. Vol. II. Della critica come scienza o come arte Roma, tip. Eredi Botta, 16⁰, 382 p. L. 4.

Mémoires de l'Académie des sciences, belles-lettres et arts de Clermont-Ferrand 1878. T. 20. (31ᵉ vol. de la collection des Ann.) 8⁰, 689 p. Clermont-Ferrand, Thibaud.

Memoires de la Societe des lettres, sciences et arts de l'Aveyron. T. 11. 1874—1878. 8⁰, 410 p. et pl. Rodez, imp. Ra ery.

Menge, R. Der Kunstunterricht im Gymnasium. 8⁰, 30 S Langensalza, Beyer & Söhne. M. 0. 50.

Modèles de dessin. Figurine: série D, pl. 1 à 20. Paysage: série B, pl. 1 à 20 Paris, Monrocq.

Neil, E. E. Petit traité de perspective linéaire et de perspective des ombres, à l'usage des candidats aux écoles speciales. 8⁰, 23 p. et 7 pl. Bruxelles, Decq et Duhent. fr. 1. 50.

Nieriker, M. A. Studying Art Abroad, and how to do it cheaply. 16⁰. (Boston) London. 2 s. 6 d.

Ott, K. Ueber gewerbliche Lehrwerkstätten (Schweizer. Gewerbeblatt 1879, 40 41.)

Peiné, B. Die Gesetze der Ornamentik. (Dtsch. Monatsh. z. Bef. d. Erw.-Thätigkeit u. Gewerbetreibenden 1, 2.)

Poynter, E. J. Ten Lectures on Art. 8⁰. 9 s Chapman.

Mätz, Th. Geometrie für Künstler und Handwerker und praktische Anwendung der Geometrie und des geometr. Zeichnens auf die techn. Gewerbe. Zum Gebrauch für Bau-Eleven, Klempner, Kupferschmiede etc. Mit 165 Fig. auf 22 (lith.) Taf. (in qu. gr 4⁰). 8 nach dem neuen Metermaasse umgearb. u. bedeutend verm. Aufl. gr 8⁰, VIII—120 S Berlin, Bichteler & Co. M 15.

— — Praktische Anleitung zur Projectionslehre für Kunst-, Gewerbe- und Fachschulen, wie auch zum Selbstunterricht für Bau-Eleven, Maurer, Zimmerleute etc. Mit 8 (lith.) Fig.-Taf.

2 verb Aufl. gr 4⁰, 24 S. Berlin, Bichteler & Co.   M. 1. 50.

Regolamento interno della R. Accademia di belle arti in Venezia, col Elenco degli accademici di merito, residenti e corrispondenti. Venezia, tip. M. Visentini 8⁰, 12 p.

Relazione annuale sulle operazioni della Società d'incoraggiamento d'arti e mestieri: alunanza generale del soci 18 maggio 1879. Milano, tip. Bernardoni di C. Rebeschini e C. 16⁰, 47 p

Remy, M. Blumen-Vorlagen auf schwarzem Grund. (Grösseres Form.) 1 Hft. gr. 4⁰ (4 Chromolith.). Berlin, Winckelmann & Söhne.   à M. 5.

— — Kleine Blumen-Vorlagen auf schwarzem Grund. Nach der Natur gemalt. 1. u. 2 Hft. gr. 8⁰ (à 4 Chromolith.) Berlin, Winckelmann & Söhne.   à M. 3.

— — Blumen-Vorlagen für decorative Zwecke. Nach der Natur gemalt. 1. Hft. gr. 4⁰ (4 Chromolith.). Berlin, Winckelmann & Söhne.   M 5.

Riby. Gewerbliche Fachschule mit Lehrwerkstätte. (Schweiz. Gewerbebl. 1879, 44.)

Ridolfi, M., pittore. Scritti d arte e d'antichita : a cura di Enrico suo figlio. Firenze, Succ. Le Monnier 16⁰, LXXX- 370 p. L. 4.

Ruskin, J. Laws of Fesole; a Familiar Treatise on the Elementary Principles of Drawing and Painting, as determined by the Tuscan Masters. Illustr. Vol 1. 8⁰. (Orpington) Allen.

Schasler, Dr. M Die Stellung der Mimik im Systeme der Künste. (Wien Abendpost 1879, 226 ff.)

Schoop's Zeichen-Schule für Volksschulen, Mittelschulen u. gewerbliche Fortbildungsschulen. II. Abth.: Elementar-Freihandzeichnen 4 Zeichnungen für Mädchen. I. Verzierungen f weibl. Arbeiten. 2. u. 3. Hft. 4⁰ (à 12 Steintaf. m 1 Bl. Text). Frauenfeld, Huber.   à M 3. 60.

Sch(orn), O. v. Die „École centrale des arts et manufactures" in Paris. (Kunst u Gew. 1879, 43.)

Societé des sciences et arts de Vitry-le-François. IX 1878 8⁰, 618 p. et pl Vitry-le-François. Imp Pessez et Cⁱᵉ. fr. 5.

Siaden, J. v. Der erste Unterricht im Zeichnen. Eine vollständige Lehranweisung in Verbindung mit lith. Schülerheften, zum Gebrauch für Lehrer an Volks- u. Mittelschulen bearb. 2 (Titel-)Aufl. gr. 8⁰ (VIII 214 S. mit eingedr. Fig.). Hannover (1876) 1880, Helwing. M. 4.

Statuto della Società artistica operaia degli ex-alunni di San-Michele. Roma, tip. alle Terme Diocleziane. 16⁰, 32 p

Statuto e regolamento della Società promotrice delle belle arti in Genova. Genova, tip G Schenone. 8⁰, 24 p.

Taine, H. Philosophie de l'art. Leçons professées à l'École des beaux-arts. 18⁰, 177 p. Paris, G Baillière et Cⁱᵉ. fr. 2. 50. (Bibl. de philosophie contemporaine.]

— — Philosophie de l'art en Italie. 3ᵉ ed. 18⁰, 180 p Paris, Germer Baillière et Cⁱᵉ. fr. 2. 50 (Bibl. de phil cont.)

Taurel, C E. Realisme et confusion. Causerie esthetique sur quelques tableaux de la galerie Verlat. Extrait de la „Dietsche Warande". Nouv. série. T. 11. N 4—6. 8⁰ (26 bl.). Amsterdam, C. L. van Langenhuysen. f. 0. 50.

Thénot, G. P Trattato di prospettiva pratica per disegnare dal vero, adattato all'intelligenza di tutti Traduzione del A. D. B. Firenze, F. Paggi 8⁰, 132 p e 28 tav. L. 4.

Thomson, D. C Mr. Ruskin as an art critic. (Art Journal, Nov. 1879)

Ueber das Gesetz des goldenen Schnitts in der Kunst u. seine Bedeutung für das Kunstgewerbe.

Vortrag von Dr. N W. (Schweiz. Gewerbebl 1879, 47. 48. 49.)

Vivarelli Colonna, I. Lorenzo Stecchetti o il verismo nella letteratura e nell'arte Firenze, tip. dell'Arte della Stampa. 16°. 62 p. L. 1. 50.

Vorlege-Blätter der Bangewerkschule zu Holzminden. Mauer-Constructionen gr. f°. (32 Steintaf.) Leipzig, Knapp. M. 25.

Wochnlakoff, Th. Histoire naturelle des beaux types feminins et de la beaute. Part 1. 8°. M. Pétersbourg. 1 s. 6 d

Wilhan, R. Methodik des Zeichen-Unterrichts mit gründlicher Behandlung der Elemente der Perspective. 8° (76 S. m. 1 Steintaf.). Trautenau. (Wien, Pichler's Wittwe & Sohn.) M. 1.

Wilhim, W. Noy. Visual Art: or, Nature through the Healthy Eye. With some Remarks on originality and Free Trade. Artistic Copyright, and Durability. 8°, 164 p, 6 s. W. H. Allen.

Zeichen-Vorlagen. 10 Hfte. qu. 4° (à 6 Steintaf.). Wesel, Düms. à M. 0. 30.

Zelenka, O. Freies Handzeichnen ebener geradliniger Gebilde in Verbindung mit der geometr. Formenlehre. Für Schulen u. Kunstgewerbe. 16°. (144 S. m. 100 Steintaf.) Tabor, Jansky. M. 3. 60.

Zeller, A. Einführung in das Ornamentzeichnen. Zeichen-Schule für Mittelschulen, Gewerbeschulen und andere Lehranstalten. qu. f°. 112 Steintaf. m. 1 S. Text.) Strassburg, Schultz & Co. M. 0. 50.

Zürich. Die kunstgewerbliche Fachschule des Gewerbemuseums u. ihre Vorschule in Zürich. (Kunst u. Gew. 1879, 46.)

II. Kunstgeschichte. Archäologie.

Académie d'archéologie de Belgique. Statuts. 8°, 12 p. Anvers, imp. Plasky.

Annales de l'Academie d'archéologie de Belgique. XXXIV. 3e série. T. IV. 4e livr. Anvers. Par an fr. 3.

Art (l') contemporain. Livr. No 7 et 8. à fr. 1 50. Paris, Mouillot.

Artiste (l'). Courrier hebdomadaire artistique, littéraire, musical. Publié un supplément littéraire reservé aux extraits de livres interessants et nouveaux. 1879. Bruxelles. Par an fr. 10.

Athénaeum belge (l'). Journal universel de la littérature, des sciences et des arts. Bruxelles. Par an fr. 8.

Atti della Società di Archeologia e belle arti per la provincia di Torino, vol. I. (5 fasc., 416 p.) e fasc. 3 del vol. II. 240 p. con tav. Torino, Stamp. Reale di G. A. Paravia e C 1875 -79. 8°.

Atti della Società di Archeologia e belle arti per la provincia di Torino, vol. II, f. 5 (nh. del vol.). Torino, Bocca. 8°, p. 305 - 398, con 2 tav. litogr. L. 3. 50.

Barthélemy, E de. Variétés historiques et archéologiques sur Chalons et le Chalonnais. 7e scr. 8°, 96 p. Paris, Menu.

Baylis, W. The Higher Life in Art, with a Chapter on Hobgoblins. By the Great Masters. 8°, 210 p. 6 s. Roupe.

Benoit, P. Mijne 4de en 5de kunstreis in Holland. (De Vlaamsche Kunstbode. 9e livr. Anvers.)

Berliner Kunstbriefe. XVIII. XIX. (Augsb. A. Ztg. 1879, B. 293. 312.)

Bertolotti, A Esportazioni di oggetti di belle arti da Roma in Spagna e nel Portogallo nei sec. XVI XVII e XVIII. (Archiv. stor. artist. archeol. della città di Roma, vol. III, fasc. 5.)

Bilderbogen, kunsthistorische. Suppl. od. Sammlung 11 u. 12. enth.: Die Kunst des 19. Jahrh. (In 5 Lfgn.) 1. Lfg qu. f° (12 Holzschntaf.) Leipzig, Seemann. M. 1.

Blackburn, H. Breton Folk: an Artistic Tour in Brittany. With 170 Illustr. By R. Caldecott. 4°, 204 p. 21 s. Low.

Bretschneider, E. Recherches archéologiques et historiques sur Pekin et ses environs. Trad. franç. par V. Collin de Plancy. 8°, 135 p. et cartes. Paris, Leroux. fr. 10.

Brizio, E. Vasi dipinti in Bologna (Bullet. dell'Inst di corresp. archeol 1879, No 10.)

Bulić, F. Cenni archeol. epigr. sui distretti di Zara, Benkovac, Knin, Sebenico. (Bullettino di archeol. e stor. Dalmata 1879, No 2. 5. 6)

Bulletin de l'Institut archeol. Begeola T. XIV, 2e livr. 8°, 182 p. Liege, imp L. de Thier.

Bulletin des Commissions royales d'art et d'archeologie. Bruxelles, C Muquardt. Par an fr. 8.

Buonarroti (il) di Benv. Gasparoni, continuato per cura di E. Narducci. Roma. L. 12 all anno.

Cahour, A. Recherches archeologiques et hagiographiques sur Saint Lupien de Rezé. 8°, 26 p. et 4 pl. Nantes, imp. Forest et Grimand (Extr. du Bull. de la Soc archeol. de Nantes et de la Loire-Inferieure.)

Champfleury. Histoire de la caricature antique. 3e ed., tres augmentée. 18°, 351 p. avec fig. et pl. en couleur. Paris, Dentu. fr. 5.

Chantre, E. Les Necropoles du premier âge du fer des Alpes françaises; notes anthropolog. 8°, 27 p. avec 60 fig. et 3 pl. Lyon, Georg.

Chaplain, M. et E. Perron. Esquisse préhistorique sur le departement de la Haute-Saône. notice. L'Atelier prehistorique d'Etrelles (Haute-Saône), note. 8°, 71 p., 4 pl. et 1 carte. Vesoul, imp. Suchaux.

Chardon, H. Les Artistes du Mans jusqu'à la Renaissance. 8°, 38 p. et pl. Paris, Champion. (Extr. des comptes-rendus du congrès tenu au Mans et à Laval par la Soc. franç. d'archeol. en mai 1878.)

Chierici. Sepolcri della età della pietra. (Bull. di Paleinologia italiana. Reggio-Emilia. 1879. No 7 e 8.)

Cinquantesimo (il) anniversario della fondazione dell' Imperiale Instituto Archeologico Germanico in Roma, celebrato nelle Palilie 21 aprile 1879: relazione pubblicata dalla Direzione dell' Instituto. Roma, tip. del Salviucci. 4°, 46 p.

Comparetti. La villa dei Pisons à Herculanum et sa bibliothèque. (Chronique du journal gén. de l'imprimerie et de la librairie de la France 1879, 48.)

Conant. A. J. Footprints of Vanished Races in the Mississippi Valley: Account of some of the Monuments and Relics of Prehistoric Races scattered over its Surface, with Suggestions as to their Origin and Uses. Illustrated 8°. (St. Louis, Mo.) London, 7 s. 6 d.

D. A.....ch. Rovine antiche del distretto politico di Benkovac. (Bullet. di archeol. e stor Dalmata 1879, No 1 2 3.)

Daremberg et Saglio. Dictionnaire des Antiquités grecques et romaines 6e fasc., p. 801 - 960 Paris, Hachette et Ce. fr. 5.

Darstellung, beschreibende, der älteren Bau- und Kunstdenkmäler der Provinz Sachsen und angrenzender Gebiete. Herausg. von der hist. Comm. der Prov. Sachsen. 2. Hft 8°. Halle, Hendel. M 3.

Découverte d'un tombeau pélasgique en Attique. (Bull. de l'Acad. royale des sciences, des lettres et des beaux-arts de Belgique 1879, No 7. Bruxelles, Hayez.)

Denkmäler der Kunst zur Uebersicht ihres Entwicklungsganges von den ersten Versuchen bis zu den Standpunkten der Gegenwart. Ergänzungsband zur l. u. 2 Aufl. Bearb. v. W. Lübke u. C. v. Lützow. 34 Taf. in Stahlstich und 3 Farbtaf. Nebst Text. 8°, IV—484 S. Stuttgart, Ebner & Seubert. M. 32.

Dictionnaire archéologique de la Gaule. Epoque celtique. Publié par la Commission instituée au ministère de l'instruction publique et des beaux-arts. T. II. 1er fasc. 4°, à 2 col., p. 1 à 96 et 44 pl. avec texte explicatif. Paris, imp. nat.

Didier, C. Roma sotterranea. Milano, G. Ferrario. 32°, 4 vol di 140, 140, 132, 146 p. L. 2.

Di S. Giovanni, M. Antichità della valle di Mavia. Torino, stamp. R. di G. B. Paravia e C. gr 8°, 16 p. e 1 tav. (Dagli Atti della Soc. d'Archeologia e Belle Arti per la prov. di Torino, vol. II, fasc. 5.)

Döring, E. Lehrbuch der Geschichte der alten Welt mit besonderer Berücksichtigung von Mythologie, Kunst- und Cultur-Geschichte für höhere Schulen. Mit einem Vorwort von G. Kreyenberg. Mit 67 (eingedr.) Holzschn.-Abbild u. 2 (lith. u col.) Karten. gr 8°, IV, 238 S. Frankfurt a. M., Diesterweg. M. 2. 20.

D, P. C. . r. Di alcuni Massi separrali nel distretto d'Imoski. (Bullettino di archeol. e stor. Dalmata 1879, No 1. 2. 3. 5.)

Dufour, G. Voyage autour du monde artistique. L'Art contemporain; Champ-de-Mars; Palais de l'Industrie; Trocadéro. 8°, 90 p. Paris, Dentu. (Extr. de l'Investigateur.)

Dupries, H. Note sur un cimetière gallo-romain découvert au Sablon, près de Metz, en 1877. 8°, 8 p. avec grav. Nancy, imp. Réau. (Extr. des Mem. de l'Acad. de Metz, années 1877—78.)

Dürr, A. Adam Friedrich Oeser. Ein Beitrag zur Kunstgeschichte des 18. Jahrh. Mit 7 Holzschn. 8°, XI- 253 S. Leipzig, Dürr. M. 6.

Flandre (la) Revue des monuments d'histoire et d'antiquités. Bruges, Daveluy. Par an fr. 16.

Fränkel, A. M. Apollon aus Naxos. Bronze des Berl. Museums. (Archäol. Ztg. 1879, 2. 3.)

— — Die Feier des fünfzigjährigen Bestehens des archäol. Instituts. (Archäol. Ztg. 1879, 2. 3.)

Fuentes y Ponte, J. Influencia del culto de Maria en las bellas artes. 4°, 104 p. Madrid, Aguado.

Gamurrini, G. F. Scavi di Fiesole. (Bullet dell' Instit. di corresp. archeol. 1879, No 8. 9.)

Garrucci, R. Storia dell'arte cristiana nei primi otto secoli della chiesa, corredata della collezione di tutti i monumenti di pittura e scultura, incisi in rame in cinquecento tavole ed illustrati. Prato, Guasti Gaetano. 1879. f°. Fasc. 92 (ult. del vol. V, Sarcofagi o sculture cimeteriali). L. 5. ogni fasc.

Gebhart, E. Les origines de la renaissance en Italie. Paris, Hachette et Ce. 18°, VIII—423 p. fr. 3 50.

Göler v. Ravensberg. Die Venus von Milo. Eine kunstgesch. Monographie. Mit 4 Taf. in Lichtdr. gr 8°, VIII—200 S. Heidelberg, C. Winter. M. 8.

Gori, F. Gazzetta archeologica. (Scavi di Roma e de' suoi dintorni.) (Arch. stor. art della città e prov. di Roma III, 4.)

Grimm, H. Leben Michelangelo's. 2 Bde. 5. Aufl. gr. 8°, XI—589 u. VII- 618 S Hannover, Rümpler. M. 20

Grimoard de S. Laurent, Cte. Les images du Sacré Cœur au point de vue de l'histoire et de l'art. IIe art. (Revue de l'art chrét. IIe sér., XI, 1.)

Gurlitt, W. Antike Denkmäler in Wiener Privatbesitz. (Fortsetzg.) (Arch. epigr. Mittheil. a. Oesterr. III, 3.)

Histoire (l') de l'art en tableaux, à l'usage des établissements d'instruction publique, des universités, écoles supérieures, lycées, athénées, écoles industrielles, écoles des beaux-arts, écoles primaires, etc. 2e partie. Pl. 121—246 cont. 900 grav. sur bois. 4°. Bruxelles, H. V. van Gogh. fr. 13. 75.

Hörnes, Dr. M. Archäologische Streifzüge in der Hercegovina. (Wien. Abendpost 1879, Aug, Sept., Oct.)

Hoffner, S. La chasse de l'Hercule assyrien. (Gaz. archéol. 1879, 5.)

Iscrizioni inedite. (Bullettino di archeol. e stor. Dalmata 1879, No 3. 4. 6. 7. 8.)

Kenner, F. Neue römische Funde in Wien. (Mit 7 Text-Illustr.) (Aus „Mitth. d. k. k. Central-Comm. für Kunst- a. hist. Denkmale. gr 4°, 24 S. Wien, Gerold's Sohn in Comm. M. 2. 40.

Kminek-Szedlo, G. Prolusione al corso libero di egittologia nella R. Università di Bologna (letta il 22 nov. 1878), e lezione sopra gli scarabei di Amenofi III e di Ramesse III nel museo civico di Bologna (letta il 28 febbraio 1879). Bologna, stab. tip. Succ. Monti. 4°, 32 p (Nicht im Handel.)

Kubitschek, W. u. E. Löwy. Bericht über eine Reise in Ungarn, Slavonien u. Croatien. (Arch. epigr. Mitth. a. Oesterr. III, 2.)

Lalanne, L. Journal du voyage du cavalier Bernin en France Suite. (Gaz. des beaux-arts, Nov. 1879.)

Lefèbvre, E. L'Égypte ancienne. Discours prononcé à l'ouverture des conférences d'archéologie égyptienne à la faculté des lettres de Lyon, le 26 avril 1879. 8°, 22 p. Lyon, imp Pitrat ainé.

Le Gal, F. Guide du touriste. Rhuys, Locmariaquer. (Œuvr-Inis; questions archéologiques; croquis. 8°, 45 p. Vannes, imp. Galles. fr. 1.

Leitfaden für den Unterricht in der Kunstgeschichte der Baukunst, Bildnerei, Malerei u. Musik, für höhere Lehranstalten u. z. Selbstunterricht bearb nach den besten Hilfsmitteln 5. verm. u. verb. Aufl. Mit 124 (eingedr. Holzschn.-Illustr. gr 8°, XVI—221 S. Stuttgart, Ebner & Seubert. M 3.

Leixner, O. v. Die bildenden Künste in ihrer geschichtlichen Entwicklung bis auf die Neuzeit. VII 343 S. Frauen-Bibliothek. I. Bd gr. 8°. Stuttgart, Engelhorn. M. 6.

Leuermann, F. L'ornamentation florale et pélasgienne chez les peuples gréco-pelasgiques (Gaz archéol. 1877, 5.)

Lettere (Quattro) di uomini illustri (Francesco Milizia, Raffaele Morghen, Vinc. Monti, A. Mustoxidi), tratte dall' Epistolario di G. A. Moschini. Venezia, tip. P. Naratovich. 4°, 24 p.

Lettere inedite di illustri archeologi italiani, pubblicate da Ant. Brancuti per nozze Mochi-Duranti-Valentini. Cagli, tip. Balloni. gr 8°, 16 p.

Lübke, W. Carl Schnaase. Biogr. Skizze. Mit dem (rad.) Bildniss Schnaase's. 8°, III—68 S. Stuttgart, Ebner & Seubert. M. 1. 80.

Lucchini, L. Bebriaco illustrato dai suoi scavi archeologici. Casalmaggiore, tip Contini e

Pedetti, 1878. gr. 8°. 140 p. con 9 fig. nel testo. L. 4.

Maionica, H. Unedirte Inschriften aus Aquileja. (Arch. epigr. Mitth. a. Oesterr. III, 2.)

Mallay, E. Études sur l'antiquité. Athènes, Rome, l'architecture, les travaux publics, les artistes et les artisans. 8°, 175 p. Clermont-Ferrand, Thibaud. fr. 5.

Mallet, J. Essai sur les autels. (Revue de l'art chrét. II° sér., XI. 1.)

Mau. Scavi di Pompei. (Bullet. dell' instit. di corresp. archeol. 1879, N° 9. 10.)

Maupillé, L. Notices historiques et archéolog. sur les paroisses du canton de Saint-Brice. 8°, 102 p. Rennes, imp. Catel et Ce. (Extr. des Mém. de la Soc. archéol. du dep. d'Ille-et-Vilaine.)

Messager des sciences historiques ou archives des arts et de la bibliographie de Belgique. 2e livr. Gand, E. van der Haghen. Par an fr. 15.

Mihael, L. A. Il mito di Filottete nella letteratura classica e nell' arte figurata: studio monografico. Firenze, tip. Succ. Le Monnier. 4°, 108 p. e una tav. in cromolit. et 3 in fotolit. L. 5. (Pubbl. del R. Istituto di Studi superiori in Firenze, sezione di filosofia e filologia.)

Mitzschke, P. Naumburger Inschriften. Gesammelt und erläutert. 4. Lfg. 16°. (S. 241 bis 320.) Naumburg, Domrich. à M. 0. 50.

Moreau, E. Notice sur la carte préhistorique du département de la Mayenne. 8°, 27 p. Tours, imp. Bouserez. (Extrait des comptes-rendus du congrès tenu au Mans et à Laval par la Soc. franç. d'archéologie en mai 1879.)

Müntz, E. Les Arts à la cour des Papes pendant le XVe et le XVIe siècle. 2e partie: Paul II. (1464-1471). Paris, Thorin. 8°, 337 p. et 2 pl. en héliogr. fr. 12.

Newman, J. P. A Thousand Miles on Horseback through the Valley of the Euphrates. The Thrones and Palaces of Babylon and Niniveh, from Sea to Sea. Illustr. 8°. (New York) London. 25 s.

Northcote, J. S. and Brownlow, W. R. Roma Sotterranea; or, an Account of the Roman Catacombs. Part 2: Christian Art. 8°. 24 s. Longmans.

Norton, Ch. E. List of the principal Books relating to the life and Works of Michelangelo; with notes. Cambridge (Massach), Wilson. 8°, 12 p.

Notizie degli scavi di antichità comunicate alla R. Accademia dei Lincei per ordine di S. E. il ministro della pubblica istruzione (aprile 1879). Roma, tip. Salviucci. p. 85 – 124 e 2 tav.

Olympia. Berichte über die Ausgrabungen, Inschriften. (Archäol. Ztg. 1879, 2. 3. — Ztschr. f. bild. K. XV, Beibl. 1. — Deutsche Bauztg. 1879, 83.)

Palustre, L. La Renaissance en France. T. I, Livr. 2. Ile-de-France (Oise). (8°, p. 51-83, 4 pl. et 10 grav. Paris, Quantin.

Pétegaud, E. La Préhistoire en Algérie. 8°, 47 p. et pl. Lyon, Georg.

Peterson, E. Die Gruppe der Tyrannenmörder auf einem Lekythos. (Archäol. epigr. Mittheilungen aus Oesterreich III, 2.)

Piesse, L. Le routier archéologique de l'Algérie. 1. (Revue de l'art chrét. II° serie, tom. XI, 1.)

Pompei e la regione sotterrata dal Vesuvio nell' anno LXXIX. — Memorie e notizie pubblicat dall' Ufficio tecnico degli scavi delle provincie meridionali. Napoli, tip. Giannini. 1 vol. in 2 parti. 4°, p. 291, 243. L. 50.

Preuhn, E. Die 1800jährige Erinnerungsfeier der Verschüttung Pompeji's. (Augsb. A. Ztg. 1879, B. 276. 281.)

Ranke, J. Les commencements de l'art. (Revue internat. des sciences, dir. par J. L. de Lanessan. Paris, 1879, N° 7-8.)

Rathier, M. Un voyage artistique en province. 18°, 111-359 p. Paris, Plon et Ce.

Relaciones, tres, des antigüedades peruanas. Publicalas el Ministerio de Fomento con motivo del Congreso internacional de americanistas que ha de celebrarse en Bruselas el presente año. Madrid, Tello. 4°, XLIV-328 p. 40 y 44.

Roset, M. Le Mont-César de Bailleul-sur-Thérain, oppidum gaulois et camp romain; etude archéologique et historique. Publié par M. Berton. (Fouilles exécutées en 1878 par J. Berton. 8°, 171 p. et 12 pl. Paris, Lacaze.

Revue artistique. Beaux-arts, littérature, musique, arts industriels. Anvers. Par an fr. 15.

Rivière, E. Gravures sur roches des lacs des Merveilles au val d'Enfer (Italie). 8°, 10 p. Paris, imp. Chaix et Ce.

Robert, C. Griechische Kinderspiele auf Vasen. (Archäol. Ztg. 1879, 2. 3.)

Rogers, E. Th. The land of Egypt X. XI. (Art Journal Oct. Nov. 1879.)

Rougé, E. de. Inscriptions hiéroglyphiques copiées en Egypte pendant la mission scientifique de M. le vicomte E. de Rougé, publiées par M. le vicomte J. de Rougé. T. 1. 4°, pl. 232 à 304. Paris, Vieweg. (Études égyptologiques. 12e livr.)

Schiaparelli. I pelasgi nella tradizione mitica e storica dell' Italia antica. (Atti della R. Accad. delle scienze di Torino, vol. XIV, disp. IV.) 8°. Torino, Paravia.

Schmidt, G. Viaggi e scavi, in Etruria ed Umbria. (Bullet. dell' instit. di corresp. archeol. 1879, N° 8.)

Schultz, A. Das höfische Leben zur Zeit der Minnesinger. 1. Bd. Mit 111 (eingedr.) Holzschn. 8°. XVIII -520 S. Leipzig, Hirzel. M. 13.

Silchester; or, the Pompeii of Hampshire: How to get there and what to see. 12°. (Basingstoke, Jacob.) 52 p. 1 s.

Simpson, H. T. Archæologia Adelensis; or, a History of the Parish of Adel in the West Riding of Yorkshire. With Etchings by W. L. Ferguson. 8°, 21 s. W. H. Allen.

Symonds, J. A. Il Rinascimento in Italia. Le belle arti. Traduz. di S. F. Santarelli. Firenze, tip. Succ. Le Monnier. 16°, 476 p. L. 4.

Sweetser, M. F. Artist Biographies. Illustr. Edit. With Heliotypes. Boston. London.
Vol. 1. Lives of Raphael, Lionardo da Vinci, and Michael Angelo.
Vol. 2. Lives of Titian, Guido, and Claude Lorraine.
Vol. 3. Lives of Sir Joshua Reynolds, Turner and Landseer.
Vol. 4. Lives of Dürer, Rembrandt and van Dyck.
Vol. 5. Lives of Fra Angelico, Murillo, and Washington Allston. 16°. à 7 s. 6 d.

Tonini, La "Roma sotterranea, descritta e illustrata dal G. B. de Rossi", esame critico. Firenze, Cellini. 8°, 66 p. Dell' Archivio storico italiano, t. III, d. 11 (1879). (Nicht im Handel.)

Tononi, A. G. Scoperta di un bronzo etrusco nel Piacentino. Milano. 16°, 14 p. (Dallo Spettatore di Milano.)

Torma, C. Neue Inschriften aus Dacien. (Arch. epigr. Mittheilungen a. Oesterr. III, 2.)

Tschudi, Dr. H. v. Die Kunst in Japan (Mitth. d. k. k. Oest. Mus. 1479, 170.)

Valientin, F. Inscription romaine récemment découverte à Grenoble. Lettre a M. E. Chaper, president de l'Acad. delphinale. 8°. 16 p. Grenoble, imp. Maisonville et fils.

Van Damel, C. Carte archéologique de la Belgique. Periodes antihistoriques, romaine et franque, dressée à l'echelle de 1 mm. Bruxelles, C. Muquardt. fr. 2. 50.

Vlaamsche Kunstbode (de). Anvers. Par an fr. 6

Vögelin, S. Das alte Zürich. Historisch und antiquarisch dargestellt. 2 durchaus umgearb. u. verm. Aufl 4. u. 5. Lfg. gr. 8° (S 129–224 m. 1 Holzschntaf u. 1 Lichtdr.). Zürich, Orell, Füssli & Co. à M. 1. 50.

Vuylsteke, J. Overzicht der algemeene Kunstgeschiedenis. Bouwkunst, Beeldhouwkunst, Schilderkunst en Toonkunst. Naar het duitsche werk „Leitfaden für den Unterricht in der Kunstgeschichte" en andere bronnen. Vertaald en omgewerkt. 2e uitgave. 8°, VIII + 343 p. Gand, J. Vuylsteke. fr. 4 50.

Weil, H. Un papyrus inédit de la bibliothèque de M. A. Firmin Didot. Nouveaux fragments d'Euripide et d'autres poetes grecs. 4°, 36 p. et 2 pl. photoglyptiques. Paris, imp. Firmin-Didot et Cie. (Extr. des Mon. grecs publiés par l'Association pour l'encouragement des études grecques en France, annee 1879)

Yriarte, Ch. Françoise de Rimini dans la legende, l'art et l'histoire. (L'Art N° 249. 250. 253 254. 255. 256.)

Zeitschrift für bild. Kunst. Herausgeg. von C. v. Lützow. 15. Bd. Jahrg. 1879–80). 12 Hfte. (à 3.) Mit Textillustr. u. Kunstbeil. Mit dem Beiblatt: „Kunst-Chronik". 52 Nro. (Bd.) 4°. Leipzig, Seemann. M. 25.

Zeitschrift für vaterländische Geschichte und Alterthumskunde. Herausg. von dem Vereine für Geschichte und Alterthumskunde Westphalens durch E. Giefers und P. Beckmann. 37. Bd. gr. 8°. 173 u. 128 S. Münster, Regensberg. M 4. 50.

Zerbokke, Dr. H. Nürnberg. (Wien. Abendpost 1879, Nr. 278 ff.)

II a. Nekrologie.

Carlo Annoni. (Arch. stor. Lomb. Anno VI, fasc. III.)

Hapet, A.. Buchdrucker u. Juwelier. (Chron. des Arts 1879, 35.)

Blanchard, Ed. Th. (Zeitschr. f. bild. K. XV, B. 7)

Cham, p. Marius Vachon. (Gaz. d. B.-Arts, Nov. 1879. — Zeitschr. f. bild K. XV, B. 5)

Due, Architekt. (Journ. d. B.-Arts 1879, 19. 22)

Edwards, Ed., p. Duranty. (Gaz. d. B.-Arts, Nov. 1879.)

Hesse, J. B. A. (Zeitschr. f. bild. K. XV, B. 2)

Labrouste, Architekt. (Journ. d. B.-Arts 1879, 19.)

Landseer, Ch (Art Journal, Oct. 1879.)

Leis, Dr. W., Architekt. (Deutsche Bauzeitg. 1879, 81.)

Pelart, J., par C. Lemonnier. (Chronique des Arts 1879, 37.)

Redaelli, G., Buchdrucker. (Bibliogr. Ital. 1879, 22. cron.)

Stark, K. B. (Augsb. A. Ztg. 1879, B. 291.)

Tasset, E., Kupferstecher (Journ. d. B.-Arts 187°, 22.)

Viollet Le Duc. (L'Art, N° 283. Deutsche Bauztg. 1879, 85. 86. — Encyclop. d'Archit. 1879, 10. — Gaz. d. B.-Arts Novbr. — Journal des B.-Arts 1879, 19. — Ztschr. f. bild. K. XV, B. 3)

Willmann, Ed., Kupferstecher, von O Berggruen. (Graph. Künste II, 1.)

III. Architektur.

Aftenz. Die St. Peterskirche zu Aftenz. (Kirchenschmuck 1879, 11.)

Architectur moderne de Vienne, publié avec le concours des architectes H. v. Ferstel, E. et H. v. Förster, Th. v. Hansen etc par C. v. Lützow et L. Tischler. Planches gravees sous la direction de E. Obermayer. 2. vol. 8. livr. f°. 17 Kupfert. m. 1 Bl. Text. Wien, Lehmann & Wentzel. à M. 8. —

Architecture (l') pour tous. Paris, impr. lith Monrocq.

Barozzi da Vignola, G. Li cinque ordini d'architettura, intagliati dal G. Costantino. 9e ediz milanese. Milano, tip. Guigoni. 8°, 40 p. con tav. 1. 2. 50.

Bauhandbuch, deutsches. Eine systematische Zusammenstellung der Resultate der Bauwissenschaften mit allen Hülfswissenschaften in ihrer Anwendung auf das Entwerfen und die Ausführung der Bauten. Veranstaltet von den Herausgebern der deutschen Bauzeitung und des deutschen Baukalenders Mit mehreren 1000 Holzschn. u. Maasstabtabelle. 4. Lfg gr. 8°. (1. Bd. I – VIII u. 3. Bd. XI u. S. 433 720.) Berlin, Toche In Comm. à M. 6.

Bauschatz Eine Sammlung hervorragender Bauwerke, De alls etc. In Reproductionen nach seltenen u. kostbaren Werken, Einzelstchen etc. Photolith. der artist. Anstalt von L. C. Zamarski in Wien. 8. u. 9. Lfg. f°. (à 8 Taf.) Wien, Lehmann & Wentzel. à M. 4

Berman, F. Album der Burgen und Schlösser im Königreich Böhmen. 1. Bd., 5. 1. Lfg. qu.-f°. (S. 97–168 m. eingedr. Holzschn. u. je 2 Holzschntaf) Saaz Prag, Calve In Comm. à M 1. 20.

Birch, J Picturesque Lodges: a Series of Designs for Gate Lodges, Park Entrances, Keepers', Gardeners', Bailiffs', Grooms', Upper and Under Servants' Lodges, and other Rural Residences. 8°. 12 s. 6 d. Blackwoods

Bonelli, G. M. Memorie storiche della basilica Costantiniana dei santi XII Apostoli, e dei nuovi suoi ristauri. Roma, tip. Salviucci 16°, 92 p

Bose, E. Dictionnaire raisonné d'architecture et des sciences et arts qui s y rattachent. Livr 14 et 15 (fin du t. 3). 8°, à 2 col., p. 337–575, avec pl. et grav. Paris, Firmin-Didot et Cie. La livr. fr. 6

Boussard, J. Constructions et décorations pour jardins, kiosques, orangeries, volières, abris divers. 1re livr. Paris, A. Morel et Cie.

— Petites habitations françaises (maisons, villas, pavillons). publiées sous la direction de J. B. 1re et 2e livr. Texte. Feuilles 1re et 2e f°, à 2 col., p. 1–16 et 20 pl. Paris, Ve Morel et Cie. (L'ouvrage se composera de 100 pl. Il paraitra en 10 livr. à fr. 12.)

Breymann, G. A. Allgemeine Bauconstructionslehre. 4 Thl.: Verschiedene Constructionen. 2. verb. u. verm. Aufl. Völlig neu bearb. von A. Scholtz 8. Lfg. gr. 8. (S. 169–192 mit eingedr. Holzschn. u. 5 Steintafeln.) Stuttgart, Weise. à M. 1 80.

— Bau-Constructions-Lehre. 1. Bd.: Die Construction in Stein. 5. Aufl., bearb. von H. Lang.

3. Lfg. gr. 4°. (S. 49—72 mit eingedr. Holzschn. und 10 Steintaf.) Stuttgart, Weise. à M. 1. 50.

— — Dasselbe. 4. Theil: Verschiedene Constructionen. 2. verb. u. verm. Aufl. Völlig neu bearb. von A. Scholtz. Mit zahlreichen (eingedr.) Holzschn. n. 100 (lith.) Fig.-Taf. 9. Lfg. gr. 4°. (S. 193—216.) Ebenda. à M. 1. 50.

Castellazzi, G. Schizzi architettonici dal vero. Album di 100 tav. in fac-simile. Torino, Frat. Bocca. 4°. L. 25.

Chabory, L. Grottes d'Auvergne. Notice sur les grottes et les dolmens de Jonas et de Saint-Nectaire et sur les grottes de Boissière et de Rajat. 12°, 26 p. et 2 pl. Grenoble, imp. Allier père et fils.

Château de Champs (Seine et Marne). (Encyclop. d'Architecture 1879, 10.)

Civilbau, Der. Eine Sammlung von Entwürfen zu Privat-Wohngebäuden für Stadt u. Land in Grundrissen, Façaden, Profilen u. Details für Architekten, Maurer u. Zimmermeister. 2. Bd., 7. u. 8. Lfg. f°. (à 6 Steintaf. u. 1 Bl. Text.) Berlin, Nicolai. à M. 6.

Colombo, G. Giovanni Quarenghi, bergamasco, architetto alla Corte imperiale di Pietroburgo: memorie. Torino, tip. di S Giuseppe. (Nicht im Handel.)

Constructions et décorations pour jardins. 2e livr. Paris, imp. Lemercier et Ce.

Coquelin, F. D. Histoire de l'abbaye de Saint-Michel-du-Tréport, ou il est traité de sa fondation, augmentation, de divers événements, etc. Publiée pour la première fois avec une introduction et des notes, par C. Lormier. T. 1. 8°, 388 p. Rouen, Meterie. fr. 12.

Carle-Seimbres, A. Monographie du château-fort de Mauvezin (Hautes-Pyrénées). 2e édit. 12°. 108 p. et grav. Tarbes, Croharé. fr. 2

Davis, V. La capella greca du cimetière de Priscille. XIVe art. (Revue de l'art chrét. IIe sér. XI. 1.)

Dobò, G. Del tempio malatestiano di Rimini: lettera a D. Aug. Vernarecci. Urbino, tip. della Cappella. 4°, 8 p. (Dal fasc. 7 del giorn. Il Raffaello, anno XI.)

Delaunay, A. Ruines du palais des Tuileries. Paris, imp. Salmon.

Ehrenhausen. Das Mausoleum der Eggenberger zu Ehrenhausen. (Der Kirchenschmuck 1879, 10.)

Eagel, Fr. Album für ländliche, landwirthschaftliche u. gärtnerische Bauausführungen. 1. Lfg. f°. (6 Steintaf. m. 2 S. Text.) Leipzig, Knapp. à M. 4.

Entwürfe und Bauzeichnungen von Schülern der Baugewerkschule Nürnberg. gr. f°. (63 autogr. Bl.) Nürnberg (v. Ebner). M. 12.

Florence: la Chapelle de Pazzi, par Susson. Paris, imp. lith. V. Quétin.

Fontoyne, J. Documents pratiques d'architecture. (Ferronnerie.) 21 pl. in-f°. Bruxelles, lith. H. Leys. L'ouvrage compl. fr. 50.

Förster, B. Der Bau der Akademie der Wissenschaften zu Athen. (Zeitschr f. bild. Kunst XV. 1.)

Gottgetreu, R. Physische und chemische Beschaffenheit der Baumaterialien, deren Wahl, Verhalten und zweckmässige Verwendung. Ein Handbuch für den Unterricht und das Selbststudium. 3. verm. u. verb. Aufl. (In 2 Bdn.) 1. Bd. Mit 172 in den Text gedr. Holzschn., 3 photolith. u. 3 lith. Taf. gr. 8°. (XXI—568 S.) Berlin, Springer. M. 14.

Gruber, B. Die Kunst d. Mittelalters in Böhmen, nach den bestehenden Denkmalen geschildert. Herausg. auf Kosten des k. k. Minist. f. Cultus u. Unterr. durch die k. k. Central-Comm. für Erforschung u. Erhaltung der Kunst- u. histor. Denkmale. 4. Theil: Die Spätgothik, 1310 bis ca. 1600. 5. Lfg. °. (S. 119—150 m. eingedr. Holzschn.) Wien, Gerold's Sohn in Comm. à M. 2.

Guadet, F. Étude sur la construction et la disposition du Colisée (amphithéâtre flavien). f°, 15 p. et 12 pl. Paris, A. Levy.

Guillaume, l'abbé. Notice historique et archeologique sur l'abbaye de Saint-Mansuiles-Toul. 8°, 48 p. et 2 pl. Nancy, Wiener. (Extr. des Mem. de la Soc. d'archéol. lorraine pour 1879.)

Hannover. Einiges aus der neueren Bauthätigkeit Hannovers. Der Umbau des Welfenschlosses für die technische Hochschule. (Deutsche Bauzeitung 1879, 81.)

Herrensitze u. Schlösser, sächsische. Dargestellt in Ansichten, Grundrissen, Situationsplänen u. einem erläut. Text. Herausg. von Hänel & Adam u. C. Gurlitt. 3. Lfg. f°, (S. 17—24 m. eingedr. Holzschn. u. 8 Lichtdrucktaf.) Dresden, Gilbers. à M. 12.

Hunäus. Der Umbau des Welfenschlosses in Hannover für die technische Hochschule mit einer Einleitung von Launhardt. (Ans: „Zeitschrift des Archit.- u. Ing.-Vereins zu Hannover".) f°. (36 S. m. 6 Steintaf. u. 2 Lichtdr.) Hannover, Schmorl & v. Seefeld. M. 6.

Islng, A. Het Binnenhof te 'sGravenhage. In plaat en schrift. 1e afl. I. De Trèveszaal. 11. Het stadbonderijlik kwartier. f°. (S. 1V, 11 en 8 bl. met 2 kleurendrukken.) 'sGravenhage, H. C. Susan. fl. 12. Compl. in 30 pl.

Klasen, L. Grundriss-Vorbilder von Gebäuden aller Art. Handbuch für Baubehörden, Bauherren, Architekten, Ingenieure, Baumeister, Bauunternehmer, Bauhandwerker und techn. Lehranstalten. Mit ca. 100 Taf. in Photolith. und vielen in den Text gedr. Abbild. (In ca. 25 Lfgn.) 1. Lfg. gr. 4°. (16 S. m. 4 Photolith.) Leipzig, Baumgärtner. M 3.

Krauz, Joh Ruprecht's v. Eggenberg letzte Ruhestätte. (Wien. Abendpost 1871, Nr. 272.)

Laurière, J. de. L'Abside de Saint-Jean-de-Latran. 8°, 15 p. et pl. Tours, imp. Bouserez. (Extr. du Bull. monum., N° 5, 1879.)

Martini. Les grands édifices de Pise: Dôme, Baptistère, Campo-Santo, Tour penchée. f°, 21 p. et 40 pl. tirées sur les cuivres originaux du Theatrum basilicae Pisanae, de Martini. Texte extrait de Martini et notes par G. Lejeal. Paris, A. Levy.

Melrose Abbey. Photo-lithogr. Plates. With Text by F. Pinches. f°. 21 s. Shaw & S.

Michel, E. Monuments religieux, civils et militaires du Gâtinais (dep. du Loiret et de Seine-et-Marne) depuis le XIe jusqu'au XVIIe siècle. 8e et 9e fasc (fin de la 2e partie et de l'ouvrage). 4°, p 225—368 et 14 pl. Paris, Champion L'ouvr. compl.: fr. 100.

Monaven, A. Notice descriptive de l'intérieur des palais de Trianon et du musée des voitures de gala. Catalogue des peintures, sculptures, objets d'art et d'ameublement, exposés dans les appartements. 8°, 48 p. Versailles, imp. Cerf et fils. fr. 1.

Müntz, E. Giovannino dei Dolci, l'architecte de la Chapelle Sixtine. (Chronique des Arts 1879, 34, 35.)

*

Neubauten, Wiener. Unter Mitwirkung von H. v. Ferstel, E. u. H. v. Förster, Th. v. Hansen etc., herausg. von C. v. Lützow u. L. Tischler. Gest. unter Leitung von E. Obermayer. 2. Bd., 8. Hft. f°. (7 Kupfertaf. m. 1 Bl Text.) Wien, Lehmann & Wentzel. à M. 8.

Pestum: Temple de Neptune. Vue int., par Nuasso. Paris, imp. lith. V. Quétin

Pavan, A. L'architettura sesto-acuta in Italia: commemorazione di Aleardo Aleardi, considerato come professore di estetica e di storia dell' arte. Pesaro, tip. Frat. Rossi. 16°, 48 p.

Pecht, Fr. Der Münchener Akademie-Bau. (Angeb. A. Z. 1879, B. 308.)

Poisé, B. Die Grundzüge des gothischen Baustyls. (Deutsche Monatshefte z. Beförd. der Erwerbsthät. unserer Gewerbetreibenden. I. 1.)

Pilot, J. J. A. Description de l'église et de la crypte de Saint-Laurent de Grenoble. 8°, 15 p. et 3 pl. Grenoble, impr. Maisonville et fils. (Extr. du Bull. de la Soc. de statistique de l'Isère.)

Pompei, A. Saggio di studi intorno alle varie mura della città di Verona. (Arch. Veneto 35.)

Puigher, D Les anciennes églises byzantines de Constantinople. Relevées, dessinées et publiées. 3° et 4° livr. gr. f°. (7 Steintaf. u. 1 Chromolith.) Wien, Lehmann & Wentzel. à M. 8.

Quincarnon, de. Les Antiquités et la Fondation de la métropole des Gaules, ou De l'église de Lyon et de ses chapelles, avec les épitaphes que le temps y a religieusement conservées. 16°, XIII—127 p. Lyon, Georg.

Renaissance, deutsche. Eine Sammlung von Gegenständen der Architektur, Decoration und Kunstgewerbe in Orig.-Aufn. Red. von A. Scheffers. Neue Folge. 59. u. 62 Lfg. (Nr. 103 u. 104, 105 u. 106.) f°. Leipzig, Seemann. à M. 2.40 (Inh.: 6. Abth.: Mainz. 3. u. 4. (Schluss-)Hft. —8#. Abth.: Danzig.)

Ricordi di Architettura, raccolti, autografati e pubblicati da una società di architetti fiorentini, dir dal G. Roster. Pubbl. mens. Fasc. 1—5, dell' anno 2°, 1879. Firenze, lit. Carnesecchi. f°. tav. 6 per fasc. L. 2. per fasc.

Roires, E. de et **Vilbort.** Dreux, ses antiquités, chapelle Saint-Louis; Abrégé historique de cette ville et de son comté. Nouv. édit., revue et considérablement augmentée. 12°, 127 p. Mesnil, imp. Firmin-Didot.

Salzisberg, P. Die Rudelsburg. Eine Reise-Studie mit Text u. Orig.-Zeichn. nebst einer Einleitg. über die Entwicklung der mittelalterl. Militair-Architektur in Deutschland. gr. 4°. (VII, 43 S. m. Steintaf.) Stuttgart, Wittwer in Comm. M. 6.

Simil, A. Les envois de Rome et le concours du grand prix en 1879. (Encyclop. d'Architecture 1879, 10.)

Storelli, A. Notice historique et chronologique sur le château de Blois, avec plusieurs gravures à l'eau-forte. gr. 4°. 16 p. et 8 pl. Tours, imp. Mame et fils.

Studien, architektonische. Herausg. vom Architekten-Verein am königl. Polytechnikum in Stuttgart. 43. Hft. f°. (6 autogr. Taf.) Stuttgart, Wittwer. à M. 2. 40.

Studien aus der Special-Schule von Th. R. v. Hausen, herausg. vom Vereine der Architekten an der k. k. Akademie der bild. Künste in Wien. 8 Lfg. f°. Wien, Lehmann & Wentzel. à M. 3.

Stuttgart. Die neue katholische Marienkirche zu Stuttgart von C. B. (Deutsche Bauzeitung 1879, 92.)

Thuot, J. B. Notice sur quelques restes d'édifices romains trouvés dans le rempart vitrifié du Puy-de-Gaudy. 8°, 12 p. Guéret, impr. Dugénest. (Extr. du Bull. 3° du t. 4 des Mem. de la Soc. des sciences naturelles et archéol. de la Creuse.)

Trient. Der Palast Madruzzo in Trient. (Wiener Abendpost 1879, 260.)

Tschermann, W. P. Schinkel's literarische Thätigkeit. Vortrag, gehalten am Schinkelfest den 13. März 1879. gr. 8°. (22 S.) Berlin, Ernst & Korn. M. 0. 80.

Van de Casteele. Notes sur les maisons des États de l'ancien pays de Liege au palais des princes-évêques, son architecture, son ornementation, ses tapisseries, etc. (Bull. de l'Instr. archéol. liegeois. T. XIV, 3° livr. Liege, imp. de Thier.)

Villaamil y Castro, J. La Catedral compostelana en la Edad Media, y el sepulcro de Santiago, con algunas curiosidades litúrgicas y varias noticias nuevas, histórico-artísticas, de la misma iglesia Madrid, Murillo. 4°, VIII 72 p. y dos grab. 16 y 18.

Viollet-le-Duc, E. E. De la décoration appliquée aux édifices gr. 4°, 51 p. avec 23 fig. Paris, Bailue. fr. 8.

Viennois, F. Architecture civile bourguignonne. Restauration et agrandissement du palais de Justice de Dijon. gr. 4°, 13 p. et 12 pl. Paris, A. Lévy.

Wauvermans, H. Les architectures militaires flamands au XVI° siècle. (Bull. de l'Académie d'archéologie de Belgique, 11. [3° serie des Ann.] 4° fasc. Anvers.

Weiss, K. Ein Wiener Stadterweiterungs-Project aus dem J. 1577. (Wien Abendpost 1879, 265.)

Young, W. Town and Country Mansions and Suburban Houses. With Notes on the Sanitary and Artistic Construction of Houses. Illustrated by 30 Pl., cont. Plans and Elevations, Perspectives and Interior Views of Executed Works in the Queen Anne, Classic, Old English, Adam, Jacobean, Louis XVI, and other Styles. f°. 31 s. 6 d.

IV. Sculptur.

Alexander, J. E. Cleopatra's Needle, the Obelisk of Alexandria: its Acquisition and Removal to England described. 8°, 126 p. 2 s. 6 d.

Alizeri, F. Notizie dei professori del disegno in Liguria dalle origini al secolo XVI. Disp 49a (vol. V, Scultura). Genova, tip. S. Sambolino. 4°, p 305—352. L. 1. 60. la disp.

Brianchon, M. Le Monument de l'abbé Cochet. Tombeau, buste, medaille, mémorial de la souscription dressé par M. B., avec une eau-forte de J. Adeline et 2 pl. photoglyptiques. 8°. LXXXIV—145 p. Rouen, Angé.

Chesneau, E. Le Statuaire J. B. Carpeaux, sa vie et son œuvre. 8°, VIII—290 p. avec portr., 8 grav. et fig. Paris, Quantin. fr. 20.

Conraudo, L. La statue de Francesco Sforza, modelée par Léonard de Vinci et le dessin de Munich. (L'Art, N° 252 ff.)

Descrizione del monumento di S. Agostino conservato nella cattedrale di Pavia. Milano, tip. S. Giuseppe. f°. 4 p. e 4 tav.

Jarves, J. J. Modern Italian picturesque sculpture. (Art Journ. Nov. 1879.)

Ilg, Dr. A. Kaiser Maximilian II. u. Giovanni da Bologna. (Wien. Abendpost 1879, 277.)

Plastique. Du génie de l'art plastique. Continuation. (Journ des B.-Arts 1879, 20 ff.)

Rydberg, V. Roman Days, from the Swedish. By A. Corning Clark, with a Sketch of Rydberg by H. A. W. Lindehn. 8°, 350 p. 10 s. 6 d. Low. (Studies on the Roman Emperors in marble, in antique statues. Roman traditions of St. Peter and St Paul, with descriptions added of Rome as it is in the present day.)

Tanagra Figurines. a Description of the Clay Statuettes and Images found recently in Tanagra, in Beotia. With Heliotype Plates. 4°. (Boston) London. 7 s. 6 d.

Véron, E. Concours pour le monument de la République. (L'Art, N° 254.)

V. Malerei. Glasmalerei.

American Painters. Frederick Edwin Church. (Art Journ., Nov. 1879.)

Andreä. Gedanken, Studien und Erfahrungen auf dem Gebiete der Glasmalerei. Vortrag, geh. in Dresden am 4. Febr. 1879. 8°, 31 S. Leipzig, Naumann. M. 0. 75.

Arundel Society. Occasional publ. 1878. A. More, Queen Mary I. From a picture in the Royal Museum, Madrid. Chromolith. by C. Schultz, print. by Hangard-Maugé. — First ann. publ. 1879: Pietro della Francesca, The Resurrection of Christ, from the fresco at Borgo San Sepolcro. Drawn by Fattorini. — Giorgone, Virgin and Child, enthroned between two Saints, from an Altarpiece at Castelfranco. Drawn by Ed. Kaiser, chromolith. by Storch & Kramer. — Sec. ann. publ.: A. Dürer. Adoration of the Holy Trinity, from the painting in the Belvedere Palace at Vienna. Drawn and chromolith. by Schultz, print. by Lemercier & Co.

Baldassi, L. Bagnacavallo e il governo del Bolognesi: memoria. Modena, Vincenzi. 8°, 36 p. L. 1.

Billung, H. Zur Säcularfeier Franz Snyders. (Augsb. A. Ztg. 1879, B. 313 ff.)

Bonacci-Brunamonti, M. A. Raffaello Sanzio, ossia dell' arte perfetta: discorso. Urbino, tip. della Cappella. 4°, 18 p. (Estr. dal periodico „Il Raffaello", anno XI, fasc. 8.)

Burckhardt, J. The Cicerone: an Art Guide to Painting in Italy. For the Use of Travellers and Students. New edit. revised and corrected. By J. A. Crowe. 12°. 296 p. 6 s.

Burty, Ph. Edwin Edwards printre de paysages et aquafortiste. (L'Art 256.)

Campori, G. Un pittore modenese nella China [1698], (Giov. Gherardini). Modena, Vincenzi. 8°, 10 p. (Dagli Atti e Memorie delle Deputazioni di storia patria dell' Emilia, nuova serie, vol. IV, parte II.)

Castelot, E. Guido Reni et le portrait de Béatrice Cenci (Revue artistique. Gand 1879—1880, N°s 5 et 6.)

Chennox, E. Constant Dutilleux. (L'Art 255. 256.)

Classics, the, of painting. A collection of the most celebrated works of the Italian early and high-renaissance. With explanatory text by F. Kroll and the co-operation of O. Eisenmann and F. Rober. Translated from the German by E. d'Esterre-Keeling. Ed. b. J. L. Corning. 11.—24. part. f°. (à 2 Bl. in Lichtdr. m. Text S. 41—96.) Stuttgart, Neff à M. 2. 50.

Classiques, les, de la peinture. Renaissance italienne (1420—1540). Collection des œuvres les plus célèbres des maîtres italiens. Avec texte explicatif, publié par F. Kroll, avec le concours de O. Eisenmann et F. Rober. Trad. (sur l'orig. allemand, par G. Dubray. Impression photogr. de M. Hommel à Stuttgart. Livr. 9—24. f°. (à 2 Bl. in Lichtdr. m. Text S. 39—94.) Stuttgart, Neff. à M. 2. 50.

De Bruyn, H. Anciennes et nouvelles peintures de l'église de N.-D. de la Chapelle, à Bruxelles. (Bull. des Comm. royales d'art et d'archéologie, N°s 5 et 6, 1879. Bruxelles, Muquardt.)

Dupuy, C. Fresque de Notre-Dame du Puy: les Arts libéraux. 12°, 13 p. Le Puy, imp. Marchessou fils.

Flaxman's Classical Outlines: Notes on their leading Characteristics, with a brief Memoir of the Artist by J. C. L. Sparkes. 4°. 14 s. Seeley.

Génard, P. Les peintures monumentales de l'hôtel et du château de Schilde. 4°, 132 p. avec fig. dans le texte et 8 pl. Anvers, imp. van Os et Dewulf.

Giron, A. Les arts libéraux. Fresque dans la Cathédrale du Puy-en-Velay. (L'Art, N° 252.)

Holbein. Hans Holbein. By J. Cundall. 8°, 112 p. 3 s. 6 d. Low.

Jeffries, B. G. Colour-Blindness: its Dangers and its Detection. 8°. (Boston) London. 10 s. 6 d.

Ilg, Dr. A. Zur Charakteristik des Malers Daniel Grau. (Oest.-ung. Kunstchron. III, 3.)

Lefort, P. Velasquez. III. (Gaz. des B.-Arts, Nov. 1879.)

Lübke, W. Geschichte der italienischen Malerei vom 4. bis in's 16. Jahrh. 2. Bd. Mit 137 Illustr. in Holzschn. (eingedr. u. auf Taf.). 8°, X—653 S. Stuttgart, Ebner & Seubert. M. 36. 40. (cplt: M. 48.)

Malwerke aus dem Mittelalter in Graz. (Forts.) (Kirchenschmuck 1879, 11.)

Overzicht van de geschiedenis der schilderkunst tot de 16e eeuw, vrij naar het hoogduitsch werk: Leitfaden für den Unterricht in der Kunstgeschichte. 12°, 83 p. et 23 fig. Gand, J. Vuylsteke. f. 0. 60.

Palozo, F. La pittura di paesaggio in Italia nei secoli passati: lettera. Como, tip. Ostinelli. gr. 8°, 44 p. L. 2.

Picture Gallery of Modern Art. 3rd vol of enlarged series. cont. 24 Permanent Photogr. from original Paintings, with Biographical Notices of the Artists. f°. 31 s. 6 d. Low.

Piton, C. China Painting in America. Album, N° 1. 4°. (New York) London. 7 s. 6 d.

— — China Painting in America. Album, N° 2: Japanese Decorative Art. f°. (New York) London. 10 s. 6 d.

Rahn, R. Ueber die Anfänge der Glasmalerei. (Augsb. A. Ztg. 1879, B. 298.)

Roeses, M. Geschiedenis der Antwerpsche schilderschool, bekroond in den prijskamp uitgeschreven door den Gemeenteraad van Antwerpen. Met 10 etsen buiten tekst door J. B. Michiels en 40 houtsn. Livr. 23. 8°, VIII—705 à 740 (fin). Gand. A. Hoste. La livr. fr. 1.

Rosegger, P. K. Wie Defregger Maler wurde. (Oest.-ung. Kunstchr. III, 2.)

Rosenberg, A. Die Berliner Malerschule 1819 bis 1879 Studien u. Kritiken. 8°, X—358 S. Berlin, Wasmuth. M. 5.

Servanzi Collio, S., conte. Antica pittura in tavola nella città di Camerino accennata al forestiere. Urbino, tip. E. Righi. 8°, 8 p. (Estr. dal periodico „Il Raffaello", fasc. 9, anno 11.)

Sheldon, G. W. American Painters. With 83 Examples of their work engraved on Wood 4°. 21 s. Cassell.

Siret, A. Dictionnaire historique des peintres de l'école flamande. (Suite.) (Journ. d. B.-Arts 1879, 20 ff.)

Tintoretto. By W. Roscoe Osler. 8°, 108 p. 3 s. 6 d. Low.

Touduz, V. Raffaello. Udine, tip. G. B. Doretti e Soci. 8°, 36 p. (Per nozze Strassoldo-Braido.)

Tournous, M. Prosper Merimee, son portraits, ses dessins, sa bibliothèque. 16°, 160 p. avec vign. et 2 eaux-fortes. Paris, Charavay fr.

Terhudl, Dr. H. v. Correggio's mythologische Darstellungen. (Graphische Künste II, 1.)

Turner. By W. C. Monkhouse. 8°, 140 p. 3 s. 6 d. (Low.)

Urbani de Gheltof, G. M. Tiepolo e la sua famiglia: note e documenti inediti. Venezia, F Ongania 12°, 138 p. e tav. L. 6.

Valentin, V. Philipp Veit. Eine Charakteristik. (Ztschr. f. bild. K. XV, 2.)

Van den Branden, F. J. Geschiedenis der Antwerpsche schilderschool bekroond met den eersten prijs in den wedstrijd gloeiend door de regeering der stad Antwerpen. Livr. 15. 8°, 32 p. Anvers, J. E. Buschmann. fr. 0. 40. L'ouvr. compl. aura environ 20 livr.

Ma lame Vigée Le Brun. Souvenirs. (Wiener Abendpost 1879, 256.)

W. C. M. Hogarth and Landseer. II, III. (Art Journal, Oct., Nov. 1879.)

Wedmore, F. The Masters of Genre Painting: being an Introductory Handbook to the Study of Genre Painting. With 16 Illustr. 8°, 240 p. 7 s. 6 d. Paul.

Warabach, Dr. A. v. Arnold Houbraken's grosse Schouburgh. Uebersetzt, mit Einleitung u. Anmerkungen versehen. I. Als Band XIV von R. v Eitelberger's Quellenschriften f. Kunstgeschichte.

VI. Münz-, Medaillen-, Gemmenkunde, Heraldik.

Bachelin-Deflorenne, M. La Science des armoiries. 8°, VII—299 p. avec vign et grav. Paris, imp. Jouaust. 15 fr.

Boutkowsky, A. Dictionnaire numismatique pour servir de guide aux amateurs, experts et acheteurs des médailles romaines impériales et grecques coloniales, avec indication de leur degré de rareté et de leur prix actuel au XIX° siècle, suivi d'un résumé des ventes publiques de Paris et de Londres. 1re—13e livr. 8° [I. Bd, 8p. 673 864 m. eingedr. Holzschn.] Leipzig, T. O. Weigel. à M. 1. 20.

Chabouillet, A. Le Camée représentant l'apothéose de Napoléon 1er, gravé par M. A David, d'après le plafond d'Ingres. 8°, 16 p. et grav. Paris, Detin.

Club Cameos: Portraits of the Day. With 62 Ill. by R Browne. 8°, 356 p. 15 s. Low.

Eheberg, Th. Ueber das ältere deutsche Münzwesen und die Hausgenossenschaften, besonders in volkswirthschaftl. Beziehung. Mit einigen bisher ungedr. Urkunden über die Strassburger Hausgenossen. VIII 208 S. (Forschungen, staats- u. socialwissenschaftl. Hrsg. v. G. Schmoller. 2. Bd, 5 Hft.) 8°. Leipzig, Duncker & Humblot. M. 4 60.

Documenti per la storia della zecca Veneta. Contin (Archiv. Veneto 35.)

Erbstein, J. u. A. Ein Beitrag zur Münzkunde der Kipperzeit. (Fortsetzg.) (Zeitschr. f. Museol. u. Antiqu. 1879, 18 ff.)

Fröhner, W. Les medaillons de l'empire romain, par Laroche. (L'Art 257.)

Giornale araldico-genealogico-diplomatico, diretto dal G. B. di Crollalanza. Pisa.

Gorini, G. Delle pietre preziose: classificazione, storia e descrizione delle medesime; valore, e

modo di determinarlo; arte del gioielliere, usi commerciali e industriali. Milano, tip. Bernardoni di C. Rebeschini e C. 16°, 138 p. (Bibl d'arti e mestieri.)

Guiffrey, J. J. Les jetons et les armoiries de l'Académie royale de peinture et de sculpture. (L'Art 257.)

Jacob, C. Heraldisch-sphragistische Notizen über das Wappen der Herren von Torgau. Macr. mit einer (autogr.) Wappentaf. 16°. (14 autogr. S.) Torgau, Jacob. M. 1. 40.

Jambois, C. Les Armoiries de la ville de Nancy; origine et description. 12°, 44 p. et pl. Paris, Berger-Levrault et Ce. fr. 2.

Jubiläumsmedaillen, die, auf J. J. Krazewski (Zeschr. f. Museol. u. Antiqu. 1879, 21.)

Kábdebo, Dr. H. Der Medailleur Matth Donner (Bericht der Wiener Graveur-Akademie in der ersten Periode ihres Bestandes. VIII—Schluss.) (Oest. Kunstchr. II, 11. 12.)

— Kunst u. Dichtung anlässlich der Türkenbelagerung Wiens im J. 1579. (Oest. Kunstchr. II, 12. III, 3.)

Köhne, B. de, Monnaies des souverains de Suède, frappées dans les provinces Baltiques et en Allemagne. (Revue belge de numismatique 1874, 4e livr. Bruxelles, Decq & Duhent.)

Lepreyote, Ch. Numismatique lorraine, atelier de Lunéville. 8°, 8 p. et pl. Nancy, imp. Crépin-Leblond. (Extr. des Mém. de la Soc. pour 1879.)

Lenormant, F La Monnaie dans l'antiquité. Leçons professées dans la chaire d'archéologie près la Bibliothèque nationale, en 1875—1877. 2 vol. 8°, XL 794 p. Paris, A. Levy.

Levasseur, E. De la valeur des monnaies romaines. Paris, Picard. 8°, 69 p. avec tableaux.

Padovan, V. Le monete della Repubblica di Venezia dal secolo IX al XVIII, per sussidio nella illustrazione delle scritture antiche: sommario. Venezia, tip. M. Visentini. 32°, XV—170 p. (Nicht im Handel.)

Prost, A Notice sur un sceau de Landfriede du XIV° siècle. 8°, 76 p. Nogent-le-Rotrou, imp. Daupeley. (Extr. des Mém. de la Soc. nat. des antiqu. de France, t. 39)

Portioli, A. La zecca di Mantova. Parte prima: La zecca imperiale (1256); la zecca podestarile (1256—1328). Proemio della zecca dei Gonzaga. Mantova, tip. Mondovi. 8°, 118 p. con 1 tav litogr. L. 3.

Pottier, Les Armes de la ville de Grenade-sur-Garonne (villa Granata). 8°, 8 p. et armes. Moutauban, imp. Forestié. (Extr. du Bull. de la Soc. archéol. de Tarn-et-Garonne.)

Promis, V. I inediti volumi di blasoneria di Carlo Emanuele I. duca di Genova. (Curiosità e ricerche di storia subalpina, pubblicate da una società di studiosi di patrie memorie. Torino, Frat. Bocca. 8°, XIII—204 p. L. 5.

Recchi, G. Albero genealogico della famiglia Caro di Civitanova-Marche. Civitanova-Marche, tip. Natalucci. 8°, X—44 p.

Revue belge de numismatique. Bruxelles, Decq et Duhent. fr. 12.

Sacken, E Freih. v. Katechismus der Heraldik Grundzüge der Wappenkunde 3. verb. Auflage. Mit 202 in den Text gedr. (Holzschn.)Abbild. 8°, XVI—141 S. Leipzig, Weber M. 2.

Saulcy, F. de Recueil de documents relatifs à l'histoire des monnaies frappées par les rois de France, depuis Philippe II jusqu'à François I. T. 1. 4°, XVI—560 p. Paris, imp. nat.

Siebmacher's, J., grosses u. allgemeines Wappenbuch in einer neuen vollständig geordneten und reich verm. Aufl. mit herald. u. histor.-genealog. Erläut. neu herausg. 175.—178. Lfg. gr. 4⁰. (59 S. m. 72 Steintaf.) Nürnberg, Bauer & Raspe. à M. 7. 50.

Sim, G. Catalogue of the Collection of Greek and Roman Coins formed by G. S. 4⁰. 21 s. Macmillan.

VII. Schrift, Druck u. graphische Künste.

Alkan aîné. Les graveurs de portraits en France, catalogue raisonné de la collection de portraits de l'école française appartenant à A. Firmin-Didot. Essai de classification spéciale avec des notes bibliographiques et historiques. 8⁰, 39 p. et portr. Paris, imp. Martinet.

Ames, D. J. Alphabets adapted to the use of Architects, Engravers, Engineers. Artists, Sign Painters, Draughtsmen, etc. (New York) London. 7 s. 6 d.

Baiern, das Königreich, seine Denkwürdigkeiten und Schönheiten, mit Beiträgen von A. Becker, B. Grüber, F. Lampert, H. Noé, C. v. Spruner u. A. und mit Bildern namhafter Künstler herg. von H. v. Schmid. 2.—6. Lfg gr.4⁰ (XVII bis XLVIII n. Landeshauptstadt S. 1—40, Oberfranken S. 1—80 m. 30 Stahlstich.) München, Franz. à M. 1. 20.

Annales de l'imprimerie et des arts et des professions qui s'y rattachent. 1878—1879. Bruxelles. F. Callewaert père. Par an fr. 6.

Ballhorn, Fr. Alphabete orientalischer und occidentalischer Sprachen. 12. unveränd. Aufl. 8⁰. (80 S.) Nürnberg, 1880. v. Ebner. M. 4. 50.

Bibel, goldene. Die heilige Schrift, illustrirt von den grössten Meistern der Kunstepochen. Hrsg. von A. v. Wurzbach. 1. Theil: Das Alte Testament. Erläuternder Bibeltext nach M. Luther 3.—12 Lfg. gr. 4⁰. (à 2 Bl. in Lichtdr. u. 2 Bl. Text.) Stuttgart, Neff. à M. 1. 50.; kath. Ausg. m. Text nach Allioli.

Bishop. T. The Etcher's Guide. Illustr. 16⁰ (Philadelphia) London. 5 s.

Blüthenzweige. 6 (chromolith.) Blumenkarten mit Initialen und sinnigen Sprüchen. 21⁰. Leipzig, Böhme. M. 0. 60.

Bulletin belge de la photographie. Bruxelles. Par an fr. 6.

Catalogue de livres de luxe composant la bibliothèque illustrée de feu M. Hadeugne-Sandras; ouvrages des XVIII⁰ et XIX⁰ siècles, ornées de tailles-douces et de vignettes sur bois; éditions de Jouaust, Leclère, Lemerre, etc.; dont la vente aura lieu les 4, 5 et 6 décembre 1879. 8⁰, 64 p. Paris, Willem.

Catalogue des livres imprimés par les Elzevier ou pouvant s'annexer à leur collection, reliés par Trautz-Bauzonnet, Cuzin, Chambolle, Duru, Capé, Lortic, composant le cabinet de feu M. le colonel comte de Lagondie, dont la vente aura lieu le 24 nov. et jours suivants. 8⁰, 181 p. Paris, Labitte. (1009 num.)

Catalogue des livres, principalement sur les beaux-arts et la bibliographie, composant la bibliothèque de feu J. F. Maisérault, dont la vente aura lieu le 9 décembre 1879 et jours suivants. 8⁰, 123 p. Paris, Labitte. (944 num.)

Catalogue des livres rares et précieux, composant la bibliothèque de M. le docteur Desbarreaux-Bernard, de Toulouse. 2⁰ partie, dont la vente aura lieu le 1er décembre 1879 et jours suivants. 8⁰, 108 p. Paris, Labitte. (1083 num.)

Colonna, F. Le Songe de Poliphile, ou Hypnérotomachie de frère Francesco Colonna. Littéralement traduit, pour la première fois, par C. Popelin. Fig. sur bois grav. a nouveau par Prunaire. T. 1. Fasc. 1. 4⁰, p. 1 - 80. Paris, Lisseux. (L'ouvrage formera 2 vol. d'environ 400 p. chacun. à fasc. fr. 12.; l'ouvrage compl.: fr. 120.)

Coen, G. Della condizione e dei doveri dello operaio tipografo; discorso. Firenze, tip. di G. Barbèra. 8⁰, 14 p.

Class, C. Das Werk des Werner van Valckert. (Zeitschr. f. Museologie 1879, 18. 19. 20.)

Dafforne, J. The works of John Wright Oakes — (Art Journal, Oct. 1879.)

Delaunay, A. Eaux-fortes sur le vieux Paris. (22 pl.) Paris, imp. Salmon.

Diegerich, A. Essai de bibliographie yproise. Étude sur les imprimeurs yprois. (Feuilleton de la bibliographie de Belgique, mai fl.)

Dovetto, M. Album degli alfabeti antichi di tutte le nazioni. Torino, lit. Cassina. L. 10.

Falk, Fr. Die Druckkunst im Dienste der Kirche zunächst in Deutschland bis zum Jahre 1520. (Herausg. von der Görres-Gesellschaft.) gr. 8⁰. (106 S.) Köln, Bachem. M. 1. 80.

Farnham, M. W. Homeward; or, Travels in the Holy Land, China, India, Egypt, and Europe. Illustr. 8⁰. (Shanghai, 1878.) 507 p. 10 s. 6 d. Trübner.

Faulmann, K. Illustrirte Geschichte der Schrift. Populär-wissensch. Darstellung der Entstehung der Schrift, der Sprache u. der Zahlen, sowie der Schriftsysteme aller Völker der Erde. Mit 14 Taf. in Farben- u. Tondruck und vielen in den Text gedr. Schriftzeichen, Schrifproben n Inschriften. 3.—15. Lfg. 8⁰. (S. 65—480.) Wien, Hartleben. à M. 0. 60.

Febvre, F. et T. Johnson. Album de la Comédie française. gr. 4⁰, XXXVIII—56 p et 23 portr. à l'eau-forte. Paris, imp. Unsinger.

Flaxman, J. The Odyssey of Homer: Classical Outlines. 4⁰. 4 s 6 d. Seeley.

— — The Iliad of Homer: Classical Outlines. 4⁰. 4 s. 6 d. Seeley.

Hausgallerie. In Photographien nach Orig.-Gemälden der Düsseldorfer Künstler Z. Bosch, Ph. Grot-Johann u. M. Volkhart, photographisch reprod. von P. Bruckmann in München. Ausg. B. (Cabinet.) 4. (Schluss-)Lfg. 8⁰. (3 Bl.) Leipzig, Eigendorf. M. 3.

Hirt, G. Frühlingsblumen. 12 Bl. mit Sinnsprüchen deutscher Dichter. Nach Aquarellen. Cabinet-Ausg. Chromolith. 4⁰. (1 Bl. Text.) Wandsbeck, Seitz. M. 3.

Heliogravure Amand - Durand. Eaux - fortes et gravures des maîtres anciens, tirées des collections les plus célèbres et publiées avec le concours de Ed. Lièvre. Notes par G. Duplessis. 9⁰ vol. 2⁰ série. Paris, Goupil et Ce.

Illustrationen zu deutschen Dichtern. 1. Serie. Gedichte von Em. Geibel, illustrirt von Th. Kutschmann. 2. Hft. (⁰ (2 Steintaf. u. 1 Blatt Text.) Neumünster, Brumby. à M. 4. 50.

Kayser, C. (31 Elzevier: cenno storico bibliografico. Verona, tip. G. Civelli. 32⁰, 24 p. (Estr. dal vol. pubbl. in occasione delle nozze del G. L. Patuzzi.)

Künste, die graphischen. Red. v. O. Berggruen. 2. Jahrg. 1880. 4 Hfte. 4⁰. (1. Hft. 22 S. mit eingedr. Holzschn., Rad u. Stahlst.) Wien, Gesellschaft für vervielf. Kunst. M. 20.

Liesegang, P. E. Der Kohle-Druck und dessen Anwendung beim Vergrösserungs - Verfahren. 7. Aufl. Mit 28 (eingedr.) Holzschn. gr. 8⁰. (VIII, 172 S.) Berlin, Grieben. M. 4.

Märchen, deutsche, in Wort und Bild. 8.—12. Hft. Mit je 6 Farbendr.-Bild. nach Orig.-Aquar. von E. Klimsch. gr. 4°. Frankfurt a. M., May Böhne. à M. 1.

Makart's, H. Festzug der Stadt Wien am 27. April 1879, als Huldigung zur silbernen Hochzeit des Kaiserpaares, naturgetreu chromolith. dargestellt von E. Stadlin. (In 10 Lfgn.) 1. Lfg. qu. gr. f°. (4 Chromolith.) Wien, Perles. à M. 6.

Marguerite de Navarre. L'Heptaméron de la reine Marguerite de Navarre, avec une introduction, un index et des notes par F. Frank. T. 1. 12°. Cl.XXIX—296 p., avec portr. et 12 dessins de Rabbie gravés sur bois par A Prunaire. Paris, Liseux. fr. 8.

Marguerite de Bretagne. Le Livre de Marguerite de Bretagne, dame de Goulaine (1585—1599). Introduction et notes par A. de La Borderie. 8°, 81 p. et pl. Nantes, imp. Forest et Grimaud. (Tiré à 25 exempl. Publ. de la Soc. des bibliophiles bretons.)

Max, G. Faust-Illustrationen. 10 Zeichnungen, in Holz geschnitten von R. Brend'amour und W. Hecht. Mit einleit. und erläut. Text von R. Gosche. (In 5 Lfgn.) 1. Lfg. gr. f°. (2 Bl. m. 2 B. Text.) Berlin, Grote. M. 6.

Meisterwerke der Holzschneidekunst aus dem Gebiete der Architektur, Sculptur und Malerei. 7.—12. Lfg. f°. (VI u. S. 5—52 mit je 6 Holzschnitt.) Leipzig, Weber. à M. 1.

Monet, L. Manual del conductor de máquinas de tipografía T. 1. Madrid, Murillo 8°, 216 p. y una hoja plegada con 45 grab. 5 y 7.

Muller, F. De Nederlandsche geschiedenis in platen. Beredeneerde beschrijving van Nederlandsche historieplaten, zinneprenten en historische kaarten, verzameld, gerangschikt en beschreven. 3e dev. (1795—1879). gr. 8°. (IV, 388 en XXIV bl.) Amsterdam, Fr. Muller en Comp. f. 7. 40.

Muster-Alphabete verschiedener Schriftarten in den neuesten Formen. 1.—3. Hft. qu. gr. 8°. (à 12 Steintaf.) Leipzig, Bauer. à M. 1.

Muster-Blätter der gebräuchlichsten Schriftarten. qu. 4°. (8 Bl.) Wesel, Düms. M. 0. 20.

Paris. Catalogue des livres précieux, manuscrits et imprimés, faisant partie de la bibliothèque de M. A. Firmin-Didot. Théologie, jurisprudence, sciences, arts, beaux-arts. Tables alphab. des auteurs, ouvrages anonymes et artistes, suivies de la liste des prix d'adjudication. 4°, 23 p. Paris, Firmin-Didot et Cie.

Paoli, C. Del papiro specialmente considerato come materia che ha servito alla scrittura: memoria. Firenze, tip. Succ. Le Monnier. 1878. gr. 8°, 80 p. L 3. (Pubbl. del R. Istituto di Studi superiori di Firenze, Sez. di filos. e filolog.)

Pictorial Tour of the World. Comprising Pen and Pencil Sketches of Travel, Incident. Adventure, and Scenery in all parts of the Globe. Embellished with upwards of 100 Wood Engrav. by eminent English and Foreign Artists, and a Series of beautiful Coloured Plates. 8°. 6 d.

Pictures from Bible Lands. Drawn with Pen and Pencil. Edited by S. Green. The Illustrations by E. Whymper and other eminent Artists, principally from Photographs 8°, 200 p. 8 a.

Picturesque Europe. With Illustr. on Steel and Wood by the most eminent Artists. Vol. 5. 4°. 42 a. Cassell.

Raimondi, L. Memoria sul Pio Istituto Tipografico di Milano, dalla sua fondazione al presente. Milano, Regia Stamp. 4°, 285 p.

Reinach, Th. Vorlegeblätter für Firmen-Schreiber. Architekten, Bild- u. Steinhauer etc. 30 (lith.) Grossplano-Taf., enthaltend Vorlagen der gebräuchlichsten Schriftarten mit Hilfslinien, nebst den dazu gehörigen Zahlen, in 26 verschiedenen Alphabeten. 2. verm. u. verb. Aufl. f°. (4 S. Text.) Weimar, B. F. Voigt. M. 9.

Rethel, A. Auch ein Todtentanz. Mit erklär. Text von R. Reinick. Ausgeführt im akad. Atelier für Holzschneidekunst zu Dresden, unter Leitung von H. Bürkner. 11. Aufl. Vorwort von J. Pröhm. qu. f°, (6 Holzschntaf. m. eingedr. u. 5 S. Text.) Leipzig, Schlicke. M. 2.

Robinson, H. P. Pictorial Effect in Photography: being Hints on Composition and Chiaroscuro for Photographers. 2nd edit. 12°, 162 pag. 2 s. 6 d. (Photogr. Handy Books, Nr. 3.)

Rouveyre, E. Connaissances nécessaires a un bibliophile. 3e éd., revue, corrigée et augmentée. Ouvrage accompagné de 7 pl. et de 5 spécimens de papier. 8°, 224 p. Paris, Rouveyre. fr. 5.

Rouen illustré. Publication ornée de 24 eaux-fortes hors texte. Livr. 1. gr. 4°. XI p. et 2 gr. Rouen, Augé.

Schiller's Werke. Illustrirt von den ersten deutschen Künstlern. 50.—65. (Schluss-) Lfg. 4°. (3. Bd., VIII u. S. 201—460 u. 4. Bd., VIII u. S. 249—423 m. eingedr. Holzschn.) Stuttgart, Hallberger. à M. 0. 50.

Schnorr's, J. Bibel in Bildern. 2. Pracht-Ausg. (In 20 Liefgn.) 1. Lfg. f°. (12 Holzschntaf.) Leipzig, O. Wigand. M. 3. 50.

Schulte, H. Die Handschriften und älteren Drucke der Gymnasialbibliothek. 4°. (21 S.) Schleiz 1879. Lämmel. M. 1.

Una scuola professionale tipografica nel secolo XV. (Bibl. italiana 1879, N° 19, Cronaca.)

Schoth, J. Alpine Plants. 100 Col. Plates. With Letterpress by A. W. Bennett. Vol. 1. 4°. 25 a.

Tassanelli, U. Il Canto del tipografo italiano. Firenze, tip. dell' Arte della stampa. 8°, 16 p.

La Tipografia in Roma. (Bibliogr. ital. 1879, N° 17. Cronaca.)

Van Bemmel, E. La Belgique illustrée, ses monuments, ses paysages, ses œuvres d'art. 13e livr. 4°, 32 p. avec fig. Bruxelles, Bruylant-Christophe et Co. La livr. fr. 2. (L'ouvrage complet compr. environ 30 livr. paraiss. de mois en mois.)

Waring, G. E. Tyrol and the Skirt of the Alps. Illustr. 8°. (New York) London. 15 a.

Weir, H. Pictures of Birds. With large Coloured Plates from Original Drawings. 4°. 6 a.

VIII. Kunstindustrie.

Album G. Roy. Manufacture de poêles et panneaux en faience. Pl. N° 1—9. Paris, imp. lith. Le Baron.

Arnold's Vorlagen-Mappe. VI. Vorlageblätter für Malerei auf Holz u. Terracotta. (Aus: „E. Hübler's Hausschatz".) 12 Taf. (in Bunt- u. Schwarzdr.) f°. Mit Anleitung zur Ausführung und Textbändchen: „Anleitung zur Holzmalerei von E. Hübler." 16°. (IV, 32 S.) Leipzig, Arnold. M. 11.

Archiv für ornamentale Kunst. Herausgeg. mit Unterstützung des königl. preuss. Ministeriums für Handel, Gewerbe u. öffentliche Arbeiten. Red. durch M. Gropius. Mit erläut. Text von L. Lohde. 11. u. 12. (Schluss-)Lfg. gr. f°. (à 6 Steintaf. u. Chromolith. mit 1 Bl. Text.) Berlin, Winckelmann & Söhne. à M. 5.

Ashenhurst, Th. R. A Practical Treatise in Weaving and Designing of Fabrics. With chapters on the Principles of Construction of the Loom, Calculations, and Colour. With about 300 Illustr. 8°. (Bradford, Brear) 526 p. 21 s. Simpkin.

Bergau, R. Die Nürnberger Erzgiesser Labenwolff u. Wurzelbauer. (Zeitschr. f. bild. K. XV, 1, 2.)

Bergue, E. Manual del fundidor de metales. Madrid, Murillo. 8°, 240 p. y una lam. plegada. 6 y 7. (Bibl. enciclop. popular ilustrada. Secc. la. Artes y oficios.)

Bethke, H. Decorativer Holzbau. Neue Folge. Eine Sammlung von allen in der Praxis vorkommenden Baulichkeiten, als: Villen, Gartenhäuschen, Lauben, etc. I. u. 2. Lfg. gr. f°. (à 5 Steintaf.) Stuttgart, Wittwer. à M. 3. 60.

Blanche, M. Conférence sur la teinture et les différents procédés employés pour la décoration des tissus. 8°, 16 p. Paris, imp. Dejey et Ce.

Bolles, A. S. Industrial History of U. S. from Earliest Settlements to Present Time; together with Description of Canadian Industries. 8°. (Norwich, Conn.) London. 20 s.

Camperi, G. Notizie storiche e artistiche della majolica e della porcellana di Ferrara nei secoli XV e XVI; con un' Appendice di memorie e documenti relativi al altre manifatture di majolica dell' Italia superiore e medina. 3a edizz. Coll' aggiunta di una Notizia sulla ceramica di Parma. Pesaro, stab. Nobili. 8°, 148 p.

Capo di Monte. (Blätt. f. Kunstgew. VIII, 10 ff.)

Carpentry and Joinery for Amateurs. By Author „Turning for Amateurs". 8°. 3 s. 6 d.

Castel, A. Les Tapisseries. 2e édit. 18°, 320 p. avec vign. Paris, Hachette et Ce. fr. 2. 25. (Bibl. des merv.)

Chinesische u. japanesche Fabriken der Jetztzeit. (Zeitschr. f Museol. u. Antiqu. 1879, 21.)

Castelnau, Alex. Coup d'œil sur la bijouterie antique. (Gaz. archéol. 1879, 5.)

Church Decoration: a Manual of appropriate ornamentation. Edited by a Practical Illuminator. With Illustr. New edit. 8°. 70 p. 1 s Warne.

Crewel Work. Fifteen designs in bold and conventional character, capable of being quickly and easily worked, with complete instructions, by Zeta, including patterns for counterpanes, bed-hangings, curtains, furniture covers, etc. 4°. 2 s. 6 d. Hatchard.

Cutler, T. W. Grammar of Japanese Ornament and Design. Illustrated by 60 Pl. Part 1. 4°. 10 s. 6 d. Batsford.

Douglas, Mrs. Imperiale Macrame Lace Book. 1st, 2nd, and 3rd Series. 18°. 2 s. Douglas.

— — Dictionnaire du tapissier. Critique et historique du l'ameublement français depuis les temps les plus reculés jusqu'à nos jours. Dessins sous la direction de l'auteur, par Crenzel. Fasc. 1, 2 et 3. 4°, p. 1—432 et 97 pl. Paris, Clasen. (L'ouvrage compl., form. 1 vol. de 800 p. de texte et 1 atlas de 120 pl., sera publié en 4 fasc. du prix de fr. 20.)

Ebbetts, J. Examples of Wrought Iron Work of the 17th and 18th Centuries. f°. 12 s. 6 d. Batsford.

Eitelberger, R. v. Die Entwicklung der Bronzetechnik in Wien. (Zeitschr. f. bild. K. XV, B. 4, 5.)

Embroidery and Art Needlework Designs, by E. M. C. 16°. 2 s. 6 d. Hatchard.

English Pottery and Porcelain; being a Concise Account of the Development of the Potter's Art in England. 8°. 3 s. 6 d. (Bazar office.)

Erne, W. Sammlung der wichtigsten Geheimnisse der Lack- und Firnissfabrikation, Beizkunst,

der feinsten Polituren, Oelfarbanstriche etc. Neue Aufl 8°. (32 S.) Reutlingen, Ensslin & Laiblin. M. 1

Errera, A. Manuale teoretico-pratico per le piccole industrie. 32°, 186 p. Milano, U. Hœpli. L. 2,

Fehrmann, E. Die architektonischen Formen der Renaissance und ihre Decoration. Photogr. Aufnahmen der plast. Vorlagen für Architekten, polytechn. Lehranstalten, Baugewerk-, Kunst- und Gewerbeschulen, für alle Gewerke, die mit der Architektur in Beziehung sind, sowie für den Zeichen-Unterricht überhaupt. Unter Mitwirkung von K. Weissbach herausgeg. 2. Lfg. gr. f°. (10 Lichtdrucktaf.) Dresden, Gilbers. à M. 10.

Fink, F. Der Bauschlosser. Praktisches Hand- und Hülfsbuch für Architekten und Bauhandwerker, sowie für Bau- und Gewerbeschulen 2 Thle. 3. verm. u. verb. Aufl. 8°. (VIII, 264 u. VIII, 256 S. m. 965 eingedruckten Holzschn.) Leipzig, Spamer. à M. 8. 50.

Fischbach, Fr. Kunstgewerbliche Plaudereien. (Deutsche Monatshefte z. Bef. der Erwerbsthätigkeit v Gewerbtreibenden. I, 2.)

Formenschatz, der, der Renaissance. Eine Quelle der Belehrung und Anregung für Künstler und Gewerbtreibende, wie für alle Freunde stilvoller Schönheit aus den Werken der besten Meister aller Zeiten und Völker. Herausg. v. H. Hirth. Jahrg. 1880. 12 Hfte. (à 12 Taf. in facsim. Druck.) gr. 4°. Leipzig, Hirth. M. 15.

Friedrich, C. Glasheiche u. Glaspatenen. Vortrag (Forts. u. Schluss.) (Wartburg 1879, 9. 10.)

Gamurrini, G. F. Quelques points relatifs aux vases étrusques de terre noire. (Gaz. archéol. 1879, 5.)

Gand, E. Cours de tissage en 75 leçons (trois années d'étude), professé a la Société industrielle d'Amiens. T. 3. 3e et dern. année. 25 leçons. gr. 8°, XIV 564 p. et album de 61 pl. Paris, Baudry. fr. 20. (Arch. ind.)

Glagau, O. Deutsches Handwerk und hist. Bürgerthum. 8°. (80 S.) Osnabrück, Wehberg. M. 1.

Gorini, G. Dei metalli preziosi (oro, argento e platino): estrazione, fusione, assaggi, titoli, cascami, usi industriali, commerciali; e annotazioni. Milano, tip. Bernardoni di C. Rebeschini e C. 16°, 196 p. con vign. intercalate nel testo. (Bibl. d'arti e mestieri.)

Der sogen. „Grosse Mogul" im k. Sächs. Grünen Gewölbe zu Dresden. Fortsetzg. (Zeitschr. f. Museol. u. Antiqu. 1879, 18 ff.)

Gruner, L. Die decorative Kunst. Beiträge zur Ornamentik für Architektur u. Kunstgewerbe aus den Schätzen der königl. Samml. für Handzeichn. u. Kupferstiche. Auf Veranlassung des königl. Ministeriums des Innern u. der General-Direction der königl. Sammlg. für Kunst und Wissensch. herausg. 2. Lfg. f°. (10 Lichtdruckt.) Dresden, Gilbers. à M. 10.

Guillaume, E. Bronzes trouvés à Reims en 1878 8°, 10 p. Nogent-le-Rotrou, imp. Daupeley. (Extr. des Mém. de la Soc. nat. des antiquaires de France, t. 39.)

Harrus, B. De samenstelling der voornaamste timmerwerken. Practisch handboek voor ambachtslieden. Hoofdzakelijk naar „Die Schule des Zimmermanns", voor Nederland bewerkt door J. G. van Gendt jr. 2e herziene en naar de 6e Duitsche uitgave vermeerderde druk. Met 309 afbeeldingen tusschen den tekst. 8°. (X en 218 bl. Amsterdam, C. L. Brinkman. f 2. 50.

Heddé, J. Paléographie des tissus (Bible de Théodulfe). 8°, 32 p. Lyon, impr. Bourgeau.

Helm, unser, im Schmuck der Kunst. Ein Bildercyclus zur Einrichtung des Wohnhauses in künstlerischer Ausstattung von J. Schmid, Weichardt u. A. Mit beschreibend. Text von O. Mothes. (In ca. 7 Lfgn.) 1. Lfg. f°. (8 S. m. eingedr. Holzschn., · Lichtdr.-Bildern und Titel in Lichtdr.) Leipzig, Schlömp. à M. 2.

Henry, l'abbé. Notice sur deux sanctuaires consacrés à la Sainte Vierge au diocèse de Perpignan (Pyrénées-Orientales). 8°. 8 p. (Steaux (Côte-d'Or). imp. Saint-Joseph.

Hirth, G. Das deutsche Zimmer der Renaissance. Anregungen zu häuslicher Kunstpflege. (In ca. 5 Lfgn.) 1. Lfg. f°. (32 S. m. eingedr. Illustr.) Leipzig, Hirth. M. 2. 40.

Hittenkofer u. Krantz. Entwerfen der Möbel. Motiven-Samml. für Möbeltischler. 7.—12. Hft. gr. 4°. (à 4 Steintaf.) Leipzig, Schultze à M 1. 20.

Ilg, A u. H. Kabdebo. Wiener Schmiedwerk des XVIII. Jahrh. Sammlung auserlesener Eisenarbeiten des Barock- u. Rococo-Stils mit fachl. Erläut. 3. Lfg. f°. (6 Lichtdruckt.) Dresden, Gilbers à M. 8.

Kimbel, M. Der decorative Ausbau. Zur Benutzung für Malerei, Holz- und Steinhauerei, Decoration, Bau- u. Kunsttischlerei, Schmiedekunst etc. 2. durchges. Ausg. 11. u. 12. Lfg. gr. f°. (à 5 Bl. in Lichtdr.) Dresden, Gilbers. à M. 8.

Koch, W. Beiträge zur Geschichte des deutschen Handwerks. 8°. IV 262 S. Leipzig, Schlömp. M. 4.

Kronos. F. v. Zeitgenössische Stimmen über mittelalterliche Modethorheit. (Wien. Abendpost 1879, 249.)

Ueber Kunststickerei. Erinnerungen an die Ausstellungen von Winterthur u. Luzern von J. St. (Schweizer. Gewerbebl. 1879, 42.)

Le Breton, G. Céramique espagnole; le Salon en porcelaine du palais royal de Buen-Retiro et les porcelaines de Buen-Retiro. 8°. 29 p. et pl. par Ch. Goutzwiller. Paris, Simon.

Ledebur, F. Das Roheisen mit besonderer Berücksichtigung seiner Verwendung für die Eisengiesserei. Für Studium und Praxis bearb. Mit in den Text gedr. Holzschn. 2. vollständ. umgearb. Aufl. gr. 8°. VI.—78 S. Leipzig, Felix. M. 4.

Lind, Dr K. Aeltere Goldschmiedekunstwerke in Oesterr.-Ungarn. (Blätter f. Kunstgew. VIII, 9.)

Lenoir, F. Decors de fenêtres et de lits. Meubles, sièges, tentures. Ensembles d'intérieurs. Livr. 1 et 2. Chaque livr. 15 fr. Paris, photo-lithogr. Bertrand.

Liénard, E. Terre cuite de Cymé. (Gaz. archéol. 1879, 5.)

Löbner, A. Wie das deutsche Kleingewerbe über die Innungsfrage und die Reform der Reichs-Gewerbe-Ordnung denkt. Auf Grund von 91 Gutachten deutscher Gewerbe- u. Handwerkervereine bearb. für die Gewerbekammer Zittau und für den Gewerbeverein zu Zittau, derzeit Vorort der sächs. Gewerbe- und Handwerkervereine. gr. 8°. 40 S. m. 1 Tab. Berlin, Heymann. M 1.

Lombard-Dumas, A. Memoire sur la céramique antique dans la vallée du Rhône, d'après les notes et la collection de E. Dumas, de Sommières. 8°. 94 p. 38 pl. et fig. Nîmes, imp. Clavel-Ballivet et Ce. (Extr. des Mem. de l'Acad. de Nîmes, année 1878.)

Magasin (le) de meubles. Paris, imp. lithogr. V. Quetin.

Manuel, E. V. Fresco Manual; collection of over 300 different Designs for usual Decoration of Ceilings, Japanese Ornaments, etc. 4°. (New York) London. 21 s.

Martin, E. A. u. C. Spitzbarth. Die Kunst des Drechslers in ihrem ganzen Umfange. Mit Berücksicht. der neuesten Erfindungen und Verbesserungen 7. Aufl. von Fürbringer's „Kunst des Drechslers" etc. vollständig neu bearb. Mit einem Atlas von 16 (lith.) Foliotaf., enthalt. 464 Fig. (u. 4 S. Text). 8°. XV — 266 S. Weimar, B. F. Voigt.

Miller, J. B. Die Glasätzerei für Tafel- u. Hohlglas. Hell- und Mattätzerei in ihrem ganzen Umfange. Alle bis heute bekannten und viele neue Verfahren enthaltend; mit besonderer Berücksichtigung der Monumental-Glasätzerei. Leicht fasslich dargestellt mit genauer Angabe aller erforderl. Hülfsmittel. Mit 16 (eingedr.) Abbild 8°. IV 103 S. Wien, Hartleben. M. 1. 80.

Minieri-Riccio, C. La real fabbrica degli Arazzi nella città di Napoli dal 1738 al 1799. Napoli, F. Furchheim. 8°. 62 p. L. 3.

Mobiglia (la) illustrata. giornale mensile d'arte industriale, utile a tutte le scuole di disegno industriale, dagli artisti, ingegneri, ebanisti, fabbricatori di mobili ecc. N°1 di saggio Firenze. Menozzi e C. f°. Con tav. Abb. annuo L. 12.

Bossmann, X. Les Grands industries de Mulhouse. 8°. 103 p. Paris, Ducrocq.

Motive für Grabgitter, Brüstungen, Einfriedungen in Schmiedeeisen. gr. 8°. (32 Steintaf.) Dresden, Dietze. M. 4. 50.

Musterblätter zu Laubsäge-, Schnitz- und Einlegearbeiten. (24. Buch.) Nr. 553—756. Lith. qu. gr. f°. München, Mey & Widmayer. à M. 0. 15.

Musterbuch für Schlosser. Schmiedeeiserne Gitter, Thore, Füllungen etc. 6.- 8. (Schluss-)Lfg. 8°. (à 16 Steintaf.) Dresden, C. E. Dietze. M. 2. 50.

Pecht, Fr. Kunstgewerbliches. (Augsb. Zeitg. 1879, B. 322.)

Portale und Gitterwerke vom 15. bis 18. Jahrh. in Frankfurt a. M Herausg. von F. Sauerwein. Nach photogr. Aufnahmen in Lichtdr. ausgeführt von Vestner & Theobald in Rödelheim. 1. Lfg. gr. f°. (5 Bl.) Frankfurt a. M., Keller. M. 5.

Passeri. Istoria delle pitture in majolica fatte in Pesaro. 3a ediz. notabilmente migliorata e con importantissime note e aggiunte raccolte ed ordinate di G Vanzolini. Pesaro, A. Nobili. 3 vol. 1° o 2a gr 8°, 396. 250 p. 3° in 4°, 84 p. L. 25.

Preise für Majolicamalerei im 16. Jahrhundert. (Zeitschr. f. Museol. u. Antiqu. 1879, 20.)

Presse (la) industrielle universelle, organe general de l'industrie manufacturière. 1er année, 1879. Paris, imp. Lapirot, Boullay et Ce. Abonn.: France, un an, 20 fr.; étranger, un an, 24 fr.

Puls, F. Mustersammlung moderner schmiedeeiserner Ornamente. Eine Sammlung von Zeichnungen ausgeführter Arbeiten zum praktischen Gebrauch für Architekten u. Schlosser herausg. 3. verb. Aufl. 3 Hfte. gr. f°. (à 50 Steintaf. m. 1 Bl. Text.) Leipzig, Schwartzkopff & Welter. M. 30.

Racinet, A. Le Costume historique. 500 pl. 300 en coul., or et argent, 200 en camaieu, avec des notices explicatives et une étude historique. 7e livr. f°. 58 p. et 23 pl. Paris, Firmin-Didot et Ce. (L'ouvr. paraitra en 20 livr. à 12 fr.)

Recueil de serrurerie pratique. Paris, imp. lith. Monrocq.

Reichenau, St. Der Tapezierer als Zimmer-Decorateur. Vorlagen zu Fensterbehängen, Kamin- und Spiegel-Draperien, Portieren, Bett-Decorationen, Toiletten, Fauteuils, Stühlen, Tabourets etc. im modernsten Stile. 6. Reihenfolge 32 (lith.) Taf. qu. gr. 4°. Weimar, Voigt. à M. 4. 50.

Reimers. Mittelalterl. Thongefässe, gefunden beim Umbau des alten Rathhauses zu Hannover. (Anzeiger f. K. d. d. Vorzeit 1879, 10.)

Renouard, A. Études sur le travail des lins, chanvres, jutes, etc. (historique, culture, roui-sage, teillage, etc.). 4e éd. T. 1. Histoire de l'industrie linière. gr. 8o, 368 p. et portrait. Lille, Robbe.

Riaño, J. F. La fabrique de porcelaine de Buen-Retiro. (Gaz. des B.-Arts, Nov. 1879.)

— The Industrial Arts in Spain. With num. Woodcuts. 8o, 278 p. 4 s. (South Kens. Mus. Handbooks.) Chapman.

Riddell, R. The Carpenter and Joiner Modernised. 4o. (Philadelphia) London. 38 s.

Robert, X. Le Fusain sur faïence. Petit guide des peintures vitrifiables en grisaille, pour servir d'études préparatoires aux peintures vitrifiables en général. 8o, 47 p. avec fig. Paris, Quantin. fr. 2.

Rood, Ogden N. Modern Chromatics, with Applications to Art and Industry. With 130 orig. Illustr. 8o, 332 p. 5 s. (Internat. Scientific Series.) Paul.

Teifel, W. J. Keramik. Eine Sammlung Orig.-Entwürfe zur Ausführung in Glas, Fayence, Porzellan, Majolika, Terracotta, Thon, Steinzeug, Marmor, Metall etc. zum prakt. Gebrauch für Fabrikanten, Modelleure, Decorateure etc. herausg. mit Mitwirkung vorzügl. Fachmänner. 3 Lfg. fo. (5 Lichtdr.) Dresden, Gilbers. à M 6.

Tonnelier, orfèvre, à Paris. Modeles (No 1–11), par Siméon. Paris, Imp. lith. Becquet.

Turning for Amateurs; being Descriptions of the Lathe and its Attachments and Tools, with Practical Instructions for their effective Use in Wood, Metal, and other Materials. Illustr. with 130 Engrav. 8o. 2 s. 6 d. (Bazar office.)

Vago, A. L. Instructions in the Art of Modelling in Clay. 8o, 60 p. 1 s. Simpkin.

Vorlagen für Gold- und Silber-Arbeiten. Vorwiegend nach Entwürfen der hervorragendsten Meister der Neuzeit, insbesondere von C. Cörper, Girard, Hausen etc. (Aus „Blätter für Kunstgewerbe") 8o. 11. Lfg. fo. (à 3 Heliograph.) Wien, v. Waldheim. à M. 1.

Zähnsdorf, J. W. The Art of Bookbinding. Illustr. 8o, 204 p. 10 s. 6 d. Bell & S.

Zinn, das, im Kunstgewerbe. (Kunst u. Gew. 1879, 46. 47. 48.)

Zum Feierabend. Deutscher Kunst- und Handwerker-Spiegel. Das ist: Geschichte d. menschl. Kunst- und Handfertigkeit von der Urzeit bis auf unsere Tage herab. 8o, 79 S. Leipzig, Hartung & Sohn. M. 0. 60.

IX. Museen, Ausstellungen etc.

Bernier, Th. Dictionnaire géographique, historique, archéologique, biographique et bibliographique du Hainaut. 12o, XXVII—640 p. Mons, Manceaux. (Publié sous le patronage du Cercle archéolog. de Mons.)

B. Bucher. Zur Reform des Ausstellungswesens. IV. (Blätt. f. Kunstgew. VIII, 9.)

Documenti inediti per servire alla storia dei Musei d'Italia, pubblicati per cura del Ministero della pubblica istruzione, vol. I. Firenze, Bencini. 1878. 4o, XXIV—465 p.

Iconographie des departements. Documents pour servir à l'histoire et à la connaissance du travail et de la richesse en France. Facsimile et reproductions photogr. sur nature et sur pierres originales inédites: topographie, archéologie,

architecture, industrie, arts et métiers, histoire politique et littéraire, religieuse et militaire, portraits, curiosités des collect. particulières et publiques, etc. Iconographie de la Loire (armoiries peintes, sculptées ou gravées). Album, No 1. gr. 8o, 7 p. et 3 pl. Paris, imp. Watelet et Ce.

Provinzialmuseen, die, in Oesterreich. (Augsb. A. Ztg. 1879, B. 315 ff.)

Ris Paquet. Annuaire artistique des collectionneurs. 1re année. 1879—1880. 8o, 278 p. avec dessins. Paris, Simon. fr. 6.

Rosenberg, A. Der gegenwärtige Stand der deutschen Kunst nach den Ausstellungen in Berlin u. München. (Ztschr. f. bild. K. XV, 3.)

Solvay, L. Écoles et musées d'art decoratif en Allemagne. (Bull. des Comm. royales d'art et d'archéol. Nos 3 et 4, 1879. Bruxelles.)

Angers.

Godard-Faultrier, V. Le Musée Saint Jean à Angers. (L'Art, No 251.)

Antwerpen.

Le Salon d'Anvers. (Journ. des B.-Arts 1879, 20.)

— **Lier, O.** Le Salon d'Anvers. Paysages, marines, animaux, natures mortes. (Revue artistique 1879—1880, Nos 7—9. Anvers.)

— Moderatus. De driejaarlijksche tentoonstelling van schoone kunsten te Antwerpen. (De Vlaamsche Kunstbode, 9e livr. Anvers 1879.)

— **Solvay, L.** Le Salon d'Anvers. (Revue artist. 1879—1880, Nos 5—9. Anvers.)

Arnhem.

Catalogus der nationale tentoonstelling van Nederlandsche en koloniale nijverheid te Arnhem 1879. 2e verm. druk 8o. (2, XXXXVIII 180 bl. en 41 bl. advertentién.) Arnhem, van Egmond en Heuvelink. f. 0. 75.

— catalogus van den internationalen wedstrijd verbonden aan de nationale tentoonstelling van Nederlandsche en koloniale nijverheid te Arnhem 1879. 8o. (XXIV—82 bl. en 19 bl. advertentién.) Arnhem, van Egmond en Heuvelink. f. 0. 40.

Berlin.

Stecke, R. Die Zimmereinrichtungen auf der Berliner Gewerbe-Ausstellung. (Kunst u. Gew. 1879, 41. 42.)

Vizetelly, H. Berlin under the New Empire: its Institutions, Inhabitants, Industry, Monuments, Museums, Social Life, Manners, Amusements. Illustr. with upwards of 400 Engrav. from Designs by German Artists. 2 vol. 8o, 905 p. 30 s. Tinsley Bros.

— Verzeichniss der Gipsabgüsse der kgl. Museen zu Berlin. Kleine Ausg. Herausg. von der Generalverwalt. 8o, III—128 S. Berlin, Weidmann. M. 0. 60.

— Erwerbungen der Berliner Museen 1878. (Archäol. Ztg. 1879, 2. 3.)

— Die dritte Olympia-Ausstellung in Berlin. (Augsb. A. Ztg. 1879, B. 329.)

Brandenburg.

Bergau, R. Die Inventarisation der Kunstdenkmäler der Provinz Brandenburg. (Deutsche Bauztg. 1879, 91.)

Brescia.

Catalogo della Pinacoteca comunale Tosio. Brescia, tip. Apollonio. 32o, 64 p.

Brest.

Kies, A. Quelques tableaux du musée de Brest. 8o, 15 p. Brest, imp. Halégouet. (Extr. du Bull. de la Soc. acad. de Brest.)

— Bulletin du Musée de l'industrie de Belgique. Bruxelles, Mayolez. Par an fr. 12.

Châlons-sur-Marne. Hôtel de ville, bibliothèque, musée, préfecture, palais de justice, églises, etc. 16°, 34 p. et pl. Châlons-sur-Marne, Thouille.

Dresden.
Claass, C. Die Raffael-Ausstellung in Dresden. (Ztschr. f. bild. K. XV, Beibl. 1.)
— Eye, A. v. Führer durch d. Museum des kgl. sächs. Alterthums-Vereins im kgl. Palais des Grossen Gartens zu Dresden. Im Auftrage des Directoriums nach den früheren Ausg. neu bearb. 8°. VIII—112 S. Dresden, Hänsch. M. 1.

Florenz.
Firenze illustrata nella sua storia, famiglie, monumenti, arti e scienze, dalla sua origine fino ai nostri tempi. Disp. 1ª. Firenze. tip. Mariani. (L. 0. 20. la disp.)
— Lerel, P. Le Palais de San Donato et ses collections. III. (L'Art, N° 255 ff.)
Manoscritti (i) italiani della Biblioteca naz. di Firenze, descritti da una società di studiosi sotto la direzione di A. Bartoli, con riproduzioni fotografiche di miniature, eseguite da V. Pagnanoi. Sezione 1. Codici Magliabecchiani. Serie I: Poesia. Tomo I, fasc. 1. Firenze, tip. e lit. Carnesecchi. 8°, p. 1—64 con un fac-simile. L. 5.
— Der Palast des Bargello u. das Museo nazionale zu Florenz. (Ztschr. f. bild. K. XV, 1. 2.)

Frankfurt.
Das Städel'sche Kunstinstitut zu Frankfurt a. M. (Kunst u. Gew. 1879, 47.)

Genua.
Latour, A. de. Une collection génoise. (Myllus.) (L'Art. N° 249. 250.)

Grenoble.
La Bonnardière, M. Inventaire général d. richesses d'art de la France. Description histor., archéol. et artist. de l'église de Notre-Dame, cathédrale de Grenoble. 8°, 47 p. et pl. Grenoble, imp. Maisonville et fils.

Haag.
Jonge, J. K. J. Petit guide du visiteur au Mauritshuis à La Haye. 8°. (35 bl. en 1 gelith. uitsl. kaart.) La Haye, H. J. Stemberg. f. 0. 40.

Innsbruck.
Tirolisch-vorarlbergische Kunstausstellung. (Oestl. ung. Kunstschr. III, 2.)

Ischl.
Falke, J. v. Die kunstindustrielle Ausstellung in Ischl. (Mitth. d. k. k. Oest. Mus. 1879, 169.)

Leipzig.
Die Kunstgewerbe-Ausstellung in Leipzig. (Ztschr. f. bild. K. XV, 1. 2.)

Limoges.
Explication des œuvres de peinture, sculpture, dessin, gravure, des ouvrages d'art en ceramique, exposés dans la ville de Limoges (concours régional de 1879). 8°, XIV—66 p. Limoges, imp. Chatras et Cie. fr. 0. 50.

Lübeck.
Stecke, K. Die Ausstellung älterer kunstgewerblicher Gegenstände in Lübeck. (Kunst u. Gew. 1879, 43. 44.)

Luzern.
Katalog der centralschweizerischen Kunst- und Gewerbe-Ausstellung vom Jahre 1879 in Luzern. 8°, 76 S. Luzern, Prell. fr. 0. 70.

Lyon.
Giraud, J. B. Recueil descriptif et raisonné des principaux objets d'art ayant figuré à l'Exposition rétrospective de Lyon (1877). f°, XII, 31 p. et 83 pl. (héliogr.) hors texte, avec notices explicatives. Lyon, imp. Perrin et Marinet.

Marseille.
Brès, L. Les expositions artistiques de Marseille. (Suite.) (L'Art, N° 252.)

Montbéliard.
Catalogue de l'Exposition des beaux-arts de la ville de Montbéliard. (Inauguration de la statue du colonel Denfert-Rochereau.) 16°, 21 p. Montbéliard, Barbier. fr. 0. 30.

Montpellier.
Catalogue du Musée de M. par E. Michel. Montpellier. 1 vol. 12°, 240 p.

München 1879.
Duranty. Munich et l'Exposition allemande. (Gaz. d. B.-Arts, Nov. 1879.)
— Forbes-Robertson, J. Notes on the International Art Exhibition at Munich. (Art Journ., Nov. 1879.)
— Die Architektur auf der diesjährigen internationalen Kunstausstellung zu München. (D. Bauztg. 1879, 93.)
— Die internationale Kunstausstellung in München vom August bis October 1879. (Fortsetzg.) (Wartburg 1879, 9. 10.)
— Die internationale Kunstausstellung in München. Von H. Grauberger. (Oest. Kunstchron. II, 11.) Von H. F. Onisen. (Journ. d B.-Arts 1879, 19.)

Nordhausen.
Mackwitz, R. Vorläufige Mittheilungen über die St. Blasiibibliothek zu Nordhausen, mit Anhang über einige Kunstgegenstände in der St. Blasiikirche. gr. 8°, 39 S. Nordhausen, Eigendorf in Comm. M. 0. 75.

Nürnberg.
Stockbauer. La collection de dessins du Musée industriel bavarois. (L'Art, N° 249.)

Orléans.
Tripotin. Sylvula antiquitatum Aurelianarum. 8°, 24 p. Orléans, Herluison.

Paris.
Both de Tauzia. Notice supplémentaire des dessins, cartons, pastels et miniatures des diverses écoles exposés depuis 1869, dans les salles du premier étage au musée national du Louvre. 12°, 132 p. Paris. fr. 1.
— Ephrussi, Ch. Inventaire de la collection de la reine Marie Antoinette. (Gaz. des B.-Arts. Nov. 1879.)
— Sala, G. A. Paris Herself Again in 1878—1879. With 400 illustr. by Bertall, Cham, Pelcoq, Grevin, Gill, etc. 2 vol. 8°, 670 p. 25 s. — (A description of Paris during and after the recent Exhib.)
— Das Museum der decorativen Künste in Paris. (Ztschr. f. bild. K. XV, 1.)
— Les dessins de maîtres anciens exposés à l'École des Beaux-Arts, mai juin 1879. Par G. Berger, Ph. Burty. (L'Art, N° 250, 251, 253, 254.)
— Der Pariser Salon. IV. (Ztschr. f. bild. K. XIV, Beibl. 44. 45.)
— Beaulieu, C. de. Salon de 1879. 8°, 14 p. Versailles, imp. Cerf et fils. (Extr. de la Mode art.)
— Hout, F. de. Le Salon de 1879: les Ardennes, l'Aisne, l'Aube, la Marne et la Meuse à l'Exposition des Beaux-Arts. 8°, 44 p. Charleville, imp. Pouillard.
— Annales de l'Exposition d. sciences appliquées à l'industrie. (Palais de l'Industrie, juillet—nov. 1879.) N° 1. gr. 8°, 16 p. Paris, imp. Schmidt.

Paris, Weltausstellung 1878.

— **Anthoni**, G. La Carrosserie à l'Exposition universelle de 1878; poids des voitures, roues, essieux, ressorts, etc. Rapport. 8°, 64 p., 44 fig. et pl. Paris, Lacroix. 3 fr. (Extr. des Études sur l'Expos.)

- Artisan Reports of the Paris Exhibition. In parts. 8°. Low.

— **Berggruen**, O. Die vervielfältigenden Künste auf der Pariser Weltausstellung 1878. II. (Graphische Künste II, 1.)

— **Berthos**, J. L'Horlogerie à l'Exposition universelle de 1878. Rapport. 8°, IV—62 p., 39 fig. et 3 pl. Paris, Lacroix. fr. 4. 50. (Extr. des Études sur l'Expos.)

— **Boudet**, J. B. L'Imprimerie à l'Exposition universelle de 1878. Compte-rendu. 8°, 45 p. Paris, imp. Briere.

Castellani, A. Degli ori e dei gioielli nell' Esposizione di Parigi del 1878: rapporto al Ministro dell' agricoltura, industria e commercio. Roma, imp. Elzeviriana. 4°, 40 p. (Nicht im Handel.)

— Illustrated Catalogue of the Paris International Exhibition 1878. f°. 15 s. Virtue.

— **Collarchioni**, M. Andata e ritorno a Parigi all' Esposizione del 1878; ricordi. Firenze, tip. del Vocabolario. 8°, 354 p. (Nicht im Handel.)

— Conférences du palais du Trocadéro à l'Exposition universelle internationale de 1878, à Paris. 2e série: Arts, sciences 8°, 290 p. Paris, imp. nat. (Comptes-rendus sténographiques publiés sous les auspices du comité central des congrès et conférences, et la direction de M. C. Thirion.)

— **Deplorre**, J. La Chimie industrielle à l'Exposition univ. de 1878. II. Impressions et teinture des tissus, blanchissage et blanchiment; rapport. 8°, 124 p., 22 fig. et 17 pl. Paris, Lacroix. fr 12.50. (Extr. des Études sur l'Expos.)

— **Enderes**, A. v. Frauenschulen u. Frauenarbeit auf der Pariser Weltausstellung 1878. (Forts. u. Schluss.) (Mitth. d. k. k. Oest. Mus. 1879, 169, 170.)‖

— Iron and other metal work at the late Paris exhibition. (Art Journ., Nov. 1879.)

— Katalog, illustrirter, der Pariser Welt-Ausstellung von 1878. 14.—17. (Schluss-)Lfg. 4°. (1. Bd. S. XVI, 169—224 u. 2. Bd. S. IV, 145—170 m. eingedr. Holzschn.) Leipzig, Brockhaus. M. 2.

— **Körpely**, A. R. v. Eisen und Stahl auf der Welt-Ausstellung in Paris im J. 1878. Bericht an das kgl. ungar. Finanzminist. Mit zahlreichen (eingedr.) Holzschn. u 11 lith. Taf. gr. 4°. (VII—200 S.) Leipzig, Felix M. 16.

— **Lan**, M. La Métallurgie à l'Exposition de 1878. 8°, 48 p Paris, Dunod. (Extr. des Ann. des mines, livr. de mai-juin 1879.)

— **Maccrari**, T. L'arte a Parigi. Roma, tip. del Senato. 8°, 514 p. L. 6.

— Merveilles (les) de l'Exposition de 1878: histoire, construction, inauguration, description détaillée des plans, des annexes et des parcs, les chefs-d'œuvre de tous les pays, les expositions spéciales, etc. Ouvrage rédigé par des écrivains spéciaux et des ingénieurs, illustré par Déroy, Férat, Fichot etc., de vues d'ensemble et de détail, de scènes, de reproductions d'objets exposés, etc. f°. a 2 col. 800 p. Paris, Dreyfous.

— Mittheilungen, technische, von der Weltausstellung in Paris 1878. Mit 14 Abbild. im Text und auf 68 lith. Taf. (Aus: „Dingler's polytechn. Journal") 2. Hälfte. gr. 8°. (VII u. S. 129—375.) Stuttgart. Cotta. M.6.; cplt.: M.10.

— **Borlondo**, L. La Stampa all' Esposizione di Parigi. Note. Torino, Unione Tip. Edit.

— **Sergneff**, M. Visite des ingénieurs anciens élèves de l'École centrale des arts et manufactures à l'Exposition universelle de 1878. Travail de la laine cardée. Saint-Germain, imp. Bardin. (Extr. des Ann. industr.)

— **Zacchetti**, A. Le impressioni ricevute alla Esposizione mondiale di Parigi del 1878. Perugia, tip. V Santuzzi. 8°, 32 p.

Belgien.

— **Nollée de Nodunwx**, J. Les arts belges à l'Exposition universelle de 1878, à Paris. (Messager des sciences hist. ou archives des arts et de la bibliographie de Belgique, 2e livr. 1879. (Gand.)

Italien.

Annali del Ministero di Agricoltura, industria e commercio. Esposizione universale del 1878 in Parigi. Relazioni dei giurati italiani Roma, tip. Eredi Botta.

Avendo, C. A. Classe X: Cartoleria, Legature, Materiali delle arti della pittura e del disegno. 18 p.

Finocchietti, D. C. Classi XVII e XVIII: Mobili di lusso italiani, Mosaici fiorentini, veneti e romani. 60 p.

Bartolo, F. di. Classi XVII e XVIII: Mobili a buon mercato e di lusso; Lavori di tappezziere e di decoratore. 10 p.

Sampieri, F. Classe XIX Cristalli, vetrerie e vetriate. 32 p.

Fasler, L. Classe XXXIV Seta e tessuti di seta. 36 p.

Castellani, A. Classe XXXIX Gioielleria. 20 p.

— **Parmeggiani**, C. La pittura italiana all' Esposizione universale di Parigi: impressioni. Ravenna, F. David 64°, 60 p. L. 0. 40.

Spanien.

Umbert, M. España en la Exposición universal de Paris de 1878. La ciencia, las artes, la industria, el comercio y la producción de España y de sus colonias ante los jurados internacionales. Madrid, imp. de M. Minnesa de los Rios. 4°, 392 p. 48 y 32.

Pas-de-Calais.

Dictionnaire historique et archéologique du département du Pas-de-Calais; publié par la commission départementale des monuments historiques. Arrondissement de Béthune. T. 3. 8°, 379 p. Arras, Sueur-Charruey.

— **Linas**, C. de. Les Musées communaux du département du Pas-de-Calais (1851). Arras, Boulogne, Calais, Saint-Omer. 1re partie. 8°, 39 p. Arras, imp. Laroche.

— **Terninck**, A. Répertoire des monuments et objets gaulois, gallo-romains et francs qui se trouvent dans le Pas-de-Calais, indiqués par communes. 8°, 31 p. Arras, imp. de Sède et Ce.

Paestum (Pesto).

Longobardi, O. Cenni storici e guida ai suoi monumenti. 2e ediz. Salerno, stab. tip. nazionale. 16°, 90 p. L. 1. 75.

Pavia.

Indagini storiche, artistiche e bibliografiche sulla libreria Viscontea Sforzesca del Castello di Pavia, illustrata da documenti editi ed inediti per cura di G. D. A. (march. Girol. d'Adda): append. alla Parte Prima. Milano, tip. Bernardoni di C. Rebeschini e C. gr. 8°, 134 p. con medaglione di Lod. re di Francia. L. 10.

Perugia.

Giornale (il) dell' Esposizione provinciale umbra. Anno I, fasc. 1 (23 agosto 1879). Perugia, tip. V. Bartelli. f°, 8 p. Esce due volte la settimana. Associazione L. 2. 50.

Perugia.
Società promotrice delle belle arti nell' Umbria. Anno 17º. Catalogo degli oggetti posti in mostra nella Esposizione del 1879 per concorrere ai premi. Perugia, tip. Boncompagni. 8º, 12 p.

St. Petersburg.
Clément de Ris, L. Musée Imp. de l'ermitage à St. Petersbourg. IV. (Gaz. des B.-Arts, Nov. 1879.)

Pompeji.
Biblioteca Pompejana: catalogo ragionato di opere pubblicate sopra Pompej ed Ercolano dalla scoperta delle due città fino ai tempi recenti; in italiano, francese, tedesco ed inglese; con appendice, di F. Furchheim, intitolata: Opere sul Vesuvio. Napoli, F. Furchheim. 16º. L. 2.

Ravenna.
Catalogo generale dei quadri e disegni della galleria Rasponi di Ravenna. Ravenna, tip. Calderini. 4º, 10 p.

Rom.
Guida tascabile di Roma e suoi d'intorni. 12ª ed. Illustrata da 11 incisioni e pianta topografica. Milano, tip. Guigoni. 16º, 276 p. L. 0. 60.

— Majorana-Calatabiano. Il Museo Italiano d'arte industriale: lettera al sindaco di Roma. Roma, tip. Botta. 8º, 24 p. (Ann. dell' Industria e del Commercio 1879, N° 2.)

— Platner, F. v. Libreria Platnoriana donata all' imperiale e reale Istituto Archeologico Germanico il 21 aprile 1879 (50º anniversario della sua fondazione in Roma) Parte 1º. Storie generali e municipali d'Italia, catalogate per paese. Parte 2ª. Opere diverse, catalogato per alfabeto. Roma, tip. E. de Angelis. 4º, 152 p.

Schreiber, Th. Museo Torlonia in Trastevere. (Archäol. Ztg. 1879, Hft. 2. 3.)

— Wey, F. Roma, descrizione e ricordi: opera illustrata da 350 incisioni, disp. 15, 16, 17 ed ult. Milano, Frat. Treves. 1º, p. 449—540 (fine). 1. 2 la disp. L'opera compl. L. 30.

Saint-Germain.
Guégan, P. Nouveau guide du promeneur à Saint-Germain-en-Laye. 18º, VIII -196 p. et vign. Paris, Gblo.

Saumur.
Filion, D. La Galerie de portraits réunie au Château de Saumur par Du Plessis-Mornay. 4º, 33 p. et portr. Paris, imp. Quantin. (Extr. de la Gaz. des Beaux-Arts, août et sept. 1879.)

Sydney.
Australien und die Weltausstellung in Sydney. (Kunst u. Gew. 1879, 4L. 42.)

Troyes.
Le Brun-Dalbanne. Musée de Troyes. (L'Art 256.)
Catalogue des tableaux exposés au musée de Troyes. 3e éd. 8º, 52 p. Troyes, imp. Dufour-Bouquot. fr. 0. 50.

Ulm.
Die Kunst- u. kunstgewerbliche Ausstellung der Stadt Ulm. (Kunst u. Gew. 1879, 40.)

Uster.
Gewerbeausstellung in Uster. (Schweiz. Gewerbebl. 1879, 41.)

Venedig.
Raccolta di quadri classici posseduta da G. Persico e da Vincenzo de Carrera in Venezia, illustrata nell' anno 1861 da Fr. Zanotto. Venezia, tip. del giorn. "Il Tempo". 12º, 14 p.

Ruskin, J. St. Mark's Rest; the History of Venice, written for the help of the few travellers who still care for her monuments. 12º, in parts. 1 s. (Orpington) Allen.

— — — Stones of Venice: Selected Descriptive Portions, printed separately, for Travellers staying in Venice and Verona. 8º. 7 s 6 d. and 5 s. (Orpington) Allen.

Stefani, F. Rapporto nella verificazione del legato. (G. A. Molin di proprietà del Comune di Venezia presso la regia Biblioteca Marciana. (Arch. Veneto 35.)

Versailles.
Museum (the) of Versailles. Catalogue of the paintings, statues and artistic decorations of the palace with explanatory notes, and the names of the artists employed, etc. 12º, 190 p. avec cartes et plans. Versailles, imp. Cerf et fils. fr. 3. 50.

Wien.
Exner, W. F. Das technologische Gewerbemuseum in Wien. (Wiener Abendpost 1879, 246 ff.)

Sacken. Neue Erwerbungen der Antikensammlung des A. H. Kaiserhauses. (Arch. epigr. Mitth. a. Oesterr. III, 2.)

— Vincenti, K. v. Bildende Kunst. Oesterreichischer Kunstverein. (Wien. Abendp. 1879, 241.)

Yorkshire.
The Yorkshire fine art and industrial exhibition. (Art Journal, Oct. 1879.)

BIBLIOGRAPHIE.

(Ende November 1879 bis 20. Februar 1880.)

I. Theorie und Technik der Kunst. Kunstunterricht.

Ahrens., J. F. Die Gewerbeschule in Kiel. (D. Monatsb. z. Bef. d. Erwerbsthät. I, 3.)

Atwood., D. T. Revised Rules of Proportion. Compiled and original, and adapted to Modern Practice. 2nd edit. 12°. (New York.) London. 5 s.

Basetti., P. Geometria plana e solida, con 300 problemi risoluti, ad uso delle scuole tecniche e professionali. Firenze, tip. dell' Arte della Stampa. 16°, 385 p. con 16 tav. L. 4.

Binder., C. Fr. Das Zeichnen ohne Unterricht. 60 (lith.) Vorlege-Blätter zur Selbstbeschäftigung für junge Leute. 8°. Stuttgart, Nitzschke. M. 1. 50.

Böhme., C. Die Kunst im Dienste unserer Kirche. (Archiv f. kirch. K. IV, 1. 2.)

Boullion., A. Principes de perspective linéaire appliqués d'une manière méthodique et progressive au tracé des figures, depuis les plus simples jusqu'aux plus composées. 4e éd. 8°, 135 p. et 24 pl. Paris, Hachette et Ce. 4 fr.

Carrière., M. Zur Popularisirung der Kunst. (Gegenwart 1879, 50.)

Cooper., H. J. The Art of Furnishing on Rational and Aesthetic Principles. 2nd edit. 12°, 124 p. London, Paul. 1 s. 6 d.

Delabar., G. Anleitung zum Linearzeichnen, mit besonderer Berücksichtigung des gewerbl. u. techn. Zeichnens, als Lehrmittel für Lehrer u. Schüler an den verschiedenen gewerbl. u. techn. Lehranstalten, sowie zum Selbststudium. (In 3 Thln.) 3. Thl.: Das gewerbl. u. techn. Zeichnen. 2. Abth.: Die wichtigsten einfachen u. zusammengesetzten Steinconstructionen. (Des ganzen Werkes 7. Hft.) qu. 8° (108 S. m. 28 zum Theil farb. Steintaf.). Freiburg i. B., Herder. M. 4. 80. (I—II. 3, III. 1, 2 u. 5. M. 24.)

Dworak., A. Kurzgefasste Abhandlung über Verhältnisse, Knochen- und Muskellban des menschlichen Körpers. Nach den besten Quellen zusammengestellt und gezeichnet. Zum prakt. Gebrauche für Techniker, Architekten, Bildhauer, Kunstindustrielle, Dilettanten, wie Zeichner überhaupt. 4° (13 S. m. 3 Steintaf.). Prag, Dominicus. M. 1. 36.

Exner., W. F. Die österreichischen Fachschulen. (Wiener Abendp., B. 285 ff.)

Fleren., K. Die orthogonale u. perspectivische Schattenconstruction. Zum Gebrauch an technischen Anstalten u. zum Selbstunterricht für Techniker, Maler u. Dilettanten. Mit 82 in den Text gedr. Abbild. (110 S.) (Deutsche bautechnische Taschenbibliothek. 44. Heft.) 8°. Leipzig, Scholtze. M. 2. 40.

Garriguez y Boulet de Nouvel. Simples lecturas sobre las ciencias, las artes y la industria, para uso de las escuelas. 5a edición, ilustrada con 172 grabados. 12°, III—539 p. Paris, Hachette et Ce. fr. 2.

Grasso., V. G. Dell' arte: dissertazione. Genova, tip. del „Movimento". 16°, 16 p.

Hauck., G. Die subjective Perspective und die horizontalen Curvaturen des dorischen Stils. Eine perspectivisch-aesthet. Studie. Mit 2 (lith.) Fig.-Taf. Eine Festschrift zur 50jähr. Jubelfeier der techn. Hochschule zu Stuttgart. 8°, XII—147 S. Stuttgart, Wittwer. M. 8.

Hirt., G. Blumen-Studien nach der Natur. gr. 8°. (7 Bl. in Tondr.) Leipzig, Baumgärtner. M. 3.

Kraujevi., J. Der Kunstunterricht an der Münchener Akademie. (Ztschr. f. bild. K. XV, 4.)

Levasseur., E. De l'influence générale de l'art sur l'industrie. (L'Art 259. 264. 266.)

Marshall., J. A Rule of Proportion for the Human Figure. Illustr. by J. S. Cuthbert. f°. London, Smith & E. 8 s.

Meyer., D. Die Photographie im Dienste der Kunstwissenschaft u. des Kunstunterrichts. 2. (Westermann's illust. d. Monath. 1879, Dec.)

Müller., M. Rapport de la commission des Écoles d'Athènes et de Rome sur les travaux de ces deux écoles pendant l'année 1878. 4°, 45 p. Paris, imp. Firmin-Didot et Ce.

Ottin., A. Méthode élémentaire du dessin. Livret du maître. Pédagogie du dessin; complément de l'Abécédaire du dessin et de la perspective élémentaire. 8°, 84 p. avec fig. Paris, Hachette et Ce. (Enseignement primaire et enseignement général.)

Förthig., G. Religion und Kunst in ihrem gegenseitigen Verhältniss. 2. (Schluss-)Thl. gr. 8°, IV—440 S. Iserlohn, Bädeker. M. 8.

Ranvier., L. Leçons d'anatomie générale faites au collège de France. (Année 1877—1878.) Appareils nerveux terminant, des muscles de la vie organique; coeur sanguin, coeur lymphatiques; œsophage; muscles lisses. Leçons recueillies par MM. Weber et Lataste, revues par le professeur. 8°, VII—530 p. avec fig. Paris, J. B. Baillière et fils. fr. 10.

Robert, K Cours de paysage au fusain. Texte, gr. 8°, 16 p. Paris, Lemercier et Cc.

Rood, Odgen N. Die moderne Farbenlehre mit Hinweisung auf ihre Benutzungen in Malerei u Kunstgewerbe. Mit 131 (eingedr.) Abbild in Holzschn. u. 1 Farbentaf (VIII—350 S.) (Internat. wissenschaftl. Bibl 41. Bd.) 8°. Leipzig, Brockhaus. M. 5.

Rüdinger. Topographisch-chirurgische Anatomie des Menschen. Suppl. Mit 6 Fig. (4 chromolith. Taf.), darstellend sagittale und frontale Durchschnitte des Rumpfes. 8°, 15 S. Stuttgart, Cotta. M. 4 50. (Hauptwerk u. Suppl.: M. 56. 50.)

Santagpol, C. Le dessin a l'école primaire. 11 cahiers. 8°, 176 p avec 550 fig. Paris, Delagrave. Le cahier, 25 c

Schasler, M. Das Reich der Ironie in kulturgeschichtlicher u. ästhetischer Beziehung. (168 S.) (Sammlung gemeinverständl. wissenschaftl. Vorträge, herausg. von R. Virchow u. F. v. Holtzendorff. Heft 332—333.) 8°. Berlin, Habel. M. 1. 60.

Schuberth, H. Die Elemente des geometrischen Zeichnens mit Rücksicht auf praktische Anwendung. Den Bedürfnissen gewerblicher Bildungsanstalten, insbesondere der Handwerkerschulen entsprechend bearb., in Verbindung mit 30 (lith.) Wandtafelskizzen geometr. Constructionen und Flachornamente. 8°, IV—34 S. Mittenberg, Halbig. M. 3.

Seeberger, G. Grundzüge der perspectivischen Schattenlehre Mit 25 in den Text gedr. Fig u. 14 (lith.) Taf. 2. unveränd. Aufl 8°, VI 72 S. Regensburg, Coppenrath M. 2.

Seronia, J. Le style a l'école primaire par l'intuition et la lecture (pour maîtres et élèves). 12°, IX—275 p. Bruxelles, Office de Publicité fr. 2. 25.

Stilling, J. Ueber das Sehen der Farbenblinden. Mit 4 Doppeltaf. in Ueldr. (In qu. f°). gr. 8°, 111 - 91 S. Kassel, Fischer. M. 60.

Sutter, D. Les phénomènes de la vision. (L'Art 264. 266 267.)

Tamburini. St Pensieri sul metodo d'insegnamento del disegno a mano libera nelle R. Scuole secondarie del Regno. Roma, tip. delle Scienze matematiche e fisiche. 4°, 16 p. (Dal giorn. „Il Buonarroti, serie II, vol. XIII, maggio 1879.)

Viollet-le-Duc. Histoire d'un dessinateur. Comment on apprend à dessiner; texte et dessins. 8°, 388 p. avec 109 fig et pl. chromolithogr. Paris, Hetzel et Cc. 7 fr.

Wörmann, K Die alten und die neuen Kunstakademien. Festrede zur Einweihung der neuen Düsseldorfer Kunstakademie. 8°, 26 S. Düsseldorf, Voss & Co. M. 0. 75.

II. Kunstgeschichte. Archäologie. Zeitschriften.

Ancona. Cubicolo sepolcrale cristiano di diritto privato e mosaico del suo pavimento. (Bullett. di archeol. crist. III, Ser. IV, 3.)

Annalen des Vereins für nassauische Alterthumskunde und Geschichtsforschung. 15. Bd. 1879. Mit 11 lith. Taf. u. 18 (eingedr) Holzschn. 8°, VI 419 u. 24 S. Wiesbaden, Niedner. M. 12.

Zur Archäologie der Krim. (Russische Revue VIII, 12.)

Armellini, M. Il cimitero di S. Agnese sulla via Nomentana descritto ed illustrato. Roma, tip. Poliglotta. 8°, VIII 424 p. e XVII tav. L. 10.

Artisans' Year Book, and Engineer and Building

Trades Almanac, 1880 8°, 80 p. London, J. Heywood 6 d.

Barbier de Montault. Inventaire du pape Paul IV, en 1559. 8°, 56 p Montauban, imp. Forestié. (Extr. du Bull. de la Soc. archéologique de Tarn-et-Garonne.)

Baretti, C. V. Recenti scoperte. (Archiv stor. Lombardo V.)

Benjamin, S. G. W. Art in America: a Critical and Historical Sketch. Illustr. 8°. (New York.) London. 21 s.

Benoit, P. Mijne 4de en 5de kunstreis in Holland. (Vlaamsche Kunstbode, Nov. 1879.)

Berger, Ph La trinité carthaginoise. (Gaz. archéol. V, 6)

Zukunft, die, des Barockstils. Eine Kunstepistel von Bernini dem Jüngeren. gr. 8°, 45 S. Wien, Manz. M. 0 80.

Bertolini, D. Le tavolette cerate pompeiane: pubblicazioni e commenti. Napoli, tip. F. Giannini. 4°, 10 p. (Estr dal vol. „Pompei e la regione sotterrata dal Vesuvio nell' anno 79, Napoli 1879°.)

Bertolotti. Quelques artistes siciliens à Rome au XVIe et XVIIe siècle. (Revue critique 4)

Brassey. Sunshine and Storm in the East; or, Cruises to Cyprus and Constantinople. With upwards of 100 Illustr., chiefly from Drawings by the Hon. A. Y. Bingham. 8°, 450 p. London, Longmans 21 s.

Bretagne (la) artistique, courrier de l'art et de la curiosité dans les départements de l'Ouest. Specimen (gratuit) Année 1880 8°, 32 p. avec 5 pl. et grav. Nantes, imp. Forest et Grimaud. (Abonn.: un mois 4 fr. La livraison, de 5 à 7 fr. suivant son importance.)

Burn, R. Old Rome; a Handbook to the Ruins of the City and the Campagna 8°, 268 p. London, Bell & S. 10 s. 6 d.

Canella Secades, F. Resumen de las Actas y tareas de la Comision de monumentos históricos y artísticos de la provincia de Oviedo des de 1875 a Julio de 1879. Oviedo, imp. de Uría. 68 p

Cimitero cristiano di Stabia (Castellamare). (Bull. di archeol. crist. III, Ser. IV, 3.)

Il primitivo cimitero cristiano di Ravenna presso S. Apollinare in Classe. (Bullett. di archeol crist. III, Ser. IV, 3.)

Du Chatelier, P. Exploration du tumulus de Kerheuret en Pluguffan (Finistère). 8°, 11 p et pl. Tours, imp. Bousrez. (Extr. du Bull monum. N° 4, 1879.)

Clement, C. Michelangelo, Leonardo da Vinci and Raphael. With a Preliminary Chapter on Art in Italy before the 16th Century. Translated by I. Corkran. With 8 Illustr. 8°, 370 p. London, Seeley. 10 s. 6 d.

Clermont-Ganneau. Note sur les stèles de Marseille et sur l'origine du nom de Monaco. (Revue crit. 1879, 49.)

Comment j'ai retrouvé Bonliguon, ou le Comble de l'archéologie; par un archéologue de Pontoise. 8°, 45 p. et vign. Versailles, imp. Cerf et fils.

Conze. Ueber eine Gestalt auf griechischen Votivreliefs. (Monatsber. d. kgl. preuss. Akademie 1879, Aug.)

Corblet, J. Travaux des Sociétés savantes. (Rev. de l'art chrét. II, Ser. XI, 2.)

— — Des vases aux saintes huile. (Recherches hist. sur les rites, cérémonies et coutumes de l'administration du Baptême. II. — Revue de l'art chrét. II, Ser. XI, 2.)

De la Croix, C. Découverte des thermes romains de Poitiers. Tours, imp Bonteroz. 8º, 16 p.

ΔΙΜΙΤΣΑΣ, ΜΑΡΓ. Τῆς ἐν Ἰλλυρίᾳ Ἀπολλωνίας ἀνέκδοτοι ἐπιγραφαί. (Mitth. d. d. archäol. Instit. IV, 3.)

Dictionnaire historique et archéologique du département du Pas-de-Calais, publié par la commission départementale des monuments historiques. Arrondissement de Saint-Pol. T. 1. 8º, II—319 p. Arras, Sueur-Charruey.

Dobbert, E. Zur Entstehungsgeschichte des Crucifixes. (Jahrb. d. kgl. preuss. Kunstsamml. 1.)

Dressel, E. Di un grande deposito di anfore rinvenuto nel nuovo quartiere del Castro Pretorio. (Bull. della comm. archeol. di Roma VII, 1.)

Early Teutonic, Italian, and French Masters. Translated from the Dohme Series. By A. H. Keane. Illustr. 8º. London, Chatto. 26 s.

Euphrates and Tigris, and the Ruins of Nineveh and Babylon. Illustr. 8º. London, Nelsons, 2 s.

Falke, J. v. Hellas und Rom. Eine Culturgeschichte des class. Alterthums. Mit Bildern der ersten deutschen Künstler. 8.—16. Lfg. f⁰. (S. 77—168 m. eingedr. Holzschn. u. Holzschnitaf.) Stuttgart, Spemann. a M. 1. 50.

Fédération artistique (la). Journal hebdomadaire, organe des intérêts artistiques, littéraires, scientifiques et industriels. Bruxelles, H. Manceaux. fr. 15.

Fiachetti, L. Pompei: cenno storico. Napoli, tip. F. Giannini. 8º, 16 p.

Förster, E. Die deutsche Renaissance. (Augsb. Allg. Ztg 42 43.)

Garovaglio, A. Sepolcreto romano a Castione di Lecco. (Arch. stor. Lombardo VI, 4.)

Grimouard de S. Laurent, le Cte. Les images du Sacré-Cœur au point de vue de l'histoire et de l'art. III. (Rev. de l'art chrét. II. Sér. XI, 2.)

Guérin, V. Description géographique, historique et archéologique de la Palestine, accompagnée de cartes détaillées. 3ª partie. Galilée. T. 1. gr. 8º, 534 p. Paris, Leroux.

Guhl, E. Künstlerbriefe, übersetzt und erläutert. 2. umgearb. u. verm. Aufl. von A. Rosenberg. 1. Hälfte: Das XV. u. XVI. Jahrh. gr. 8º, XIII—317 S. Berlin, Guttentag. M. 8.

Hockmann, M. Zur Geschichte der Renaissance in u. bei Mainz. (Corresp.-Blatt des Ges.-Vereins d. d. Gesch.- u. Alterth.-Vereine 1879, 9.)

Hauer, F. Der Tumulus bei Pillichsdorf in Niederösterreich. (Mitth. d. anthropol. Ges. in Wien IX, 9.)

Helbig, W. Viaggio nell' Etruria. (Bullettino dell' Instituto 1879, 11.)

Hörnes, Dr. M. Archäologische Streifzüge in der Herzegovina. (Fortsetzg.) (Wien. Abendp. B. 289 ff.)

Hucher. L'inscription du vase de Montans (Tarn). 8º, 15 p. avec fig. Tours, imp. Bouserez. (Extr. du Bull. monum. N° 4, 1879.)

Jahrbücher des Vereins von Alterthumsfreunden im Rheinlande. 66. Hft. Mit 5 (2 Lichtdrucke und 3 autogr.) Taf. und 4 (eingedr.) Holzschn. 8º, 186 S. Bonn, A. Marcus in Comm. M. 6.

Jewitt, L. Half-Hours among some English Antiquities. 2nd edit. revised and enlarged. 8º, 266 p. London, Hogue. 5 s.

Inventaire de la chapelle papale sous Paul III, en 1547, transcrit par M. Bertolotti, à Rome, et annoté par Mgr. X. Barbier de Montault. 8º, 68 p. Tours, imp. Bonserez. (Extr. du Bull. monum. N° 5, 1878.)

Irdi, S. Le belle arti in Napoli: appello agli onorevoli Consiglieri della provincia e del Comune. Napoli, tip. della Libertà Cattolica. 8º, 20 p.

König, F. Léonard de Vinci: nouv. édit. Tours, imp. Mame et fils. 8º, 189 p. et grav.

Köstlin, K. Chronolog. Grundriss der Kunstgeschichte in Tabellen. 2 Tab. in Imp.-f⁰. Tübingen, Laupp. M. 1.

Real-Encyklopädie der christlichen Alterthümer. Unter Mitwirkung mehrerer Fachgenossen bearbeitet u. herausgeg. von F. X. Kraus. Mit zahlreichen, zum grössten Theil Martigny's Dictionnaire des antiquités chrétiennes entnommenen Holzschn. (In ca. 12 Lfgn.) 1. Lfg 8º, VII—96 S. Freiburg, Herder. M. 1. 80.

Kunstblatt, christliches, für Kirche, Schule und Haus. Herausgeg. von H. Merz u. C. O. Pfannschmidt. 22 Jahrg. 1880. 12 Nrn. (Bell. mit eingedr. Holzschn.) gr. 8º. Stuttgart, J. F. Steinkopf. M. 4.

Kunst und Künstler des Mittelalters u. der Neuzeit. Biographien u. Charakteristiken. Unter Mitwirkung von Fachgenossen herausgeg. von R. Dohme. 70—72. Lfg. (70. Lfg.: Andrea und Jacopo Sansovino, von A. Rosenberg. Andrea Palladio, von R. Dohme. 48 S. — 71. Lfg.: Caravaggio. Spagnoletto, von O. Eisenmann. 32 S. — 72. Lfg.: Tizian, von M. Jordan. 52 S.) (Mit eingedr. Holzschn. 4º.) Leipzig, Seemann.

Lalanne, L. Journal du voyage du cavalier Bernin en France. (Suite.) (Gaz. des B.-Arts Févr. 1880.)

Lavori intrapresi dalla commissione per gli scavi e monumenti antichi della provincia di Como nel 1879. (Arch. stor. Lombardo VI, 4.)

Lenormant, F. Archæological notes on a tour in Southern Italy. (Academy 401 ff.)

— — Deux nouveautés archéologiques de la Campanie. I. (Gaz. des B.-Arts, Févr. 1880.)

— — Tre monumenti caldei ed assiri di collezioni romane. (Bull. della comm. archeol. di Roma VII, 1.)

— — Sur la signification de quelques cylindres babyloniens et assyriens. (Gaz. archéol. V, 6.)

Lolling, H. G. Bericht über Ausgrabungen in Rhamnus. (Mitth. d. d. archäol. Inst. IV, 3.)

— — Inschriften aus Nordgriechenland. (Mitth. d. d. archäol. Instit. IV, 3.)

Lovatelli, E. C. Di un vaso cinerario con rappresentanza relativa ai misteri di Eleusi. (Bull. della comm. archeol. di Roma VII, 1.)

Magazine of Art for 1879. Illustr. 4º. London, Cassell. 7 s. 6 d

Mariette, M. Questions relatives aux Nouvelles Fouilles à faire en Égypte. (Chron. des Arts 1879, 38; 1880, 1. 6.)

Marks, T. S. The Great Pyramid: its History and Teaching. A Lecture delivered to an Association of Christian Young Men at Hackney, with a Diagram. 8º, 62 p. London, Partridge. 1 s. 6 d. and 2 s.

Marsy, le Cte de. L'archéologie religieuse au congrès de Vienne (Isère): une excursion à S. Antoine de Viennois. (Rev. de l'art chrét. II, Sér. XI, 2.)

Mau, A. Scavi di Pompei. (Bull. dell' Instituto 1879, 11. 12.)

Mémoires de la Société des antiquaires du Centre. 1879. 8e vol. 8º, XCII—378 p. et 22 pl. Bourges, imp. Pigelei & fils et Tardy.

Menant, J. Observations sur trois cylindres orientaux. (Gaz. d. B.-Arts, Dec. 1879.)

Minervini, G. Antichità scoperte in Napoli. (Arch. stor. delle prov. Napolitane IV, 3.)

Mittheilungen des k. k. Oesterreichischen Museums für Kunst und Industrie. (Monatschrift für Kunst und Kunstgewerbe.) Red.: E. Chmelarz. 15. Jahrg. 1880. 12 Nrn. (à 1 1½ B.) gr. 8°. Wien, Gerold's Sohn in Comm. M. 8.

Mittheilungen des Vereins für die Geschichte u. Alterthumskunde von Erfurt. 9. Heft. gr. 8°. (S. 129—218.) Erfurt, Villaret in Comm. M. 1.40.

Koch, F. Aegyptens vormetallische Zeit. Mit 13 Taf. in Lichtdr. u. 1 lith. Taf. gr. 4°. V—43 S. Würzburg, Staudinger. M. 20.

Müllner, A. Archäol. Excurse nach Süd-Steiermark. I. (Mitth. d. k. k. Centralcomm., N. F., V, 4.)

Nista, E. Amateurs, collectionneurs et archéologues florentins à l'époque de la première renaissance. (L'Art 267. 268.)

Nicolucci. Selci lavorate, bronzi e monumenti di tipo preistorico di Terra d'Otranto. (Bull. di palaeontologia italiana, num. 9—11, 1879.)

Notizie degli scavi di antichità, comunicate alla R. Accademia dei Lincei per ordine di S. E. il ministro della pubblica istruzione; aprile 1879. (Sono le p. 85—124 del vol. 1, con 2 tav.) 4°. Roma, tip. Salvincci.

Perkins, Ch. C. Olympia as it was and as it is. (American Art Review 2.)

— — Ancient literary sources of the history of the formative arts among the Greeks. (American Art Review 1.)

Peter, J. Neuentdeckte Alterthümer bei Mengen. (Würtemb. Vierteljahrh. II, 2.)

Piesse, L. Le routier archéologique de l'Algerie. Dern. art. (Rev. de l'art chrét. II. Ser. XI, 2.)

Poggi, V. Contribuzioni allo studio dell' epigrafia etrusca. Contin. (Giorn ligustico 1879, 7. 8.)

Pompei e la regione sotterrata dal Vesuvio nell' anno LXXIX: memorie e notizie pubblicate dall' Ufficio tecnico degli scavi nelle provincie meridionali. Napoli, tip. F. Giannini. Parte 2 in un vol. 4°. p. 292, 248 con molte tav. L. 50.

Portfolio (the). An Artistic Periodical. Vol. for 1879. (°. London, Seeley. M. 8.

Prüfer, Th. Das Taufbecken der Pfarrkirche zu Trampe bei Eberswalde. (Arch. f. kirchl. K. IV, 1.)

Recueil des notices et mémoires de la Société archéologique du département de Constantine. 9e vol. de la 2e ser. 19e vol. de la collect. 1878. 8°. XVI—460 p. et pl. Paris, Challamel ainé.

Reganzani, J. Dei nuovi scavi nell' isola Virginia. (Archiv. stor. Lombardo VI, 4.)

Richter, J. P. The manuscripts of Lionardo da Vinci in the South Kensington Museum. (Academy 392.)

— Lionardo-Studien. I. (Ztschr. f. bild. K. XV, 5.)

Robert, C. Thanatos. 39. Programm z. Winckelmannsfeste der Archäolog. Gesellschaft zu Berlin. Mit 3 (2 chromolith. u. 1 rad.) Taf. u. 4 (eingedr.) Holzschn. gr. 4°. 45 S. Berlin, G. Reimer. M. 3.

La Rocheterie, M. de. Trianon; Marie-Antoinette, les Arts et le Théâtre. 8°, 56 p. Orleans, Herluison. (Extr. du t. 6 des Lectures et Mém. de l'Acad. de Sainte-Croix.)

Rogers, E. Th. and M. E. The land of Egypt. Contin. (Art Journ., Dec. 1879.)

Rosenberg, A. Die Hauptströmungen in der bild. Kunst der Gegenwart. I. II. (Grenzboten 1879, 49; 1880, 1.)

Rougé, E. de. Inscriptions et notices recueillies à Edfou (Haute-Égypte) pendant la mission scientifique de M. le vicomte E. de Rougé, publ. par M. le vic. J. de Rougé. T. 1. 4°, 4 p. et 80 pl. Paris, Leroux.

Ruggiero, M. Discorso pronunziato in Pompei addì 25 di settembre 1879 nella solennità del diciottesimo centenario dopo la sua distruzione. Napoli, F. Giannini. 4°, 12 p.

Saulcy, F. de. Fragment d'art judaïque. (Gaz. archéol. V, 6.)

Scacchi, A. Le case fulminate di Pompei: lettera al prof. M. Ruggiero. Napoli, tip. F. Giannini. 4°, 15 p. con 3 tav. (Estr. dal vol. „Pompei e la regione sotterrata dal Vesuvio nell' anno 79, Napoli, 1879".)

Schmidt, J. Nachträge zum Senatsbeschluss über Thisbae. (Mitth. d. d. archäol. Inst. IV, 3.)

Schnaase, C. Geschichte der bildenden Künste. 8. Bd. 2. Abth. (Schluss des Werkes). Hrsg. von W. Lübke unter Mitwirkung von O. Eisenmann. Mit zahlreichen in den Text gedr. Holzschn. gr. 8°. (LXXXIV u. 8. 289—596 mit Schnaase's Porträt in Stahlstich.) Stuttgart, Ebner & Seubert. M. 13. (cplt. M. 105.)

Sobera, O. v. Hans Vredeman de Vries. (Kunst u. Gew. 1880, 1.)

Schöner, R. Die Ausgrabungen von Olympia. (Angsb. Allg. Ztg., B. 4d.)

Nouché, B. Notes sur quelques découvertes d'archéologie préhistorique aux environs de Pamproux. 8°, 16 p. Niort, Clouzot. (Extr. des Bull. de la Soc. de statistique, sciences, lettres et arts des Deux-Sèvres.)

Springer, A. Raffael und Michelangelo. (Aus: Kunst und Künstler des Mittelalters und der Neuzeit, von R. Dohme.) Mit vielen Illustr. in Holzschn. hoch 4°, XII—524 S. Leipzig, Seemann. M. 25.

Tschudi, Dr. H. Die Kunst in Japan. (Mitth. d. k. k. Oest. Mus. XIV, 170 ff.)

Varenbergh, E. Souvenirs archéologiques de la ville de Gand. XI. (Messager des sciences hist. ou archives des arts et de la bibliographie de Belgique, 3e livr. 1879.)

Viola, L. Gli scavi di Pompei dal 1873 al 1878. Napoli, tip. F. Giannini. 4°, 81 p. con 4 tav. (Estr. dal vol. „Pompei e la regione sotterrata dal Vesuvio nell' anno 79, Napoli 1879".)

Wiener, C. Peru et Bolivie. Récit de voyage, suivi d'études archéologiques et ethnographiques, et de notes sur l'écriture et les langues des populations indiennes. Ouvrage contenant plus de 1100 grav., 27 cart et la plans. gr. 8°, XI 800 p. Paris, Hachette et Ce. fr. 25.

Witte, J. de. Mélicerte. (Gaz. archéol. V, 6.)

II a. Nekrologie.

Baade, Knud, Maler. (C. A. Regnet: Ztschr. f. bild. K. XV, B. 12.)

Denuelle, Alex., Maler. (Ch. Lameire: Gaz. des B.-Arts, Fevr. 1880.)

Dupont, M. Paul, Buchdrucker. (Ch. Noblet in Chron. du journ. de l'Imprimerie.)

Feuerbach, A., Maler. (Kaldebo: Wien. Abendp., II. 6. — Fr. Pecht: Augsb. Allg. Ztg., B. 15. — A. Wolf: Ztschr. f. bild. K. XV, B. 15.)

Galimard, Aug., Maler. (Chron. des Arts 4.)

Gevllag, K., Maler. (Mittheil. d. Oesterr. Mus. XV, 173.)

Hänel, C. M., Architekt. (Ztschr. f. bild. K. XV, B. 15.)

Heine, G., Architekt. (Ztschr. f. bild. K. XV, B. 15.)

Hübner, Carl. Maler. (M. Blanckarts: Ztschr. f. bild. K. XV, B. 12.)

Jacobs, Jac., Maler. (H. B. in Ztschr. f. bild. K. XV, B. 13.)

Jacobs, Jacques, belg. Maler. (Journ. des B.-Arts 1879, 24.)

Jeens, Charles Henry, Kupferstecher. (Art Journ., Febr.)

Ittenbach, Franz, Maler. (M. Blanckarts: Ztschr. f. bild. K. XV, B. 11. — Journ. des B.-Arts 1879, 24.)

Landseer, Thom., Maler. (Athenäum, 24. Jan.)

Remmer, J. A., Archäologe. (Reber: Augsb. A. Ztg., B. 2. — Regnet: Ztschr. f. bild. K. XV, B. 17.)

Millet, Eugène, Architekt. (Lisch: Encyclop. d'archit. 1880, I.)

Poole, P. Falconer, Maler. (Art Journ., Dec. 1879.)

Nebelss, Lud., Landschaftsmaler. (Ztschr. f. bild. K. XV, B. 8.)

Semper, Gottfr. (Deutsche Bauztg. 1880, 1 ff. — Bruno Bucher: G. S. in seinen Beziehungen zum Kunstgewerbe. Mitth. d. Oesterr. Mus. XIV, 172 ff. — Doderer: Allg. Bauzeitung I. 2. — H. Hettner in Westermann's ill. d. Monatsh. 1879, Dec.)

Steinhäuser, K., Bildhauer. (C. A. Regnet: Ztschr. f. bild. K. XV, B. 14.)

Teichlein, Ant., Maler und Kunstschriftsteller. (F. Reber: Augsb. Allg. Ztg., B. 351.)

Viollet Le Duc. (Art Journ., Dec. 1879.)

III. Architektur.

Adams, W. H. D. Windsor Castle, and the Water Way thither. With 74 illustr. by R. T. Pritchett, and 12 Water-colour Sketches after F. Jones. 4°, 144 p. London, Ward. 8 s. 6 d.

Annalen für Gewerbe und Bauwesen. Hrsg. von F. C. Glaser. 3 Jahrg. Juli 1879 bis Juni 1880. (3. u. 6. Bd.) 24 Hefte. 4°. (6. Bd. 1. Heft 4½ B.) Berlin, Polytechn. Buchh. in Comm. Halbjährl. M. 7. 50.

Architecture moderne de Vienne, publié avec le concours des architectes H. v. Ferstel, E. et H. v. Förster, Th. v. Hausen etc. par C. v. Lützow et L. Tischler. Planches gravées sous la direction de Ed. Obermayer. 2e vol. 9e livr. f°. (8 Kupfertaf. m. 1 Bl. Text.) Wien, Lehmann & Wentzel. à M. 8.

Architecture (l') pour tous. 37e livr. Paris, imp. lith. Monrocq.

Armanni, O. Lo stile e l'insegnamento dell' architettura. Perugia, tip. Santucci. 8°, 16 p.

Amcourt (d'). Les anciens hôtels de Paris, avec une carte gravée des grands hôtels de la rive gauche avant 1789. 16°, VII—167 p. Paris, Vaton.

Barozzi da Vignola, G. I cinque ordini di architettura intagliati dal C. Gianni e ridotti a migliore e più facile lezione, nuova edizione. Milano, S. Muggiani o C. 8°, 40 p. con 31 tav. L. 2. 50.

Baudry, P. Entrée de Saint-Ouen, chartreuse de Saint-Julien et église de Saint-Sauveur de Rouen; 4 dessins inédits de R. Pigeon, gravés à l'eau-forte par E. Nicolle. 4°, 37 p. Rouen, Metérie.

Bauschatz. Eine Sammlung hervorragender Bauwerke, Details etc. in Reproductionen nach seltenen u. kostbaren Werken, Einzelstichen etc. Photolith. der artist. Anstalt von L. C. Zamarski in Wien. 10. Lfg. f°. (8 Taf.) Wien, Lehmann & Wentzel. a M. 4.

Bauwerke, neue, in Stuttgart und Umgebung. 4. Heft. gr. f°. Stuttgart, Wittwer. M. 10.

Bethke, H. Decorativer Holzbau. Neue Folge. Eine Sammlung von allen in der Praxis vorkommenden Baulichkeiten, als: Villen, Gartenhäuschen, Lauben etc. 3.—5. Lfg. gr. f°. (à 6 Steintaf.) Stuttgart, Wittwer. à M. 3. 60.

— — Architektur-Hefte moderner Bauwerke. Sammlung von meistentheils kleinen, in der Praxis öfter vorkommenden Bauwerken, als: Wohn- u. Landhäusern, Schweizer- u. Gartenhäuschen, Garten- u. Cafesalons, Portierhäuser, Grabkapellen etc. 1. Abth. f°. (30 Bl. in Stein- u. Lichtdr. u. 24 lith. Bl. Details.) Dresden, Gilbers. M. 40.

Boito, C. I restauri di San Marco. (Nuova Antologia XVIII, 24.)

Boucher de Molandon. La Citadelle de la porte Bannier, construite à Orléans sous Charles IX. 8°. Orléans. (Extrait des Bull. de la Soc. archéol. et hist. de l'Orléanais.)

Bossuard, J. Constructions et décorations pour jardins. 3e et 4e livr. Paris, Ve A. Morel.

Brunet, J. Notice historique sur l'ancienne chartreuse de Glandier. 2e éd., revue et annotée, du gré de l'auteur, par J. B. Poulbrière. 8°, 104 p. et grav. Brive, imp. Roche. (Extr. du Bull. de la Soc. scientifique, historique et archéologique de la Corrèze, t. I.)

Bruna, F. Dell' architetto e dell' architettura, impressioni di un artista. 4°, 8 p. Menton, imp. Gloan.

Buhot de Kersers, A. Histoire et statistique monumentale du département du Cher; texte et dessins. 5e fasc. (T. 2.) Canton de Bourges, illustré d'une carte, de 2 pl. héliogr. et de 10 pl. gravées par J. Bonssard. gr. 8°. p. 1—96. Paris, Morel et Ce. fr. 16.

Burckhardt, A. Zur Baugeschichte des Basler Münsters. (Anz. f. schweiz. Alterthumskunde 1879, 3.)

Caliari, P. La basilica di San Zeno in Verona: discorso. Verona, tip. Civelli, 1879. 16°, 53 p. L. 0. 75.

Cassany de Mazet, F. Histoire de Villeneuve-sur-Lot depuis sa fondation jusqu'à la réunion des États généraux de 1789. 8°, 209 p. Villeneuve-sur-Lot, Chabrié.

Ceruti, A. I principii del Duomo di Milano sino alla morte del duca Giangaleazzo Visconti: studii storici. Milano, tip. G. Agnelli. 8°, 224 p. L. 5.

Château (le) d'Ambroise et ses environs. 12°, XV—80 p. Tours, Guilland-Verger.

Clairac y Sáenz, P. Diccionario general de arquitectura é ingenieria, que comprende todas las voces y locuciones castellanas, tanto antiguas como modernas, usadas en los diversos artes de la construccion, con sus etimologias, etc.; equivalencias en francés, inglés é italiano. Con una introduccion por D. Ed. Saavedra. Sexto cuad. Madrid, imp. de Zamorano y Jaime. 4°, 785 à 880 p. del tomo 1 y 64 del 11. 30 y 34.

Comparetti, D. La villa de' Pisoni in Ercolano o la sua biblioteca. Napoli, tip. F. Giannini. 4°, 20 p. et 1 tav. (Estr. dal vol. »Pompei o la regione sotterrata dal Vesuvio nell' anno 79. Napoli 1879«.)

Corbin. Saint-Bruno de Bordeaux; historique et description de cette église conformément au programme de la direction des beaux-arts. 8°, 15 p. Bordeaux, imp. Durand.

Cagnoni, G. Note al commentario di Alessandro VII sulla vita di Agostino Chigi. Contin. (Archiv. della Societa Romana III, 1. 2.)

Daly, C. Les deux palais de l'exposition considerés dans leurs rapports avec l'art. (Revue de l'archit. IV. Ser. VI, 9. 10.)

Dejardin, M. Routine de l'etablissement des voûtes, ou Recueil de formules pratiques et de tables déterminant a priori et d'une manière élémentaire de tracé, les dimensions et le métrage des voûtes d'une espèce quelconque. Nouv. éd. 8°, 304 p. Paris, Dunod.

Documenti storici riguardanti le chiese de Schio e di Chioggia, e mons. titus. Manfrin-Provedi, ora vescovo di Chioggia. Venezia, tip. Vicentini. 8°, 78 p.

Donati, F. Elogio di Baldassare Peruzzi; per la solenne distribuzione dei premii triennali al R. istituto provinciale di Belle Arti in Siena il 31 agosto 1879. Siena, tip. L. Lazzeri. 8°, 38 p.

Favre, L. Histoire de la ville de Niort, depuis son origine jusqu'en 1789. 8°, VII—502 p. avec 3 plans et grav. Niort, imp. Favre.

Fédou, II. Les Fabriques d'église en péril, ou le Projet Labuze etudié au point de vue théorique et pratique, suivi d'un Mémoire à consulter sur la propriété des églises et de presbytères. 8°, 161 p. Paris, Palmé.

Fiscone, L. v. Kunstdenkmale des Mittelalters, aufgenommen und gezeichnet. Baukunst. 1. Lfg. Die Pfarrkirche in Ablencyk. f°. (10 autogr. Taf. m. 4 S. deutschem und franzős. Text.) Aachen, Barth. à M. 4

Fleury, E. Antiquités et Monuments du departement de l'Aisne. 2me et 3me parties. 2 vol. gr. 4°, 600 p. avec 401 vign. par E. Fleury, d'après des dessins de MM. E. Fleury, Piette, Pilloy, A. Barbey, A. Varin, etc. Paris, Menu. 30 fr. chaque partie.

Folmet, P. L'Ancien palais de justice de Beaune. 4°, 26 p. Dijon, imp. Jobard.

Gievagnoli, R. Passeggiate romane. Il Circo Agonale — L'Anfiteatro Flavio — L'Imperatore della Dottrina Cristiana — Pasquino — La Torre dei Conti — Tarpea Pierleoni. Milano, F. Carrara. 16°, 326 p. L. 4.

Gloria, A. Intorno al salone di Padova: cenni storici, con documenti. Padova, tip. G. B. Randi. 8°, 72 p. con 4 tav. (Nicht im Handel.)

Goordon de Genouillac, H. Paris à travers les siècles, histoire nationale de Paris et des Parisiens depuis la fondation de Lutèce jusqu'à nos jours; ouvrage rédigé sur un plan nouveau. Livr. 18—33. 4°, p. 141—264, avec grav. Paris, Roy. La livr. 10 c.

Grueber, B. Kunstgeschichtliche Notizen aus Vorarlberg. (Mitth. d. k. k. Centralcomm. N. F. V, 4.)

Guadet, F. Étude sur la construction et la disposition du Colisée (amphithéâtre Flavien). Paris, A. Lévy. f°, 15 p. et 12 pl.

Hauser, A. Säulen-Ordnungen. Wandtafeln zum Studium der wichtigsten architektonischen Formen der griech. u. röm. Antike und der Renaissance. Im Auftrage des k. k. Minist. für Cultus u. Unterr. verfasst. 1. Serie: Taf. IV. 2 Bl. Chromolith. Imp.-f°. Mit Text. gr. 4°. (2 Bl.) Wien, Hölder. à M. 10.

Handbook to the Cathedrals of England: St. Paul's. With Illustr. 8°, 290 p. London, Murray. 10 s. 6 d. (An abridged edition of the late Dean Milman's "Annals of St. Paul's", re-arranged, with additions.)

Heath Wilson, Ch. The new front of the Cathedral of Florence. (Academy 402.)

Jenny, S. Die St Agatha-Kapelle auf Christberg. (Mitth. d. k. k. Centralcomm. N. F. V, 4.)

Ilg, A. Die St. Oswald-Kirche in Eisenerz. (Mitth. d. k. k. Centralcomm. N. F. V, 4.)

Etwas über kirchliche Monumente in Krain. (Kirchenschmuck 1879, 12.)

Ueber kirchliche Kunstdenkmale aus der Ferne. (Kirchenschmuck 1880, 1.)

Klemm, Diac. Ueber die Baumeister der Stiftskirche in Oehringen. (Württemb. Vierteljahrsh. II, 4.)

— — Meister Hans Steinmetz. (Württemb. Vierteljahrsh. II, 2.)

Lefèvre, A. Les Merveilles de l'architecture. 5e éd., corrigée et notablement augmentée. 18°. 372 p. avec 66 vign. Paris, Hachette et Cc. fr. 2. 25. (Bibl. des merveilles.)

Leipzig, das alte. Mit kurzen Erläuterungen von O. Moser. gr 4. (30 Photogr. in 7 S. Text.) Leipzig, O. Roth. M. 48.; Cabinet-Ausg. 8°. M. 31.

Licht, H. Architektur Deutschlands. Uebersicht der hervorragendsten Bauausführungen der Neuzeit. Mit Text von A. Rosenberg 4 Lfg f°. (1. Bd. VI—16 S. mit 14 lith. u. 13 Lichtdr.-Taf.) Berlin, Wasmuth. à M. 23.

Lind, Die Karlskirche in Wien. (Allg. Bauztg. 1. 2.)

Glorias arquitectónicas de España. El real monasterio de San Lorenzo del Escorial. Cuad. Nos 16—25. In-plano, 40 chromolith. et un plan. Madrid.

Löffler, J. L. Die Klosterkirche zu Bergen auf Rügen. (Baltische Studien, her. v. d. Gesellschaft f. Pommersche Gesch. XXIX, 1 4.)

Magne, L. Hôtel de Pincé a Angers. (Encycl. d'architecture 1879, 11.)

Martinotti Cardoni, G. Ravenna antica: Alcune note e aggiunte, e alcuni schiarimenti e documenti alle "XVII lettere su Ravenna antica". Faenza, tip. P. Conti. 8°, 96 p. L. 0. 80.

Merz, R. Das Gotteshaus von St. Peter und zwölf Boten zu Ammerswyl und die St. Marien-Kapelle zu Othmarsingen in der Grafschaft Lenzburg. Eine heimathgeschichtliche Studie. gr 8°, XI—332 S. Aarau, Sauerländer. M 3. 60.

Michel, A. Nîmes et ses rues. T. 2 (de la lettre D. a la lettre Y.) 12°, 416 p. Nîmes imp. Clavel-Ballivet et Cc.

Müntz, E. Les architectes de Saint-Pierre de Rome. II. (Gaz. d. B.-Arts, Dec. 1879.)

Neubauten, Wiener. Unter Mitwirkg. d. Archit. H. v. Ferstel, E. u. H. v. Förster, Th. v. Hansen etc. herausg. v. C. v. Lützow u. Archit. L. Tischler. Gestochen unter Leitg. v. E. Obermayer. 2. Bd. 9 Heft. f°. (8 Kupfertaf. m. 1 Bl Text.) Wien, Lehmann & Wentzel. a M. 8.

Notice historique sur l'insigne basilique Saint-sernin de Toulouse. 16°, 32 p. Toulouse, imp. Roux.

Notice historique et archéologique sur l'église de Cruas en Vivarais, précédée d'un aperçu sur l'abbaye de cette localité. 12°, 76 p. Notre-Dame-de-Lerins, imp. Marie-Bernard. 50 c.

Paravicini, T. V. Der Palazzo Marino, erbaut durch Galeazzo Alessi v. Perugia, nach der Natur aufgenommen und erläutert f°. (14 Bl. u. Titelbl. in Lichtdr. m. 28 Ital. u. deutsch. Text.) Dresden, Gilbers. M 24.

Picard, E. Le Château de Rivaw, ou la Citadelle d'Autun au XVe siècle. 8°, 24 p. et pl. Autun, imp. Dejussieu père et fils. (Extr. des Mem. de la Soc. éduenne [nouv. serie], 4.)

Piesse, L. Les Monuments historiques de l'Algérie. 2e étude. Le Routier archéologique de l'Algérie.

8°, 64 p. et pl. Paris, Ducher et Cie. (Extr. de la Revue de l'art chrét., 2e série, t. 11.)

Frellni, C. La torre maggiore di Pavia, detta il campanile del Duomo: notizie storiche tratte da documenti inediti dell' Archivio civico. Pavia, tip. succ. Bizzoni.

Pallas, R. P. Elementary Lectures on Christian Architecture. 8°, 64 p. London, Stanford. 3 s.

Reiseskizzen, architektonische, von Studirenden der techn. Hochschule zu Aachen unter Leitung von F. Ewerbeck u. K. Henrici. Excursion vom 30. Mai bis 8. Juni 1879. f°. (23 autogr. Taf.) Aachen, Barth. M. 4

Renaissance, deutsche. Eine Sammlg. v. Gegenständen der Architektur, Decoration u. Kunstgewerbe in Orig-Aufnahmen. Red. von A. **Scheffers.** Neue Folge. 63.—66. Lfg. (Nr. 107 bis 110) f°. Leipzig, Seemann. à M. 2. 40.

Riapertura della ristaurata cattedrale di Alessandria, monumento della vittoria di Legnano: discorsi e memorie. Alessandria, tip. Gazzotti e C. 8°, 128 p. L. 1. 50.

Robida, A. Les vieilles villes d'Espagne, notes et souvenirs; ouvrage illustré de 125 dessins à la plume. gr. 8°, 328 p. Paris, Dreyfous. fr. 8.

Rogers, Ed. Th. and Mary El. The mosques of Cairo. (Art Journ, Jan.)

Rogers, M. E. Causes of certain differences in the styles of domestic architecture in Syria and Palestine. (Art Journ., Febr.)

Rossi, A. La cappella della Madonna in S. Severo di Perugia. 16°, 8 p. Perugia, tip. G. Boncompagni e C.

Rodier et Delmas. Étude sur les constructions du Palais du Champ de Mars. (Encycl. d'archit. 1.)

Ruskin, J. Mr. Ruskin and St. Mark's, Venice. (Art Journ., Febr.)

Schäfer, G. Die Katharinenkirche zu Oppenheim u. der Entwurf für ihre Wiederherstellung. (Zeitschr. f. bild K. XV. 5.)

Schmitz, J. H. Niederländische Renaissance. Herausgeg. von der Gesellschaft zur Beförd. der Baukunst in Amsterdam. 1. Lfg. gr. f°. (10 Steintaf. m. 1 Bl. Text.) Berlin, Wasmuth. M. 7.

Schulze, Dr. O. Aus dem Florentiner Künstleben. I. Neubauten u. Restaurationsarbeiten. Die Domfaçade. (Zeitschr. f. bild. K. XV. Beibl. 16.)

Sédille, P. Joseph Louis Duc, architecte (1802—1879). 4°, 24 p. et portr. Paris, Ve A. Morel et Ce. (Notice lue dans la séance d'ouverture du congrès des architectes à l'École des beaux-arts le 16 juin 1879.) Extrait de l'Encyclopédie d'archit., sept. 1879.)

Seidel, G. F. Die königl. Residenz in München. Mit Unterstützg. Sr. Maj. des Königs Ludwig II. von Bayern. In Kupferstichen von E. Obermayer u. Farbendrucken von Winckelmann & Söhne. 8. (Schluss-)Lfg. Imp-f°. (5 Kupferst. u. 2 Bl. Text) Leipzig, Seemann.

Stalz, Détails gothiques. 2e—8e partie. 4°. Liège, Ch. Claesen.

Stern, Schloss. Herausgeg. von der k. k. Centralcommission zur Erforschung u. Erhaltung der Kunst- u. historischen Denkmale. gr. f°. (1 Rad., 14 Kupfertaf. u. 15 Bl. in Lichtdr. u. 7 Bl. Text.) Wien, k. k. Hof- und Staatsdruckerei. M. 72.

Stöter, F. Die ehemalige St. Marienkirche oder der Dom zu Hamburg in Bildern. Mit erläut. Texte. Herausgeg. von der „Bürgermeister Kellinghusen's Stiftung". gr. f°. (31 Taf. in Lichtdr. m. Icart.) Text. XI 158 S. nebst Titelbl. u. 1 Taf. in Lichtdr.) Hamburg, Gräfe in Comm. M. 20.

Studien aus der Special-Schule von Th. R. v. Hansen, herausgeg. vom Vereine der Architekten an der k. k. Akademie der bild. Künste in Wien. 9. Heft. f°. Wien, Pawy & Frick. M. 3

Taphof, F. Der Salvatorgiebel am Dome zu Münster. (Allg. Bauztg. 1. 2.)

Tardieu, A. Une visite au château de la Grangefort-sur-Allier, près d'Issoire. (L'Art 265.)

Thevenot, M. Note sur quelques monuments anciens de la Manche, de l'Ille-et-Vilaine et de la Haute-Saône 8°, 11 p. Tours, imp. Bouserez. (Extr. des Comptes rendus du congrès tenu au Mans et à Laval par la Société française d'archéologie en mai 1878)

Vignat, G. Cartulaire et histoire de l'abbaye de Notre-Dame de Baugency, ordre de Saint-Augustin, publiés d'après l'original et le manuscrit de A. Duchalais. 4°, LXVIII—532 p. et grav. Orléans, Herluison. (Extr. du t. 16 des Mem. de la Soc. archéol. et hist. de l'Orléanais.)

Weiss, K. Der Abschluss der Restauration des St. Stephans-Domes. (Wien. Abendp., B. 7.)

Weller, F. Die kaiserlichen Burgen u. Schlösser in Bild u. Wort. Auf Grund von Quellenwerken dargestellt. Mit 20 Illustr. (Holzschnitt. gr. 8°, 464 S. Wien, Zamarski. M. 8.

Wohnsitze, die ländlichen, Schlösser und Residenzen der ritterschaftlichen Grundbesitzer in der preussischen Monarchie, nebst den königlichen Familien, Haus-, Fideicommiss- und Schatull-Gütern in naturgetreuen, künstlerisch ausgeführten farb. Darstellungen m. begl. Text Hrsg. v. A. Duncker. 223—226. Lief. qu. f° (à 3 Chromolith. m. 3 Bl. Text). Berlin, A. Duncker. à M. 3. 75.

Wolf, A. Die Marcuskirche in Venedig u. der englische Protest gegen die Neuaufführung ihrer Façade. (Ztschr. f. bild. K. XV. Beibl. 17. 18.)

Wustmann, G. Urkunde u. Medaille auf Hieronymus Lotter. (Ztschr. f. bild. K. XV, 3)

Zeitschrift für Bauwesen. Hrsg. unter Mitwirkg. der kgl. techn. Baudeputation u. d. Architekten-Vereins zu Berlin. Red.: F. Endell. 30. Jahrg. 1880. 12 Hefte. 4°. Mit Atlas f°. (3—3. Heft. 144 Sp. m. eingedr. Holzschn., 5 Stetntaf. u. Atlas von 33 Kupfertaf.) Berlin, Ernst & Korn. M. 30.

IV. Sculptur.

Balan, P. Le tombe dei Papi profanate da F. Gregorovius, vendicate colla storia. Modena, tip. dell' Imm. Concez. 8°, VIII—92 p. L. 2.

Bildwerk, ein antikes, in der Sammlung des Herrn Staatsministers Freih. von Friesen in Dresden. (Ztschr. f. Museologie 1880. 1.)

Bounamieux, J. Douze statues de la Vierge. Gravées par Dubochet et Audibran; accompagnées d'un texte indiquant le nom et la date de ces statues, ainsi que leur matière, leur dimension et le lieu, où elles se trouvent. 4°, 18 p. et 14 grav. Paris, Firmin-Didot et Ce.

Bühler, F. G. Torso eines Ritters zu Weinsberg. (Württemb. Vierteljahrsh. II, 4)

Caprarossi, Guarna, D. Il monumento sepolcrale per la marchesa Teresa Stampa Soncino. (Il Buonarroti, giugno 1879. Roma.) 4°, 8 p.

Cimitero (Il) di Piacenza e le sue iscrizioni: pie lose e care memorie raccolte per la mesta ricorrenza del giorno 2 nov. 16°, 194 p. Piacenza, tip. F. Solari. L. 0. 80.

Un groupe de Clodion. (Chron. d. Arts 3.)

Courajod, L. Léonard de Vinci et la Statue de Francesco Sforza. 8°, 56 p. avec grav. Paris, Champion.

Das Muttergottesbild in der Pfarr-Brunaeck. (Mitth. d. k. k. Central-..., N. F., V, 4.)

Davidson, Th. Praxiteles' Hermes with the Infant Dionysos. (American Art Review 1. 2.)

Förster, B. Die Gigantomachie des Berliner Museums. (Ztschr. f. bild. K. XV, BeiBl. 9. 10.)

— — Die griechische Sculptur im Dienste der Attaliden zu Pergamos. (Preuss. Jahrbücher 44, 6.)

Franchi, A. Porte du Baptistère de Florence. (L'Art 261. 263.)

Grabdenkmal, das, der Familie Gall in Giessen. (Zeitschr. f. bild. K. XV, 5.)

Inauguration du monument élevé à l'école polonaise à la mémoire de Séverin Galezowski et des bienfaiteurs de l'école. (Texte polonais et français.) 8°, 23 p. Paris, imp. Reiff.

Grimm, H. Die Sarkophage der Sacristei von S. Lorenzo. (Jahrb. d. königl. preuss. Kunstsamml. 1.)

Hähnel, E. J. Sculpturen an dem königl. Museum und dem alten königl. Hoftheater zu Dresden, ferner: Denkmäler, Statuen, Entwürfe, Reliefs etc. (In ca. 20 Lfgn.) 1. u. 2. Lfg. f°. (à 6 Bl. in Lichtdr.) Dresden, Gilbers. à M. 6.

Heron de Villefosse, A. Statue de femme découverte à Djimilah. Culculum. (Gaz. archéol. V, 6.)

Hortis, A. Per la inangurazione del monumento a Giov. Boccaccio in Certaldo addi XXII di giugno MDCCCLXXIX: discorso. Firenze, tip. e lit. Carnesecchi. 8°, 22 p. L. 1.

Jouin, H. Le génie de l'art plastique. (Journ. des B.-Arts 1879, 23. 24.)

Kekulé, R. Die antiken Terracotten. Im Auftrage des archäolog. Instituts des Deutschen Reichs herausg. 1. Bd. 1. Abth.: Die Terracotten von Pompeji. Bearb. von H. v. Rohden. Nach Zeichn. v. L. Otto u. A. 1 Abth. (40 S. m. eingedr. Holzschn. u. 25 Steindtaf., wovon 1 in Farbendr.) f°. Stuttgart, Spemann. M. 30.

Körte, G. Bemerkungen zu den antiken Sculpturen aus Böotien. (Mitth d. deutschen archäol. Inst. IV, 3.)

Konkurrenzentwürfe, die, zu einer Victoriastatue für das Berliner Zeughaus. (Ztschr. f. bild. K. XV, B. 13. 14.)

Koppmann, K. Die Statuen der neun Besten im alten Rathhause. (Ztschr d. Ver. f. hamburg. Gesch., N. F., IV, 1.)

La Gournerie, E. de. Le tombeau du général de La Moricière. 8°, 7 p. Nantes, imp. Forest et Grimaud. (Extr. de la Revue de Bretagne et de Vendée, N° d'oct. 1879.)

Laubil, Kanzel im Franciscanerkloster zu Pilsen. (Mitth. d. k. k. Centralcomm., N. F., V, 4.)

Lessing, O. Bau-Ornamente Berlins. 5. Lfg. f°. (21 Lichtdr.-Taf.) Berlin, Wasmuth. à M. 20.

Liénard, E. Terre-cuite de Pergame. (Gaz. archéol. V, 6.)

Monumento (il) a Vittorio Emanuele. Vicenza, tip. Burato. 8°, 8 p.

Murray, A. S. Marsyas. Bronze trouvé à Patras. (Gaz. archéol. V, 6.)

Paulus, Dr. Die im Aug. 1878 in der Hospitalkirche zu Stuttgart aufgefundenen Grabsteine. (Württemb. Vierteljahrsh. 11, 3.)

Plaine, Dr. F. Le tombeau monumental et le pélerinage de S. Ronan à Loc-Ronan. (Revue de l'art chrét. 11., Sér. XI, 2.)

R., A. Prometheus u. die Okeaniden. Kolossalgruppe von Eduard Müller. (Ztschr. f. bild. K. XV, B. 8.)

Ronchard, L. de. La victoire de Samothrake. (L'Art 263.)

Roscoe, E. S. The great sculptors of modern Europe. Schwanthaler. (Art Journ., Jan. 1880.)

Rosenberg, A. Die Funde von Pergamon im Berliner Museum. (Grenzboten 1879, 50.)

Schuster, G. Reichhaltige Sammlung von Skizzen zu Grab- und anderen Monumenten, Brunnen, Portalen, Balkonen. (In 10—12 Lfgn.) 1. Lfg. f°. (6 Bl. in Lichtdr.) Dresden, Gilbers. M. 4.

Soman, H. Le tombeau du général J. de La Moricière. 8°, 15 p. Nantes, imp. de l'Ouest. 30 c.

Serlio-Dorigny, A. Statue colossale découverte à Arnathonte. Cypre. (Gaz. archéol. V, 6.)

Tombeaux (les) de messieurs Philippe et François de Guillebon en l'église d'Angivillers (Oise). 8°, 11 p. Amiens, imp. Douillet et Ce. (Extr. du Bull. de la Soc. des antiquaires de Picardie, année 1879, N° 2.)

Vachon, M. Pierre Vaneau. (Gaz. des B.-Arts, Fevr. 1880.)

Valentin, V. Die Venus von Milo. (Grenzboten 1880, 1.)

Van Brunt, Le monument de Washington. (American Art Review 1.)

Ziegler, O. 24 Grabdenkmale. 4 Bl. Photogr. nach Orig.-Zeichn. 1. u. 2. Serie. 2. Aufl. (à 4 Bl.) Schw. Hall, German. à M. 4.

V. Malerei. Glasmalerei.

Amiet, J. Hans Holbein's Madonna von Solothurn und der Stifter Nicolaus Conrad, der Held von Dorneck u. Novarra. 4°. (VII—103 S. m. eingedr. Holzschn. u. 2 Holzschn.-Taf.) Solothurn, Jent & Gassmann. M 4. 20.

Bach, M. Zur Kenntniss der Werke Bartholomäus Zeitblom's. (Württemb. Vierteljahrsh. II, 2.)

Barbier de Montault, Un tableau de l'abbaye de Fontevrault. 8°, 20 p. Angers, Germain et Grassin. (Extr. de la Revue de l'Anjou.)

Benjamin, S. G. W. Our American Artists. First Series. Biographies of living American Artists, with original Drawings from Paintings, Studio Sketches, and Portraits. Especially for Young People. 4°. (Boston.) London. 10 s. 6 d.

Blanchetti, G. Discorso intorno Paris Bordone. letto nell' agosto 1831 nella distribuzione dei premii agli alunni dell' accademia di Belle Arti in Venezia. Venezia, tip. P. Naratovich. gr. 8°, 24 p.

Billung, H. Henri Regnault. (Ztschr. f. bild. K. XV, 4.)

Blanc, M. Grammar of Painting and Engraving. Translated from the French by K. N. Doggett. 3rd edit. 8°. (Chicago.) London 18 s.

Boboon, A. Hogarth. 8°, 130 p. London, Low. 3 s. 6 d.

Brizio, E. Pane con le Ninfe: dipinto pompeiano, illustrato. Napoli, tip. F. Giannini. 4°, 7 p. (Estr. dal vol. „Pompei e la regione sotterrata dal Vesuvio nell' anno 79, Napoli 1879".)

Canella Secades, F. Noticias del pintor asturiano. 2ª ed. Oviedo, imp. de Uria. 4°, 60 p. 4.

Comyns Carr, J. Drawings by Samuel Prout and William Hunt. (Academy 393.)

Corcia, N. Frisso ed Elle figurati in due quadretti di Ercolano e Pompei e gli Argonauti: ricerca mitologica. Napoli, tip. F. Giannini. 4°, 52 p. Estr. dal vol. „Pompei e la regione sotterrata dal Vesuvio nell' anno 79, Napoli 1879".)

Courbet. Succession. (D'après le „Figaro", Journ. des B.-Arts 1879, 23.)

Crowe, G. A. and **Cavalcaselle**, G. B. Lives of the Early Flemish Painters, with notes of their Works. 3rd edit. 8°, 375 p. London, Murray. 7 s. 6 d.

Dafforne, J. The works of Francis Will. Topham. (Art Journ., Jan.)

Donop, L. v. Ein Selbstbildniss von Asmus Jakob Carstens. (Ztschr. f. bild. K. XV, B. 15.)

Du Maurier, G. English Pictures at Home. From the Collection of Mr. Punch. f°. London, Bradbury. 42 s.

Aus Albrecht Dürer's Leben. Ein Beitrag zur deutschen Kunst- u. Sittengeschichte des XVI. Jahrh. (Hannoversches Tagbl., 2. Beil., 30. Dec. 1879.)

Eichthal, A. v. Tizian's Geburtsstätte. (Unsere Zeit, N. F., XV. 24.)

Ephrussi, Ch. Manuscrit du Journal de voyage d'Albert Dürer dans les Pays-Bas. (Chron. des Arts 1879, 40.)

Essenwein, A. Bilder aus dem bürgerlichen Haushalte des 14.—15. Jahrh. (Anz. f. K. d. d. Vorzeit 1880, 1.)

Förster, E. Denkmale italienischer Malerei vom Verfall der Antike bis zum 16. Jahrh. 88. u. 89. Lfg. f°. (6. Bd. S. 48—69 m. 6 Stahlst.) Leipzig, T. O. Weigel. à M. 2.

Gas, F. François Diday. (Journal de Genève, 20 et 21 nov. 1879.)

Gerspach. La mosaïque absidiale de St. Jean de Lateran. (Gaz. des B.-Arts, Févr. 1880.)

Ghirardini, G. Giasone e Pelia; dipinto pompeiano, illustrato. Napoli, tip. F. Giannini. 4°, 10 p. con 1 tav. (Estr. dal vol. „Pompei e la regione sotterrata dal Vesuvio nell' anno 79, Napoli 1879".)

Goovaerts, A. Les trois peintres Van Minderhout. (Journ. des B.-Arts 1879, 24.)

Gonse, L. Eugène Fromentin, peintre et écrivain. V. (Gaz. des B.-Arts, Jan. 1880.)

Gower, R. Figure Painters of Holland. Illustr. 8°. London, Low. 3 s. 6 d.

Guselette, Ch. Mademoiselle Constance Mayer et Prud'hon. III. (Gaz. des B.-Arts, Dec. 1879.)

Heath Wilson, C. A fresco of Fra Angelico. (Academy 394.)

Hucher, E. Iconographie du roi René, de Jeanne de Laval, sa seconde femme, et de divers autres princes de la maison d'Anjou, Louis II, Yolande d'Aragon, Jean duc de Calabre, Charles IV comte du Maine et Ferry II comte de Vaudemont. 8°, 43 p. et 8 pl. Le Mans, Monnoyer. (Extr. de la Revue hist. et archéol. du Maine.)

Hugonnet, L. Verescbagin. (L'Art 265.)

Ilg, A. Meister Michael Pacher von Bruneckeu u. Meister Hueland. (Mitth.d. k. k. Centralcomm., V. f. V. 4.)

Kaulbach's, W. v., Wandgemälde im Treppenhause des neuen Museums zu Berlin, in Kupfer gest. von G. Eilers, H. Merz, J. L. Raab, A. Schultheiss. Mit erläut. Text herausgeg. unter den Auspicien des Ministers. Neue Ausg. qu. gr. f°. (6 Kupfertaf. m. 7 Bl. Text.) Berlin, A. Duncker. M. 20. 25.

Kümmel, E. Der Porträtmaler Benjamin v. Blockh. (Wien. Abendp., B 25.)

Kunst, alte und neue. Chromographirte u. pantographirte Copieen nach antiken u. modernen Bildern mit kurzen Künstler-Notizen. 1. Serie. 12 Bl. 4°. (Mit Text auf der Rückseite.) Wandsbeck, Heitz. M. 6.

Lefort, P. Velasquez. IV. (Gaz. des B.-Arts, Fevr. 1880.)

Lippmann, F. Autographen von Dürer im Kupferstichkabinet. (Jahrb. d. königl. preuss. Kunstsamml. I.)

Maler, die französischen, des 18. Jahrh. Herausg. von A. v. Wurzbach. 7.—18. Lfg. gr. f°. (S. 9—28 m. eingedr. Holzschn. u. je 2 Bl. in Lichtdr.) Stuttgart, Neff. à M. 2. 50.

Mantz, P. Adrien Brauwer. (Gaz. d. B.-Arts, Dec. 1879, Jan. 1880.)

— — François Boucher, Lemoyne et Natoire. f°, 197 p. avec 32 pl. hors texte à l'eau-forte et 58 grav. Paris, Quantin. fr. 100.

Marquet de Vasselot. Histoire du portr. en France gr. 8°, XXVIII—5 7 p. Paris, Rouquette.

Meissonier. (Wien. Abendp., B. 31.)

Ménard, R. Jules Dupré. (L'Art 259.)

Meyer-Zeller, H. Der Glasmaler-Monogrammist A. H. II. Hälfte des 16. Jahrh. (Anz. f. schweiz. Alterthumskunde 1879, 3.)

Notices historiques concernantes un tableau unique original du 1525. S. l. (Firenze), tip. R. Ricci. 8°. 4 p.

Palagi, G. Nozze Mauera-Nobili in Firenze. Firenze, tip. M. Ricci. 22 p. (E la narrazione dei casi del pittore Calavresc.) Nicht im Handel.

Podesti, F. Die vaticanischen Wandgemälde im sogenannten Saale der unbefleckten Empfängniss. Eine Festgabe zur 25. Jahresfeier des 8. December 1854. Mit erläut. Texte von A. Kuhn. gr. f°. (5 Lichtdrucktaf. m. 4 S. Text.) Einsiedeln, Benziger.

Portrait (le) du cardinal Antoine Dal Monte, tableau original peint sur bois par Raphael d'Urbino. Article-extrait du Journal Officiel de Rome du 18 avril 1846 du I. Rezzi; e tre Pareri di accademie e di professori. S. l. (Roma), tip. Pallotta. 8°, 8 p. e tav.

Raphael. Ueber eine dem Raphael Sanzio zugeschriebene Madonna, jetzt im Besitze des Hrn. J. C. Hooker in Rom. (Ztschr. f. Museologie 1880, 1.)

Reumont, A. Il ritratto della Fornarina. (Archiv. della Società Romana III. 1. 2.)

Richter, J. P. Rembrandt's Anatomie des Dr. Deyman. (Ztschr. f. bild. K. XV, B. 6.)

Ritz, R. Fresken in der Kirche von Valeria zu Sitten. (Anz. f. schweiz. Alterthmskde. 1879, 2.)

Robaut, A. Notice sur quelques peintures murales par Corot. (L'Art, N° 268.)

Ruskin, J. Laws of Fiesole: familiar treatise on elem. principles and practice of drawing and painting as determined by the Toscan masters. arr. for use of schools. Vol. I. New York, J. Wiley & Sons. p. 13—264.

Schneider, F. Wandgemälde aus dem Kaufhause zu Mainz. (Corresp.-Blatt des Gesammt-Vereins d. d. Gesch.- n. Alterth.-Vereine 1879, 7. 8.)

Schultz, A. Wandmalereien im Prämonstratenserkloster in Braunschweig. (Jahrb. d. königl. preuss. Kunstsamml. 1.)

Seboth, J. Die Alpenpflanzen nach der Natur gemalt. Mit Text von F. Graf und einer Anleitung zur Cultur der Alpenpflanzen in der Ebene, von J. Petrasch. 16. Heft. gr. 16°. (2. Bd. 9 Chromolith.) Prag, Tempsky. à M. 1.

Siret, A. Dictionnaire histor. des peintres de l'école flamande. Contin. (Journ. des B.-Arts 1879, 24; 1880, 1 ff.)

Sogliano, A. Le pitture murali campani scoperte negli anni 1867—79 descritte. Supplemento all' opera dell' Hellig „Wandgemälde der vom Vesuv verschütteten Städte Campaniens", Leipzig 1868. Napoli, tip. F. Giannini 4°. 167 p (Extr. dal vol. „Pompei e la regione sotterrata dal Vesuvio nell' anno 79, Napoli 1879".)

Naisberger, E. L'art et l'église. Quentin Metsys. (Revue de Belgique, Nov. 1879.)

Tournoux, M. Mérimée critique d'art. (L'Art 266.)

Ueber die vorzüglichsten Miniaturmaler des Mittelalters. (Ztschr. f. Museol.) 1879, 22. 23. 24.]

Vachon, M. Notes inédites de Delacroix. (La France, 21 Jan.)

Valentin, V. Philipp Veit. Eine Charakteristik. Schluss. (Ztschr. f. b. Kunst XV, 3.)

Vanden Branden, F. J. Geschiedenis der Antwerpsche schilderschool bekroond met den eersten prijs in den wedstrijd geopend door de regeering der stad Antwerpen. Livr. 17. 8°. 32 p. Anvers, J. E. Buschmann. fr. 0. 40.

Wallis, G. The lost Rembrandt. (Art Journ. Dec. 1879.)

Warnecke, F. Musterblätter für Künstler u. Kunstgewerbetreibende, insbesondere für Glasmaler, nach Orig.-Entwürfen von H. Holbein, Manuel Deutsch, D. Lindtmair, Chr. Maurer u. A. I. Lfg. f°. (20 Bl. in Lichtdr. m. 8 S. Text.) Berlin, H. S. Hermann. M. 20.

Wustler, J. Mantegna's Triumphe des Petrarca. (Ztschr. f. b. Kunst XV, 3.)

Woltmann, A. Geschichte der Malerei. (Die Malerei des Alterthums von K. Wörmann. — Die Malerei d. Mittelalters u. d. Neuzeit v. A. Woltmann.) Mit vielen Illustr. in Holzschn. 5. Lfg., 2. Hälfte u. 6. Lfg. gr. 8°. (2. Bd. S. 1—128.) Leipzig, Seemann. à M. 4. 50. (1—6: M. 18.)

— — Giotto. (Westermann's Illust. d. Monatsh., Febr.)

VI. Münz-, Medaillen-, Gemmenkunde, Heraldik.

Aubertin, C. Quelques mots d'histoire sur le drapeau de la France. 8°, 23 p. Dijon, imp. Jobard.

Bahrfeldt, M. Die Münzen der Stadt Stade. (Numism. Ztschr. XI, 2.)

Bocke-Klüchtzner, E. v. Der Adel des Königreichs Württemberg. Ein neu bearb. Wappenbuch mit kurzen genealog. u. histor. Notizen. 2. Lfg. 4°. (S. 25 111 m. 9 Steintaf.) Stuttgart, Kohlhammer. à M. 5.

Busson, Dr. A. Raitpfennig des Tiroler Kammerraitrathes Ernest von Stahlburg. (Numism. Ztschr. XI, 2.)

Clericus, A. Das Reichenbach'sche Stammbuch. (Der Deutsche Herold 1879, 8—10.)

Crollalanza, G. Croqu's drôlatiques sur les animaux du blason (cont. e fine). (Giorn. araldico-genealogico-diplomatico, dir. dal cav. G. B. di Crollalanza, N° 5, nov. 1879. Rocca.)

Du Chastel de la Howardries, P. A. Notices généalogiques tournaisiennes, dressées sur titres. 7e livr. 8°, 52 p. Tournai, Vasseur-Delmée. (L'ouvrage formera 36 livr. à fr. 2. 50.)

Erbstein, J. u. A. Ein Beitrag zur Münzkunde der Kipperzeit. Fortsetzg. u. Schluss (Ztschr. f. Museologie 1879. 22 24.]

F. K. Die heraldischen Kronen. (Anz. f. K. d. d. Vorzeit 1879, 11.)

Forestié, E. Etymologie du nom de Montauban et origine de ses armoiries; les Sceaux de l'abbaye de Montauriol et des chapitres de Montauban. 8°, 18 p. Montauban, imp. Forestié. (Extr. du Bull. de la Soc. archéol. de Tarn-et-Garonne.)

Friedländer, J. Die italien. Schaumünzen des 15. Jahrh. (Jahrb. d. kgl. preuss. Kunstsammml. 1.)

Fumi, L. e A. Nellièl. I conti Pori signori di Argiano, genealogia. (Contin. (Giorn. arald.-geneal 1879, dic.)

Gauderban, O Description d'une trouvaille de monnaies romaines 8°, 16 p. Péronne, imp. Trepant.

Gritzner, A. M. F. Heraldische Terminologie. Forts. (Vierteljahrschrift f Heraldik 1879, 3.)

Heyd, W. Ueber die angeblichen Münzprägungen der Venetianer in Accon, Tyrus n. Tripolis. (Numism. Ztschr. XI, 2.)

Kenner, Dr. F. Asia in Lucanien. (Numism. Ztschr. XI, 2.)

— Bronzemedaillon der Kaiserin Faustina. (Numism. Ztschr. XI, 2.)

— Goldmedaillon von Constantin d. Gr. (Numism. Ztschr. XI, 2.)

Klemm, Disc. Heraldische Forschungen. (Württ. Vierteljahrsh. II, 1.)

Klürmann, Dr. A. Die Darstellungen öffentlicher Monumente auf Münzen der Republik. (Numism. Ztschr. XI, 2.)

Köhler, U. Die Münzen von Salamis, Eleusis n. Oropos. (Mitth. d. d. archäol. Inst. IV, 3.)

Lancia (It di Brolo. Album genealogico e biografie. Palermo, tip. G. B. Gaudiano. (Nicht im Handel.)

Liske, J Viajes de extranjeros por España y Portugal en los siglos XV, XVI y XVII. (Año 1878.) Traducidos del original y anotados por F. R. Madrid 8°, 272 p. 13 y 14 (Publicado en la Revista Europea.)

Luschin v. Ebengreuth, Dr. A. Beiträge zur Münzgeschichte der Steiermark im Mittelalter. (Numism. Ztschr. XI, 2.)

— Die Münzen u Medaillen der Familie Eggenberg. (Numism. Ztschr. XI, 2.)

Markl, A. Die Münzen des Tetricus n. Claudius II mit dem Bildnisse zweier Kaiser (Numism. Ztschr. XI, 2.)

Pilet de Thorey, E. Etude sur la sigillographie du Dauphiné, accompagnée de 28 pl. contenant 159 fig. 8°, 176 p. Grenoble, imp. Maisonville et fils. (Extr. du Bull. de la Soc. de statistique de l'Isere.)

— Inventaire des sceaux relatifs au Dauphiné conservés dans les archives departementales de l'Isère 8°, 151 p. Grenoble, imp. Maisonville et fils. (Extr. du Bull. de la Soc. de statistique de l'Isere.)

Potiquet, A. Armorial du canton de Maguy-en-Vexin. 8°, 51 p. Paris, Petit. (Tiré à 20 exempl.)

Rocchi, G. Albero genealogico della famiglia Caroli Civitanova-Marche, documentato. Civitanova-Marche, Natalucci. 8°, 44 p. L. 1. 25.

Rouignol, C. Monnaies des Edues pendant et après la conquête de la Gaule. 8°, 29 p. et pl. Autun, imp. Dejussieu père et fils.

Schalk, Dr. C. Die österreichischen Goldgulden im 15. Jahrh. (Numism. Ztschr. XI, 2.)

Schmidt, M. Die Heimath der Bracteaten mit gekröntem Kopfe. (Blätter f. Münzfr. 1879, 10.)

Siebmacher's J. grosses und allgem. Wappenbuch in einer neuen, vollständig geordneten und reich verm. Aufl. mit herald. u hist.-geneal. Erläut. neu herausgeg. 179.—181. Lfg. gr 4°. (44 S. m. 53 Steintaf.) Nürnberg, Bauer & Raspe. à M. 6.

Soultrait, de Armorial historique et archéologique du Nivernais. 2 vol. 4°. XXXV 603 p. et 31 pl. Nevers, Michot.

Tonini, P. Otto sigilli Cortonesi del Museo naz. di Firenze. (Archiv stor. it. 1879, 5.)

Vimercati, P. Dissertazione sui nummi popolari cartacei. Bergamo, tip. Gaffuri e Gatti. 16°. 24 p.

Vimercati-Sozzi, P. Dissertazione sui nummi popolari cartacei italiani, letta all' Ateneo di Bergamo il 21 sett 1879. Bergamo, stab. Gaffuri e Gatti. 4°, 23 p.

VII. Schrift, Druck u. graphische Künste.

Aigner, J Illustrationen zu Kinkel's Otto der Schütz. 8°. (12 Lichtdr.) München, Ströfer. M. 12.

Album Cham. Texte par Ignotus du „Figaro" et les rédacteurs de „La France Illustrée". Paris, imp. Romuel. fr. 20.

Alban ainé. Documents pour servir à l'histoire de la librairie parisienne. Spécialité de livres dépareillés. 8°, 8 p. Paris, imp. Sysmouds. (Extr. de la Typologie Tucker, N° du 31 août 1879.)

Andial, L. Essai sur l'imprimerie en Saintonge et en Aunis. 8°, 211 p. avec vign. Pons, imp. Texier. fr. 5.

Ariosto, L. Orlando furioso, illustrato con 80 grandi quadri e 535 disegni di G Doré; con prefazione di G. Carducci. Milano, Frat. Treves. L. 75.

Art sale, the works of Bartolozzi. (Academy 399.)

Barrantes, V. Aparato bibliográfico para la historia de Estremadura. Tomo III Madrid, Murillo. 4°, 600 p. 40 y 44

Bibliofilo (il), giornale dell' arte antica in ristampe e scritture e ne' loro accessori ed ornati, colla relativa giurisprudenza; diretto da C. Lozzi. Anno 1°, N° 1 (gennaio 1880). Firenze, tip. succ. Le Monnier 8°, 16 p. con copertina stampata. Mensile L. 6 all' anno.

**Bibliotheca philologica oder geordnete Uebersicht aller auf dem Gebiete der class. Alterthumswissenschaft wie der älteren und neueren Sprachwissenschaft in Deutschland und dem Ausland neu erschienenen Bücher. Herausgeg. von W. Müldener. 32. Jahrg 1 Heft. Jan. bis Juni 1879. gr. 8°, 138 S. Göttingen, Vandenhoeck & Ruprecht. M. 1 20.

Blondeau. Classische Schriften in 24 Blättern für Zeichner, Architekten, Decorationsmaler, Goldarbeiter, Graveure u. Lithographen. verb Aufl. Lith. gr. 8°. Leipzig, Mayer. M. 2.25.

Becher, E. Les gravures franç. du XVIII° siècle, ou Catalogue raisonné des estampes, vignettes, eaux-fortes, pièces en couleur, au bistre et au lavis, de 1700 à 1800. 5e fasc. Augustin de Saint-Aubin, X 274 p. Paris, Morgand et Fatout. fr. 40. (Tiré à 475 exempl.)

Bonghi, R Bibliografia storica di Roma antica: saggio e proposte. Roma, tip. Elzeviriana. gr. 8°, 178 p. L. 6.

Boruet, J. B. Oraison funèbre du Grand Condé. Paris, Morgand et Fatout. 1879. 4°.

Brillat-Savarin. Physiologie du goût Avec une préface par Ch. Monselet. 2 vol. 16°, XVI 624 p. avec 52 eaux-fortes par Lalauze. Paris, Libr. des bibliophiles. fr. 60.

Catalogue de beaux livres anciens, ornés de gravures, provenant des bibliothèques de MM R*** et M***, dont la vente aura lieu le 26 janvier 1880 et jours suivants. 8°, IV—148 p. Paris, Labitte. (608 num.)

Catalogue de livres ayant composé la bibliothèque de M. Ch***, dont la vente aura lieu du 12 au 28 février 1880. 8°, XII—290 p. Paris, Labitte. (3144 num.)

Catalogue d'estampes anciennes, principalement de l'école française du XVIII° siècle, en noir et en couleur. Ornements, lithographies et eaux-fortes modernes, tableaux et livres, formant la collection de feu M. Huvonnait, directeur de l'école de dessin d'architecture, sculpture et peinture de la ville de Poitiers, dont la vente aura lieu les 19, 20, 21 et 22 janvier 1880. 8°, 68 p. Paris, Delestre. (894 num.)

Catalogue d'estampes anciennes de l'école française du XVIII° siècle, pièces imprimées en noir et en couleur, vignettes et livres illustrés du XVIII° siècle, œuvres de Ch. Meryon, etc. provenant de la collection de M. A W., dont la vente aura lieu les 23, 24, 25 et 26 février 1880. 8°, 102 p. Paris, Clement. (1015 num.)

Catalogue d'estampes anciennes, principalement de l'école du XVIII° siècle, pièces historiques de l'époque de la Révolution, costumes, caricatures et pièces sur les mœurs, lithographies et eaux-fortes modernes, composant la collection de M J. F., dont la vente aura lieu les 16, 17 et 18 février 1880. 8°, 75 p. Paris, Clement. (801 num.)

Catalogue of Piales, English, German and Italian Circulating Library of 10.000 vol. Rome, print. by Sinimberghi. 8°, 154 p.

Catalogue of the Spanish Library and of the Portuguese books bequeathed by G Ticknor to the Boston Public Library together with the collection of Spanish and Portuguese literature in the general library, by J. Lyman Whitney. Boston, printed by order of the Trustees. 1879. 4°. a dos col. XVI 476 p. Madrid, Murillo. 120 y 128

Chronique de l'imprimerie, gazette cosmopolite de la typographie et de la lithographie. N° 1. 1er janvier 1880. 4°, à 2 col. 8 p. avec vign. Paris, imp. Schmidt. Abonn.: un an, 8 fr.

Ciampi, J. Vita di Paolo Mercuri incisore. 2e ed. con documenti inediti Roma, V Salviucci. 8°, XII 210 p. L. 4

Courrier (le) de l'imprimerie, revue encyclopédique des arts et des sciences se rattachant à l'imprimerie 1re année. N 1. 21 déc. 1879. 4°, à 2 col. 8 p. avec vign. Paris, imp. Pratolongo. Abonn.: Paris et dép., un an, 7 fr.; étranger, un an, 9 fr. (Paraît tous les dimanches.)

Diegerick. Essai de bibliographie yproise. (Suite) (Ann. de la Soc. hist., archéol. et litt. de la ville d'Ypres et de l'ancienne West-Flandre. Tome VIII, 3e et 4e livr. Ypres, imp. Simon Lafonteyne.

Doré Gift Books. The Story of Elaine, from the Arthurian Legends. By P. Mallory. f°. London, Ward & L. 12 s

Doré Gift Books The Story of Enid and Geraint, from the old Welsh, French, German, and Scandinavian Legends. f°. London, Ward & L. 12 s.

Doré Gift Books. The Story of King Arthur and Queen Guinevere. From the Traditions of the Mythical period of British History, later Poetry, etc. f°. London, Ward & L. 12 s.

Doré Gift Books. Vivien, the Story of Merlin the Enchanter. From British and Breton Chroniclers, etc. f°. London, Ward & L. 12 s

Duplessis, G. Histoire de la gravure en Italie, en Espagne, dans les Pays-Bas, en Angleterre et en France, suivie d'indications pour former une collection d'estampes. Cont. 73 reproductions de gravures anciennes exécutées pour la plupart par le procédé de Amand-Durand 4°, 532 p. Paris, Hachette et Ce. fr. 25.

Eaux-fortes et gravures des maîtres anciens, tirées des collections les plus célèbres et pu-

bliées avec le concours de E. Lièvre. Notes par
G. Duplessis. 9e vol. 3e série. Paris, heliogr.
Amand-Durand.

Gli Elzeviri. (Bibliografia Italiana 1879, 24, Cronaca.)

Khorn, G. Aegypten in Bild und Wort. Dargestellt von unseren ersten Künstlern. 2. Aufl.
20. u. 21. (Schluss-)Lefg. f°. (2. Bd. XII u.
S. 361—431 m. eingedr. Holzschn., Holzschntaf.
u. 1 chromolith. Karte.) Stuttgart, Hallberger.
à M. 4.

Ephrussi, Ch. A propos d'une gravure inconnue
du XVe siècle. (Gaz. d. B.-Arts, Jan. 1880.)

Etcher (the). A Magazine of the original Etched-
Work of Artists. Vol. I. cont. 16 original
Etchings. 4°. London, Williams & N. 28 s.

Faulmann, K. Illustrirte Geschichte der Schrift.
Populär-wissenschaftl. Darstellung der Entstehung der Schrift, der Sprache und der Zahlen, sowie der Schriftsysteme aller Völker der
Erde. Mit 14 Taf. in Farben- und Tondruck
und vielen in den Text gedr. Schriftzeichen,
Schriftproben u. Inschriften. 16.—20. (Schluss-)
Lfg. gr. 8°. (XVI u. S. 481—632.) Wien, Hartleben. à M. 0. 60.

Festzug, der costümirte, der Reichshaupt- und
Residenzstadt Wien anlässlich der silbernen
Hochzeitsfeier Ihrer Majestäten am 27. April
1879. qu. gr. 16°. (6 Bl. in Tondr. in schm.
gr. 8°.) Wien, Zamarski. M. 0. 60.

Forchheim, F. Bibliotheca Pompejana. Catalogo
ragionato di opere supra Ercolano e Pompei
publicate in Italia ed all' estero dalla scoperta
delle due città fino ai tempi piu recenti. Con
un appendice. Opere sul Vesuvio. gr. 8°,
VII—37 S. Neapel, Furchheim. M. 3.

Gabrielli, B. Scritti letterari ossia Studi bibliografici su varie opere italiane. 18°, VIII—328 p.
Paris, Delagrave. fr. 3. 50.

Galleria Dantesca. Trenta fotografie dei disegni
a penna di F. Scaramuzza (16 per l'Inferno, 8
pel Purgatorio e 6 pel Paradiso), con dichiarazioni del prof. C. Fenini e coi pezzi di Dante
in italiano, tedesco (trad. di Filalete), francese
(trad. di Littré e De Mongis), e inglese (trad.
di Longfellow). Milano, U. Hoepli. 4°, 134 p.
L. 80.

Galleria Dantesca minuscola. Trenta fotografie
dei disegni di Scaramuzza e tre tavole cromo-
litografiche ideate dal duca Caetani di Sermoneta, con testo illustrativo di C. Fenini. Milano,
U. Hoepli. 120°. L. 15.

Gautier, T. Fusains et eaux-fortes. 18°, VII
324 p. Paris, Charpentier. fr. 3. 50. (Bibl.
Charpentier.)

Gonse, L. Les dernières œuvres de Will. Unger.
(Gaz. des B.-Arts. Févr. 1880.)

Goethe. Faust 1re partie. Preface et traduction
de H. Blaze de Bury. 11 eaux-fortes de Lalauze et grav. de Meaulle d'après Vogel et
Scott. 4°, XI.IX—279 p. Paris, Quantin. fr 50.

Gruyer, G. Les Illustrations des écrits de
Jérôme Savonarole publiés en Italie au XVe et
au XVIe siècle, et les paroles de Savonarole
sur l'art. Ouvrage accompagné de 33 grav.
exécutées d'après les bois originaux par A. Piliński et fils. 4°, 227 p. Paris, Firmin-Didot
et Ce. (Tiré à 300 exempl.)

Hagen, A. Königsbergs Kupferstecher u. Formschneider im 16. u. 17. Jahrh. (Altpreuss.
Monatsschr. XVI, 7.)

Helbig, H. L'exemplaire du baron de Crassier
à Liege de la première bible imprimée. (Bull.
de l'Institut archéol. Liegeois XIV.)

Hippert, T. et L. Linnig. Le peintre-graveur
hollandais et belge du XIXe siècle. 3e et 4e par-
tics (fin). 8°, 527 p. Bruxelles, Fr. J. Olivier.
fr. 20.

Histoire (l') de Tobie, traduite de la sainte Bible
par Lemaistre de Sacy. gr. f°, 53 p. avec 14
grandes compositions gravees à l'eau-forte
d'après les dessins originaux de Bida, et 43
têtes de chapitre, lettres ornees et culs-de-
lampe, avec encadrements et titres imprimés
en rouge. Paris, Hachette et Ce. fr. 50.

Husnik, J. Das Gesammtgebiet des Lichtdrucks,
nebst einer vollständigen theoretisch-praktisch.
Anleitung zur Ausübung der Photolithographie,
Emailphotographie, Chemigraphie (Zinkographie) u. anderweit. Vorschriften zur Vervielfältigung der negativen u. positiven Glasbilder.
Mit 11 eingedr. Holzschn.-Abbild. u. 8 Illustrationsbeilagen. 2. verm. Aufl. 8°, XVI—
210 S. Wien, Hartleben. M. 4.

Hymans, H. Compositions décoratives et allégoriques des grands maitres de toutes les
ecoles, reproduites d'après les estampes originales par la photolithographie et accompagnées
d'un texte explicatif. 8°, 48 p. et 96 pl. Liège,
Ch. Classen. fr. 30.

— — Histoire de la gravure dans l'école de
Rubens. 8°, VIII—551 p. avec 8 fac-simile
heliographiques. Bruxelles, Fr. J. Olivier.

Illustrationen zu deutschen Dichtern. 1. Serie.
(Gedichte von E. Geibel, illustr. v. Th. Kutaschmann. 3. Heft. f°. (2 Steintaf. m. 2 Bl. Text
u. chromolith. Titelblatt.) Neumünster, Drumby.
à M. 4 50.

Italien. Eine Wanderung von den Alpen b. z.
Aetna. In Schildergn. v. K. Stieler, E. Paulus,
W. Kaden, m. Bildern v. G. Bauernfeind, O. Bohn,
A. Calame etc. Holzschnitte v. A. Closs. 2. Aufl
37 Lfgn. f°. (VII—422 S. mit eingedr. Holzschn.
u. Holzschntaf.) Stuttgart, Engelhorn. à M. 1. 50.
(cplt.: M. 75.)

Köhler, S. R. The works of the American etchers.
R. Swein Gifford. (American Art Review 1.)

Konewka, P. 6 Bl. zu Shakespeare's Sommernachtstraum. Silhouetten in Holz geschnitten
von W. Hecht. gr. 4°. (6 Holzschntaf. m. eingedr. Text.) München, Unflad. M. 3.

Kunst, die, für Alle. Eine Sammlung der vorzüglichsten Malereische, Radirgn. u. Formschnitte d. 15.—18. Jahrh., mit besond. Bezkchg.
auf Kunst- u. Culturgeschichte, hrsg. v. H. G.
Gutekunst. In phot. Fesm.-Druck ausgeführt
v. M. Rommel. Mit erläut. Texte von L. Weimer.
26.—39. Lfg. f°. (à 2 Bl. m. 2 Bl. Text.) Stuttgart, Neff. à M. 3.

Künstlerheim. Festgeschenk für Freunde der
Kunst. 25 Orig.-Zeichn. in Feder u. Blei, Kreide
u. Kohle. (2 Samml.) Durch Lichtdr. veröffentlicht. gr. f°. München, A. Ackermann.
à M 30.

Künstlerlaunen. 33 Zeichnungen von H. Daisch,
W. Diez, F. A. Kaulbach, H. Kauffmann, Br.
Piglhein, H. Seitz, E. Zimmermann, H. Zügel
u. A., mit alten u. neuen Gedichten. f°. (35 Bl.)
München, Bassermann. M. 12.

Lalanne, M. Etching: a complete Exposition of
the Processes employed, with 40 illustrative
Plates by the Author. Authorised edit. with
Plates from the originals. The Text translated
by S. R. Kuhler, and an Introductory Chapter
by the Translator. 8. (Boston.) London. 18 s.

Lostet, W. Die Chemigraphie (Zinkätzung) als
Ersatz für den Holzschnitt. (D. Monatsh. z.
Bef. d. Erwerbsthätk. I, 4.)

L'Estoile, P. de. Mémoires-Journaux de P de
l'Estoile. Édition pour la première fois complète et entierement conforme aux manuscrits
originaux, publiée avec de nombreux documents
inedits et un commentaire historique, bio-

graphique et bibliographique, par MM. G. Brunet, A. Champollion, F. Halphen, P. Lacroix, Ch. Read et Tamizey de Larroque. T. 6 et 7. Journal de Henri IV (1593—1594 et 1595—1601). 2 vol. 8°, 775 p. Paris, lib. des bibliophiles. Chaque vol. fr. 15.

Livre (le), revue mensuelle: bibliographie ancienne, bibliographie moderne et bibliographie bibliographique. 1re année. 1er vol. 1re livr. 10 janv. 1880, à 2 col. divisé en trois parties, 152 p. avec pl. et grav. Paris, Quantin. Abonn.: Paris, un an, 40 fr.; dép., 42 fr.; étranger, 46 fr. et 50 fr.

Le Vaseur, A. Croquis contemporains. Pointes sèches de L. Abbema, texte par A. L. V. 1re livr.: Sarah Bernhardt, C. Duran, Ch. Garnier, P. Mantz, Ch. Chaplin. gr. 4°, p. 1 à 20 et 5 portr. à l'eau-forte. Paris, V. Cadart. (Cette publ. paraitra tous les deux mois et contiendra 5 portr. dans chaque livr. La livr. fr. 20.)

Liebenan, Th. v. Der Kupferstecher Martin Martini. Schluss. (Anz. f. schweiz. Alterthumskunde 1879, 3.)

Linton, W. J. Practical Hints on Wood Engraving. For the Instruction of Reviewers and the Public. Illustr. (Boston.) London. 6 s.

Lippmann, F. Unbeschriebene Blätter des 15. bis 17. Jahrh. im Kupferstichkabinet zu Berlin. (Jahrb. d. kgl. preuss. Kunstsamml. 1.)

Loth, A. Saint Vincent de Paul et sa mission sociale. Introduction par L. Veuillot: appendices par A. Baudon, E. Cartier, A. Roussel. 4°, 531 p. avec 14 chromolith., 2 héliogr. par Amand-Durand, 1 eau-forte par Flameng et 200 vign. Paris, D. Dumoulin et Ce. fr. 30.

Lübke, W. Kupferstich u. Radirung. (Gegenwart 1879, 52.)

Maberly, J. The Print Collector: an Introduction to the Knowledge necessary for forming a Collection of Ancient Prints. With an Appendix containing Fielding's Treatise on the Processes of Engraving. Catalogues of the Etched Works of Rembrandt and of Dürer's Etchings and Engravings and a Bibliography. Edited, with Notes and an Account of Contemporary Etchings and Etchers, by R. Hoe jun. With Illustr. 8°. (New York.) London. 30 s.

Madden, J. P. A. Lettres d'un bibliographe, suivies d'un Essai sur l'origine de l'imprimerie de Paris. 5e série. 8°, XI—284 p. et atlas in 4° de 6 pl. et 3 tableaux. Paris, Leroux.

Makart's, H., Festzug der Stadt Wien am 27. April 1879, als Huldigung zur silbernen Hochzeit des Kaiserpaares, naturgetreu chromolith dargestellt von E. Stadlin. 2. Liefg. qu gr. f°. (4 Chromolith.) Wien, Perles. a M 6.

Milton, J. Das verlorene Paradies. Deutsch von A. Böttger. Illustr. v G. Doré. 2—10. (Schluss-) Lfg. f°. (S. 79 342 m. Holzschntaf.) Leipzig, Bach. à M 6.

Motteroz. Reproduction héliographique de l'essai sur les gravures chimiques en relief. 12°, 83 p. Paris, imp. Motteroz.

Nagler, G. K. Die Monogrammisten u. diejenigen bekannten u. unbekannten Künstler aller Schulen, welche sich zur Bezeichnung ihrer Werke eines figürl. Zeichens, der Initialen des Namens, der Abbreviatur desselben etc. bedient haben. Fortgesetzt u. Dr. Andresen. Nach dem Tode beider fortgesetzt v. C. Clauss. 5. Bd. 4.—5. Heft. gr. 8°. (IV u. S. 289 436.) München, Franz. (I—V. 5.: M. 109. 60.)

O. J. T. La bibliothèque de l'église collégiale de St. Paul à Liège en 1460. (Bull. de l'instit. archéol. liégeois XIV.)

Paris-Murcie, journal illustré, publié au profit

des victimes des inondations d'Espagne par le comité de la presse française, sous la direction de M. Ed. Lebey. Numéro unique. 18 déc. 1879. gr. 4°. 4 p. avec dessins de Meissonier, Gérôme, G. Doré, Détaille, Vibert, Bonnat, Baudry, etc., et autographes de souverains, de princes et des plus grands personnages de notre époque. Paris, Plon et Ce. fr. 1.

Paris-Murcia, periodico publicado en francés por el Comité de la prensa francesa, a beneficio de las victimas de las inundaciones de España, bajo la direccion de don E. Lebey. Numero unico. (18 dec. 1879.) gr. 4, 24 p. con autografo y dibujos Paris, Plon et Ce.

Parker, J. H. Photographs of Early Christian Art. 4°. London, Stanford. 42 s.

Pélegry, A. La Photographie des peintres, des voyageurs et des touristes. Nouveau procédé sur papier huilé, simplifiant le bagage et facilitant toutes les operations, etc. 18°, 82 p. et 2 pl. photogr. Paris, Gauthier-Villars. fr. 1. 75.

Perrault, G. Il Libro delle Fate illustrato con 40 grandi quadri da G. Doré. Fasc. 1 à 7. Milano, Lombarda. f°. p. 1 à 56. — Ogni fasc. L. 1. 50.

Rembrandt. Oeuvre de Rembrandt, reproduit et publié par Amand-Durand. Première partie, composée de 160 pl. Les 160 pièces choisies séparément sont vendues: 1re cat., petites pièces, 1 fr.; 2me cat., pièces moyennes, 2 fr.; 3me cat., grandes pièces, 6 fr. La collect. de 160 pl. réunies, fr. 300. Paris, imp. Amand-Durand.

Rowlandson, the Caricaturist. A Selection from his Works. With Anecdotical Descriptions of his famous Caricatures, and a Sketch of his Life, Times, and Contemporaries. By J. Grego. With about 400 Illustr. 2 vols. 4°, 290 p. London, Chatto. 56 s.

Salon illustré de 1879 (1re année), comprenant 200 dessins originaux et 16 eaux-fortes, exécutés par les artistes d'après leurs oeuvres et accompagnés de poésies inédites par MM. J. Aicard, Th. de Banville, E. Blémont, H. de Bornier, P. Bourget, F. Coppée, Dézamy, A. Houssaye, Richepin, etc., publié sous la direction de F. G. Dumas. 2 vol. 8°, VIII—430 p. Paris, Baschet. à fr. 40 et à fr. 26.

Schiffmann, F. J. Samuel Apiarius, der älteste Buchdrucker Solothurns, 1565—1566. (Indicateur d'hist. Suisse 1879, 3.)

Starke, A. Deutsche Geschichte In Verbindung mit Anderen. Mit zahlreichen Taf. in Farbendruck, mit geschichtlichen Karten u. authentischen Abbildungen im Text. (5 Abth.) 1. Abth. gr. 4. (240 S. m. 5 Beil. in Farbendr. u. Holzschn., 2 chromolith. Karten u. 82 erläut. Holzschn.-Abbild. im Text.) Bielefeld, Velhagen & Klasing. M. 4.

Wilifried, H. Graf. Leben u. Kunstleistungen des Malers u. Kupferstechers Georg Philipp Rugendas u. seiner Nachkommen. 8, XVIII—184 S. m. Portr. in Lichtdr.) Berlin, C. Heymann. M. 6.

Swift, J. jun. „Eldmuir", an Art-story of Scottish Home-life, Scenery and Incident. Illustrated with engravings after paintings by Jac. Thompson. London, Sampson Low 1879.

Swift, J. Voyages de Gulliver. Traduction de l'abbé Desfontaine, revue, corrigée et précédée d'une introduction par J. Janin. Illustrations de Gavarni. 4e édit. 8°, 384 p. Paris, Laplace, Sanchez et Ce.

Thompson, J. jun. „Eldmuir", an Art-story of Scottish Home-life, Scenery and Incident. Illustrated with engravings after paintings by Jac. Thompson. London, Sampson Low 1879.

Ueber die bedeutendsten Kalligraphen oder Handschriftenschreiber des Mittelalters. (Ztschr. f. Museologie 1880, 1. 2.)

Van Bommel, E. La Belgique illustrée, ses monu-

ments, ses paysages, ses œuvres d'art. 14e et
15e livr. 4°, 32 p. avec fig. par livr. Bruxelles,
Bruylant-Christophe et Ce. La livr. fr. 2.

Vaterland, unser, in Wort u. Bild geschildert v.
e. Verein der bedeutendsten Schriftsteller u.
Künstler Deutschlands u. Oesterreichs. I Serie.
Die deutschen Alpen. Wanderungen durch
Tirol u. Vorarlberg, das bayer. Gebirge, Salzkammergut, Steiermark u. Kärnten. Unter Mitwirkung v. L. v. Hörmann, E. Pichler, A.
v. Hauschseld etc. hrsg. v. H. v. Schmid.
Illustr. v. A. Closs, F. Defregger, W. Diez etc.
33.—46. Lfg. f°. Stuttgart. Krüner. à M. 0. 75.

Verneji. H. A. Die heiligen Monogramme. 15
(lith.) Blätter, nach älteren Mustern gez. n.
erläutert. qu. gr. 4°, 4 S. Düsseldorf. Schwann.
M 2.

Vivanet, F. Due legioni sui principali processi
grafici a base scientifica. Cagliari, tip. del
Commercio. 16°, 30 p.

Zomerkrans, een. Album voor poëzy en kunst
door J. J. L. ten Kate. (Geïllustreerd door
152 houtsneeplaten naar teekeningen van:
F. Piloty, B. Vautier, O. Achenbach, F. Kaulbach, L. Knaus, G. Closs, A. v. Ramberg,
Ad. Menzel e. a kl. 4°. (8 en 212 bl met 152
houtsneeplaten.) Nijmegen, Blomhert en Timmerman f. 12. 60.

VIII. Kunstindustrie.

Alphabetisches Verzeichniss von Majolika-Fabri-
kanten u. Majolica-Fabriken vom 15 - 18.Jahrh
in Italien. (Ztschr. f. Museologie 1880, 1.)

Antonini, C. L'avvenire dell' artigiano: studio:
Memoria premiata al concorso Carpi-Susani
1879. Milano, Frat. Dumolard. 16°, X—292 p.
con 1 tav. L. 3.

Appendice (III) alla raccolta dei Documenti già
editi sulle opere di bronzo eseguite nei privi-
legiati e premiati stabilimenti dei Fratelli De
Poli di Vittorio. Udine, tip. M. Bardusco. 8°,
70 p.

Arbeiten, alte, kunstgewerbliche, aus der Leipziger Ausstellung 1879. Nach Auswahl des
Comité's in Lichtdruck ausgeführt durch die
A. Naumann'sche Lichtdruckerei in Leipzig.
Unter Red. v. M. zur Strassen. (In ca 10 Lfgn.)
1. Lfg. f°. (10 Bl. in Lichtdr.) Dresden, Gilbers. M. 10.

Arbeitsstube, die. Zeitschrift für leichte u. ge-
schmackvolle Handarbeiten mit farbigen Orig.-
Mustern für Canevasstickerei, Application u.
Plattstich, sowie schwarze Vorlagen für Häkel-,
Filet-, Strick- u. Stickarbeiten aller Art. Jahrg.
1880. 12 Hefte (à 1—2 Chromolith. in. 1 B.
Text). 8°. Berlin, Ebhardt. Viertelj. M. 0. 45.

Arte (l') del Traforo, pubblicazione settimanale.
Ricca collezione di disegni originali per trafori
in legno, avorio, metalli, ecc. disegnata e diretta da A. Fumel. Anno I, n. ' (ott. 1879).
Milano, tip.-lit. A. Zanaboni. f . Abbonam.
annuo L. 10 50.

Artisans (les) célèbres. Édition revue par E. du
Chatenet. 12°, 119 p. Limoges, E. Ardant et Ce.

Baudrillart, H. Histoire du luxe privé et public
depuis l'antiquité jusqu'à nos jours. T. 3. Le
Moyen-âge et la Renaissance. 8°, 708 p. Paris,
Hachette et Ce. fr. 7. 50.

Blätter für Kunstgewerbe. Begründet von V.
Teirich, unter Mitwirkung bewährter Fachmänner red. von J. Storck. 9. Bd. 12 Hefte.
f°. (1. Heft 4 S. m. 5 lith., chromolith. u.
phototyp. Taf.) Wien. v. Waldheim. à M. 1 50.

Bonnaffé, E. L'art du bois. (L'Art 260.)

Braghirolli, W. Notizie storiche sulle manifatture di arazzi in Mantova. Mantova, Eredi
Segna.

Die Bronzen China's u. Japans u. die Sammlung
Cernuschi in Paris. (Wissensch. Beil. d. Leipz.
Ztg. 1880, 1—5.)

Bucher, B. Der Nil im Zimmer. (Blätter f.
Kunstgew. IX, 1.)

(B. Bucher,) Capo di Monte. (Blätter f. Kunstgew. 1°79, 12.)

Die drei Cabinetstücke Dinglinger's im k. Grünen
Gewölbe. (Ztschr. f. Museol 1879, 22. 23.)

Carpy, P. J. Tableaux décoratifs, plafonds et
panneaux (allégories, groupes, attributs). 4e livr.
f°. 21 pl. photogr. Liège, Ch. Clesen. fr. 55.

— — Nouvelle série. 12 pl. fr. 30.

Collière, L. Traité élémentaire de peinture en
céramique. 2e ed. 12°, VI—94 p. Beauvais,
Imp. Père. fr. 1. 25.

Chauvigné, A. Traité de décoration sur porcelaine et faïence, précédé d'une notice historique sur l'art céramique. 12°, 72 p. Tours,
imp. Bouserez.

China Painting in America. Including Porcelain
Painting, Japanese Decorative Art, Underglaze
Painting, Grand Feu etc. Illustr. by 3 folio
albums of Plates in 1 portfolio and text. In-
tended for Art Schools and Private Use. (New
York.) London. 25 s.

Clement de Ris, L. Un médaillon de Diane de
Poitiers. (Chron. des Arts 1879, 40.)

Correspondenzblatt z. deutschen Maler-Journal.
Organ der deutschen Maler-Innues Fachblatt
für Zimmer- u. Decorationsmaler, Lackirer u.
deren Fachgenossen. Red.: A. König. 4. Jahrg.
1880 24 Nrn. (à ½—1 Bg.) gr. 4°. Stuttgart,
Spemann Vierteij. M. 1. 5d.

Davillier, Ch. Les arts décoratifs en Espagne,
au moyen-âge et à la renaissance. Paris,
A. Quantin. 4°, 88 p. fr. 40.

(Dänemark.) Entstehung u. Entwicklung der
Kunstindustrie in Dänemark. (Kunst u. Gew.
1880, 2. 3.)

Demay, G. Le costume au moyen-âge d'après
les sceaux. gr. 8°, 500 p. avec 2 chromolith.
et 600 vign. Paris, D. Dumoulin et Ce. fr. 20.

Douet-d'Arcq, L. Inventaire des meubles de la
reine Jeanne de Boulogne, seconde femme du
roi Jean (1360). 8°, 20 p. Nogent-le-Rotrou,
imp. Daupeley. (Extr. de la Bibl. de l'École
des chartes, t 40.)

Ducarré, M. Le Travail industriel et le Travail
agricole en France, discours de réception à
l'Académie des sciences, belles-lettres et arts
de Lyon, prononcé le 15 juillet 1879. gr. 8 ,
31 p. Lyon, imp. Riotor. (Extr. des Mém. de
l'Acad. des sciences, etc., de Lyon (vol. 19e de
la classe des lettres)).

Edwards, C. The History and Poetry of Finger-
Rings. With a Preface by R. H. Stoddard. 12°.
(New York.) London. 6 s. 6 d.

Falaman, J. On the framing of pictures. (Art
Journ., Febr.)

Fischbach, F. Neue Muster für Stickerei und
Häkel-Arbeiten. (In 60 Taf.) I. Serie. 16°.
(40 Chromolith.) Hanau, Alberti in Comm. M. 3.

Fischbach, F. Ornamente der Hausindustrie
Ungarns. Text von C. v. Pulszky f°. (40
chromolith. u. Lichtdr.-Taf. m. 8 S. u. 24 Bl.
ungar., deutschem u. franzö. Text.) Budapest
1878. M. 72

Frati, L. Illustrazione di un pavimento in majolica nella basilica Petroniana alla cappella di
San Sebastiano. 2e ed. Bologna, tip. Regia.

Friedrich, C. Die Technik der Goldgläser. (Ztschr.
d. Kunstgew.-Ver. in München 1879, 11. 12.)

Gewerbeblatt aus Württemberg, herausgeg. von der königl. Centralstelle für Gewerbe u. Handel. Red.: v. **Steinbeis**. 32 Jahrg. 1880. 52 Nrn. (à ½—1 B.) gr. 8 Stuttgart, Knapp. M. 3.

Gewerbeblatt, schweizerisches. Organ der Gewerbemuseen Zürich und Winterthur Red.: E. **Jung**. 5. Jahrg. 1880. 12 Hefte. (à 2 2½ B. m. eingedr. Holzschn. n. Steintaf.) gr. 4°. Winterthur, Westfehling. M. 5.

Gewerbehalle. Organ für den Fortschritt in allen Zweigen der Kunstindustrie, unter Mitwirkung bewärter Fachmänner red. v. A. **Schill**. 18. Jahrg. 1880. 12 Hefte. (à Hefte. 4°. (1. Heft 7 Taf. in Holzschn. u. Farbendr. m. 3 Bl. Text.) Stuttgart, Engelhorn. à M. 1. 50.

Graf, F. Die Pyrographie, eine neue Methode, Holzarbeiten zu verzieren. (D. Monatsh. zur Bef. der Erwerbsthätigkeit 1, 3.)

Graveur-Zeitung. Organ des deutschen Graveur-Vereins zu Berlin. Red. von L. **Clericus**. 4. Jahrg. 1879. 4 Hefte. gr. 4°. (1. Heft 4 S. mit 6 Lichtdr.-Taf.) Berlin, Wasmuth. M. 18.

Guiffroy, J. J. Les Orfèvres de Paris en 1700. Procès verbaux de visites et déclarations faites en exécution de l'édit du mois de mars 1700, publiés et annotés. gr. 8°, 32 p. Paris, Detaille. 3 fr. (Extr. du Bull. de l'Union centr. des beaux-arts appliqués à l'industrie, 1878.)

Havard, H. La science d'Arnhem. (Gaz. des B.-Arts, Dec. 1879.)

Hefner-Alteneck, J. H. v. Trachten, Kunstwerke u. Geräthschaften vom frühen Mittelalter bis Ende des 18. Jahrh. nach gleichzeitigen Originalen. 2. verb. u. verm Aufl. (In 120 Lfgn. oder 10 Bdn. à 12 Lfgn.) 1. Lfg. f°. (Text, 1. Bd. S. 1 8 m. 6 Chromolith.) Frankfurt a. M., Keller. à M. 10.

Heim, maler, Im Schmuck der Kunst. Ein Bildercyclus zur Einrichtung des Wohnhauses in künstlerischer Ausstattung von J **Schmid**, **Weichardt** u. A. Mit beschreib. Text von O. **Mothes**. 5. 7. (Schluss-)Hfg. f°. (S. 23. 33 m. eingedr. Holzschn. u. 6 Lichtdr.-Bildern.) Leipzig, Schlömp à M. 2.; compl. M. 25.

Higgin, L. Handbook of Embroidery. Edited by M. Alford. Published by Authority of the Royal School of Art Needlework. 8°, 112 p. London, Low. 5 s

Jamnitzer's, W. Entwürfe zu Prachtgefässen in Silber u. Gold. Photolith. Nachbild v. Kantenseeter u. Haas in Nürnberg, hrsg. v. H Bergau. gr. 4°. (71 Bl. m. 7 S. Text.) Berlin, Bette. M 20.

Jewitt, L. Corporation plate and insignia of office, etc. (Art Journ., Jan.—Febr.)

— "Lucks" associated with art objects. (Art Journ., Dec. 1879.)

Ilg, Dr. A. Ein Panegyricus der Drechselbank. (Wien. Abendp., D. 5.)

Improvements in artistic colours. (Art Journ., Febr.)

Joseph-Felos. Art decoratif: Travaux de peinture, sculpture, vitraux peluts, architecture, ceramique exécutes aux monuments publics et habitations privées. Precedé d'une introduction par A. Millien. gr. 4°, 12 p Paris, Monrocq frères.

Jullien, A. Histoire du costume au théâtre depuis les origines du théâtre en France jusqu'à nos jours. Ouvrage orné de 27 grav. et dessins originaux tirés des archives de l'opera et reproduits en fac-simile. gr. 8°, XII -356 p. Paris, Charpentier. fr. 20.

Kalender für Textil-Industrie. Eine Sammlung der wichtigsten Regeln, Notizen und Rezepte aus der Praxis der Spinnerei, Weberei, Appretur, Bleiche u. Färberei. Unter Mitwirkg. v. Fachmännern hrsg. v. W H. **Pfund**. 1. Jahrg. 1880

Mit 1 (lith. u. color.) Eisenbahukarte, mehreren Fabrikplänen u. gegen 200 Illustr. im Text. 12°. (IV—163 u. 56 S.) Leipzig, Baumgärtner M. 3.

Karmarsch, K. Ein Lebensbild, gezeichnet nach dessen hinterlassenen "Erinnerungen aus meinem Leben". Mit Ergänzungen von E. Hoyer. Mit dem (lith.) Bildniss des Verstorbenen. gr. 8°, V—227 S. Hannover, Helwing. M. 6.

Karmarsch u. **Heeren's** technisches Wörterbuch. 3 Aufl., ergänzt u. bearb. von Kick u. Gintl. Mit gegen 2000 in den Text eingedr. (Holzschn.-) Abbild. 33. Liefg. 8°. (4. Bd. S. 321 400.) Prag, Haase. à M. 2.

Kirchenschmuck. Neue Folge. Sammlung von Vorlagen f. kirchl. Stickereien, Holz- u. Metallarbeiten u. Glasmalereien. Hrsg. v. G. Dengler. 2 Bd. 4 u. 5. Heft. (Der neuen Folge 10. u. 11. Heft.) qu. f°. (7 S. m. 12 Steintaf. in gr. f° u. Imp.-f°.) Amberg, Habbel. à M. 4.

König's Kalender für Zimmer- u. Decorationsmaler, Anstreicher, Lackirer etc. auf das Schaltjahr 1880. Herausg. v. A. König. 12°, 163 S Berlin. (Stuttgart, Spemann.) M. 2. 50.

Krumbholz, K. Das vegetabile Ornament. Eine Sammlung neuer Verzierungen, entworfen auf der ursprünglichen und natürlichen Grundlage des Pflanzenreichs und bestimmt zur kunstindustriellen Verwerthung für fische u. maler Decoration, desgl. auch als Lehr- und Anschauungsmittel im Militairen, Componiren u Coloriren vegetabiler Formen für Kunstgewerbe u. gewerbl. Fachschulen, Gewerbe- u. Gewerbezeichen-, Webe- u. Fortbildungsschulen, Lehrer- u. Lehrerinnen-Seminare etc (In 6 Liefgn.) 1. u. 2. Lfg. f°. (à 5 Chromolith. u. 2 Bl. Text.) Dresden, Gilbers. à M. 10.

Kunst u. **Gewerbe**. Wochenschrift z. Förderung deutscher Kunst-Industrie. Hrsg. vom Bayr. Gewerbemuseum zu Nürnberg. Red. von Dr. O. v. Schorn. 14. Jahrg. 1880. 52 Nrn. (B. m. eingedr. Holzschn. u. Steintaf.) Nebst Beiblatt: Mittheilungen des Bayr Gewerbemuseums zu Nürnberg. 7. Jahrg. 18 0. 24 Nrn. (½ B) Nürnberg, Korn. Halbj. M. 7. 50.

Ley, F. u. F. **Fischbach**. Südslavische Ornamente, gesammelt u. nebst einer Abhandlung über die Verbreitung u. Cultur der Südslaven, ihre Poesie, Hausindustrie, Ornamentik etc. herausgeg. gr. 4°. (20 Chromolith. m. 26 S. Text u. 1 Holzschnataf.) Esseg u. Hanau. (Hanau, Alberti.) M. 36.

Le Gentil, C. Tapisseries et peintures decoratives à Arras. 8°, 33 p. Arras, Imp. Robard-Courtin.

The lesser art industries. Iris Poplin or Tabinet. The revival of Venetian Glass-making. (Art Journ., Jan.—Febr.)

Lessing, J. Ein neu entdeckter Grossmeister des deutschen Kunstgewerbes. (Westerm. Illustr. d. Monatsh. 1880. 1.)

Liuss, C. de. Coffret incrusté et émaillé du musée archiépiscopal d'Utrecht. 8°, 24 p. et pl. Paris Klincksieck. (Extr. de la Revue de l'art chre .)

Lind, Dr K. Aeltere Goldschmiedkunstwerke in Oesterreich-Ungarn. III. (Blätter f. Kunstgew. 1879, XI, XII.)

Garcia Lopes, M. Manual del carpintero y ebanista ó carpintería de armar, de taller y de muebles, comprendiendo la parte de ebanistería, barnices y pulimento, con un Apendice del cajero embalador, y precedido de los elementos necesarios de geometría y arquitectura. Madrid Dos tomos 8°, 366 y 446 p. 24 y 28.

Litchfield, F. Pottery and Porcelain: a Guide to Collectors. 8°, 210 p. London, Bickers. 8 s.

Lorin, N. De la peinture sur verre, conférences faites à Paris à l'Union centrale, les 7 et 14 avril 1879. 8°, 40 p. Chartres, imp. Garnier.

Luthmer, F. Goldschmuck der Renaissance, nach Originalen u. von Gemälden des 15.–17. Jahrh. gesammelt. (In 3 Lfgn.) 1. Lfg f°. (16 Chromolith. u. 3 Kupfertaf.) Berlin, Wasmuth. M. 25.

Wagner, Dr. E. Die österreichische Kunstweberei u. die Webschulen. (Wien. Abendp. 23.)

Manufacture de poêles et panneaux en faïence. Gustave Roy, à Paris. Pl. 10–15. Paris, imp. lith. Le Baron.

Mittheilungen des technologischen Gewerbe-Museums. I. Section. Fach-Zeitschrift für die Holz-Industrie. Red.: W. F. Exner. 1. Jahrg. 1880. 12 Nrn. (B.) 8°. Wien, Faesy & Frick. M. 8.

Möbelindustrie-Zeitung, deutsche. Central-Organ für Ausstattung, Möblirung u. Decoration der Wohnräume. Fachzeitschrift für Kunsttischlerei, Möbelfabrikation, Tapezirer etc. Red.: W. Schmidt. 2. Jahrg. 1880. 24 Nrn. (à ½–1 Bg. m. Steintaf.) 4°. Berlin 80. W. Schmidt. Viertelj. M. 3.

Moser, D. H. Book of Japanese Ornamentation, containing over 300 Designs for Sign Writers, Designers, Decorators, and others. 8°. (New York.) London. 10 s. 6 d.

Motifs de décoration extérieure et intérieure appliqués aux édifices publics, comme aux habitations de particuliers. Sculpture, marbrerie, peinture, menuiserie. Recueil publié avec le concours des principaux architectes et ornementistes du royaume, et gravé par Ch. Claesen. f°, 119 pl. Liège, Ch. Claesen.

Motta, E. Der Ring Karl's des Kühnen. (Anz. f. schweizer. Gesch. 1879, 4.)

Müntz, E. La manufacture de tapisseries de Turin. (Chron. des Arts 1879, 41.)

Muray, O. Étude sur Bernard Palissy. 8°, 34 p. Amiens, imp. Delattre-Lenoel.

Muster-Ornamente aus allen Stilen in hist. Anordnung. Nach Orig.-Aufn. von J. Durm, Fr. Fischbach, A. Gnauth, E. Herdtle, G. Kachel, A. Ortwein, H. Reinhardt, A. Schill, V. Teirich u. A. (In 25 Lfgn. à 12 (Holzschn.-)Taf. 1. Lfg. gr. 4°. (16 Taf.) Stuttgart, Engelhorn. à M. 1.

Nahuys, M. Retable d'autel, avec sculpture et peinture, œuvre d'artistes bruxellois. (Ann. de l'Acad. d'archéol. de Belgique XXXV, 3° série, t. V, 1re livr.)

Novak, A. Journal für moderne Möbel-Architektur u. Bautischlerei. 1. Lfg. f°. (8 Steintaf. m. 1 Bl. Text in 8°.) Stuttgart, Novak. M. 2.

Oelsner, G. H. Die deutsche Webschule. Mechanische Technologie der Weberei. 5. umgearb. Aufl., mit 1081 lith. Zeichn. u. Mustern auf 179 Taf. 1.–7. Liefg. gr. 8°, 112 S. Altona, Mend. à M. 0. 50.

Oppenheim, A. Connaissances nécessaires à un amateur d'objets d'art et de curiosité. Ouvrage contenant, par ordre alphabétique, le nom des objets, la date des époques de fabrication, les prix commerciaux, etc. 8°, 224 p. Dijon, Rouveyre. fr. 5. (Tiré à 100 exempl.)

Original designs for art manufacture. (Art Journ., Jan.–Febr.)

Ornamenti di tutti gli stili, classificati in ordine storico, con testo illustrativo e didattico di C. Boito. Fasc. 1. Milano, U. Hoepli (Saranno 300 tav. in 4 incise, da pubblicarsi in 25 fasc. di 12 tav. ciasc. ed 1 di testo. Ogni fasc. L. 2.

Ortelius. Recueil de cartouches, style de la Renaissance flamande, tirés de l'atlas d'Abraham Ortelius, 1569. 4°, 16 pl. en couleur. Liège, Ch. Claesen. fr. 30.

Palma, A. Fornaci, forni e fornelli ecc., a colore ricuocentrato: privativa per tutte le applicazioni. Roma, tip. della Pace. 8°, 16 p. L. 1.

Palli-Fabbroni, G. Scuola di disegno industriale in Sesto-Fiorentino: per la solenne distribuzione dei premii 20 luglio 1879: discorso. Firenze, tip. Mariani. 8°, 16 p.

Prignot, Pfnor, Coignet. L'ameublement moderne. 2e partie. f°, 71 pl. Liège, Ch. Claesen. fr. 60.

Raffaelli, G. Memorie istoriche delle majoliche lavorate in Castel-Durante, o sia Urbania. — Ed. seconda, prima pesarese, arricchita e corretta su varii mss. lasciati dall' A., per cura di G. Vanzolini. Pesaro, tip. A. Nobili. 8°, VIII–136 p.

Recueil de décorations intérieures et extérieures. 24e livr. Paris, imp. lith. Monrocq.

Recueil de menuiserie pratique. 48e livr. Paris, imp. lith. Monrocq.

Recueil de serrurerie pratique. Paris, imp. lith. Monrocq.

Schuermans, H. Grès flamand, limbourgeois et liégeois. (Bull. des comm. royales d'art et d'archéologie, N° 7 et 8, 1879.)

Sammlung moderner Zimmereinrichtungen, Holz-u. Metallarbeiten, Keramik etc. aus der Kunstgewerbe-Ausstellung zu Leipzig 1879, herausg. nach Auswahl von C. Lipsius. (In 7 Lfgn.) 1. Lfg. f°. (10 Bl. in Lichtdr.) Dresden, Gilbers. M. 10.

Schweizer-Trachten. Costumes suisses. 12°. (26 Chromolith.) Bern, Haller. M. 4

Sepp, Dr. Die projectirten Erzportale für den Kölner Dom u. die Gesch. der ehernen Pforten. (Ztschr. d. Kstgew.-Ver. in München 1879, 11. 12.)

Spanische Waffen. (Blätter f. Kunstgew. IX, 2.)

Spitzenfabrication die, in Galizien. (Dr. H. G.: Wien. Abendp. B. 26.)

Spitzenklöppelschulen, die, des Erzgebirges. (Wissensch. Beil. d. Leipz. Ztg. 11.)

Springer, R. Hundert Kartuschen verschiedener Stile. 4°. (33 Bl. in Lichtdr. m. 8 S. Text.) Berlin, Wasmuth. M. 20.

Statuto del mercanti drapperi della città di Vicenza del 1348 pubblicato da A. Capparozzo, per nozze Zampieri-Lodi. Vicenza, tip. G. Burato. 8°, 32 p.

Stockbauer, Dr. J. Beiträge zu den Innungsbestrebungen der Gegenwart im Lichte der Vergangenheit. (Deutsche Monatsh. z. Bef. d. Erwerbsthät. 1. 3.)

— — Das Dockenhaus in der Kunstkammer Herzog Albrecht's V. von Bayern. (Anz. f. K. d. d. Vorzeit 1879, 11.)

— — Kunstarbeiten in Leder. (Kunst u. Gew. 1880, 4—6.)

— — Rückblick auf die Ausstellung des Vereins deutscher Blecharbeiter zu Nürnberg. (D. Monatsh. z. Bef. der Erwerbsthät. I, 3.)

Th. Zwei Goldschmiedemeister der Spätrenaissance. (Ztschr. f. bild. K. XV, 5.)

Tapisseries (les) de l'abbaye de Saint-Robert de la Chaise-Dieu. 8°, VIII -40 p. Brioude, imp. Watel et Allezard.

The technical processes employed in the manufacture of Henri-Deux ware. (American Art Review 2.)

Ueber die technischen Verfahren u. deren Bezeichnungen in d. Kunstindustrie. (Schweizer. Gewerbebl. V, 1.)

Usines Saint-Joseph, au Bourget, près Paris. Cristallerie, émaillerie et mosaïque d'art. E. Paris et Ce. Paris, imp. Chaix et Ce.

Varni, S. Ricordi di alcuni fonditori in bronzo. (Compilati fino dal 1863.) Genova, tip. del R. Istituto Sordo-muti. 8°, 78 p. L. 2.

Vincent, C. Histoire de la chaussure, de la cordonnerie et des cordonniers célèbres depuis l'antiquité jusqu'à nos jours. Antiquité. Édition ornée de 201 vign. par Racinet et Dumont. Ill. gr. 8° à 2 col., 678 p. Paris, Lecuir et Ce. fr. 12.

Vorlagen für Textil-Arbeiten, vorwiegend nach Entwürfen der hervorragendsten Meister der Neuzeit, insbesondere von Hausen, Hatzinger, Laufberger etc. (Aus: „Blätter für Kunstgew.") (In 14 Lfgn.) 1. u. 2. Lfg. (°. (à 3 zum Theil farb. Holzschntaf.) Wien, v. Waldheim. M.

Westlake, N. H. J. History of Design and Painted Glass. Vol. 1, Part 1. 8°. London, Parker. 7 s. 6 d.

Zähnsdorf, J. W. The art of bookbinding. (Bl. f. Kunstgew. IX, 2.)

Zinn, das, im Kunstgewerbe. (Schluss.) (Kunst u. Gew. 1879, 48.)

IX. Museen, Ausstellungen, Kunsttopographie.

Burckhardt, J. Der Cicerone. Eine Anleitung zum Genuss der Kunstwerke Italiens. 4. Aufl. Unter Mitwirkg. des Verf. u. anderer Fachgenossen bearb. von W. Bode. 2. Thl. 3. Abth. Malerei u. Register. 8°. (LXXXIV u. S. 473—812.) Leipzig, Seemann. M. 4. 40; cplt.: M. 12. 20.

Darcel, A. Excursion en Italie. 12°, VIII—182 p. Rouen, imp. Brière.

Frizzoni, G. Ricordi di una insigne esposizione in relazione di soggetti sacri per casa illustrati. (Estratto dal giornale „Il Buonarroti", Ser. II, Vol. XIII, Marzo 1879.)

Macleod. Les collections publiques et privées aux États-Unis. (American Art Review 1.)

Marggraff, L. Italien in 3 Monaten. Reisehandbuch. Mit (lith.) Stadtplänen, Ansichten (in Holzschn.) u. grossem (chromolith.) Plan von Rom. (Imp.-f°, in Leinw.-Carton.) 2 Bde. 12°, LXXIV—1017 S. Würzburg, Wörl. M. 16.

Schleich, M. Italische April-Tage. (Augsb. A. Ztg. 1879, 346 ff.)

Krajavi, Dr. Die erste Kunst- u. Kunstgewerbe-Ausstellung in Agram. (Wien. Abendp., B. 29.)

Barbier de Montault. Inventaire de quelques églises rurales de l'Aujon. (Rev. de l'art chrét. II, Ser. XI, 2.)

Antwerpen.

Livier, O. Le salon d'Anvers. (Revue artistique 1879—1880, No 10 et 11.)

— **Moderatus.** De driejaarlijksche tentoonstelling van schoone kunsten te Antwerpen (vervolg en slot). (De Vlaamsche Kunstbode, 10e en 11e livr., oct.—nov. 1879.)

Athen.

Sybel, L. v. Die athenischen Museen. (Im neuen Reich 1880, 1.)

Avignon.

Deloye, B. Notice des tableaux exposés dans les galeries du Museum Calvet, à Avignon, publiée sous les auspices de l'administration du musée. 8°, 317 p. Avignon, Seguin frères. fr. 2.

Berlin.

Rosenberg, A. Kunstindustrielle Ergebnisse der Berliner Gewerbeanstellung 1879. (Ztschr. f. bild. K. XV, 3, 4.)

— Die Heraldik auf der Berliner Gewerbeausstellung 1879. (D. Deutsche Herold 1879, 10.)

— Das Kunstgewerbe auf der Weihnachtsmesse im Berliner Architektenhause. (A. d. Deutsch. Bauztg. 103.)

Förster, D. Die Olympia-Ausstellung in Berlin. (Im neuen Reich 45.)

Brügge.

C. L. Exposition des beaux-arts à Bruges. (Chron. des Arts 1879, 41.)

Brüssel.

Gohasse, N. Le Cabinet de Sa Majesté Léopold II. roi des Belges. (L'Art 261.)

Ficulle.

Tedeschini-Romani, O. I monumenti, le glorie e i i tempi di mezzo di Ficulle. Orvieto, tip. E. Tosini. 8°, 173 p.

Fiesole.

Ricordo della Esposizione artistica-industriale di Fiesole (ottobre 1879). Firenze, tip. Succ. Le Monnier. 32°, 28 p. (Articoli estratti dal giornale „La Nazione" del 12, 14, 15, 16 ott. 1879.)

Florenz.

Conti, C. Pensieri sull' ordinamento del Museo Nazionale nel palazzo del Podestà. Firenze, tip. Succ. Le Monnier. 16°, 14 p (Dal giorn. „La Nazione".)

— **Leroi,** P. Le Palais de San Donato et ses collections. (Suite.) (L'Art 261. 265. 266. 267.)

— **Monari,** S. Au Palais de San Donato. (Journ. des B.-Arts 3.)

— Der Palast des Bargello u. d. Museo Nazionale zu Florenz. (Fortsetzg.) (Ztschr. f. bild. K. XV, 4)

Genf.

Une galerie généreuse de peinture. La collection des délices de M. Jean Louis Fasy. (M. D. in Journal de Genève, 12 nov. 1879.)

Graz.

Wastler, J. Zur Geschichte der Schatz-, Kunst-u. Rüstkammer in der k. k. Burg zu Graz. 1 (Mitth. d. k. k. Centr.-Comm., N. F., V, 4.)

Lille.

Hendey, J. Deux nouveaux tableaux du Musée de Lille. (L'Art 259.)

London.

Comyns, C. Les maîtres anciens à Burlington House. (Academy 10, 17. Jan.)

— Grosvenor Gallery. (Academy 400.)

— **Frizzoni,** G. L'arte italiana nella Galleria nazionale di Londra. (Arch. stor. it. 1879, 5. 6.)

Ward & Lock's Pictorial Guide to London and its Environs. 1 vol. 12°. London, Ward & L. 2 s. 6 d.

— The winter exhibitions: The society of British artists. The Dudley Gallery. (Art Journ., Febr.)

— The French Gallery winter exhibition. (Art Journ., Jan.)

Lyon.

Jamel, E. Notes sur l'Exposition des beaux-arts à Lyon, en 1879. 8°, 52 p. Lyon, imp. Mougin-Rusand.

München 1879.

Die Architektur auf der diesjährigen internationalen Kunst-Ausstellung zu München. Fortsetzg. (Deutsche Bauztg. 97 ff.)

— **Forbes-Robertson,** J. Notes on the Internat. Art Exhibition at Munich. II. (Art Journ., Dec. 1879.)

Nürnberg.

Schuberth, H. Ein Gang durch's Bayrische Gewerbemuseum zu Nürnberg. (D. Monatsh. z. Bef. der Erwerbsthät.: I. 4.)

— **Stegmann.** Eine Bayrische Landes-Industrie-, Gewerbe- u. Kunst-Ausstellung im Jahr 1882. (Kunst u. Gew. 1880, 5. 6.—7.)

Padua.

Nasalli, E. Padova e i Padovani. Padova, Drucker e Tedeschi. 32°, 164 p. L. 2.

Paris.

Champier, V. L'hôtel Carnavalet et le Musée municipal. (L'Art 264. 265.)

— **Claretie,** J. L'Exposition des œuvres de M. Basile Verescbagin. (Gaz. d. B.-Arts, Fevr. 1880.)

— **Darcel,** A. Le Musée du Mobilier national. (Chron. des Arts 6.)

Paris. Salon.

Livre (le) d'or du salon de peinture et de sculpture de l'Exposition des beaux-arts de 1879. Catalogue descriptif des œuvres récompensées et de principales œuvres hors concours, réd.

par G. Lafenestre et orné de 13 pl. à l'eau-
forte grav. par Bollvin, Courtry, Duvivier,
F. Flameng, Gaucherel, etc., sous la direction
de E. Hédouin. 4°, XII—119 p. Paris, Libr.
des bibliophiles. fr. 25.
— Revue du Salon (année 1879); par un amateur
parisien. 12°, 51 p. Chalons-sur-Saône, imp.
Dejussieu.

Paris, Weltausstellung 1878.
Annali del Ministero di Agricoltura, Industria
e Commercio. Esposizione universale in Parigi
1878: relazioni dei giurati italiani. Roma, tip.
Eredi Botta.
    Pagliano, E. Classi I e II: Dipinti ad olio,
    dipinti diversi e disegni. 7 p.
    Basile, G. B. F. Classe IV: Disegni e mo-
    delli di architettura. 16 p.
    Monteverde, G. Sculptura e incisioni su me-
    daglie.
— Anthoni, G. Visite des ingénieurs anciens
élèves de l'École centrale des arts et manufactures à l'Exposition universelle de 1878. La
Carrosserie. 8°, 44 p. avec fig. Saint-Germain,
imp. Bardin. (Extr. des Ann. industr.)
— Art (l') ancien à l'Exposition de 1878; par
MM. de Beaumont, Blais, F. et H. Darcel, Duranty, Lavoix, Mantz, Plot, Rayet, Rhoné et
Mme Germaine de Poligny, etc., sous la direction de L. Gonse, gr. 8°, 571 p. avec 15 pl. à
l'eau-forte et en couleur hors texte et de nombr.
grav. Paris, Quantin. fr. 25. (Publ. de la
Gaz. des Beaux-Arts.)
— Art (l') moderne à l'Exposition de 1878; par
MM. Blais, Chesneau, Duranty, Gonse, Mantz,
de Montaiglon, Sédille et M. Vachon, etc., sous
la direction de L. Gonse, gr. 8°, VIII—312 p.
avec 30 pl. à l'eau-forte et en couleur hors
texte et de nombr. grav. Paris, Quantin. fr. 25.
(Publ. de la Gaz. des Beaux-Arts.)
— Art (l') et industrie de tous les peuples à
l'Exposition universelle de 1878; description
complète des merveilles du Champ-de-Mars et
du Trocadéro par les écrivains spéciaux les
plus autorisés. 4°, 640 p. avec de nombreuses
grav. Corbeil, imp. Crété.
Beck, P. Administrativer Bericht über die
Betheiligung Oesterreichs an der Weltausstellung in Paris im Jahre 1878. Herausg. von
der k. k. Centr.-Comm. in Wien für die Weltausstellung 1878 in Paris. gr. 8°, XI—411 S.
Wien 1878, Faesy & Frick. M 7, 20.
— Mondet, J. B. L'Imprimerie à l'Exposition
universelle de 1878. Compte-rendu présenté à
l'assemblée générale du 6 avril 1879 de la Société fraternelle des protes de Paris. 8°, 45 p.
Paris, imp. Brière.
— Esault, L. Les industries du verre à l'Exposition universelle de 1878. (L'Art 268.)
— Mehltz, A. Die Thonwaaren-Industrie auf
der Pariser Weltausstellung 1878. Frei nach
einem Vortrag, gehalten im Cölner Bezirks-
verein deutscher Ingenieure. (Aus: Wochenschrift des Vereins deutscher Ingenieure.) gr 8°,
24 S. Berlin, Gärtner. M 0, 60.
— Herve, A., F. Lacroix et H. Gobin. L'Imprimerie à l'Exposition universelle de 1878.
1°, Imprimerie: Note sur l'imprimerie nat. par
M. A. Hervé. Note sommaire sur les machines
à composer et à imprimer, par F. Lacroix;
2°, Étude sur la gravure, la taille-douce, l'eau-
forte, l'impression en couleur, etc., par H. Gobin.
8°, IV—46 p. avec fig. et tableau. Paris, Lacroix. fr. 2.50. (Extr. des Études sur l'Expos.)
— Jamand, E. Rapport du délégué de la
chambre syndicale des ouvriers typographes
à l'Expos. univ. de Paris 1878. 8°, 66 p. Marseille, imp. du Journ. de Marseille.
— Lieuville, A. R. de. Coup d'œil général sur
l'Exposition historique de l'art ancien à l'Ex-

position universelle de 1878 (palais du Trocadéro). 8°, XIV—195 p. Paris, Champion.
— Mamarani, T. L'Arte a Parigi, saggio critico. (Annali del Ministero di agricoltura, industria e commercio.) Roma, tip. di Forzani
e C. 8°, XLIV—814 p.
— Le Musée de sculpture comparée. (L'Art 261.)
— Parville, H. de. Causeries scientifiques: Découvertes et inventions: Progrès de la science
et de l'industrie; 18e année (Expos. univ. de
1878). 2e éd, 18°, VIII—459 p. avec 283 vign.
Paris, Rothschild.
— Vachon, M. Le Musée de la sculpture com-
parée au Trocadéro. (Gaz. des B.-Arts, Jan. 1880.)
Pau.
Lealy, J. Compte-rendu du Salon de Pau de
1878. (Journ. des B.-Arts 3.)
Perugia.
De Angelis, G. Esposizione provinciale Umbra
1879: discorso inaugurale. Perugia, tip. V. Bar-
telli. 8°. 22 p.
— Esposizione Umbra del 1879 in Perugia: ap-
punti. Perugia, presso V. Santucci. 16°, 64 p.
(Extr. dal giorn. Il Paese, di Perugia.) L. 0. 75.
Rom.
De Ruggiero, E. Guida del museo Kircheriano.
Roma, tip. del Salviucci. 16°, VIII—152 p.
— Harzorall, L. Rom. Ein Führer durch die
ewige Stadt in 7 Wanderungen. Mit 4 (lith.)
Plänen. 12°, XXXV, 307 S. Würzburg, Wörl. M 6.
— Wey, F. Rome, description et souvenirs.
Ouvrage contenant 370 grav. sur bois dessinées
par nos plus célèbres artistes, un index général
et analytique et un plan. 4e édition, revue,
corrigée, augmentée et suivie de: Rome Ita-
lienne, notes des derniers voyages. gr. 4°,
XIV—78 p. Paris, Hachette et Ce.
Sens.
Montaiglon, Anat. Antiquités et curiosités de la
ville de Sens I, II. (Gaz. des B.-Arts, Jan.—
Févr. 1880.)
Siena.
Banchi, L. Istituto provinciale delle belle arti
in Siena. Rapporto statistico e morale dell'
anno scolastico 1878—79. Siena, tip. Sordo-
muti. 8°, 16 p.
Stuttgart.
G. K. Weihnachtsausstellung des Württemberg.
Kunstgew.-Vereins. (Kunst u. Gew. 1880, 4.)
Sydney.
The Australian Exhibition. (Art Journ., Dec.
1879: Febr. 1880.)
Raffaelli, G. Guida artistica di Urbania, ed
elenco di quei pubblici archivi, pubblicati per
cura di G. Vanzolini. Pesaro, tip. Federici.
8°, 30 p.
Venedig.
Elenco degli oggetti d'arte ammessi alla Esposizione nel piano terreno dell' Accademia di
belle arti in Venezia nell' agosto 1879. Venezia,
tip. P. Naratovich. 16°, 12 p. L. 0. 40.
— Irlarte, C. Venice: its History, Art, In-
dustries, and Modern Life. Translated from
the French by F. J. Sitwell. With num. illustr.
f°. London, Bell & S. £ 2. 12 s. 6 d.
Wien.
Exner, W. F. Das orientalische Museum in Wien.
(Wien. Abendp. 1879, 5. u. 6. Decbr. — 1880.
fl. 34 ff.)
— Falke, J. v. Die Weihnachtsausstellung im
österr. Museum. (Mitth. d. Oest. Mus. XV, 173.)
Wolfegg.
Detzel, H. Aus der Alterthumssammlung zu
Wolfegg. (Fortsetzg.) (Württ. Vierteljahrsh. 11.)
Zürich.
Ausstellung von Gemälden von W. Füssli im
Künstlergut. (8. V. in der Neuen Zürcher
Zeitung, 24. Nov. 1879.)
— Ausstellung von Gemälden aus dem Nach-
lasse des Historienmalers Ludwig Vogel. (8. V.
ebend. 1879, Nr. 491, 495, 497, 503.)

BIBLIOGRAPHIE.

(Ende Februar bis 1. Juni 1880.)

I. Theorie und Technik der Kunst. Kunstunterricht.

Carrière, M. Die Kunst im Zusammenhang der Culturentwicklung und die Ideale der Menschheit. 3. Bd. Das Mittelalter 2 Abtheil. 3. neu durchges. Aufl. gr. 8⁰. Leipzig, Brockhaus. M. 14. (1—3: M. 34.)

Fiametta, Salv. di Giov. Nuovo corso di disegno geometrico, contenente costruzioni grafiche, projezioni, prospettiva, ricerca delle ombre, disegno architettonico, topografico, meccanico, ecc. ecc., per le scuole tecniche, magistrali, professionali, per gl' istituti e le accademie di belle arti, ecc. (Approvato dal consiglio direttivo del R. Istituto di Belle Arti di Napoli.) Parte I. 2ª ediz. migliorata e corretta. Napoli, E. Detken. 4⁰, 64 p. con 10 grandi tav litogr. L. 4.

Förster, B. Die neue Kunstschule in Berlin. (Ztschr. f. bild. K., B. 32.)

Grillwitzer, A. Die Kunst als Verherrlichung Gottes. (Kirchenschmuck 4.)

Gull, G. Die Kunstgewerbeschule des Kantons Genf. (Schweizer Gewerbebl. 5.)

Leclercq, E. L'art et les artistes. Critique esthétique. 2e éd. 18⁰, 384 p. Bruxelles, C. Muquardt. M. 3 50.

Petrina, H. Polychromie-Ornamentik des classischen Alterthums. Ein Vorlagenwerk für den Zeichenunterricht, zugleich eine Mustersammlung für die kunstgew. Industrie. 1. Thl. 1. Lfg. f⁰. (10 Chromolith. m. 1 Bl. Text) Troppau, Buchholz & Diebel. M. 8.

Seavegeot, C. Le Dessin à l'école primaire. 10 cahiers in 8⁰ oblong, 160 p. avec 550 fig. Paris, Delagrave. (Chaque cahier 25 c.)

Sulni, A. Elementi di prospettiva lineare; con una critica del suo impiego nell' arte della pittura, ad uso degli allievi ingegneri, architetti, e pittori, e di tutti gli amatori delle arti belle. Milano, tipolitogr. degli Ingegneri. 8⁰, 71 p. con 11 tav. L. 3.

Sutter, D. Les Phénomènes de la vision. Suite et fin. (L'Art 270—272.)

Viala-Prola, A. Art et critique. 18⁰, 371 p. Paris, Dentu.

Viollet-le-Duc. Histoire d'un dessinateur: comment on apprend à dessiner. Texte et dessins. 8⁰, 308 p. et 109 fig. Paris, Hetzel et Cie. fr. 7. (Bibl. d'éducation et de recreation.)

Walker, W. Handbook of Drawing. 2nd edit. 8⁰. London, Seeley. 7 s.

II. Kunstgeschichte. Archäologie. Zeitschriften.

Addington Symonds, J. Il rinascimento in Italia. Le belle arti. Traduz. di S. Fortini Santarelli. Firenze, Succ. Le Monnier. 16⁰, 475 p. L. 4.

Aesor, F. Le Taureau: étude de geologie mystique. (Rev. de l'art chrét. XIX, 1.)

Alterthümer, die, unserer heidnischen Vorzeit. Nach den in öffentl. und Privatsammlungen befindlichen Originalien zusammengestellt und herausgegeben von dem römisch-germanischen Centralmuseum in Mainz durch L. Lindenschmit. 3. Bd. 11. Heft. gr. 8⁰. (16 S. m. 5 Steintaf. u. 1 Chromolith.) Mainz, v. Zabern. M. 4. (1—III, 11: M. 113 60.)

Amador de los Rios y Villalta, R. Inscripciones árabes de Córdoba, precedidas de un estudio histórico-critico de la Mezquita-Aljama. 2ª ed Madrid, Murillo. 4⁰, XXVIII—432 p. y 20 lám. 40 y 42.

Amberg, B. Römische u. alamannische Funde. (Der Geschichtsfreund XXXIV.)

Annales de la Société archéologique de l'arrondissement de Nivelles. Tome I. 8⁰, XXIX—147 p. et 2 pl. Nivelles, imp. L. Despret-Poliart. fr. 4.

Anzeiger für Kunde der deutschen Vorzeit. Organ des Germanischen Museums. Red.: A. Essenwein, G. K. Frommann. Neue Folge. 27. Jahrg. 1880. 12 Nrn. (à 1½—2 B.) gr. 4⁰. Nürnberg, German. Museum. M 6.

Anzeiger für schweizerische Alterthumskunde. — Indicateur d'antiquités suisses. Red.: J. R. Rahn. 13. Jahrg. 1880. 4 Nrn. (1—2 B. m. eingedr. Holzschn., Steintaf. u. Beilagen.) gr. 8⁰ Zürich. Herzog. fr. 2.

Archäologische Neuigkeiten aus Griechenland. (Augsb. Allg. Ztg., B. 100.)

Archief voor Nederlandsche kunstgeschiedenis. Verzameling van meerendeels onuitgegeven berichten en mededeelingen, betreffende Nederlandsche schilders, plaatsnijders, beeldhouwers, bouwmeesters, juweliers, goud- en zilverdrijvers, smelters, stempelsnijders, tapijtwevers, borduurwerkers, plateelwerkers, ivoorsnijders, glasschilders, ingenieurs, landmeters, kaartmakers, verlichters, lettersnijders, schoonschrijvers, boekbinders, enz. met bereidwillige medewerking van verscheidene archivarissen e. a. bijeengebracht door Fr. D. O. Obreen. 2e dl. bl. 4⁰. (VIII en 346 bl. met 1 uitsl. tabel en 16 gelith. plat.) Rotterdam, van Hengel en Eeltje. f. 9.

Archiv, neues, für sächsische Geschichte und Alterthumskunde. Herausgeg. von H. Ermisch. 1. Bd. 4 Hefte. 8°. (1. Heft 128 S. m. 1 Stahlst.) Dresden, Hensch.

Au*m Weerth, E. Kunstdenkmäler des christl. Mittelalters in den Rheinlanden 3.—5. Bd.: 3. 1. Abth. Bildnerei. 3. Bd. (23 Steintaf., wovon 2 chromolith., mit 111, 105 S. Text in gr. 4°.) Bonn, 1868. M. 40. — 4 S. 2. Abth. Wandmalereien. (55 Steintaf., wovon 8 chromolith., m. V, 21 S Text.) M. 80. gr. f°. Leipzig, T. O. Weigel. (1—5: M. 200.)

Sibley Baker, R. On the Discovery of Anglo-Saxon Remains at Desborough, Northamptonshire. (Archæologia XXLV.)

Barbier de Montault. Sainte-Marie-Madeleine d'après les monuments de Rome. (Rev. de l'art chrét. XIX, 3.)

Bataillard, P. Les anciens metallurges en Grèce. 8°, 32 p. Paris, Leroux. (Extr. des Bull. de la Soc. d'anthropologie de Paris.)

Baudrillart, H. Histoire du luxe privé et public depuis l'antiquité jusqu'à nos jours. T. 4. Le Luxe dans les temps modernes. 8°, 744 p. Paris, Hachette et Co. fr. 7. 50.

Bewington Athinson, J. Etching: its relation to the artist, the amateur, and the collector. (Art Journ., May.)

Benjamin, S. H. W. Tendencies of art in America. (American Art Review 5.)

Borges, H. Nürnberger Künstler des 16. u. 17. Jahrhunderts. (Wartburg 3.)

Berichte und Mittheilungen des Alterthumsvereins zu Wien. 18. Bd. gr. 4° (XXX, 170 S. m. 1 eingedr. Holzschn. 1 Steintaf. u. 7 Photolith.) Wien, Gerold's Sohn in Comm. M. 10.

Bertolotti, A. Alcuni artisti siciliani a Roma nel secoli XVI e XVII, notizie e documenti raccolti nell' Archivio di Stato Romano. (Arch. stor. siciliano IV, 1. 2.)

Biefel, R. Die prähistor. Funde in Schlesien vom J. 1878. (Schlesiens Vorzeit 42.)

Blanc, K. Épigraphie antique du département des Alpes-Maritimes. 8°, 312 p. et 5 pl. Nice, Malvano-Mignon.

Blätter für den Zeichenunterricht an niedern und höhern Schulen. Organ der Vereine zur Förderung des Zeichenunterrichts. Red.: U. Schoop. 6. Jahrg. 1880. 6 Nrn. (à 1—1½ B.) gr. 4°. Frauenfeld, Huber. M. 2. 50.

Boismier, O. Promenades archéologiques. Rome et Pompéi. 18°, VIII, 384 p. et 7 plans. Paris, Hachette et Co. fr. 3. 50.

Breitschwert, O. Aquileja, das Emporium an der Adria, vom Entstehen bis zur Vereinigung mit Deutschland. Ein geschichtl. Essay. 8°, 56 S. Stuttgart, Bonz & Co. M. 1.

Bruun, H. Laokoon. (Archäol. Ztg. 1879, 4.)

Bulletin de la Société archéologique de Nantes et du département de la Loire-Inférieure. T. 17. 8°, 171 p. et pl. Nantes, Imp. Forest et Grimaud.

Caetani-Lovatelli, E. Di un antico musaico rappresentante una scena circense (con 2 tav.). (Atti della R. Accad. dei Lincei. Anno CCLXXVI. 1879, serie 3a.) Roma, tip. del Salviucci. 4°.

Cavallari, F. S. Sulla topografia di talune città greche in Sicilia e del loro monumenti. (Archiv. stor. siciliano IV, 1. 2.)

Chabouillet. Notice sur des inscriptions et des antiquités provenant de Bourbonne-les-Bains. (Revue archéol., Mars.)

Champier, V. Les Beaux-arts en France et à l'étranger; l'Année artistique; l'Administration, les Musées, les Écoles, le Salon annuel, Chronique des expositions, les Ventes de l'hôtel

Drouot, etc. 2e année. 1879. 8°. LXXXIII, 652 p. Paris, Quantin et Ce. fr. 7. 50.

Chauteau, F. de. Anciennes sculptures de l'église du prieuré de Saint-Pierre de Châtenois (Vosges); le Cartulaire de dom Claude Granddidier. 8°, 38 p. et plans. Nancy, imp. Crépin-Leblond. (Extr. des Mém. de la Soc. d'archéol. lorraine pour 1879.)

Chantelou, M. de. Journal du voyage du cavalier Bernin en France. Suite. (Gaz. des B.-Arts, Avril.)

Charvrey, H. de. Archéologie américaine. Déchiffrement des écritures calculiformes ou mayas: le Bas-relief de la croix de Palenqué et le Manuscrit Troano. 8°, 32 p. avec fig. Alençon, imp. De Broise.

Chesneau, E. Peintres et statuaires romantiques (Huet, Boulanger, Préault, Delacroix, Th. Rousseau, Millet, etc.). 18°, XI, 336 p. Paris, Charavay fr.

Clément, C. Michael Angelo, Lionardo da Vinci, Raphael. Illustr. 8°. London, Seeley. 10 s. 6 d.

Collignon, M. Apollon et les Muses, vase peint d'une collection d'Athènes. 8°, 6 p. et pl. Bordeaux, imp. Gounouilhou. (Extr. des Ann. de la faculté des lettres de Bordeaux.)

Collingwood Bruce, J. On the Forum of the Roman Station at Cilurnum. (Archæologia XLVI.)

— — The excavations at South Shields, Durham. (Archæologia, XLVI.)

Congrès archéologique de France. 45e session. Séances générales tenues au Mans et à Laval en 1878 par la Société française d'archéologie pour la conservation et la description des monuments. 8°, XLVI—651 p. avec pl. et fig. Paris, Champion.

Conze, A., A. Hauser, O. Benndorf. Neue archäologische Untersuchungen auf Samothrake. Ausgeführt im Auftrage des k. k. Ministeriums für Cultus und Unterricht mit Unterstützung Sr. Maj. Corvette „Frundsberg", Commandant Kropp. Mit 76 (photolith.) Taf. n. 43 (Holzschn.-) Illustr. im Texte. 7°, 124 S. Wien, Gerold's Sohn. M. 130. (1 u. 2: M. 230.)

Dänemark. De bildende Kunst in Danemark. (Kunstkronik 1. 2.)

Damy, L. Compte-rendu sur la restauration de Paestum exécutée en 1829 par H. Labrouste, de l'Institut. 8°, 31 p. Paris, Baur.

Davin, V. La capella greca du cimetière de Priscille. Suite. (Revue de l'art chrét. XIX, 1.)

Bel Marmol, E. Fouilles dans les tumulus de Grand Sez. (Ann. de la Soc. archéol. de Namur, t. IV, 4e livr.)

Deschmann, C. u. F. v. Hochstetter. Prähistorische Ansiedelungen und Begräbnisstätten in Krain. 1. Bericht der prähistorischen Commission der mathem.-naturwiss. Classe der kais. Akademie der Wiss. Nebst einem Anh. über zwei Skelette aus den Gräbern von Roje bei Moräutsch in Krain. Von J. Sombathy. Mit 18 Fig. im Text u. 22 (lith.) Taf. (Aus: „Denkschr. d. k. Akad. d. Wiss.") 4°, 64 S. Wien, Gerold's Sohn in Comm. M. 10.

Dixon, B. H. The Image of the Cross and Lights on the Altar in the Christian Church. 8°. London, Campbell. 1 s.

Doremus, R. De Great Lights in Sculpture and Painting: a Manual for Young Students. 12°. New York. 5 s.

Dütschke, H. Ueber ein römisches Relief mit Darstellung der Familie des Augustus. gr. 4°. 7 S. m. 1 Steintaf. Hamburg (Nolte). M. 1. 25.

Ebers, O. L'Égypte, Alexandrie et Le Caire. Traduction de G. Maspero. f°. VI, 392 p. avec

379 grav., dont 67 hors texte, et une carte. Paris, Firmin-Didot et Cie. fr. 50.

Ueber die zwölf Edelsteine auf dem Brustschilde des jüdischen Oberpriesters. (Ztschr. f. Museol. 9 ff.)

Engelmann, R. Herakles und Erginos. (Archäol. Zeitung 1879, 4.)

Esame critico ed archeologico dell' epigrafe scritta sul sarcofago di S. Petronilla. (Bull. di archeol. crist. IV, 4.)

Fairbairn, P. The Typology of Scripture. 2 vols. 8°. New York. 30 s.

Fernandez y Gonzalez. Archéologie de l'Espagne arabe. (Revista de España, 12 Avril.)

Fernique, E. Étude sur Préneste, ville du Latium. 8°, 226 p. et 4 pl. Paris, Thorin. fr. 7. 50. (Bibl. des Écoles françaises d'Athènes et de Rome, fasc. 17.)

Fiorelli. Notizie degli scavi di antichità, sett., ott., nov., dec. 1878; gennaio, febbraio (con 1 tav.), marzo, aprile (con 2 tav.), maggio, giugno, luglio, agosto (con 1 tav.) 1879. (Atti della R. Accademia dei Lincei. Anno CCLXXVI, 1879, serie 3a.) Roma, tip. dei Salviucci. 4°.

Forchhammer, W. Mykenä und der Ursprung der mykenischen Funde. gr. 8°, 15 S. Kiel, Univ.-Buchh. in Comm. M. 1.

Formby, H. Ancient Rome and its Connection with the Christian Religion: an outline of the History of the City, from its First Foundation by Romulus (B. C. 753) down to the Erection of the Chair of St. Peter in the ostrian Cemetery (A. D. 42—47). Containing numerous Illustrations in Wood Engravings of the Ancient Monuments, Sculpture, Coinage, and Localities connected with the History of the City, with the addition of a Series of Engravings illustrating the Formation and the Antiquities of the Christian Catacombs. 4°, 450 p. London, Paul. 50 s.

Förster, R. Farnesina-Studien. Ein Beitrag zur Frage nach dem Verhältnis der Renaissance zur Antike. gr. 8°, VII—142 S. Rostock, Stiller. M. 3. 60.

Fowler, J. T. An Account of the Excavations on the Site of the Chapter-house of Durham Cathedral in 1874.

Fraas, O. Wandtafel zur Prähistorie, die Steinzeit darstellend. Lith. Imp.-f°. Mit erklär. Text. gr. 8° (9 S.). Stuttgart, Ulmer. M. 1. 50.

Franks, A. W. Notes on a Sword found in Catterdale, Yorkshire. (Archæologia XLV.)

Gori, F. Monumenti storici, artistici ed epigrafici di Tivoli. (Archiv. della città e provincia di Roma III, 5.)

Gregorutti, C. Antichi vasi fittili di Aquileja. (Archeografo Triestino, vol. VI, fasc. IV.)

— — Iscrizioni inedite aquilejesi, istriane e triestine (cont.). (Archeografo Triestino, vol. VI, fasc. IV.)

Griechenland. Neue Funde u. Ausgrabungen in Griechenland. (Augsb. Allg. Ztg., B. 72.)

Grimouard de St. Laurent. Les Images du Sacré-Cœur au point de vue de l'histoire et de l'art. Suite. (Rev. de l'art chrét. XIX, 1.)

Hähnelt, W. Der Thurmbau zu Babel. (Samml. von Vorträgen, herausg. von W. Frommel und F. Pfaff. 2 Bd. 9. Heft.) gr. 8°, 24 S. Heidelberg, C. Winter. M. 0. 60.

Hall, G. Rome. An Account of Researches in Ancient Circular Dwellings near Birtley, Northumberland. (Archæologia XLV.)

Hamard. Études critiques d'archéologie préhistorique à propos du gisement du Mont-Dol (Ille-et-Vilaine), avec 3 pl. (Supplément.) 8°, p. 89 à 271. Paris, Hatou.

Hauch, A. Die Entstehung des Christustypus in der abendländischen Kunst. (Samml. von Vorträgen, herausg. v. W. Frommel u. Fr. Pfaff. 3. Bd. 2. Heft.) 8°, 26 S. Heidelberg, C. Winter. M. 0. 60.

Heger, F. Die neuesten prähistorischen Forschungen in Oesterreich. (Wien. Abendp. 65 ff.)

Héron de Villefosse, A. Sur quelques briques romaines du Louvre. (Lettre à M. le directeur de l'École française de Rome.) 8°, 24 p. Paris, Thorin.

Hochstetter, F. v. Ergebnisse der Höhlenforschungen im J. 1879. 2. Bericht der prähistor. Commission der mathematisch-naturwissensch. Classe der kais. Akad. d. Wissensch. Mit 1 (lith.) Taf. u. 1 (eingedr.) Holzschn. (Aus: „Sitzungsber. d. k. Akad. d. Wissensch.") 8°, 16 S. Wien, Gerold's Sohn. M. 0. 60.

— — Prähistorische Ansiedelungen und Begräbnisstätten in Niederösterreich und in Krain. 3. Bericht der prähistor. Commission der mathematisch-naturwissensch. Classe der kais. Akad. d. Wissensch. (Aus: „Sitzungsber. d. k. Akad. d. Wiss.") 8°, 15 S. Wien, Gerold's Sohn. M. 0. 30.

Hörnes, M. Reiseskizzen aus Bosnien. (Wien. Abendpost 83 ff.)

Jakob, G. Die Kunst im Dienste der Kirche. Ein Handbuch für Freunde der kirchl. Kunst. 3. Aufl. Nebst Titelbild (in Stahlst.) und 20 (lith.) Taf. gr. 8°, XX—460 S. Landshut, Thomann. M. 8.

Llewellyn, Jewitt. The mermaid of legend and of art. (Art Journ., March, May.)

Ilg, A. Wiens Entsatz 1683 in den Werken der Kunst. (Wien. Abendpost 54 ff.)

Josin, H. Autographes inédits d'artistes français. (L'Art 280.)

Kenner, Dr. Fr. Römische Sonnenuhren aus Aquileja. (Mitth. d. k. k. Centr.-Comm., N. F., VI, 1.)

Kieseritzky, G. Scavi di Civita Castellana. (Bull. dell' Instit. di corr. archeol. 5.)

Köhler, U. Attische Ephebeninschrift. (Mitth. d. d. archäol. Inst. in Athen IV, 4.)

— — Gefässe aus Aegina. (Mitth. d. d. archäol. Inst. in Athen IV, 4.)

Kraus, F. X. Real-Encyklopädie der christlichen Alterthümer. Unter Mitwirk. mehrerer Fachgenossen bearbeitet u. herausg. von F. X. Kraus. Mit zahlreichen, zum grössten Theil Martigny's „Dictionnaire des antiquités chrétiennes" entnommenen Holzschn. 2 Lfg. 8°. (S. 97—192.) Freiburg i. B., Herder. à M. 1. 80.

Krkajavi, Dr. Kunstbestrebungen in Croatien. (Mittheil. d. Oesterr. Mus. 174.)

Laferrière, J. L'art en Saintonge et en Aunis, ouvrage publié sous les auspices de Sa Grandeur Mgr. l'évêque de La Rochelle et Saintes. Tome I. Arrondissement de Saintes. Livr. 1, 2, 3. 4°, 16 p. et 27 pl. Liège, Ch. Claesen. fr. 21.

Lasteyrie, Count F. de. On two Gold Ornaments of the time of Theodoric, preserved in the Museum at Ravenna. (Archæologia XLVI.)

Lazzaro, P. Une nouvelle nécropole dans les environs de Naples. (L'Art 280.)

Le Breton, G. Essai iconographique sur Saint Louis. 4°, 85 p. avec 20 grav. Paris, Martin.

Lenormant, F. Archaeological notes on a tour in Southern Italy. (Academy 406 ff.)

— — Deux nouveautés archéologiques de la Campanie. II. (Gaz. d. B.-Arts, Mars.)

Löschke, G. Altattische Grabstelen. (Mitth. d. d. arch. Inst. in Athen IV, 4.)

Lumbroso, G. Iscrizione sotto una statua di Pescennio Negro. (Bull. dell' Instit. di corr. archeol. 5.)

— — Origini Alessandrine. (Bull. dell' Instit. di corr. archeol. 3.)

Lübbert, E. Alexandria unter Ptolemäus Philadelphus und Euergetes. Rede zur Feier des Geburtstages Sr. Maj. des Deutschen Kaisers, Königs von Preussen Wilhelm I., geb. an der Christian-Albrechts-Universität am 20. März 1880. gr. 4°, 16 S. Kiel, Univ.-Buchh. M. 1.

Marchese, V. Memorie dei più insigni pittori, scultori e architetti domenicani. Vol. 2e ed nlt. 4a ediz. accr. e miglior. Bologna, G. Romagnoli. 16°, 707 p. L. 6. 60.

Mariette, M. Nouvelles fouilles à faire en Égypte. Suite. (Chron. des Arts 13. 19.)

Mariette-Pacha, A. Abydos; Description des fouilles exécutées sur l'emplacement de cette ville. T. 2: Temple de Séti (supplément), temple de Ramsès, temple d'Osiris, petit temple de l'ouest, nécropole. f°, 59 p. avec fig. Paris Maisonneuve et Ce.

Maxy, de. L'Archéologie religieuse au congrès de Vienne (1879); une excursion à Saint-Antoine-de-Vienne. 8°, 11 p. Arras, imp. Laroche. (Extr. de la Revue de l'art chrét., 2e série, t. 11.)

Martha, J. L'Archéologie. Leçon prononcée, le 5 déc. 1879, à l'ouverture du cours des antiquités grecques et latines à la faculté des lettres de Montpellier. 8°, 30 p. Montpellier, impr. Martel ainé.

Mau, A. Scavi di Todi e di Pompei. (Bull. dell' Inst. di corr. archeol. 1. 2 ff.)

Mémoires de la Société archéologique et historique de l'Orléanais. T. 17. 8°, 546 p. avec tableaux et atlas de 15 pl. gravées. Orléans, Herluison.

Mémoires de la Société des antiquaires de l'ouest. T. 40. Année 1876. (Tables générales des Mem. et Bull. de la 1re série, 1834 à 1876.) 8°, 355 p. Paris, Derache.

Mémoires de la Société des antiquaires de Picardie. T. 26. 3e série. t. 6. 8°, 562 p. et pl. Paris, J. B. Dumoulin.

Mémoires de la Société d'archéologie lorraine et du musée historique lorrain. 3e série. 7e vol 29e de la collect. 8°, XX—436 p. et pl. Nancy, imp. Crepin-Leblond.

Michaelis, A. Das Oxforder metrologische Relief. (Archäolog. Ztg. 1879, 4.)

— — Eros in der Weinlaube. (Archäolog. Ztg. 1879, 4.)

Millar, A. H. Scottish art. (Art Journ., March.)

Mittheilungen der k. k. Central-Commission zur Erforschung und Erhaltung der Kunst- und historischen Denkmale. Herausg. unter der Leitung Sr. Exc. d. Präs. J. A. Frhr. v. Helfert. Red.: K Lind. 6. Bd. à 4 Hefte. (Neue Folge der Mittheilungen der k. k. Central-Commission zur Erforschung und Erhaltung von Baudenkmalen.) gr. 4°. (1. Heft 76 S. m. 44 eingedr. Illustr. u. 2 Steintaf.) Wien, Gerold's Sohn in Comm. M. 12.

Mittheilungen des königl. sächs. Alterthumsvereins. Namens desselben herausgeg. von H. Ermisch u. A v. Eye. 30. Heft. (Reg. zu Heft 1—29.) 8°, XII. 133 S. Dresden, Baensch. M. 3.

Moret, E. F. Histoire de l'art, recueil et encyclopédie artistiques, reproductions des principaux chefs-d'œuvre qui ornent les musées, collections et monuments de tous pays, en dessins, estampes, gravures, peintures, sculptures,

tapisseries, etc., avec notice descriptive et historique, et de portraits des hommes illustres avec leur biographie. 1re année. 1880. T. 1. No 1. 4°, 8 p. avec grav. Paris, impr. Schmidt. (Abonn.: Paris et dép., un an, 10 fr.; étranger, un an, 12 fr. Il paraît une livr. tous les samedis.)

Murray's Handbook for Travellers in Lower and Upper Egypt. 6th edit. revised on the spot. 33 Maps, Plans, etc. 2 parts. 17°, 560 p. London, Murray. 15 s.

Mussini, L. Scritti d'arte. Firenze, Succ. Le Monnier. 16°, 111—228 p. L. 2. 50.

Nardoni, L. Scavi di Corneto e sul lago di Nemi. (Bull. dell' Instit. di corr. archeol. 3.)

Olympia, die Ausgrabungen von. Berichte von W. Dittenberger, K. Purgold, G. Treu. (Archäol. Ztg. 1879, 4.)

Paestum: Temple de Neptune. Vue int., par Suasso. Paris, imp. lith. V. Quetin.

Perkins, Ch. C. Ancient literary sources of the history of the formative arts among the Greeks. (American Art Review 4.)

Pichler, Fr. Etruskische Reste in Steiermark und Kärnten.

Le Pompéi de l'Amérique (les ruines d'Uxmal). (Lippincotts Magazine, April.)

Rayet, O. Les fouilles d'Olympie. II. (Gaz. des B.-Arts, Mai.)

Richardson Ningaye, A. L'art et l'archéologie. (Revue artist. 1879 1880, Nos 16 et 17. Anvers.)

Richter, J. P. Lionardo-Studien. II. (Ztschr f. bild. K. 7.)

Ridolfi, M. Scritte d'arte e d'antichità; a cura di Enrico, suo figlio. Firenze, Succ. Le Monnier. 1879. 18°, LXXIX 371 p. L. 4.

Riemann, O. Recherches archéologiques sur les îles ioniennes: III. Zante; IV. Cérigo; V. Appendice. 8°, 72 p. et 2 cart. Paris, Thorin. fr. 3. 50. (Bibl. des Écoles françaises d'Athènes et de Rome, fasc. 18.)

Rolleston, G. Further Researches in an Anglo-Saxon Cemetery at Frilford. (Archæologia XLV.)

Rondani, A. La pittura tedesca odierna, a proposito dell' Esposizione di Monaco. Parma, tip. editr. della Gazzetta d'Italia, 1879 8°, 73 p. (Estr. dalla Rivista Europea Rivista internazionale.)

Rossmann, W. Gastfahrten. Reise-Erfahrungen und Studien. X—405 S. m. Kopfleisten, Initialen und Schlussvignetten. Leipzig, Grunow. M. 6.

Saint-Paul, A. L'Année archéologique. Calendrier archéologique; Centenaires; Revue de l'année en France et à l'étranger, etc. Année 1879. 8°, 344 p. Paris, Quantin. fr 7. 50.

Schoy, A. Beaux-Arts et Industries artistiques à Bruxelles en 1761. (Journ. des B.-Arts 5 ff.)

Schömann, Antiquités de la Grèce. (Academy, 13 Mars.)

Schuermans, H. Épigraphie romaine de la Belgique. (Bull. des Comm. royales d'art et d'archéologie, Nos 9 et 10, 1879. Bruxelles.)

Neumann, F. A Illustrations of the History of Art. Series 1: The Industrial Arts among the Oriental Nations and the Nations of Europe, from the Middle Ages down to Modern Times: Series of Illustrations, arranged chronologically, and forming an Atlas, to be used in connexion with any Work on the History of Art. Published under the supervision of S. R. Koehler. Illustr. f°. Boston. 9 s.

Textbuch zu Neumann's kunsthistorischen Bilderbogen. Nebst alphab. Verzeichniss der Künstler-

Namen und einem Orts-Register. 3. u. 4. Heft. 8°. (IV u. S. 161—367 u. Register 20 S.) Leipzig, Seemann. M. 0. 60. (cplt.: M. 3. 40.)

Siebold, H. v. Notes on Japanese archæology with especial reference to the stone age. With 12 photogr. pl. f°, 111—21 S. Yokohama 1879. (Stuttgart, Wittwer.) M. 40.

Schlosar, A. Erzherzog Johann u. das Kunstleben Oesterreichs. (Wien. Abendp. 107 ff.)

Smyth, P. Our inheritance in the great Pyramid. 4th and much enlarged edit. including all the most important Discoveries up to the time of publication, with 25 explanatory Plans, Elevations, and Sections of all the more difficult and crucial parts of the Structure. 8°, 690 p. London, Isbister.

Stanley Poorhys, A. On a Examination of the Tombs of Richard III. and Henry III. in Westminster Abbey. (Archæologia XLV.)

Stark, C. B. Handbuch der Archäologie der Kunst. 1. Abth. A. u. d. T.: Systematik und Geschichte der Archäologie der Kunst. 2. (Schluss-)Lfg. gr. 8°. (VIII u. S. 257—400.) Leipzig, Engelmann. M. 3. 75. (cplt.: M. 10. 50.)

Stone, C. J. Cradle Land of Arts and Creeds; or, Nothing New under the Sun. 8°, 430 p. London, Low. 14 s. (The region of the Euphrates and the valley of the Nile are accepted by the Author as the earliest homes of the Arts and Sciences.)

Sybel, L. v. Zwölfgötteraltar aus Athen. (Mitth. d. d. arch. Instit. in Athen IV, 4.)

Thornton Wood, J. Artistes américains. (Potter's American Monthly, April.)

Vorsili, G. Le arti in Francia. (Il Buonarroti, Juli 1879.)

Weil, R. Vaseninschriften. (Archäolog. Zeitung 1879, 4.)

Wernicke, E. Zur Künstlergeschichte von Görlitz, Schweidnitz, Goldberg u. Breslau. (Schlesiens Vorzeit 43.)

Winckelmann. (British Quarterly Review, April.)

Winckelmannfeste, Chronik der, zu Athen, Rom, Berlin, Bonn, Frankfurt a. M., Emden (Archäol. Ztg. 1879, 4.)

Warsbach, A. v. Martin Schongauer. Eine krit. Untersuchung seines Lebens und seiner Werke, nebst einem chronolog. Verzeichnisse seiner Kupferstiche. gr. 8°. IV—125 S. Wien, Manz. M. 5.

Wylie, J. H. Ruins of Bible Lands. 14th edit. 12°. London, Blackwood. 2 s. 6 d.

Wylie, W. M. Notice of a monument at Pallanza, North Italy, dedicated to the Matrons. (Archæologia XLVI.)

Years (The) Art: A Concise Epitome of all matters relating to the Arts of Painting, Sculpture, and Architecture, which have occurred during the year 1879, together with Information respecting the Events of the year 1880. Compiled by M. B. Huish. 8°, 230 p. London, Macmillan. 2 s. 6 d.

Zeitschrift d. Kunst-Gewerbe-Vereins zu München. Red.: S. Lichtenstein. 30. Jahrg. 1880. 12 Hefte. f°. (1. u. 2. Heft. 16 S. m. eingedr. Holzschn. u. 6 Taf.) Leipzig, Hirth. M. 14.

II[a]. Nekrologie.

Barbèra, Gasp., Buchh. in Mailand. (Bibliogr. Italiana, No 5, Cronaca.)

Berry, E. M., Architekt. (Academy 406. Ztschr. f. bild. K., B 24 — Art Journal, May.)

Boxall, Will., Maler u. Director der National-Galerie in London. (Art Journ., March.)

Coste, Pascal, Architekt. (E. Parrocel: L'Art 276. 282.)

Crola, G. Heinr., Landschaftsmaler. (Ztschr. f. bild. K., B. 33.)

Duranty, Ed., Kunstschriftsteller. (A. de Lostalot: Chron. des Arts 16.)

Gallmard, A., Maler. (Ztschr. f. bild. K., B. 24.)

Gudin, Théod., Marinemaler. (L'Art 279.)

Hagen, A., Kunstschriftsteller, Universitätsprofessor. (Ztschr. f. bild. K., B. 28.)

Hellweger, Fr., Maler. (Ztschr. f. bild. K., B. 23.)

Herla, Maler. (Journ. des B.-Arts 9.)

Landerer, Thomas, Kupferstecher. (Ztschr. f. bild. K., B. 23.)

Lehmann, Hermann. Ein Ueberblick seines Lebens u. Wirkens. Von Th. Reisbaus. (Aus: „Jahresber. über die Fortschritte der class. Alterthumswissensch.") 8°, 10 S. Berlin, Calvary & Co. M. 1.

Lerius, Theodor van, Kunstschriftsteller. (Journ. des B.-Arts 8.)

Liévin de Winne, Porträtmaler. (C. L.: Chron. des Arts 22.)

Merritt, Henry, Kunstschriftsteller. (W. O. Tristram: L'Art 275.)

Meyerheim, Fr., Maler. (Ztschr. f. bild. K., B. 23.)

Nilson, Fr. Chr., Maler. (Regnet: Ztschr. f. bild. K., B. 23.)

Riegel, Jobst, Kupferstecher. (Regnet: Ztschr. f. bild. K. 6.)

Schösinger, Leo, Maler u. Galvanograph. (C. A. Regnet: Ztschr. f. bild. K., B. 27.)

Selvatico, Pietro Estense. (Molmenti: L'Art 282. 283. — Archiv. veneto XIX, 1.)

Semper, Gottfried. Ein Bild seines Lebens und Wirkens mit Benützung der Familienpapiere Von H. Semper. gr. 8°, 35 S. Berlin, Calvary & Co. M. 1. 50.

— — (C. Lipsius: Deutsche Bauztg. 15 ff.)

Sutter, D., Kunstschriftsteller. (E. Véron: L'Art 272.)

Siark, Carl Bernhard. Ein Ueberblick seines Lebens und Wirkens. Von W. Frommel. (Aus: „Jahresber. über d. Fortschritte d. class. Alterthumswissensch.") 8°, 13 S. Berlin, Calvary & Co. M. 1.

Thompson, Jac., Maler. (Art Journ., April.)

Trautz-Bauzonnet, berühmter Buchbinder. (J. Le Petit: Le Livre 1.)

Wagner-Deines, J., Landschafts- und Thiermaler. (Angeb. Allg. Ztg., B. 111.)

Wolff, Emil, Bildhauer. (P. Schönfeld: Ztschr. f. bild. K., B. 27.)

Woltmann, A. (B. Meyer: Ztschr. f. bild. K. 7. 8.)

III. Architektur.

Annali della fabbrica del Duomo di Milano dall' origine fino al presente, pubblicati a cura della sua Amministrazione; voll. III (1484—1550). Milano, G. Brigola e Co. 4°, 320 p. L. 20.

Architecture moderne de Vienne, publiée avec le concours des architectes H. v. Ferstel, E. et H. v. Förster, Th. v. Hansen etc. par C. v. Lützow et L. Tischler. Planches gravées sous la direction de E. Obermayer. 2e vol. 10e livr. f°. (8 Kupfertaf. m. 1 Bl. Text.) Wien, Lehmann & Wentzel. à M. 8.

Asmus, E. Die Bauwerke der Renaissance in Italien. Rom. Nach Paul Letarouilly „Edifices de Rome moderne" für Bau- und Gewerbeschulen. Baugewerksmeister und angehende Architekten bearb. gr. f°. (24 autogr. Taf. m. 1 Bl Text.) Hamburg, Kriebel. M. 13.

Behse, W. H. Das Entwerfen und Zeichnen der gewöhnlich vorkommenden Baurisse nach ihren verschiedenen Beziehungen. Nebst gründlicher Anweisung zu übersichtl Abfassung eines Bauanschlags. Für gewerbl. Fortbildungsschulen, sowie zum Selbststudium für Gesellen und Lehrlinge. 3. Aufl. von Hertel's Unterricht im Zeichnen etc. der Baurisse in gänzlicher Umgestaltung. Mit einem Atlas (in 4°) von 29 (lith.) Taf., enth 410 Fig. gr. 8°. (XII—136 S.) Weimar, B F. Voigt. M. 6.

Bethke, H. Decorativer Holzbau. Neue Folge. Eine Sammlung von allen in der Praxis vorkommenden Baulichkeiten, als: Villen, Gartenhäuschen, Lauben etc. 7.—19. Liefg. f°. (à 5 Steintaf.) Stuttgart, Wittwer. à M. 3. 60.

Bourassé, J. J. Les Châteaux historiques de France, histoire et monuments. 3e edit. 4°. 400 p. et 32 grav. Tours, Mame et fils.

Braunschweig. Die Burg Heinrich's des Löwen in Braunschweig. (Augsb. Allg. Ztg. B. 190.)

Cantù, C. La Chiesa delle Grazie in Milano (Il Convento — Il Santo l'Ufizio — Descrizione Il ristauro — Appendice). Milano, tip. Bernardoni di C. Rebeschini e Co., 1879. 8°. 90 p.

Centenaire de l'inauguration du Grand Théâtre à Bordeaux. (L'Art 280.)

Chester, J. Gothic churches in Cyprus. (Academy 412.)

Cipolla, C. Ricerche storiche intorno alla chiesa di S. Anastasia in Verona. (Archivio veneto XVIII, 2.)

Cloître, le, de Saint-Trophime d'Arles. 8°, 44 p. Avignon, Seguin fr.

Delaporte, L. Voyage au Cambodge. L'Architecture Khmer. Ouvrage orné de 175 grav. et d'une carte, dont 125 dessins originaux de l'auteur et 50 reproductions de photographies ou dessins de l'auteur. gr. 8°, 462 p. Paris, Delagrave fr. 20.

Dixon, W. H. Royal Windsor. Vols. 3 and 4. 8°, 696 p. London, Hurst. 30 s.

Dujardin, A. Notes sur la cathédrale de Metz. 8°, 42 p. Nancy, imp. Sordoillet. (Extr. des Mém. de l'Acad. de Metz, année 1877—1878.)

Deprez, K. Notice historique sur l'ancienne abbaye de Viller-Betnach, d'après les archives de cette abbaye conservées à la préfecture de Metz. 8°, 32 p. et pl. Nancy, imp. Réau. (Extr. des Mém. de l'Acad. de Metz, année 1877—1878.)

Durand, C. V. Louis, architecte du Grand-Théâtre de Bordeaux. Documents recueillis et publiés. 8°, 55 p. Bordeaux, imp. Gounouilhou. (Extr. des Actes de l'Acad. des sciences, etc., de Bordeaux.)

Ewerbeck, F. Die Kunstdenkmäler Yperns aus dem Mittelalter u. der Renaissance. (Ztschr. f. bild. K. 7. 8.)

Eyriès, G. Les Châteaux historiques de la France. 1re série, cont. 200 eaux-fortes dans le texte et 50 pl. hors texte, gravées par nos principaux aquafortistes, sous la direction de M. F. Saloux. T. 1. Fasc. 2 à 6. 4°, p. 33 à 209. T. 2. Fasc. 1 à 6. 277 p. Poitiers, Oudin fr. Les 2 vol. 240 fr.

Ferstel, H. v. Der Neubau der Wiener Universitätsbibliothek. (Ztschr. f. bild. K., B. 25.)

Flesche, L. v. Kunstdenkmale des Mittelalters. Aufgenommen u. gezeichnet. Baukunst. 2. Lfg. f°. (21 autogr. Taf. m. 19 S. deutschem u. franz. Text.) Aachen, Barth. à Heft M. 4.

Foubert, B. Le nouveau Vignole des ouvriers ou methode facile de tracer les ordres de l'architecture, avec la demonstration de tout ce qu'on emploie dans l'art de bâtir; précédé de principes de la geometrie descriptive, applicable à l'architecture, ainsi que des origines et regles generales de cet art; suivi de devis de différents travaux. 4°, 105 p. Texte français-flamand et atlas in f° de 115 pl. Bruges, Daveluy. fr. 30.

Freshfield, Ed. On the Byzantine Origin of the Church of St. Vitalis at Ravenna. (Archaeologia XLV.)

Gardner, E. C. Common Sense in Church Building. In form of Letters between the Architect and a Church Committeeman. Suggestive Views as to the Audience Room, Light, Society, and Sunday-school Rooms, etc., and the uses to be made of them. Illustrated. 16°. New York. 5 s.

Germain, P. M. Brin et E. Corroyer, Saint-Michel et le Mont Saint-Michel. Ouvrage illustré d'une photogravure, de 4 chromolithographies et de 280 grav. gr. 8°, 556 p. Paris, Firmin-Didot et Cie. fr. 20.

Hatfield, R. G. The American House Carpenter. This Work treats on the Art of Building, Styles of Architecture, Strength of Materials, Construction of Floors, Framed Girders, Cast Iron Girders, Stairs, Doors, Windows, Mouldings, Cornices, etc. Illustr. 2nd edit. revised and enlarged. 8°. New York. 25 s.

Mittenhofer. Vergleichende architektonische Formenlehre. Eine populäre Darstellung zur Formenkenntniss der wichtigsten Baustilperioden (griechisch, römisch, byzantinisch, romanisch, gothisch, Renaissance und modern). Zum Gebrauch für Bauhandwerker, angehende Architekten und techn. Lehranstalten. Mit 85 lith. Taf. (1530 Illustr.) nebst belehr. Text m. eingedr. Holzschn. 3. Ausg. 30 Hefte. gr. 4°, VII—141 S. Leipzig, Scholtze. M. 30.

Ilg, A. Das Lustschloss Heitzendorf. (Wien. Abendp. 114.)

Klette, R. Die Entwicklungsgeschichte der Architektur. 1 Lfg. gr. 8°, 64 S. m. eingedr. Abbild Leipzig, Knapp. M. 1.

Knoblauch, Ed. Der Umbau der Jerusalemkirche in Berlin. (Deutsche Bauztg. 39. 41.)

Kunstdenkmale, über kirchliche, aus der Ferne. (Fortsetzg.) (Kirchenschmuck 2 ff.)

Kunstdenkmäler, kirchliche, aus Siebenbürgen. In Abbild. mit kurzen Erläut. Mit Unterstützg. Sr. Exc. d. k. ung. Herrn Ministers für Cultus und Unterricht herausgeg. vom Ausschuss des Vereins für Siebenbürg. Landeskunde. 1. u. 2. Lfg. f°. (à 18 Photogr. m. Text in 4°. S. 1—26.) Hermannstadt, 1879. à M. 6.

Lohfeldt, P. Die Holzbaukunst. Vorträge, vor der Berliner Bauakademie gehalten. Mit 96 (eingedr.) Abbild. in Holzschn. gr. 8°, VII 274 S. Berlin, Springer. M. 6.

Liebold, B. Ziegelrohbau. Taschenbuch f. Bauhandwerker. Sammlung von Façaden- u. Giebelausbildungen, Sockel-, Band-, Gurt- u. Hauptgesimsen, Details, Fries- u. Flächenornamenten etc. 3. u. 4. (Schluss-)Lfg. 8°. (80 Steintaf. m. 2 Bl. Text.) Holzminden, Müller. à M. 1. 50.

Lista de los Arquitectos españoles publicada por la Sociedad central, y Memoria sobre los trabajos de la misma durante 1879. Madrid, impr., est. y galv. de Aribau y Ca. 4°. (Nicht im Handel.)

Merson, O. Centenaire de l'inauguration du grand théâtre de Bordeaux le 7 avril 1880. (Gaz. d. B.-Arts, Mai.)

Müntz, E. Les maisons de Raphaël à Rome d'après des documents inédits ou peu connus (Gaz. des B.-Arts, Avril.)

Myskovsky, V. Holzkirchen in den Karpathen (Mitth. d. k. k. Centralcomm., N. F., VI, 1. 2.)

Neubauten, Wiener. Unter Mitwirkg. d. Archit. H. v. Förstel, E. u. H. v. Förster, Th. v. Hansen etc. herausg. v. C. v. Lützow u. Archit. L. Tischler. Gestochen unter Leitg. v. E. Obermayer. 2. Bd. 10. Heft. f°. (8 Kupfertaf. u. 1 Bl. Text.) Wien, Lehmann & Wentzel. à M. 8.

Neubauten zu Frankfurt a. M. Herausgeg. unter Mitwirkung des Frankfurter Architekten- und Ingenieur-Vereins. Red.: Fr. Sauerwein. Phot. Aufnahmen von C. Hertel in Mainz. Lichtdr. von A. Maier in München und Branneck & Maier in Mainz. (I. Abth.) 8.—10. (Schluss-) Liefg. gr. f°. (11 lith. u. 25 phototyp. Taf.) Frankfurt a. M., Keller. à M. 6.

Notice historique et archéologique sur l'église de Cruas, en Vivarais; précédée d'un Aperçu sur l'abbaye de cette localité. 12°, 76 p. Notre-Dame-de-Lérins, Imp. Marie-Bernard.

Oberzicht van de Geschiedenis der Bouwkunst. (Kunstkronick 1. 2.)

Paris à travers les âges, aspects successifs des principales vues et perspectives des monuments et quartiers de Paris depuis le XIII° siècle jusqu'à nos jours, fidèlement restitués d'après les documents authentiques par F. Hoffbauer. Texte par MM. E. Fournier, P. Lacroix, A. de Montaiglon, A. Bonnardot, J. Cousin, Franklin, V. Dufour, etc. Livr. 8. f°, 76 p. et 7 pl. Paris, Firmin-Didot et Cc. Chaque livr. fr. 30. (L'ouvrage formera 12 livr.)

Pené, B. Ueber Bauwerke im Renaissancestil. (Deutsche Monatsh. z. Bef. d. Erwerbsthät. 6.)

Pellegrini, A. Basilica Fulvia Emilia. (Bullet. dell' Inst. di corr. archeol. 3.)

Perceval Spooner, Ch. Remarks on some Charters and other Documents relating to the Abbey of Robertsbridge in the County of Sussex. (Archaeologia XLV.)

Pulgher, D. Les anciennes églises byzantines de Constantinople. Relevées, dessinées et publiées. 5e et 6e livr. gr. f°. (6 Steintaf. u. 1 Chromolith.) Wien, Lehmann & Wentzel. à M. 8.

Reise-Studien, architektonische, aus Würzburg. Aufgenommen und gezeichnet unter Leitung von H. Reinhardt u. F. Seubert von Studirenden der Architektur am k. Polytechnikum Stuttgart. (In 3 Liefgn.) 1. Liefg. gr. f°, 20 autogr. Taf. Berlin, Wasmuth. M. 8.

Riaño, J. F. y P. Madrazo. Los orígenes de la arquitectura arábiga, su transicion en los siglos XI y XII, y su florecimiento inmediato. Madrid, impr. de Ariban y Ca. 4°, 68 p.

Rochas, M. A. de. Principes de la fortification antique. (Revue gén. de l'architecture XXXVII, 1. 2.)

Rogers, M. E. Causes of certain differences in the styles of domestic architecture in Syria and Palestine. (Art Journ., April.)

Rogers, E. Th. and M. E. The mosques of Cairo. (Art Journal, March.)

Ruskin, J. Notes on the Construction of Sheepfolds. 4th edit. 8°. Orpington, Allen. 1 s.

— — Seven Lamps of Architecture, with Illustrations drawn by the Author. New edit. 8°. Orpington, Allen. 42 s.

Schäfer, Dr. G. Die Katharinenkirche zu Oppenheim u. der Entwurf zu ihrer Wiederherstellung. Schluss. (Zeitschr. f. bild. K. 6.)

Schmidt, F. Erweiterungsplan der Apsis der lateranensischen Basilica zu Rom. (Archiv f. christl. K. 4.)

Scheins, Pr. O. Aus dem Florentiner Kunstleben. II. (Zeitschr. f. bild. K., B. 20.)

Skizzen-Buch, architektonisches. Eine Sammlung enth. Landhäuser, Villen, ländliche Gebäude etc. Mit Details. Jahrg. 1880. 6 Hefte. (Der ganzen Folge 160—165. Heft.) (à 6 Bl. in Stich, Lith. u. Farb.-Druck.) f°. (a 1 Bl. Text.) Berlin, Ernst & Korn. a Heft M. 6.

Stevenson, J. J. House Architecture. 2 vols. 8°, 6×2 p. London, Macmillan. à M. 36.

Studien, architektonische. Herausgeg. vom Architekten-Verein an kgl. Polytechnikum in Stuttgart. 46. u. 47. Heft. gr. f°. (a 6 autogr. Taf.) Stuttgart, Wittwer. à M. 2. 40.

Studien aus der Special-Schule von Th. R. v. Hansen. Herausgeg. vom Vereine der Architekten an der k. k. Akademie der bild. Künste in Wien. 10. u. 11. Lfg. f°. Wien, Lehmann & Wentzel. a M. 3.

Verzili, G. L'architettura, ossia la parte estetica di essa e l'eloquenza. (Il Buonarroti, Juli 1879.)

Wernicke, E. Neue Beiträge zur Gesch. d. Renaissance in Brieg. (Schlesiens Vorzeit 43.)

Wight, P. B. On the present condition of architectural art in the Western States. (American Art Review 4.)

Yriarte, Ch. Les restaurations de Saint-Marc de Venise. (L'Art 279. 280.)

Zeitschrift des österreichischen Ingenieur- und Architektenvereins. Red.: W. Tinter. 32. Jahrg. 1880, 12 Hefte (a 2—3 B. m. eingedr. Holzschn. u. Steintaf.) Nebst Wochenschrift desselben Vereins. 5. Jahrg. 1880, 52 Nrn. (a ½ ½ B.) 4°. Wien, v. Waldheim. M. 15.

Zeitschrift für Baukunde. Organ der Architekten- und Ingenieurvereine von Bayern, Württemberg, Baden, Straßburg, Frankfurt a. M., Mittelrhein, Niederrhein, Westphalen, Aachen, Oldenburg. Red.: W. Wiltmann. 3. Bd. 1880, 4 Hefte. gr. 4°. (1. Heft 180 Sp. m. 7 Stein- u. 2 Kupfertaf.) München, Th. Ackermann. M. 24.

IV. Sculptur.

Beck-Widmanstetter, L. v. Die Grabdenkmäler der Familie Thannhausen in der Dominikanerkirche zu Friesach. (Mitth. d. k. k. Centralcomm., N. F., VI, 1. 2.)

Camesina. Urkundliche Beiträge zur Gesch. des ehemaligen grossen silbernen Sarges für die Reliquien des h. Leopold in Klosterneuburg. (Mitth. d. k. k. Centralcomm, N. F., VI, 1. 2.)

Cérésole, V. La porte de bronze; sacristie de Saint-Marc à Venise. (L'Art 272 ff.)

Cool, P. en P. Feenstra Jr. Gedenkschrift van het Menno-Simons-Monument. 8°, 93 bl. Zwolle, W. E. J. Tjeenk Willink. f. 0. 90.

Eyries, G. Sculpteurs du XIX° siècle. (L'Artiste, Avril.)

Frimmel, Th. Beethoven und dessen Denkmal in Wien. (Wien. Abendp. 99.)

John-Brewer, F. St. The great sculptors of modern Europe. Canova. (Art Journ., April.)

Jouin, H. La Sculpture au salon de 1879. 8°, 63 p. Paris, Plon et Cc.

Kekulé, R. Die antiken Terracotten. Im Auftrage des archäolog. Instituts des Deutschen Reichs herausg. 1. Bd. 2. Abth.: Die Terracotten von Pompeji. Bearb. von H. v. Rohden. Nach Zeichn. v. L. Otto u. A. 2. Abth. (XIV u. S. 41—79 m. eingedr. Holzschn. u. 25 Steintaf., wovon 4 in Farbendr.) f°. Stuttgart, Spemann. à M. 30.

Krainz, J. Seckau u. das Mausoleum Erzherzog Karls II. (Wien. Abendp. 90—93.)

Lütsow, C. v. Das Beethoven-Denkmal von Kaspar Zumbusch in Wien. (Ztschr. f. bild. K. 8.)

Mehlin. Les Pierres tombales de l'église Saint-Urbain. 8°, 32 p. Troyes, imp. Dufour-Bouquot. (Extr. des Mém. de la Soc. acad. de l'Aube, t. 43, 1879.)

Overbeck, J. Geschichte der griechischen Plastik. 3. umgearb. u. verm. Aufl. 1. Halbbd. (Mit 53 Holzschn. [eingedr.] u. 3 Taf.) 8°, XII 242 S. Leipzig, Hinrich. M. 7.

Pellegrini, A. Statua di Cornelia madre dei Gracchi nei portici di Metello e di Ottavio. (Il Buonarroti, Juli 1879.)

Perkins, Ch. C. The art of casting in plaster among the ancient Greeks and Romans. (Amer. Art Review 5.)

Rosenberg, A. Das Denkmal der Königin Louise in Berlin. (Ztschr. f. bild. K., B. 24.)

— — Die Ausgrabungen in Pergamon. (Ztschr. f. bild. K. 6.)

Ruskin, J. Aratra Pentelici: Six Lectures on the Elements of Sculpture. 21 Pl. 2nd edit 8°. Orpington, Allen. 27 s 6 d.

Viitari, L. Les Pères de l'Église, statues en plâtre par Carpeaux. (L'Art 278.)

Vaschalde, H. Régis Breysse, sculpteur ardéchois. 8°, 16 p. Vienne, Savigne. (Extr. de la Revue du Dauphiné et du Vivarais, N° de nov.—déc. 1879. Tiré à 100 exempl.)

V. Malerei. Glasmalerei.

Archieven, de Utrechtsche. 1. Schildersvereenigingen te Utrecht. Beschelden uit het gemeentearchief uitgegeven door S. Muller. 8 en 178 bl. met 1 gelith. pl. Utrecht, J. L. Beijers. f. 2. 25.

Arundel society. First ann. publ. 1880. Interior of the Piccolomini library at Siena. Drawn by Marchi. Chromolith. by Starch & Kramer.

Barbou, A. Six dessins inédits de Victor Hugo. (L'Art 277.)

Beauvois, E. Peintures murales du XVe siècle dans l'église de Corberon, arrondissement de Beaune (Côte-d'Or). 8°, 24 p. Beaune, imp. Batault-Morot. (Extr. des Mém. de la Soc. d'histoire, d'archéologie et de littérature de l'arrondissement de Beaune, 1879, t. 4.)

Burty, Ph. J. de Nittis. (L'Art 275, 276.)

Cartwright, J. Varallo and her painter. (Portfolio 123.)

Chefs-d'œuvre (les) d'art au Luxembourg. Fasc. 1. gr. 4°, 8 p. avec grav. et 1 pl. photogravée hors texte Paris, Baschet. (Le fasc., fr. 2. 50. L'ouvrage comprendra 40 livr.)

Chennevières, H. de. Jean Paul Panini, peintre des fêtes publiques. (L'Art 279. 280.)

Classics, the, of painting. A collection of the most celebrated works of the Italian early and high-renaissance With explanatory text by P. F. Krell, with the co-operation of O. Eisenmann and F. Reber. Translated from the German by E. d'Esterre-Keeling. Edit. by J. L. Cording. 25.—34. part (the end). f°. à 2 Bl. in Lichtdr. m. Text S. 97—156. Stuttgart, Neff. à M. 2. 50.; cplt.: M. 105.

Classiques, les, de la peinture. Renaissance italienne (1420—1540). Collection des œuvres les plus célèbres des maîtres italiens. Avec texte explicatif publié par P. F. Krell avec le concours de O. Eisenmann et F. Reber. Traduit (sur l'original allemand) par G. Dubray. Impression photogr. de M Hommel à Stuttgart. Livr. 25—34 (fin). f°. (à 2 Bl. in Lichtdr. m.

Text S. 96 152. Stuttgart, Neff. à M. 2. 50.; cplt.: M. 105.

Coeffard, L. de. Notice sur Joseph Villiet, peintre-verrier à Bordeaux. 8°, 15 p. Bordeaux, imp Gounouilhou. (Extr. des Actes de l'Acad. des sciences, etc., de Bordeaux.)

Conrajed, L. Observations sur deux dessins attribués à Raphaël et conservés à l'Académie des Beaux-Arts de Venise. (L'Art 281.)

Cunningham, A. The Lives of the most Eminent British Painters. Rev. edit. annotated and continued to the Present Time. By Ch. Heaton. Vol 3. 12°, 490 p. London, Bell. 3 s. 6 d.

Curtius, E. Das archaische Bronzerelief aus Olympia. Mit 3 (1 photolyp. u. 2 lith.) Taf. und 7 (eingedr.) Holzschn. (Aus „Abhandl. d. kgl. Akad. d. Wiss. zu Berlin". gr. 4°, 32 S. Berlin, Dümmler in Comm. M. 2. 50

Dafforne, J. The works of Hamilton Macallum. (Art Journ., May.)

— The works of Hubert Herkomer. (Art Journ., April.)

Dahlke, G. Altdeutsche Bilder aus der v. Vintlerschen Galerie in Bruneck. 1. (Mitth. d. k. k. Centralcomm., N. F., VI, 2.)

David, J. L. J. Le peintre Louis David (1748—1825), souvenirs et documents inédits. gr. 4°, 687 p. et portr. gravé. Paris, Havard. fr. 50.

Bilder von **Defregger**, Geschichten von Rosegger. 8°, IV—199 S. m. 13 Photogr. Wien, Manz. M. 24.

Delaborde, H. Peintre contemporain: Alex. Hesse. (Rev. des deux mondes, 15 Mars.)

Duranty, Adolphe Menzel. (Gaz. des B.-Arts, Mars 1880.)

Emmewein, A. Jahrmarktsbuden u. Kramläden des XV. Jahrhunderts. (Anz. f. Kde. d. d. Vorzeit 1880, 2.)

Etchings from pictures by contemporary artists: Lucius Rossi. (Portfolio 124.)

Fillon, B. Pour qui fut peint le portrait d'Érasme par H. Holbein au Musée du Louvre. (Gaz. d. B.-Arts, Avril.)

Flaxman, J. Compositions: being Designs in Illustration of the Iliad of Homer. 8°. London, Bell & Son. 3 s. 6 d.

Förster, B. Franz Lenbach's neueste Porträts. (Ztschr. f. b. Kunst, B. 26.)

— — Zwei Schlachtenbilder grossen Stils. (Ztschr. f. b. Kunst, B. 27.)

Gamba, F. Defendente de Ferrari da Chivasso. (L'Art 282.)

Geffroy, G. Valentin. (L'Art 274.)

Gonse, L. Eugen Fromentin, peintre et écrivain. VI. (Gaz. d. B.-Arts, Mai.)

— — Le portrait de Millevoye par Prud'hon. (Gaz. d. B.-Arts, Mars.)

Gower, R. The Figure Painters of Holland. 8°, 126 p. London, Low. 3 s. 6 d.

Havard, H. L'Art et les Artistes hollandais. III. Heerenstraaten, Pieter de Hooch, Pieter Codde. 8°, 164 p. et grav. Paris, Quantin et Co. 10 fr.

— — Les derniers concours de la ville de Paris. (Gaz. d. B.-Arts, Mars.)

Heath Wilson, Ch The „Madonna del Sacco" by Andrea del Sarto. (Academy 408.)

Bédou, J. Jean Le Prince. (L'Art 283.)

Justi, C. Rubens und der Kardinal Infant Ferdinand. (Ztschr. f. b. Kunst 8.)

Maler, die französischen, des 18. Jahrh. Herausg. von A. v. Wurzbach. 19. 24. Lfg. f°. (à 2 Bl. in Lichtdr. u. Text S. 29—32.) Stuttgart, Neff. à M. 2. 50.

Ramya, Quentin, the older. (Art Journ., May.)

Hell, G. Noti intorno a Giuseppe Albina detto il Sozzo, pittore palermitano. (Archiv. stor. siciliano IV, 1. 2.)

Meyerheim, Fr. Ed. Eine Selbstbiographie des Meisters, ergänzt von P. Meyerheim, eingeleitet von L. Pietsch. Mit einem Vorworte von B. Auerbach und dem Bildnisse Ed. Meyerheims, nach P. Meyerheim, rad. von E. Forberg. gr. 8°, 4 u. 50 S. Berlin, Stilke. M. 1. 50.

Micklethwaite, J. Th. A description of the Paintings in the Church of Kempley, near Ross. (Archæologia XLVI.)

Monkhouse, C. Sir Frederick Leighton's fresco. (Academy 412.)

Müntz, E. Le Giottino a Rome 1369. (Chron. d. Arts 21.)

Nesbitt, A. On Wall Decorations in Sectile Work as used by the Romans. (Archæologia XLV.)

Rees (L. Zanis). Horace Vernet and Paul Delaroche. Illustr. 8°, 126 p. London, Low. 3 s. 6 d.

Rieber, L. Pompei. Wandmalereien und Ornamente. gr. f°. (12 Chromolith.) Berlin, Wasmuth. M. 72.

Robaut, A. Peintures décoratives par E. Delacroix. Le Salon du roi au Palais legislatif. 12°, 25 p. Paris, imp. A. Lévy.

— — Peintures décoratives d'Eugène Delacroix au Salon du roi au Salle des fleuves (Palais de la Chambre des deputés.) (L'Art 279.)

Ruskin, J. Frondes Agrestes; Readings in „Modern Painters". With Preface and notes. 4th edit. 8°. Orpington, Allen. 3 s. 6 d.

— — Relation between Michael Angelo and Tintoret: Lectures at Oxford. 2nd edit. 8°. Orpington, Allen. 1 s.

Siret, Ad. Dictionnaire hist. de peintres de l'école flamande. (Journ. d. B.-Arts 4 ff.)

Sommi Piccardi, G. Documenti intorno a Bernardino Campi, pittore cremonese. (Archiv. stor. lombardo VII, 1.)

Toureux, M. Mérimée critique d'art. Suite. (L'Art 269.)

Van den Branden. Geschiedenis der Antwerpsche schilderschool bekroond met den eersten prijs in den wedstrijd geopend door de regeering der stad Antwerpen. Livr. 18 19. 8°, a 32 p. Anvers, Buschmann. (L'ouvrage complet aura environ 20 livr.)

Véron, E. Th. Ribot. Exposition générale de ses œuvres dans les galeries de l'art. (L'Art 280. 281.)

VI. Münz-, Medaillen-, Gemmen-kunde, Heraldik.

Anzeiger, numismatisch-sphragistischer. Zeitung für Münz-, Siegel- und Wappenkunde. Organ des Münzforscher-Vereins zu Hannover. Hrsg. von H. Walte und M. Bahrfeldt. 11. Jahrg. 12 Nrn. (a 1½—1 B.) gr. 8°. Hannover, Meyer in Comm. M. 2.

Stocke-Kilchsteiner, E. v. Der Adel des Königreichs Württemberg. Ein neu bearb. Wappenbuch mit kurzem genealog. u. histor. Notizen. 3. Lfg. 4°. (S. 113 250 m. 16 Steintaf.) Stuttgart, Kohlhammer. à M. 5.

Bergh, J. A. de. Het wapen des konings en des rijks thans gevoerd, in in strijd met de wet. (2e aanmerkelijk vermeerderde druk. Met grootere wapenteekening en volledige omschrijving, onmisbaar voor hofleveranciers, steenhouwers, graveurs, teekenaars, enz.) 8°, 43 bl. met 1 in hout gegrav. wapen. 's Gravenhage, C. H. Susan Ir. f. 0. 60.

Boulkowsky, A. Dictionnaire numismatique pour servir de guide aux amateurs, experts et acheteurs des medailles romaines imperiales et grecques coloniales, avec indication de leur degré de rareté et de leur prix actuel au XIXe siècle, suivi d'un resume des ventes publiques de Paris et de Londres. 14e et 15e livr. 8°. (1. Bd. Sp. 865—992 m. eingedr. Holzschn.) Leipzig, T. O, Weigel. a M. 1. 20.

Codera, F. Monnaies des dernières années du royaume de Murcie. (Revista de España, 13 Avril.)

De Bove, Ch. Note sur un dépôt de monnaies gallo-romaines trouvé à Thulin. (Revue belge de numismatique, 5e livr. 1879. Bruxelles.)

Dirks, J. De Noord-Nederlandsche gildepenningen, wetenschappelijk en historisch beschreven en afgebeeld. Uitgegeven door Teyler's tweede genootschap. 2 dn. met atlas van platen. 8°. (XIV 467 bl., VIII— 422 en 68 bl. Atlas: 6 bl. en CXLIII gelith. pl.) Haarlem, erven F. Bohn. f. 15.

Dinart, Quelques médailles romaines inédites. (Revue belge de numismatique, 5e livr. 1879. Bruxelles.)

Erbstein, J. u. A. Die Schwarzburger Pfennige mit dem Löwen und der Streugabel im gespaltenen Schilde. (Ztschr. f. Museologie 9 ff.)

— — Ein Nachgepräge eines Berner Batzens aus der Münze von Dezana. (Ztschr. f. Museol. 4 ff.)

— — Erklärung der Buchstaben E. H. H. G. auf einer Bremer Münze von 1617. (Ztschr. f. Museologie 7.)

Gemeinschafts-Münzen König Sigmund's u. Herzog Adolfs v. Berg. (Blätter f. Münzfr. XVI, 81.)

Goerkingk, H. v. Geschichte des nassauischen Wappens. Mit 1 (chromolith.) Wappen nach altem Vorbilde, Initialen, Kopfleisten u. Schlussstücken von E. Döpler d. J. u. 6 (2 chromolith. u. 3 lith.) Wappen- u. Siegel-Taf. von H. Nahde. gr. 4°, VIII—67 S. Görlitz, Starke. M. 12.

Handelmann, H. Eine römisch-barbarische Goldmünze. (Correspondenzbl. d. Gesammtver. d. d. Geschichtsvereine 1879, 12.)

Herold, der deutsche. Zeitschrift für Heraldik, Sphragistik und Genealogie. Organ des Vereins „Herold" zu Berlin. Red: L. Clericus. 11. Jahrg. 1880. 12 Nrn. (à 1—1½ B. m. eingedr. Holzschn.) 4°. Berlin, C. Heymann. M. 9.

Hucher, E. Mélanges d'archeologie, comprenant les sceaux de Guillaume des Roches, sénechal d'Anjou, Main et Touraine, ceux de l'abbaye de la Clarté-Dieu, l'ex-voto de la dame de Courvalier et le tombeau de la recluse Ermecio. 8°, 35 p. Le Mans, Monnoyer.

Jacob, C. Herald.-sphragist. Notizen über das Wappen der Herren von Torgau. (Vierteljahrschrift f. Heraldik 1879, 4.)

Jambois, C. Les Armoiries de la ville de Nancy; origine et description. 2e edit. 12°, 44 p. Paris, Berger-Levrault et Co. fr. 2.

Jenner, F. Die Münzen der Schweiz mit Angabe jedes einzelnen Jahrganges und deren Varianten. gr. 8°, VIII—152 S. Bern, Jenni. M. 6.

Joseph, P. Schildaufheller des Grafen Ludwig von Stolberg zu Königstein. (Blätter f. Münzfr. XVI, 81.)

Lisseville, A. R. de. Histoire numismatique de la Revolution de 1848, ou Description raisonnée des médailles, monnaies, jetons, repoussés, etc., relatifs aux affaires de la France. 3e et 4e livr.

4°. p. 80 à 168 et 24 pl. Paris, Champion.
(L'ouvrage formera 3 vol.; il comprendra 28
livr. au prix de 10 fr. chacune. Il est tiré à
365 exempl. num.)

Loehbia v. Ebongreuth, A. Münzen als Glocken-
zierrath. (Mitth. d. k. k. Centralcomm., N. F.,
VI, 2.)

Maxe-Werly, L. Étude sur les monnaies au type
altéré de Henri l'Oiseleur; Trouvaille de Lon-
geau. 8°, 15 p. et pl. Bar-le-Duc, Contant-
Laguerre. (Extr. des Mem. de la Soc. des
lettres, sciences et arts de Bar-le-Duc, t. 9,
année 1879.)

— — Numismatique de Remiremont et de
Saint-Dié. 8°, 83 p. et 6 pl. Nancy, imp. Crepin-
Leblond. (Extr. des Mem. de la Soc. archeol.
lorraine pour 1879.)

Menzinger, J. A. M. Die Abzeichen der Religion
in den Wappen. (Vierteljahrschrift f. Heraldik
1879, 4.)

Houiller, L. de. Les Armes de Bourgogne et du
chancelier Rolin à l'Hôtel-Dieu de Beaune. 8°,
15 p. Beaune, imp. Batault-Norot.

Padovan, V. Documenti per la storia della zecca
Veneta. Fine. (Archivio Veneto XIX, 1.)

Portioli, A. La Zecca di Mantova. (Archivio
Veneto XIX, 1.)

Monerot, A. Armorial du departement de l'Aube.
8°, 178 p. et pl. Troyes, imp. Dufour-Bouquot.

Rothkirch u. Panthen auf Rothkirch, V. Freih. v.
Stammbuch des Geschlechts v. Rothkirch. Mit
4 Taf. in lith. Farbendr. u. 14 Geschlechtstaf.
4°, VII—266 S. Breslau, Max & Co. M. 50.

Saurma-Jeltsch, H v. Schlesische Münzmeister-
zeichen. (Schlesisches Vorzeit in Bild u. Schrift 12.)

Sceaux de la ville de Nieuport. (Messager des
sciences historiques ou archives des arts et de
la bibliographie de Belgique. 4e livr. 1879.
Gand.)

Serrure, R. Deux etudes de numismatique nationale. Une page de l'histoire monetaire de la
Flandre (1072—1100). Trouvaille de deniers
du XIIe siecle (1100—1127). 8°, 54 p. Gand.
C. Vyt. fr. 3.

— Éléments de l'histoire monetaire de
Flandre. 12°, 26 p. Gand, C. Vyt. fr. 2.

Siebmacher's, J. grossen und allgem. Wappenbuch
in einer neuen, vollständig geordneten und
reich verm. Aufl. mit herald. u. hist.-geneal.
Erläut neu herausgeg. 182.—184. Lfg. gr. 4°.
(56 S. m. 54 Steintaf.) Nürnberg, Bauer &
Raspe. a M. 7 50.

Trau. Münzfund in Schwechat. (Mitth. d. k. k.
Centralcomm., N. F., VI, 1.)

Vallier, G. Essai sur les jetons de la chambre
des comptes du Dauphiné. (Revue belge de
numismatique, 5e livr. 1879. Bruxelles.)

Vintler, F. v. Der Münzfund im Spitalwalde
bei Bruneck. (Ztschr. d. Ferdinandeums f.
Tirol u. Vorarlberg, III. Folge, 23.)

Zösmaier, J. Ein Reitersiegel des Ritters Friel.
Thumb von Neuenburg bei Götzis in Vorarlberg. (Mitth. d. k. k. Centralcomm., N. F., VI, 2.)

VII. Schrift, Druck u. graphische Künste.

Amari, M. Biblioteca arabo-sicula, ossia raccolta
di testi arabici che toccano la geografia, la
storia, la biografia e la bibliografia della Sicilia, raccolti e tradotti in italiano. Vol. 1°.
Torino, E. Loescher. 8°, 570 p. su carta dis-
tinta. L. 15.

Amari, M. La stessa. Edizione in f°. (Supplemento
al „Muratori Rer. Ital. Scr", Tomo I, Parte II°.)
Disp. 1°. Torino, E. Loescher. 144 p. stampate
su carta a mano. L. 22 50

Ammann's, Jost, Frauentrachten. 1886. (Liebhaber-
Bibliothek alter Illustratoren in Facsimile-
Reproduction. 1 Bdchn.) 8°, VIII 127 S. in.
eingedr. Illustr. Leipzig, Hirth. M. 4

Apell, A. Handbuch für Kupferstichsammler oder
Lexicon der vorzüglichsten Kupferstecher des
19. Jahrh., welche in Linienmanier gearbeitet
haben, sowie Beschreibungen ihrer besten und
gesuchtesten Blätter. Zumeist mit Angabe des
Formates der Kupferstiche u. namentlich ihrer
Abdrucksverschiedenheiten, der Verleger, La-
den-, Handels- u. Auctionspreise in den bedeutendsten Kunstvereinig. neuerer Zeit. gr. 8°,
XLVII. 478 S. Leipzig, Danz. M. 16.

Archiv für Buchdruckerkunst und verwandte
Geschäftszweige. Herausg. von A. Waldow.
17. Bd. 1880. 12 Hefte (à 1—2 B.) gr 8°. Leipzig, Waldow. M. 12.

Arts (les) libéraux, organe de l'imprimerie, de la
lithographie, de la gravure, du dessin, de la
peinture et de la littérature. 1re année. No 1
Juillet 1879. gr. 4°, à 2 col. 8 p. Dijon, imp.
Darantiere. Abonn: France, Algerie et Alsace-
Lorraine, un an, fr. 6.; etranger, un an, fr. 8.
(Parait chaque mois.)

Beauchamps, J. de. Les grandes bibliothèques
aux inconnus. (Le Livre 1.)

Bernard, D. Les incunables de la bibliothèque
de l'Arsenal. (Le Livre 3.)

Bertocci, G. Repertorio bibliografico delle opere
stampate in Italia nel secolo XIX. Storia
Vol. 2°. Roma, tip. di M. Armanni. 8°, p VII
di prefazione; quelle del Repertorio, saltuarie.
L. 10.

Bibel, goldene. Die heil. Schrift, illustrirt von
den grössten Meistern der Kunstepochen. Hrsg
von A. v. Wurzbach. 1 Thl. Das alte Testament. (Evang. Ausg.: Bibeltext nach Luther's
Uebersetzung.) 13. 20. Lfg. (° à 2 Phototyp.
m. je 2 Bl. Text). Stuttgart, Neff. à M. 50.
(Kath. Ausg.: Bibeltext nach Allioli's Uebers.)

Bibliofilo (il), giornale dell' arte antica in istampe
e scritture, colla relativa giurisprudenza,
diretta da C. Lozzi. Firenze, tip. Succ. Le Monnier. L. 6. all' anno.

Bigot, C. Conférence faite au théâtre de Langres,
le 9 nov. 1879, sur Gutenberg et l'imprimerie.
16, 73 p. Langres, imp. Desoye et Ce. 25 c.

Boughi. Le biblioteche d'Italia. (Il Bibliofilo,
num. 1 3, anno I, 1880. Firenze.)

Bulletin de la Société des bibliophiles bretons
et de l'histoire de Bretagne. 2e année (1878
1879). 8°, 73 p. et plan. Nantes, Forest et
Grimaud. (Tiré à 500 exempl.)

Calcografia nacional. Catalogo general de las
estampas grabadas à buril, agua-fuerte, agua-
tinta y al humo (ó manera negra), con relacion
de los autores, asuntos que representan, dimen-
siones del grabado y su precio. Madrid, M. Tello.
4°. 16 p.

Camphausen, W Vaterländische Reiterbilder aus
drei Jahrhunderten. Text von Th. Fontane,
(Holzschn.-)Illustr. von L. Burger. f°. (17 Bl.
in Lichtdr. m. 92 S. Text u. Titel in Holzschn.)
Berlin, Schuster. M. 50.

Catalogue de la belle collection de portraits
d'artistes, littérateurs, savants, papes, jésuites,
jansenistes, reformateurs, celebrités diverses,
provenant de la collection de M. R***, dont
la vente aura lieu du 12 au 17 avril 1880. 12°,
167 p. Paris, imp. Ves Renou, Maulde et Cock.
(1738 num.)

Catalogue de la bibliothèque de la ville de Troyes; par E. Socard. T. 6. Histoire. T. 6 et dern. 8°, VI - 600 p. Troyes, imp. Bertrand-Hu.

Catalogue de portraits: Bonnart, Mariette, Trouvain, Le Beau, etc.; J. B. de la Borde, à la lyre, eau-forte pure par Masquelier et par Moreau; collection de Louis XVI, Marie-Antoinette, famille royale et pièces historiques; estampes du XVIIIe siècle; costumes (1767) coloriés; Fragonard, Contes de La Fontaine; eaux-fortes pures et suite avant la lettre, etc., dont la vente aura lieu le 23 mars 1880. 8°, 30 p. Paris, imp. Vve Renou, Maulde et Cock. (266 num.)

Catalogue de livres composant la bibliothèque de feu M. E. Viollet-le-Duc, dont la vente aura lieu du 18 au 31 mai 1880. 1re partie: Beaux-arts. 2me partie: Théologie, sciences, belles-lettres, histoire. 8°, VIII - 284 p. Paris, Labitte. (2242 num.)

Catalogue de livres composant la bibliothèque du château de Pernan, dont la vente aura lieu le 3 mai 1880 et jours suivants. 8°, VIII - 152 p. Paris, Labitte. (1432 num.)

Catalogue des livres précieux ornés de reliures anciennes avec armoiries, d'ouvrages du XVIe siècle avec fig. sur bois, de livres à fig. du XVIIIe siècle, reliés en maroquin par Derome, de suite de grav. avant la lettre et eaux-fortes, et de pièces rares sur l'histoire de France, dont la vente aura lieu le 5 avril 1880 et jours suivants. 8°, XII - 163 p. Paris, Labitte.

Catalogue des livres rares et curieux composant la bibliothèque de M. le comte de Béhague, de la Société des bibliophiles français, dont la vente aura lieu le 19 avril 1880 et jours suivants. 2me partie. 8°, 271 p. Paris, Porquet. (2130 num.)

Catalogue des livres rares et précieux composant la bibliothèque de M. le comte O. de Béhague, de la Soc. des bibliophiles français, dont la vente aura lieu le 8 mars 1880 et les 12 jours suivants. 1re partie. 8°, XXIII - 358 p. Paris, Porquet. (1935 num.)

Catalogue des livres rares et précieux de la bibliothèque de M. le comte de N***, membre de la Soc. des bibliophiles de Belgique. 8°, 97 p. Bruxelles, Fr J. Olivier. (345 num.)

Catalogue des ouvrages de peinture, dessin, gravure et sculpture des artistes vivants exposés dans les salons de la Société des Amis des arts de Pau, le 22 janvier 1880. 16°, 83 p. Pau, imp. Lalheugue.

Catalogue d'estampes anciennes et modernes, portraits, ornements, Babel, Bourdon, Gillot, L'Égaré, etc., école du XVIIIe siècle, en noir et en couleur, etc., dont la vente aura lieu les 27 et 28 février 1880. 8°, 40 p. Paris, imp. Vve Renou, Maulde et Cock. (492 num.)

Catalogue d'estampes anciennes et modernes, vignettes du XVIIIe et du XIXe siècle, œuvres de J. M. Moreau le jeune et de Gavarni, composant la collection de feu M. J. F. Mahérault, ancien conseiller d'État, dont la vente aura lieu du 18 au 25 mai 1880. 8°, 193 p. Paris, imp. Pillet et Dumoulin. (1817 num.)

Catalogue d'une belle collection d'estampes, portraits du XVIIIe siècle, parmi lesquels Mme Dubarry, par Gaucher, à l'eau-forte; Molière, par Cathelin, avant la lettre; ornements de toutes les écoles; dont la vente aura lieu les 30 et 31 mars, 1er et 2 avril 1880. 8°, 112 p. Paris, Clément. (1394 num.)

Catalogue d'une jolie collection de portraits et vignettes pour illustrations par Callot, Carmontelle, Cochin, Daullé, de Larmay, etc., nombre avant la lettre et eaux-fortes pures, dont la vente aura lieu les 24, 25 et 26 mai 1880.

8°, 63 p. Paris, imp. Vve Renou, Maulde et Cock. (750 num.)

Catalogue méthodique de la bibliothèque communale de la ville d'Ajaccio; par A. Touranjon. gr. 8°, XLII - 931 p. Ajaccio, imp. Pompeani.

Cliché-Catalog Nach Orig.-Zeichnungen von L. Richter, A. Strähuber, Fr. Pocci u. A. f°. (30 Holzschnitaf.) Basel, Riehm. M 1.

Cohen, H. Guide de l'amateur de livres à vignettes (et à fig.) au XVIIIe siècle. 4e éd., revue, corrigée et enrichie de près du double d'articles, de toutes les additions de M. Ch. Mehl, et donnant le texte de la 2e éd. intégralement rétabli. 8°, XV - 296 p. avec vign. Paris, Rouquette. fr. 25. (Tiré à 1003 exempl.)

Daniel, S. Vision of the Twelve Goddesses: a Royal Masque, presented on the 8th of Jan. 1604, at Hampton Court. Reprinted and edited by E. Law. 16°. London, Quaritch. 5 s.

Derome, L. Le Luxe des livres. 12°, XII - 136 p. Paris, Rouveyre.

Desbarreaux-Bernard, M. L'Imprimerie à Toulouse au XVIe siècle. 8°, XVIII 18 p. et 3 pl. Toulouse, imp. Douladoure. (Extr. des Mem. de l'Acad. des sciences, etc., de Toulouse.)

Deschamps, P. et G Brunet Manuel du libraire et de l'amateur de livres; supplément contenant: 1° un complement du Dictionnaire bibliographique de M. J. Ch. Brunet; 2° la table raisonnée des articles, au nombre d'environ 10,000 décrits au présent supplément. T. 2, N-Z, gr. 8°, à 2 col., 1230 p. Paris, Firmin-Didot et Ce.

Deutsch, F. Der älteste Hermannstädter Druck. (Correspondenzbl. d. Ver. f. siebenbürg. Landeskunde III, 1. 2.)

Drake, W. R. Descriptive Catalogue of the Etched Work of Francis Seymour Haden. 8°. London, Macmillan. 16 s.

Développements (les) de l'art de gravure sur bois. (Scribner's Monthly, Avril.)

Drujon, F. La bibliographie en Angleterre. (Le Livre 3.)

Eau-forte (l') en 1880. (7e année.) 30 eaux-fortes originales et inédites, par 30 des artistes les plus célèbres. Texte par J. Claretie. Paris, Ve A. Cadart.

Etcher, the: A Magazine of Original Etched Work of Artists. Part 11. 4°. London, Low. 3 s. 6 d.

Etchings and Engravings by the great masters: Rembrandt. (Portfolio 124.)

Femmes (les) de Shakespeare. 45 magnifiques portraits gravés sur acier par les plus célèbres artistes de Londres, accompagnés de notices critiques et littéraires par MM. de Pongerville, Ph. Chasles, G. Sand, etc. La Vie de Shakespeare, par M. de Pongerville. Étude sur le même auteur, par M. Villemain. 2 vol. gr. 8°, 488 p. Paris, Gallet Braud et Ce.

Fillon, B. Le Portrait de Pierre Arétin par Marc-Antoine, et celui de la comtesse du Barry par Ch. E. Gaucher. 8°, 12 p. avec fig. Paris, Quantin et Ce.

— Nouveaux renseignements sur Marc-Antoine Raimondi. (Gaz. des B.-Arts, Mars.)

Gerlach, M. Das Gewerbe-Monogramm. (2. Aufl.) 10.—15. Lfg. f°. (à 2 Holzschnitaf.) Wien, Gerlach & Co. à M. 1.

Geschiedenis, Bijbelsche, in platen, naar teekeningen van Selous, Staniland, Webb, Watson, Harrison Weir, Doré en anderen. Uitgave der Nederlandsche zondagschool-vereeniging. 4°. (144 bl. met 134 houtsn.) Amsterdam, Höveker en Zoon. f. 3. 60.

Goncourt. La maison d'un artiste au XIXe siècle.

Les portraits gravés de femmes du XVIIIe siècle.
(L'Art 277. 282.)

Goovaerts, A. Abraham Verhoeven d'Anvers, le
premier gazetier d'Europe. Étude bio-biblio-
graphique. 12°, 136 p. avec 15 phototyp. par
J. Maes. Anvers, P. Kockx. fr. 5. (Tiré à 100
exempl.)

Greenaway, K. Am Fenster. In Bildern und
Versen. Der deutsche Text von K. Freiligrath-
Kroeker. 4°, 64 S. in farb. Holzschn. m. eingedr.
Texte. München, Ströfer. M. 7. 50.

Hédou, J. Jean Le Prince et son œuvre, suivi
de nombreux documents inédits. 8°, 339 p. et
portr. à l'eau-forte par Gilbert. Paris, Baur.
fr. 20.

Héliogravure Amand-Durand. Eaux-fortes et
grav. des maîtres anciens, tirées des coll. les
plus célèbres et publiés avec le concours de
E. Lièvre. Notes par G. Duplessis. 9e vol.
4e série. Paris, Goupil et Ce.

Hidalgo, D. Diccionario general de Bibliografía
española. T. VI. Indice de Autores. Madrid,
Murillo. 4°, 425 p. y 1 de erratas. 50 y 54.

Hymans, H. La gravure dans l'École de Rubens.
4°, IV—299 p. et 8 pl. Bruxelles, Fr. Olivier.
fr. 12. (Extr. des Mem. couronnées et mém. des
savants publiés par l'Acad. royale des sciences,
t. XLII.)

Jacquinet, M. Fragments d'études et notes prises
dans une bibliothèque. 18°, 523 p. Paris,
Plon et Ce.

Juvara, T. A. Gl' incisori moderni italiani. (Il
Bibliofilo, num. 1 a 3, anno 1, 1880. Firenze.)

Kunst, die, für Alle. Eine Sammlung der vorzüglichsten Malerstiche, Radirungen u. Formschnitte d. 15.—18. Jahrh., mit besond. Beziehg.
auf Kunst- u. Culturgeschichte, hrsg. v. H. O.
Gutekunst. In phot. Fesm.-Druck ausgeführt
v. M. Rommel. Mit erläut. Text von L. Meiner.
40.—80. (Schluss-)Lfg. f°. (à 2 Bl. m. 2 Bl. Text,
nebst 8 S. Text.) Stuttgart, Neff. à M. 3.

La Fontaine. Fables, illustrées à l'eau-forte par
A. Delierre. Livr. I. (1er fasc.) 4°, p. 1—52,
avec 6 grav. et culs-de-lampe, etc. Paris, Quantin.
fr. 12. (L'ouvrage formera 13 fasc.)

—   Psyché. Publié par D. Jouaust. Compositions d'E. Lévy, gravées à l'eau-forte par
Boutelié. Dessins de Giacomelli, gravés sur
bois par Sargent. 12°, VIII—296 p. Paris,
imp. Jouaust, fr. 20.

Le Petit, J. Un grand bibliographe: J. Ch. Brunet. (Le Livre 3.)

Linton, W. J. The history of wood-engraving
in America. (American Art Review 5.)

Lithographia. Organ für Lithographie und verwandte Fächer. Herausg. von A. Isermann.
20. Jahrg. 1880. 48 Nrn. (à ½.—1 B.) gr. 4°.
Hamburg, Isermann. M. 9.

Lorenz, O. Catalogue général de la librairie
française depuis 1840. T. 7. (T. 1 de la table
des matières, 1840—1875. A L.) 3e fasc. (En-
guerrand—Lyon.) 8°, à 3 col., p. 401—700.
Paris, Lorenz.

Lübke, W. Feuerbach's Iphigenie, gestochen von
Kraule. (Augsb. Allg. Ztg., B. 195.)

Mahérault, M. J. F. L'œuvre de Moreau le jeune.
Catalogue raisonné et descriptif, avec notes
iconographiques et bibliographiques, orné d'un
portrait de l'auteur par Le Rat, et précédé
d'une notice biographique par E. de Najac.
f°, XI—573 p. Paris, Labitte. fr. 30.

Marguerite d'Angoulême. L'Heptaméron des nouvelles de très haute et très illustre princesse
Marguerite d'Angoulême, reine de Navarre,
publié sur les manuscrits, par les soins et
avec les notes de MM. Le Roux de Lincy et

A. de Montaiglon. T. 1 et 2. 2 vol. 8°, 792 p.
Paris, imp. Jouaust. (L'ouvrage formera 4 vol.
fr. 125. pour les souscripteurs et 150 aussitôt
l'ouvrage terminé.)

Mattiauda, B. Un codice prezioso del secolo XIII
con note autografe di San Raimondo di Penna-
fort. (Il Bibliofilo, num. 1 a 3, anno 1, 1880.
Firenze.)

Meisterwerke der Holzschneidekunst aus dem
Gebiete der Architektur, Sculptur u. Malerei.
13.—16. Lfg. (2. Bd. 1.—4. Lfg.) f°. (à 8 Holzschntaf. m. Text S. 1—16.) Leipzig, Weber.
à M. 1.

Dasselbe. 2. Aufl. 1. Lfg. (4 S. m. 8 Holzschntaf.)
Ebenda. M. 1.

Memorias de la biblioteca de la Universidad
Central correspondiente a 1879. (Tercer año
de su publ.) Madrid, M. Tello. 4°, 148 p.
(Nicht im Handel.)

Merlo, J. Wenceslaus Hollar u. sein Aufenthalt
in Köln in den Jahren 1632—1636. (Annal. d.
hist. Ver. f. d. Niederrhein 33.)

Molière, J. B. P. de. Psyché, tragédie-ballet.
Orné de 6 pl. hors texte et 6 culs-de-lampe
gravés à l'eau-forte par Champollion, et publiée
sous la direction de M. E. Bocher. 4°, III—123 p.
Paris, imp. Jouaust. (Tiré à 200 exempl. num.)

Nouvelles à l'eau-forte par la société „les Têtes
de bois". Cinq eaux-fortes par Beaune, Delacroix, Garnier et Morand. 8°, 288 p. Paris,
Lemerre. 5 fr.

Reumont, A. La biblioteca della Regina Maria
d'Ungheria. (Arch. stor. it. 1880, 1.)

Richmond, W. D. Grammatik der Lithographie.
Ein praktischer Leitfaden für Lithographen
und Steindrucker in Geschäfts- und Kunst-
lithographie, Chromolithographie, Zinkographie,
Photolithographie u. lithogr. Maschinendruck.
Mit e. Vorwort d. Herausg. der „Printing Times
and Lithographer". Deutsche autoris. Ausg.
übertragen von C. A. Franke. (In ca. 6 Hften.)
1. Heft. gr. 8°, 48 S. Leipzig, Waldow. M. 1. 20.

Roelle, C. E. Bibliographie générale des Gaules,
répertoire systématique et alphabétique des
ouvrages, mémoires et notices concernant
l'histoire, la topographie, la religion, les antiquités et le langage de la Gaule jusqu'à la fin
du Ve siècle. 1re période: Publications faites
depuis l'origine de l'imprimerie jusqu'en 1870
inclusivement. 1re livr. Avertissement; Bibliographie. Feuilles 1 à 13. 8°, à 2 col., XVIII p.
et p. 1 à 415. Paris, Dumoulin.

Salvioni, G. B. L'arte della stampa nel Veneto.
La corporazione dei librai e stampatori in Venezia: frammento. Padova, tip. Prosperini. 8°,
27 p. (Per nozze Rossi-Bresaan.)

Schlaginweit, E. Indien in Wort und Bild.
Eine Schilderung des ind. Kaiserreiches. Mit
ca. 400 (Holzschn.-)Illustr. 2.—6. Liefg. f°.
(S. 17—92.) Leipzig, Schmidt & Günther. à M. 1.

Simons, Th. Spanien. In Schilderungen. Reich
illustr. v. A. Wagner. (In ca. 30 Lfgn. m. ca.
350 Illustr.) 1. Liefg. f°. (16 S. m. eingedr.
Holzschn. u. Holzschntaf.) Berlin, Pactel. M. 2.

Schorn, O. v. Die Schrift. (D. Monatsh. z. Bef.
der Erwerbsthät. 6.)

Thausing, M., u. K. Felix. Das goldene Buch
von Prüm mit um das Jahr 1105 gestochenen
Kupferplatten. (Mitth. d. Inst. f. österr. Geschichtsforschung 1, 1.)

Typographia, helvetische. Zur Besprechung soc.
u. techn. Fragen für Buchdruckerei und verwandte Fächer. Organ des schweizer Typo-
graphenbundes. Red.: H. Kielber. 21. Jahrg.
1880. 52 Nrn. (½ B) gr. 4°. St. Gallen. fr. 6. 75.

Uzanne, O. Le Calendrier de Vénus. 8°, VIII—239 p. avec frontispice à l'eau-forte par Perret, fleurons et culs-de-lampe tirés en couleur. Paris, Rouveyre. fr. 6.

Vaterland, unser, in Wort u. Bild geschildert v. e. Verein der bedeutendsten Schriftsteller u. Künstler Deutschlands u. Oesterreichs. 1. Serie. Die deutschen Alpen. Wanderungen durch Tirol u. Vorarlberg, das bayer. Gebirge, Salzkammergut, Steiermark u. Kärnten. Unter Mitwirkung von L. Hörmann, E. Pichler, A. v. Rauschenfels etc. herausg. v. H. v. Schmid. Illustr. v. G. Closs, F. Defregger, W. Diez etc. 47.—48. Liefg. f°. (Mit eingedr. Holzschn. u. Holzschnitaf.) Stuttgart, Kröner. à M. 0. 75.

Vidal, L. La Photographie appliquée aux arts industriels de reproduction. 18°, 60 p. et pl. photogr. Paris, Gauthier-Villars. (Ann. de la photogr.)

Wallis, H. Unger's Etchings from the Belvedere Gallery. (Academy 408.)

Zapater, J. y J. G. Alcaraz. Manual de litografía. Madrid, impr. y admtnistr. de G. Estrada. 8°, 224 p. y 1 lám. plegada. 6 y 7.

Zeitschrift für praktische Photographie und verwandte Fächer. Organ der Münchener photogr. Gesellschaft, herausg. vom Comité derselben Red. v. Fr. Stern. 2. Jahrg. 1880. 6 Hefte. gr. 8°. 1. Heft. (16 S. m. 1 Lichthochdr.) München (J. A Finsterlin). M. 6.

VIII. Kunstindustrie. Costüm.

Album für leichte und elegante Buntstickerei. Eine Auswahl von 217 Orig.-Mustern in brillantem Farbendr. 13 Hefte. qu 8° (à 6 Bl.). Leipzig, G. Pönicke. à M. 0. 50.

Artistas industrial (el). Recopilacion de datos para todas las artes y oficios. Periódico ilustrado quincenal, compuesto cada número de ocho grandes pág. (en f°), llenas de dibujos de todos los estilos y escuelas del universo, publicados por el grabador-litógrafo D. José Pajares. Direccion y Administracion, Amor de Dios, 6. Madrid. Precios: un mes, 8 y 10. Año I. 1880.

Avanzo, D. Renaissance-Möbel im Charakter des 15. u. 16. Jahrh. Eine Sammlung für Architekten, Ateliers für Wohnungseinrichtungen, Decorateure, Tischler und Fachschulen. (In 10 Lfgn.) 1.—4. Lfg f°. (à 6 Steintaf.) Wien, Halm & Goldmann in Comm. M. 4. 50.

Barelli, P. Trattato del traforo in legno, avorio, corno e metalli. Milano, P. Barelli. 8°, 80 p. con molte fig. intercalate nel testo. L. 1.

Beckwith, A. Majolica and Fayence: Italian, Sicilian, Majorcan, Hispano-Moresque, and Persian. With Photo-Engraved Illustr. 2nd edit. 12°, New York. 5 s.

Bergau, R. Meisterwerke der Goldschmiedekunst. (Im neuen Reich 9.)

Brent, J. On Glass Beads with a Chevron Pattern. (Archæologia XLV.)

Brown, W. Silver in its Relation to Industry and Trade; the Danger of De-monetizing it. 8°. Montreal. 4 s.

Boffa, L'università dell' arte vitrea di altare dalle sue origini ai nostri giorni. (Il R. Liceo „Cristoforo Colombo" 1878 79. Genova.)

Caffi, M. Le Tarsie pittoriche di fra Giovanni da Verona nel coro degli Olivetani in Lodi. (Arch. stor. lombardo VII, 4.)

Cailler, O. Bras-reliquaire de Saint-Entrope. (Rev. de l'art chrét. XIX, 1.)

Church, E. R. Artistic Embroidery. 16°. New York. 6 s. 6 d.

Daly, C. Motifs historiques d'architecture et de sculpture d'ornement. 2e série: Décorations intérieures, choix de motifs empruntés aux édifices et aux habitations les plus remarquables depuis le commencement de la Renaissance jusqu'à la fin du XVIIIe siècle. Livr. 46 à 50 (fin). f°, 15 p. (Titres et tables des deux vol.) et 19 pl. dont 1 en chromolith. Paris, Ducher et Ce. à fr. 6.

Darcel, A. Les Tapisseries décoratives du Garde-Meubles (mobilier national); choix des plus beaux motifs, par Ed. Guichard. Texte par A. D. 3e et 6e livr. f°, 20 p. et 20 pl. Paris, Baudry. L'ouvrage complet, fr. 150. — (Cet ouvrage comprendra 100 pl.)

Dehaisnes, La Tapisserie de haute lisse à Arras avant le XVe siècle, d'après des documents inédits. 8°, 16 p. Paris, Plon et Ce.

Del Mar, A. A history of the Precious Metals, from the Earliest Times to the Present. 8°, 382 p. London, Bell. 10 s. 6 d.

Dilettant, der. Musterblätter für Laubsäge-, Schnitz- und Einlegearbeiten, Holzmalerei und verwandte häusliche Kunstarbeiten. Red.: J. Bergmeister. Neue Folge. 5. Jahrg. 1880. 12 Nro. (à 1 B. m. 2 Steintaf. in gr. f°). gr. 4°. München, Mey & Widmayer. Halbj. M. 2.

Bognée, E. Les arts industriels. 8°, 24 p. Bruxelles, H. Manceaux. fr. 0. 25. (Ann. de la Soc. d'éducation populaire de Laeken. 2e session.)

Du Rauwels, A. Poussin (Alexandre), grand manufacturier d'Elbeuf (1798—1869). 16°, 31 p. Lyon, imp. Gallet.

— Napoleon Gallet, grand manufacturier de Rouen, président du conseil des prud'hommes (1801 - 1875). 16°, 32 p. Lyon, imp. Gallet.

Fillon, B. Lettre à M. J. Quicherat, directeur de l'École des chartes, sur une découverte d'objets gaulois en or faite en 1759 dans l'étang de Nesmy (Vendée). 8°, 46 p. La Roche-sur-Yon, imp. Cochard-Tremblay. (Tiré à 150 ex.)

Förster, C. Das Email u. seine Geschichte. Vortrag (Wartburg 4. 5.)

— Ein Blick in die Vergangenheit in Bezug auf Augsburgs Kunstgewerbe. (Wartburg 2.)

Fowler, J. On the process of Decay in Glass and incidentally, on the composition and texture of Glass at different periods. (Archæologia XLVI.)

Friedrich, C. Die bayrische Glas-Industrie und ihre Zukunft. (Kunst u. Gew. 12.)

Fruchner, W. La Verrerie antique, description de la collection Charvet. f°, VII–139 p. avec fig. et 34 pl. coloriées à la main. Paris, Rouveyre.

Einiges zur Geschichte des Mosaik. (Ztschr. f. Museol. 9 ff.)

Einiges zur Geschichte der Kunsttischlerei. (Ztschr. f. Museol. 3 ff.)

Zur Geschichte der Verarbeitung des Schildpatts u. der Perlmutter zu Kunstsachen. (Ztschr. f. Museol. 3.)

Gerner, R. Die Glas-Fabrikation. Eine übersichtliche Darstellung der gesammten Glas-Industrie mit vollständiger Anleitung zur Herstellung aller Sorten von Glas u. Glaswaaren. Zum Gebrauche für Glasfabrikanten und Gewerbetreibende aller verwandten Branchen auf Grund prakt. Erfahrungen und der neuesten Fortschritte bearb. Mit 50 (eingedr.) Holzschn.-Abbild. 8°, III 346 S. Wien, Hartleben. M. 4. 50.

Giefers, W. E. Die Silberarbeiten des Warburger Meisters Anton Eisenholt, nebst einem Blicke anf die älteste Geschichte seiner Vaterstadt. 12⁰, 52 S. Warburg, Schilp. M. 0. 75.

Glaister, E. Needlework. 8⁰, 124 p. London, Macmillan. 3 s. 6 d.

Graeblauer, O. Verzeichniss sämmtlicher Schriften über Textilindustrie, Spinnerei, Weberei, Tuchfabrikation, Seidenindustrie, Wirkerei, Farbwaarenkunde, Färberei, Druckerei, Appretur, Bleicherei, Maschinen, Wollen- und Seiden-Industrie, Ausstellungs-Berichte etc., welche von 1860 bis 1880 im deutschen Buchhandel erschienen sind. 8⁰, 43 S. Leipzig, Gracklauer. M. 0. 70.

Grolman, A. De beginselen van het ornement. Elementair klassikaal teekenonderwijs in 100 voorbeelden. Bekroond te Amsterdam 1877. Nationale jury: Zilveren medaille. Internationale jury: Eervolle vermelding. Aanbevolen door de Rijkscommissie tot het instellen van een onderzoek naar den toestand der Nederlandsche kunstnijverheid in haar Rapport, 1878, bl. 59. gr. f⁰. (100 gelith platen.) Utrecht, J. L. Beijers. f. 30.

Gost, P. Notes histor. et descriptives sur le casque depuis l'antiquité jusqu'à nos jours. I. (Gaz. des B.-Arts, Avril.)

Gräf, A. Der Drechsler der Neuzeit. Musterblätter moderner Drechslerarbeiten. 2. Samml. 32 (lith.) Taf. (Genau nach Maassstab, meistens aber nach bestimmten Verhältnissen gezeichnet. Für Drechsler, Tischler, Möbelfabrikanten und besonders geeignet als Vorlagen für Handwerker-Zeichnen- und Fortbildungsschulen. 2. Aufl. gr. 4⁰. Weimar, B. F. Voigt. M. 6.

Graesse, J. G. Th. Guide de l'amateur de porcelaines et de poteries ou collection complete des marques de fabriques de porcelaines et de poteries de l'Europe et de l'Asie. 6e éd. revue, considérablement augmentée et contenant la seule collection complete des marques du Vieu-Saxe. 8⁰. (IV—184 S., wovon 184 lith.) Dresden, Schönfeld. M. 6.

Guide de la quincaillerie. N⁰ 1. Mars 1880. 4⁰. 16 p. avec fig. Paris, imp. Langellier et Larguier. Abonn.: un an, fr. 2. (Publ. trimestrielle.)

Guigard, J. La reliure illustré. (Le Livre 1 ff.)

Guilmard, D. Les Maîtres ornemanistes, dessinateurs, peintres, architectes, sculpteurs et graveurs; Écoles française, italienne, allemande et des Pays-Bas (flamande et hollandaise); ouvrage renfermant le répertoire général des maîtres ornemanistes, avec l'indication précise des pièces d'ornement qui se trouvent dans les collections publiques et particulières en France, en Belgique, etc. Publication enrichie de 180 pl. tirées à part et de nombr. grav. dans le texte, donnant environ 350 spec. des principaux maîtres, et précédée d'une introduction par le baron Davillier. Livr. 1. 4⁰, XVI—16 p. et 12 pl. Paris, Plon t. Ce. (Le répertoire des maîtres ornemanistes sera publié en 15 livr. à fr. 3.)

Hancock, E. C. China Colours and How to Use them: being Extracts reprinted from the "Amateur Pottery and Glass Painter". 12⁰, 60 p. Worcester, Hancock. 1 s.

Havels, Mrs. The aesthetics of dress. (Art Journal, April, May.)

Hefner-Alteneck, J. H. v. Trachten, Kunstwerke u. Geräthschaften vom frühen Mittelalter bis Ende des 18. Jahrh. nach gleichzeitigen Originalen. 2. verm. u. verb. Aufl. 2.—4. Heft. f⁰. (Text 1. Bd. S. 9—16 m. 6 Chromolith.) Frankfurt a. M., Keller. à M. 10.

Hirth, G. Das deutsche Zimmer der Renaissance. Anregungen zu häuslicher Kunstpflege. 2. Lfg. f⁰. (S. 33—64 m. eingedr. Holzschn.) Leipzig, Hirth. à M. 2. 40.

Wenzel Jamnitzer. (Bl. f. Kunstgew. IX, 3. 4.)

Janvier, C. A. Practical Ceramics for Students. 8⁰. New York. 12 s. 6 d.

Jele, A. Glasmosaik. (Kirchenschmuck 2.)

Jewitt Llewellyn. Corporation plate and insignia of office. (Art Journal, April.)

Journal, praktisches, für Bau- und Möbeltischler. Orig.-Entwürfe von M. u. A. Gräf. 28. Jahrg. 1880. 12 Hefte (à 7 Steintaf. in f⁰ u. imp.-f⁰). Erfurt, Bartholomäus. à Heft M. 1. 50.

Ilg, A. Wiener Eisenschmiedekunst im Barockzeitalter. (Mitth. d. Oest. Mus. 175.)

Karabacek, J. Ueber einige Benennungen mittelalterlicher Gewebe. (Mitth. d. Oest. Mus. 176 ff.)

Lacroix, P. Dix-septième siècle: institutions usages et costumes (France, 1590—1700). Ouvrage illustré de 16 chromolith. et de 300 gravdont 20 tirées hors texte, d'après les monuments de l'art de l'époque. 4⁰, VIII—584 p. Paris, Firmin-Didot et Ce. fr. 30.

Le Blanc du Vernet. L'Art Japonais. (L'Art 268.)
— — Japonisme. (L'Art 273.)

Lübke, W. Ein neu entdeckter deutscher Künstler. (Augsb. Allg. Ztg. B. 60.)

Luca della Robbia et son école. (Harper's New Monthly Magazine, April.)

Makart's, H., Festzug der Stadt Wien am 27. April 1879, als Huldigung zur silbernen Hochzeit des Kaiserpaares, naturgetreu chromolith dargestellt von E. Stadlin. 3.—6. Liefg. qu gr. f⁰. (à 4 Chromolith.) Wien, Perles. à M. 6.

Martin, A. Étude historique sur les anciennes communautés d'art et métiers du Havre. 12⁰, VIII—236 p. Fécamp, imp. Durand. (Tiré à 250 exempl.)

Meurer, M. Italienische Majolica-Fliessen aus dem Ende des 15. und Anfang des 16. Jahrh., nach Orig.-Aufnahmen herausgeg. (In 3 Lfgn.) 1. Lfg. f⁰. (6 Chromolith.) Berlin, Wasmuth. M. 16.

Mikovics, R. Ueber das Schmiedeeisen u. seine Verwendung auf dem Gebiete d. Kunstindustrie. (Kirchenschmuck 4. 5.)

Miquel y Badia, F. Muebles y tapices. Segunda serie de cartas à una señorita sobre la habitacion. Ilustrada con 45 grab. Barcelona, J. y A. Bastinos. 8⁰, 172 p. 8 y 9.

Monde (le) des sciences appliquées aux arts et à l'industrie. Revue mensuelle illustrée des inventions et découvertes les plus récentes, publiant exactement tous les brevets importants et suivant pas à pas tous les progrès des sciences et de l'industrie dans les 5 parties du monde, ou elle entretient des relations directes et rapides. N⁰ 1. 15 février 1880. gr. 4⁰, à 2 col., 16 p. Paris, imp. Boussens et Ce. Abonn.: un an, fr. 8.

Nörath, A. Das Inventar eines Würzburger Domherrnhofes vom J. 1587. (Anz. f. Kde. d. d. Vorzeit 1880, 2. 3.)

Müntz, F. Le testament de Caradosso. (Chron. des Arts 11.)

Musterbuch für Schlosser. Schmiedeeiserne Gitter, Thore, Füllungen, Balkon- und Treppengeländer, Thurmspitzen, Bekrönungen, Träger etc. (In 6 Lfgn.) 2. umgearb. Ausg. 1. u. 2. Lfg. 8⁰. (à 16 Steintaf.) Dresden, C. E. Dietze. à M. 2.

Muster-Ornamente aus allen Stilen in hist. Anordnung. Nach Orig.-Aufn. von J. Durm, F. Fischbach, A. Gnauth, E. Herdtle, G. Kachel, A. Ortwein, R. Meinhardt, A. Schill, V. Teirich u. A. 2.—4. Lfg. gr. 4⁰. (à 12 Holzschn.-Taf.) Stuttgart, Engelhorn. à M. 1.

Nordhoff, J. B. Meister Eisenhuth. (Archiv f. christl. K. 3. 4.)

Palissy, B. Les Oeuvres de Bernard Palissy, publiées d'après les textes originaux, avec une notice historique et bibliographique et une table analytique, par A. France. gr. 16°, XXVII — 500 p. Paris, Charavay fr. fr. 6.

Pawlowski, G. Deux nouvelles épaves de la bibliothèque de Grolier. (Le Livre 5.)

Perle, die. Neue Ausgabe. Welt-Organ für Juwelen-, Gold- und Silberarbeiter. Unter Mitwirkung hervorragender Künstler herausg. von M. Gerlach. Jahrg. 1880. 12 Hefte. f°. (1. Heft 3 Holzschntaf. m. 1 Bl. Text.) Wien, Gerlach & Co. à M. 3.

Pellet, Ch. Cartons des décorations. (10 pl.) Paris, Guérinet, édit.; photog. Igout.

Portale und Gitterwerke vom 15. bis 18 Jahrh. in Frankfurt a. M. Herausg. von Fr. Sauerwein. Nach photogr. Aufnahmen in Lichtdr. ausgeführt von Vestner & Theobald in Rödelheim. 2. Lfg. gr. f°. (5 Bl.) Frankfurt a. M., Keller. M. 5.

Die Porzellanfabrik von Buen-Retiro. (Kunst u. Gew. 9.)

English Pottery and Porcelain: a Concise Account of the Potter's Art. 8°, 138 p. London, Bazar Office. 5 s.

Racinet, A. Das polychrome Ornament. 100 Taf. in Gold-, Silber- und Farbendruck, etwa 2000 Motive aller Stilarten, enth. antike und orientalische Kunst, Mittelalter, Renaissance, XVII. und XVIII. Jahrh. Eine historisch-praktische Sammlung mit erklärenden Beschreibungen und einer allgemeinen Einleitung. Deutsche Ausg. von R. Bernhardt. 3. Aufl. (in 60 Lfgn.) 1. Lfg. f°. (8 Bl. u. 2 Chromolith.) Stuttgart, Neff. M. 2. 50.

— — Le Costume historique. 500 pl.; 300 en couleurs, or et argent, 200 en camaïeu; avec des notices explicatives et une étude historique. 7e livr. f°. 54 p. et 23 pl. Paris, Firmin-Didot et Ce.

Recueil de marbrerie et Monuments funéraires. Pl. Nos 1 — 96, 97 — 100, 101 — 112, 113 — 120. Paris, imp. lith. Monrocq.

Roube. L'Art de la menuiserie. 4e édit., revue, corrigée et augmentée par M. Duforest 8°, VIII — 400 p. Paris, Juliot.

Schuermann, H. Lettre sur d'anciennes verreries dans le pays de Liège. (Ann. du Cercle hutois des sciences et beaux-arts. Année 1879. 2e et 3e livr. Huy.)

Schulz, A. Schlesische Fayence- und Steingut-Fabriken. (Schlesiens Vorzeit 42; Kunst u. Gew. 14 — 16.)

Schwenke, F. Ausgeführte Möbel und Zimmer-Einrichtungen der Gegenwart. (In 6 Lfgn.) 1. Lfg. gr. f°. (10 Steintaf. u. 2 Lichtdr.) Berlin, Wasmuth. M. 10.

Seyboth, A. Costumes des femmes de Strasbourg (XVIIe et XVIIIe siècles). 46 pl. (lith.) dessinées d'après les documents de l'époque. 4°. (4 S. Text.) Strassburg, Schultz & Co. M. 15.

Soldi, E. L'Art Persan. (L'Art 276. 278 ff.)

Vögelin, S. Ueber Möbles u. Zimmer-Ameublements im XVI., XVII. u. XVIII. Jahrhundert. (Schweizer. Gewerbebl. 4 ff.)

Vorlagen für Glas-Arbeiten, vorwiegend nach Entwürfen der hervorragendsten Meister der Neuzeit, insbesondere von V. Teirich, Fr. Sturm, J. Storck etc. (Aus: „Blätter für Kunstgewerbe".) f°. (22 Holzschntaf. m. 1 Bl. Text.) Wien, v. Waldheim. M. 10.

Vorlagen für Textil-Arbeiten, vorwiegend nach Entwürfen der hervorragendsten Meister der Neuzeit, von Hansen, Hatzinger, Laufberger etc. (Aus: „Blätter für Kunstgew.".) 3. — 7. Lfg. f°.

(à 3 zum Theile farb. Holzschntaf.) Wien, v. Waldheim. à M. 1.

Wie alt ist die Wachsbildnerei? (Ztschr. f. Museologie 5.)

Wentrop, H. M. Handbook of Pottery and Porcelain: a History of these Arts from the Earliest Period. With numerous Illustr. 8°, 186 p. London, Chatto. 4 s. 6 d.

Wissenschaft, die, im Gewerbe. (Kunst u. Gew. 20 ff.)

Zeitschrift, allgemeine, für Textil-Industrie. Populär-wissensch. Fachblatt für Spinnerei, Weberei, Wirkerei, Färberei, Druckerei, Bleicherei, Appretur u. verwandte Industriezweige. Herausg. unter Mitwirk. hervorr. Fachmänner u. Industrieller von Ph. Zsind u. S. Fischer. 2. Jahrg. 1880. 24 Nrn. (à 2 3 Bl. m. eingedr. Holzschn. u. Steintaf.) gr. 4°. Wien, Administration. M. 14.

IX. Kunsttopographie, Museen, Ausstellungen.

Bädeker, K. Southern Germany and Austria, including Hungary and Transylvania. Handbook for Travellers. With 13 Maps and 24 Plans. 4th edit. remodelled and augmented. 12°, 384 p. London, Dulau. 6 s.

Benjamin. The third exhibition of „Society of American Artists". (Amer. Art Review 6.)

Bonhomme, H. Les grandes collections du XVIIIe siècle. (Le Livre 3. 4.)

Collezione di documenti storici antichi inediti ed editi rari delle città e terre marchigiane, eseguita da una società di studiosi eruditi, coadiuvata e sussidiata dalla Commissione conservatrice dei monumenti delle Marche, per cura di C. Ciavarini. Tomo IV: Prov. di Ancona; Documenti Osimani e Statuti di Offagna. Ancona, tip. del commercio. 4°, VII 364 p. L. 8.

Crawfurd, O. Portugal, Old and New. With Maps and Illustr. 8°, 396 p. London, Paul. 16 s.

Germond de Lavigne, A. Itinéraire général, descriptif, historique et artistique de l'Espagne et du Portugal. 3e éd., revue et complétée. 18°, CXL — 744 p. avec une carte routière des deux royaumes, 13 cartes des lignes de chemins de fer, etc., 21 plans de villes, 1 plan de l'Alhambra et 2 profils orographiques du centre de l'Espagne. Paris, Hachette et Ce. fr. 18. (Coll. des Guides Joanne.)

Houssaye, H. Les musées de province, leur origine et leur organisation. (Revue des deux mondes, 1er avril.)

Inventaire général des richesses d'art de la France. Paris. Monuments civils. T. 1. gr. 8°, XXIV 485 p. Paris, Plon et Ce. (Chaque vol. sera publié en 3 fasc., à fr. 3. Il paraîtra environ 2 vol. par an.)

Lind, K. Reise-Notizen über Denkmale in Steiermark u. Kärnten. (Mitth. d. k. k. Centralcomm. N. F., VI, 1. 2.)

Meyer's Reisebücher. Süd-Frankreich, nebst den Kurorten der Riviera di Ponente, Corsica und Algier, von Th. Gsell-Fels. 2. Aufl. Mit Nachträgen bis 1880. Mit 21 (chromolith.) Karten, 24 (lith.) Stadtplänen, 5 Panoramen und 20 Ansichten (in Stahlst.). 8°. (XIV S. u. 841 Sp.) Leipzig, Bibliogr. Institut.

Müllner, A. Archäologische Excurse nach Süd-Steiermark u. Krain. II. (Mitth. d. k. k. Centralcomm., N. F., VI, 1.)

Thompson, K. Handbook to the Public Picture Galleries of Europe. 3rd edit. With illustr. 8°, 460 p. London, Macmillan. 7 s. 6 d.

Van Bemmel, E. La Belgique illustrée, ses monuments, ses paysages, ses œuvres d'art. 16e livr. 4°, 32 p. avec fig. Bruxelles, Bruylant-Christophe et Ce. à M. 2. (L'ouvrage complet comprendra environ 30 livr. paraissant de mois en mois.)

Amsterdam.
Collection Hooft van Woudenberg van Gerestein. (Journ. d. B.-Arts 7.)

Anjou.
Barbier de Montault. Inventaires de quelques églises rurales de l'Anjou. 8°, 36 p. Arras, imp. Laroche. (Extr. de la Revue de l'art chrét., 2e série, t. 11.)

Antwerpen.
Collection de gravures ou photographies reproduisant l'œuvre de P. P. Rubens. (Journ. d. B.-Arts 4.)

— Le Musée Plantin à Anvers. (Suite.) (Bibliogr. de Belgique 1879, N° 12, Feuilleton.)

— **Roses, M.** Les nouvelles salles du musée Plantin-Moretus. (Revue artistique 1879 - 1880, Nos 16 et 17. Anvers.)

Berlin.
A. R. Ausstellung in der Berliner Nationalgalerie. (Ztschr. f. bild. K., B. 22.)

— **Janitsch, J.** La Galerie nationale de l'art moderne à Berlin. (Gaz. d. B.-Arts. Mars.)

Berzé.
Furgeot, H. Inventaire du mobilier du château de Berzé (1346). 8°, 15 p. Paris, Picard. (Extr. du Cabinet hist., t. 25. Tiré à 100 exempl.)

Bordeaux.
Explication des ouvrages de peinture, sculpture, architecture, gravure et lithographie des artistes vivants, exposés dans les salons de la Soc. des amis des arts de Bordeaux. (2me expos., 1880.) 16°, 68 p. Bordeaux, imp. Gounouilhou. fr. 0, 50

— **Vallet, E.** Exposition de la Société des amis des arts de Bordeaux. (L'Art 282.)

Brüssel.
Bulletin du Musée de l'industrie de Belgique. 39e année, janvier 1880. Bruxelles, G. Mayolez. Par an fr. 12.

- **Pinchart, A.** La corporation des peintres à Bruxelles. (Messager des sciences historiques ou archives des arts et de la bibliographie de Belgique. 4e livr. 1879. Gand.)

Chantilly.
Lecerf, H. Chantilly, son château, son hippodrome, ses environs, et une notice sur la porcelaine et la dentelle. 2e edit., revue et considérablement augmentée. 12°, 206 p. Paris, Dentu. fr. 3.

Compiègne.
Marsy, Comte de. Le musée Vivenel à Compiègne. (Revue de l'art chrét. XIX, 1.)

Dresden.
C. Clauss. Aus der Dresdener Gemäldegalerie. (Ztschr. f. bild. K., B. 26. 27.)

— Die Miniaturgemälde in der Gewehrgalerie. (Ztschr. f. Museol. 6 ff.)

Düsseldorf.
Bach, M. Gewerbe-Ausstellung für Rheinland, Westfalen und benachbarte Bezirke. (Ztschr. f. bild. K., B. 21.)

— **Beavington Atkinson, J.** Düsseldorf: its old school and its new academy.

Florenz.
Catalogue de la bibliothèque du palais de San Donato, suivi d'une collection de grav. historiques concernant Napoléon 1er, etc., dont la vente aura lieu à Florence, au palais de San Donato, le 5 mai 1880 et les jours suivants. 4°, 405 p. et grav. Paris, imp. Pillet et Dumoulin. (La bibl., 6002 num.; la coll. de grav., 1126 num.)

— Catalogue des objets d'art et d'ameublement, tableaux, du palais de San Donato, dont la vente aux enchères publiques aura lieu à Florence, au palais de San Donato, le 15 mars 1880 et les jours suivants. gr. 4°, VII - 424 p. et 54 grav. à l'eau-forte, avec de nombr. vign. Paris, imp. Pillet et Dumoulin. (N'est pas mis en vente. Ce catalogue a été tiré, pour les souscripteurs, à 1000 exempl. sur pap. teinté, à fr. 50., et à 300 sur pap. Whatman, à fr. 100.)

Leroy, P. Le Palais de San Donato et ses collections. (L'Art 270 - 274.)

— **Menard, J.** Au palais San Donato. (Journ. d. B.-Arts 4 ff.)

— **Müntz, E.** Amateurs, collectionneurs et archéologues florentins à l'époque de la première renaissance. Suite. (L'Art 269. 277. 278.)

— **Schönfeld, P.** Der Palast des Bargello und das Museo Nazionale zu Florenz. Schluss. (Ztschr. f. bild. K. 6.)

Furnes.
Duclos, A. Inventaire des joyaux, ornements, etc., de l'église Saint-Nicolas à Furnes, 19 mars 1829. (Ann. de la Soc. d'émulation pour l'étude de l'histoire et des antiquités de la Flandre. 4e série, t. III. Nos 2. 3. 4. Bruges.)

Gijon.
Navarro, F. B. La collection de dessins d'anciens maîtres à l'institut royal de Gijon (Espagne). (L'Art 273. 277.)

Graz.
Wastler, J. Zur Geschichte der Schatz-, Kunst- und Rüstkammer in der k. k. Burg zu Graz. (Mitth d. k. k. Centralcomm., N. F., VI. 1. 2.)

Karlsruhe.
Alterthümersammlung, die grossherzoglich badische, in Carlsruhe. Auswahl ihrer besten und lehrreichsten Gegenstände aus dem Gebiete der antiken Kunst und Kunsttechnik in unveränderl. Lichtdruck. Herausg. von dem grossh. Conservator der Alterthümer. 1. u. 2. Heft. f°. (à 6 Bl.) Karlsruhe, Hasper. à M. 10.

— Die Kunstthätigkeit in Karlsruhe. (Ztschr. f. bild. K., B. 31.)

Kaumberg.
Ilg, A. Die Gegend von Kaumberg in Niederösterreich in kunsthist. Beziehung. (Mitth d. k. k. Centralcomm., N. F., VI. 1. 2.)

Leipzig.
Kye, A. v. und P. E. Börner. Die Kunstsammlung von Eugen Felix in Leipzig. Katalog. Nebst einem Atlas mit 36 Taf. (f°) in Lichtdr. von A. Naumann. 8°, XII - 174 S. Leipzig, T. O. Weigel in Comm. M. 75.

— **Hanauek, F.** Die Fachausstellung der Drechsler u. Bildschnitzer Deutschlands u. Oesterreich-Ungarns in Leipzig 1880. (Wien. Abendp. 126.)

— **Koch, P.** Die Fachausstellung für Drechsler-u. Bildschnitzarbeiten Deutschlands u. Oesterreich-Ungarns in Leipzig. (Kunst u. Gew 1880, 17 - 19.)

London.
Collins' Guide to London and Neighbourhood. With Maps and numerous original illustr. New edit. revised and improved. 12°, 200 p. London, Collins. 1 s.

— **Frizzoni, G.** L'arte italiana nella Galleria Nazionale di Londra. Fine. (Archiv. stor. ital. 1880, 1.)

— Hannover Gallery: Makart's pictures. (Academy 417.)

London.
Monkhouse, C. The Grosvenor Gallery. (Academy 419.)

— Richter, J. P. Ausstellung von Gemälden alter Meister in London. (Ztschr. f. bild. K., B. 28.)

— The summer-exhibition of the Institute of painters in watercolours. (Academy 417. 419.)

— Wedmore, F. Exposition de l'œuvre de Méryon. (L'Art 275.)

Madrid.
Catalogo de los cuadros de la galeria que perteneció al Exemo. Sr. D. Luis de Portilla. Madrid, M. Tello. 8°, 104 p. (Nicht im Handel.)

Mainz, das alte. Photographien von C. Hertel. 5. u. 6. Lfg. qu. gr. 4°. (à 3 Bl.) Mainz, Diemer. à M. 4. 20.

Le Mans.
Exposition de l'art rétrospectif au Mans en 1880. 8°, 14 p. Le Mans, imp. spéc. de la Sarthe.

Marseille.
Trabaud, P. Exposition départementale à Marseille. (Chron. des Arts 17.)

München.
F. Die internationale Kunstausstellung in München 1879. (Wartburg 1879. 11. 12.)

— Schauss, F. v. Historischer und beschreibender Katalog der königl. bayerischen Schatzkammer zu München. gr. 8°. (IX—441 S. m. Kopfleisten, Initialen und Schlussvignetten.) München 1879. M. 5.

Nizza.
Énault, L. L'exposition de Nice. (L'Art 274.)

Nürnberg.
Katalog Nr. 10. Gruppe X der Mustersamml. des bayer. Gewerbemuseums zu Nürnberg. Arbeiten aus Metall mit den Rohprodukten und Werkzeugen. 8°. (V—272 S. m. eingedr. Figuren u. Ornamenten.) Nürnberg, Korn. M. 2. 50.

Ofen.
Die Bibliotheca Corvina bei der Erstürmung Ofens 1686. (Angeb. Allg. Ztg., B. 74.)

Orléans.
Mantellier, P. Notice des collections composant le musée de Jeanne d'Arc de la ville d'Orléans. 12°, 138 p. Orléans, Herluison. fr. 1.

Paris.
Baignères, Art. Société des aquarellistes français. Exposition. (Gaz. d. B.-Arts, Avril.)

— — — L'exposition des œuvres de J. de Nittis. (Chron. d. Arts 15.)

— Catalogue de la cinquième exposition de peinture par M. et Mme Bacquemond, M. Caillebotte, Mlle Cassatt, Mme B. Morisot, MM. Pissarro, E. Vidal, etc. (Du 1er au 30 avril 1880.) 16°, 31 p. Paris, imp. Morris père et fils.

— Catalogue descriptif des dessins de décoration et d'ornement de maitres anciens exposés au Musée des arts décoratifs en 1880. 18°, X—201 p. Paris, imp. Mouillot. fr. 1.

— Chennevières. Les dessins de maitres anciens exposés à l'École des beaux-arts en 1879. Étude. 4°, 163 p. avec 18 pl. hors texte et grav. Paris, imp. Quantin et Ce.

— Chennevières, Ph. de. Le Musée des arts décoratifs. (Chron. d. Arts 15.)

— Clément de Ris, L. Les dessins d'ornement au Musée des arts décoratifs. I. (Gaz. d. B.-Arts, Mai.)

— Énault, L. Les industries du verre à l'exposition universelle de 1878. Suite et fin. (L'Art 270. 271.)

— Éphrussi, Ch. Exposition des artistes indépendants. (Gaz. d. B.-Arts, Mai.)

Paris.
— Explication des ouvrages de peinture, sculpture, architecture, gravure et lithographie des artistes vivants exposés au palais des Champs-Élysées le 1er mai 1880. 1re édit. 18°, CXX—696 p. Paris, imp. nat.

— L'Hôtel Carnavalet. (Chron. d. Arts 13.)

— Joulin, H. Exposition des dessins de Viollet-Le-Duc. (Journ. d. B.-Arts 8.)

— La Gournerie, E. de. Histoire de l'art et de ses monuments. 4e édit., comprenant les derniers événements et les monuments nouveaux. 4°, 620 p. avec grav. Tours, Mame et fils.

— Portalis, R. La collection Walferdin et ses Fragonard. (Gaz. d. B.-Arts, Avril.)

Paris. Salon.
Burty, Ph. Le Salon de 1880. (L'Art 281 ff.)

— Catalogue illustré du Salon, contenant deux cents reproductions d'après les dessins originaux des artistes (section de peinture et de sculpture), publié sous la direction de F. G. Dumas. 2e année. 1re série. 1re éd. 8°, VIII—93 p. et 200 grav. Paris, Baschet. fr. 2.

— Chennevières, Ph. de. Le Salon de 1880. I (Gaz. d. B.-Arts, Mai.)

— Joulin, H. Le Salon de Paris. (Journ. d. B.-Arts 9.)

— Paris (the) Salon. 1880. 8°, 110 p. Paris, Bernard et Ce.

— Pattison, E. F. S. The Salon of 1880. (Academy 419.)

— Vachon, M. L'ancienne bibliothèque et les anciennes archives de la ville de Paris. (Le Livre 5.)

— — — Le Château de Saint-Cloud, son incendie en 1870; inventaire des œuvres d'art détruites ou sauvées. 8°, 107 p. et 2 grav. à l'eau-forte. Paris, Quantin. fr. 10. (Tiré à 300 exempl. num.)

— Véron, E. Exposition de la Société d'aquarellistes français. (L'Art 274.)

— — — Cinquième exposition des indépendants. (L'Art 278.)

Pau.
Lealy, J. Le Salon de Pau. Fin. (Journ. d. B.-Arts 6.)

Petersburg.
Clément de Ris, L. Le Musée de l'Ermitage à St. Pétersbourg. Fin. (Gaz. d. B.-Arts, Mars.)

— — — Musée du Nord: le Musée impérial de l'Ermitage à St. Pétersbourg. 8°, 64 p. avec vign. Paris, imp. Quantin et Ce. (Extr. de la Gaz. d. B.-Arts.)

Philadelphia.
Hart, Ch. H. The collection of Mr. H. C. Gibson. (Americ. Art Review 6.)

Poreccie (Russland).
Helbig, W. Museo Ouvaroff a Poreccie. (Bull dell' Inst. di corr. archeol. 1. 2.)

Rimini.
Tonini, L. La nuova guida del forestiere nella città di Rimini; con aggiunta di documenti ad illustrazione del tempio Malatestiano. Rimini, tip. Albertini e C. 16°, 190 p. con 1 tav. L. 2.

Rom.
Kleinpaul, R. Roma capitale. Römische Leben- und Landschaftsbilder. 8°, XI—383 S. Leipzig, Brockhaus. M. 6.

— Kunstausstellung in Rom. (Ztschr. f. bild. K., B. 23.)

— Schleich, M. Italische Apriltage. Erinnerungen aus einer confessionslosen Romfahrt. 8°, VI—200 S. Leipzig, Hirth. M. 2.

Rouen.
A. D. Le nouveau musée de Rouen. (Chron. d.
Arts 10.)
— Adeline, J. La bibliothèque de la ville de
Rouen. (Le Livre 2.)
Sens.
Montaiglon, A. de. Antiquités et curiosités de
la ville de Sens. III. (Gaz. d. B.-Arts, Mars.)
Sydney.
Auszüge aus dem Berichte (vom 27. Dec. 1879)
des geh. Regierungsr. Reuleaux über die Aus-
stellung in Sydney. (Kunst u. Gew. 11. 12.)

Katalog der österreichischen Abtheilung der
Weltausstellung in Sydney 1879. Heraug. von
der österr. Commission für die Weltausstellung
in Sydney. gr. 8°, 80 S. Wien, Gerold & Co.
M. 0. 80.
Sidney u. Melbourne.
Die baulichen Einrichtungen der beiden austra-
lischen Weltausstellungen. (Deutsche Bauztg.
29. 30.)

Verona.
Carlo cc. Giuliari, G. B. Istoria monumentale,
letteraria, paleografica della capitolare biblio-
teca di Verona. Cont. (Arch. veneto XIX, 1.)
Wien.
Galerie, die, der k. k. Akademie der bildenden
Künste zu Wien in einer Auswahl ihrer alten
Meisterwerke. 24 Originalradirgn. von H. L.
Fischer, E. Forberg, J. Klaus, W. Unger u. A.,
nebst einem Titelkupfer u. 3 (eingedr.) Holzschn.
Mit geschichtl. Einleitung u. erläut. Text von
C. v. Lützow. gr. 4°, 19 S. Leipzig, Seemann. M. 18.
— Die Jahresausstellung im Wiener Künstler-
hause. (Ztschr. f. bild. K., B. 33.)
— Miethke's permanente Kunstausstellung.
(Ztschr. f. bild. K., B. 20.)
— Müller, W. Valentin Duval, der erste Director
des kais. Münzcabinets. (Wien. Abendp. 84 ff.)
— Die niederösterreichische Gewerbeausstellung.
(Blätter f. Kunstgew. IX, 5.)
— Visconti, K. v. Die eilfte Jahresausstellung
im Künstlerhause. (Wien. Abendp. 94.)

BIBLIOGRAPHIE*).

(1877—1878.)

Abbatecola, C. Guida e critica della esposizione nazionale di belle arti di Napoli del 1877. Napoli, tip. Cerguilo. 8°.

Abbayes de Saint Hubert. Namur, phot. Gauthier.

Abseits vom Wege. Gedichte e. Laien. Mit 9 Illustr. (in Lichtdr.) v. Paul Thumann. 2. Aufl. gr. 4°. Berlin, A. Duncker. geb. m. Goldschn. M. 10.

Academia de Bellas Artes de San Fernando. Resumen de las actas y tareas de la Real Academia de bellas artes de San Fernando, durante el año 1877. Escrito por su secretario el D. Eugenio de la Camara. Madrid, impr. y fundacion de Manuel Tello. En 4°.

Académie royale des Beaux-Arts à Anvers. Année académique 1876—77. Rapport annuel et distribution solennelle des prix, 6 mai 1877. 8°. 71 p. Anvers, imp. J. E. Buschmann.

— — Année acad. 1877—78. Ibid.

Adeline, J. L. H. Brevière, dessinateur et graveur, rénovateur de la gravure sur bois en France 1797—1862. Notes sur la vie et les œuvres d'un artiste normand. Avec 2 eauxfortes, frontispice avec portrait et fac-simile d'un dessin de Brevière, 4 vignettes d'après Gros, Barrias et Langlois, tirées sur les planches originales gravées par Brevière, et autographe fac-simile. Petit 4°. Rouen, imp. Boissel; lib. Augé. (Tiré à 125 exempl. num. et paraphés.)

Adressbuch f. den Buch-, Kunst- und Musikalienhandel u. verwandte Geschäftszweige der österr.-ungar. Monarchie, m. e. Anh.: Oesterr.-ung. Zeitungs-Adressbuch. Hrsg. v. Mor. Perles. 1878. 13. Jahrg. Mit dem (lith.) Bildniss v. L. W. Seidel. gr. 8°. Wien, Perles. Cart. baar M. 5.50.; geb. M. 5.80.; geb. ohne Portr. M. 4.50; Porträt apart M. 0.80.; Karte apart M. 0. 80.

Adress-Verzeichniss nordamerikanischer Bibliotheken v. 10000 u. mehr Bdn. (Aus „Petzholdt's Neuer Anzeiger f. Bibliographie u. Bibliothekswissensch.") gr. 8°, 13 S. Dresden, Schönfeld. baar M. 1.

Agendas Dunod. 1877. 4. Arts et manufactures, chimie. A l'usage des ingénieurs des manufactures de l'état, directeurs et contre-maîtres d'usine etc. 18°. Paris, Dunod.

Aigner, J. Illustrationen zu Dornröschen. gr. 4°. (9 Bl. in Lichtdr.) München, Ströfer. In Mappe. M. 9.

— — Illustrationen zu Aschenputtel. gr. 4°. (9 Bl. in Lichtdr.) München, Ströfer. In Mappe. M. 9.

Aigner, J. Illustrationen zu Kinkel's Otto der Schütz. gr. 4°. Ebd. In Mappe. M. 18.

Albertl, Dr. J. Die Bergkirche zu Schleiz. Geschichte u. Schilderg. derselben. Herausg. v. Geschichts- u. Alterthums-Verein zu Schleiz. 8°. Schleiz, Lämmel in Comm. M. 1.

Album der hochwürdigsten Bischöfe von Breslau von 1341 bis heut. Dargestellt nach den besten vorhandenen Bildnissen in Photogr. br. 8°. (27 Bl. m. 16 S. Text.) Breslau, Görlich. Geb. m. Goldschn. u. Schliesse baar M. 30.

Album v. Colberg. 12 Photogr.-Imitationen m. allegor. Titelblatt v. Prof. Casp. Scheuren. qu.-8°. Colberg, Post. In Mappe. M. 3.

Album v. Demmin. 2. Aufl. 16°. (12 Photogr. m. 2 S. Text.) Demmin, Freund. Cart. baar M. 3.

Album f. Deutschlands Töchter. Lieder n. Romanzen. Mit Illustr. (in eingedr. Holzschn.) v. Paul Thumann, W. Georgy, J. Füllhaas u. A. 9. Aufl. 4°. Leipzig, Amelang. Geb. m. Goldschn. M. 12.

Album f. altdeutsche Leinen-Stickerei u. Stickerei auf Java-Canevas. Originalmuster in brillantem Buntfarbendr. qu.-8°. Leipzig, Kramer & Co. M. 1.

Album v. Hoh-Königsburg. 26 lith. Ansichten. qu.-16°. Strassburg, Schultz & Co. Geb. M. 1.20.

Album v. Osnabrück in Orig.-Ansichten. 13 Blatt, nach Aquarellen in Stahl gestochen. qu.-4°. Osnabrück, Veith. Geb. baar M. 8.

Album österreichisch. Bildhauerarbeiten d. XVIII. Jahrh. zusammengestellt v. Cust. Dr. Alb. Ilg. Photogr. u. Lichtdr. v. Hofphotogr. J. Löwy. 4 Lfgn. gr. 4°. Wien, Lehmann & Wentzel in Comm. à M. 8.

Album von Plauen u. seiner Umgebung. qu.-16°. Plauen, Neupert. Cart. M. 1.20.

Album v. Strassburg. 24 Ansichten. Lichtdr. v. J. Krämer in Kehl. qu.-8°. Strassburg, Schultz & Co. In Leinw.-Mappe. Baar M. 8.

Album v. Tübingen u. Umgebung. (4. Aufl. Jubiläums-Ausg.) qu.-16°. (10 Photogr.) Tübingen, Fues. Geb. M. 2. 90.

Aldenkirchen, J. Die mittelalterliche Kunst in Soest. Ein Beitrag zur rheinisch-westfäl. Kunstgeschichte. Mit 9 Taf. (in Holzschn., Aubeldr. u. Stahlst.) u. mehreren eingedr. Holzschn. Fest-Programm zu Winckelmanns Geburtstage am 9. Decbr. 1875. Hrsg. v. Vorstande d. Vereins von Alterthumsfreunden im Rheinlande. gr. 4°. Bonn. 1875. (Lempertz.) M. 6.

---

*) Indem wir mit dem Nachtrag der Bibliographie für die Jahre 1877 und 1878 beginnen, kommen wir dem Versprechen nach, das wir Repertorium II. 2. gegeben haben.   Die Redaction.

Alfabeto-fantasia, ad uso dei pittori, disegnatori e dilettanti. Milano, C. Barbini edit. XXIV tavole obl.

Alippi Alipio. Del barocco nell' arte: cenni storici. Urbino, tip. della Capella Highi. 8⁰.

Alizeri, F. Notizie dei professori del disegno in Liguria, dalle origini al secolo XVI: opera premiata. Genova, tip. Sambolino. In-8⁰.

Almanach der Südbahn I. Pusserthal—Ampezzo. Mit Beiträgen v. Heinr. Noë, Joha. Nordmann, G. Sevios, Frz. Weller u. 15 Holzschn. nach Zeichngn. v. G. u. J Sevios, ausgef. v. R. v. Waldheim. Nebst e. (chromolith.) Karte d. Pusterthales (In qu. 4⁰). 8⁰, IV, 258 S Wien, R. v Waldheim. Geb. M. 3. 60.

Almanach de l'Illustration. 1878. 35e année (in. N⁰ avec grav. Paris, Plon et Ce.

Almanach pittoresque, 1877. 37e année. 32⁰. 256 p Tournay, imp. et lib. Ve. H. Casterman. f. 0. 40.

Almanach pittoresque, 1878. 38e année. 32⁰. 245 p. Tournay, imp. et lib. Ve. H. Casterman. f. C. 40.

Allmer et de Terrebasse. Inscriptions antiques et du moyen-âge de Vienne en Dauphin. 1re partie. Inscriptions antiques antérieures au VIIIe siècle; par A. Allmer. T. 4. N⁰. Vienne, imp. Savigne; lib. Girard. Paris, lib. Thorin.

Alphabete in Fractur, gothischen u. römischen Schriften f. den gewerbl. Gebrauch 1.—3. Hft. qu. 4⁰. Druchaal, Katz' Sohn. à M. 0. 40.

Alphabets voor lithogr., schilders, schoonschrijvers, steenhouwers, graveurs, 3e verbeterde en vermeerlende uitgave, 1e eu 2e afl. Langw. 4⁰ (10 en 10 gelith Bl.). Utrecht, C. van der Post. Per afl. f. 0. 90.

Alterthümer, die, unserer heidnischen Vorzeit. Nach den in öffentl. u. Privatsammlgn. befindl. Originalien zusammengestellt u. hrsg. v. dem römisch-germ. Centralmuseum in Mainz durch dessen Dir. Dr L. Lindenschmit 3. Bd., 7. u 8. Hft. gr. 4⁰. Mainz, v. Zabern. à M 4: (I—III, 8 u. Beilage-Hft. M. 101. 60).

Amours et figures décoratives, appliquées à l'art industriel, par E. Meyer. Liv. 7, pl XXV à XXVIII. Liege, Ch. Clasen, édit. f. 4

Amsterdam, Guide. Description historique et topographique de la ville contenant tout ce qui peut être utile à savoir aux étrangers y séjournant avec vocabulaire de voyage en 4 langues. Rassemblé par H. Seguerra Ir. 1877—78. Idem (90 bl. met uitsl. plattegrond van Amsterdam bouevens reunige bl. advertentien. Amsterdam, Ipenbuur en van Seldam. f. 0. 50.

Andél, Prof. A. Das geometrische Ornament. Ein Lehrmittel f. d. elementaren Zeichen-Unterricht an Real- und Gewerbeschulen entworfen u. in Unterstützg. d. k. k. Ministeriums f. Cultus u. Unterricht herausgeg. (1. Bd der ornamentalen Formenlehre.) 12 Hefte. hoch 4⁰. (IV—20 S. m. eingedr. Holzschn. u. 64 Steintaf.) M. 6. 40.

Andresen, A. Der deutsche Peintre-Graveur od. die deutschen Maler als Kupferstecher nach ihrem Leben und ihren Werken, von dem letzten Drittel des 16. Jahrh. bis zum Schluss d. 18. Jahrh., und im Anschluss an Bartsch's Peintre-Graveur, an Robert-Dumesnil's u. Prosper de Baudicour's französ. Peintre-Graveur. 5. Bd. m. General-Register. gr 8⁰. Leipzig, Danz. M. 15; (cplt.: M. 48.)

— Die deutschen Maler-Radirer (Peintre-Graveurs) des 19 Jahrh. Fortsetzg. v. J. E. Wessely. 5. Bd. 2. Hälfte. gr. 8⁰. Leipzig. Danz. M. 5. (I—V M. 19.)

Angelucci, A. Sulla lettera al duca Sigismondo Castromediano intorno alla tavola dipinta delle Benedettine di Lecce pel barone Francesco Casotti: osservazioni. Torino, tip. Fodratti 1877. 8⁰.

Annales de l'Academie d'archéologie de Belgique. 3e serie. Tome II. liv. 1876 Anvers, Bureaux: 22, rue consscience. Par an f 3. 1877, 1878.

Annales du Cercle archéologique du pays de Waes, Tome VI, 4e liv. Juin 1877. Saint-Nicolas, imp. et lib. Edom. Le vol. f. 10. — T. VI.

Annales de l'Institut archéologique du Luxembourg. Tome VIII, 4e cahier (no. 22) 1876. Arion, imp. P A. Brück. Tome IX.

Annales de la Société académique d'architecture de Lyon. Tom. 5. Exercice 1875—1876 gr. 8⁰ Lyon, imp. Perrin et Marinet

Annales de la Société historique et archéologique de Château-Thierry. Année 1876. 8⁰. Château-Thierry, imp. Lecesne.

Annali della Fabbrica del Duomo di Milano dall' origine fino al presente, pubblicati a cura della sua amministrazione. Vol. II. Milano, tip. Sociale. 1876. f⁰ gr.

Annuaire de l'Academie royale des sciences, des lettres et des beaux-arts de Belgique, 1878 44e année. 12⁰, 407 p. et 3 portraits. Bruxelles, imp. et lib. F. Hayez.

Annuaire de l'archéologie français, publié sous les auspices de la société française d'archéologie pour la conservation des monuments historiques; par Anthyme Saint-Paul 1re année 1877. gr. 8⁰. Paris, l'auteur.

Annuaire du bâtiment, des travaux publics et des arts industriels; par E. Sageret. 17e année 1877. 8⁰. Paris, imp. Dumaine.

Annuaire des beaux-arts. Notes et eaux-fortes par A. P. Martial. 1876. 4⁰. Paris, imp. Beillet.

Anzeiger f. schweizerische Alterthumskunde. — Indicateur d'antiquités suisses. 10. Jahrg 1877. 4 Nrn. (à 1—2 Bogen m. eingedr. Holzschn., Steintaf u. Beilagen). gr. 8⁰ Zürich, Herzog. M. 2.

Anzeiger f. Kunde d. deutschen Vorzeit. Organ d. German. Museums. 24. Jahrg. 1877 12 Nrn. (à 1½—2 B.). gr. 4⁰. Nürnberg, Germ. Museum. M. 6.

Appendice prima al Catalogo generale delle riproduzioni fotografiche pubblicate per cura dei fratelli Alinari. Firenze, tip. G. Barbèra, 1876. 8⁰.

Appunti per la relazione degli affari piu importanti trattati nell' anno 1876 dal provveditorato artistico del ministero di pubblica istruzione. Roma, tip. E. Botta 1877 16⁰ gr.

Archief voor Nederlandsche kunstgeschiedenis. Verzameling van meerendeels onuitgegeven berichten en mededeelingen, betreffende Nederlandsche schilders, plaatsnijders, beeldhouwers, bouwmeesters, juweliers, goud- en zilverdrijvers, smeden, siempinteurs, tapijtwevers, borduurwerkers, plateelbakkers, ivoorsnijders, glasschilders, ingenieurs, landmeters, kaartmakers, verlichters, letterssnijders, schoonschrijvers, boekbinders, enz. bijeengebracht door Fr. D. O. Obreen late deel kl. 4⁰ (VII en 336 bl. met 12 gelith platen). Rotterdam, van Hengel en Eeltjes (J. van Baalen en zoonen). f. 9.

— — 2. deel, 1. à 2. afl. f. 0. 90.

Architecture moderne de Vienne, publié avec les concours des architectes H. v. Ferstel, E. et H. v. Förster, Th. v. Hansen etc. par Prof. C. v. Lützow et Archit. Ludw. Tischler. Planches gravées sous la direction de Ed. Obermayer. 2e vol. 2e livr. et sq. f⁰. Wien, Lehmann & Wentzel. Baar à M. 8

Archiv f. Buchdruckerkunst u. verwandte Zweige. Hrsg. v. Alex. **Waldow.** 15. Bd. 1878. 12 Hfte. gr. 4⁰. Leipzig, Waldow. Baar M. 12.

Archiv f. Frankfurts Geschichte und Kunst. Neue Folge. Hrsg. v. d. Verein f. Geschichte u. Alterthumskunde zu Frankfurt a. M. 6. Bd. Mit Abbildgn. (3 lith. u. 4 photolyp. Taf.) Lex.-8⁰, III—424 S. Frankf. a. M., Völcker in Comm. Baar M. 10.

Archiv f. kirchliche Baukunst u. Kirchenschmuck. Organ f. die Gesammtinteressen d. kirchl. Kunst. Unter Mitwirkg. bewährter Fachmänner hrsg. v Architekt Th. **Prüfer.** 2. Jahrg. 6 Hefte. gr. 4⁰ (m. Steintaf. u. Holzschn.). Berlin, Prüfer. M 12.

 — 3. Jahrg.

Archiv f. ornamentale Kunst. Hrsg. m. Unterstützg. d. königl. preussischen Ministeriums f. Handel, Gewerbe u. öffentl. Arbeiten. Red. durch Prof. **M. Gropius.** Mit erläut. Text von Prof. Archit. L. **Lohde,** 9. u. 10. Heft. gr. f⁰ (Steintaf. u. Chromolith. m. 1 Bl. Text). Berlin, Winckelmann & Söhne. à M. 3.

Archiv, photographisches. Herausg. v. Dr. P. E. **Liesegang.** 18. Jahrg. 1877 20 Hefte. (Nr 543 bis 564. B. m. eingedr. Holzschn.) gr. 8⁰. Berlin, Grieben. Halbjährlich baar M. 4. 50.

 — — 19. Jahrg. 1878.

Armes d'Anvers et de Rubens, 1577—1877, chromolithographie. Anvers, imp. et lith. Meer et Ce

Arnold's Vorlagen-Mappe. V. Musterblätter f. Malerei auf Holz, Terracotta u. Marmor. Ausgewählt aus d. Vorlagen f. Ornament-Malerei v. A. Zahn u. E. Hübler. f⁰. Leipzig, Arnold. à Blatt M. 0. 80

Arquitectos. Lista de los arquitectos españoles publicada por la Sociedad central. Madrid, impr. . . de Ariban y Ce, 4⁰.

Art (l') catholique. N⁰ 1. f⁰. Toulouse, imp Douladoure. (Parait tous les trois mois)

Arte (l') romana, illustrata da Genesio Morandi. Milano, Moretti edit. (litogr. Pedrinelli). f⁰.

Artiste (l'). Courrier hebdomadaire artistique, littéraire, musical. Bruxelles, Administration: 46, Boulevard Central. Par an f 10.

Aesop, der neue. Eine klassische Fabelsammlung v. Lessing, Gellert, Pfeffel u. A. Mit 144 (Holzschn.-)Illustr. v. E. Grisel. 3. (Titel-)Aufl 12 Hefte. Lex -8⁰. Berlin, Gebr. Gerstmann. Baar à M. 0. 60.

Athenaeum belge (l'). Journal universel de la littérature, des sciences et des arts. 1re année. N= 1 à 4, janvier—février 1878. Bi-mensuel. Bruxelles, Bureaux: 26, rue de la Madeleine. Par an f. 8.

Atz, K. Die christliche Kunst in Wort und Bild geschichtlich und vorzugsweise praktisch dargestellt, nach d. Vorschriften der Kirche u. den allgemein gilt. Regeln der Gegenwart. Mit zahlreichen in den Text gedr. (lith.) Abbildgn. (Fortsetzg. d. „Kunstfreund", 5. Jahrg.) ca 15 Lfgn. (B.) gr. 8⁰. Bozen. (Würzburg, Wörl) à M. 0 45.

Aube, l', d'après le tableau d'Hermans Ivelles. phot. A. de Blochouse et Ce

Aubel, Prof. Verzeichniss der in dem Locale der neuen Gemälde-Galerie zu Cassel befindlichen Bilder. Durchgesehen v. Dir. Dr. O. Eisenmann. 16⁰. Cassel, Kay. M. 1.

Aubert. Traité élémentaire et pratique de la photographie au charbon, par C. N. Aubert, amateur photographe. 12⁰, 72 p. avec fig. Gand, imp. C. Annoot-Braeckman; lib. Ad. Hoste. 1. 50.

Augerot, d', A. Les peintres célèbres. 8⁰. Li-

moges, Barbou frères. (Bibliothèque chrétienne et morale.)

Aus den Alpen. Ansichten aus der Alpenwelt nach Aquarell-Gemälden von F. Alt u. A. Lief. 1 fg. qu. gr. f⁰. (Chromolith.) Wien, Hölzel. M. 8.; einzelne Bl. à M. 3.

Aus dem Schwabenland. Malerische Ansichten in Landschaft u. Architektur. Orig.-Zeichngn. v. R. Küder, Text v. Ed. Paulus. In feinstem Tondruck ausgeführt. 15 Lfgn. f⁰. Stuttgart, Neff. Baar à M. 3.

Ausgrabungen zu Olympia, die. I. Uebersicht d. Arbeiten und Funde v. Winter und Frühjahr 1875—1876. 23 Taf. in Lichtdruck Herausgeg v. E. Curtius, F. Adler u. G. Hirschfeld. 2. Ausg. gr. 4⁰. Berlin, Wasmuth. In Carton M. 36.

Ausgrabungen zu Olympia, die. II. Uebersicht der Arbeiten u. Funde v. Winter und Frühling 1876—1877. 35 Taf. Herausgeg. v. E. Curtius, F. Adler u. G. Hirschfeld. gr. f⁰. Berlin, Wasmuth. In Mappe M. 56. (I. u. II.: M. 86.)

Ausstellung, die historische, der k. k Academie der bildenden Künste in Wien 1877. 8⁰. (III. V., 274 S.) Wien, Hölder. M. 4

Ausstellung von Werken Friedrich Preller's im grossherzogl. Museum zu Weimar. Mai 1878. gr. 8⁰. Weimar, Böhlau. M. 0. 60.

Bachaumon, M. de. La Statue de Chateaubriand. 8⁰. Chateaubriand, imp. Hamel.

Baldassari, L. Monumenti di oggetti di belle arti e d'antichità nel comune di Bagnacavallo. Ravenna, tip. Nazionale. 4⁰.

Ballu, R. Les artistes contemporains Diaz. gr. 8⁰. Paris. (Extrait de la Gazette des beaux-arts, mars 1877.)

Barbier de Montault. Mélanges d'archéologie. 8⁰. Arras, imp. Laroche. (Extrait de la Rev. de l'art chrétien.)

Barboni, L. Sul riordinamento degli studi artistici: relazione della Commissione della società Niccola Pisano. Pisa, tip. Mariotti. 8⁰.

Barichella, V Le colonne di S. Marco e del Redentore nella piazza dei Signori. Vicenza, tip. Staider. 8⁰.

Barozzi, G. Cenno esplicativo del monumento all' unità d'Italia: progetto modellato in rilievo dallo scultore Onofrio Buccini. Napoli, tip. De Angelis 8⁰.

Barret, G. Anleitung zur Aquarellmalerei. Zum Selbstunterricht f. Anfänger u. f. Künstler, welche die Mittel kennen lernen wollen, durch welche die englischen Aquarellmaler ihre glänzenden Erfolge erreichen. Aus d. Engl. 4. Aufl 16⁰. Stuttgart, Neff. M. 1. 20.

Barth, C. Porzellan-Marken n. Monogramme 4. rev. u. verm. Aufl. Lith. Tabelle in gr. f⁰. Auf Leinw gedr. Stuttgart, Bruchmann. In Etui. M. 2. 10.

Barthélemy, Ch. Un tableau de Stella à l'église de Montreuil-Versailles. 8⁰. Arras (Extrait de la Revue de l'art chrétien.)

Bartolotti, A. Artisti subalpini in Roma nei secoli XV, XVI, XVII: notizie e documenti raccolti nell' archivio di Stato romano. Torino, stamp. Reale di G. B. Paravia e Co. 1877.

Van Bastelaer. Le cimetière Belgo-Romano-Franc de Strée. Rapport sur la fouille, description des objets trouvés et études de diverses questions d'archéologie que cette fouille a soulevées, par D. A. Van Bastelaer, président de la Société paléontologique et archéologique de Charleroi. 8⁰, 332 p. et 14 pl. Mons, imp. et lib. H. Manceaux. f. 8.

 — — Les coffrets de sépulture en Belgique, à

l'époque romaine et à l'époque franque, d'après les observations faites au cimetière de Strée et autres. 8⁰, 25 p. et 1 pl. Bruxelles, imp. Ve J. Baertsoen. f. 1.

— — Les couvertes, lustres, vernis, enduits, engobes, etc., de nature organique, employés en céramique chez les Romains, recherches chimiques et archéologiques par M. D. A. Van Bastelaer. 8⁰, 48 p. Anvers, imp. J. Plasky. f. 1.

— — Les instruments épilatoires chez les Romains et chez les peuplades germaniques et franques. 8⁰, 16 p. et 1 pl. Gand, imp. C. Annoot-Braeckman.

— — Textes et déductions archéologiques sur les amphores et le vin à Rome, à propos de la fouille du cimetière belgo-romain à Strée et d'un texte de Horace, par D. A van Bastelaer. 8⁰, 24 p. Anvers, imp. J. Plasky. Extrait des Ann. de l'Acad. d'archéol. de Belgique.

— — La ville belgo-romaine de Villé, sous la Neuville, à Montignies-sur-Sambre. Rapport sur la découverte et étude de questions archéologiques qui s'y rapportent. 8⁰, 73 p. et 3 pl. Mons, imp. H. Manceaux.

Bastian, A. u. A. Voss. Die Bronzeschwerter d. königl. Museums zu Berlin. Hrsg. im Auftrage der Generalversammlung. gr. 4⁰. Berlin, Weidmann. Geb. M. 20.

Bauhandbuch, deutsches. Eine systemat. Zusammenstellung der Resultate d. Bauwissenschaften m. allen Hülfswissenschaften in ihrer Anwendung auf das Entwerfen u. d. Ausführg. der Bauten. Veranstaltet v. d. Herausgebern d. Deutschen Bauzeitg. u. d. Deutschen Baukalenders. Mit mehreren 1000 Holzschn. u. Maassstabtabelle. 3. Liefg. fg. gr. 8⁰. Berlin, Beelitz in Comm. M. 6. (1—3: M. 16.)

Baur, C. Album von Stadt und Kloster Blaubeuren in 7 photogr. Abbildungen. Mit Text versehen und herausgeg. gr. 8⁰, 11 S. Blaubeuren, Mangold. Geb. baar M. 6.; Prachtausg. in f⁰ baar M. 20.

— — Das Kloster zu Blaubeuren. Ein Führer, Kunstfreunden und Fremden gewidmet. Mit 28 (eingedr.) Holzschn. u. 6 lith. Plänen. 8⁰, 58 S. Blaubeuren Mangold. M. 0. 75.

Bauten u. Entwürfe, hrsg. v. Dresdener Architekten-Verein. 13. 21. (Schluss-) Lfg. f⁰. Dresden, Gilbers. Baar à M. 6.; (cplt. in Mappe: M. 135.)

Bauschatz. Eine Sammlung hervorrag. Bauwerke, Details etc. in Reproductionen nach seltenen u. kostbaren Werken, Einzelstichen etc. etc. Photolith. der artist. Anstalt v. L. C. Zamarski in Wien. 1. Lfg. ff. f⁰. Wien, Lehmann & Wentzel. M 4.

Bausteine. Lose Blätter aus den Mappen Berliner Künstler. Unter Red. v. L. Burger, C. E. Döpler, C. Gussow etc. Zum Besten d. Bestandes f. Erbauung e. Künstlerhauses hrsg. v. d. Verein Berliner Künstler. 1. Jahrg. f⁰. (30 Bl. in Lichtdr. m. 8 S Text.) Berlin, 1878. Titze. In Leinw.-Mappe. Baar M. 60.

Bauwerke, die klassischen, d. Mittelalters und der Renaissance in Deutschland. Nach photogr. Aufnahmen. Red.: Archit. F. Bauerwein u. H. Keller. 1 Abth. Das Schloss zu Heidelberg. 1.—3. Heft. gr. f⁰. Frankfurt a. M., Keller. à M. 5.

Bauwerke, neue, in Stuttgart und Umgebung. 3. Hft. gr. f⁰. Stuttgart, Wittwer. (Inhalt: Wohnhaus v. Pr. Archit. C. Walter. 1 Lichtdr. u. 5 Steintaf. m. 1 Bl Text.) M. 8.

Bauzeitung, allgemeine, in Abbildungen. Gegründet v. Prof. Ch. L. Förster, red. unter Mitwirkg. der Architekten H. R. v. Ferstel, E. R. v. Förster, Th. R. v. Hansen, F. Schmidt

u. A. Köstlin. 43. Jahrg. 1878. 12 Hfte. f⁰. Wien, v. Waldheim. Baar M. 40.

Bauzeitung, deutsche. Organ d. Verbandes deutscher Architekten- und Ingenieur-Vereine. Red.: K. E. O. Fritsch u. F. W. Büsing. 12. Jahrg. 1878. 104 Nrn. hoch-4⁰. Berlin, Beelitz in Comm. Vierteljährl. baar M. 3.

Bauzeitung, deutsche. Sachregister üb. die Jahrg. 1867—77. f⁰. Berlin, Beelitz in Comm. M. 1. 50

Beaufrand, Ch. et O. Desenlières. Biographie des grands inventeurs dans les sciences, les arts et l'industrie. 4e édit. 18⁰: jesus avec 1 grav. Paris, Pigoreau.

Berberneel, F. Italia e Brasile illustrato del quadro „la Battaglia di Avahy" dell' insigne pittore Pedro Americo. Firenze, tip. dell Associazione. 8⁰.

Beckendorff, M. v. Musterblätter f. Blumenmalerei. Kleine Vorlagen f. Gouache-, Aquarellu. Porzellanmalerei. 2. Hft. 4⁰. Leipzig, Arnold. à M. 6.

Becker, A. Maler Schönbart. Eine Geschichte aus d. Mark Brandenburg. 8⁰, 114 S. Eisenach, Bacmeister. M. 1. 50.

Becker, F. Die Inschriften der römischen Cömeterien. Erklärg. 30 ausgewählter facsimill. altchristl. Grabschriften. Ein Beitrag zur Kenntniss d. christl. Alterthums m. besond. Berücksichtg. der Forschgn. de Rossi's. Als Beilage 10 Taf. Holzschn.-Abbildgn., 26 Denkmäler altchristl. Kunstdarstell. gr. 8⁰. Gera. Reisewitz. M. 2. 40.

— — Rom's altchristliche Cömeterien. Ein Beitrag zur Kenntniss d. christl. Alterthums m. besond. Berücksichtg. d. Forschgn. Rossi's. Mit vielen Holzschn. u. 1 Photolith. gr. 8⁰. Düsseldorf, 1874. Gera, Reisewitz. M. 3.

Bechk-Widmanstetter, Hauptm. L. v. Studien an den Grabstätten alter Geschlechter der Steiermark u. Kärntens. Mit 6 photolith. Beil. u. 6 Stammtaf. (Aus: „Vierteljahrschr. f. Heraldik".) gr. 8⁰. Berlin, 1877—78. Graz, Wohlfahrt in Comm. Baar M. 7.

Beco. Exposition internationale de Philadelphie 1876. Rapport sur l'état des industries de zinc, du plomb et du cuivre aux Etats-Unis d'Amérique, par J. Beco, ingénieur civil, membre de la Commission belge déléguée à l'Exposition de Philadelphie. 1er partie. Industrie du zinc. 2e partie: Industrie du cuivre. 8⁰, 145 p. Bruxelles, imp. Ad. Mertens.

Beiträge zur Kunstgeschichte. Red. v. Dr. H. Lücke. 1. gr. 8⁰. Leipzig, Seemann. M. 3. Inhalt: Die Legende v. Leben d. Jungfrau Maria und ihre Darstellung in der bildenden Kunst des Mittelalters. Von Alwin Schultz.

Berichte u. Mittheilungen d. Alterthums-Vereins zu Wien. 17. Bd. (1. Hälfte.) Imp.-4⁰. Wien, 1877. Gerold's Sohn in Comm. M. 14.

Belgique, illustration de. Novembre 1876. Bruxelles, Bureaux: Chaussée de Louvain, 1. Par an f. 10. 50. 1877, 1878.

Belgique pittoresque, la. Les châteaux. Mons. J. Dacquin éditeur. Par an f. 24. 1877, 1878.

Bellavitis, E. Elementi della teoria delle ombre insegnati nell' università di Padova. Padova, tip. del Seminario. 1876. 8⁰.

Van Bemmel. La Belgique illustrée, ses monuments, ses paysages, ses œuvres d'art, publiée sous la direction de M. E. Van Bemmel. Bruxelles, imp. et lib. Bruylant-Christophe et Ce. La liv. f. 2. — L'ouvrage complet comprendra environ trente livr. paraissant de mois en mois.

Benedetti, F. A. de. Corso di disegno geometrico conforme ai programmi governativi. Acqui, tip. Borhi. 4⁰.

Bonicio Navarro, F. Estudios artisticos y literarios. El Museo de Gijon. Noticia breve de la hermosa coleccion de dibujos del Instituto de Jovellanos. Barcelona, impr. de „La Renaixensa", libr. de Murillo. 4⁰.

Benini, G. A. La facciata da farsi al tempio di S. Maria del Fiore: parole al popolo fiorentino. Firenze, tip. Mariani. 16⁰.

Benndorf, O. Antike Gesichtshelme u. Sepulcralmasken. Mit 17 Taf. u. 12 Vignetten. (Aus: „Denkschr. d. k. Akad. d. Wiss.".) Imp.-8⁰. Wien, Gerold's Sohn in Comm. M. 16.

— — (Griechische und sizilische Vasenbilder. 3. Lief. fg. f⁰. (In Steindr. u. Chromolithogr. u. Text m. eingedr. Holzschn.) Berlin, Guttentag. Baar M. 50.

Bergen, F. van. Rubens' Jengd. Tooneelschets in een bedrijf. Voor de eerstemaal vertoond op den Nederlandschen schouwburg te Antwerpen, ter gelegenheid der Rubensfeesten, door de tooneelafdeeling der Mertens-vereeniging, den 19 Augusti 1877. Post 8⁰. s'Gravenhage, Joh. Ykema. f. 0. 25.

Berger, weil. Prof. F. Handbuch zum Gebrauch f. das anatomische Studium d. menschl. Körpers, besonders f. bildende Künstler u. Dilettanten der Kunst. Nebst 10 Kupfertaf. u. 2 Taf. in Steindr. 4. Aufl. f⁰. Berlin, Habel. M. 6.

Berggruen, O. Das Bühnen-Festspiel in Bayreuth in Hinblick auf die bildende Kunst. Mit dem Bildnisse Rich. Wagner's (Stahlst.) u. m. Illustr. (in eingedr. Holzschn. u. 1 Stahlst.). (Aus: „Zeitschr. f. bild. Kunst".) hoch-4⁰, 16 S. Leipzig, Seemann. M. 2.

Bericht, 35., zur Alterthumskunde Schleswig-Holsteins. Von H. Handelmann. Mit 15 (eingr.) Holzschn. 4⁰. Kiel, v. Maack. Baar M. 1. 30.

Bericht über die Verwaltung d. kgl. Sammlungen f. Kunst u. Wissenschaft zu Dresden in d. J. 1874 u. 1875. gr. 4⁰, 51 S. Dresden, 1876, Burdach. Baar M. 0. 75.

Bericht über die Weltausstellung in Philadelphia 1876. Herausgeg. v. d. österr. Commission f. d. Weltausstellung in Philadelphia. 1876. 4. u. 5. Heft gr. 8⁰. Wien, Faesy & Frick in Comm. M. 5. 20. (1—5: M. 11. 60.)

Berlin u. seine Bauten. Herausgeg. vom Architekten-Verein in Berlin. Mit 609 (eingedr.) Holzschn. nebst 8 Kpfr. u. Karten-Beilagen. 2 Thle. (in 1 Bd.). Lex.-8⁰ (X, 187 u. 301 S.). Berlin, Ernst & Korn. M. 36.; geb. M. 45.

Bernau, F. Album der Burgen u. Schlösser im Königr. Böhmen. 1. Lfg. qu. f⁰. Saaz, Brüder Butter. M. 1. 20.

Bertschi, C. Il monumento di Gaudenzio Ferrari scolpito da Pietro Della-Vedova, eretto in Varallo Sesia nel 1874, illustrato da Gius. Regaldi. Torino, tip. G. Borgarelli. 4⁰.

Beschrijving der vroegere Nederlandsche gemeentezegels in het rijks-archief en elders bewaard, benevens der buitenlandsche in het rijks-archief berustend. Uitgegeven op last van Z. E. den Minister van binnenlandsche zaken (door 1. Ph. C. v. d. Bergh) Roy.-8⁰ (VIII en 139 bl.). s'Gravenhage, Martinus Nijhoff. f. 1.

Bethke, H. Decorativer Ziegelbau ohne Mörtelputz. Enth. versch. Gegenstände in dieser Bauweise, als: Mauerflächen, Fussgesimse, Band- und Gurtgesimse etc. Liefg. 3 fg. f⁰. (Chromolithogr. m. Text.) Stuttgart, Wittwer. à M. 6.

Bibliographie, allgemeine. Monatliches Verzeichniss der wichtigern neuen Erscheinungen der deutschen und ausländ. Litteratur. Red.: Dr. Ed. Brockhaus. Jahrg. 1877. gr. 8⁰. Leipzig, Brockhaus' Sort. M. 1. 60.

Bibliographie der Schweiz. — Bibliographie de la Suisse. 7. Jahrg. 1877. 12 Nrn. gr. 4⁰. Zürich, Schweizer Antiquariat. Baar M. 3. 20.

Bibliophile (le) belge. Bulletin mensuel. 1876. 1877. 1878. Bruxelles, Fr. J. Olivier, édit. Par an f. 10.

Biblioteca Colombina. Anuario de la Bibl. Col., expresivo de las adquisiciones, tareas y mejoras hechas en dicho establecimiento en el año de 1877 ... por D. Cayetano Fernandez, director de la biblioteca. Sevilla, impr. de Franc. Alvarez y Ca. 4⁰. (No se ha puesto à la venta.)

Biblioteca nacional. Memoria de la Biblioteca nacional en los años 1875 y 1876. Madrid, impr., est. y galv. de Aribau y Ca. En folio minor. (No se ha puesto à la venta.)

Bibliothek, internationale wissenschaftliche. 28 Bd. 8⁰. Leipzig, Brockhaus. M. 4.; geb. M. 5. Inhalt: Bruchstücke aus der Theorie d. bild. Künste. Von Prof. E. Brücke. Mit 39 (eingedr.) Abbildgn. in Holzschn. (XI, 226 S.)

Bibliothèque de l'Université de Liége. Catalogue des manuscrits. 8⁰, 589 p. et 3 pl. Liege, imp. H. Vaillant-Carmanne.

Bilder aus Elsass-Lothringen. Orig.-Zeichngn. von H. Ammas, Schildergn. von K. Stieler. Holzschn. aus d. Ateliers von A. Closs, Brendamour u. A., intalieu von J. Schnorr. 5. Lfg. fg. hoch-4⁰. Stuttgart, Neff. Baar à M. 1. 25.

Bilder-Album zur neueren Geschichte d. Holzschnitts in Deutschland. Hrsg. vom Albertverein. Mit Text v. H. Lücke. gr. 4⁰. Leipzig 1877, Seemann. Geb. m. Goldschn. baar M. 18.

Bilderbogen, kunsthistorische, 1.—10. Sammlg. Holzschnittaf. qu.-f⁰. Leipzig, Seemann. à M. 2 50. (1—10: M. 23. 50.)

Bildergallerie. Sammlung v. Kunstwerken in Lichtdr., ausgeführt u. hrsg. v. L. Koch. 1 Lfg. qu. f⁰. Wien, Koch. M. 5.

Biographie, allgemeine deutsche. Hrsg. durch die histor. Commission bei der königl. Akademie der Wissenschaften zu München unter Red. v. R. Frhr. v. Liliencron und Prof. F. X. Wegele. Liefg. 72 fg. Lex.-8⁰. (5. Bd.) Leipzig, Duncker & Humblot. à M. 2. 40.

Birglin, M. E. Les vitraux de M. Maréchal à la chapelle du Sacre-Coeur de la cathédrale de Metz. 8⁰. Bar-le-Duc, imp. Contant-Laguerre. (Extr. des mém. de la soc. des lettres, sciences et arts de Bar-le-Duc, t. 7, année 1877.)

Blanc, Ch. Les Artistes de mon temps. Paris, Firmin Didot et Ce.

— — L'oeuvre complet de Rembrandt décrit et commenté. Ouvrage publié sous la direction artistique de M. Firmin Delangle. Catalogue raisonné de toutes les estampes du maitre et de toutes ses peintures connues, accompagné de la reproduction en fac-simile, par des procédés nouveaux et sans retouches, de toutes ces estampes et de 24 dessins ou tableaux (en tout 400 pièces). Edité par M. M. Geoffray fils, Fleury et Ce. Fascicule specimen. 4⁰. Paris, Firmin Didot et Ce.

Blanckarts, M. Düsseldorfer Künstler. Nekrologe aus den letzten zehn Jahren. 8⁰ (VII, 152 S.). Stuttgart, Ebner & Seubert. M. 2.

Blätter f. Autographen- und Porträtsammler. Hrsg. u. red. v. Dr. A. Moschkau. 1. Jahrg. 1877—78. 12 Nrn. gr. 4⁰. Leipzig, L. Senf. M. 3.

Blätter f. Kostümkunde. Historische und Volkstrachten. Neue Folge. 1. Hft. fg. (Stahlst. u. color.) Nach Aquarellen m. beschr. Text v. Prof. C. E. Döpler. 2 Aufl. hoch-4⁰, 34 S. Berlin, Lipperheide. Baar M. 4. 50.

Blätter f. Kunstgewerbe. Begründet v. V. Teirich, unter Mitwirkg. bewährter Fachmänner red.

v. Prof. Archit. J. **Storch**. 7. Bd. 12 Hfte. f⁰. Wien, v. Waldheim. Haar à Hft. M. 1. 50.

Blätter f. ältere Sphragistik. Hrsg. v. d. k. k. Central-Commission zur Erforschg. u. Erhaltg. der Kunst- u. histor. Denkmale. Red.: Dr. K. Lind. gr. 4⁰. Wien, Gerold's Sohn in Comm. M. 5. 60.

Bloser, de. Rome et ses monuments. Guide du voyageur catholique dans la capitale du mond chretien par le chanoine de Bleser. 3e édition, revue, corrigée et notablement améliorée, enrichie de 68 plans annotés. 12⁰, 844 p. Louvain, imp. et lib. Ch. Fonteyn. f. 10.

Bloch, G. Cours d'antiquités grecques et latines professé a la faculté des lettres de Lyon. Leçon d'ouverture, 8 jan. 1877. Paris, Thorin. 8⁰.

Blocht, Archit. K. Façaden-Album. 2. Aufl. 4⁰. Leipzig, Scholtze. Geb. M. 9.

Bodenstedt, F. Album deutscher Kunst u. Dichtung. Mit (eingedr.) Holzschn., nach Zeichngn. der Künstler, ausgeführt v. R. Brend'amour u. A. 4. umgearb. Aufl. gr. 4⁰ (IV—208 S. m. Farbendr.-Titel). Berlin, Grote. Geb. m. Goldschn. M. 13. 50.

Boorsma, H L. Figuren behoorende, bij de gronden van het technisch-teekenen in 't algemeen, en het bouw- en werktuigkundig-teekenen in 't bijzonder. 2e dl. Het projectie-teekenen. Post 8⁰ (4 bl. en 26 gelith. voorbeelden uitmaken 26 figuren). Leeuwarden, H. Kuipers. f. 0. 75.

— — De gronden van het technisch-teekenen in 't algemeen en van het bouw- en werktuigkundig-teekenen in 't bijzonder. Voor onderwijs en zelfoefening 2e dl. Het projectie-teekenen. Post 8⁰ (54 bl.). Leeuwarden, H. Kuipers. f. 0. 60.

Boldi, G. I cinque ordini del Vignola, ossia Manuale di disegno architettonico, conforme ai programmi governativi, arrichito di problemi, disegni ed altri esercizii d'applicazione; ed Appendice sulla composizione degli edifizii civili e rurali; con XLV tavole. 6a ediz. Torino, tip. G. B. Paravia. f⁰

Boito, C. Leonardo e Michelangelo: studio d'arte. Milano, U Hoepli edit. 8⁰.

— — Proposta di una riforma agli Statuti della R. Accademia di belle arti in Milano. Milano, tip. Reale. 16⁰.

— — Scultura e pittura d'oggi: ricerche. Torino, Fratelli Bocca lib. edit. 12⁰.

Boland, J. A. Museo national d'Amsterdam en eaux-fortes. f⁰. 1e série (4 bl. met 28 etsen en titel in rood en zwart gedrukt. Amsterdam, J. A. Boland. Ed. ordinaire f. 20.; sur papier de Chine f. 30.; epreuve d'artiste f. 40.

Boletin de Ateneo. Organo oficial de Ateneo de Madrid. Se publica una vez al mes. Madrid, impr. de „La Revista Contemporanea" 1877. 4⁰.

Boletin gaditano. Eco de la Academia de Ciencias y Artes. Director, D. Juan M. Mateos. Cadiz, tip. de A. Guerrero. En fol. men. Año 1⁰.

Bonafé, E. Un musée à créer. 8⁰. (Extrait de la Gaz. d. beaux-arts, avril 1877.)

Bonne. Plantin et l'imprimerie plantinienne, trad. du néerlandais par F. Mertens. 12⁰, IV —84 p. Gand, lib. Ad. Hoste. f. 1. 50.

Bosc, E. Dictionnaire raisonné d'architecture et des sciences et arts qui s'y rattachent. 4e livr. 4⁰. Paris, Firmin Didot et Cie.

Bosphore (le). Par Sabatier. Paris, chromolith. Lemercier et Cie., Goupil et Cie.

Botto-Tamara, S. Arte italiana e critica tedesca, a proposito di uno scritto tedesco sull' arte fiorentina: Osservazioni e note. Firenze, tip. Succ. Le Monnier, 16⁰.

Bouillet, N. Dictionnaire universel des sciences, des lettres et des arts, avec l'explication et l'étymologie de tous les termes techniques, l'histoire sommaire des diverses branches des connaissances humaines et l'indication des principaux ouvrages qui s'y rapportent; rédigé avec la collaboration d'auteurs spéciaux. 12e éd. 8⁰. Paris, Hachette et Cie.

Bouillon-Landais. Catalogue des objets d'art composant la collection du musée de, précédé d'un essai historique sur le musée. 16⁰. Marseille, imp. Olive.

Boulevards (les) de Paris, histoire, état present, maisons grandes et petites, hôtels, jardins, théâtres, célébrités, etc. Texte et eaux-fortes sous la direction d'E. de Saulnat et A. P. Martial. Livr. 1 à 5. gr. 8⁰. Paris, imp. Alcan-Levy. 5 fr. la livr. (L'ouvrage se composera de 40 livr.)

Boulogne, A. Inscriptions tumulaires de l'église Notre-Dame de Noyon. 4⁰. Noyon, Andrieux. (Publication du comité archeologique et historique de Noyon.)

Bourassé, J. J. Les Châteaux historiques de France. Histoire et monuments. 2e édit. illustrée de 32 grav. sur bois d'après les dessins de Karl Girardet et Français. 4⁰. Tours, Mame et fils. (Nouvelle collection illustrée.)

Bouthowaky, A. Dictionnaire numismatique pour servir de guide aux amateurs, experts et acheteurs des médailles romaines impériales et grecques coloniales, avec indication de leur degré de rareté et de leur prix actuel au XIXe siècle, suivi d'un résumé des ventes publiques de Paris et de Londres. (Fruit d'un travail de 14 ans.) Lex.-8. Leipzig, T. O. Weigel.

Bouwkundige, voor het jaar 1877, of onmisbaar zakboek voor ingenieurs, aannemers, architecten, stoomwerktuigkundigen, timmerlieden, meubelmakers, metselaars, steenhouwers, smeden, schilders en allen die eenigzins met de bouwkunde in betrekking staan. 28ste jaargang kl. 8⁰ (36 en 64 bl. met 1 uitsl. houtsneêplaat en eenig wit papier.) Gorinchem. G. C. v. d. Mast. In linnen. f. 1 20.

    for het jaar 1878. 29 jaargang. f. 1
    Almanak. 30. jaargang 1878. f. 1.

Bouwkundige, Rijks- en residentie-, voor het koningrijk der Nederlanden. 1878 (53e jaargang) Met vergunning van hun edel achtbaren, de heeren burgemeester en wethouders. Post 8⁰ (XVI en 548 bl. en 12 bl. advertentien). 's Gravenhage, Gebr. Belinfante. In half linnen. f. 3 50.; by onteekening f. 2. 50.

Bouwkundige, Nederlandsche. 1878 4⁰ (56 bl met trouwsncetplaten tusschen den tekst, VIII bl. advertentien en gelith. kaart van Nederland). Haarlem, Kruseman en Tjeenk Willink. f. 0. 75.

Bouwkundige, Utrechtsche provinciale en stads-, voor het jaar 1878 kl. 8⁰ (356 bl.). Utrecht, J. G van Terveen en zoon en J. de Kruyff. f. 1. 50.

Brambilla, C. La basilica di Santa Maria del Popolo in Pavia, ed il suo musaico: cenni Pavia, tip. frat. Fusi 1876 f⁰.

Brischar, K. P. Athanasius Kircher. Ein Lebensbild gr. 8⁰, 92 S Würzburg, Wörl. M. 1 50.

Brongniart, A. Traité des arts céramiques ou des poteries considérées dans leur histoire, leur pratique et leur theorie. 3e édit. avec notes et additions par A. Salvetat, chef des travaux chimiques à la manufacture de Sèvres 2 vol. 8⁰. Paris, Asselin.

Brossmer, H. Kunstbüchlein. Nach dem Exemplare d. königl. Kupferstich-Cabinets in Lichtdr. nachgebildet v. A. Frisch. 4⁰. Berlin, Wasmuth. Cart m. Goldschn. M 10.

Brun, F. Études archéologiques. Nice et Cimiez. 8°. Nice, imp. Malvano et Ce.

Brugsch-Bey, H. Dictionnaire géographique de l'ancienne Égypte, contenant plus de 2000 noms géogr., qui se rencontrent sur les monuments égyptiens. — Wörterbuch der altägyptischen Geographie. Für Theologen, Alterthumsforscher, Philologen, Geographen, Historiker etc. veröffentlicht. 10. Lfg. f°. Leipzig, Hinrichs. Baar (à) M. 25.

— Geschichte Aegyptens unter den Pharaonen. Nach den Denkmälern bearb. Zusätze u. Verbesserg. gr. 8°. Leipzig, Hinrichs' Verl. M. 0. 40. (Hauptwerk u. Zusätze M. 18. 40., geb. M. 20. 40.)

Brunelli, G. La Trasfigurazione di Raffaello; iconografia. Perugia, tip. V. Bartelli. 8°.

Brunnhofer, T. Ueb. die Missstände auf der kgl. Gewerbe-Akademie zu Berlin. Rede, geb. in der Versammlg. v. Studirenden d. kgl. Gewerbe-Akad. am 11. Juli 1878. gr. 8°. Berlin, Haack. M. 0. 30.

Bruxelles. Album de dix-huit vues phototyp. Bruxelles, Kiessling & Ce, édit. f. 2. 50.

Bruyssel, Van. Rapport sur l'Exposition internationale de Philadelphie, par E. Van Bruyssel. 8°, 328 p. Bruxelles, imp. Gonweloos.

Buch, das, der Erfindungen, Gewerbe u. Industrieen. Pracht-Ausg. 7. Aufl. 61. Lfg. 8°. gr. 8°. Leipzig, Spamer. à M. 0. 50.

Bucher, B. Geschichte der technischen Künste. Im Verein m. J. Brinckmann, A. Ilg, J. Lessing, F. Lippmann, H. Bollet hrsg. 10. 11. Lfg Lex.-8°. Stuttgart, Spemann. (à) M. 2.

— De kunstnijverheid. Hand- en studieboekje, tevens vademecum voor bezoekers van musea en tentoonstellingen. Naar de 2e Hoogduitsche uitgave. kl. 8° (XII en 216 bl.). Amsterdam, C. L. Brinkman. f. 1. 50.

Böhlmann, J. Die Architektur d. classischen Alterthums u. d. Renaissance. 2. Abth. 3. Heft: Façaden-Bildungen. 9 Stahlstichtaf. m. Text. f° (6 S.). Stuttgart, Ebner & Seubert. M. 8. (I—II: M. 41. 60.)

Babut de Kernera. Statistique monumentale du département du Cher. Texte et dessins Canton d'Aubigny, illustré d'un frontispice ..... et de 18 pl. gravées à l'eau-forte par J. Boussard, architecte. gr. 8°. Paris, Ve A. Morel et Ce.

Bulletin de l'Académie royale des sciences, des lettres et des beaux-arts de Belgique. 1877. 1878. Bruxelles, F. Hayez, imp. Par an f. 8.

Bulletin de l'Association belge de Photographie. N° 12, 1876—77. Bruxelles. 44, rue de Namur. Par an, sans photographies. 12 fr.; avec phot. 25 fr.

Bulletin belge de la photographie. Bruxelles, Bureaux: 5, Place du Musée. Par an fr. 6. 1877. 1878.

Bulletin des Commissions royales d'art et d'archéologie. 1877. Bruxelles, C. Muequardt, éd. Par an fr. 8.

Bulletin de l'Institut archéologique liégeois. T. XII. Liège, H. Vaillant-Carmanne, imp.-éd.

Bulletin du Musée de l'Industrie de Belgique. 1877. 1878. Bruxelles, G. Mayolez, éditeur. Par an fr. 12.

Bulletin de la Société archéologique de Sens. T. 11. 8°. Sens, imp. Duchemin.

Bulletin de la Société archéologique, historique et scientifique de Soissons. T. 6 (2e série). 8°. Paris, Didron.

Bulletin de l'Union artistique du Pas-de-Calais. 4°. Arras, imp. Brissy.

Burckhardt, J. Die Cultur der Renaissance in Italien. Ein Versuch. 3. Aufl., besorgt von L. Geiger. 2 Bde. gr. 8°. Leipzig, Seemann. M. 9. (geb. M. 13. u. M. 15. 50.)

Burckhardt, J. u. W. Lübke. Geschichte der neueren Baukunst. 2. durchgesch. u. verm. Aufl. Mit zahlr. Illustr. u. Holzschn. 1 Bd. A u. d. T.: Geschichte der Renaissance in Italien v. J. Burckhardt. gr. 8°. Stuttgart, Ebner & Seubert. M. 20.

Batsch, A. F. Die Bücher-Ornamentik der Renaissance. Eine Auswahl stilvoller Titeleinfassungen, Initialen, Leisten, Vignetten u. Druckerzeichen hervorrag. Italien., deutscher u. franz. Offizinen aus d. Zeit d. Frührenaissance, nach der eigenen Sammlung hrsg u. erläutert. 4 Lfg. f°. Suboer.-Pr. baar à M. 7. (cplt.: M. 40.)

Caballero, F. Cuadros de costumbres. Valencia, libr. de Pascual Aguilar. 8°. (Contiene este volúmen: Simon verde. — Más honor que honores. El último consuelo.)

Cahier, Ch. et A. Martin. Nouveaux mélanges d'archéologie, d'histoire et de littérature sur le moyen-âge. Bibliothèques. gr. 4°. Paris, Firmin Didot et Ce.

Camesina, Ritter v. S. Vittore, A. Wiens örtliche Entwickelung von der röm. Zeit bis z. Ausgange d. 13. Jahrh. Eine archäolog. Studie. gr. f° (7 chromolith. Pläne). Nebst Erläuterg. gr. 4° (43 S. m. eingedr. Holzschn. u. 3 lith. u. chromolith. Taf.). Wien, k. k. Hof- u. Staatsdruckerei. In Mappe M 12.

Caravita, A. Di un antico dipinto su tavola, della chiesa di S. Stefano in Monopoli. Bari. 8°.

Carrière, M. Die Kunst im Zusammenhange d. Culturentwickelung u. d. Ideale d. Menschheit. 1. Bd. A u. d. T.: Die Anfänge d. Cultur u. d. orientalische Alterthum in Religion, Dichtung u. Kunst, ein Beitrag z. Geschichte d. menschl. Geistes. 3. verm. u. neu durchgearb. Aufl. gr. 8°, XX—656 S. Leipzig, Brockhaus. M. 10.; geb. M. 11. 50.

Casali, M. G. C. Della pittura degli antichi dipinti: lettera al sig. Ettore Franchi, con appendice. Firenze, tip. Ricci. 8°. L. 0. 25

Casotti, F. Lettera al duca Sigismondo Castromediano intorno alla tavola dipinta delle Benedettine di Lecce. Firenze, tip. Pellas. 8°.

Castelar, E. Fra Filippo Lippi. Novela histórica. Madrid, libr. de Murillo. 4° m.

— L'Art, la religion et la nature en Italie. 2e édit. 2 vol. 18° jésus. Paris, Sandoz et Fischbacher.

Castellazzi, G. Quattro lettere di architettura al direttore della Gazzetta di Venezia. Venezia, tip. della Gaz. di Ven. 1877. 8°.

Castelli, G. Trattato razionale di calligrafia. Esclusiva invenzione. Coi modelli. Torino, tip. Camilla e Bertolero. 4°.

Castromediano, S. La Commissione conservatrice dei monumenti storici e di belle arti di Terra d'Otranto. Relazione al Consiglio provinciale per l'anno 1875. Lecce, tip. Salentina. 8°.

Catalogo dell' esposizione nazionale di belle arti del 1877 in Napoli. Napoli, tip. S. Pietro. 16°.

Catalogo delle incisioni del celebre cav. Raffaello Morgen, proprietà di Girolamo Trevisan (Bassano-Veneto). Bassano, tip. Pozzato. 16°.

Catalogo delle incisioni in legno ed in rame tratte dalle opere di Tiziano ed esistenti nella

collezione delle stampe di G. Cadorin in Venezia. Venezia, tip Visentini. 1876. 4º.

Catalogo generale dei rami incisi al bulino ed
all' acquaforte posseduti della Regia Calcografia
di Roma. Roma, Regia Tipografia. 1876. 4º.

Catalogue de la bibliothèque technologique du
Musée royal de l'Industrie. 8º, 275 p. Bruxelles, imp. M Weissenbruch.

Catalogue raisonné de la bibliothèque de M. Lam-
bertus Vincentius Ledeboer Bzn. Roy. 8º. X
en 388 bl. Rotterdam, van Hengel en Eeltjes.
Niet in den handel.

Catalogue de la collection céramique et des
principaux tableaux et objets d'art appartenant
a MM Michel et Rubellaz, 44, rue du Bequin,
a Lyon (Rhone); par E. Michel. 8º, 127 p.
Lyon, imp. Storck; lib. Georg.

Catalogue des dessins et estampes composant la
collection de M. Ambr. Firmin Didot. Table
des prix d'adjudication. 4º. Paris, Firmin Didot.

Catalogue illustré des dessins et estampes composant la collection de M. Ambroise Firmin
Didot, de l'Académie des inscriptions et belles
lettres Vente a l'hôtel Drouot, du 16 avril
au 12 mai 1877. 8º. Paris, imp. Firmin Didot.
(Tiré a 300 exemplaires)

Catalogue d'estampes anciennes. École française
du XVIIIe siècle. Pieces imprimees en noir
et en couleurs, par et d'après Bauduin, Boucher,
Fragonard, Freudeberg, Greuze, Lancret, etc.
École anglaise, Cosway, Hoppner, Reinolds,
Strange, Woolett, etc. Portraits Dont la vente
aura lieu hôtel Drouot, No 5. 11 13 mars 1878.
8º. Paris, Charnerot.

Catalogue d'estampes anciennes et modernes,
livres illustrés, Contes de La Fontaine des
fermiers generaux etc., ecole du XVIIIe siècle,
en noir et en couleur, dont la vent aura lieu
les 18 et 19 mars 1878. 8º. Paris, Vignères.
(510 numéros.)

Catalogue de la septieme exposition de la Société
des amis des beaux-arts de Besançon (1877).
8º. Besançon, imp. Dodivers.

Catalogue de l'exposition des beaux-arts de
Montauban. Mai 1877. 12º. Montauban, imp.
Forestie.

Catalogue de la première exposition du 15 fevr.
au 17 mars, au Grand-Hôtel, faite par l'union
des artistes peintres, sculpteurs, graveurs, cera-
mistes etc. 12º. Paris, imp. Pillet et Dumoulin.

Catalogue de l'exposition de peinture et de sculpture de 1878 du Cercle artistique et littéraire,
7, rue Saint-Arnaud. 16º. Paris, Dupont.

Catalogue des livres rares et curieux, la plupart
sur grand papier de Hollande et ornés de
vignettes ajoutees, composant la bibliothèque
de M. C. F. Kofsel, membre de la Société des
bibliophiles de Belgique. 8º, V—182 p. Bruxelles, imp. Fr. Gobberts; lib. Fr. J Olivier.

Catalogue des livres, manuscrits et instruments
de musique de feu M. Ch E. H. de Coesse-
maker 8º, IV—208 p. Bruxelles, imp. Fr. Gobberts; lib. Fr. J. Olivier.

Catalogue des livres et manuscrits composant la
collection de M. Rene de la Faille, dont la
vente aura lieu le 25 mars 1878 et cinq jours
suivants. 8º, 364 p. Anvers, imp. L. Boerts;
lib. P. Kockx. f. 3.

Catalogue de très-beaux livres anciens et mod.,
principalement sur les beaux-arts, la litterature et l'histoire, composant la bibliothèque
de M. ***, dont la vente aura lieu le 1er avril
1878. 8º. Paris, Labitte.

Catalogue de livres rares et precieux et de dessins originaux, provenant du Cabinet de M. P***,

dont la vente aura lieu le 4 fevrier 1878, hôtel
des commissaires-priseurs. 8º. Paris, Labitte.

Catalogue de très-beaux livres français, principalement du XVIIIe siècle, ornes de suites de
gravures, formant la bibliothèque d'un amateur
etranger, dont la vente aura lieu le 9 et le
10 mars 1877, hôtel des commissaires-priseurs,
rue Drouot. 8º. Paris, Labitte.

Catalogue des livres des beaux-arts, de littérature
et d'histoire, la plupart ornes de figures et
très-bien conditionnes, composant la bibliothèque de feu M. Phelippon. 8º. Paris, imp.
Vve Renou, Maulde et Cock; lib. Labitte.

Catalogue de livres anciens, rares et precieux, et
de manuscrits ornes de miniatures, composant
le cabinet de M L***, dont la vente aura lieu 19 et
20 mars 1877, hôtel des commissaires-priseurs,
rue Drouot. 8º. Paris, Labitte.

Catalogue de livres anciens et modernes, rares
et curieux, sur les beaux-arts, la littérature
provenant de la bibliothèque de M. le baron
T***, dont la vente aura lieu le 6 mars et les
dix jours suivants rue des Bons-Enfants, 28
8º. Paris, Techener.

Catalogue de quinze beaux manuscrits des XIVe
et XVe siècles, avec miniatures, et de livres
rares et precieux, reliés par Padeloup, Boyet,
Trautz-Bauzonnet, Duru, etc. composant la
cabinet de M. ***, dont la vente aura lieu le
28 fevr. 1858, rue Drouot. 8º. Paris, Labitte.

Catalogue descriptif et historique du Musée royal
de Belgique, precedé d'une notice historique
sur sa formation et sur ses accroissements,
par E. Fétis, membre de la Commission ad-
ministrative du Musée 4e edition. 18º, 516 p.
Bruxelles, imp. et lib. Bruylant Christophe et C
fr. 1.

Catalogue du Musée de peinture, sculpture, gravures et aquarelles de la ville du Havre. 16º.
Le Havre, imp. Brindeau et Ce.

Catalogue des principaux ouvrages ayant rapport
aux arts, au dessin et a l'industrie. 8º, 43 p.
Bruxelles, imp. Vve Ch. Vanderauwera; lib
H. V. van Gogh. fr. 0. 50.

Catalogue des specialites exposees par la Société
suisse des Ingenieurs et Architectes a l'exposition universelle internationale de Paris 1878
gr 8º. Zürich, Orell, Füssli & Co. Verl. Haar
M. 1.

Catalogue des tableaux, dessins, gravures et statues du musee de La Rochelle. 3e edit. 12º.
La Rochelle, imp. Siret.

Catalogue des tableaux, dessins, bas-reliefs et
statues exposes dans les galeries du musee de
la ville de Rennes. 8º. Rennes, Leroy fils.

Catalogus van de maatschappij
der Nederlandsche letterkunde te Leiden. 3e
gedeelte. Nederlandsch tooneel (door Th. J. J
Arnold). Roy 8º (4 en CCLVI bl. gedrukt in
2 kolommen). Leiden, E. J. Brill. 1877.

Catalogus der boeken en handschriften van de
bibliotheek der Remonstrantsche gemeente te
Amsterdam (door Joannes Tideman) gr. 8º
(8 en 121 bl.). Amsterdam, Y. Rogge. f. 1. 50.

Cavalcaselle, G. B. e J. A Crowe. Tiziano, la
sua vita e i suoi tempi: con alcune notizie
della sua famiglia Firenze, tip. Le Monnier.
8º gr. Vol. 1. Col ritratto di Tiziano ed alcune
incis

Cerioni, A. Concetti d'arte sull' esposizione di
Napoli del 1877. 16º.

Celebrités contemporaines de la France. Album
photographique biographique, contenant les
contemporains français qui se sont fait un nom
au Sénat..... dans les beaux-arts, etc. Directeur: L. Laurent. 1er fasc. 4º à 2 col., 4 p.
et 1 portr. Paris, imp. Masquin et Ce.

Cenni storici ed artistici, ad illustrazione del dipinto San Pietro Martire, di Tiziano Vecchio. Milano, tip. Golio. 16⁰.

Cento (Le) città d'Italia descritte ed illustrate co' loro celebri monumenti: opera originale italiana. Fasc. 35–37. Livorno, tip. La Minerva. 4⁰.

Centralblatt f. d. Textil-Industrie. Organ f. die Gesammt-Interessen der Wollen-, Baumwollen-, Flachs- und Seidenindustrie (Landwirthschaft, Handel, Manufactur u. Maschinenbau). Red.: C. Sonntag. 8. Jahrg. 1877. 52 Nrn. (à 1½–2½ Bogen m. Holzschn.) gr. 4⁰. Berlin, Simion. Vierteljährl. baar M. 3. 75.

Cervi, C. Nuovo dizionario d'architettura, estratto dal Quatremère. Novara, tip. N. Lenta. 8⁰.

Charles, R. Le théâtre antique d'Aubigné et la villa de Roches, à Sceaux 12⁰. Le Mans, Pellechat. (Études archéol. sur le Maine.)

Chassant, A. Paléographie des chartes et des manuscrits du XIᵉ au XVIIᵉ siècle. 7e édit., augm. d'une instruction sur les sceaux et leurs légendes. Paris, Aubry.

Chandt, C. Sammlung zumeist im apostol Vicariate Luxemburg ausgeführter Altäre, Kanzeln und sonstiger Kirchenmöbel im gothischen u. romanischen Stile. Lief. 5 fg. qu.-f⁰. Steintaf. m. Text in deutscher, franz. u. engl. Sprache. Luxemburg, Brück à M. 4

Cherubini, G. De' Grue o della pittura ceramica in Castelli (Abruzzo ulteriore 1o): notizie biografico-artistiche. Roma, tip. Elzeviriana. (Non in commercio.)

Chennan, E. La décoration circulaire. Conférence. 32. Paris, Delagrave. (Conférences de l'Union centrale des beaux-arts appliqués à l'industrie.)

Chevreul, E. Die Farbenharmonie m. besond. Rücksicht auf den gleichzeitigen Contrast in ihrer Anwendung in d. Malerei, in d. dekorativen Kunst, bei d. Ausschmückg. der Wohnräume, sowie in Kostüm u. Toilette. 2. gänzl. umgearb. Aufl., herausg. v. F. Jännicke. Mit 9 (lith.) Farben-Taf., entworfen von J. Hirrlinger. 8⁰. Stuttgart, Neff. M. 6.

Chevrier, J. Étude sur une nouvelle statue de Vénus marine de travail grec au marbre de Paros, inédite et signée. 8⁰. Paris, bureaux de la Revue archéologique. (Extrait de la Rev. arch.)

Chirtani, L. L'Arte attraverso ai secoli: opera illustrata da 500 splendide incisioni. Milano, fratelli Treves editori-tipografi. Disp. 1, 32 p. di testo o 4 quadri.

Chœur de l'église abbatiale de Payerne. (Documents pour l'histoire des beaux-arts en Suisse.) Paris, imp. A. Quantin.

Claire y Saenz, P. Diccionario general de arquitectura e ingeniería, que comprende todas las voces y locuciones castellanas, tanto antiguas como modernas, usadas en los diversos artes de la construcción, con sus etimologías, citas de autoridades, historia, datos practicos y equivalencias en frances, ingles é italiano. Con una introducción por E. Saavedra, individuo de las Academias Españolas. Madrid, impr. de Zaragozano y Jaime, libr. de Murillo y otras.

Classics, the, of painting. A collection of the most celebrated works of the Italian early and high renaissance. With explanatory text by Prof Dr. P. F. Kroll, with the co-operation of Directors DD. O. Eisenmann and F. Reber. Translated from the German by E. d'Esterre-Keeling. Edited by J. L. Corning. (In 34 parts) 1. part. f⁰. Stuttgart, Neff. M. 2. 50.

Classiques, les, de la peinture. Renaissance italienne (1420–1540). Collection des œuvres les plus célèbres des maîtres italiens. Avec texte explicatif publié par Prof. P. F. Kroll, avec le concours des conservateurs O. Eisenmann et F. Reber. Traduit sur l'original allemand par G. Dubray. Impression photograph. de M. Rommel à Stuttgart. (En 34 livr.) Livr. 1. f⁰. Stuttgart, Neff. M. 2. 50.

Clément, F. L'Art égyptien, l'art grec, l'art romain. Conférences 32⁰. Paris, Delagrave. (Conférences de l'union centrale des beaux-arts appliqués à l'industrie.)

Clermont-Ganneau. Horus et saint Georges, d'après un bas-relief inédit du Louvre. Notes d'archéologie orientale et de mythologie sémitique. Avec planche et gravure. 8⁰. Paris, bureaux de la Rev. archéol. (Extrait de la Rev. archéol.)

Clichés-Catalog. Verzeichniss der Holzschnitte aus dem Verlage von Ad. Dürr in Leipzig, von welchen Galvano's (Kupferniederschläge) abgegeben werden. Mit Preisverzeichniss. f⁰. Leipzig, A. Dürr. Baar M. 3.

Codera, F. Estudio crítico sobre la historia y monedas de los Hammudíes de Málaga y Algeciras. (f⁰ m. Con dos lams. Tirada aparte del „Museo Español de antigüedades". (No se ha puesto á la venta.)

Codera y Zaldin, F. Títulos y nombre propios en las monedas arabigo-españolas. Madrid, libr. de Murillo. 4⁰.

Colbacchini, G. Raffaello Sanzio ed un suo insigne dipinto: discorso critico. Bassano, tip. Roberti. 8⁰

— — Un sublime dipinto di Raffaello Sanzio, descritto ed illustrato. Venezia, tip. G. Longo. 4⁰

Cohen et Mehl. Guide de l'amateur de livres à figures et à vignettes du XVIIIᵉ siècle. 3e édit. augm. Paris, Rouquette.

Colpel, A. Nouvelles pages d'archéologie empruntées aux notes de M. l'abbé V. Colpel, professeur au pensionnat de Montières. Arras 8⁰. (Extrait de la Revue de l'Art chrétien. 2e série, t. 5.)

Collignon, M. De l'archéologie grecque. (Leçons) 8⁰. Bordeaux, imp. Gounouilhou.

— — Essai sur les monuments grecs et rom., relatifs au mythe de Psyché. 8⁰. Paris, lib. Thorin. (Bibliothèque des écoles françaises d'Athènes et de Rome, fascicule second.)

Collinot, E. en A. D. de Vries, etz. Tentoonstelling te Amsterdam 1877. Kunstvoorwerpen uit vroegere eeuwen met tekst, in lichtdruk uitgegeven. 1e afl. f⁰ (16 bl. en 10 photographiën). Amsterdam, Wegner en Mottu. f. 10

Comment un tableau de Murillo fut volé en Espagne, retrouvé en Amérique et rendu à Seville (novembre 1874 — oct. 1875). 12⁰. Sceaux, imp. Charaire. (Tiré à 125 exempl. — Ne se vend pas.)

Comparini, prof. P. Di alcuni provvedimenti alla Galleria degli uffizi: relazione al Comizio artistico fiorentino. Firenze, tip. della Gazz. d'Italia. 8⁰.

Compte-rendu de la commission impériale archéologique pour l'année 1875. Avec un atlas. Imp.-4. St. Petersbourg, Voss. M. 15

Congrès archéologiques de France. 41e session Séances générales tenues à Agen et à Toulouse en 1874 par la Société française d'archéologie pour la conservation et la description des monuments 8⁰. Tours, imp. Bouserez. Paris, lib. Derache.

Congrès archéologique de France. 42e session Séances générales tenues à Châlons-sur-Marne eu 1875, par la Société française d'archéologie pour la conservation et la description des monuments. 8° Paris, Dumoulin.

Correspondenzblatt z deutschen Maler-Journal, Organ d. deutschen Maler-Bundes Red.: A. König. 9 Jahrg. 1877. 24 Nrn. (a ½—½ Bgn.) gr. 8°. Stuttg., Spemann, Viertelj. baar M 1. 50.

Cortège historique de la Pacification de Gand, septembre 1876. Gand, lith. M. Heiser. f. 0. 25.

Cortelazzo, C Trattato teorico-pratico di disegno ornamentale. Milano, tip. Civelli. 16°.

Costumbres españolas. Primera serie. Corrida de toros. Coleccion de 14 laminas y una portada, pintadas por D. D. Perea, y cromo-litografiadas por varios artistas Madrid, F Boronat, editor.

Costumes des femmes venitiennes, graves sur cuivre par J Frasce. Venise, F. Ongania éd. 8°. (Edition de 100 exempl.)

Courrier des bibliophiles No 1. Novembre 1876. 8° Paris, imp. Jouaust; Lib. des bibliophiles. (Paraît tous les trois mois. — Ce Courrier est envoyé gratuitement a toute personne qui en fait la demande.)

Courtet, J. Dictionnaire geographique, geologique, historique, archeologique et biographique des communes du departement de Vaucluse. Nouvelle édition, revue et augm. 8°. Avignon, Seguin ainé.

Crecelius, Archit. E. Ausgeführte Grabdenkmäler. Eine Sammlung d. schönsten Grabmonumente auf den berühmtesten deutschen Kirchhöfen. (In 10 Lfgn.) 1. Lfg. f° (6 Steintaf.). Stuttgart, Wittwer. M. 3. 60.

Crowe u Cavalcaselle. Tizian, Leben u. Werke. Deutsche Ausg. v. M. Jordan. 2 Bde. Mit d. Bildnisse Tizian's u. 9 Taf. in Lichtdr. gr. 8°. (XV, VIII, 832 S.) Leipzig, Hirzel. M. 20.

Crull, F Nachricht v. e. Todtentanze zu Wismar. gr. 4° (8 S. m. 1 Steintaf.). Schwerin, Stiller in Comm. M. 1.

Curtis-Chelmeley (countess Isabel). Ecclesia aurea. Mosaici della chiesa di S. Marco. Parte I. Cassia tutissima virtus. Venice, tip. Naratovich. 8°. (Non in commercio).

Curtius, E. Zwei Giebelgruppen aus Tanagra. Mit 5 Taf. (Aus: „Abhandlgn. d. kgl. Akad. d. Wiss.") 4°. Berlin, Dümler's Verl. in Comm. Cart. M 4. 50.

Dachenhausen, A v. Herald. Wappen-Alphabet. Chromolith. qu. gr. f° Wien. (Berlin, Wetscher u. Röstell.) M. 1

Dall' Acqua, G. A Icaro e Dedalo, gruppo del Canova: discorso. Venezia, tip. Visentini 8°.

Dalmaie. Par Step. (Costumes nationaux.) Paris, imp. lith. Becquet; ancienne maison Martinet.

Daly, M. C. L'architecture privée au XIXe siecle. 2e serie. Paris, Ducher et Ce.

Dante Alighieri's Göttliche Comödie Metrisch übertragen u. m. krit. u histor. Erläutergn. versehen v. Philalethes (König Johann von Sachsen). 3 unveränd. Abdruck d bericht. Ausg v 1865—66, besorgt von J Petzholdt. 3 Thle. Mit c Portr. Dante's (in Stahlst.), lith. Karten u. Grundrissen. gr 8° (XX, 300; VIII, 344 u. X, 447 S.). Leipzig, Teubner M 9.

Dantès, A. Dictionnaire biographique et bibliographique, alphabetique et methodique des hommes les plus remarquables dans les lettres, les sciences et les arts chez tous les peuples, a toutes les epoques. Livr. 21 et 22. 8°. Paris, lib. Aug. Boyer et Ce.

Davanne, A Les progres de la photographie, resume comprenant les perfectionnements apportes aux divers procedes photographiques

pour les epreuves negatives et les epreuves positives etc. 8°. Paris, Gauthier-Villars

Death (The) of Cleopatra, a colossal statue in marble, executed by Edmonica Lewis in Rome-Italy, etc. Rome, print. Sinimberghi. 8°.

Dechristé, L. Les tableaux, vases sacres et autres objets precieux appartenant aux églises abbatiales, collegiales et paroissiales, chapelles des couvents etc., de Douay et de son arrondissement au moment de la revolution. 8° Douay, imp. Dechristé.

Décese porte-lumiere, photogr. d'apres V. Petre, sculpteur Louvain, F. Peeters.

Delabar, G Anleitung zum Linearzeichnen, m. besond. Berücksichtigung d. gewerbl. u. techn. Zeichnens, als Lehrmittel f. Lehrer u. Schüler an den verschied. gewerbl. u. techn. Lehranstalten, sowie zum Selbststudium. 2. Thl: Das projektive Zeichnen od. die darstell Geometrie 1. Abthlg. Die Elemente der darstell. Geometrie Mit 100 Fig. auf 20 lithogr. Zeichnung-Tafeln. 2. verm. u. verb. Aufl. gr. qu 8° (90 S.). Freiburg i. B., Herder. Cart. M. 2. 20

Deladreue, L. E. Auteuil Notice historique et archéologique. 8°. Beauvais, imp. Pere.

Della Croce, A. Raccolta di ornati scelti dagli originali antichi, ed eseguiti in litofotografia Milano, edit. Pompeo Pozzi. Fasc. 1.

Demay, G. Inventaire des sceaux de l'Artois et de la Picardie, recueillis dans les depôts d'archives, musées et collections particulieres des departements du Pas-de-Calais, de l'Oise, de la Somme et de l'Aisne, avec un catalogue de pierres gravees ayant servi a sceller et 24 pl. photoglyptiques. 4°. Paris, imp. nationale

Demay, F. Notice archéologique. Cimetiere merovingien découvert en 1876 pres de Venlettes (Seine-Intérieure). 8°. Paris, imp. Hennuyer.

Demmin, A. Handbuch der bildenden u. gewerblichen Künste. Geschichtliche, archolog., biograph., chronolog., monogrammat. u. techn. Encyclopädie d. Baukunst, Bilderkunde, Bildhauerei etc. Unter Mitwirkg. d. Verf. in's Deutsche übertragen v. O. Muthen. (In 50 bis 60 Hftn. m. ca. 6000 [eingedr. Holzschn.] Abbildgn.) 1. u. 2. Heft. Lex.-8°. (1. Bd. S. 1—96) Leipzig, Scholtze a M. 1. 20.

Denis. Varietes numismatiques sur le departement de la Marne: par A. Denis. 8°, 11 p. Vitry, imp. Pessey et Ce.; Paris, lib. Menu.

Denkmale der Geschichte und Kunst der freien Hansestadt Bremen. Herausg. v. d histor. Gesellsch. d. Künstlervereins. 3. Abth. Die bremischen Kirchen. 1 Thl. A. u. d. T.: Der Dom zu Bremen. Von A. Fitger. (Mit 1 Farb-ndr., e. Stahlst. u. 6 photolith. Taf.) Imp.-4° (X—53 S.). Bremen 1876. Müller's Verl. M. 20. (1—111. 1.: M. 86.)

Denkmale der Geschichte und Kunst der freien Hansestadt Bremen. Herausg. v. d histor. Gesellsch. des Künstlervereins. 3. Abth. Die bremischen Kirchen. 2. Thl. Die Pfarr- und Ordenskirchen von W. v. Bippen. (Mit 4 Farbdr. u. 7 photolith. Taf.) Imp.-4°, 61 S Bremen, Müller. M. 24. (cpl : M. 110.)

Denkmäler der alten Kunst, nach der Auswahl u Anordnung v. C O. Müller. 2 Bd. 1. Hft. fg 3. Bearbeitung durch F. Wieseler. qu. f° (15 Stahlst. m. 230 S. Text in gr. 8°). Göttingen, Dietrich's Verl. M. 8.

Denkmäler der Baukunst Zusammengestellt, autographisch gezeichnet u. m. Unterstützg. d. Min. f. Handel, Gewerbe u. öff. Arbeiten hrsg. v. Studirenden d. k. Bau-Akademie zu Berlin 10. Lfg. gr. f°. Berlin, Berlitz in Comm (á) M. 3.

Denkmäler der Kunst zur Uebersicht ihres Entwicklungsganges von den ersten Versuchen bis

zu den Standpunkten der Gegenwart. 3. verb.
u m ca. 36 Taf. verm. Aufl. Bearb. v. Prof.
Dr. W. Lübke n. C. v Lützow. Lfefg. 26 fg.
qu. f⁰ (15 Stahlst.) nebst Text. Lex.-8⁰. Stuttgart, Ebner & Seubert. Baar M. 4.

Denkschrift über die Pflege der Kunst an den öffentl. Bauwerken. gr. 4⁰. München 1877. (Literar.-artist. Anstalt.) Baar M. 1. 20.

Desbarrolles. Deux artistes en Espagne. Edit. illustr. par E. Girand. 4⁰. Paris, Barba. (Panthéon populaire illustré.)

Desjardins, F. Les travaux archéol. de M. Flonent. gr. 8⁰. Lyon, imp. Riotor. (Extr. des mém. de l'académie des sciences etc. de Lyon.)

Desel, Van. Topographie des voies romaines de la Belgique. Statistique archéol. et bibliogr. 8⁰, XII—260 p. et une carte. Bruxelles, lib. C. Muquardt.

Details, architektonische. Entwürfe von Prof. L. Schnstedt, C. Dollinger, A. Geul etc. in der Gesammtheit ihrer Details in natürl. Massstabe. Red. u. f. d. Umdruck gezeichnet v. Archit.-Lehr. R. Liebold. 15. Hft. f⁰. Halle, Knapp. (a) M. 3.

Deville. Dictionnaire du tapissier. Critique et historique de l'ameublement franç. depuis les temps anciens jusqu'à nos jours. Dessins sous la direct. de l'auteur, par Crouzet. 1re partie (sièges-meubles). 4⁰. 48 p. et 37 pl. Liege, imp. et lib. C. Claessen. La livr. figures noir., fr. 15.; la livr. fig. color., fr. 20. L'ouvr. compl. formera 4 parties.

Dickens, Ch. Schetsen van Boz. vertaling (uit het Engelsch) van Meeromo van Westrheene en C. M. Mensing. Houtgravuren naar teekeningen van F. Barnard. 4⁰ (6 en 215 bl. in 2 kolommen gedrukt met houtsnerfafb. tuschen den tekst). Schiedam, H. A. M. Boelants. f. 1. 40.; in linnen f. 2.

Dictionnaire des antiquités grecques et romaines d'après les textes et les monuments, contenant l'explication des termes qui se rapportent aux mœurs, aux institutions, à la religion, aux arts, aux sciences etc., et en général à la vie publ. et privée des anciens. Ouvrage rédigé par une société d'écrivains spéciaux, d'archéologues et de professeurs, sous la dir. de M M. Ch. Daremberg et Ed. Saglio. Avec 3000 fig. d'après l'antique dessinées par P. Sellier et grav. par B. Rapine. 5e fasc. Bac—Cae 4⁰. Paris, Hachette.

Dictionnaire de devises des hommes de lettres, imprimeurs, libraires, bibliophiles, chambres de rhétorique, sociétés littéraires et dramatiques Belgique et Hollande, par F. V. H. 8⁰, 104 p. Bruxelles, imp. Fr. Gobbaerts, lib. Fr. J Olivier. fr. 5.

Didot, A. F. Les graveurs en portraits en France Catalogue raisonné de la collection des portr. de l'ecole franç. appartenant à A. F. Didot. Précédé d'une introduction. Ouvrage posthume. T. 1. 11. 8⁰. Paris, Firmin Didot et Cⁱᵉ.

Diegerich. Notes sur l'origine de la typographie courtraisienne, par A Diegerich, bibliothécaire et archiviste adjoint de la ville d'Ypres. 8⁰. 8 p. Bruxelles, imp. H Manceaux. (Extrait de la Bibliographie de Belgique.)

Dietrich, F. Anweisung zur Oelmalerei, z. Aquarell-, Fresko-, Miniatur- u. Holzmalerei. Nebst 26 Geheimnissen f. Zeichner, Maler u. Lackirer, über Farbenlehre u Harmonie der Farben. bestes Verfahren Zeichnungen zu copiren etc 9. verb. Aufl. 8⁰. Quedlinburg 1879. Ernst. M. 2.

Dilettant, der. Musterblätter für Laubsäge-, Schnitz- u. Einlegearbeiten. Holzmalerei u. verwandte hänsl. Kunstarbeiten. Red.: J. Bergmeister. Neue Folge. 3 Jahrg. 1878. 12 Nrn gr. 4⁰. München, Mey & Widmayer. Halbj. M 2

Dobbert, E. Beiträge zur Geschichte der italienischen Kunst gegen Ausgang d. Mittelalters. (Aus „Kunst u. Künstler d. Mittelalters u. der Neuzeit", hrsg. v. Dr. R. Dohme.) gr. 4⁰. Leipzig, Seemann. M 10.

— Chr. D. Rauch. Festrede z. d. Künstlers Säcularfeier in d. Gesammtsitzg. d k. Akademie d. Künste zu Berlin am 3. Jan. 1877 geh. gr. 8⁰. 18 S. Berlin, Schneider & Co. M. O. 75.

Documents et rapports de la Soc. paléontolog. et archéolog. de l'arrondissement de Charleroi, fondée le 27 nov. 1863. Tome VIII. 8⁰, XIX, 656 p. et 17 pl. Mons, imp. et lib. H. Manceaux. fr. 12.

Doll, A. Neue Sepia-Schule. In fortschreit. landschaft. Studien nach d. Natur. In einem u. mehreren Tönen. 6 Hfte. f⁰. Karlsruhe, Veith. a M. 4.

Domini, A. G. Giacomo Barozzi da Vignola ed il suo libro dei cinque ordini di architettura. Palermo, tip. Giliberti. 16⁰. (Dal giornale „Scuola e Famiglia".)

Domschke, Prof. C. Handbuch z. Proportionslehre d menschl. Körpers v. Mann, Weib u. dreijähr. Knaben, nach d. Natur u. m. Benutzg. d. Polyclet v. Schadow. m. Angabe d. wirkl. Natur-(Normal-)Grösse nach d. rheinländ. Zollstock n. d. Metermasse. Für Schulen, m. Berücksicht. d. Damen-Zeichen-Akademien u. z. Selbstunterrichte. Schul-Ausg. 3. Aufl. qu. f⁰. (14 Stotntaf. m. 8 S. Text.) Berlin, 1878. Löwenstein. In Mappe. Baar M. 3.

Döpler, Prof. C. E. Kunst u. Künstler in ihren Beziehungen zum Kunstgewerbe. Vortrag, geh. im Verein f. deutsches Kunstgewerbe zu Berlin. gr. 8⁰. Berlin, Oppenheim in Comm. Baar M. O. 75.

Dornbusch, Dr. J. B. Abhandlung üb. das sog. „flandrische Steingut" des XVI. u. XVII. Jahrh. Eine von der Utrechter Gesellsch. für Kunst u. Wissenschaft gekrönte Preisschrift. Herausg. nach dem Tode des Verfassers. Roy 8⁰ (40 bl. met 1 gelith. plaat). Utrecht, J. W. Leefiong f. O. 90.

Dreesen, G Naturformen v. Arabesken. 20 (lith.) Wandtafeln f den Unterricht im Zeichnen, zugleich v Anleitg. zum Entwerfen von Ornamenten n dgl., f d. Oberklasse d. Volksschule, f. Real-, Gewerbe- u. Fortbildungsschulen aller Art bearb. gr. f⁰. Flensburg, Westphalen M 5.

Dreesen's Vorschule d Zeichnens a d Formenlehre f d ersten Unterricht. 1. Hft. 2. Aufl. qu. 4⁰. (12 lith. Bl.) Flensburg, Westphalen. Baar M. O. 30.

Drexel, H. u. A. Milchhöfer, Die antiken Kunstwerke aus Sparta u. Umgebung. Mit e. epigraph. Anh., e. Excurse u. 6 Taf. (Aus: „Mittheilgn d. archäolog. Institutes in Athen", Bd. II.) gr. 8⁰. Athen, Wilberg in Comm. M. 8.

Ducos de Hauros. The question of priorite au sujet de la polychromie photograph. de M Léon Vidal. Lettre a la Soc franç. de photograph. 8⁰. Agen, imp. Lamy.

Dufour, V. Une famille de peintres parisiens au XIVe et XVe siècles. Documents et pieces originales précedes d'un aperçu sur l'histoire des beaux-arts en France avant la Renaissance. 16⁰. Paris, Willem. (Collection de documents rares ou inédits relatifs à l'histoire de Paris.)

Duhayon. Exposition internationale de Philadelphie 1876. Rapport sur le groupe X: dentelles, broderies, articles de vêtement, etc. etc., par Félix Duhayon. 8⁰. 24 p. Bruxelles, imp. Ad. Mertens.

Dumreicher, A Frh. v. Ueb. den französischen National-Wohlstand als Werk der Erziehung. Studien über Geschichte u. Organisation d.

künstler. u. techn. Bildungswesens in Frankreich. I. Studie. Die Entwickl. d. Erziehungswerke. gr. 8°. Wien, 1879. Hölder. M. 4. 40.

Du Pays, Italie. Itinéraire descriptif, historique et artistique. III. Italie méridionale et Sicile. 6e edit. 8°. Paris, Hachette et Ce.

Duplessis, G. Inventaire de la collect. d'estampes relatives à l'histoire de France léguée en 1863 à la Bibliothèque nationale. 8°. Paris, Menu.

Dupont-Auberville. Art industriel. L'Ornement des tissus, recueil historique et pratique. Avec des notes explicatives et une introduction générale. Dessins par Kreutzberger, lith. par Regamey. 100 planches en couleurs, or et argent, contenant les plus beaux motifs, d'après les pieces orig. de l'art ancien, du moyen-âge, de la renaissance et des XVIIe et XVIIIe siecles. 3e et 7e livr. 4°. Paris, lib. Bachelin-Deflorenne; Ducher et Ce L'ouvrage compl.: 45 Thlr. — 125 Mark — 67 fl. 50 kr. öst. W. — 240 frcs — 7 livr. 10 schill.

Dupont, Rubens-Guide. Guide complet de l'étr. à Anvers, par J. Dupont. 32°, 172 p. Anvers, imp. Mees et Ce.; J. Theunis, édit. fr. 0. 30.

Durer, A. La revelation de Saint Jean dite Apocalypse, en 15 gravures sur bois anno 1498 et vignette de titre anno 1511. Reproduction, procédé P. W. van der Weijer, Utrecht d'après les plus beaux tirages (la plupart avant la lettre) du cabinet du feu H. A. Cornill d'Orville, Francfort a. M.; avec une introduction et description des gravures [par W. H. James Weale, Bruges. gr. f° (8 bl. met 16 platen en titel in rood en zwart gedrukt). Utrecht, P. W. van de Weijer. f 25.

Dütschke, Dr. H. Antike Bildwerke in Oberitalien III. Die antiken Marmorbildwerke der Uffizien in Florenz. Beschreibung u. m. Unterstützung der Central-Direction d. k. d. archäolog. Inst. hrsg. gr. 8°. Leipzig, Engelmann. M. 5.; (I—III.: M. 15)

Dvorak, A. Anleitung zur Aquarellmalerei. Abhandlung über Farben u. Farbengebung. 2. verm. u. verb. Aufl. gr. 8° (24 S. m. 1 eingedr. Holzschn.). Prag, Dominicus. M. 0. 80.

Eberlein, Prof. G. Der Werkzeichner. Ein prakt. Handb. zum Zeichnen u. Entwerfen goth. Masswerke. Profile etc. f. d. Selbstunterricht u. z. Gebrauch f. techn. Schulen bearb. 3 verb. Aufl. Lex.-8° (64 Steintaf.). Regensburg, Coppenrath. M. 4.

Ebers, G. Aegypten in Bild u. Wort. Dargest. v. unseren ersten Künstlern. 1. Lfg. f°. (in ca. 36 Lfgn.) Stuttgart, Hallberger. M 2.

Eco de Europa (El). Revista ilustrada de ciencias, literatura y artes. Se publica los días 10, 20 y 30 de cada mes. f°. Año 1. Madrid. Administracion, calle de San Juan 3 y 5

École (l') de dessin, journal des jeunes artistes et des amateurs. 1re année. 4°. Paris, imp. Vieville et Capiomont.

Eggers, F. u. K. Christian Daniel Rauch. 2. Bd. 2. Hälfte. gr. 8°. Berlin, C. Duncker. M. 6. (I—II.: M. 17)

Eisenhardt, J. Die Städel'sche Galerie zu Frankfurt a. M. in ihren Meisterwerken älterer Malerei. 32 Radirgn. Text v. Dr. V. Valentin. imp. 4°. Leipzig, Seemann. 1. Ausg Künstlerdrucke. In Mappe. Baar M. 160. — 2. Ausg. gr. f° vor aller Schrift. In Mappe. M. 64. — 3. Ausg. f°. Mit Künstlernamen. In Mappe. M. 48. — 4 Ausg. 4°. Mit d. Schrift. Weisses Papier. geb. M. 24.

Eitelberger, R. v. Kunstbewegung in Oesterreich seit der Pariser Weltausstellung i. J. 1867. Im Auftrage d. k. k. Unterrichts-Ministeriums dargestellt. gr. 8°. Wien, Hölder. M. 2. 60.

Ekkehard Bilder zu Scheffel's Ekkehard v. J. Benczur. W. Diez etc. (Schluss-Liefg.)

Elbinger, A. Handbuch der Oelmalerei. Zum Selbstunterricht, wie auch zum Studium f. Grübler und Kunstfreunde. Mit (eingedr. Holzschn.) Abbildgn. 2. Aufl. Lex.-8°. Halle, 1879. Hendel. M. 6.; geb. M. 7. 50.

Elenco degli oggetti d'arte ammessi alla esposizione nel piano terreno della R. Accademia Veneta di belle arti nell' agosto 1878. 2a ediz. Venezia, tip. Naratovich. 16°.

Emblème maçonnique, photographie d'après V. Petré, sculpteur. Louvain, F. Peeters.

Emault, L. Les arts industriels. Vienne. Londres. Paris. Paris, Hachette et Ce.

Endrulat, Dr. B. Ein Kaiserfest im „Malkasten" zu Düsseldorf, m. d. Festspiel v. C. Hoff u. 11 in Holzschn. ausgef. Orig.-Zeichngn. v. Prof. A. Achenbach, Prof. A. Baur, E. Bosch etc. gr. 4°, 86 S. Düsseldorf 1878, Voss & Co. geb. m. Goldschn. M. 18.

Engel, A. Documents pour servir à la numismatique de l'Alsace. Nr 1. Étude sur les monnaies alsaciennes du cabinet de France. 2e ed rev. et corr. gr. 8°. Mulhouse. (Frankfurt a. M., Völcker.) Baar M. 3.

— — Dasselbe. Nr. 5 et 6 et suppl. aux 4 premiers fascicules. (Aus: „Revue d'Alsace".) gr. 8°. Ebd. Baar M. 2. 50. (cplt. 1—6 et Suppl zu 1—4: M. 12.)

Entwürfe, architektonische, u. Studien. Hrsg. v Akademischen Architekten-Verein zu München. 1. Bd. 1 Lfg. gr. f°. München, Mey & Widmayer. M. 2. 50.

Epinois, H. del'. De catacomben van Rom. Aanteekeningen over christelijke oudheidkunde, naar het Fransche werk vertaald door A. Nuijens. gr. 8° (8 en 200 bl. met 3 gelith. platen). 's Bosch, G. Mosmans. f. 1. 40.

Erhard, M. Artium, Tuwinga illustrata, das ist das abgebildt Tuwingen nach Christi Geburt als man zalt Tusend vierhundert siebenzig u. sieben Jare. Für das heut. Verständniss bearb. 1878. gr. 8°. Tübingen, Riecker. M. 4.

Escher, Münzdir. A. Schweizerische Münz- und Geldgeschichte von den ältesten Zeiten bis z. Gegenwart. 1. Heft. Mit 34 i. d. Text gedr. Münzabbildg. gr. 8°. 48 S. Bern, Dalp. M. 2.

Escudero de la Peuna, J. M. Palacio arzobispal de Alcalá de Henares, hoy archivo general central Monografía publicada en el „Museo español de Antigüedades". f° mayor. (Tirada aparte de 25 ejempl.)

Esposizione delle opere di belle arti nel palazzo di Brera di Milano: anno 1877. Milano, tip Lombardi. 8°.

Esposizione delle opere di belle arti nel palazzo di Brera (R. Accademia di belle arti di Milano). Milano 1878, tip. Lombardi. 16°.

Esposizione di opere di belle arti nell' accademia Carrara in Bergamo (anno 1878). Bergamo, tip. frat. Bolis. 8°.

Esposizione della pittura Bresciana, a cura dell' Ateneo di Brescia. Brescia, tip. Apollonio. 16°.

Esposizione universale del 1878 in Parigi: sezione Italiana: catalogo delle belle arti. Roma, tip. Barbera. 8° con tavola rappresentante la facciata della Sezione Italiana.

Essai historique sur le château de Lassay depuis son origine jusqu'à nos jours; par un membre de la Societé hist. et archeol. du Maine. 8°, VII—175 p. et pl. Le Mans, imp. et lib Monnoyer; Paris, lib. Dumoulin; Lassay; Mariere.

Essenwein, A. Kunst- u. culturgeschichtl. Denkmale d. Germanischen Nationalmuseums. Eine

Sammlg. v. Abbildgn. hervorrag. Werke aus sämmtl. Gebieten d. Kultur, zusammengestellt u. allen Freunden der deutschen Vorzeit gewidmet. Imp.-4⁰. Nürnberg. cart. baar M. 24.

Etex, A. Cours élémentaire de dessin appliqué à l'architecture, à la sculpture, a la peinture, ainsi qu'à tous les arts industriels ... gr. 8⁰. Paris, Loones.

Europe, picturesque. Part 28 ff. gr. 4⁰ (m. eing. Holzschn. u. je 1 Stahlst.) London. Dresden, Meinhold & Söhne. Baar à M. 3.

Explication des ouvrages de peinture, dessin, gravure, des artistes vivants exposés dans les salons de la Société des amis des arts de Pau, au musée de la ville, le 8 janvier 1877. 8⁰. Pau, au Musée.

Explication des ouvrages de peinture, sculpture, architecture, gravure et lithographie des artistes vivants, exposés au palais des Champs-Elysées, le 1er mai 1877. 12⁰. Paris, imp. nationale.

Exposition des œuvres de N. Diaz a l'École nat. des beaux-arts, quai Malaquais. Catalogue av notice biographique par M. Jules Clarétie. 16⁰. Paris, Quantin.

Exposition de 1877 de la Société des amis des arts de Saint-Quentin et du dép. de l'Aisne. Explication des ouvrages exposés. 8⁰. Saint-Quentin, imp. Poette.

Exposition universelle de Paris, 1878. Section belge. Catalogue officiel des œuvres d'art, des produits de l'industrie et de l'agriculture. 2e édition. 18⁰. LXXXIX–346 p. et 1 pl. Bruxelles, imp. ve. Ch. Vanderauwers.

Eye, Dr. A. v. Das Reich des Schönen. gr. 8⁰. Berlin, Wasmuth. M. 10.

Fabre, C. Aide-mémoire de photographie pour 1877, publié sous les auspices de la Société photographique de Toulouse; avec plusieurs spécimens d'épreuves aux encres grasses. 18⁰. Paris, Gauthier-Villars.

Falke, J. v. Zur Cultur u. Kunst. Studien. (Mit [eingedr. Holzschn.-] Illustr.) gr. 8⁰, VI—354 S. Wien 1878. Gerold's Sohn. M. 9. 20.

— Hellas u. Rom. Eine Culturgeschichte d. class. Alterthums. (In ca. 50 Lign.) 1. Lfg. f⁰. Stuttgart, Spemann. M. 1. 50.

— Die Kunst im Hause. Geschichtliche u. krit.-ästhet. Studien üb. die Decoration u. Ausstattg. d. Wohng. 3. Aufl. gr. 8⁰, VI—375 S. Wien, Gerold's Sohn. M. 7. 20.

Fanfani, P. Spigolatura michelangiolesca. Pistoia, tip. Bracali, 1876. 16⁰.

Fapanal, F. S. Conservazione di ogni sorta di monumenti in Venezia. Venezia, tip. Emiliana. 16⁰. (Dal bullet. di arti, indust. e curiosità venez., dec. 1877 e genn.-febb. 1878.)

Farcy, de. Notices archéologiques sur les tombeaux des évêques d'Angers. 8⁰. Angers, Lachèse, Bellenvre et Dolbeau.

Fastenrath, J. La Walhalla y las glorias de Alemania. Noticias de todos los personajes que alcanzaron hirosa celebridad é imperecedera fama, asi en las ciencias como en las artes y en las letras. Con un prólogo por D. Manuel Juan Diana. Tomo cuarto. Madrid, impr., est. y galv. de Aribau y Ca.

Faulmann, Prof. C. Das Buch der Schrift. Enth. die Schriften u. Alphabete aller Zeiten u. aller Völker d. gesammten Erdkreises. Zusammengestellt u. erläutert. Lex.-8⁰. Wien, k. k. Staatsdruckerei. M. 12.

Fédération artistique, la. 1876, 1877, 1878. Anvers, 23, rempart Sainte-Catherine. Bruxelles, H. Manceaux. Par an fr. 15.

Fée (la) de Paris, journal des primes élégantes, littérature, modes, beaux-arts, économie domestique, etc. 1re année. Nr. 1. 1er déc. 1876. gr. 8⁰. Paris, imp. Schiller. Abonn.: un an, France 16 fr.; étranger, 18 fr. Un num. 1 fr. (Paraît deux fois par mois.)

Fehrmann, E. G. Album f. Baudecoration u. Zimmerschmuck. 14. u. 15. (Schluss-) Lfg. f⁰. Dresden, Gilbers. Baar à M. 5.; (cplt. in Mappe; M. 83).

Feier, die. d. 100jähr. Geburtstages v. Christian Daniel Rauch in Arolsen am 2. Jan. 1877. gr. 8⁰, 15 S. Arolsen, Speyer in Comm. Baar M. 0. 50.

Ferrari, G. Lavori di restauro della cattedrale d'Alessandria. Relazione sulla gestione e tutto il 1876. Alessandria, tip. Gazzotti e Ca. 8⁰.

Ferrato, prof. cav. P. Breve descrizione delle miniature contenute nell' Album che si conserva nella Torre di Solferino. Imola, tip. Galeati.

Perrigue, G. Il genio artistico del cattolicismo discorso. Palermo, tip. della Collona oratoria. 8⁰.

Fétis. La Bible de Pierre Paul Rubens. Sujets de l'Ancien et du Nouveau Testament gravés au burin par les maîtres flamands, réunis par la librairie C. Muquardt et reproduits par l'héliotypie. Texte explicatif, par E. Fétis. Liv. 1. 2. 3. f⁰, 7 p. et 3 pl. par liv. Bruxelles, imp. Weissenbruch, lib. C. Muquardt. (L'ouvrage complet formera 20 liv. du prix de 5 fr. chacune.

— Bibliothèque royale de Belgique. Catalogue de la bibliothèque de F. J. Fétis acquise par l'État belge. 8⁰, XI—946 p. Gand, imp. J. S. Van Doosselaare; Bruxelles, lib. C. Muquardt. f. 18.

Fick, H. Alterthümer des Landes Hadeln. gr. 8⁰, 23 S. Stade, Schaumburg & Co. M. 0. 50.

Fiocchi, N. G., membro dell' Accademia Raffaello. Dell' allegoria e del simbolo nelle arti del disegno e nelle pitture di Raffaello: discorso letto nella tornata del 6 aprile 1878. Urbino, tip. Rocchetti. 16⁰.

Fischbach, F. Ornamente der Gewebe m. bes Benützg. der ehemal. Bock'schen Stoffsamml. d. k. k. österr. Museums f. Kunst u. Industrie in Wien herausgeg. u. gezeichnet. 3. Lfg. gr. f⁰ (40 Chromolithogr.) Hanau, Alberti. (à) M. 48., auf starkem Carton à M. 54.

Fischer, L. König Mathias Corvinus und seine Bibliothek. Vortrag, geh. im Vereine „Mittelschule" in Wien am 23. März 1878. gr. 8⁰. Wien, Hölder. M. 1. 60.

Flandre, la. Revue des monuments d'histoire et d'antiquités. Bruges, Vanderbussche, réd.-édit. Par an fr. 16. 1877. 1878.

Flach, Prof. Dr. Das griechische Theater. Ein populär-wissenschaftl. Vortrag (geh. im Tübinger Museum). Mit 2 lith. Abbildgn. in Tondr.: a) Plan d. Dionysostheaters von Athen, b) das griech. Theater nach d. Entwurf v. Strack. gr.8⁰. Tübingen, Fues. M. 3.

Flasch, Dr. A. Zum Parthenonfries. gr. 8⁰ (106 S. m. 1 Steintaf. in qu. gr. 4⁰). Würzburg, Stahel. M. 3.

Fleischer, Archit. E. Architektonische u. bildnerische Ueberreste d. alten, 1838 bis 1841 v. G. Semper erbauten, 1869 zerstörten kgl. Hoftheaters zu Dresden. f⁰. Dresden, Gilbers. In Mappe. Baar M. 7.

Föhring, Dr. H. Die keramische Abtheilung d. Hamburgischen Museums f. Kunst u. Gewerbe. (Aus: „Hamburg. Correspondent".) gr. 16⁰. Hamburg, Hoffmann & Campe, Sort. M. 0. 30.

Felta, Dr. K. Geschichte der Salzburger Bibliotheken. Hrsg. v. d. k. k. Central-Commission zur Erforschg. u. Erhaltg. d. Kunst- u. histor. Denkmale. gr. 8º, 119 S. Wien, Gerold's Sohn. M. 4.

Fondary, B. Quadrilatère du tableau 10927 deposé à l'Académie en 1869. f⁰, 1 p. Dijon, imp. Carré.

Fonteyne. Documents pratiques d'architecture. 1re serie. Marbrerie. 30 p. f⁰. Bruxelles, imp. H. Leys. 2e sér. Plafonnage. 30 pl. f⁰. 3e ser. Menuiserie. 30 pl. f⁰.

Formenschatz, der, d. Renaissance. Eine Quelle d. Belehrg. u. Anregg. f. Künstler u. Gewerbtreibende, wie f. alle Freunde stilvoller Schönheit aus den Werken der Dürer u. Holbein, Vischer etc. Hrsg. v. G. Hirth. 1878 1. Heft fg. gr. 4º (14 Taf. in Juchtenleder m. 2 S. Text). Leipzig, Hirth. M. 1.

Formenschatz, der, Eine Quelle der Belehrg. u. Anregg. f. Künstler u. Gewerbtreibende, wie f. alle Freunde stilvoller Schönheit aus d. Werken der besten Meister aller Zeiten u. Völker. Hrsg. v. G. Hirth. 1879. 12 Hfte. gr. 4º. Leipzig, Hirth. Baar M. 15.

Förster, E. Denkmale italienischer Malerei v. Verfall der Antike bis z. 16. Jahrh. 1.fg. 76 fg. f⁰. (4. Bd.) Leipzig, J. O. Weigel à M. 2.

— Geschichte der ital. Kunst. 5 Bd. gr. 8º. Ebd. M. 8. 40. (1.—5.: M 35. 70.)

— — Die deutsche Kunst in Bild und Wort. Für Jung u. Alt. f. Schule u. Haus. In 32 Lfgn. Leipzig, J. O. Weigel. 1. Lfg M. 1. 80.

Frank, C. Die Pfahlbaustation Schussenried. M. e. (lith. u. color) Karte u. e. (lith.) Ansicht. (Aus: „Schriften d. Vereins f. Gesch. d. Bodensees.") Lex.-8º, 20 S. Lindau, Stettner in Comm. M. 1.

Franchen, A W. De moeder van P. P. Rubens. Post 8º (60 Bl.). Rotterdam, D J. P. Sturm Lotz. f. 0. 60.

G. **Freytag-Galerie**. Photographien nach Orig.-Gemälden u. Cartons v. C. Becker, R. Beyschlag, W. Camphausen etc. Photographirt v. F Bruckmann in München. 1. Serie, 1. Liefg. fg. Kaiser-Ausg. Imp.-f⁰. Leipzig, Schlömp. Subscr.-Pr. baar M. 48. Ladenpr M. 60.

G. **Freytag-Galerie** (Auswahl), nach den Orig.-Gemälden u. Cartons der ersten Meister der Neuzeit v. F. Bruckmann in München. (Salon-Ausg.) gr. f⁰ (8 Bl.). Leipzig, 1879. Schlömp. In Leinw.-Mappe. Baar M. 50.

Friedländer, Dr. J. Geschichte des kgl. Münzcabinets zu Berlin. 2. Aufl. gr. 8º. Berlin, Weidmann. M. 1

Friedländer, Dr. J. u. Dr. A. v. Sallet. Das kgl. Münzcabinet. Geschichte u. Uebersicht der Sammlg. nebst erklär. Beschreibg. der auf Schautischen ausgelegten Auswahl. 2. verm. Aufl. Mit 11 Kupfertaf. gr. 8º, 395 S. Berlin, Weidmann. Geb. M. 8.

Friese, R. Thierbilder. Nach der Natur gez. Nebst begleit. Text v. Oberlehr. Dr. E. Zettnow. 1 Serie. qu. gr. 4º (5 Lichtdrucktaf.). Berlin, A. Duncker. M. 3.

Frœhner. Numismatique antique. Les médaillons de l'empire romain depuis le règne d'Auguste jusqu'à Priscus Attale. 4º. 1310 vign. Paris. lib. J. Rothschild fr 40.

Frorlep, R. Atlas anatomicus partium corporis humani per strata dispositarum imagines in tabula XXX ab A. Andorffo delineatas ferroque incisas exhibens. Ed. 6. non mutata. qu. f⁰. Leipzig, E. J. Günther. Geb. M. 10.; col. M. 24.

Führer durch Prag u. dessen Umgebung nebst e. (lith.) Stadtplan (in qu. f⁰) u. Wegweiser zu den angesehensten histor Denkmälern, Gebäuden u. öffentl. Anstalten 16º VIII—136 S.

m 1 Tab. in qu. 4º. gr. 8º. Prag, Bellmann. Cart. M. 1. 20.

Gachard. La Bibliothèque nationale à Paris. Notices et extraits des manuscrits qui concernent l'histoire de Belgique, par M. Gachard, archiviste général du royaume. T. II. 4º, VI —612 p. Bruxelles. imp. F. Hayez. Collection de chroniques belges inédites, publiées par ordre du Gouvernement.

— — Histoire politique et diplomatique de Pierre Paul Rubens. 8º, XX—355 p. Bruxelles, imp. A. N. Lebègue et Cie.; lib. Office de Publicité. fr. 6.

Gäderts, Dr. Th. Rubens und die Rubensfeier in Antwerpen. gr. 8º, Leipzig, Engelmann. M. 1. 50.

Galerie moderner Gemälde. Text von Ludw. Pietsch. 1. Liefg. fg. f⁰ (Je 4 Bl. in Lichtdr. mit 2 Bl. Text). Berlin, Römmler & Perls. M. 2.

Galerie deutscher Dichter. Photographien nach Orig.-Gemälden von C. Jäger, E. Feitz u. A. Gräfle. Biographischer Text von O. Roquette. Lex.-8º. München, Bruckmann. geb. m. Goldschn. baar M. 25.

Galerie deutscher Tondichter. Photogr. n. Orig.-Gemälden von C. Jäger Biogr. Text von Ed. Hanslick. Lex.-8º. Ebd. Baar M. 25.

Garnier, M Ch. Le Nouvel Opéra de Paris Texte 2e fasc. gr. 8º. Paris. lib. Ducher et Ce.

Garrigues et Boutet de Monvel. Simples lecturas sobre las ciencias, las artes y la industria, para uso de las escuelas. 4a edic. illustr. con 160 grabados intercalados en el texto. 12º. Paris. lib. Hachette et Ce.

Garrucci Raffaele. Storia dell'arte cristiana nei primi otto secoli della chiesa, corredata della collezione di tutti i monumenti di pittura e scultura inclusi in rame su cinquecento tavole ed illustrati. Prato. tip. Giachetti. f⁰.

Gatt, G. Beschreibung über Jerusalem u. seine Umgebung. gr. 8º (XII, 396 S. mit 1 lithogr. Plan. f⁰). Waldsee, Leutkirch, Roth. M. 4.

Gaume, Mgr Les Trois Rome, journal d'un voyage en Italie, accompagné: 1º d'un plan de Rome ancienne et moderne; 2º d'un plan de Rome souterraine ou de catacombes. 4e édit. 3 vol. Paris, lib. Gaume et Ce.

Gay, Analectes du bibliophile. Recueil contenant: 1º Diverses pièces curieuses anciennes et modernes; 2º des analyses critiques et des extraits de diverses publications intéressantes anciennes et modernes; 3º une correspondance, des mélanges philosophiques et littéraires, des anecdotes etc. Directeur: M. Jul. Gay, de l'Institut national de Genève. 1er vol. Printemps 1876. 24º, XXIV—176 p. 2e vol. Ete 1876. 204 p. 3e vol. Automne et hiver 1876, 208 p. Bruxelles, imp. Felix Callewart perc; lib. Jean Gay. Le premier vol. a été imprimé à Turin. Le vol. 12 fr.

Gazette (la) universelle des étrangers, chronique des beaux-arts, du monde, des théâtres, de la finance et du sport, paraissant à Paris, Londres, Rome. 9e année de la Gazette des étrangers de Rome Num. spec. 3 décembre 1876. f⁰. Paris, imp. Debons et Ce Abonnement: Six mois 12 fr.; un an 20 fr; un num. 20 c. [Hebdomadaire.]

Gegenwart, die, Wochenschrift für Litteratur, Kunst u. öffentl. Leben. Herausg. v. P. Lindau 13. u. 14. Bd. od. Jahrg. 1878. 52 Nrn. gr. 4º. Berlin, Stilke. Viertelj baar M. 4. 50.

Geisler, R. Album des Kreises Herzogthum Lauenburg. Nach der Natur gez. u. lithogr. qu.-8º (12 Stein-Tafeln.) Ratzeburg, Schmidt. M. 3. 60.

— — Album von Speyer. Erinnerungs-Blätter

nach der Natur. 8º (6 Stein-Tafeln.) Speyer, Kleeberger. M. 2.

— — Ansichten von Holzminden a. der Ober-Weser. Nach der Natur gez. u. lithogr. 33º. Holzminden, Buchholtz. M. 2.

Geissler, R. u. E. Illrzer. Ober-Weser-Album. 13 (lith.) Ansichten nach der Natur gez. qu.-4º. Ebd. M. 3. 50.

Gelnk, J. Az., A. Beschrijving der stad Reimerswaal, in haren bloei en ondergang. Na zijn overlijden bewerkt door F. Caland. gr. 8º. Middelburg, van Benthem en Jutting. f. 1.

Génard, P. P. P. Rubeus. Aanteekeningen over den grooten meester en zijne bloedverwanten. 1re et 2e livr. 4º, 224 pages et un portrait de Rubens. Anvers. imp, L. Beerts; lib. P. Kockx. La liv. f. 3. 50.

Genio (il) pittorico italiano: Capolavori incisi e descritti della Galleria Medicea di Firenze. Firenze, tip. dell' arte della stampa. Ogni disp. una incisione in formato massimo su carta imperiale, con descrizione. Disp 1 et 2. contenenti: „Giuditta" di Cristofano Allori; e „Tosco che trova i segni della sua origine" di Niccolò Poussin — Descrizioni di Enrico Montazio. — Sei dispense all' anno.

Genootschap. Het Bataviaasch vom kunsten en wetenschappen gedurende de eerste eeuw van zijn bestaan 1778—1878. Gedenkboek. Zamengesteld door den voorzitter vom het genootschap Mr. T. H. der Kinderen. Deel I. gr. 4º (XV, 261 en LXXXVI bl. Benevens 4 photogravuren, 1 fac-simile, 1 plattegrond en 1 diploma.) Batavia, Ernst en comp.

George, de. La maison Plantin à Anvers, par Léon de George. Relation détaillée de visites faites à cette demeure célèbre lors de son acquisition par la ville d'Anvers. augmentée de documents historiques sur l'imprimerie, ouvrage orné d'un portrait de Plantin, d'un tableau généalogique, d'un plan coupé du rez-de-chaussée de la maison, d'une gravure représentant la cour intérieure et de la marque du grand imprimeur, 1555—1877. 8º, 67 45—II p. Bruxelles, imp. et lib. F. Callewaert père. Tirés a 150 ex. numérotés. fr. 7.

— — La maison Plantin à Anvers, monographie complète de cette imprimerie célèbre aux XVIe et XVIIe siècles. Ouvrage orné d'un portrait de Plantin d'après Wierix, d'un tableau généalogique de la famille, d'un plan coupé du rez-de-chaussée, d'une gravure de la cour intérieure et de la marque typographique du grand imprimeur. 2de édition, augmentée d'une liste chronologique des ouvrages imprimés par Plantin à Anvers, de 1555 à 1589. 8º, III—196 p. Bruxelles, imp. F. Callewaert père; lib. Hay & Douce. fr. 7.

Gérin. Peintures de Chaalis restaurées par M. P. Balze. Compte-rendu, lu en séance du comité archéologique de Senlis, par M. J. Gérin, vice-secrétaire du comité. 8º, 12 p. Senlis, imp. Payen.

Gerlach, M. Kronen-Atlas. Originaltreue Abbildgn. sämmtl. Kronen der Erde in 151 Holzschn., nach den besten Quellen unter gütiger Mitwirkung hoher Behörden u. hervorragender Künstler u. Heraldiker herausgeg. Gez. von A. Göhre. gr. 4º (34 S. deutsch. u. franz. Text mit 10 Holzschn.-Taf.) Wien, Gerlach & Co. geb. M. 16.

(Geslachts-register der familien de Wit, de Vogel, Chabot, Havelaar, van Heel, en de daaraan vermaagschapte geslachten, vergezeld van een wappenboek, geteekend en gelithographeerd door Anth. E. Grolman, beide zoodanig ingerigt, dat iedere familie de aanteekeningen zelve kan verfolgen; terwijl ieder daarnaar en

familie-album kan aanleggen, bewerkt en bijeenverzameld door L. C. J. A. de Vogel. fº (58, 180 en 12 bl. en 16 bl. met wapens). Utrecht, L. E. Bosch en zoon. Nicht im Handel.

Gewerbehalle. Organ für den Fortschritt in allen Zweigen der Kunst-Industrie, unter Mitwirkung bewährter Fachmänner redig. von Archit. A. Schill. 16. Jahrg. 12 Hfte. fº. Stuttgart, Engelhorn. baar à Heft M. 1. 50.

Gewölbe, das grüne, zu Dresden. 100 Tafeln in Lichtdruck, enth. gegen 300 Gegenstände aus d. verschiedensten Zweigen d. Kunst-Industrie. Mit Erläutgn. v. Hofr. Dir. Dr. J. Th. Gräsee. Photogr. Aufnahmen u. Lichtdruck v. Römmler & Jonas. 4. Liefg. (10 Tafeln.) Berlin, Bette. Baar à M. 16.

Geymüller, B. H. v. Die ursprünglichen Entwürfe für St. Peter in Rom von Bramante, Raphael Santi, Fra Giocondo, den Sangello's u. A. m. Nebst zahlreichen Ergänzungen und einem (deutschen u. französ.) Texte zum ersten Mal herausgeg. 4. Liefg. fg. Imp.-fº. (9 Taf. in Steindr., Kupferst. u. Lichtdr.) Mit Text. Imp.-4º. Wien, Lehmann & Wentzel. Baar à M. 18.

Gids door Apeldoorn en het koninklijk paleis en domein het Loo en het Park. Met alle aanwijzingen die den vreemdeling van nut kunnen zijn. Post-fº (69 bl. alamede eenige bladz. advertentiën en 1 uittal. gekl. gelith. kaart. los). Deventer, H. J. ter gerine. f. 0. 75.

— — voor de bezoekers der historische tentoonstelling van Friesland, gehouden in Z. M. paleis te Leeuwarden in den zomer van 1877. gr. 8º (15, 6, XLIV en 316 bl. en XX bl. advertentiën met 2 uittel. plans.) Leeuwarden, gedrukt by J. R. Miedema. Leeuwarden, W. Eckhoff en zoon. f. 1. 25.

Giudizio (un) competente sull' opera „Analisi dal vero per l'insegnamento dell' ornato, del prof. Dom. Bellini". Foligno, tip.-lit. Campitelli. 4º.

Gobert & Marlin. Exposition internationale de Philadelphie, 1876. Rapport sur l'industrie et le commerce des glaces, des verres à vitre et des cristaux aux États-Unis, par A. Gobert fils, ingénieur honoraire des mines, et P. Marlin, ingénieur civil. 8º, 76 p. et 1 pl. Bruxelles, imp. A. Mertens.

Gobineau, de. La Renaissance. Savonarole. César Borgia, Jules II. Léon X. Michel Ange. Scènes historiques. 8º. Paris, Plou et Ce.

Godon, J. La Peinture sur toile imitant les tapisseries et son application à la décoration intérieure. Leçons pratiques sur l'emploi des couleurs liquides. 8º. Paris, imp. Pillet et Dumoulin.

Goldschmidt, F. Die Weltausstellung in Philadelphia u. die deutsche Industrie. Drei Vorträge. gr. 8º. Berlin, Springer's Verl. M. 1. 20.

Goldsmith, O. Der Landprediger v. Wakefield u. Lustspiele. Nebst einem Abriss seines Lebens. 3. (Titel-) Aufl. Mit über 100 (Holzschn.) Illustr. 18 Hfte. Lex.-8º. Berlin, Gebrüder Gerstmann. Baar à M. 0. 50.

Gonnard, H. Catalogue des collections du Musée de Saint-Étienne. 1re section. Peinture, sculpture, gravure, dessins et aquarelles. 8º. Vienne, Savigné.

Gonzalez Bargos. Memoria leida en el Ateneo cientifico, literario y artístico de Madrid, en la junta de 30 de Diciembre de 1876. Madrid, impr. de la „Revista Contemporánea". 4º. (No se ha puesto à la venta.)

Goos, C. Chronik der archäolog. Funde Siebenbürgens. Im Auftrage d. Vereins für siebenb. Landeskunde zusammengestellt. Festgabe des genannten Vereins zur 8. Versammlung d. Internation. Congresses für vorgeschichtl. Anthropologie und Archäologie in Ofen-Pesth. (Ans: „Arch. d. Vereins f. siebenb. Landesk.") gr. 8°, 138 S. Hermannstadt 1876, Michaelis. M. 1.

Goethe, Faust. Traduction de J. Porchat, revue par B. Levy. Compositions par M. Liezen-Mayer; ornements du texte, encadrements et culs-de-lampe par M. R. Seitz. f°. Paris, Hachette et Cie. fr. 100.

Goethe, Reineke Fuchs. In 12 Gesängen. Mit 37 Stahlst. nach Orig.-Zeichnungen v. H. Lentemann. 2. (Titel-) Aufl. 18 lfte. gr. 4°. Berlin, Gebr. Gerstmann. Baar à M. 1.

Goethe-Galerie. Charaktere aus Goethe's Werken. Gez. v. F. Pecht n. A. v. Ramberg. 50 Blatt. in Stahlst. Mit erläut. Texte v. F. Pecht. Oct.-Ausg. 2. Aufl. 3. Liefg. fg. 8°. Leipzig, Brockhaus à M. 1. 20.

Gothals. Catalogue de la bibliothèque de M. F. V. Gothals, ancien bibliothécaire de la ville de Bruxelles. Livres. 8°, VII 247 p. Bruxelles, imp. M. Weissenbruch; lib. G. A. van Tricht. (N'est pas dans le commerce.)

Goupil y Renauld, L. D. Artes y oficios. Arte de dibujar sin maestro. Dibujo al carbon, a la estumina, la lápiz-plomo. Procedimientos mecánicos del dibujo. Tratado de puntografia Traducido por T. Corada. Barcelona, impr. de Salv. Manero. 8°.

Goupil. Manuel général de la peinture à l'huile, précédé de considérations sur les peintures anciennes et modernes; restauration et conservation des tableaux, peinture à la cire; renaissance de la mosaïque en France. 8°. Paris, Renauld.

Gourdault, J. L'Italie. Illustrée de 400 grav. sur bois. Livr. 12 à 47 (fin). 4°. Paris, Hachette et Cie.

Gourdon de Genouillac. Grammaire héraldique, contenant la définition exacte de la science des armoiries. Nouv. édit. 18 jes. Paris, Dentu.

Gozzadini, G. Note per studi sull' architettura civile in Bologna dal secolo XIII al XVII. Modena, tip. G. T. Vincenzi e nip. 4°.

Grabador à agua-fuerte, el. Coleccion de obras originales y copias de las selectas de autores españoles, grabadas y publicadas por una Sociedad de artistas. Madrid, en fol. mayor. Cuaderno XXXI. Núm. 1 al 20, 21 al 50, 51. (Contiene este cuaderno cuatro láminas grabadas por los Sres. Pineda, Lemus y Maura.)

Gräf, A. Musterzeichnungen von Möbelverzierungen und Holzschnitzarbeiten aller Art in natürl. Grösse für Holzbildhauer, Möbelfabrikanten, Instrumentenmacher etc. Enth. Aufsätze, Kapitäle, Bekrönungen, Urnen, Stützen, Consolen etc. 4. (Schluss-) Liefg. gr. f° (10 Stein-Taf. in Imp.-f° u. 2 Bell. Text). Weimar 1878, B. H. Voigt. à M. 7. 50.

Grappa, C. Sopra le arti belle. Foligno, tip. BI. Campitelli. 16°.

Grasse, Dr. J. G. Th. Guide de l'amateur d'objets d'art et de curiosité ou collection des monogrammes des principaux sculpteurs en pierre, métal et bois, des émailleurs, des émailleurs, des armuriers, des orfèvres et des médailleurs du moyen-âge et des époques de la renaissance et du Rococo. Pour faire suite au „Guide de l'amateur de porcelaines et de poteries" du même auteur. 2. édit. revue et augmentée. (XX, 69 lith S.) Dresden, Schönfeld. M. 1.

Gramet, ainé. Musée de la ville de Varzy (Nièvre). Archéologie. Cadran solaire en plomb mentionnant la date 1629. Notice. 8°. Paris, Dumoulin.

Gregorovius, F. Wanderjahre in Italien. 5. Bd. Auch u. d. Tit.: Apulische Landschaften. 8°, IX 295 S. Leipzig, Brockhaus. à M. 5. 40.: geb. à M. 6.

Gröben, A. L'archéologie devant l'état-major et devant la justice. Plaidoirie. 8°. Guise, imp. Bard.

Gremer, A. Hans Baldung, genannt Grien, und seine heraldische Thätigkeit. 20 Wappen-Entwürfe des Meisters im Besitze der „Albertina" zu Wien beschrieb. u. erläutert. Mit 20 Heliogravuren v. A. Franz. 4°. Wien, Braumüller. M. 4. 80.

— — Die National- u. Landes-Farben von 130 Staaten der Erde. Mit histor. Erläuterungen und für decorative Zwecke zusammengestellt 16°, 52 S. Frankfurt a./M., Rommel. M. 1.

— — Die Wappen der Aebte von Seitenstetten in Nieder-Oesterreich. Mit 4 (lith.) Bildtafeln, worauf 38 Abbildungen und 8 in den Text gedruckten Holzschn. Imp.-4°, 14 S. Wien, Braumüller. Baar M. 2.

— — Zunft-, Wappen- u. Handwerker-Insignien. (Aus: „Jahrb. der freien Genossensch. d. Graveure in Wien, 1876".) hoch-4°. (10 S.) Ebd. Baar M. 1.

Grenzboten, die. Zeitschrift f. Politik, Literatur u. Kunst. Red.: Dr. H. Blum. 37. Jahrg. 1878. 52 Nrn. gr. 4°. Leipzig, Herbig. Vierteljährl. baar M. 9.

Grolman, A. De beginselen van het ornament. Elementair klassikaal teekenonderwijs in 100 voorbeelden, bekroond te Amsterdam 1877. gr. f°. 1ste afl. (10 gelith. platen.) Utrecht, J. L. Beijers. Compleet in 10 afl. f. 3.

Grüber, Dr. B. Die Kunst des Mittelalters in Böhmen nach den bestehenden Denkmalen geschildert. Herausgeg. auf Kosten des k. k. Ministeriums für Cultus u. Unterricht durch die k. k. Central-Commission für Erforschung u. Erhaltung der Kunst- u. histor. Denkmale. 3. Thl. Die Periode d. Luxemburg. Hauses, 1310—1437. Liefg. 5 fg. Imp.-4°. Mit eingedr. Holzschn., Holzschn.-Taf. u. Stein-Taf.) Wien, Gerold's Sohn in Comm. à M. 2.

— Die Kunst des Mittelalters in Böhmen nach den bestehenden Denkmalen geschildert. Hrsgeg. auf Kosten des k. k. Ministeriums für Cultus u. Unterricht durch die k. k. Central-Commission für Erforschung u. Erhaltung der Kunst- u. histor. Denkmale. 4. Thl. Die Spätgothik, 1310 — ca. 1600. 1. Liefg fg. Imp.-4°. Wien 1877, Gerold's Sohn in Comm. à M 2.

Grüneberg, D. C. Ritters und Burgers zu Constanz, Wappenpuch. In Farbendruck hrsgeg. von Dr. B. Graf Stillfried-Alcántara u. A. M. Hildebrandt. Liefg. 5 fg. gr. f° (Chromolith.). Görlitz, Starke. Baar à M. 9.

Gruner, L. Vorbilder ornamentaler Kunst der italienischen Schulen des 15 bis Anfang des 17. Jahrh. 2. Liefg.: Die Cantoria der italienischen Kapelle im Vatican. gr. f° (7 lith. und chromolithogr. Taf. mit 1 Bl. Text). Leipzig, Arnold. (1. u. 2. Liefg. M. 27.) M. 18.

Gsell-Fels, Dr. Th. Die Schweiz. Mit Holzschn. nach Bildern u. Zeichnungen von A. Anker, A. Bachelin, J. Balmer etc. 2. Bd.: Von Bern über Basel nach dem Osten, der romanischen Schweiz und Zürich. f° (366 S. mit eingedr. Holzschn. u. Holzschn.-Taf.). München, Brockmann. (cplt. geb. M. 85.) geb. mit Goldschn. Baar M. 45.

Guidotti, C. Nozioni di disegno elementare, con note storiche intorno ai principali monumenti della città di Piacenza in ordine ai diversi stili architettonici. Piacenza, tip. Solari. 8°.

Guilhermy, F de. Inscriptions de la France, du Ve siecle au XVIIIe. T. 3. Ancienne diocese de Paris. 4°. Paris, imp. nationale. (Collection de documents inedits sur l'histoire de France, 3e serie, Archéologie.)

Guillaume, P Description historique et artistique du Mont-Cassin, con la versione italiana di rincontro. Monte Cassino, 1874 16°.

Gurlitt, C., Archit. Das neue kgl Hoftheater zu Dresden (Nach dem Feuilleton des „Dresdner Journals") Mit 1 Lichtdr. v. Römmler & Jonas 8°. Dresden, Pierson. M 1. 20.

Handelmann, H. Schleswig-Holsteinschen Museum vaterländ Alterthümer. Abth. Eisenalter. gr. 16° (57 S. mit eingedr Holzschn.) Kiel. Schwers. M. 0. 80.

— Schleswig-Holstein. Museum vaterländ. Alterthümer. Abth. Christliche Zeit. 16° Kiel, Schwers. M. 0. 60.

Handzeichnungen deutscher Meister. Eine Sammlung von Bildern aus Italien und der Schweiz v. G. Bauernfeind, A. E. Disen, Th v. Eckenbrecher etc. In unveränderl. Lichtdr. reproducirt v. Scholder & Böckmann. gr. f° Stuttgart, Engelhorn. In Leinw.-Mappe. M. 60

Hammer, G. Hubertus-Bildur. Ein Album für Jäger und Jagdfreunde. 2. umgearb. u verm. Aufl. Mit 4 Bildern in Farbendr. u. 65 Holzschn. ausgef. v. Prof. G. Bürkner. gr. 4°, IV 74 S Glogau, Flemming. geb. M. 10. 50.

Harras, B. Entwürfe zu wohlfeilen Möbel- und Bautischler-Arbeiten, ornamentirt mit Verzierungen aus künstl. Holze der Thüring. Kunstholz-Manufactur von B. Harras in Böhlen bei Grossbreitenbach in Thüringen. Zusammengest. v. C. Hettwig 1. Heft. hoch 4° (5 Stein-Taf.). Leipzig, Strehler in Comm M. 1. 50)

— Entwürfe moderner Möbel, Spiegel, Regulateur-Gehäuse etc. mit Verzierungen aus künstlich. Holze d Thüring. Kunstholz-Manufactur v B Harras in Böhlen bei Grossbreitenbach in Thüringen. Nach Entwürfen von A. Gräf. gr. 4° (35 Stein-Taf. mit 1 Bl. Text). Erfurt, Bartholomäus. In Mappe M 3.

Hase, K. W. u. F. v. Quast, Die Gräber in der Schlosskirche zu Quedlinburg. M. 10 Bl. Abbild. (In Aufsldr.) 4°, 16 S. Quedlinburg, Huch in Comm. M 3.

Hauff's, W. sämmtl. Werke, m. d. Dichters Leben v. Gust. Schwab. 16. ster. Gesammt-Ausg. In 5 Bdn. Illustr. v. C. Offerdinger. Mit gröss. Initialen v. E. Hartmann u. J. Schnorr. 8° (321, 281, 264, 318 u. 308 S. m.d. Portr. d. Verf. in Stahlst. u. eingedr. Holzschn.). Stuttgart, Rieger M. 6. 80.

Hauff-Galerie. 12 Photogr. nach Orig.-Gemälden der Düsseldorfer Künstler E. Bosch, Ph. Grot-Johann u. M Volkhart, photogr. reproducirt v. F. Bruckmann in München. Ausg. A. 1. Lfg. gr. f°. 2 Bl. Leipzig 1879, Eigendorf. M. 20.; einzelne Blätter baar a M. 12

Dasselbe. Ausg. B (Cabinet) 1. Lfg. 8°. 3 Bl. Ebd. 1879. M. 3.; einz. Bl. baar à M. 1. 20.

Hauptmann, A. Grabmonumente. Lfg. 1 fg. (a 18 Bl. In Lichtdr.). Dresden, Gilbers. Baar a M. 5.

Hauser, A. Fotografia para todos. La fotografia sobre colodion, y el tiraje de pruebas en papel. Obra especial, en la cual se prueven todos las accidentes que pueden ocurrir en el curso de las operaciones, y los medios más seguros de evitarlos. Traducida por Telesforo Corada. Barcelona, impr. de Salvador Manero, 8°.

Havard, H Histoire de la faience de Delft Illustr. 4°, Paris, Plon et Cc.

— Catalogue chronologique et raisonné des faiences de Delft, composant la collection de Mr. J. F. Loudon. Illustré de deux eaux-fortes par L. Flameng et de neuf dessins par Gontzwiller. 4° (4 en 82 Bl.). La Haye, D. A. Thieme. f. 2 50 ; op Hollandsch papier f. 5.

Helbig & Van Assche. Monographie de l'église paroissiale de Saint-Christophe a Liège, texte explicatif par J. Helbig, XVI planches, sous la direction d'A. Van Assche. f°, 4 p. et 16 pl. Bruges, imp. v. J. Petit. Gand, auth. N. Stepman; Bruges, lib. De Zuttere. fr. 6. 50.

Heinemann, O. v. Geschichte der Abtei u. Beschreibung der Stiftskirche zu Gernrode. Mit 6 Kunstbeilagen (in Aufsldr.). gr. 4°, 58 S. Quedlinburg, Huch. M. 2.

Heinsius, W. Allgemeines Bücher-Lexikon od. vollständ. alphab. Verzeichniss aller von 1700 bis Ende 1874 erschienenen Bücher, welche in Deutschland und in den durch Sprache u. Litteratur damit verwandten Ländern gedruckt worden sind. Nebst Angabe der Druckorte, der Verleger, d. Erscheinungsjahrs, der Seitenzahl, d. Formats, d. Preise etc., 15. Bd., welcher die von 1868—1874 erschienenen Bücher und Berichtigungen früherer Erscheinungen enthält. Herausg. v. H. Ziegenbalg. 12. u. 13. Lfg. gr. 4°. Leipzig, Brockhaus. a M.3. Schreibpap. à M. 4

Herdtle, Prof. E. Elemente des Zeichnens in 60 Blättern. 4. Aufl. 5 Hefte. gr. 4° (à 12 Steintaf.). Stuttgart, Nitzschke. M. 4. 50.

— Elementar-Ornamente. 24 Vorlagen f. d. Unterricht im Freihandzeichnen an Real- u. Gewerbeschulen. 3. Aufl. Lith. f°. Stuttgart, Nitzschke. In Mappe. M. 4. 50

— Geometrische Ornamente. Vorbilder f. d. Linear-Zeichnen in Verbindg. m. d. Freihand-Zeichnen. Zum Gebrauch an Real-, gewerbl. Frauenarbeitsschulen etc. im Auftrage der kgl. württemb. Commission f. d. gewerbl. Fortbildungsschulen Württembergs hrsg. 60 (lith.) Taf. in 3 Thln. à 20 Bl. f° (1 Bl. Text). Stuttgart, Nitzschke. In Mappe. M. 18.

— Vorlagen f. Anfänger im Freihandzeichnen. 2 Abthlgn. 2. Aufl. gr. 4° (à 24 Tondr.-Taf.). Stuttgart, Nitzschke. In Mappe à M. 4. 50

— Vorlagen-Werk f. den Elementar-Unterricht im Freihandzeichnen. Hrsg. im Auftrage der kgl. Commission f. d. gewerbl Fortbildungsschulen Württembergs. 6. Aufl. 60 (lith.) Bl. schwarze Umrisse in Imp.-f° u. 24 Bl. Farbdrucke in gr. 4°. Mit Text. 6. Aufl. gr. 8° (26 S.). Stuttgart, Nitzschke. In Mappe. M. 30

— Auswahl aus dem „Vorlegewerk in 60 Blatt" für sächsische Schulen zusammengestellt v. Insp. Lehr. F. W. Tretau. 30 (lith.) Blatt Umrisse in Imp.-f°. 3. Aufl. Mit Text gr. 8°, 19 S. Ebd. In Mappe. M. 10.

Hernandez, A. G. La industria en la antigüedad. Breve reseña. Discurso leido en el conservatorio de artes, escuela central de comercio, artes y oficios en la apertura del curso de 1877 a 1878. Madrid, impr. y fundicion de M. Tello. 4°. (No se ha puesto a la venta.)

Herrensitze u. Schlösser, sächsische. Dargestellt in Ansichten, Grundrissen, Situationsplänen u. c. erläut. Text. Hrsg. v. Hänel & Adam u. C. Gurlitt. 1. Lfg. f°. Dresden, Gilbers. Baar M 12.

Hertz, P. Italien u. Sicilien. Briefe in die Heimath. 2 Bde. gr. 8° (VIII 255 u. VIII 263 S.). Berlin 1878, Hertz. M. 7.

Heydemann, H. Zeus im Gigantenkampf. (Erstes Halle'sches Winckelmannsprogramm.) Mit c. (lith.) Taf. (in qu. f°). gr. 4°, 20 S. Halle 1876. Lippert'sche Buchh. M. 2.

— Die Knöchelspielerin im Palazzo Colonna zu Rom. Mit 2 (lith.) Taf. n. 2 (eing.) Holzschn. (Zweites Halle'sches Winckelmannsprogramm.) gr. 4°, 28 S. Halle, Lippert'sche Buchh. M. 3.

Hildebrandt. Prof. E. Aus Europa. Neue Samml. v. Aquarellen. 3. (Schluss-) Lfg. f°. 14 Chromolith.) Berlin, R. Wagner. Baar M. 18; einz. Ill. à M. 15. (cpl. M. 168.) Inhalt: Blankenberg. Boden The Needles. Eaton College.

Hilti, G. Waffen-Sammlung Sr. kgl. Hoheit d. Prinzen Carl v. Preussen. Mittelalterl. Abth. Beschrieben u. zusammengestellt, sowie m. histor. Bemerkgn. u. Erläutergn. versehen. f° (V - 195 S. m 2 Steintaf.). Berlin, Möser. Cart. M. 20.; geb. baar M. 25.

Hindorf, A. Die Ostsee. Malerische Stätten aus ihrem Küstengebiet. Nach der Natur aufgenommen u. auf Stein gezeichnet nebst erläut. Text. In Aquarell-Tondr. ausgef. v. H. Steinbock. 1. Lfg. qu. gr. f°. Berlin, A. Duncker. M. 9.

Hippert u. Linnig. Le peintre-graveur hollandais et belge du XIXe siècle, 2e partie. 8°, p. 285 à 598. Bruxelles, imp. F. Gobbaerts; lib. F. J. Olivier. M. 10.

Histoire de l'ornement russe, du Xe au XVIe siècle, d'après les manuscrits; avec introduction par V. de Boutovsky, directeur du Musée d'art et d'industrie a Moscou. f°, 100 pl. Paris, Ve A. Morel et Co.

Historienplaat, Nederlandsche. Maarten Harpertszoon Tromp voor den zeeslag bij Duins. 1639. Piano (1 vel gekl. gelith plaat). Den Haag, Joh. Ykema. f. 0. 50.

Hittenkofer. Vergleichende architekt. Formenlehre. Eine populäre Darstellung zur Formenkenntniss der wichtigsten Baustilperioden (griechisch, römisch, byzantinisch, romanisch, gothisch, Renaissance u. modern). Z. Gebrauch f. Bauhandwerker, angeh. Architecten u. techn. Lehranstalten. Mit 85 lith. Taf. (1530 Illustr.) nebst belehr. Text mit eingedr. Holzschn. 10. Lfg. gr. 4°. Leipzig, Scholtze. Subscr.-Preis à M. 1. 20.

— — Dach-Ausmittelungen. Für Schüler der Architektur u. d. Baugewerks, sowie f. Bauwerkmeister u. Zimmerleute. 2. Aufl. f° (VIII S. m. 13 Steintaf.). Leipzig, Scholtze. M. 4.

Hofberg, H. Kurze Uebersicht v. den Alterthümern der gländischen Inselgruppen. Inaugural-Dissertation. gr. 8°. Jena 1877, Neuenhahn. Baar M. 1.

Hoffmeister, J. Chr. C. Johann Heinrich Ramberg, in seinen Werken dargestellt. gr. 8°, IV - 83 S.). Hannover, Meyer. M. 2. 40.

Hoffmeister, Dr. H. Die Hohenzollern. In Photogr.-Gedichten u. biogr. Skizzen. 8° (44 S. m. 14 Photog.). Berlin, Lichtwerk. Geb. baar M.6.

Hogarth, W., Werke. Nach den Orig.-Platten auf 118 Blättern photolith. v. C. Haack in Wien, nebst e. biogr. Essay üb. den Genius u. die Schöpfgn. Hogarth's, sowie Erklärgn. der einzelnen Bilder v. J. Nichols, Esq. F. S. A. Bearb. v. E. Ch. Barschall. gr. f°. Brünn, Karafiat. Geb. m. Goldschn. M 140.; in losen Blättern in Mappe M. 110.

Horst, G. A. Der Starnberger See. Eine Wanderung durch seine Ufrerorte. Wort und Bild. Holzschn. v. M. Wolf. gr. 4° (90 S. m. eing. Holzschn., Holzschntaf. u. 1 lith. Karte). München 1876, Horst & Co. Geb. baar M. 9.

Hottenroth, F. Trachten, Haus-, Feld- u. Kriegsgeräthschaften der Völker alter u. neuer Zeit. Gezeichnet u. beschrieben. (1u ca 16 Lfgn.) 1. Lfg. gr. 4°. Stuttgart, G. Weise. M 3. 50.; Ausg. m. Taf. in Farbendr. M. 5.

Houdoy, J. Études artistiques. Artistes inconnus des XIVe, XVe et XVIe siècles. Academie des arts de Lille. Charles-Louis Corbet, sculpteur. 8°. Paris, Aubry.

Houtsma, Dr E. O. Dr. H. Schliemann en zyne opgravingen te Mycenae. Eene studie. Roy. 8° (56 bl.). Groningen, J. B. Wolters. f. 0. 75.

Hübler, E. Anleitung zur Malerei auf Holz. Terracotta u. Stein, sowie zur Aetzung auf Stein. Erweiterter Sep.-Abdr. aus d Musterbuche "Hausschatz". gr. 16°. Leipzig, Arnold M. 0. 50.

— Hausschatz. Musterblätter f. Malerei auf Holz, Marmor u. Terracotta, Steinätzg. etc. den Freunden häusl. Kunstarbeit gewidmet u. unter Mitwirkg. von E. Högg, O. Fischbach, A. Gruner etc. hrsg. 1. Lfg. fg gr f° (lithogr u. chromolith. Taf. m je 4 S. Text) Leipzig, Arnold. M. 5.

Hude, H. v. u. J. Hennicke, Architekten. Der Kaiserhof in Berlin. Mit 9 Kfrtaf. f°. Berlin 1877, Ernst & Korn. Cart. M. 10.

Hugo, V. Notre-Dame de Paris. Édition populaire, illustrée par Meissonier, G. Brion, Raffet, D. Vierge, Lennol, Bayard etc. Livr. 1 20. 4°. Paris, imp. Quantin et Ce.; lib. Hugues.

Husnik, Prof. J. Das Gesammtgebiet des Lichtdrucks, nebst e. vollst. theoretisch-prakt. Anleitung z. Ausüb. d. Photolithographie, Emailphotographie, Chemigraphie (Zinkographie) u anderweit. Vorschr. z. Vervielfältigung d. negativen u. positiven Glasbilder. Mit 4 Abbildgn (in eingedr. Holzschn. u. 1 Photozinkogr.) 8°. 111 - 170 S. Wien, Hartleben. M. 3.

— Die Heliographie oder eine Anleitung z. Herstellung druckbarer Metallplatten aller Art, sowohl f. Halbtöne als auch f. Strich- u. Kornmanier, ferner die neuesten Fortschritte im Pigmentdruck u. Woodbury-Verfahren (od Reliefdruck) nebst anderweit. Vorschriften zur Herstellung d. f. d Heliographie geeign. Negative. Mit e. Anhange: Ein Ueberblick der photomechan. Verfahren zur Zeit der Weltausstellg. in Paris 1878. Mit 6 Illustr. u. 6 Taf. 8°. Wien, Hartleben. M. 4. 80.

Mutter, A. Cours élémentaire de dessin d'après un système stigmographique gradué. 2 parties. gr. 8. St. Gallen, Huber & Co. M. 1. 20.

— — Elementarzeichnen nach stufengemäss entwickeltem Netzsystem. 9 Hfte. qu. 4°. Ebd. M. 11. 60.

Dasselbe. Erläuterungen. 2 Thle. gr. 8°. Ebd. M. 1. 20.

Jacobs, Archiv. Biblioth. Dr. Ed. Das Kloster Drübeck. Ein 100jähr. geschichtl. Rückblick u. Beschreibg. d. Klosterkirche. 4° (V - 90 S.) Wernigerode, Finklein. M. 2.

Jagd-Bilder. Ein Album v. 25 Zeichnungen berühmter Künstler, mit Text v. Vice-Oberjägermeister Frhrn. v. Meyerinck. gr. 4° (25 Holzschn.-Taf. m. 25 Bl Text). Leipzig, Schmidt & Günther. geb. M. 10.

Jahresbericht üb. die Fortschritte d. klassischen Alterthumswissenschaft, herausg v. Prof C. Bursian. 6. Jahrg. 1878. 12 Hfte. Mit den Beiblättern: Bibliotheca philologica classica. 6. Jahrg. (1879) u. Biograph. Jahrbuch für Alterthumskunde. 2. Jahrg. (1879). gr. 8°. Berlin, Calvary u. Co. Subscript. Preis baar M. 80. Laden-Preis M. 36.

Jahresbericht d. freien Genossenschaft der Graveure Wiens. 3 Jahrg. gr. 4°. Wien, Helfs Sort. Baar M. 8.

Jahrbuch, bremisches. Hrsgeg. von der histor. Gesellschaft d. Künstler-Vereins. 9. Bd. gr. 8° (XVI 147 S. mit 3 Tab.). Bremen, Müller. M. 2. 40.

Jahrbuch des heraldisch-genealogischen Vereins "Adler" in Wien. 4. Jahrg 1877. (Hist.-geneal Zeitschr. 7. Jahrg) Mit 25 Bild-Taf. u. 10 in den Text gedr. Holzschn. Illustr. Imp. 4°. Wien 1877, Braumüller. M 12.

Jahrbuch der Gesellschaft für bildende Kunst u. vaterländ. Alterth. zu Emden. 2. Bd. 2. Heft gr. 8°. 175 S. Emden, Haguel. M. 2. 50. (V 11, 2. M. 15.)

— der Gesellschaft für bildende Kunst und vaterl. Alterth. zu Emden. 3. Bd. 1. Heft. gr. 8°. Emden, Haguel. M. 3.

Jahrbuch, photographisches, für 1877. Hrsgeg. von d. Redact. d. photogr. Corresp. 6. Jahrg. Mit 2 phototyp. u. photozinkotyp. Portr. 16° (252 u. 121 S.). Wien, Verl. der Photogr. Correspondenz. Geb. baar M 2. 50.

Jahrbücher des Vereins von Alterth.-Freunden im Rheinlande. 1876 (z. Bonn, A. Marcus in Comm. à Heft M. 6. 75.

Jahrmarkt des Lebens. Vanity fair. Ein Künstler- u. Familien-Album mit 26 Orig.-Handzchn. der neueren Schule, in Feder u. Blei, Kreide und Kohle. Durch Lichtdr. veröffentlicht m. deutschem und engl. Text. (Der „Wander-Mappe" 2. Thl.) f° (4 S Text) München, A. Ackermann. In Leinw.-Mappe M. 60.; in Saffianldr. M. 85.

Jaloustre, E. Lettre archéologiques sur les Forez. Les Foires de Saint-Sauveur. 8°. Lyon, imp. Vingtrinier.

Janitschek, H. Die Gesellschaft der Renaissance in Italien u. die Kunst. Vier Vorträge. gr. 8°. Stuttgart 1879, Spemann. M. 4.

Jänicke, F. Grundriss der Keramik in Bezug auf das Kunstgewerbe. Eine histor. Darstellg. ihrer Entwickelungsgänge in Europa, dem Orient u. Ost-Asien von den ältesten Zeiten bis auf die Gegenwart. Ein zuverlässiger Führer f. Kunstfreunde, Sammler, Fabrikanten, Modelleure u. Gewerbeschulen, wie auch als Ergänzung zur Kunstgeschichte. Mit ca. 400 Holzschn. Illustr. u. über 2500 Marken u. Monogrammen. 15 Liefgn. Lex.-8°. Stuttgart 1878, Neff à M. 2.

— Handbuch der Aquarell-Malerei. Nach dem heutigen Standpunkte u. in vorzügl. Anwendung auf Landschaft u. Architektur. Nebst einem Anhang über Holzmalerei. 2. verb. und verm. Aufl. 8°. XV-287 S. Stuttgart, Neff. M. 4. 50.

— Handbuch der Oel-Malerei. Nach dem heutigen Standpunkte u. in vorzugsweiser Anwendung auf Landschaft und Architektur. 8° (X 265 S.) Stuttgart 1878, Neff. M 4. 50.

Ibach, J. Der Dom von Limburg. Festschrift zu seiner im Sommer 1877 vollendeten grossen Restauration. gr. 8° (65 S. mit 1 Photogr.). Limburg. Herz. M. 1. 25.

Ilg, C. Dr. A. u. Dr. H. Käbdebo. Wiener Schmiedewerke des 18. Jahrh. Sammlung auserlesener Eisenarbeiten d. Barock- u. Rococo-Stils mit fachl. Erläuterungen. 1. Liefg. f (6 Lichtdr.-Taf.). Dresden, Gilbers. Baar M. 8.

Illustration europénne, l'. Bruxelles, Bureaux: 1. Chaussée de Louvain Par an fr. 10. 50. 1876, 1877, 1878

Illustrations, 48, des Saintes Écritures d'après les dessins de Schnorr de Carolsfeld. qu. f°. Basel, Spittler. M. 1. 60.; geb. M. 2. 30.

Index librorum quibus Bibliotheca Academie Rheno Trajectinae, ab anno MDCCCLV usque ad annum MDCCCLXX locupletata est. A-L. gr. 8°. Trajecti ad Rhenum, apud Kemink et Filium MDCCCLXXVI. (Nicht im Handel.) Auch unter dem Titel: Catalogus der boeken waarmede de Bibliotheek der Hoogeschool te Utrecht van 1855 tot 1870 vermeerderd is. A-L. gr. 8°. Utrecht, Kemink en zoon. 1876. (Nicht im Handel.)

Introduction à la Bibliographie de Belgique. Relevé de tous les écrits périodiques qui se publient dans le royaume par les sociétés savantes, les administrations publiques, les associations et les particuliers, dressé par les soins de la section littéraire de la Commission des échanges internationaux. Supplement. 8°. 40 p Bruxelles, imp. et lib. H. Manceaux fr 1.

Jonas. Exposition internation. de Philadelphie, 1876. Rapport sur la pharmacie, par A. Jonas, pharmacien, délégué du gouvernement belge a l'exposition de Philadelphie. 8°. 186 p. Bruxelles, imp. Ad. Mertens.

Joula, H. La sculpture au Salon de 1876. 8° Paris, Plon et Ce.

— La sculpture au Salon de 1877. 8°. Paris, Plon et Ce.

Journal des beaux-arts et de la littérature. 1876, 1877, 1878. St. Nicolas, Ad Siret, réd -édit. Par an fr. 9.

Ipolyi. Bisch. A. Geschichte u Restauration der kirchl. Kunstdenkmale in Neusohl. M. 2 Farben- u. Steindr.-Taf. u. 54 (eingedr.) Holzschn. f°. Budapest. (Leipzig, Brockhaus' Sort.) M 20.

Isambert, E. Itinéraire descriptif, historique et archéologique de l'Orient. 2e partie. Malte, Égypte, Nubie, Abyssinie, Sinai. 2e édition. 18 jésus. Paris, lib. Hachette et Ce. (Collection des Guides-Joanne.)

Isola, G. Discorso letto nella pubblica adunanza della Società promotrice di belle arti in Genova. Genova, tip. G. Schenone. 1876. 16°

— Considerazioni artistiche sull'icona edessena detta „il Santo sudario" che si conserva a S. Bartolomeo degli Armeni in Genova. Genova, tip. Sordomuti. 8°.

Italien. Eine Wanderung von den Alpen b. z. Aetna. In Schildergn. v. K Stieler, E. Paulus, W. Kaden, in Bildern v G Bauernfeind, O. Bahn, A. Calame etc. Holzschnitte v. A. Closs. 2. Aufl 36 Lfgn. f°. Stuttgart, Engelhorn. Baar a M. 1. 50.

Jugend, deutsche. Illustrirte Monatshefte für Knaben u Mädchen. Unter Mitwirkung v. V. Blüthgen, F. Bässler, F. Bodenstedt etc. hrsg. v. J. Lohmeyer. M. Holzschn. nach Orig.-Hdzchngn. v. H. Bürkner, L. Burger, W. Camphausen etc. Unter künstler. Leitg. v. O. Pletsch. Bd. 10 fg. Leipzig, A. Dürr. à M. 8.; cart. M. 7. geb. M. 8.

Kaiser, J. W. De hollandsche school uit de kunstverzameling der heeren Six. Album van 50 der voornaamste schilderijen van dat Kabinet. Gegraveerd en toegelicht. 1 afl. gr. f° (6 bl. met 6 gegrav. platen). Nijmwegen, Blommert en Timmerman. Amsterdam, G. J. van Rijsoort van Meurs. Épreuve d'artiste f. 20.; chineesch papier f. 12.; gewoon papier f. 9. Complet in 8 afleveringen.

Kasiski, Maj. a. D. Die Untersuchungen v. vaterl. Alterthümern in der Umgegend von Neustettin im J. 1875 Mit 1 (lith.) Taf. (Aus: „Schriften d. naturf. Ges in Danzig".) Lex.-8°, 13 S. Danzig, Anhuth, 1876. Baar M. 0. 50.

— Ueber Brandgräber. (Hierzu 87 Abbild. (5 Steintaf.)) (Aus: „Schriften d naturf. Ges. in Danzig".) Lex.-8°. 23 S. Danzig 1876, Anhuth. Baar M. 1.

Katalog der Ausstellung v. Arbeiten d. vervielfältigenden Künste im Bayer. Gewerbemuseum zu Nürnberg, 1877. 4° (VII 216 S. m eingedr. Holzschn., Holzschnitaf., Stahlst., Autograph., Chromolith. u. Lichtdr.). Nürnberg, Korn. Cart. baar M. 3.

Katalog der Bibliothek des deutschen Reichstages. 1. Abth. gr. 8°. IV 299 S. Berlin, Puthammer & Mühlbrecht. Cart. baar M. 3.

Katalog der herzogl. Landesbibliothek in Altenburg. Auf Grund d. geschriebenen Bibliotheks-Kataloge f. d. Druck bearb. v. Dr. Chr. F. Sehrwahl. 1. Abth. in 2 Bdn u. 2. Abth (Systemat. Repertorium.) gr. 8°. (IV --632, 594 u. IV--294 S.). Altenburg 1873, Schnuphase. M 5

Katalog der Bibliothek d. Gesellschaft f. bild Kunst u. vaterl. Alterthümer zu Emden. gr. 8°. 240 S. Emden, Hagnel. M. 1. 50.

Katalog der histor. Kunstausstellung 1877. (Hrsg. v. d. k. k. Akademie d. bild. Künste.) Mit 3 Plänen 3. Aufl. IX. Wien, Gerold's Sohn. M. 2.

Kauffmann, H. Spiessbürger und Vagabunden. Eine zwanglose Gesellschaft in 25 Orig.-Zeichn gr. 4°. München, A Ackermann. In Leinw.-Mappe. M. 30.

Kanien, W. Freud u. Leid im Leben deutscher Künstler. Ihnen nümüll. Mittheilungen nacherzählt. 3 Hefte. 8°, VI--1368 Frankfurt a. M., Winter. à M 2.

Kayser, Ch. G. Vollständiges Bücher-Lexicon. enth. die von 1750 bis Ende d. Jahres 1876 in Deutschland u. in den angrenzenden Ländern gedruckten Bücher. 19. u. 20. Th. od. 13. u. 14. Suppl Die von 1871 bis Ende 1876 erschienenen Werke, sowie Nachträge u. Berichtign zu den früheren Thln. enth. Bearb. v. R. Haupt. Leipzig, J O. Weigel. à Lief. M. 15.; Schreibpap. M. 18.

Kekulé, R. Ueber die Entstehung der Götterideale der griech. Kunst. Vortrag. geh. zu Bonn am 4 Dec. 1876. Lex.-8°. 31 S. Stuttgart, Spemann. M. 2.

-- Griech. Thonfiguren aus Tanagra. Im Auftrage d. kaiserl. deutschen archäolog. Instituts zu Berlin, Rom u. Athen nach Aufnahmen v. l. Otto hrsg. 3 Abthlgn. gr. f°. Stuttgart, Spemann. Baar à M 2.

Kerjean, L. de. Artistes bretons. M. le Hénaff. 8°. Nantes, imp. Forest et Grimaud. (Revue de Bretagne et de Vendée, janv. 1877.)

Kirchenschmuck. Neue Folge. Sammlung von Vorlagen f. kirchl. Stickereien, Holz- u. Metallarbeiten u. Glasmalereien. Hrsg. v. G. Dengler. 2 Bd., 1 u. 2. Heft fg. (Der neuen Folge 7. u. 8 Heft fg.) qu. f°. Lithogr. u. Chromolithogr f°, qu. f° u. Imp.-f°. Amberg, Habbel. Baar à M. 8

Klassiker der Malerei, die. 2 Serie: Niederländer und Spanier. Eine Sammlung ihrer berühmtesten Werke, mit erläut. Text, herausgeg v. Dr. P F. Krell, unter Mitwirkg. v. Dr. O. Eisenmann. In unveränderl. Photographiedruck ausgef. von M. Rommel. gr. f°. Stuttgart, Neff. à M. 2. 50.
1. Serie: Ital. Renaissance. M. Ser.: Niederländer u. Spanier.

Klein, Prof. J. Icones novi et veteris testamenti desumptae ex missali romano novissimus editionis Ratisbonensis XM. In f° maj) Per textus biblicos in diversis linguis ex ss patrum sensu explanatae. (Holzschn. v. H Knöfler in Wien.) qu. gr. 4° (23 Holzschntaf. m. 23 Bl. Text). Regensburg 1876, Pustet. In Mappe. M. 6.

Klötzer's, weil. Ing. S., florirendes Frankfurt a M. Nach den Besitze d. Hrn. Th. Völker in Frankfurt a M. befind. Originalzeichng. d. Künstlers v. J. 1728 neu hrsg In nat. Grösse d. Orig.-Zeichngn. Mit geschichtl. Einleitg. v. Consistor.-R Dr. G E. Steitz. Photogr. Aufn. u. Lichtdr. v. Gebr. Weisbrod. 3. Aufl. gr. f°. Frankfurt a. M., Keller. M. 12.

Kletto, R. Architektonische Formen- u. Verhältnisslehre. Mit 1 Atlas (8 Steintaf. in gr f°). gr. 8°, 47 S. Halle, Knapp. M. 6.

Knöbel, A. Villen u. Wohngebäude. Ausgeführte und projektirte Original-Entwürfe m. Grundrissen, Durchschnitten u. Details nebst erklär. Text. 1. 3. Lfg. gr. 4° (8 S. u. 25 Steintaf.) Leipzig, Scholtze. M. 13

Köhler, C. Die Entwickelung der Tracht in Deutschland während d. Mittelalters u. d. Neuzeit, m. besond. Berücksichtigung der jetzt, f d einzelnen Kleidungsstücke üblichen Herstellungsweise. Ein Hand- u. Lehrbuch f Historiker, Künstler, Bühnenleiter u. Garderobiers, sowie f. Gewerbtreibende, welche sich in Anfertigung v. Bekleidungsstücken beschäftigen Mit mehr als 550 autogr Abbild auf 100 Taf. gezeichnet v. Verf. gr. 8°. IV 228 S. Nürnberg, Heerdegen. M. 16.

Köhler, H. Polychrome Meisterwerke d monumentalen Kunst in Italien. Vom V bis XVI Jahrh. Dargestellt durch 12 perspectiv. Ansichten in Farbendr., m. erläut Text Durch die Munificenz d. kgl. preuss. Regierung unterstützt. 4 Liefg. (San Miniato presso Firenze Le Loggie di Rafael nel Vaticano.) imp-f° (2 Chromolith. m. 8 Bl. deutschem, engl, franz. u. ital Text). Leipzig, Baumgärtner. Baar M 36; (1 --4 : M. 132)

Koester, Vorlagen zum Ornamenten-Zeichnen In Umrissen u schattirt. 3 Hfte. f° (à 6 Steintaf.). Karlsruhe, Veith. à M. 1. 50.

König, H. Aus unserer Zeit. 20 Photogr nach Aquarellen. 1 gr. f°. Dresden, Gutbier In Leinw.-Mappe. Baar M. 40.; einzelne Blätter à M 2

Konkurrenz-Projekte, die prämiirten u. hervorragendsten, zur Erbauung der St. Petrikirche in Leipzig. gr. f° (64 Lichtdrtaf.). Dresden, Gilbers. In Mappe. Baar M. 65.

Korrespondenzblatt d. Vereins f. Kunst u. Alterthum in Ulm u. Oberschwaben. 2. Jahrg. 1877 12 Nrn. (B.) hoch 4°. Ulm, Frey. Baar M 5

Krämer, P. Gallerie englischer Dichter. Photographien nach Orig.-Cartons. (2. Serie) 8° (12 Bl.) München, Bruckmann. In Leinw.-Mappe. Baar M 12.; einzelne Bl. à M. 1.

Kraus, Dr. F. X. Weissenburgs Kunstdenkmäler. (Aus "Kunst u. Alterth. in Elsass-Lothringen") gr 8°, 32 S. Strassburg, Schmidt. M. 0 80.

Kröger, J. Die Zinkographie od. das Aetzen in Zink zur Herstellung v. Druckplatten aller Art. nebst Anleitg. zum Aetzen in Kupfer, Messing, Stahl u. a. Metalle. Auf Grund eigener, prakt. vieljähr. Erfahrung. bearb. u. hrsg. 8°. Wien, Hartleben. M. 2

Krumholz, A Detailpläne d. österr. Musterschule f. Landgemeinden in d. Wiener Weltausstellg. 1873. Im Auftrage d. Comité's d. Schulfreunde entworfen. 2. Aufl. gr. 4° (10 Steintaf. in gr. f°). Wien, Lehmann & Wentzel. In Mappe. M. 8

Kuhn, P. A. Roma. Die Denkmale d. christl. u. d. heidn. Rom in Wort u. Bild. Mit 690 Illustr. (In eingedr. Holzschn. u. Holzschntaf.) 20 Lfgn. hoch 4°. (I. Lfg. 24 S.) Einsiedeln, Benziger. Baar M 0 80

Kunst, die, für Alle. Eine Sammlung der vorzüglichsten Malerblätter, Radirgn. u. Formschnitte d. 15.--18. Jahrh., mit besond. Beziehg. auf Kunst- u. Culturgeschichte, brsg v. Kunsthändl. H. G. Gutekunst. In phot. Facs.-Druck ausgeführt v. M. Rommel. Mit erläut. Texte von L. Weisser. In 50 Lfgn. Lfg 1 fg. f° (à 2 Bl. m. 6 Bl. Text). Stuttgart, Neff. à M 3.

Kunst, de, voor leder, voor school en huis. bewerkt (naar het Hoogd.) door Mr. C Vosmaer. 1e 5e serie. (afl. 1--20) Langw. 4to (iedere afl. met 6 platen). Leiden, A. W. Sijthoff. Per serie van 4 afl f 1. 60.

Kunst, deutsche, in Bild und Lied. Original-Beiträge deutscher Maler, Dichter und Tonkünstler Herausgeg. v. A. Träger. 19. Jahrg 1877. Lith Druck d. Kunstanstalt v. J. G. Bach in Leipzig. gr. 4° (107 S. m. 10 Steintaf. u 8 Bildern in Farbendr. Leipzig, Klinkhardt. M. 13.; geb. m. Goldschn. M. 17.

Dasselbe. 20. Jahrg. 1878. Ebend.
„   21. „   1879. „
Kunst u. Gewerbe. Wochenschrift z. Förderung deutscher Kunst-Industrie. Hrsg. vom Bayr. Gewerbemuseum zu Nürnberg. Red. von Dr. O. v. Schorn. 12. Jahrg. 1878 52 Nrn (B. m. eingedr. Holzschn. u. Steintaf.) Nebst Beiblatt: Mittheilungen des Bayr. Gewerbemuseums zu Nürnberg. 5. Jahrg. 1878. 24 Nrn. (½n B.) gr. 4°. Nürnberg, Korn. Halbjährig baar M. 7. 50.

Kunst u. Künstler d. Mittelalters u. d. Neuzeit. Biographien u Charakteristiken. Unter Mitwirkg. v. Fachgenossen hrsg. v. Biblioth. Dr. R. Dohme. Lfg. 28 fg. hoch 4°. Leipzig, Seemann. M. 16. 40.

Kunstblatt, christliches, f. Kirche, Schule u. Haus. Hrsg. v. C. Grüneisen u. C. G. Pfannschmidt. 20. u. 21. Jahrg. 1877, 1878. à 12 Nrn. Lex.-8°. Stuttgart, J. F. Steinkopf. M. 4

Kunstblätter, heraldische, nach im Kunstdruck u. s. w. ausgeführten Entwürfen v. M. Schongauer. 1. v. Mecken, A Dürer, V. Solis, J. Amman u. a. deutschen und ausländischen Meistern hrsg. v. F. Warnecke. Pcsm.-Druck v. A. Frisch in Berlin. f° (26 Bl. m. 15 Bl. Text). Görlitz 1876. Starke. In Mappe. Baar M. 28.

Kunstdenkmäler, kirchliche, aus Siebenbürgen. In Abbildgn. m. kurzen Erläuterge. Hrsg v. Ausschuss d. Vereins f. Siebenbürg. Landeskunde. 4°. Hermannstadt, Michaelis. M 6

Künstlerheim. Festgeschenk f. Freunde d. Kunst. 25 Orig.-Zeichngn. in Feder u. Blei, Kreide u. Kohle Durch Lichtdruck veröffentlicht gr. f°. München, A Ackermann. In Leinw.-Mappe. M 30.

Künstler-Lexikon, allgemeines Unter Mitwirkg. der namhaftesten Fachgelehrten d. In- u. Auslandes hrsg. v. Dr. J. Meyer. 2. gänzl. umgearb. Aufl v. Nagler's Künstler-Lexikon. 22. Lfg. Lex.-8°. Leipzig, Engelmann. (à) M. 1 20. Schreibpap. (à) M. 1. 60.

Künstler-Lexikon, allgemeines, oder Leben u. Werke der berühmtesten Baumeister, Bildhauer, Maler, Kupferstecher, Formschneider, Lithographen etc. von der frühesten Kunstepoche bis zur Gegenwart. 2. Aufl. Umgearb. u. ergänzt v. A. Seubert. (In ca. 28 Lfgn.) 1. Lfg. fg. gr. 8° (S 1 160). Stuttgart, Ebner & Seubert. à M. 1. 80.

Labastle, P. de. Des grandes lignes architecturales et de leurs rapports harmoniques avec les climats. 8°. Paris, Ve Morel et Ce.

Lacroix, P. La Bibliothèque de Jules Janin. 12°. Paris, lib. des bibliophiles.
— Choix de chroniques tirées de l'Angoumois occidental. Le Château de Roissac, suivi de notices hist. sur Gensac, Chardonne, Lectoipart, La Palluc, Gademontins, Negonzac, Juilliac-le-Coq, Verrières, Aubieville, Criteuil, Liguières, Saint-Fort, Angeac-Champagne, Salle, Gente, Saint-Martin, Châteaubernard, Crouin, Ars, Gimeux et de deux legendes du vieux temps. 8°, 136 p. Angoulème, imp. Baillarger; Paris, lib. Dumoulin.

Lafenestre, G. Musée des arts decoratifs. Projet d'organisation et de classification du musée. 8°. Paris, imp. A. Chaix et Ce.

Laffetay, J. Notice hist. et descript. sur la tapisserie dite de la reine Mathilde, exposée à la bibliothèque de Bayeux. 2e édit. 8°. Bayeux, imp. Groubou et Payau.

Lafontaine's Fabeln. Uebers. v. E. Dohm, illustrirt v. G. Dore. Liefg. 26 fg. (2. Bd.) Berlin, Möser. à M. 2.

Laaye. Le 300e anniversaire de P. P. Rubens. Compte-rendu officiel des fêtes organisées par la ville d'Anvers du dimanche 5. jusqu'au lundi 27 août, publié sous les auspices de l'administration communale par G. Laaye. 1re partie. 8°, 96 p. Anvers, imp. et lib. Mees et Ce. L'ouvrage complet fr. 8.

Lamartine, A. Rafael. Escrita en frances por M. A. de Lamartine. Version Española de D. N. F. Cuesta. Edicion ilustrada con grabadas. Madrid, impr. y libr. de Gaspar, editores. 4°.

Land, deutsches, u. deutsche Lieder. Ausgew. Dichtgn. m. Illustr. v. H. Stilke (15 Chromolith., gezeichnet v. G. Theuerkauf, gedr. v. W. Loeillot). Lex.-8°. Leipzig, Schlömp. Geb. m. Goldschn. 4°.

Landschaftsbilder, malerische, aus Norddeutschland, in Aquarellen v. Th. Blätterbauer, E. Bracht, C. P. C. Köhler u. A., m. Schilderan. v. M. Döring, F. Lampert, H. Pröhle u. A. 1. Abth.: Thüringen u. Harz. 2. u. 3. Lfg. f°. Darmstadt, Köhler. Baar à M. 2. 50.

Lange, Archit.-Lehr. W. Das antike griechisch-römische Wohnhaus. Ein Handbuch f. Kunstfreunde, Architekten, Archäologen, Philologen, Archivare, Studirende u. Schüler höh. Lehranstalten. gr. 8°. Leipzig, Knapp. M. 6.

Laugel, Prof. J. Arabische, altchristliche u. Italiisch-romanische Baudenkmale. Nach dessen Orig.-Bildern in Oelfarbendr. u. Sepia-Manier ausgeführt. 4 Lfgn. à 3 Bl. qu. gr. f°. Wien, Hölzel. à Lief. M. 15.; einz. Bl. à M. 6.

Lanzirotti, A. G. Cenni sull' arte moderna in Italia riguardata anche dal punto di vista industriale. Roma, tip. Romana, 1876. 8°.

L'Art pratique. Recueil de documents choisis dans les ouvrages des grands maitres français, italiens, allemands, neerlandais etc. Montre seconde d'études pour les artistes, les industriels et tous les amateurs d'art et de style. Publie par G. Hirth. 1879. 12 Livr. gr. 4°. Leipzig, Hirth. Baar M. 15.

Lasteyrie, F. de. Histoire de l'orfèvrerie depuis les temps les plus reculés jusqu'à nos jours. 2e édit., illustree de 62 grav. d'apres les dessins de J. Storck, P. Sellier etc. Paris, lib. Hachette et Ce.

Lau, Th. Die griechischen Vasen, ihr Formen u. Decorationssystem. 41 (chromolith.) Taf. aufgenommen nach Originalen d. kgl. Vasensammlung in München. Mit e. hist. Einleitg. v. Prof. Dr. H. Brunn u. erl. Texte v. Prof. Dr. F. F. Kroll. 1. Hälfte. f°. (Taf. 1 22 u. Text 20 S.) Leipzig, Hermann. In Carton M. 28.

Laufberger, Prof. F. Vorhang d. komischen Oper im k. k. Opernhause in Wien. qu. 8° (9 Photogr.). München, Bruckmann. In Lwd.-Mappe baar M. 15., einz. Bl. M. 1. 50.; Grösse IV. in f° M. 30., à Bl. M. 3.
— Sgraffito-Decorationen. (Publication d. k. k. österr. Museums f. Kunst u. Industrie.) 5 Hefte. f° (à 5 Photolith.). Wien, Hölder. à M. 4.

Laulitz, E. v. der. Wandtafeln zur Veranschaulichung antiken Lebens u. antiker Kunst. Taf. XX u. XXI. Imp.-f°. Mit Text. gr. 8°. Kassel, Fischer. à M. 6. (I XXI: M. 212. 50.)

Lavoix, H. Monnaies à légendes arabes frappées en Syrie par les croisés. 8°. Paris, Ber et Ce.

Lay, F. Ornamente südslavischer n. nationaler Haus- u. Kunstindustrie. 1. Lfg. fg. hoch 4° à 10 Chromolith. n. 15 S. deutschen, französ. u. kroat. Text). Agram. Wien, Halm, Baar à M. 30.

Leander, Ch. Anweisung zur Kunststrickerei. Nach eigener Erfahrg. u. Erfndg. zusammengestellt. 11. u. 12. Hft. 17. Aufl., ganz neu bearb. u. m. neuen Mustern u. Arbeiten ausgestattet. 16°. Leipzig, Wölfert. à M. 0. 50. (cplt. geb. M. 7. 20.)

Le Brun-Dalbanne. Le portrait de F. Sneyders

an Musée de Troyes. 8°. (Extrait des mém.
de la société acad. de l'Aube. t. 40. 1876.)

— — Le peintre de Lyon au Musée de Troyes.
8°. Troyes, imp. Dufour-Bouquot. (Extrait
des mém. de la soc. acad. de l'Aube. t. 40. 1876.)

Lecco in camicia, ovvero uno progresso artistico
nel' anno 1877: considerazioni di un operajo.
Lecco, tip. Mauri. 16°.

Lechleitner, F. Entwürfe zu einfachen Renaissance-Möbeln. 12 Hfte. f°. München, Mey &
Widmayer. à M. 2. 50.

Leclercq. L'art et les artistes, critique esthetique.
16°, 384 p. Bruxelles, imp. Weissenbach et Co.;
lib. C. Muquardt. M. 3. 60.

Le Coiute. Notice archéologique sur l'église de
Cintheaux. 8°. Caen, imp. Le Blanc-Hardel.

Ledeboer (Ledebur). A M. Alfabetische lijst der
boekdrukkers, boekverkoopers en uitgevers in
Noord-Nederland sedert de uitvinding van de
boekdrukkunst tot den aanvang der negentiende
eeuw. 7e afl. (Chronologisch register) gr. 4°.
Utrecht, J. L. Beijers. Bij inteek f. 2. 10.
Afzonderlijk onder den titel van: Chronologisch
Register behoorende bij de alfabetische lijst
der boekdrukkers, boekverkoopers en uitgevers
in Noord-Nederland sedert het jaar 1440 tot
het begin dezer eeuw. gr. 4°. Aldaar. f. 2. 65.

Ledganck. Anatomie élémentaire. Texte explicatif pour la démonstration et l'interpretation des modèles anatomiques du docteur
Bock. Annoté et développé par le docteur
Ledeganck. 8°, VI—101 p. Bruxelles, imp.
H. Manceaux. Il van Havermaet, édit. f. 2.

Le Hon. L'homme fossile en Europe, son industrie, ses moeurs, ses oeuvres d'art aux temps
prehistoriques, par H. le Hon; avec une notice biograph. et des notes paleontologiques et
archéologiques par M. E. Dupont, directeur du
Musée royal d'histoire naturelle a Bruxelles.
4e edit. Ouvrage orné de 100 grav. et plusieurs
planches. Livr. 1 à 8. 8°. 256 p. Bruxelles,
imp. M Weissenbruch, lib. C. Muquardt. Prix
de l'ouvrage complet en 16 livr. fr. 8.

Lajeune. Monographies historiques et archéologiques de diverses localités du Hainaut.
T. I. 8°, 336 p Mons, imp. et lib. Dequesne-
Masquillier fr. 8 T. II. 8°, 400 p fr. 8.

Leimbach, Dr. Dr. C. L. Der Bilderschmuck d.
restaurirten Kaiserhauses zu Goslar. Vortrag
über den preisgekrönten Entwurf des Prof.
H. Wislicenus zu Düsseldorf. 16°. Wolfenbüttel,
Zwissler. M. 0. 60

Leins, C. F. v. Architekturbild d Universitätsstadt Tübingen u. ihrer Umgebung. Festschr.
zur Feier d. 400jährigen Bestandes d. Eberhard-
Karls-Universität Tübingen. Mit 62 (eingedr.)
Holzschn. Imp.-4°. 85 S Stuttgart, Kröner. M 4.

Leixner, O. v. Die moderne Kunst u. die Ausstellungen der Berliner Akademie. 1 Bd Hte
Ausstellg. v. 1877. 8°. Berlin, Guttentag. M 2 40.

Lemcke, Prof Dr. C. Populäre Aesthetik 5. verb.
Aufl. Mit 61 (eingedr. Holzschn.) Illustr. gr. 8°,
XIV 599 S. Leipzig 1879, Seemann. M. 9. 50.;
geb. M. 11

Lepage, C. Perspective plane, perspective mixte:
sur plan preconçu, a l'usage de Mrs. les ingenieurs et architectes; par restitution, a l'usage
des artistes-peintre decorateurs, pour les oeuvres
spontanées 4° Paris, imp. Besnos

Lérue, J. A de Céramique rouennaise La
collection de M. G Gouellain. 16° Rouen,
imp. Lapierre (Extrait du Nouvelliste de
Rouen des 28 et 29 mars 1877.)

— Ceramique rouennaise Objets d art La
collection de M. Paul Baudry. 16° Rouen,
imp. Lapierre Extrait du Nouvelliste de
Rouen des 14 et 15 juin 1877.)

— — Rouen artiste La collection de M d'Ignelon. 16°. Rouen, imp Lapierre. (Extrait du
Nouvelliste de Rouen du 26 juin 1877.)

Lesezeichen, 6 neue. In Farbendr. schmal 8°.
Frankfurt a. M. Leipzig, Böhme in Comm
M. 1. 20.

Lessing, J. Muster altdeutscher Leinenstickerei.
4e. Berlin, Lipperheide. In Mappe. M. 3

Lessing, O. Bauornamente Berlins. 1. Lfg fg.
f°. Berlin, Wasmuth. In Mappe. M 20.

Lettere, due, al cav. Pietro Saratovich, l'una
del cav. A. Tessier e l'altra del comm. Michelangelo Gualandi sopra due grandiosi dipinti
posseduti dal primo. Nuova ediz. Venezia,
tip. Cecchini 8°.

Lettere inedite di artisti del secolo XV, cavate
dal' archivio Gonzaga. Mantova, tip. Segna. 4.

Lévesque, Et. Notre-Dame-de-Norette, près de
Séverac-le-Château. Histoire de sa fondation
et de sa restauration. Rodez, Ve Carrère

Licht, Archit. H. Architektur Deutschlands
1. Lfg. fg. gr. f- (25 Bl. in Stein- u. Lichtdr).
Berlin, Wasmuth. In Mappe. M. 25.

Licot et Lefèvre. Abbaye de Villers-la-Ville, de
l'ordre de Citeaux. Description des ruines,
avec plans et dessins, par Ch. Licot, architecte
et E. Lefèvre. 8°, 120 p. et 7 pl. Nivelles,
imp. L. Gousleau; Bruxelles, lib. Decq et Duheul. fr. 3. 25.

Liénard, Portefeuille de Liénard. Motifs inédits applicables aux arts industriels et compluairés, choisis et mis en ordre par Mrs
P. Liénard et A. Doussamy, sculpteur. 2e fasc.,
pl. 51 a 120. Liege, Ch. Claesen, edit. fr. 50.

— — Unveröffentlichte Motive f. industrielle
Kunst- und Luxusgegenstände. Sammelmappe,
ausgewählt und geordnet von P. Liénard u.
A. Doussamy, 2 u. 3. (Schluss-) Liefg. f°
(4 S. u. Steintaf. 51 125). Lüttich, Claesen.
In Mappe. Baar M. 62.

Lieuville. Les artistes normands au Salon de
1877. 8°. Rouen, Champion.

Lieuville, A R de. Histoire numismatique de la
révolution de 1848, ou description raisonnée
des medailles, monnais, jetons, repousses etc.,
relatifs aux affaires de la France. 1re livr.
Paris, lib. Champion.

Liesin de Homme. Guide et indicateur des sanctuaires et lieux historiques de la Terre Sainte,
par le frère Liévin de Hamme, franciscain
resident a Jerusalem. 2e édition, revue, augmentée et accompagnée de cartes et de plans.
1re partie. 12°, XXVIII—391 p : 2e partie, XX
200 p : 3e partie, XXVII—254 p Louvain, imp.
F & J. Lefevre.

Lindenschmit, H Schliemann's Ausgrabungen
in Troja u. Mykenä. Vortrag. geh. im Vereine
zur Erforschg rhein. Geschichte u Alterthümer.
gr. 8°. Mainz, v. Zabern. M. 1

Lissauer, Dr. Drei Burgwälle bei Deutsch-Eylau
Mit 1 (lith.) Taf. (Aus: „Schriften der naturf.
Ges. in Danzig".) Lex.-8°, 7 S. Danzig 1876,
Anhuth. Baar M. 0. 60

Liste des artistes récompensés, français et étrangers, vivant au 1er mars 1877. Peintres, sculpteurs, graveurs en médailles ou sur pierre fines,
architectes, graveurs, lithographes. 8°. Paris,
imp. nationale.

Literatur, die, der letzten 7 Jahre (1870—1876)
aus dem Gesammt-Gebiete d. Bau- u Ingenieurwesens, m. Einschluss d. Kunstgewerbes, in
deutscher, französ. u. engl. Sprache. gr 8°.
VII—242 S Wien, Gerold & Sohn. Baar M 4.

Livres rares et precieux, anciens et modernes,
la plupart illustrés par les plus grands artistes
du XVIIIe et du XIXe siècle, de la collection

de M. E. Martin, dont la vente aura lieu à l'Hôtel des commiss. priseurs, 10. févr. 1877. 8°.

Loango-Küste, die, in 72 Photographien (35 Bl.) nebst erl. Texte v. Stabsarzt Dr. Falkenstein. gr. 4°. 14 S. Berlin 1876. Stiehm in Comm. In Leinw.-Carton Baar M. 60.

Lorenz, Catalogue général de la librairie française depuis 1840. 8°. Paris, Lorenz.

Löwenstein, R. Festrede vom 100. Jahrestage d. Geburtstages v. Ch. D. Rauch im „Vereine Berliner Künstler", geb. am 2. Jan. 1877. gr. 8°, 16 S. Berlin, Hofmann & Co. Baar M. 0. 50.

Lübke, Dr. W. Abriss der Geschichte der Baustile, unter Zugrundelegg. seines grösseren Werkes, jedoch m. besond. Berücksicht. d. ornamentalen u. constructiven Details. Als Leitfaden f. den Unterricht u. zum Selbststudium bearb. 4. umgearb. u. verm. Aufl. Mit 468 (eingedr. Holzschn.-)Illustr. gr. 8°. Leipzig, Seemann. M. 7. 50.; geb. M. 8. 75.

— — Geschichte der ital. Malerei vom 4. bis in's 16. Jahrh Mit zahlreichen Illustr. in (eingedr.) Holzschn. (n. Holzschntaf.) gr. 8°. Stuttgart, Ebner & Seubert. M. 21. 60.

Lucas, Ch. Architecture et archéologie. De la reconstruction de contre-forts de la cathédrale d'Evreux. Rapport présenté au congrès des architectes franç. de 1875, au nom de la commission d'archéologie de la Soc. centr. gr. 8°. Paris, Ducher et Ce.

Luthardt, Dr. Ch. E. Ueber kirchl. Kunst. Vortrag, auf Veranlassg. d. Vereins f. kirchl. Kunst in Leipzig, geh. am 13. Dez. 1863. 3. verb. Aufl. gr. 8°. Leipzig, Dörffling & Franke. M. 0. 30.

Luttich, E. v. Deutsche Minnesänger in Bild u. Wort. Gestochen von E. Forberg. Text von Dr. H. Holland. 2.—5. Lfg. gr. f°. (S. 40 bis 98 Kpfrtaf.) Wien, Kaeser. à M. 7. 50.; cplt. geb. M. 60.

Lützow, C. v. Geschichte d. k. k. Akademie der bildenden Künste. Festschrift zur Eröffnung d. neuen Akademie-Gebäudes. Mit Stichen u. Radirgn. v. H. Bültemeyer, F. Doby, L. Jacoby, V. Jasper, J. Klaus, A. Pfründer, J. Sonnenleiter, W. Unger, u. illustr., Vignetten u. Initialen in Holzschn. gez. v. M. Bültemeyer u. J. Schönbrunner, ansgef. v. Günther, Grois u. Rötzner. Imp.-4°. X—194 S. Wien, Gerold's Sohn in Comm. M. 30.

Mns. Portraits des principaux artistes, peintres, graveurs, sculpteurs et architectes de l'École d'Anvers depuis Quintin Massys. 150 pl. héliotypiques, par J. Mns. Anvers, imp. J. Mns, édit. fr. 100.

Maestro, il, del dipingere in miniatura, a tempra, ad acquarello. Milano, P. Carrara edit. 16° piccolo.

Maigne, M. Arts et manufactures Exposition sommaire des méthodes et procédés de l'industrie contemporaine; 3e partie. Charbon, gaz d'éclairage, bitumes, savons, chandelles, cuirs, papiers, industries diverses. 12°.

Mainz, das alte. Photographien von C. Hertel. 1. Lfg. fg. qu. gr. 4° (3 Bl.). Mainz, Diemer. M. 4. 20.

Mandel, Rapport adressé à Mrs. les membres de la Société du Musée de Riom et in dans la séance de nov. 1876. 8°. Riom, imp. Leboyer.

Mansfeld, B. Durch's deutsche Land. Malerische Stätten aus Deutschland u. Oesterreich. In Orig.-Radirgn. Nebst begl. Texte,red v. Aemil Fendler. 2. Bd, 1. Lfg fg. f° (5 Kupfertaf. m. 5 Bl. Text). Berlin, A. Duncker. (à) M. 4.

Manteuffel-Zögen, M. v. Ein Strauss unverwelklicher Blüthen, am Lebenswege gepflückt. Serie E. schmal 8° (6 Chromolith.). München, Obpacher. Baar (à) M. 2. 50.

Maquette du Palais de justice en construction à Bruxelles. Ixelles, phot. A. de Blochouse et Ce.

Marak, J. Waldeinsamkeit. Zwölf landschaftl. Stimmungsbilder. Radirt v. E. Willmann. Mit begleit. Dichtg. v. J. V. v. Scheffel. f°. Wien, Kaeser. Geb. M. 60.

Mariategui, Ed. Glosario de algunos antiguos vocablos de arquitectura y de sus artes auxiliares. Madrid, imp. del „Memorial del Ingenieros" (1876). Libr. de M. Murillo. 4°. (Tirada de 53 ejemplares, de los cuales sólo se ponen à la venta 30.)

Marie, reine des beaux-arts. Études artistiques, pittoresques, historiques sur les mystères de la vie de la S. Vierge; madonnes. T. 1. gr. 8°. Paris, les princ. libr. religieuses.

Mariette-Bey, A. Deir-el-Bahari. Documents topographiques, historiques et ethnographiques, recueillis dans ce temple pendant les fouilles. gr. f° (15 Taf. in Steindr., zum Thl. color., u. 1 Lichtdr.-Taf. in gr. f° n. Imp.-f°). Nebst Text. hoch 4°. IV—40 S. Leipzig, Hinrich's Verl. Cart. M. 60.

Marionneau, Ch. Collection archéologique du canton de Vertou (Loire-Inférieure), on description raisonnée des objets et documents historiques recueillis dans ce canton. 2e édit. 8°. Nantes impr. Forest et Grimaud. (Extrait du Bulletin de la Société archéol. de Nantes.)

— — Alfred Guerdou, architecte, dessinateur et lithographe. 8°. Nantes, imp. Forest et Grimaud. (Extrait de la Revue de Bretagne et de Vendée, juin 1876.)

Marquery, G. Les peintures de M. Paul Baudry à l'Opera 8°. Nantes, imp. Forest et Grimaud. (Extrait de la Revue de Bretagne et de Vendée, avril 1877.)

Martani, B. L'Incoronata di Lodi dopo i ristauri degli anni 1877—1878. Lodi, tip. Wilmant. 8°.

Martelli, D. Dell' ordinamento degli studii artistici in Italia: pensieri e proposte. Pisa, tip. Vannucchi. 64°.

Martigny. Dictionnaire des antiquités chrétiennes, contenant le résumé de tout ce qu'il est essentiel de connaître sur les origines chrétiennes jusqu'au moyen-âge exclusivement: I. Etude des mœurs et coutumes des premiers chrétiens. II. Etude des monuments figurés III. Vêtements et meubles. Nouv. édit. revue… avec 675 grav. gr. 8°. Paris, Hachette et Ce.

Martin, J. Allgemeine Zeichenschule. Ornamente (in Umrissen n. schattirt) in verschiedenen Stilen f. den Zeichen-Unterricht entworfen. 1.—4. Hft. f° (à 6 Steintaf.). Karlsruhe, Veith. à M. 4.

Martin-Dauvigny. Notice des tableaux exposés dans les galeries du musée de Lyon, au palais des arts. 18°. Lyon, imp. Perrin et Marinet.

Mascaret, A. De l'idéal chrétien dans la peinture. La Cène de Léonard de Vinci. 8°. Paris, imp. Pillet et Dumoulin. (Extrait du Bulletin de la Société de Saint-Jean, mars 1877.)

Masetti, L. Un quadro del Tiziano; lettera per le nozze Montevecchio-Almerici. Fano, tip. Pasqualis. 8°.

Masi, H. Description of the Vatican Museum and Galleries, with a plan. Fourth edition. Rome, tip. Sinimberghi, 1877. 16°.

Matthias, J. Het ornament of de leer der (vorm) versiering in de theorie en de praktijk van de nijverheid. Voor onderwijs en zelfoefening hoofdzakelijk naar „Die Formensprache des Kunstgewerbes" door H. L. Boerama. Roy 8°. (8, 212 en 6 bl. met 41 gelith. platen). Amsterdam, A. Akkeringa. f. 9.

Haupillé, M. L. Notices historiques et archéologiques sur les paroisses du canton de Louvigne-du-Désert. 8°. Renues, imp. Catel et Cie.
tExtrait des Mémoires de la Société d'archéologie d'Ille-et-Vilaine, tom. 11.)

Mededeelingen van de Rijks-adviseurs voor de monumenten van geschiedenis en kunst. Uitgegeven door bet departement van binnenlandsche zaken, onder toezikt van de Rijksadviseurs voor de monumenten van geschiedenis en kunst. 1e deel. 1e afl. gr. 4° (24 bl. met 11 platen). 's Gravenhage, M Nijhoff. f. 2. 50. 2e afl. f° (2 en 39 bl.). 's Gravenhage, M. Nijhoff. f. 1.

Mehr Licht! Eine deutsche Wochenschrift für Litteratur u. Kunst 1. Jahrg 1878—79. 82 Nrn. gr. 4°. Berlin, Frey. Vierteljährl. M. 4 50.

Meister der bildenden Künste. Brustbilder in Photogr nach Selbstporträts. Italien N° (12 Bl). München, Bruckmann. In Leinw.-Mappe. Baar M. 12.; einzelne Blätter a M. 1.; Grösse IV, in f° M. 40.; à Blatt M 3.

Melani, J. A Firenze: lettere artistiche, pubblicate da A. Agostini Della Seta; con prefazione. Pisa, tip. Nistri. 8°.

Mémoires de l'Académie royale des sciences, des lettres et des beaux-arts de Belgique. T. XLII. 4°, 636 p. et 3 pl. Bruxelles, imp. F. Hayez.

Mémoires de la Société des antiquaires de la Morinie. T. 15. (1874—1876.) 8°. Paris, Derache.

Mémoires de la Société des antiquaires de Picardie. T. 25. Paris, Dumoulin.

Mémoires de la Société archéologique et historique de l'Orléanais. T. 15. Paris, a la Société bibliographique.

Mémoires de la Société archéologique d'Eure-et-Loire. 8°. Chartres, Petrot-Garnier.

Mémoires de la Société des lettres, sciences et arts de Bar-le-Duc. T. 6. 8°. Bar-le-Duc, Contant-Laguerre.

Memorie sul lle Magi, nella basilica di S. Eustorgio in Milano. Milano, tip. A. Lombardi 1877. 16°.

Méry, J. Raphaël et la Fornarina. 18°. Paris, lib. Calmann Lévy. (Bibliothèque contempor.)

Messager des sciences historiques ou Archives des arts et de la bibliographie en Belgique. 1876 fg Gand. E. v. d. Kaeghen, imp.-edit. Par an fr. 15.

Meunier, St. Geologie technologique. Traité des applications de la géologie aux arts et a l'industrie. Agriculture. Architecture. Genie civil Metallurgie. Ceramique Verrerie. Medecine. Teinture. Produits chimiques. Peinture. Joaillerie. 18°. Paris, Rothschild.

Meyer, B Studien und Kritiken. gr. 8°, XII—480 S. Stuttgart, Spemann. M. 8.

Michaud. Histoire des croisades. Illustrée de 100 grandes compositions par G Doré, gravées par Bellenger, Doms, Gusman, Jonnard, Pannemaker, Pisan, Quesnel etc. f°. Corbeil, imp. Crété fils; Paris, lib. Furne, Jouvet et Cie.

Wieble's, A. L'art flamand dans l'est et le midi de la France Rapport au gouvernement français. Complement de l'histoire de la peinture flamande. 8 Paris, Loones.

Milliet, Et. Notice sur les faïences artistiques de Meillonas (Ain). 2e edit. 8°. Bourg, Martin et Grandin.

Minghetti, M. Le donne italiane nelle belle arti al secolo XV e XVI Firenze, tip. successa. Le Monnier. 8° (Estratto della Nuova Antologia.)

Minutoli, L. Di alcune opere di belle arti della metropolitana di Lucca. Lucca, tip Giusti, 1876. 8°.

Mithoff, H. W. H. Kunstdenkmale n. Alterthümer im Hannover'schen. 5. Bd: Herzogthümer Bremen n. Verden m. d. Laude Hadeln, Grafschaften Hoya n. Diepholz. Mit Abbildgn. auf 10 Taf, u lu (eingedr.) Holzschu. gr. 4°. Hannover, Helwig's Verlag. M. 14.

Mittheilungen der k. k. Central-Commission zur Erforschung u. Erhaltung der Kunst- u. hist Denkmale. Hrsg unt. d. Leitung d. Präs Dr. J A. Frhr. v. Helfert. Red.: Dr. K. Lind, 2. u. 3. Bd. a 4 Hfte. gr. 4°. Wien, 1876 u. 1877 Gerold's Sohn in Comm. à Bd. M. 12.

Dasselbe. 4. Bd. (Neue Folge d. Mitth. d. k. k. Centr.-Comm. zur Erf. u Erh. v. Baudenkmalen.) gr. 4°. Wien, Gerold's Sohn. M. 12.

Mittheilungen der historischen u. antiquarischen Gesellschaft zu Basel. Neue Folge, I. gr. 4°. Basel, Bahnmaier's Verl M. 6. Inhalt: Die Deckengemälde der Krypta d Münsters zu Basel v. A. Bernoulli. Mit 7 Taf. v. A. Gräter.

Mittheilungen d. k. k. österr. Museum f. Kunst u. Industrie. (Monatsschrift f. Kunst u. Kunstgewerbe.) Red.: E. Chmelarz. 13 Jahrg. 1878. 12 Nrn. gr. 8. Wien, Gerold's Sohn in Comm. M. 8.

Möckel, Archit. G. L. Ausgeführte u. projectirte Kirchen, Villen u. Wohnhäuser m. übersicht. Zusammenstellg. der Herstellungskosten. 1. Lfg. f° (1 Lichtdr. u. 3 Kpfrtaf.). Dresden, Gilbers. Baar M. 8.

Modello errante di monumento a frate Arnaldo da Brescia. Brescia, tip. Bersi. 16°.

Mol, van. Pierre Paul Rubens, par J. B. Van Mol. 8°, 100 p. avec fig. Anvers, imp. J. E. Buschmann; lib. J. B. Van Mol fr. 2. 50.

Molmenti, P. G. Giorgione. — Segue: La casa di Giorgione di C. M. Urbani de Gheltof. Venezia, Ongania edit. 16°. (Dal Bollet. d'arti, industrie e curiosità veneziane, anno M. n. 2.)

Mondello, F. La Madonna di Trapani: memorie patrie artistiche. Palermo, Montaina e C. 16°.

Monet, A. L. Extraits des rapports et articles des journaux ayant rendu compte de la première édition du Conducteur de machines typographiques. 1872—77. Madrid, impr. de Aribau et Cie. 4°.

Montaiglon, A. de. Michel-Ange et les statues de la chapelle funeraire de Medicis a l'eglise Saint-Laurent de Florence. 18. Paris, Delagrave.

Monti, C. Nuovo corso metodico elementare d'ornato ad uso della scuole tecniche, normali ecc. Lecco, tip.-edit. G. Corti. 4°, con 24 tav.

Montrond, M. de. Les Peintres les plus célèbres. 3e édit. 12°. Lille et Paris, Lefort.

Monumentos arquitectónicos de España, publicados de Real órden y por disposicion del Ministerio de Fomento. Madrid, impr. y calcografia nacional. Cuaderno 59 En folio mayor. (Contiene: Texto: Monografia de los monumentos latino-byzantinos de Merida. Coronas y cruces del Tesoro de Guarrazar. — Láminas: Mosaico de las aves de Merida (cromo). — Miembros y fragmentos arquitectónicos desconocidos, de Merida (grabado en acero).

Moratti, C. I pensieri di Giulio Cesare (modello in creta del Civiletti); bozzetto critico. Palermo, tip. P. Molaina, 1876. 8°.

Morgantini, V. Caravaggio in San Vito di Valdobbiadene. Valdobbiadene, tip. Castaldi. 16°.

Mosaico romano. — Contaton de monumentos

históricos y artísticos de la provincia de Gerona. Memoria acerca del Mosáico Romano descubierto en el presente año en la heredad llamada Torre de Bell-Lloch, situada en el llano de esta ciudad. Madrid, M. Murillo. 4⁰.

Mothes, O. Die Bewegung auf dem Gebiete d Kunstgewerbes Ein Sendschreiben an Herrn A v. Eye. (Aus: „Romberg's Zeitschrift f. prakt. Baukunst.") gr. 8⁰. Berlin, Engelmann. M. 0. 80)

— Illustrirtes Baulexikon. Praktisches Nachschlagebuch f. Architecten, Maurer, Zimmerleute etc. 3. Aufl. Heft 58 fg gr 8⁰. Leipzig. Spamer. à M 0. 80.

Motifs decoratifs, par Mauché. ns de Longpre fils. 8 pl Paris, imp. lith. Delarue.

Mayrel, M. Traite de teinture des soies, precedé de l'histoire chimique de la soie et de l'histoire de la teinture de la soie. 8⁰. Lyon, impr. Storck.

Müller, F.. Mr S. Catalogus van het museum van oudheden (te Utrecht). Roy. 8⁰ (XIV en 237 bl met 3 getith. platen). Aldaar f. 1. 75.

Müller, H. Betrachtungen über das Studium der Kunstwissenschaft. gr. 8⁰. Köln, Lengfeld. M 1.

Müller, N Die Wappen der deutschen Burschenschaften Winter-Semester 1878—79. Chromolith. u Golddr. Imp.-f⁰ Frankfurt a. M., Rommel. Baar M. 10.

Müller, P. Sammlung von Monogrammen. 2. Aufl. 2. u. 3. Lfg. f⁰ (à 10 Steintaf.). Stuttgart, Nübling. Baar à M 3.

Müller u. Mothes. Illustrirtes archäologisches Wörterbuch der Kunst d. german. Alterthums, d. Mittelalters, sowie der Renaissance. Lfg.19 fg. gr. 8⁰ Leipzig, Spamer. à M. 1

Müntz, E. La Renaissance à la cour des papes. 1. L'Heritage de Nicolas V. 2. Les collections du cardinal Pierre Barbo (Paul II). Paris, imp. Quantin et Cᵉ. 8⁰. (Extrait de la Gaz. d. beaux-arts, mai 1877.)

Münz- und Medaillencabinet des Justizr. Reimann in Hannover. 1. Abth., in. Taf.-Abbild. (m Gold- u. Silberdr.). gr. 8⁰, III—583 S. Hannover, Hahn. M 10. 50

Münze u. Medaillencabinet d. Grafen Karl zu Inn- u. Knyphausen n.] Nachtrag hierzu. gr. 8⁰. Hannover, Hahn. M. 10. 50.
Hauptwerk (X—419 S. m. 2 Lichtdr.-Taf.). 1872 Cart. M. 6. — 1. Nachtrag (VII—232 S. m 6 Lichtdr.-Taf.) M. 4. 50

Münzstudien Herausg. v. H. Grote. Nr. 24 fg. gr 8⁰. M. Steintaf. Leipzig, Hahn. à M 5.

Musée Fol. le. Etudes d'art et d'archéologie sur l'antiquité et la renaissance Publie aux frais de la ville de Genève. 3ᵉ annee. Choix d'intailles et de camées antiques, gemmes et pates decrits par W. Fol. Accompagné de 100 pl. gravés sur cuivre Tome II. f⁰ (S. 160—267 m. 36 Kupfertaf.). Basel, Georg. Cart. M. 20. (1—3: M. 56.)

Musée des costumes de guerre à l'hôtel des Invalides. Notice sur les 36 personnages de la collection. 8⁰ Paris, Noblet.

Mussely. La salle échevinale de Courtray, restaurée par les soins de l'administration communale et ornée de peintures murales. Etude historique, par C. Mussely, en collaboration avec G Mussely. gr. 8⁰. VIII—180 p. Gand, imp. C. Annoot Braeckman. fr. 8.

Muster-Alphabete f Lehrer, Kalligraphen, Lithographen etc in 34 Blättern. Lith. qu. gr. 8⁰. Leipzig, Sigismund & Volkening. M. 1. 80.; Auswahl in 18 Bl. M. 1

Musterblätter kunstgewerblicher Thätigkeit unter Mitwirkg. hervorrag. Architekten und Fach-

genossen, zum prakt. Gebrauch f. Kunsthandwerker u. Architekten hrsg v. R. Humbert. E. Puls u. A. Türpe. Ausg. A.: Möbel, Holzarchitektur u. Polsterarbeiten. red. v. A. Türpe. 1 Jahrg. 12 Hefte gr. f⁰. Göttingen, Warmstorf. Baar à M 1. 60.

Dasselbe. Ausg. B.: Gold- u. Silberarbeiten, red. v. R. Humbert 1. Jahrg 12 Hefte gr. f⁰. Ebd. Baar à M 1. 40.

Dasselbe. Ausg. C.: Kunstschlosser- u. Bronzearbeiten, red. v E. Puls. 1. Jahrg. 12 Hefte gr f⁰. Ebd. Baar à M. 1. 20.

Muster-Zeitung f. Färberei, Bleicherei, Druckerei, Appretur u. Farbenfabrikation. Central-Organ f. Veröffentlichg. neuer Erfindgn u Verbesserngn. auf dem Gesammtgebiete der Farbenchemie f. Färbereien, Zeugdruckereien, Kattunfabriken etc. Red.: Dr. F. Springmühl 27 Jahrg. 1878. 48 Nrn. Mit Stoffmustern, Maschinen-Zeichngn. u. Holzschn. gr. 4⁰. Leipzig, G. Weigel. Halbjährig M. 9.

Müller, K. O. Handbuch der Archäologie der Kunst 3., nach d. Handexemplar verb., berecht. u verm. Aufl. v. Dr. F. G. Welcker. 2. Abdr. gr. 8⁰. XX—777 S. Stuttgart 1878, Heitz M. 16

Mazzi, prof. F. Cenni sul metodo della pittura a buon fresco. Bologna, tip. militare. 16⁰

Myllus, F. H. Acht Tage in Holland. Reisenotizen über das Land u. seine Kunstschätze. 2. Aufl., m. Illustr. nach Zeichngn. d. Verf. gr 16⁰. Mailand, Hoepli. M 3. 60.

Myllus, O. Am heiligen Grabe. Malerische Wanderngn. durch d. gelobte Land u. d. Stätten der hl. Schrift. Ein Haus- u. Familien-Buch f. Leser aller Stände. Mit 24 Kunstblättern in Farbendr., 27 (eingedr.) Holzschn. u. 1 (lith.) Grundriss von Jerusalem. hoch 4⁰. Stuttgart, Horster. Geb. m. Goldschn. baar M. 18.

Naamlijst, alphabetische, van boeken, plaat- en kaartwerken, die gedurende de jaren 1850 tot en met 1875 in Nederland uitgegeven of herdrukt zijn; benevens opgave van den naam des uitgevers of eigenaars, het jaar van uitgave, het getal deelen, de platen en kaarten, het formaat en den prijs. 2ᵉ afdeeling. Wetenschappelijk register. 1ᵉ afl. (vel 1—10). M. 4⁰ (bl. 1—80). Amsterdam, C. L. Brinkman. f. 1. 80.

Naamlijst, alphabetische, van boeken, landkaarten en verder in den boekhandel voorkomende artikelen, die in het jaar 1877 in het koningrijk der Nederlanden uitgegeven of herdrukt zijn, benevens opgave van den uitgever, den prijs en eenige aanteekeningen; alsmede een wetenschappelijk register. (32ste jaarg.) Post-8⁰. XXXII en 167 bl. Amsterdam, C. L. Brinkman. f. 1.

Nagler, Dr. G. K. Die Monogrammisten u. diejenigen bekannten u. unbekannten Künstler, welche sich zur Bezeichnug. ihrer Werke ein figürl. Zeichens. der Initialen des Namens, der Abbreviatur bedienten etc. bedient haben. Fortgesetzt v. Dr. Andresen. Nach dem Tode beider fortgesetzt v. Insp. C. Clauss. 6. Bd. 2. Hft. gr. 8⁰. München, Franz. M. 2. 80. (I—V. 2: M. 101. 60.)

Natur u. Herz. Ein Album, allen Detrachtgn. gewidmet. Mit 12 in Kpfr. radirten Compositionen v. W. Georgy. 2. Aufl. Lex.-8⁰. Berlin, H. W. Müller. Geb. m. Goldschn. M. 18.

Nawarski, N. v. Die Jagellonenkapelle am Dome zu Krakau, besprochen v. Dr. K. Lind. Mit 14 Zeichnungsblättern u. 3 Holzschn. (Aus: Allg. Danztg.") f⁰. Wien, v. Waldheim. In Mappe. M. 7.

Neeffs. Histoire de la peinture et de la sculpture à Malines. par E. Neeffs. membre correspondant de la commission royale des monuments. Tome Iᵉʳ. (La Gilde de St. Luc. —

L'Académie des Beaux-arts. — Les peintres malinois. 8°, 512 p. et 1 pl. — Tome II. (Les sculpteurs malinois.) 8°, 307 p. et 1 pl. Gand. Imp. E. van der Haeghen; Louvain, lib. Ch. Peeters. M. 15.

Neubauten zu Frankfurt a. M. Hrsg. unter Mitwirkg. d. Frankfurter Architekten- u. Ingenieur-Vereins. Red. v. Archit. F. Sauerwein. Phot. Aufnahmen v. C. Hertel in Mainz, Lichtdr. v. A. Maier in München u. Brauneck & Maier in Mainz. 1. Lfg. fg. gr. f°. Frankfurt a. M., Keller. Baar M. 6.

Neubauten, Wiener. Unter Mitwirkg. d. Archit. H. v. Ferstel, E. u. H. v. Förster, Th. v. Hansen etc. herausg. v. Prof. C. v. Lützow u. Archit. L. Tischler. (Gestochen unter Leitg. v. E. Obermayer. 2. Bd. Heft 2 fg. Kupferlaf. Wien, Lehmann & Wentzel. Baar a M. 8.

Neujahrsblatt d. Kunstvereins in St. Gallen. 1. 1878. gr. 4°. St. Gallen 1877, Scheitlin & Zollikofer in Comm. Baar M. 1. 60.

Nicaise, A. L'archéologie devant l'histoire et l'art. Chalons-sur-Marne, Martin.

Nicole, D. Architecture pratique. De l'emploi des briques ordinaires dans la construction et la décoration des édifices publics et privés. 4°. Paris, Ducher et Ce.

Nielsen, H. Radirungen. f° (30 Bl.). Itzehoe, Nagorz. Baar M. 13.

Nohl, M. Tagebuch e. italienischen Reise. Hrsg. v. W. Lübke. Mit 194 (eingedr. Holzschn.) Illustr. nach Orig.-Zeichngn. 2. durchges. Aufl. 8°, VIII—376 S. Stuttgart, Ebner & Seubert. Geb. M. 10.

Notice de livres rares et curieux, ouvrages à gravures, éditions de bibliophiles, etc. Vente aux enchères publiques les 29 et 30 mai 1877, rue des Bons-Enfants, 28. 8°. Paris, Claudin.

Notice des tableaux, dessins et objets d'art du Musée de Rochefort. Rochefort, imp. Thèze.

Notice historique et descriptive des tableaux et des sculptures exposés dans le Musée Royal de la Haye. Supplément. Août 1877. Post 8° (26 bl.). La Haye, Martinus Nijhoff.

Notizblatt, polytechnisches, f. Gewerbtreibende, Fabrikanten u. Künstler. Hrsg. u. red. v. Prof. Dr. R. Böttger. 33. Jahrg. 1878. 24 Nrn. gr. 8°. Leipzig, Foltz. Baar M. 6.

Notizie storiche di Pola, edite per cura del municipio e dedicate agli onorevoli membri della società agraria istriana radunate al IX congresso generale nella città di Pola. Lex.-8 (437 S. m. 10 Steintaf. in gr. 8° u. f°). Parenzo 1876. (Pola, Schmidt.) Baar M. 8.

• Notre siècle. Revue biographique internationale des notabilités de tous les pays, illustrée de nombreux portraits, rédigée par une Société des gens de lettres, sous la direction de l'Inst. Oppelt. 1re année. N° 1, janvier 1878. Bruxelles, Administration de l'Illustration européenne. Par an (Bruxelles) fr. 9., (Province) fr. 10.

Nouveau cours gradué de fleurs et de fruits. Motifs pour la décoration. Paris, imp. lith. F. Delarue et fils.

Nouvelles archives de l'art français, recueil de documents inédits publié par la Société de l'histoire de l'art français. Année 1877. 8°. Paris, lib. Baur.

Novitäten-Catalog d. deutschen Buchhandels. 1877. April—Juni. Verzeichniss der in den Monaten April, Mai und Juni erschienenen Bücher. Karten u. Zeitschriften. Systematisch geordnet u. hrsg. v. H. Schmidt. gr. 8°. 87 S. Prag, Bellmann. à M. 0. 30.

Oontwikkeling van het schoonheidsgevoel in de lagere volksschool (door J. H. van Daisen.) Uitgegeven door de Maatschappij tot nut van 't algemeen. 1878. kl. 8° (67 bl.) Amsterdam, Fred. Muller, Deventer, J. H. de Lange. Leiden, A. W. Sijthoff. f. O. 35.

Orden u. Ehrenzeichen der deutschen Regenten. Gold- u. Farbendruckbild. Imp.-f°. Frankfurt a. M., Rommel. Baar M. 7. 50.

Otte, H. Archäologisches Wörterbuch zur Erklärung der in den Schriften über christliche Kunstalterthümer vorkommenden Kunstausdrücke. Deutsch. Lateinisch, Französisch u. Englisch. 2. erweit. Aufl., bearb. vom Verf. unter Mithilfe von O. Fischer. Mit 285 (eingedr.) Holzschn. gr. 8°, VIII—488 S. Leipzig. T. O. Weigel.

Otzen, J. Die St. Johanniskirche nebst Pfarrgebäude zu Altona. Mit 10 Kpftaf. gr. f°. Berlin, Ernst & Korn. Cart. M. 16.

Overbeck, J. Griechische Kunstmythologie. Besonderer Theil. 2. Bd. 3. Theil. 4. Buch: Demeter u. Kora. Mit 4 (phototyp.) Taf. u. 2 (eingedr.) Holzschn. Lex.-8. Leipzig, Engelmann. M. 12, (1—11, 3: M. 53.)
— — Atlas der griechischen Kunstmythologie. 4. Lfg. Imp.-f°. Leipzig, Engelmann. M. 48. (1—4: M. 172.)

Palagi, G. Milton e Galileo alla torre del Gallo: quadretto a olio del cav prof. A. Gatti; descrizione e illustrazione. Firenze, Le Monnier. 8°.

Pillard. Le Raphaël d'un million. gr. 8° Paris, imp. Quantin. (Extrait de la Gazette d. beaux-arts, sept. 1877.)

Panorama d'Alsace et des Vosges pris de la Plateform du château de Hoh-Kœnigsbourg. qu. schmal f°. Strassburg, Schultz & Co. Geb. M 2.

Papst-Album. Portraits sämmtl. Päpste von Petrus bis Pius IX. In Photogr. ausgeführt. Mit e. kurzen Abriss ihrer Geschichte von Prof. Dr. J. Hergenröther. gr. 4°. Würzburg, Wörl. Geb. m. Goldschn. u. Schliessen. M. 80.

Paravicini, Tito Vespasiano nobile. Die Renaissance-Architektur d. Lombardei. (In 5 Lgn.) 1. Lfg. fg. (10 Bl. in Lichtdr.) Dresden, Gilbers. Baar à M. 12.

Paris à travers les âges, aspects successifs des principales vues et perspectives des monuments et quartiers de Paris depuis le XIIIe siècle jusqu'à nos jours, fidèlement restitués d'après les documents authentiques, par M. F. Hoffbauer, architecte. Texte par MM. E. Fournier, P. Lacroix, A. de Montaiglon, A. Bonnardot, J. Cousin, Franklin, V. Dufour etc. (Livr. 1 à 3.) f°. Mesnil et Paris, Firmin-Didot et Ce.

Pasini pré Antonio. Il tesoro di S. Marco in Venezia dal 1797 fino al presente; omaggio a mons. G. M. Berengo insediato vescovo di Adria-Venezia, Op. Antonelli. 8°.

Pasolini-Zanella, G. Di una scuola di disegno e di plastica per gli operai in Faenza. Bassano, tip. Roberti. 16°.

Patera, A., u. F. Tadra. Das Buch der Prager Malerzeche (Kniha bratrstva malířského v Praze) 1348—1527. Vollständiger Text nebst e. krit. Commentar zu der v. Prof Pangerl (u. Prof. Woltmann) veranstalteten Ausg. dieses Buches im 13. Thle. v. Eitelberger's „Sammlung v. Quellenschriften für Kunstgeschichte etc." gr. 8°. Prag, Otto. M. 2.

Paulus, Dr. E. v. Die Alterthümer in Württemberg. Mit e. Titelbild in Farbendr. (Aus: „Württ. Jahrb. f. Statistik u. Landeskunde.") Lex.-8°. Stuttgart 1877, Lindemann. Baar M. 3

Paz, H. Asociación de escritores y artistas. Memoria de los trabajos realizados por la misma durante el año de 1876. Madrid. 4°.

Pecht, F. Kunst u. Kunstindustrie auf der Pariser Weltausstellung 1878. 8°. Stuttgart, Cotta. M. 4. 50.

— — Lessing-Galerie. Charaktere aus Lessing's Werken. 30 Blätter in Stahlst. Mit erläut. Texte v. F. Pecht. Octav-Ausg. 10 Lfgn. 8° (à 3 Stahlst. m. 12 S. Text). Leipzig, Brockhaus. à M. 0. 75.

Pêcheuse de Boulogne-sur-Mer. Par Stop. (Costumes nationaux.) Paris, Imp. lith. Becquet; ancienne maison Martinet

Pellicani, A. La nuova facciata di S. Lorenzo in Monticelli d'Ongina e la sua inaugurazione. Piacenza, tip. Solari. 16°.

Perle, die. Kunst- u. stilgerechte Vorlagen f. Juweliere und Goldarbeiter. Entworfen, gezeichnet u. hrsg. v. M. Gerlach, unter Mitwirkg. hervorrag. Künstler u. m. Unterstützg. der Gewerbe-Museen in Berlin u. Wien. 3. Hft. f°. Wien, Gerlach & Co. Baar (à) M. 6.

Perrot, G. Inscriptions d'Asie Mineure et de Syrie, recueillies par MM. Carabella, Choisy et Martin. 8°. Paris, Didier et Ce. (Extrait de la Revue archéologique.)

Perwolf, F. Die Farbendruckerzeugung mittelst Chromolitho- u. Chromozinkographie. Ein Grundriss für angeh. Fachmänner, Buch- u. Kunsthändler. Mit e. Facsim. in qu. 4° n. e. Holzschn. 8°. Wien, Lehmann & Wentzel. M. 1. 60.

Pessler, E. Biblische Bilder des alten u. neuen Testaments. Nach Orig.-Zeichngn. in Oelfarbendr. ausgeführt v. F. Hölzel's Kunstanstalt in Wien. Im Auftrage d. hohen k. k. Ministeriums f. Cultus u. Unterricht. 30 Blatt in 10 Lfgn. qu. gr. f°. Wien, Hölzel. à Lfg. M 4 80.; einzelne Blätter à M. 2.

Petit (le) Gascon, journal illustré. Littérature, beaux-arts, théâtre, commerce et industrie. 1re année. Toulouse, imp. Pinel.

Petrovits, L. E. Die Wiener Ringstrasse in ihrer Vollendung n. d. Franz-Josephs-Quai. 20 Ansichten nach Original-Aufnahmen in Farbenholzschn. ausgef. von F. W. Bader. qu. f°. Wien, Manz. In qn. gr. 4° cart. M. 8.

Pfannschmidt, C. G. Moses und die Tochter Pharao's in 7 Bildern, in Kupfer gest. von F. Ludy. Mit Dichtgn v. K. v. Gerok. gr. f° (8 Bl Text). Bremen, Müller. Ausg. I. m. d. Schrift cart. M. 60.; geb. in Calico M 67. 50.; Ausg. II. in Saffian M. 90.; Ausg. III. Druck vor d. Schrift auf chines. Papier in Mappe M. 75.; Ausg. IV. Epreuve d'artiste in Mappe M. 150.

Pfau, L. Kunst- u Gewerbestudien. 1 Hälfte. 8°. 352 S. Stuttgart, Ebner & Seubert. M. 3. 60.

— — Das Ulmer Münster-Jubiläum. (Aus: „Frankfurter Zeitg.") gr. 8° (96 S. m. eingedr. Holzschn. u. 1 Holzschntaf.). Ulm, Ebner. M. 1. 50

Pharus am Meere des Lebens. Illustrirt von A. Schmitz. 2 Aufl. Lex.-8° (588 S. m. eingedr. Holzschn u. Holzschntaf.). Iserlohn, Bädeker. M 20.; geb M. 24

Philommeste junior La bibliomanie en 1878. Bibliographie rétrospective des adjudications les plus remarquables faites cette année et de la valeur primitive de ces ouvrages. 12°. 160 p. Bruxelles, imp. A. Lefevre; lib. Gay et Doucé. fr. 3.

Pietsch, L. Wallfahrt nach Olympia im ersten Frühling der Ausgrabungen (April u. Mai 1876), nebst e. Bericht üb. die Resultate der beiden folg. Ausgrabungs-Campagnen. Reisebriefe. 8°. Berlin 1879. F Luckhardt. M. 4.

Pietschker, Dr. R. Georg Bleibtreu, der Maler d. neuen deutschen Kaiserreiches. Kunststudie

Pilloy, J. Archéologie préhistorique. La sépulture de l'âge de la pierre polie de Ribemont. Notice illustrée par J. Lecocq. 8°. Saint-Quentin, imp. Poëtte. (Extrait des travaux de la société acad. 3e série, t. 14.)

Pinacoteca della R. Accademia di belle arti in Milano. 44 ediz. Milano, tip. G. Civelli. 16°.

Piranesi. Römische Alterthümer. Grabdenkmäler, Ansichten u. Plätze Roms, Monumente, Statuen, Vasen, Candelaber, Ornamente, Kamine etc. Die schönsten Blätter daraus in Lichtdr. ausgef. v. L. Koch. 1. Lfg. gr. f°. Wien, Koch. In Mappe. M. 10.

Piron. Recherches historiques appliquées à l'étude des monuments de l'architecture. Ouvr. précédé de quelque notions d'archéologie, par L. Piron, architecte-géomètre. 8°, 102 p. Cureghem-lez-Bruxelles, imp. et lib. F. Langerock. fr. 2. 50.

Picturesque Europe Illustrated with sixty exquisitely engraved steel plates and several hundred superior wood engraving, from original drawings, specially made for this work, by H. Foster and other eminent artists of the day. Parts 33—35 (t. 3). 4°. London, Cassell, Petter and Galpin.

Plan de Paris. Beaux-arts, industrie, par Agnes aine. 19e année. 1877. Paris, imp. Rigal et Ce.

Plan reproduisant en relief, l'indication des boulevards, places, rues, marchés etc., de la ville d'Anvers et des communes de Berchem et Borgerhout, dressé par Ch. de Jardin. Anvers, F. van Opstal, édit.

Plegte, W. La construction de l'église paroissiale de St. Jacques à Utrecht, plan et coupes architectoniques avec indication des agrandissements successifs, précédés d'une note explicative. Sous les auspices de la Société „Het Provinciaal Utrechts genootschap van kunsten en wetenschappen". gr. f°. Leide, E. J. Brill. 1876. f. 6.

Plegte, Dr. W. Nederlandsche oudheden, van de vroegste tijden tot op Karel den Grooten 2e afl. Friesland. Westergo. Afbeeldingen naar de oorspronkelijke voorwerpen, of naar photographiën met begeleidenden tekst en oudheidkundige kaart. gr. 4° (bl. 47–86 en gelith. pl. XIII–XXVIII en gelith. kaart). Leyden, E. J. Brill. f. 10.

— — 3e afl. Afdeeling Hunsingo. f. 10.

— — Nederlandsche oudheden van de vroegste tijden tot op Karel den Grooten. Friesland, Oostergo. Afbeeldingen naar de oorspronkelijke voorwerpen, of naar photographiën met begeleidenden tekst en oudheidkundige kaart. 1. Roy.-4°. Leyden, E. J. Brill. In linnen portefeuille. f. 10.

Plutarch, der neue. Biographien hervorrag. Charaktere der Geschichte, Litteratur u. Kunst. Hrsg. v. H. Gotterhall 5 Thle. 8°, VII—397 S. Leipzig, Brockhaus. (à) M. 6.; geb. (à) M. 7.

Podesta, B. Le mappe delle logge vaticane. Firenze, tip. della Gazzetta d'Italia. 4°.

Poirson, A. Essai historique sur l'industrie de la soie en France au temps d'Henri IV. 8°. Montpellier, libr. Coulet. (Extrait de l'histoire du règne d'Henri IV, 3e edit., livr. 7, chap. 5. Paris, Didier et Ce., 1866.)

Polastri, V. Dell' architettura classica considerata brevemente nel suo sviluppo storico: dissertazione. Torino, stamp. dell' Unione. 8°.

Pompei, A. Studi intorno all' anfiteatro di Verona, preceduti da un Saggio sugli spettacoli degll antichl. Verona, II. F. Münster; tip. Apollonio. 4°.

Portalls, R. Les dessinateurs d'illustrations au XVIIIe siecle. 2 vol. 8°. Paris, Morgant et Fatout.

Portrait de Me Ernest Gillon, lithographié par Joseph Schubert. Bruxelles, imp. v^e Simoneau-Toovey.

Portuondo y Barcein. Lecciones de arquitectura. Madrid, impr. del „Memorial de Ingenieros", t.y II. parte. Con nn atlas de 21 y 26 lams. Libr de Murillo.

Potoln. La mère de Rubens, drame en cinq actes, en vers 12°, 80 p. Bruxelles, imp. M. Weissenbruch; lib. C. Muquardt. fr. 1. 50.

Preller, F Italienisches Landschaftsbuch. Zehn Orig.-Zeichngn. In Holzschn. ausgeführt v. II Käseberg u. K. Oertel. Mit erläut. Text v. Dr. M. Jordan. qu. F°. Leipzig, A. Dürr. Geb. M 18.

Preller's, F., Odyssee-Landschaften. Ausg. in Aquarell-Farbendruck, nach den im grossherzgl. Museum in Weimar befindlichen Original-Gemälden. 1. u. 2 Liefg. Imp.-F° (à 3 Bl.). München, Bruckmann. Subscr.-Preis à M 60

Prowel, F. Ihn u. sein Münster. Festschrift zur Erinnerung an den 30. Juni 1377. Mit (einged.) Holzschn u artist Beilagen (1 Radirg.) v. Prof Baldinger u. Riess u. Maler Dürr. Lex.-8°, 136 S. Ulm, Ebner. M. 3.

Preussen's Regenten aus dem Hause Hohenzollern. 16°. Berlin, Bohne. (In Photogr.) Geb. M. 4. 50.

Prisse d'Avennes. L'Art arabe d'après les monuments du Kaire, depuis le VIIe siecle jusqu'à la fin du XVIIIe. 4°. Paris, Ve A. Morel et Ce.

Procès-verbaux de l'Academie royale de peinture et de sculpture 1648—1792; publiés pour la Societé de l'histoire de l'art française, d'après les registres originaux conservés à l'École des beaux-arts, par M. A. de Montaiglon. T. 1. 1648—1672 8°. Paris, libr. Baur.

Programma voor een wedstrijd tot het verkrijgen van ontwerpen voor een niew akademiegebouw te Leiden. Post n° (8 bl. met uitsl topogr. kaart voorstellende: Situatie van de groote ruine van het omliggend terrein te Leiden. 's Gravenhage, Algemeene landsdrukkerij (van Weelden en Mingelen). f. 0. 50.

Programme des conditions d'admission aux écoles nationales des beaux-arts et au conservatoire de musique. 12°. Paris, Jules Delalin et fils.

Proyecto de reglamento de la Sociedad Central de arquitectos. Madrid, impr., estereotipia y galv. de Aribau y C°. 4°.

Psalterium aureum, das, von Sanct Gallen. Ein Beitrag zur Geschichte der karolingischen Miniaturmalerei. Mit Text v. R Rahn. Hrsg. vom histor. Verein d. Kantons St. Gallen. 8°. St. Gallen, Huber & Co. in Comm. Geb. M. 20.

Puis, E Muster-Sammlung moderner schmiedeiserner Ornamente. Eine Sammlg. v. Zeichngn. ausgeführter schmiedeiserner Thore, Thüren, Füllungen, Geländer. Nach den Entwürfen renommirter Architekten, nach eigenen Angaben und unter Mitwirkg. namhafter Fachgenossen zum prakt. Gebrauche f. Architekten u. Schlosser herausgeg (In 5 Heften) 1 Heft, f°. (50 Steintaf. in 1 Bl. Text.) (50 Steintaf.) Wernstorff. Subscr.-Preis baar M. 10. Ladenpr. M 12

Polasky, C. v Beiträge zu Raphael's Studium der Antike (Inauguraldissertation.) gr 8°, 50 S. Leipzig, T 0 Weigel M 40.; in Mappe M 45.

Quadri che si espongono in Duomo per la festa del Corpus Domini. Milano, tip. di S. Giuseppe 8°.

Quarré de Verneuil, capitaine d'état-major. Le costume militaire en France et les premiers noiformes. Étude historique. 8°, 36 p Paris. imp. et lib. J. Dumaine. (Extrait du Journal des sciences militaires, décembre 1876.)

Quellenschriften f. Kunstgeschichte u. Kunsttechnik d. Mittelalters u. der Renaissance, in. Unterstützg. des k. k. österr. Ministeriums f. Cultus u. Unterricht im Vereine m. Fachgenossen hrsg. v R. Eitelberger v Edelberg. 12. u. 13. Bd. gr. 8°. Wien, Braumüller. M 10 (1—13: M. 51. 50.) Inhalt: 12. Quellen über byzantinischen Kunstgeschichte. 13. Das Buch der Malerzeche in Prag.

Quicherat, J., directeur de l'École des chartes. Histoire du costume en France, depuis les temps les plus reculés jusqu'à la fin du XVIIIe siecle. 2e édition, contenant 483 grav. dessinées sur bois d'après les documents authentiques par Chevignard, Pauquet et P. Sellier. Gr. 8°. III 884 p. Paris, imp. Lahure; lib. Hachette et Ce.

Quintard, L. Études numismatiques. Restitution au duc Mathieu II. de derniers attribués jusqu' alors à son successeur Ferri III 8°. Nancy. (Extrait des memoires de la societé d'archeologie lorraine pour 1876.)

Quirielle, R. de. Guide archeologique dans Moulins, accompagné d'un plan itinéraire de la ville. 18°. Moulins, imp. Desrosiers.

Raclaet, A Le costume historique 300 planches. 300 en couleurs, or et argent, 200 en camaieu, avec des notices explicatives et une étude historique. 1re livr. f°. Mesnil et Paris, Firmin-Didot et Ce.

Rafael's Loggien im Vatican zu Rom. 43 Blatt. nach den Stichen v. Volpato in Lichtdr. ausgeführt von Römmler & Jonas zu Dresden. f° Dresden, (Gilbers. In Mappe baar M 40.

Rafael's Loggien im Vatican zu Rom. In Lichtdr. ausgeführt u. hrsg. v. L. Koch. gr. f°. Wien Koch. In Mappe. M. 40

Rafael's Tapeten im Vatican zu Rom nach den Cartons im Kensington-Museum. In Lichtdr. ausgeführt u. hrsg. v. L. Koch. Mit e Einleitung u. m. Erläutergn. versehen v. Y K Schenbera. gr. f°. Wien, Koch In Mappe M 15.

Raffaelli, march. F. Di alcune opere di scultura e di tarsia in legno esistenti a Racanati: memoria con documenti e note. Fermo, tip Bacher. 8°.

Hahl, C. Vorhang f. die tragische Oper im k k Opernhause zu Wien. Ausgeführt v. E. Bitterlich u Ch Griepenkerl. (3. Abtldg. d Wandgemälde im k. k. Opernhause) gr. 8° (12 Photogr.) München, Bruckmann In Leinw.-Mappe baar M. 15.; einzelne Bl. à M. 1. 50.; Grösse IV in f° 30 à Bl. M. 3.

Ransoni, E. Zoddel. Lebensgeschichte e. Hundes Illustrirt v. L. Voltz gr. 4°. Wien 1879. v. Waldheim. Cart. M 7.

Raschdorff, J. 1. Abbildungen deutscher Schmiedewerke, aufgenommen u. m. Unterstützg. d. kgl. hohen Ministeriums f Handel, Gewerbe u. öffentl. Arbeiten hrsg. Heft 2 [g. f° (à 8 Kpfrtaf.) Berlin, Ernst & Korn. à M. 10.

Ravaisson-Mollien. La critique des sculptures antiques au musée du Louvre, à propos des catalogues en preparation. 8°. Paris, Didier et Ce. (Extrait de la Revue archéologique)

Rayel, O. L'Architecture Ionique en Ionie. Le temple d'Apollon Didyméen gr. 8°. 51 p. Paris. imp Quantin et Ce. (Extrait de la Gazette des beaux-arts, avril, juillet et sept. 1876.)

Reber, F Die Ruinen Roms. 2. verm u verb. Aufl. Mit 36 Abbildgn in Ton- u. Farbendr. 6 Plänen, 1 Stahlstch u. 72 Holzschn 2. Lfg. fg gr. 4°. Leipzig, T O Weigel. à M. 7.

Recueil, nouveau, de 60 dessins originaux des plus grandes artistes italiens de la collection Colbacchini de Bassano: reproduction faite per l'eliotypie en différentes couleurs. Venise, F. Ongania succ. Münster lib.-édit. 1 vol. in f° gr.

Regnet, C. A. München in guter u. alter Zeit. Nach authent Quellen culturgeschichtlich geschildert. Mit den Original-Kupferradirgn. v. F. Bollinger u. F. Schlesel nebst Erklärungen hiezu aus der Baumgartner'schen Uebersicht v. 1805. 4 12. Lfg. 4° (90 S. m. 33 Kpfrtaf.). München, Franz. Baar a M. 1.

Reichenau, St. Der Tapezirer als Zimmer-Decoratenr. Vorlagen zu Fensterbehängen. Kamin- und Spiegel-Draperien, Portièren etc. Im modernsten Stile. 5 Reihenfolge. 32 lith. Taf. qu. gr. 4°. Weimar 1876, B. F. Voigt. à M 4. 50.

Reichenbach, M v. Blumenkränze. 2. Lfg.

Reina, M. Cromos y acuarelas. (Cantos de nuestra época) con un prólogo de J. F. Bremon. Madrid, impr. de Fortanet, libr. de Murillo. 4°.

Reinoso, J. Colección de muestras de letra bastarda española escritas y grabadas. 24 láms

— Colección de muestras de letra inglesa. Madrid, lit de E. Roldan. N°. 24 láms.

Reith, Lehr. A. Das Chorgestübl d. Domes zu Cöln, zugleich e. Lehrbuch gothischer Ornamentik. 1. u. 2. Lfg. f° (a 4 Bl. in Lichtdr. m. 1 Bl. Text). Dresden, Gilbers. Baar à M. 5.

Renaissance, deutsche. Eine Sammlg. v. Gegenständen der Architectur, Decoration u. Kunstgewerbe in Orig.-Aufnahmen. Red.: Prof. A. Scheffler. Neue Folge. 43. Lfg. fg f°. Leipzig, Seemann. a M. 2. 40.

Renaissance, italienische. Orig.-Aufnahmen von architecton. Details. Flächen-Decorationen, plast. Ornamenten u. kunstgewerbl. Erzeugnissen in systemat. Gruppirung. 8.—11. Heft. f°. Leipzig, Seemann. a M. 2. 50.

Rentzmann, W. Numismatisches Legenden-Lexicon d. Mittelalters u. der Neuzeit. Nachtrag. Lex.-8°. Berlin, Steinthal in Comm. Baar M. 2. (Hauptwerk u. Nachtrag M 15. 50.)

Répertoire archéologique du département du Loiret. 8°. Orleans, imp. Jacob. (Publication de la Société archéolog. et hist de l'Orleanais.)

Repertorium f. Kunstwissenschaft. Red. v. Cust. F. Schestag. 2. Bd. 4 Hefte, Lex.-8°. Stuttgart, Spemann. M. 16.

Resoconto del comitato promotore fiorentino costituitosi per rispondere all' indirizzo dell' istituto Libero germanico di Francoforte sul Meno nell' occasione del IV. centenario della nascita di Michelangelo Buonarotti. Firenze, tip. Carnesecchi. 4°.

Rotzsch, M. Outlines to Shakespeare's dramatic works. 4. ed. With a biographical sketch a. explanations. qu. gr. 4° (100 Stahlst. u. 32 S. Text). Leipzig 1878, E. Fleischer. Cart. M. 20.

— Umrisse zu Shakespeare's dramatischen Werken. 4. Aufl. Mit biograph. Notizen u. Erläuterungen. qu. gr. 4° (100 Stahlst. u. 32 S. Text). Ebd. 1878. Cart. M. 20.

Rouleaux, F. Briefe aus Philadelphia. Vom Verf. durchges. u. durch Zusätze verm. Ausg. gr. 8°, X—98 S. Braunschweig, F. Vieweg & Sohn. M. 2.

Reusens, Éléments d'archéologie chrétienne, par F. Reusens, professeur d'Archéologie à l'Université catholique de Louvain. Tome II. 2e partie. 8°, p. 145—288, avec 158 gravures. Louvain, imp. et lib. Ch. Peeters. L'ouvrage complet M. 15.

Renter, F. Ut mine Stromtid. Neue illustr. Prachtausg. m. 140 Orig.-Illustr. v. L. Pietsch u O. Lau. (In 20 Lfgn.) 1 Lfg gr. 4°. Wismar, Hinstorff M. 1

Revista de archivos, bibliothecas y museos, dedicada al cuerpo facultativo del ramo. Tomo VI (año de 1876). Madrid, impr. de T. Fortanet. 4°.

Revue belge de numismatique. 1877. 1878 Bruxelles, Aug. Decq, édit. Par an fr. 12.

Revue, photogr. Litteratur- u. Anzeigeblatt f. Photographie a. verwandte Fächer. Berichte über die neuesten Erscheinungen auf d. Geb d. Photographie u. anderer graphischen Künste der Naturwissenschaften, der Kunstlitteratur u d. Kunsthandels. 1. Bd. Juli—December 1877 3 Hefte. gr. 8°. Wien, Verl. d. Photograph. Correspondenz. Baar M. 2. 50.

Revue de la semaine, journal litteraire, scientifique, artistique, musical et dramatique. 1re année. 4°. Paris, 97, rue Richelieu. 1 vo 50 c.

Richter, Dr. J. P. Die Mosaiken v. Ravenna Beitrag zu e. krit. Gesch. der altchristl. Malerei Mit 4 Abbildgn. (Lichtdr.-Taf.). gr. 8°, VII—136 S. Wien 1878, Braumüller. M. 5.

— Der Ursprung d. abendländischen Kirchengebäude, nach neuen Entdeckungen kritisch erläutert. Mit 3 Abbildgn. gr. 8°. Wien, Braumüller. M. 1. 20.

Richter, L. Aus der Dichtung u. Sage, Ernst u Schern. In Holzschn. nach Orig.-Zeichngn. Hrsg. v. O. Scherer. gr. 4°. Leipzig, A. Dürr. Cart. M 3.

Richter-Bilder. Zwölf Holzschnitte nach älteren Zeichngn. v. L. Richter. Hrsg. v. O. Scherer Imp.-4° (12 Bl. m. eingedr Texte u. 1 Bl. Text). Leipzig, O. Wigand. Cart. M. 6.

Ricordi di architettura, raccolti, autografati e pubblicati da una società di architetti fiorentini: publicazione mensile. Firenze, a. t. in f°.

Ridolfi, C. Vita di Giorgione, estratta dalle Vite dei pittori di Vasari. Castelfranco Veneto, tip. Longo. 8°.

Riegel, H. Kunstgeschichtliche Vorträge u Aufsätze. Mit 8 in den Text gedr. Holzschn. gr. 8°, IV—396 S. Braunschweig, Westermann. M. 8.

Ristauro, il, della loggia comunale di Udine e gli artisti friulani: note critico-biografiche d. M. S. Udine, tip. Jacob e Colmegna. 8°.

Röber, F. Vorhang u. Deckengemälde im neuen Bremer Theater. 8 Photographien nach Originalen. Photogr. von A. Overbeck. f°. Elberfeld 1876, Bädeker. In Leinw.-Mappe M. 24.

Robert, Ch. Mélanges d'archéologie et d'histoire. 8°. Paris, Dumoulin.

— — L'Aquarelle. Traité pratique et complet sur l'étude du paysage. 8°. Paris, Meunier.

Romberg's, J. A., Zeitschrift f. praktische Baukunst zur Kundmachung der neuesten Erfindungen, Entdeckungen, Erfahrungen u. Ereignisse im Gebiete d. gesammten Hochbauwesens f. Architekten, Hochbauingenieure, Bauherren etc. Hrsg. v. Bau-R. Dr. O. Mothes. 38. Jahrg. 1878. 24 Nrn. f°. Berlin, Eisgmann. Baar M. 15.

Ronchini, A. L'orefice Azzo Cisi e un suo lavoro per la Certosa di Parma: nota. Modena, tip. Vincenzi. 8°. (Dagli Atti della depnt. di storia patria dell' Emilia, nuova serie, vol. III.)

Rosa, O. L'arte nella storia bresciana. Milano, tip. Bortolotti e C. 16°.

Rosenberg, Dr. M. Der Hochaltar im Münster zu Alt-Breisach, nebst e. Einleitg. üb. die Baugeschichte d. Münsters u. drei Excursen. Mit 5 Taf. (2 lith. u. 3 phototyp.). gr. 8°, X—90 S. Heidelberg, C. Winter. M. 6.

Roni, A. Null' arte moderna italiana alle esposizione internazionali di Santiago e di Filadelfia. Milano, tip. Lombardi. 16°. (Non in commercio.)

Roni, G. B. Cenni storico-critici illustrativi della cattedrale di Alessandria. Alessandria, tip. Sociale. 4°.

Cenni storici, critici, illustrativi sulle varie vicende della cattedrale di Alessandria dalla sua fondazione sino ai presenti restauri. disp. 5a. Alessandria, tip. sociale. 1877 8° gr. 2 tav.

Roni, G. La cattedrale e il battistero di Ventimiglia. Genova, tip. Sordomuti. 8°.

Rommann, Geh. Hofr. Dr. W. Die künstlerische Ausschmückung der Albrechtsburg zu Meissen. Mit 2 Grundrissen gr. 4°. Dresden, Bänsch. M 2.

Rousseau. Types grecs et types modernes comparés, pour servir à l'étude de l'antique, avec un résumé des principes de l'art grec et une explication des planches. Leçons professées à l'Académie royale des Beaux-Arts d'Anvers, par Jean Rousseau. 4° oblong, 10 p. et 40 pl. Bruxelles, établissement polygraphique de De Block-house. En vente chez Van Gogh. fr. 4 50.

Rubbiani, A. Armonie d'arte per Bojardo. La facciata di S. Petronio Bologna, Zanichelli. 16°.

Rubens, P. P., L'œuvre de Catalogue de l'exposition organisée sous les auspices de l'administration communale d'Anvers, par l'Académie d'archéologie de Belgique. Gravures. Photographies. Dessins. Documents, etc. 2e éd. 8°, 197 p. Anvers, imp G. van Merlen; Bruxelles, lib. P. A. van Triebt. fr. 4

Ruelens. Documents iconographiques et typographiques de la Bibliothèque royale de Belgique. Fac-similes photo-lithographiques, avec texte historique et explicatif, par Mrs. les conservateurs et employés de la Biblioth. royale, publié sous la direction et avec le concours de M. le conservateur en chef. 1re série: Les bois. Sixième livr. Légende de S. Servais, par M. Ch. Ruelens, conservateur à la Bibl. roy. f°, 16 p. et 24 pl. Bruxelles, imp. M. Weissenbruch; lib. C. Muquardt. fr. 12.

Ruelens, Pierre Paul Rubens. Documents et lettres publiés et annotés par Ch. Ruelens. 16°, 160 p. Bruxelles, imp. Droguiez et van de Weghe; lib. C. Muquardt. fr. 5.

Ruggero, A. de. Il Pantheon in Roma. Firenze, tip. Le Monnier. 8°.

Ruthner, Dr. C. v. Das Kaiserthum Oesterreich u. Königr. Ungarn in malerischen Orig.-Ansichten seiner reizenden Landschaften u. grossartigsten Naturschönheiten, seiner bedeutendsten Städte u. ausgezeichnetsten Bauwerke in photograph. treu ausgeführten Stahlstichen. Mit beschreib. Text seiner Geschichte, seines Culturlebens u. seiner Topographie. 60. Lfg. fg. hoch 4°. (Mit je 3 Stahlst.) Wien, Perles. à M. 1.; feine Ausg. à M. 1. 80.; Künstler-Ausg. Imp.-4° à M. 1. 80.; Pracht-Ausg. Imp.-4° à M. 3.

Rymens de Lauw. L'architecture en Belgique, suite de 25 façades conçues dans le goût de l'architecture belge au XVIe siècle, destinées à des maisons et ateliers d'artistes, magasins d'antiquaires, boutiques, maisons pour particuliers, maisons ouvrières, écoles, gares et villas, composées par J. M. Rymens de Lauw, architecte et peintre. 1re série Maisons de campagnes et faubourgs. 1re livr. f°, 5 pl Anvers, lith. Rymens de Lauw. Liége, lib. C. Claesen. La livr. fr. 5.

Sacchi, A. Architettura pratica. Abitazioni Alberghi — Case operaie — Fabbriche rurali — Case civili — Palazzi e Ville. 2a ediz. Milano, Hœpli edit. 2 vol. 8°.

Saint Genois-Melberg, G., Gräfin Des Frauenherzens Alpha u. Omega. gr 4° (23 Chromolith. m. 23 lith. Bl. Text). Berlin, A. Duncker (Geb. m. Goldschn. M 24.

Sammlung histor. Bildnisse. 3. Serie. 10 Bdchn. 8°. Freiburg i. B., Herder M. 0 90.

Inhalt: Augustus Welby Northmore Pugin, der Neubegründer der christlichen Kunst in England. Zugleich zur Frage v. d. Wiederbelebung der Kunst u. d. Kunsthandwerks in Deutschland. Von Dr A. Reichensperger (98 S.)

Sammlung histor. Bildnisse. 4. Serie. 1. Bdchn fg Freiburg i. B., Herder. M. 0. 60.

Sammlung gemeinverständlicher wissenschaftl Vorträge, hrsg. v. R. Virchow u. F v Holtzendorff. 279. Heft (12. Serie, 15. Heft). gr. 8° Berlin, Habel. Subscr.-Pr. à M. 0, 50.; Einzelpr. à M. 0 75.
279. Technische Probleme aus Kunst u. Handwerk d. Alten v. H. Blümer. (36 S.)

Santosi, M. Il teatro dell' antica Recina, descritto Camerino, tip. Borgarelli, 1877. 4°.

Savy, C. Les peintures murales de l'Ile-Barbe 8°. Lyon, Meton

Scala, cav. A. Il palazzo del comune di Udine relazione storico-artistica illustrata. Milano, tip. Rechiedei. 4°.

Schab, S. v. Die Pfahlbauten im Würmsee. Mit 16 lith. Tafeln u. e. lith. Plane. (Aus: „Beiträge z Anthropologie u. Urgeschichte Bayerns) Lex.-8°. IV 90 S. München 1876, Lit.-artist. Anstalt. Baar M. 20.

Schach, A. F. Graf v. Poesie u. Kunst der Araber in Spanien und Sicilien 2. verm. Aufl. 2 Bde. gr. 8°. XV—324 u. III—384 S Stuttgart, Cotta M. 9.; geb M. 12.

Schadow, Dr. G. Polyclet od. v. d. Maassen d. Menschen nach dem Geschlechte u. Alter, m Angabe der wirkl. Naturgrösse nach dem rheinländ. Zollstocke u. Metermaass. Mit e. (cart) Atlas in f° v. 30 (autogr.) Taf. in qu. gr. f°. 3. Aufl. gr. 8°. 89 S Berlin, Wasmuth. M, 20.; 6 Taf. aus d. Atlas M. 4.

Schayes. La Belgique et les Pays-Bas avant et pendant la domination romaine, avec cartes, plans et gravures, par A. G. B. Schayes, conservateur du Musée royal d'armures et d'antiquités. 2e édition, augmentée d'un volume supplémentaire, par C. van Dessel. 4 vol in 8°, 11—440 p. et 1 pl.; 490 p. et 1 pl.; X—654 p. et 1 pl.; XVI—259 p. Bruxelles, imp. M. Weissenbruch; lib. C. Muquardt. M. 25.

Schauplatz, neuer, der Künste und Handwerke, Mit Berücksicht d. neuesten Erfindgn. Hrsg. v. e. Gesellsch. v. Künstlern, techn. Schriftstellern u. Fachgenossen. Mit vielen Abbildgn. Bd. 50, 60, 65, 96, 135, 148 u. 153. gr. 8°. Weimar, B. F. Voigt. M. 56.

Scheffel, J. V. v. Gaudeamus! Lieder aus d Engeren u. Weiteren. Mit 111 Holzschn.-Illustr. u. Vignetten u. einem Titelbild in Tondr. von A. v. Werner. Holzschn. v. A Closs. 2. verm. Aufl. gr. 4°, VI—215 S. Stuttgart, Bonz & Co. Cart. M. 22 50.; geb. M. 23.; in 12 Liefgn. à M. 1 80.

Scheffel, J. V. v. Der Trompeter v. Säkkingen. Neu vom Oberrhein. Illustrirt von A. v. Werner. Holzschn. aus d. xylograph Anstalt v. A. Closs in Stuttgart. 2. Aufl. Imp-4° Stuttgart 1879, Bonz & Co. Geb. m. Goldschn. M. 45.

Scheltema, P. D. Bevattelijk handbœk der burgerlijke bouwkunde voor aankomende architecten, opzichters, timmerlieden, metselaars, smeden, loodgieters, ververs, behangers, en andere werkbazen, tevens geschikt voor eigenaars van huizen, grondbezitters enz. Vrij bewerkt naar het Hoogduitsch en overeenkomstig de behoeften van het Nederlandsche publiek ingericht. 1. afl. Post 8°. Leiden, D. Noothoven van Goor. fr. 0. 60. Compleet in 4 a 5 afl. a f. 0. 45. De platen bevattende 151 fig. zullen den intteekenaren a f. 0. 15 worden in rekening gebracht.

Scherr, J. Germania. Zwei Jahrtausende deutschen Lebens. Kulturgeschichtlich geschildert. Mit Bildern der ersten deutschen Künstler (in eingedr. Holzschn. u. Holzschntaf.). f°. Stuttgart, Spemann. Haar a Liefg. M. 1 50.

Schiller, F. v. Das Lied von der Glocke. Illustrirt in 32 Compositionen v. A. Liezen-Meyer. Mit 43 ornamentalen Zeichugn v. R. Seitz. Ausgeführt in Kupferst. v. J. F. Deininger, E. Forberg u. F Ludy u. in 69 Holzschn. aus W Hecht's xylograph. Anstalt. 36 Compositionen Liezen-Meyer's auf Holz gezeichnet v. W. Hecht. (In 7 Lfgn.) 1. Lfg. gr. 4°. München, Ströfer. M. 5.

Schirmer, J. W. Sammlung von Landschaft-Studien. Lith. u. hrsg. v. J. Vollwetder. 1.—5. Heft. gr. f° (a 6 Steintaf.). Karlsruhe, Veith. a M. 4.

Schliemann, Dr. H. Mykenae. Bericht üb. meine Forschgn. u. Entdeckgn. in Mykenae u. Tiryns. Mit einer Vorrede v. W. E. Gladstone. Nebst zahlreichen Abbildgn. (in Holzschn.), Plänen u. Farbendrtaf., mehr als 700 Gegenstände enth. gr. 8°. LXVI 447 S. Leipzig 1878, Brockhaus. M. 30.; geb. M. 32

Schliemann, Dr J. O. Handboek der Romeinsche antiquiteiten, voornamelijk uit den tijd der Romeinsche Republiek. 2e omgewerkte en vermeerderde druk. gr. 8° (6 en 386 bl. met houtsnedfig. tusschen den tekst). Groningen, J. B. Wolters. f. 3. 90.

Schlüter, A. Die Masken sterbender Krieger im Hofe des ehemaligen Zeughauses zu Berlin. 24 Taf. in Lichtdr. v. Berliner photograph. Institut (Jacobi & Prager). Text v. Bibliothekar Dr. H. Dohme. f°, 6 S. Berlin, Polytechn. Buchh. In Mappe. Baar M. 25.

Schmidt, Ob.-Baur. F. Ueber die Entwickelung der Architektur in Oesterreich. Vortrag. gr. 8°. Wien 1879, Hölder. M. 0. 60.

Schmitz, F. Der Dom zu Cöln, seine Construction u. Ausstattung. Historischer Text v. Stadt-Archivar Dr. L. Ennen Liefg. 28 fg. gr. f° (10 lith. u. chromolith. Taf.). Cöln u. Neuss, Schwann. Baar à M. 6.

Schneider, Präbendat F. Die Gestaltung d. Ringes vom Mittelalter bis in die Neuzeit. (Aus: „Kunst u. Gewerbe.") Lex.-8°. Nürnberg, v. Zabern. M 1.

Schnorr v. Carolsfeld, J. 48 biblische Bilder. Nach Zeichngn. Ausg A (ohne Unterschriften). qu. 4°. (Holzschntaf.) Leipzig, O. Wigand. Baar M. 1. 40. Ausg. B (m. deutschen Unterschriften). M. 1. 60.

Schoop's Zeichenschule f. Volksschulen, Mittelschulen und gewerbliche Fortbildungsschulen. 1. Abth.: Stigmographische Zeichn. I. 166 gerachluige Uebungen. 5. Aufl. qu. 4°. Frauenfeld, Huber. In Mappe. M. 2.

Schöltensdreien, C. F. De beeldenstorm in de onde kerk te Amsterdam. Een tafereel uit de dagen der kerkhervorming. Post 8° (78 bl.). Nijkerk, G. F. Callenbach. f. 0. 15; 25 ex. f. 3. 25.; 100 ex. f. 10.

Schreiber, Prof. G. Die Flachmalerei als Grundlage der Farbengebung, f. Kunstgewerbtreibende u. Zeichnungsschulen bearb. 2. Aufl. gr. 4°. Karlsruhe, Veith. M. 24.

Schrift, die heilige, des alten und neuen Testamentes. Uebers. von Dr. J. F. v. Allioli. Pracht-

Ausg. m. 230 grossen Bildern, illustr. v. G. Doré, 4. Aufl. 55.—62. (Schluss-)Liefg. Stuttgart 1876, Hallberger. Baar a M. 1 20.

Schriften, klassische, in 30 (lith.) Blättern f. Architekten, Zeichner, Decorationsmaler, Lithographen, Goldarbeiter, Graveure etc. qu. 4°. Winterthur, Studer. M. 2. 25.

Schuffenhauer, W. Façadenbuch. Sammlung v Façaden neu ausgeführter Wohnhäuser u. Orig.-Entwürfe, nebst Grundrissen u. Details. 5. Aufl. 25.—31. Heft (8. Sammlg.). 4° (37 Steintaf. m. 8 S. Text). Leipzig, Scholtze. a M. 1. 20. (5. Sammlg. cart. M. 8. 40.)

Schurth, G. Schablonirte Decorationsmalereien. 3. Folge. (In 8 Heften) 1.—8. Heft. f° (a 3 Chromolith u. 6 lith. lil. Schablonen in Imp.-f°). Karlsruhe, Veith. In Mappe. a M 5.

— Holz-Mosaik zum Verzieren feiner Holzgeräthe. 2. u. 3. Heft. (Als Fortsetzg. zu Heft 1 v. M. Schreiber.) f° (a 6 Chromol.). Ebd. à M. 6.

Schultze, V. Die Katakomben v. S. Gennaro dei Poveri in Neapel. Eine kunsthistor. Studie. Mit 10 lith. Taf. gr. 8°, X—79 S. Jena, Costenoble. M 4. 80.

Schulze, F. O. Deutsche Kunstschmiedearbeiten. Aufnahmen aus verschiedenen Stilepochen, m. besond. Berücksichtigung der Zeit deutscher Renaissance u. eigene Entwürfe. Liefg. 2 fg. f°. (Steintaf. u. Lichtdr.-Taf. f°.) Leipzig, Scholtze. a M. 5.

— Motiven-Sammlung f. das gesammte Bau- u. Kunstgewerbe. Vorlagen u. Musterblätter f. Architekten, Baugewerks-Meister, Bau-, Kunst- u. Möbeltischler etc. Aufnahmen architekton. Details, Decorationen n. kunstgewerbl. Erzeugnisse aus Deutschland n. Italien u. eigene Entwürfe. 2. u. 3. Heft. f° (10 Steintaf. m. 1 Bl. Text). Leipzig, Scholtze a M. 1. 20.

— Tischlerarbeiten im Charakter der Renaissance. Ausgef. Holzarbeiten f. Innere u. äussere Decoration. Entwürfe von Möbeln, Schaufenstern u. Laden-Einrichtungen, Thüren, Thoren, Wandtäfelungen u. s. w. 2. Heft fg gr. 4°. (Steintaf.) Leipzig, Scholtze. à M. 5.

Schwechten, F. Wanddecoration aus dem Kaiserpalasten auf dem Palatin in Rom. (Aus: „Archiv f. ornamentale Kunst.") gr. f°. Berlin, Winckelmann & Söhne. M. 6.

Schweizer-Album. Eine Sammlg. der interessantesten Ansichten der Schweiz, in Photogr. ausgeführt u. m. Gedenksprüchen begleitet. gr. 16°. Würzburg, Wörl's Rep.-Cto. Geb. m. Goldschn. M. 12.

Schweizerland, Das. Eine Sommerfahrt durch Gebirg und Thal. In Schildergn. v. W. Kaden, m. Bildern v. G. Bauernfeind, A. Braith, A. Calame etc. Holzschn. v. A. Closs. Liefg. 11 fg f°. Stuttgart, Engelhorn. Baar a M. 2.

Schwerdtner, J. Die Rangskronen der Kaiser, Könige, Kronprinzen, Erzherzoge, Herzoge, Fürsten, Grafen, Marquis, Freiherrn, Ritter u. Edelleute v. Oesterreich, Deutschland, Russland, Frankreich, England, Belgien, und die Münzen u. Attribute der Geistlichkeit. Gesammelt u. nach der eigenen Bleistift-Zeichnung im nuveränderl. photogr. Prossendr. hrsg. gr. 4°. Wien 1877, Lehmann & Wentzel. M. 3.

Schwind, M. v. Das Märchen von den sieben Raben u. d. treuen Schwester. Photogr. von v. J. Albert. qu. f° (6 Bl. m. 1 Bl. Text). Stuttgart, Neff. In Leinw.-Mappe baar M. 30.; Ausg. in Lichtdr. in Carton-Mappe baar M. 15.

Sculpteurs (les) sur bois. Traduit librement de l'anglais par Mme Dussard-Roman. 12°. Toulouse, lib. Lagarde; Paris, les libr. protestantes. (Publié par la Société des livres religieux de Toulouse.)

Scalti di Matteo da Campione nella basilica di Monza. Monza, tip. edit. dell' Avvenire. 8°.

Seeberger, Prof. G. Principien der Perspective u. deren Auwendg. nach e. neuen Methode. Mit 40 Fig. u. 4 lith. Taf. 2. durchges. u. verm. Aufl. 8°. München 1879, Literar.-artist. Anstalt. M 2.

Seemann, Th. Geschichte der bildenden Kunst von der Ältesten Zeit bis auf die Gegenwart. Ein Handbuch f. Gebildete aller Stände zum Selbststudium, sowie z. Gebrauche f. Gelehrtenschulen, Kunst- u. Gewerbeschulen. M. ca 170 in den Text gedr. Holzschn. 1. Thl. gr. 8°. Jena 1879, Costenoble. M. 4.

Seghers. Alphabets antiques, initiales, fragments, extraits de missels, bibles, manuscrits, etc. du XIIe au XIXe siècle, recueillis, dessines et graves par L. Seghers, premier calligraphe de S. M. le roi des Belges, à Anvers. 2e édition. gr. oblong, 24 planches. Bruxelles, lib. Office de publicite. M. 1. 50.

Seidel, Archit. G. F. Die königl. Residenz in München. Mit Unterstützg. Sr. Maj. d. Königs Ludwig II v. Bayern. In Kupferstichen v. E. Obermayer u. Farbendrucken v Winckelmann à Nöhne. 6. Lfg. Imp.-f°. (4 Kupferst.) Leipzig, Seemann. Ausg. m. der Schrift auf weissem Pap (a) M. 24.; Ausg. vor der Schrift auf weissem Pap. in. breitem Rande (a) M 30.; (Pracht-)Ausg. vor der Schrift auf chinos. Pap. in. breitem Rande (a) M. 45.

— — 7. Lfg. (4 Kupferst. u. 1 Chromolith.).

Selvatico, P. Che cosa domanda all' arte oggidì la pubblica opinione: memoria. Padova, tip. Randi. 8°.

Semper, Ob.-Baur. Prof. Dr. G. Der Stil in den technischen u. tektonischen Künsten od. praktische Aesthetik. Ein Handbuch f. Techniker, Künstler u. Kunstfreunde. 1. Bd. A. u. d. T.: Die textile Kunst f. sich betrachtet u. in Beziehung zur Baukunst. Mit 125 Holzsch.-Illustr. u. 15 Farbendr.-Taf. 2. durchges. Aufl. 6 Lfgn. Lex.-8°. München, Bruckmann. Baar à M. 3. 35.

Servanzi Collio, S. Pittura a fresco del secolo XV, tornata a luce in Tolentino. Camerino, tip. Borgarelli. 8°.

Seyffardt's Führer durch Amsterdam. kl. 8°. (20 Bl. mit uitsl. gekl. gelith. plan van Amsterdam in 1877.) Amsterdam, Seyffardt'sche Buchhandlung. f. 0. 60.

Shakespeare, W. Ein Sommernachtstraum. Deutsch v. W. A. v. Schlegel. Mit 24 Schattenbildern v. P. Konewka. 4. Aufl. gr. 4°. München, Bassermann. Geb. m. Goldschn. M. 12

Sibmacher's, H., Stich- und Spitzeumusterbuch. Nach d. Ausg. v. J. 1597 in facsimilirten Copien hrsg. v. k. k. Oesterr. Museum. Mit e. Vorworte (3 S.), Titelblatt u. 35 Musterblättern. Neue Aufl. qu. 4°. Wien, Gerold's Sohn. M. 8.

Siebmacher's, J., grosses u. allgemeines Wappenbuch in e. neuen, vollständig geordneten u. reich vermehrten Aufl. m. herald. u. historischgenealogischen Erläuterungen neu hrsg. gr. 4°. (a Liefg. 24 S. m. 18 Steintaf.) Nürnberg, Bauer & Raspe. Subscr.-Preis baar à M. 4.; Einzelpr. à M. 7. 50.

Signorini, Telemaco, sotto il nome di Enrico Gasi Molteni. Le 99 discussioni artistiche. Firenze, tip. dell' Arte della Stampa. 4° obl.

Sayers. Exposition internationale de Philadelphie 1876. Rapport sur le groupe VII (mobilier), par Th. Sayers fils, membre et secretaire du jury international des recompenses. 8°, 82 p. Bruxelles, imp. Ad. Mertens.

Società promotrice di belle arti in Genova: Esposizione XXV. Catalogo degli oggetti d'arte ammessi. Genova, tip. Schenone. 1876.

Société des architectes du département de l'Aube. 1er bulletin 1866 à 1874 inclus. 8°. Troyes, imp. Dufour-Bouquot

Souvenir du Lou. Opgedragen aan Z. M. den Koning Kl. 8°. (12 lithogr. met plattgrond van het park.) Deventer, H. J. ter Gunne. In half linnen. f. 0. 75

Souvenir de l'exposition artistique et historique de la ville de Meaux; avril et mai 1876. 16°. Meaux, imp. Carro.

Specht, F. Katzen-Bilder. Orig.-Zeichnungen. In Holzschn. ausgeführt v. C. G. Specht. qu. gr. 4° Stuttgart, Schickhardt & Ebner. In Mappe M. 4

Springer, A. Raffael und Michelangelo. (Aus „Kunst u. Künstler d. Mittelalters u. der Neuzeit, hrsg. v. R. Dohme.") Mit Illustr 1. Buch Bis zum Tode Julius II. 11. 1. Hälfte. Bis 2. Tode Raffael's. hoch 4°. Leipzig, Seemann. M. 22.

Stackelberg, O. M. Frhr. v. Bilder aus dem Leben der Neugriechen. Vor d. Befreig. Griechenlands vom türk. Joche. Nach d. Natur gezeichnet qu. gr. 4°. 10 Bl. in Lichtdr. m. 9 Bl. Text.) Dresden, Gilbers. In Leinw.-Mappe. Baar M 20

Städte-Wappen, die, des Königr. Württemberg Chromolith. qu. gr. f°. Stuttgart, Neff. M 6 Pracht-Ausg. M. 7.

Stahr, A. Torso. Kunst, Künstler u. Kunstwerke d. griech. u. röm. Alterthums. 2. verm. u. verb. Ausg. letzter Hand. 2 Thle. gr. 8°. Braunschweig, Vieweg & Sohn. M 20.

Stamminger, J. B. Bericht über die m. d. XXV. Generalversammlung der Katholiken Deutschlands verbundene kirchliche Kunstausstellung in Würzburg. 1. u. 2. Abdr. gr. 8°. Würzburg, Wörl. M. 0. 75.

Stark, Prof. Dir. C. B. Handbuch der Archäologie der Kunst. 1. Bd. Einleitendes u. grundleg Theil. 1 Abth. Systematik u. Geschichte der Archäologie der Kunst. 1. Hälfte. gr. 8°. Leipzig, Engelmann. M. 6. 75.

Steeger, V. Die schönsten Wände Pompeji's in Chromolith. nachgebildet. Mit kurzen Erläuterungen v. E. Presuhn. 3 Hefte. gr. 4° (à 10 Chromolith. m. je 8 Seiten Text). Turin, Loescher. M. 40.

— — Le più belle pareti di Pompei. Riproduzioni cromolitografiche, con brevi dichiarazioni di E. Presuhn. Torino, E. Loescher, lib.-edit. 4°.

Stefans-Dom, der Wiener, u. seine Sehenswürdigkeiten in Geschichte, Kunst, Legenden u. Sagengebilde. Vom Verf. der „Geschichte der Wiener Stadt u. Vorstädte", „Alt-Wien in Geschichten u. Sagen" etc. Mit 31 Illustr. 16°. Wien, Hartleben. M. 1. 80.

Steinbach, Lehr L. Systematische Zeichenschule. Elementarunterricht zum Landschaftzeichnen für Bürger- u. Volksschulen. (Heft 15—20) v. A. Doll in München.) 3. Ausg. 15.—20. (Schluss-) Heft. qu. 4° (à 6 Steintaf.). Karlsruhe, Veith à M. 0. 60.

Steinhausen, Archit. Baumstr. O. Sammlung v. Wohnhäuser-Façaden m. den dazu gehörigen Grundrissen entworfen u. in Stuttgart ausgeführt 1. Heft. gr. 4°. Karlsruhe, Veith. M. 3. 60

Steurs. De Turen van Sint-Rombautskerk de Mechelen, door F. Steurs. 8°. Malines, imp. H. Diericke-Beke fils.

— — Eenige aanteekeningen rakende de Mechelsche kleiglazers. 16°, 64 p. Malines, imp. et lib. H. Diericke-Beke fils.

Storchi, G. Il monumento ai Senesi morti per la patria vendicato dalle censure. Mantova, tip. eredi Segna. 8°. (Non in commercio.)

Stolpen, die Schlossruine. 7 Bl. In Lichtdr. v. Römmler & Jonas in Dresden. (Cabinet-Ausg.) f⁰. 13 S. Text. Dresden, Gilbers. In Leinw.-Mappe. Baar M. 8.

Ströbl, H. Schwoarzkerschäln. Silhouetten zu oberöstr. Schnadahüpfeln. 2. Abth. hoch 4⁰. Wien, Perles. (à) M. 3.

Studien aus der Special-Schule v. Th. R. v. Hansen, hrsg. vom Vereine der Architekten an der k. k. Akademie der bild. Künste in Wien. 1. Lfg. fg. f⁰. Wien. Lehmann & Wentzel. M. 3.

Studien, architektonische. Hrsg. v. Architekten-Verein am kgl. Polytechnicum in Stuttgart. Heft 36 fg. gr. f⁰ (à 6 autogr. Taf.). Stuttgart, Wittwer. à M 2. 40.

Sulzberger. Les beaux-arts à l'Exposition univ. internat. de 1878 à Paris, par M. Sulzberger. 12⁰. 48 p. Bruxelles, imp. A. N. Lebègue et Ce.; lib. Office de Publicité. fr. 1.

— — Pierre Paul Rubens. Un essai à l'occasion du trois centième anniversaire de sa naissance (19 Juin 1577) par M. Sulzberger. 8⁰, 21 p. Bruxelles, imp. et lib. A. N. Lebègue et Ce. fr. 1

— — Une visite chez M. Alfred Stevens. 8⁰, 11 p. Bruxelles, imp. M. Weissenbruch; lib. C. Muquardt. f. 0. 50.

Suttner, O. Frh v. Der Helm von seinem Ursprunge bis gegen die Mitte des 17. Jahrh., namentlich dessen Hauptformen in Deutschland, Frankreich u. England. (In 8 Lfgn.) 1. Lfg. Imp.-4. Wien, Gerold's Sohn in Comm. M. K.

Széchenyi, Graf B. Funde aus der Steinzeit im Neusiedler Seebecken u. einigen Mittheilungen aus dessen Vergangenheit. Erinnerung an den internationalen Congress der Anthropologie u. d. vorgeschichtl. Archäologie, Budapest, im Septbr. 1876. gr. 8⁰ (40 S. m. 6 Holzschnitt. n. 1 lith. Plan). Budapest, Kilian. Baar M. 4.

— — Trouvailles de l'âge de la pierre dans le bassin du lac de Neusiedl, accompagnées de quelques remarques sur son passé. En souvenir au congrès international d'anthropologie et d'archéologie prehistorique. Budapest, en sept. 1876. gr. 8⁰ (40 S. m. 6 Holzschnitt. u. 1 lith. Plan). Ebd. Baar M. 4

Tafel sämmtlicher preussischer Orden, Ehrenzeichen, Dienstauszeichnungen, Erinnerungskreuze u. Denkmünzen. (6. Aufl.) Chromolith. imp.-f⁰. Berlin, Liebel. Baar M. 2

Tanfani, L. Delle opere di scultura di Pandolfo Fancelli fiorentino e di Anastasio Stagi da Pietrasanta. Pisa, tip. Nistri. 16⁰.

Tarlechi, O. Delle opere di fresco del pittore Sebastiano Tarico nella città di Cherasco sua patria: memoria. Urbino, tip. Operaia. 16⁰.

Taschenbibliothek, deutsche, bautechnische Nr. 12. gr. 8⁰. Leipzig, Scholtze. M. 2. Inhalt: Das evangelische Kirchengebäude. Hand- u. Hilfsbuch zur Anlage u. Einrichtung unserer Gotteshäuser. Von Baumstr. C. E. Jahn. 1 u 2. Heft (160 S. m. eingedr. Holzschn.).

Taschenbibliothek, deutsche, kunstgewerbliche. 1. u. 2. Heft. 8⁰. Leipzig, Scholtze. M. 2.

Tassi, L. Petit traité des figures, abrégé sur celui de M. B. Jullen de Paris, à l'usage du R. Institut technique de Plaisance. Plaisance, imp. Sociale. 8⁰.

Tejera, M. Venezuela pintoresca é ilustrada, relacion historica (desde el descubrimiento de la América hasta 1870), geografica, estadística, comercial é industrial; usos, costumbres y literatura nacional; ilustrada con numerosos grabados y cartas geograficas. T. 2. 18 jésus. Paris, Denné-Schmitz.

Teirich, Prof. Doc. Archit. V. Ornamente aus

der Blüthezeit italienischer Renaissance (Intarsien). Orig.-Aufnahmen. (Publication d. k k österr. Museums f. Kunst u. Industrie.) 25 (chromolith.) Taf. m. erklär. Text. 5 Hefte. Imp.-f⁰. Wien 1876, Hölder. M. 80.

Terracotten, griechische, aus Tanagra u. Ephesos im Berliner Museum. gr. 4⁰. Berlin, Wasmuth. M. 40.

Tessari, Ing. D. La teoria delle ombre e del chiaro-scuro ad uso delle università, delle scuole d'applicazione per gl' ingegneri etc. Fasc. I. del vol. I. Applicazione geometria descrittiva. Con 11 tav. Torino, tip. Camilla e Bertolero.

Thamm, A. Leitfaden zur Kunstgeschichte cultivirter Völker alter und neuer Zeit. 2. verb. Aufl. gr. 8⁰, 136 S. Wolfenbüttel, Zwissler. M. 1. 50.

Thausing, M. Michelangelo's Entwurf zu dem Carton der Schlacht bei Cascina. (Aus: „Ztschr. f. bild. Kunst".) Mit Holzschn. u. e. Heliotypie. hoch 4⁰. Leipzig, Seemann. M. 2.

— — Die Celten-Ciste der Wiener Universität. Nach e. Vortrage, geh. im Wiener Alterthums-Vereine am 17. Octbr. 1876 Mit 3 Taf. gr. 4⁰. Wien, Gerold's Sohn. M. 2.

Thijm, J. A. Alberdingk. Openingsrede, by de aanvaarding van het hoogleraarsambt aan de rijksakademie van beeldende kunsten, den 1den December 1876. 2de verbeterde druk. Roy 8⁰ (2, XII en 212 bl.) Dordrecht, J. P. Revers. f. 1. 90.

Teifel, W. J. Keramik. Eine Sammlung Originalentwürfe zur Ausführung in Glas, Fayence, Porzellan, Majolika, Terracotta, Thon, Steinzeug, Marmor, Metall etc. Zum prakt. Gebrauch f. Fabrikanten, Modelleure, Decorateure etc. hrsg. unter Mitwirkg. vorzügl. Fachmänner. (In 20 Lfgn.) 1. Lfg f⁰ (5 Kpfertaf.). Dresden, Gilbers. Baar M. 6.

Teifel, W. F. Die Glas-Industrie als Kunstgewerbe. Musterblätter zum prakt. Gebrauche nebst erl. Text. Hrsg. unter Mitwirkung namhafter Fachmänner. 1. Bd. 1. Heft. gr. 4⁰ (1 H u. 7 Steintaf. in gr. 4⁰ u. gr. f⁰). Leipzig, Scholtze. M. 2. 40.

Treu, G. Hermes m. dem Dionysosknaben. Ein Originalwerk d. Praxiteles, gefunden im Heraion zu Olympia. Im Auftrage der Direction f. die Ausgrabgn. in Olympia hrsg. gr. f⁰. Berlin, Wasmuth. M. 6.

Trimbien, G. Dell' architettura: frammento, con l'aggiunta di due epigrammi latini. Vicenza, tip. Burato. 8⁰.

Troubat, J. Plume et pinceau, études de littérature et d'art. Paris, libr. Lisem.

Tamarelle, F. Il disegno nelle nazioni più colte di Europa, a proposito della proposta Bonghi al marchese Selvatico „Come diffondere il disegno in Sicilia". Palermo, tip. del Giornale di Sicilia. 16⁰.

Turner, E. Le portrait d'André Vésale au musée du Louvre. Les planches anatomiques du Grand livre d'Anatomie et de l'Épitome (1543). 8⁰. Paris, imp. Martinet. (Extrait de la Gaz. hebd. de médecine et de chirurgie.)

Ueber die Bedarbung der Vierungskuppel am Münster zu Strassburg. 2. Bericht. Mit 3 artist. Beilagen. gr. 8⁰. Strassburg, Schultz & Co. M. 2.

Ueber die Behandlung v. Gipsabgüssen behufs deren Erhaltung. Drei gekrönte Preisbewerbgn. Vom kgl. Ministerium d. geistl. Unterrichts-u. Medizinal-Angelegenheiten mitgetheilt. (Aus: „Verhandlgn. d. Ver. z. Beförderg. d. Gewerbfleisses") gr. 4⁰, 20 S. Berlin, Nicolai. M. 1. 20.

Chde, H Goethe, J. G. Quandt u d. Sächsische Kunstverein. Mit bisher ungedr. Briefen d. Dichters. Eine Jubelgabe zum 350jähr. Todestage Albrecht Dürer's u. zum 50jähr. Stiftungstage d. Sächs. Kunstvereins. 8°. Stuttgart, Cotta. M. 3.

Urliche, l., Die Baugeschichte Würzburgs. Ein Vortrag gr. 8°. Würzburg 1877, Stahel. M 0. 60.

Vallentin, F. Excursions archéologiques dans les Alpes dauphinoises. 8°. Grenoble, Maisonville et fils.

Falvaser, J. Weikhardt Frhr. v. Die Ehre d. Herzogthums Krain. 1689 - 1877. 1 Lfg hoch 4°. (11. Buch. VII u, N. 1—40 m. eingedr. Holzschn.) Laibach. (Graz, Wiesner.) Baar M. 1.

Van Heede, F. Supplément a la numismatique lilloise. 4e partie. l'hommes des Innocents Lille, imp. Danel. (Extrait des Mémoires de la Société des sciences, etc., de Lille 1876. T. 3, 4e série.)

Van Kobak, Notes d'archéologie, d'histoire et de numismatique 2e série (Abbeville et ancien comté de Ponthieu). 8°. Abbeville, imp. Paillart (Extrait des mémoires de la société d'émulation d'Abbeville.)

Van de Vyvere, Oudheidkundige aanteekeningen op de parochie en de kerk van Edelare, bij Andenaarde, door O. van de Vyvere. 2e vermeerderde uitgave. N°, 16 p. Audenaarde, imp Th Devos.

Varni Sante, Spigolature artistiche nell' archivio della basilica di Cariguano, Genova. (Non in commercio.)

— — Tarsie ed intagli del coro e presbiterio di S. Lorenzo in Genova. Genova, tip. Sordo-Muti. 16°.

Vasari, G. Le opere, con nuove annotazioni e commenti di Gaetano Milanesi. Vol. II. Firenze, edit. G C. Sansoni. N° gr.

Vaterland, unser, in Wort u Bild geschildert v. e. Verein der bedeutendsten Schriftsteller n. Künstler Deutschlands u. Oesterreichs. 1. Serie. Die deutschen Alpen Wanderungen durch Tirol u. Vorarlberg, das bayer. Gebirge, Salzkammergut, Steiermark n. Kärnten. Unter Mitwirkung v. L. v. Hörmann, A. v. Rauschenfels, P. B. Roseegger etc. hrsg. v. H. v. Schmid, illustr. v. A. Closs, F. Defregger, W. Diez etc. (In ca. 50 Lfgn.) Lfg. 1 [4 f°. (8. 1—24 m. eingedr. Holzschn. u. Holzschntaf.) Stuttgart, Kröner. à M. 0. 75.

Vecchia, A. Lettera critica a Tommaso Temanza architetto ed ingegnere della repubblica di Venezia. Venezia. tip. Cecchini. N°.

Velhagen & Klasing's Ornamenten-Katalog. Eine Sammlung class. Buchdruckereiverzierungen. hoch 4. Bielefeld, Velhagen & Klasing. Baar M 2.

Ververs, P. Merkwaardige personen uit Neerland's geschiedenis, in tijdsorde verhaald Met een overzicht der geheele geschiedenis van de vroegste tijden tot heden, een alphabetische tabel, en 42 portretten. 1ste en 2de afl. Roy. N° (4 bl. en bl. 1—96 met een gekl. gelith. plaat). Haarlem, J. M. Schaalekamp. Complet in 12 afl a f. 0. 60. met 6 gelith. platen.

Ver Huell, A. Jacobus Houbraken en zon œuvre. Supplement. Roy. N° (3d bl. met gegraveerd portret en facsimilé van zijn begrafeuinbriefje.) Arnhem, P. Gouda Quint. (in. Au. Nijhoff et fils.) In carton. f. 1. 50.

Veritas (pseudonymo). Sulle condizioni degli studi artistici e sullo stato della pubblica pinacoteca di Pisa: lettera aperta ai signori del palazzo Gambacorti. 16°. Pisa, tip. Nistri.

Verkehr, numismatischer. Ein Verzeichnis verkäufl. und zum Ankauf gesuchter Münzen, Medaillen, Bücher etc. Hrsg. v. C. G. Thieme. 15. Jahrg. 1877. (à 4 Nrn. (B.) gr. 4°. Baar a Nr. M. 0. 40.

Véron, E. La mythologie dans l'art ancien et moderne, suivie d'un appendice sur les origines de la mythologie. Ouvrage orné de 823 grav dont 32 tirées hors lettre. gr. 8°. Paris, Delagrave.

Verzeichniss der Gemälde in der Sammlung der Gesellschaft f. bildende Kunst u vaterländische Alterthümer zu Emden. gr. 8°, VII—71 S. Emden, Haynel. M. 0. 75.

Verzeichniss der Bücher, Landkarten etc., welche vom Juli bis Dechr. 1876 erschienen sind, m. Angabe d. Seitenzahl, d. Verleger, d. Preise, literar. Nachweisungen u. e. wissenschaftl. Uebersicht. Nebst e Anhang: Die bedeutendsten Erscheinungen d. niederl. Buchhandels. 1876. Jan. bis Dechr. Zusammengestellt v. niederländischen Buchhändlerverein. 157. Fortsetzg. N°. XCV1—480 S. Leipzig, Hinrich's Verl. Baar M. 3.; Schreibpap. M. 4

— — 158. Fortsetzg. 8°. XCVIII—423 S. Ebd.

Viardot, L. L'art et la republique. Versailles, imp. Cerf et fils. (Extrait de la Philosophie positive, janvier - fevrier 1877.)

Villenase, L. M. de. Beaux-arts. Les artistes grenoblois Le monument de D. Rahoult par M H. Ding. N°. Grenoble, Maisonville.

Vinck, de Iconographie de Marie-Antoinette, 1770—1793, par le baron de Vinck. N°. 31 p. Bruxelles, imp. Fr Gobbaerts; lib. Fr. J. Olivier. fr. 2

Violet-le-Duc, E. L'art russe, ses origines, ses elements constitutifs, son apogée, son avenir gr. 8°. Paris, Ve A. Morel et Cie.

Vischer, Prof. A. Leitfaden f den Unterricht der Anatomie u. Proportionslehre d. menschl. Körpers f. techn. Hochschulen, Kunst-, Baugewerbe- n. Kunstgewerbe-Schulen etc. Mit lith. Taf. gr. 8°. Karlsruhe, Bielefeld M. 4.

Vischer, R. Luca Signorelli u die italienische Renaissance. Eine kunsthistor Monographie. Mit Signorelli's Bildnis. gr. 8°. Leipzig 1879, Veit & Co. M. 10.

Vlaamsche bibliographie. Lijst van nederlandsche boeken, tijdschriften en muziek werken, in Belgie in 1877 verschenen. 16°. 38 p. (hand, imp C. Annoot-Braekman; lib. E. Todt. f. 0. 60.

Vlaamsche kunsthode, de. 11e en 12e liv., november 1876. Anvers, Spoorstraat, 12. Par an fr. 6. 1877, 1878.

Vlaamsche school, de. Tijdschrift voor kunsten, letteren, wetenschappen, oudheidkunde en kunstnijverheid. 1877. Liv. 1 à 12. Bureaux: Anvers, Vlaanderache Straat. Par an fr. 8.

Vögelin, F. S. Wandgemälde im bischöfl Palast zu Chur in. den Darstellungen der Holbeinschen Todenbilder. Eine kulturgeschichtl. Untersuchung Hrsg. v. d. antiquar. Gesellschaft in Zürich. gr. 4°. Zürich, Orell, Füssli & Co. in Comm. M 7

Vorlagen f. Möbel n. Decoration. Ausgeführte Arbeiten, vorwiegend nach Entwürfen der hervorragendsten Meister der Neuzeit, insbesondere v. Claus, Day, Du Cerveau etc. (Aus: „Blätter f. Kunstgewerbe".) 1. u. 2. Lfg. f°. Wien, v. Waldheim. a M. 1.

Vorlegeblätter f. Zeichneu-Unterricht an gewerblichen Fortbildungsschulen. Arbeiten der Bau- und Möbel-Tischler. Hrsg. im Auftrage d. kgl. Commission f. d. gewerbl. Fortbildungsanstalten Württembergs v. F. J. Halmhuber. 3. Aufl. gr. f° (48 z Tbl farb. Steintaf. m. 1 Bl. Text). Stuttgart, Nitzschke. In Mappe. M. 10. 80.

Vorlegeblätter f. Zeichnen-Unterricht an gewerbl. Fortbildungsschulen. Arbeiten f. Schlosser u. Mechaniker. Hrsg. im Auftrage d. kgl. Commission f. d. gewerbl. Fortbildungsschulen in Württemberg. 1. Abth. fg. 3. Aufl. gr. f⁰ (2 Thl. farb. Steindr. m. Text). Stuttgart, Nitzschke. In Mappe. M 19.50.

Vosmaer, C. Rembrandt, sa vie et ses œuvres. 2e édition, entièrement refondue et augmentée. Roy. 8⁰ (VIII en 627 bl. met 1 eta et 1 gelith. plaat. La Haye, Martinus Nijhoff. f. 10.; op Hollandsch papier f. 18.

Vredeman de Vriese. Variae architecturae formae. Recueil de façades, pignons, lucarnes, cheminées et detail d'architecture, par J. Vredeman de Vriese. Reproduction photo-lithograph. de l'edition originale. 4⁰, 41 planches. Bruxelles, photo-lithographie Simoneau et Toovey; lib. O. A. van Tricht. fr. 30.

Wach, K. W. Die Muson im kgl. Schauspielhause zu Berlin in Kupfer gest. v. J. Caspar. Neue Ausg. Mit begleit. Text v Dir. Dr. M. Jordan. f⁰. Berlin, Wasmuth in Leinw.-Mappe. M. 15.

Wallner, E. Die Harmonie u. Charakteristik der Farben m. besonderer Anwendung auf Costümirung. Fremdes u. Eigenes m. freier Benützg. u. Zugrundelegung v. Goethe's "Beiträge" zur Farbenlehre". 3. rev. u. verm Aufl. Lex.-8⁰. Erfurt, Bartholomäus. M 4.

Walther, G. Die Vernachlässigung der Decorationsmalerei in Deutschland u. der daraus f. Kunst u. Leben erwachsende Nachtheil. In kurzen Worten beleuchtet. gr. 8⁰. Dresden, Reinhardt. M. 1.20.

Waltrowitz, Archit. M. Ὁ ΠΡΟΔΡΟΜΟΣ. Mittheilungen über neue Forschungen auf dem Gebiete serb. Kirchenbaukunst. Mit e. Taf. gr. 8⁰. Wien, Lehmann & Wentzel. M 3.

Wauters. Les tapisseries bruxelloises. Essai historique sur les tapisseries et les tapissiers de haute et de basse lice de Bruxelles, par A. Wauters, archiviste de la ville de Bruxelles. 8⁰, 477 p. et 3 pl. Bruxelles, imp. Ve. J. Baertsou fr. 7.; sur vélin fr. 10. Tiré a 250 expl. numerotés.

Wegwijzer op de tentoonstelling van kunstnijverheid door Hamann & Ommelaar voor bezoekers. kl. 8⁰. Amsterdam, Gebr. van Es. f. 0. 25.

Weichardt, C. Das Stadthaus n. die Villa. 1. Thl. Entwürfe, enth. Typen v Miethhäusern verschiedener Stände u. Länder, städt. Wohngebäude f. einzelne u. mehrere Familien, Häuser m. Ladeneinrichtungen, sowie vorstädt. Wohngebäude. gr. 4⁰ (7 S. m 30 Steindr.). Weimar 1878, B. F. Voigt. M. 7.50.

Weissenbach, H. v. Das Wappen der Grafen v. Schaumburg und Holstein. Eine historisch-genealogische Studie. Mit 1 (chromolith.) Titelbild u. 3 autogr. Taf. in qu. f⁰. gr. 8⁰ 72 S. m. 1 Tab. in qu. gr. f⁰. Schleswig, Bergas Baar M 1. 50.

Welbrecht, Prof. C Ornamenten-Zeichnungs-Schule in 100 Blättern f. Künstler, Manufacturisten u. Gewerbsleute. 3. Aufl. qu. f⁰. Stuttgart, Schweizerbart. M 40.

Weltausstellung, die Pariser. 1878. Illustr. v d. Commission autoris. deutsche Ausg. Nr. 1—26. f⁰ München, Exped. der Pariser Weltausstellungs-Zeitung. Baar M. 6

Weltausstellung, die, in Philadelphia im J. 1876 u. Geschichte früherer Ausstellungen. Mit vielen (eingedr.) Holzschn. nach Zeichnungen hervorrag. Künstler. 6 Hefte. f⁰ (IV—192 S. m. 1 chromolith. Flaggenkarte). New York, Leslie. (Philadelphia, Schäfer & Koradi.) M. 18.

Werner's, C., Nilbilder 24 Aquarellen. 16⁰. Hamburg, Kröllg. Baar M. 3. 60.

Wernicke, Divis.-Pfr. E. Die St. Catharinenkirche zu Brandenburg a. d. H. nebst ihren Alterthümern u Denkmälern. Lex.-8⁰, III—36 S. Brandenburg, Wiesike. Baar M. 1. 25.

Wessely, J. E. Das Ornament und die Kunstindustrie in ihrer geschichtl. Entwickelung auf dem Gebiete d. Kunstdruckes. 2. Bd. 1 Abth. fg. f⁰. Berlin, Nicolai. In Mappe. M. 23.

— — Die Landsknechte. Eine culturhistor. Studie. Mit Abbildgn. zeitgenöss. Künstler in Facs.-Druck von A. Frisch in Berlin. f⁰ (30 Bl. m. 128 S. Text). Görlitz, Starke. In Mappe M. 40.; in Calico-Mappe M. 44.

Wibiral, Dr. F L'iconographie d'Ant van Dyck d'après les recherches de H. Weber. Avec 8 planches (lith.), représentant de vieux filigranes. Lex.-8⁰, 188 S. Leipzig, Danz. M 12.

Wiegmann, weil. Prof. R. Grundzüge der Lehre v. d. Perspective. Zum Gebrauche f. Maler u. Zeichenlehrer. Hierzu ein Atlas m. 19 (lith.) Tafeln. 2 Aufl. gr. 8⁰, 59 S. Düsseldorf 1876, Buddeus. M. 3. 60.

Wiener Neubauten. 2. Bd. 6. Heft.

Wigner, Ch. Monographie de la manufacture de faïences de Vron, arrondissement d'Abbeville, département de la Somme. Ornée de 8 planches contenant 25 sujets en couleur, retouchés a la main par Ris Paquot. 8⁰. Abbeville, Prevot et Berger.

Wilbaux. Catalogue de la bibliothèque de la ville de Tournay. Tomes III et IV. 8⁰, 601 et 586 p. Tournay. imp. et lib. Ve. H. Casterman.

Wilberg, Ch. Malerische Erinnerungen aus Potsdam. 7 Aquarellen. qu. f⁰. Berlin, A. Duncker. M. 20.; in Calico-Mappe M. 24.; einz. Blätter à M. 4.

Willkomm, Dir. G Die Technologie der Wirkerei, die Herstellung der Formen gewirkter Gebrauchsgegenstände u. das Nähen der Wirkwaaren. Mit 16 lith. Taf in besond. Mappe. gr. 8⁰. Leipzig, Felix. M 19. (cplt. M. 32.)

Witte, L. Michelangelo Buonarotti. 8⁰, VII—48 S. Leipzig 1876, Hartung & Sohn. M. 1. 60

Wiwel, A. Skizzen. 24 Blatt in Lichtdr. gr. f⁰. in Mappe. München, Ströfer & Kirchner. M. 36.

Wochenblatt, photographisches. Zeitschrift f. Photographie u. vervielfältig. Künste. Hrsg. unter Mitwirkg. v. Dr. J. Schnauss, F Haugk, A. Braun etc. v. E. Düby. Officielles Organ d. Photogr. Vereins zu Berlin. 4 Jahrg. 1877. 52 Nrn. Lex.-8⁰. Berlin, Leipzig, Mentzel in Comm. Vierteljährig baar M. 2.

Wohnsitze, die ländlichen, Schlösser und Residenzen der ritterschaftlichen Grundbesitzer in der preussischen Monarchie, nebst den königlichen Familien-, Haus-, Fideicommiss- und Schatull-Gütern in naturgetreuen, künstlerisch ausgeführten farb. Darstellungen m. begl Text. Hrsg. v. A. Duncker, Lief. 277 fg. qu. f⁰ (a 3 Chromolith. m 3 Bl. Text). Berlin, A. Duncker Baar à M. 3. 75.

Woltmann, A. Geschichte der Malerei. (Die Malerei des Alterthums v. Prof. Dr. K. Wörmann. — Die Malerei d. Mittelalters u. d. Neuzeit v. Prof. Dr. A. Woltmann.) Mit vielen Illustr. in Holzschn. (In ca. 10 Lfgn.) 1.—3. Lfg. Lex.-8⁰. Leipzig, Seemann. à M. 3.

Weytl, Lehr G. Darstellungen schöner Gebilde der Natur als Vorlagen f. den Unterricht im Freihandzeichnen. 1 u. 2. Heft. qu. gr. 4⁰ (à 10 Steintaf.). Koblenz (Neuwied, Heuser.) Baar à M. 1. 50.

Wurzbach, Dr. C. v. Biographisches Lexikon d. Kaiserth. Oesterreich, enth. die Lebensskizzen der denkwürdigen Personen, welche seit 1750 in den österr. Kronländern geboren wurden

od. darin gelebt u gewirkt haben. Mit Unterstützg d. Autors durch die kais. Akad. d. Wiss.
33.—36. Theil. gr. 8⁰. Wien, k. k. Hof- u.
Staatsdr. M. 6. (1—36: M. 211. 50.)

Triarte, Ch. Venise; histoire, art, industrie, la
ville, la vie. Ouvrage orné de 400 gravures,
dont 50 imprimées hors texte. 1e et 2e serie.
f⁰. Paris, J. Rothschild.

Zanetti, V. Il Museo di Murano: aggiunte e
rettifiche alla relazione pubblicata nel 1873, in
occasione del concorso del museo suddetto all'
esposizione universale de Vienna. Venezia,
tip. Longo. 8⁰. (Non in commercio.)

— — La scuola di disegno per gli artieri di
Murano, con applicazione speciale alla vetraria.
Notizie dal (1871—72 al 1876—77. Venezia, tip.
Longo. 8⁰. (Non in commercio.)

Zeichenhalle. Monats-Blätter f. Zeichenkunst u.
Zeichenunterricht m. besond. Berücksichtigung
d. Kunst-Industrie. Organ d. Vereins z. Förderung d. Zeichenunterrichts. Hrsg. v. H. Tro-
schel, Th. Wendler, Th. Präfer. 3. Jahrg. 1877,
12 Nrn. (B. m. 3 Steintaf.) gr. 4⁰. Berlin,
Wendler. Vierteljährlich M. 2. 25.

Zeitung, archäologische. Hrsg. vom Archäolog.
Institut d. Deutschen Reiches, Red.: Dr. M.
Fränkel. 37. Jahrg. 1878. 4 Hefte. gr. 4⁰.
Berlin, G. Reimer. M. 12.

Zeitschrift, archivalische. Hrsg von Geh-R.
Reichsarchiv-Dir. Prof. Dr. F. v. Löher. 3. Bd.
Lex.-8⁰. Stuttgart, Spemann. M 12.

Zeitschrift für Bauwesen. Hrsg unter Mitwirkg.
der kgl. techn. Baudeputation u. d. Architekten-
Vereins zu Berlin. Red : Bauinsp. F. Endell.
28. Jahrg. 1878. 12 Hefte. Imp.-4⁰. Mit Atlas
f⁰. Berlin, Ernst & Korn. M. 30.

Zeitschrift f. bildende Kunst. Hrsg. v. C. v. Lützow.
12.—14. Bd. Jahrg. 1877 - 78. 1878—79, à 12 Hefte
(4 B). Mit Textillustr. u. Kunstbeilagen. Mit
dem Beiblatt: Kunst-Chronik 52 Nrn. (B.),
hoch 4⁰. Leipzig, Seemann. M. 25.; die Kunst-
Chronik allein baar M 9.

**Zeitschrift d. österreich. Ingenieur- u. Architekten-
Vereins.** Red.: Prof. Dr. W. Tinter. 30. Jahrg.
1878. 12 Hefte. Nebst Wochenschrift desselben
Vereins 3. Jahrg. 1878. 52 Nro Imp.-4⁰. Wien,
v. Waldheim. Baar. M. 15.

Zeitschrift d. Kunst-Gewerbe-Vereins zu München.
Red.: Dir. R Lichtenstein. 28. Jahrg. 1878.
12 Hefte. f⁰. Leipzig, Hirth. Baar M. 16.

**Zeitschrift f. allgem. Museologie u. verwandte
Wissenschaften.** Red.: Hofr Dir. Biblioth. Dr.
J. G. Th. Gräsae. 1 Jahrg Mai—Decbr. 1878.
16 Nrn. gr. 4⁰. Dresden, Schönfeld. Baar M. 13.

Zeitschrift f. Numismatik. Red. v. Dr. A. v. Sallet.
5. Bd. fg. gr. 8⁰. Berlin, Weidmann. Baar
M. 14.; einzelne Hefte à M. 4.

Zeitschrift, numismatische. hrsg. v. d. numis-
matischen Gesellschaft in Wien durch deren

Red.-Comite. 9. Jahrg. 1877 gr. 8⁰. (1. Halbj.
261 S. m. 24 eingedr. Holzschn. u. 3 phototyp.
u. Kpfr.-Taf. Münzabbildgn.) Wien. Manz in
Comm. M. 12.

— — 10. Jahrg. 1878. Mit 3 Taf. u. 8 Holzschn.
Ebend.

Zeitschrift für technische Hochschulen. Hrsg.
vom akad Verein der Polytechniker zu Hannover. Red.: L. Krieger u. C. Brensing. 3. Jahrg.
1877 - 78. 18 Nrn. (B. m. antogr. Taf.) gr. 4⁰
Hannover, Schüseler in Comm. M. 4. 50.

Zeitschrift des Vereins deutscher Zeichenlehrer.
(Eigenth. d Vereins) Red.: Prof. Dr. H. Hertzer.
4. Jahrg. 1877. 24 Nrn. (B. m. Steintaf.) gr. 8⁰.
Berlin, Oppenheim. Halbj. baar M 4.

Zeelandia illustrata. Verzameling van kaarten,
portretten, platen enz. betreffende de oudheid
en geschiedenis van zeeland. Toebehoorende
aan het Zeeuwsch genootschap der wetenschappen, beschreven door F Nagtglas. 2e deel.
1e afl. Zuid- en Nord-Beveland, Schouwen en
Duiveland, Tholen en St. Philipsland en Orisant.
gr. 8⁰ (VIII en 412 bl.). Middelburg, J. C. en
W. Altorffer. f. 3. 75.

Zettler, F. X. Leonh. Enzler, Prof. Dr. J. Stockbauer. ausgewählte Kunstwerke aus dem Schatze
der Reichen Capelle in der kgl. Residenz zu
München. Hrsg m. Genehmigung Sr. Maj.
d Königs Ludwig II. v. Bayern. 2—10. Lfg.
Imp.-f⁰ (à 4 Chromolith. in 4 Bl. Text). München, Th. Ackermann. Baar à M. 60.

Ziegler, Ch. Illustrationen zur Topographie d.
alten Rom. 23 Taf. in Farbendr. Mit erläut.
Texte f. Schulen brsw. 2 rev. Aufl. qu. f⁰.
VI—46 S. Stuttgart, Neff. Cart M 30.

Zlehrer's, C. M., deutsche Kunst- u. Musik-Zeitung
Central-Organ f Musik, Theater, bild. Künste
u. Litteratur. Hrsg.: B. Weiss. Red : Dr. A.
Frank. 5. Jahrg. 1878. 52 Nrn. gr. 4⁰. Wien,
Steckler & Erben. Viertelj. baar M. 4.

Zierrath, allerlei, fürnemblich f. Decorationsmaler, Architekten, Lithographen, Graveure etc
zu Nutz und Dienst insonderheit auch zur
Kunstübung gar zierlich inventiret und gezeichnet v. mehreren fürtrefflichen Künstlern
auch für den Gebrauch gar handlich zugericht.,
1.—4. Lfg. gr. 4⁰ (à 6 Steintaf.). Frankfurt a M.
Klimsch & Co. Subscr.-Preis à M. 1. 20.; Einzelpr.
à M. 1. 50.

Zorzi, A. P. Osservazioni intorno ai ristauri in-
terni ed esterni della basilica di S Marco, con
tavole illustrative di alcune iscrizioni armene
esistenti nella medesima. Venezia, tip. Fontana. 8⁰.

— — Sulla demolizione della chiesa di S. Moise.
Venezia, tip. del Tempo. 8⁰.

Zschimmer, E. Vorlagen f. Holzmalerei. 3.—5 Hft.
f⁰ (à 6 Chromolith). Leipzig, Glaser & Gatte.
à M. 6.